Neugeborenen- und
Säuglingskunde der Tiere

Neugeborenen- und Säuglingskunde der Tiere

Herausgegeben von Kurt Walser und Hartwig Bostedt

Mit Beiträgen von
M. Berchtold, H. Bostedt, H. Buschmann, W. Groth †, E. Grunert,
B. Hoffmann, J. Kamphues, H. Meyer, M. Rüsse, H. H. Sambraus,
G. Schmid, A. Schwab, P. Thein, W. C. Wagner, K. Walser,
H. Wiesner, W. Zaremba

251 Abbildungen, davon 84 farbig, 120 Tabellen

Ferdinand Enke Verlag Stuttgart 1990

Prof. Dr. Kurt Walser
Gynäkologische und Ambulatorische
Tierklinik der Ludwig-Maximilians-
Universität München
Königinstr. 12, 8000 München 22

Prof. Dr. Hartwig Bostedt
Ambulatorische und Geburtshilfliche
Veterinärklinik der Justus-Liebig-
Universität Gießen
Frankfurter Str. 106, 6300 Gießen

CIP-Titelaufnahme der Deutschen Bibliothek

Neugeborenen- und Säuglingskunde der Tiere / hrsg. von Kurt
Walser u. Hartwig Bostedt. Mit Beitr. von M. Berchtold ... –
Stuttgart : Enke, 1990
ISBN 3-432-98381-6
NE: Walser, Kurt [Hrsg.]; Berchtold, Max [Mitverf.]

Fehlt bei einer Markenbezeichnung das Zeichen ® oder ein entsprechender Hinweis, so kann hieraus nicht geschlossen werden, daß keine Schutzrechte vorliegen.

Das Werk, einschließlich aller seiner Teile, ist urheberrechtlich geschützt. Jede Verwertung außerhalb der engen Grenzen des Urheberrechtsgesetzes ist ohne Zustimmung des Verlages unzulässig und strafbar. Das gilt insbesondere für Vervielfältigungen, Übersetzungen, Mikroverfilmungen und die Einspeicherung und Verarbeitung in elektronischen Systemen.

© 1990 Ferdinand Enke Verlag, P.O. Box 101254, 7000 Stuttgart 10 – Printed in Germany

Satz und Druck: Heinz Neubert GmbH, 8580 Bayreuth
Filmsatz: 9/10p Times, System MCS 10

Vorwort

Der Themenkreis um den gesunden und kranken Tiersäugling hat bis heute kaum eine umfassende, eigenständige Bearbeitung gefunden. Lediglich ein Taschenbuch „Juntierkrankheiten", 1973 erschienen, besonders orientiert an den Bedingungen der industriemäßigen Tierproduktion, ist zu benennen. Im übrigen werden Entwicklungsstörungen und Krankheiten der Tiersäuglinge in Form von Anhängen oder gedrängten Kapiteln in den Lehrbüchern der Geburtskunde oder auch, streng tierartlich bezogen, in Büchern über Krankheiten einer einzelnen Spezies mit abgehandelt. Fragen der Ernährung, der Fütterung und der Haltung junger Tiere finden in Einzeldarstellungen ihre Bearbeitung.

Es lag daher nahe, ein eigenständiges, das Gesamtgebiet der Neugeborenen- und Säuglingskunde der Tiere umfassendes Buch zu konzipieren. Angeregt zu diesem Buch wurden wir schon vor Jahren von unserem verehrten Lehrer, Prof. Dr. Dr. h. c. WALTHER BAIER. In seinem Sinne ist die Darstellung der Kenntnisse um das Neugeborene und den Säugling in konsequenter Weiterführung der Geburtskunde über die besondere biologische Funktionseinheit Mutter — Neugeborenes hinaus bis zur Verselbständigung des Säuglings zu sehen. Dieses Prinzip ist speziesübergreifend allgemeinbiologisch und vergleichend-medizinisch zu verfolgen. Das Buch ist somit, richtig verstanden, trotz der Tierartenspezialisierung in Tierhaltung, Tierzucht und Tiermedizin, die einerseits durch einen enormen Wissenszuwachs, andererseits durch veränderte und gestiegene Leistungsansprüche der Praxis ausgelöst wurde, kein Anachronismus. Es rückt vielmehr zeitlos gültige Gesetzmäßigkeiten der Natur über alle Grenzen der Spezialisierung hinweg an die ihnen gebührende Stelle.

Die Säuglingskunde beschäftigt sich mit den vielfältigen Problemen einer Altersstufe und berührt fast alle Teilgebiete der Tierhaltung, Tierzucht und Tiermedizin. Bei der Fülle des Wissensstoffes war eine Beschränkung auf das Wesentliche besonders notwendig. Es zeigte sich jedoch, daß die alleinige Darstellung der Krankheiten nur zu beschränktem Faktenwissen führen kann. Echtes Verständnis der Problematik ist nur zu gewinnen bei Einbeziehung des gesamten biologischen Rahmens, in dem die jungen Tiere leben, und bei Beachtung der besonderen, nur dem Säugling eigentümlichen Ausstattung, die ihm die Anpassung an die gebotene Umwelt ermöglicht. Dem Buchteil über Krankheiten sind daher kurzgefaßte Kapitel über physiologische Grundlagen, Ethologie, Ernährung und Fütterung, Unterbringung und Haltung der Säuglinge vorangestellt. Die Besprechung der Krankheiten ist auf praktisch wichtige typische Neugeborenen- und Säuglingskrankheiten konzentriert. Es wird kein Nachschlagewerk vorgelegt, in dem alle Krankheiten, die auch beim Säugling auftreten können, zu finden sind.

Das vorliegende Buch soll den Bedürfnissen nach einer überschaubaren Information über neue, gesicherte wissenschaftliche Erkenntnisse und praktische Erfahrungen Rechnung tragen. Die Studierenden soll es mit der Vielschichtigkeit der biologischen Abläufe bei jungen Tieren vertraut machen, die nur diesem Lebensabschnitt eigene Problematik aufzeigen und so der vertieften Aneignung grundsätzlichen Wissens dienen. Es soll schon beim Studenten das Verständnis dafür wecken, daß der Säugling nicht als erwachsenes Tier in verkleinertem Maßstab zu betrachten ist, sondern daß der Eintritt des Neugeborenen in das extrauterine Dasein, der Lebensabschnitt der Adaptation an die Umwelt und die Periode der postnatalen Reifung und des Wachsens dem Organismus höchste Leistungen abverlangen und besondere Gefahren für Gesundheit und Leben der Tiere mit sich bringen können. Dem in der Praxis tätigen Tierarzt, dem Tierzüchter und Tierhalter soll der aktuelle Kenntnisstand auf diesem Gebiete vermittelt und eine rasche, übersichtliche und praktisch verwertbare Information geboten werden.

Für die Bearbeitung der einzelnen Kapitel konnte eine Reihe hervorragender Vertreter der speziellen Fachgebiete gewonnen werden. Wir waren bestrebt, trotz der sich anbietenden Fülle des Stoffes aus allen beteiligten Fachgebieten die Transparenz und die Benutzbarkeit des Buches in praxi nicht zu verlieren. Wenn dies gelungen ist, ist es der uneigennützigen und verständnisvollen Einordnung aller Mitarbeiter in das Gesamtkonzept zu danken.

Unser Dank gebührt auch dem Ferdinand Enke Verlag für die Ausstattung des Buches und insbesondere Herrn JOACHIM NIENDORF sowie Frau Dr. PAMELA KLEINER für die geduldige, bereitwillige Zusammenarbeit.

München und Gießen, Sommer 1990
K. WALSER, H. BOSTEDT

Inhalt

1	**Anatomische und physiologische Grundlagen des Neugeborenen**	1	2.3	Verhalten des Muttertieres unter der Geburt	39
1.1	Geburtsmasse (H. MEYER, J. KAMPHUES)	1	2.4	Verhalten des Muttertieres nach der Geburt	39
1.2	Körperzusammensetzung (H. MEYER, J. KAMPHUES)	2	2.5	Verhalten des Neugeborenen	40
1.3	Herz und Kreislaufsystem (K. WALSER)	4	2.6	Interaktionen zwischen Muttertier und Jungtier	42
1.4	Atmung (K. WALSER)	6	2.7	Schutz des Jungtieres durch das Muttertier	43
1.4.1	Atmungstechnik	6	2.8	Prägung	43
1.4.2	Blutgas- und Säure-Basen-Verhältnis	8	2.9	Adoption	44
1.5	Blut (K. WALSER)	10	2.10	Ablauf des Saugvorgangs	46
1.5.1	Blutvolumen	11	2.10.1	Zitzenordnung	47
1.5.2	Blutplasma, Blutserum	12	2.10.2	Häufigkeit der Saugvorgänge	48
1.5.3	Plasmaproteine	12	2.11	Mutterlose Aufzucht	49
1.5.4	Erythrozyten und Hämoglobin	13	2.12	Spiel	50
1.5.5	Leukozyten	16	2.13	Verhaltensstörungen	51
1.6	Verdauungssystem (H. MEYER, J. KAMPHUES)	17			
1.7	Nieren (K. WALSER)	20	**3**	**Grundlagen der Ernährung von Neugeborenen** (H. MEYER, J. KAMPHUES)	55
1.8	Endokrinologie des Neugeborenen (B. HOFFMANN, W. C. WAGNER)	23	3.1	Zusammensetzung von Kolostrum und Milch	55
1.8.1	Stoffwechsel	23	3.2	Stoffwechsel	58
1.8.2	Sexualentwicklung	25	3.2.1	Energie	58
1.9	Infektionsabwehr (H. BUSCHMANN)	30	3.2.2	Eiweiß	61
1.9.1	Die Ontogenese des Immunsystems im Fetus	31	3.2.3	Mineralstoffe	62
1.9.2	Die Ontogenese der Phagozytosefähigkeit beim Fetus und Neugeborenen	33	3.2.4	Spurenelemente	63
1.9.3	Die Resistenz des Fetus gegenüber intrauterinen Infektionen	33	3.2.5	Vitamine	65
			3.2.6	Wasser	65
1.9.4	Die Immunreaktion des Neugeborenen und der Einfluß der passiven Übertragung von Antikörpern durch das Muttertier	33	3.3	Nahrungsaufnahme Neugeborener	67
			4	**Fütterungspraxis** (H. MEYER, H. KAMPHUES)	72
1.9.5	Entwicklung der Immunität beim neugeborenen Tier	35	4.1	Fohlen	72
			4.2	Kälber	74
2	**Das Verhalten der Neugeborenen und Säuglinge** (H. H. SAMBRAUS)	38	4.3	Lämmer	80
2.1	Allgemeines	38	4.4	Ferkel	80
			4.5	Welpen (Hund und Katze)	84
2.2	Verhalten des Muttertieres vor der Geburt	38	4.6	Kaninchen	85
			4.7	Mutterlose Aufzucht	86

5	Die Haltungsbedingungen für Jungtiere von der Geburt bis zur Entwöhnung (W. GROTH) 91
5.1	Die Haltungsbedingungen für das Saugfohlen 91
5.1.1	Abfohlstall, Geburtsbox 91
5.1.2	Stallklima 93
5.1.3	Auslauf, Weidegang 94
5.1.4	Die Pflege des Fohlens 95
5.2	Die Haltungsbedingungen für das Saugkalb 95
5.2.1	Kolostralperiode 95
5.2.2	Mutterkuhhaltung 98
5.2.3	Kälberaufzucht 99
5.2.4	Kälbermast 100
5.3	Die Haltungsbedingungen für Schaflämmer 102
5.3.1	Aufzuchtverfahren 102
5.3.2	Der Ablammstall 103
5.3.3	Die Ablammbucht 104
5.3.4	Stallklima 106
5.4	Die Haltungsbedingungen für Ziegenlämmer 106
5.5	Die Haltungsbedingungen für Saugferkel 107
5.5.1	Der Abferkelstall, die Abferkelbucht 107
5.5.2	Erdrückungsschutz 108
5.5.3	Der Boden der Abferkelbucht 108
5.5.4	Ferkelliegeplatz, Fütterungs- und Tränkeeinrichtungen 109
5.5.5	Stallklima 111
5.5.6	Heizung und Lüftung 112
5.5.7	Routinemaßnahmen bei den Ferkeln 113
5.6	Die Haltungsbedingungen für Kaninchensäuglinge 113
5.7	Die Haltungsbedingungen für Hundewelpen 116
5.7.1	Wurfraum, Wurfbox 116
5.7.2	Wurfkiste 117
5.7.3	Zwinger, Auslauf 118
5.7.4	Betreuung und Pflege der Welpen . 119
5.8	Die Haltungsbedingungen für Katzenwelpen 119
5.8.1	Wurfraum, Katzenhaus 119
5.8.2	Kleinklima 120
5.8.3	Wurfkiste, Wurfkäfig 120

6	Pränatale Entwicklungsstörungen (K. WALSER) 126
6.1	Allgemeines 126
6.2	Definition 126
6.3	Ätiologie der Mißbildungen (kausale Teratogenese) 127
6.4	Mißbildungsformen 128
6.4.1	Gesamtkörper 128
6.4.2	Kopf 129
6.4.3	Hals 133
6.4.4	Wirbelsäule und Rückenmark 133
6.4.5	Ventrale Spaltbildungen am Rumpf 134
6.4.6	Gliedmaßenskelett 134
6.4.7	Anomalien und funktionelle Störungen von Sehnen und Muskulatur ... 135
6.4.8	Spreizen, Grätschen der Saugferkel 137
6.4.9	Haut 137
6.4.10	Innere Organe 137
6.4.11	Doppelbildungen, Zwillingsmißbildungen 138

7	Fohlenkrankheiten (H. BOSTEDT, P. THEIN) 140
7.1	Allgemeiner Teil 140
7.1.1	Bedeutung der Neugeborenen- und Jungtierverluste in der Pferdezucht 140
7.1.2	Untersuchung eines Fohlens 140
7.1.3	Haematologische und klinisch-chemische Normwerte 145
7.1.4	Intensivbehandlung von Fohlen ... 147
7.1.5	Narkose bei Fohlen 150
7.1.6	Geburtsverletzungen 152
7.1.7	Mißbildungen 153
7.1.8	Immunverhältnisse beim neugeborenen Fohlen 156
7.2	Spezieller Teil 159
7.2.1	Systemische Erkrankungen 159
7.2.2	Erkrankungen der Atemwege und des Herz-Kreislauf-Systems 194
7.2.3	Erkrankungen mit vorwiegend zentralnervöser Symptomatik 204
7.2.4	Erkrankungen des Verdauungssystems 214
7.2.5	Erkrankungen des Nabels 238
7.2.6	Erkrankungen des Urogenitalsystems 241
7.2.7	Erkrankungen der Knochen und des Bewegungsapparates 247
7.2.8	Stoffwechselstörungen und Mangelkrankheiten 251
7.2.9	Fehlbildungen und Erkrankungen des Auges 256
7.2.10	Vergiftungen 258

8	**Kälberkrankheiten** (M. Berchtold, W. Zaremba, E. Grunert) 260		8.11	Acidosen	323
			8.11.1	Regulation des Blut-pH-Wertes . . .	324
			8.11.2	Vorkommen und Behandlung von Acidosen	324
8.1	Bedeutung der Aufzuchtverluste . . .	260			
8.2	Diagnostische Maßnahmen	260	8.12	Mangelkrankheiten	325
8.2.1	Anamnese	260	8.12.1	Zerebrokortikalnekrose	325
8.2.2	Routineuntersuchung	261	8.12.2	Enzootische Muskeldystrophie	326
8.2.3	Spezielle Untersuchungen	261	8.12.3	Eisenmangelanämie	328
8.2.4	Beziehungen zwischen Leitsymptomen und Ursachen	264	8.12.4	Kupfermangel	329
		8.12.5	Jodmangel	329
			8.12.6	Mangel an Vitamin A	330
8.3	Störungen im perinatalen Zeitraum	265			
8.3.1	Perinatale Mortalität	265	8.13	Vergiftungen	330
8.3.2	Asphyxie, neonatale Atemdepression	266	8.13.1	Chronische Kupfervergiftung	330
		8.13.2	Furazolidonvergiftung	331
			8.13.3	Jauchegasvergiftung	332
8.4	Mißbildungen	271			
8.4.1	Herz und herznahe Gefäße	272	8.14	Tierärztliches Management in Kälbermastbetrieben	332
8.4.2	Blindheit	272			
8.4.3	Hydrozephalus	272	8.14.1	Besondere Probleme in der ersten Mastwoche	333
8.4.4	Okulozerebelläres Syndrom	272			
8.4.5	Atresia ani	273	8.14.2	Stalluft	334
8.4.6	Atresia ani et recti	273			
8.4.7	Atresia coli	273	8.15	Enthornen	335
8.4.8	Dermatosparaxie	274	8.15.1	Zerstören der Hornanlage durch Ätzen	335
8.4.9	Nabelbruch	274			
			8.15.2	Ausbrennen der Hornanlage	335
8.5	Allgemeininfektionen	275	8.15.3	Mechanische Exzision der Hornanlage	335
8.5.1	E.-coli-Allgemeininfektion	275			
8.5.2	Pneumokokkose	277			
8.5.3	Salmonellose	279			
8.5.4	Infektiöse bovine Rhinotracheitis . .	284	**9**	**Erkrankungen bei Schaf- und Ziegenlämmern** (H. Bostedt)	336
8.5.5	Bovine Virusdiarrhöe	291			
8.6	Erkrankungen des Respirationstrakts	292	9.1	Bedeutung der Neugeborenen- und Jungtierverluste in der Schaf- und Ziegenhaltung	336
8.6.1	Enzootische Bronchopneumonie . . .	292			
8.7	Erkrankungen des Verdauungssystems	300	9.2	Untersuchungstechniken, Behandlungsmaßnahmen und Laborwerte .	338
8.7.1	Stomatitis papulosa	300			
8.7.2	Chronische Indigestion der Saugkälber	302	9.2.1	Untersuchung des neugeborenen Lammes	338
8.7.3	Linksseitige Labmagenverlagerung	303	9.2.2	Untersuchung des älteren Lammes .	339
8.7.4	Labmagentorsion	303	9.2.3	Probenentnahme	340
8.7.5	Labmagenulzera	304	9.2.4	Behandlungstechniken	340
8.7.6	Diarrhöen	304	9.2.5	Haematologische und biochemische Laborwerte	341
8.8	Nabelentzündung	315			
8.9	Polyarthritis	318	9.3	Mißbildungen	343
8.10	Haut- und Haarkleidveränderungen	319	9.4	Geburtsverletzungen	344
8.10.1	Trichophytie	320	9.5	Störungen unmittelbar post natum .	345
8.10.2	Läuse	321	9.5.1	Neonatale Atemdepression, Atemnotsyndrom	345
8.10.3	Haarlinge	322			
8.10.4	Alopezie	322	9.5.2	Neonataler Hypothermie-Hypoglykämie-Komplex	348
8.10.5	Parakeratose	322			

9.6	Erkrankungen mit vorwiegend zentralnervöser Symptomatik 349	9.12	Erkrankungen der Sinnesorgane ... 393	
9.6.1	Kongenitale Encephalopathie 350	9.12.1	Keratokonjunktivitis 393	
9.6.2	Encephalomyelitis granulomatosa, Caprine Arthritis-Encephalitis (CAE) 352	9.12.2	Mikrophthalmie 394	
		9.12.3	Entropium 395	
		9.12.4	Otitis 395	
9.6.3	Caprine Herpesvirusinfektion 353			
9.6.4	Tetanus 354	9.13	Mangelkrankheiten 396	
9.6.5	Coliseptikämie 355	9.13.1	Streßtetanie bei älteren Lämmern .. 396	
9.6.6	Listerienmeningoencephalitis 356	9.13.2	Nutritive Muskeldystrophie 396	
9.6.7	Bakterielle Meningoencephalitis ... 357	9.13.3	Hypokuprämie 399	
9.6.8	Myotonia congenita 357	9.13.4	Jodmangel 402	
9.6.9	Nekrotisierende Myelopathie 357	9.13.5	Enzootischer Marasmus, Kobaltmangel 403	
9.7	Erkrankungen des Respirationstraktes 358	9.13.6	Eisenmangelanämie 404	
9.7.1	Pasteurellose 358	9.13.7	Vitamin A-Mangel 405	
9.7.2	Chlamydienpneumonie 359	9.13.8	Cerebrocorticalnekrose 406	
9.7.3	Mykoplasmenpneumonie 360	9.13.9	β-Mannosidose bei Ziegenlämmern 408	
9.7.4	Haemophilus agni-Infektion 361	9.14	Vergiftungen 408	
9.7.5	Virusinfektionen des Respirationstraktes 361	9.14.1	Kupfervergiftung 408	
		9.14.2	Seleniumvergiftung 409	
9.7.6	Akutes Atemnotsyndrom bei älteren Lämmern 362	9.14.3	Natriumchloridvergiftung 410	
		9.14.4	Amproliumvergiftung 411	
		9.15	Blutsystem und Haut 411	
9.8	Erkrankungen des Digestionstraktes 362	9.15.1	Anämie 411	
9.8.1	Ecthyma contagiosum 363	9.15.2	Staphylokokkendermatitis 412	
9.8.2	Stomatitis necroticans 364	9.15.3	Erbliche Störung im Kollagenstoffwechsel der Haut, Hautbrüchigkeit 412	
9.8.3	Brachygnathia inferior 365			
9.8.4	Rota-Virus-Diarrhöe 366	9.15.4	Epidermolysis bullosa 412	
9.8.5	Lämmerdysenterie 367			
9.8.6	Enterotoxämie 368	9.16	Operationen bei Lämmern 413	
9.8.7	Coli-Enteritis 370			
9.8.8	Campylobacteriose 372			
9.8.9	Salmonellosis 372	**10**	**Erkrankungen der Ferkel**	
9.8.10	Kryptosporidiose 373		(G. Schmid, K. Walser) 414	
9.8.11	Kokzidiose 374	10.1	Untersuchung und Behandlung der Ferkel 414	
9.8.12	Weitere Virusenteritiden 376			
9.8.13	Hypersalivation 376	10.1.1	Klinische Untersuchung der Ferkel 414	
9.8.14	Labmagentympanie 377	10.1.2	Die Verabreichung von Arzneimitteln 415	
9.8.15	Lebererkrankungen 378	10.2	Allgemeinerkrankungen 416	
9.8.16	Helminthosen bei Sauglämmern ... 380	10.2.1	Virusinfektionen 416	
9.9	Nabelentzündung 383	10.2.2	Bakterielle Infektionen 418	
9.10	Erkrankungen des Urogenitalsystems 384	10.3	Erkrankungen des Atmungsapparates 419	
9.10.1	Urolithiasis 384	10.3.1	Virusinfektionen 419	
9.10.2	Hernia scrotalis 385	10.3.2	Bakterielle Infektionen 421	
9.11	Erkrankungen der Gelenke und Knochen 385	10.4	Magen- Darm-Erkrankungen 426	
		10.4.1	Angeborene Anomalien 426	
9.11.1	Polyarthritis 385	10.4.2	Virusinfektionen 427	
9.11.2	Frakturen 388	10.4.3	Bakterielle Infektionen 433	
9.11.3	Rachitis 389	10.4.4	Parasitäre Erkrankungen 438	
9.11.4	Weitere Osteopathien 390			
9.11.5	Chondrodysplasie 392	10.5	Erkrankungen des Blutes 440	
9.11.6	Angeborene Gliedmaßenverlängerung, Spinnenbeine 393	10.5.1	Thrombozytopenische Purpura 440	
		10.5.2	Eisenmangelanämie 441	

10.6	Krankheiten des Bewegungsapparates	443	11.4	Parasitäre Erkrankungen	500
10.6.1	Angeborene Anomalien	443	11.4.1	Hunde-Helminthen	500
10.6.2	Bakterielle Infektionen	445	11.4.2	Hunde-Protozoen	502
			11.4.3	Katzen-Helminthen	503
10.7	Krankheiten der Haut	449	11.4.4	Katzen-Protozoen	503
10.7.1	Angeborene Anomalien	449	11.4.5	Therapie bei Nematodenbefall	503
10.7.2	Virusinfektionen	451	11.4.6	Prophylaxe bei Nematodenbefall	503
10.7.3	Bakterielle Infektionen	452	11.4.7	Therapie bei Protozoenbefall	504
			11.4.8	Prophylaxe bei Protozoenbefall	504
10.8	Erkrankungen des Zentralnervensystems	454	11.4.9	Ektoparasiten	504
10.8.1	Angeborene Anomalien	454	11.4.10	Therapie und Prophylaxe bei Ektoparasitenbefall	505
10.8.2	Virusinfektionen	455			
10.8.3	Bakterielle Infektionen	457			
10.9	Besondere Erkrankungen	459	**12**	**Krankheiten der Neugeborenen und Säuglinge bei Zoo- und Wildtieren** (H. WIESNER)	508
10.9.1	Hernien	459			
10.9.2	Hypoglykämie und Hypothermie der Saugferkel	460			
10.9.3	Fettlebersyndrom der Saugferkel	461	12.1	Allgemeines	508
			12.1.1	Geburts- und Puerperalstörungen im Hinblick auf den Neonaten	508
11	**Erkrankungen bei Hunde- und Katzenwelpen** (M. RÜSSE, A. SCHWAB)	463	12.1.2	Erstversorgung des Neugeborenen	508
			12.1.3	Infektionsprophylaxe beim Neugeborenen	510
11.1	Allgemeines	463	12.1.4	Immobilisation	511
11.2	Nichtinfektiöse Erkrankungen	464			
11.2.1	Neonatale Atemdepression	464	12.2	Mutterlose Aufzucht	513
11.2.2	Fruchtwasseraspiration	466			
11.2.3	Hypothermie	467	12.3	Juvenile Mangelerkrankungen	516
11.2.4	Hypoglykämie	468			
11.2.5	Primäre Narkoseschäden	469	12.4	Krankheiten bei einzelnen Spezies	517
11.2.6	Geburtsverletzungen	470	12.4.1	Beuteltiere	517
11.2.7	Mutterlose Aufzucht von neonatalen Hunde- und Katzenwelpen	470	12.4.2	Insektenfresser	519
			12.4.3	Zahnarme und Erdferkel	520
11.2.8	Koprostase	473	12.4.4	Fledertiere	521
11.2.9	Nichtinfektiöse Diarrhöe	473	12.4.5	Schliefer	521
11.2.10	Dehydrationserscheinungen	474	12.4.6	Nagetiere und Hasen	521
11.2.11	Hämorrhagisches Syndrom	475	12.4.7	Elefanten	525
11.2.12	Icterus neonatorum / Hund	476	12.4.8	Einhufer	525
11.2.13	Icterus neonatorum / Katze	477	12.4.9	Tapire	526
11.2.14	Toxisches Milchsyndrom	477	12.4.10	Nashörner	527
11.2.15	Spurenelementmangel	478	12.4.11	Paarhufer	527
11.2.16	Vitamin-A-Überdosierung	478	12.4.12	Robben	528
11.2.17	Vitamin-D-Überdosierung	479	12.4.13	Fleischfresser	530
11.2.18	Nephrogener Diabetes insipidus	479	12.4.14	Affen	531
11.2.19	Neuromuskuläre Erkrankungen	480			
11.2.20	Lactatio neonatorum	480	**Farbtafeln**		534
11.3	Infektionskrankheiten	481			
11.3.1	Bakterielle Infektionen / Allgemeines	481	**Sachregister**		566
11.3.2	Virale Erkrankungen	490			

Mitarbeiterverzeichnis

Professor Dr. Max Berchtold
Haldenring 13, CH 8604 Volketswil

Professor Dr. Hartwig Bostedt
Ambulatorische und Geburtshilfliche
Veterinärklinik
Justus-Liebig-Universität Gießen
Frankfurter Str. 106, 6300 Gießen

Professor Dr. Hans-Georg Buschmann
Institut für Medizinische Mikrobiologie,
Infektions- und Seuchenmedizin
Tierärztliche Fakultät der Universität München
Veterinärstr. 13, 8000 München 22

Professor Dr. Walter Groth †
Lehrstuhl für Tierhygiene und Nutztierkunde der
Technischen Universität München
Hohenbachernstr. 15, 8050 Freising-Weihenstephan

Professor Dr. Dr. h. c. Eberhard Grunert
Klinik für Geburtshilfe und Gynäkologie
des Rindes
Tierärztliche Hochschule Hannover
Bischofsholer Damm 15, 3000 Hannover 1

Professor Dr. Bernd Hoffmann
Ambulatorische und Geburtshilfliche
Veterinärklinik
Justus-Liebig-Universität Gießen
Frankfurter Str. 106, 6300 Gießen

Professor Dipl.-Ing. Dr. Josef Kamphues
Außenstelle für Epidemiologie
Tierärztliche Hochschule Hannover
Bischofsholer Damm 15, 3000 Hannover 1

Professor Dipl.-Landwirt Dr. Dr. h. c.
Helmuth Meyer
Institut für Tierernährung
Tierärztliche Hochschule Hannover
Bischofsholer Damm 15, 3000 Hannover 1

Professor Dr. Meinhard Rüsse
Gynäkologische und Ambulatorische Tierklinik
Ludwig-Maximilians-Universität München
Königinstr. 12, 8000 München 22

Professor Dr. Dr. Hans Hinrich Sambraus
Institut für Tierwissenschaften
der Technischen Universität München
8050 Freising-Weihenstephan

Akad. Oberrat Dr. Günter Schmid
Gynäkologische und Ambulatorische Tierklinik
Ludwig-Maximilians-Universität München
Königinstr. 12, 8000 München 22

Akad. Rat a. Z. Dr. Andreas Schwab
Gynäkologische und Ambulatorische Tierklinik
Ludwig-Maximilians-Universität München
Königinstr. 12, 8000 München 22

Professor Dr. Dr. habil. Peter Thein
Lehrstuhl für Medizinische Mikrobiologie,
Infektions- und Seuchenmedizin der Tierärztlichen
Fakultät der Ludwig-Maximilians-Universität
München
Königinstr. 12, 8000 München 22
Institut für Biologische Forschung im Geschäfts-
bereich Veterinär der Bayer AG
Alfred-Nobel-Str. 50, 5090 Leverkusen-Monheim

Dr. Wiliam C. Wagner, Professor and Head
Department of Veterinary Biosciences
College of Veterinary Medicine, University of
Illinois at Urbana-Champaign
Urbana, IL 61801, USA

Professor Dr. Kurt Walser
Gynäkologische und Ambulatorische Tierklinik
Ludwig-Maximilians-Universität München
Königinstr. 12, 8000 München 22

Professor Dr. Henning Wiesner
Tierpark Hellabrunn
Tierparkstr. 30, 8000 München 90

Hochschulassistent Dr. Wolfgang Zaremba
Klinik für Geburtshilfe und Gynäkologie
des Rindes
Tierärztliche Hochschule Hannover
Bischofsholer Damm 15, 3000 Hannover 1

1 Anatomische und physiologische Grundlagen des Neugeborenen

H. Buschmann, B. Hoffmann, J. Kamphues, H. Meyer, W. C. Wagner, K. Walser

1.1 Geburtsmasse

H. Meyer, J. Kamphues

Die Geburtsmasse ist für die Überlebenschance, aber auch für die Entwicklung des Neugeborenen von erheblicher Bedeutung: Je geringer die relative Geburtsmasse (Geburtsmasse in % der Lebendmasse des Muttertieres), um so ungünstiger sind die Perspektiven für Überleben und Leistung (Tab. 1.1).

Tabelle 1.1 Einfluß der Geburtsmasse von Ferkeln auf Aufzuchtverluste und Entwicklung in der Säugezeit

Geburtsmasse kg	Verluste %	Tageszunahmen g
0,7 – 0,8	64	139
0,9 – 1,0	44	156
1,1 – 1,2	16	185
1,3 – 1,4	14	200
1,5 – 1,7	12	220 – 245

Dammert et al. 1974

Die relative Geburtsmasse (Tab. 1.2) variiert bei verschiedenen Spezies erheblich. Generell weisen Nestflüchter bzw. unipare Tierarten eine höhere relative Geburtsmasse auf als multipare.

Fohlen von Kleinpferden erreichen 10 – 12 %, von größeren Pferden 8 – 10 % der mütterlichen Lebendmasse; neugeborene Kälber weisen im Mittel 7 % auf. Weibliche Kälber wiegen im Durchschnitt 10 % weniger als Bullenkälber. Auffallend niedrige relative Geburtsmassen sind für Jerseys (5,5 %) sowie für die meisten Zeburassen (6 %) typisch.

Die Geburtsmasse beim Schaf ist von Rasse, Geschlecht und Zahl der Lämmer pro Wurf abhängig. Während bei uniparen Geburten ähnliche oder leicht höhere (bis 8 %) Werte als beim Rind erreicht werden, kommen Lämmer aus Zwillings- oder Drillingsgeburten allenfalls auf 6,5 %. Beim Schwein liegt die Geburtsmasse in der Regel unter 1 %, bei untergewichtigen Ferkeln sogar unter 0,5 %. Normal entwickelte Ferkel sollten etwa 1,3 kg wiegen. Beim Hund ist die relative Geburtsmasse stark rasseabhängig. Bei Großrassen mit hoher Welpenzahl pro Wurf liegt sie nur um 1 %, bei Zwergen mit 1 – 3 Jungen pro Wurf in der Regel zwischen 3 – 4 %, ähnlich wie bei der Katze. Das Kaninchen bringt wenig entwickelte Nachkommen zur Welt, so daß die Geburtsmasse der einzelnen Jungen im Durchschnitt nur 0,8 (0,5 – 1,1 %) der mütterlichen Lebendmasse erreicht.

Die wesentlichen determinierenden Faktoren für die Höhe der Geburtsmasse sind Genotyp, Trächtigkeitsdauer, Zahl der Nachkommen pro Wurf und die Ernährung des Muttertieres ante par-

Tabelle 1.2 Relative Geburtsmasse und Gesamtwurfmasse bei verschiedenen Spezies (% der Lebendmasse des Muttertieres)

	relative Geburtsmasse %	Gesamtwurfmasse %
Pferd	8 – 10	8 – 10
Rind	7	7
Ziege, multipar (2)	6 – 7	12 – 14
Schaf, unipar	7 – 8	7 – 8
multipar (2)	6 – 7	12 – 14
multipar (3)	4 – 6	12 – 18
Schwein (10)	0,7	7
Hund		
Zwergrassen (4)	3 – 4	12
Riesenrassen (10)	1,0	10 – 12
Katze (5)	3,0 – 4,0	15 – 20
Kaninchen (5 – 10)	0,8 – 1,2	6 – 10

( ) Zahl der Nachkommen pro Wurf

Arrington 1978, *Gall* 1982, *Gütte* 1972, *Kamphues* 1985, *Meyer* 1985, *Richter* und *Götze* 1978, *Schlolaut* und *Wachendörfer* 1980

Tabelle 1.3 Einfluß der Energiezufuhr bei tragenden Färsen auf Lebendmasse und Geburtsmasse

Energiezufuhr (in % vom Bedarf)	Geburtsmasse Kalb absolut kg	relativ %	Lebendmasse Färsen absolut kg	relativ %	Geburtsmasse Kalb in % LM Färsen
65	36,8	95,3	371	79	9,9
100	38,6	100,0	468	100	8,3
140	40,9	106,0	538	115	7,6

Ridler et al. 1963

tum. Bei großen Haustieren, deren Entwicklung zur Zeit der Geburt schon weit fortgeschritten ist, dominieren Einflüsse von Trächtigkeitsdauer, aber auch vom Genotyp, bei multiparen Spezies hat dagegen die Zahl der Nachkommen pro Wurf erhebliche Bedeutung. Während bei Spezies mit längerer Trächtigkeitsdauer und einer relativ niedrigen Gesamtwurfmasse der Einfluß der Energie- bzw. Eiweißzufuhr ante partum auf die Fruchtentwicklung relativ gering ist (so daß auch bei knapper Ernährung des Muttertieres die Geburtsmasse nur wenig beeinflußt wird wie z.B. beim Rind, s. Tab. 1.3), sind die Ernährungseffekte bei Spezies mit einer relativ hohen Wurfmasse (Kaninchen, Hund, Katze, Mehrlingsträchtigkeiten beim Schaf) und kürzerer Trächtigkeitsdauer aufgrund geringerer Kompensationsmöglichkeiten des mütterlichen Organismus wesentlich gravierender.

1.2 Körperzusammensetzung

H. Meyer, J. Kamphues

Neugeborene unterscheiden sich in ihrer Körperzusammensetzung erheblich von älteren Tieren (Tab. 1.4), insbesondere Nesthocker, die mit einem relativ geringen Reifegrad zur Welt kommen. Die Ausreifung wird vor allem durch den Trockensubstanzgehalt im Körper charakterisiert, der beim neugeborenen Fohlen über 27%, beim neugeborenen Kaninchen jedoch nur 20% erreicht. Entsprechend abgestuft sind auch die Proteingehalte, die zwischen 11 und 17% variieren. Der Fettgehalt neugeborener Haustiere liegt außer beim Meerschweinchen unter 5%, d.h. die Neonaten besitzen nur geringe Energiereserven in Form von Fett, zumal das Organfett nicht für die

Tabelle 1.4 Körperzusammensetzung Neugeborener

		Fohlen	Kalb	Lamm Schaf	Ferkel normal-	unter- gewichtig	Welpen Hund Zwerg-	Riesen- rassen	Katze	Kaninchen
Trockensubstanz	g/kg	273	258	255	194	184	199	203	212	202
Protein	g/kg uS*	171	169	165	116	112	130	150	150	121
Fett	"	26	28	30	11	9	12	13	22	43
N-freie Extraktstoffe	"	21	20	20	24	22	31	14		16
Calcium	"	18,2	14,0	13,0	11,0		6,4		6,2	5,2
Phosphor	"	9,7	8,0	7,0	6,0		4,7		4,5	3,9
Magnesium	"	0,39	0,55	0,50	0,26		0,26		0,24	0,27
Natrium	"	1,9	2,4	2,4	2,0		2,0		1,9	1,8
Kalium	"	1,9	2,1	1,7	2,0		2,1		2,2	2,2
Eisen	mg/kg uS*	120	60		46		46		55	120
Kupfer	"	5,0	3,9	3,7	2,3		1,5		1,5	3,8
Zink	"	42	24	24	15		37		18	25
Mangan	"	1,3			1,5		0,7		1,0	0,81

A. R. C. 1980, Kamphues 1985, Kienzle 1986, Meyer 1985, Meyer und Ahlswede 1976, Sagel 1975

* uS: ursprüngliche Substanz

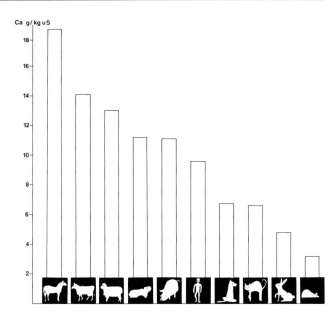

Abb. 1.1 Ca-Gehalt Neugeborener verschiedener Spezies (Angaben in g/kg ursprüngliche Substanz, *Meyer* 1983)

Freisetzung von Energie zur Verfügung steht. Die N-freien Extraktstoffe im Organismus Neugeborener werden im wesentlichen durch Glykogen gestellt, das überwiegend in der Leber, in geringerem Umfang auch in der Muskulatur vorliegt.

Unter den Mineralstoffen spiegelt der Ca-Gehalt insbesondere die Entwicklung des Skelettes wider (Abb. 1.1). Während das Fohlen bereits mit einem stark mineralisierten Skelett zur Welt kommt, weisen Welpen, insbesondere aber junge Kaninchen ein noch wenig kalzifiziertes Skelett auf. Unterschiede im P-Gehalt zwischen den Spezies sind ebenfalls im wesentlichen durch die unterschiedliche Skelettentwicklung bedingt. Für die übrigen Mineralstoffe ergeben sich keine erheblichen Unterschiede zwischen den Spezies. Auffallende Differenzen liegen bei den Spurenelementen vor. Ausgesprochen niedrige Fe-Gehalte weisen neugeborene Ferkel und Welpen auf.

Literatur

A. R. C. (1980): The nutrient requirements of ruminant livestock − Technical review by an agricultural research council working party − Agricultural research council, Commonwealth agricultural bureaux, slough unwin brothers, The gresham press, Surrey

Arrington, L. R. (1978): Introductory Laboratory animal science, 2nd. Ed. Interstate Printers & Publ., Danvill, Illinois

Dammert, S., M. Kirchgessner, H. Giessler (1974): Zum Einfluß des Geburtsgewichtes von Ferkeln auf Verluste und Gewichtsentwicklung während der Aufzucht und Mast. Züchtungskde. *46*, 123−130

Gall, Chr. (1982): Ziegenzucht, Ulmer-Verlag, Stuttgart

Gütte, J. O. (1972): Energiebedarf laktierender Stuten. In: *Lenkeit, W., K. Breirem, E. Crasemann*, Handbuch der Tierernährung, Bd. 2, 393−398

Kamphues, J. (1985): Untersuchungen zum Energie- und Nährstoffbedarf gravider Kaninchen. Züchtungskde. *57*, 207−222

Kienzle, E. (1986): Unveröffentlicht

Meyer, H. (1984): Mineralstoffwechsel und -bedarf bei Hündinnen und Saugwelpen. In: Ernährung und Verhalten bei Hund und Katze, Schlütersche Verlagsanstalt, Hannover

Meyer, H. (1985): Untersuchungen zum Energie- und Nährstoffbedarf von Zuchthündinnen und Saugwelpen. Fortschritte in der Tierphysiologie und Tierernährung, Beiheft 16 zur Zschr. Tierphysiol., Tierernährg. u. Futtermittelkde, Parey Verlag, Berlin u. Hamburg

Meyer, H., L. Ahlswede (1976): Über das intrauterine Wachstum und die Körperzusammensetzung von Fohlen sowie den Nährstoffbedarf tragender Stuten. Übers. Tierernährg. *4*, 263−292

Richter, J., R. Götze (1978): Tiergeburtshilfe, 3. Aufl. Parey Verlag, Hamburg

Ridler, B., W. H. Broster, A. S. Foot (1963): The growth rate of heifers in a dairy herd. J. Agric. Sci. *61*, 1−8

Roy, J. H. B., I. J. F. Stobo (1974): In Roy, J. H. B. 1975: Factors affecting perinatal mortality in calves. Proc. 1st Sem. on pathology in the CEC program of coordination of research in beef production

Sagel, B. (1975): Untersuchungen über die Körper- und Blutzusammensetzung neugeborener Ferkel in Abhängigkeit von Geburtsgewicht und maternaler Kohlenhydratversorgung. Vet. Diss. Hannover

Schlolaut, W., G. Wachendörfer (1980): Schafhaltung, 3. Aufl., DLG-Verlag, Frankfurt

1.3 Herz und Kreislaufsystem

K. WALSER

Die Ausbildung des Kreislaufsystems beginnt schon in einer frühen embryonalen Phase. Herz und Gefäßverlauf werden so angelegt, daß einerseits der wachsende, sich differenzierende Organismus der Frucht während der gesamten intrauterinen Entwicklung über die Plazenta versorgt werden kann, andererseits aber auch sichergestellt ist, daß bei der Geburt die Umstellung vom Plazentar- zum Lungenkreislauf reibungslos funktioniert.

Die Verbindung zwischen Plazenta und Fetus wird durch den Nabelstrang hergestellt. Der Nabelstrang ist vom Amnion umhüllt. In dieser Amnionscheide verlaufen, eingebettet in lockeres Bindegewebe, die beiden Nabelarterien (Aa. umbilicales) und die Nabelvene (V. umbilicalis). Bei Wiederkäuern und Fleischfressern enthält der Nabelstrang zwei Venen, die sich am Bauchnabel vereinigen.

Das in der Plazenta arterialisierte Nabelvenenblut fließt mit dem Blut der Pfortader (V. portae) durch das Kapillargebiet der Leber und mündet in die venöses Blut führende hintere Hohlvene (V. cava caudalis). Das daraus sich ergebende Mischblut strömt zum rechten Vorhof des Herzens. Bei den Wiederkäuern und Fleischfressern gelangt ein Teil des Nabelvenenblutes unter Umgehung der Leber über den Ductus venosus *(Arantii)* direkt in die hintere Hohlvene (s. Abb. 1.2, Farbtafel 1).

Die beiden Herzvorhöfe stehen durch eine Öffnung in der Vorhofscheidewand, das Foramen ovale, in weit offener Verbindung. Dadurch kann der größte Teil des Mischblutes aus der hinteren Hohlvene vom rechten in den linken Vorhof und von dort in die linke Herzkammer fließen. Der kleinere Teil wird mit dem venösen Blut der vorderen Hohlvene in die rechte Herzkammer geleitet. Die Stromteilung erfolgt durch ein Tuberculum intervenosum im rechten Vorhof.

Bei Kontraktion der Herzkammern wird das Blut aus dem linken Ventrikel in die Aorta gedrückt, das Blut aus dem rechten Ventrikel in die A. pulmonalis. Da die Lunge des Fetus nicht entfaltet ist und die Lungengefäße dem Blutstrom einen hohen Widerstand entgegensetzen, fließt der Hauptanteil des Blutes aus der A. pulmonalis unter Umgehung des Lungenstrombettes durch den weiten Ductus arteriosus *(Botalli)* in die Aorta descendens (Rechts-links-Shunt). Die fetale Lunge wird nur für ihren eigenen Bedarf nutritiv mit Blut versorgt. Rechtes und linkes Herz sind somit funktionell parallel geschaltet.

Die Aorta ascendens führt das sauerstoffreichere Mischblut aus der linken Herzkammer, um Gehirn und die vorderen Körperpartien zu versorgen. Das sauerstoffärmere Mischblut der Aorta descendens durchströmt die hinteren Körperabschnitte und die Bauchorgane und fließt nach den jeweiligen Kapillargebieten zum Teil durch die V. cava caudalis zum Herzen zurück. Der größere Teil wird über die Nabelarterien zur Plazenta geleitet.

Mit dem ersten Atemzug beginnt die Entfaltung der Lunge, der Widerstand der Lungengefäße sinkt ab. Gleichzeitig entsteht ein intrathorakaler Unterdruck. Dadurch nimmt die Lungendurchblutung erheblich zu. Das hat zur Folge, daß jetzt viel Blut durch die Lungenvenen in den linken Vorhof strömt. Der dadurch bedingte Druckanstieg im linken Vorhof führt zum Verschluß der sich in den linken Vorhof öffnenden Klappe des Foramen ovale in den ersten Minuten nach der Geburt. Dies wird auch dadurch begünstigt, daß gleichzeitig mit dem Verschluß der Nabelvene der Zustrom von Blut zum rechten Vorhof herabgesetzt wird (s. Abb. 1.3, Farbtafel 1).

Bei voller Öffnung der Lungenstrombahn kann das gesamte aus der rechten Herzkammer in die A. pulmonalis gepumpte Blut von der Lunge aufgenommen werden. Der Ductus arteriosus wird nicht mehr in Richtung Aorta durchströmt. Es kommt vielmehr vorübergehend zu einer Stromumkehr, da jetzt beim Neugeborenen der Druck in der Aorta den Druck in der A. pulmonalis übersteigt (Links-rechts-Shunt). Der Kreislauf des Neugeborenen verbleibt noch für einige Tage in diesem labilen Übergangsstadium. Erst dann erfolgt allmählich der endgültige funktionelle und morphologische Verschluß des Ductus arteriosus durch Kontraktion der Gefäßmuskulatur, fibröse Verwachsung und Proliferation der Intima. Erst dann hat der postnatale Kreislauf seine bleibenden Wege aufgebaut.

Mit Durchtrennung der Nabelschnur endet der Zustrom von Blut aus der Plazenta. Bei den Wiederkäuern reißt der kurze Nabelstrang meist schon während der Austreibung, sobald die Nabelgegend der Frucht den Beckenausgang passiert. Das Fohlen bleibt über den sehr langen Naberstrang noch einige Zeit nach der Geburt mit der Plazenta verbunden. Der Nabelstrang reißt in der Regel erst beim Aufstehen der Stute oder bei ersten Aufstehversuchen des Fohlens. Beim Ferkel wird die Nabelschnur spätestens kurz nach dem Austritt aus den Geburtswegen durchtrennt. Bei Fleischfressern beißen die Muttertiere den Nabelstrang durch. Bei den Tierarten mit langem, postpartal noch intaktem Nabelstrang fließen in den ersten Minuten nach der Geburt noch beträchtliche Blutmengen von der Plazenta zum Neugeborenen (beim Fohlen bis zu 1,5 l).

Beim Durchreißen des Nabelstrangs verschließen sich die Nabelgefäße unter Einrollung der Intima, Lumenverengung und Bildung von Thromben sehr schnell. Die Pulsationen der Nabelarterien werden rasch schwächer, die muskelstarken Arterien mit ihren Drosseleinrichtungen kontrahieren sich. Die Nabelvene wird bei raschem Druckabfall nicht mehr durchblutet und obliteriert.

Das Grundprinzip des postnatalen Kreislaufs ist die völlige Trennung von Lungen- und Körperkreislauf nach Verschluß der fetalen Blutwege. Die beiden Kreislaufsysteme sind nicht mehr, wie im fetalen Zustand, parallel, sondern hintereinander geschaltet. Das gesamte Blut, das dem rechten Herzen zufließt, wird zur Regeneration durch die Lunge gepumpt, bevor es vom linken Herzen aus den großen Kreislauf durchströmt.

Der linke Ventrikel kann nur soviel Blut in den Körperkreislauf auswerfen, wie ihm von der Lunge angeboten wird. Die Auswurfmengen des rechten und des linken Ventrikels je Herzkontraktion müssen demnach gleich sein. Die Umlaufstrecke im Körperkreislauf ist jedoch um ein Mehrfaches größer als im Lungenkreislauf. Es entsteht dadurch bei gleichem Schlagvolumen ein Verhältnis der Anteile des Lungenkreislaufs zum Körperkreislauf von etwa 20 : 80. Ein entsprechendes Verhältnis ergibt sich für die Blutdrucke und die Arbeitsleistungen der rechten zur linken Kammer.

Das Blut kann seinen vielfältigen, postnatal noch gestiegenen Transportaufgaben nur nachkommen, wenn es in einem ständigen Kreislauf alle Organsysteme durchströmt. Die nach den jeweiligen Leistungsforderungen wechselnden Bedarfsansprüche der Durchblutungsgebiete bedingen eine unterschiedliche Blutverteilung im Körper, wobei trotzdem ein ausgeglichener Kreislauf erhalten bleiben muß. Erst die Funktionseinheit zwischen Herz als zentralem Motor und den Blutgefäßen als Leitungs- und Steuerungssystem der Blutverteilung bei physikalisch-chemischer Überwachung durch das Nervensystem kann diesen hohen Ansprüchen gerecht werden.

Beim Neugeborenen und Säugling muß das Herz bei kleinem Schlagvolumen das Blut mit hoher Schlagfrequenz in ein Gefäßsystem mit großem elastischen und peripheren Widerstand pumpen. Die beschränkte Volumenleistung des Herzens zwingt zu weiterer Frequenzerhöhung selbst bei geringer Belastung. Schon das Suchen nach dem Gesäuge, der Saugakt und die damit verbundene Aufregung führen zu Frequenzerhöhung. Die hohe Schlagfrequenz erbringt trotz geringer Kraft des Herzmuskels eine höhere Arbeitsleistung. Die Kompensation durch Frequenzsteigerung ist jedoch unökonomisch. Den Leistungsreserven des Herzens durch Frequenzerhöhung im frühen Säuglingsalter sind auch dadurch Grenzen gesetzt, daß bei sehr hoher Frequenz die Kammerfüllung und damit das ohnehin geringe Schlagvolumen weiter abfallen. Das Herz des Neugeborenen ist also wenig belastungsfähig.

Auch die weitere Säuglingsperiode ist gekennzeichnet durch hohe Herzschlagfrequenz schon im Ruhezustand (Tab. 1.5, 1.6, 1.7). Geringe Belastungen führen rasch zu einer weiteren Frequenzerhöhung. Häufige Blutdruckanstiege, wechselnde Blutdruckamplituden und verlängerte Erholungszeiten kennzeichnen den labilen Kreislaufzustand. Anpassungsschwierigkeiten zeigen sich in rascher körperlicher Ermüdbarkeit und Leistungsschwäche bei stärkerer Belastung.

Tabelle 1.5 Herzschlagfrequenz beim Rind in Abhängigkeit vom Alter (nach *Kolb* 1974)

Alter	Schläge/min
neugeboren	115 – 140
2 Wochen	105 – 115
3 Monate	90 – 105
6 Monate	80 – 100
erwachsen	50 – 60

Tabelle 1.6 Herzschlagfrequenz beim Schaf in Abhängigkeit vom Alter (nach *Pyritz* 1977)

Alter	Schläge/min		
	min	max	Mittelwert
1 Woche	144	50% über 180	–
2 Wochen	148	25% über 180	–
3 Wochen	127	178	150
4 Wochen	112	178	141
3 Monate	101	129	115
6 Monate	83	107	97
Jährlinge	79	113	95
Mutterschafe	62	90	73

Tabelle 1.7 Herzschlagfrequenz beim Schwein in Abhängigkeit vom Alter (nach *Schulze* 1980)

Alter	Schläge/min (Durchschnittswerte)
bis 1 Woche	218
bis 4 Wochen	136
bis 8 Wochen	119
bis 12 Wochen	97
bis 16 Wochen	83
über 16 Wochen	78
Mutterschwein	66
Eber	72

Literatur

Ewerbeck, H. (1962): Der Säugling. Springer Verlag, Berlin-Göttingen-Heidelberg
Grauwiler, J. (1965): Herz und Kreislauf der Säugetiere. Birkhäuser Verlag, Basel
Heck, W. (1964): Der Kreislauf. In: Entwicklungsphysiologie des Kindes, Hrsg. *H. Wiesener,* Springer Verlag, Berlin-Göttingen-Heidelberg
Heck, W. (1965): Die Kreislaufentwicklung des Neugeborenen. In: Die Übergangsstörungen des Neugeborenen und die Bekämpfung der perinatalen Mortalität. Hrsg. *H. Ewerbeck* und *V. Friedberg.* Georg Thieme Verlag, Stuttgart
Kolb, E. (1974): Lehrbuch der Physiologie der Haustiere. 3. Aufl., Teil I. Gustav Fischer Verlag, Stuttgart
Pschyrembel, W., J. W. Dudenhausen (1972): Grundriß der Perinatalmedizin. Walter de Gruyter, Berlin – New York
Pyritz, R. (1977): Untersuchungen über die Herzschlagzahl beim Deutschen schwarzköpfigen Fleischschaf in verschiedenen Alters- und Nutzungsgruppen. Vet. Diss., Hannover
Schulze, W. (1980): Klinische Untersuchungen. In: Klinik der Schweinekrankheiten. Hrsg. *W. Schulze, K. Bickhardt, W. Bollwahn, G. v. Mickwitz, H. Plonait. M.* und *H. Schaper,* Hannover

1.4 Atmung

K. WALSER

1.4.1 Atmungsmechanik

Entscheidende Voraussetzungen für die komplikationslose Umstellung vom plazentaren zum pulmonalen Gasaustausch in den ersten Minuten nach der Geburt sind das Einströmen von Luft in die voll ausgebildete, reife Lunge ohne Behinderung in den Atemwegen (Aeration) mit dem ersten Atemzug, die dann einsetzende, fortlaufende Belüftung (Ventilation) der Lungenbläschen bei guter Lungendurchblutung und die Möglichkeit des Gasaustausches zwischen Alveolarluft und Lungenkapillarblut durch ausreichend dünne Membranen.

Die Lungenanlage ist zunächst ein solides, drüsiges Organ. Erst im Laufe der Weiterentwicklung kommt es zur Kanalisierung des Bronchialbaums mit zunehmender Verästelung. Aus den endständigen Strukturen der Alveolargänge entstehen unter Taschenbildung deutlich voneinander abgesetzte Alveolen in wachsender Zahl. Die terminalen, anfangs zylindrischen, dann kubischen Epithelzellen werden immer flacher. Blutkapillaren sprossen in das Mesenchym ein und umschließen die Alveolen. Alveolen und Bronchiolen sind mit Sekret der Alveolarzellen, der Lungenflüssigkeit, gefüllt. Die Lungenbläschen sind daher auch bei unbelüfteter Lunge des Fetus nicht völlig kollabiert.

In der reifen Lunge sind die Alveolarwände mit einem Film oberflächenaktiver Substanzen ausgekleidet, einem Sekret der Alveolarzellen vom Typ II. Beim ersten Einströmen von Luft in die Lunge und bei der dann folgenden Ventilation wird dieses Agens (Surfactant = surface active agent, Anti-Atelektase-Faktor) wirksam, indem es die Grenzflächenspannung in den Alveolen herabsetzt.

Die Oberflächenspannung ist ein physikalisches Phänomen, das an der Grenzfläche zweier verschiedener Medien (hier: Luft/Flüssigkeit) Gültigkeit hat. Danach haben die Alveolen die Tendenz, sich zu verkleinern, und zwar die kleineren Alveolen in stärkerem Maße als die großen. Ohne Verminderung der Oberflächenspannung durch besondere Verbindungen würden die verschieden großen Alveolen unterschiedlich stark ventiliert werden. Bei der Inspiration hätte dies zur Folge, daß größere Alveolen übermäßig gebläht würden (Emphysem). Bei der Exspiration würden die kleinen Alveolen vermehrt an Volumen verlieren oder völlig kollabieren (Atelektase).

Bei den oberflächenaktiven Substanzen der reifen Lunge (Surfactant) handelt es sich um ein Gemisch von Phospholipiden und Proteinen. Die wichtigsten Phospholipide des Surfactant sind Lecithinabkömmlinge (Phosphatidylcholin, Phosphatidylglycerol). Deren Konzentration steigt erst ausgangs der Gravidität in Korrelation mit dem Reifegrad der fetalen Lunge nach Differenzierung der Typ II-Zellen steil an. In diesen Zellen wird der Surfactant gebildet und gespeichert.

Der Surfactant verändert die Oberflächenspannung in Abhängigkeit vom Alveolarradius. Je kleiner der Radius, umso dichter liegen die Moleküle des Surfactant in der Grenzflächenschicht und umso mehr wird die Oberflächenspannung herabgesetzt. In der Lunge mit dem kommunizierenden System verschieden großer Bläschen kommt es dadurch zum Ausgleich der Druckkräfte. Beim Neugeborenen mit den besonders kleinen Alveolen ist diese Wirkung für die Entfaltung der Lunge von lebenswichtiger Bedeutung. Ein Mangel an Surfactant führt zu dem meist tödlich verlaufenden Atemnotsyndrom der Neugeborenen.

Beim Durchtritt der Frucht durch das mütterliche Becken im Austreibungsstadium der Geburt wird der größte Teil der in der Fetalzeit sezernierten Lungenflüssigkeit durch Kompression des Thorax und des Abdomens aus der Lunge ausgepreßt. Bei der folgenden Dehnung des Brustkorbs strömt Luft in die Lunge ein. Eine Ventilation der Alveolen erfolgt damit noch nicht. Das Neugeborene verbleibt vielmehr zunächst noch bei Inspirationsstellung des Thorax in einem apnoischen Zustand. Erst dann beginnt die Atmung als Schnappatmung. Dabei ist der Mund geöffnet, die Zunge zurückgezogen, Hals und Kopf sind gestreckt. Die Pausen zwischen den einzelnen Atemzügen mit hohem Atemvolumen können in Extremfällen sehr groß sein. Selbst über mehrere Minuten andauernde Schnappatmung kann noch in eine regelmäßige Atmung übergehen. Normalerweise schließt sich aber schon nach wenigen schnappenden Atemzügen eine regelmäßige, periodische Atmung an. Sie ist gekennzeichnet durch Perioden von in ihrer Atemtiefe an- und wieder abschwellenden Atemzügen mit dazwischen liegenden Pausen. Schließlich setzt die regelmäßige, rhythmische Atmung ein, bei der jeder Atemzug dem vorherigen gleicht.

Der erste Atemzug wird von verschiedenen Reizen ausgelöst. Unmittelbar nach der Geburt treffen das Neugeborene viele, offenbar heftig empfundene äußere Reize wie Kälte, Berührung, Licht, Geruchsstoffe. Hinzu kommen die rasch veränderten Einwirkungen der Schwerkraft. Der atmungshemmende „Eintauchreflex" ins Fruchtwasser entfällt. Über Rezeptoren für Temperatur, Druck und Schmerz wirken diese Reize auf das Atmungszentrum stimulierend ein. Erst nach einigen Minuten andauernder Apnoe werden die äußeren physiko-chemischen Reize durch Depression des Atmungszentrums unwirksam.

Eine entscheidende Rolle bei Ingangkommen der Atmung spielen biochemische Faktoren, die über Chemorezeptoren im Karotissinus und Aortenbogen auf das Atmungszentrum einwirken. Gegen Geburtsende und in der ersten postnatalen Phase liegt der pH-Wert im Blut des Neugeborenen niedrig (Acidämie), die Sauerstoffspannung fällt ab (Hypoxie) und der Kohlendioxiddruck steigt an (Hyperkapnie). Diese blutchemischen Verhältnisse führen zu vermehrter Impulsaussendung der bei der Geburt schon voll funktionsfähigen Chemorezeptoren. Zwischen nichtchemischen und chemischen Reizen werden Verbindungen über den N. sympathicus angenommen.

Es bleibt festzuhalten, daß der Atmungsbeginn weder allein durch Änderungen der Blutgas-Konzentrationen, noch ausschließlich durch äußere Reize ausgelöst wird. Offenbar ist erst das Zusammenwirken beider Komponenten als reflexauslösend für die Atmung verantwortlich zu machen. Dabei ist umstritten, ob das Atmungszentrum als anatomische Einheit zu betrachten ist oder verschiedene Unterzentren als physiologische Einheit funktionieren. Das Kerngebiet des Atmungszentrums liegt jedoch im verlängerten Mark in der Nähe der Vaguskerne. Seine Reife erreicht das Atmungszentrum erst bei der Geburt.

Die beim ersten Atemzug in die Lunge einströmende Luft wird nur zu einem geringen Teil wieder ausgeatmet, der Thorax verbleibt zunächst in Inspirationsstellung. Die Lunge füllt sich bei den nächsten Atemzügen weiter mit Luft, während die noch vorhandenen Reste der Lungenflüssigkeit sehr rasch auf dem Blut- und Lymphwege entfernt werden. Mit den ersten Atemzügen füllen sich somit fast alle Teile der Lunge ausreichend mit Luft. Lediglich paravertebrale Bezirke können sich in manchen Fällen erst nach Tagen voll entfalten.

Die Ventilation der Lunge wird durch rhythmisch wechselnde Vergrößerung und Verkleinerung des Lungenvolumens erreicht. Dabei wirken einerseits passiv-elastische Kräfte der Lunge, andererseits aktiv-muskuläre Kräfte des Thorax und des Zwerchfells. In Exspirationsstellung besteht ein Gleichgewicht zwischen diesen Kräften. Wird durch Muskelkontraktion das Volumen des Brustkorbs vergrößert, so vergrößert sich auch das Volumen der Lunge, da die Lunge mit der Thoraxinnenwand über einen kapillären Flüssigkeitsspalt durch Kohäsion verbunden ist. Die elastische Spannung der Lunge steigt mit der Lungenausdehnung (Dehnbarkeit der Lunge, Compliance). Läßt der Zug der Inspiratoren nach, so verkleinert sich passiv durch die elastische Kraft der Lunge das Lungen- und Brustkorbvolumen. Andere Muskelgruppen kommen zusätzlich bei verstärkter Einatmung zum Einsatz (Bauchmuskeln).

Beim Neugeborenen zeigen die noch nachgiebigen Rippen eine geringe Exkursion. Eine ausreichende Ventilation der Lunge wird im wesentlichen durch Zwerchfellatmung erreicht. Hier wiederum ist der Widerstand der Bauchorgane zu überwinden. Wegen dieser Schwierigkeiten wird auch von einer „physiologischen Ateminsuffizienz" der Neugeborenen gesprochen. Bei Neugeborenen liegt die Atemfrequenz im Vergleich zu der von Erwachsenen hoch, das Atemvolumen dagegen ist klein. Verminderte Dehnbarkeit der Lunge oder erhöhter Strömungswiderstand in den Atemwegen haben eine Änderung der Atemfrequenz zur Folge. Sie wird so eingestellt, daß der Arbeitsaufwand für den einzelnen Atemzug möglichst gering ist.

1.4.2 Blutgas- und Säure-Basen-Verhältnis

Für den Zeitabschnitt der vorgeburtlichen Entwicklung fällt die Aufgabe der Versorgung des Fetus mit Sauerstoff und der Ausscheidung von Kohlendioxid aus seinem Blut dem Muttertier zu. Der Gasaustausch zwischen fetalem und mütterlichem Blut geschieht durch Diffusion in der Plazenta. CO_2 wird vom fetalen Blut an das mütterliche Blut abgegeben. Übernimmt die Mutter das fetale CO_2, so sinkt die O_2-Affinität ihrer Erythrozyten. O_2 wird freigegeben und nimmt den umgekehrten Weg in das fetale Blut. Die hohe O_2-Spannungsdifferenz zwischen mütterlichem und fetalem Blut ermöglicht diesen Gasaustausch, der so lange stattfindet, bis ein Gleichgewicht der Plasma-O_2-Spiegel zustande gekommen ist. Die Diffusion wird durch die gegenüber den mütterlichen Erythrozyten höhere O_2-Affinität der fetalen Erythrozyten unterstützt. Der Sauerstoff wird rasch aus dem Plasma des fetalen Blutes in die Erythrozyten aufgenommen und hier an Hämoglobin gebunden (Oxy-Hämoglobin). Im Plasma gelöster Sauerstoff würde bei weitem nicht ausreichen, den O_2-Bedarf im Zellstoffwechsel zu decken. Das nötige O_2-Transportvermögen wird erst durch die lockere Bindung von Sauerstoff an Hämoglobin erreicht (Oxygenation). O_2 wird im Blut fast ausschließlich in dieser Form des Oxy-Hämoglobins transportiert. Das dem Fetus zufließende Blut der Nabelvene erreicht zwar nur einen mittleren O_2-Sättigungsgrad, doch wird durch die besonderen Eigenschaften des fetalen Hämoglobins eine ausreichende O_2-Versorgung des Fetus sichergestellt.

Nach der Geburt baut sich mit den ersten Atemzügen in den Alveolen der Neugeborenenlunge eine O_2-Konzentration auf, die durch die regelmäßige Atmung aufrechterhalten wird. Je größer das O_2-Spannungsgefälle zwischen der Alveolarluft und dem Blutplasma in den umgebenden Kapillaren ist, umso leichter diffundiert Sauerstoff durch die alveolo-kapillären Membranen.

Endprodukt des Zellstoffwechsels ist CO_2 (Zellatmung, innere Atmung). CO_2 wird in mehreren Formen im Blut transportiert: als physikalisch in Plasma gelöstes CO_2, als Bikarbonat und als an Aminogruppen des Hämoglobins gebundenes CO_2 (Carbamino-Hämoglobin). Der überwiegende Teil ist als Natriumbikarbonat ($NaHCO_3$) der wichtigste Puffer des Blutes.

Biologische Reaktionen laufen nur in begrenzten pH-Bereichen ungestört ab. Die Konstanthaltung der Wasserstoffionenkonzentration im Blut und in den Gewebsflüssigkeiten ist Voraussetzung für die störungsfreie Funktion aller Lebensvorgänge. Verschiedene Puffersysteme im Blut sind in der Lage, überschüssige H^+-Ionen der Kohlensäure oder von organischen Säuren (vorwiegend Milchsäure) abzufangen. Neben Natriumbikarbonat sind auch Hämoglobin und Eiweißstoffe des Plasmas an der Pufferung beteiligt. Hämoglobin puffert durch Aufnahme und Abgabe von Sauerstoff (Oxy-Desoxy-Hämoglobin-Puffer). Die Aufrechterhaltung der Gesamt-Pufferkapazität erfolgt durch Ausscheidung von Kohlensäure bei Abgabe von CO_2 in der Lunge. Die Nieren sind zusätzlich als Regulationssystem durch Änderungen der Ausscheidungsgrößen von H^+-Ionen und Bikarbonat beteiligt.

Der pH-Wert des Blutes erwachsener Säugetiere liegt um 7,4 (Grenzen zwischen 7,3 und 7,5). Steigt die H^+-Ionenkonzentration über diese Grenze an, d. h. sinkt der pH-Wert ab, so liegt eine Acidose vor. Von respiratorischer Acidose wird gesprochen, wenn die H^+-Ionen von der Kohlensäure stammen, von metabolischer Acidose bei Überschuß an organischen Säuren aus dem Stoffwechsel. In diesen Fällen reichen die Puffersubstanzen nicht mehr aus, es kommt zu einem Basendefizit (negativer Basenexzeß).

Im Laufe der Geburt ist durch die Uteruskontraktionen während der Wehentätigkeit mit Störungen der utero-plazentaren Durchblutung zu rechnen. Dies gilt besonders für den Endabschnitt des Austreibungsstadiums der Geburt. Die O_2-Spannung des fetalen Blutes sinkt, die CO_2-Spannung steigt an. Die Frucht reagiert auf die Hypoxie mit Sauerstoff-Sparschaltung des Kreislaufs. Fetal nicht lebensnotwendige Gewebsbezirke und Organe (Lunge, Verdauungstrakt, Muskulatur und Haut) werden durch Gefäßengstellung minderdurchblutet, um eine ausreichende O_2-Versorgung von Herz und Gehirn zu sichern. Die Zentralisation des Kreislaufs hat allerdings zur Folge, daß in den schlecht durchbluteten Geweben der Glucoseabbau nur noch anaerob ablaufen kann und es dadurch zur Milchsäureanhäufung in diesen Körperbereichen kommt.

Beim lebensfrischen Neugeborenen besteht aufgrund dieser Vorgänge unmittelbar nach komplikationslos abgelaufener Geburt eine leichte gemischt respiratorisch-metabolische Acidose. Der metabolische Anteil der Acidose verstärkt sich innerhalb der ersten 10–15 Minuten nach der Geburt noch weiter, da jetzt bei günstigem O_2-Angebot über die Lunge die O_2-Sparschaltung aufgehoben und damit die in den Geweben angehäufte Milchsäure in den Kreislauf eingeschwemmt wird (postpartales Säurehoch). In den folgenden Lebensstunden erfolgt dann eine rasche Normalisierung der Blutgase und des Säure-Basen-Haushalts. Der typische Verlauf — leichte gemischt respiratorisch-metabolische Acidose bei der Geburt, weitere Verschlechterung des Zustands in den ersten Minuten nach der Geburt, anschließend rasche Normalisierung innerhalb der ersten Lebensstunden — konnte bisher mit nur geringen Abweichungen bei Kind, Fohlen, Kalb, Lamm und Ferkel nachgewiesen werden (Abb. 1.4, 1.5, 1.6).

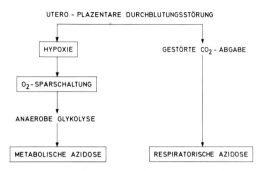

Abb. 1.4 Entstehung der gemischt respiratorisch-metabolischen Geburtsacidose (*Walser* und *Maurer-Schweizer* 1978)

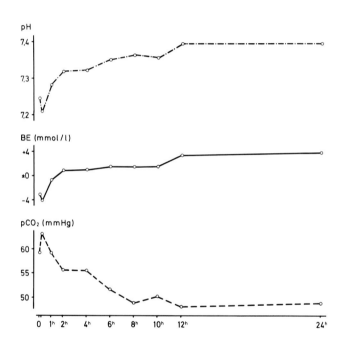

Abb. 1.5 Verlauf von pH, BE und pCO_2 bei einem lebensfrischen Kalb nach ungestörtem Geburtsverlauf (*Walser* und *Maurer-Schweizer* 1978)

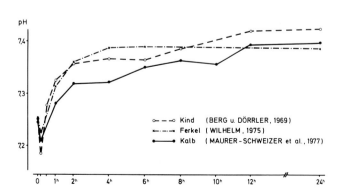

Abb. 1.6 Vergleichbarer Verlauf der Geburtsacidose bei verschiedenen Spezies (*Walser* und *Maurer-Schweizer* 1978)

Literatur

Ammann, H., *M. Berchtold*, *F. Schneider* (1974): Blutgas- und Säure-Basen-Verhältnisse bei normalen und asphyktischen Kälbern. Berl. Münch. tierärztl. Wschr. *87*, 66–68

Bartels, H., *K. Riegel*, *J. Wenner*, *H. Wulf* (1972): Perinatale Atmung. Springer Verlag, Berlin–Heidelberg–New York

Berg, D., *J. Dörrler* (1969): Das Verhalten des Säure-Basen-Haushalts am ersten Lebenstage unter besonderer Berücksichtigung der ersten Lebensminuten. Geburtsh. Frauenheilk. *29*, 980–994

Harwood, J. L., *R. Desai*, *P. Hext*, *T. Tetley*, *R. Richards* (1975): Characterization of pulmonary surfactant from ox, rabbit, rat and sheep. Biochem. J. *151*, 707–714

Ketz, H.-A. (1974): Die Physiologie der Atmung. In: Lehrbuch der Physiologie der Haustiere, Teil II. Hrsg. *E. Kolb*, 3. Aufl. Gustav Fischer Verlag, Stuttgart

King, R. J. (1974): The surfactant system of the lung. Fed. Proc. *33*, 2238–2247

Maurer-Schweizer, H., *U. Wilhelm*, *K. Walser* (1977): Blutgase und Säure-Basen-Haushalt bei lebensfrischen Kälbern in den ersten 24 Lebensstunden. Berl. Münch. Tierärztl. Wschr. *90*, 192–196

Mülling, M., *H.-J. Henning*, *Ch. Marcks* (1972): Aktuelle pH-Werte im Blut neugeborener Kälber. Tierärztl. Umsch. *27*, 180–181

Rossdale, P. D. (1968): Blood gas tensions and pH-values in the normal thoroughbred foal at birth and in the following 42 hours. Biol. Neonat. *13*, 18–25

Saling, E. (1966): Das Kind im Bereich der Geburtshilfe. Thieme Verlag, Stuttgart

Scarpelli, E. M. (1968): The surfactant system of the lung. Lea and Febiger, Philadelphia

Walser, K., *H. Maurer-Schweizer* (1978): Die Asphyxie der Neugeborenen. Tierärztl. Prax. *6*, 451–459

Wiesener, H. (1965): Die Physiologie des Atmungsbeginns. In: Die Übergangsstörungen des Neugeborenen und die Bekämpfung der perinatalen Mortalität. Hrsg. *H. Ewerbeck* und *V. Friedberg*. Thieme Verlag, Stuttgart

Wilhelm, U. (1975): Untersuchungen über Blutgasverhältnisse und Säure-Basen-Haushalt bei neugeborenen Ferkeln unter besonderer Berücksichtigung der Geburtsdauer. Vet. med. Diss., München

1.5 Blut

K. Walser

Das Blut hat im Organismus eine Vielzahl wichtiger Funktionen zu erfüllen, deren Ablauf zu regulieren oder zu koordinieren:

- Im Blut werden die Atemgase transportiert. Sauerstoff wird beim Fetus in der Plazenta, nach der Geburt in der Lunge ins Blut aufgenommen, zu den Geweben transportiert und dort zum Verbrauch abgegeben. Den umgekehrten Weg nimmt die Kohlensäure.
- Die lebensnotwendigen Nähr- und Wirkstoffe gelangen beim Feten von der Plazenta, postnatal aus dem Darmkanal über das Blut zu den Körperzellen. Blutspeicher sorgen für die Aufrechterhaltung optimaler Konzentrationen im Blut. Durch die im Blut transportierten niedermolekularen Verbindungen (Glucose, Aminosäuren, Fettsäuren) werden im raschen Umsatz die Energiegewinnung und viele Biosynthesen aufrechterhalten. Der Transport von Stoffwechsel-Endprodukten zu den Ausscheidungsorganen erfolgt wiederum mit dem Blut.
- Die Regulation des Wasserhaushalts des Körpers geschieht über das Blut. Überschüssige Flüssigkeit wird aus dem Blut in das interstitielle Gewebe abgegeben und zur Ausscheidung zu Nieren, Haut und Lunge befördert. Bei Flüssigkeitsverlust strömt Wasser aus dem Interstitium ins Blut zurück, um den Kreislauf zu sichern. Das konstant gehaltene Blutvolumen stabilisiert den Blutdruck.
- Durch seine Bestandteile an Hämoglobin, Plasmaproteinen und Bikarbonat verfügt das Blut über hohe Pufferkapazitäten. Im Zusammenwirken mit Lunge und Nieren wird ein bestimmtes Ionenverhältnis (pH-Wert) im Blut und in den Geweben aufrechtgehalten. Die für die Austauschvorgänge in den Kapillaren und für den Wasserhaushalt notwendige Konstanz des osmotischen Druckes wird durch Regulierung der Protein- und Salzkonzentrationen im Blut gesichert.
- Hormone werden von den Orten der Bildung und Speicherung über das Blut in Koordination mit dem Nervensystem, dem Gesamtorganismus oder bestimmten Erfolgsorganen zugeführt.
- An den Abwehrfunktionen des Körpers gegen Mikroorganismen, Toxine und Fremdstoffe ist das Blut durch seine Bestandteile an Antikörpern, Enzymen und weißen Blutzellen maßgeblich beteiligt.
- Das Blut nimmt die im Stoffwechsel entstehende Wärme auf und verteilt sie im Körper. Über das Blut wird die Wärmeabgabe in der Haut und in der Lunge reguliert. Rezeptoren für die Bluttemperatur vermitteln Reize an das Temperaturregulationszentrum im Hypothalamus.

Um diesen vielfältigen Aufgaben gerecht werden zu können, ist die Konstanthaltung von Blutmenge und Blutzusammensetzung lebensnotwendig. Zahlreiche Regulationseinrichtungen des Körpers sind dafür verantwortlich, daß bei dem laufenden Abbau aller Bestandteile des Blutes durch Erneuerung oder Austausch die Blutbeschaffenheit sich nur in engen Grenzen verändert. Über Rezeptoren des Nerven- und des Hormonsystems werden Abweichungen registriert und Gegenaktionen ausgelöst. Überschüsse bestimmter Blutbestandteile werden durch Drosselung der Neubildung, vermehrte Ausscheidung, Ableitung in das Interstitium, Speicherung in Organen oder durch Metabolisierung abgebaut. Defizite bestimmter Stoffe werden durch Mobilisierung der Reserven in den Depots und durch verstärkte Neubildung aufgefüllt.

Beim Neugeborenen und beim Säugling sind die Ansprüche an die Regulationsmechanismen besonders groß. Die Lebensbedingungen ändern sich bei der Geburt radikal, die Bedarfsansprüche einzelner Organsysteme wandeln sich. Die Blutbeschaffenheit muß sich den neuen Bedingungen nach der Geburt anpassen. Diese Adaptation muß nicht schlagartig erfolgen. Der Umbau der Blutbestandteile beginnt vielmehr schon intrauterin und läßt sich mehr oder weniger deutlich über das Säuglingsstadium hinaus bis zum adulten Organismus verfolgen.

1.5.1 Blutvolumen

Die Aufrechterhaltung der vielfältigen Transportfunktionen des Blutes im Kreislaufsystem des Körpers erfordert ein bestimmtes, möglichst konstant gehaltenes Blutvolumen. Die Gesamtblutmenge des Organismus setzt sich zusammen aus der zirkulierenden Blutmenge und dem in Depots gespeicherten Anteil des Blutes. In den Speicherorganen sind beträchtliche Blutreserven gelagert, die bei physiologischen Bedarfserhöhungen an das zirkulierende Blut abgegeben werden. Als Faustregel gilt, daß das Gesamtblutvolumen bei Säugetieren, tierartlich verschieden, $1/15-1/13$ der Körpermasse ($6-8\%$ KM) beträgt. Minimal- und Maximalwerte gesunder Tiere werden zwischen $1/18-1/11 = 5,5-9,5\%$ KM angegeben.

Dieses Blutvolumen eines Tieres wird trotz der in längeren oder kürzeren Intervallen erfolgenden Wasseraufnahme und des als Endprodukt im Stoffwechsel anfallenden Wassers einerseits und des laufenden Wasserverlustes über Haut, Lunge, Nieren und Verdauungstrakt andererseits in engen Grenzen konstant gehalten.

Unter einer Reihe das Blutvolumen beeinflussender endogener und exogener Faktoren ist das Alter des Tieres von Bedeutung. Untersuchungen an verschiedenen Tierarten stimmen trotz mancher, auch methodisch bedingter Abweichungen darin überein, daß das Blutvolumen, bezogen auf die Körpermasse, bei sehr jungen Tieren generell groß ist und mit Zunahme an Größe und Masse des wachsenden Tieres allmählich relativ abnimmt. Für das Kalb liegen folgende Zahlen vor: junges Kalb $10-13\%$ der Körpermasse, wachsendes Kalb $7-8\%$, Jungrind (1 Jahr) $6-7\%$.

Für das heranwachsende Schwein werden Werte angegeben, die die Abnahme des Blutvolumens in Relation zur steigenden Körpermasse über das Säuglingsalter hinaus deutlich zeigen. Das Blutvolumen nimmt von $9,5\%$ KM bei 10 kg schweren Ferkeln bis auf $5,8\%$ KM bei 100 kg schweren Schweinen kontinuierlich ab.

Bei Blutverlust wird das Volumen in sehr kurzer Zeit durch Mobilisierung der Blutspeicher und Flüssigkeitsbewegung aus dem Gewebe in das zirkulierende Blut wieder aufgefüllt. Der Plasmaanteil kann dabei durch den raschen Flüssigkeitsersatz vorübergehend die Norm übersteigen, bis das Erythrozytenvolumen zeitlich verschoben durch verstärkt einsetzende Erythropoese je nach Höhe des Blutverlustes innerhalb von Tagen oder Wochen allmählich das ursprüngliche Niveau wieder erreicht hat. Mit zunehmendem Ersatz des Erythrozytenvolumens wird das Plasmavolumen wieder entsprechend verringert, so daß das Gesamtblutvolumen konstant gehalten wird.

Wird vom Körper erheblich mehr Wasser abgegeben als aufgenommen, so kommt es zunächst bei sinkendem Blutvolumen zu einer Bluteindickung (Hämokonzentration). Der Serumgehalt an Protein, Reststickstoff und Harnstoff nimmt zu, die Erythrozytenzahl und die Hb-Konzentration steigen an. Bei der hohen Plasmakonzentration werden vermehrt Elektrolyte ausgeschieden, um die normalen Gehalte zu sichern. Sehr rasch begegnet der Organismus der Konzentration des Blutes durch Entzug von Wasser aus den Geweben, insbesondere aus der Haut, Unterhaut und der Muskulatur (Dehydratation). In diesem Zustand vermindern sich schließlich Plasma und Blutzellen, d.h. das gesamte Blutvolumen wird kleiner (Hypovolämie).

Bei fortbestehendem, erheblichem Wasserverlust, z.B. bei anhaltendem, starkem Durchfall, versucht der Organismus, dem drohenden hypovolämischen Kreislauf-Zusammenbruch (Blutdruckabfall) durch Minderdurchblutung der Peripherie (periphere Gefäßkontraktion) und Steigerung der Herzschlagfrequenz zu begegnen. Dadurch wird die Zirkulation des verringerten Blutvolumens im zentralisierten Kreislauf gesichert. Lebenswichtige Organe können noch ausreichend mit Blut versorgt werden. Die Grenze der Belastbarkeit ist bei dem noch sehr labilen kardiovaskulären System des Säuglings jedoch bald erreicht. Die Arbeitsleistung des Neugeborenen- und Säuglingsherzens ist beschränkt.

Die allgemeine Austrocknung des Körpers (Exsikkose) mit ihren Folgeerscheinungen wird auch klinisch deutlich: Abnahme des Körpergewichts, Austrocknungserscheinungen der Haut und der sichtbaren Schleimhäute, eingeschränkte Speichelsekretion, Kälte der extremen Körperteile, beschleunigter, kleiner, weicher Puls, hohe Atemfrequenz.

1.5.2 Blutplasma, Blutserum

Blut gerinnt außerhalb von Blutgefäßen in kurzer Zeit und bildet den Blutkuchen. Nach längerem Stehenlassen scheidet sich der flüssige, nicht mehr gerinnbare Teil des Blutes als Blutserum von den in ein dichtes Netz von Fibrinfäden eingeschlossenen korpuskulären Teilen des Blutes ab. Wird durch gerinnungshemmende Mittel die Blutgerinnung verhindert, so können durch Zentrifugieren die zelligen Bestandteile des Blutes (rote und weiße Blutkörperchen, Blutplättchen) von der Blutflüssigkeit getrennt werden. Dieser flüssige Überstand, das Blutplasma, unterscheidet sich von Blutserum nur dadurch, daß es noch Fibrinogen und einige Vorstufen von Gerinnungsfaktoren enthält.

Von den vielen organischen und anorganischen Bestandteilen des Blutplasmas oder des Blutserums soll hier nur auf die Plasmaproteine eingegangen werden. Die übrigen im Blut transportierten organischen Stoffe (Reststickstoff, Kohlenhydrate, Fettstoffe, organische Säuren und Acetonkörper, Farbstoffe, Vitamine, Hormone) und die anorganischen Bestandteile (Kationen, Anionen und Spurenelemente) werden hier nicht besprochen.

1.5.3 Plasmaproteine

Der Gehalt an Gesamtprotein im Plasma liegt bei erwachsenen Säugetieren zwischen 6−8 %. Bei Neugeborenen schwanken die Werte zwischen 3−5 %. Nach Aufnahme von Kolostralmilch steigt der Gehalt rasch an und schwankt dann im weiteren Verlauf der Wachstumsperiode um 7 %.

Die Albumine sind beim Neugeborenen vermindert. Die in der Leber gebildeten Albumine werden im Blut rasch umgesetzt; sie dienen der Eiweißversorgung der Organe und übernehmen außerdem den Transport von Fettsäuren und Gallenfarbstoffen.

Sie sorgen für die Aufrechterhaltung des kolloidosmotischen Drucks im Plasma. Bei niedrigem Albumin-Gehalt wandert Flüssigkeit aus dem Blut in das Gewebe ab, die Rückresorption im venösen Abschnitt der Kapillaren ist gestört, Wasser sammelt sich in den Geweben an. Die Ödembereitschaft des Neugeborenen kann damit erklärt werden (Hypoproteinämie bzw. Hypoalbuminämie).

Fibrinogen wird bei der Blutgerinnung unter der proteolytischen Wirkung von Thrombin in Fibrin übergeführt. Der Fibringehalt im Plasma schwankt tierartlich und individuell erheblich in der Größenordnung von 2,0−7,0 g/l. Allgemein können bei Säuglingen höhere Fibrinogenwerte festgestellt werden als bei erwachsenen Tieren. In höherem Alter steigt der Gehalt dann wieder etwas an.

Unter den *Globulinfraktionen* ist insbesondere das Verhalten der Gammaglobuline wegen ihrer immunbiologischen Bedeutung von Interesse. In dieser Fraktion finden sich sehr heterogene Eiweißkörper wie die Immunglobuline IgG, IgA, IgM, ferner Präzipitine, Agglutinine und Lysine. Bei Neugeborenen der Tierarten mit Vollplazenta (Placenta vera, Deciduata) sind bereits zum Geburtszeitpunkt Gammaglobuline nachweisbar. Vertreter dieser Gruppe sind Hund, Katze, Kaninchen, Meerschweinchen, Maus, Ratte und die Primaten. Im Gegensatz dazu sind bei Neugeborenen der Tierarten mit Halbplazenta (Semiplacenta, Adeciduata) und Übergangsformen vor der ersten Kolostrumaufnahme keine oder nur sehr geringe Anteile an Gammaglobulinen zu finden. Zu diesen Tierarten zählen u. a. Pferd, Esel, Schwein, Kamel, Rind und kleine Wiederkäuer. Bei den agammaglobulinämisch geborenen Fohlen, Kälbern, Lämmern und Ferkeln steigt der Gehalt an Gammaglobulin nach Aufnahme von Kolostrum und Resorption der kolostralen Gammaglobuline innerhalb von Stunden rasch auf hohe Anteile an, vermindert sich dann langsam wieder und verbleibt mit einsetzender eigener Gammaglobulin-Synthese im Bereich der Erwachsenenwerte.

Alpha- und Betaglobuline dienen dem Transport von Sterinen, Steroiden, Phospholipiden, Fettsäuren und Schwermetallen (Eisen, Kupfer, Zink).

1.5.4 Erythrozyten und Hämoglobin

Der Embryo besitzt fast ausschließlich kernhaltige, sehr große rote Blutkörperchen. Diese primitiven Erythroblasten (Megaloblasten) werden außerhalb des Embryo im Dottersack gebildet.

In der frühen Fetalperiode übernimmt die Leber die Blutbildung (hepatische Erythropoese), die Milz ist vorübergehend in geringem Maße beteiligt (lienale Erythropoese). Die von der Leber in das Blut abgegebenen roten Blutzellen sind zum Teil noch unreif (kernhaltige Erythroblasten), meist aber doch schon kernlos. Sie entsprechen morphologisch durchaus den postnatal gebildeten roten Blutkörperchen, sind jedoch erheblich größer. Das Zellvolumen verringert sich allmählich bis zur Geburt, der Anteil kernhaltiger Erythrozyten sinkt laufend ab.

Schon etwa ab Mitte der Graviditätsdauer beginnt die Bildung roter Blutzellen auch im fetalen Knochenmark (myeloische = medulläre Erythropoese). Die aus dem Knochenmark stammenden Erythrozyten unterscheiden sich nicht von den in der Leber gebildeten Zellen (normoblastische Blutbildung). Bis zur Geburt wird die hepatische Erythropoese langsam von der medullären Blutbildung abgelöst. Bald nach der Geburt stellt die Leber die Erythrozytenbildung ganz ein.

Postnatal ist das Knochenmark das alleinige erythropoetische Organ. Beim Neugeborenen findet sich im gesamten Skelett rotes blutbildendes Mark. Die Umwandlung von rotem in gelbes inaktives Fettmark in den langen Röhrenknochen beginnt erst jenseits des Säuglingsalters und erreicht etwa zur Zeit der Geschlechtsreife die Verhältnisse des ausgewachsenen Tieres.

Beim Neugeborenen sind noch unreife Erythrozyten zu finden, deren Durchmesser größer ist als bei Erythrozyten der Erwachsenen. Typisch für die Neugeborenenperiode ist neben dieser Makrozytose eine Anisozytose (ungleich große Erythrozyten). Der Hämmoglobingehalt des einzelnen Erythrozyten ist hoch, schwankt aber von Zelle zu Zelle stark.

In der Zeit um die Geburt ändern sich auch biochemische Eigenschaften des Hämoglobins. Das Hämoglobin unterscheidet sich nicht nur tierartlich durch einen spezifischen Polypeptidaufbau. Auch innerhalb der gleichen Tierart sind unterschiedliche Hämoglobintypen bekannt. Hier von Bedeutung ist die Unterscheidung von bei Säugetieren fetal gebildetem Hämoglobin (HbF) und dem postnatal entstehenden Hämoglobin (HbA). HbF besitzt im fetalen Erythrozyten eine höhere O_2-Affinität als das HbA des mütterlichen Blutes.

Auf diese Weise erreicht das fetale Blut eine höhere O_2-Sättigung als das mütterliche Blut. HbF gibt den Sauerstoff rasch ab, so daß der Fetus den größten Teil des im Blut angebotenen Sauerstoffs entnehmen kann. Bei dem geringen intrauterinen O_2-Partialdruck wird durch diese besonderen Eigenschaften des HbF eine ausreichende Sauerstoffversorgung des fetalen Gewebes gesichert.

HbF wird im Laufe der Entwicklung allmählich von HbA verdrängt. Der Umbau ist bei der Geburt aber noch nicht abgeschlossen, sondern setzt sich auch noch beim Neugeborenen fort. Bei dem günstigen Sauerstoffangebot über die mit der Geburt einsetzende Lungenatmung des Neugeborenen sind die Fähigkeiten des fetalen Hämoglobins überflüssig geworden.

Die hohen Erythrozytenzahlen und Hb-Werte des Neugeborenen bleiben über kurze Zeit bestehen und sinken dann langsam ab. Durchmesser und Volumen der Erythrozyten (MCV) werden kleiner, die Hb-Beladung der Zellen nimmt ab. Der Hb-Gehalt des einzelnen Erythrozyten (Hb_E, MCH) und die Hb-Konzentration der Erythrozyten (MCHC) verringern sich beim Säugling. Es darf daraus jedoch nicht geschlossen werden, daß nach der Geburt eine Generation fetaler Zellen unvermittelt von einer neuen Generation von Zellen mit allen Eigenschaften der Erythrozyten adulter Tiere abgelöst wird. Es findet vielmehr ein allmählicher Übergang statt, der lange vor der Geburt seinen Anfang nimmt und erst nach dem Säuglingsalter seinen Abschluß findet.

Es setzt auch kein überstürzter Zerfall roter Blutkörperchen ein, um eine Polyzythämie der Neugeborenen abzubauen. Der physiologische Icterus neonatorum entwickelt sich nicht aufgrund einer Hämolyse, sondern findet seine Erklärung in der bestehenden Insuffizienz der Leber, Bilirubin rasch zu eliminieren.

Der Abfall der Erythrozytenzahlen und der Hb-Werte ergibt sich durch den physiologischen Erythrozytenabbau bei verminderter Erythropoese im Knochenmark und durch die Vergrößerung des Blutvolumens infolge des raschen postnatalen Körperwachstums. Diese physiologische Erythrozytopenie in der frühen Säuglingsperiode wird auch als eine vom Organismus aktiv gesteuerte Reduktion auf ein tieferes, den Bedürfnissen des Säuglings entsprechendes Hb-Niveau gedeutet.

Der typische Verlauf – hohe Erythrozytenzahlen und Hb-Werte beim Neugeborenen, Abfall auf ein tieferes Niveau beim Säugling, langsamer Anstieg im Jungtieralter – gilt, wenn auch graduell und zeitlich unterschiedlich, im Grundsatz für alle Säugetierarten. Die physiologischen

Schwankungsbreiten der Werte sind bei den einzelnen Tierarten allerdings groß. Gerade bei den domestizierten Tieren sind die Größen stark abhängig von den äußeren Bedingungen der Fütterung und Haltung und von der durch Zuchtauslese beeinflußten Wachstumsgeschwindigkeit der Jungtiere. Es kann deshalb nur mit Vorbehalt von „Normbereichen" der Blutwerte gesprochen werden. Die Angaben der einzelnen Untersucher weichen in den Absolutwerten nicht selten stark voneinander ab, in der Tendenz der Veränderungen (steigend bzw. fallend) mit dem Lebensalter besteht jedoch weitgehend Übereinstimmung.

Bei Fohlen fallen Erythrozytenzahl, Hb-Gehalt und Hämatokrit von hohen Ausgangswerten bei der Geburt schon in den ersten 24 Stunden und weiter bis zu 3 Wochen p. p. ab und nehmen dann langsam wieder zu. Bis zu einem Alter von 3 Monaten fällt das mittlere Erythrozytenvolumen (MCV) deutlich ab und verbleibt während der Säugeperiode auf diesem Niveau. Auch der mittlere Hb-Gehalt der Erythrozyten (MCH) sinkt ab (Tab. 1.8).

Für Kälber liegen sehr unterschiedliche Untersuchungsergebnisse vor. Übereinstimmung besteht aber darin, daß die Erythrozytenzahlen bei Kälbern deutlich höher liegen als bei adulten Rindern. Erst in einem Alter von über 18 Monaten fallen die Zahlen ab. Hb sinkt schon in den ersten Lebenswochen. Der Hämatokrit bewegt sich von hohen Neugeborenenwerten langsam auf Erwachsenenwerte zu. MCV und MCH nehmen in den ersten Monaten ab und steigen dann allmählich wieder bis zu den Größen adulter Rinder an.

Bei Lämmern in den ersten Lebenstagen liegen Erythrozytenzahl, Hb-Wert und Hämatokrit eindeutig höher als bei ausgewachsenen Schafen (Tab. 1.9). Auch MCV und MCH übersteigen bei Lämmern deutlich die Werte adulter Schafe. Im übrigen weichen die vorliegenden Untersuchungsergebnisse so stark voneinander ab, daß kaum einheitliche altersabhängige Werte zu erkennen sind. Das Hämogramm wird gerade beim Schaf durch Jahreszeit und Futterangebot, vor allem auch durch den Grad des Befalls mit Endoparasiten stark beeinflußt.

Für Ziegenlämmer liegen nur wenige Angaben vor. Nach hohen Erythrozytenzahlen bei der Geburt tritt ein Abfall in der 1. Lebenswoche ein, gefolgt von einem raschen Wiederanstieg auf sehr hohe Zahlen im 2.–3. Lebensmonat, der weit über dem Niveau erwachsener Ziegen liegt.

Beim neugeborenen Ferkel liegen Erythrozytenzahl, Hämatokrit und Hb-Gehalt nur mäßig hoch. Durch die hohe Wachstumsintensität der Ferkel, den Mangel an nennenswerten Eisenreserven der Leber, dem niedrigen Eisengehalt der Sauenmilch und dem fehlenden Zugang zu anderen Eisenquellen fallen diese Blutwerte in den ersten drei Wochen stark ab bis in den pathologischen Bereich der Anämie. Als Gegenreaktion setzt in den ersten Lebenswochen eine intensive Erythropoese ein. Im Blut treten daher Retikulozyten, kernhaltige Erythrozyten und Polychromasie auf. Diese jugendlichen Zellen verschwinden aus dem Blut, sobald sich die Erythrozytenzahlen dem Niveau adulter Schweine nähern (Tab. 1.10).

Hundewelpen besitzen zur Zeit der Geburt sehr große Erythrozyten. Die Erythrozytenzahl dagegen ist deutlich niedriger als bei ausgewachsenen Hunden und sinkt während der ersten drei Lebenswochen weiter ab. Gleichzeitig werden die großen Erythrozyten durch kleinere ersetzt. Anschließend steigt deren Zahl allmählich bis zum 6. Monat an und hat dann die bleibenden Werte erreicht (Tab. 1.11).

Tabelle 1.8 Blutwerte von Vollblut- und Warmblutfohlen

Alter	Ery x $10^6/\mu l$	Hb g/dl	Hkt %	MCV fl	MCH pg	MCHC %	Leuko /μl
1 Tag	10,5 ± 1,4	14,2 ± 1,3	41,7 ± 3,6	40,1 ± 3,8	13,6 ± 1,2	33,9 ± 1,6	9.602 ± 3.372
2–7 Tage	9,5 ± 0,8	12,7 ± 0,9	37,1 ± 2,8	39,2 ± 2,8	13,4 ± 1,0	34,2 ± 1,2	9.300 ± 2.346
8–14 Tage	9,0 ± 0,8	11,8 ± 1,2	34,9 ± 3,7	39,1 ± 2,2	13,1 ± 0,8	33,6 ± 0,9	9.483 ± 2.196
21–30 Tage	11,2 ± 1,3	13,1 ± 1,1	37,8 ± 3,3	34,0 ± 2,4	11,8 ± 0,8	34,5 ± 1,0	9.688 ± 1.940
1–3 Monate	11,9 ± 1,3	13,4 ± 1,6	38,3 ± 4,1	32,4 ± 1,9	11,2 ± 0,6	34,9 ± 1,2	10.893 ± 2.977

nach *Jain* 1986

Tabelle 1.9 Blutwerte von Lämmern

Alter	Ery x 10⁶/μl	Hb g/dl	Hkt %	MCV fl	MCH pg	MCHC %	Leuko /μl
Geburt	11,08 ± 0,20	12,9 ± 0,02	41,9 ± 0,06	36,5 ± 0,7	12,1 ± 0,2	30,9 ± 0,4	3.032 ± 207
12 Stunden	9,55 ± 0,25	11,4 ± 0,2	35,8 ± 0,08	36,8 ± 0,8	12,2 ± 0,3	32,0 ± 0,5	6.129 ± 378
24 Stunden	9,93 ± 0,25	11,6 ± 0,2	36,2 ± 0,8	35,9 ± 0,6	11,9 ± 0,2	32,0 ± 0,4	3.349 ± 273
48 Stunden	9,74 ± 0,25	11,1 ± 0,2	33,4 ± 0,8	33,5 ± 0,6	11,5 ± 0,2	33,6 ± 0,4	4.262 ± 219
5 Tage	10,04 ± 0,29	10,4 ± 0,3	30,9 ± 0,9	32,0 ± 0,5	11,0 ± 0,2	33,8 ± 0,4	6.342 ± 247
8 Tage	8,79 ± 0,16	9,6 ± 0,2	29,2 ± 0,3	31,6 ± 0,1	11,1 ± 0,1	33,9 ± 0,3	7.809 ± 145
14 Tage	8,91 ± 0,03	8,9 ± 0,2	27,2 ± 0,5	30,8 ± 0,4	9,9 ± 0,2	32,2 ± 0,4	7.404 ± 366
1 Monat	11,39 ± 0,14	10,4 ± 0,1	31,5 ± 0,3	28,0 ± 0,5	9,1 ± 0,2	33,0 ± 0,4	7.892 ± 224
2 Monate	12,43 ± 0,14	11,6 ± 0,1	34,0 ± 0,2	27,6 ± 0,3	9,3 ± 0,1	33,9 ± 0,7	9.014 ± 221
3 Monate	12,95 ± 0,17	11,8 ± 0,1	34,2 ± 0,4	26,2 ± 0,3	9,0 ± 0,1	34,6 ± 0,2	9.525 ± 186

nach *Ullrey et al.* 1965

Tabelle 1.10 Blutwerte von Ferkeln (Haltung bis 10. Tag auf befestigtem Boden, danach freier Zugang zu Erde)

Alter	Ery x 10⁶/μl	Hb g/dl	Hkt %	MCV fl	MCH pg	MCHC %	Leuko /μl
1 Tag	5,3 (4,3–6,4)	10,5 (8,4–12,3)	35,0 (27,0–42,5)	67 (57–71)	20 (18,0–21,0)	30,5 (28,9–31,3)	11.500 (7.600–15.300)
3 Tage	4,5 (3,3–5,2)	9,8 (7,8–11,0)	33,0 (26,5–36,5)	73 (70–81)	22 (21,0–24,0)	29,5 (29,1–30,3)	9.400 (6.300–13.400)
6 Tage	4,0 (3,4–4,7)	8,0 (6,4–9,4)	26,7 (22,0–31,0)	67 (60–74)	20 (17,0–23,0)	29,1 (26,4–30,9)	8.200 (7.400–10.500)
10 Tage	3,5 (2,1–4,3)	7,0 (4,2–8,7)	24,0 (15,0–29,0)	68 (62–78)	20 (19,0–24,0)	29,6 (29,0–31,0)	10.900 (5.600–19.100)
20 Tage	4,9 (4,4–5,3)	10,2 (9,0–11,2)	37,0 (35,5–40,5)	76 (70–82)	21 (19,0–23,0)	27,6 (26,0–29,0)	7.700 (6.200–10.500)
36 Tage	6,2 (5,9–6,8)	12,1 (11,3–13,3)	39,7 (37,0–44,0)	64 (62–68)	19,4 (18,8–20,0)	30,5 (28,0–32,0)	16.300 (12.700–20.900)

nach *Schalm* 1965

Tabelle 1.11 Blutwerte von Hunden (Beagle)

Alter	Ery x 10⁶/μl	Hb g/dl	Hkt %	MCV fl	MCH pg	MCHC %	Leuko /μl
0– 3 Tage	4,8 ±0,8	15,8 ± 2,9	46,3 ± 8,5	94,2 ± 5,9	32,7 ± 1,8	34,6 ± 1,4	16.800 ± 5.700
14–17 Tage	3,5 ±0,3	9,9 ± 1,1	28,7 ± 2,9	81,5 ± 3,3	28,0 ± 2,0	34,3 ± 1,6	13.600 ± 4.400
28–31 Tage	3,9 ±0,4	9,6 ± 0,9	28,4 ± 2,5	71,7 ± 3,5	24,3 ± 1,6	33,5 ± 1,4	13.900 ± 3.300
40–45 Tage	4,1 ±0,4	9,2 ± 0,7	28,3 ± 2,3	68,2 ± 2,6	22,4 ± 1,0	32,4 ± 1,7	15.300 ± 3.700
56–59 Tage	4,7 ±0,4	10,3 ± 0,9	31,4 ± 2,4	65,8 ± 2,3	21,8 ± 1,2	32,6 ± 1,8	15.700 ± 4.400

nach *Jain* 1986

Tabelle 1.12 Blutwerte von Katzen

Alter	Ery x $10^6/\mu l$	Hb g/dl	Hkt %	MCV fl	MCH pg	MCHC %	Leuko $/\mu l$
0 – 6 Stunden	4,95	12,2	44,7	90,3	24,6	27,3	7.550
12 – 48 Stunden	5,11	11,3	41,7	81,6	22,1	27,1	10.180
7 Tage	5,19	10,9	35,7	68,8	21,0	30,5	7.830
14 Tage	4,76	9,7	31,1	65,3	20,4	31,2	8.080
21 Tage	4,99	9,3	31,3	62,7	18,6	29,7	8.820
28 Tage	5,84	8,4	29,9	51,2	14,4	28,1	8.550
42 Tage	6,75	9,0	35,4	52,4	13,3	25,4	8.420
56 Tage	7,10	9,4	35,6	50,1	13,2	26,4	8.420
70 Tage	7,33	9,9	–	–	13,5	–	9.180
80 Tage	7,69	10,3	39,0	50,7	13,4	26,4	9.120
90 Tage	8,26	10,4	43,1	52,2	12,6	24,1	9.010
120 Tage	8,77	10,7	35,7	40,7	12,2	29,9	9.360
150 Tage	9,27	11,4	41,5	44,7	12,3	27,7	11.660
Adult, männl.	9,02	12,2	40,6	45,0	13,5	30,0	12.400
Adult, weibl.	8,39	12,0	41,3	49,2	14,3	29,1	10.500

nach *Jain* 1986

Bei neugeborenen Katzenwelpen sind die Erythrozyten etwa doppelt so groß wie bei ausgewachsenen Katzen, die Zahl ist niedrig. Adulte Werte werden bei Erythrozytenzahl und Hämatokrit mit einem Alter von 3 Monaten, bei Hb mit etwa 4 – 5 Monaten erreicht (Tab. 1.12).

1.5.5 Leukozyten

Beim neugeborenen Menschen zeigt sich unmittelbar nach der Geburt und am ersten Lebenstag eine Leukozytose. Anschließend erfolgt ein Abfall bis zum 13. Lebenstag. Ähnliche Verhältnisse konnten auch bei Säugetieren zum Teil nachgewiesen werden.

Der Leukozytose des ersten Lebenstages liegt eine Ausschwemmung von Granulozyten mit Linksverschiebung zugrunde. Etwa 70 % der Leukozyten sind beim Neugeborenen Granulozyten. Diese Granulozytose verschwindet in den folgenden Tagen mit dem Absinken der Gesamtleukozytenzahlen. Gleichzeitig nehmen die Lymphozytenzahlen bis über die Zahl der Granulozyten zu (Leukozytenkreuzung).

Diese Blutbildveränderungen sind als Adaptationssyndrom mit der Geburt als Streßfaktoren zu deuten. Das Verhalten der Leukozyten läßt jedenfalls keinen Schluß auf das Vorliegen eines infektiösen Prozesses zu. Die Lymphozytose nimmt mit steigendem Alter, parallel zur Involution des Thymus, langsam ab.

Die oben beschriebenen Verschiebungen im weißen Blutbild zeigen sich beim Fohlen und sehr deutlich beim Ferkel. Der beim Ferkel am 1. Lebenstag zu beobachtende hohe Anteil an Granulozyten nimmt in den ersten 2 Wochen steil ab, bleibt bis zum 20. Tag niedrig und steigt erst danach wieder an. Umgekehrt liegen die Anteile der Lymphozyten beim Neugeborenen niedrig, nehmen in den ersten Lebenstagen rasch zu und erreichen in der zweiten Woche das Maximum. Nach dem 20. Tag setzt ein Rückgang ein. Der Anteil der Monozyten schwankt demgegenüber nur geringfügig.

So eindeutig dieses Verlaufsbild der Durchschnittswerte erscheint, so muß doch darauf hingewiesen werden, daß die Einzelwerte außerordentlich stark streuen können.

Bei den übrigen untersuchten Haustierarten konnte eine Neugeborenen-Leukozytose und -Granulozytose nicht oder zumindest nicht eindeutig nachgewiesen werden. Das Blutbild wird gerade bei jungen Tieren allein schon durch die Aufregung bei der Blutentnahme und durch die oft auftretenden Schwierigkeiten einer einwandfreien Blutgewinnung erheblich verfälscht. Damit lassen sich auch die nicht selten widersprüchlichen Untersuchungsergebnisse zum Teil erklären.

Literatur

Jain, N. C. (1986): Schalm's Veterinary Hematology, 4. Aufl., Lea & Febiger, Philadelphia

Kolb, E. (1980): Lehrbuch der Physiologie der Haustiere. Teil I, 4. Aufl. Gustav Fischer Verlag, Stuttgart
Schalm, O.W. (1965): Veterinary Hematology. 2. Aufl., Lea & Febiger, Philadelphia
Ullrey, D.E., E.R. Miller, C.H. Long, B.H. Vincent (1965): Sheep hematology from birth to maturity. I u. II. J. Anim. Sci. 24, 135–140 u. 141–144
Wirth, D. (1950): Lehrbuch der klinischen Hämatologie der Haustiere. 2. Aufl. Urban & Schwarzenberg, Wien u. Innsbruck

1.6 Verdauungssystem

H. Meyer, J. Kamphues

Der Verdauungskanal der Neugeborenen ist spezifisch auf die Aufnahme, Zerlegung und Absorption der Milchinhaltsstoffe eingestellt. Er unterscheidet sich daher in zahlreichen Details vom Verdauungskanal adulter Tiere.

Neugeborene kommen im allgemeinen mit einem noch nicht vollständig entwickelten Milchgebiß zur Welt, das im Laufe der Entwicklung durch das Dauergebiß ersetzt wird (Tab. 1.13). Die Säuglinge (außer Meerschweinchen) können daher die Nahrung zunächst nur flüssig aufnehmen und erst nach einigen Wochen in fester Form.

Bei den neugeborenen Herbivoren sind die für die mikrobielle Verdauung von faserigem, pflanzlichem Material notwendigen Kompartimente (Vormägen, Dickdarm) noch nicht ausgebildet. Das Vormagensystem erreicht seine für adulte Wiederkäuer übliche Größenrelation beim Schaf nach ca. 10, beim Rind nach ca. 36 Wochen (Tab. 1.14). Die Entwicklung kann durch Art und Zeitpunkt der Beifütterung nachhaltig beeinflußt werden. Die frühe Aufnahme von Rauhfutter stimuliert vor allem das Größenwachstum, während konzentrierte Futtermittel über eine vermehrte Fettsäurenbildung das Wachstum der Pansenzotten anregen (Tab. 1.15). Die Entwicklung der Speicheldrüsen und ihre Produktion verläuft beim Wiederkäuer etwa synchron mit der Vormagenentwicklung.

Tabelle 1.13 Zahnformeln für das Milchgebiß verschiedener Spezies

		I d	C d	P d
Fohlen[1]	Oberkiefer	3	1	3
	Unterkiefer	3	1	3
Kalb[2]	Oberkiefer	0	0	3
	Unterkiefer	3	1	3
Lamm[2]	Oberkiefer	0	0	3
	Unterkiefer	3	1	3
Ferkel[3]	Oberkiefer	3	1	3
	Unterkiefer	3	1	3
Hundewelpen[4]	Oberkiefer	3	1	3
	Unterkiefer	3	1	3
Kaninchen[5]	Oberkiefer	2	0	3
	Unterkiefer	1	0	2

1 I_1 vor bzw. kurz p. n., I_2 3–4 Wochen p. n., I_3 5–9 Monate, P_{1-3} vor der Geburt oder 1. Woche durchgebrochen
2 I_{1-3} vor der Geburt, C d in den ersten Tagen p. n. durchgebrochen
3 nur I_3 und C d vor der Geburt durchgebrochen
4 in den ersten 3 Wochen zahnlos
5 I_1 schon bei der Geburt durchgebrochen, mit 3–5 Wochen p. n. bereits vollständiges Ersatzgebiß vorhanden

Nickel et al. 1973, Habermehl 1975

Tabelle 1.15 Einfluß der Fütterung auf das Pansenzottenwachstum beim Kalb

Fütterung	⌀ Pansenzottenlänge (mm)	
	Milch	Milch + Kraftfutter + Heu
Alter:		
1–3 Tage	0,99	0,99
4 Wochen	0,53	0,79
8 Wochen	0,48	1,54
	(1,57 bzw. 1,43)[1]	
12 Wochen	0,46	2,46

1 neben Milch intraruminale Verabreichung von Acetat und Propionat bzw. von Butyrat

Tamate et al. 1962

Tabelle 1.14 Entwicklung des Vormagensystems bei Rind und Schaf (Angaben in % des Gesamtmagensystems)

Lebenswoche	0 – 1		4		8		adult	
Spezies	Rind	Schaf	Rind	Schaf	Rind	Schaf	Rind	Schaf
Pansen und Haube	38	29	52	59	60	74	64	73
Blättermagen	13	5	12	5	13	6	25	5
Labmagen	49	66	36	36	27	20	11	22

Church 1979

Auch bei Monogastriden kommt es zu nachhaltigen Veränderungen in den Proportionen des Magen-Darm-Kanales (Beispiel Schwein: Abb. 1.7). Während die Größe des Magens in Relation zur Lebendmasse relativ konstant bleibt, wächst der Dünndarm im Verlauf der Säugezeit überproportional. Der Dickdarm entwickelt sich insbesondere nach Aufnahme von Festfutter. Bei Ferkeln kommt es im Verlauf der ersten 7 Lebenswochen fast zu einer Verdoppelung. Beim Fohlen ist mit etwa 9 Monaten eine ähnliche Proportion wie beim adulten Tier erreicht.

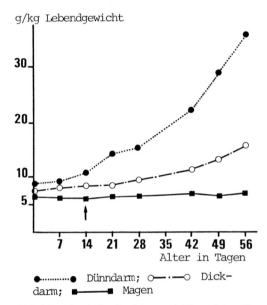

Abb. 1.7 Die relative Gewichtsentwicklung einiger Verdauungsorgane bei Ferkeln mit zunehmendem Alter (*Aumaitre* 1983)

Für die Fütterungspraxis ist das Enzymbildungsvermögen im juvenilen Verdauungstrakt von außerordentlicher Bedeutung. Unmittelbar nach der Geburt sind die Verdauungsenzyme allein auf die Zerlegung der in der Milch vorkommenden Nährstoffe eingestellt. Spezielle Bedingungen bestehen für die Magensäurebildung im Zusammenhang mit der Proteinverdauung. Die meisten Neugeborenen bilden – soweit bekannt – in den ersten 2–3 Lebenswochen wenig Salzsäure, so daß relativ hohe pH-Werte im Magen vorliegen. Bei Ferkeln wurden in den ersten Lebensstunden pH-Werte von 5,2, später von 3–4 gemessen. Im Labmagen von Kälbern variieren die pH-Werte in Abhängigkeit von der Milchaufnahme. Vor dem Tränken wurden pH-Werte von 2–3, 30 Minuten danach 4–6 und 3–5 Stunden später ein Rückgang unter 3 bestimmt.

In den ersten Lebenstagen wird bei Ferkeln aufgrund fehlender bzw. nur sehr geringer Salzsäureproduktion die Azidierung des Magenchymus im wesentlichen durch Milchsäure erreicht, die insbesondere bei der Fermentation von Laktose durch die überwiegend grampositive Magenflora gebildet wird.

Die relativ hohen pH-Werte im Magen der Säuglinge haben auch in hygienischer Hinsicht Bedeutung. Sie begünstigen die Passage von Mikroorganismen in den Dünndarm. Bei starker mikrobieller Kontamination des Futters steigt das Risiko für Verdauungsstörungen. Die hohe Empfindlichkeit Neugeborener für Darminfektionen scheint u. a. auch auf der geringen Ausbildung der Säurenbarriere im Magen zu beruhen.

Bei den meisten Neugeborenen wird im Magen zunächst ein spezifisches proteolytisches Enzym, das Chymosin, sezerniert, das – anders als das Pepsin – seine optimale Wirkung bei pH-Werten von etwa 4 erreicht. Das Chymosin (oder Labferment) fällt spezifisch das Casein der Milch aus. Da das Eiweiß in der Kuhmilch zu 80 % aus Casein besteht, bildet sich im Magen des Kalbes ein großvolumiges, relativ festes Koagulum. Bei Ferkeln entsteht ein mehr flockiger, feingrießiger Brei vermutlich aufgrund des geringeren Caseinanteils in der Sauenmilch (60 %). Die Milchalbumine und -globuline verlassen den Magen mit dem freigesetzten Milchwasser sehr schnell ebenso wie der Milchzucker, während sich das Fett der Milch auf die Caseinkoagula im Magen lagert und erst später in den Dünndarm gelangt.

Die Ausfällung des Caseins im Magen folgt als enzymatischer Vorgang der Reaktionsgeschwindigkeit-Temperatur-Regel, d. h. je niedriger die Temperatur, um so langsamer verläuft die Labgerinnung (unter physiologischen Bedingungen ist das Casein nach 3–4 Minuten vollständig ausgefällt; (Tab. 1.16). Anschließend werden kontinuierlich kleine Mengen gelöst und in den Dünndarm transportiert.

Tabelle 1.16 Einfluß der Tränketemperatur auf die Gerinnungszeit der Milch im Labmagen des Kalbes

Temperatur °C	Dauer der Labgerinnung Minuten
35	5
30	8
20	34
15	360

Berner und *Peters* 1964

Weist die Tränke tiefere Temperaturen auf, koaguliert das Casein langsamer, so können spontan größere Mengen in den Dünndarm übertreten (Gefahr von Fehlgärungen und Durchfällen). Dieses Risiko wird im Kalttränkeverfahren jedoch abgemildert, da unter diesen Bedingungen die Kälber jeweils nur kleine Milchmengen aufnehmen, die im Labmagen rasch aufgewärmt werden können.

Die für die Bildung der wichtigsten proteolytischen Enzyme im Dünndarm verantwortliche Drüse, das exokrine Pankreas, ist zur Zeit der Geburt noch relativ klein. Bei neugeborenen Ferkeln wiegt es rd. 0,5–1,5 g und erst nach 6 Wochen ca. 2,5 g pro kg LM. Entsprechend ist die Produktion an Chymotrypsin und Trypsin in den ersten beiden Lebenswochen relativ gering. Bei artspezifischer Nahrung und Nahrungsaufnahmerhythmik sowie kontinuierlichem Zufluß geringer Mengen von Eiweißspaltprodukten aus dem Magen wird jedoch eine vollständige und störungsfreie Verdauung und Absorption gesichert.

Artfremde Eiweiße werden insbesondere in der Kälberernährung eingesetzt, u. a. auch Hydrolysate tierischer und pflanzlicher Eiweiße. In den ersten Lebenswochen ist die Verdauung dieser Eiweiße geringer als die der Milch (Tab. 1.17). Daraus resultieren Durchfallrisiken, da bei einer übermäßigen Eiweißaufnahme und ungenügenden Ausfällung dieser Eiweiße im Magen bzw. Zerlegung und Absorption im Dünndarm Eiweißbruchstücke in den Dickdarm gelangen, wo sie einer intensiven mikrobiellen Vergärung unterliegen (nutritiv bedingte putrefaktive Diarrhöen). Auch bei Verwendung von Futtermitteln mit enzymresistenten Eiweißverbindungen (z. B. Furosin aus überlagertem oder überhitztem Magermilchpulver) sind solche Entwicklungen möglich.

Die Verdaulichkeit des Milchfettes liegt in der Regel über 90%, obwohl die Lipaseaktivität im Dünndarm unmittelbar post natum noch gering zu sein scheint. Beim Kalb sind die Speichellipasen für die Fettverdauung von erheblicher Bedeutung. Ungefähr 30% der veresterten Fettsäuren werden durch ihre Aktivität schon im Labmagen gespalten (vorzugsweise kommt es zur Freisetzung kurzkettiger Fettsäuren, z. T. auch schon zur Absorption aus dem Labmagen). Milchfremde Fette wie Schmalz oder Talg werden von den Speichellipasen nicht angegriffen.

Die Wirksamkeit der Pankreaslipasen im Dünndarm wird durch die vorherige Einwirkung der Speichellipasen verbessert. Die Lipasen des Pankreas spalten jedoch im Gegensatz zu den Speichellipasen auch Glyzeride mit langkettigen Fettsäuren. Die Effizienz des enzymatischen Fettabbaus hängt wesentlich auch von der Fettverteilung ab, da die wasserlöslichen Lipasen nur an der äußeren Oberfläche von Fettpartikeln wirken können.

Während in der natürlichen Milch die Fettpartikel im Durchmesser zwischen 0,5 und 7 μm variieren und ihre feine Verteilung durch den hohen Anteil an Cholesterin stabilisiert wird, besteht bei Milchaustauschern mit zugesetzten Fetten das Risiko ihrer ungenügenden Verteilung (→Verdauungsdepressionen). Kettenlänge und Sättigungsgrad der Fettsäuren scheinen bei Hundewelpen ohne Bedeutung für die Fettverdauung zu sein. Bei anderen Spezies nimmt jedoch im allgemeinen mit steigender Kettenlänge und zunehmendem Sättigungsgrad der Fette die Verdaulichkeit ab. Insbesondere Fettsäuren mit mehr als 20 C-Atomen werden ungenügend verwertet. Bei Kälbern wurden nach Verwendung von Fischöl in Milchaustauschern Hauterkrankungen beobachtet.

Nach übermäßiger Fettaufnahme und/oder einer Schädigung der Dünndarmschleimhaut können infolge ungenügender Fettverdauung oder -absorption Steatorrhöen auftreten. Sie sind insbesondere beim Ferkel in der 3.–4. Lebenswoche bekannt.

Von den Kohlenhydraten können die Säuglinge zunächst nur das in der Milch vorkommende Disaccharid Laktose spalten. Die Laktaseaktivität (Tab. 1.18) ist unmittelbar post natum am höchsten und geht allmählich zurück. Zwischen verschiedenen Spezies bestehen Unterschiede in der Laktaseaktivität und der Kapazität des Laktoseabbaues. So können Welpen, deren natürliche Nahrung nur wenig Laktose enthält, schon bei moderater Milchzuckeraufnahme mit Verdauungsstörungen reagieren.

Tabelle 1.17 Scheinbare Verdaulichkeit des Proteins (%) bei Kälbern in Abhängigkeit von Proteinquelle und Alter

Proteinquelle	Anteil (%) an der Proteinzufuhr	Alter (Tage) 10	31
Trockenmagermilch (sprühgetrocknet)	100	86	94
Fischprotein	33	74	83
	61	71	75
Sojaprotein	36	71	84
	70	60	66

Roy und *Stobo* 1974

Tabelle 1.18 Entwicklung der Disaccharidasen-Aktivität im Dünndarm des Schweines in Abhängigkeit vom Alter (Angaben in mU/mg Protein)

Enzym	Alter	1. Tag	1. Woche	3. Woche	6. Woche	10. Woche	25. Woche
Laktase		369	295	46	51	70	32
Maltase		19	142	113	355	1225	830
Saccharidase		4	60	28	148	282	181

Kästner 1981

Für die Spaltung von Saccharose sowie Stärke stehen unmittelbar post natum noch keine Enzyme zur Verfügung. Ihre Produktion beginnt erst in den ersten Lebenswochen, insbesondere — soweit vom Ferkel bekannt — nach frühzeitiger Gabe kohlenhydratreicher Futtermittel. Unmittelbar post natum wird schon eine geringe Maltaseaktivität beobachtet. Dieses Enzym scheint sich postnatal bei den meisten Spezies rascher zu entfalten als Amylasen oder Saccharidasen.

Erhalten Säuglinge Kohlenhydrate, die durch körpereigene Enzyme nicht bzw. nur unvollständig abgebaut werden, so verbessern sich die Ernährungsbedingungen der Flora im Darmtrakt mit der Folge einer verstärkten Bildung von organischen Säuren (bevorzugt Milchsäure). Hieraus können sich Veränderungen in der Osmolarität, dem pH-Wert im Darmlumen (mit Beeinträchtigung der Enzymwirksamkeit), der Elektrolyt- und Wasserabsorption sowie der Motorik ergeben, die schließlich zu Diarrhöen führen.

Die limitierte Verdauungskapazität des juvenilen Organismus äußert sich jedoch nicht nur in einer geringeren Enzymausstattung, sondern auch in einer noch unvollkommen entwickelten Fähigkeit, die Magen-Darm-Flora unter Kontrolle zu halten, sowie in einem geringeren intestinalen Pufferungsvermögen im Vergleich zum ausgewachsenen Tier. Daraus erwachsen Risiken für Verdauungsstörungen insbesondere im Zusammenhang mit der hohen Futteraufnahmekapazität des Säuglings (bezogen auf die Lebendmasse liegt die Trockensubstanzaufnahme um ein Vielfaches höher als bei adulten Tieren).

Literatur

Aumaitre, A. (1983): Die Entwicklung der Verdauungsfunktionen beim Ferkel sowie Probleme des Absetzens. Übers. Tierernährg. *11*, 103 – 132.

Berner, D., A. Peters (1964): Neuzeitliche Kälberaufzucht und -mast. Lohmann Verlag, Hamburg

Church, D. C. (1979): Digestive Physiology and Nutrition of Ruminants, Vol. I, Oxford Press, Portland Oregon

Habermehl, K.-H. (1975): Die Altersbestimmung bei Haus- und Labortieren. 2. Aufl., Parey Verlag, Hamburg

Kästner, H. (1981): Untersuchungen über die Aktivität von Disaccharidasen im Dünndarm des Schweines. Hannover, Vet. Diss.

Nickel, R., A. Schummer, E. Seiferle (1973): Lehrbuch der Anatomie der Haustiere, Bd. 2, Parey Verlag, Hamburg

Roy, J. H. B. (1983): Funktion und Dysfunktion des Dünndarms bei Tieren: Diätetische Einflüsse. Übers. Tierernährg. *11*, 1 – 46

Tamate, H., A. D. Mc Gilliard, N. L. Jacobson, R. Getty (1962): Effect of various dietaries on the anatomical development of the stomach in the calf. J. Dairy Sci. *45*, 408 – 420

1.7 Nieren

K. Walser

Die Aufgaben der Nieren lassen sich mit der Wahrung des Gleichgewichts des „inneren Milieus", der Homöostase im gesamten Extrazellularraum des Plasmas und des Interstitiums umschreiben. Dabei ist die Regulierung des Wasser- und Salzhaushalts und des Säure-Basen-Gleichgewichts durch vermehrte oder verminderte Ausscheidung von Elektrolyten und Wasser eingeschlossen. Den Nieren obliegt die Erhaltung der Konstanz des Volumens, des osmotischen Drucks, des pH-Wertes und der chemischen Zusammensetzung der Körperflüssigkeiten (Aufrechterhaltung der Isotonie, Isoionie und Isohydrie des Blutes). Sie haben darüber hinaus für die Ausscheidung vieler Stoffwechselprodukte, insbesondere der Endprodukte des Eiweißstoffwechsels (Harnstoff, Harnsäure,

Kreatinin) zu sorgen. Auch die Eliminierung hochmolekularer körperfremder Substanzen ist Aufgabe der Nieren.

Anatomische und funktionelle Einheit des Nierenparenchyms ist das Nephron, das aus den *Malpighi*-Körperchen und dem Tubulusapparat aufgebaut ist. In das becherartig erweiterte proximale Ende des Tubulus (*Bowman*-Kapsel) ist ein Konvolut von arteriellen Kapillaren (Glomerulus) eingestülpt. Kapillar- und Tubulusraum sind nur durch eine dünne dialytische Membran getrennt.

Aus den Kapillaren des Glomerulus wird ein fast eiweißfreies, dem Plasma isotonisches Ultrafiltrat aller im Plasma gelösten Stoffe, der Primärharn, in den Hohlraum der *Bowman*-Kapsel gedrückt. Leicht filtriert werden Stoffe mit einem Molekulargewicht bis 40000. Albumine und Globuline erscheinen dagegen nur in Spuren im Primärharn. Harnstoff, Harnsäure und Kreatinin werden überwiegend durch glomeruläre Filtration, Harnstoff und Harnsäure zusätzlich durch tubuläre Sekretion renal ausgeschieden.

Im proximalen Abschnitt des Tubulus werden Glucose, ein Teil der Phosphate und Aminosäuren selektiv rückresorbiert. Dabei erfolgt keine Änderung des pH-Wertes und des osmotischen Druckes des Glomerulusfiltrates. Andererseits werden in diesem Abschnitt hochmolekulare körperfremde Substanzen in den Tubulus ausgeschieden.

Die Rückresorption der Hauptelektrolyte der extrazellulären Flüssigkeit Natrium und Chlorid und mit ihnen ein großer Teil des Wassers erfolgt sowohl im proximalen als auch im distalen Teil des Tubulus, hauptsächlich in der *Henle*-Schleife. Dabei steigt der osmotische Druck im Vergleich zum Primärharn. Im distalen Teil werden Natrium, Chlorid und Wasser, entsprechend den Bedürfnissen des Organismus, unter neurohormonaler Steuerung weiter rückresorbiert, Kalium wird in den Tubulus sezerniert. Hier wird auch das Säure-Basen-Gleichgewicht reguliert (Sekretion von Säure- und Basenäquivalenten). Die terminale Konzentration des Harns durch aktive Rückresorption von Wasser vollzieht sich im letzten Abschnitt des distalen Tubulus.

Bis zur Geburt erledigt die mütterliche Plazenta alle Aufgaben der Ausscheidung für den Fetus. Trotzdem sind die fetalen Nieren soweit ausgebildet, daß eine physiologische Harnbildung stattfinden kann. Es besteht normalerweise aber nur eine geringe Nierentätigkeit. Der Harn wird in die Allantoisblase abgegeben. Es ist nicht geklärt, welche Bedeutung dieser pränatalen Nierentätigkeit zukommt. Sicher ist, daß die Nieren für den Fetus nicht lebensnotwendig sind. Wahrscheinlich treten die fetalen Nieren nur „zum Training" in Funktion.

In tierartlich unterschiedlichem Maß sammelt sich der fetale Harn in der Allantoisblase, die über den Urachus (Harnblasengang) mit der Harnblase des Fetus in Verbindung steht. Während sich die Allantoisblase beim Menschen völlig, beim Schwein weitgehend gegen Ende der intrauterinen Entwicklung zurückgebildet hat, finden sich bei anderen Tierarten zum Geburtszeitpunkt erhebliche Flüssigkeitsmengen in der Allantois (Pferd 4−10 l, Rind 8−15 l, kleine Wiederkäuer 0,5−1,5 l, Hund, Katze 5−10−40 ml je Frucht).

Bei Neugeborenen wurde ein auffallend kleines Glomerulusfiltrat festgestellt. Die glomeruläre Filtrationsrate liegt um 40−60 % niedriger als bei den erwachsenen Tieren der gleichen Art. Dies wird mit morphologischen Besonderheiten der Niere zur Zeit der Geburt in Zusammenhang gebracht: Die potentielle Zahl der Glomeruli ist zwar vorhanden, die Kapillarschlingen der Glomeruli sind jedoch weniger zahlreich als später. Sie sind von einem hohen zylindrischen bis kubischen Epithel überzogen. Erst im Laufe der Säuglingsperiode erfolgt eine Umbildung in das endgültige dünne Plattenepithel, wodurch die Permeabilität der Membran erhöht und die Filtration erleichtert wird.

Auch die anfangs ungenügende tubuläre Sekretionsleistung der Neugeborenenniere steigt in den ersten Lebenswochen rasch an. Glucose und Aminosäuren, die später fast völlig tubulär rückresorbiert werden, werden beim Neugeborenen zu einem hohen Anteil ausgeschieden. Die „physiologische Aminoacidurie" bleibt auch in der Säuglingsperiode noch länger bestehen, so daß eine funktionelle Unreife der tubulären Rückresorptionsmechanismen unterstellt wurde.

Die metabolisch bedingte Acidoseneigung der Neugeborenen, verstärkt durch ungenügenden Gasaustausch in der Lunge, stellt an die Nieren der Neugeborenen sehr hohe Anforderungen. Die hier wichtigen Regulationsmechanismen sind zwar funktionsfähig, haben aber ihre spätere Leistungshöhe noch nicht erreicht.

Die Regulation des Wasserhaushalts stellt die Nieren des Neugeborenen und Säuglings vor besondere Probleme. Der Organismus des jungen Tieres ist wasserreicher als der adulter Tiere. Der Anteil der extrazellulären Flüssigkeit ist besonders groß. Säuglinge nehmen, bezogen auf Körpermasse und Körperoberfläche, erheblich mehr Flüssigkeit auf als erwachsene Tiere. Dementsprechend ist bei jungen Tieren die tägliche Harnmenge größer, die Harnmolarität niedriger (Tab. 1.19).

Tabelle 1.19 Harn von Tiersäuglingen im Vergleich zu Harn erwachsener Tiere (nach *Ketz*, 1980)

Kalb	Rind	Ziegenlamm	Ziege	Ferkel	Schwein
normale Harnmenge (l/24 h)					
3,5−5,0	6,0−20,0	0,4−0,8	0,5−1,5	0,4−0,7	2,0−4,0
Dichte des Harns (g/cm^3)					
1,013 ±0,009	1,030 ±0,012	1,012 ±0,009	1,021 ±0,008	1,009 ±0,006	1,015 ±0,010
Gesamtmolarität des Harns (mmol/l)					
340 ±150	1020 ± 300	300 ±120	790 ±240	260 ±120	1020 ± 310
Quotient Harnmolarität/Serummolarität (mmol/l)					
1,07	3,71	1,04	2,44	0,82	2,38

Die Fähigkeit zur Produktion eines konzentrierten Harns ist bei Neugeborenen noch begrenzt. Während erwachsene Tiere die Konzentration ihres Harns auf das 2−4fache der Serummolarität steigern können, ist diese Fähigkeit bei Neugeborenen stark eingeschränkt. Die Harnmolarität liegt bei Säuglingen nur wenig über der Molarität des Serums. Die maximalen Harnkonzentrationen werden auch nur dann erreicht, wenn es vorher zu abnorm hohen Plasmakonzentrationen gekommen ist.

Während des späteren Lebens werden die Konzentrationen und Volumina im Plasma und Interstitium in engen Grenzen konstant gehalten. Das Neugeborene zeigt demgegenüber noch eine auffallende Instabilität. Schwankungen der Plasmamolarität und des Plasmavolumens sowie Verschiebungen des Blut-pH werden beim Neugeborenen in einem Ausmaß toleriert, wie dies später nicht mehr ohne Gefahr für den Organismus möglich ist. Die anfangs eingeschränkte Leistungsfähigkeit der Nieren wird durch diese Toleranzbreite gegenüber den auftretenden Schwankungen ausgeglichen. Die funktionelle Unreife der Nieren mit eingeschränkter Leistungsfähigkeit führt deshalb nicht zu einer „physiologischen Niereninsuffizienz".

Den niedrigen Nierenfunktionsgrößen der ersten Lebenstage folgt alsbald ein deutlicher Anstieg. Eine unvermittelt auftretende Umstellung erfolgt dabei nicht, die funktionelle Differenzierung geschieht vielmehr allmählich.

Die Elektrolyt-Clearance der Neugeborenen ist niedriger als beim Erwachsenen. Die Fähigkeit der Niere, Elektrolyte zu filtrieren und tubulär wieder zu resorbieren, steigt in den ersten Lebenswochen rasch. Bei Säuglingen werden Kalzium, Natrium und Chlorid zu einem hohen Anteil rückresorbiert. Kalium wird tubulär sezerniert. Bei Kaliummangel kann die Ausscheidung durch Steigerung der Rückresorption erheblich verringert werden. Die Menge der ausgeschiedenen Elektrolyte ist beim Säugling abhängig von deren Gehalt in der Muttermilch. Zwischen den Spezies können erhebliche Unterschiede in der renalen Ausscheidung bestehen. Gemeinsam ist allen Tierarten die sehr geringe Kalziumabgabe trotz reichlichen Angebotes mit der Milch.

Literatur

Barnet, H. L. (1950): Kidney function in young infants. Pediatrics *3*, 171−179
Friederiszick, F. K. (1964): Die Nierenphysiologie im Kindesalter. In: Entwicklungsphysiologie des Kindes, Hrsg. *H. Wiesener*, Springer-Verlag, Berlin-Göttingen-Heidelberg
Friis, C. (1979): Postnatal development of renal function in piglets: Glomerular filtration rate, clearance of PAH and PAH extraction. Biol. Neonate *35*, 180−187
Friis, C. (1983): Postnatal development of renal function in goats. In: Veterinary Pharmacology and Toxicology, Hrsg. *Ruckebusch, Y., P.-L. Toutain, G. D. Koritz*, MTP Press, Boston, Den Haag
Ketz, H.-A. (1960): Untersuchungen zur Nierenfunktion und renalen Elektrolytausscheidung beim Kalb und Rind. Arch. exper. Vet. med. *14*, 321−335
Ketz, H.-A. (1980): Die Physiologie der Niere. In: Lehrbuch der Physiologie der Haustiere, Hrsg. *E. Kolb*, 4. Aufl., Gustav Fischer Verlag, Stuttgart
Klee, W. (1986): Nierenfunktion beim gesunden und durchfallkranken Kalb. Vet. Habil. Schr., München

1.8 Endokrinologie des Neugeborenen

B. Hoffmann, W. C. Wagner

1.8.1 Stoffwechsel

Lebensfähigkeit und Überlebenschancen des Neugeborenen hängen unter anderem von einer Sequenz qualitativer und quantitativer endokriner, den Stoffwechsel betreffenden Anpassungsprozesse ab. Betroffen davon sind zum Beispiel die Aufrechterhaltung der normalen Körpertemperatur nach dem abrupten Übergang vom intrauterinen zum extrauterinen Leben sowie die Anpassung an die Versorgung mit Nährstoffen, die nun nicht mehr über die Plazenta, sondern durch Resorption vom Magen-Darm-Trakt erfolgt.

Die diesen adaptativen Vorgängen zugrunde liegenden koordinierten Aktionen verschiedener endokriner Regelfaktoren betreffen vor allem die Hormone der Nebenniere (Glucocorticoide, Katecholamine), die Schilddrüsenhormone (Tyroxin-T4 und Trijodthyronin-T3), das somatotrope Hormon (Wachstumshormon) und Insulin — inklusive ihrer Kontrollsysteme. Erst mit der Einführung hochempfindlicher, meist radioimmunologischer Meßverfahren ab ca. 1970 wurde es möglich, deren Verlauf im Blutplasma im Rahmen von Langzeitstudien zu erfassen und damit entscheidende Kenntnisse über die physiologischen, regulativen Wirkungsmechanismen zu erhalten. Trotzdem liegen für einige Haustierarten noch keine oder nur sehr beschränkte Angaben vor, so daß es zum Teil notwendig wird, die zur Verfügung stehenden Daten unter der Annahme zu extrapolieren, daß die Aussagen zumindest bedingt von einer Tierart auf die andere übertragbar sind.

Nebennierenrinde: Seitdem Bassett und Thornburn (1967) erstmals über einen Anstieg der fetalen Glucocorticoide berichteten und diesen in Zusammenhang mit der Auslösung der die Geburt einleitenden Vorgänge brachten, wurden zahlreiche Untersuchungen zur Funktion der Nebennierenrinde beim Fetus und Neugeborenen durchgeführt. Dabei wurde erkannt, daß diesem mit einer Verschiebung der Syntheseleistung von Corticosteron in Richtung Cortisol (*Hoffmann* et al. 1977) einhergehenden Glucocorticoidanstieg neben der besonderen Bedeutung für die Bestimmung des Geburtszeitpunktes bei Rind, Schaf, Ziege und Schwein wahrscheinlich auch andere und letztlich ebenso wichtige Funktionen für das Überleben des Neugeborenen zukommen. So wurde gezeigt, daß die Glucocorticoide bei der pränatalen Ausbildung der Lungen und der Sekretion des Oberflächenfaktors, der für eine normale Atemfunktion notwendig ist, von ausschlaggebender Bedeutung sind. Ein Ausbleiben dieser Entwicklung führt bei Neugeborenen zu dem häufig mit Exitus verbundenen „Respiratory distress"-Syndrom. Obwohl dieses Krankheitsbild bisher vor allem beim Menschen bekannt geworden ist, scheint es auch beim Fohlen, aber auch Ferkel vorzukommen. Behandlung mit Glucocorticoiden können in solchen Situationen die Atmungsfunktion verbessern.

Glucocorticoide greifen insbesondere aber aufgrund ihrer gluconeogenetischen Eigenschaften sowie auch anderer metabolischer Wirkungen unmittelbar in die Stoffwechselabläufe ein. Gleichzeitig mit dem Anstieg der fetalen Glucocorticoide gegen Ende der Gravidität erfolgt ein Anstieg der T4-Konzentrationen im fetalen Plasma. Nachdem beim Schaf gezeigt wurde, daß das Glucocoricoid Cortisol die Mono-Dejodinierungsrate von T4 zu T3 in der fetalen Leber steigern kann, ist davon auszugehen, daß der Anstieg der fetalen Glucocorticoide auch auf diesem Weg zu einer verstärkten Stoffwechselaktivität führt.

Die beim neugeborenen Kalb kurz nach der Geburt im Blutplasma meßbaren Glucocorticoidkonzentrationen (Cortisol) liegen gewöhnlich bei mehr als 100 ng/ml (ca. 300 nmol/l) und sind damit um ein Vielfaches höher als die zum gleichen Zeitpunkt beim Muttertier gemessenen (*Eberhart* und *Patt* 1971). Innerhalb von 3–4 Tagen wird jedoch ein Abfall auf Konzentrationen beobachtet, wie sie auch unter physiologischen Bedingungen bei erwachsenen Tieren gemessen werden. Über ähnliche Veränderungen wird auch bei anderen Tierarten wie Schaf und Schwein berichtet. Diese während der ersten beiden Lebenstage anhaltende hohe Verfügbarkeit an Nebennierenrindenhormonen muß als wichtig im Hinblick auf die weitere Aufrechterhaltung der Blutzuckerwerte sowie die Kompensierung der anderen, sich aus dem Übergang von intrauterinen zum extrauterinen Milieu ergebenden Belastungen angesehen werden.

Eine Nebenniereninsuffizienz bei überlebenden neugeborenen Haustieren wurde bisher nicht als ein klinisches Syndrom beschrieben, wohl deshalb, da unter physiologischen Bedingungen die Einleitung der Geburt eine ausgesprochene Überfunktion der fetalen Nebennierenrinde voraussetzt.

Eine fetale Nebennierenrindeninsuffizienz pathogenetischer Ursache ist jedoch beim Rind bekannt; sie resultiert primär in einer Verlängerung der Trächtigkeitsdauer, dem Auftreten von Geburtsschwierigkeiten und den daraus zu erwartenden Problemen, d. h. Totgeburten oder unmittelbarer Tod des Neugeborenen post partum. Umgekehrt ist bei Ziegen beschrieben worden, daß eine adrenale Überfunktion des Fetus zu Frühgeburten bzw. habituellen Aborten führt (*Van Rensburg* 1965).

Schilddrüse: Auch der Schilddrüsenfunktion kommt hinsichtlich ihrer regulativen Beeinflussung des Stoffwechsels eine kritische Bedeutung für das Überleben des Neugeborenen zu. Untersuchungen beim Schaf haben gezeigt, daß die fetale Schilddrüse bereits am Tag 50 der Trächtigkeit zur Sekretion von T4 befähigt ist. Im Vergleich zum Muttertier weist der Fetus einen hyperthyreoiden Status auf; das Verhältnis von T4 im maternellen Plasma zu T4 im fetalen Plasma liegt bei 0,50 bis 0,65 (*Nathanielsz* et al. 1973). Weiterhin werden beim Fetus offensichtlich erhebliche Mengen von T4 in „reverse" Trijodthyronin (rT3) und nicht, wie beim erwachsenen Tier, in T3 umgewandelt (*Chopra* et al. 1975). Die Bedeutung dieser selektiven Mono-Dejodinierung zum biologisch nicht mehr aktiven rT3 wird im allgemeinen darin gesehen, daß der Fetus versucht, die Auswirkungen der relativ hohen T4-Sekretionsrate abzuschwächen. Zum Zeitpunkt der Geburt ergibt sich hier eine Verschiebung. In den ersten Stunden nach der Geburt steigen beim Lamm sowohl T4 als auch T3 an, während die rT3-Konzentrationen konstant bleiben. In der Folgezeit, d. h. während der ersten beiden Lebenstage, sinken die rT3-Werte jedoch auf Konzentrationen ab, wie sie normalerweise beim erwachsenen Tier gemessen werden. Gleichzeitig steigen die T3-Konzentrationen stark an, während T4, das zum Zeitpunkt der Geburt hoch ist, auf die bei erwachsenen Tieren gemessenen Konzentrationen absinkt. Der deutliche Anstieg der T3-Werte ergibt sich aus einer Veränderung in der Mono-Dejodinierung beim Neugeborenen, wobei nun bevorzugt T3 produziert wird. Anhaltspunkte, daß auch diese Veränderungen möglicherweise mit dem peripartalen Glucocorticoidanstieg in Zusammenhang gebracht werden können, ergeben sich aus Beobachtungen an Schafen. Dort wurde bei Versuchen zur Einleitung einer Geburt durch fetale Glucocorticoidinfusionen beobachtet, daß es infolge der Behandlung zu einem signifikanten Abfall der T4-Konzentrationen und einem gleichzeitigen Anstieg der T3-Konzentrationen kam (*Thomas* et al. 1978). Eine Blockade des Geburtsablaufes durch exogene Progesteronzufuhr veränderte nicht diese an der Schilddrüse beobachteten Effekte. Da T3 die wirkungsvollste Komponente des Schilddrüsenhormonkomplexes im Hinblick auf die nach „Kälteeinwirkung" zu beobachtenden thermogenetischen Reaktionen ist, muß das so zusätzlich verfügbare T3 als eine wesentliche Hilfe für das Neugeborene angesehen werden, sich an die neuen erniedrigten Umgebungstemperaturen zu gewöhnen.

Die Auswirkungen einer natürlichen oder induzierten Schilddrüsenunterfunktion entsprechen den theoretischen Erwartungen. Am 90. Tag der Trächtigkeit thyreoidektomierte Schaffeten wiesen zum Zeitpunkt der Geburt erniedrigte Körpergewichte und verkürzte Gliedmaßen auf. Die Cholesterinkonzentrationen waren erhöht und die Trächtigkeit war um etwa 5 Tage verlängert. Zu beachten ist, daß die Schilddrüse des Muttertieres dabei intakt war. *Hopkins* und *Thorborn* (1972) schlossen daraus, daß T4 die Plazentabarriere nicht ohne weiteres passieren kann, obwohl dies durch Hormonmessungen nicht bestätigt wurde. Keines der bei diesen Untersuchungen thyreoidektomierten Lämmer überlebte.

Auch im Plasma neugeborener Kälber werden hohe Thyroxinkonzentrationen gemessen. *Hernandez* et al. (1972) berichteten, daß die zum Zeitpunkt der Geburt beim Kalb gemessenen T4-Konzentrationen doppelt so hoch lagen wie bei der Kuh. Entsprechend weisen auch Ferkel zum Zeitpunkt der Geburt hohe T4-Konzentrationen auf, die während der ersten 72 Lebensstunden allmählich abfallen. Gleichzeitig kommt es zu dem bereits erwähnten Anstieg der T3-Konzentrationen (*Brenner* et al. 1980, *Parker* et al. 1980).

Für natürliche Haltungsbedingungen gilt, daß ein Fetus praktisch erst dann hypothyreoid werden kann, wenn das Muttertier einem erheblichen Jodmangel ausgesetzt ist. Unter solchen Situationen ist jedoch zu erwarten, daß sich die Schilddrüsenunterfunktion zunächst beim Muttertier und erst sekundär beim Fetus auswirkt. Für geeignete therapeutische Maßnahmen könnte also rechtzeitig gesorgt werden. Da aber auch ein leichter und zunächst nicht erkennbarer Hypothyreodismus zu Problemen hinsichtlich der Anpassung des Neugeborenen führen kann, sollte in jedem Fall für eine adäquate Jodversorgung des Muttertieres gesorgt werden.

Hypophysenvorderlappen: Untersuchungen hinsichtlich der Ansprechbarkeit des Hypophysenvorderlappens auf *TRH (Thyreotropinreleasinghormon)* wurden beim Lamm durchgeführt. Sowohl unmittelbar nach der Geburt als auch in der späteren neonatalen Periode resultierte diese Behandlung in einer deutlichen Freisetzung von TSH (Thyreotropin). Auch Prolaktin, ein weiteres

Hypophysenvorderlappenhormon, reagierte mit einem deutlichen Anstieg auf diese Behandlung (*Wallace* et al. 1979). Infolge der Behandlung mit TRH und der dadurch provozierten TSH-Freisetzung kam es bei den ein, zwei oder sechs Tage alten Lämmern zu einem Anstieg der T4-Konzentrationen im Plasma. Für T3 konnte ein gleichmäßiger Anstieg jedoch erst bei 6 Tage alten Lämmern beobachtet werden.

Untersuchungen bei Schaf und Schwein über das *Wachstumshormon* haben gezeigt, daß die Konzentrationen im letzten Drittel der Gravidität beim Fetus deutlich höher liegen als beim Muttertier. Eine funktionelle Interpretation kann jedoch nicht gegeben werden, zumal bekannt ist, daß die die Wirkung von Wachstumshormon vermittelnden somatogenen Rezeptoren in der Leber erst postnatal angebildet werden. Weiterhin zeigte sich, daß dekapitierte oder hypophysektomierte Schaf- oder Schweinefeten in ihrem weiteren Wachstum nicht oder nur geringfügig beeinflußt werden. Diese Beobachtung könnte jedoch auch auf das Vorhandensein anderer Hormone plazentären Ursprungs zurückgeführt werden, die ebenfalls wachstumshormonähnliche Eigenschaften aufweisen. Die zum Zeitpunkt der Geburt hohen Wachstumshormonwerte falle während der ersten 12 Lebensstunden ab, wie für das Schaf gezeigt werden konnte (*Bassett* und *Alexander* 1970 *Gluckman* et al 1988).

Insulin: Die Bedeutung der zunächst hohen Wachstumshormonwerte muß im Zusammenhang mit dem ebenfalls für das Lamm berichteten Insulinanstieg und den bereits oben dargelegten Veränderungen in der Schilddrüsen- und Nebennierenrindenfunktion gesehen werden; sie stellen insgesamt eine konzertierte Reaktion im Hinblick auf die beim Neugeborenen gegebene erhöhte Stoffwechselausgangslage dar. Neugeborene Lämmer, die der Kälte ausgesetzt wurden, reagieren mit einem signifikanten Glucose- und Glucocorticoidanstieg. Wie bereits erwähnt, sind derartige Reaktionen von Wichtigkeit für die Aufrechterhaltung der Körpertemperatur und damit das Überleben des Neugeborenen.

Katecholamine: Obwohl über funktionelle Veränderungen des Nebennierenrindenmarkes in der peripartalen Phase keine speziellen Angaben vorliegen, ist bekannt, daß Adrenalin nicht nur den Blutzuckergehalt beeinflußt sondern auch lipolytisch wirkt. Unter der Annahme, daß das Nebennierenmark mit einer Katecholaminfreisetzung auf die Belastung der Geburt reagiert, muß daher auch diesem Organ eine wichtige Rolle bei der endokrinen Steuerung der adaptativen Prozesse um den Geburtszeitpunkt zugesprochen werden (*Mersman* et al. 1976).

Zusammenfassend ergibt sich, daß zum Zeitpunkt der Geburt das endokrine System zunächst darauf abgestimmt ist, adaptive Prozesse im Rahmen der Stoffwechselabläufe zu stimulieren, um somit dem Neugeborenen eine größere Chance zu geben, sich vom intrauterinen auf das extrauterine Leben umzustellen. Die dabei in den Vordergrund tretenden Veränderungen sind eine erhöhte Produktion von *Trijodthyronin (T3)*, sehr hohe Konzentrationen an *Glucocorticoiden* und *Wachstumshormon* zum Geburtszeitpunkt sowie die zu unterstellende Fähigkeit des Nebennierenmarkes, *Katecholamine* wie Adrenalin freizusetzen.

1.8.2 Sexualentwicklung

Anders als für die akut und unmittelbar in den Stoffwechsel eingreifenden endokrinen Regelfaktoren gilt für die endokrine Regulation der Fortpflanzung, daß die zum Abschluß der pränatalen Periode erreichte Entwicklungsstufe durch eine *stufenweise* Einstellung des endokrinen Regelkreises im Verlauf des postnatalen Wachstums der Geschlechtsreife zugeführt wird.

Hypothalamisches Geschlecht: Die während der intrauterinen Entwicklung stattfindende Differenzierung der bisexuell angelegten Geschlechtsanlage in Richtung männlich eines genetisch männlichen Embryos (xy-Chromosom) ist u. a. von einer frühzeitig einsetzenden embryonalen bzw. fetalen Androgenproduktion abhängig. Ein Ergebnis der fetalen Androgenproduktion ist auch die bei den Haussäugetieren bereits zum Zeitpunkt der Geburt praktisch irreversibel abgeschlossene Sexualdifferenzierung im Zentralnervensystem (Hypothalamus), also die Ausbildung des psychischen oder hypothalamischen Geschlechts (*Dörner* 1970; *Ellendorff* et al. 1979, *MacLusky* und *Naftolin* 1981). Letzteres kann jedoch nur bedingt oder gar nicht auf andere Säugetiere übertragen werden. Bei Maus und Ratte z. B., denen als Versuchstiere eine besondere Bedeutung zukommt, findet die Prägung der hypothalamischen Funktionszentren erst in der perinatalen Phase, d. h. auch noch nach der Geburt statt (*Neumann* 1970). Bestimmte Manipulationen, wie eine exogene Hormonzufuhr unmittelbar postnatal, können daher bei diesen Tierarten zu irreversiblen Beeinflussungen führen, die bei anderen Spezies nicht mehr zu erwarten sind (*Pfaff* und *Zigmond* 1971; *Martin* 1976).

Fetale Androgensekretion: Wie Untersuchungen bei landwirtschaftlichen Nutztieren (Schwein, Schaf, Rind, Pferd) und dem Hund ergeben haben, sind die fetalen Hoden als Ort der Androgensynthese anzusehen (*Karg* und *Struck* 1966; *MacArthur* et al. 1967; *Attal* 1969; *Raeside* und *Sigman* 1975). Dementsprechend liegen in der Regel die Testosteronkonzentrationen im Blutplasma weiblicher Feten deutlich niedriger als bei männlichen. Bei männlichen Feten wird im allgemeinen ein Abfall der Androgenkonzentrationen im Blutplasma zum Geburtszeitpunkt hin beobachtet (*Kim* et al. 1972; *Challis* et al. 1974; *Meusy-Desolle* 1974), wobei – wie für das Rind gezeigt werden konnte (*Mongkonpunya* et al. 1973) – ein Anstieg der Werte bis in das zweite Drittel der Gravidität vorausging. Dieser Anstieg ist vor allem durch die Produktion von Testosteron, dem biologisch wichtigsten Androgen, akzentuiert.

Das Fehlen einer rechtzeitigen Wirkung der Androgene während der frühen Periode der fetalen Entwicklung erklärt z. B. das Erscheinungsbild des Pseudohermaphroditismus (*Jost* 1965; *Neumann* 1970).

Postnatale Androgensekretion: In der unmittelbaren postnatalen Phase tritt eine Umkehr im Verhältnis der produzierten Androgene zu Ungunsten von Testosteron ein, wobei gewisse speziesabhängige Unterschiede gegeben sind. Nach *Lindner* (1959) und *Lindner* und *Mann* (1960) ist beim Rind bis zum ca. 4. Lebensmonat Androstendion das qualitativ im Vordergrund stehende Hodenhormon (Verhältnis Androstendion : Testosteron = 10 : 1), während *Elsaesser* et al. (1972) beim Schwein noch in der zweiten Lebenswoche ein Verhältnis von Androstendion zu Testosteron wie 1 : 2 ermittelten; dieses war bis zur 4. Lebenswoche auf ca. 1 : 1 abgesunken. Beim Schaf wiederum ergibt sich mit 1 : 1,75 das engste Verhältnis von Androstendion zu Testosteron um den Geburtszeitpunkt; eine bis zur Geschlechtsreife kontinuierlich verlaufende Erhöhung des Testosteronanteiles ist danach feststellbar (*Skinner* et al. 1968). Diese eindeutigen aus Untersuchungen von Hodengewebe bzw. Blut der Vena spermatica stammenden und die Syntheseleistung des Hodens bei Neugeborenen kennzeichnenden Befunde sind durch entsprechende Untersuchungen des peripheren Blutplasmas offensichtlich weniger gut darzulegen.

Gonaden: Der „descensus testis" ist zum Zeitpunkt der Geburt in der Regel abgeschlossen oder er findet – wie beim Hund – in den ersten Lebenstagen statt (*Christoph* 1960). Die u. a. mit der Androgenproduktion in der Fetalzeit einsetzende morphologische Geschlechtsdifferenzierung führt zu einem Erscheinungsbild des *Hodens,* das in der perinatalen Phase durch das Vorhandensein von relativ undifferenzierten Gonozyten sowie von Samenkanälchen mit nur geringem oder keinem Lumen gekennzeichnet ist. In den ersten Wochen nach der Geburt findet entweder kein oder nur ein sehr allmähliches weiteres Hodenwachstum statt, wie Untersuchungen bei Schwein, Schaf und Rind gezeigt haben. Eine deutliche Steigerung der Gewichtsentwicklung setzt erst ab dem 2.–3. Lebensmonat ein (*Abdel-Raouf* 1961; *McMillan* und *Hafs* 1969; *Courot* 1971).

Die Differenzierung der *Ovarien* erfolgt zu einem späteren Zeitpunkt der fetalen Entwicklung als die der Hoden. Die weitere Ausbildung der Ovarien in eine, wenn auch stark verkleinerte Form der adulten Drüse vollzieht sich dann jedoch relativ rasch. Zum Zeitpunkt der Geburt enthalten die Ovarien von Schaf, Rind und Schwein hauptsächlich Oozyten, die das Diplotän-Stadium der Meiose erreicht haben. Nach morphologischen Kriterien machen *Oxender* et al. (1979) für das Schweineovar folgende Angaben: bis zum 90. Tag nach der Geburt werden zu ca. 80 % Primordial-Follikel (Oozyten, umschlossen von einer Schicht abgeflachter Epithelzellen) und zu ca. 5 % Primärfollikel (Follikelepithel bestehend aus einer Schicht niedriger kuboider Zellen) gefunden. Sekundärfollikel konnten vereinzelt bereits zum Zeitpunkt der Geburt beobachtet werden. Ihr Anteil stieg im Einzelfall bis zu knapp 30 % am 90. Tag nach der Geburt an. Tertiärfollikel wurden vor dem 60. Lebenstag nicht beobachtet. Beim Lamm findet eine relativ rasche Entwicklung der Follikel bis zur 4. Lebenswoche statt. Zu diesem Zeitpunkt wurden im Durchschnitt 455 „wachsende" Follikel und 1100 Follikel mit Antrum gezählt deren Zahl in der 12. Lebenswoche jedoch wieder deutlich auf 100 bzw. 287 abgesunken war. Die Gewichtsentwicklung der Ovarien weist einen parallelen Verlauf auf (Gewicht rechtes und linkes Ovar: Geburt 121 mg, 4. Lebenswoche 826 mg, 12. Lebenswoche 560 mg) (*Kennedy* et al. 1974). Auch beim Kalb sind bereits zum Geburtszeitpunkt Sekundärfollikel vorhanden. Die Zahl der wachsenden Follikel nimmt zwischen dem 50.–80. Lebenstag rapide zu, erreicht im 4. Lebensmonat ein Maximum, um dann wieder abzufallen (*Hafez* 1968; *Desjardins* und *Hafs* 1969). Nachdem zum Zeitpunkt der Geburt die Oogonien praktisch aus dem Ovar verschwunden sind, kann eine Vermehrung der Zahl der Keimzellen nicht mehr stattfinden. Anders ergibt sich die Situation im Hoden, wo mitotisch aktive Spermatogonien während der Geschlechtsreife kontinuierlich die Meiose durchlaufen.

Hormonale Effekte beim Neugeborenen: Während der Endphase der Gravidität werden von der Plazenta große Mengen an Östrogenen in das mütterliche und fetale Kompartiment abgegeben. Die im mütterlichen und fetalen Plasma unmittelbar vor der Geburt meßbaren Konzentrationen können dabei größenordnungsmäßig in einem Bereich von ca. 30−60 ng/ml (ca. 100−200 nmol/l) liegen, wie für Rind, Pferd, Schwein und Ziege gezeigt werden konnte (*Tsang* 1974, *Hoffmann* et al. 1976, *Ellendorf* et al. 1979; *Pashen* und *Allen* 1979). Bei diesen Östrogenen handelt es sich in erster Linie um Östron und Östradiol-17a, die eine deutlich niedrigere biologische Aktivität aufweisen als das Östradiol-17β. Eine weitere Erniedrigung der biologischen Aktivität ergibt sich daraus, daß sowohl Östron als auch Östradiol-17a vorwiegend in konjugierter Form (Sulfat- und Glucuronsäurekonjugat) vorliegen. Trotzdem sind bei Neugeborenen relativ häufig Symptome der östrogenen Wirkung klinisch feststellbar (Klitorisvergrößerung, Ödematisierung der Vulva, Veränderungen im Bereich der Milchdrüsen, „Hexenmilch"), die jedoch mit der Elimination dieser Östrogene via Kot und Urin während der ersten Lebenstage wieder verschwinden. Unabhängig vom Geschlecht liegen z. B. die im Mekonium gemessenen Östrogenkonzentrationen beim Kalb bei 60 μg Östradiol-17a/g, bei der Ziege erheblich höher zwischen 500−1500 μg Östradiol-17a/g, während beim Ferkel Östron in Konzentrationen um 6 μg/g Mekonium nachgewiesen werden konnte (*Velle* 1963). Auch für den Menschen ist bekannt, daß Neugeborene zum Zeitpunkt der Geburt relativ hohe Östrogenkonzentrationen aufweisen, die ebenfalls während der ersten Lebenstage mit der Elimination dieser Wirkstoffe auf Basisniveau abfallen.

Funktionszustand endokriner Regelkreise: Anhaltspunkte über den Funktionsstand der der endokrinen Regulation der Fortpflanzung zugrunde liegenden *Hypothalamus-Hypophysen-Gonadenachse*, liegen z. T. bereits für die fetale Lebensperiode vor. Die Injektion von synthetischem Gonadotropin-Releasinghormon (GnRH) beim Rind zwischen dem 120. und 130. Trächtigkeitstag resultierte in einer deutlichen Erhöhung der LH-Werte (LH = Luteinisierungshormon, Lutropin) im fetalen Plasma. Die LH-Freisetzung aus dem Hypophysenvorderlappen (HVL) − die bei männlichen Feten stärker ausgeprägt ist als bei weiblichen − führte in Konsequenz zu einer Steigerung der testikulären Testosteronproduktion (*Kiser* et al. 1975). Die Ansprechbarkeit der fetalen Hypophyse auf GnRH konnte auch für das Schaf nachgewiesen werden (*Dunn* et al. 1973) und eine entsprechende Aussage scheint auch für das Schwein gemacht werden zu können (*Elsaesser* und *Smidt* 1985).

Die geschlechtsspezifische Differenzierung der Sexualzentren im Hypothalamus während der Fetalzeit und die dadurch gegebene unterschiedliche Reaktionslage der Hypothalamus-HVL-Gonadenachse kann insbesondere während der ersten Lebenstage und -wochen gut aufgezeigt werden. So führt beim Lamm eine Orchidektomie (Entfernung der Testosteronquelle) während der ersten Lebenstage zu einem allmählichen Anstieg der LH-Basiswerte 6−8 Tage später, was darauf schließen läßt, daß bereits in diesem Lebensabschnitt beim männlichen Tier die negativen Rückkopplungsmechanismen ausgebildet sind. Beim weiblichen Lamm dagegen weist der physiologische Anstieg der LH-Basiswerte ab dem 6. Lebenstag keine Unterschiede zwischen ovarektomierten und intakten Tieren auf, woraus *Forster* et al. (1972) schließen, daß beim weiblichen Tier die negativen Rückkopplungsmechanismen erst zu einem späteren Zeitpunkt etabliert werden. Andererseits sind beim weiblichen Neugeborenen, wie zumindest für das Schwein gezeigt werden konnte, die positiven Rückkopplungsmechanismen schon sehr früh, wenn auch eingeschränkt, induzierbar, wie sich aus der Freisetzung von LH nach Injektion von Östradiolbenzoat zwischen dem 6.−15. Lebenstag ableiten läßt. Anders als beim Lamm zeigt sich für das Ferkel, daß ein LH-Anstieg nach Orchidektomie in der ersten Lebenswoche nicht beobachtet werden konnte. Eine Behandlung mit Testosteron (Testosteronpropionat) führte dagegen zu einer Senkung der LH-Basiswerte. Daraus ergibt sich, daß − bei entsprechender Reaktionsbereitschaft der Hypothalamus-HVL-Gonadenachse − in der frühen neonatalen Periode die Freisetzung von LH nicht durch die Produktion testikulärer Androgene gesteuert wird (*Elsaesser* et al. 1978). Mit weiteren diesbezüglichen speziesspezifischen Situationen ist zu rechnen. Auch die Verabreichung von GnRH induziert bei *Kalb* und *Lamm* (*Hartl* 1974; *Lee* et al 1976) schon zu den ersten untersuchten Zeitpunkten nach der Geburt (erste 14 Lebenstage) die Freisetzung von LH. Eine Dosis-Wirkungsbeziehung wird jedoch erst später deutlich, woraus geschlossen werden kann, daß LH aufgrund mangelnder Speicherung im HVL zunächst nur beschränkt verfügbar ist. Auch Superovulationen können beim Neugeborenen nach Behandlungen mit PMSG (Pregnant Mare

Serum Gonadotropin) nicht induziert werden, wohl aber noch während des ersten Lebensmonates, wie am Kalb gezeigt wurde (*Seidel* et al. 1971). Damit in Einklang steht die Feststellung, daß sowohl bei männlichen als auch bei weiblichen Kälbern die bereits in der Fetalphase in steigendem Umfang angetroffenen Gehalte an LH in der Hypophyse zum Geburtszeitpunkt drastisch abgesunken sind. Diese kurzfristige Depression ist bei männlichen neugeborenen Kälbern auch in der Reduktion der Leydigzellkerngröße erkennbar (*Karg* 1967). Der pränatale Androgenabfall steht zweifellos damit in Zusammenhang.

Unter physiologischen von außen unbeeinflußten Situationen verlaufen bei männlichen und weiblichen Tieren die Konzentrationen der gonadalen Sexualsteroide sowie die von LH und FSH *(FSH = Follikel Stimulierendes Hormon, Follitropin)* im Blutplasma nach Elimination der passiv gespeicherten Hormone plazentären Ursprungs zunächst auf einem unteren Basisniveau während der ersten 1−2 Lebenswochen.

Als erste Veränderung kann das Auftreten charakteristischer kurzzeitiger (episodischer) LH-Freisetzungen bereits während des ersten Lebensmonates beobachtet werden. Die Mitkoppelung in Bezug auf die Stimulierung und Freisetzung testikulärer Androgene tritt jedoch erst zu einem späteren Zeitpunkt, beim Rind z. B. ab dem 4. Lebensmonat, ein (*Karg* et al. 1976; *Lacroix* und *Pelletier* 1979). Beim weiblichen Kalb konnte eine die episodische übertreffende und vielleicht als „rhythmisch" einzustufende LH-Freisetzung erstmals während der 4.−16. Lebenswoche festgestellt werden. Eine ähnliche Aktivität tritt erst wieder nach einem Intervall von 1−2 Monaten auf (*Butz* 1973). Dieses vom männlichen Kalb abweichende Bild kann auf die sexualspezifische Differenzierung der Regelzentren im Hypothalamus zurückgeführt werden.

Extragenitale Wirkungen: Die am Fortpflanzungsgeschehen beteiligten Sexualsteroide entfalten ihre Wirkung auch im extragenitalen Bereich, z. B. in Form anaboler Effekte oder möglicher Beeinflussungen des Immunsystems. Inwieweit diese die Gesamtstoffwechselsituation beeinflussenden Wirkungen auch bei Neugeborenen zum Tragen kommen, entzieht sich derzeit noch unserer Kenntnis.

Literatur

Abdel-Raouf, M. (1961): The proliferation of germ cells in the testes of bull calves and young bulls. Acta vet. scand. *2*, 22−31

Attal, J. (1969): Levels of Testosterone, Androstenedione, Estrone and Estradiol-17β in the Testes of Fetal Sheep. Endocrinology *85*, 280−289

Austin, C. R., *R. V. Short* (Eds.) (1976): Fortpflanzungsbiologie der Säugetiere. Band 1: Keimzellen und Befruchtung. Verlag Paul Parey, Berlin und Hamburg

Bassett, J. M., *G. Alexander* (1970): Insulin, growth hormone and corticosteroids in neonatal lambs: normal concentrations and the effects of cold. Biol. Neonate *17*, 112−115

Bassett, J. M., *G. D. Thorburn* (1967): Foetal plasma corticosteroids and the initiation of parturition in sheep. J. Endocrinol. *44*, 285−286

Brenner, K. V., *G. Pethes*, *H. Gürtler*, *S. Losonczy*, *E. Grün* (1980): Thyroxin- und Triiodthyroninkonzentrationen im Blutplasma von Schweinefeten und neugeborenen Ferkeln. Endokrinologie *75*, 20−28

Butz, H. (1973): Untersuchungen über das Luteinisierungshormon im Blut beim Rind: I. Von der Geburt bis zur Pubertät. II. In Beziehung zu Veränderungen des elektrischen Widerstands des Vaginalschleims während der Brunst. Diss. med. vet., München

Challis, J. R. G., *C. K. Kim*, *F. Naftolin*, *H. L. Judd*, *S. S. C. Yen*, *K. Benirschke* (1974): The concentrations of androgens, oestrogens, progesterone and luteinizing hormone in the serum of foetal calves throughout the course of gestation. J. Endocrinol. *60*, 107−115

Chopra, I. J., *J. Sack*, *D. A. Fisher* (1975): 3,3'5'-triiodthyronine (Reverse T$_3$) and 3,3',5-triiodothyronine (T$_3$) in fetal and adult sheep: Studies of metabolic clearance rates, production rates, serum binding and thyroidal content relative to thyroxine. Endocrinology *97*, 1080−1088

Christoph, H. J. (1960): Abriß der Klinik der Hundekrankheiten. VEB Gustav Fischer Verlag, Jena

Courot, M. (1971): An experimental study of the endocrine control of the establishment of spermatogenesis in the lamb (Ovis aries). Importance of cells of the sertoli line. D. Sc. Diss., Universität Paris

Desjardins, C., *H. D. Hafs* (1969): Maturation of bovine female genitalia from birth to puberty. J. Anim. Sci. *28*, 502−507

Dörner, G. (1970): The influence of sex hormones during the hypothalamic differentiation and maturation phases on gonadal function and sexual behaviour during the hypothalamic functional phase. Endokrinologie *56*, 280−291

Dunn, T. G., *C. C. Kaltenbach*, *T. E. Kiser* (1973): Release of fetal ovine LH by synthetic Gn-RH. J. Anim. Sci. *37*, 308−309

Eberhart, R. J., *J. A. Patt, Jr.* (1971): Plasma cortisol concentrations in newborn calves. Am. J. Vet. Res. *32*, 1921−1927

Ellendorff, F., *M. Taverne*, *F. Elsaesser*, *M. Forsling*, *N. Parvizi*, *C. Naaktgeboren*, *D. Smidt* (1979): Endocrinology of Parturition in the Pig. Animal Reproduction Sci. *2*, 323−334

Ellendorff, F., *N. Parvizi*, *F. Elsaesser*, *N. MacLeod*, *W. Reinhardt* (1979): Functional and Organizational Aspects of Gonadal Steroids in the Pig Brain. J. Steroid Biochem. *11*, 839−844

Elsaesser, F., A. König, D. Smidt (1972): Der Testosteron- und Androstendiongehalt in Eberhoden in Abhängigkeit vom Alter. Acta Endocr. (Kbh) *69*, 553−566

Elsaesser, F., N. Parvizi, F. Ellendorff (1978): Steroid Feedback on Luteinizing Hormone Secretion During Sexual Maturation in the Pig. J. Endocr. *78*, 329−342

Elsaesser, F., D. Smidt (1985): Endokrine Aspekte der Steuerung von Sexualentwicklung und Pubertät beim Schwein. Landbauforschung Völkenrode *35*, 75−81

Foster, D. L., B. Cook, A. V. Nalbandov (1972): Regulation of Luteinizing Hormone (LH) in the Fetal and Neonatal Lamb: Effect of Castration During the Early Postnatal Period on Levels of LH in Sera and Pituitaries of Neonatal Lambs. Biol. of Reprod. *6*, 253−257

Gluckman, P. D., N. Basset, K. Ball (1988): The funchonal maturation of the somatotropic axis in the perinatal period. In: (Künzel, W., A. Jensen Eds): The endocrine control of the fetus; Springer Verlag, Berlin-Heidelberg 201−209

Hafez, E. S. E. (1968): Reproduction in farm animals. Lea and Febiger, Philadelphia

Hartl, M. (1974): Versuche zur Freisetzung von Luteinisierungshormon mit einem synthetischen Releasinghormon sowie zur Wirkung von Prostaglandinen auf die Zyklussteuerung beim Rind. Diss. med. vet., Universität München

Hernandez, M. V., K. M. Etta, E. P. Reineke, W. D. Oxender, H. D. Hafs (1972): Thyroid function in the prenatal and neonatal bovine. J. Anim. Sci. *34*, 780−785

Hoffmann, B., W. C. Wagner, T. Giménez (1976): Free and conjugated steroids in maternal and fetal plasma in the cow near term. Biol. of Reprod. *15*, 126−133

Hoffmann, B., W. C. Wagner, E. Rattenberger, J. Schmidt (1977): Endocrine relationships of late gestation and parturition in the cow. Ciba Foundation Symposium 47 „The Fetus and Birth", Elsevier/Excerpta Medica/North Holland, 107−125

Hopkins, P. S., G. D. Thorburn (1972): The effects of foetal thyroidectomy on the development of the ovine foetus. J. Endocrinol. *54*, 55−66

Jost, A. (1965): Gonadal hormones in the sex differentiation of the mammalian fetus. In: Organogenesis (R. L. DeHaan, H. Ursprung Eds.), Holt, Rinehart and Winston, Inc., New York, 611−628

Karg, H. (1967): Studies on the LH-Content in the Pituitary and the Androgens in the Testes of the Bovine Foetus. In: Reproduction in the Female Mammal (G. E. Lamming, E. C. Amoroso Eds.), Butterworths, London W. C. 2, 239−240

Karg, H., H. Struck (1966): Testosterone/androstenedione relationship in the fetal bovine testis. Excerpta Med., Int. Congr. Ser. *111*, 288

Karg, H., T. Giménez, M. Hartl, B. Hoffmann, E. Schallenberger, D. Schams (1976): Testosterone, Luteinizing Hormone (LH) and Follicle Stimulating Hormone (FSH) in Peripheral Plasma of Bulls: Levels from Birth throughout Puberty and Short Term Variation. Zbl. Vet. Med. A *23*, 793−803

Kennedy, J. P., C. A. Worthington, E. R. Cole (1974): The postnatal development of the ovary and uterus of the merino lamb, J. Reprod. Fert. *36*, 275−282

Kim, Ch. K., S. S. C. Yen, K. Benirschke (1972): Serum testosterone in fetal cattle. Gen. Comp. Endocrinol. *18*, 404−407

Kiser, T. E., E. M. Convey, Y. C. Ling, W. D. Oxender (1975): Luteinizing Hormone and Androgens in the Bovine Fetus after Gonadotropin-Releasing Hormone. Proc. Soc. Exp. Biol. Med. *149*, 785−789

Lacroix, A., J. Pelletier 1979): Short-term variations in plasma LH and testosterone in bull calves from birth to 1 year of age. J. Reprod. Fert. *55*, 81−85

Lee, V. W. K., I. A. Cumming, D. M. de Kretser, J. K. Findlay, B. Hudson, E. J. Keogh (1976): Regulation of gonadotropin secretion in rams from birth to sexual maturity. I. Plasma LH, FSH and testosterone levels. J. Reprod. Fert. *46*, 1−6

Lindner, H. R. (1959): Androgens in the bovine testis and spermatic veih blood. Nature *183*, 1605−1606

Lindner, R. H., T. Mann (1960): Relationship between the content of androgenic steroids in the testes and the secretory activity of the seminal vesicles in the bulls. J. Endocrinol. *21*, 341−360

MacArthur, E., R. V. Short, V. J. O'Donnell (1967): Formation of Steroids by the Equine Foetal Testis. J. Endocr. *38*, 331−336

MacLusky, N. J., F. Naftolin (1981): Sexual Differentiation of the Central Nervous System. Science *211*, 1294−1303

McMillan, K. L., H. D. Hafs (1969): Reproductive tract of Holstein bulls, from birth through puberty. J. Anim. Sci *28*, 233−239

Mersman, H. J., G. Pinney, L. J. Brown (1976): Factors influencing the lipolytic response of swine (sus domestica) adipose tissue: ontogeny. Biol. Neonate *29*, 104−111

Meusy-Dessolle, N. (1974): Evolution du taux de testostérone plasmatique au cours de la vie foetale chez le Porc domestique (Sus scrofs L.). C. R. Acad. Sc. Paris *278*, Série D, 1257−1260

Mongkonpunya, K., W. D. Oxender, H. D. Hafs (1973): Serum and testicular androgens in bovine fetuses. 65 Annual Meeting of the Amer. Soc. Anim. Sci., J. Anim. Sci *37*, 321

Nathanielsz; P. W., A. L. Thomas (1973): Plasma triiodothyronine concentrations in the newborne calf. Experientia *29*, 1426−1427

Neumann, F. (1970): Die Bedeutung der Androgene für die Sexualdifferenzierung. Berl. Münch. Tierärztl. Wschr. *83*, 389−393

Oxender, D., B. Colenbrander, D. F. M. van de Wiel, C. J. G. Wensing (1979): Ovarian development in fetal and prepubertal pigs. Biol. of Reprod. *21*, 715−721

Parker, R. O., P. W. V. Williams, F. X. Aherne, B. A. Young (1980): Postnatal changes in concentrations of serum and urinary thyroxine and 3,3',5-triiodothyronine in the pig. J. Anim. Sci. *51*, 132−137

Pashen, R. L., W. R. Allen (1979): Endocrine changes

after foetal gonadectomy and during normal and induced parturition in the mare. Animal Reproduction Science *2*, 271–288

Pfaff, D. W., K. E. Zigmond (1971): Neonatal Androgen Effects on Sexual and Non-Sexual Behavior of Adult Rats Tested Under Various Hormone Regimes. Neuroendocrinology *7*, 129–145

Raeside, J. I., D. M. Sigman (1975): Testosterone Levels in Early Fetal Testes of Domestic Pigs. Biol. Reprod. *13*, 318–321

Rensburg, S. J. van (1965): Adrenal function and fertility. J. S. Afr. vet. med. Ass. *36*, 491–500

Seidel, G. E. Jr., L. L. Larson, R. H. Foote (1971): Effects of age and gonadotropin treatment on superovulation in the calf. J. Anim. Sci. *33*, 617–622

Skinner, J. D., W. D. Booth, L. E. A. Rowson, H. Karg (1968): The postnatal development of the reproductive tract of the Suffolk ram, and changes in the Gonadotropin content of the pituitary. J. Reprod. Fert. *16*, 463–477

Thomas, A. L., G. J. Krane, P. W. Nathanielsz (1978): Changes in the fetal thyroid axis after induction of preamture parturition by low dose continuous intravascular cortisol infusion to the fetal sheep at 130 days of gestation. Endocrinology *103*, 17–23

Tsang, C. P. W. (1974): Changes in plasma levels of estrone sulfate and estrone in the pregnant ewe around parturition. Steroids *23*, 855–868

Velle, W. (1963): Gonadal hormones in Domestic Animals. In: Advances in Veterinary Science No. 8, Academic Press, New York, London (*C. A. Bradly, E. L. Jungherr* Eds., 115–187)

Wallace, A. L. C., C. D. Nancarrow, B. M. Evison, H. M. Radford (1979): The effect of TRH on pituitary and thyroid function in pre- and postnatal lambs. Acta Endocrinol. (KbH) *92*, 119–129

1.9 Infektionsabwehr

H. Buschmann

Die Infektionsabwehr des Neugeborenen ist im Vergleich zum erwachsenen Tier deutlich herabgesetzt. Dies beruht auf mehreren Gründen:

- Das Immunsystem unterliegt einer Ontogenese, d. h. es entwickelt sich erst im Laufe des Lebens zu seiner vollen Kapazität.
- Die passive Übertragung mütterlicher Antikörper, vorwiegend über die Kolostralmilch, behindert die Entwicklung körpereigener Antikörper im Neugeborenen.
- Es gibt Hinweise dafür, daß immunologische Suppressorzellen in der Neugeborenenperiode eine besonders starke Aktivität entfalten (*Sigal* und *Klinman* 1978). Anderserseits ist eine starke Suppressoraktivität offenbar für das Überleben des Foetus als Heterotransplantat im Mutterleib erforderlich.
- Das im Serum von Neugeborenen vorkommende Alpha-Fetoprotein entwickelt eine Hemmwirkung vor allem auf die T-Zellaktivität (*Goidl*, *Wigzell* und *Murgita*, 1979).

Neben der großen Bedeutung, die das Studium der Ontogenese des Immunsystems für die theoretischen Grundlagen der Immunologie besitzt, ist auch die Kenntnis dieser Vorgänge von Wichtigkeit für die praktische Veterinärmedizin, vor allem in Bezug auf die Immunprophylaxe von Infektionskrankheiten. So tauchen Fragestellungen wie: Ab welchem Alter ist es erfolgversprechend, ein Jungtier aktiv zu impfen? Kommen Impfdurchbrüche bei jungen Tieren häufiger vor als bei erwachsenen Tieren? Kann durch eine zu frühe Vakzination eventuell sogar eine Immuntoleranz erzeugt werden im Gegensatz zur gewünschten Immunantwort? fast täglich in der Praxis auf.

Die Geburt stellt keinen so gravierenden Einschnitt in der kontinuierlichen Entwicklung des Immunsystems dar, wie früher angenommen wurde. Es ist nämlich durchaus schon vor der Geburt eine Immunreaktion bei vielen Säugetieren auf entsprechenden antigenen Reiz hin nachweisbar. Der entscheidende Zeitpunkt, ab welchem ein Tier als immunkompetent gelten kann, ist der Beginn der Lymphozytenbildung im Thymus während der frühen Embryonalentwicklung. Der Zeitpunkt, ab dem die volle immunologische Reife erreicht wird, ist tierartlich verschieden und ist korreliert mit dem Grad der physiologischen Reife, mit dem die Jungtiere einer Tierart geboren werden. Ferner ist die Art des untersuchten Antigens von entscheidender Bedeutung; starke Antigene, wie z. B. Hämocyanin und Bakteriophagen, können bereits eine Antikörperbildung in Jungtieren hervorrufen, die noch nicht in der Lage sind, auf andere Antigene zu reagieren. Im Lichte der Klonselektionstheorie bedeutet dies, daß die Klonotypen, die auf die einzelnen Antigene reagieren, sich im Verlauf der Ontogenese in einer bestimmten Reihenfolge entwickeln.

Die ersten lymphoiden Stammzellen wandern während der Embryogenese beim Säugetier aus dem Dottersack in die foetale Leber und später in Thymus und Knochenmark über. Eine entscheidende Rolle bei der Ausbildung der Immunkompetenz kommt den zentralen Steuerungsorganen (Thymus, Bursa Fabricii des Huhnes bzw. unbekanntes Bursaäquivalent der Säugetiere) zu. Eine Thymektomie kurz nach der Geburt hat bei fast allen Tieren einen nachteiligen Einfluß auf die immunologische Kapazität (Tabelle 1.20). Bei Tieren, deren lymphatische Organe bei der Geburt bereits eine gut entwickelte Struktur besitzen (Hund, Katze), ist eine Thymektomie nach der Geburt meist nur von geringem Einfluß auf die Ausbildung der Immunität. Im Laufe der Entwicklung erfolgt dann eine allmähliche Rückbildung der primären immunologischen Steuerungsorgane zugunsten der sekundären immunologischen Organe (Milz, Lymphknoten, lymphatische Organe des Verdauungstrakts). Auch findet allmählich eine Verlagerung der Lymphozytenbildung von den zentralen Organen (Thymus, Milz) in die Peripherie statt.

Was die Entwicklung der immunologischen Toleranz anbetrifft, so liegen übereinstimmende Befunde vor, daß es während des embryonalen Entwicklungsstadiums verhältnismäßig leicht gelingt, eine Toleranz gegenüber bestimmten Antigenen zu erzeugen. Die Natur selbst führt ein derartiges Experiment vor bei zweieiigen Rinderzwillingen, die mittels Gefäßanastomosen im Uterus miteinander in Kontakt stehen; es kommt zu einem gegenseitigen Austausch hämatopoetischer Zellen zwischen den beiden Foeten mit der Entwicklung einer gegenseitigen Immuntoleranz, so daß während des gesamten späteren Lebens der beiden Zwillingspartner zwei genetisch verschiedene Populationen von roten Blutkörperchen (kenntlich an einem Blutgruppenmosaik) gebildet werden und die Tiere somit genetisch Chimären darstellen.

Mit fortschreitender Entwicklung der peripheren Lymphozytenpopulationen wird die Erzeugung einer Immuntoleranz immer schwieriger, wenn dies auch durch Applikation eines Antigens auf ungewöhnlichem Wege oder in ungewöhnlicher Form selbst bei erwachsenen Tieren noch möglich ist.

1.9.1 Die Ontogenese des Immunsystems im Fetus

Beim **Rind** (Tragezeit ca. 280 Tage) werden die primären und sekundären immunkompetenten Organe bereits sehr früh ausgebildet. Hinweise für einen funktionierenden Thymus findet man schon am 40. Tag nach der Konzeption. Die Milz entwickelt sich ab dem 55. Tag nach der Konzeption, Lymphknoten ab dem 60. Tag und die Peyerschen Platten ab dem 75. Tag. Die ersten Lymphozyten treten im Thymus am 42., im peripheren Blut am 45., im Knochenmark am 55. und in der Milz am 59. Tag nach der Konzeption auf. Lymphozyten mit IgM-Oberflächenrezeptoren sind am 59. und Zellen mit IgG-Oberflächenrezeptoren am 145. Tag nach der Konzeption nachweisbar (*Schultz* et al. 1971, 1973). Als erstes Immunglobulin im Serum tritt IgM um den 130. Tag und IgG um den 135. Tag auf. IgA kommt beim Rinderfoetus nicht vor.

Die Fähigkeit, auf antigene Reize zu reagieren, entwickelt sich beim Foetus je nach untersuchtem Antigen verschieden schnell etwa ab dem 100. Trächtigkeitstag. Gegenüber Leptospira saxkoebing kommt es im Foetus am 132. Trächtigkeitstag zu einer Immunantwort, gegenüber Anaplasma marginale am 100. Tag und gegenüber Parainfluenza 3 Virus am 150. Tag. Ab dem 3. Trächtigkeitsmonat zeigen Rinderfoeten eine Immunreak-

Tabelle 1.20 Lymphozytenentwicklung in den lymphatischen Organen bei der Geburt und Einfluß einer Thymektomie bei der Geburt auf die Entwicklung der Immunkompetenz

Tierart	Lymphozytenentwicklung um den Zeitpunkt der Geburt				Einfluß einer Thymektomie bei der Geburt auf die Entwicklung der Immunkompetenz
	Thymus	Milz	Verdauungstrakt	Lymphknoten	
Kaninchen	+ + + +	±	−	−	im allgemeinen depressiv
Maus	+ + + +	−	−	−	depressiv
Ratte	+ + + +	±	−	−	depressiv
Hamster	+ + + +	−	−	−	depressiv
Huhn	+ + + +	−	−	−	variabel
Hund	+ + + +	+ + +	+ +	+ +	kein Einfluß
Katze	+ + + +	+ + +	+ +	+ +	kein Einfluß

tion gegenüber IBR Viren. Gegenüber anderen Antigenen, z. B. Brucella abortus, reagiert der Foetus überhaupt nicht vor der Geburt.

Als Parameter für die zelluläre Immunantwort dient die Stimulation von nicht sensibilisierten Lymphozyten durch Pflanzenmitogene und von sensibilisierten Lymphozyten durch spezifische Antigene. Gegenüber den Mitogenen Phytohämagglutinin und Concanavalin A reagierten die Blutlymphozyten des Rinderfoetus deutlich ab der 2. bis 3. Trächtigkeitswoche (*Rossi* et al. 1979, *Renshaw* et al. 1977). Korreliert hiermit ist das erste Auftreten von Überempfindlichkeitsreaktionen vom verzögerten Typ. Anscheinend gehen diese Fähigkeiten aber wieder um den Zeitpunkt der Geburt verloren (unter dem Einfluß erhöhter Spiegel von Steroiden im Serum?) und nehmen dann (nach 1−2 Wochen) wieder zu (*Rossi* et al. 1979). Die Stimulationsfähigkeit von Kälberlymphozyten durch Concanavalin A und Phytohämagglutinin ist jedoch noch in einem Alter von 8 Wochen geringer als bei erwachsenen Tieren (*Buschmann* et al. 1980).

Beim **Schaf** (Tragezeit ca. 150 Tage) sind Thymus und Lymphknoten am 35. bzw. 50. Tag nach der Konzeption beim Foetus ausgebildet. Lymphozyten treten im Blut am 35., im Thymus am 40., in der Milz zwischen dem 58. und 60. Tag und in den Peyerschen Platten zwischen dem 80. und 90. Tag nach der Konzeption auf. Der Foetus bildet ab dem 41. Tag Antikörper gegenüber Bakteriophagen, ab dem 56. Tag gegenüber Ferritin und ab dem 120. Tag gegenüber Ovalbumin aus. Dagegen kommt es zu einer nachweisbaren Antikörperbildung gegenüber Salmonellen-Antigenen und gegenüber BCG-Vaccine erst nach der Geburt. Im wesentlichen werden gegenüber allen erwähnten Antigenen IgM Antikörper gebildet. Zu einer Bildung von IgG Antikörpern kommt es unter besonderen Umständen (z. B. Verwendung von komplettem Freund Adjuvans) etwa vom 87. Trächtigkeitstag an (*Fahey* und *Morris* 1978). Allogene Hauttransplantate werden etwa ab dem 77. Tag nach der Konzeption abgestoßen. Bei der Geburt besitzt das Lamm im Serum geringe Spiegel von IgG, IgM und IgA. Thymuszellen des Schafes reagieren auf Phytohämagglutinin ab dem 68. Trächtigkeitstag und auf Concanavalin A ab dem 90. Trächtigkeitstag. Milzzellen reagieren gegenüber beiden Mitogenen erst ab dem 98. Trächtigkeitstag (*Leino* 1978).

Das **Schwein** (Tragezeit ca. 115 Tage) wird normalerweise ohne nachweisbare Immunglobuline im Serum geboren (*Rutqvist* 1958, *Kim* et al. 1966). Allerdings besitzt ein Teil der neugeborenen Ferkelseren schon vor der Kolostrumaufnahme bakterizide Eigenschaften gegenüber E. coli (*Porter* und *Hill* 1970). Auch die Beobachtung, daß ca. 50 % der untersuchten Ferkel vor Aufnahme von Kolostralmilch bereits IgG im Serum besitzen (*Senft* et al. 1975), findet eine Erklärung darin, daß es bei vielen Trächtigkeiten zu Schäden an der Plazenta und damit zu einem Übertritt maternaler Immunglobuline, vor allem IgG, kommen kann (*Setcavage* und *Kim* 1976). Schweinefoeten sind schon zu einem relativ frühen Zeitpunkt immunkompetent. So werden Antikörper gegenüber Schaferythrozyten ab dem 74. Tag und gegenüber Salmonellen-Antigenen etwa ab dem 80. Tag nach der Konzeption gebildet. Gegenüber Parvoviren bilden sich Antikörper schon ab dem 72. Tag (*Schulz* et al. 1971). Eine Immunität gegenüber Rotlauf kann schon ab dem 73. Tag nach der Konzeption ausgebildet werden. Die gebildeten Antikörper sind beim Foetus meist IgM, doch bilden neugeborene Ferkel auch ein 4S Immunglobulin, bei dem es sich wahrscheinlich um ein halbes IgG Molekül handelt (*Franek* et al. 1961).

Das **Pferd** (Tragezeit ca. 340 Tage) bildet Lymphoidzellen im Thymus um den 60. bis 80. Tag nach der Konzeption. Das periphere Blut des Foetus enthält Lymphozyten ab dem 80. Tag nach der Konzeption. In den Mesenteriallymphknoten treten Lymphozyten etwa um den 90. Tag und in der Milz ab dem 175. Tag nach der Konzeption auf. Gegenüber Bakteriophagen-Antigenen kommt es ab dem 200. Trächtigkeitstag im Foetus zu einer Antikörperbildung. Das neugeborene Fohlen besitzt im Serum etwas selbstproduziertes IgM. Plasmazellen treten erst ab dem 240. Trächtigkeitstag beim Foetus auf.

Beim **Hund** (Tragezeit ca. 63 Tage) können ab dem 40. Tag nach der Konzeption Antikörper gegen Bakteriophagen, ab dem 48. Tag Antikörper gegen Schaferythrozyten und ab dem 50. Tag Antikörper gegen Brucella canis nach entsprechender Antigeninjektion in den Foetus nachgewiesen werden (*Jacoby* et al. 1969). Der Thymus ist beim Hundefoetus ab dem 40. Trächtigkeitstag gut ausgebildet. Um den Zeitpunkt der Geburt ist der Welpe zu einer Immunreaktion gegenüber Rinderserumalbumin und IBR Virus in der Lage. Lymphozyten treten in den Lymphknoten um den 45. bis 50. Tag und in der Milz um den 50. bis 55. Tag nach der Konzeption auf. Eine Stimulation der foetalen Lymphozyten durch Phytohämagglutinin ist etwa ab dem 45. Tag nach der Konzeption möglich, die vollen Werte erwachsener Tiere werden aber erst in einem Lebensalter von mindestens 6

Wochen erreicht (*Gerber* und *Brown* 1974). Etwa ab dem 45. Trächtigkeitstag können allogene Transplantate abgestoßen werden.

1.9.2 Die Ontogenese der Phagozytosefähigkeit beim Fetus und Neugeborenen

Die Phagozytosefähigkeit zahlreicher mononukleärer (Makrophagen) und polymorphkerniger Zellen beinhaltet ein sehr komplexes Geschehen. Der Phagozytoseprozeß umfaßt chemotaktische Vorgänge, Adhärenz, Ingestion und Digestion der Partikel. Auch diese komplizierten Vorgänge unterliegen einer Reifung im Verlauf der Ontogenese.

Bei in vitro Experimenten an Blastodermstadien von Hühnereiern beobachtete man, daß Epiblastzellen, die dabei waren, sich am Urmund einzustülpen, um das Mesoderm zu bilden, in der Lage waren, Kohlepartikel zu phagozytieren (*Kent* 1961). Kolloidale Thoriumdioxydteilchen wurden von den Kupfferzellen der Leber von Hühnerembryonen schon nach 4-tägiger Bebrütung phagozytiert. Ab dem 17. Bebrütungstag erfolgt eine Phagozytose von injizierten Kohlepartikeln beim Hühnerembryo, die bereits derjenigen in erwachsenen Tieren gleicht (*Karthigasu* und *Jenkin* 1963).

Blutleukozyten des Schweinefoetus sind zwar am 87.–90. Tag nach der Konzeption bereits in der Lage, Partikel und Bakterien aufzunehmen, die phagozytierenden Zellen entwickeln aber noch keine bakterizide Aktivität gegenüber den aufgenommenen Bakterien; letztere bildet sich erst ab dem 100. Tag nach der Konzeption aus. Makrophagen sind bei der Geburt funktionell unreif und weisen auch nach der Geburt zunächst eine verminderte Fähigkeit zur Chemotaxis auf. Ihre bakterizide und viruzide Aktivität entwickelt sich erst allmählich (*Karthigasu* et al. 1965).

Die opsonisierenden Fähigkeiten des Serums von Neugeborenen sowohl gegenüber Bakterien als auch gegenüber inerten Partikeln sind im Vergleich zum erwachsenen Tier signifikant vermindert (*Reade* et al. 1965, *Buschmann* 1970 b, *Lombardo* et al. 1979).

Demnach sind beim Neugeborenen sowohl die humoralen als auch die zellulären Voraussetzungen für eine Phagozytose schlechter ausgebildet als beim erwachsenen Tier (*Gluck* und *Silverman* 1957, *Miller* 1969). Jedoch scheint die bakterizide Aktivität der Leukozyten von der Kolostrumaufnahme unabhängig zu sein (*Renshaw* et al. 1976).

1.9.3 Die Resistenz des Fetus gegenüber intrauterinen Infektionen

Im Vergleich zum erwachsenen Tier ist die Infektionsresistenz des Foetus vermindert. Deshalb sind zahlreiche Infektionen, die beim erwachsenen Tier sehr mild oder inapparent verlaufen, für den Foetus sehr gefährlich oder sogar tödlich, z.B. Infektiöse Bovine Rhinotracheitis (IBR), Bluetongue, Bovine Virusdiarrhoe (BVD), Röteln des Menschen, Toxoplamose. Dies hat durchaus auch praktische Konsequenzen, z.B. für die Impfpraxis. Werden trächtige Schafe am 50. Tag nach der Konzeption gegen Bluetongue vakziniert, so kommt es zu schweren Schädigungen des Zentralnervensystems beim Foetus. Erfolgt dieselbe Impfung am 100. Tag nach der Konzeption, so kommt es nur zu einer milden Reaktion beim Foetus. Pränatale Infektionen von Kälbern mit IBR Virus führen zu einer tödlichen Erkrankung, postnatale Infektionen verlaufen dagegen mild. Infektionen des Rinderfoetus mit BVD sind vor dem 200. Trächtigkeitstag tödlich (starke Schädigungen am Kleinhirn und Auge). Bei Infektionen zu einem späteren Zeitpunkt kommt es lediglich zu einer lymphoretikulären Hyperplasie und zu erhöhten Immunglobulinspiegeln.

1.9.4 Die Immunreaktion des Neugeborenen und der Einfluß der passiven Übertragung von Antikörpern durch das Muttertier

Das neugeborene Tier gerät aus der sterilen Umgebung des Uterus in eine Umwelt, die reich an antigenen Reizen ist. Zu diesem Zeitpunkt ist das Neugeborene bereits in der Lage, eine Immunreaktion zu entfalten. Naturgemäß handelt es sich hierbei nur um eine Primärreaktion (auf erstmaligen Kontakt mit dem Antigen), die eine lange Anlaufphase besitzt und in deren Verlauf es nur zur Bildung geringer Antikörpertiter kommt. Ohne die passive Zufuhr von Antikörpern über das Muttertier würden die meisten „banalen" Infektionen zu diesem Zeitpunkt für das Neugeborene sehr gefährlich werden.

Der Weg, auf dem maternale Antikörper in den Körper des Neugeborenen gelangen, ist verschieden. Beim Huhn findet eine solche Übertragung schon 4 bis 5 Tage vor der Ovulation über das Follikelepithel im Muttertier statt; während der Bebrütung dringen dann die im Dottersack angereicherten mütterlichen Antikörper in den embryonalen Blutkreislauf ein. — Bei den Säugetieren ist der Transfer maternaler Antikörper abhängig von dem jeweiligen Aufbau der Plazenta. Die Primaten besitzen eine Plazenta hämochorialis; bei ihnen kann maternales IgG, IgA bzw. IgE, nicht aber IgM, direkt in den Blutkreislauf des Foetus übertreten, wodurch es bereits zu einem wirksamen Infektionsschutz kommt. — Hund und Katze besitzen eine Plazenta endotheliochorialis, die den Durchtritt nur geringer Mengen von maternalem IgG zuläßt. — Bei Tieren mit einer Plazenta syndesmochorialis bzw. epitheliochorialis ist eine Passage von maternalen Immunglobulinen in die Zirkulation des Foetus nicht möglich. Bei den meisten Haustieren erfolgt deshalb der Übertritt von maternalen Antikörpern in das Neugeborene über die Kolostralmilch (Tabelle 1.21). Die Kolostralmilch ist besonders reich an IgG und IgA, enthält aber auch IgM und IgE (Tabelle 1.22). Während das dominierende Immunglobulin des Kolostrums IgG ist, ändern sich die Verhältnisse in der Milch wieder: Bei den Nicht-Wiederkäuern ist IgA das dominierende Immunglobulin der Milch, bei den Wiederkäuern bleibt dagegen IgG1 auch das wichtigste Immunglobulin in der Milch (Tabelle 1.23).

Das Neugeborene ist in der Lage, aufgrund der niedrigen proteolytischen Aktivität seines Darminhaltes und aufgrund des Vorkommens von Trypsininhibitoren im Kolostrum die passiv aufgenommenen Kolostrum-Immunglobuline im Dünndarm (vor allem im Ileum) unzerstört aufzunehmen. Es kommt so zu einem massiven Übertritt maternaler Immunglobuline in die Zirkulation des Neugeborenen. Die Zeitdauer, während der ein

Tabelle 1.21 Beziehung zwischen Art der Plazenta und Übertritt maternaler Antikörper in das Neugeborene

Tierart	Plazenta	Zahl der Gewebeschichten zwischen mütterlichem und foetalem Blutkreislauf	Diaplazentarer Transfer von Immunglobulinen	Transfer von Immunglobulinen über das Kolostrum
Schwein	epitheliochorialis	6*	0	+++
Pferd	epitheliochorialis	6	0	+++
Wiederkäuer	syndesmochorialis	5	0	+++
Hund	endotheliochorialis	4	+	+++
Katze	endotheliochorialis	4	+	+++
Primaten	hämochorialis	3	++	+
Nagetiere	hämoendothelialis	1	+++	+

* Bezeichnung der Schichten: Mütterliches Kapillarendothel
　　　　　　　　　　　　 Uterusgewebe
　　　　　　　　　　　　 Uterusepithel
　　　　　　　　　　　　 Chorionepithel
　　　　　　　　　　　　 Fötales Bindegewebe
　　　　　　　　　　　　 Fötales Kapillarendothel

Tabelle 1.22 Immunglobulinspiegel im Kolostrum der Haustiere

Tierart	Immunglobulin (mg / 100 ml)		
	IgA	IgM	IgG
Pferd	500 – 1500	100 – 350	1500 – 5000
Rind	100 – 700	300 – 1300	3400 – 3900
Schaf	100 – 700	700 – 1200	800 – 1300
Schwein	950 – 1050	300 – 320	3000 – 7000
Hund	500 – 2200	14 – 57	120 – 300

Tabelle 1.23 Immunglobulinspiegel in der Milch der Haustiere

Tierart	Immunglobulin (mg / 100 ml)		
	IgA	IgM	IgG
Pferd	50 – 100	5 – 10	20 – 50
Rind	10 – 50	10 – 20	50 – 750
Schaf	5 – 12	0 – 7	60 – 100
Schwein	300 – 700	30 – 90	100 – 300
Hund	110 – 620	10 – 54	1 – 3

derartiger Übertritt von unzerstörten mütterlichen Proteinen in das Neugeborene möglich ist, variiert je nach Tierart und je nach Protein und ist darüberhinaus futterabhängig. Neugeborene Tiere, die im Versuch nur Tee erhielten, besaßen eine signifikant verlängerte Permeabilität der Darmwand für Immunglobuline. Unter normalen Umständen ist spätestens 24 Stunden nach der Geburt die unzerstörte Resorption mütterlichen Proteins wahrscheinlich aufgrund von Veränderungen im Darmepithel generell nicht mehr möglich. Deshalb besitzt das Neugeborene 12 bis 24 Stunden nach der Geburt sehr hohe Immunglobulinspiegel im Serum, die dann jedoch, aufgrund natürlicher Abbauvorgänge, langsam wieder absinken. Nach Aufnahme von Kolostralmilch werden beim neugeborenen Ferkel die Maximalwerte für IgG 18 Stunden, für IgA und für IgM 30 Stunden post partum gemessen. Die geringsten Ig-Konzentrationen treten beim Ferkel für IgM am 10. Tag, für IgA am 28. Tag und für IgG am 35. Tag auf (*Senft* et al. 1975). Die Halbwertzeiten belaufen sich im Serum neugeborener Ferkel für IgG auf 9,1–10,1 Tage, für IgA auf 2,5–2,7 Tage und für IgM auf 2,8–4,8 Tage (*Curtis* und *Bourne* 1973). Die im Darmlumen befindlichen mütterlichen Immunglobuline werden mit zunehmender Intensität der Verdauungsvorgänge im Darm des Neugeborenen allmählich abgebaut, wovon nur das mit einer sekretorischen Komponente versehene IgA verschont bleibt. Letzteres ist deshalb für den Schutz des Neugeborenen vor Darminfektionen von ganz besonderer Bedeutung.

Die Bedeutung der mütterlichen Antikörper für die Infektionsabwehr des Neugeborenen geht auch daraus hervor, daß Jungtiere, denen die Kolostrumaufnahme verweigert wurde, erheblich leichter an Coliseptikämien, Diarrhöen, Pneumonien und anderen Infektionskrankheiten erkranken als die Kontrollen. Da die Zahl der Leukozyten im Blut bei kolostrumgefütterten Neugeborenen größer ist als bei Tieren, die kein Kolostrum erhielten, muß angenommen werden, daß auch die Reifung der zellulären Abwehrmechanismen von der Kolostrumaufnahme abhängig ist (*Lombardo* et al. 1979).

Andererseits birgt die Aufnahme mütterlicher Antikörper auch gelegentlich Gefahren für das Neugeborene; enthält das Kolostrum z.B. Antikörper gegen Blutgruppenfaktoren des Neugeborenen, die es von seinem Vatertier geerbt hat und gegen die das Muttertier während der Trächtigkeit sensibilisiert worden ist, so kann es zu einer hämolytischen Erkrankung des Neugeborenen kommen (Morbus haemolyticus neonatorum).

1.9.5 Entwicklung der Immunität beim neugeborenen Tier

Aufgrund einer eigenen Interferonproduktion ist das neugeborene Tier in der Lage, Virusinfektionen aktiv Widerstand entgegenzusetzen. Außerdem ist das Neugeborene in der Lage, eine lokale Immunität (z.B. im Darm) zu entwickeln, zunächst durch Bildung von IgM, nach etwa 2 Wochen auch durch Bildung von IgA. Es ist deshalb nicht verwunderlich, daß neugeborene Kälber oral erfolgreich mit Coronavirus und neugeborene Ferkel oral erfolgreich mit dem Virus der übertragbaren Gastroenteritis (TGE) geimpft werden können und es zu einer lokalen Bildung von neutralisierenden Antikörpern im Darm kommt.

Ansonsten wird, wie bereits geschildert, die Bildung von eigenen Antikörpern beim Neugeborenen aufgrund eines negativen Feedback-Mechanismus der passiv übertragenen maternalen Antikörper behindert. Ohne Kolostrumaufnahme beginnen Kälber bereits nach 1 Woche mit der Synthese eigener Immunglobuline, dagegen beginnt bei Saugkälbern die eigene Immunglobulinproduktion nicht vor der 4. Lebenswoche. Bei kolostrumfrei aufgezogenen Ferkeln steigen die IgA und IgG Serumspiegel ab dem Zeitpunkt der Geburt allmählich an, IgM wird aber erst ab der 3. Lebenswoche gebildet (*Porter* und *Hill* 1970). Lämmer ohne Kolostrumaufnahme synthetisieren eigenes IgG1 nach der 1. Lebenswoche und eigenes IgG2 nach 3–4 Wochen; erhielten die Lämmer jedoch Kolostrum, dann beginnt die IgG2 Synthese erst ab einem Alter von 5–6 Wochen.

Wegen des hohen Spiegels maternaler Antikörper ist auch eine Impfung neugeborener Tiere zumeist wenig erfolgreich. Aus diesem Grunde ist es nicht zu empfehlen, Hundewelpen unter einem Alter von 10–12 Wochen gegen Staupe zu impfen (die Halbwertzeit der passiv vom Muttertier übertragenen Antikörper gegen Staupe beträgt beim Hund 8,4 Tage). Auch Kälber und Fohlen, die in einem Alter unter 6 Wochen geimpft wurden, sollten aus Sicherheitsgründen stets in einem Alter über 6 Monaten nachgeimpft werden, da z.B. bekannt ist, daß maternale Antikörper gegen BVD in Kälbern bis zu einem Alter von 9 Monaten persistieren können. Sollte bei gefährdeten Jungtieren ein sofortiger Schutz erforderlich sein, dann muß zur Applikation von Hyperimmunserum geraten werden, obwohl dadurch der Zeitpunkt für eine mögliche aktive Immunisierung weiter hinausgeschoben wird.

Über die ontogenetische Entwicklung weiterer Immunmechanismen beim Haustier ist noch wenig bekannt. Aus Versuchen an kleinen Laboratoriumstieren weiß man jedoch, daß die NK (natural killer) Zellaktivität einer ontogenetischen Reifung unterliegt, wobei die Hemmung der NK-Aktivität bei der neugeborenen Maus durch Suppressorzellen verursacht wird, deren Funktion nicht thymusabhängig ist (*Cudkowicz* und *Hochman* 1979). — Auch die Interferonproduktion kann in Zellen neugeborener Tiere schlechter induziert werden als bei älteren Tieren (*Adler* und *Chrest* 1979). Da die NK Zellen durch Interferon stark stimuliert werden können, ergibt sich eventuell ein Zusammenhang zur herabgesetzten NK Aktivität bei Neugeborenen. Es spricht somit einiges dafür, daß die Kompetenz zur Tumorerkennung und zur Entwicklung zytotoxischer Abwehrmechanismen gegen Tumoren allmählich im Verlauf der Ontogenese entwickelt wird.

Literatur

Adler, W. H., F. J. Chrest (1979): The mitogen response assay as a measure of the immune deficiency of aging mice. In: Developmental Immunobiology (G. W. Siskind, S. D. Litwin, M. E. Weksler eds.). Grune and Stratton, New York.

Baker, J. A., D. S. Robson, J. H. Gillespie, J. A. Burgher, M. F. Doughty (1959): A nomograph that predicts the age to vaccinate puppies against distemper. Cornell Vet. 49, 158

Brambell, F. R. (1970): The transmission of passive immunity from mother to young. Am. Elsevier Publ. Co. New York.

Buschmann, H. (1970a): Reifung und Alterung der immunologischen Kompetenz. Tierärztl. Umschau 11, 525

Buschmann, H. (1970b): Experimentelle Untersuchungen zur Heritabilität von Resistenz- und Immunitätsmechanismen. Habil. Schrift, München.

Buschmann, H., G. Entringer, J. Meyer (1980): Untersuchungen zur Variation der mitogeninduzierten Stimulation von Rinderlymphocyten. Züchtungskunde 52, 107

Cudkowicz, G., P. S. Hochmann (1979): Regulation of natural killer activity by macrophage-like and other types of suppressor cells. In: Developmental Immunobiology (G. W. Siskind, S. D. Litwin, M. E. Weksler eds.). Grune and Stratton, New York.

Curtis, J., F. J. Bourne (1973): Half-lives of immunoglobulins IgG, IgA and IgM in the serum of newborn pigs. Immunology 24, 147

Fahey, K. J., B. Morris (1978): Humoral immune response in fetal sheep. Immunology 35, 651

Franek, F., I. Riha, J. Sterzl (1961): Characteristics of gammaglobulin lacking antibody properties in newborn pigs. Nature 189, 1020

Gluck, L., W. A. Silverman (1957): Phagocytosis in premature infants. Pediatrics 1, 951

Goidl, E. A., H. Wigzell, R. A. Murgita (1979): Studies on the mechanisms of alpha-fetoprotein induction of immune suppressive activity. In: Development Immunobiology (G. W. Siskind, S. D. Litwin, M. E. Weksler eds.). Grune und Stratton, New York

Jeffcott, L. B. (1972): Passive immunity and its transfer with special reference to the horse. Biol. Rev. 47, 439

Gerber, J. D., A. L. Brown (1974): Effect of development and aging on the response of canine lymphocytes to phytohemagglutinin. Infection and Immunity 10, 695

Jacoby, R. O., R. A. Dennis, R. A. Griesener (1969): Development of immunity in fetal dogs: Humoral responses. Am. J. Vet. Res. 30, 1503

Karthigasu, K., C. R. Jenkin (1963): The functional development of the reticulo-endothelial system of the chick embryo. Immunology 6, 255

Karthigasu, K., P. C. Reade, C. R. Jenkin (1965): The functional development of the reticulo-endothelial system. Immunology 9, 67

Kent, R. (1961): The development of the phagocytic activity of the reticulo-endothelial system in the chick. J. Embryol. exp. Morphol. 9, 128

Kim, Y. B., S. G. Bradley, D. W. Watson (1966): Ontogeny of the immune response. J. Immunol. 97, 52

Leino, A. (1978): Ontogeny of PHA and Con A responses in the fetal lamb. Clin. Immunol. Immunpathol. 11, 6

Lombardo, P. S., D. A. Todhunter, R. W. Scholz, R. J. Eberhart (1979): Effect of colostrum ingestion on indices of neutrophil phagocytosis and metabolism in newborn calves. Am. J. Vet. Res. 40, 362

Miller, M. E. (1969): Phagocytosis in the newborn infant: Humoral and cellular factors. J. Pediatr. 74, 255

Porter, P., I. R. Hill (1970): Serological changes in immunoglobulins IgG, IgA und IgM and Escherichia coli antibodies in the young pig. Immunology 18, 565

Reade, P. C., K. J. Turner, C. R. Jenkin (1965): The functional development of the reticulo-endothelial system. Immunology 9, 75

Renshaw, H. W., W. P. Eckblad, D. L. Thacker (1976): Antibacterial host defence: In vitro interaction of bacteria, serum factors, and leukocytes from precolostral dairy calves and their dams. Am. J. Vet. Res. 37, 1267

Renshaw, H. W., W. P. Eckblad, D. O. Everson, P. D. Tassinari, D. Amos (1977): Ontogeny of immunocompetence in cattle: Evaluation of phytomitogen-induced in vitro bovine fetal lymphocyte blastogenesis using a whole blood culture technique. Am. J. Vet. Res. 38, 1141

Rossi, C. R., G. K. Kiesel, R. S. Hudson (1979): Kinetics of detection of blastogenic responses of neonatal calves inoculated in utero with tetanus toxoid, killed Mycobacterium bovis, and killed Brucella abortus. Am. J. Vet. Res. 40, 576

Rutqvist, L. (1958): Electrophoretic patterns of blood serum from pig fetuses and young pigs. Amer. J. Vet. Res. 19, 25

Schultz, R. D., J. T. Wang, H. W. Dunne (1971): Development of the humoral immune response of the pig. Am. J. Vet. Res. *32*, 1331

Schultz, R. D., H. W. Dunne, C. E. Heist (1971): Ontogeny of the bovine immune response. J. Dairy Sci. *54*, 1321

Schultz, R. D., H. W. Dunne, C. E. Heist (1973): Ontogeny of the bovine immune response. Infect. Immunity *7*, 681

Schultz, R. D. (1973): Developmental aspects of the fetal bovine immune response: a review. Cornell Vet. *63*, 507

Senft, B., F. Klobasa, F. Habe (1975): Quantitative Veränderungen der Immunglobulinklassen im Blutserum wachsender Schweine. Züchtungskunde *47*, 87

Setcavage, T. M., Y. B. Kim (1976): Variability of the immunological state of germfree colostrum-deprived Minnesota miniature piglets. Infection and Immunity *13*, 600

Sigal, N. H., N. R. Klinman (1978): The B-cell clonotype repertoire. Adv. Immunol. *26*, 255

Solomon, J. B. (1971): Foetal and neonatal immunology. Frontiers of Biology, vol. 20. Elsevier, Amsterdam.

Tizard, I. R. (1977): An introduction to veterinary immunology. Saunders Co. Philadelphia

2 Das Verhalten der Neugeborenen und Säuglinge

H. H. SAMBRAUS

2.1 Allgemeines

Geburt und Nachgeburtsphase sind nicht nur beim Wildtier sondern auch beim Haustier Perioden erhöhter Gefährdung von außen. Die Gefahr kann gemindert werden durch günstige Wahl des Geburtsplatzes, Herrichtung dieses Platzes und aktives Beschützen der Neugeborenen durch das Muttertier. Dies geschieht weitgehend instinktiv, d. h. aus einem angeborenen Wissen heraus.

Weder das erstgebärende Muttertier noch ein Neugeborenes haben die Möglichkeit, im unmittelbaren Anschluß an die Geburt Erfahrung anzuwenden. Die Zeit drängt zu sehr, um Irrtümer im Verhalten korrigieren zu können. Das Verhalten muß von Anfang an „sitzen"; Bewegungskoordination und angeborene Auslösemechanismen müssen ausreichen, um das Überleben zu sichern. Das bedeutet nicht, daß nicht rasch auch Lernvorgänge einsetzen, die dem Verhalten von Mutter und Jungen eine größere Flexibilität geben. Angeborenes und Erworbenes erleichtern das Überleben, garantieren können sie es nicht.

Die Natur hat in Nestflüchtern und Nesthockern zwei verschiedene Strategien verwirklicht, die das Überleben einer ausreichenden Zahl von Neugeborenen und damit den Artbestand sichern. Nestflüchter werden mit wachen Sinnen geboren und sind motorisch bald unabhängig. Sie sind dadurch in der Lage, ihren Feinden zu entkommen und Plätze aufzusuchen, die u. U. für das Überleben günstiger sind. Nesthocker sind anfangs blind, taub, ohne Riechvermögen und teilweise ohne Kälteschutz. Diese mangelhafte Entwicklung führt zu stärkerer Gefährdung und größeren Ausfällen. Der Artbestand kann bei diesen Tierarten im Wildzustand durch größere Würfe und raschere Wurffolge ausgeglichen werden.

Vieles was für das Wildtier galt, gilt für Haustiere nicht mehr, weil entsprechende Haltungsbedingungen sie vor bestimmten Gefahren bewahren. Dennoch sind Verhaltensweisen und Reaktionsnormen im Verlaufe der Domestikation, diesem Sonderzweig der Evolution, nicht verlorengegangen. Sie mögen bei der Haustierhaltung von Vor- oder Nachteil sein; auf jeden Fall müssen wir sie berücksichtigen, wenn die Zucht erfolgreich sein soll.

2.2 Verhalten des Muttertieres vor der Geburt

Während des letzten Abschnitts der Trächtigkeit ist das Muttertier im allgemeinen ruhiger und schwerfälliger. Erst kurz vor der Geburt — einige Stunden, manchmal auch Tage — wird es unruhiger. Weidegehaltene Wiederkäuer und Stuten sondern sich dann nach Möglichkeit von der Herde ab oder bleiben hinter der weiterziehenden Herde zurück. Diese Tierarten und auch Sauen lassen gewöhnlich bereits vor der Geburt die gleiche Lautäußerung hören, mit der später die Jungen gelockt werden. Nestflüchter wählen bei freier Haltung als Geburtsplatz gern einen Ort in der Nähe eines markanten Objektes (z. B. Buschgruppe, Baum oder Strohhaufen). In großräumigen Ställen legen sie sich zur Geburt bevorzugt in der Nähe einer Wand.

Die Nesthocker, also Hund, Katze und Kaninchen, suchen einen geschützten Platz; das gilt auch für das Schwein, das nicht eindeutig in das Schema Nesthocker — Nestflüchter einzuordnen ist. Dieser Platz soll nach Möglichkeit ruhig und nicht hell sein. Kaninchen, die üblicherweise in die vom Licht abgekehrten Ecken ihres Stalles koten, legen jetzt in einer dieser Ecken das Nest an und verlegen den Kotplatz. Wenn ihr im Stall ein Wurfkasten angeboten wird, wird dieser bei der Geburt von der Häsin gern angenommen.

Der Wurfplatz wird beim Schwein und den Nesthockern von sperrigen Gegenständen befreit; dann wird der Boden ausgemuldet. Wiederkäuer und Stuten scharren zwar auch, eine Funktion dieses Scharrens ist jedoch nicht erkennbar. Es wird oft auch dann gescharrt, wenn keine störenden Gegenstände vorhanden sind. Gibt es welche, dann werden sie nicht gezielt entfernt. Sauen und Kaninchen holen anschließend mit dem Maul Nistmaterial heran, um damit den Wurfplatz auszupolstern. Dies geschieht bei der Sau in den letzten ein bis drei Tagen vor der Geburt und gilt als zuverlässiges Geburtsanzeichen. Auch unter beengten Verhältnissen in der eingestreuten Bucht wird die Einstreu von der Sau am Wurfplatz zusammengetragen, durchgekaut und mit den Vorderfüßen zusammengescharrt. An dem einmal gewählten Platz wird zäh festgehalten. Wenn man das Nistmaterial von dort entfernt, wird es von der Sau an den ursprünglichen Platz zurückgebracht. Hündinnen belecken häufig unmittelbar vor der Geburt die Vulva, hecheln zeitweilig, schlucken intensiv und winseln gelegentlich, was als Schutzbedürfnis gedeutet wird (*Trumler* 1982).

Tragende Kaninchen beginnen 1–2 Tage vor der Geburt mit dem Nestbau. Aus diesem Verhalten allein darf noch nicht auf eine bevorstehende Geburt geschlossen werden; gelegentlich bauen hochgradig deckbereite Häsinnen ein Nest. Kaninchen zeigen vor der Geburt ein Verhalten, das im Tierreich einmalig ist: Die Häsin rupft sich die jetzt lockersitzende Wolle an Bauch und Flanken aus und polstert damit das Nest aus. Die Geburt ist dann in den nächsten zwölf Stunden zu erwarten.

2.3 Verhalten der Muttertiere unter der Geburt

Unmittelbar vor der Geburt sind die Muttertiere bei Wiederkäuern und Pferd sehr unruhig. Sie legen sich öfters hin, stehen aber bald danach wieder auf. Der Locklaut nach den Jungen und das Scharren am Boden geschehen häufiger. Der Schwanz ist abgespreizt; häufig werden kleine Kot- und Harnmengen abgesetzt. Die Geburt findet bei ungestörten Muttertieren im Liegen statt.

Die Sau wird mit Einsetzen der Wehen ruhiger. Sie nimmt ebenfalls die Seitenlage ein. Dem Austreiben eines Ferkels geht ein lebhaftes Schwanzwedeln voran. Zwischen der Geburt von zwei Ferkeln wechselt die Sau häufig die Lage oder steht vorübergehend auf. In der Regel gleitet das Ferkel ohne große Anstrengung aus der Vulva der Sau heraus. Die Geburt ist gewöhnlich abgeschlossen, wenn die Nachgeburt abgeht. Je größer der Wurf ist, um so länger dauert die Geburt. Die Ferkel folgen einander in umfangreichen Würfen jedoch rascher als in kleinen.

Auch Hündinnen und Kätzinnen werfen gewöhnlich in Seitenlage. Nur beim ersten Feten nehmen sie manchmal eine Hockstellung mit abgespreiztem Schwanz ein, die an die Stellung beim Koten erinnert. Bei der Hündin kommt es gelegentlich vor, daß sie einen Welpen, der in der Vulva steckengeblieben ist, mit den Zähnen herauszieht. Die Geburt kann sich bei der Katze bis zu sechs, beim Hund bis zu acht Stunden hinziehen. Im allgemeinen rechnet man bei beiden Arten vom Austreiben eines Jungen bis zum nächsten mit einer Dauer von durchschnittlich 30 Minuten.

Die Geburt fällt vorwiegend in die Ruhezeit des Tages bzw. in Zeiten ohne Stallarbeit. Beim Rind liegen zwei Drittel der Geburten zwischen 18 und 6 Uhr. Bei den anderen landwirtschaftlichen Nutztieren ist es ähnlich. Beim Schwein liegt ein weiterer Schwerpunkt am Nachmittag, Ziegen werfen bevorzugt nach der Melk- und Fütterungszeit am Vormittag. Pferde reagieren empfindlich auf die Anwesenheit von (arbeitenden) Menschen. Wird der Arbeitsrhythmus geändert, etwa nach Umstellung von der Winter- auf die Sommerzeit, erfolgen auch die Geburten im Mittel eine Stunde später. Trotz intensiver Geburtsvorbereitungen läßt bei Anwesenheit des Menschen die Geburt bei Stuten oft lange auf sich warten. Entfernen sich die Personen jedoch nur für kurze Zeit, erfolgt sie gelegentlich verblüffend rasch. Bei Hunden und anderen Tieren, die durch intensiven Kontakt stark menschenadaptiert sind, wird der Geburtsvorgang manchmal unterbrochen, sobald die vertraute Person sich entfernt. Er wird erst fortgesetzt, wenn diese zurückgekehrt ist.

Bei Rindern gibt es die Möglichkeit, den Geburtszeitpunkt von der Nacht auf den Tag zu verlegen. Sie werden erst am späten Abend gefüttert. Durch die Futteraufnahme kommt es nachts zu einer Aktivitätsperiode. Die Geburten sollen dann erst in den Morgenstunden stattfinden.

2.4 Verhalten des Muttertieres nach der Geburt

Ist die Geburt komplikationslos verlaufen, stehen Wiederkäuer und Stute unmittelbar danach auf. Sie beriechen das Junge kurz und beginnen dann, es intensiv und anhaltend zu belecken. Davon sind alle Körperteile betroffen. Das Belecken geschieht nur, wenn das Neugeborene sich bewegt. Lecken hat mehrere Funktionen:

- Entfernen eventuell vorhandener Eihäute
- Trocknen der Haut des Jungen; dadurch entsteht weniger Verdunstungskälte, die andernfalls zu einer Unterkühlung des Jungen führen könnte
- Förderung der Hautdurchblutung
- Fixierung der Mutter auf das Junge

Stute und Wiederkäuer nehmen auch gern Fruchtwasser vom Boden auf. Wenn die Nachgeburt erreichbar ist, verzehren Wiederkäuer auch diese. Die Stute kaut zwar gelegentlich auf den Embryonalhüllen herum, frißt aber normalerweise nichts davon.

Nebenher nimmt die Mutter häufig Stimmkontakt mit dem Jungen auf. Dies geschieht besonders dann, wenn das Junge sich bewegt oder Laute von sich gibt. Bei Mehrlingsgeburten kümmert sich das Muttertier intensiver um das stärkere und aktivere. In der Regel ist dies das Erstgeborene, das in seiner Verhaltensentwicklung schon weiter fortgeschritten ist.

Die Sau betreibt eine passive Brutpflege, d. h. sie beriecht die Ferkel und frißt gewöhnlich die Nachgeburt. Sie befreit ihre Jungen jedoch nicht von den Eihäuten, durchbeißt nicht die Nabelschnur, leckt die Ferkel nicht trocken und hilft ihnen nicht bei der Zitzensuche. Die Sau beschränkt sich auf Säugen, Wärmen und Schutz der Ferkel.

Hündin und Kätzin beginnen gleich nach der Geburt, die Jungen zu lecken. Dabei bleibt das Muttertier gewöhnlich liegen. Gefressen wird nicht nur die Plazenta, sondern auch die Nabelschnur bis auf einen wenige Zentimeter langen Stumpf. Ähnlich verläuft diese erste Nachgeburtsphase beim Kaninchen.

Erstgebärende haben insgesamt einen geringeren Aufzuchterfolg als pluripare Mütter. Dies kann unterschiedliche Ursachen haben:

- Interesselosigkeit (mangelhafte Instinktreifung) oder gar Ablehnung und Aggression gegenüber den Jungen.
- Ungeschickte Jungenpflege
- Erstgebärende sind meist junge Mütter und deshalb in der sozialen Rangordnung rangtief. Sie werden zuweilen von ranghöheren Herdenmitgliedern aus der Nähe ihrer Jungen vertrieben und finden später nicht zu ihnen zurück, wenn auch die Jungen sich entfernt haben.

2.5 Verhalten des Neugeborenen

Nach der Geburt bleiben die Neugeborenen einige Sekunden regungslos liegen. Dann heben sie den Kopf, schütteln ihn und niesen, um sich von den in der Nase haftenden Schleimresten zu befreien. Nach wenigen Minuten nehmen sie die Brustbeinlage mit abgewinkelten Extremitäten ein. Junge Wiederkäuer und Fohlen beginnen bereits zehn Minuten nach der Geburt mit Aufstehversuchen. Sie lassen sich dabei durch Mißerfolge nicht entmutigen, sondern versuchen es stets nach kurzer Erholungspause von Neuem. Nach spätestens einer Stunde können sie gewöhnlich stehen, wenn auch anfangs noch wenig stabil. Bald darauf begeben sie sich auf Eutersuche (Tab. 2.1). Sie suchen zunächst mit dem Maul die Unterseite waagerechter Gegenstände ab. Ein derartiger Auslöser wird gewöhnlich vom Muttertier und nur in Ausnahmefällen von Teilen der Stalleinrichtung (z. B. Futterraufe) dargestellt. An der Unterseite dieser waagerechten Fläche bewegen sie sich unter vertikalen Kopfbewegungen langsam vorwärts, bis die Waagerechte von einer Senkrechten begrenzt wird. In solchen Winkeln wird besonders lebhaft gesucht, wobei sich die Bemühungen nach anfänglichen Irrtümern an Brust und Hals meist bald auf den von Bauch und Unterextremitäten gebildeten Winkeln konzentriert. Auffallend sind dabei die bereits jetzt auftretenden saugenden Maulbewegungen mit der löffelartig geformten Zunge. Treffen die Neugeborenen dabei auf Widerstand, nehmen Stärke und Anzahl der Kopfbewegungen zu (*Derenbach* 1981). Herabhängende Gegenstände, Schwanzquaste, Kotklunker, Wollsträhnen oder Nachgeburt werden besaugt.

Wenn das Neugeborene der oben genannten Arten an den Winkel zwischen Vorderbein und Brust gerät, wird hier zunächst ebenso lebhaft gesucht. Eine Korrektur des Zieles ist durch Zufälligkeiten möglich oder wird dadurch eingeleitet, daß die Suchbemühungen vorübergehend unterbrochen werden. Wesentliches Regulativ ist jedoch das Muttertier. Insbesondere erfahrene Mütter stellen sich so hin, daß dem Neugeborenen das Finden des Euters erleichtert wird. Sie spreizen dabei z.T. die dem Jungen zugekehrte Hinter-

Tabelle 2.1 Ontogenese einiger Verhaltensabläufe post partum bei neugeborenen landwirtschaftlichen Nutztieren

	erste Aufstehversuche (min)	erstes Aufstehen (min)	erster Saugakt (min)	erster Lokomotionsschub (Stunden)
Rind	20	30–60	90–120	3
Schaf/Ziege	10	15–30	30–60	2
Schwein	unmittelbar p. p.	unmittelbar p. p.	20–100	sofort
Pferd	10–20	20–40	30–60	3

extremität ab, um das Euter freizugeben. Erstlingsmütter wenden sich zumeist mit dem Kopf dem Neugeborenen zu. Auf diese Weise sind dessen Aussichten, das Euter zu finden, erheblich gemindert.

Das Auffinden der Zitzen kann durch sehr große Euter erschwert werden. Der angeborene Auslösemechanismus für die Eutersuche entspricht offenbar dem kleinen Euter des Wildtieres. Die tiefhängenden Zitzen großer Euter von Hochleistungstieren, die allerdings in der Regel ihre Jungen nicht selbst aufziehen, werden dagegen meist nur nach längerer Suche zufällig oder gar nicht gefunden. Es genügt allerdings, den Jungtieren eine der Zitzen einmal in das Maul zu stecken; sie haben dann in Zukunft keine Schwierigkeiten mehr mit der Zitzensuche.

Ferkel stehen unmittelbar nach der Geburt auf und begeben sich auf Gesäugesuche. Sie gehen dabei von der Scheide aus überwiegend sofort zur Bauchseite. Geraten sie zufällig einmal an die Rückseite der Sau, kehren sie gewöhnlich bald um. Vermutlich wirken sowohl die Härte des Rückens als auch die vergleichsweise starke Behaarung abweisend, wobei die Strichrichtung der Borsten die Orientierung ermöglicht. Am Gesäuge drängen alle Ferkel zunächst einmal nach vorn, wobei jedes eine der vordersten Zitzen besaugen möchte. Dabei setzen sich gewöhnlich die Kräftigsten durch. Die Schwächeren müssen sich mit einer weiter kaudal befindlichen Zitze begnügen.

Auffallend ist der gegenüber den Nestflüchtern (Wiederkäuern, Pferd) anders geartete Auslösemechanismus des Schweines. Die Ferkel suchen an senkrechten Flächen. Da die Sau im Liegen säugt (Abb. 2.1), können sie nur auf diese Weise bei der Zitzensuche erfolgreich sein. Diese Säugehaltung der Sau ist möglicherweise durch folgende Zusammenhänge bedingt: Beim Schwein als multiparem Tier zieht sich die Geburt über mehrere Stunden hin. Die Sau bleibt in Seitenlage, bis die letzten Ferkel geboren sind. In dieser Zeit müssen die ersten Ferkel bei der Zitzensuche aber schon erfolgreich sein. Sie können das nur bei entsprechendem Auslösemechanismus. Dieser gilt dann während der ganzen Laktationsperiode. An der stehenden Sau saugen die Ferkel erst im Alter von einigen Wochen, allerdings auch in diesem Alter nur ausnahmsweise.

Die Jungen der blindgeborenen Nesthocker können sich bei der Gesäugesuche naturgemäß nicht optisch orientieren. Bei ihnen spielen Tast- und Temperatursinn die entscheidende Rolle. Hundewelpen saugen innerhalb der ersten Viertelstunde nach der Geburt zum erstenmal. Ist das Muttertier nicht am Nest, bewegen sich die hungrigen Jungen mit pendelnden Kopfbewegungen langsam vorwärts. Nur dadurch, daß sie abkühlen, wenn sie den wärmenden Kontakt mit den Wurfgeschwistern bzw. dem erwärmten Nest verlieren, streben sie nicht auseinander. Zufällig aus dem Nest geratene Junge besitzen bei der Gesäugesuche eine Seitenstetigkeit; sie bewegen sich auf einer Kreisbahn und können sich deshalb nie weit vom Nest entfernen.

Bei den Nesthockern sind Augen, Gehörgänge und Nase in den ersten Tagen noch verschlossen. Sie öffnen sich bei Kätzchen am 8.–11. Tag, bei jungen Kaninchen am 10.–12. Tag und bei Hundewelpen am 13. oder 14. Tag. Voll seh-, hör- und riechfähig sind die Jungen jedoch erst einige Tage später. Die Entwicklung von Angehörigen kleiner Rassen verläuft schneller als die von großen.

Abb. 2.1 Die Sau säugt ihre Ferkel in Seitenlage (Foto: *Sambraus*)

2.6 Interaktionen zwischen Muttertier und Jungtier

Muttertier und Jungtier lernen einander bei Wiederkäuern und Pferd bald so genau kennen, daß keine Verwechslung möglich ist. Dies geschieht bei beiden in der Reihenfolge der Bedeutung der Sinne: Zunächst ist ein olfaktorisches Erkennen möglich, später ein akustisches und schließlich ein optisches. Das Muttertier erkennt das Jungtier rascher individuell als umgekehrt. Bereits in Verbindung mit dem Sauberlecken unmittelbar nach der Geburt lernt das Muttertier das Jungtier am Geruch zu erkennen. Nach ungefähr einer Woche ist es auch fähig, sein Junges an Lautäußerungen von anderen zu unterscheiden, Erst nach ca. zwei Wochen erkennt es das Junge auch optisch. Muttertiere, die farblich auffallende Junge haben — z. B. ein schwarzes Lamm in einer Herde weißer Schafe oder ein auffallend geschecktes Junges — können dies früher. Für das optische Erkennen haben charakteristische Einzelheiten des Kopfes besondere Bedeutung. Wird das Junge später farblich verändert, dann lehnt das Muttertier den Kontakt ab und überprüft erst gar nicht seine geruchliche Identität.

Daß Sauen auch fremde Ferkel dulden, ist die Voraussetzung für das „Multiple-Suckling-System". Hier werden mehrere Sauen in Einzelhaltung nebeneinander gehalten. Die Begrenzungsgitter der Buchten haben einen Bodenabstand von ca. 30 cm. Die Ferkel jeder Sau können so zu jeder anderen gehen, um zu saugen. Dies wird von den fremden Müttern geduldet. Eine bessere Entwicklung der Ferkel wird jedoch kaum erreicht, weil feste Saugzeiten bestehen, zu denen der gesamte Wurf saugt. Jedes angestammte Ferkel verteidigt lebhaft seine Zitze, so daß fremde nur unbedeutende Milchmengen bekommen.

Am Tag der Geburt verläßt das Muttertier die Jungen kaum. Es liegt entweder im Nest (Hund, Katze), in der Nähe des Nestes (Kaninchen) oder hält sich in der Nähe des Geburtsplatzes auf (Nestflüchter, Schwein). Auch an den folgenden Tagen entfernt sich die Mutter nur, um zu trinken oder zu fressen. Sie bleibt fast stets in Sicht- und Hörkontakt mit den Jungen. Bei einer Störung eilt sie sofort herbei.

Bei Arten, die eine soziale Körperpflege kennen, Rind und Pferd, sind Muttertier und Jungtier für einander die bevorzugten Partner in der Fellpflege.

Wenn die Jungtiere der Mutter unmittelbar nach der Geburt fortgenommen werden, scheint diese sie nicht zu vermissen. Kommen die Jungen bald darauf zurück, werden sie dennoch angenommen. Sie werden bevorzugt akzeptiert, wenn sie noch feucht sind, also — abgesehen vom Schwein — einen Anreiz zur Hautpflege bieten. Sobald die Trennung ca. 6 Stunden übersteigt, ohne daß das Muttertier vorher mit den Jungen intensiv Kontakt aufnehmen konnte, werden diese abgelehnt oder sogar aggressiv behandelt. Es ist deshalb darauf zu achten, daß auch unter widrigen Voraussetzungen Muttertier und Junges nach der Geburt stets beisammen bleiben. Nach Einsetzen der Geburt darf ein Muttertier nicht mehr an einen anderen Ort transportiert werden. Sollte z. B. bei im Freien gehaltenen Schafen eine Geburt unerwarteterweise bereits im Winter stattfinden, dann sind Mutterschaf und Lamm erst nach Abschluß der Geburt gemeinsam in einen Stall zu bringen.

Werden die Jungtiere der Nestflüchter und die von Hund und Katze nach der Prägungsphase, aber noch im Saugalter, von der Mutter entfernt, ist diese stark beunruhigt. Sie läuft immer wieder zu der Stelle, an der die Jungen fortgenommen bzw. zu dem Tor, durch das sie entfernt wurden. Durch Lautäußerungen versuchen Wiederkäuer, den Kontakt zu den Jungen aufrecht zu erhalten oder wiederherzustellen. Diese Unruhe hält bis zu drei Tagen an. Während dieser Zeit ist vermehrt mit Ausbruchversuchen zu rechnen. Die Jungtiere sollten unbedingt außerhalb der Hörweite der Muttertiere gebracht werden.

Hunde und Katzen sind bereits dann beunruhigt, wenn der Wurf an einen anderen Ort gebracht und ihnen dort vollzählig wieder überlassen wird. Sie laufen immer wieder zum ursprünglichen Platz und suchen nach verlorengegangenen Jungen. Offensichtlich sind sie nicht imstande festzustellen, daß der Wurf noch vollzählig ist.

Wiederkäuer und Schweine scheint es nicht zu stören, wenn aus Mehrlingswürfen unbemerkt ein Junges entfernt wird. Sie beachten auch einzelne tote Junge rasch nicht mehr. Kaninchen zeigen keine erkennbare Reaktion auf das Entfernen der Jungen. Wird nur ein Teil davon aus dem Nest entfernt, dann kann es geschehen, daß das Muttertier die verbliebenen Jungen an einen anderen Platz im Stall bringt.

Sauen legen sich in Laufbuchten ohne Abweisstangen an der Wand nicht selten auf eines der Ferkel und erdrücken es. Dieses Fehlverhalten wird manchmal irrtümlich als Folge einer Instinktreduktion angesehen, die im Verlaufe der Domestikation aufgetreten sein soll. Es ist jedoch zu bedenken, daß keine Tierart in dieser Größenordnung so ausgeprägt multipar ist wie das Schwein.

Die gegenwärtig bei uns gehaltenen Rassen bzw. Hybriden haben im Mittel eine Wurfgröße von 10–12 Ferkeln. Diese Tatsache hat zur Folge, daß das einzelne Ferkel relativ klein ist; die Diskrepanz zwischen Muttertier und Jungen ist ungewöhnlich groß. Andere multipare Säugetiere sind entweder insgesamt klein (Nagetier, Insektenfresser), oder von Natur aus wesentlich beweglicher als das Schwein (Raubtiere). Sie können aus diesen Gründen eine Schädigung der Jungen vermeiden. Im übrigen kommen auch bei Wildschweinen Verluste durch Totliegen vor, wenn diese in Schutzhütten frischen.

2.7 Schutz des Jungtieres durch das Muttertier

In den ersten Lebenstagen zeigen Jungtiere noch keine Scheu vor Menschen und anderen Lebewesen. Um so mehr sind sie auf den Schutz der Mutter angewiesen, die gerade in diesen Tagen sehr heftig auf Störungen reagiert. Kühe von Primitivrassen greifen Störenfriede vehement bis zu einer Entfernung von 30 m an. Europäische Rassen – ausgenommen Kampfrinder – werden jedoch nur selten aggressiv. Vor dem Angriff senken Kühe drohend den Kopf und exspirieren heftig durch die Nase. Kühe von Fleischrassen sind wesentlich bessere Mütter als solche von Milchrassen. Sie führen jede Form von Pflege- und Schutzverhalten stärker und wirkungsvoller aus.

Besonders vehement verteidigt die Sau ihre Jungen. Sie patscht heftig mit den Kiefern, bläst kraftvoll die Atemluft durch die Nase aus und versucht, nach jedem sich nähernden Objekt zu schnappen.

Auf Lautäußerungen des Jungen, die eine Gefahr signalisieren, kommt das Muttertier rasch herbei. Kühe, Stuten und Sauen, sowie Hündinnen und Kätzinnen greifen an oder versuchen, sich zumindest zwischen die Jungen und die Störquelle zu stellen. Bei Schaf und Ziege werden Aggressionen zur Verteidigung der Jungen kaum beobachtet. Dies hat unterschiedliche Gründe: Ziegenbesitzer haben meist eine enge Bindung an ihre Tiere, die zu einem vertrauten Verhältnis auch von Seiten der Tiere führt. Ein Berühren der Zicklein wird offenbar nicht als Gefährdung gewertet. Mutterschafe haben möglicherweise eine wache Verteidigungsbereitschaft. Ihre Scheu vor dem Menschen, mit dem kaum Berührungskontakt besteht, überwiegt jedoch so sehr, daß sie ausweichen und diese Verteidigungsbereitschaft nicht äußern.

Größere Jungtiere laufen bei Gefahr sofort zur Mutter. Das gilt besonders dann, wenn diese einen Warnruf ausstößt.

2.8 Prägung

Jungtiere beherrschen früher oder später angeborenerweise alle arttypischen Bewegungsabläufe. Diese werden durch Lernvorgänge, insbesondere beim Spiel, nur noch geringfügig modifiziert. Bei vielen Funktionen besteht darüber hinaus ein angeborenes Wissen um das geeignete Objekt des Verhaltens in den einzelnen Funktionskreisen. Diese *angeborenen Auslösemechanismen (AAM)* sind dort erforderlich, wo das Jungtier keine Möglichkeit hat, sich durch Lernen die Kenntnis um das geeignete Objekt anzueignen und eine Handlung zu beherrschen. Typisches Beispiel für einen AAM ist die Eutersuche.

Nicht angeboren ist Jungtieren die Kenntnis ihrer Artzugehörigkeit. Sie muß in der Jugend erlernt werden. Dieses *obligatorische Lernen* wurde erstmals von *Lorenz* (1935) beschrieben, er bezeichnete es als Prägung. Eine prägungsartige Bindung ist nur dann gewährleistet, wenn das Jungtier während der *sensiblen Periode* am Anfang des Lebens langdauernden und intensiven Kontakt mit der Prägungsart hat. Der Prägungsvorgang wird mit der Nachfolgereaktion eingeleitet, ist mit ihr jedoch nicht abgeschlossen. Die Nachfolgereaktion sichert lediglich ständigen engen Kontakt mit der Prägungsspezies, der dann über einen längeren Zeitraum hinweg zur Prägung führt. Die sensible Periode umfaßt bei Nestflüchtern und Schweinen die ersten drei Monate, bei Hunden liegt sie zwischen der dritten und zwölften Woche nach der Geburt (*Freedman* et al. 1961). Die Prägung ist nahezu irreversibel.

Im Normalfall findet die Prägung auf die eigene Art statt, weil zumindest über das Muttertier ständiger Kontakt mit Artgleichen besteht. Es kommt hinzu, daß sich bei Nestflüchtern und Schweinen nach der ersten Lebenswoche, bei Hund und Katze mit zunehmender Selbständigkeit eine Furcht vor fremden Lebewesen einstellt. Da diese Furcht zu einer Meidung führt, entgeht das Jungtier der Gefahr einer zufälligen Prägung auf Artfremde. Anders ist es, wenn neugeborene Nestflüchter in den ersten Tagen nach der Geburt von Artgenossen isoliert und von einer fremden Tierart oder vom Menschen aufgezogen werden. Bei Nesthockern genügt es, wenn sie vor dem Augenöffnen von Artgenossen entfernt werden. Es kommt dann zu einer Fremdprägung (*Sambraus* und *Sambraus* 1975). Das bedeutet, daß das betreffende Jungtier während der Aufzuchtphase alle sozialen Verhaltensweisen und spielerischen Elemente des Sexualverhaltens an die Prägungsart richtet (Abb. 2.2) und diese Präferenz auch dann beibehält, wenn es später Kontakt mit Artgenossen hat. Derartige Tiere fallen, sofern es sich um männliche Individuen handelt, für die Zucht aus. Es kommt hinzu, daß handaufgezogene männliche Tiere „bösartig", d. h. gegen Menschen aggressiv werden (*Schmidt-Pauly* und *Sambraus* 1980). Sie müssen deshalb aus Sicherheitsgründen nach der Geschlechtsreife meist abgeschafft werden.

Bei gleichzeitigem Kontakt mit zwei Arten in der sensiblen Periode kann es zu einer Doppelprägung kommen. Da Haustiere in der Neugeborenen- und Aufzuchtphase üblicherweise außer mit Argenossen auch mit Menschen häufig Kontakt haben, kommt es zu einer prägungsähnlichen Bindung an beide. Das gilt insbesondere bei der mutterlosen Aufzucht, bei der das Jungtier gewöhnlich Sicht-, Laut und Geruchskontakt mit Artgenossen hat, jedoch von Menschen getränkt wird. Der Vorgang des Tränkens hat für das Jungtier eine so zentrale Bedeutung, daß er zu einer engen Bindung an *das* Wesen führt, das es tränkt. Für den Menschen ergibt sich daraus der Vorteil, daß solche doppelgeprägten Tiere sehr zahm sind: Aggressionen und fehlgeleitetes Sexualverhalten sind jedoch kaum zu befürchten.

Bei Hunden und Katzen ist die Aufzucht in unmittelbarem Kontakt mit Menschen und damit auch eine prägungsartige Bindung üblich. Ist ausnahmsweise kein enger Kontakt vorhanden, z. B. bei Zwingerhunden, wenn diese erst spät einen Käufer finden, so wird die sensible Periode übergangen. Es kommt dann häufig nicht mehr zu dem erwünschten Vertrauensverhältnis von seiten des Tieres.

2.9 Adoption

Muttertiere der Wiederkäuer sowie Stuten dulden gewöhnlich nur, daß ihre eigenen Jungen an ihnen saugen. Fremde Junge werden vertrieben oder haben höchstens dann eine Gelegenheit zu trinken, wenn gleichzeitig das eigene saugt. sie müssen sich dann jedoch so hinstellen, daß das Muttertier ihre Identität nicht anhand des Geruchs überprüfen kann. Gewöhnlich wird das Muttertier mit zunehmendem Alter eine immer bessere Mutter. Das bedeutet jedoch gleichzeitig, daß es fremde Jungtiere energisch abweist. Erstlaktierende Mütter sind in der Regel duldsamer.

Manche Kühe sind fremden Kälbern und anderen Kühen gegenüber allgemein sehr duldsam. Das gilt besonders dann, wenn sie ihr eigenes Kalb säugen. Ruft eine solche Kuh ihr Kalb, dann kommen gewöhnlich rasch fremde Herdengenossen herbei und nutzen die günstige Situation (Abb. 2.3).

In manchen Betrieben ist es erwünscht, daß Muttertiere fremde Jungtiere an Stelle ihrer eigenen Jungen oder zusätzlich zu diesen dulden. In Ammenkuhherden gelingt dies am ehesten, wenn der Kuh das eigene Kalb kurz nach der Geburt fortgenommen wird. Die Kuh kommt dann mit den zur Adoption vorgesehenen Kälbern in eine Box, so daß sie nicht entweichen kann. Gelegentlich wird sie dort zunächst noch angebunden, um die Abwehrmöglichkeit weiter zu verringern. Je nach Milchleistung werden ihr dann zwei bis vier fremde Kälber zugefügt. Diese sollten schon ca. zwei

Abb. 2.2 Menschengeprägtes Zicklein bespringt in spielerischer Begattungsabsicht ein Kind (Foto: *Sambraus*)

Wochen alt sein, damit sie genügend robust sind, um die anfängliche Abwehr der Kuh und eine vorübergehend unzureichende Ernährung leichter zu überstehen.

Anfangs sind zur Adoption vorgesehene Kühe meist recht abweisend. Sie versuchen, die fremden Kälber durch Ausweichen, Kopfstöße und Schläge am Saugen zu hindern. Die Säugwilligkeit wächst mit zunehmendem Abstand zum letzten Säugen bzw. Melken. Man kann die Tatsache nutzen, daß bei der Bindung der Kuh an das Kalb der Geruch große Bedeutung hat. Eine Möglichkeit ist, sowohl das fremde als auch das eigene (an der Kuh verbliebene) Kalb und die Kuh mit einem Anis-Salz-Gemisch einzureiben. Auf diese Weise wird eine „Geruchsfamilie" gebildet (*v. Gadow* 1965). Es kommt hinzu, daß die Kuh durch das Salz zum Belecken beider Kälber angeregt wird. Da Belecken gleichzeitig eine mütterliche Tätigkeit ist, kann dieses Verhalten zusätzlich zu einer Bindung an die beleckten Kälber führen. Durch diese Prozedur kann zumindest die Ablehnung gegenüber dem zugesetzten Kalb abgeschwächt werden. Für das vollständige Akzeptieren fremder Neugeborener muß mit einem Zeitraum bis zu zehn Tagen gerechnet werden.

Sauen und die Weibchen der Nesthocker kennen ihre Jungen nicht individuell. Es ist sogar zweifelhaft, ob sie fähig sind, am Geruch zu erkennen, welche Jungen zu ihrem Wurf gehören. Dieses Unvermögen hat zur Folge, daß ihnen leicht fremde Jungen untergeschoben werden können. Das geschieht insbesondere bei Schweinen. Sauen kommen während der Laktationsperiode nicht in die Rausche (Laktationsanöstrie). Für eine wirtschaftlich orientierte Schweinehaltung ist es nicht sinnvoll, kleine Würfe während der ganzen Laktationsperiode bei der Sau zu lassen. Man kann der einen Sau die Ferkel fortnehmen, um rascher die nächste Rausche herbeiführen. Sie werden dann einer anderen Sau mit gleichfalls nur wenigen Ferkeln zugesellt. Eine Ablehnung scheint nur dann zu bestehen, wenn die Sau die fremden Ferkel beim Hinzufügen sehen kann oder wenn diese in der Größe von den eigenen erheblich abweichen. Am besten entfernt man deshalb kurzfristig die eigenen Ferkel der zur Adoption vorgesehenen Sau, gibt die fremden, etwa gleichaltrigen, dazu und führt diese gemischte Gruppe zur Sau zurück. Es mag vorteilhaft sein, daß jetzt alle Ferkel weitgehend den gleichen Mischgeruch besitzen. Die Sau könnte ihre eigenen Ferkel also kaum noch am Nestgeruch identifizieren, falls ein solcher vorhanden ist.

Schaf- und Ziegenbesitzer bringen Einlings-Mütter gern dazu, ein fremdes Junges zu akzeptieren, wenn das eigene eingegangen ist. Um dies zu erreichen, ziehen sie dem toten Lamm das Fell ab und hängen es einem Mehrlingslamm eines anderen Schafes über. Die Mutter des eingegangenen Lammes akzeptiert das vermummte fremde. Zumeist ist das Fell bereits am nächsten Tag hinuntergefallen. Das ist jedoch für die vorgesehene Bindung kein Hindernis. Das Mutterschaf akzeptiert jetzt das fremde Lamm auch ohne Verbrämung.

Nach Totgeburten können Schaf- und Ziegenmütter zur Adoption von schon etwas älteren Jungtieren gebracht werden, indem das fremde Junge mit Geburtsflüssigkeit oder der Nachgeburt eingerieben wird. Dabei wirkt nicht nur die Tatsache, daß das zur Adoption vorgesehene Jungtier jetzt Attribute eines Neugeborenen besitzt, also besonders hilfsbedürftig scheint. Es übernimmt mit der Flüssigkeit eine individuelle, sowohl der Mutter als auch dem eingegangenen Jungtier eigene

Abb. 2.3 Duldsame Murnau-Weldenfelser Kuh säugt ihr Kalb (in Antiparallel-Stellung) und läßt gleichzeitig andere Kuh saugen (im rechten Winkel zur säugenden Kuh stehend) (Foto: *Sambraus*)

Geruchskomponente und wird entsprechend behandelt. Eine ähnliche Wirkung läßt sich erzielen, wenn das fremde Jungtier mit der Milch der Adoptivmutter eingerieben wird.

Kätzinnen sind in den ersten Tagen nach der Geburt bereit, fremde Kätzchen zu adoptieren. Sie nehmen diese nicht nur an, wenn man sie ihnen in den Wurfkorb legt; auch wenn sie fremde Junge in einiger Entfernung vom Wurfnest entdecken, tragen sie diese sorgsam ein und bemuttern sie. Voraussetzung ist lediglich, daß die fremden Kätzchen nur wenige Tage alt sind. Gegen ältere Kätzchen sind sie gleichgültig oder gar aggressiv. Ebenfalls unkompliziert ist die Adoption bei Kaninchen. Es ist allerdings darauf zu achten, daß eigene und fremde Junge annähernd das gleiche Alter haben, und daß sie die Augen noch nicht geöffnet haben.

Unter den Haustieren scheinen Hündinnen die besten Adoptivmütter zu sein. Sie nehmen nach der Geburt nicht nur komplikationslos fremde Welpen an, sondern sind auch bereit, artfremde Jungtiere zu adoptieren, wenn man ihre eigenen Welpen entfernt hat.

2.10 Ablauf des Saugvorgangs

Wiederkäuermütter und Stuten rufen die Jungen anfangs herbei oder suchen diese von sich aus auf, sobald sie besaugt werden wollen. Wenn in Laufställen Kälbern oder Lämmern Gelegenheit gegeben wird, sich in abgetrennte Abteile (Lämmerschlupf u. ä.) zurückzuziehen, stehen säugwillige Muttertiere oft rufend und wartend davor. Sie beriechen jedes herauskommende Jungtier, offenbar in der Hoffnung, daß es sich um ihr eigenes handelt.

Später geht die Aufforderung von den Jungtieren aus, der die Mutter im allgemeinen nachgibt. Ein saugwilliges Jungtier ruft nach der Mutter und geht im Herdenverband zunächst ungerichtet nach dem Prinzip von Versuch und Irrtum von einem Muttertier zum nächsten, bis es schließlich auf die eigene Mutter stößt, die es nicht abweist. Jungtiere der Wiederkäuer und des Pferdes nehmen zunächst mit der Mutter Naso-nasal-Kontakt auf. Am Muttertier stellen sie sich gewöhnlich verkehrtparallel hin (Abb. 2.4). Regelmäßig beriecht das Muttertier zu Beginn des Saugvorganges die Anogenitalregion, um zu prüfen, ob es sich um sein Junges handelt. Schwanzbewegungen des Jungtieres während des Saugens – bei Lamm und Zicklein besonders – fächeln dem Muttertier Duftstoffe der Anogenitalregion zu und erleichtern so die Identifikation.

Wiederkäuer und Stute belecken oft, Nesthocker regelmäßig die Anogenitalregion. Dieses Belecken hängt mit dem Kot- und Harnabsatz der Jungen zusammen. Ursache und Wirkung sind jedoch verschieden. Die Jungen der Nestflüchter harnen und koten spontan. Daraufhin setzt das Belecken durch das Muttertier ein. Dagegen belecken Nesthocker-Mütter die Anogenitalregion regelmäßig, um so bei den Jungen Harn- und Kotabsatz auszulösen. Diese Reaktion junger Nesthocker muß bei mutterloser Aufzucht berücksichtigt werden. Nach jedem Säugevorgang ist die Anogenitalregion mit einem körperwarmen feuchten Schwamm oder Lappen abzureiben, um so Kot- und Harnabsatz auszulösen.

Ein besonderer Mechanismus besteht beim Schwein. Die Sau ist aufgrund morphologischer Gegebenheiten, und weil sie sich beim Säugen in Seitenlage befindet, nicht fähig, die Ferkel zu

Abb. 2.4 Fohlen trinkt aus der Antiparallel-Stellung heraus, so daß die Mutter es beriechen kann (Foto: *Sambraus*)

beriechen und zu belecken. Diese koten und harnen während des Saugvorganges nicht. Sie suchen dafür bald nach dem Saugen ganz bestimmte Plätze der Bucht auf.

Der Saugvorgang wird mit einer kräftigen Massage des Euters bzw. Gesäuges eingeleitet. Die Jungen von Wiederkäuern, Pferd und Schwein stoßen mit Maul und Nasenrücken. Bei Hund und Katze wird die Milchsekretion durch Bepfötelung des Gesäuges mit den Vorderpfoten, dem „Milchtritt", ausgelöst.

Der Saugakt beginnt bei der Sau entweder damit, daß sie sich hinlegt und lockt, oder daß einige Ferkel nach ihrer Zitze suchen. Zu Beginn eines Saugvorganges massieren die Ferkel zunächst wahllos den erreichbaren Teil des Gesäuges, bis die Sau die völlige Seitenlage einnimmt und das Gesäuge gänzlich freigibt. Die Saugbemühungen der Ferkel werden jetzt lebhafter und sind von stärkerem Gequieke begleitet. Der Saugvorgang läßt sich in drei Abschnitte untergliedern:

Vormassage: Jedes Ferkel massiert mit aufwärtsgerichteten Schnauzenbewegungen eine Zitze und rüstet damit das Gesäuge an. Während dieser Zeit grunzt die Sau leise in tiefer Stimmlage mit langezogenen Tönen in gleichmäßigen Abständen. Die Vormassage dauert ungefähr eine Minute.

Milchaufnahme: Am Ende der Vormassage setzt der Milchfluß ein, der nur ungefähr eine halbe Minute anhält. Die Ferkel werden jetzt ruhiger und beginnen, eifrig zu saugen. Die Sau grunzt in hoher Stimmlage mit rasch aufeinander folgenden kurzen Lauten.

Nachmassage: Dieses Stadium beginnt, sobald keine Milch mehr fließt. Die Saugbewegungen werden träger. Einzelne Ferkel versuchen an benachbarten Zitzen zu saugen oder gehen quiekend zum Kopf der Sau. Die Nachmassage dauert ungefähr fünf Minuten. In den ersten Lebenstagen schlafen die Ferkel danach am Gesäuge der Sau ein, später wenden sie sich im Anschluß an den Saugakt anderen Aktivitäten zu.

Der Gesamtvorgang wird vom ersten Tag p. p. bis zu acht Wochen ständig kürzer.

Die Sau läßt sich während des Saugens leicht stören. Sie dreht sich dann auf den Bauch oder steht auf, so daß der Saugvorgang unterbrochen ist. Da dies sehr vehement geschieht, können einzelne Ferkel verletzt werden, außerdem ist deren gleichmäßige Versorgung mit Milch nicht gewährleistet. Im Abferkelstall ist deshalb stets darauf zu achten, daß keine Beunruhigungen auftreten.

2.10.1 Zitzenordnung

Hat ein Muttertier zwei oder mehr Jungtiere, dann kommt es zu einer mehr oder weniger ausgeprägten Zitzenordnung. Das bedeutet, daß jedes Jungtier eine Zitze besitzt, die es bevorzugt oder ausschließlich aufsucht und gegen Wurfgeschwister verteidigt. Nur Hunde haben keine Zitzenordnung.

Eine Zitzenordnung tritt am ausgeprägtesten beim Schwein auf. Sie entwickelt sich in den ersten drei Tagen nach der Geburt. Danach wählt jedes Ferkel nahezu ausnahmslos stets dieselbe Zitze. Nur selten wird während des Saugvorganges der Versuch gemacht, an einer benachbarten oder an der entsprechenden Zitze der gegenüberliegenden Gesäugeleiste zu saugen. Die Zitzenordnung führt dazu, daß nur selten mehr Zitzen besaugt werden als Ferkel vorhanden sind. Bei überzähligen Zitzen bildet sich der dazugehörige Drüsenkörper im Verlauf der ersten zwei Wochen nach der Geburt zurück (Abb. 2.5). Er wird bei

Abb. 2.5 Muttersau, deren Zitzen zwei und vier an der rechten Gesäugeleiste beim letzten Wurf unbesaugt blieben, so daß die Drüsenkörper obliterierten (Foto: *Sambraus*)

der nächsten Geburt jedoch wieder angebildet und ist dann genauso leistungsfähig wie die vorher laktierenden Drüsenkörper. Der Drang der Ferkel nach vorn bringt es mit sich, daß vermehrt die hinteren Gesäugepartien unbesaugt bleiben und obliterieren.

Es ist bisher noch nicht gänzlich geklärt, woran sich die Ferkel bei der Suche nach ihrer Zitze orientieren. Vermutlich erfolgt zunächst eine optische Groborientierung. Danach setzt eine Rauferei unter den Ferkeln ein, die erst beendet wird, wenn jedes rechts und links von sich die gewohnten Wurfgeschwister hat. Dieser Ablauf erklärt das Gequieke und die erhebliche Unruhe zu Beginn jedes Saugvorganges sowie die Tatsache, daß die Zitzenordnung zuerst an den vordersten und hintersten Zitzen stabil ist.

Die vorderen Gesäugepartien geben nicht von vorn herein die größere Milchmenge. Es setzen sich vielmehr häufig die stärksten Ferkel bei der Auseinandersetzung um die vorderen Zitzen durch. Diese Ferkel massieren später auch das Gesäuge am kräftigsten. Die Milchmenge entspricht der Intensität der Massage. Geriet ein kräftiges Ferkel zufällig an eine weiter hinten liegende Gesäugepartie, dann kann es hier ebenfalls durch kräftigere Massage eine größere Milchmenge gewinnen.

Beim Schaf entwickeln ungefähr zwei Drittel aller Zwillingslämmer im Verlauf der ersten Lebenswochen eine Vorliebe für eine Hälfte des Euters. Die Befürchtung, daß in vermehrtem Maße Mastitiden auftreten können, wenn eines der Lämmer entfernt wird, weil dann die eine Euterhälfte unbesaugt bleibt, bestätigte sich nicht. Diese Euterhälfte wird dann vom verbliebenen Lamm mitgenutzt (*Ewbank* und *Mason* 1967).

Sobald Zwillingslämmer ein Alter von ungefähr vier Wochen erreicht haben, läßt das Mutterschaf nur noch beide gemeinsam trinken. Kommt nur ein Lamm zur Mutter, dann weicht sie seinen Saugbemühungen aus. In der Regel läuft dieses Lamm dann zum zweiten Zwilling und fordert ihn auf nicht deutlich erkennbare Weise auf, mit an das Euter zu kommen.

2.10.2 Häufigkeit der Saugvorgänge sowie deren Tagesverteilung

Wie häufig Jungtiere täglich gesäugt werden, variiert von Tierart zu Tierart außerordentlich. Extreme bilden das Kaninchen, dessen Junge meist nur einmal am Tag gesäugt werden, und die Stute, die das Fohlen in den ersten Lebenstagen vierzigmal oder gar häufiger säugt (Tab. 2.2). Die Anzahl der täglichen Saugvorgänge bei Pferd, Wiederkäuern und Schwein hängt von folgenden Faktoren ab:

- Rasse
- Wurfgröße
- Alter der Jungtiere
- Beziehung der Jungtiere zum Muttertier sowie
- Anwesenheit weiterer laktierender Muttertiere.

Tabelle 2.2 Dauer und Häufigkeit der Saugvorgänge bei den verschiedenen Haustierarten in Abhängigkeit vom Alter

Jungtier	Alter in Monaten	Situation	Saugakte pro Tag	Dauer eines Saugaktes	Gesamtsaugdauer pro Tag (min)
Kalb	1	Herdenhaltung	6	10 min	60
	2	Herdenhaltung	5	9 min	45
	3	Herdenhaltung	5	8 min	40
Lamm	1	Einzellämmer	20	40 sec	10
	1	Zwillingslämmer	25	40 sec	12,5
	2	Einzellämmer	5	15 sec	1,3
	2	Zwillingslämmer	6	15 sec	1,5
	3	Einzel- und Zwillingslämmer	4	10 sec	0,7
Zicklein	2	Zwillinge	30	20 sec	10
Ferkel	1	einzelgehaltene Sau	20	6 min	120
	2	einzelgehaltene Sau	15	5 min	75
	1	mit anderen Sauen im gleichen Stall gehaltene Sau	25	6 min	150
	2	mit anderen Sauen im gleichen Stall gehaltene Sau	20	5 min	100
Fohlen	1	Gruppenhaltung von Mutterstuten	40	90 sec	60
	2	Gruppenhaltung von Mutterstuten	30	80 sec	40
	6	Gruppenhaltung von Mutterstuten	15	60 sec	15
Hundewelpen	1	—	15	20 min	300
	2	—	6	12 min	72
Kaninchen	1	—	1	10 min	10

Bei Muttertieren mit hoher Milchleistung bekommen die Jungtiere bei jedem Saugvorgang offenbar eine Milchmenge, die lange vorhält. Sie kommen deshalb weniger oft zur Mutter als Jungtiere, die stets eine geringere Milchmenge erhalten. Entsprechendes gilt für Mehrlinge, die sich die vorhandene Milchmenge teilen müssen. dadurch rascher wieder hungrig werden und erneut zum Muttertier kommen.

Dauer und Frequenz der Saugvorgänge nehmen mit zunehmendem Alter der Jungtiere ab. Am Anfang der Laktation ist das Muttertier — abgesehen vom Kaninchen — noch ständig säugwillig. Die Jungtiere können also kommen, so oft sie wollen. Sie trinken dann zunächst nur in kleinen Portionen, kommen jedoch bald wieder. Die Katze liegt in den ersten zwei Wochen nach der Geburt ungefähr 70 % der Zeit bei den Jungen; diese beanspruchen 25 % davon zum Trinken (*Hafez* 1975). Ferkel, Hundewelpen und kleine Katzen schlafen in den ersten Lebenstagen — oft noch mit der Zitze im Maul — nach dem Saugen am Gesäuge ein.

Kälber, die im Alter von einigen Tagen oder Wochen einem anderen Muttertier zur Adoption beigegeben wurden, saugen häufiger als die vom eigenen Muttertier aufgezogenen. Zugesetzte Jungtiere versuchen auch besonders oft an fremden Muttertieren zu trinken. Dies ist eine Folge übergangener Prägungsvorgänge, was zu einer mangelhaften Bindung an die vorgesehene Amme führt. Die fremden Muttertiere sind jedoch im allgemeinen nicht sehr duldsam, so daß es oft nur zur Aufnahme geringer Milchmengen kommt.

Bei Schweinen ist der akustische Aufwand vor und während des Saugens besonders groß. Er setzt sich aus den Saugaufforderungslauten der Sau und den ungeduldigen Lautäußerungen der Ferkel, die ihre Zitze suchen, zusammen. Diese Laute führen zu einer Stimmungsübertragung, d. h. die Ferkel anderer Sauen wollen auch saugen. Insgesamt ergibt sich daraus eine deutlich höhere Saugfrequenz in Abferkelställen mit vielen Würfen als bei alleingehaltenen Sauen.

Die Jungen der kleinen Wiederkäuer sowie die von Pferd und Schwein saugen erheblich häufiger am Tage als in der Nacht. Darüber hinaus läßt sich bei diesen Tierarten keine deutliche Häufung zu bestimmten Tageszeiten beobachten. Beim Rind wird besonders häufig während des Überganges von Aktivitäts- zu Ruhephasen gesaugt. Wo diese Phasen liegen, hängt weitgehend von den Haltungsbedingungen ab. Stets ist jedoch deutlich eine Saugzeit vor Eintritt und nach Beendigung der Nachtruhe zu beobachten. Bei Weidehaltung saugen die Kälber außerdem häufig vor und nach der ausgedehnten Mittagsruhe. Bei Laufstallhaltung hängt der Aktivitätsrhytmus der Kühe und damit der Saugrhythmus der Kälber nicht von der Tageszeit ab, sondern wird von den Stallarbeiten bestimmt.

Bei Kaninchen liegt der einzige Saugakt stets am Morgen (*Zarrow* et al. 1965). Wenn die Jungen so alt sind, daß sie das Nest verlassen und die Mutter für ein weiteres Säugen aufsuchen können, verhindert diese es, indem sie ausweicht oder sich flach auf den Boden legt.

2.11 Mutterlose Aufzucht

Sofern das Jungtier vom Muttertier fortgenommen wird, ist es wichtig, den ersten Aktivitätsschub gleich nach der Geburt zum Tränken auszunutzen. Die Bereitschaft zur Nahrungsaufnahme ist jetzt besonders groß. Tiere, die während der Kolostralperiode bei der Mutter bleiben, sollten sobald wie möglich danach abgesetzt werden. Je früher dies geschieht, desto leichter gewöhnen sie sich an das Tränken. Später wird der Sauger schlecht angenommen. Schwierigkeiten ergeben sich, wenn Neugeborene aus zitzenlosen Eimern von oben saugen müssen. Diese Haltung entspricht bei Huftieren nicht dem angeborenen Auslösemechanismus, nach dem die Milchquelle mit angehobenem Kopf gesucht wird. Es erfordert deshalb Geduld und Sorgfalt, Jungtiere an diese Weise des Saufens zu gewöhnen. Anfangs läßt man die Tiere am besten an einem mit Milch befeuchteten Finger saugen und führt diesen dann langsam in den Eimer hinein. Hierbei gibt es im Lernen Rasseunterschiede; z. B. lassen sich Kälber des Deutschen Schwarzbunten Rindes leichter an die Eimertränkung gewöhnen als Fleckviehkälber (*Kromayer* und *Oberschernings* 1967).

Leichter ist es, Jungtiere an die heutzutage üblichen Eimer mit Saugern zu gewöhnen, weil dem angeborenen Auslösemechanismus hier eher entsprochen wird. Gleiches gilt für die Aufzucht mit der Flasche, die aber nicht routinemäßig, sondern nur im Einzelfall in Notsituationen durchgeführt werden kann. Junge Wiederkäuer und Fohlen machen auch bei Eimertränkung vor und während des Saugens sowie vor allem dann, wenn die zugeteilte Milchmenge ausgetrunken ist, heftige Stoßbewegungen mit dem Kopf, die dem Anrüsten des Euters entsprechen. Die Eimer müssen deshalb genügend fest angebracht und die Sauger entsprechend sicher befestigt sein.

Kälber bekommen bei Eimertränkung üblicherweise zweimal am Tag ihre Milchaustauschermenge zugeteilt. Das bedeutet, daß sie pro Mahlzeit eine wesentlich größere Menge aufnehmen müssen, als wenn sie von der Mutter aufgezogen werden. Ein dreimaliges Tränken am Tag – morgens, mittags und abends – würde den ethologischen Bedürfnissen von Kälbern eher entsprechen. Dabei sollte die morgens zugeteilte Milchmenge wegen der vorausgegangenen längsten Zeitspanne ohne Tränkung am größten sein. Automatentränken mit ständigem Angebot vom Milchaustauscher werden von Kälbern bis über 50mal am Tag aufgesucht. Es wird dann jeweils nur eine kleine Menge getrunken.

Die Jungtiere der anderen Tierarten, die an der Mutter im allgemeinen sehr viel häufiger saugen als das Kalb, nehmen pro Saugvorgang eine entsprechend kleine Milchmenge auf. Für sie ist bei mutterloser Aufzucht eine noch stärkere Verteilung der täglichen Milchmenge zu fordern. Ferkeln soll in der ersten Lebenswoche in 2- bis 3stündigem Abstand Nahrung angeboten werden. Dabei empfiehlt es sich, auch nachts zwei Mahlzeiten zu geben. Ab der zweiten Woche genügt es, die Ferkel täglich sechsmal zu tränken, wobei die erste Mahlzeit frühmorgens, die letzte am späten Abend gereicht wird. Durch festes Beifutter kann ein Teil des Saugdranges kompensiert werden.

2.12 Spiel

Im Alter von einigen Stunden, spätestens von wenigen Tagen, beginnen Nestflüchter und Schweine mit solitären Bewegungsspielen. Je nach Entwicklung bewegen sie sich anfangs noch etwas unbeholfen, bald jedoch schon elegant in den verschiedenen Lokomotionsarten fort. Sie entfernen sich dabei nie weit vom Muttertier. Entweder laufen sie eine gewisse Strecke geradeaus und kehren gleich darauf zurück, oder sie umkreisen die Mutter.

Diese Fortbewegungen haben zwar kein festes örtliches Ziel, besitzen aber doch eine bestimmte Funktion. Bewegung fördert die Kondition, stärkt die Fluchtfähigkeit und macht das Jungtier mit der Umgebung vertraut. Ähnliches gilt für Sozialspiele, die mit ein bis zwei Wochen einsetzen.

Spielerische Verhaltensweisen treten in fast allen Funktionskreisen auf. Typisch ist, daß spielerische Verhaltensweisen eines Funktionskreises unvermittelt von Verhaltensweisen eines anderen Funktionskreises abgelöst werden können. Es können also z. B. Kampfspiele in Fluchtspiele übergehen und diese werden von Sexualspielen abgelöst. Weiteres Charakteristikum vom Spiel ist, daß eine triebverzehrende Endhandlung ausbleibt.

Im Spiel werden die arttypischen, angeborenen Bewegungskoordinationen eingesetzt. Beim Kampfspiel versuchen Kälber, sich mit aneinandergelegter Stirn gegenseitig zurückzudrängen; Zicklein stellen sich auf die Hinterbeine und stoßen von oben herab mit den Köpfen zusammen; Fohlen „steigen" ebenfalls und schlagen einander aus dieser Stellung heraus mit den Vorderhufen oder versuchen den Kontrahenten zu beißen. Ferkel stellen sich verkehrtparallel zueinander und bemühen sich, den Gegner mit seitlichen Kopfstößen zu verdrängen. Auffallend sind die Sexualspiele, zu denen neben gegenseitigem Bespringen (Abb. 2.6) alle weiteren Bewegungsabläufe der Adulten gehören, also z. B. bei Zicklein Genitalkontrolle, Harnkosten und Laufschlagen.

Daß Jungtiere aller landwirtschaftlichen Nutztiere sich gegenseitig bespringen, ist nicht als Zei-

Abb. 2.6 Zicklein bespringen einander beim Spiel (Foto: *Sambraus*)

Tabelle 2.3 Aufsprünge von Stier- und Kuhkälbern bei einem Geschlechtsverhältnis von 1:1 in den Gruppen (aus *Sambraus* 1970)

		Besprungene		
		Stierkälber	Kuhkälber	zusammen
Aufspringende	Stierkälber	397	112	509
	Kuhkälber	84	23	107
	zusammen	481	135	616

chen einer mit Verlauf der Domestikation aufgetretenen Hypersexualisierung anzusehen; junge Wildtiere bespringen einander ebenfalls. Am gegenseitigen Bespringen nehmen Jungtiere beider Geschlechter teil; männliche sind allerdings erheblich eifriger als weibliche (Tab. 2.3). Später, jedoch noch weit vor der Geschlechtsreife, interessieren sich Jungtiere auch für brünstige Artgenossen (Abb. 2.7). Sie beriechen und bespringen diese. Da die Wahl von brünstigen Kühen eifrig und zuverlässig geschieht, werden in manchen Ländern Stierkälber im Alter von 4–6 Monaten mit zufriedenstellendem Erfolg als „Suchbullen" eingesetzt.

Bei den Sexualspielen wird besonders deutlich, daß im Spiel bestimmte Verhaltensweisen durch vielfache Wiederholung auch in Einzelheiten ihres Ablaufes eingeübt werden, bevor sie biologisch benötigt werden. Sie sind dadurch bei Erreichen der Geschlechtsreife bereits ausgereift.

2.13 Verhaltensstörungen

Gestörtes Verhalten kommt sowohl beim Mutter- als auch beim Jungtier vor. Die übliche und für das Neugeborene lebenserhaltende Fürsorge durch die Mutter kann durch Neutralität und Passivität, Ablehnung oder gar massive Aggressivität dem Neugeborenen gegenüber ersetzt werden. In Extremfällen töten diejenigen Arten, bei denen das Beißen die artgemäße Form der sozialen Auseinandersetzung ist, ihre Jungen durch Bisse. Das gilt für Hund, Katze, Schwein sowie Kaninchen und kann im Einzelfall auch beim Pferd vorkommen. Wiederkäuer, die ihr Junges insgesamt ablehnen oder auf bestimmtes Verhalten (z.B. zu große Lebhaftigkeit) aggressiv reagieren, stoßen mit dem Kopf; Stuten schlagen auch nach dem Fohlen aus.

Ziel der Aggressionen ist nicht, das Junge zu verletzen, zu töten oder gar zu fressen. Es handelt sich zunächst um eine soziale Auseinandersetzung, die allerdings wegen der Zartheit des Jungtieres bei beißenden Tierarten meist, bei den übrigen zuweilen, mit dessen Tod endet. Das tote Junge wird dann bei den fleischfressenden Arten nicht mehr als Artgenosse, sondern als Nahrung angesehen und ganz oder teilweise verzehrt. Die Verhaltensstörung liegt primär im Töten, nicht im Fressen der Jungen. Anders zu beurteilen ist das Fressen des Schwanzes und der Klauen von Lämmern durch die Mutter. Diese Störung, die ausschließ-

Abb. 2.7 Hengstfohlen bespringt seine rossige Mutter. Typisch sind die Kaubewegungen in Anwesenheit des drohenden Hengstes im Hintergrund (Foto: *Sambraus*)

lich bei Stallhaltung vorkommt, geschieht offenbar aus Mangel an Beschäftigung, insbesondere wegen der fehlenden Möglichkeit, eine ausreichend lange Zeit mit Futtersuche und -aufnahme verbringen zu können.

Beim Töten der Ferkel durch die Sau gibt es drei Erscheinungsbilder:

- Die Sau nimmt die Ferkel an, ist jedoch leicht erregbar. Auf Störungen oder Quieken der Ferkel reagiert sie heftig und aggressiv. Die Ferkel werden zwar nicht angegriffen, können jedoch durch unkontrollierte Bewegungen der Sau verletzt und getötet werden.
- Die Sau ist nervös und empfindlich gegenüber Geräuschen. Sie schnappt nach jedem beweglichen Objekt, das sich ihr nähert. Hiervon sind in erster Linie die Ferkel betroffen.
- Die Sau hat Angst vor den Ferkeln; sie versucht, ihnen auszuweichen. Da dies unter den üblichen Haltungsbedingungen nicht möglich ist, schlägt die Fluchtbemühung in Aggression um. Ferkel, die dem Kopf der Sau zu nahe kommen − meist bei der Suche nach dem Gesäuge − werden geschnappt und getötet.

Übererregung der Sau ist oft vor der Geburt erkennbar, kann sich aber auch erst nachher entwickeln. Die Ferkel werden dann zunächst angenommen und gelegentlich erst am Tag nach der Geburt getötet. Manchmal richten sich die Aggressionen nur gegen ein einziges Ferkel des Wurfes. Das Töten und Fressen tritt fast nur bei erstgebärenden Sauen auf.

Der starken Erregung und Verteidigungsbereitschaft können folgende Ursachen zugrunde liegen:

- Schmerzen am Uterus und/oder Gesäuge
- fremde Umgebung und nicht genügend Zeit zum Eingewöhnen
- Störungen der Geburt und Unruhe verbunden mit starker Lärmentwicklung
- keine Einstreu zum Nestbau (möglicherweise wird durch Beschäftigung mit Einstreu eine bestehende Übererregung kompensiert).

Auch genetische Faktoren sind erkennbar. Ferkeltötende Sauen sollten deshalb von der weiteren Verwendung zur Zucht ausgeschlossen werden.

In Jodmangelgebieten erinnert die starke Erregung ferkeltötender Sauen an die thyreotoxische Krise der Menschen. Wenn ab der achten Trächtigkeitswoche bis über die Geburt hinaus Lugol'sche Lösung per os verabreicht wird, kann das Ferkeltöten bei Sauen mit entsprechender Prädisposition verhindert werden (*Stöckl* et al. 1970). Früher wurden an ferkelfressende Sauen eiweiß-, kalk- und vitaminreiche Futtermittel verfüttert. Auch rohe Leber, Fisch-, Fleisch und Blutmehl wurden empfohlen, um eine vermutete Mangelernährung auszugleichen. Ernährungsphysiologische Gründe sind bei den heute gut ausgewogenen Futtermitteln wenig wahrscheinlich und können auch bei ethologischer Beurteilung des Geschehens nahezu ausgeschlossen werden.

Einer Sau, die sich gegen ihre Ferkel aggressiv zeigt, sollte man die Ferkel sofort wegnehmen. Sofern klinische Ursachen bei der Sau erkennbar sind, müssen diese behandelt werden. Die Ferkel dürfen nur unter Kontrolle und möglichst nach Sedierung der Sau an das Gesäuge gelassen werden. In der Regel hat sich das Muttertier nach einigen Tagen beruhigt und zeigt dann ein ausreichendes Mutterverhalten.

Kaninchenmütter fressen ihren Jungen manchmal in den ersten Lebenstagen Ohren, Schwanz und Gliedmaßen ab oder vertilgen sie ganz. Die Ursachen dieser Verhaltensstörung sind bisher nicht ausreichend geklärt. Als gesichert kann gelten, daß sie gehäuft nach Veränderung der gewohnten Umgebung auftritt und daß Rassenunterschiede im Auftreten des Jungefressens bestehen. Weder durch Futter- noch durch Wassermangel kann die Störung hervorgerufen werden (*Brummer* 1972). Sie könnte mit dem ausgeprägten Bedürfnis von graviden und laktierenden Häsinnen in Zusammenhang stehen, Fleisch zu fressen (Brummer, 1974).

Bei der Hündin ist meist nicht Aggression, sondern übertriebener Pflegeinstinkt die Ursache, der die Welpen zum Opfer fallen können. Das Belecken des Bauches und das Abbeißen der Nabelschnur wird dann so intensiv betrieben, daß dabei die Bauchdecke der Welpen geöffnet wird. In extremen Fällen führt dies dann dazu, daß die herausquellenden Därme oder gar halbe Welpen gefressen werden (*Trumler* 1982).

Bei einem erheblichen Teil der erstgebärenden Schafe ist der Mutterinstinkt noch nicht genügend ausgereift. Das äußert sich in einer der folgenden Abweichungen vom Normalverhalten: Ungefähr 2 % der Muttertiere verlassen ihr Lamm, nachdem sie es abseits geworfen haben, und gehen zur Herde zurück. Die meisten kehren zwar später wieder zum Lamm zurück und zeigen ein normales Mutterverhalten; dennoch bedingt diese Störung 6 % der Lämmerverluste (*Arnold* und *Morgan* 1975). Der Anteil der Mutterschafe, die das Lamm verlassen, ist nach Schwergeburten besonders hoch.

Nahezu ein Drittel der erstgebärenden Mutterschafe bleibt noch stehen, wenn das Lamm beginnt, nach dem Euter zu suchen. Sie drehen sich stets so, daß sie das Lamm vor sich haben. Eine derartig intensive Hinwendung mit dem Kopf zum Lamm hört im allgemeinen nach 6—12 Stunden auf. Bei 5 % der Mütter bleibt dieses Verhalten jedoch so lange bestehen, bis das Lamm die Eutersuche aufgibt (*Alexander* 1960). Andere Muttertiere kennen zwar diese übermäßige Hinwendung zum Lamm nicht, weichen aber aus, sobald es saugen will oder schlagen mit den Hinterbeinen nach dem Lamm. Eine ähnliche Ablehnung kommt bei Kühen vor.

Komplikationen kann auch ein zu starker Muttertrieb bereiten, der bei ungefähr 2 % der Schafe vorkommt: Sie sind bereits mehrere Tage vor dem Partus an Lämmern interessiert. Ab und zu gelingt es ranghohen Tieren, ein anderes Mutterschaf zu vertreiben und dessen Lamm zu adoptieren. Es kann dann geschehen, daß sie später ihr eigenes Lamm ablehnen.

Unter den Verhaltensstörungen der Jungtiere treten am stärksten Maulaktivitäten in Erscheinung. Sie sind auf eine Frustration des Saugdranges zurückzuführen. Von der Kuh aufgezogene Kälber trinken im ersten Lebensmonat täglich im Mittel sechsmal; jeder Saugvorgang dauert annähernd 10 min. Solche Kälber saugen also ungefähr 60 min. pro Tag. Eimergetränkte Kälber bekommen täglich nur zwei Milchmahlzeiten. Sie benötigen zum Aussaugen des Milchaustauschers jeweils 2—3 min. im Durchschnitt also täglich knapp 6 min. Das ist weniger als 10 % der Zeit, die von der Mutter aufgezogene Kälber saugen. Sie sind dann zwar satt, haben aber ein erhebliches Saugdefizit, das sie an Ersatzobjekten oder im Leerlauf auszugleichen versuchen.

Die Saugneigung ist unmittelbar nach dem Milchsaufen am stärksten. Kälber besaugen dann Teile der Stalleinrichtung sowie Maul, Ohren, Nabel, Präputium, Skrotum und Euteranlage von Gruppengenossen. Dieses Besaugen wird von den Betroffenen im allgemeinen geduldet. Am ehesten läßt sich ein Kalb besaugen, das seinerseits einen Gruppengenossen besaugt. Dies ist die Ursache für Ketten von saugenden und besaugten Kälbern, in die drei oder mehr Tiere einbezogen sein können. Zusätzlich belecken handaufgezogene Kälber einander häufig und ausdauernd.

Als Folge des Ersatzsaugens können Entzündungen an den besaugten Organen auftreten. Das gegenseitige Belecken führt dazu, daß in beträchtlichen Mengen Haare abgeschluckt werden, die sich im Pansen zu Bezoaren zusammenballen. Bezoare können gelegentlich Ursache für Verdauungsstörungen sein. Vorbeugend werden folgende Maßnahmen empfohlen:

- In den ersten Lebenswochen werden die Kälber in Einzelboxen gehalten.
- Die Tränkeeimer erhalten Ventilsauger. Auf diese Weise werden Kraft- und Zeitaufwand für das Saugen erhöht. Die Neigung, anschließend Buchtgenossen und die Stalleinrichtung zu besaugen, wird gedämpft.
- Nach dem Tränken werden die Kälber 15 min. im Freßgitter festgehalten. Die Saugneigung wird während dieser Zeit so sehr gemindert, daß anschließend gegenseitiges Besaugen kaum noch vorkommt.
- Im Anschluß an das Tränken bekommen die Kälber Kraftfutter in geringer Menge, so daß sie beschäftigt sind.
- Es wird Heu zur ständigen Aufnahme angeboten. Kälber beginnen ab etwa zehn Tagen mit der Aufnahme fester Futtermittel. Auch wenn zunächst noch keine nennenswerten Mengen gefressen werden, sind die Tiere doch zeitweilig beschäftigt und besaugen einander weniger.

Ferkel, die von der Geburt an mutterlos aufgezogen werden und keine Möglichkeit haben an einer Zitze oder Flasche zu saugen, erlernen das Trinken von Milchaustauscher aus Trögen meist innerhalb der ersten sechs Stunden. Bei diesen Tieren treten dann allerdings Verhaltensweisen auf, die dem Saugverhalten an der Sau entlehnt sind. Die Ferkel vollführen mit dem Rüssel Bewegungen an Wurfgeschwistern oder am Futtertrog, die den Massagebewegungen am Gesäuge der Sau ähneln. Sie besaugen dann hervorstehende Körperteile (Ohr, Nabel, Präputium und eventuell vorhandene Bruchsäcke) anderer Ferkel. Daneben ist vor oder nach der Milchgabe ein Hervorstrecken der Zunge auffallend, die entweder gerollt oder löffelartig geformt wird. Diese abnormen Verhaltensweisen verlieren sich nach Gewöhnung an feste Nahrung (*Marx* 1969).

Literatur

Alexander, G. (1960): Maternal behaviour in Merino ewe. Proc. Aust. Soc. Anim. Prod. *3*: 105—114

Arnold, G. W., P. D. Morgan (1975): Behaviour of the ewe and lamb at lambing and its relationship to lamb mortality. Appl. Anim. Ethol. *2*: 25—46

Brummer, H. (1972): Der Einfluß von Wasserentzug auf das Auftreten von Kronismus beim Hauskaninchen. Tierärztl. Umschau *27*: 291—294

Brummer, H. (1974): Untersuchungen über den Kronismus beim Hauskaninchen. Fortschr. Vet. Med., Heft *20*: 261—264

Derenbach, J. (1981): Untersuchungen zum Saugverhalten neugeborener Kälber in der Mutterkuhhaltung. Agr. Diss., Göttingen

Ewbank, R., A. C. Mason (1967): A note on the behaviour of twin lambs reared as singles. Anim. Prod. *9*: 417–420

Freedman, D. G., J. A. King, O. Elliot (1960): Critical period in the social development of dogs. Science *133*: 1016–1017

Gadow, C. v. (1965): Beitrag zur Rindfleischerzeugung durch Mutter- und Ammenkuhhaltung. Agr. Diss., Göttingen

Hafez, E. S. E. (1975): The behaviour of dometic animals. Bailliere, Tindal and Co., London

Kromayer, F., E. Obschernings (1967): Das Verhalten der Kälber in der Kolostrumperiode. Jb. Fütterungsberatung 90–102

Lorenz, K. (1935): Der Kumpan in der Umwelt des Vogels. J. Ornithol. *83*: 137–213, 289–413

Marx, D. (1969): Beobachtungen zur Verhaltensweise von Ferkeln während der mutterlosen Aufzucht. Berl. Münch. Tierärztl. Wschr. *82*: 25–29

Sambraus, H. H. (1970): Das Bespringen von Artgenossen durch juvenile Wiederkäuer. Säugetierk. Mitt. *18*: 228–236

Sambraus, H. H., D. Sambraus (1975): Prägung von Nutztieren auf Menschen. Z. Tierpsychol. *38*: 1–17

Schmidt-Pauly, W., H. H. Sambraus (1980): Die Auswirkung der Handaufzucht auf das Verhalten von Rehen (Capreolus capreolus L.). Prakt Tierarzt *61* 771–773

Stöckl, W., E. Bamberg, H. Enengel (1970): Über den Jodstoffwechsel bei Schweinen mit einem Beitrag über das Ferkelfressen. Wien. tierärztl. Mschr. *57*: 274–279

Trumler, E. (1982): Ein Hund wird geboren. R. Piper und Co. Verlag, München

Zarrow, M. X., V. H. Denenberg, C. O. Anderson (1965): Rabbit: frequence of suckling in the pup. Science *150*: 1835–1836

3 Grundlagen der Ernährung von Neugeborenen

H. Meyer, J. Kamphues

3.1 Zusammensetzung von Kolostrum und Milch

Als Kolostrum wird das in den ersten Tagen post partum vom Gesäuge produzierte Sekret bezeichnet, das sich in zahlreichen Eigenschaften von der reifen Milch unterscheidet (Tab. 3.1). Auffallend ist der hohe Gehalt an Protein, vor allem an Globulinen (Antikörper), der innerhalb weniger Stunden nach der Geburt abnimmt (Abb. 3.1). Daher sollen die Neugeborenen bei ihrer begrenzten Nahrungsaufnahmekapazität möglichst früh Kolostrum erhalten. Muß Kolostrum zugeteilt werden, so ist es unmittelbar post partum zu gewinnen, um eine ausreichende Konzentration an Antikörpern zu sichern. Die Fett- und Laktosegehalte im Kolostrum unterscheiden sich im allgemeinen nicht wesentlich von der reifen Milch. Bei Sauen konnte durch Zufütterung von Öl ante partum der Fettgehalt des Kolostrums erhöht und damit die Energieversorgung der Neugeborenen verbessert werden (Tab. 3.2). Der Ca- und P-Gehalt im Kolostrum liegt bei Rind und Schaf deutlich höher als in der

Tabelle 3.1 Zusammensetzung des Kolostrums

	Fett	Protein	Laktose	Energie
		g/kg		MJ/kg
Pferd	7	191	46	4,35
Rind	36	130	31	5,02
Schaf	124	130	34	9,67
Ziege	90	80	25	5,86
Schwein	72	180	24	5,14
Hund	78	138	27	8,75
Kaninchen	147	135	16	9,13

DLG 1973, *Gall* 1982, *Lebas* 1971, *Ling* et al. 1961, *Neseni* et al. 1958, *Perrin* 1955, 1958, *Schley* 1975, *Senft* und *Rappen* 1964, *Thomee* 1978, *Ullrey* et al. 1966

Tabelle 3.2 Einfluß einer Kohlenhydrat- oder Fettzulage[1] an hochtragende Sauen auf die Zusammensetzung des Kolostrums

Kolostrum (je 100 g)		Zulage in Form von	
		Maisstärke	Maisöl
Gesamtfett	g	2,8	4,5
Protein	g	14,9	17,0
Energie	kJ	477	628

[1] isoenergetisch Maisstärke bzw. Maisöl ab 109. Graviditätstag
Seerly et al. 1978

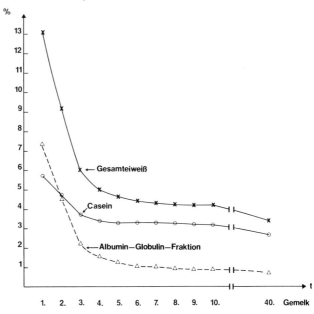

Abb. 3.1 Entwicklung von Proteingehalt und -zusammensetzung in der Kolostralmilch des Rindes (*Senft* und *Rappen* 1964)

reifen Milch, bei den übrigen Spezies scheint es eher umgekehrt zu sein. Unter den Spurenelementen des Kolostrums, soweit untersucht, fällt bei allen Tierarten der erheblich höhere Cu-, Zn- und teilweise auch Fe-Gehalt auf, so daß durch eine genügende Kolostrumgabe auch die Versorgung mit diesen Elementen verbessert wird (Tab. 3.3).

Besonders hervorzuheben ist der hohe Gehalt des Kolostrums an fettlöslichen Vitaminen (Tab. 3.4), die – da die Feten diese Vitamine nicht speichern – für die Neugeborenen unentbehrlich sind. Durch eine ausreichende Versorgung der Muttertiere ante partum kann der Vitamin A- und E-Gehalt des Kolostrums gesteigert und damit die Versorgung der Neugeborenen mit diesen Vitaminen (bei adäquater Kolostrumaufnahme) gesichert werden (Tab. 3.5).

Die Zusammensetzung der Muttermilch ist bei den Spezies unterschiedlich (Tab. 3.6). Im allgemeinen steigt der Trockensubstanz- und damit auch der Energiegehalt der Milch mit abnehmender Größe der Tierarten. Der Anteil an Energie, der vom Eiweiß gestellt wird, variiert zwischen 22 und 30 %, wobei Spezies mit einer größeren Mobilität post natum (Nestflüchter) im allgemeinen niedrigere Relationen aufweisen.

Das Aminosäuremuster in der Milch (Tab. 3.7) zeigt zwischen den Spezies Unterschiede, die zum Teil aus den variierenden Anteilen an Casein und Molkenproteinen zu erklären sind. Generell sind diese Unterschiede jedoch nicht sehr groß. Daher kann Kuhmilcheiweiß im Rahmen der mutterlosen Aufzucht auch bei anderen Spezies eingesetzt werden.

Die eigentlichen Brennstoffe in der Milch, Fette und Kohlenhydrate, kommen in unterschiedlichen Mengen vor. Bei den Nestflüchtern mit früher und stärkerer körperlicher Aktivität wird im allgemeinen ein hoher Anteil der aufgenommenen Energie durch Laktose gestellt. In der Milch von Nesthockern ist dieser Anteil geringer, der Fettgehalt höher.

Tabelle 3.3 Spurenelementgehalte in Kolostrum (K) und Milch (M) (Angaben in mg/kg)

Spezies	Eisen		Kupfer		Zink		Mangan	
	K	M	K	M	K	M	K	M
Pferd	1,3	0,9	1,0	0,4	6	3	—	0,03
Rind	2,3	0,5	0,4	0,1	12	4	0,1	0,03
Schaf	2,5	0,8	0,6	0,2	20	7	—	0,04
Ziege		0,6		0,1		4		0,05
Hund		7,0		3,3		1		—
Katze		3,9		1,1		7		0,24
Kaninchen		2–4		2–5		1		0,09

A. R. C. 1980, DLG 1973, Jeness 1980, Keen et al. 1982, Kirchgessner et al. 1965, Meyer 1983a, Neuhaus 1959, Reinisch und Schulz 1977, Schley 1976, Ullrey et al. 1974, Underwood 1977

Tabelle 3.4 Gehalt an fettlöslichen Vitaminen in Kolostrum (K) und Milch (M), (Angaben in IE/kg)

Spezies	Vitamin A		Vitamin D	
	K	M	K	M
Pferd	5000–20000	300–2700		11
Rind	10000–25000	1000–2500	40	24
Schaf		1500		30
Ziege		1200		20
Schwein	2000–5000	1300		40
Hund	10000	5000		
Kaninchen	20000	7000		

Coates et al. 1964, Jeroch 1972, Meyer 1983a, Neuhaus 1960, Reinisch und Schulz 1977, Scheunert und Trautmann 1965

Tabelle 3.5 Einfluß der Vitamin A- und E-Versorgung von Sauen während der Gravidität auf den Vitamingehalt von Leber, Kolostrum und Milch

		Kontrollgruppe	Versuchsgruppe
Vitamin A-Gehalt			
Futter	IE/kg	~12000	0
Leber, Neugeborene	µg/g uS	14,0	2,5
Kolostrum	µg/100 ml	155	75
Milch	µg/100 ml	50	21
Vitamin E-Gehalt			
Futter	mg/kg	80,0	8,0
Leber, Neugeborene	µg/g uS	1,0	0,9
Kolostrum	µg/ml	14,3	2,1
Milch	µg/ml	11,1	1,4

Schlotke et al. 1978, Selke et al. 1967

Im Gegensatz zu den Aminosäuren weist das Milchfett in seiner Zusammensetzung erhebliche Unterschiede zwischen den Spezies auf (Abb. 3.2). Wenn auch durch die Fütterung der Muttertiere das Fettsäuremuster zu modifizieren ist, so bleiben doch erhebliche artspezifische Besonderheiten, die vor allem bei der mutterlosen Aufzucht zu beachten sind. Für die Herbivorenmilch ist ein hoher Anteil an kurzkettigen Fettsäuren charakteristisch, die für andere Spezies z.T. (Hundewelpen) weniger verträglich sind. Die Kaninchenmilch zeichnet sich durch einen außerordentlich hohen Gehalt an Capryl- und Caprinsäure aus, während das Milchfett von Wiederkäuern im Gegensatz zu den übrigen Haustieren nur sehr geringe Gehalte an Linolsäure aufweist. Daher muß Kuhmilch – falls als Basis für den Milchersatz anderer Spezies verwendet – möglichst mit dieser essentiellen Fettsäure angereichert werden.

Wenn der Gehalt an Mengenelementen in der Milch (Tab. 3.8) zwischen den Tierarten auch erheblich variiert und im allgemeinen eine steigende Konzentration mit abnehmender Körpergröße der Spezies zu konstatieren ist, so sind die Gehalte pro Energieeinheit nicht sehr unterschiedlich. Auch bei den Spurenelementen besteht die Tendenz zu höheren Konzentrationen mit abnehmender Körpergröße (Tab. 3.3).

Die Gehalte an Eisen und Kupfer sind ebenso wie die der Mengenelemente im wesentlichen genetisch fixiert und können durch die Fütterung nicht oder nur geringgradig modifiziert werden. Zink und Mangan lassen sich über die Fütterung in geringem Umfang beeinflussen. Die Gehalte an Jod und Selen in der Muttermilch variieren stark in Abhängigkeit von der mütterlichen Versorgung.

Tabelle 3.6 Mittlere Zusammensetzung der Milch verschiedener Tierarten

Spezies	Energie MJ/kg	Eiweiß g/kg	Fett g/kg	Laktose g/kg	Anteil der Energie		
					Eweiß %	Fett %	Laktose %
Pferd	2,53	25	20	65	24	31	45
Rind	3,13	33	38	50	25	48	27
Schaf	4,53	58	60	43	31	53	16
Ziege	2,85	30	34	45	25	47	28
Schwein	5,10	51	79	52	23	60	17
Hund	6,00	80	90	30	31	60	9
Katze	3,89	55	48	40	34	49	17
Kaninchen	9,08	127	148	9	33	65	2

Gall 1982, *Keen* et al. 1982, *Neseni* et al. 1958, *Neuhaus* 1960, *Rerat* und *Duee* 1975, *Schley* 1975, *Spöttel* 1954, *Thomee* 1978, *Ullrey* 1966

Tabelle 3.7 Gehalt an essentiellen Aminosäuren in der Milch, Angaben in g/100 g Rohprotein

	Pferd	Rind	Schaf	Ziege	Schwein	Hund	Kaninchen
Arginin	6,7	3,5	3,8	3,2	5,0	5,6	5,5
Histidin	3,0	2,9	3,1	3,0	2,4	3,1	2,8
Isoleucin	6,7	5,7	4,9	6,9	4,6	5,0	3,5
Leucin	9,3	9,9	9,5	10,0	8,4	13,0	9,9
Lysin	6,8	7,6	10,9	8,3	7,6	4,9	5,6
Methionin+Cystin	2,1*	3,7	3,2	3,6	3,5	4,0	1,4*
Phenylalanin	5,0	5,1	4,9	5,1	3,7	5,0	5,0
Threonin	4,7	4,7	4,2	5,3	4,1	4,5	5,1
Tryptophan	1,3	1,4	1,4	1,2	5,0		4,7
Valin	7,9	6,5	6,3	5,1	5,2	6,1	5,3

* ohne Cystin

DLG 1976, *Meyer* 1985, *Sarkar* et al. 1953, *Schley* 1975

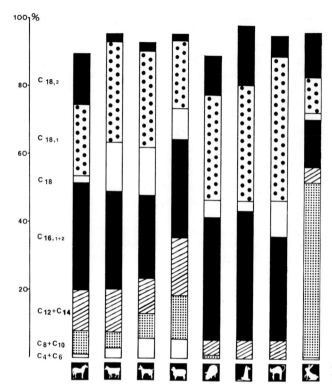

Abb. 3.2 Zusammensetzung des Milchfettes verschiedener Spezies

Tabelle 3.8 Mineralstoffgehalte in der Milch (g/kg)

	Ca	Mg	P	Na	K	Ca/P-Quotient
Pferd	1,10	0,10	0,80	0,16	0,90	1,38
Rind	1,13	0,12	0,94	0,42	1,44	1,20
Ziege	1,30	0,16	1,10	0,50	2,00	1,18
Schaf	1,94	0,14	1,51	0,45	1,62	1,28
Schwein	2,33	0,19	1,60	0,45	1,04	1,46
Hund	2,45	0,12	1,77	0,80	1,08	1,38
Katze	1,50	0,10				
Kaninchen	6,10	0,40	3,80	1,00	2,40	1,60

DLG 1973, *Gall* 1982, *Kamphues* 1982, *Keen* et al. 1982, *Lebas* 1971, *Neseni* et al. 1958, *Schley* 1975, *Thomee* 1978, *Ullrey* 1966

Die fettlöslichen Vitamine in der Milch verändern sich im allgemeinen proportional zum Fettgehalt, so daß sich bei den kleineren Spezies deutlich höhere Konzentrationen als bei den größeren finden. Daneben ist bei Vitamin A und E auch der Einfluß der mütterlichen Versorgung erheblich. Über den Gehalt an wasserlöslichen Vitaminen in der Milch sind die Informationen (Tab. 3.9) noch lückenhaft.

3.2 Stoffwechsel

3.2.1 Energie

Das Neugeborene wechselt bei der Geburt aus einem thermoneutralen Milieu in eine hypothermale Umgebung. Zur Aufrechterhaltung der Körpertemperatur und lebenswichtiger Funktionen (Kreislauf, Atmung) muß daher unmittelbar nach der Geburt Energie zur Verfügung stehen. Nestflüchter benötigen infolge zusätzlicher Bewegungen, aber auch aufgrund der in der Regel niedrigeren Umgebungstemperaturen, in denen sie aufwachsen, deutlich höhere Energiemengen als Nesthocker (Tab. 3.10). Bei jungen Welpen und auch Kaninchen liegt unmittelbar post natum der Energieumsatz in thermoneutraler Umgebung etwa in der Größenordnung des Grundumsatzes. Die für die einzelnen Spezies wünschenswerten Umgebungstemperaturen (Tab. 3.11) sind für den Energiebedarf der Neugeborenen entscheidend. Bei Welpen steigt z. B. bei Rückgang der Umgebungstemperatur von 30 auf 20 °C der Energieumsatz auf das Doppelte.

Jungtiere verfügen über verschiedene Mechanismen, um Wärmeverluste zu reduzieren bzw.

auch zusätzlich Wärme aufzunehmen. Die Zusammenlagerung von Jungtieren eines Wurfes verkleinert die Oberfläche und verringert Wärmeverluste. Ähnlich wirkt der enge Kontakt zum Muttertier, der darüber hinaus auch eine Wärmekonduktion vom Muttertier zum Säugling ermöglicht. Die Ausbildung eines besonders dichten Haarkleides (z. B. Schaflamm, Welpen) vermag weiterhin Wärmeverluste zu mindern ebenso wie der Nestbau durch das Muttertier, der bei Kaninchen besonders effektiv ist durch Verwendung der stark wärmedämmenden Unterwolle. Auch bei der Sau

Tabelle 3.9 Gehalte an wasserlöslichen Vitaminen in Kolostrum (K) und Milch (M) verschiedener Spezies, Angaben je kg

	Thiamin mg K	Thiamin mg M	Riboflavin mg K	Riboflavin mg M	Nicotinsäure mg K	Nicotinsäure mg M	Pantothensäure mg K	Pantothensäure mg M	Pyridoxin µg M	Vit B[12] µg M	Folsäure µg M	Biotin µg M
Pferd	0,4	0,1-0,5	1,4	0,4-0,7	1,6	0,5	7,5	5,0	330	3	1	–
Rind	0,6	0,4	6,1	1,8	1,0	0,7	2,2	3,5	500	4	1-5	20-50
Schaf	1,1	0,6	20	4,4	2,0	3,9	2,6	3,7	320	3	2	90
Ziege		0,5		5,0		2,0		3,5		1		15
Schwein	1,4	0,6	2,1	2,1	1,7	8,4	1,3	4,3	200	1–2	3,9	14
Hund		0,5		6,5		8,5		3,5	80	8	2,5	100
Kaninchen	0,3	1,6	2,9	3-5	2,0	5-8	14	6-16	2000-4000	70	100-300	200-400

Coates et al. 1964, *Jeroch* 1972, *Kirchgessner* et al. 1965, *Ling* et al. 1961, *Macy* und *Kelly* 1961, *Meyer* 1983 a, *Pearson* und *Darnell* 1946, *Reinisch* und *Schulz* 1977, *Scheunert* und *Trautmann* 1965

Tabelle 3.10 Energiebedarf von Neugeborenen (umsetzbare Energie)

	pro metabolische Lebendmasse kg^{0,75} kJ	pro kg Lebendmasse kJ	kritische Temperatur °C
Kalb	720	268	13
Schaflamm	829	536	29
Ferkel	707	599	34
Hundewelpe[1]	248	335	30
Kaninchen	300	602	35

[1] Welpe von 0,3 kg LM

Blaxter 1962, *Crighton* 1968, *Crighton* und *Pownall* 1974, *Curtis* 1974, *Dawes* und *Mestyan* 1963, *Menke* und *Huss* 1975, *Willer* 1971

Tabelle 3.11 Richtwerte für die Umgebungstemperaturen Neugeborener (unmittelbar p. n.)

	°C
Fohlen	10–18
Kalb	13–16
Schaflamm	15
Ferkel	32–34
Hundewelpe	30–32
Kaninchen	34–35

Bernhard 1962, *Burgkart* et al. 1973, *Meyer* 1983 a, *Mount* 1963, *Ober* 1975, *Roy* 1969

ist ein Nestbauverhalten ante partum angelegt, doch unter modernen Haltungsbedingungen kaum zu realisieren. Daraus erwachsen besondere Verpflichtungen zur Gestaltung des Klimas für neugeborene Ferkel (zusätzliche Wärmequellen).

Neugeborene können bei suboptimalen Umgebungstemperaturen zum Teil durch eine stärkere Amplitude ihrer Körpertemperatur den Wärmeabfluß von der Körperoberfläche reduzieren bzw. den gesamten Energieumsatz drosseln. Diese Fähigkeit ist besonders bei Welpen ausgeprägt (Tab. 3.12).

Tabelle 3.12 Körpertemperaturen (Colon) bei neugeborenen Welpen in Abhängigkeit von der Umgebungstemperatur (°C)

Umgebungstemperatur	Körpertemperatur nach Minuten	
	0	120
35	37,4	39,5
30	36,8	37,1
25	37,5	36,5
20	37,2	33,7
8	36,9	28,2

Crighton und *Pownall* 1974

Die meisten Neugeborenen leben vor der ersten Milchaufnahme wegen der geringen Fettdepots von dem vor allem in Leber, Muskulatur und anderen Organen deponierten Glykogen. Es wird erst relativ kurz vor der Geburt angelagert (Abb. 3.3).

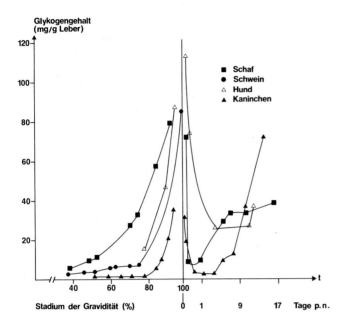

Abb. 3.3 Entwicklung des Glykogengehaltes in der Leber von Feten bzw. Neugeborenen verschiedener Spezies (*Shelley* 1961)

Aus diesem Grunde sind Frühgeborene besonders anfällig für einen Energiemangel. Unmittelbar post natum wird durch Aktivierung entsprechender Enzyme das Leberglykogen abgebaut und zur Energieversorgung genutzt (Aufrechterhaltung des Blutzuckerspiegels; Abb. 3.4), bei Spezies mit stark vergrößerter Leber zur Zeit der Geburt unter Retraktion der Leber (Tab. 3.13). Allerdings ist die insgesamt in der Leber gespeicherte Energiemenge in Form von Glykogen nicht in der Lage, bei Ferkeln oder Welpen den Erhaltungsbedarf auch nur für einen Tag abzudecken. Das Muskelglykogen kann nur in der Muskulatur umgesetzt werden, da das zur Freisetzung von Glukose notwendige Enzym Glukose-6-Phosphatase fehlt.

Neben dem Glykogen besitzen Neugeborene zum Teil (Kalb, Lamm, Katze, Kaninchen) auch braunes Fettgewebe in einer Größenordnung von 0,5–3 % der Körpermasse. Kleine Spezies weisen im allgemeinen höhere Gehalte auf. Aus diesem Fettgewebe kann bei Kältebelastung schnell Energie bereitgestellt werden (zitterfreie Thermogenese).

Aufgrund der relativ geringen Energiereserven sind die meisten Neugeborenen alsbald nach der Geburt auf Nahrung angewiesen, um ein Energiedefizit zu vermeiden, das besonders leicht bei Frühgeborenen (geringe Energiereserven; Abb. 3.3), lebensschwachen, untergewichtigen Tieren (geringe Saugkraft, Abdrängen vom

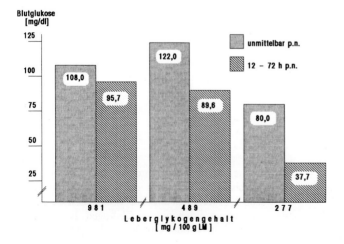

Abb. 3.4 Postnatale Entwicklung des Blutglukosespiegels bei Hundewelpen in Abhängigkeit vom Leberglykogengehalt (*Kienzle* et al. 1985)

Tabelle 3.13 Relative Größe von Verdauungskanal und Leber verschiedener Spezies in Abhängigkeit vom Alter (% der LM)

	Verdauungskanal		Leber	
	neugeboren	adult	neugeboren	adult
Pferd		5,8	3,0	1,3
Rind	4,6	5,5	2,3	1,2
Schaf	4,8	6,4	2,7	1,8
Schwein	2,0	5,0	2,5–3,0	1,3
Hund	2,6	5,4	7,0	3,6
Katze		4,3	5,5	2,9
Kaninchen	5,9	7,3	6,8	2,9

Bogner und *Matzke* 1964, *Dawes* 1968, *Jezkova* und *Padalikova* 1972, *Kamphues* 1982, *Kienzle* 1987, *Svendsen* 1982, *Tamate* et al. 1962, *Wardrop* und *Coombe* 1960, *Webb* und *Weaver* 1979

Gesäuge, geringe Glykogenreserven in der Leber; Abb. 3.3) sowie bei zu tiefen Umgebungstemperaturen auftritt. Unter diesen Bedingungen werden die Energiereserven rasch verbraucht, es entsteht eine Hypoglykämie (Tab. 3.14), die wiederum zur Minderung der Saugaktivität und Energieaufnahme führt, so daß es schließlich infolge dieses Circulus vitiosus zum Exitus kommt.

Tabelle 3.14 Plasmazusammensetzung normo- bzw. hypothermer Schaflämmer

Körpertemperatur °C	Alter h	n	Glucose mmol/l
normotherm (~ 39)	24	12	7,2
hypotherm (~ 30)	45	20	0,6

Eales und *Small* (1980)

Unter den Haustieren sind bei ungünstigen Umgebungstemperaturen besonders neugeborene Ferkel (geringe Hautisolation) gefährdet. Für Lämmer besteht ein Risiko, wenn sie im zeitigen Frühjahr draußen geboren werden und durch Kälte (kombiniert mit Nässe) hohe Energieverluste entstehen. Anfällig ist auch das kleinste Lamm in einem Drillingswurf, da es häufig abgedrängt wird.

Hypoglykämische Säuglinge müssen so schnell wie möglich zusätzlich Energie erhalten. Dazu eignen sich Glukoselösungen (5 %ige), da dieser Zucker rasch absorbiert werden kann. Bei Lämmern mit einer stark ausgeprägten Hypothermie (< 37 °C) und Hypoglykämie (Tab. 3.14) ist die alleinige Verabreichung von Glukoselösungen oral nur selten erfolgreich, hier empfiehlt sich eine intraperitonaeale Glukosegabe (10 %ige Glukoselösung, steril, 10 ml/kg LM). Zusätzlich ist bei diesen Lämmern eine Umgebungstemperatur von 40 °C sowie die orale Milchverabreichung sicherzustellen. Orale Saccharosegaben sind kontraindiziert wegen der ungenügenden Saccharaseaktivität im Darm des Neugeborenen. Bei einer gleichzeitigen Hypothermie dürfen die Säuglinge nur langsam aufgewärmt werden, da eine rasche Temperaturerhöhung den Energieumsatz steigert und das momentane Energiedefizit erhöht.

Ist die kritische postnatale Phase im Energiestoffwechsel überwunden, liefert bei normaler Milchproduktion der Muttertiere und ungestörtem Verhalten der Säuglinge die Milch ausreichend Energie für ein moderates Wachstum. Durch zusätzliche Energiezufuhr kann schon während der Säugephase das Wachstum gesteigert werden.

Bei den landwirtschaftlichen Nutztieren wird daher bald nach der Geburt zusätzlich Energie verabreicht, um möglichst hohe Gewichtszunahmen zu erreichen, vor allem aber auch, um den Verdauungskanal an festes Futter zu adaptieren und das Absetzen zu erleichtern.

3.2.2 Eiweiß

Das mit der Milch aufgenommene Eiweiß wird zu einem hohen Prozentsatz verdaut (Tab. 3.15) und bei normal wachsenden Säuglingen auch angesetzt. Die Eiweißzufuhr pro kg Lebendmasse steigt bei den Spezies mit abnehmender Körpergröße, reicht aber nur in den ersten Lebenswochen für ein maximales Wachstum aus. Daher muß in der 2. Hälfte des 1. Lebensmonates zusätzlich Eiweiß zugeführt werden (Tab. 3.16), um die Wachstumskapazität des Säuglings auszunutzen (Tab. 3.17).

Tabelle 3.15 Scheinbare Verdaulichkeit von Milchinhaltsstoffen bei Säuglingen (%)

	Fett	Protein	NfE[1]	Ca, P
Kalb	97	97		92
Ferkel	95	98,8		
Hundewelpe	99,8	99,3	98,5	99
Katzenwelpe[2]	95	97	98	93

1 N-freie Extraktstoffe   2 bei Fütterung eines Milchaustauschers

Blaxter und *Wood* 1953, *Frobish* et al. 1967, *Gütte* und *Rachau* 1956, *Kienzle* 1986, *Roy* 1969, *Thomee* 1978

Tabelle 3.16 Täglicher Bedarf* an verdaulichem Rohprotein (g / kg LM) von Säuglingen

	15. Tag	45. Tag	75. Tag
Pferd	3,2	3,6	2,9
Rind	4,1	3,7	3,1
Schaf	7,1	5,6	4,1
Schwein	12,3	7,5	5,6
Hund	11,3	13,3	7,6
Kaninchen	16,5	11,8	6,7

* berechnet mittels faktorieller Methode nach Angaben von *Menke* und *Huss* 1980, *Meyer* et al. 1985, *Meyer* 1983 a und *Kamphues* 1985

Tabelle 3.17 Lebendmasseentwicklung verschiedener Spezies in der Säugeperiode (2.–3. Lebenswoche)

Spezies	Tageszunahmen absolut (g)	relativ (% der Geburtsmasse)
Pferd[1]	750–1250	1,9– 2,3
Rind	600– 800	1,4– 1,7
Schaf	200– 300	4,5– 6,7
Ziege	150– 200	4,0– 5,0
Schwein	200– 240	12,5–15
Hund[2]	12 20	10 12
Katze	12– 20	10 –17
Kaninchen	15– 20	30 –40

1 Klein- bzw. Großpferde 2 Zwerg- bzw. Großrassen

Gall 1982; *Kienzle* 1986, *Kirchgessner* 1987; *Meyer* 1985; *Oftedahl* et al. 1983; *Schley* 1985

An das Eiweiß im Beifutter sind 2 Forderungen zu stellen: hohe Verdaulichkeit und hohe biologische Wertigkeit. Aufgrund der spezifischen Verdauungsverhältnisse bei Neugeborenen werden milchfremde Eiweiße (insbesondere in den ersten Lebenswochen) noch unzureichend verdaut. Darum kommen nur wenige und besonders zubereitete milchfremde Eiweiße für Säuglinge in Frage, wie z. B. hydrolysierte tierische Eiweiße, in begrenztem Umfang hochgereinigte, weitgehend kohlenhydrat- und rohfaserfreie pflanzliche Eiweiße (Sojafeinmehl). Bei ungenügender Eiweißverdauung steigt das Risiko für Fehlgärungen im Magen-Darm-Trakt.

Eine geringe biologische Wertigkeit der zusätzlich verwendeten Eiweiße führt nicht allein zu geringerem Zuwachs, sondern auch zu verstärkter Harnstoffbildung. Bei der im allgemeinen begrenzten Flüssigkeitsaufnahme der Säuglinge wird dann der Harnstoffgehalt im Blut ansteigen, ebenso wenn Eiweiß als Brennstoff genutzt wird, z. B. bei zu tiefen Umgebungstemperaturen. Damit wird nicht allein der Leber- und Wasserstoffwechsel belastet, sondern auch der Verdauungskanal (Harnstoffrückfluß).

3.2.3 Mineralstoffe

Die mit der Milch aufgenommenen Ca- und P-Mengen werden zu einem hohen Prozentsatz absorbiert (80–90 %) und in diesem Ausmaß auch retiniert (Tab. 3.15), vor allem in dem rasch wachsenden Skelett. Die Zufuhr über die Milch (Tab. 3.18) reicht im allgemeinen aus, um eine

Tabelle 3.18 Tägliche Milchmengen-, Energie- und Nährstoffaufnahme von Säuglingen verschiedener Spezies (Angaben bezogen auf Mitte 1. Lebensmonat)

	⌀ LM Muttertier kg	⌀ LM Säugling kg	⌀ Milchmengenaufnahme kg	⌀ Milchmengenaufnahme % LM	Wasser ml	Energie kJ	Eiweiß g	Ca mg	P mg	Na mg
Fohlen	500	70	14	20	178	506	5,0	258	147	46
Kalb	600	55	10	18	157	563	5,9	214	175	79
Schaflamm	70	7	1,4	20	164	906	11,6	390	299	91
Ferkel	200	3,8	0,8	21	168	1187	12,6	451	309	71
Hundewelpe	15	1,0	0,15	15	116	914	12,0	396	296	125
Katzenwelpe	3,5	0,27	0,05	18	140	700	10,0	270	200	—
Kaninchen	4,5	0,20	0,025	12,5	86	1135	15,9	760	477	125

ARC 1980, *Kirchgessner* 1987, *Meyer* 1979 und 1985, *Niehaus* und *Kocak* 1973, *Scott* 1975

normale Entwicklung des Skeletts zu sichern. Bei Spezies mit einem wenig mineralisierten Skelett zur Zeit der Geburt (Hunde, Katzen, Kaninchen) scheint es aber Engpässe zu geben.

Auch das mit der Milch aufgenommene Magnesium wird von den Säuglingen zunächst zu einem hohen Prozentsatz absorbiert. Bei Kälbern geht die Mg-Absorption (selbst bei ausschließlicher Milchfütterung) mit fortschreitendem Alter jedoch kontinuierlich zurück, so daß — wenn ausschließlich Milch gefüttert wird — in der 6.–8. Lebenswoche Ausfallserscheinungen auftreten können (hypomagnesämische Tetanie).

Natrium und Kalium werden von Säuglingen, ähnlich wie bei adulten Tieren, gut verwertet (80–90%). Die mit der Milch aufgenommenen Na-Mengen liegen bei Welpen und Kaninchen deutlich höher als für die Retention des neu gebildeten Gewebes notwendig, so daß ein größerer Anteil über die Niere eliminiert wird (vermutlich, um bei der begrenzten Clearanceleistung der juvenilen Niere den osmotischen Wert im Primärharn zu erhöhen).

Ein Überangebot an Natrium und Kalium ist bei den in der Regel begrenzten Flüssigkeitsaufnahmen während der Flüssigfütterungsphase (z. B. in der Kälbermast) nicht ungefährlich. Na-Gehalte von über 10 g/kg Milchaustauscher können — insbesondere bei gleichzeitig hohen K-Gehalten (> 20 g/kg) und limitiertem Wasserangebot — zur Hypernatriämie und evtl. Na-Intoxikation führen (Abb. 3.5). Diättränken mit erhöhten Na-Gehalten sind daher nur für einen begrenzten Zeitraum (während der erhöhten fäkalen Elektrolytverluste) einzusetzen.

3.2.4 Spurenelemente

Bei Säuglingen ist häufig die Versorgung mit Eisen über die Milch marginal oder ungenügend, insbesondere bei Spezies mit geringen Fe-Reserven in der Leber, hohen Wachstumsraten (Tab. 3.17) und geringem Kontakt zu sonstigen (extralaktogenen) Eisenquellen in der Umgebung (Erdboden). Anämie (Abb. 3.6), Infektionsanfälligkeit und schließlich auch Wachstumsstörungen können sich dann einstellen. Unter den Haustieren sind besonders Ferkel, z.T. aber auch Hundewelpen gefährdet sowie allgemein Frühgeborene, da Eisen erst in den letzten Tagen ante natum in der Leber gespeichert wird.

Wenn frühzeitig Fe-reiches Beifutter aufgenommen wird, ist das Risiko eines Fe-Mangels gering. Bei Mastkälbern, die über längere Zeit nur Vollmilch oder Fe-arme Milchaustauscher erhalten, wird bewußt eine marginale Versorgung in Kauf genommen, um weißes Fleisch (ein Pseudoqualitätsmerkmal) zu erzeugen.

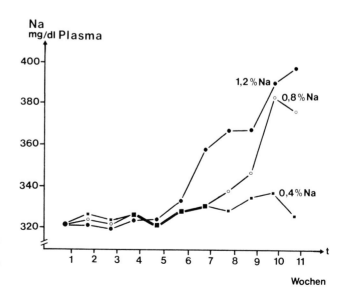

Abb. 3.5 Entwicklung des Na-Gehaltes im Plasma von Kälbern bei unterschiedlichem Na-Gehalt im Milchaustauscher (*Gropp* et al. 1978)

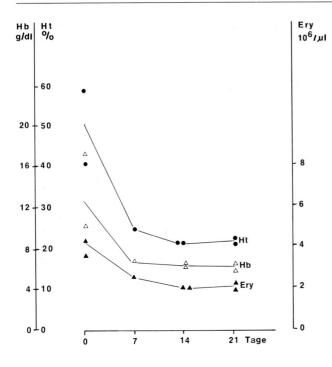

Abb. 3.6 Postnatale Entwicklung von Hämatokrit (Ht), Hämoglobingehalt (Hb) und Erythrozytendichte (Ery) im Blut von Hundewelpen (*Crabo* et al. 1970)

Die Versorgung der Neugeborenen mit Kupfer ist weniger problematisch. Kupfer wird z.T. intrauterin (in der Leber) in größeren Mengen gespeichert und post natum für die vitalen Aufgaben mobilisiert. Die Milch von Spezies mit geringerer fetaler Cu-Speicherung enthält im allgemeinen größere Cu-Mengen (Abb. 3.7). Bei Spezies mit fetaler Cu-Speicherung kann eine niedrige Cu-Aufnahme während der Gravidität zu einer ungenügenden Versorgungslage während der Säugephase führen (Fohlen).

Die Zn- und Mn-Zufuhr mit der Milch ist im allgemeinen ausreichend, bei längerdauernder einseitiger Milchernährung aber ein Mangel an Mangan aufgrund des extrem niedrigen Mn-Gehaltes in der Milch nicht auszuschließen.

Die laktogene J- und Se-Versorgung Neugeborener läßt sich nicht pauschal beurteilen, da der Gehalt dieser Elemente in der Milch in Abhängigkeit von der Versorgung des Muttertieres erheblich variiert. In Mangelgebieten können Neugeborene bereits bei der Geburt (ungenügende Speiche-

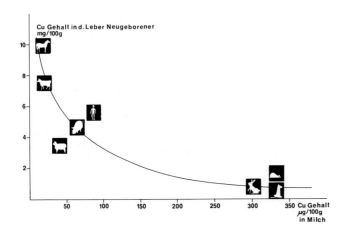

Abb. 3.7 Cu-Gehalt in der Leber Neugeborener in Abhängigkeit von der Cu-Konzentration in der Milch (*Meyer* 1983)

rung, s. Tab. 3.19) oder bald danach klinische Ausfallserscheinungen zeigen (Kropf bzw. Muskeldystrophie). Eine Überversorgung tragender Stuten mit Jod ($>$ 50 mg / 500 kg LM / d) führt bei Fohlen zu ähnlichen Symptomen wie ein Jodmangel.

Tabelle 3.19 Durchschnittlicher Se-Gehalt in Muskulatur und Leber trächtiger Schafe, ihrer Feten und Lämmer (mg / kg uS)

	Mutter	Feten	Lämmer 1. Tag	5. Tag
Se-Versorgung		Muskulatur		
ausreichend	0,50	0,28	0,75	0,54
mangelhaft*	0,14	0,13	0,18	0,28
Se-Versorgung		Leber		
ausreichend	1,22	0,65	1,00	1,48
mangelhaft*	0,29	0,28	0,31	0,31

* ca. 55 % aller Lämmer an Muskeldystrophie erkrankt

Burton et al. 1962

3.2.5 Vitamine

Neugeborene werden vor allem über Kolostrum und Milch mit fettlöslichen Vitaminen versorgt, da nur geringe Mengen die Placentaschranke überwinden und in Feten gespeichert werden (höchste Lebergehalte bei Carnivoren). Durch ausreichende Zufuhr während der Gravidität wird der Gehalt an Vitamin A und E im Kolostrum und damit die Versorgung der Jungtiere gesichert (Tab. 3.5). Eine ungenügende präpartale Versorgung des Muttertieres mit Vitamin E verursacht bei Neugeborenen evtl. Muskelschwäche. Ein Vitamin A-Mangel fördert die Infektionsanfälligkeit. Säuglinge sind in den ersten Lebenswochen auf die Vitamin K-Zufuhr über die Milch angewiesen (geringe enterale Eigensynthese). Haemorrhagische Diathesen unmittelbar post natum können für eine ungenügende Vitamin K-Versorgung bzw. gestörte Eigensynthese im Darm des Muttertieres sprechen.

Die Versorgung der Säuglinge mit wasserlöslichen Vitaminen scheint in der Regel über die Milch gesichert, da deren Gehalte im allgemeinen wesentlich höher sind als die für spätere Lebensphasen ermittelten Bedarfswerte. Mangelerscheinungen sind bei Säuglingen bisher nicht bekannt. Ob eine Speicherung im Fetus erfolgt, wurde noch nicht eingehend überprüft. Bei Katzenwelpen und Kaninchenjungen liegen zur Zeit der Geburt erhöhte Konzentrationen an Folsäure in Plasma und Erythrozyten vor, die post natum rasch zurückgehen. Hier scheint es, eine gewisse Speicherung während der fetalen Entwicklung zu geben (Tab. 3.20).

3.2.6 Wasser

Der Wasserhaushalt der Säuglinge ist bei ausschließlicher Milchaufnahme und normaler Entwicklung ausgeglichen, d. h. die für die Exkretion harnpflichtiger Stoffe notwendigen Mengen ebenso wie die über Faeces, Haut und Respirationstrakt verlorengehenden Mengen können hinreichend substituiert werden. Die pro kg Lebendmasse bei den verschiedenen Spezies über die Milch aufgenommenen Wassermengen liegen zwischen 120 und 180 ml, nur bei Kaninchen deutlich tiefer (Tab. 3.18). Sobald die Jungtiere Beifutter aufnehmen, muß zusätzlich Wasser bereitgestellt werden (Tab. 3.21), um die für die Verdauung des Beifutters bzw. die Exkretion der entstehenden Abbauprodukte aus dem Beifutter notwendige Flüssigkeitsmenge zur Verfügung zu haben.

Tabelle 3.20 Entwicklung des Folsäuregehaltes in Erythrozyten, Plasma und Leber bei Katze und Kaninchen p. n.

Spezies Tage p. n.	Katze			Kaninchen		
	Erythrozyten ng / ml	Plasma ng / ml	Leber mg / kg	Erythrozyten ng / ml	Plasma ng / ml	Leber mg / kg
0	732	16,2	3,4	373	81	7,1
16	306	7,3	2,9	–	–	3,3
32	195	5,2	2,7	133	49	8,5

Amyes et al. 1973

Tabelle 3.21 Wasserbedarf von Jungtieren bei Aufnahme festen Futters (kg Wasser / kg Trockenmasse)

Fohlen	5 – 3,5
Kalb	5 – 3
Schaflamm	4 – 2,5
Ferkel	4 – 2,5
Hundewelpe	5 – 3
Katzenwelpe	4 – 2
Kaninchen	4 – 2

A.R.C. 1980, *Aumaitre* 1965, *Meyer* et al. 1985

Bei Nachkommen großer Haustiere (Pferd, Rind) ist die Verwendung von Beckentränken zur zusätzlichen Wasserversorgung möglich. Der in offenen Tränken im Restwasser rasch anwachsende Keimgehalt kann dabei jedoch zu einer Belastung führen. Das Lamm akzeptiert Beckentränken nur, wenn der Wasserspiegel sichtbar ist und die Tränke mit einem durchbrochenen Bedienungshebel betätigt werden kann. Aus diesem Grunde sind schwimmergesteuerte Konstruktionen vorzuziehen. Zur Vermeidung erhöhter Keimbelastungen werden beim Lamm vermehrt auch Zapfen- und Nippeltränken eingesetzt.

Das Ferkel nimmt am besten das zusätzlich benötigte Wasser aus Beckentränken mit schwimmergesteuertem Wasserspiegel oder leichtbedienbaren Ventilen auf. Die Gewöhnung an Nippeltränken ist schwieriger und daher eine ausreichende Wasseraufnahme nicht immer gesichert. Bei schnellwachsenden Ferkeln ist auf eine ausreichende Höhe der Nippeltränken (etwa Rückenhöhe) zu achten, damit das Wasser abgeschluckt werden kann.

Junge Welpen bekommen zusätzlich benötigtes Wasser zunächst mit dem wasserreichen Beifutter. Von der 4.–5. Woche an (Beginn der Beifutteraufnahme) nehmen sie auch gesondert angebotenes Wasser auf, junge Kaninchen vom 16. Tag an.

Störungen im Wasserhaushalt sind bei Durchfällen, überhöhten Umgebungstemperaturen, z.T. auch bei starken Wachstumsstörungen zu erwarten, ebenso wie bei tiefen Umgebungstemperaturen. Ausgeprägte Diarrhöen führen zu erheblichen Wasserverlusten, bei Kälbern bis zu 25 ml/kg LM/d verbunden mit starken Elektrolytabgaben (Exsikkosegefahr; Tab. 3.22).

Liegen die Umgebungstemperaturen zu hoch, wie gelegentlich bei Ferkeln und Welpen mit fehlerhafter Verwendung von Wärmelampen zu beobachten, geht vermehrt Wasser über Haut und Respirationstrakt verloren (Tab. 3.23), so daß im Extrem eine Hyperosmolarität im Blut resultiert. Anders als bei Diarrhöen ist unter diesen Bedingungen allein Wasser zu substituieren (keine Elektrolyte).

Tabelle 3.22 Diarrhöebedingte fäkale Verluste und ihr Einfluß auf die Blutzusammensetzung bei Kälbern

	gesunde Kälber	diarrhöeische Kälber	
fäkale Verluste[1] (g/Tier/Tag)			
Wasser	51	927	
Trockenmasse	12,5	94	
Gesamtfett	4	37	
fl. Fettsäuren (ml 0,1 mol Säure)	164	1050	
Rohprotein	5,5	41	
Natrium	0,11	0,95	
Kalium	0,27	1,22	
Blutparameter:[2]		überlebende Kälber	verendete Kälber
Hämatokrit (%)	30,5	34,1	36,8
pH-Wert	7,38	7,31	7,18
HCO$_3$ (mmol/l)	27,4	22,4	15,7
Glukose "	4,78	3,56	3,46
Harnstoff "	3,31	6,10	15,1
Natrium (Plasma) "	133	122	115
Kalium (Plasma) "	5,3	5,7	5,8[3]

[1] *Blaxter* und *Wood* 1953   [2] *Schlerka* 1982   [3] K-Gehalt in der Herzmuskulatur: Rückgang von 2,23 auf 1,69 g/kg uS

Tabelle 3.23 Veränderungen im Wasser- und Elektrolythaushalt neugeborener Ferkel bei unterschiedlichen Umgebungstemperaturen

		unmittelbar p. n.	24 Std p. n. bei		
			14 °C	35 °C	40 °C
Körpertemperatur	°C	–	25	39	42
Gewichtsverlust	g/kg	–	66,6	53,5	129
Wassergehalt im Körper	%	81,9	82,7	81,4	79,9
Na-Gehalt im Serum	mmol/l	139,4	140,4	148,3	160,5
K-Gehalt im Serum	mmol/l	4,3	7,1	5,4	5,8

Eilneil und *McCane* 1965

Wird bei tiefen Temperaturen und unveränderter Futteraufnahme Eiweiß vermehrt als Brennstoff genutzt, so resultiert eventuell ein relativer Wassermangel, da nicht genügend Flüssigkeit für die Elimination der entstehenden harnpflichtigen Stoffe (Harnstoff) zur Verfügung steht. Auf einen relativen Wassermangel im Zusammenhang mit erhöhter Na- und K-Zufuhr wurde im Abschnitt „Mineralstoffe" hingewiesen.

3.3 Nahrungsaufnahme Neugeborener

Unmittelbar nach der Geburt zeigen normal entwickelte Säuglinge bei optimalen Umgebungstemperaturen das Bedürfnis, Nahrung aufzunehmen. Das Suchen nach der mütterlichen Nahrungsquelle ebenso wie der Saug- und Schluckreflex sind typische Beispiele für angeborene Verhaltensweisen (S. 40).

Das Gesäuge des Muttertieres wird insbesondere durch thermische Reize erreicht, da das stark durchblutete Gesäuge eine höhere Oberflächentemperatur als andere Körperstellen aufweist. Bei multiparen Spezies saugen Erstgeborene häufig schon während des Geburtsvorganges, so daß sie nicht nur einen Vorteil bei der Versorgung mit Antikörpern, sondern auch mit Energie besitzen.

Die Häufigkeit der Nahrungsaufnahme je Tag variiert zwischen den Spezies erheblich (Tab. 3.24). Diese Unterschiede, die sich aus dem ursprünglichen Verhalten der Jungtiere ableiten lassen – obligate oder fakultative Nestflüchter bzw. Nesthocker –, müssen bei der mutterlosen Aufzucht berücksichtigt werden.

Die Gesamtnahrungsmenge, die Säuglinge pro Tag aufnehmen, schwankt mit der Größe der Spezies (Tab. 3.18).

Die hohe Energieaufnahme bei Ferkeln und Welpen pro kg Lebendmasse ergibt sich nicht allein aus dem höheren Energieumsatz im Erhaltungsstoffwechsel, sondern auch aus dem größe-

Tabelle 3.24 Häufigkeit der Nahrungsaufnahme von Neugeborenen bzw. Säuglingen verschiedener Spezies

	Häufigkeit des Saugens beim Muttertier/Tag (1. Lebenswoche)	Tränkhäufigkeit bei mutterloser Aufzucht/Tag	
		1. Lebenswoche	später
Fohlen	60–70 x	12–16 x	6 x
Kalb	6–8 x	3 x	2 x
Schaflamm	12–50 x	6 x	3 x
Ferkel	18–28 x	5–6[1] x	3 x
Hundewelpe	12 x	4–6[1] x	3 x
Katzenwelpe	12–20 x	12 x	7 x
Kaninchen	1–2 x	2 x	1 x

[1] auch noch in der 2. Lebenswoche

Hafez et al. 1962, *Meyer* 1985, *Munro* 1956, *Neseni* et al. 1958, *Scott* 1975, *Tegtmeyer* 1962, *Venge* 1963, *Walker* 1950

ren relativen Wachstum. Welpen und Ferkel nehmen in der 1. Lebenswoche pro Tag bis zu 10 % vom Eigengewicht zu, Fohlen und Kälber dagegen nur 2,5−3 %.

Bei multiparen Spezies ist die Nahrungsaufnahme der Neugeborenen innerhalb eines Wurfes keineswegs ausgeglichen, da die Leistungsfähigkeit der Mammakomplexe an sich und in Wechselwirkung mit der Saugaktivität der Neugeborenen erheblich variieren kann (Tab. 3.25). Kräftige Tiere besetzen im allgemeinen die milchergiebigeren Zitzen (beim Schwein die thorakalen, bei Fleischfressern die inguinalen Zitzen).

Tabelle 3.25 Variationen der Milchaufnahme von Ferkeln innerhalb eines Wurfes (kg / Tag; 1.−3. Woche)

Wurf	höchste Menge	niedrigste
I	0,87	0,49
II	0,80	0,35
III	0,65	0,33

Barber et al. 1955

Für die Fütterungspraxis ist von Bedeutung, ob und wann die Neugeborenen vom Gesäuge der Mutter abgesetzt und aus Gefäßen getränkt werden können (Tab. 3.26). Junge Wiederkäuer und Fohlen lernen im allgemeinen rasch, aus Schalen oder Eimern zu trinken. Unterschiede zwischen Rinderrassen wurden jedoch beobachtet (Gewöhnung an die Milchaufnahme aus Eimern bei Kälbern süddeutscher Rassen teils schwieriger). Das Tränken aus Eimern entspricht nicht den physiologischen Bedingungen, da in engen Eimern die Milch nicht nur rasch aufrahmen kann, sondern auch schneller aufgenommen wird. Im Unterschied zum natürlichen Saugakt wird pro Zeiteinheit eine wesentlich größere Milchmenge (das 4−5fache) aufgenommen, die infolge der Aufrahmung zunächst fettreicher ist. Günstiger und verhaltensgerechter ist die Zuteilung aus Zitzeneimern, die von Jungtieren ohne Schwierigkeiten angenommen werden. Kälber, die mit Zitzeneimern getränkt wurden, erlitten weniger häufig Verdauungsstörungen.

Ferkel nehmen Milch schon vom 1. Tag aus flachen Schalen auf, während bei neugeborenen Hunden und Katzen sowie Kaninchen für die ersten 2 Wochen eine Flaschen- oder Sondenernährung notwendig wird, da diese Säuglinge noch nicht selbständig aus anderen Gefäßen Milch trinken können.

Das Interesse für feste Nahrungsmittel setzt bei den verschiedenen Spezies zu unterschiedlichen Zeiten ein. Während z. B. neugeborene Meerschweinchen schon unmittelbar nach der Geburt in der Lage sind, rohfaserreiche Futtermittel aufzunehmen, zu zerkleinern und zu verdauen, gewinnt bei den meisten Nesthockern erst nach der Öffnung der Augen und Erreichen einer ausreichenden Mobilität zusätzlich angebotenes Futter an Bedeutung. Fohlen, Kälber und Lämmer beginnen nach etwa 2−3 Wochen − zunächst mehr spielerisch − mit der Beifutteraufnahme, dessen Menge in Abhängigkeit von der Milchversorgung variiert. Neben einer zunächst bescheidenen zusätzlichen Energie- und Nährstoffversorgung dient die frühe Beifutteraufnahme vor allem der Besiedlung des Verdauungskanales mit Mikroorganismen sowie der Entwicklung des Vormagen- bzw. Dickdarmsystems.

Tabelle 3.26 Dauer der Säugezeit, Beginn der Beifütterung sowie frühestmöglicher Absetztermin unter experimentellen Bedingungen

	praxisübliche Dauer der Säugezeit (Wochen)	Beginn der Beifütterung (Woche)	frühestmöglicher Absetztermin (Woche)
Fohlen	17−22	3.−4.	?
Kalb	7−12	2.	3.
Schaflamm	6−14	2.	4.
Ferkel	3− 6	2.−3.	2.
Hundewelpe	5− 6	3.	3.
Katzenwelpe	8−10	4.	4.
Kaninchen	4− 6	3.	3.

A.R.C. 1980, *Lucas* und *Lodge* 1961, *Meyer* 1985 und 1986, *Scheelje* et al. 1975, *Schley* 1985, *Wolff* 1970

Ferkel können schon in den ersten Lebenstagen wühlen, lecken und außer Milch auch geringe Mengen fester Stoffe aufnehmen. Zusätzlich bereitgestelltes Trockenfutter wird jedoch erst im Laufe der 2. Lebenswoche gefressen. Neugeborene Welpen (Hunde, Katzen) ebenso wie Kaninchen sind erst nach rd. 2 $^{1}/_{2}-3$ Wochen in der Lage, Beifutter aufzunehmen.

Der Zeitpunkt, zu dem Säuglinge von der Flüssigfütterung abgesetzt werden können, hängt im wesentlichen von der Entwicklung des Verdauungskanals ab (Zähne, Enzyme, Vormägen bzw. Dickdarm), wird aber auch durch Art und Menge des zugänglichen Futters bestimmt. Kälber können bei entsprechender Vorbereitung frühestens nach 3wöchiger Flüssigfütterung abgesetzt werden, Lämmer nach 4 Wochen, Ferkel nach etwa 7 Tagen. Diese Zeiten sind allerdings nicht für die Praxis zu empfehlen. Wenn auch aus arbeitstechnischen und reproduktionsphysiologischen Gründen eine möglichst kurze Flüssigfütterungsperiode erwünscht ist, so müssen in der Regel doch längere Phasen eingehalten werden, um die beim Übergang von flüssiger auf feste Nahrung bestehenden Risiken (Verdauungsstörungen) gering zu halten.

Literatur

Amyes, S. J. G., P. M. Roberts, P. P. Scott, B. S. Suri (1973): Post-natal changes in red cell, plasma and liver folate concentrations of the cat, rat, rabbit and dog. Proc. Physiol. Soc. 232, 23-24

A.R.C. (1980): The nutrient requirements of ruminant livestock. Technical review by an agricultural research council working party. Agricultural research council. Commonwealth agricultural bureaux, slough unwin brothers. The gresham press. Surrey

Aumaitre, A. (1965): Der Wasserbedarf des Ferkels. Z. Tierphysiol., Tierernährg. u. Futtermittelkde. 20, 209—217

Barber, R. S., R. Braude, K. G. Mitchell (1955): Studies on milkproduction of Large White pigs. J. Agric. Sci. 46, 97—118

Blaxter, K. L. (1962): The energy metabolism of ruminants. Hutchinson & Co. Ltd., London

Blaxter, K. L., W. A. Wood (1953): Some observations on the biochemical and physiological events associated with diarrhoea in calves. Vet. Rec. 65, 889—892

Bogner, H., P. Matzke (1964): Fleischkunde für Tierzüchter. BLV Verlagsgesellschaft, München, Basel, Wien

Burgkart, M., J. Baver, F. Raue (1973): Mutterlose Aufzucht — intensive Lämmermast. Arbeiten der DLG, 136. DLG-Verlag, Frankfurt

Burton, V., R. F. Keeler, K. F. Swingle, S. Young (1962): Nutritional muscular dystrophy in lambs, 2. Selenium analysis of maternal, fetal and juvenile muscle. Am. J. Vet. Res. 23, 962—965

Coates, M. E., M. E. Gregory, S. Y. Thompson (1964): The composition of rabbit's milk. Brit. J. Nutr. 18, 563—586

Crabo, B., E. Kjellgren, A. W. Bäckgren (1970): Iron content and the red blood picture in puppies during the suckling period. (Järninnehall ock röd blodbild hos hundvalpar under diperioden). Svensk Vet. Tidn. 22, 857—861

Crighton, G. W. (1968): Symposium: Neonatal disease of the dog. III. Thermal regulation in the newborn dog. J. Small Anim. Pract. 9, 463—472

Crighton, G. W. R. Pownall (1974): The homoeothermic status of the neonatal dog. Nature 251, 142—144

Curtis, E. (1974): Responses of the piglet to perinatal stressors. J. Anim. Sci. 38. 1031—1036

Dawes, G. S. (1968): Foetal and neonatal Physiology. Yearbook medical publishers, Inc., Chicago

Dawes, G. S., G. Mestyán (1963): Changes in the oxygen consumption of new-born guinea pigs and rabbits on exposure to cold. J. Physiol. 168, 22—42

DLG (1973): Mineralstoffgehalte in Futtermitteln, DLG-Futterwerttabelle, Bd. 62, DLG-Verlag, Frankfurt

DLG-Futterwerttabellen (1976): Aminosäurengehalte in Futtermitteln, DLG-Verlag, Frankfurt

Eales, F. A., J. Small (1980): Plasma composition in hypothermic lambs. Vet. Record 106, 310

Elneil, H., R. A. McCane (1965): The effect of environmental temperature on the composition and carbohydrate metabolism of the newborn pig. J. Physiol. 179, 278—284

Frobish, L. T., W. Hays, V. C. Speer, C. Ewan (1967): Digestion of sow milk fat. J. Anim. Sci. 26, Abstr. Nr. 59, 1478

Gall, C. (1982): Ziegenzucht. Ulmer Verlag, Stuttgart

Gropp, J., G. Adam, E. Boehncke (1978): Der Natrium- und Kaliumgehalt von Milchaustauschfutter als Qualitätsmerkmal in der Kälbermast. Kraftfutter 11, 616—619

Gütte, J. O., P. Rachau (1956): Untersuchungen zum N-Ansatz von Saugferkeln und dessen Abhängigkeit von der Eiweißaufnahme. Z. Tierernährg. Futtermittelkde. 11, 308—320

Hafez, E. S. E., L. J. Sumption, J. S. Jakway (1962): The behaviour of swine. In: Hafez. E. S. E. The behaviour of domestic animals. Baillière, Tindall & Cox, London

Jeness, R. (1980): Composition and characteristics of goat milk: review 1968—1979. J. Dairy Sci. 63, 1605—1630

Jeroch, H. (1972): Vitamine. In: Hennig, A. Mineralstoffe, Vitamine, Ergotropika, 264—384. VEB Deutscher Landwirtschaftsverlag, Berlin

Jezkova, D., D. Padalikova (1972): Weight and length changes of the gastrointestinal tract in pig fetuses in the last third of intrauterine life. Acta vet. BRNO 41, 141—147

Kamphues, J. (1982): Unveröffentlicht

Keen, C., L. Bo Lonnerdal, M. S. Clegg, L. S. Hurley,

J.G. Morris, Q.R. Rogers, R.B. Rucker (1982): Developmental changes in composition of cats milk: trace elements, minerals, protein, carbohydrate and fat. J. Nutr. 112, 1763–1796.

Kienzle, Ellen (1986): Unveröffentlicht

Kirchgessner, M. (1987): Tierernährung, 7. Aufl. DLG-Verlag, Frankfurt

Kirchgessner, M., H. Friesecke, G. Koch (1965): Fütterung und Milchzusammensetzung, Bayerischer Landwirtschaftsverlag, München

Lebas, F. (1972): Composition chimique du lai de lapine, évolution au cours de la traite et en fonction du stade de lactation. Ann. Zootech. 20, 185–191

Ling, E.R., S.K. Kon, J.W.G. Porter (1961): The composition of milk and the nutritive value of its components. In: Kon, S.K. a. A.T. Cowie: Milk – The mammary gland and its secretion, Vol. II 195–257. Academic Press, New York/San Francisco/London, 1977

Lucas, I.A.M., G.A. Lodge (1961): The nutrition of the young pig. Technical Communication No. 22, Commonwealth Agricultural Bureaux, Farnham Royal, Slough, Bucks

Macy, I.C., H.J. Kelly (1961): Human milk and cow's milk in infant nutrition. In: Kon a. Cowie: Milk, the mammary gland and its secretion, Vol. II, 265–304. Academic Press, New York and London

Marschang, F. (1982): Rund ums Kolostrum. Tierärztl. Umschau 37, 851–862

Menke, K.H., W. Huss (1975): Tierernährung und Futtermittelkunde. Ulmer Verlag, Stuttgart

Meyer, H. (1983a): Ernährung des Hundes, Grundlagen und Praxis. Ulmer Verlag, Stuttgart

Meyer, H. (1983b): Mineral metabolism and requirements in bitches and suckling pups. In: 1st Nord. Symp. of dog nutrition and -behaviour

Meyer, H. (Hrgb.) (1985): Energie- und Nährstoffbedarf von Zuchthündinnen und Saugwelpen. Fortschritte Thierphysiol. Tierernährg. Heft 16, Parey Hamburg u. Berlin

Meyer, H. (1986): Pferdefütterung, Parey Verlag, Berlin u. Hamburg

Meyer, H., K. Bronsch, J. Leibetseder: (1989): Supplemente zu Vorlesungen und Übungen in der Tierernährung 7. Aufl., Schaper-Verlag, Hannover

Mount, L.E. (1963): Environmental temperature preferred by the young pig. Nature, 199, 1212–1213

Munro, J. (1956): Observations on the suckling behaviour of young lambs. Brit. J. Anim. Behav. 4, 34–36

Neseni, R., E. Flade, G. Heidler, H. Steger (1958): Milchleistung und Milchzusammensetzung von Stuten im Verlauf der Laktation. Arch. f. Tierzucht 1, 91–129

Neuhaus, U. (1959): Milch und Milchgewinnung von Pferdestuten. Zschr. Tierzücht. Züchtgsbiol. 1959, 73, 370–392

Niehaus, H., C. Kocak (1973): Milchleistungsprüfungen bei Kalifornier-Häsinnen. Arch. Geflügelkde. 37, 102-105

Ober, J. (1975): Stallbau. In: Bogner, H. u. H.-C. Ritter. 1975. Tierproduktion, Ulmer Verlag, Stuttgart

Oftedal, O.T., H.F. Hintz, H.F. Schryver (1983): Lactation in the horse and intake by foals. J. Nutr. 113, 2196–2206

Parodi, P.W. (1982): Positional distribution of fatty acids in triglycerides from milk of several species of mammals. Lipids 17, 437–442

Pearson, P.B., A.L. Darnell (1946): The Thiamine, Riboflavin, Nicotinic acid and Pantothenic acid content of colostrum and milk of the cow and ewe. J. Nutr. 31, 51–57

Perrin, D.R. (1955): The chemical composition of the colostrum and milk of the sow. J. Dairy Res. 22, 103–107

Perrin, D.R. (1958): The chemical composition of the colostrum and milk of the ewe. J. Dairy Res. 25, 70–74

Rauchfuß, R. (1978): Untersuchungen über die Körperzusammensetzung neugeborener Hundewelpen unterschiedlich großer Rassen. Staatsexamensarbeit (Biologie) Hannover

Reinisch, F., J. Schulz (1977): Laktation. In: Neundorf. R. und H. Seidel, Schweinekrankheiten, 2. Aufl. 340–356, Enke Verlag, Stuttgart

Rerat, A., P.H. Duée (1975): Ernährung und Reproduktion der Sau. Übers. Tierernährg. 3, 101–141 u. 249–276

Sarkar, B., A.J. Ryakala, C.W. Duncan (1953): The essential amino acids content of the proteins isolated from milk of the cow, ewe, sow and mare. J. Dairy Sci. 36, 859–864

Scheelje, R., H. Niehaus, K. Werner, A. Krüger (1975): Kaninchenmast, 2. Aufl. Ulmer Verlag, Stuttgart

Scheunert, A., A. Trautmann (1965): Lehrbuch der Veterinärphysiologie, 5. Aufl. Parey Verlag, Berlin u. Hamburg

Schlerka, G. (1982): Vergleichende Untersuchungen des Blut- und Elektrolytstatus bei gesunden und an Enteritis erkrankten Kälbern. Proc. 12th World Congress on diseases of cattle, Amsterdam 1982, 279–282

Schley, P. (1985): Kaninchen, Ulmer Verlag, Stuttgart

Schlotke, B., L. Busch, F. Koch (1978): Untersuchungen zum Einfluß Vitamin E-armer Ernährung bei Sauen während der Gravidität auf den Vitamin E-Status der Ferkel in der Neugeborenenphase. Zbl. Vet. Med. A 25, 474–484

Scott, P. (1975): Beiträge zur Katzenernährung. Übers. Tierernährg. 3, 1–31

Seerly, R.W., J.S. Maxwell, H.C. McCampell (1978): A comparison of energy sources for sows and subsequent effects on piglets. J. Anim. Sci. 47, 1114–1120

Selke, M.R., C.E. Barnhart, C.H. Chaney (1967): Vitamin A requirement of the gestating and lactating sow. J. Anim. Sci. 26, 759–763

Senft, B., W. Rappen (1964): Untersuchungen über die Zusammensetzung der Kolostralmilch bei schwarzbunten Kühen. Milchwissenschaft 19, 577–583

Shelley, H.J. (1961): Glygocen reserves and their changes at birth and in anoxia. Brit. Med. Bull. 17, 137–143

Spöttel, W. (1954): Eigenschaften, Zusammensetzung und Verwertung der Schafmilch sowie ihre biologische Abhängigkeit. In: *Döhner, H.*, Handbuch der Schafzucht und Schafhaltung, Bd. 4: Die Leistungen des Schafes, 513–599. Parey Verlag, Berlin u. Hamburg

Svendsen, L. S. (1982): Organ weights of the newborn pig. Acta Vet. Scand. 78 (Suppl. 78) 1–205

Tamate, H., A. D. McGilliard, N. L. Jacobson, R. Getty (1962): Effect of various dietaris on the anatomical development of the stomach in the calf. J. Dairy Sci. 45, 408–420

Tegtmeyer, M. (1962): Die Getrennthaltung säugender Häsinnen von ihren Würfen. In: Das Blaue Kaninchen – Jahrbuch 1963. Verlag Oertel & Spörer, Reutlingen

Thomée, A. (1978): Zusammensetzung, Verdaulich- und Verträglichkeit von Hundemilch und Mischfutter bei Welpen unter besonderer Berücksichtigung der Fettkomponente. Vet. Diss. Hannover

Ullrey, D. E., R. D. Struthers, D. H. Hendricks, B. E. Brent (1966): Composition of mare's milk. J. Anim. Sci. 25, 217–222

Ullrey, D. E., W. T. Ely, R. L. Covert (1974): Iron, zinc and copper in mare's milk. J. Anim. Sci. 38, 1276–1277

Underwood, E. J. (1977): Trace elements in human and animal nutrition. 4th Edition, Academic Press, New York – London

Venge, O. (1963): The influence of nursing behaviour and milkproduction on early growth in rabbits. Animal Behaviour 11, 500–506

Walker, D. M. (1950): Observations on behaviour in young calves. Bull. Anim. Behav. 8, 5–10

Wardrop, I. D., J. B. Coombe (1960): The growth of the visceral organs of the grazing lamb from birth to sixteen weeks of age. J. Agric. Sci. 54, 140–143

Webb, A. I., B. M. Q. Weaver (1979): Body composition of the horse, Equine vet. J. 11 (1), 39–47

Willer, H. (1971): Der Wärmehaushalt beim Kaninchen. In: *Lyhs, H.*, Der Wärmehaushalt landwirtschaftlicher Nutztiere. VEB Gustav Fischer Verlag, Jena

Wolff, R. (1970): Katzen – Verhalten, Pflege, Rassen, Ulmer-Verlag, Stuttgart

4 Fütterungspraxis

H. Meyer, J. Kamphues

Die Entwicklung verschiedener Systeme der Säuglingsernährung

Eine den natürlichen Bedingungen entsprechende Ernährung der Neugeborenen (länger dauernde Milchaufnahme am Gesäuge und allmähliche Gewöhnung an feste Futtermittel) ist heute nur noch bei Pferd, Hund, Katze und Kaninchen die Regel, bei landwirtschaftlichen Nutztieren eher die Ausnahme.

Die Abwendung von der natürlichen Säuglingsernährung (Abb. 4.1) begann zunächst bei Rind, Ziege und Milchschaf. Die für den menschlichen Konsum gewonnene Milch wurde mit steigenden Milchpreisen für die Säuglinge zu teuer und daher teilweise oder vollständig durch billigere Milchaustauscher ersetzt (beim Kalb). In der Kälbermast entstand nun auch die Möglichkeit, bei begrenzter Flüssigkeitsaufnahmekapazität durch Erhöhung der Tränkekonzentration höhere Energieaufnahmen und Zuwachsraten zu erzielen und höhere Mastendgewichte zu erreichen.

Das arbeitsaufwendige Tränkeverfahren (während der Aufzucht) förderte das Bestreben, die Phase mit flüssiger Ernährung möglichst zu verkürzen, d. h. die Jungtiere früh abzusetzen und alsbald an festes Futter zu gewöhnen.

Die Frühentwöhnung setzte sich auch bei anderen Spezies durch (Schaf, Schwein), bei denen die Jungtiere zunächst unmittelbar die Milch beim Muttertier aufnehmen: einerseits um eine gleichmäßigere Nährstoffversorgung der Jungen innerhalb eines Wurfes zu erreichen und Futterkosten beim Muttertier einzusparen, andererseits aber auch, um die Reproduktionsleistung pro Muttertier und Jahr zu erhöhen.

Als letzte Stufe in dieser Entwicklung ist die Aufzucht von Gnotobioten zu sehen, bei der ein vollständiger Verzicht auf Kolostrum und Milch notwendig wird, um keimfreie Tiere zu erhalten.

4.1 Fohlen

Schon kurz nach der Geburt sucht ein gesundes Fohlen das Euter der Stute und nimmt bei noch unsicherem Stehvermögen innerhalb der ersten 2 Stunden seine erste Nahrung auf. Bei jungen, nervösen Stuten, die anfänglich den Such- und Saugaktivitäten des neugeborenen Fohlens ausweichen, kann sich der erste Saugakt verzögern. In solchen Fällen ist menschliche Hilfe notwendig (Beruhigung, Anbinden der Stute).

Außer auf das Saugverhalten ist — insbesondere bei Hengstfohlen — in den ersten Lebensstunden auch auf den Abgang des Darmpechs zu achten. Mangelnde bzw. fehlende Saugaktivität in Verbin-

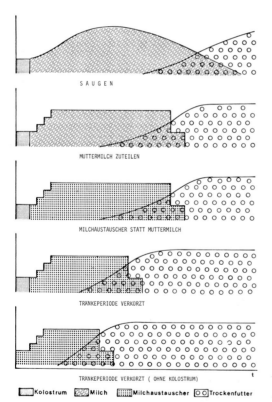

Abb. 4.1 Entwicklung verschiedener Systeme der Säuglingsernährung

dung mit häufigem Pressen deuten auf eine Darmpechverhaltung hin, die eventuell tierärztliche Hilfe erfordert.

Wenn die Mutterstute ihr Fohlen akzeptiert, ist die Nährstoffversorgung des Neugeborenen in den ersten Lebenswochen gesichert. Das Fohlen saugt zunächst 50–60mal am Tag und nimmt dabei jeweils nur relativ geringe Mengen auf (100–200 ml pro Mahlzeit). Soll eine Mutterstute etwa 3 Wochen nach dem Abfohlen wieder zum Arbeiten eingesetzt werden, ist das häufige Tränkbedürfnis des Fohlens zu beachten (mindestens 6mal pro Tag).

In der 1.–5. Lebenswoche nehmen Fohlen häufig frischen Kot der Mutterstute auf. Dieses Verhalten ist durchaus physiologisch und dient vermutlich der zusätzlichen Versorgung mit Vitaminen des B-Komplexes und der Besiedlung des Verdauungskanales mit Protozoen. Eine Infektion mit Parasiten ist hierbei nicht zu erwarten, da frisch abgesetzter Kot keine infektionstüchtigen Parasitenstadien enthält.

Viel Bewegung im Freien (Weide oder Auslauf) ist für Kondition und Konstitution von Stuten und Fohlen wichtig; nur bei naßkaltem Wetter sollten sehr junge Fohlen nicht ins Freie gebracht werden.

Wie aus Abb. 4.2 ersichtlich, wird der Nährstoffbedarf des Fohlens nach etwa 4–6 Wochen nicht mehr mit der Muttermilch gedeckt, so daß beigefüttert werden muß. Die Fohlen nehmen meist schon zum Ende des 1. Lebensmonats zunächst mehr spielerisch Heu, später auch Kraftfutter auf. Das Heu (hochverdaulich und aromatisch) sollte von besonders hoher hygienischer Qualität sein und aus Raufen angeboten werden, die in Kopfhöhe des Fohlens angebracht sind. Fütterung vom Stallboden ist nicht zu empfehlen wegen parasitärer Risiken. Für die Deckung des zusätzlichen Bedarfes ist nicht allein Hafer, sondern auch ein Ergänzungsfuttermittel für Fohlen (Tab. 4.1) einzusetzen, das neben hochwertigem Eiweiß (Magermilchpulver, Sojaextraktionsschrot) Mineralstoffe und Vitamine enthält und damit dem hohen Bedarf des rasch wachsenden Fohlens besser gerecht wird als Hafer. Ein solches Ergänzungsfuttermittel kann in der *Säugezeit* jedoch mit Hafer im Verhältnis 1 : 1 vermischt werden.

Tabelle 4.1 Richtwerte für die Zusammensetzung eines Ergänzungsfuttermittels für Fohlen (Angaben je kg uS)[1]

Rohprotein	g	190	Kupfer	mg	15–20
Lysin	g	9,5	Selen	mg	0,2
Rohfaser	g	60–100	Vit. A	IE	20 000
Kalzium	g	15–20	Vit. D	IE	2 500
Phosphor	g	8–10	Vit. E	mg	100

[1] uS = ursprüngliche Substanz

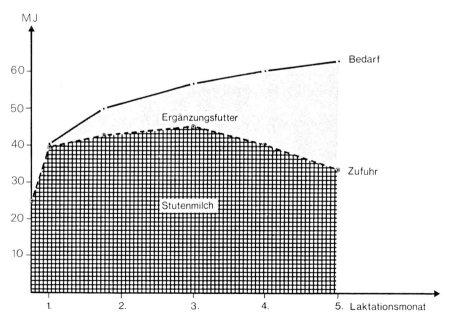

Abb. 4.2 Energieaufnahme mit der Muttermilch und Energiebedarf von Fohlen (*Meyer* 1986)

Die Menge des Beifutters richtet sich nach der Milchleistung der Stute und ist bei mittelgroßen Rassen mit etwa 0,5 kg pro Lebensmonat des Fohlens anzusetzen. Für ein ca. 4 Monate altes, mittelschweres Fohlen sollten daher etwa 2 kg Kraftfutter bereitgestellt werden, davon mindestens 1 kg Fohlenaufzuchtfutter.

Für spätgeborene Fohlen fällt die erste Aufnahme festen Futters schon in die Weidesaison. Bei entsprechendem Aufwuchs − artenreich, jung, hochverdaulich mit ausgeglichenem Nährstoffgehalt aufgrund optimaler Düngung − kann ohne Nachteile auf eine Beifütterung verzichtet werden. Eine langsame Entwicklung im frühen Fohlenalter wird später bei entsprechender Fütterung voll kompensiert. Je nach Standort und Qualität des Weidefutters kann jedoch eine Ergänzung von Kalzium, Natrium und auch Kupfer notwendig werden. Wird nachts aufgestallt und beigefüttert, ist das Krippenfutter abends und Rauhfutter morgens vor dem Weidegang zuzuteilen. Die erforderliche Kraftfuttermenge richtet sich nach Qualität und Quantität des Weideaufwuchses.

Im Alter von 4−8 Monaten können Fohlen abgesetzt werden. Der Zeitpunkt richtet sich nach der angestrebten Nutzung der Mutterstute und der Höhe der Kraftfutteraufnahme des Fohlens. Zu frühes Absetzen bei noch hoher Milchleistung der Stute ist nicht risikolos. Eutererkrankungen der Stute und Entwicklungsstörungen beim Fohlen können die Folge sein. Durch Drosselung der Futterzuteilung und Senkung der Milchproduktion bei der Stute kann das Fohlen zu erhöhter Beifutteraufnahme angeregt und ein frühes Absetzen erleichtert werden. Sind die Fohlen älter als 6 Monate, so können sie abrupt entwöhnt werden.

4.2 Kälber

Allgemeines, Kolostralperiode

Im Unterschied zu anderen landwirtschaftlichen Nutztieren ist die mutterlose Aufzucht bei Kälbern die Regel, nur in der Mutterkuhhaltung (S. 77) ist eine den natürlichen Bedingungen entsprechende Neugeborenenernährung und -haltung noch üblich.

Bei der Fütterung von Kälbern ist grundsätzlich zu differenzieren zwischen *Aufzucht- und Mastkälbern*. Die Fütterung von *Aufzucht*kälbern − später für die Zucht oder Rindermast bestimmt − hat das Ziel, die Entwicklung eines voll funktionsfähigen Vormagensystems zu forcieren, um damit möglichst früh die Milchernährung zu beenden und durch Kraft- und Rauhfuttergaben zu ersetzen. Bei der Fütterung von *Mast*kälbern hingegen soll die Entwicklung der Vormägen unterbunden werden, es wird eine unphysiologisch lange dauernde präruminale Phase angestrebt, um über eine ausschließliche Flüssigernährung eine möglichst hohe Energie- und Nährstoffverwertung zu erreichen.

Unabhängig von der späteren Nutzung ist die Kolostralperiode für alle Kälber gleich. Üblicherweise werden sie direkt nach der Geburt vom Muttertier getrennt und in einem separaten Stall aufgezogen. In Anlehnung an die natürliche Aufzucht sollte das Kolostrum innerhalb der ersten Stunde post natum angeboten werden. Die erste Mahlzeit kann relativ hohe Mengen (bis 2 l) umfassen. Im Verlauf des ersten Lebenstages sind dann weitere Mahlzeiten mit Kolostrum notwendig (2−3mal je 1 l). Die Aufnahme von 1 kg Kolostrum innerhalb der ersten 12 Std. post natum führt noch nicht zu maximalen Antikörpertitern im Blut (Abb. 4.3)

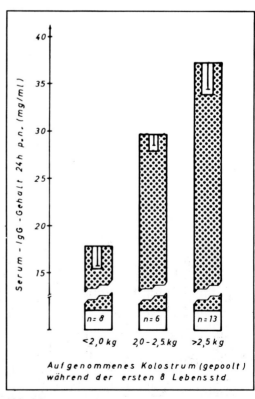

Abb. 4.3 Serum-IgG-Gehalt (24 p. n.) von Kälbern in Abhängigkeit von der Kolostrumaufnahme innerhalb der ersten 8 Std. p. n. (*Luetgebrune* 1982)

Die notwendige Tränketemperatur für Kolostralmilch ist in Abhängigkeit von der pro Mahlzeit verabreichten Menge zu sehen. Bei größeren Tränkemengen pro Mahlzeit ist eine Temperatur von 39 ± 2 °C Voraussetzung für eine gute Verdauung und hohe Bekömmlichkeit (vergl. Temperatureinfluß auf die Labgerinnung, Tab. 1.16). Tränketemperaturen von ca. 15 bis 20 °C werden jedoch auch problemlos vertragen, wenn die Kälber dauernd die Möglichkeit zum Trinken haben und aufgrund der geringeren Akzeptanz von kalter Tränke häufiger kleine Portionen konsumieren. Bei diesem Verfahren werden sofort nach der Geburt mehrere Liter Kolostrum ermolken und in Tränkeeimern mit Saugern den Kälbern zur freien Aufnahme angeboten. Die Kälber trinken so schon am 1. Lebenstag beachtliche Mengen (⌀ 4,7 kg), die deutlich höher liegen als bei viermaliger Zuteilung von körperwarmem Kolostrum aus Schale oder Eimer ohne Sauger. In Problembeständen sollen mit diesem Verfahren weniger Verdauungsstörungen und Krankheiten auftreten. Eine wesentlich langsamere Aufnahme der Milch beim Saugakt, eine erhöhte Speichelproduktion in Relation zu der Tränkemenge, eine höhere enzymatische Aktivität des Labmagensekretes, günstige stabilere und tiefere pH-Werte im Labmagen (Abb. 4.4) nach der Nahrungsaufnahme dürften insgesamt die Verdaulichkeit und Bekömmlichkeit der Nahrung verbessern und gleichzeitig Verdauungsstörungen in Frequenz und Intensität mildern.

Die Bevorratung einer Tagesration von Kolostrum in Tränkeeimern im Stall ist nur möglich bei Beachtung verschiedener Maßnahmen zur Sicherung einer einwandfreien hygienischen Qualität der Tränke (täglicher Wechsel, Reinigung von Saugern und Eimern, evtl. − hohe Umgebungstemperaturen − Zusatz von Ameisensäure (3 ml/l) zur Unterbindung mikrobieller Umsetzungen im Kolostrum). Anderenfalls sind die Risiken dieses Verfahrens eventuell größer als bei üblicher Tränke (tgl. 2 Mahlzeiten körperwarmes Kolostrum)

Aufzucht

Üblicherweise wird heute in der Kälberaufzucht ein Milchaustauscher eingesetzt; phasenweise spielt die Verwendung von Vollmilch eine gewisse Rolle (Verwertung von „Übermilch", d. h. die Betriebsquote übersteigende Milchmenge). Magermilch als Grundlage der Kälberaufzucht ist aus ökonomischen und arbeitswirtschaftlichen bzw. auch aus organisatorischen Gründen kaum noch üblich, wenngleich auch mit diesen Futtermitteln bei einwandfreier hygienischer Qualität und Aufwertung bzw. Ergänzung (Kraft-, Rauh- und Grundfutter) gute Aufzuchtergebnisse erzielt werden.

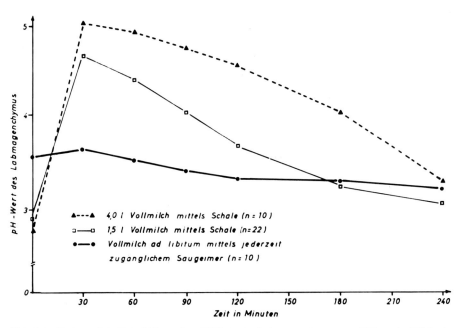

Abb. 4.4 Postprandiale Entwicklung des pH-Wertes im Labmagenchymus von Kälbern in Abhängigkeit vom Tränkeverfahren (*Theissen* 1983)

Für die Käberaufzucht stehen geeignete Milchaustauscher zur Verfügung (Zusammensetzung Tab. 4.2). Sie werden entsprechend den Anweisungen des Herstellers angerührt.

Im konventionellen Verfahren arbeitet man überwiegend mit einer warmen (ca. 37 °C) Tränke, die in 2 Mahlzeiten entsprechend den Angaben in Tabelle 4.3. gefüttert wird.

Möglich ist auch die Verabreichung von warmer Sauertränke (s. u.), bei der ohne Nachteile für das Kalb die Tränketemperatur nicht so strikt eingehalten werden muß wie bei der Süßtränke.

Neben dieser konventionellen Aufzucht hat in der Praxis das sogenannte Kalttränkeverfahren eine gewisse Bedeutung erlangt. Durch Zusatz organischer Säuren bzw. deren Salze (Ameisensäure bzw. Formiat, Propion-, Citronen- und Fumarsäure bzw. deren Salze) zum Milchaustauscher wird eine Reduktion des pH-Wertes in der Tränke auf Werte von 4–4,5 angestrebt und damit eine Konservierung für ca. 2 Tage erreicht. Die Milch wird in größeren Vorratsbehältern für 2 Tage angerührt und über ein zu den einzelnen Kälberboxen führendes Schlauchsystem mit Saugern zur freien Aufnahme angeboten. Bei der niedrigen Tränketemperatur (je nach Stallverhältnissen zwischen 15 und 20 °C) nehmen die Kälber jeweils nur kleine Portionen auf. In Problembetrieben mit häufigen Coli-Infektionen soll sich dieses Verfahren besonders bewährt haben.

In Milchaustauschern für die Kalttränke ist im allgemeinen der Caseinanteil gering, um eine Caseinausflockung und Verstopfung der Leitungssysteme zu verhindern. Bei eingebauten Rührwer-

Tabelle 4.2 Richtwerte für die Zusammensetzung eines Milchaustauscherfuttermittels bzw. eines Ergänzungsfuttermittels für Aufzuchtkälber (Angaben je kg uS)

			Milchaustauscher[1]	Ergänzungsfutter[2]
Rohprotein	g		200– 240	180– 240
Lysin	g		15– 18	
Rohfett	g	ca.	150	
Rohfaser	g	max.	30	100– 120
Rohasche	g	max.	90	100
Kalzium	g		9– 14	
Phosphor	g		7– 9	
Kupfer	mg		4– 15	
Vit. A	IE		12 000–18 000	8 000–20 000
Vit. D	IE		1 500– 2 000	1 000– 2 000
Vit. E	mg	min.	20	10

[1] Milchpulveranteil (Magermilch-, Molkenpulver) mindestens 35 %
[2] min. 680 StE / kg

Tabelle 4.3 Tränke- bzw. Futtermengenzuteilung in der Kälberaufzucht in Abhängigkeit vom Absetztermin

Absetzverfahren:		konventionell				früh			
Lebenswoche	LM kg	MAT* 10 %	Kraftfutter	Heu	Wasser	MAT* 10 %	Kraftfutter	Heu	Wasser
2.	ca. 40	6–7	ad libitum			6	ad libitum		
3.– 6.	45– 65	8	0,3	0,2	ad lib.	6	0,1–0,5	0,1	ca. 2
7.– 8.	65– 80	8	0,5	0,3	ad lib.	6	0,6–0,8	0,1[1]	ca. 2
9.–12.	85–105	8	0,8–1,0	0,5[1]	ad lib.	–	1,5–2,0	0,2[1]	ca. 8
13.–16.	115–140	6–0	1,5	1,5[1]	ad lib.	–	2	0,3–1,5[1]	ca. 8

[1] Andere Grundfutter möglich (Gras-, Maissilage, Rüben – beste Qualität)

* MAT = Milchaustauscher

ken in den Vorratsbehältern können aber auch caseinhaltige Milchaustauscher verwendet werden. Andererseits findet man in diesen Milchaustauschern vermehrt Molkenpulver und milchfremde Eiweiße (Soja, hydrolysiertes Fischmehl, Kartoffeleiweiß), die bei der geringen Gesamtaufnahme jedoch noch ausreichend verdaut werden. Durch höhere Anteile an Molkenpulver können größere Mengen an Natrium und Kalium in den Milchaustauscher gelangen (Risiko einer Hypernatriaemie bei ungenügender Wasserzufuhr bzw. -aufnahme).

Als Beifutter erhalten die Kälber junges, hochverdauliches Heu und Kraftfutter. Beides wird zunächst ad libitum zur Verfügung gestellt. Über die Zusammensetzung eines Ergänzungsfutters für Aufzuchtkälber orientiert Tab. 4.2. Die Akzeptanz des Kraftfutters wird durch Pelletierung verbessert. Das Futter sollte jedoch täglich neu zugeteilt werden, da es mit Stallgeruch weniger akzeptiert wird. Die Anbringung der Kraftfuttertröge unmittelbar neben der Tränkstelle wirkt sich ebenfalls günstig auf die Kraftfutteraufnahme aus. Bei der begrenzten Tränkeaufnahme sollen die Kälber auch stets Zugang zu Wassertränken haben.

Die Kälber können im allgemeinen nach 7–8 wöchiger Tränkeperiode abgesetzt werden (Frühentwöhnen). Dabei sollte die Kraftfutteraufnahme pro Tier und Tag mindestens 800–1000 g betragen. Für Käber, die zur Remontierung des Bestandes vorgesehen sind (insbesondere Bullenkälbern), ist zwar eine längere Tränkperiode üblich, aber nicht unbedingt notwendig.

Kälber von Mutterkühen

Nur bei Fleischrindern, die im Vergleich zur Milchviehhaltung in der Bundesrepublik Deutschland eine untergeordnete Rolle spielen, ist noch die natürliche Form der Kälberaufzucht zu finden.

Die Kälber werden – je nach Wahl der Abkalbeperiode – im Spätwinter im Stall bzw. im Frühjahr auf der Weide zumeist ohne Beobachtung oder Mithilfe des Tierhalters geboren. Durchschnittlich etwa 3 Std. post natum nimmt das neugeborene Kalb zum ersten Mal Kolostrum auf, im Mittel ca. 2 kg. Je nach Höhe der ersten Milchaufnahme saugt es nach etwa 4 Stunden nochmals (etwa 1 kg), insgesamt konsumiert es innerhalb der ersten 12 Std. ca. 3,5 kg Kolostrum.

Schon im Alter von etwa 1 Woche beginnt das Kalb – zunächst mehr spielerisch – Heu, Kraftfutter bzw. junges Weidegras aufzunehmen.

Bei Stallhaltung empfiehlt sich, ähnlich wie in der Lämmeraufzucht, in einem von den Mutterkühen nicht erreichbaren Trog Kraftfutter zur Verfügung zu stellen. Rauhfutter wird in genügendem Umfang meist mit den Muttertieren aufgenommen.

Futtermengen und -zusammensetzungen können in Anlehnung an die für die Kälberaufzucht gegebenen Empfehlungen gewählt werden. Bei guten Grasqualitäten kann in den ersten Monaten der Weidehaltung auf eine Beifütterung der Kälber verzichtet werden, da die zu dieser Zeit günstige Milchleistung der Muttertiere und der hohe Energie- und Eiweißgehalt im Weideaufwuchs eine gute Entwicklung und hohe Tageszunahmen sichern. Mit nachlassender Weideleistung werden die Kälber im Alter von etwa 5–8 Monaten abgesetzt und zur Bullen- bzw. Färsenmast aufgestallt.

Kälbermast

Mastkälber sollen in 12–14 Wochen 150–175 kg Lebendmasse erreichen (Tageszunahmen von durchschnittlich 1200–1400 g). Entsprechend hoch ist der Energie- und Eiweißbedarf, der nur über hochverdauliche, energie- und proteinreiche Futtermittel gedeckt werden kann (Tab. 4.4).

Tabelle 4.4 Täglicher Energie- und Eiweißbedarf von Kälbern bei $\varnothing$ Tageszunahmen von 1400 g[1]

Lebendmasse kg	Tageszunahmen g	Stärkeeinheiten	verd. Rohprotein g
60	1000	1070	250
80	1450	1640	360
100	1550	2030	380
120	1600	2410	400
140	1650	2790	420
160	1650	3110	420

1 Kirchgessner (1984)

Dazu werden heute überwiegend Milchaustauscher verwendet, die außerdem den Vorteil haben, daß bei begrenzter Flüssigkeitsaufnahmekapazität der Kälber (15–17 l Wasser/Tag) durch Erhöhung der Tränkekonzentration (bis auf 240 g/l) die Energieaufnahme nachhaltig gesteigert und hohe Endgewichte erreicht werden können. Mit Vollmilch oder Magermilch in Kombination mit Aufwertungsfuttern sind dagegen nur Mastendgewichte von 100–120 kg zu erzielen.

Die für die Mast vorgesehenen Kälber werden im allgemeinen im Alter von 5–7 Tagen in speziellen Mastbetrieben aufgestallt. Herkunft aus verschiedenen Beständen, Transport und neue Umgebung sind ein erheblicher Streß. Aus diesem Grunde ist am ersten Tage nur Wasser oder schwarzer Tee angebracht. Anschließend werden die Tiere an den Milchaustauscher I (Tab. 4.5) gewöhnt, der zunächst in einer Konzentration von 100–130 g/l und dann entsprechend den in Tab. 4.6 aufgeführten Anweisungen zugeteilt wird. Bei einem Gewicht von 80 kg ist ein Wechsel auf Milchaustauscher II, der proteinärmer und fettreicher ist, möglich, doch wird in der Praxis davon wenig Gebrauch gemacht. Der Milchaustauscher wird 2mal täglich zugeteilt. Automatenfütterung ist möglich, hat sich aber nicht durchgesetzt. Bei hohen Tränkekonzentrationen und Umgebungstemperaturen muß zusätzlich Wasser angeboten werden zur Sicherung der Exkretion harnpflichtiger Stoffe sowie des Wärmehaushaltes. Während der Endmast mit hohen Tränkekonzentrationen kann eine 3malige Tränke pro Tag notwendig werden. Bei beginnenden Kotveränderungen ist die Tränkekonzentration zu reduzieren, die Flüssigkeitszufuhr jedoch beizubehalten.

In den Milchaustauschern sind Mindestwerte für Eisen vorgeschrieben (40 mg/kg). Bei dieser Fe-Zufuhr bewegen sich die Hämoglobingehalte leicht unterhalb der Norm (8–9 g/l).

Unter dem Aspekt des Tierschutzes sind derzeitige gesetzgeberische Bestrebungen zu begrüßen, auch für Mastkälber eine Mindestzufuhr an Rauhfutter vorzuschreiben. Schon geringe Mengen an Rauhfutter wie Heu und Stroh (wichtig ist für diese Funktion eine ausreichende Struktur, d. h. Faserlänge) mindern das Auftreten von Ersatzhandlungen wie Besaugen und Belecken, die ihrerseits wieder die Bezoarbildung begünstigen. Unter dem Einfluß der Rauhfutterergänzung wird die Vormagenentwicklung gefördert, das Wiederkauverhalten ermöglicht und die Fe-Zufuhr erhöht, insgesamt also Effekte, die dem Tierschutzgedanken auch unter diesen Produktionsbedingungen Rechnung tragen.

Tabelle 4.5 Richtwerte für die Zusammensetzung von Milchaustauscherfuttermitteln I und II für die Kälbermast (Angaben je kg uS)

			Milchaustauscher	
			I^1	II^2
Rohprotein	g		220–250	170–200
Lysin	g	min.	18	13
Rohfett	g		120–300	150–300
Rohfaser	g	max.	15	20
Rohasche	g	max.	100	
Kalzium	g		9–14	
Phosphor	g		7–9	
Natrium	g		2–3	
Magnesium	g		1–2	
Kupfer	mg		4–15	max. 15
Vitamin A	IE		10000–20000	
Vitamin D	IE		1000–2000	
Vitamin E	mg		20–30	

[1] ferner für MAT I ein Milchpulveranteil von 50 % und ein Fe-Gehalt von 40 mg/kg zu empfehlen bzw. vorgeschrieben
[2] Milchpulveranteil min. 25 %

Tabelle 4.6 Tränkeplan für die Kälberschnellmast mit Milchaustauscher (MAT)

Mastwoche		l Wasser	g MAT/ l Wasser	MAT-Aufnahme/ Tier und Tag (kg)
1.	⎫	6	180	1,1
2.	⎬ MAT	7	190	1,3
3.	⎨ I	8	190	1,5
4.	⎭	9	200	1,8
5.	⎫	9	210	1,9
6.	⎬	10	210	2,1
7.	⎨ MAT	10	230	2,3
8.	⎨ II	10	230	2,3
9.	⎬	11	250	2,7
10.	⎭	11	260	2,9

Ernährungsbedingte Diarrhöen bei Kälbern

Zu den häufigsten Gesundheitsstörungen der Kälber gehören Erkrankungen des Verdauungskanals, insbesondere Durchfälle. Sie können durch die Fütterung verursacht oder auch disponiert werden im Zusammenhang mit anderen belastenden Faktoren. Die wichtigsten Fütterungsfehler, die zu solchen Störungen führen können, sind in der Übersicht 4.1 zusammengestellt.

Übersicht 4.1 Ursachen ernährungsbedingter Diarrhöen und Gesundheitsstörungen bei Kälbern

Kolostrumperiode (1. Woche)

Kolostrumqualität

— γ-Globulingehalt zu niedrig
  Kuh durchgemolken, vor der Geburt gemolken, Trockenperiode zu kurz (normal 6–8 Wochen), Kolostrum zu spät gewonnen (möglichst innerhalb 3–6 Stunden p. p.)
— γ-Globuline nicht spezifisch
  Muttertier nicht an Keimumwelt adaptiert
— Vitamingehalt (A und E) zu gering
  Muttertier während Hochträchtigkeit nicht ausreichend mit diesen Vitaminen oder deren Vorstufen versorgt

Fütterungstechnik
— zu spät p. n. getränkt
— Milch zu kalt oder zu heiß verfüttert
— Tränkgefäße unsauber oder von mehreren Tieren benutzt
— Tränkemenge pro Mahlzeit zu groß

Postkolostrale Phase

Futtermittel; Zusammensetzung und Qualität

Vollmilch
— Fettgehalt zu hoch (Jersey, Guernsey):
  Milch verdünnen: 2 Teile Vollmilch, 1 Teil Magermilch oder Wasser
— hoher Anteil an NPN-Verbindungen in der Milch infolge überhöhter Eiweißfütterung an Muttertiere
— bei einseitiger Vollmilchverwendung: Mg-, evtl. Vitamin- und Spurenelementversorgung ungenügend

Milchaustauschfutter
— Fett
  absolut zu hoher Fettanteil (>3–5 % in der Tränke)
  zu hoher Anteil an ungesättigten Fettsäuren, insbes. mit über 20 C-Atomen (Seetieröle)
  Schmelzpunkt zu hoch (über 40–50 °C) → geringe Verdaulichkeit, schlechte Verteilung (Aufrahmen, bes. in Automaten)
  ranzig
  Fettpartikel zu groß (∅ über 5–10 μm) → geringe Verdaulichkeit
— Eiweiß
  Schädigung durch Überhitzung oder feuchte Lagerung → Bildung von Fructoselysin und anderen nicht verfügbaren Komplexen mit Aminosäuren
— Kohlenhydrate:
  zu hoher Anteil, insbesondere an schwerverdaulicher Stärke oder Dextrinen, Lactose- + Glukoseangebot nicht mehr als 10–12 g/kg LM/Tag
— Mineralstoff- und Vitamingehalt
  überhöht oder in zu geringen Mengen (Fehlmischungen)

— Sonstiges
  Molkenpulveranteil zu hoch (über 20 %), u. U. zu hoher Elektrolytgehalt → Futterpassage beschleunigt, bes. bei jüngeren Tieren ungünstig (geringeres Risiko bei Kalttränke mit protahierter Nahrungsaufnahme)
  Komponenten: pilz- oder bakterienhaltig
  Magermilch: ansauer
  Heu (Aufzucht): überaltert, hartstengelig, nitratreich, verschimmelt
  Kraftfutter: verdorben, ranzig
  Wasser: hoher Sulfat-, Nitrat- oder Keimgehalt

Fütterungstechnik
— überhöhte Mengen, bes. bei Zukaufskälbern (Richtwert 10–15 % der LM als Tränke)
— unregelmäßige Fütterungszeiten
— Tränke nicht körperwarm (außer Kalttränke), unzulängliche Lösungstemperatur
— Tränkgefäße unsauber
— Automaten: ungleiche Aufnahme, Dosierfehler, Mischfehler
— kein Tränkwasser
— plötzlicher Futterwechsel
— Milchaustauscher nicht gleichmäßig verteilt oder gelöst (Klumpenbildung)
— Milchaustauscher-Konzentration zu hoch (bei älteren Kälbern maximal bis 24 %)

4.3 Lämmer

Neugeborene Lämmer sollten am ersten Lebenstag rd. 400 ml Kolostrum aufnehmen. Falls in größeren Würfen Einzeltiere abgedrängt werden oder Erkrankungen des Gesäuges vorliegen, muß mittels Flasche bzw. bei lebensschwachen Lämmern über eine Sonde Kolostrum zugeteilt werden (je Mahlzeit maximal 50 ml in Abständen von 2–3 Std.; Sondenlänge ca. 25 cm, Durchmesser der Sonde ca. 8 mm).

Schaflämmer können postkolostral (nach 1–2 Tagen) von der Mutter abgesetzt und mit Milchaustauschern (Schnellmast) gefüttert werden, doch hat sich dieses System aus wirtschaftlichen Gründen bisher nicht durchgesetzt. In der Praxis bleiben die Lämmer zunächst bei der Mutter, doch reicht die Energie- und Nährstoffzufuhr über die Milch bei intensiv wachsenden Lämmern von der 3. Woche an nicht mehr voll aus. Als Beifutter eignet sich während der Stallhaltung neben gutem Heu ein Kraftfutter, das etwa 18% Rohprotein aufweist und aus grobgeschrotetem Getreide (50–60%), melassierten Trockenschnitzeln (15–25%) und Sojaextraktionsschrot (ca. 20%) sowie einem vitaminierten, Cu-armen Mineralfutter (ca. 2%) bestehen kann. Das Kraftfutter darf nicht mehr als 12–15 mg Kupfer/kg aufweisen, da die Cu-Toleranz der Lämmer (insbesondere von Texelschafen) gering ist. Ferner sollte wegen der Gefahr der Harnsteinbildung eine Überversorgung mit Eiweiß, Magnesium und Phosphor vermieden werden.

Das Kraftfutter wird den Lämmern in einem separaten Trog, getrennt vom Muttertier (Lämmerschlupf), zunächst ad libitum gegeben. In der 3.–4. Woche werden etwa 50–150 g, in der 7.–9. Woche 300–400 g Futter aufgenommen. Beim Frühabsetzen (nach der 6.–7. Woche) sollten die Lämmer mindestens 300 g Kraftfutter pro Tag erhalten. Um die Kraftfutteraufnahme zu steigern, werden eine Woche vor dem geplanten Absetztermin die Mutterschafe knapper gefüttert oder die Lämmer zeitweilig von den Muttertieren getrennt.

Bei Haltung von Schafen in Wanderherden oder auf der Weide nehmen Lämmer schon früh Gras auf. Je nach Qualität der Weide und den Haltungsbedingungen sowie angestrebten Zunahmen muß Beifutter zusätzlich angeboten werden, wenn eine Verzögerung des Wachstums vermieden werden soll. Unter weniger intensiven Haltungsbedingungen (Hüteschafhaltung) werden Lämmer häufig erst mit 14–16 Wochen abgesetzt.

Ziegenlämmer läßt man in den ersten 3 Lebenstagen zunächst bei der Mutter Kolostrum saugen. Anschließend wird Muttermilch zugeteilt oder auf Kuhmilch bzw. einen Milchaustauscher für Kälber umgestellt. Vom 4. Lebenstag an genügen 2 Mahlzeiten je Tag. Die Milchmenge wird von ca. 1,5 l am 4. Tag auf ca. 2 l im Alter von 2 Wochen gesteigert. Höhere Mengen verbieten sich, wenn eine frühe Aufnahme von Beifutter erreicht werden soll (ab der 2. Lebenswoche). Ähnlich wie in der Aufzucht von Kälbern oder Schaflämmern ist auch hier gutes Heu und Kraftfutter (am besten in pelletierter Form) am Platze. Die Lämmer werden in der Praxis häufig erst mit 3 Monaten abgesetzt, doch ist bei früher Gewöhnung an Kraftfutter schon nach ca. 6 Wochen die Trennung vom Muttertier möglich.

4.4 Ferkel

Die Nahrung des Ferkels besteht zunächst aus Kolostrum und Milch, ab der 2. Woche aus Milch plus festem Beifutter und anschließend – entsprechend Absetztermin – zwischen Ende der 3. und 6. Lebenswoche aus festen, gewöhnlich kohlenhydratreichen Futterrationen.

Unmittelbar nach ihrer Geburt sollten die Ferkel schon Kolostrum aufnehmen können, wenngleich damit die Globulinversorgung der erstgeborenen günstiger ist als für die spätgeborenen, insbesondere bei verzögerten Geburten. Je nach Vitalität, Saugaktivität und Geburtsfolge ist die Kolostrumaufnahme am ersten Lebenstag sehr unterschiedlich (Tab. 4.7).

Außer Antikörpern und fettlöslichen Vitaminen bietet das energiereiche Kolostrum (Tab. 3.1) den mit wenig Energiereserven ausgestatteten und gegenüber kutanen Energieverlusten wenig geschützten Ferkeln eine unentbehrliche Energiequelle. Durch Fettfütterung an hochtragende Sauen ante partum kann der Energiegehalt im Kolostrum erhöht werden (Tab. 3.2).

Untergewichtige Ferkel (800–1200 g) können in größeren Betrieben mit synchronisiertem Abferkeln zu besonderen Würfen zusammengefaßt und unter verbesserten klimatischen Bedingungen oder gegebenenfalls stundenweise allein bei der Sau gelassen werden. Andernfalls werden sie rasch an die weniger ergiebigen inguinalen Zitzen abgedrängt, bleiben zurück und werden eventuell zu Kümmerern. Ferkel unter 800 g haben im allgemeinen keine Überlebenschancen und sollten getötet werden.

Tabelle 4.7 Kolostrum-, Nährstoff- und Immunglobulinaufnahme von Ferkeln am 1. Lebenstag

	Zeitperiode (Stunden)		insgesamt	
	0–12	12–24		
Kolostrummenge, g	175,0 ± 57,0	141,0 ± 43,0	316,0 ± 91,0	
Nährstoffe, g			g	kJ
Eiweiß (N×6,25)	23,7	10,8	34,5	825
Fett	6,7	7,7	14,4	569
Laktose	6,0	5,4	11,4	201
Immunglobuline				
IgG, g	11,1 ± 7,5	4,9 ± 2,4	16,0 ± 9,6	

Aumaitre 1983

Auch unter gut entwickelten Ferkeln kann es infolge ungenügender Milchleistung der Sau oder tiefer Umgebungstemperaturen zu Energiemangel, Hypoglykämie und Ausfällen kommen. Ein gesenkter Blutzuckerspiegel ist häufig Ursache für eine ungenügende Reaktionsfähigkeit der Ferkel und hohe Verluste (Erdrücken durch Muttersau).

In den ersten beiden Lebenswochen wird das gesunde Ferkel ausreichend mit Energie und Nährstoffen über die Milch versorgt, Eisen ausgenommen. Aufgrund des geringen Eisengehaltes in der Muttermilch, der diätetisch nicht zu steigern ist, der geringen Eisenreserven des neugeborenen Ferkels und der hohen Wachstumsintensität ist bereits vom 2.–3. Lebenstag eine zusätzliche Eisenversorgung notwendig. Sie kann per injektionem oder auch oral erfolgen.

Die Injektion von etwa 150–200 mg Eisen (als Fe-Dextran) pro Ferkel ist heute das Mittel der Wahl. Dadurch werden während der folgenden 2 Wochen laufend kleine Eisenmengen freigesetzt, die eine Anämie verhüten. Komplikationen nach der Fe-Injektion können u. a. auf einer ungenügenden Vit. E-Versorgung der Ferkel beruhen. Eine Wiederholung der Injektion ist nicht zwingend notwendig, da mit beginnender Beifutteraufnahme in der 3. Lebenswoche die Fe-Versorgung nachhaltig verbessert wird. Andererseits soll eine Wiederholung in der 3. Lebenswoche günstige Auswirkungen auf Leistung und Gesundheit haben.

Zur oralen Anwendung stehen Fe-haltige Lecken oder Nährstofflösungen in Tränkeform zur Verfügung, die neben organisch gebundenem Eisen auch Protein und Kohlenhydrate enthalten. Sie werden im allgemeinen in der ersten Lebenswoche spontan konsumiert, wenngleich keine so hohe Sicherheit wie bei der parenteralen Fe-Gabe erzielt wird.

Auch bei hoher Milchleistung reicht in der 3. Lebenswoche die Energie- und Eiweißversorgung über die Muttermilch für eine optimale Entwicklung des Ferkels nicht aus. Deshalb wird eine Beifütterung notwendig. Sie beginnt im allgemeinen am Ende der 2., Anfang der 3. Woche, um auch möglichst früh schon die notwendigen Verdauungsenzyme für den Abbau der milchfremden Inhaltsstoffe (Stärke, tierische und pflanzliche Eiweiße) zu stimulieren.

Als Beifutter (Tab. 4.8) wird beim *Frühabsetzen* zunächst immer ein Ergänzungsfuttermittel für Saugferkel notwendig. Beim konventionellen Absetzen (5 Wochen) kann es der Fütterung eines Ferkelaufzuchtfutters vorgeschaltet werden, andererseits kann aber auch unmittelbar das Ferkelaufzuchtfutter als erstes Beifutter dienen (Abb. 4.5).

Tabelle 4.8 Richtwerte für die Zusammensetzung eines Ergänzungsfuttermittels für Saugferkel bzw. eines Ferkelaufzuchtfutters (Angaben je kg uS)

			Ergänzungsfuttermittel für Saugferkel	Ferkelaufzuchtfutter
Rohprotein	g		200–220	180–200
Lysin	g		12–15	10–12
Rohfett	g	max.	60	70
Rohfaser	g		30–40	50–60
Stärke	g	min.	300	330
Lactose	g	min.	100	—
Kalzium	g		8–	10
Phosphor	g		6–	7
Natrium	g		2–	2,5
Eisen	mg		100–	200
Kupfer	mg		20–	30
Mangan	mg		30–	40
Zink	mg		70–	100
Vitamin A	IE		8000–20000	
Vitamin D	IE		1000–2000	
Vitamin B_{12}	µg		20–30	

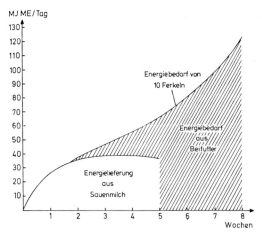

Abb. 4.5 Energiebedarf sowie -versorgung von Ferkeln über Muttermilch und Beifutter (*Kirchgessner* 1987)

Beim Frühabsetzen wechselt man etwa in der 5.–6. Woche je nach Beifutteraufnahme auf das Ferkelaufzuchtfutter über. Bei 5wöchiger Laktationszeit erfolgt dieser Wechsel 1 Woche vor dem Absetzen. Dazu wird das Ergänzungsfutter innerhalb von 3–4 Tagen reduziert bei gleichzeitiger Erhöhung des Anteils an Ferkelaufzuchtfutter. Erst nach Adaptation an dieses neue Futter werden die Ferkel von der Sau abgesetzt. Um die Milchleistung der Sau zu senken und dadurch die Aufnahme festen Futters zu forcieren, reduziert man die Futtermenge der Sau einige Tage vor dem Absetzen. Damit wird auch ein schnelles Abklingen der Milchsekretion nach dem Absetzen begünstigt.

Das Ergänzungsfutter für Saugferkel ist auf die speziellen Bedürfnisse in diesem Alter abgestimmt (hochverdaulich, wenig Rohfaser, Aromastoffe zur Akzeptanzerhöhung). Die Pelletierung steigert weiterhin die Akzeptanz, reduziert den Keimgehalt und bewirkt eine teilweise Dextrinisierung der Stärke. Bei Einsatz eines Ferkelaufzuchtfutters (mit höherem Rohfasergehalt) verzichtet man auf diese Vorteile, vermeidet jedoch einen Futterwechsel.

Das Ergänzungsfutter für Saugferkel wird am Ende der 2. Lebenswoche im Automaten ad libitum angeboten. Die anfänglich nur zögernde Futteraufnahme aus dem Automaten kann gefördert werden, wenn man zu Beginn der Beifütterung für 1–2 Tage geringe Mengen des Beifutters auf den trockenen Boden des Ferkelnestes unter der Lampe gibt. Spielerisch werden so die Ferkel an das Beifutter gewöhnt. Bei mittlerer Milchaufnahme und durchschnittlicher Wurfgröße nehmen die Ferkel pro Tag in der 3. Lebenswoche etwa 50, in der 4. 100 und in der 5. rd. 200 g auf.

Das Beifutter sollte — abgestimmt auf den Konsum — täglich frisch in die Automaten gefüllt werden. Länger verbleibendes Futter ist bei hoher Luftfeuchte und Raumtemperatur idealer Nährboden für Mikroorganismen. Außerdem verliert es an Akzeptanz durch Geruchsstoffe aus dem Stall.

Mit Beginn der Beifütterung muß der Wasserbedarf der Saugferkel durch entsprechend gestaltete Selbsttränken gesichert werden. Fehlt Wasser, so wird auch die Beifutteraufnahme eingeschränkt, und die Gewichtsentwicklung sistiert. Bei Kontamination mit Kot und Harn geht die Akzeptanz des Trinkwassers zurück, andererseits steigt der Keimgehalt deutlich an.

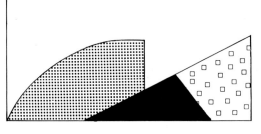

Frühabsetzen

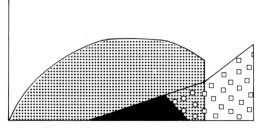

konventionelles Absetzen – mit Futterwechsel

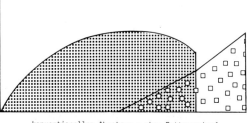

konventionelles Absetzen – ohne Futterwechsel

::: Milch
■ Ergänzungsfutter für Saugferkel
☐ Ferkelaufzuchtfutter

Abb. 4.6 Fütterungssysteme bei Ferkeln in Abhängigkeit vom gewählten Absetztermin und der Futterart

Zur Vermeidung größerer Umstellungsschwierigkeiten sollten Futterwechsel, Absetzen vom Muttertier und Stallwechsel *niemals gleichzeitig* erfolgen. Beim Absetzen wird die Sau aus der Abferkelbucht genommen, die Ferkel – bereits an das Ferkelaufzuchtfutter adaptiert – bleiben noch einige Tage in der gewohnten Umgebung.

Die mit 3–4 Wochen abgesetzten Ferkel werden entweder in klimatisierten Ferkelställen auf Flatdecks einstreulos aufgezogen oder in zuvor gründlich gereinigten, eingestreuten Ställen, die nach dem Rein/Raus-Prinzip belegt werden.

Das Ferkelaufzuchtfutter kann – im Unterschied zu einem Ergänzungsfuttermittel für Saugferkel – auch im landwirtschaftlichen Betrieb selbst gemischt werden. Beispiele für Auswahl und Anteil der hierzu verwendeten Komponenten sind in Tab. 4.9 aufgeführt.

Zu den häufigsten Erkrankungen der Ferkel zählen Diarrhöen. Sie werden vorwiegend durch Fehler in Fütterung und Haltung von Sauen und Ferkeln disponiert, zum Teil auch verursacht. Die häufigsten Fehler sind in Übersicht 4.2 stichwortartig zusammengestellt.

Tabelle 4.9 Mischungsbeispiele für die Herstellung betriebseigener Ferkelaufzuchtfutter

Komponenten %	I	II	III
Gerste	33,5	10	30
Hafer		8	10
Weizen	30	25	
Mais		25	23
Weizenkleie	10	10	10
Eiweißkonzentrat		21	
Sojaextraktionsschrot	23		19
Fischmehl			5
Mineralfutter[1]	2,5	1	3
kohlensaurer Futterkalk	1		

[1] 21 % Ca, 8 % P, 7 % Na, 500 000 IE Vitamin A/kg

Meyer 1978

Übersicht 4.2 Fütterungsfehler als Ursache oder Disposition für Ferkelerkrankungen

Fehler in der Sauenfütterung und -haltung während der Trächtigkeit

- Energieüberversorgung, mangelhafte Eiweißqualität bzw. Ca-, P-Unterversorgung
- Vit A- oder Carotinunterversorgung
- extreme Unterversorgung mit Energie, Mn, Vit B_2 und Vit B_{12}
- zu späte Umstellung der Sauen a.p. in neue Umgebung, mangelhafte Adaptation an stallspezifische Flora

→ ungenügende Kolostrummenge und -qualität, verzögerte Geburt
→ geringer Vit A-Gehalt der Muttermilch
→ kleine lebensschwache Ferkel, ungenügende Kolostrumaufnahme
→ keine spez. Antikörper im Kolostrum (Coli-Enteritis)

Fehler in der Ferkelfütterung

Futterzusammensetzung

- zu hohe Anteile an schwerverdaulichem Rohprotein oder Aschekomponenten
- zu geringer (< 2,5 %) bzw. zu hoher (> 6 %) Rohfaser-Gehalt
- Nährstoffmangel (Aminosäuren, Fe)
- Futter nicht schmackhaft genug (zuviel Mineralstoffe, Luzernegrünmehl, Roggen, Mühlennachprodukte; zu staubig → ungenügende Beifutteraufnahme)

Futterqualität

- verpilztes und vermilbtes Futter
- Fischmehl mit Salmonellen oder zu hohen NaCl-Gehalten
- HCN-haltiges Maniokmehl
- ansaure Magermilch
- hoher Anteil an stark verkieselten Spelzen (Gastritis), Hafer und Gerste mit hohen Spelzenanteilen

Fütterungstechnik

- abrupter Futterwechsel (Saugferkelfutter, Ferkelaufzuchtfutter) oder zu plötzlicher Wechsel auf neue Futterchargen
- zu späte Beifütterung (bes. bei kleinen Würfen mit hoher Milchaufnahme); nach dem Absetzen überhöhte Futteraufnahme bei ad-libitum-Fütterung
- Zugang zum Sauentrog (Aufnahme ungeeigneter Futtermittel bzw. verdorbener Futterreste)
- mangelnde Reinigung der Tröge
- Wasserversorgung unzureichend (Tränken nicht gängig)
- mangelhafte Wasserqualität (zu kalt; Restwasser in Tränkebecken mit hohem Schmutz- und Keimgehalt)

4.5 Welpen (Hund, Katze)

Schon kurze Zeit nach der Geburt und der ersten Versorgung durch die Mutter (Nabelschnurdurchtrennung, Ablecken etc.) suchen neugeborene Welpen – geleitet durch olfaktorische und taktile Reize sowie die Wärme des mütterlichen Gesäuges – aktiv die Zitze. Auch wenn beim Fleischfresser bereits praenatal eine geringe diaplazentare passive Immunisierung erfolgt, ist dennoch eine frühe Aufnahme von Kolostrum wichtig, da es neben seiner Schutzfunktion für die Versorgung mit Nährstoffen (insbesondere mit Energie und Vitaminen) lebensnotwendig ist. Eine optimale Entwicklung der Welpen setzt voraus, daß in den ersten 12 Stunden *alle* Welpen eines Wurfes mit entsprechenden Kolostrummengen versorgt werden. Bei übergroßen Würfen mit einzelnen lebensschwachen Welpen können kleinere oder abgedrängte an noch pralle Mammakomplexe angelegt bzw. durch Ermelken eines kleinen Milchstrahls aus der ins Maul eingeführten Zitze zum Saugen angeregt werden.

Untergewichtige, lebensschwache oder überzählige Welpen können schnell abgedrängt (thorakale Zitzen) und hypoglykämisch werden. Sie sind durch vorübergehende Applikation von 5–10 %iger Glukoselösung (mittels Sonde, Länge: ~ 20 cm, ⌀: ca. 5 mm) eventuell zu retten, so daß sie am Gesäuge oder mutterlos (s. S. 86) aufgezogen werden können. Bei sehr großen Würfen kann zur gleichmäßigen Versorgung aller Welpen der Wurf in 2 Gruppen aufgeteilt werden, die tagsüber für jeweils 2–4 Std. alternativ bei der Mutter bleiben, während der Nacht jedoch wieder zusammengebracht werden.

In der 1. Lebenswoche erreicht die Milchaufnahme rd. 15 % der Lebendmasse des Welpen, steigt in der 2. Woche leicht an und geht dann allmählich zurück. An der Gewichtsentwicklung der Welpen läßt sich die Versorgung mit Muttermilch gut abschätzen: Normal ernährte Welpen haben am Ende der 1. Lebenswoche ihr Geburtsgewicht verdoppelt, erreichen am Ende der 2. bzw. 3. Woche das 3–4fache bzw. 6–7fache ihres Geburtsgewichtes. Nach einer Faustregel sollen die Tageszunahmen (in g) den 2,5–3fachen Wert der Lebendmasse der Mutter (in kg) betragen.

Bei Verdacht auf mangelnde Milchaufnahme einzelner Welpen durch Abdrängen etc. sollte ihr Gewicht in 2tägigem Abstand kontrolliert werden. Fehlende Zunahmen an 2 konsekutiven Tagen sind sicheres Indiz für eine mangelnde Milchaufnahme bzw. bei normaler Milchaufnahme Ausdruck einer anderweitig bedingten Störung.

Bis zum Alter von 3–4 Wochen wird der Energiebedarf der Saugwelpen über die Muttermilch weitgehend gedeckt. Am Verhalten der Welpen (wie ständige Sauglust, Unruhe, starkes Interesse am Futter der Mutter) wird erkennbar, wann mit der Beifütterung begonnen werden muß (je nach Wurfgröße und Milchleistung der Mutter bei Hunden frühestens Ende der 3. bzw. während der 4. Woche, bei Katzen im allgemeinen in der 5. oder 6. Woche).

Das lauwarme Beifutter wird zunächst in flüssigbreiiger Form in flachen Schalen angeboten. Durch Eintupfen bzw. Bestreichen des Maules mit Futter kommt der Welpe schnell auf den Geschmack, sofern solche Maßnahmen überhaupt notwendig sind, da die Jungen häufig schon aus dem Futternapf der Mutter kleinere Portionen aufnehmen.

Nachdem die Welpen das Fressen gelernt haben, erhalten sie ein spezielles Beifutter, dessen Zusammensetzung sich an den Bedürfnissen der Jungen orientiert. Richtwerte enthält Tab. 4.10.

Tabelle 4.10 Empfehlungen für die Zusammensetzung eines Beifutters für Hunde- und Katzenwelpen (Angaben je 100 g Trockensubstanz)

		Hunde	Katzen
Verd. Energie	MJ	1,7–1,9	1,7
Eiweiß	g	25–30	40
Fett	g	>5	10
Linolsäure	g	1	1
Arachidonsäure	g	–	0,1
Taurin	g	–	0,1
Kalzium	g	1,2–1,5	1,0
Phosphor	g	0,8–1,0	0,7
Natrium	g	0,4	0,4
Vit. A	IE	500–1000	1000–1500
Vit. D	IE	50–100	100

Als Beifutter kommen kommerzielle Welpenaufzuchtfutter oder eigene Mischungen (Beispiel Tab. 4.11) in Frage. Trockene Mischfutter sollten in der ersten Zeit am besten mit Milch, Fleischbrühe oder Wasser angerührt und in breiiger Form (ausreichende Zerkleinerung) angeboten werden. Während der Säugezeit reicht eine täglich dreimalige Fütterung. Die notwendige Beifuttermenge ist je nach Wurfgröße und Milchleistung der Mutter unterschiedlich und am besten dem Appetit der Welpen anzupassen.

Tabelle 4.11 Rationsbeispiele für die Herstellung eines Beifutters für Hunde- und Katzenwelpen

Beispielrationen %	I	II
gekochtes Fleisch[1]	65	75 (Pfd)
Rinderleber	–	5
Reis, Haferflocken od. Kartoffeln, gekocht	20	10 (Kartoffeln)
Kuhmilch	10	5
Sonnenblumenöl	3	1
Schweineschmalz	–	2
vit. Mineralstoffmischg. 20 % Ca	2	2
v Rp / 100 g uS g	14,6	15,0
Verd. Energie MJ	0,93	0,68

[1] bei Hd ggfls. auch Anteile vom Pansen oder Schweinemagen; gekutlert

Im allgemeinen beträgt anfangs die Trockensubstanzaufnahme aus dem Beifutter 5–10 g/kg LM und steigt zum Ende der Säugeperiode auf rd. 20 g/kg LM an. Schon während der Säugezeit sollten die Welpen an frisches Trinkwasser gewöhnt werden, um schließlich ein komplikationsloses Absetzen von der Muttermilch zu ermöglichen.

Hundewelpen werden im allgemeinen in der 5.–7., Katzenwelpen in der 7.–9. Lebenswoche entwöhnt. Zur Vorbereitung werden sie stundenweise von der Mutter getrennt und gleichzeitig die Futtermengen bei der Mutter reduziert. Beim Absetzen sollten die Welpen täglich mindestens 400 kJ, d. h etwa 80 g Feuchtfutter bzw. 15–20 g Trockenfutter pro kg LM aufnehmen.

Die Phase des Absetzens fällt häufig mit dem Verkauf der Welpen zusammen und sollte nicht durch zusätzlichen Futterwechsel belastet werden. Deshalb wird der Welpe auch nach dem Absetzen möglichst noch für einige Tage das zuvor verwendete Futter erhalten. Zur Vermeidung von Verdauungsstörungen ist in den ersten Tagen in der neuen Umgebung eine sehr knappe Fütterung (Mengenrestriktion) zu empfehlen, nach entsprechender Adaptation (Normalisierung von Verhalten, Futteraufnahme und Kotkonsistenz) kann nach etwa 3 Tagen die Futtermenge langsam gesteigert werden. Katzenwelpen können durch Art und Geschmack des Beifutters stark geprägt sein, so daß zunächst auch aus diesem Grund das ursprüngliche Futter beibehalten werden sollte.

4.6 Kaninchen

Schon vor der Geburt bereitet die Häsin ein Nest aus Einstreu, das kurz vor bzw. nach dem Werfen mit viel Wolle gepolstert wird. Damit sind die nackt geborenen Jungen selbst bei ungünstigen Außentemperaturen gegenüber Wärmeverlusten wirksam geschützt. Für das Überleben der Neugeborenen ist ein normales Nestbauverhalten der Häsin und seine Realisierung eine wichtige Voraussetzung.

Die Häsin kümmert sich vergleichsweise wenig um ihre Jungen und säugt nur einmal pro Tag. Sie kann ohne Nachteil unmittelbar nach der Geburt von den Jungen getrennt gehalten werden, was bei sehr unruhigen Häsinnen zur Vermeidung von Verlusten – insbesondere z. Zt. der ersten postpartalen Hitze (1–2 Tage p. p.) – oder aus hygienischen Gründen vorteilhaft sein kann. Dann läßt man die Häsin nur einmal am Tag für eine halbe Stunde zum Säugen in ihr Nest.

Für die ersten 16–18 Tage p. n. ist die Muttermilch die einzige Nahrung der Jungkaninchen, deren Entwicklung in dieser Zeit im wesentlichen von der Milchleistung der Häsin und der Wurfgröße abhängt. Danach beginnen die Jungen, auch festes Futter aufzunehmen. Beifutter wird zu diesem Zeitpunkt notwendig, da 2,5–3 Wochen p. p. die Häsin ihre maximale Milchleistung erreicht hat, die dann kontinuierlich abfällt. Der mit ca. 3 Wochen vollzogene Zahnwechsel schafft auch die anatomischen Voraussetzungen für die Aufnahme arttypischer fester Futtermittel.

Das Beifutter wird ad libitum und getrennt von der Häsin angeboten, in der Regel ein pelletiertes Mastfutter mit 16–18 % Rohprotein (Tab. 4.12). Die Einmischung von 3–6 % Eiweißfuttermitteln tierischer Herkunft (Trockenmagermilch, Fisch- bzw. Tiermehl) hat sich bewährt.

Rohfaserarme und energiereiche Mischfutter können zu Verdauungsstörungen insbesondere nach dem Absetzen führen. Dann empfiehlt sich die Beifütterung von Heu oder Stroh. Werden Verdauungsstörungen im Jungtieralter zu einem Bestandsproblem, ist eine gleichzeitige Reduktion des Rohprotein- und Anhebung des Rohfasergehaltes auf je 15 % zu empfehlen.

In der Hobbykaninchenhaltung ist eine kombinierte Fütterung (Grundfutter plus Kraftfutter) noch weit verbreitet. Heu, Rüben, Möhren, gegebenenfalls auch frisches Grün werden ergänzt mit energie- und eiweißreichen Kraftfuttern. Eigenmischungen (Getreide, Mühlennachprodukte, Trockenschnitzel, Sojaextraktionsschrot) sind möglich, aber in geschroteter Form (Staub) weniger akzeptabel als pelletierte Alleinfutter. Anhaltspunkte für die Beurteilung eines Alleinfutters für die Aufzucht und anschließende Mast gibt Tab. 4.12.

Tabelle 4.12 Richtwerte für die Zusammensetzung eines Alleinfutters für Jungkaninchen (Angaben in g je kg uS)

verd. Energie (MJ DE)	10 – 12
Rohfaser	120 – 140
Rohfett	20 – 30
Rohprotein	160 – 180
Lysin	6,5
Methionin + Cystin	6,0
Arginin	6,0
Mengenelemente	
Kalzium	6 – 8
Phosphor	5 – 6
Natrium	2

NRC 1977, Schley 1986, Kamphues 1985

Aus wirtschaftlichen Überlegungen (Steigerung der Reproduktionsleistung der Häsin, Senkung der Futterkosten) wurde auch beim Kaninchen die Säugeperiode verkürzt (konventionell rd. 8 Wochen Säugezeit). Bei ausgefeilter Fütterungstechnik von Häsin und Jungtieren ist eine Entwöhnung mit 3,5 – 4 Wochen ohne Nachteile möglich. Dieser Termin ist bei permanenter Zuchtbenutzung Voraussetzung, um die Wurfintervalle auf 32 – 34 Tage zu reduzieren.

Abgesetzte Jungtiere sind unabhängig von der späteren Nutzung (Zucht oder Mast) bis zum Alter von 8 Wochen mit einem Mastalleinfutter (Tab. 4.12) ad libitum zu ernähren. Zur Wasserversorgung, die sofort mit der Aufnahme festen Futters notwendig wird, sind Tränkschalen oder – aus hygienischer Sicht besser – Nippel- bzw. Beißtränken geeignet.

Literatur

Aumaitre, A. (1983): Die Entwicklung der Verdauungsfunktionen beim Ferkel sowie Probleme des Absetzens. Übers. Tierernährg. *11*, 103 – 132
Burgstaller, G. (1981): Praktische Schweinefütterung. Ulmer Verlag, Stuttgart
Burgstaller, G. (1983): Praktische Rinderfütterung, 3. Aufl. Ulmer Verlag, Stuttgart
Gall, Ch. (1982): Ziegenzucht. Ulmer Verlag, Stuttgart
Haring, F. (1980): Schafzucht. Ulmer Verlag, Stuttgart
Kirchgessner, M. (1987): Tierernährung, 7. Aufl. DLG-Verlag, Frankfurt
Luetgebrune, K. (1982): Untersuchungen über die Kolostrumaufnahme und die Immunglobulinabsorption asphyktischer und lebensfrischer Kälber. Vet. Diss. Hannover.
Meyer, H. (1978): Grundlagen der Schweinefütterung. In: *Comberg, G.* 1978. Schweinezucht. Ulmer Verlag, Stuttgart
Meyer, H. (Hrgb.) (1985): Untersuchungen zum Energie- und Nährstoffbedarf von Zuchthündinnen und Saugwelpen. Zschr. Tierphysiol., Tierernährg. u. Futtermittelkde. Beiheft 16, Parey-Verlag, Berlin u. Hamburg
Meyer, H. (1986): Pferdefütterung. Parey Verlag, Berlin u. Hamburg
Meyer, H., K. Bronsch, J. Leibetseder (1985): Supplemente zu Vorlesungen und Übungen in der Tierernährung. Sprungmann Verlag, Hannover
Schley, P. (1985): Kaninchen. Ulmer Verlag, Stuttgart
Stott, G. H., D. B. Marx, B. E. Menefee, G. T. Nightengale: Colostral immunoglobulin transfer in calves. I. Period of absorption. II. Rate of absorption. III. Amount of absorption. IV. Effect of suckling. J. Dairy Sci. *62*, 1632 – 1638, 1766 – 1773, 1902 – 1907, 1908 – 1913
Theissen, H. (1983): Der Einfluß verschiedener Tränkeverfahren auf die Menge und Zusammensetzung des Ingestaflusses aus dem Labmagen junger Kälber. Vet. Diss. Hannover
Zaremba, W. (1983): Fütterungstechnik und ihre Bedeutung für den Gesundheitszustand neugeborener Kälber unter besonderer Berücksichtigung von Diarrhoen. Prakt. Tierarzt *64*, 977 – 985
Zaremba, W., E. Grunert (1981): Der Einfluß verschiedener Tränkeverfahren auf die Gesundheit neugeborener Kälber. Dtsch. tierärztl. Wschr. *88*, 120 – 133

4.7 Mutterlose Aufzucht

Abgesehen von ökonomischen Gründen (s. *Kalb*, S. 75) wird eine mutterlose Aufzucht unter folgenden Bedingungen notwendig:

- Überzahl von Jungtieren innerhalb eines Wurfes (fehlende Mammakomplexe)
- Ungenügende Vitalität der Neugeborenen
- Aggressivität oder Desinteresse des Muttertieres gegenüber den Säuglingen
- Trennung der Jungtiere von der Mutter bei Wildtieren (Findlinge wie Rehkitze, Heuler, Igel oder Hasen)
- Gewinnung keimfreier Tiere in der Versuchstierhaltung

Die einfachste Lösung zur Aufzucht mutterloser Jungtiere ist außer bei Gnotobioten eine Amme. Allerdings müssen dabei Vorsichtsmaßnahmen getroffen werden, da die „Wechselbälge" vor allem durch olfaktorische Reize erkannt und eventuell von der Amme angegriffen oder abgestoßen werden. Deshalb sollten die eigenen Nachkommen einer Amme zunächst abgesetzt und mit den mutterlosen Jungen zusammengebracht (zur Geruchsangleichung) bzw. gemeinsam mit einer geruchskaschierenden Substanz (Alkohol, Eukalyptusöl u. a.) eingerieben werden. Man läßt die Amme nicht sofort säugen, damit der Milchdruck im Gesäuge ansteigt. So ist die Amme eher bereit, die Fremdlinge zu akzeptieren.

Intolerante Muttertiere bzw. Ammen kann man zusätzlich in den ersten Tagen soweit fixieren (z. B. enge Bucht, Anbinden, Fressgitter), daß sie die zugesetzten Jungtiere nicht verletzen oder abdrängen können. Auf diese Weise werden nach 1−2 Tagen auch von ihnen die mutterlosen Jungen akzeptiert. Auch laktierende Mütter einer anderen Spezies sind evtl. als Ammen geeignet, z. B. Austausch zwischen Schafen und Ziegen bzw. Hunden und Katzen.

Steht keine Amme zur Verfügung, müssen die mutterlosen Jungen mit Milchersatzpräparaten aufgezogen werden. Solche Produkte können zwar die Nährfunktion der Milch, nicht aber ihre Schutzfunktion (Antikörperzufuhr) übernehmen. Aus diesem Grunde ist für den Erfolg der mutterlosen Aufzucht die Bereitstellung von Kolostrum eine wichtige Voraussetzung.

In größeren Beständen (Pferd, Schaf) sollte für solche Notsituationen vorgesorgt werden durch Gefrierkonservierung von Kolostrum. Als Spender sind möglichst ältere Tiere eines Bestandes (weites Antikörperspektrum, hohe Kolostrummengen) zur Zeit günstiger Ernährungsbedingungen (Frühjahr) auszuwählen. Stehen solche Quellen nicht zur Verfügung, kann Rinderkolostrum (z. B. bei Fohlen, Lämmern, Ferkeln) oder unspezifisches Globulin versucht werden.

Ein anderes Verfahren zur Übertragung von Antikörpern, das sich bei Fohlen bewährt hat, ist die intravenöse oder orale Applikation von Mutterblut. Fohlen erhalten 500−1000 ml keimfrei gewonnenes Plasma intravenös oder oral (4−6 Mahlzeiten). Das Blut wird von der Mutter oder ggf. von Stallgefährtinnen gewonnen.

Bei Welpen (Abb. 4.7) und Kaninchen, ebenso bei lebensschwachen Jungen anderer Spezies muß das Kolostrum (Plasma) über geeignete Sonden appliziert werden (Sondenstärke: Fohlen: ~ 10−15 mm, Lamm: 8 mm, Welpen: 5 mm, Kaninchen: 3 mm).

Die Zusammensetzung der Ersatzmilch muß sich weitgehend an der natürlichen Nahrung, der Muttermilch, orientieren (Tab. 3.6). Aus diesem Grunde ist die Verwendung von Milch anderer Spezies im allgemeinen nicht erfolgreich. Bei Ziegenlämmern kann Kuhmilch, bei Ferkeln und Welpen evtl. Schafmilch versucht werden. Sicherer sind jedoch artspezifisch zusammengesetzte Milchaustauscher, die für die meisten Spezies kommerziell zur Verfügung stehen. Ihre Zusammensetzung geht aus Tab. 4.13 hervor.

In Notfällen können auch Mischungen aus verschiedenen, im allgemeinen in jedem Haushalt verfügbaren Lebensmitteln hergestellt werden.

Tabelle 4.13 Zusammensetzung[1] von Milchaustauschern für Säuglinge verschiedener Spezies (Angaben in g je kg uS)

	Fohlen	Kalb[2]	Schaflamm	Ferkel	Hundewelpe	Katzenwelpe	Kaninchen
g MAT/l Wasser	100	100	200−250	200	200−250	200	300
Rohprotein	200−220	200−240	200−250	240−270	300−350	350	350−450
Lysin (min)	14−18	15−20	15−17	15	15−20	15−20	18−20
Rohfett	140	150	150−300	40−70	300−350	200−250	350−450
Rohfaser (max)	10	30	15	10	10	10	10
Rohasche (max)	90	90	90	100	80	80	80
Kalzium	10−12	10−15	9−14	10−14	12−14	12−14	15−20
Phosphor	6−8	7−9	6−7	7−9	8−10	8−10	10−15
Natrium	1−2	2−3	2−3	2−3	3−4	3−4	2,5−3,5

[1] Richtwerte für den Gehalt an Spurenelementen (mg) bzw. Vitaminen (Angaben je kg MAT)
  Fe: 60−200, Cu: 10−15, Zn: 70−100, Mn: 30−40; Vit. A: 12−20 000 IE, Vit. D: 1 000−2 000 IE, Vit E: 20−30 mg
[2] Aufzucht

Diese Komponenten müssen von höchster hygienischer Qualität sein. Als Eiweißquellen kommen Milch und Eier infrage, zur Fettsubstitution verschiedene Fette tierischer oder pflanzlicher Herkunft entsprechend der gewünschten Fettsäurenzusammensetzung. Für eine ausreichende Verdaulichkeit sind die Fette möglichst zu emulgieren, der Zusatz von Eidotter kann dabei hilfreich sein. Als Kohlenhydratquelle ist allein die Laktose geeignet (nicht Rohrzucker!), die mit der Kuhmilch eingebracht wird. Wegen der geringen Laktosetoleranz bei Kaninchen und Welpen ist bei ihnen der Einsatz von Kuhmilch begrenzt.

In Übersicht 4.3 sind Rezepturvorschläge zusammengetragen zur Herstellung von Milchersatz für die wichtigsten Haustiere sowie für einige Wildtiere, die häufiger als Findlinge aufgezogen werden müssen. Für die meisten Spezies kann man leicht muttermilch-ähnliche Mischungen herstellen. Nur für Kaninchenjunge ist es nicht einfach, wegen der sehr spezifischen Zusammensetzung der Muttermilch adäquate Ersatzlösungen zu kon-

Übersicht 4.3 Empfehlungen für die Herstellung von Milchersatzpräparaten für die mutterlose Aufzucht

Fohlen

640 g Kuhmilch
320 g Wasser
 35 g Milch- oder Traubenzucker
1500 IE Vitamin A
 300 IE Vitamin D

oder MAT für Fohlen (125 g/l)
1. Woche 12 × täglich (je 0,5 – 1 % der LM)
ab 2. Woche 6 × täglich (je 2 – 3 % der LM)

Kalttränke möglich

Ferkel

950 ml Kuhmilch
  1   Eidotter
 50 ml Schlagsahne (30 % Fett)
 15 g vit. Mineralfutter für Schweine

2 Wochen 5 – 6 × täglich (je 50 – 150 ml),
ab 3. Woche 3 × (bis 200 ml), je nach Beifutteraufnahme, nach 3 – 4 Wochen absetzen

		Hundewelpen	**Katzenwelpen**
Kuhmilch	ml	400 (3 % Fett)	660 (1 % Fett)
Eidotter	g	80	20
Rinderhack	g	–	90
Maiskeim- od. Sojaöl	g	50	30
Magerquark	g	450	190
vit. Mineralfutter[1]	g	20	10

[1] 20 % Ca

3 Wochen lang 4 – 6×, später 3 – 4× täglich füttern
Menge: etwa 2 kJ/g LM/Tag, d. h. 15 % der LM

Fütterungstechnik:
s. Hund

Kaninchen, Hase

700 g Kuhmilch
      (wenn möglich Kolostrum)
 50 g Eigelb
150 g Sahne (30 % Fett)
 50 g Sonnenblumenöl
 20 g vit. Mineralfutter
      (Ca/P: ~ 2 : 1)

3 × täglich füttern, 5 – 7 % der LM

Rehkitz

100 g Kuhmilch
430 g Wasser
130 g Casein
215 g Rahm (30 % Fett)
 15 g vit. Mineralfutter (ca. 20 % Ca)

50 – 100 g Lösung, 5 – 6× täglich füttern

Meerschweinchen

s. Kaninchen, 2 × täglich 20 – 30 g; ab 2. Tag pelletiertes Alleinfutter; für Meerschweinchen zerkleinert und als Brei verrührt, ab 5. Tag nur breiige Pellets

Igel (LM 50 – 100 g)

s. Hundewelpen, Fütterung alle 3 – 4 Stunden tagsüber, nachts zunächst alle 4 – 5 Stunden

zipieren. Bei Einzeltieren gelingt jedoch mit der angegebenen Rezeptur eine hinreichend erfolgreiche Aufzucht. Müssen junge Kaninchen in größerem Umfang mutterlos aufgezogen werden (Gnotobioten), so sollten Spezialprodukte eingesetzt werden, die kommerziell zur Verfügung stehen.

Die Milchaustauscher werden entsprechend den Anweisungen der Hersteller angerührt. Die Eigenmischungen (Übersicht 4.3) sind unmittelbar einsatzfähig. Für eine gute Verträglichkeit ist Anwärmen auf Körpertemperatur Voraussetzung (möglichst indirekt im Wasserbad).

Futtermenge und Fütterungstechnik müssen sich nach den artspezifischen Besonderheiten richten. Bezüglich der Dosierung können die in Tab. 3.18 angegebenen Milchmengen als Richtschnur dienen. Bei der mutterlosen Aufzucht wird man in der Regel 10–20 % unter diesen Werten bleiben, insbesondere zu Beginn. Überfütterung ist allgemein gefährlicher als eine knappe Versorgung. Appetitverhalten, Kotkonsistenz und Zuwachs sollten zusätzlich im Hinblick auf die richtige Dosierung beachtet werden.

Die Applikationstechnik richtet sich nach dem Reifegrad der Neugeborenen. Fohlen, Lämmer und Ferkel können vom 1. Tag an die Milch aus Schalen und Eimern (evtl. mit Gummisaugern) (Abb. 4.7) aufnehmen. Bei Schaflämmern sind auch Saugflaschen gebräuchlich. Für Welpen und Kaninchen müssen jedoch in jedem Fall Saugflaschen mit leicht gängigen Zitzenöffnungen (Durchfluß: 1 Tropfen pro Sekunde) verwendet werden. Auch über Magensonden ist eine rasche Versorgung möglich (Abb. 4.8 und 4.9).

Die Häufigkeit der Futterzuteilung pro Tag kann aus dem artspezifischen Nahrungsaufnahmeverhalten der Säuglinge (s. Tab. 3.24) abgeleitet werden. Danach müssen Fohlen besonders häufig getränkt werden, während z.B. bei Kaninchen eine 1- oder 2-malige Fütterung pro Tag ausreicht. Zur Arbeitserleichterung können bei Fohlen auch Kalttränken (15–18°C) angeboten werden, die 2 ×, bei hohen Umgebungstemperaturen auch 3 × pro Tag zubereitet werden müssen.

Das Muttertier ist nicht nur Nahrungsquelle für das Neugeborene, sondern auch Wärmequelle. Darüber hinaus muß es bei Säuglingen mit geringem Reifegrad besondere Pflegeaufgaben übernehmen, u.a. die Auslösung der Eliminationsreflexe. Dies ist bei der mutterlosen Aufzucht zu berücksichtigen.

Die Wärmeansprüche sind bei Neugeborenen unterschiedlich hoch (s. Tab. 3.11). Wenn das Muttertier fehlt, sind insbesondere bei kleineren Spezies die klimatischen Verhältnisse zu beachten. Bei Lämmern und Ferkeln können Wärmelampen eingesetzt werden, ebenso bei Welpen. Andererseits sind auch Heizkissen und Wärmflaschen möglich. Besonders hoch sind die Temperaturansprüche neugeborener Kaninchen. Die Schaffung eines geeigneten Mikroklimas ist die entscheidende Voraussetzung für ihre erfolgreiche Aufzucht. Unter natürlichen Bedingungen wird in einem stark mit Wolle gefütterten Nest eine Temperatur von ca. 35 °C erreicht. Dieser Wert muß auch für die künstliche Aufzucht gelten, zumindest bis zur Ausbildung eines vollen Haarkleides bzw. bis das Nest im Alter von 2–3 Wochen verlassen wird. Werden kleinere Kisten mit Watte und ähnlich isolierenden Stoffen ausgefüttert, so kann eine Aufzucht bei Raumtemperatur erfolgen, anderenfalls insbesondere bei Aufzucht einzelner Neugeborener sind zusätzliche Wärmequellen notwendig (z.B. Heizkissen oder Wärmflasche).

Bei Welpen evtl. auch bei Kaninchen müssen nach den Mahlzeiten durch Reiben und Massieren der Anal- bzw. Abdominalregion, am besten mit einem feuchten Tuch, die Reflexe zur Abgabe von Kot und Harn ausgelöst werden. Ebenso ist postprandial durch leichte Massage der Magenregion

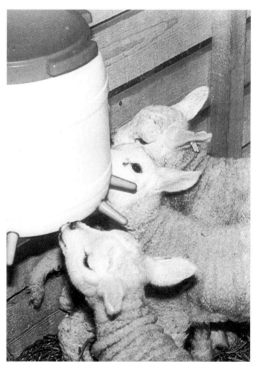

Abb. 4.7 „Lämmerbar" für die mutterlose Aufzucht

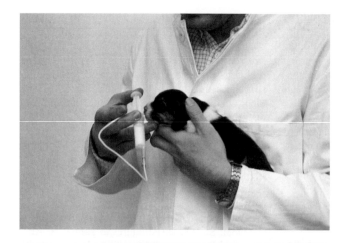

Abb. 4.8 Applikation von Milchersatz bei mutterloser Aufzucht von Hundewelpen (*Meyer* 1983)

Abb. 4.9 Applikation von Kolostrum bzw. Milchersatz bei Lämmern (*Schlolaut* 1981)

das Aufstoßen zu stimulieren. Mutterlos ernährte Jungtiere sollten so früh wie möglich Beifutter erhalten.

Der Absetztermin ist entsprechend Entwicklungsgrad und Beifutteraufnahme festzulegen (im allgemeinen: Fohlen nach 12−15, Lämmern 7−8, Ferkel 3−4, Welpen 4−5, Kaninchen ~ 3 Wochen).

Literatur

Burgkart, M., Bauer, J., F. Rave (1973): Mutterlose Aufzucht − intensive Lämmermast, Arbeiten der DLG, Band 136, DLG-Verlag, Frankfurt

Kienzle, Ellen (1986): unveröffentlicht
Meyer, H. (1980): Ernährungsphysiologische Grundlagen bei Neugeborenen, Fortschr. Vet. Med. (30): 13. Kongreßbericht 39−49
Meyer, H. (1983): Ernährung des Hundes. Ulmer Verlag, Stuttgart
Meyer, H. (1986): Pferdefütterung. Parey-Verlag, Berlin u. Hamburg
Meyer, H., K. Bronsch, J. Leibetseder (1985): Supplemente zu Vorlesungen und Übungen in der Tierernährung. Sprungmann Verlag, Hannover.
Schley, P. (1985): Kaninchen. Ulmer-Verlag, Stuttgart
Schlolaut, W. (1981): Die Milchaustauscheraufzucht von Lämmern, Dtsch. Schafzucht, 30−32
Wolff, R. (1970): Katzen Verhalten, Pflege, Rassen. Ulmer Verlag, Stuttgart

5 Die Haltungsbedingungen für Jungtiere von der Geburt bis zur Entwöhnung

W. GROTH

Haltungsbedingungen und Pflegeaufwand für Jungtiere von der Geburt bis zur Entwöhnung werden von tierartspezifischen und von produktionstechnischen Gesichtspunkten bestimmt. Nesthocker (Hund, Katze, Kaninchen) bedürfen über längere Zeit der Fürsorge in einem warmen, trockenen Nest. Jungtiere, die nach streng wirtschaftlichen Maßstäben möglichst bald ihrer Nutzung zugeführt werden sollen (Kalb, Ferkel, Lamm), werden anders behandelt als Liebhabertiere (Fohlen, Welpen). Arbeitsökonomische Forderungen schränken den Lebensraum und den Komfort des Nutztieres stark ein. Die Darstellung der Haltungsbedingungen muß dieser Realität Rechnung tragen, wenn der Autor sich auch nicht immer mit deren Berechtigung identifizieren kann.

5.1 Die Haltungsbedingungen für das Saugfohlen

Der Stallraum, der Auslauf und die Weide für das Fohlen müssen dessen Drang zum Springen, Spielen, Laufen und später auch zum Rennen gerecht werden. Die Stalleinrichtung, die Boxenwände sowie die Umzäunung des Auslaufes und der Weide sind deshalb so anzulegen, daß das Jungtier sich bei seinem Bewegungsdrang, seinem Neugier- und Erkundungsverhalten keine Verletzungen zuzieht. Beim Umgang mit dem Fohlen ist dessen große Schreckhaftigkeit zu berücksichtigen.

Da das Pferd außerordentlich resistent gegen Witterungseinflüsse, insbesondere auch gegen Kälte und Wind, ist, gab es immer Meinungsverschiedenheiten über die Art der Fohlenaufzucht: Rauh oder schonend. Die richtige Methode liegt wohl in der Mitte. Es sind auch Rassenunterschiede und das Zuchtziel zu berücksichtigen.

5.1.1 Abfohlstall, Geburtsbox

Die Geburt findet meist in der Stutenbox, seltener in einer speziellen Abfohlbox statt. In die Abfohlbox wird die Stute nach Möglichkeit 14 Tage vor dem voraussichtlichen Geburtstermin eingestellt, damit sie sich eingewöhnen kann. Nach dem Abgang der Nachgeburt oder 1–4 Tage später, in manchen Ställen auch erst nach der ersten Rosse am 10. Tag, wird sie mit dem Fohlen in ihre Stutenbox umgestellt. Die Abfohlbox wird gereinigt und desinfiziert und steht dann für die nächste Abfohlung zur Verfügung. Ist die Geburt in der Stutenbox erfolgt, so wird nach dem Abgang der Nachgeburt und der Reinigung der Stute das verschmutzte Stroh entfernt, es wird frisch eingestreut, und zwar, zum Schutz des Fohlens bei Stürzen, an den Boxenwänden entlang stärker als in der Mitte. In den ersten 2 Wochen wird in der Nacht die Geburtsbox schwach beleuchtet. Die Abfohlbox ist mit 16–20 m² meist größer als die Stutenbox (12–16 m²); die Seitenlängen der Boxen müssen wenigstens 3,50 m betragen (*Chwistek* 1971, *Gratopp* 1975, *Marten* 1979, *Schäfer* 1976, *Schwark* 1978).

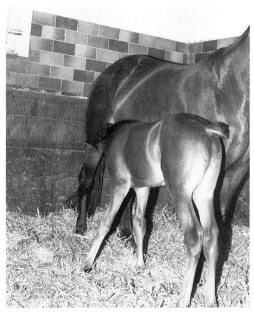

Abb. 5.1 Stutenbox. An den Wänden bis zur Höhe von 1.40 m Bretter, darüber Kacheln, oben zum Feuchteausgleich Kalkanstrich. Reichliche, trockene Stroheinstreu

Um für die Außenwand der Stutenbox einerseits einen atmungsaktiven Kalkputz verwenden zu können, andererseits aber den ausschlagenden Pferdehufen einen schonenden Widerstand entgegenzusetzen, hat sich eine auf Querlatten aufgebrachte Verkleidung der Außenwand mit Holzbohlen bis zur Höhe von 130 cm bewährt (Abb. 5.1). Auch die Boxentrennwände werden im allgemeinen im unteren Bereich, 130–150 cm hoch, als geschlossene Bohlen-Holzwand, oben als 60–100 cm hohes Gitter mit Vertikalstäben im Abstand von 4–5 cm ausgeführt, um den visuellen Kontakt der benachbarten Tiere zu ermöglichen. Stuten mit Fohlen bei Fuß können jedoch durch den Anblick der Stuten der Nachbarbox so in Rage geraten, daß sie mit ihren Hufen der Trennwand arg zusetzen. Es hat sich deshalb in manchen Ställen als zweckmäßig erwiesen, die Trennwände bei Bedarf ganz abzudichten. Darunter leidet allerdings die Luftzirkulation. Zur Stallgasse hin sollte die Boxenwand unbedingt den Durchblick für die Stute und das Fohlen ermöglichen (Abb. 5.2). Die Breite der Boxentür darf für fohlenführende Stuten 125 cm nicht unterschreiten, da das stürmische Fohlen meist zwischen Mutter und Türbegrenzung aus der Box drängt. Zwischen unterer Türkante und Boden soll kein Spalt freibleiben, in dem sich der Huf des Fohlens verkeilen könnte.

Abb. 5.3 Stuten mit Fohlen im geräumigen, hellen, luftigen, gut eingestreuten Laufstall

Abb. 5.2 Aufsatzgitter (Stababstand 5 cm) auf Boxenwand und Schiebetür (Breite: 130 cm), um Mutter und Fohlen den Blick auf die Stallgasse zu ermöglichen

Der Boden der Stuten- bzw. Abfohlbox soll undurchlässig, leicht abtrocknend, griffig, leicht zu reinigen und zu desinfizieren sein. Meist werden Hartziegelsteine oder Betonestrich verwendet, aber auch Gußasphalt und Betonverbundsteinpflaster sind geeignet (*Schulz* 1976, *Osten-Sacken* 1976). Gewachsener Lehmboden, der sicher einige günstige physikalische Eigenschaften hat, kann heute aus hygienischer und arbeitstechnischer Sicht nicht mehr vertreten werden.

Die Wechseleinstreu aus pilz- und staubfreiem Roggen- oder Weizenstroh bietet Wärmedämmung, eine rutschfeste Lauffläche, ein weiches trockenes Lager und ein Polster bei den Stürzen des zunächst noch unsicher auf den Beinen stehenden Fohlens. Sie wirkt günstig auf das Stallklima. Stroh ist außerdem Spielobjekt und wird in geringer Menge vom Fohlen auch aufgenommen. Deshalb muß es eine einwandfreie Qualität haben. Ein- bis dreimal täglich wird ausgemistet, und ein- bis zweimal wird frisch eingestreut. – Matratzenstreu fördert die Entwicklung von Mikroorganismen, Parasiten und Fliegen sowie die Ammoniakbildung, und sie kann Ursache von Hufkrankheiten sein. Darum ist für die Fohlenbox Wechselstreu vorzuziehen. Wenn Matratzenstreu verwendet wird, muß auf häufigen Wechsel (ein- bis zweimal pro Woche) und Vermeidung einer Durchfeuchtung (Jaucheabfluß) Wert gelegt werden. Als Unterlage für das Stroh kann eine Lage Sägemehl verwendet werden. Im übrigen aber sind Sägemehl und Torf als Einstreumittel ungeeignet. Fütterungseinrichtungen werden für das Fohlen im Alter von 2 bis 3 Wochen an benötigt. Das Fohlen kann sein Kraftfutter aus der Stutenkrippe aufnehmen, wenn diese nicht zu hoch angebracht ist (Abb. 5.4a). Die Stute wird so lange angebunden. Bei der Anbindung von Stute und Fohlen wird zwischen Halfter und Kette ein Bindfaden oder ein „Panikhaken" eingeschaltet, der bei gefährlichen Zwischenfällen reißt bzw. sich löst (*Uppenborn* 1982). Die Anbindevorrichtung wird anschließend aus der Box entfernt, da sich sonst das Fohlen darin verheddern oder gar strangulieren könnte. Spezielle Fohlenkrippen, meist aus Holz, werden nach vorheriger Reinigung nur zur Futterzeit eingehängt (Abb. 5.4b), und zwar in einer Höhe von 50 bis 90 cm. Durch Metallstäbe kann gewährleistet werden, daß in fest installierten Fohlenkrippen nur das schmale Fohlenmaul, nicht aber das Maul der Stute hineinpaßt (Abb. 5.4c). Beim Hineinsteigen mit den Vordergliedmaßen kann sich das Fohlen in einer solchen Krippe jedoch verletzen. In Laufställen können die Fohlentröge auch von der Decke des Stalles herabgelassen und anschließend wieder hochgezogen werden. – Noch günstiger ist die Fütterung der Fohlen in einem separaten Fohlenabteil, in das durch eine enge, niedrige Öffnung (Höhe 90–110 cm) nur das Fohlen Zutritt hat. Auch auf der Stallgasse kann den Fohlen das Futter angeboten werden, wobei die Boxentür nur um die Fohlenbreite geöffnet wird. – Heu wird zur Vermeidung von Verletzungen des Fohlens an den Raufen von der 2. Lebenswoche an am besten in Form der Bodenfütterung angeboten. Voraussetzung ist allerdings eine einwandfreie Entmistungs- und Einstreutechnik.

Während das Fohlen in den ersten Lebenswochen das Maul mehr spielerisch in das Tränkbecken taucht, kann man im Alter von einem Monat richtiges Sauftrinken beobachten (*Dillenburger* 1982). Um die Verschmutzung des Beckens mit Futterresten zu vermeiden, wird es in der Box gegenüber der Krippe installiert, und zwar in einer Höhe von 80–110 cm. Die Sauberkeit und Funktionsfähigkeit der Tränkbecken wird täglich kontrolliert. Bei Tränkung aus dem Eimer wird dieser anschließend sofort wieder aus der Box entfernt.

5.1.2 Stallklima

Für das Pferd ist ein Stallklima günstig, das weitgehend dem Außenklima entspricht, wenn die Extremwerte abgemildert werden. Der Stall soll trocken, luftig, zugfrei und hell sein. Vorausset-

Abb. 5.4 a-c a: Kombinierte Krippe für Fohlen und Stute, für das Fohlen eigentlich zu hoch. Während der Fütterung des Fohlens wird die Stute angebunden. Leckstein;
b: Zungen-Beckentränken. Abnehmbare Holzkrippe für das Fohlen, die zur Verhütung von Verletzungen nach der Fütterung ausgehängt wird;
c: fest installierte Fohlenkrippe, in die wegen der Metallstäbe nur das Maul des Fohlens hineinpaßt

zung für gute Luftverhältnisse im Stall ist ein Luftcubus von 30−40 m³ pro Großvieheinheit (GVE, 500 kg). Der Luftaustausch erfolgt meist in Form der Schwerkraftlüftung über Fenster, Türen und Luftschächte. Seltener findet man Ventilatoren in einer Unterdrucklüftung.

Für das Fohlen wird eine optimale Stallufttemperatur von +10 bis +15°C empfohlen (*Lepel* 1970). Andere Autoren vertreten die Auffassung, daß bei dieser Warmhaltung die Thermoregulation der Fohlen kaum beansprucht und deshalb nicht trainiert werde; daraus könne im Winter eine Empfindlichkeit für Erkältungskrankheiten beim Wechsel vom Innen- zum Außenklima resultieren (*Marten* 1979). Durch trockene, kalte Luft wird das Fohlen im Stall für den Aufenthalt im Freien vorbereitet. Als zulässige Werte werden angesehen: +4°C (*Rossdale* 1975), +5 bis +10°C (*Leidl* und *Braun* 1979) bzw. bis +12°C (*Gratopp* 1975, *Uppenborn* 1982). Im Geburtszeitraum müssen dem neugeborenen Fohlen höhere Temperaturen angeboten werden (*Baier* 1978: Minimaltemperatur +7°C; *Leidl* und *Braun* 1979: 12−14°C). Vollblut- und Traberfohlen haben ein etwas höheres Wärmebedürfnis bei geringen Temperaturschwankungen, da sonst die geforderte Frühreife nicht erreicht wird. − In der Geburtsbox können bei Temperaturen von unter +7°C von der Decke herabgelassene Infrarot-Heizstrahler ein für das Neugeborene annehmbares Kleinklima schaffen. Die optimale Luftfeuchte liegt bei 50−70 %.

Besonders ungünstig für das Fohlen sind eine Ammoniakkonzentration von über 20 ppm in der Stalluft sowie eine hohe relative Luftfeuchte von über 80 %. Trockene Luft ($<$ 50 %) fördert den Staubgehalt der Stalluft und kann die Reinigungsfunktion des Flimmerepithels auf den Atemschleimhäuten beeinträchtigen. Staub reizt die Schleimhäute (Husten), ist Träger von Mikroorganismen, kann Ammoniak adsorbieren und, sofern seine Partikelgröße unter 5 µm liegt, in die oberen Luftwege bis in die Terminalbronchien oder die Alveolen transportieren; man vermutet, daß gewisse Staubkomponenten bei Menschen und Tieren allergische Reaktionen auslösen, die möglicherweise Ausgangspunkt von Atemwegserkrankungen sind. Die Staubbelastung wird dadurch verringert, daß die Reinigung, das Einbringen frischer Einstreu, die Heuvorlage und das Kehren der Stallgasse erfolgen, wenn Stute und Fohlen sich im Freien aufhalten.

Die Fenster werden in der Stutenbox entweder so hoch angebracht (200−220 cm), daß die Tiere sie nicht erreichen können, oder man ermöglicht den Pferden die Sicht nach außen und baut sie in 140−180 cm Höhe ein (*Blendinger* 1980); dann müssen sie aber unbedingt durch Stäbe oder Drahtgitter gesichert werden (Stababstand 4−5 cm). Nach DIN 18910 (1974) soll die Fensterfläche 5,0−6,7 % (1/20−1/15) der Stallbodenfläche ausmachen. *Kulemeyer* (1977) verlangt sogar 10 % und rechnet pro GVE 1,0−1,2 m² Fensterfläche. Eine Beleuchtungsstärke in der Box von mindestens 15 lux, im Arbeitsgang von 60 lux, ist erforderlich. − Nach 6 Wochen werden Stute und Fohlen während der Stallperiode in den Gruppenlaufstall (Abb. 5.3) überführt, in dem für sie ein Flächenanteil von mindestens 20 m² zur Verfügung steht. *Schwark* (1978) empfiehlt Gruppengrößen von maximal 10 Mutterstuten und Fohlen.

5.1.3 Auslauf, Weidegang

Die Bewegung des Fohlens im Auslauf und auf der Weide ist ein unentbehrlicher Faktor für die Entwicklung des Tieres. In den ersten 2−3 Tagen nach der Geburt bleibt die Stute mit ihrem Fohlen in der Box. In großen Gestüten werden die Fohlen erst nach Abschluß der Fohlenrosse und des damit verbundenen Fohlendurchfalls etwa am 10. Tag nach der Geburt ins Freie gelassen. Zur Verminderung der Gefahr des Ausgleitens beim Austreiben wird die Stallgasse mit Gummimatten ausgelegt. Bei trockener Witterung wird zunächst die Mutterstute allein ausgetrieben, damit sie ihrem Bewegungsdrang nachgeben kann, ohne daß das Fohlen Schritt halten muß und sich dabei überanstrengt oder es zu Unfällen kommt. Die Zeit des Aufenthaltes im Freien kann, mit 5−15 Min. beginnend, von Tag zu Tag um 5−10 Min. gesteigert werden. Zwei kürzere Auslaufperioden pro Tag sind besser als eine längere. Bei den ersten Weideaustrieben wird in manchen Betrieben die Stute geführt, während das Fohlen frei läuft. Bei Regen und extrem niedrigen Temperaturen bleibt das Fohlen im Stall.

Eine Woche brauchen die Stute und ihr Fohlen, um sich an den Weidegang zu gewöhnen, und so lange bleiben sie allein. Danach werden sie gemeinsam mit anderen Mutterstuten und Fohlen ausgetrieben. − Für Zeiten großer Mittagshitze sollte auf der Weide nach Süden oder Westen offene Schutzhütten zur Verfügung stehen; andernfalls empfiehlt es sich, Stute und Fohlen für einige Stunden in den Stall zu holen. Ob die Tiere auch nachts aufgestallt werden, hängt von der Witterung ab. Besondere Fürsorge in dieser Hinsicht wird für Vollblutfohlen gefordert.

Als Weideeinzäunung ist Stacheldraht strikt abzulehnen, da die übermütigen Fohlen sich daran schwere Verletzungen zuziehen können. Meist werden Holzstangenzäune, zum Teil in Verbindung mit Elektrozaun, verwendet. Zum Schutz vor Parasitenbefall sollten die für Mutterstuten mit Fohlen vorgesehenen Weiden vom vorhergehenden Spätsommer an nicht mehr von Pferden (wohl von Rindern) beweidet werden.

5.1.4 Die Pflege des Fohlens

Wie unmittelbar vor der Geburt, so ist auch in den darauffolgenden 24 h die kontinuierliche Beobachtung von Stute und Fohlen angebracht. Falls das dunkelbraune Darmpech innerhalb von 8 h p.p. nicht abgesetzt wurde, hilft man mit einem Einlauf nach. Der Nabel des Fohlens wird in der ersten Lebenswoche täglich untersucht, nachdem er innerhalb der ersten 24 Stunden p.n. zweimal desinfiziert wurde. Auch später wird regelmäßig der Kotabsatz und der beim Fohlen häufige Harnabsatz kontrolliert. Ebenso muß sich der Tierbetreuer laufend über die Funktionsfähigkeit des Euters der Stute und die ausreichende Aufnahme von Kolostrum und Milch durch das Fohlen informieren. Nach Möglichkeit wird in den ersten 10 Lebenstagen bei den Fohlen die Rektaltemperatur gemessen, um frühzeitig Infektionskrankheiten zu erkennen.

Am Ende der 1.–2. Lebenswoche erhält das Fohlen sein erstes Lederhalfter. Dieses Leder ist dehnbar und kann bei starker abrupter Belastung reißen. Nylonhalfter dagegen sind zu stabil und deshalb nur mit Sicherheitsverschlüssen zwischen Anbindung und Halfter (z. B. „Panikhaken") verwendbar. Das Halfter wird so angepaßt, daß zwischen Lederriemen und Fohlenkopf ein Finger hineinpaßt. Am Nasenriemen, am Genickstück und am Kehlriemen ist eine Erweiterung mit dem Kopfwachstum möglich. Erst mit vier Wochen kann man das Fohlen an diesem Halfter auch halten, führen und einfangen. Mit der geduldigen, aber konsequenten Erziehung des Fohlens beginnt man bereits in den ersten Lebenstagen. Die Gewöhnung an das Anbinden, das Putzen mit einer Kardätsche und das Aufheben der Füße soll im Alter von 4–6 Wochen abgeschlossen sein. Dann erfolgt die erste Kontrolle der Hufe und ggf. eine Korrektur der Hufe durch den Hufschmied. Im Alter von 5–6 Monaten wird das Fohlen abgesetzt. Es hat bis dahin etwa 43 % der Lebendmasse des ausgewachsenen Pferdes erreicht.

5.2 Die Haltungsbedingungen für das Saugkalb

Die Haltungsbedingungen für das Saugkalb richtet sich nach dem Alter und dem Nutzungszweck: „Kolostralperiode" in den ersten 14 Lebenstagen; Aufzuchtperiode für die Nachzucht oder bis zum Frühabsetzen für die Rindermast; Kälbermast mit Milchaustauschertränke bis zum Alter von 4–5 Monaten.

5.2.1 Kolostralperiode

Meist bleibt das Kalb zur Kolostrumaufnahme bis zu zwei Tage lang in der Nähe der Mutter. In Anbindeställen ist es auch heute vielerorts noch üblich, die Kälber hinter den Kühen an der kalten und oft feuchten Stallaußenwand anzubinden (Abb. 5.5). Das ist der ungünstigste Ort für das Neugeborene, ist doch eine einseitige Abkühlung infolge der Wärmestrahlung des Körpers zur kalten Stallwand hin unvermeidlich; außerdem ist das Kalb einem abwärts gerichteten Luftzug infolge der Abkühlung der Luft an der Stallwand ausgesetzt, und es kommt viel zu früh, immunologisch noch ungeschützt, massiv mit Mikroorganismen in Kontakt, die von den Kühen mit Kot und Harn ausgeschieden werden. Schließlich ist auch das häufig im Kuhstall herrschende ungünstige Stallklima sehr unzuträglich für das Kalb.

Abb. 5.5 Ungesunde Aufstellung der jungen Kälber im Kuhstall an der kalten, nassen Außenwand unter den zugigen Fenstern im Mistbereich der Kühe

Aus den genannten Gründen werden die neugeborenen Kälber am besten in einem räumlich vom Kuhstall abgetrennten Kälberstall untergebracht, der hell, luftig, trocken und zugfrei ist. Es kann ein Warmstall oder ein Kaltstall sein. Im *Warm-*

stall sind die raumumschließenden Bauteile wärmedämmend. Die Wandtemperatur soll nicht mehr als 0,3 °C niedriger sein als die Raumtemperatur. Die Lufttemperatur wird im Winter durch Einsatz einer Heizung auf etwa 15 °C (12–18 °C) eingestellt, die relative Luftfeuchtigkeit darf 70 % und die Luftbewegung im Tierbereich 0,2 m/s nicht überschreiten.

In großen Betrieben ist es zweckmäßig, für den Kuhstall und den Kälberstall getrenntes Personal vorzusehen; wenigstens sollten für die Arbeit im Kälberstall Gummistiefel und Schutzkleidung gewechselt werden. Durch regelmäßige Reinigung und Desinfektion wird der Kälberbereich keimarm gehalten. Die Kälbereinzelbox, die dem Neugeborenen 14 Tage lang als Lager dient, ist zerlegbar und wurde vor der Einstellung des Kalbes gründlich gereinigt und desinfiziert. Sie ist 80 cm breit, 120 cm tief, die Wände sind 100 cm hoch. Um Zugluft abzuhalten, bestehen die Rück- und Seitenwände aus kunststoffbeschichteten Platten, die Vorderfront ist eine Gittertür mit einer Halterung für den Tränkeimer (Abb. 5.6). Falls das Kalb länger (z. B. 3 Monate) in der Box bleiben soll, sind an der Vorderfront der in diesem Falle 100 × 140 cm großen Box auch Vorrichtungen für Kraftfutterbehälter, Heuraufe und Wassereimer erforderlich. – Der etwa 25 cm über den Stallboden angehobene Boden der Kälberbox ist perforiert, z. B. in Form eines Lattenrostes (Latten 4–8 cm, Spalten 2 cm breit), und gut eingestreut. Am ersten Tag sorgt ein über der Box aufgehängter Infrarotstrahler für die Erwärmung des Kleinklimas auf 22–24 °C und für die Abtrocknung des Kalbes.

Das Rind ist gegen Kälte sehr resistent. Auch Kälber kann man nach vollständigem Abtrocknen bereits kurz nach der Geburt ohne Schaden niedrigen Lufttemperaturen aussetzen, sofern keine Zugluft einwirkt und eine reichliche, trockene Einstreu angeboten wird (*McKnight* 1978, *Larsen* und Mitarb. 1980, *Williams* und Mitarb. 1981, *Piotrowski* und *Borchert* 1985, *Kunz* und *Montandon* 1985, *Daenicke* 1985).

a b

Abb. 5.6 a/b a: Primitive, gut eingestreute Box für das neugeborene Kalb im luftigen, zugfreien Kälberstall; b: bewährte zerlegbare Box, Modell Grub, Vorderfront als Tür mit Halterung für den Tränkeimer, Boden 25 cm aufgesockelt, Lattenrost, der mit Stroh bedeckt wird

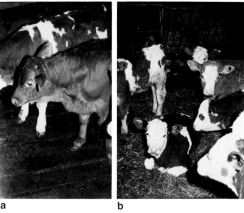

Abb. 5.7 a/b Kälberaufzuchtstall; a: mit Beton-Spaltenboden; b: mit Stroheinstreu

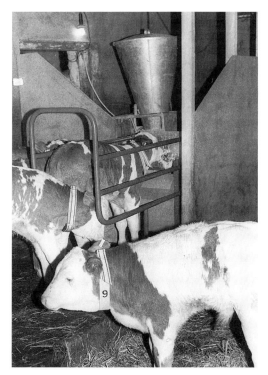

Abb. 5.8 Aufzuchtkalb am Tränkedosier-Automaten. Halsbänder mit Tieridentifizierungseinrichtung

Abb. 5.9 a-c Robuste Kälberaufzucht;
a: in Fiberglas-Iglus (Foto: Dr. *Kunz*, Tänikon, Schweiz);
b: Holzhütten; c: in einem Offenstall

Die Haltung von Kälbern im Kaltstall bzw. Offenstall (Abb. 5.9) oder in Kälberhütten hat sich besonders bewährt, wenn die Kälber bis dahin im Kuhstall untergebracht und wegen ungünstiger klimatischer und hygienischer Verhältnisse (Luftfeuchte, Ammoniak-, Staub- und Keimgehalt der Luft) einem hohen Krankheitsrisiko ausgesetzt waren.

Die im Freien aufgestellten Holzhütten (*Süss* und *Sebestik* 1983, *Bates* und Mitarb. 1985 – Abb. 5.9b) bzw. Fiberglas-Iglus (*Kunz* 1985 – Abb. 5.9a) dienen entweder nur für eine Woche (*Heiting* 1984) oder in Verbindung mit einem kleinen Auslauf für 1–3 Monate zur Unterbringung der neugeborenen Kälber. Anschließend werden diese in die Gruppenbucht im Kaltstall umgestellt. Die Hütten werden zur Vermeidung einer Parasiten- und Keimanreicherung nach jedem Durchgang versetzt. – Die Frontöffnung der Hütten dürfen nie verschlossen werden, sonst steigt im Inneren die Luftfeuchte, und es kommt im Winter zur Reifbildung und zur Durchfeuchtung der Einstreu und des Felles der Kälber. Im Sommer besteht die Gefahr des Wärmestaues in den Hütten. Deshalb sollte im oberen Bereich der Rückwand eine Lüftungsklappe eingebaut und bei der Standortwahl an Schattenschutz gedacht werden. Hierfür sowie zum Schutz vor ergiebigen Regenfällen ist die Aufstellung der Hütte unter einem offenen Dach zweckmäßig.

Fütterung, Tränkung und Reinigungsarbeiten sind bei Hüttenhaltung sehr arbeitsaufwendig und bei schlechtem Wetter unangenehm. Der Erfolg ist deshalb von der Qualität und Motivation des Tierbetreuers abhängig. Bei konsequenter Durchführung des Verfahrens kann die Krankheits- und Verlustrate im Vergleich zur Warmstallhaltung drastisch gesenkt werden.

5.2.2 Mutterkuhhaltung

Bei den in der Landwirtschaft heute praktizierten Haltungsverfahren ergibt sich aus ökonomischen, arbeitstechnischen und zum Teil auch aus hygienischen Gründen die Notwendigkeit, das Kalb möglichst bald von der Mutter zu trennen. Ein natürliches Mutter-Kind-Verhältnis kann sich nur noch in der Mutterkuhhaltung entwickeln, bei der die Kälber (ausschließlich Fleischrinderrassen) auf der Weide (Frühjahr/Sommer 0,5 ha pro Kuh mit Kalb im Jahr) oder im eingestreuten Laufstall (meist Altgebäude und Scheunen) bis zum Alter von 6–8 Monaten bei der Mutterkuh in der Herde bleiben. Die Kälberverluste sind wegen der ungünstigen hygienischen und stallklimatischen Verhältnisse hoch (*Jans* 1977, *Högermeyer* 1978).

Hammer (1976) und *Högemeyer* (1978) beschreiben Haltungssysteme für Mutterkuhhaltung im Tiefstreulaufstall bzw. im Liegeboxenlaufstall. Für die Abkalbungen ist ein Bereich abgetrennt (9 m² pro Kuh mit Kalb; Abb. 5.10). Dort können günstige hygienische Verhältnisse hergestellt werden, die Geburt kann überwacht werden, und die Kalb-Kuh-Beziehung in den ersten Lebensstunden wird gefördert. Im Abkalbestall bleibt die Kuh mit dem Kalb 3 Wochen. Für die Kälber ist eine zugfreie, gut eingestreute Liegefläche (0,5 – 1,0 m² pro Kalb) vorgesehen, die den Müttern nicht zugänglich ist (Kälberschlupf); hier können die Kälber ungestört ruhen, Heu und Kälberaufzuchtfutter aufnehmen. In Laufbuchten sind nach Untersuchungen von *Engelhard* und *Meinicke* (1980) Gruppengrößen von 5 Mutter-Kind-Paaren optimal.

a

b

Abb. 5.10 a/b Mutterkuhhaltung im Offenlaufstall; a: Lauffhof mit Freßständen; b: Abkalbebuchten

5.2.3 Kälberaufzucht

Die Aufzucht der Kälber bis zum Absetzen mit etwa 100 kg Körpergewicht findet entweder im Milcherzeugerbetrieb, im Entwöhnungsbetrieb („Fresserproduktion") oder im Rindermastbetrieb statt. Während der Aufzucht werden die Kälber gekennzeichnet; soweit sie für Gruppenhaltung (Milchvieh, Rindermast) vorgesehen sind, werden sie enthornt. Das geschieht durch Zerstörung der Hornanlage im Alter von 3 bis 6 Wochen mit dem Thermokauter oder, weniger zuverlässig, im Alter von 1 bis 4 Wochen mit einem Ätzstift.

Gruppenhaltung (Abb. 5.7): Werden die Kälber zugekauft, so muß der Aufzuchtstall entsprechend dem Rein-Raus-Prinzip nach jeder Aufzuchtperiode total geräumt, gründlich gereinigt und anschließend mit wirksamen Mitteln (Liste der Deutschen Veterinärmedizinischen Gesellschaft, Gütezeichen der Deutschen Landwirtschafts-Gesellschaft) desinfiziert werden. Nach einigen Tagen der „Stallbrache" können neue Kälber eingestellt werden.

Für junge Kälber sind die reichlich eingestreute Sammelbucht oder die Tiefstreubucht gut geeignet, letztere mit einem täglichen Strohbedarf von 3 kg pro Tier. Auf Vollspaltenboden sollten Kälber frühestens im Alter von 4–8 Wochen bzw. mit einem Mindestgewicht von 60–80 kg gestellt werden. Bis dahin kann den jungen Tieren durch Einlegen von Gummimatten oder einer Holzbretterbühne mit 3 % Gefälle, die mit Sägemehl eingestreut wird, ein adäquater Liegeplatz angeboten werden. Die frühe Gewöhnung an den Spaltenboden bereitet die Kälber auf die in der Bullenmast übliche Haltung auf Beton-Vollspaltenböden vor. Bei Kälbern, die sich bis dahin auf Tiefstreu bewegt haben, treten bei der Umstallung in den Maststall häufig Lahmheiten auf. Um sowohl dem Liegekomfort als auch der Klauenhärtung gerecht zu werden, wird auch ein Teilspaltenboden mit zu Beginn leicht eingestreuter Liegefläche (5 % Gefälle) verwendet, deren Sauberhaltung allerdings sehr arbeitsaufwendig ist, da die Rinder nicht, wie die Schweine, den Kot an bestimmten Plätzen absetzen. – Eine weitere tierfreundliche Alternative stellt die Zweiraumbucht dar: entlang dem Trog 1,30 m Spaltenboden, dahinter 2,80 m eingestreuter Liegeplatz (Tiefstreu).

Bei Haltung auf Vollspaltenböden sind erhöhte Anforderungen an die Tierüberwachung und an das Stallklima zu stellen. Als Material für den Spaltenboden können verwendet werden: Wärmedämmender Beton (ziegelummantelt, Blähton) oder Kunststoff (hautfreundlich, berührungswarm, Problem der rutschigen Oberfläche zur Zeit noch nicht gelöst); Hartholz (Bongossi) hat viele gute Eigenschaften, wird aber durch Verschmutzung mit Kot und Harn zu rutschig. *Süss* und Mitarb. (1986) empfehlen gummiummantelte Stahlbetonroste, die im Vergleich zu Betonrosten die Wärmeleitung um 30 % verringern; im Wahlversuch wurde dieser Boden eindeutig bevorzugt, Klauenschädigungen traten nicht ein. – Einwandfreie Beschaffenheit des Spaltenbodens ist unerläßlich. Die DIN 18908 fordert: Balkenbreite 8–10 cm, Spaltenweite 2,3–2,8 cm, ebene Verlegung, gebrochene Balkenkanten, trittsichere Oberfläche.

Für die Trinkwasserversorgung stehen Beckentränken zur Verfügung, deren oberer Rand 50 cm über der Lauffläche liegt. Heu und Kraftfutter werden im Trog angeboten. An jedem der 40–60 cm breiten Freßplätze ist ein Saugeimer für die Aufnahme von Milchaustauschertränke schräg eingehängt, so daß der Sauger in 70 cm Höhe dem Kalb zugänglich ist. Das absperrbare Freßgitter ermöglicht es, die Kälber nach der Aufnahme der Milchaustauschertränke noch für 20 min zu fixieren. Sie werden dadurch veranlaßt, Rauh- und Kraftfutter aufzunehmen; außerdem läßt in dieser Zeit der Saugdrang nach, und die Tendenz zum gegenseitigen Besaugen wird verringert. – Tränkautomaten gestatten den Kälbern, häufiger kleinere Milchaustauschermengen aufzunehmen, als das bei der arbeitsaufwendigen Tränkung aus dem Eimer möglich ist. Neuerdings eröffnen Dosierautomaten mit elektronischer Tiererkennungseinrichtung (Abb. 5.8) die Möglichkeit, daß jedes Kalb pro Tag nur eine gewisse Tränkemenge in festgelegten Portionen abrufen kann (*Pirkelmann* 1986). Der Tränkautomat ermöglicht den Kälbern artgemäßes Saugverhalten.

Einzelhaltung: Der einstreulose, 70 cm breite Kurzstand für Aufzuchtkälber bis zum Gewicht von 150 kg ist im vorderen Bereich (70 cm) planbefestigt und mit einer Gummimatte abgedeckt oder als Rost aus gerillten Bongossiholzbohlen (Balken 6 cm, Spalten 2,5 cm) ausgebildet; daran schließt sich ein Metallrost (100 cm) an, dessen Stege 2 cm und Schlitze 3 cm breit sind. Die Stände sind durch ein 70 cm langes Seitentrenngitter mit 25 cm Bodenfreiheit voneinander abgegrenzt. Frontal sind hochklappbare Eimerhalter, für je 2 Kälber ein Tränkbecken, und eine elastische Krippenwand (Gummiband) montiert. – Der eingestreute Kurzstand ist 130 cm lang, dahinter liegt, 12 cm tiefer, die Kotplatte. Geeignete Bodenbeläge sind Spezialestriche, Spezial-Gußasphalt und Stallbodenplatten. Die Kälber sind mit einem senkrecht verlaufenden Kunststoffband (*Grabner*-Anbindung) oder mit Ketten befestigt.

5.2.4 Kälbermast (Abb. 5.11)

Die Kälber werden im Alter von 2−3 Wochen (Norddeutschland) bzw. 4−6 Wochen (Süddeutschland) mit einem Körpergewicht von 40−80 kg eingestellt. Die Mast dauert 10−16 Wochen, und im Alter von 14−20 Wochen erreichen die Kälber dann ein Gewicht von 160−180−200 kg. Die täglichen Gewichtszunahmen in dieser Zeit (1000−1400 g) sind außerordentlich hoch.

Neuerdings wird die Kälbermast in Gruppenbuchten auf 22−24 Wochen verlängert (Endgewicht 230 kg). Zusätzlich zur Milchaustauschertränke werden Stroh-Cobs angeboten; dadurch wird das gegenseitige Belecken und Besaugen der Kälber weitgehend unterbunden, der Kot ist geformt, der Spaltenboden trocken.

Der sehr rasche Tierumschlag birgt die Gefahr der Einschleppung von Krankheitserregern. An die tiergerechte Ausführung des Haltungssystems, die hygienischen Maßnahmen, das Stallklima, die regelmäßige Beobachtung und sorgfältige Betreuung dieser Kälber sind hohe Anforderungen zu stellen. Zur Unterbrechung der Infektkette ist das Rein-Raus-Verfahren geeignet. Um kleinere Gruppen gleichzeitig einstellen und verkaufen zu können, ist der Stall in geschlossene Abteilungen mit je 40−50 Tieren unterteilt, die vor jeder Neubelegung gründlich gereinigt und desinfiziert und nach einer viertägigen „Stallbrache" vor dem Eintreffen der jungen Kälber auf 22 °C vorgewärmt werden.

Einzelhaltung: Die Einzelhaltung in Boxen mit hohen, geschlossenen seitlichen Wänden ist abzulehnen. Wo sie noch verwendet wird, muß sie nach dem Tierschutzgutachten folgende Bedingungen erfüllen: Die lichte Boxenbreite entspricht der Widerristhöhe des Kalbes; falls im unteren Bereich der Seitenwände ein Freiraum von mindestens 30 cm Höhe besteht, braucht die Breite nur 70 % der Widerristhöhe zu betragen. Für die Länge der Box bzw. des Anbindestandes fordert *Bogner* (1978, 1981), einen Mindestwert in cm von $(0{,}5x + 45) \cdot 1{,}5$ (x = Widerristhöhe). Die genannte Formel, die von *Bogner* (1978) anhand umfangreicher Untersuchungen ausgearbeitet wurde, ermöglicht die Festlegung der Boxen- bzw. Standmaße für Kälbergruppen unterschiedlicher rassen- oder altersbedingter Größe. Sie dienen dem Tierhalter, dem Stallbautechniker und dem für den Tierschutz verantwortlichen beamteten Tierarzt als Standard (Tabellen) für die Planung und Kontrolle von Ställen. Für Kälber mit 90 cm Widerristhöhe ergeben sich daraus eine Boxenbreite von 90 cm, eine Anbindestandbreite von 63 cm und eine Stand- bzw. Boxenlänge von 135 cm.

Als Begründung für die Verwendung hochgeschlossener Boxen, die die Befriedigung des Kontakt-, Neugier-, Erkundungs- und in geringem Umfang des Spielbedürfnisses der Kälber beeinträchtigen, wurde angegeben, daß bei offener Anbindehaltung die Gefahr der Ausbreitung von Infektionen von Tier zu Tier und des gegenseitigen Beleckens bestehe (Bezoarbildung im Pansen). Da solche Ansteckungen auch durch eine Bretterwand nicht aufzuhalten sind (Literatur bei *Schmoldt*

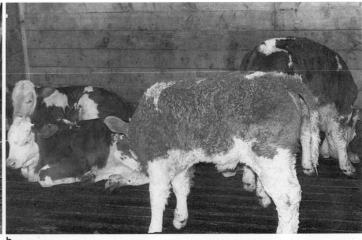

a b

Abb. 5.11 a/b Milchaustauscher − Mastkälber; a: im Anbindestand, planbefestigte Liegefläche mit Gummimatte bedeckt, frontal Halterung für den Nippeleimer und Behälter für die Strohzufütterung; b: auf Spaltenboden

1980) und isolierte Kälber sich auch selbst belecken (*Groth* und *Berner* 1971), sollte bei Einzelhaltung dem Anbinde-Kurzstand ohne seitliche Sichtblenden der Vorzug gegeben werden. In diesem Anbindestand (Abb. 5.11), der sich allgemein in Süddeutschland durchgesetzt hat, werden die Mastkälber aus arbeitswirtschaftlichen Gründen meist ohne Einstreu gehalten. Die Übersicht, die Gesundheitskontrolle und die individuelle Betreuung sind gewährleistet.

Gruppenhaltung: Bei Gruppenhaltung werden die Mastkälber aus Eimern oder aus Tränkautomaten getränkt. Pro Kalb soll eine Buchtenfläche bei Haltung auf Stroh von 1,7 bzw. 2,0 m² (180 bzw. 220 kg Endgewicht), auf Vollspaltenboden von 1,2 bzw. 1,4 m² zur Verfügung stehen. Bei zu schwacher Belegung des Spaltenbodens wird der Kot nicht genügend durchgetreten, und die Tiere verschmutzen. *Bogner* (1981) gibt als Buchtenflächenbedarf pro Kalb an: $138 \cdot x + 640$; bei einer Widerristhöhe (x) von 90 cm ergeben sich 1,31 m².

Den heute im Vordergrund stehenden ökonomischen und arbeitstechnischen Gründen für die einstreulose Haltung stehen bedeutende Vorteile der Haltung auf Stroheinstreu gegenüber, sofern nicht in unzulässiger Weise mit Stroh gespart wird: Weiches, trockenes, warmes Lager, rutschfeste Standfläche, Erhöhung des Wohlbefindens der Tiere; ausgleichende Wirkung auf das Stallklima: Stroh bindet Feuchtigkeit; das Stroh-Kot-Harn-Gemisch (Mist) bildet im Stall ein Milieu, in dem vorwiegend aerobe Mikroorganismen leben, daraus folgt eine Verringerung der Schadgasbildung; die Lufttemperatur im Stall kann um 3–5 °C niedriger eingestellt werden als bei einstreuloser Haltung (Energieeinsparung); bei der Eintönigkeit der Stallumwelt stellt das Stroh ein willkommenes Spielobjekt für die Tiere dar; dem Stroh, das aus der Einstreu aufgenommen wird, kommt außerdem eine im allgemeinen günstige diätetische Wirkung zu: Verringerung der Saug- und Leckaktivität und der Bildung von Haarballen im Pansen (*Groth* 1971, *Bogner* und Mitarb. 1973, *Groth* und Mitarb. 1979).

Für die Entmistung bei einstreuloser Haltung haben sich das Fließ- oder Treibmistverfahren und das Stau-Schwemm-Verfahren bewährt. Während bei ersterem der Flüssigmist (7–9 l pro Kalb und Tag) unter einer Schwimmschichtdecke in den Kanälen (ohne Gefälle) kontinuierlich über eine niedrige Staunase in die Vorgrube außerhalb des Stalles fließt, bleibt das Kot-Harn-Gemisch beim Stau-Schwemmverfahren bis zum Mastende in den Kanälen und wird dann durch Hochziehen der Stauklappe abgelassen; dabei werden die Kanäle völlig geleert und können gereinigt und desinfiziert werden. Die Kapazität des Güllelagerraumes (0,3–0,5 m³ pro Kalb) sollte für eine volle Mastperiode (4 Monate) reichen.

Stallklima: Die hohe Stoffwechselrate der ungewöhnlich rasch wachsenden Kälber sowie die Gasemissionen des Flüssigmistes führen zu einer hohen Belastung der Stalluft mit Kohlendioxid, Wasserdampf und Ammoniak, unter besonders ungünstigen Situationen auch mit Schwefelwasserstoff. Mastkälber sind gegen Klimaschwankungen im Stall empfindlicher als Aufzuchtkälber. Ein korrekt funktionierendes Lüftungssystem (Gleichdruck- oder Unterdrucklüftung) und Heizeinrichtungen (Raumheizung, Strahlerheizung oder Anwärmung der zugeführten Frischluft) für die kalte Jahreszeit sind, besonders bei einstreuloser Haltung, unerläßlich. Auf eine einwandfreie Führung der Frischluft, die eine gleichmäßige zugfreie Durchflutung der Tierbereiche ohne Kurzschlüsse oder nicht belüftete Nischen sichert, ist zu achten. Die Stalluft wird im Winter zwei- bis fünfmal, im Hochsommer etwa zehnmal in der Stunde ausgewechselt. Die pro Tier in einer Stunde dem Stall zugeführte Frischluftmenge (Luftrate) soll für 150 kg schwere Kälber nach der DIN 18910 im Sommer 97–129 m³, im Winter etwa 23 m³ betragen.

Die Gewährleistung eines zuträglichen Stallklimas ist nur möglich, wenn das pro Kalb zur Verfügung stehende Luftvolumen (Luftcubus) im Stallraum eine Größe von 5–8 m³ (je nach Endgewicht) erreicht. Um kalte Thermik-Luftströme im Stall, einseitige Abkühlung der Körperoberfläche durch Wärmeabstrahlung an kalte Wände sowie Wasserkondensation an Stallbauteilen zu vermeiden, sollten die raumumschließenden Bauteile hohes Wärmedämmvermögen (k-Wert 0,5 $W \cdot m^{-2} \cdot K^{-1}$) haben.

Die Lufttemperatur wird in der Stallabteilung, in die junge Kälber neu aufgenommen werden, zunächst auf 22 °C eingestellt. Während der Mast hält man bei einstreuloser Haltung die Temperatur bei etwa 18 °C, bei der seltener anzutreffenden Haltung auf Stroh genügen 15 °C. Für schwere Kälber sind Temperaturen von über 25 °C unzuträglich. Die relative Luftfeuchte soll 80 % nicht überschreiten; in geheizten Ställen kann sie stark absinken. Sofern der Gehalt an Ammoniak oder Staub in der Luft nicht unzulässig hoch ist, bewirkt nach unserer Erfahrung ein Abfall der Luftfeuchte bis auf 40 % noch keine Beeinträchtigung der Funktion der Atemschleimhäute. Tiefere Werte erfordern eine Luftbefeuchtung.

Während CO_2 bei den im Stall auftretenden Konzentrationen nicht toxisch wirkt, wohl aber ein wichtiges Kriterium für die Luftqualität darstellt, wirkt NH_3 reizend auf die Atemschleimhäute, und H_2S ist ein gefährliches Gift für Mensch und Tier. Die in der DIN 18910 genannten Toleranzgrenzen sollten bei der nächsten Überarbeitung reduziert werden, und zwar für CO_2 von 3500 ppm (= 0,35 Vol. %) auf 3000 ppm, für NH_3 von 50 auf 20 ppm und für H_2S von 10 auf 5 ppm.

5.3 Die Haltungsbedingungen für Schaflämmer

5.3.1 Aufzuchtverfahren

Wenn in *Wanderschafherden* (Hüteherden) der Hütebereich sich auf relativ geringe Entfernungen erstreckt, können die Mütter mit ihren im Sommer (August/September) geborenen Lämmern stationär auf einer Koppel gehalten werden. Einlinge, die im Vergleich zu Mehrlingen eine bessere Kondition haben, können oft schon im Alter von einer Woche in der Herde mitgehen. Überraschend früh einsetzendes Winterwetter verursacht größere Lämmerverluste. Durch Hütehunde, besonders Rüden, werden junge Lämmer, die zurückbleiben oder in die falsche Richtung laufen, manchmal hart angegangen, eventuell auch verletzt, sogar mit Todesfolge. Meist werden die Wanderschafherden im Spätherbst in die Nähe des Winterquartieres getrieben. Die Lammzeit fällt auf die Monate Dezember und Januar; die Lämmer sind dann im März/April so gut entwickelt, daß sie mit auf den Marsch gehen können. – Erfolgen einzelne Ablammungen früher, so werden die Mütter mit den Lämmern aus der Wanderherde abgeholt und in den Winterstall gebracht oder bei Bauern im Hütebereich eingestellt. – Im Winterquartier werden die hochträchtigen Mütter vor dem Ablammen von der Herde getrennt. Vor oder spätestens kurz nach der Geburt werden sie mit ihren Lämmern einzeln in durch Hürden abgetrennten Boxen auf Stroh gehalten.

Die im Stall stattfindende Ablammung im Frühjahr (Februar/März) wird bei der kombinierten Stall-Weide-Haltung, *Koppelschafhaltung*, bevorzugt. Die Lämmer werden ab April an der Mutter (nach *Behrens* 1983: 8–12 Mutterschafe mit 12–15 Lämmern pro ha) auf der eingezäunten Weidekoppel aufgezogen und gemästet und erst bei Mastende im Juli/August mit einer Körpermasse von 40–50 kg abgesetzt (Milchlämmermast). *Schwintzer* (1983) hält für Milchschafe einen Besatz von 6–7 Muttern mit Lämmern für angemessen. – Für die Einzäunung empfiehlt *Brüne* (1984) ein Knotengitter, dessen horizontale Drähte im unteren Bereich einen Abstand von 10 cm, im oberen Bereich von 18 cm haben; der Zwischenraum zwischen den senkrechten Drähten beträgt etwa 17 cm.

Beim gemeinsamen Weidegang wird den Mastlämmern die Möglichkeit geboten, einen von den Müttern noch nicht beweideten sauberen, parasitenfreien Weidebereich durch einen Lämmerschlupf (Breite 23 cm, Höhe 27 cm) aufzusuchen, dort wohlschmeckendes Futter, bei Bedarf (schlechte Weide) auch Kraftfutter aufzunehmen („creep grazing system") und anschließend zum Saugen zur Mutter zurückzukehren (Abb. 5.12).
– Bei der Koppelschafhaltung werden die Lämmer 3–4 Monate, in Wanderherden noch länger, gesäugt („natürliche" Aufzucht).

Abb. 5.12 Lämmerschlupf auf der Weide. Die Lämmer beweiden parasitenfreie, von den Mutterschafen noch nicht begangene Bereiche und kommen nur zum Saugen zu den Mutterschafen zurück

Bei der *ganzjährigen Stallhaltung* (spezialisierte Intensivhaltung) zur Wollerzeugung oder Lämmermast in Ackerbaugegenden ohne Weidemöglichkeit überwiegen Herbstlammungen. Die Säugedauer ist unterschiedlich. Bei der *Frühentwöhnung* werden die Lämmer 4−7 Wochen nach der Geburt abgesetzt. Dadurch wird bei Rassen mit asaisonaler Brunst eine höhere Ablammrate ermöglicht. Die Lämmer, die vom 12. Tag an im Lämmerabteil Beifutter und Trinkwasser aufgenommen haben, weisen beim Absetzen eine Körpermasse von 14−16 kg auf.

Mutterlose Aufzucht im Stall ist erforderlich zur Aufzucht von Lämmern aus Drillings- und Vierlingsgeburten, von Waisenlämmern, bei Agalaktie, Mastitis oder bei Abweisung des Lammes seitens des Mutterschafes. Gezielt wird dieses Verfahren angewendet, um im Jahr zwei Würfe zu erreichen. Als Nebeneffekt stellt sich eine Verringerung der Lämmerverluste ein, der Parasitenbefall ist erheblich geringer als bei konventioneller Haltung (*Akbarzadeh* und Mitarb. 1976). Nachdem die Lämmer in den ersten 24 Stunden wenigstens 200 ml Kolostrum aufgenommen haben, werden sie vom Muttertier getrennt und mit Milchaustauschertränke ernährt, die sie einem Saugeimer, der „Lammbar" (*Bauer* 1970), oder einem Tränkautomaten entnehmen (Abb. 5.13). Vom 10. Tag an nehmen sie zusätzlich Mastfutter und Heu auf. 4−5 Wochen nach der Geburt bei einem Mindestgewicht von 10−12 kg kann die Tränke abgesetzt werden.

Die mutterlose Aufzucht erfordert einwandfreie hygienische Verhältnisse, ein konstantes optimales Stallklima, eine zuverlässige, intensive Betreuung der Lämmer. Die Aufzuchtabteilung muß vom Schafstall räumlich getrennt sein. *Possart* und Mitarb. (1981) beschreiben Aufzuchtabteilungen mit je 60−80 Tierplätzen. In 6 Buchten (1,25 × 2,25 m, PVC-Spaltenboden) werden je 10−12 Lämmer gehalten. Die Milchaustauschertränke wird über eine Ringleitung zu je 10 Tränkzapfen gepumpt. Trinkwasser wird über eine Zapfentränke, Aufzuchtfutter in einem Futterautomaten angeboten. Die Belegung einer Stalleinheit muß im Rein-Raus-Verfahren geschehen.

Abb. 5.13 a/b Für die mutterlose Aufzucht wird Milch bzw. Milchaustauschertränke aus einer „Lammbar" (a) oder einem Tränkeautomaten (b) angeboten

5.3.2 Der Ablammstall

Als Winterquartier oder als ständiger Lebensraum bei ganzjähriger Stallhaltung dient in der Regel ein Kaltstall mit Stroh-Tiefstreu. Das verwendete Stroh muß schimmelfrei sein, der tägliche Bedarf liegt bei 0,4−0,8 kg pro Mutterschaf mit Nachzucht (*Burgkart* 1983). Einstreulose Haltung auf Spalten- oder Lochblechböden erfordert neben einer wirkungsvollen Belüftung eine gute Wärmedämmung der raumumschließenden Bauteile

(Warmstall). Lämmer vertragen die Haltung auf perforierten Böden gut (*Buchenauer* 1979). Es handelt sich entweder um Hartholz-Spaltenböden (Lattenbreite 4 cm, Spaltenbreite 1,5 cm), um Drahtgeflechte (Drahtstärke 3 mm, Maschenweite 22 – 25 mm) oder Lochblechböden aus verzinktem Blech (Stärke 3 – 4 mm, Lochdurchmesser 1,8 cm; Abb. 5.14b). Selbst bei neugeborenen Lämmern werden auf Lochblechböden keinerlei Verletzungen beobachtet (*Burgkart* 1983). Durch Kunststoffbeschichtung wird das Blech zwar berührungswarm, aber auch glatt. In sehr großen Beständen steht ein spezialisierter Stallraum mit Einrichtungen für die Einzel- und Gruppenaufstallung zur Vorbereitung und Durchführung der Ablammungen als Ablammstall zur Verfügung (*Mothes* 1981). Er wird zu Beginn der Lammzeit entmistet, gereinigt, desinfiziert und frisch eingestreut. Damit bei Mehrlingsgeburten alle Lämmer von der Mutter angenommen werden, wird der Stall Tag und Nach beleuchtet.

5.3.3 Die Ablammbucht

Für die Geburt und die ersten Tage nach dem Ablammen wird das Mutterschaf mit der Nachzucht in einer durch 1 m hohe Hürden und Heuraufen abgegrenzten Einzelbucht von 1,5 – 2,0 m² Grundfläche untergebracht, die täglich zweimal frisch eingestreut wird. Damit wird der wichtige erste Kontakt zwischen Mutter und Kind ungestört ermöglicht (Abb. 5.15). Eine Schädigung des Lammes durch Erdrücken, wie sie in dicht besetz-

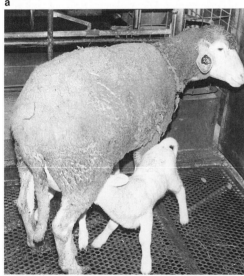

Abb. 5.14 a/b Ablammbuchten. a: Im eingestreuten Kaltstall, olfaktorische Analkontrolle des Lammes durch die Mutter; b: Auf Lochblechboden, der im Warmstall von den Lämmern gut vertragen wird und die Parasitengefahr vermindert. Die Lämmer saugen wegen der Härte des Bodens meist stehend

Abb. 5.15 a/b Kleine (a) und größere Gruppenbucht (b) für Mütter mit Lämmern

ten Gruppenbuchten möglich wäre, wird so verhindert, und es besteht keine Gefahr, daß nachts neugeborene Lämmer sich verlaufen, von fremden Mutterschafen abgeleckt und adoptiert werden, so daß ihre Abstammungsidentität nicht gesichert werden kann. In der Ablammbucht bleiben die Muttertiere und Lämmer 3−7 Tage.

Anschließend werden je 3−5 Muttertiere mit ihren Lämmern in einer Gruppenbucht vereinigt; 2−3 Wochen nach der Geburt werden größere Gruppen von etwa 20 Muttertieren gebildet (Abb. 5.14). In diesen Buchten steht einem Mutterschaf mit Lämmern (einschl. Fütterungseinrichtung) eine Grundfläche von 1,2−1,8 m² zur Verfügung. Bei zu dichter Belegung (0,93 m²/Mutterschaf) beobachteten *Arehart* und Mitarb. (1972) Verletzungen der Lämmer, Störung der Milchaufnahme, Mastitis und hohe Lämmerverluste. Für die Lämmer wird ein separates Abteil (Abb. 5.16) eingerichtet, in dem ihnen Trinkwasser (schwimmergesteuerte Beckenträn-

ke, Abb. 5.17, oder Zapftränke) und Kraftfutter (Lämmerstarter) in einem Futterautomaten (Abb. 5.17), einem Rundtrog (Freßplatzbreite 10−15 cm) oder einem Längstrog (Freßplatzbreite 15−20 cm) angeboten werden. Durch eine 35 cm über der Mittelachse des Längstrogs angebrachte horizontale Stange werden die Lämmer daran gehindert, in den Trog zu springen (*Schlolaut* 1977). Gut geeignet für die Zufütterung der Lämmer sind auch höhenverstellbare, freihängende Tröge; da diese zum Pendeln neigen, können die Lämmer nicht hineintreten oder sich hineinlegen (Abb. 5.16). Das Lämmerabteil erreichen die Lämmer durch ein enges, absperrbares Schlupfgatter (Öffnung 20−25 cm breit, 40 cm hoch, eventuell durch Rollen begrenzt), das für die Mutterschafe nicht passierbar ist. Um zu verhindern, daß die Lämmer durch ständige Saugversuche von hinten her die Mutter bei der Futteraufnahme stören, ist es zweckmäßig, in der Fütterungszeit die Lämmer in ihrem Abteil einzusperren.

Abb. 5.16 a/b a: Abgegrenztes Lämmerabteil mit enger Schlupföffnung; b: Das Pendeln des hängenden Troges hindert die Lämmer, sich hineinzustellen oder hineinzulegen

Abb. 5.17 a/b a: Lämmerabteil mit Raufe, Leckstein und Aufzuchtfutterautomaten; b: Schwimmergesteuerte Doppeltränke

5.3.4 Stallklima

Schafe vertragen trockene Kälte gut. Sie brauchen viel frische Luft. Empfindlich sind sie aber gegen Zugluft, gegen Durchnässung ihres Vlieses durch abtropfendes Kondenswasser, gegen feuchte und mit Ammoniak angereicherte Luft und gegen Hitze. Die optimale Stallufttemperatur während der Ablammperiode liegt bei 12–16°C, sie sollte +10°C nie unterschreiten. In kälterer Umgebung gelingt es den Neugeborenen erst mit längerer Verzögerung, aufzustehen und zu saugen, so daß ihre Überlebenschance vermindert ist (*Bareham* 1976). Bei sehr niedrigen Stalltemperaturen kann durch Abdeckung der Ablammbuchten oder durch den Einsatz von Wärmestrahlern das Kleinklima für die Lämmer verbessert werden. Für die mutterlose Aufzucht auf Spaltenboden fordern *Possart* und Mitarb. (1981) Lufttemperaturen von 24°C in der 1. Woche, 20°C in der 2. und 15°C in der 3. Woche.

gestreuten Boxen gehalten (Abb. 5.18a). Für die künstliche Ernährung mit Kolostrum, Muttermilch oder Milchaustauschertränke werden zunächst Flaschen (Abb. 5.18b), später größere Behälter mit Gummisaugern oder Tränkeautomaten verwendet; die Saugzapfen sollen so hoch angebracht sein, daß das Lamm den Sauger bei leicht angehobener, gestreckter Hals-/Kopfhaltung mit dem Maul von unter umfaßt (Abb. 5.19a). Vom 8. Tag an stehen Vorratsfuttergefäße für die Beifütterung (Kraftfutter, Heu; Abb. 5.19b) und Wassertränken zur Verfügung. Mit 6 Wochen kann man nach stufenweiser Reduzierung der Milchgaben die Milch ganz absetzen.

Für die Lämmeraufzucht ist am besten der eingestreute Laufstall mit Gruppengrößen von maximal 12 Tieren geeignet (*Züst* 1980). Zur Trockenhaltung der Liegefläche muß die Einstreu oft gewechselt werden, oder die Streu wird auf einen Rostboden aufgebracht. Die Boxenwände bestehen aus senkrecht stehenden Holzlatten mit einem

5.4 Die Haltungsbedingungen für Ziegenlämmer

In der Bundesrepublik Deutschland gab es 1983 40000 Ziegen. Die meisten Ziegen stehen in Kleinhaltungen mit 2–3 Tieren. Größere Bestände von 20–60 Ziegen mit intensiver Haltung und Einsatz von Melkmaschinen sind in Deutschland noch selten. Im Ablammstall wird der Geiß für die Geburt eine abgetrennte Box eingeräumt. Die Jungen, 1–5 an Zahl, stehen wenige Minuten nach der Geburt auf und suchen das Euter, nach 4–5 Tagen folgen sie der Mutter überall hin (*Kolb* 1981). Die Mutter und ihre Zicklein sollten im Großstall bis 3 Wochen nach der Geburt in einem Abteil getrennt von den alten Tieren gehalten werden. Danach kann man sie, zunächst unter Aufsicht, in die Herde integrieren (*Dymanski* 1983). Im Alter von 2–3 Wochen kann man die Jungen mit ihrer Mutter bei guter Witterung ins Freie lassen. Während die Herbstlämmer im Stall bleiben, gehen die im Januar geborenen Lämmer im Mai auf die Weide (Abb. 5.20).

Bei mutterloser Aufzucht bleiben die Lämmer nur bis nach der ersten Kolostrumaufnahme oder bis spätestens zum 5. Lebenstag bei der Mutter; besser noch werden sie unmittelbar nach der Geburt von der Mutter getrennt und in kleinen ein-

a

b

Abb. 5.18 a/b a: Wenige Tage alte Ziegenlämmer in einer kleinen eingestreuten Box; b: Bei mutterloser Aufzucht werden Kolostrum und Milch in Flaschen angeboten

maximalen Abstand von 5 cm (*Gall* 1982). — Nähere Angaben über Bau und Einrichtung von Ziegenställen machen *Späth* und *Thume* (1986).

Abb. 5.19 a/b a: Später wird ein Tränkeautomat für Milchaustauschertränke mit mehreren Saugstellen eingesetzt; b: eingestreute Gruppenbucht, Heuraufe und Kraftfutterautomat für die Zufütterung von der 2. Lebenswoche an

Abb. 5.20 Ab Mai gehen die im Januar geborenen Lämmer mit auf die Weide

5.5 Die Haltungsbedingungen für Saugferkel

5.5.1 Der Abferkelstall, die Abferkelbucht

Stallklimatische und hygienische Erfordernisse verlangen eine Abtrennung des wärmegedämmten Abferkelstalles vom Sauenstall. Voraussetzungen für eine wirksame Infektionsprophylaxe sind, unter anderen hygienischen Maßnahmen, die Belegung des Stalles bzw. der Abteilungen mit je 6−12−20 Abferkelbuchten im Rein-Raus-System, gründliche Reinigung und Desinfektion des Stalles nach der Räumung und weitgehendes Fernhalten von fremden Personen, die mit Schweinen Kontakt hatten.

Die heute als Standard empfohlene Abferkelbucht (*Hammer* und Mitarb. 1987) ist 180 cm breit und 210−220 cm lang. Der Sauenstand (Kastenstand oder Ferkelschutzbügel bei Schultergurtanbindung der Sau, Abb. 5.21) ist schräg angeordnet, der Sauentrog ist hochgesetzt. Ältere Buchten haben eine Breite von 180−200 cm und eine Länge von 240−265 cm; links und rechts neben dem parallel zur Buchtenlängsachse aufgestellten Sauenstand sind für die Ferkel ein 45 cm breiter Ausweichraum, ein Liegeplatz und eine Lauffläche von 70−90 cm, bei Frühentwöhnung (< 35 Tage) von 45−55 cm Breite eingerichtet. Um Zugluft zum erwärmten Ferkelliegeplatz hin zu unterbinden, bestehen die 70 cm, bei einphasiger Aufzucht 80 cm hohen Buchtenwände aus glattem undurchbrochenem Material.

Weber (1986) entwickelte eine 7 m² große, eingestreute Abferkelbucht, in der die Sau nicht fixiert ist. Die derzeitig übliche einstreulose Standardbucht hat dagegen eine Grundfläche von 4,8 m² bei Parallelaufstellung bzw. 4,0 m² bei Diagonalaufstellung. In der größeren, eingestreuten Bucht kann die Sau ihre angeborenen Verhaltensweisen (Bewegung, Nestbau, Aufsuchen des Kotplatzes) ausüben, es muß allerdings mit etwas größeren Ferkelverlusten durch Erdrückung gerechnet werden. Auch der von *Stolba* (1986) vorgestellte „mobilierte Familienstall" dürfte wegen des großen Flächenbedarfs, des hohen Arbeitsaufwandes und der erhöhten Erdrückungsverluste trotz der positiven ethologischen Beurteilung nur in Ausnahmefällen realisierbar sein.

Auf die Ferkelerzeugung in Freilandhaltung (z.B. *Roadnight*-System), das in geringem Umfang in England praktiziert wird (*Major* 1986), kann hier nicht eingegangen werden, zumal, besonders in Süddeutschland, wesentlich ungünstigere Klimabedingungen gegeben sind.

5.5.2 Erdrückungsschutz

Von den lebend geborenen Ferkeln werden 6 bis 7 % von der Sau erdrückt. In kleinen Betrieben mit mangelhaften Einrichtungen ist der Anteil noch höher. Dem Schutz der Ferkel dient der freitragend eingebaute Ferkelschutzkorb (Kastenbestand, Abferkelkäfig) mit Innenmaßen von 200 cm Länge (verstellbar), 65 cm Breite, 100 cm Höhe, 30 cm Bodenfreiheit der je nach Sauengröße verstellbaren unteren Stange mit zweimal 4−7 Abweisholmen. In Verbindung mit Schultergurtanbindung der Sau werden weiterhin Ferkelschutzrahmen verwendet, 120 cm lang, 60 cm hoch, 30−33 cm Bodenfreiheit, mit zweimal 3−4 Abweisholmen mit 25 Grad Neigung bis auf 15 cm über Standniveau (Abb. 5.21b)

Abb. 5.21 a/b a: Abferkelbucht mit Kastenstand (Abferkelkäfig). Gußrost, Elektro-Infrarotstrahler; b: Abferkelbucht mit Anbindung der Sau, Ferkelschutzbügel schräg angeordnet. Boden: Gußrost, 25 % plan befestigt; Fußbodenheizung, Gas-Infrarotstrahler

5.5.3 Der Boden der Abferkelbucht
(Abb. 5.22)

In kleinen Beständen (bis 50 Sauen) überwiegt die Haltung auf Einstreu, während in größeren Beständen einstreulose Haltung auf teil- oder vollperforierten Böden bevorzugt wird. Für eine eingestreute Abferkelbucht werden pro Tag 3 kg Stroh, bei einstreuarmer Haltung 1,0−1,5 kg Häckselstroh benötigt. Auch bei Verwendung von Einstreu soll der Buchtenboden eine Wärmedämmung und eine hautschonende Oberfläche aufweisen. Beim Saugen, Stoßen und Massieren des Gesäuges der Sau stemmen die Ferkel sich mit den Gliedmaßen kräftig am Boden ab und schieben damit das Stroh weg. Auf einer rauhen Estrichoberfläche ziehen sie sich dabei Schürfverletzungen der Haut, besonders im Karpal- und Zehenbereich, zu. Auch kommt es zum Wärmeentzug auf der ungedämmten Bodenfläche, wenn die Ferkel sich im Stroh verkriechen und auf dem Estrich liegen.

Der aus arbeitswirtschaftlicher Sicht in größeren Sauenbeständen (ab 80 Sauen) vorteilhafte Wegfall der Einstreu in der Abferkelbucht brachte zunächst große Probleme für die Tiergesundheit mit sich. Um die Verschmutzung der Bucht gering zu halten, wurde die Bodenfläche in steigendem Umfang perforiert, bis hin zur totalen Perforation. Traumatisch bedingte Hautschäden, Klauen- und Zitzenverletzungen bei Sauen bzw. Ferkeln sowie Auskühlung der Ferkel durch Luftzug aus dem Flüssigmistkanal waren die Folge. Inzwischen sind die einstreulosen Haltungsverfahren so weit verbessert worden, daß sie bei vorschriftsmäßiger Ausführung als arbeitssparende, hygienisch einwandfreie Alternative zur Haltung auf Stroh akzeptiert werden können.

Die planbefestigten Flächen des Buchtenbodens müssen folgenden, teilweise in der DIN 18907 genannten Forderungen gerecht werden: Ebene, leicht abtrocknende, wasserdichte Oberfläche, die einerseits trittfest, also nicht zu glatt, andererseits zur Vermeidung von Hautschürfwunden nicht zu rauh sein und im hinteren Drittel ein Gefälle von 3−5 % zum Mistgang hin haben soll. Es wird ein Material verwendet, das keine toxischen Bestandteile enthält, Wärmedämmung im Ferkelbereich, Korrosionsfestigkeit gegenüber Harn, Kot, Futterbestandteilen, Reinigungs- und Desinfektionsmitteln, sowie Festigkeit gegenüber dem scharfen Strahl des Hochdruckreinigers gewährleistet. Gute Erfahrungen wurden mit Gußasphaltbelägen, verlegt entsprechend DIN 18907, Blatt 5, sowie mit neuen zementgebundenen Platten (Blatt 4), wie z. B. Stallit-Super-Bodenplatten (Abb. 5.22e) gemacht; exakte Angaben über den Aufbau wärmegedämmter Liegeflächen und beheizter Ferkelliegeflächen enthält das ALB-Blatt 13.02.04 (*Mittrach* und *Seebald* 1985).

Bei der Gestaltung perforierter Böden muß die Verhütung von Verletzungen bei den Tieren Priorität vor anderen Gesichtspunkten haben. Verletzungen der Klauen, der Haut an den Gliedmaßen oder der Zitzen der Sau können durch scharfe Kanten der Schlitze, durch Grate und Dornen, die beim Verzinken entstehen, oder durch zu weite Spalten, Schlitze bzw. Maschen verursacht werden. Für alle Böden ist an den ersten 3 Tagen nach der Geburt die Einbringung einer geringen Einstreu oder einer etwa 12 mm dicken Gummimatte im Gesäugebereich der Sau zu empfehlen. Als perforierte Böden für die Abferkelbucht werden angeboten:

a) Betonspaltenelemente: Trittsicher, Kotdurchlaß wegen der auf die Ferkelklaue abgestimmten geringen Schlitzbreite von 7,5−9 mm schlecht, Hautverletzungen möglich, Wärmeeigenschaften nur bei Verwendung beheizter Balken im Ferkelbereich günstig.
b) Verzinkte Drahtgitterböden (Abb. 5.22b) mit Drahtstärken von 5−6 mm und Maschenweiten von 9 × 50 mm haben eine sehr gute Kotdurchlässigkeit, führen aber häufig zu Verletzungen (Grate) und zu Druckschädigungen an der Klauensohle der Sau.
c) Lochbleche (Abb. 5.22) mit Lochdurchmessern von 10 mm oder mit Langlöchern von 10 × 20 mm bis 10 × 45 mm bei Auftrittsflächen von 10−20 mm reinigen sich nur mäßig, und ihre Oberfläche wird leicht rutschig. Falls die Lochkanten nicht versenkt und entgratet sind, kommt es zu Verletzungen.
d) Gußrostböden mit Stegbreiten von 12 (10−20) mm und Schlitzweiten von 9−10 mm haben sich gut bewährt. Sie sind griffig, hautschonend und gut kotdurchlässig (Abb. 5.22c). Durch Abrundung der Stegkanten wird eine Verringerung der Druckschäden an Kronsaum und Sohle der Ferkel erreicht.
e) Kunststoffroste (Abb. 5.22g) sowie gummi- oder kunststoffummantelte Metallroste sind noch etwas günstiger einzuschätzen (*Marx* und *Schuster* 1985). Sie sind berührungswarm, wärmedämmend, lassen den Kot sehr gut durchtreten und schonen Klauen und Haut. Als sehr gut erwies sich in Versuchen von *Süss* und Mitarb. (1986) ein PVC-ummantelter Stahlgitterrost mit 15 mm Auftrittbreite und 9−10 mm Schlitzweite; er ist griffig, wärmedämmend und verursacht keine Schäden bei den Ferkeln (Abb. 5.22f).

Werden die Ferkel nach dem Absetzen in der Abferkelbucht aufgezogen, so wird in großen Beständen ein vollperforierter Boden bevorzugt, der allerdings das Einlegen einer Gummimatte oder einer Eternitplatte mit Gußasphaltbeschichtung für den Ferkelliegeplatz in den ersten Lebenswochen erfordert. Dadurch werden Verletzungen sowie Wärmestrahlung in den Güllekanal und Zugluftbildung am Liegeplatz verhindert. Angenehmer für die Ferkel bei ausreichender Sauberkeit der Bucht ist eine Beschränkung der Perforation auf 75 % der Bodenfläche (Abb. 5.21). Der planbefestigte zugfreie Ferkelliegeplatz im vorderen Buchtenbereich kann eine Fußbodenheizung enthalten und in den ersten Lebenstagen leicht eingestreut werden. Bei Vergrößerung der planbefestigten Fläche wird die Bucht stark verschmutzt.

5.5.4 Ferkelliegeplatz, Fütterungs- und Tränkeeinrichtungen

Die Liegefläche für die Saugferkel sollte mindestens 0,6 m², besser 0,8 m² groß sein. In Ställen mit niedrigen Raumtemperaturen und hohen Luftströmungsgeschwindigkeiten wird das eingestreute Ferkellager in der 1. Lebenswoche unter einer transportablen bodenlosen Ferkelkiste (Maße z. B.: Höhe 60 cm, Breite 120 cm, Tiefe 60 cm) eingerichtet, deren aufklappbarer Deckel eine Kontrolle des Wurfes ermöglicht; eine 25 cm hohe Öffnung an der Vorderseite dient dem Einschlüpfen der Ferkel. − Eine Verringerung der Zugluft erzeugenden Thermik kann auch durch eine Platte erreicht werden, die 70 cm über dem Ferkelliegeplatz aufgehängt wird, an Scharnieren hochklappbar ist und in deren Zentrum in einer Aussparung der Wärmestrahler hängt (Abb. 5.23). Bereits vom 3. Lebenstag an wird den Ferkeln Trinkwasser angeboten. Geeignet für das Ferkel sind an den ersten drei Tagen schwimmergesteuerte Tränken oder Vorratstränken (Abb. 5.22g), später kleine Beckentränken mit geringem Restwassergehalt; zur Vermeidung einer Verschmutzung wird das Becken so hoch (Oberkante 17−22 cm über dem Boden) montiert, daß es für das Ferkel nur über eine freitragende 8−12 cm hohe Trittstufe erreichbar ist (Abb. 5.24b). Beckentränken müssen wenigstens einmal täglich gereinigt werden. Hygienisch einwandfreier sind Mundstücktränken, am besten aus lichtundurchlässigen Vorratsbehältern gespeiste Niederdruck-Nippeltränken

Abb. 5.22 a-g Boden der einstreulosen Abferkelbucht; a: Lochblech; b: Drahtgitter, Gefahr von Verletzungen; c: Gußrost, relativ günstige Lösung; d: Stallit, ein „Spreizferkel"; e: Bodenplatten, wärmeisoliert; f: kunststoffüberzogener Metallrost, hautfreundlich; g: Kunststoffroste, Ferkeltränke für die ersten Tage

Abb. 5.23 Eingestreuter Ferkel-Liegeplatz, abgedeckt durch hochklappbare Platte mit Wärmestrahler

mit beweglichem Mundstück (0,5 bar, Wassernachlauf 0,2 l/min), die, ohne Werkzeug höhenverstellbar von 15 bis 50 cm, mit einer Neigung von 45 Grad am Mistplatz montiert werden (Abb. 5.24). Die Tränken werden im rückwärtigen Buchtenbereich (Kotplatz) angeordnet und täglich zweimal auf Funktionstüchtigkeit kontrolliert bzw. gereinigt. Das Ferkel trinkt im Alter von 4 Wochen etwa 0,2 l Wasser pro Tag. Die Wassertemperatur soll nicht unter 15 °C liegen.

Von der 2. Lebenswoche an wird den Ferkeln in flachen, schweren Schalen mit Freßplatzunterteilung, später in Futterautomaten mit 13–14 cm Freßplatzbreite, Beifutter angeboten (Abb. 5.24c). Die Gefäße stehen im vorderen oder mittleren Teil des Aufenthaltsbereiches der Ferkel, nicht in der Nähe des Wärmestrahlers oder des Kotplatzes. Die geringe Tiefe des Ferkeltroges oder hohe Freßplatzabtrennungen verhindern, daß die Ferkel sich in den Trog legen.

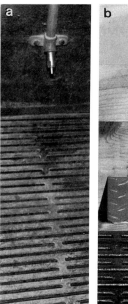

Abb. 5.24 a-c a: Die Nippeltränke soll höhenverstellbar sein; b: Beckentränke mit geringem Restwassergehalt, über Trittstufe erreichbar, tägliche Reinigung erforderlich; c: Beifutterautomat

5.5.5 Stallklima

Sowohl Wildschweinfrischlinge als auch die Hausschweinferkel sind wegen der spärlichen Ausbildung des Haarkleides und des subkutanen Fettpolsters in den ersten Lebenstagen nicht in der Lage, die Körpertemperatur konstant zu halten (*Foley* und Mitarb. 1971). Die thermisch neutrale Temperatur, bei der der Energieumsatz den niedrigsten Wert erreicht, liegt im Alter von 24 h bei 35 °C und fällt in den ersten fünf Lebenstagen auf 30 °C ab (*Nichelmann* und Mitarb. 1976). Ebenso empfindlich wie auf tiefe Umgebungstemperaturen reagiert das Ferkel am 3.–5. Tag auf Temperaturen zwischen 38 °C und 42 °C, bei denen sich innerhalb von 2 h eine tödliche Hyperthermie einstellt. Auch einem Mikroklima von 30 °C oder 35 °C dürfen die Ferkel nicht permanent ausgesetzt werden, sondern sie müssen die Möglichkeit haben, zwischendurch niedrigere Temperaturzonen aufsuchen zu können. Frühestens im Alter von 10 Tagen ist das Thermoregulationssystem voll funktionsfähig (*Nichelmann* und Mitarb. 1977).

Voraussetzung für die Schaffung eines zuträglichen Stallklimas im Abferkelstall sind ein Luftkubus von 40 m³/GV (500 kg) = 20 m³ pro Sau und Wurf bei einer Stallhöhe von 2,70–3,00 m, eine gute Wärmedämmung der raumumschließenden Bauteile (k-Wert für die Außenwände 0,5–0,6), eine wirkungsvolle Zwangslüftung und Heizeinrichtungen. Aus den unterschiedlichen Bedürfnissen der jungen Ferkel und der Muttersau ergibt sich die Notwendigkeit, für die neugeborenen Ferkel in ihrem Liegebereich ein spezifisches Kleinklima zu schaffen mit einer Luftfeuchte von 40−60 % und einer Lufttemperatur von 35°C, die am 3. Tag auf 30°C, am 7. Tag auf 27°C, in der 3. Woche auf 24°C und in der 5. Woche auf 20°C gesenkt werden kann. Die Bodentemperatur soll in den ersten Tagen 35°C betragen und kann in den ersten 4 Lebenswochen stufenweise auf 25°C abnehmen. Die Temperatur der Stalluft wird in der eingestreuten Bucht auf 15−18°C, bei einstreuloser Haltung auf 18−20°C und auf vollperforiertem Boden, der der Sau eine erhöhte Wärmeabgabe ermöglicht, auf 20−22°C eingestellt. Der Temperaturunterschied zwischen Sauen- und Ferkelbereich garantiert, daß die Ferkel nach dem Saugen nicht in der gefährlichen Nähe der Sau (Erdrückungsgefahr) liegenbleiben, sondern ihren attraktiven Liegeplatz aufsuchen. Deshalb muß aber auch eine Überhitzung des Ferkelliegebereiches, wie man ihn in der Praxis nicht selten antrifft, unbedingt vermieden werden. Eine gleichmäßige Verteilung der liegenden Ferkel auf dem Liegeplatz ist das sicherste Kennzeichen für die richtige Klimatisierung. − Die anzustrebenden Werte der übrigen Klimadaten liegen ähnlich wie bei den anderen Tierarten: Luftbewegung im Ferkelliegebereich maximaler Gasgehalt der Stalluft: CO_2 0,15 Vol. %; NH_3 20 ppm; für H_2S ist für Saugferkel der Nullwert zu fordern. − Die Abkühlungsgröße (Integration der Klimafaktoren Temperatur, Feuchte und Strömungsgeschwindigkeit der Luft sowie Infrarotstrahlung) am Ferkelliegeplatz soll 100 W · m^{-2} nicht überschreiten (*Nau* und Mitarb. 1986).

5.5.6 Heizung und Lüftung

Die Erwärmung des Abferkelstalles bei einstreuloser Haltung kann durch eine Warmwasserheizung, durch Erwärmung der zugeführten Frischluft oder durch Gas-Infrarotstrahler erfolgen. Für die Erwärmung des Ferkelliegeplatzes sind Fußbodenheizung sowie elektrisch oder mit Flüssiggas betriebene Infrarotstrahler geeignet.

Die in den Estrich eingelassene Fußbodenheizung ist an die Warmwasserheizung angeschlossen oder wird elektrisch betrieben. Auch bewegliche Kunststoffplatten oder Matten mit eingegossenen Heizdrähten (Spannung maximal 24 V) werden angeboten. Für einstreulose Haltung auf Spaltenböden stehen Warmwasser- oder Elektrospaltenbodenheizungen in Betonverbundplatten zur Verfügung. Durch thermostatische Regelung wird, besonders bei Kombination mit einem Strahler, eine Überhitzung der Liegefläche verhindert. In den ersten Lebenstagen muß die Fußbodenheizung durch Strahlerheizung ergänzt werden.

Der Elektroinfrarotstrahler wird in einer Mindesthöhe von 60 cm über dem Liegeplatz aufgehängt (Abb. 5.23, 5.25 a). Er erwärmt eine Fläche von etwa 0,7 m^2 auf Bodentemperaturen von 22−32 °C. Das nachlassende Wärmebedürfnis der Ferkel kann durch Wechsel der Leistung (zu Beginn 250 W, später 150 W) und zunehmende Aufhängehöhe ausgeglichen werden. Mit einer Dimmer- oder Dreistufenschaltung kann eine bedarfsgerechte Einstellung des Elektro-Infrarotstrahlers vorgenommen werden. Ein Mindestabstand des Strahlers von anderen Gegenständen von 50 cm muß eingehalten werden. Bei Verwendung eines Keramikstrahlers kann neuerdings die Temperatur am Ferkelliegeplatz durch Temperaturfühler und eine elektronische Steuerung eingestellt werden. Durch Kombination mit einer Ferkelkiste oder durch einen Aluferkelschirm (Größe 50 x 80 cm, Abb. 5.24 b) wird der Wärmeeffekt auf dem Boden erhöht. Die Zonenheizung durch Elektrostrahler bedarf im Winter einer zusätzlichen Raumheizung.

Gas-Infrarotstrahler (Propan-Flüssiggas oder Erdgas) zeichnen sich gegenüber dem Elektro-Infrarotstrahler durch eine gleichmäßigere und höhere Erwärmung (30−40 °C) einer größeren Bodenfläche aus (*Pflug*, 1976). Der Strahler (DIN 3372, Teil 3, „Heizstrahler für die Tieraufzucht") muß bei einer Leistung von 640 W pro Bucht in mindestens 60 cm Höhe schräg im Winkel von 10−15 Grad aufgehängt werden, damit die Verbrennungsgase abziehen können (Abb. 5.25). Bei Verwendung von Gas-Infrarotstrahlern erübrigt sich der Einbau eines sonst für den Abferkelstall, besonders bei ganzperforierten Böden, erforderlichen zusätzlichen Heizeinrichtung (*Lorenz* 1975). Auf ausreichende Luftzufuhr zum Gasbrenner muß geachtet werden zur Vermeidung einer CO-Vergiftung der Tiere.

Die Zwangslüftung muß je nach Jahreszeit, Temperaturzone und Tiergewicht pro Abferkelbucht (Sau + Ferkel) Luftraten von 100−260 m^3/h im Sommer und 12−25 m^3/h im Winter garantieren. Die Frischluft tritt am First ein und wird über eine Styrofoam-Prallplatte verteilt; bis zum Boden reichende oder unter dem Spaltenboden beginnende Schächte führen die Luft ab. Günstig ist bei perforierten Böden die Unterflur-Absaugung im Unterdruck-Lüftungsverfahren.

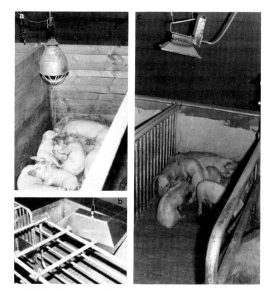

Zahnspitzen der Eck- und Hakenzähne mit einer scharfen, sauberen Spezialstange birgt die Gefahr einer zur Septikämie führenden Streptokokkeninfektion der eröffnenten Pulpahöhle oder des verletzten Zahnfleisches. Meist ist das Abkneifen der Zähne nicht erforderlich.

Das Kürzen des Schwanzes um etwa ein Drittel seiner Länge zur Prophylaxe des Schwanzbeißens erfolgt bis zum 4. Lebenstag (Tierschutzgesetz § 5, Abs. 3, 3), ebenso das Tätowieren. Am 2. Lebenstag wird das Eisendefizit durch Injektion von 200 mg Eisen in die seitliche Halsmuskulatur ausgeglichen. „Spreizferkel" (Abb. 5.22 d) werden bandagiert. Im Alter von 3–8 Tagen können die männlichen Ferkel kastriert werden. Bei Kastration im Alter von 2–3 Wochen erkennt man Bruchferkel und Binneneber besser. – Die Säugezeit beträgt heute meist 4–6 Wochen.

Abb. 5.25 a-c Beheizung des Ferkelliegeplatzes; a: Elektro-Infrarotstrahler (Abstand zur Buchtenwand zu gering); b: Elektrostrahler (150W) mit Alu-Ferkelschirm; c: der Gas-Infrarotstrahler kann im Sommer 2 Liegeplätze erwärmen und macht bei guter Wärmedämmung der Bauteile eine Raumheizung im Winter entbehrlich

5.5.7 Routinemaßnahmen bei den Ferkeln

Das zur Schonung des Gesäuges besonders von Erstlingssauen vielerorts übliche Kürzen der

5.6 Die Haltungsbedingungen für Kaninchensäuglinge

Früher wurden Kaninchen fast ausschließlich in Außenstallungen gehalten. Die aus Holz gefertigten, mit Stroh eingestreuten Käfige standen in mehreren Etagen unter einem überstehenden Dach. So wird die Kaninchenzucht auch heute noch als Hobby oder in Kleinbeständen entweder in Außen- oder in Kaltstallungen betrieben (Abb. 5.26).

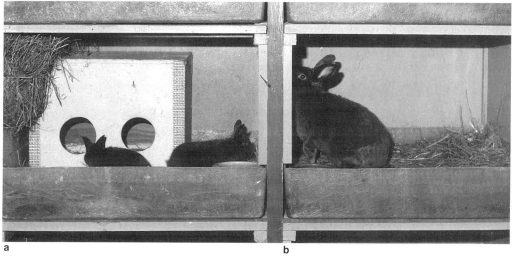

Abb. 5.26 a/b Konventionelle Haltung. Käfig 80 cm breit, 70 cm tief, 54 cm hoch. Boden: Holzbretter mit Spalten, Stroheinstreu, darunter Schublade mit Torfschicht, die alle 2 Wochen erneuert wird. Entmistung einmal pro Woche. a: Jungtierabteil mit Nestkasten; b: Abteil für Häsin; die Öffnung dazwischen ist absperrbar

Inzwischen haben sich die Produktionsziele geändert. Jungkaninchen müssen in großer Zahl das ganze Jahr über für die Mast bereitgestellt werden. Pro Wurf ist mit 7–10 lebend geborenen und 5–8 abgesetzten Jungen zu rechnen, und pro Jahr können 5–6 Würfe bei natürlicher Bedeckung bzw. 8–10 Würfe bei künstlicher Besamung erwartet werden.

Mit der Intensivierung der Haltung wurde die Produktion in Warmställe verlegt, in denen das optimale Stallklima mittels Zwangslüftung und Heizung zu jeder Jahreszeit garantiert werden kann.

Im *Wurfstall* werden die *Käfige* zur Verbesserung der Übersicht und der Arbeitsbedingungen häufig einetagig (Flatdeck) angeordnet (Abb. 5.27a). Aus hygienischen und arbeitswirtschaftlichen Gründen wurden die dichten Holzkäfige von Drahtkäfigen abgelöst. Kot und Harn bleiben nicht mehr im Käfig, sondern fallen in einen Kotgraben, auf Schubladentabletts oder werden durch ein Laufband regelmäßig aus dem Stall entfernt. Somit kommen die Tiere nicht mehr mit Kot und Harn in Berührung, eine wichtige Infektionsquelle wird ausgeschaltet. Auch lassen sich Drahtkäfige leicht reinigen und wirkungsvoll desinfizieren. Der Luftaustausch und die Kontrolle der Tiere werden erleichtert (*Scheelje* und Mitarb. 1975). Der Käfig der Häsin hat eine Höhe von 30–40 cm und eine Grundfläche von 2000 bis 4500 cm². *Brummer* (1986) verlangt 6400 cm²; eine Käfigseite soll mindestens 50 cm lang sein.

Im *Käfig* stehen der Häsin ein Futterautomat und eine Nippeltränke zur Verfügung. Der Drahtboden (Spezialverzinkung ohne Grate) weist eine Drahtstärke von 2,5–3,0 mm und eine Maschenweite von 12–13 mm bei einer Maschenlänge von 40–50 mm auf. Zur Verhinderung von Laufverletzungen hat sich auch ein Geflecht aus flachgewalztem Draht bewährt (Drahtbreite und Schlitzweite je 8–10 mm).

Für den Wurf wird ein geschlossener, mit einem undurchbrochenen Boden versehener *Wurf- oder Nestkasten* benötigt, der entweder vor dem Käfig der Häsin angehängt wird (Abb. 5.27a) oder in einen entsprechend größeren Käfig eingestellt wird. Bei mehretagiger Käfigaufstellung wird der herausnehmbare Wurfkasten zwischen zwei Käfigabteile bzw. zwischen Häsinnen und Jungtierabteil eingebaut (Abb. 5.27b). Durch Deckel oder

a b
Abb. 5.27 a/b Teilklimatisierte Wurfställe; a: Käfige der Häsinnen mit vorgehängten Nestkästen in einer Etage angeordnet; über den Käfigen Wurfdokumentationstafeln; Trinkwasser-Vorlaufbehälter; unter den Käfigen Laufband für Kotbeseitigung (Kaninchenzucht Dr. *Zimmermann*, Schweizerhof / Abtsgmünd) b: Anordnung in 3 Etagen; herausnehmbare Wurfkästen zwischen 2 Käfigen, von denen einer für die Häsin, der größere später für die Jungtiere bestimmt ist. Wurfkontrolle durch Frontklappe möglich

Klappen wird die Kontrolle des Wurfes ermöglicht. Der Wurfkasten hat eine Grundfläche von 30x40 cm und eine Höhe von 30 cm. Seine geschlossenen Wände müssen eine gute Wärmedämmung garantieren und bestehen aus Holz, Preßspannplatten oder Kunststoff, z. B. Polyurethan-Schaum. Der Boden kann auch aus Maschendraht bestehen, der vor dem Werfen mit Wellpappe und Einstreu belegt wird. Eine mit einem Schieber verschließbare Öffnung, entweder rund mit einem Durchmesser von 15 cm oder rechteckig 15x20 cm (Abb. 5.28), stellt eine Verbindung zum Käfig der Häsin her. Der untere Rand der Öffnung liegt 8 cm über dem Boden des Nestkastens. So können die Jungtiere nicht zu früh nach außen gelangen und werden abgestreift, falls sie sich im Gesäugebereich der Häsin anklammern, wenn diese das Nest verläßt. Gerät das Junge nämlich auf den kalten Drahtboden des Häsinnenkäfigs, so nimmt die Mutter es nicht, wie andere Säugetiere, auf, um es in das warme Nest zurückzubringen, so daß das Junge an Unterkühlung stirbt. Gegebenenfalls ist der Nestkasten mit dem *Jungtierabteil* durch einen zweiten absperrbaren, nur für die Jungtiere passierbaren Zugang von 7 cm Durchmesser verbunden. Falls im Sommer mit großer Hitze im Stall zu rechnen ist, sind in der Decke und den Seitenwänden des Wurfkastens Luftlöcher anzubringen.

Der Wurfkasten wird dem Muttertier 4−7 Tage vor dem Geburtstermin zugänglich gemacht. Vorher ist Einstreumaterial (Stroh, Heu, Holzwolle, Weichholzfaser) eingebracht worden, das von der Häsin zerkleinert, zerbissen und festgetreten wird. Es bildet die Unterlage für das *Wollnest*. Etwa 5 Tage vor der Geburt tritt bei der Häsin unter hormonellem Einfluß eine Lockerung des Haares ein. Mit an Brust und Bauch ausgerupften Haarbüscheln polstert die Häsin das vorher aus dem Einstreumaterial gefertigte Nest. Dieses Haarnest schützt die bei der Geburt nackten Jungen vor einer tödlichen Unterkühlung. In dieser Zeit darf die Häsin nicht beunruhigt werden, da sonst das Wurfpflegeverhalten (Wollzupfen, Nestbau) gestört werden kann (*Lösing* 1979). Die Qualität des Nestes, die Wollmenge, die Temperatur und die Trockenheit des Nestes sind von großer Bedeutung für das Überleben des Jungen (*Delaveau* 1982, *Partridge* und Mitarb. 1983). Wurde das Nest in einer Ecke angelegt, so daß das Säugen erschwert sein könnte, zieht man das Nest mit Inhalt ein wenig zur Kastenmitte hin.

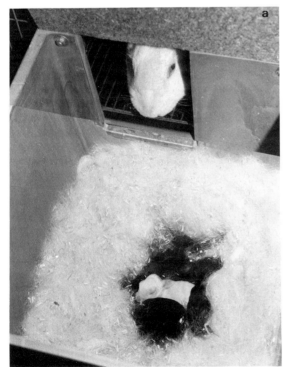

Abb. 5.28 a-c Wurfkästen mit Öffnung zum Käfig der Häsin; a: Wurf im Haarnest; b: in der 3. Woche löst sich das Haarnest auf, es wird entfernt, und die Einstreu hier staubfreie Holzspanstreu, wird erneuert; c: Wurf in der 4. Woche

Ist das Nest einmal feucht geworden, wird es durch trockenes Material ersetzt. Nach Ablauf der halben Säugeperiode, etwa am 14. Tag, ist es zweckmäßig, aus dem Wurfkasten die Einstreu und das jetzt nicht mehr benötigte Haarnest zu entfernen und frische Einstreu einzubringen. Gut bewährt hat sich für die Jungen eine spezielle staubfreie Holzspanstreu (Abb. 5.28).

Durch die Schlupföffnung kann die Häsin jederzeit zum Säugen zu den Jungen gelangen. Während der puerperalen Brunst sind die Häsinnen sehr unruhig, und die Jungen können totgetreten oder durch Kannibalismus der Häsin gefährdet werden. Deshalb kann es erforderlich sein, den Zugang zum Wurfkasten am 2. und 3. Tag nach der Geburt zu sperren und das Muttertier nur einmal täglich für wenige Minuten zum Säugen zuzulassen. In vielen Zuchten wird allgemein eine solche Begrenzung des Zugangs der Häsin zum Wurf praktiziert (*Löliger* und *Matthes* 1976). Auch in der freien Natur verläßt die Häsin meist unmittelbar nach der Geburt die Jungen und kehrt nur alle 24 h zum Säugen, das 2−5 min dauert, zu ihnen zurück.

Mit 16−18 Tagen verlassen die Jungen zeitweise das Nest und bewegen sich im Häsinnenkäfig oder in ihrem Jungtierabteil. Ab 18. Tag kann man ihnen auch erstmals pelletiertes Futter anbieten. 4−6 Wochen nach der Geburt werden die Jungen mit einer Körpermasse von 0,4−0,7 kg (mittelschwere Rassen) abgesetzt.

Schley (1976) beschreibt eine erfolgreiche Methode der *Handaufzucht* von Jungkaninchen. Voraussetzung ist ein hohes Geburtsgewicht. Das sonst von der Häsin angelegte Nest wird durch ein künstliches ersetzt. In einem Nestkasten werden über ein thermostatisch gesteuertes Heizkissen eine Kunststoffolie, einige Zellstofflagen und Diolen-Füll-Lagen geschichtet. Damit wurden Bodentemperaturen von 30−34°C erreicht. *Schley* (1985) empfiehlt die mutterlose Aufzucht auch zum Aufbau krankheitsfreier Bestände.

Stallklima: Zur Vermeidung von Jungtierverlusten wird die Lufttemperatur im Wurfstall möglichst gleichbleibend bei 20°C gehalten. 15°C dürfen nicht unterschritten werden. Im Nest kann man, bedingt durch die eigene Wärmeproduktion der Jungen, dann 30−35°C messen, und bei 35°C liegt nach *Nichelmann* und Mitarb. (1974) auch die biologisch optimale Temperatur für 10 Tage alte einzeln gehaltene Kaninchen. In den ersten 3 Lebenstagen führt bereits eine geringgradige, kurzfristige Unterkühlung zum Tode. Bis zum 16. Lebenstag hat sich dann ein wärmeisolierendes Haarkleid gebildet. Eine Erhöhung der Temperatur des Nestes mittels Heizplatten auf 37−39°C bringt im Vergleich zu Temperaturen von 29−32°C keinen Vorteil (*Stephan* und Mitarb. 1984). − Die Ammoniakkonzentration soll auf maximal 8 ppm beschränkt sein, die relative Luftfeuchte soll 50−60 % betragen und nicht über 70 % hinausgehen. Grundlage für die Luftqualität ist ein Luftcubus von 4,5−5,5 m³ pro Häsin mit Nachzucht. Wichtig ist ferner ein leistungsfähiges Belüftungssystem (Unterdruck oder Gleichdruck), das Luftraten von 5−8 m³/h kg Lebendmasse im Sommer und von 0.5 m³/h kg Lebendmasse im Winter garantiert. In der Zucht werden zur Förderung der Fruchtbarkeit Beleuchtungsprogramme angewandt, in denen auch im Winter ein 14-Stunden-Tag eingestellt wird.

5.7 Die Haltungsbedingungen für Hundewelpen

Die Spannbreite der Hundezucht reicht von kleinen Hobbyzuchten, die sich in der Wohnung, in der Waschküche und im Garten abspielen, bis zu großen, intensiven Haltungen zur Produktion von Versuchshunden in speziellen Zuchthäusern. Robuste Hunderassen fordern andere Aufzuchtbedingungen als hochgezüchtete, für das Leben in der Etage geeignete Rassen. Demnach sind auch die Auffassungen der Züchter über die richtige Umweltgestaltung für säugende Hündinnen und ihren Wurf unterschiedlich. *Trumler* (1974) weist auf die Vorteile der Haltung von Hündinnen während und nach der Geburt im Freien bei niedrigen Außentemperaturen hin.

5.7.1 Wurfraum, Wurfbox

In mittelgroßen Hundezuchten wird die tragende Hündin etwa 10 Tage vor dem Wurftermin in den Raum bzw. die Box eingestellt, wo die Geburt stattfinden soll, und die Wurfkiste, in der sie das Nest richten soll, wird ihr zugänglich gemacht. Dieser Bereich ist dann auch der Lebensraum für die Welpen in den ersten 4−6 Lebenswochen. Der Wurfraum soll der Hündin eine ruhige Atmosphäre und ein günstige Raumklima bieten: Lufttemperatur 18−20°C, relative Luftfeuchte maximal 60 % (*Smythe* 1975, *Hurni* 1968). *Kamphans* und Mitarb. (1963) berichten, daß in einem Zwingerbau für säugende Beagle-Hündinnen die Raumtemperatur im Winter ohne Gefährdung der Tiere bis auf +5°C sinken konnte, sofern im Welpenlager mit Infrarotstrahlern ein höher temperiertes Kleinklima erzeugt wurde. In kleinen Zuchten dient manchmal auch das Schlafzimmer der Familie als Wurfraum.

Die Größe der Wurfbox (Abb. 5.29) richtet sich nach der Hunderasse. *Schumacher* und *Strasser* (1968) sowie *Spiegel* (1976) empfehlen für eine Beagle-Hündin mit Welpen eine Grundfläche von 4−5 m², dazu kommt ein Auslauf. In der von *Hurni* (1968, 1982) beschriebenen Beaglezucht liegt über dem Boxenboden ein kunststoffbeschichtetes Drahtgitter, durch das Harn und Kot abfließen bzw. durchgetreten werden. Der Boxenboden, der ein Gefälle von 5 % aufweist, sowie die Wände haben eine Kunststoffbeschichtung und lassen sich durch Ausspritzen leicht reinigen. Die Boxe muß eine wärmeisolierte oder beheizte Bodenfläche haben.

5.7.2 Wurfkiste

Die Wurfkiste, in der die Geburt stattfindet, ist eine Holzkiste mit meist quadratischer Grundfläche, deren Seitenlänge sich nach der Größe der Rasse richtet; sie beträgt etwas mehr als die Länge der stehenden Hündin, für mittelgroße Hunde etwa 70−100 cm. Die Wandhöhe (20−50 cm) ist ebenfalls von der Rasse abhängig, an einer Seite ist sie, sofern die Wände hoch sind, im Bereich einer Ein- und Ausstiegsluke niedriger. − Aus hygienischen Gründen erhält die Holzoberfläche einen glatten Kunststoff- oder Lackanstrich. Der Boden der Wurfkiste kann mit einer Plastikfolie abgedeckt werden, auf die manche Züchter bis 8 cm hohe Lagen von Zeitungspapier und ein Laken legen. Andere Züchter legen einen mit Spreu (nicht zu prall) gefüllten Sack hinein und bedecken ihn mit einem Teppichstück und einem Leintuch; andere bevorzugen Haferstroh, das mit sauberen Tüchern abgedeckt wird, oder Heu.

In Intensivhaltungen (*Hurni* 1968, 1982) besteht die Wurfkiste (Größe 60x105 cm) aus kratzfestem, wärmeisolierenden Kunststoff. Der Kistenboden, der aus hygienischen Gründen keinerlei weiche Einlage erhält, weist Löcher auf, um bei der Geburt den Krallen der Hündin Halt zu geben und das Fruchtwasser ablaufen zu lassen. − Falls der Boden des Wurfraumes sehr kalt ist, wird die Wurfkiste 10−15 cm hoch aufgesockelt (*Wirtz*, 1980), da die Welpen gegen Bodenkälte und Luftzug sehr empfindlich sind. Um zu vermeiden, daß, besonders während der Geburt, die Hündin die

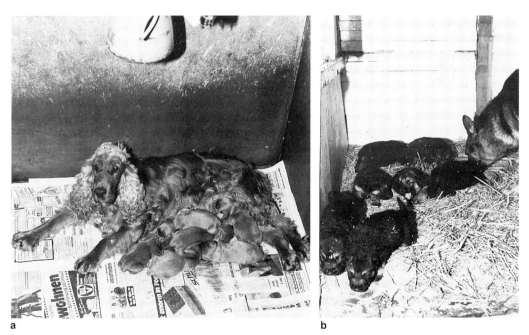

a b
Abb. 5.29 a/b a: Cockerspaniel-Hündin mit 10 Tage alten Welpen in der Wurfbox; Infrarotstrahler; Lager mit Zeitungspapier ausgelegt. Raumtemperatur 22 °C. Boxenwände dicht. Wurfkiste nicht erforderlich; b: Schäferhündin mit 3 Wochen alten Welpen in der Wurfbox

Welpen tritt oder sie erdrückt, sind an der Innenseite der Kistenwände, etwa in 10 cm Höhe, 5–10 cm breite Leisten horizontal angebracht. Durch das Abdecken der Wurfkiste mit einem leichten Tuch kann tagsüber das Lager der Welpen, die noch blind sind, bis zum 10. Lebenstag im Dämmerlicht gehalten werden, unbedingt nötig ist das nicht.

Die Welpen bleiben so lange in der Wurfkiste, bis sie diese selbständig verlassen können. Zu dieser Zeit wird die Wurfkiste aus der Wurfbox entfernt. Als Bodenbelag für das Lager der Welpen in der Box wird in einigen Zuchten Zeitungspapier, von der 3.–4. Lebenswoche an, wenn die Welpen mehr Kot und Harn absetzen, Stroh, eventuell kombiniert mit Sägemehl, verwendet (Abb. 5.29). In Intensivzuchten dagegen werden aus hygienischen Gründen auf den wärmegedämmten bzw. beheizten Bogen keinerlei Einlagen eingebracht. Bewährt hat sich ein Gummibelag, der fest mit dem wärmegedämmten Boden verbunden ist.

Im Intensivstall wird das Raumklima bei 22 °C Lufttemperatur und 55 % Luftfeuchte eingestellt. Die thermisch neutrale Zone liegt bei Welpen im Alter bis zu 3 Wochen bei 29–36 °C, über 3 Wochen bei 23 °C (*McIntyre* und *Ederstrom* 1958). Dieses Kleinklima wird durch einen über dem Welpenlager an einer Kette aufgehängten Elektro-Infrarotstrahler erzeugt. Später wird der Strahler von Woche zu Woche höher gehängt und nach 4 Wochen entfernt. – Von der 4. Lebenswoche an werden für die Welpen flache Futtergefäße bereitgestellt, zum Beispiel glasierte Blumentopfuntersätze. – Zur Zeit des Abstillens mit 6–8 Wochen läßt man die Hündin nur nachts zu den Welpen. Um die ständige Belästigung durch die Jungen (spitze Zähne) zu verhindern, kann man für die Hündin eine erhöhte Pritsche als Liegeplatz in den Raum stellen. – Anschließend werden die Welpen in eine Box mit Auslauf umgesetzt.

5.7.3 Zwinger, Auslauf

Im Alter von 4 Wochen sollten die Welpen mit der Hündin bei günstiger Witterung stundenweise die Möglichkeit zum Auslauf im Freien haben. Das kann ein Zwinger, ein asphaltierter oder mit Kies bedeckter Hof oder ein Rasenstück sein. Feuchter Boden ist ungeeignet. pralle Sonnenbestrahlung ist zu vermeiden. – Der Wurf kann zu dieser Zeit, u. U. bereits früher, auch ganz in den Zwinger umquartiert werden (Abb. 5.30).

In vielen Zuchtbetrieben ist die Bodengestaltung für den Auslauf problematisch. Dieser soll bei jedem Wetter zugänglich sein und auch Schattenplätze bieten. Durch eine Überdachung, eventuell mit lichttransparentem Material, kann er trocken gehalten werden; gleichzeitig wird in Haltungen, die ihr Abwasser selbst aufbereiten müssen, durch getrennte Ableitung des Regenwassers die Abwassermenge reduziert. Der undurchlässige Boden (Abb. 5.31), z. B. Asphalt, Kiesel-Waschbeton oder kunststoffüberzogener Beton, hat zu einer Ablaufrinne hin 5–7 % Gefälle; das Abwasser wird einem Kanal oder einer eigenen Kläranlage zugeführt. Diese Ausläufe können mit dem Hoch-

Abb. 5.30 a/b Überdachter Zwinger (3 × 5 m) mit Wurfbox (a links, Vorderwand hochgeklappt) und Abteil für die Hündin (a rechts, Dtsch. Schäferhund), dazwischen Schlupföffnung in 30 cm Höhe. Zwingerboden mit Holzdielen belegt, der Harn läuft durch die Dielenspalten in das darunter liegende Kiesbett und versickert dort. Wegen ungünstiger Klimabedingungen werden die Hündinnen mit ihren Würfen erst 14 Tage nach der Geburt in den Zwinger gebracht. Die Geburt findet in einem angrenzenden geschlossenen Schuppen statt, der mehr Ruhe und Schutz vor extremen Temperaturen bietet als der Zwinger; b: Welpen im Auslauf

druckreiniger, der wegen des oft fettigen Hundekotes mit warmem Wasser arbeitet, mit relativ geringem Aufwand täglich gereinigt und einmal wöchentlich desinfiziert werden (*Hurni* 1968).

Gewachsener Boden ist als intensiv genutzter Auslauf ungeeignet. *Schumacher* und *Strasser* (1968) haben gute Erfahrungen gemacht mit einer 25 cm dicken Kiesschicht (Körnung bis 30 mm), die auf eine gut funktionierende Drainage aufgebracht wurde. Hier kann der Kot zu jeder Jahreszeit trocken abgesammelt werden, der Harn versickert, und Askarideneier werden in tiefere Schichten gespült. Eine ähnliche Lösung mit einer 50 cm tiefen Kiesdrainage beschreibt *Räber* (1978).

a

b

Abb. 5.31 a/b Beagle-Zucht; a: Welpen mit Hündin in Aufzuchtbucht; b: Welpen im Auslauf. Waschbeton-Boden ist leicht zu reinigen und zu desinfizieren

5.7.4 Betreuung und Pflege der Welpen

Nach der Geburt untersucht der Züchter die Welpen einzeln auf Mißbildungen und Krankheitserscheinungen. Während der Säugezeit übernimmt, solange die Jungen im Nest liegen, die Hündin deren Pflege. Sie reinigt sie, leckt den Kot der Welpen und ihre eigene Lochialflüssigkeit auf und bemüht sich so, das Lager sauber zu halten. Dennoch müssen die Nesteinlagen, sofern solche benutzt werden, regelmäßig erneuert werden. Den Kot- und Harnabsatz der Welpen stimuliert die Mutter durch Belecken der Bauch- und Analgegend. – Wenn zu Beginn der 5. Woche die Fürsorge der Mutter nachläßt, beginnt die Fellpflege der Welpen durch den Betreuer mit der Bürste; von diesem Zeitpunkt an muß dieser sich täglich mit den Welpen befassen, sie streicheln und zu ihnen sprechen. Die Jungen brauchen ein anregendes Umfeld.

Am 3. Lebenstag (bis 8. Tag ohne Betäubung) werden bei den betreffenden Rassen die Ruten der Welpen kupiert, sofern dem nichts, wie in der Schweiz, aus Gründen des Tierschutzes entgegensteht (Tierschutzgesetz § 5 Abs. 3, 5), und ggf. „Wolfskrallen" (Afterzehen an den Hinterfüßen) abgeschnitten. Nach der Novelle des Tierschutzgesetzes von 1986 ist das Kupieren der Ohren nicht mehr erlaubt. – Am 10. Tag werden die spitzen Krallen der Welpen beschnitten, die sonst Augenverletzungen bei den Geschwistern oder beim „Milchtritt" Gesäugeverletzungen bei der Mutter verursachen können. – Im Alter von etwa 4 Wochen werden die Welpen dazu erzogen, den Kot in einer mit Sägespänen gefüllten Kiste oder im Auslauf abzusetzen.

Zur Verhütung von Infektionskrankheiten und Parasitenbefall ist die sorgfältige Reinigung und Desinfektion der Wurfkiste, der Wurfbox, des planen Bodens im Zwinger unerläßlich. Auch die Freß- und Trinkgefäße sind täglich gründlich zu reinigen.

5.8 Die Haltungsbedingungen für Katzenwelpen

Stärker noch als die Hundezucht wird die Zucht von Katzen, besonders von Edelkatzen, zum großen Teil unter räumlich beengten Verhältnissen, z.B. in der Wohnung einer Familie, betrieben. Für Versuchstierzuchten ist die isolierte Haltung unter streng hygienischen Bedingungen erforderlich.

5.8.1 Wurfraum, Katzenhaus

In Kleinhaltungen ist der Wurfraum oft das Wohnzimmer oder das Schlafzimmer. Die Kätzin erwartet dann von der Familie Anteilnahme an ihren Jungen. Steht die Wurfkiste nach der Geburt nicht im Wohnzimmer, so kann es geschehen, daß die

Katzenmutter ein Junges nach dem anderen heimlich dorthin bringt und z. B. unter die Couch legt. − In größeren Zuchten steht ein Katzenhaus mit Auslauf ins Freie zur Verfügung. Versuchstierzuchten haben die Aufgabe, das ganze Jahr über gesunde Katzen bereitzustellen, die auch frei sind von latenten Infektionen (SPF, *Bleby* und *Lacey* 1969, *Hurni* 1981). Deshalb muß die Haltung unter standardisierten, optimalen klimatischen und hygienischen Bedingungen ablaufen. Solche Katzenhäuser sind fensterlose Steinhäuser mit einer wirkungsvollen Be- und Entlüftung sowie Heizungseinrichtungen, ohne Auslauf ins Freie (*Wink* und und Mitarb. 1973, *Wolff* 1977, *Kehrer* und *Starke* 1975, *Hurni* und *Rossbach* 1987). Sie haben eine gute Wärmeisolierung, besonders auch am Boden, der zudem im Liegebereich der Katzen eine Bodenheizung aufweist. Im Wurfabteil sind die Wohn-(Schlaf-)abteile für die Mutterkatzen und die Wurfkisten (Abb. 5.33a) erhöht angebracht, ein Steigbrett führt von dort zum Boden. Wände und Böden sind mit Kunststofflack beschichtet, der eine leichte Reinigung und Desinfektion ermöglicht.

5.8.2 Kleinklima

Für neugeborene Katzen gibt *Hill* (1959) eine thermisch neutrale Zone von 34−36°C an. Kätzchen können schon wenige Stunden nach der Geburt ihre Körpertemperatur durch Steigerung des Energiestoffwechsels auf einer Höhe von 37,5−39°C halten, wenn die Umgebungstemperatur nicht unter 28°C absinkt. Bei Lufttemperaturen im Wurfraum von 26°C (*Thies*, 1980) bzw. 23−25°C (*Kehrer* und *Starke* 1975, *Olovson* 1986, *Hurni* und *Strasser* 1987) sind diese Temperaturen im Welpennest (Wurfkiste) gewährleistet; gegebenenfalls muß das Kleinklima durch Infrarotstrahler verbessert werden. Die relative Luftfeuchte sollte zwischen 45 und 65 % liegen, die Luftströmungsgeschwindigkeit 20 cm/s nicht überschreiten.

5.8.3 Wurfkiste, Wurfkäfig

Als Wurflager kann man eine Kiste, einen Korb mit 20 cm hohem Rand oder einen festen Pappkarton einrichten. Die Grundfläche beträgt etwa 35x50 cm. Die Katze soll darin langgestreckt liegen und sich bei den Wehen mit Rücken und Pfoten an den Längsseiten abstemmen können. − Meist werden 3−5 Junge mit einer Körpermasse von je 111 (90−140) g geboren. − Die Wurfkiste, in der die Kätzchen in den ersten 3−4 Wochen leben, ist nach oben seitlich offen. In seitlich offenen Kisten verhindert ein 20 cm hohes Brett das Herausfallen der herumkrabbelnden Kätzchen. In den ersten 8−12 Tagen werden die Jungen vor dem Tageslicht geschützt. Abb. 5.32 zeigt eine Wurfkiste, deren Deckel in den ersten 14 Tagen nach der Geburt geschlossen bleibt. Die Vorderwand hat in 30 cm Höhe eine etwa 15 cm breite Schlupföffnung für das Muttertier; die Kätzin verläßt die Wurfkiste in den ersten 8 Tagen nur zwecks Benützung des 'Katzenklos'.

Die während der Geburt beschmutzten Einlagen im Wurflager werden anschließend entfernt und durch sauberes, trockenes Material ersetzt. Geeignet sind Teppichbodenstoff, Schaumgummi, Kissen und kleine Matratzen, die mit Tüchern und Zeitungspapierlagen abgedeckt werden. Da die Mutter den Kot der Jungen aufleckt, bleibt das Lager relativ sauber. Bis zu 3.−4. Woche ist die Entwicklung, besonders auch der Sinnesorgane, so weit fortgeschritten, daß die Kätzchen im Nest herumrobben und schließlich auch versuchen, sich über den Rand der Kiste emporzuhangeln. Falls die Wurfkiste bis dahin erhöht angebracht bzw. aufgestellt war, setzt man sie jetzt auf den Boden. Von der 4.−5. Woche an brauchen die Welpen mehr Bewegungsfreiraum. Vorübergehend kann man sie im Wurfraum am Boden durch eine etwa 60 cm hohe Einfriedung aus Hartfaser- oder Sperrholzplatten noch auf ein 1x1 m großes Geviert einengen, in dem auch das neue Lager aufgestellt wird.

Wenn von der 5.−6. Woche an zugefüttert wird, setzen die Jungen mehr Kot ab, und sie lernen dann schnell von der Mutter die Benutzung des Katzenklos, das beim Lager aufgestellt wird. Dafür ist eine niedrige Plastikschüssel geeignet, die mit Torf, Sand, Zeitungsschnitzeln, Sägespänen, einem speziellen staubfreien Weichholzgranulat, zerquetschten kleinkörnigen Kalksteinchen oder Sepiolith gefüllt ist. − In dieser Zeit werden auch standfeste niedrige Schüsselchen für die Trinkwasseraufnahme aufgestellt.

Im Alter von 5−6 Wochen werden die Jungen den o. g. Zaun übersteigen und versuchen, ihrer Mutter überallhin zu folgen. Zum Wetzen der Krallen und zur Ermöglichung von Kletterpartien wird ihnen ein Kratzbrett oder ein Kratz- und Kletterbaum zur Verfügung gestellt. Es handelt sich um ein an der Wand hängendes Brett bzw. einen senkrecht stehenden runden Balken, den man mit rauhem, griffigem Stoff (z. B. Teppichbodenmaterial) bespannt hat (Abb. 5.32). Die Entwöhnung erfolgt mit 8–10 Wochen. Für Versuchstierzuchten hat *Hurni* (1982) gute Erfahrungen mit Wurfkäfigen gemacht (Breite 55 cm, Tiefe 69 cm, Höhe über Bodengitterrost 35 cm, Abb. 33a). Der Boden besteht aus rostfreiem Drahtgeflecht mit 1 mm Drahtstärke und 6 mm Maschenweite. Eine Ecke von 20x20 cm ist unperforiert und wird als Kotecke benutzt. Unter dem Rost fängt eine mit staubfreiem Weichholzgranulat gefüllte Plastikschublade Harn und Kot auf. Die Vorderseite des Käfigs ist als Tür ausgebildet mit Vorrichtungen zum Einhängen von Futter- und Trinkgefäßen. Als Nest wird eine Makrolonschale (Typ 3) mit 22x38 cm Grundfläche und 15 cm Höhe verwendet (Abb. 5.33b). Wegen der hohen Raumtemperatur und der Wärmeisolierung des Makrolonkäfig ist Einstreu als Nestmaterial entbehrlich. Die Jungen bleiben 4 Wochen in dem Wurfkäfig, leben anschließend weitere 4 Wochen mit der Mutter in der Gemeinschaftsbox mit anderen Katzen, wo sie auch weiter gesäugt werden. Die Mutter kann sich täglich etwa 3 Stunden in dieser Gruppenbox zum Fressen und Trinken Harn- und Kotabsatz aufhalten und um Kontakt zu den anderen Katzen der Gruppe aufrecht zu erhalten. Im Alter von 7–8 Wochen werden in Versuchstierzuchten die Kätzchen mit einer Körpermasse von etwa 600 g abgesetzt.

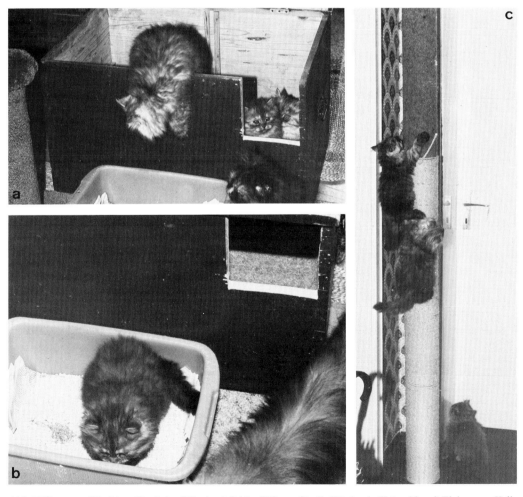

Abb. 5.32 a-c a: Wurfkiste (Deckel geöffnet) mit Schlupföffnung für die Kätzin; b: Katzenklo mit Einlage von Kalksteinchen; c: Kletterbaum

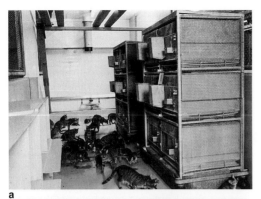

Abb. 5.33 a/b Intensive Katzenzucht; a: Wurfraum; rechts 2 Regale mit Wurfkäfigen; links Schlafboxen; oben Klettergerüst; b: Wurfkäfig, Kätzchen in Wurfbox (Foto: Dr. H. Hurni, Tierfarm der Firma CIBA-GEIGY, Sisseln, Schweiz)

Literatur

5.1 Fohlen

Baier, W. (1978): Haltung und Pflege. In: *J. Richter, R. Götze*: Tiergeburtshilfe, 3. Aufl., Paul Parey, Berlin und Hamburg

Chwistek, A. (1971): Tierärztliche Maßnahmen zur Steigerung der Abfohl- und Aufzuchtrate in der Pferdezucht. Vet. med. Diss. Leipzig

Dillenburger, Evelyn (1982): Entwicklung der Verhaltensweisen von Fohlen von der Geburt bis zum Absetzen. Agr. Diss. Hohenheim

Gratopp, W. (1975): Das Fohlen, Zeugung und Geburt. Nymphenburger Verlagsgesellschaft München

Könkamp, A. H. (1978): Pferdehaltung in Gestüten und Reitställen. W. Girardet, Essen

Koller, G., M. Süss (1984): Stallbau und Haltung von Pferden, Rindern, Schafen und Schweinen. In: *Bogner, H., A. Grauvogl* (Hrsg.): Verhalten landwirtschaftlicher Nutztiere. Eugen Ulmer, Stuttgart

Kresse, W. (1981): Pferde halten und pflegen. Eugen Ulmer, Stuttgart

Kulemeyer, H. (1977): Untersuchungen über Stallklimafaktoren in Pferdeställen. Vet. med. Diss. Berlin

Leidl, W., J. Braun (1979): Aufzuchtkrankheiten bei Fohlen. Berl. Münch. Tierärztl. Wschr. *23*, 429–433

Löwe, H., H. Meyer (1979): Pferdezucht und Pferdefütterung. 5. Aufl., Eugen Ulmer, Stuttgart

Lose, M. P., S. Meinecke-Tillmann (1981): Die Stute und ihr Fohlen. Paul Parey, Berlin und Hamburg

Marten, J. (1979): Stallbau für Pferde. In: *Gramatzki, F.* (Hrsg.): Handbuch Pferde 2. H. Kamlage, Osnabrück

Osten-Sacken, N., v. d. (1976): Pferdeställe. Nymphenburger Verlagsbuchhandlung München

Pirkelmann, H., M. Schäfer, H. Schulz (1976): Pferdeställe und Pferdehaltung. Eugen Ulmer, Stuttgart

Rossdale, P. D. (1975): Das Pferd – Fortpflanzung und Entwicklung. S. Karger Basel und München

Schäfer, M. (1976): Die Ansprüche des Pferdes an seine Umwelt. In: *Pirkelmann, H., M. Schäfer, H. Schulz*: Pferdeställe und Pferdehaltung. Eugen Ulmer, Stuttgart

Schiele, E. (1976): Haltung des Reit- und Zuchtpferdes. 3. Aufl., BLV-Verlagsgesellschaft, München–Berlin–Wien

Schulz, H. (1976): Bauausführung und Baukosten von Pferdeställen und Reithallen. In: *Pirkelmann, H., M. Schäfer, H. Schulz*: Pferdeställe und Pferdehaltung. Eugen Ulmer, Stuttgart

Schwark, H. J. (1978): Pferde. VEB Dtsch. Landw. Verlag, Berlin

Uppenborn, W. (1982): Pferdezucht und Pferdehaltung. 7. Aufl., Bintz, Offenbach a. M.

5.2 Kälber

Bates, D. W., J. F. Anderson, R. D. Appleman (1985): Building and managaging calf hutches. Agric. Ext. Serv. Uni. Minnesota

Blom, J. Y. (1982): The influence of housing and climatisation on health and growth of young calves under farm conditions. In. *Signoret, J. P.* (Edt.): Welfare and husbandry of calves. Martinus Nijhoff Publ., Den Haag, Boston, London

Bogner, H. (1978): Einige Aspekte zur Haltung und Fütterung von Kälbern aus der Sicht des Tierschutzes. Berl. Münch. Tierärztl. Wschr. *91*, 459–463

Bogner, H. (1981): Einige Mindestanforderungen für die Haltung und Mast von Kälbern, wie sie sich aus tierschutzbezogenen Untersuchungen ableiten lassen. Tierzüchter *33*, 376–378

Bothmer, G. von (1985): Kälberaufzucht für Milch und Mast. DLG-Verlag, Frankfurt/M.

Daenicke, R. (1985): Ergebnisse aus der Aufzucht von

Kälbern in ungedämmten Ställen. Landbauforschung Völkenrode, SH 75, 43−57
Engelhard, J., R. Meinecke (1980): Ergebnisse aus Untersuchungen zur gemeinsamen Haltung von Vornutzungsfärsen mit ihren Kälbern in Laufbuchten auf Vollspaltenboden. Arch. Tierzucht *23*, 259−268
Groth, W., H. Berner (1971): Vergleichende Untersuchungen des Panseninhaltes von Mastkälbern mit und ohne Einstreu und von frühentwöhnten Kälbern. Dtsch. Tierärztl. Wschr. *78* 597−602, 634−637
Groth, W. (1976): Die hygienischen Verhältnisse in bayerischen Kälbermast- und Kälberaufzuchtbetrieben. Züchtungskunde *48*, 194−203
Groth, W. (1978): Tierschutz- und verhaltensbezogene Gesichtspunkte der Kälbermast. Tierzüchter *30*, 419−422
Groth, W., H. Berner, W. Gränzer, V. Seda, H. Bogner (1979): Der Einfluß einer Stroh- bzw. Heubeifütterung auf das Körpergewicht und auf Parameter von Blut, Pansen und Labmagen. Landbauforschung Völkenrode, SH. *48*, 171−196
Groth, W. (1982): Haltungs- und Hygienegrundsätze für die intensive Kälbermast und die spezialisierte Kälberaufzucht. Prakt. Tierarzt *63*, 871−876
Groth, W. (1984): Kritische Bestandsaufnahme der Haltungsbedingungen und Empfehlungen für die Aufstallung von Kälbern. Coll. Vet., Hannover, *14*, 150−155
Groth, W. (1984): Der Einfluß des Stallklimas auf Gesundheit und Leistung von Rind und Schwein. Zbl. Vet. Med. B., *31*, 561−584
Hammer, K. (1976): Mutterkuhhaltung. Arbeitsblatt 02.07.01, ALB Bayern, Grub
Hammer, K., M. Süss, B. Mittrach, T. Kurtz (1984): Stalleinrichtungen zur Kälberaufzucht. Arbeitsblatt 02.06.04, ALB Bayern, Grub
Heiting, N. (1984): Plädoyer für die natürliche Aufzucht der Kälber. top agrar spezial 2/84, R 22−25
Högermeyer, B. (1978): Untersuchungen zur Aufstallung von Mutterkühen in Liegeboxenlaufställen. Agr. Diss. Göttingen
Jans, F. (1977): Mutter- und Ammenkuhhaltung mit Braunviehkühen. Schweizer. Landw. Mh. *55*, 165−179
Koller, G., B. Mittrach, M. Süss, T. Kurtz (1978): Mastkälberstallungen. Arbeitsblatt 02.04.10, ALB Bayern, Grub
Koller, G., K. Hammer, B. Mittrach, M. Süss (1979): Handbuch für landwirtschaftliches Bauen 1, Rindviehställe. BLV-Verlagsgesellschaft, München
Kunz, P. (1985): 19 Kälberhütten auf Herz und Nieren geprüft. top agrar spezial, Münster 12, 20−24
Kunz, P., G. Montandon (1985): Vergleichende Untersuchungen zur Haltung von Kälbern im Warm- und Kaltstall während der ersten 100 Lebenstage. Schriftenr. Eidg. Forsch. anst. f. Betriebswirtsch. u. Landtechnik Tänikon *26*
Larsen, H. J., G. H. Tenpas, C. O. Cramer (1980): Rearing dairy calves in warm and cold housing. J. Dairy Sci. *63*, Suppl. 1, 72−73
McKnight, D. R. (1978): Performance of newborn dairy calves in hutch housing. Canad. J. Animal Sci., Ottawa, *58*, 517−520
Ordolff, D. (1981): Verfahren und Technik der Haltung. In: H. *Kräusslich* (Hrsg.): Rinderzucht. 6. Aufl., Eugen Ulmer, Stuttgart
Piotrowski, J., K. L. Borchert (1985): Ergebnisse aus der Aufzucht in ungedämmten Ställen. Bau- und Haltungstechnik, Raumklima. Landbauforschung Völkenrode, SH. *75*, 36−42
Pirkelmann, H. (1986): Tränkedosierautomaten für die Kälberhaltung. Tierzüchter *38*, 76−79
Raue, F. (1980): Kälberaufzucht, DLG-Verlag, Frankfurt/M.
Schlichting, M. (1983): Haltungsverfahren der spezialisierten Kälbermast. In: Handbuch der tierischen Veredlung. H. Kamlage, Osnabrück
Schmoldt, P. (1980): Kälberaufzucht. Stand − Probleme − Lösungswege. VEB Gustav Fischer, Jena.
Süss, M., K. Sebestik (1983): Gesunde Kälber durch Aufzucht in Freilandhütten. Landtechn. Zeitschr. *34*, 1078−1080
Süss, M., K. Hammer, F. Meisl (1986): Haltung von Aufzuchtkälbern auf gummiummantelten Betonspaltenböden. Bayer. Landw. Jahrbuch *63*, 677−681
Williams, P. E. V, D. Day, A. M. Raven, J. A. McLean (1981): The effect of climatic housing and level of nutrition on the performance of calves. Anim. Production *32*, 133−141

5.3 Schaflämmer

Akbarzadeh, M., J. K. Hinrichsen, H. Sommer (1976): Die Bedeutung des Haltungsverfahrens bei der Bekämpfung von Endoparasiten in der Lämmeraufzucht. Tierärzt. Umschau *31*, 363−366
Arehart, L. A., J. M. Lewis, F. C. Hinds, M. E. Mansfield (1972): Space allowance for lactating ewes confined to slotted floors when penned with single or twin lambs. J. Animal Sci. *34*, 180−182
Bareham, J. R. (1976): The behaviour of lambs on the first day after birth. Brit. Vet. J. *132*, 152−162
Bauer, J. (1970): Untersuchungen zur mutterlosen Aufzucht von Lämmern mit anschließender Kraftfutter-Intensivmast. Agr. Diss. TU München-Weihenstephan
Behrens, H., R. Scheelje, R. Wassmuth (1983): Lehrbuch der Schafzucht. 6. Aufl., Paul Parey, Hamburg und Berlin
Brüne, C. (1984): Produktionstechnik in der Schafhaltung. In: *F. Haring* (Hrsg.): Schafzucht. 7. Aufl., Eugen Ulmer, Stuttgart
Buchenauer, D. (1979): Zum Verhalten wilder und domestizierter Schafe. KTBL-Schrift 240. Landw. Verl., Münster-Hiltrup
Burgkart, M., B. Mittrach (1984): Grundlagen der Schafstallung. Arbeitsblatt 05.02.01, ALB Bayern, Grub
Burgkart, M., J. Bauer, F. Raue (1973): Mutterlose Aufzucht − intensive Lämmermast. DLG-Verlag, Frankfurt/M.

Burgkart, M. (1983): Praktische Schafhaltung. BLV-Verlagsgesellschaft, München
Hinrichsen, J. K. (1974): Schafe, Ziegen und Pferde. In: G. Comberg, J. K. Hinrichsen (Hrsg.): Tierhaltungslehre. Eugen Ulmer, Stuttgart
Kirschnick, G. (1986): Schafproduktion. 4. Aufl., VEB Dtsch. Landw. Verlag, Berlin
Lammers, E. (1984): Koppelschafhaltung. 2. Aufl., DLG-Verlag, Frankfurt/M.
Mothes, E. (1981): Technologie der Tierproduktion. VEB Gustav Fischer, Jena
Possart, W., K. Ahaus, K. Böhme, B. Dunger (1981): Mutterlose Lammaufzucht – ein Verfahren zur Senkung der Aufzuchtverluste. Mh. Vet. Med. *36*, 84–93
Scheelje, R. (1979): Die Grundlagen der Schafhaltung. In: *Behrens, H., H. Doehner, R. Scheelje, R. Wassmuth*: Lehrbuch der Schafzucht. 5. Aufl., Paul Parey, Hamburg und Berlin
Schlolaut, W., G. Wachendörfer (1986): Schafhaltung, 4. Aufl., DLG-Verlag, Frankfurt/M.
Schwintzer, I. (1983): Das Milchschaf. Eugen Ulmer, Stuttgart
Weisheit, H. (1983): Lämmeraufzucht und -mast. 3. Aufl., L. Stocker, Graz/Stuttgart

5.4 Ziegenlämmer

Dymanski, U. (1983): Selbstversorgungen durch Ziegenhaltung. 2. Aufl., Paul Pietsch, Stuttgart
Gall, C. (1982): Ziegenzucht. Eugen Ulmer, Stuttgart
Kolb, E. (1981): Vom Leben und Verhalten unserer Haustiere. 2. Aufl., S. Hirzel, Leipzig
Späth, H., O. Thume (1986): Ziegen halten. Eugen Ulmer, Stuttgart
Züst, L. (1980): Handhabung von Ziegen bei Intensiv-Laufstallhaltung. KTBL-Schrift 254. Landw. Verl., Münster-Hiltrup

5.5 Saugferkel

Baxter, S. H. (1981): Welfare and the housing of the sow and suckling pigs. In: *W. Sybesma* (Ed.): The welfare of pigs. Martinus Nijhoff Publ., Den Haag, Boston, London
Fiedler, E. (1982): Haltungsverfahren für Schweine. In: Handbuch der tierischen Veredlung. H. Kamlage, Osnabrück
Foley, C. W., R. W. Seerley, W. J. Hansen, S. E. Curtis (1971): Thermoregulatory responses to cold environment by neonatal wild and domestic piglets. J. Animal Sci. *32*, 926–929
Groth, W. (1972): Anforderungen der Tierhygiene an neuzeitliche Schweineställe. Dtsch. Tierärztl. Wschr. *79*, 124–126, 205–209
Groth, W. (1977): Anforderungen an das Stallklima. Prakt. Tierarzt *58*, 897–901
Groth, W. (1980): Die Hygiene der Umwelt des Neugeborenen. Fortschr. Vet. med. Heft 30, 50–60, Paul Parey, Berlin und Hamburg
Groth, W. (1987): Beziehungen zwischen Haltung und Gesundheit von Kälbern und Ferkeln. Ber. 17. Kongr. Dtsch. Vet. med. Ges.
Hahn, R., F. W. Hottelmann, J. Lorenz (1983): Programmierte Ferkelproduktion. 2. Aufl., Landw. Verl., Münster-Hiltrup
Hammer, K., B. Mittrach, M. Süss, A. Grauvogel (1987): Abferkelbuchten. Arbeitsblatt 03.06.03, ALB Bayern, Grub
Jungbluth, T. (1984): Elektrowärme bei der Ferkelaufzucht. AEL (Essen), Merkblatt 6
Koller, G., K. Hammer, B. Mittrach, M. Süss (1981): Handbuch für landwirtschaftliches Bauen 2. Schweineställe. BLV Verlagsgesellschaft, München
Lorenz, J. (1982): Einstreulose Ferkelproduktion. 2. Aufl., Landw. Verl., Münster-Hiltrup
Lorenz, J. (1985): Moderne Abferkel- und Aufzuchtställe. Verlagsunion Agrar.
Major, R. (1986): Ferkelerzeugung in Freilandhaltung. Schweinezucht und Schweinemast *34*, 288–292
Marx, D., H. Schuster (1985): Untersuchungen zur ethologischen Bewertung intensiver Ferkelaufzuchtverfahren. Darstellung der Versuche, Bodenformen, Verhalten und Klauenschäden. KTBL-Schrift 307, Landw. Verl. Münster-Hiltrup
Mittrach, B., A. Seebald (1985): Stallböden. Arbeitsblatt 13.02.04, ALB Bayern, Grub
Mothes, E., H. Nau, H. Schremmer, W. Wildgrube (1983): Verfahren der Tierproduktion, Schweine. VEB Dtsch. Landw. Verlag, Berlin
Nau, H. R., V. Kotbráček, J. (Cesner (1986): Messung der Abkühlungsgröße in einem Abferkelstall. Mh. Vet. Med. *41*, 338–341
Nichelmann, M., H. G. Barnick, L. Lyhs (1976): Untersuchungen zum Wärmehaushalt des neugeborenen Ferkels. 2. Mitt.: Biologisch optimale Temperatur. Mh. Vet. Med. *31*, 649–655
Nichelmann, M. (1977): Wärmehaushalt und Temperaturregulation des Ferkels während der postnatalen Entwicklung. Mh. Vet. Med. *32*, 534–538
Pflug, R. (1976): Geburtsverhalten von Sauen und Verhaltensweisen ihrer Ferkel in Abhängigkeit haltungs- und klimatechnischer Bedingungen neuzeitlicher Abferkelställe. Agr. Diss. Gießen
Prange, H. (1979): Einstreulose Haltung im Abferkelstall. VEB Gustav Fischer, Jena
Schlichting, M. C., H. Blendl, H. Bogner (1982): Haltung, Stallbau und Verhalten. In: *H. Bogner* (Hrsg.): Marktgerechte Schweineproduktion. Paul Parey, Hamburg und Berlin
Stolba, A. (1986): Ansatz zu einer artgerechten Schweinehaltung: der „möbilierte Familienstall". In: *H. H. Sambraus, E. Boehncke* (Hrsg.): Ökologische Tierhaltung. C. F. Müller, Karlsruhe, 148–166
Süss, M., K. Hammer, G. Koller, B. Mittrach, J. Lorenz (1980): Ställe zur Ferkelerzeugung. Arbeitsblatt 03.02.04 ALB Bayern, Grub
Süss, M., W. Wittmann, H. Scharnagl (1986): Untersuchungen an perforierten Böden in Abferkelbuchten. Bayer. Landw. Jahrbuch *63*, 721–729
Weber, R. (1986): Entwicklung einer Abferkelbucht

nach ethologischen Gesichtspunkten unter Beibehaltung der verfahrenstechnischen Vorteile von Kastenstandsystemen. Agr. Diss. ETH-Zürich

Weghe, H. van den (1981): Planungsmodelle für die spezialisierte Ferkelproduktion. KTLB-Schrift 261, Landw. Verl., Münster-Hiltrup

5.6 Kaninchensäuglinge

Brummer, H. (1986): Zur tiergerechten Haltung von Kaninchen. In: *Militzer, K.* (Hrsg.): Wege zur Beurteilung tiergerechter Haltung bei Labor-, Zoo- und Haustieren. Paul Parey, Berlin und Hamburg

Delaveau, A. (1982): Mortality of young rabbits and the effect of nest quality. Commercial Rabbit *10*, 15–17

Dorn, K. (1981): Rassekaninchenzucht. 4. Aufl., J. Neumann-Neudamm, Melsungen/Berlin/Basel/Wien

Fort, M. et *M. Martin* (1981): Les batiments et le matériel en élevage cunicole. Bull. techn. Inform., Paris *358/359*, 195–214

Kammeier, S. (1983): Einfluß von erhöhten Nesttemperaturen auf Aufzucht- und Mastleistungen von Fleischkaninchen. Vet. med. Diss. Hannover

Löliger, H. C., S. Matthes (1976): Krankheitsprophylaxe in Kaninchenbeständen durch aufzuchthygienische Maßnahmen. Tierärztl. Umschau *31*, 488–494

Lösing, A. (1979): Untersuchungen über Umfang und Ursachen der Aufzuchtverluste beim Hauskaninchen. Vet. med. Diss. Hannover

Nichelmann, M., M. Rott, H. Rohling (1974): Beziehungen zwischen Energieumsatz und Umgebungstemperatur beim Kaninchen. Mh. Vet. Med. *29*, 257–261

Partridge, G. G., J. M. Bruce, S. J. Allan, G. A. Sharman (1983): The use of heated nestbox system to counter perinatal mortality in the commercial rabbit. Anim. Prod. *37*, 125–132

Scheelje, R., H. Niehaus, K. Werner, A. Krüger (1975): Kaninchenmast. 2. Aufl., Eugen Ulmer, Stuttgart

Schley, P. (1976): Untersuchungen zur künstlichen Aufzucht von Hauskaninchen. Habil. Schr., Gießen

Schley, P. (1985): Kaninchen. Eugen Ulmer, Stuttgart

Stephan, E., S. Kammeier, W. Schlolaut (1984): Einflüsse erhöhter Nesttemperatur auf die Produktivität von Fleischkaninchen. Tag. ber. Fachgr. Kleintierkrankheiten d. Dt. Vet. med. Gesellschaft in Celle

5.7 Hundewelpen

Bairacli-Levy, de, Juliette (1974): Die Aufzucht junger Hunde nach natürlichen Methoden. 8. Aufl., Albert Müller, Rüschlikon-Zürich, Stuttgart, Wien

Hurni, H. (1968): Die Zucht von Versuchshunden. Nord. Vet. med. *20*, 49–67

Hurni, H. (1982): Persönl. Mitteil.

Kamphans, S., W. Schumacher, H. Strasser (1963): Über Haltung und Zucht von Versuchshunden. Zschr. Versuchstierkd. *3*, 41–54

Kober, U. (1981): Pareys Hundebuch. Paul Parey, Hamburg und Berlin

McIntyre, D. G., H. E. Ederstrom (1958): Metabolic factors in the development of homeothermie in dogs. Amer. J. Physiol. *194*, 293

Räbler, H. (1978): Brevier neuzeitlicher Hundezucht. 3. Aufl., Paul Haupt, Bern und Stuttgart

Schumacher, W., H. Strasser (1968): Breeding dogs for experimental purposes. I. Breeding installations, breeding processes and maintenance. J. Small Anim. Pract. *9*, 597–602

Smythe, R. H. (1975): The breeding and rearing of dogs. 3rd Impr. Popular Dogs Publ. Co. Ltd., London

Spiegel, A. (1976): Versuchstiere. Gustav Fischer, Stuttgart

Trumler, E., (1974): Hunde ernst genommen. Pieper, München und Zürich

Wirtz, H. (1980): Welpenaufzucht: Zucht, Aufzucht, Pflege, Haltung. 2. Aufl., Franckh, Stuttgart

5.8 Katzenwelpen

Bleby, J., A. Lacey (1969): The establishment of a specific pathogen free cat (Felis catus) colony. J. Small Anim. Pract. *10*, 237–248

Hill, J. R. (1959): The oxygen consumption of newborn and adult mammals, its dependence on the oxygen tension in the inspired air and on the environmental temperature. J. Physiol. *149*, 346

Hurni, H. (1981): SPF-cat breeding. Z. Versuchstierkd. *23*, 102–121

Hurni, H. (1981): Day length and breeding in the domestic cat. Labor. Anim. *15*, 229–233

Hurni, H. (1982): Persönl. Mitteil.

Hurni, H., W. Rossbach (1987): The Laboratory Cat. In: UFAW Handbook on the care and management of laboratory animals. 6th Ed., Churchill and Livingstone, Edinburgh and London

Kehrer, A., P. Starke (1975): Erfahrungen über die Zucht, Aufzucht und Haltung von Katzen für Versuchszwecke unter konventionellen Bedingungen. Berl. Münch. Tierärztl. Wschr. 94–97 und 101–107

Olovson, S. G. (1986): Diet and breeding performance in cats. Labor. Anim. *20*, 221–230

Rossbach, W. (1972): Über den Aufbau einer Freiluftkatzenzucht und erste Zuchterfahrungen. Z. Versuchstierkd., *14*, 361

Scott, P. (1972): The cat. In: UFAW Handbook on the care and management of laboratory animals. 4th Ed., Churchill and Livingstone, Edinburgh and London

Strasser, H. (1968): Über Aufbau und Fortführung einer Katzenzucht. Z. Versuchstierkd. *10*, 137–146

Thies, D. (1980): Katzenhaltung, Katzenpflege. 4. Aufl., Frankh, Stuttgart

Wink, U., F. Ketsch, E. Trumler (1973): Keysers praktisches Katzenbuch. Keysersche Verlagsbuchhandlung, München

Wolff, R. (1981): Katzen. 4. Aufl., Eugen Ulmer, Stuttgart

Wright, M., S. Walters (1985): Die Katze. Handbuch für Haltung, Zucht und Pflege. Mosaik-Verlag, München

6 Pränatale Entwicklungsstörungen

K. Walser

6.1 Allgemeines

Das Leben der Frucht ist während der gesamten pränatalen Entwicklung vom Zeitpunkt der Befruchtung des Eies bis zur Geburt in hohem Maße durch Kyematopathien (Blasto-, Embryo- und Fetopathien) gefährdet. Schädigungen der Frucht können bei entsprechender Intensität der Einwirkungen pathogener Faktoren den Fruchttod zur Folge haben. In den frühen Stadien der Entwicklung wird der abgestorbene Embryo im Uterus resorbiert (embryonaler Tod). Im Fetalstadium kommt es bei Absterben der Frucht zum Abortus, zur Mumifikation oder zur Geburt toter Früchte.

Treffen pathogene Einflüsse selektiv nur eine Zelle oder Zellgruppe in frühen Phasen der Entwicklung und überleben die übrigen Zellverbände der Frucht unbeschädigt diese Noxe, so entstehen örtlich begrenzte Defekte, Mißbildungen. Trifft eine solche Schädigung erst später den Fetus nach abgeschlossener Organdifferenzierung, so kann dies nur noch Unterentwicklung oder Wachstumshemmung von Organen, Körperteilen oder des gesamten Fetus zur Folge haben.

Es besteht kein prinzipieller Unterschied in der Ätiologie des embryonalen Todes, der Mißbildungen, des Abortus, der Mumifikation und der termingerechten Geburt toter oder lebensschwacher Früchte. Alle diese Erscheinungen können Folge der Einwirkung derselben pathogenen Faktoren sein. Entscheidend für die Auswirkungen einer Schädigung ist der Entwicklungsstand der Frucht, in dem sie von einer Noxe getroffen wird, und die Stärke des schädigenden Faktors, weniger seine Art.

Gegenüber einwirkenden pathogenen Faktoren besteht eine phasenspezifische Empfindlichkeit. Die Phasen der höchsten Störanfälligkeit liegen in den Entwicklungsabschnitten mit hoher Mitoserate, gesteigerter Nukleinsäure- und Proteinsynthese bei hohem Sauerstoff- und Glucosebedarf. Die Periode der höchsten Gefährdung liegt demzufolge im Blastozystenstadium und in der frühen Embryonalphase. Dies ist die Periode des embryonalen Todes. Die Absterberate in dieser Entwicklungsphase wird bei Rind und kleinen Wiederkäuern mit 20–50 %, beim Schwein mit 25–40 %, bei Pferd, Hund und Katze mit 10–15 % angegeben. In diesem Entwicklungsabschnitt entstehen auch die meisten Mißbildungen. Mit fortschreitender Entwicklung nimmt die Empfindlichkeit der Frucht ab. Fetopathien sind weit weniger häufig als Blasto- und Embryopathien.

Die Bearbeitung der vielfältigen und wirtschaftlich überaus bedeutungsvollen Fragen um den embryonalen Tod, um Abortus und Mumifikation der Frucht fällt in das Fachgebiet der Fortpflanzungsstörungen. Dasselbe gilt für die embryonalen und fetalen Entwicklungsstörungen der männlichen und weiblichen Geschlechtsorgane. Dagegen ist die Beurteilung und gegebenenfalls Versorgung mißgebildeter oder krank geborener Tiere Anliegen der Neugeborenen- und Säuglingskunde.

6.2 Definition

Mißbildungen entstehen in den Entwicklungsabschnitten der Organanlage und -ausbildung (teratogenetische Determinationsperiode). Wird eine Zelle oder Zellgruppe geschädigt, bevor die ihrer Bestimmung gemäße Entwicklung begonnen hat (Schädigung der Induktoren), so kann die Entwicklung eines Organs gänzlich unterdrückt oder schwer gestört werden. Es werden sich erhebliche Defekte bis zum völligen Fehlen des betroffenen Organs einstellen. Ist die Entwicklung bereits in Gang gekommen (Phase der Organogenese), dann kann sie in ihrem Verlauf gehemmt oder unterbrochen oder in der Entwicklungsrichtung verändert werden. Nach Abschluß der Organogenese verlieren teratogene Einflüsse ihre Bedeutung. Das schon fertig differenzierte Organ kann nur noch in seinem weiteren Wachstum gestört werden. Es bleibt bei relativer Kleinheit einzelner Organe oder Körperteile oder des gesamten Körpers durch Wachstumsverzögerung oder -stillstand.

6.3 Ätiologie der Mißbildungen (kausale Teratogenese)

Embryonale Entwicklungsstörungen können endogen (genetisch, hereditär, erblich) oder exogen (peristatisch, umweltbedingt) oder durch das Zusammenwirken beider Ursachengruppen ausgelöst werden. Es wird geschätzt, daß diese endogenen und exogenen Faktoren zu je 10–20 % an der Entstehung von Mißbildungen beteiligt sind. Eine kleinere Ursachengruppe mit einem Anteil von etwa 5 % stellen die Chromosomenanomalien dar, während der weitaus größte Anteil mit 50–75 % nach heutigen Kenntnissen unbekannten Faktoren zugeordnet werden muß.

Nur ein kleiner Teil der durch pathogene genetische Faktoren ausgelösten Entwicklungsstörungen folgt den einfachen, von der Umwelt unabhängigen *Mendel*-Regeln der Vererbung. Dominant vererbte Mißbildungsanlagen sind selten. Anlageträger werden erkannt und können von der Zucht ausgeschlossen werden. Rezessiv vererbte Anlagen können dagegen über Generationen unentdeckt bleiben und in einer Population stärkere Verbreitung finden. Den meisten endogen bedingten Fehlbildungen liegt aber ein polygenes (polyfaktorielles) System mit kompliziertem Erbgang zugrunde. Das Merkmal zeigt sich erst bei Akkumulation schädlicher Gene, darüber hinaus vielfach erst unter Mitbeteiligung exogener Faktoren. Die endogene Prädisposition zur Mißbildung kommt somit häufig erst durch den peristatischen Komplementäreffekt zur Auswirkung.

Die Manifestation polygener Merkmale ist unregelmäßig und schwer vorausberechenbar. Der Nachweis der Beteiligung endogener Faktoren wird dadurch schwierig, umso mehr als nach den Ergebnissen der experimentellen Teratologie nahezu jeder bekannt gewordene Erbfehler auch durch exogene Faktoren ausgelöst werden kann (Phänokopien). Es bleibt deshalb in der Praxis meistens bei der Feststellung einer familiären Häufung eines Defekts mit dem Verdacht der Beteiligung erblicher Faktoren.

Chromosomenanomalien, numerische Abweichungen der Chromosomen, fehlende oder überzählige Chromosomen und Translokationen wurden als Ursache des embryonalen Fruchttodes erkannt. Mißbildungen aufgrund von Chromosomenanomalien treten dagegen seltener auf.

Die embryonalpathogenen Umweltfaktoren lassen sich in physikalische, chemische und infektiöse Ursachengruppen einteilen.

Unter den physikalischen Faktoren ist der teratogene Effekt ionisierender Strahlen (Röntgenstrahlen, Gammastrahlen, korpuskuläre Strahlen) zu erwähnen. Diese Strahlen sind in der Lage, empfindliche embryonale Zellen in der sensiblen Phase der Organogenese zu schädigen, was Mißbildungen zur Folge hat. Wie aus experimentellen Untersuchungen bekannt, ist die Schwere der erzeugten Mißbildungen von der Dosierung und Dauer der Strahlenexposition abhängig. Unter den gegenwärtigen Bedingungen ist mit Strahlenbelastung als teratogener Faktor bei Haustieren nicht zu rechnen. Die natürliche Radioaktivität liegt weit unterhalb der Toleranzdosis. Die Röntgendiagnostik beschränkt sich auf klinische Fälle. Über das Ausmaß potentieller Gefahren (Auslösung von Mutationen, direkte Schädigung von Embryonen) durch radioaktive Strahlenbelastung nach Atomwaffenversuchen oder Reaktorunfällen in Kernkraftwerken liegen bislang keine gesicherten, allgemein zugänglichen Untersuchungsberichte vor.

Endogener und exogener Sauerstoffmangel (Hypoxie) spielen in der experimentellen Teratologie eine zentrale Rolle. Unter natürlichen Lebensbedingungen wurden durch exogenen Sauerstoffmangel bedingte Mißbildungen, auch in sauerstoffarmen Hochgebirgsregionen, bisher nicht beobachtet.

Durch Hyperthermie (Erhöhung der inneren Körpertemperatur) wurde bei Versuchsnagern eine Vielzahl von Mißbildungen erzeugt. Beim Schaf hatte experimentelle Hyperthermie embryonalen Tod und Hirnmißbildungen der Lämmer zur Folge. Beim Schwein traten embryonaler Tod und Totgeburten auf.

Die bei Versuchstieren als teratogen erwiesenen chemischen Substanzen, Medikamente und Toxine müssen auch für Haustiere zumindest als potentielle Teratogene in Betracht gezogen werden. *Rieck* (1984) teilt die Vielzahl dieser Stoffe in zehn Gruppen ein: Vitamin-Antagonisten, Aminosäure-Antagonisten, Nukleinsäure-Antagonisten, Hormone, Azo- und Acridinfarbstoffe, Antimitotika, Antibiotika, Mykotoxine, Pflanzenalkaloide und eine weitere Gruppe verschiedener Substanzen. Einige derartige Stoffe wurden als teratogen bei Haussäugetieren nachgewiesen.

Für verschiedene Pflanzenalkaloide ist die teratogene Wirkung bei Haussäugetieren gesichert.

Nach Aufnahme der Lupinenarten L. sericeus und L. caudatus durch Rinder zwischen dem 40.−70. Tag der Trächtigkeit wurden hochgradige Verkrümmung der Vordergliedmaßen und Verkrümmung der Halswirbelsäule (crooked calf disease) beobachtet. Die Mißbildungen konnten auch experimentell erzeugt werden. Als teratogener Inhaltsstoff wurde das Lupinenalkaloid Anagyrin erkannt. Die Alkaloide von Veratrum californicum hatten Schädelmißbildungen bei Lämmern zur Folge, wenn die Mutterschafe die Weidepflanze um den 14. Trächtigkeitstag aufgenommen hatten. Nach Verfütterung von Veratrum californicum an Kühe zwischen dem 12.−34. Tag der Gravidität wurden Kälber mit Ataxie der Hintergliedmaßen geboren. Als teratogene Veratrumalkaloide wurden Jervin, Cyclopamin und Cycloposin nachgewiesen. Nach Aufnahme von Tabakstengeln (Nicotiana tabacum) durch trächtige Sauen traten bei den Ferkeln Verkrümmungen der Hinterextremitäten auf (tobaco stalk epidemics). Nikotin wurde als das verantwortliche teratogene Alkaloid angesprochen.

Über die teratogene Wirkung der Antibiotika liegen in der Tiermedizin kaum zuverlässige Informationen vor. Lediglich für Griseofulvin ist die teratogene Wirkung bei Katzen gesichert. Griseofulvin zwischen dem 1.−24. Tag der Trächtigkeit täglich verabreicht, führte zu schweren Mißbildungen des Gehirns, der Augen, des Rückenmarks, des Gesichtsschädels und zu Afterlosigkeit der Welpen.

Virusinfektionen gravider Mütter als exogene Mißbildungsursache wurden erstmals bei Röteln (Rubeola) des Menschen nachgewiesen. Eine Infektion im 1. Drittel der Gravidität kann zu schweren Mißbildungen führen (Embryopathia rubeolosa mit Mikrophthalmie, Mikroencephalie, Katarakt, Cochleadefekt, Herzmißbildungen). Je früher die Infektion erfolgt, umso stärker ist die Frucht gefährdet. Mißbildungen wurden beim Menschen auch nach Infektionen mit Masern-, Varizellen-, Mumps-, Hepatitis- und Poliomyelitis-Viren beobachtet.

Beim Rind verursacht das Virus der Bovinen Virus Diarrhoe (BVD) vorwiegend embryonalen Tod, Mumifikation oder Abort. Bei Infektion im 2. Graviditätsdrittel können die Feten mit Schäden (Kleinhirnhypoplasie, Augendefekte) überleben. Infektionen im letzten Drittel der Trächtigkeit führen nur noch zur Bildung spezifisch serumneutralisierender Antikörper beim Fetus.

Das Virus der Border Disease (BD) des Schafes kann bei Lämmern Anomalien von Groß- und Kleinhirn mit nervösen Störungen in Form eines angeborenen Tremors sowie eigenartig rauhes Haarkleid auslösen. Das BD-Virus ist eng verwandt (möglicherweise identisch) mit dem BVD-Virus des Rindes.

Das Akabane-Virus hat nach Infektion frühgravider Muttertiere Embryopathien bei Kälbern, Schaf- und Ziegenlämmern zur Folge. Die Mißbildungen sind als Arthrogrypose-Hydrencephalie-Syndrom zu bezeichnen. Die mißgebildeten Feten werden abortiert oder zum Termin tot geboren.

Das Schweinepest-Virus kann verschiedene Mißbildungen bei Ferkeln auslösen. Beobachtet wurden neben erhöhter embryonaler Mortalität Gliedmaßendefekte und vor allem Kleinhirnhypoplasie mit der Folge von Tremor congenitus (Zitterkrankheit).

Das Panleukopenie-Virus (PLV) kann bei Katzen zu Abortus, Totgeburt oder Geburt lebensschwacher Welpen führen. Typisch sind Ataxien der Welpen aufgrund von Kleinhirnhypoplasie.

Für die übrigen Spezies der Haussäugetiere sind sichere Aussagen über viral bedingte Mißbildungen derzeit nicht möglich.

6.4 Mißbildungsformen

6.4.1 Gesamtkörper

Chondrodysplasie, Chondrodystrophie, Achondroplasie

Die Chondrodysplasie ist ein erbliches Mißbildungssyndrom, eine Defektkombination mit gleicher Ätiologie und Pathogenese. Die Mißbildung ist auf eine Hemmung des Knorpelwachstums zurückzuführen (Achondroplasie, Störung der enchondralen Ossifikation). Es kommt dadurch zu extrem verkürzten, starken, verkrümmten Knochen der Extremitäten (achondroplastische Form des Zwergwuchses). Beim Rind ist die Wachstumshemmung besonders ausgeprägt auch im Bereich des Schädels mit Verkürzung der Schädelbasis und des Gesichtsschädels (Bulldogkälber, Mopskälber). Die Chondrodystrophie ist beim Rind immer letal (Letalfaktoren A_1, A_2 und A_{29}) (Abb. 6.1).

Abb. 6.1 Chondrodystrophie, „Mopskalb"

Nanismus, Nanosomia primordialis

Von dem achondroplastischen Zwergwuchs streng zu unterscheiden ist der „eigentliche" Zwergwuchs. Bei den nach normaler Graviditätsdauer reif geborenen Früchten sind alle Organe und Körperteile voll ausgebildet und gut proportioniert, aber insgesamt sehr viel kleiner als im Durchschnitt der betreffenden Tierart und Rasse. Die Tiere bleiben immer, auch bei störungsfreier Aufzucht, im Wachstum zurück (Abb. 6.2).

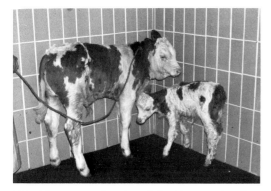

Abb. 6.2 Nanosomia primordialis, Zwergwuchs. Zum Vergleich gleichaltriges, normal entwickeltes Kalb

6.4.2 Kopf

Gehirn und Hirnschädel

Vielfältige Mißbildungen betreffen Gehirn und Hirnschädel. Das Gehirn kann völlig fehlen. Diese Anencephalie ist meist verbunden mit einer breiten Spaltbildung des Schädels (Kranioschisis) im Bereich des Os frontale. Andere Formen der Anencephalie sind mit hochgradigen Mißbildungen aller Teile des Kopfes vergesellschaftet (u. a. Arhinencephalie, Zyklopie). Die Desorganisation im Kopfbereich kann bis zum totalen Fehlen des Kopfes reichen (Akranie). Der Kopf erscheint wie abgeschnitten. Anencephalien wurden beim Schaf, sehr stelten beim Rind, beobachtet.

Die Arhinencephalie (Fehlen des Riechhirns und des Geruchsorgans) kommt bei allen Haustierarten vor. Sie ist meist verbunden mit einem Zusammenrücken der Augenanlagen (Synophthalmie) bis zum völligen Verschmelzen zu einer einheitlichen Augenhöhle mit einem Auge (Zyklopie) (Abb. 6.3 und 6.4).

Abb. 6.3 Arhinencephalie, Kalb

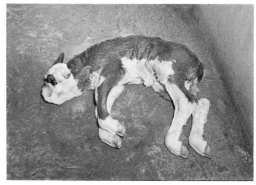

Abb. 6.4 Arhinencephalie mit Anomalien der Extremitäten, Kalb

Relative Kleinheit des Gehirns (Mikroencephalie) hat auch eine Kleinheit des Schädels (Mikrocephalie) zur Folge. Häufiger ist die Umfangsvermehrung des Hirnschädels (Makrocephalie), bedingt durch einen Hydrocephalus internus congenitus (Wasserkopf) mit vermehrter Ansammlung von Zerebrospinalflüssigkeit in den Hirnventrikeln (Abb. 6.5). Der Hydrocephalus kann als

Einzelmißbildung mit erheblicher Vergrößerung des Hirnschädels bei allen Haustierarten auftreten. Diese Form gilt als autosomal rezessiv erblich (beim Rind Letalfaktor A_{24}). In anderen Fällen sind Flüssigkeitsvermehrung und Schädelvergrößerung nur geringgradig ausgebildet. Das gleichzeitige Auftreten anderer Mißbildungen ist dabei häufig zu beobachten.

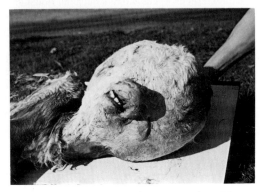

Abb. 6.5 Hydrocephalus internus congenitus, Wasserkopf, Kalb

Bei Lückenbildungen im Schädeldach, meist im Bereich des Os frontale, stülpen sich Hirnhäute oder Gehirnteile unter die Haut vor (Meningozele, Encephalozele, Hernia cerebri, Hirnbruch). Gleichzeitig können Mißbildungen des Gesichtsschädels bestehen. Die Encephalozele wurde als autosomal rezessiv erblich bei Rind und Schwein beschrieben (Letalfaktoren A_{18} bzw. C_1) (Abb. 6.6).

Abb. 6.6 Meningozystozele, Hirnhautbruch, Ferkel

Unterentwicklung des Kleinhirns (Kleinhirnhypoplasie) ist bei verschiedenen Tierarten bekannt geworden. Diese Anomalie manifestiert sich klinisch als angeborene zerebellare Ataxie bei Fohlen und Kalb. Ein rezessiver Erbgang wurde bei beiden Tierarten festgestellt. Bei der Zitterkrankheit der Ferkel (Myoclonia congenita) besteht Kleinhirnhypoplasie im Falle des Typs, der ätiologisch auf eine intrauterine Schweinepestinfektion zurückgeführt wird. Die rezessiv vererbte Zitterkrankheit zweier anderer Typen zeigt dagegen keine Kleinhirnhypoplasie, wohl aber Rückenmarks- und Myelinbildungsstörungen, Zitterkrankheit mit Kleinhirnhypoplasie wurde auch nach Neguvon-Behandlung von Sauen zwischen dem 45. und 63. Tag der Trächtigkeit gesehen. Kleinhirnhypoplasie mit Ataxie tritt bei Katzenwelpen nach Panleukopenie-Infektion auf.

Bei der durch intrauterinen Kupfermangel hervorgerufenen enzootischen Ataxie neugeborener Lämmer (Swayback) bestehen Veränderungen im Großhirn (Erweichungsherde, großherdige Verflüssigung der Hemisphären) und im Rückenmark (Degenerationen). Die kongenitale Encephalopathie der neugeborenen Lämmer (enzootische Zitterkrankheit, Border Disease) ist die Folge einer latenten Infektion der Muttertiere mit einem Pest-Virus (verwandt mit MD-VD-Viren der Rinder und mit dem Virus der europäischen Schweinepest). Neben anderen Veränderungen des ZNS zeigt sich insbesondere Hypomyelinogenese in Rückenmark und Kleinhirn.

Augen

Von den zahlreichen angeborenen Defekten des Auges können nur wenige, häufiger auftretende Mißbildungen angeführt werden.

Mit Anophthalmie wird das ein- oder beidseitige Fehlen der Augen bezeichnet, Mikrophthalmie kennzeichnet die relative Kleinheit der Augen. Je nach Ausbildungsgrad fehlen Auge und Sehnerv völlig oder es sind noch Rudimente zu finden. Die Orbita ist unverändert oder in allen Teilen verkleinert, die Lidspalte verkürzt und verschlossen. Nicht selten ist die Anophthalmie mit anderen Anomalien (Hydrocephalus, Palatoschisis) vergesellschaftet (Abb. 6.7 und 6.8). Beim Rind ist die häufige Koppelung der Anophthalmie mit Schwanzlosigkeit auffallend (Anophthalmie-Anurie-Syndrom).

Anophthalmie wird bei allen Tierarten beobachtet, am häufigsten bei Schwein und Hund. Die Augenlosigkeit kann hereditär bedingt sein. Dies gilt für den Hund (Collie), einige Rinderrassen (Braunvieh, weiße Shorthorn), Pferd, Texelschaf. Beim Schwein wird eine polyfaktorielle Ätiologie angenommen, wobei exogene Faktoren an der Manifestation der Mißbildung beteiligt sein sollen.

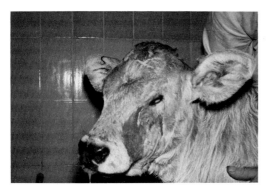

Abb. 6.7 Anophthalmie, Kalb

Abb. 6.8 Anophthalmie und Hydrocephalus, Kalb

Ein exogener Faktor liegt der Mikrophthalmie und Spaltbildungen des Gesichts zugrunde, die durch experimentellen Vitamin-A-Mangel erzeugt wurden. Exogen bedingte Mikrophthalmie und Zyklopie traten bei Lämmern auf, deren Mütter um den 14. Trächtigkeitstag die Weidepflanze Veratrum californicum aufgenommen hatten.

Mit Blindheit verbundene, angeborene Linsentrübungen (Cataracta lentis comgenita) können sowohl erblich als auch peristatisch durch intrauterine Infektionen bedingt sein. Eine erbliche Hornhauttrübung (Leucoma corneae) wurde beim Rind beschrieben.

Gesichtsschädel

Spaltenbildungen des Gesichtsschädels sind Hemmungsmißbildungen, die bei ausbleibendem Schluß der embryonalen Furchen entstehen. Gesichtsspalten sind eine häufige Defektgruppe bei allen Tierarten. Sie treten als Lippenspalte (Hasenscharte, Cheiloschisis), als Gaumenspalte (Wolfsrachen, Palatoschisis) oder als Kieferspalte (Gnathoschisis) auf (Abb. 6.9, 6.10, 6.11, 6.12, 6.13). Alle diese Formen können auch kombiniert vorkommen bis zur Cheilopalatognathoschisis. Neben diesen medianen Spalten sind auch seitliche Lippenspalten, schräge Gesichtsspalten (Meloschisis) und querverlaufende Spalten (Makrostomie, Fissura buccalis) bekannt. Häufig sind Gesichtsspalten Teil von Mißbildungssyndromen. Gesichtsspalten können bei allen Haustieren als erbliche Defekte auftreten. Sie werden als Letalfaktoren A_5 beim Rind und C_4 beim Schwein geführt. Gesichtsspalten können aber auch exogen bedingt sein. Kieferanomalien treten einerseits als Verkürzung des Oberkiefers (Brachygnathia superior, Prognathie, Hechtmaul), andererseits als Verkürzungen des Unterkiefers (Brachygnathia inferior, Karpfenmaul, parrot mouth) auf

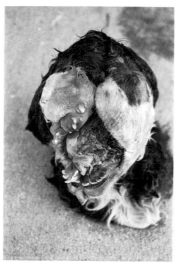

Abb. 6.9 Gesichtsspalten (Cheilo-, Palato-, Gnathoschisis), Welpe

Abb. 6.10 Gesichtsspalten (Cheilo-, Palato-, Gnathoschisis), Welpe

Abb. 6.11 Gesichtsspalten (Cheilo-, Palato-, Gnathoschisis), Ferkel

Abb. 6.12 Gesichtsspalten (Cheilo-, Palato-, Gnathoschisis), Ferkel

Abb. 6.13 Gesichtsspalten (Cheilo-, Palato-, Gnathoschisis) bei allen Ferkeln eines Wurfes

(Abb. 6.14, 6.15, 6.16). Bei Verkürzungen von Ober- oder Unterkiefer überragt der normal ausgebildete Kieferteil mehr oder weniger weit den verkürzten Teil. Gebißanomalien, erkennbar an der Stellung der Schneidezahnreihen, sind damit verbunden. In manchen Fällen kann es strittig sein, ob

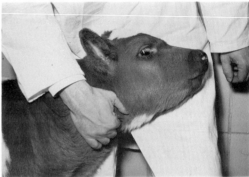

Abb. 6.14 Brachygnathia inferior, Verkürzung des Unterkiefers, Kalb

Abb. 6.15 Hochgradige Verkürzung des Unterkiefers, Kalb

Abb. 6.16 Hochgradige Verkürzung des Unterkiefers, Kalb

eine Verkürzung eines Kieferteils oder umgekehrt eine Verlängerung des anderen Kieferteils vorliegt. Verkürzungen des Ober- oder Unterkiefers sind bei allen Tierarten bekannt. Größere Bedeutung kommt ihnen bei Rind, Pferd und Hund zu. Verkürzungen des Unterkiefers können bei verschiedenen Rinderrassen und beim Schaf autosomal rezessiv vererbt werden. Beim Pferd ist die Unterkieferverkürzung in der Warmblut- und Vollblutzucht als erheblicher Gebißfehler bekannt. Über den möglichen Vererbungsmodus besteht beim Pferd keine völlige Klarheit (teils rezessiv, teils dominant, teils polyfaktoriell).

Agnathie, das völlige Fehlen des Unterkiefers, ist in steltenen Fällen beim Ferkel zu sehen (Abb. 6.17 und 6.18).

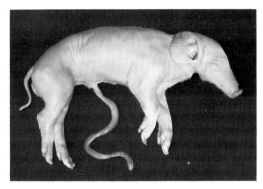

Abb. 6.17 Agnathia inferior, Fehlen des Unterkiefers, Ferkel

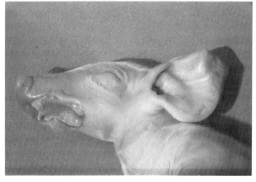

Abb. 6.18 Agnathia inferior, Fehlen des Unterkiefers, Ferkel

6.4.3 Hals

Tortikollis mit Kampylognathie (Gesichtsskoliose) ist beim Pferd eine häufige Mißbildung. Der Hals ist nach rückwärts gebogen, der Kopf kommt eng seitlich an den Rumpf oder auf den Rücken zu liegen. Eine Streckung des Halses ist nicht möglich. Der Gesichtsschädel (Kiefernasenteil) ist seitlich verkrümmt.

Die Pathogenese des Tortikollis ist nicht bekannt. Die Verkrümmung des Gesichtsschädels ist als sekundäre intrauterine Druckdeformität zu erklären. Der Tortikollis beim Pferd kann einfach rezessiv vererbt werden (Letalfaktor B_9).

6.4.4 Wirbelsäule und Rückenmark

Eine Verkürzung der Wirbelsäule (Brachyrhachie) ist unter den Begriffen „Elchkalb" und „short spine" als Erbfehler in einer norwegischen Landrasse des Rindes bekannt geworden (Letalfaktor A_{10}). Es handelt sich um eine extreme Verkürzung der Wirbelsäule und damit der Körperlänge bei erheblichen Entwicklungsstörungen im Bereich der Brust- und Lendenwirbel. Bei anderen Rinderrassen wird diese Mißbildung nur sehr selten angetroffen.

Aplasien von Wirbelsäulenabschnitten im Lenden-, Kreuzbein- und Schwanzbereich sind mit Schwanzlosigkeit oder Stummelschwänzigkeit verbunden. Das Fehlen von Wirbelsäulensegmenten kann aber auch mit schweren Mißbildungen der Urogenitalorgane und des Enddarmes (Caudorectourogenital-Syndrom, CRU-Syndrom) sowie mit Dysplasie der Hintergliedmaßen gekoppelt sein. Extreme Formen dieses Syndroms sind unter dem Begriff Perosomus elumbis bekannt.

Dorsale Spaltbildungen der Wirbelsäule sind auf ein Ausbleiben des Schlusses des Neuralrohres und der Wirbelbögen zurückzuführen. Bei der seltenen vollständigen Wirbel- und Rückenmarksspalte (Rhachischisis totalis) sind die Wirbelbögen über die gesamte Wirbelsäule hinweg dorsal nicht geschlossen, sondern seitlich auseinander geklappt. An Stelle des Rückenmarks ist ein rötliches, schwammiges Gewebe zu finden. Die Mißbildung kann mit Anencephalie und Akranie verbunden sein.

Häufiger ist die umschriebene Wirbel- und Rückenmarksspalte anzutreffen (Rhachischisis partialis, Spina bifida aperta sive occulta).

Diese Spalten bestehen am häufigsten im Bereich der Lendenwirbel und des Kreuzbeins, seltener im Bereich der Brustwirbel. Das Rückenmark ist mangelhaft ausgebildet oder es ist in ein häutiges, sackartiges Gebilde über dem Spalt vorgefallen (Myelozele, Myelozystozele). Typisch sind dabei Sekundärmißbildungen der Urogenitalorgane und des Enddarmes sowie Arthrogrypose der Hintergliedmaßen (Neuromyodysplasie). Lendenwirbel, Kreuzbein und Schwanzwirbel sind jedoch komplett angelegt. Diese Mißbildungskombination wird auch als Dysrhaphie-Syndrom bezeichnet.

Sehr viel häufiger sind die partiellen, umschriebenen Bauchspalten, zu denen die verschiedenen, angeborenen Hernien gehören (Hernia umbilicalis, Hernia funiculi umbilicalis, Hernia abdominalis, Hernia inguinalis und scrotalis). Die Anlage zu Brüchen gilt als erblich mit meist rezessivem Erbgang.

6.4.5 Ventrale Spaltbildungen am Rumpf

Ventrale Spalten sind das Ergebnis eines völlig oder teilweise ausgebliebenen Schlusses der Seitenplatten. Die Spalten können von der Brust bis zum Becken reichen oder nur die Brust oder nur den Bauch betreffen.

Die Brustspalte (Thorakoschisis), immer verbunden mit einer Brustbeinspalte (Fissura sternalis), ist eine seltene Mißbildung. Meist ist dabei auch der Herzbeutel gespalten und das Herz durch den Spalt aus dem Thorax nach außen verlagert (Ectopia cordis). Bei der Ektopie kann das Herz frei vorliegen oder von äußerer Haut bedeckt sein (Abb. 6.23, s. Farbtafel 2).

Auch die totale Bauchspalte (Gastroschisis, Fissura abdominalis) mit Eventeration ist eine seltene Anomalie, ebenso wie die Brust-Bauchspalte (Fissura thorakoabdominalis).

Eine besondere Form der Brust-Bauchspalte ist das Schizosoma (Schistosoma) reflexum, das am häufigsten beim Rind, selten bei den anderen Tierarten beobachtet wird (Abb. 6.19). Brust- und Bauchwände sind nach dorsal aufgebogen, Brust- und Bauchfell nach außen gekehrt, die Eingeweide liegen frei. Kreuzbein und Becken sind extrem nach dorsal aufgebogen, sodaß sich Becken und Schädel fast berühren. Die Hinterbeine liegen über dem Kopf nach vorne gerichtet und sind von der Außenseite der Haut sackförmig umschlossen.

6.4.6 Gliedmaßenskelett

Unter den Anomalien des Gliedmaßenskeletts kommen sowohl Defektbildungen als auch Überschußbildungen vor. Ein vollständiger Mangel aller Gliedmaßen (Amelie) ist sehr selten. Häufiger ist das Fehlen der Vordergliedmaßen (Amelia anterior, Abrachie) oder der Hintergliedmaßen (Amelia posterior, Apodie) zu beobachten. Über Abrachie bei Pferd und Hund wurde wiederholt berichtet. In den meisten Fällen sind bei Abrachie Schulterblätter und Rudimente der Oberarmknochen oder bei Apodie Beckengürtel und Reste von Oberschenkelknochen angelegt. Neben der beidseitigen Abrachie oder Apodie ist das einseitige Fehlen einer Vorder- oder Hinterextremität (Monobrachie bzw. Monopodie) bekannt.

Mit Peromelie wird das Fehlen der distalen Teile der Gliedmaßen bezeichnet. Fehlen nur die Zehen, so spricht man von Adaktylie. Fehlen umgekehrt die proximalen Knochen der Gliedmaßen oder sind diese extrem verkürzt, so verleiht dies dem Träger der Mißbildung ein robbenartiges Aussehen (Phokomelie). Bei Mikromelien sind die Gliedmaßen zu klein, jedoch in allen Teilen vollständig angelegt. Gliedmaßendefekte können bei allen Haustieren als erbliche Mißbildungen auftreten. In der Regel bleibt aber die Ursache unbekannt.

Unter den Überschußbildungen ist die Polymelie, die Verdoppelung von Gliedmaßen, selten. Der überzähligen Gliedmaße fehlt meist die Muskulatur. Sie ist nur von Binde- und Fettgewebe sowie Haut umgeben. Ein überzähliges Vorderbein ist häufig in der Widerrist- oder Schultergegend gelegen (Notomelie).

Eine Erhöhung der Zahl der Fußstrahlen ist als Polydaktylie bei allen Haustieren bekannt. Über die Ätiologie dieser Überschußbildungen können keine gesicherten Angaben gemacht werden. Beim Pferd ist die Einteilung in eine teratogene Form und eine phylogenetisch als Atavismus gedeutete Form umstritten. Drei- und vierstrahlige Zehen beim Rind wurden teils als erbliche Anomalie beschrieben, teils blieben die Ursachen unbekannt.

Abb. 6.19 Schistosoma reflexum, Kalb

Bei Verschmelzung der Phalangen oder Ausbleiben der Trennung der Fußstrahlen entsteht bei Schwein und Rind, selten beim Hund, die Syndaktylie. Die Mißbildung kann erblich sein.

Das Arachnomelie-Syndrom (Spinnengliedrigkeit) wurde erstmals von *Rieck* und *Schade*, 1975, beim Deutschen Fleckvieh, Schwarzbunten und Rotbunten in Hessen beschrieben. Es wurde aber auch in jüngerer Zeit in der Brown-Swiss x Braunvieh-Population in Bayern festgestellt und eingehend untersucht (*Brem* et al., 1984).

Leitsymptom dieses beim Rind stets letalen Mißbildungs-Syndroms ist die deutliche Verlängerung der auffallend dünnen, schwachen Röhrenknochen der Gliedmaßen (Dolichostenomelie), verbunden mit hoher Fragilität der Knochen (Glasknochen). Daneben bestehen Arthrogryposen der Extremitäten, Verkrümmungen der Wirbelsäule und Verkürzung des Schädels, insbesondere des Unterkiefers. Hydrocephalus, Herzmißbildungen und andere Defekte wurden in Einzelfällen zusätzlich beobachtet. Das Arachnomelie-Syndrom ist erblich. Ein autosomal rezessiver Erbgang kann angenommen werden.

Abb. 6.20 Sehnenkontrakturen im Bereich der Vorderextremitäten

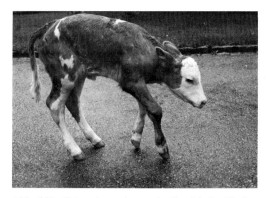

Abb. 6.21 Sehnenkontrakturen im Bereich der Vorderextremitäten

6.4.7 Anomalien und funktionelle Störungen von Sehnen und Muskulatur (Abb. 6.20, 6.21, 6.22 und Abb. 6.24 s. Farbtafel 2)

Kontrakturen der Sehnen im Bereich der Zehengelenke

Bei Fohlen und Kälbern häufig zu beobachtende Anomalien der Zehensehnen kommen durch Kontrakturen der Zehenbeuger zustande, während andererseits die Zehenstrecker verlängert und erschlafft sind. Primäre Knochen- und Gelenkveränderungen bestehen dabei nicht. Meist sind hiervon die Vordergliedmaßen betroffen. Es kommt zur Beugung im Fesselgelenk. Das Gelenk läßt sich auch passiv nicht strecken. Bei geringeren Graden der Beugung erfolgt die Fußung auf der Huf- bzw. Klauenspitze, wobei die Vordergliedmaße weit nach vorne gestellt wird. In stärker ausgeprägten Fällen fußen die Tiere auf der Vorderfläche der Zehen. Die Karpalgelenke sind von den Kontrakturen nicht betroffen. Sie können normal gestreckt werden.

Betreffen die Kontrakturen nur die unteren Zehengelenke, so kommt es bei normaler Streckung des Fesselgelenks zur Beugung des

Abb. 6.22 Sehnenkontrakturen im Bereich der Vorderextremitäten

Kron- und Huf- bzw. Klauengelenks. Es entsteht der angeborene Bockfuß.

Umgekehrt können bei Fohlen, meist an den Hinterextremitäten, verlängerte und schlaffe Zehenbeuger den Wackelfuß verursachen. Kontrakturen der Zehenstrecker können dabei auftreten. Die Fohlen treten bei hochgradiger Ausbildung so weit im Fesselgelenk durch, daß sie auf der Hinterfläche der Zehenglieder fußen. Kontrakturen oder Verlängerungen geringeren Grades bessern sich im Laufe von Tagen oder Wochen bei geeigneten Bewegungsübungen ohne weitere Behandlung. Stärker ausgeprägte Fälle können durch orthopädische Behandlung geheilt werden. Familiäre Häufung von Sehnenkontrakturen begründet den Verdacht auf eine erbliche Mitbeteiligung an der Entstehung. Intrauterine Zwangshaltungen (Behinderung der freien Beweglichkeit im Fesselgelenk) haben ätiologisch keine Bedeutung.

Kontrakturen der Sehnen und Muskeln im Bereich der Karpalgelenke

Kontrakturen der Beugesehnen im Bereich der Karpalgelenke bei gleichzeitiger Spannung der Strecker werden beim Kalb unter der Bezeichnung Karpalarthrogrypose (myodysplastische Arthrogrypose) beschrieben. Durch die Sehnenkontrakturen kommt es zu Beugung und gleichzeitiger Drehung der Karpalgelenke nach außen. Die Fesselgelenke sind im späteren Verlauf des Leidens oft nach Art einer Bärentatzigkeit stark durchgetreten. Die Vorderextremitäten erinnern an Dackelbeine. Pathogenetisch wird eine Muskeldysplasie mit bindegewebiger Umwandlung und Fettinfiltration angenommen. Primäre Anomalien der Gelenke und Knochen bestehen nicht.

Das Leiden wird in der Regel zunächst kaum erkannt. Geringere Grade sind reversibel und können sich allmählich normalisieren. Schwere Fälle verschlimmern sich mit zunehmendem Alter. Es entstehen sekundäre Veränderungen der Gelenksflächen und Knochen. Die Anomalie wird damit irreversibel.

Die Ätiologie ist nicht einheitlich. Es werden erbliche Formen mit teils rezessivem, teils dominantem Erbgang beschrieben. Daneben wurde auch eine nicht erbliche Form beobachtet.

Von besonderem Interesse ist ein exogen bedingtes Mißbildungs-Syndrom mit hochgradiger Karpalarthrogrypose, Tortikollis und Gaumenspalte. Es wurde bei Kälbern in bestimmten Weidegebieten der USA beobachtet und ist unter der Bezeichnung Crooked Calf Syndrome bekannt geworden. Die Mißbildungen werden durch Pflanzeninhaltsstoffe bestimmter Lupinenarten (L. sericeus und L. caudatus) verursacht.

Spastische Parese des Rindes

Merkmal der spastischen Parese ist der straffe, gespannte Fersensehnenstrang einer oder beider Hintergliedmaßen mit auffallender Steilstellung im Sprunggelenk (Stuhlbeinigkeit). Dies erweckt den Eindruck einer „Achillessehnenverkürzung". Tatsächlich liegt jedoch diesem Leiden eine Dauerkontraktur der Ober- und Unterschenkelmuskeln zugrunde (M. gastrocnemius, M. quadriceps). Die Extremität erscheint dadurch verkürzt und im Kniegelenk angehoben, so daß nur eine Fußung auf den Klauenspitzen möglich ist. Der Muskelkrampf fällt besonders unmittelbar nach dem Aufstehen auf, er verliert sich bei Bewegung. Die Steilstellung des Sprunggelenks bleibt aber erhalten. Die spastische Parese ist in den ersten Lebenswochen vielfach nur gering ausgeprägt und wird daher leicht übersehen (Frühparese). Im Laufe der Zeit wird das Leiden deutlicher, so daß die Parese nicht selten erst im Zuchtalter sicher erkannt wird (Spätparese). Fälschlicherweise kann so der Eindruck eines postnatal erworbenen Leidens entstehen.

Bei der spastischen Parese liegen keine Veränderungen des zentralen Nervensystems vor. Für das Leiden werden Veränderungen der kontraktilen Substanz der Myofibrillen oder auch Defekte myoneuraler Schaltstellen verantwortlich gemacht. Die spastische Parese kann bei allen Rinderrassen auftreten, ist jedoch besonders in der Schwarzbuntzucht verbreitet. Das Leiden ist erblich und folgt einem polyfaktoriellen Erbgang mit exogenem Schwellenwerteffekt.

Doppellender

Als Doppellender werden Kälber bezeichnet, die schon bei der Geburt eine übermäßig starke Entwicklung der Muskulatur des Rückens, der Kruppe, der Oberschenkel und der Schultern aufweisen. Die Kälber fallen durch breite, gespaltene Kruppe, mächtig entwickelte, gerundete Oberschenkel, breiten Rücken und breite, abstehende Schultern auf. Der Kopf erscheint demgegenüber klein, die Beine zart und dünn.

Das Doppellendermerkmal wird autosomal dominant vererbt. In der deutschen Schwarzbuntzucht sind Doppellender durch konsequente Zuchtauslese selten geworden. In anderen europäischen Zuchtgebieten dagegen werden Doppellender wegen der hohen Fleischqualität und des hohen Schlachtkörpergewichts bevorzugt. Die bei Doppellendern zu erwartenden erheblichen Nachteile und Gefahren (Kaiserschnitt wegen zu großer Frucht, erhöhte Krankheitsanfälligkeit der Kälber, Krankheiten des Skeletts) werden in Kauf genommen.

6.4.8 Spreizen, Grätschen der Saugferkel

Das angeborene Beinspreizen der Ferkel ist eine weit verbreitete Krankheit. Neugeborene Ferkel zeigen in sitzender Haltung ein Abspreizen der Hintergliedmaßen nach den Seiten oder schräg nach vorne. Pathogenetisch liegt dieser Krankheit eine Hypoplasie der Myofibrillen zugrunde. Die Ätiologie ist nicht geklärt. Neben genetischer Disposition werden Mängel an essentiellen Aminosäuren und Cholin im Sauenfutter verantwortlich gemacht.

6.4.9 Haut

Angeborene partielle oder totale Haarlosigkeit (Hypotrichosis congenita, Atrichie) tritt als seltene Mißbildung beim Rind auf (Abb. 6.25 s. Farbtafel 2). Bei der partiellen, meist streifenförmig ausgebildeten Haarlosigkeit ist die Lebensfähigkeit der Tiere nicht immer betroffen. Die vollständige Haarlosigkeit dagegen ist in der Regel letal, häufig auch mit anderen letalen Organmißbildungen verbunden. Der Defekt gilt als erblich.

Sehr selten wird Hypotrichie beim Ferkel beobachtet. Sie ist meist mit Lebensschwäche verbunden. Die Hypotrichie der Ferkel ist autosomal dominant erblich.

Von der erblichen Haarlosigkeit abzutrennen ist das angeborene Myxödem der Ferkel, bei dem neben Hypotrichie Unterhautödeme und hochgradige Dyspnoe das Bild beherrschen. Die tödlich verlaufende Krankheit gilt als erblich, wobei die zusätzliche Bedeutung von Jodmangel der Muttertiere umstritten ist.

Bei Ferkeln der Schwedischen Landrasse wird ein Krankheitsbild beobachtet, das mit bei der Geburt bestehenden klumpfußartigen Verdickungen der Zehen und sich in den ersten Lebenswochen am Bauch ausbreitenden papulösen Hautveränderungen einhergeht (Dermatosis vegetans). Das Leiden ist autosomal rezessiv erblich.

Bei der Pityriasis rosea der Ferkel (irreführende Bezeichnung „Bauchflechte") entwickeln sich ab der 3. bis 6. Lebenswoche aus zunächst kleinen, roten Hautbezirken am Bauch allmählich größere, wallartig aufgeworfene, scharf begrenzte, rötliche Ringe, die abgeblaßte Hautbezirke mit Schuppenbildung umschließen (Abb. 6.26 s. Farbtafel 3). Die Veränderungen heilen nach einiger Zeit spontan ab. Erbliche Veranlagung zu diesem Leiden wird vermutet.

Bei der angeborenen Verhornung der Haut (Hyperkeratosis congenita, Ichthyosis congenita) ist die haarlose Haut durch übermäßige Verhornung bei fehlender Talg- und Schweißdrüsenabsonderung dick-borkig, durch tiefe Furchen gefeldert, im Aussehen einer Baumrinde ähnlich verändert. Es kann die gesamte Körperoberfläche oder auch nur ein Teil davon betroffen sein. Die beschriebenen Fälle beziehen sich ausschließlich auf totgeborene Kälber. Einmal wurde eine partielle Verhornung bei einem lebenden Fohlen beobachtet.

Eine erbliche Parakeratose wurde bei Kälbern in der Schwarzbuntzucht und bei Holstein-Friesen festgestellt. Das klinische Bild der schuppigen bis borkigen Dermatose ist dem erblichen Zinkmangel-Syndrom der Kälber zuzuordnen. Betroffen ist die Haut im Bereich von Kopf, Hals und Oberschenkeln. Die hereditäre Parakeratose wird autosomal rezessiv vererbt (Letalfaktor A_{46}).

Haarlosigkeit und Epitheldefekte (Epitheliogenesis imperfecta neonatorum) werden bei Kälbern, Fohlen und Ferkeln beobachtet (Abb. 6.27 s. Farbtafel 3). Die scharf begrenzten, haarlosen, mangelhaft epithelisierten, auffallend roten und leicht blutenden Bezirke finden sich besonders an den Extremitätenenden und an den Ohrmuscheln. Die Mißbildung kann genetisch bedingt sein.

6.4.10 Innere Organe

Mißbildungen innerer Organe treten bei allen Haustierarten in vielgestaltiger Form einzeln oder in Kombinationen als Hemmungsmißbildungen, defizitäre oder exzessive Mißbildungen, Aplasien, Hypoplasien und Hyperplasien auf. Davon betroffen sind besonders Herz, Nieren, Leber und Darm. Die Mißbildungen innerer Organe, mit Ausnahme der Verschlüsse des Enddarms und der Urachusfistel, werden in der Regel unter Praxisverhältnissen am lebenden Tier nicht mit Sicherheit als solche erkannt. Die unklaren Krankheitsbilder lassen nur den Verdacht auf das Vorliegen einer Mißbildung eines inneren Organs zu. Zudem werden solche Tiere sehr häufig tot geboren oder sterben innerhalb der ersten Lebensstunden.

Angeborene Herzfehler

Angeborene Herzfehler kommen bei allen Tierarten vor. Die auftretenden Formen und deren mögliche Kombinationen entsprechen weitgehend denen des Menschen. Bekannt ist die gebräuchliche Einteilung der angeborenen Herzdefekte in die *Fallot*'sche Tri-, Tetra- und Pentalogie: dreifacher Herzfehler (Stenose des Truncus pulmonalis im Bereich der Klappen, Vorhofseptumdefekt und Hypertrophie des rechten Herzens), vierfacher Herzfehler (Pulmonalstenose in Verbindung mit Ventrikelseptumdefekt, Dextroposition der Aorta und Hypertrophie des rechten Herzens), fünffacher Herzfehler (wie Tetralogie, zusätzlich Vorhofseptumdefekt). Weiterhin treten Isthmusstenose der Aorta, offen bleibender Ductus arteriosus *Botalli* und Herzklappenfehler auf. Je nach Schwere der Herzmißbildungen werden die Tiere tot geboren oder sterben bald nach der Geburt. In weniger schweren Fällen überleben die Tiere, bleiben jedoch in der Entwicklung zurück und kümmern. Bei körperlicher Belastung zeigen sie rasche Ermüdbarkeit und Dyspnoe.

Verschlüsse des Enddarmes

Atresia ani, Atresia recti, Atresia ani et recti

Verschlüsse des Enddarmes treten in verschiedenen Formen auf: Bei Atresia ani (Afterlosigkeit) ist die Afteröffnung mit einer mehr oder weniger starken Hautmembran verschlossen, das Rektum jedoch bis zu dieser Wand normal angelegt (Abb. 6.28 s. Farbtafel 3). Es kann aber auch zusammen mit dem Anus das Endstück des Rektums fehlen (Atresia ani et recti). In anderen Fällen endet das Rektum blind in oder vor dem Becken bei normal angelegtem Anus (Atresia recti). Bei weiblichen Tieren mit Afterlosigkeit mündet regelmäßig das Rektum in die Vagina oder das Vestibulum ein, der Kot entleert sich durch die Scheide (Rektovaginalfistel, Kloakenbildung).

Verschlüsse des Enddarmes kommen besonders bei Ferkeln und bei Kälbern vor. Der Defekt ist erblich (Letalfaktor C_3 beim Schwein) und folgt vermutlich einem polyfaktoriellen Erbgang.

Die Atresien verursachen nach der Geburt zunächst keine auffälligen klinischen Symptome. Die Mißbildung wird deshalb anfangs häufig nicht erkannt. Bei Kälbern kommt es aber schon am zweiten bis dritten Lebenstag zu deutlichen Krankheitserscheinungen (häufiges, schmerzhaftes Drängen ohne Kotabsatz) mit tödlichem Ausgang in der ersten Lebenswoche. Ferkel entwickeln sich zunächst gut und fallen erst in der zweiten bis dritten Lebenswoche durch zunehmend aufgetriebenen Leib und Wachstumsstillstand auf. Weibliche Ferkel mit Kloake entgehen der letalen Wirkung des Defekts und entwickeln sich meist störungsfrei.

Innerer Darmverschluß

Bei Fohlen ist eine erbliche Atresie des Kolons bekannt. Die Tiere werden meist schon lebensschwach geboren, fallen alsbald durch Unruhe und schmerzhaftes Drängen und Pressen ohne Abgang von Mekonium auf. Der Tod tritt am zweiten bis dritten Lebenstag ein.

Urachusfistel, Urachus patens

Bei Fohlen, seltener bei Kälbern, wird ein ausbleibender oder mangelhafter Schluß des von der Harnblase zum Nabelstrang ziehenden Urachus beobachtet, was dazu führt, daß nach dem Abnabeln Harn aus dem Nabelstumpf abfließt oder abtropft. Es ist nicht eindeutig geklärt, ob hier eine angeborene verzögerte Rückbildung des Urachus, besonders bei Frühgeborenen, vorliegt oder Beschädigungen des Nabelstumpfes bei Durchtrennung des Nabelstrangs oder durch übermäßiges Belecken der Nabelgegend als Ursache in Betracht zu ziehen ist.

6.4.11 Doppelbildungen, Zwillingsmißbildungen

Von den Doppelbildungen mannigfacher Art (freie und zusammenhängende, symmetrische und asymmetrische Doppelbildungen) sollen nur einige Formen der zusammenhängenden, symmetrischen Doppelbildungen (Duplicitates) erwähnt werden.

Den zusammenhängenden Doppelbildungen liegt eine unvollständige Teilung einer gemeinsamen Keimanlage zugrunde. Besitzt jeder Individualteil eine vollständige Wirbelsäule, so handelt es sich um eine Duplicitas completa. Die beiden Individuen sind meist an der Ventralseite in kleinerer oder größerer Ausdehnung miteinander verschmolzen. Die partielle Vereinigung in der Nabelgegend (Omphalopagus) ist selten, meistens sind Brust- oder Beckenbereich in die gemeinsame Anlage einbezogen. Bei der Vereinigung im Brustbereich (Thorakopagus) liegt vielfach ein gemeinsames Herz vor. Es können aber auch nur Brustbein (Sternopagus) oder Schaufelknorpel (Xiphopagus) gemeinsam sein. Bei Vereinigung der Köpfe, oft verbunden mit Verschmelzung der Brust (Cephalothorakopagus), entsteht der Januskopf mit zwei vollständigen Gesichtsschädeln, wenn die Schädel am Hinterkopf vereinigt sind. In anderen Fällen ist nur ein Gesicht vollständig, das zweite unvollständig angelegt. Bei Vereinigung der Bauchhöhlen (Ileopagus) ist häufig der Nabel mit einbezogen. Die Verbindung kann sich auch auf den Brustbereich ausdehnen (Ileoomphalothorakopagus). Leber und Ileum sind bei Ileopagus meistens gemeinsam ausgebildet.

Ist die Wirbelsäule nur zum Teil doppelt ausgebildet, so handelt es sich um eine Duplicitas incompleta. Häufig ist die Duplicitas anterior anzutreffen, wobei nur das Gesicht (Diprosopus) oder der gesamte Kopf (Dicephalus) doppelt angelegt ist. Dabei kommt es zu einer Spaltung der gemeinsamen Wirbelsäule über die Hals- und Brustwirbel bis zu den Lenden- und Kreuzwirbeln. Bei den tiefreichenden Spaltbildungen können zwei oder auch vier Vorderextremitäten ausgebildet sein. Seltener ist die Duplicitas posterior mit Doppelschwänzigkeit und Verdoppelung des Beckens (Dipygus).

Literatur

Brem, G., R. Wanke, J. Hondele, E. Dahme (1984): Zum Auftreten des Arachnomelie-Syndroms in der Brown-Swiss x Braunvieh-Population Bayerns. Berl. Münch. Tierärztl. Wschr. *97,* 391–397

Büchner, F. (1975): Hypoxie. Beiträge aus den Jahren 1932–1972. Hrsg. *E. Grundmann.* Springer, Berlin–Heidelberg–New York

Cohrs, P. (1957): Angeborene, aber nicht erbliche Krankheiten der Haustiere. Züchtungsk. *29,* 418–426

Coid, C. R. (1973): Comparative aspects of infection during pregnancy. In: Intrauterine Infections. S. 117–130 Ciba Foundation Symposium 10, Elsevier Excerpta Medica, Amsterdam, London, New York

Ganz, H. (1967): Umweltverhältnisse bei angeborenen morphologischen Anomalien des Rindes in Hessen. Vet. Diss Gießen

Koch, P., H. Fischer, H. Schumann (1957): Erbpathologie der landwirtschaftlichen Haustiere. Paul Parey, Berlin u. Hamburg

Kreybig, Th. v. (1975): Entstehung von Mißbildungen aus inneren und äußeren Ursachen. Urban u. Schwarzenberg, München, Berlin u. Wien

Meyer, H., W. Wegner (1973): Vererbung und Krankheit bei Haustieren. M. u. H. Schaper, Hannover

Rieck, G. W. (1968): Exogene Ursachen embryonaler Entwicklungsstörungen beim Rind. Z. Tierzücht. Züchtungsbiol. *84,* 251–261

Rieck, G. W. (1984): Allgemeine veterinärmedizinische Genetik, Zytogenetik und allgemeine Teratologie. Ferdinand Enke, Stuttgart

Rieck, G. W., E. Aehnelt (1978): Gameto-, Embryo- und Fetopathien. In: *Richter, J., R. Götze:* Tiergeburtshilfe, 3. Aufl. Hrsg. *G. Rosenberger, H. Tillmann,* S. 699–734. Paul Parey, Berlin u. Hamburg

Rieck, G. W., W. Schade (1975): Die Arachnomelie (Spinnengliedrigkeit), ein neues erbliches letales Mißbildungssyndrom des Rindes. Dtsch. Tierärztl. Wschr. *82,* 342–347

Töndury, G. (1965): Die Gefährdung des menschlichen Keimlings durch Viren. Geburtsh. Frauenheilk. *25,* 997–1028

Töndury, G. (1974): Pathogenese angeborener Mißbildungen. Med. Klin. *69,* 617–625

Wiesner, E., S. Willer (1974): Veterinärmedizinische Pathogenetik. VEB Gustav Fischer, Jena

7 Fohlenkrankheiten

H. BOSTEDT, P. THEIN

7.1 Allgemeiner Teil

7.1.1 Bedeutung der Neugeborenen- und Jungtierverluste in der Pferdezucht

Fohlenverluste werden schon seit altersher höher bewertet und wiegen aufgrund der engen, mythischen Verbindung zum Pferd schwerer als diejenigen bei anderen Nutztierarten. Durch die Abnahme der Pferdepopulation insgesamt und Veränderung der Nutzung dieser Tierart weg vom Zug- und Lasttier hin zum Turnier- und Rennsport sowie zur Freizeitreiterei ist der ideelle und materielle Wert des einzelnen Fohlens in den letzten Jahrzehnten nochmals gewachsen.

So ist verständlich, daß der von tiermedizinischer Seite betriebene Aufwand und die Behandlungsintensität im Erkrankungsfall eines Fohlens ebenso zugenommen hat, wie die Ansprüche der Patientenbesitzer hinsichtlich einer allumfassenden Beratung und Betreuung. Deutliches Zeichen hierfür ist die gerade beim Fohlen vermehrt angewandte Intensivmedizin.

Eine über lange Jahre sich nun schon erstreckende Registration aller Fohlenverluste wird vom Direktorium für Vollblutzucht und -rennen durchgeführt (*Merkt* et al. 1987). Die Totalverluste bis zum Absetzalter belaufen sich demnach, dank intensiver Betreuung in den Gestüten, nur auf 8 % (7,6 bis 8,4 %).

Weitere interessante, jedoch nicht die gesamte Population – wie in der Vollblutzucht – betreffende Analysen über Totalausfälle beim Fohlen liegen vor von *Hösli* (1977), *van der Molen* (1979), *Fiolka* (1982), *Thein* und Mitarb. (1983) und *Jurkovic* (1987). Die darin aufgeführten Verluste sind außerordentlich unterschiedlich, und, infolge verschiedener Ausgangssituationen und Erhebungsweisen kaum direkt untereinander zu vergleichen. Ersichtlich wird jedoch, daß sich die Hauptverluste auf die ersten acht Lebenstage erstrecken und eine zweite, verlustreiche Phase bis zum Absetzalter folgt (*Hösli* 1977; *Fiolka* 1982 und *Thein* et al 1983).

Die Verluste selbst sind nach *Thein* und Mitarb. (1983) zum einen auf genetische Dispositionen, pränatale Infektionen und Stoffwechselstörungen der Stute, zum anderen auf Geburtstraumen, neonatale Adaptationsstörungen, postnatale Infektionen und Invasionen sowie Verletzungen und Organerkrankungen in der frühen und späteren Entwicklungsphase zurückzuführen. Die Analysen zeigen auf, daß zumindest ein Teil dieser Verluste durch ausreichende geburts-, neugeborenen- und allgemeinhygienische Maßnahmen minimiert werden könnte.

Literatur

Fiolka, G. (1982): Analyse der Fohlenverluste in staatlich anerkannten Pferdezuchtbetrieben des Bezirkes Magdeburg. Mh. Vet. Med. *37*, 869–872

Hösli, J. (1977): Perinatale Fohlensterblichkeit. Schweiz. Arch. Tierheilk. *119*, 103–109

Jurkovič, J. (1987): Über das Vorkommen von Erbfehlern in der Pferdepopulation Sloweniens. Wien. Tierärztl. Mschr. *74*, 121–122

Kikovic, N. (1986): Histopathologische Untersuchungen zur Differentialdiagnose perinataler Todesfälle bei Fohlen unter besonderer Berücksichtigung von Pneumopathien. Diss. Hannover

Merkt, H., E. Klug, J. C. Merkt und D. Rath (1987): 40 Jahre Herbstuntersuchung in der westdeutschen Vollblutzucht. Vollblut-Zucht und -Rennen 16–21

Molen, E. J., van der (1979): Een onderzoek naar de bacteriele oorzaken van de neonatale mortaliteit bij het veulen. T. Diergeneeskd. Utrecht *104*, 165–177

Thein, P., G. Essich und W. Schulze-Hockenbeck (1983): Zur Ätiologie von Fohlenerkrankungen. Tierärztl. Umsch. *38*, 239–250

7.1.2 Untersuchung eines Fohlens

Untersuchung unmittelbar post natum

Die Beurteilung des *Vitalitätsgrades unmittelbar post natum* eines Fohlens umfaßt folgende Punkte: Lage (Brustlage, Seitenlage), Atmungsrhythmus und -intensität, Atmungstyp (Mund- oder Schnapp-

Tabelle 7.1 Modifizierte APGAR-Benotung zur Bewertung der Vitalität oder des neonatalen Atemnotsyndroms bei Fohlen

Bewertungskriterium in Punkten	0	1	2
Atembewegungen	fehlen	unregelmäßig flach	kräftig-regelmäßig
Schleimhäute	blaß	zyanotisch-rötlich	rosarot
Reflexerregbarkeit*	fehlt	herabgesetzt	voll vorhanden
Muskeltonus und Bewegung**	fehlen	herabgesetzt-verzögert	spontan

* Reaktion des Kopfes auf Kaltwasserguß, Saugreflex etc.
** Reaktion auf punktuell oberflächlich gesetzte Nadelstiche

0–3 Punkte: lebensschwach
4–6 Punkte: gefährdetes Neugeborenes
6–8 Punkte: vitales Neugeborenes

Tabelle 7.2 Untersuchungsgang für Fohlen

Grundsatz:	segmentale Untersuchung zur Erfassung von ↓ ↓ krankhaften Symptomen kongenitalen Mißbildungen organischen Veränderungen geburtsbedingten Verletzungen
Vorbericht:	Geburtsverlauf, Krankheitsbeginn, auffällige Symptome, erste Stehversuche, Milchaufnahme, Kot- und Harnabsatz
Erhebungen an der Stute:	Allgemeiner Gesundheits- und Ernährungszustand, Geburtsverletzungen, puerperaler Ausfluß, Euterfüllungsgrad, Eutergesundheit, Milchqualität
Allgemeine Kriterien: am Fohlen	Verhalten, Ernährungs- und Pflegezustand, Bewegungsablauf, Entwicklungsstand, Reifegrad. Atmungsfrequenz und Atemtyp, Pulsfrequenz (A. facialis, A. brachialis, A. femoralis, A. metatarsalis), rektale Temperatur
Kopfbereich:	Kopfform – Verletzungen Augen – Augenstellung, Lidbindehäute, Skleralgefäße, Augenhintergrund nasolabialer Bereich Mundschleimhaut Kieferstellung Mundhöhle, Mundhöhlendach, Zahnanlage Saug- und Schluckreflex evtl. akustische Reize in Höhe des Ohres und Kopfdruckpalpation / Perkussion bei Verdacht auf neurologische Störungen
Halsbereich:	Beweglichkeit des Kopfes / Halses Schilddrüsenanlage, Venenstauprobe
Thorax:	Atmungstyp, Atemfrequenz, Rippenpalpation, Auskultation – Herz zwischen III.–V. Interkostalraum Lunge (möglichst in Sternallage oder stehend untersuchen) Auslösen eines Hustenreizes
Abdomen:	Palpation → Füllungsgrad, Bauchdeckenspannung – Schmerzreaktion Auskultation (Verdauungsgeräusche – in allen vier Quadranten) Leberpalpation Nabel – Nabelstumpf (Wärme, Feuchte, Schmerzhaftigkeit)
Anogenitalbereich:	Afteranlage – Kotbeurteilung, digitale Rektumkontrolle Stutfohlen: Vulva, Klitoris, Hengstfohlen: Vorverlagerung des Penis, Kryptorchismus, Scrotalhernie Harngewinnung
Stellung und Beweglichkeit der Extremitäten:	Gelenke: Beweglichkeit, Wärme, Schmerz, Gelenkinhalt
Skelett- und Muskelsystem:	Muskulatur: allg. Muskeltonus, Lendenmuskulatur, Halsmuskulatur, Gliedmaßenmuskulatur (Weichheit, Schwellung), Gesichtsmuskeln

atmung, costale, abdominale, costo-abdominale Atmung), Reflexerregbarkeit (Lidreflex, Saugreflex, Pupillenreaktion), Schleimhautkolorit, Muskeltonus besonders im Halsbereich (Anheben des Fohlens Abb. 7.1). Dazu kommt noch die Thermometrierung.

Fohlen können ebenso wie Kalb und Lamm nach dem APGAR-Score bewertet werden, wodurch eine Einteilung in verschiedene Vitalitätsstufen (lebensfrisch, mittelgradig-, hochgradig verminderte Vitalität) vorgenommen werden kann (Tab. 7.1).

Erst nachdem die regelmäßige Atmung in Gang gekommen, beziehungsweise reguliert worden ist (s. neonatales Atemnotsyndrom), wird eine segmentale Bewertung des gesamten Körpers im Sinne einer *Grunduntersuchung* vorgenommen. Sie dient der Erkennung von Mißbildungen und/oder krankhaften Prozessen beziehungsweise Organveränderungen, die aus der fetalen Entwicklungsperiode herrühren oder geburtsbedingt sind (Tab. 7.2).

Die *segmentale Untersuchung* beginnt am *Kopf*. Hierbei sind Kopfform, Augenanlage, der nasolabiale Bereich, der Gaumen, die Kieferstellung und die Zahnanlage zu beurteilen. Die Kopfform kann rassebedingt unterschiedlich und charakteristisch sein (Araberfohlen, Lipizzanerfohlen). Besonders ist auf eine übertriebene Stirnwölbung zu achten (Hydrocephalus).

Neurologisch sind der Lid- und Saugreflex zu überprüfen. Weiterhin wären die Pupille und der Augenhintergrund zu beurteilen. Durch leichte Perkussion des Stirnbereiches können bei schweren intrakraniellen Leiden Schmerzreaktionen ausgelöst werden. Die Hörprobe wird durch Aufeinanderschlagen der Hände in Ohrnähe vorgenommen. Auch die Mimik und die Kopfhaltung eines Fohlens (laterale und frontale Betrachtung) können Hinweise auf neurologische Störungen geben (Fehlanpassungssyndrom, Hirntrauma).

In der *Halsregion* werden die Schilddrüsengegend sowie die Wirbelsäule abgetastet. Kopf und Halswirbel werden auf ihre Beweglichkeit hin in Augenschein genommen. Der Tonus der Halsmuskulatur läßt sich durch Anheben des Fohlens mit den Armen gut beurteilen (Abb. 7.1).

Die Untersuchung des *Thorax* erstreckt sich zum einen auf die Feststellung des Atmungstypes und der Atemfrequenz, zum anderen werden die Rippen vorsichtig abgetastet (Rippenbrüche) sowie das Lungen- und Herzfeld perkutiert und auskultiert.

In der *Abdominalregion* steht die Beurteilung des Füllungszustandes (hohler Bauch, einseitige oder beidseitige Aufblähung) an vorderster Stelle. Dann folgen Auskultation und Perkussion (Leberfeld). Eine Druckpalpation oder Schwingpalpation gibt Auskunft über intraabdominale Flüssigkeits- (Uroperitoneum) oder Gasansammlung beziehungsweise über andere, raumfordernde Prozesse. Weiterhin wird die Nabelgegend abgetastet, die Nabelstumpflänge festgestellt sowie die Wärme-, Schmerzempfindlichkeits- und der Feuchtigkeitsgrad des Nabels registriert.

Zum *anogenitalen Bereich* gehört die Beurteilung der Afteranlage und des Afterkegels (Atresia ani). Durch digitale Kontrolle mit Fingerling sind der Kot (Konsistenz, Geruch, Farbe) und die Durchgängigkeit des Enddarms zu überprüfen. Bei weiblichen Fohlen wären weiterhin die Länge der Rima vulvae und die des Perineums zu bewerten. Durch Spreizen der Labien wird die Beurteilung des Kolorits der Vestibularschleimhaut (Icterus neonatorum) vorgenommen. Bei männlichen Fohlen ist die Ausbildung des Präputiums, die des vorgelagerten Penis, der Abstand zwischen Nabel und Präputium sowie das Scrotum mit den darin befindlichen Hoden in die Untersuchung einzubeziehen.

Nachdem Kopf-, Hals-, Brust- und Rumpfsegment untersucht worden sind, folgen Adspektion und Palpation der *Gliedmaßen,* insbesondere der Gelenke.

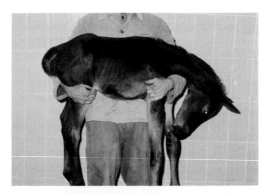

Abb. 7.1 Anheben eines Fohlens zur Überprüfung des Muskeltonus im Halsbereich. Das Fohlen läßt schlaff den Kopf im Zusammenhang mit mangelnder Vitalität post natum herabhängen.

Reifebewertung eines Fohlens

Fohlen werden nach einer unterschiedlich langen Graviditätsdauer (320 bis 360 Tage) geboren, wobei extrem kurze oder lange Graviditätszeiten nicht unbedingt mit Un- oder Überreife verbunden sein müssen.

Zum einen wird die Gewichtsentwicklung in Abhängigkeit von der Graviditätsdauer (hypotroph, eutroph, hypertroph), zum anderen der Reifegrad (prämatur, matur) beurteilt. Beide Kriterien werden unabhängig voneinander bewertet. So kann ein zum Termin geborenes Fohlen unreif und/oder untergewichtig sein. Wesentlich zu früh geborene Fohlen (zum Beispiel Zwillinge) sind häufig unreif und somit auch untergewichtig.

Eine retardierte Gewichtsentwicklung kann in Zusammenhang stehen mit

- ungenügender Plazentation (zottenfreie Area)
- Infektionen intra uterinem
  Mangelernährung der Stute während der Gravidität (allerdings nur bedingt)
- Mehrlingsfrüchte
- Stoffwechselstörungen intra uterinem
- schwerer Erkrankung der Stute im letzten Trimester der Gravidität (Kolik, Lipidämie).

Hypotrophe Fohlen weisen Untergewicht und allgemeine Inanition auf. Sind sie dazu noch unreif, so haben sie eine noch fetale Kopfform, weiche Lippen und schlaffe Ohren sowie kurzes Fell. Die Reifung des Haarkleides erfolgt von cranial nach caudal. Außerdem besteht eine Myasthenie. Die Reflexe (Saug- und Schluckreflex) können fehlen oder verzögert eintreten. Stehvermögen ist meist nicht vorhanden.

Erstversorgung des neugeborenen Fohlens

Der spontan gerissene Nabel wird mit seinem Ende in Jodtinktur, eventuell in PVP-Jod oder Merfen getaucht. Diese Nabelbehandlung (s. auch 7.2.5 Nabelaufbau − Nabelpflege) wird in 12- bis 24-Stunden-Abständen zwei- bis dreimal wiederholt. Vorher wird der Nabel jedesmal auf Feuchtigkeitsgrad (Urachusfistel, Nabelentzündung), Wärme und Schmerzhaftigkeit überprüft.

Grundsätzlich sollten Fohlen, deren Mutter über keine belastungsfähige Immunität gegenüber Tetanus verfügt, ein Tetanusserum (2000−5000 I. U.) verabreicht bekommen. Different sind die Meinungen über die Anwendung von Fohlenlähmeseren. Die direkte Wirkung auf den humoralen Antikörperspiegel ist umstritten. Dennoch liegen Praxiserfahrungen vor, die von guten Resultaten im Hinblick auf Verhinderungen von Neugeborenenerkrankungen sprechen (unspezifischer Effekt des zugeführten Eiweißes).

Ebenso kritisch ist die vorsorgliche Antibiotikaverabreichung zu bewerten. Vorgenommen werden sollte sie, dann allerdings in 12 bis 24 stündigen Abständen, wenn bei der Stute vor der Geburt ein vaginaler Ausfluß bestand, in dem β-haemolysierende Streptokokken oder E.coli-Keime nachgewiesen wurden. Die Passage des ungeschützten Fohlens durch einen derart kontaminierten Geburtsweg kann zu Erkrankungen im Sinne des Fohlenlähmekomplexes führen. Ebenso ist eine vorsorgliche Antibiose, über mehrere Tage hinweg, angezeigt, wenn das Fohlen aus einer Schwergeburt stammt, oder wenn im Gestüt bereits Fohlenlähmefälle aufgetreten sind.

In Fällen, in denen Fohlen vital und ohne Komplikationen geboren worden sind, wird die Antibiose zwar teilweise angewandt. Man sollte aber bedenken, ob dadurch die Wirkung erzielt wird, die gewünscht wird, besonders dann, wenn nur einmalig injiziert wird. Als allgemeinstimulierende Maßnahme kommt die Anwendung von Paramunitätsinducern in Betracht (Baypamun®).

Vorbeugende Antibiose oder Paramunitätsinducer ersetzen nicht die notwendigen hygienischen Maßnahmen und die rechtzeitige Verabreichung von Kolostralmilch. Kolostrum muß das Fohlen innerhalb von 6 Stunden, besser in den ersten 3 Stunden p.n. in genügender Menge aufgenommen haben. Die Euterkontrolle und Beurteilung der Kolostralmilch gehören mit zum Erstversorgungsprogramm bei Fohlen. Sind ungenügende Mengen an Milch vorhanden, ist die Milch bereits schon Tage vor der Geburt abgelaufen, oder ist die Stute unter der Geburt verstorben, muß Fremdkolostrum (homologes oder heterologes Kolostrum frisch oder tiefgefroren) zugeführt werden (300 ml mehrfach innerhalb von Stunden mit Flasche oder Nasenschlundsonde). Fohlen, die unmittelbar p.n. nicht saugen können, erhalten das abgemolkene Kolostrum der Stute per Nasenschlundsonde.

Müssen neugeborene Fohlen in eine Klinik überwiesen werden, sollte die Stute vorher gemolken und die Milch mitgegeben werden. Ebenso sollten Stuten, die unter der Geburt zu verenden drohen, abgemolken werden, da die Kolostrumgabe wichtige Voraussetzung für das Resultat der künstlichen Fohlenaufzucht ist.

Um sich einen genauen Überblick über die endogene Situation bei neugeborenen Fohlen zu verschaffen, sind Blutgasanalytik zur Beurteilung des Acidosegrades sowie Blutbild und eventuell Stoffwechseluntersuchung (Tab. 7.3 bis 7.7) einzuleiten.

Untersuchung eines älteren Fohlens

Falls kein sofortiges Eingreifen angezeigt ist (akuter Notfall), sollten intensive Fragen zum Vorbericht der Untersuchung vorangestellt werden. Sie umfassen unter anderem folgende Gebiete: Beginn der Erkrankung oder der beobachteten Veränderungen, auffällige Symptome, Verhalten von Fohlen zur Mutter beziehungsweise Mutter zu Fohlen, Milchaufnahme (Futteraufnahme), Kot- und Harnabsatz, Bewegungsintensität, Ruheverhalten, Länge der Ruhephasen, durchgeführte Impf- und Entwurmungsprophylaxe, Fütterung, Flüssigkeitsaufnahme (7.3).

beschrieben wurde. Bevor jedoch die Untersuchung am Tier beginnt, sollte das Verhalten des Fohlens genau in unbeeinflußter Situation registriert werden. Durch das Einfangen von Fohlen und Anwendung von Zwangsmaßnahmen kommt es zur Verschiebung physiologischer Grundwerte, wodurch Fehlbeurteilungen möglich werden. Larviert auftretende Symptome können, besonders bei neurologischen Leiden, dadurch ebenso überdeckt werden (Tab. 7.3).

Tabelle 7.3 Einige Normwerte für neugeborene Fohlen (nach verschiedenen Autoren)

Körpertemperatur:	38.5 – 38.8 °C
Herzfrequenz:	1. – 5. Min 65 – 85 / Min
	6. – 60. Min 130 / Min
Atemfrequenz:	1. – 15. Min
	60 – 90 Atemzüge / Min
	> 15 Min
	20 – 40 Atemzüge / Min
Gesamtblutvolumen:	6000 ml
Erythrozyten:	7.0 – 12 (x 10^6/μl)
Leukozyten:	6000 – 12000 / μl
Hämoglobin:	10 – 17 (g/dl)
Hämatokrit:	32 – 52 (Vol. %)
Blutplasmaelektrolyte (mmol/l)	
– Calcium:	2.2 – 3.0
– Chlorid:	95 – 105
– Natrium:	130 – 139
– Kalium:	3.8 – 6.4
– Magnesium:	0.7 – 0.9
– anorg. Phosphat:	1.3 – 3.0
Blutzucker (mmol/l):	2.2 – 6.1
Energiebedarf:	18 000 kJ
(Fohlen 50 kg) / Tag	= 8 – 10 kg Milch
Anheben des Kopfes:	unmittelbar p.n.
Erste Stehversuche:	≈ 30 Min p.n.
Stehen:	≈ 60 Min p.n.
Saugreflex:	unmittelbar bis 20 Min p.n.
Saugen:	30 – 120 Min p.n.

Bei Erkrankungen in der frühen oder späteren postnatalen Periode ist stets das Muttertier in die Untersuchung einzubeziehen (Nasenausfluß, Euterpalpation, Milchsekretkontrolle, Puerperalsituation).

Die Beurteilung des erkrankten Fohlens wird nach dem erweiterten Untersuchungsschema ebenfalls segmental vorgenommen, welches für den Neonaten nach Ingangkommen der Atemfunktion

Neurologische Untersuchung

Neugeborenenerkrankungen in Zusammenhang mit neurologischen Ausfallserscheinungen sind beim Fohlen nicht selten. Zwar wird im Rahmen des allgemeinen Untersuchungsganges auf wichtige neurologische Symptome (Saugreflex, Schluckreflex, Augenstellung etc.) geachtet, um aber eine umfassende Beurteilung des neurologischen Status vornehmen zu können, ist es notwendig, systematisch und differenziert alle neurologischen Anzeichen einer Erkrankung zu erfassen.

Die neurologische Reife hängt vom Entwicklungsgrad des Fohlens ab. Praematur geborene Früchte weisen eine noch cerebellare und periphere Nervenunreife auf und zeigen daher anfänglich neurologische Ausfälle, die mit zunehmender extrauteriner Maturität abnehmen. Mißbildungen wie Kleinhirnhypoplasie oder Hydrocephalus führen zu dauerhaften Schädigungen. Auch sind intrauterine Infektionen bekannt, die die Entwicklung des Nervensystems temporär oder dauerhaft hemmen.

Bei älteren Fohlen können Schädeltraumen, Verletzungen der Extremitäten oder auch Stoffwechsel- und Infektionskrankheiten sowie Vergiftungen zu neurologischen Symptomen führen.

Allen Untersuchungsabschnitten muß eine eingehende Beurteilung des Verhaltens vorangestellt werden, da so bestimmte Zusammenhänge zwischen einzelnen Symptomen besser erkannt oder diese besser in ihrer Komplexität einzuordnen sind.

Die Angaben über die ersten *Aufstehversuche* neugeborener Fohlen schwanken zwischen 5 und 20 Minuten, die des ersten, wenngleich unsicheren *Stehens* zwischen 15 und 120 Minuten. *Eutersuche* und *erstes Saugen* stehen in engem Zusammenhang mit dem Stehvermögen, so daß dieses in Abhängigkeit davon 30 – 120 Minuten nach der Geburt erfolgt. Allerdings ist die Eutersuche ein Lernprozeß, der zwischen einem halben und zwei

Tagen in Anspruch nehmen kann. Unbeteiligtes Umherirren in der Box ohne Mutterkontakt und aktives Eutersuchen deutet schon auf Ausfallerscheinungen hin, die in mangelhafter Vitalität oder neurologischen Leiden (Fehlanpassungssyndrom) begründet sein können.

Die *Saugfrequenz* hängt vom Alter ab. Neugeborene Fohlen saugen 40–100 mal/24 Stunden (4 bis 1 mal/Stunde), ältere Fohlen rund 30 mal/24 Stunden. Das Saugen geschieht in verkehrtparalleler Haltung mit etwas nach oben, seitlich verdrehtem Kopf (Abb. 7.2).

Abb. 7.2 Saughaltung beim Fohlen

Das Ruhen geschieht in Sternallage mit frei aufgerichtetem Kopf, mit seitlich eingedrehtem Kopf in autoauskultatorischer Haltung oder in Seitenlage mit meist abgestreckten Gliedmaßen (Schlafhaltung). Langandauerndes Ruhen in stehender Position ist Anzeichen einer gestörten Vitalität, schmerzhafter Prozesse in den Gelenken beziehungsweise in der Muskulatur oder einer Absenz.

Fohlen können extrem tief schlafen. Die flache Atmung ist dabei nur bei näherem Hinsehen zu registrieren. Es gibt auch Fohlen, die einen starken Reiz zum Aufwachen brauchen. Dies sollte nicht zu falschen Schlüssen verleiten.

Fohlen, die eingefangen und festgehalten werden, erschlaffen unter dieser Maßnahme und neigen zu kurzdauerndem Verlust des Haltungstonus, kenntlich an einer Hockstellung und des Herabhängenlassens des Kopfes (Kataplexie).

Die neurologische Untersuchung beginnt am Kopf. Folgende Anzeichen werden erfaßt:
Kopfform (Stirnwölbung, Nasenrückensenkung) und Kopfhaltung, Reaktion auf leichtes Klopfen auf die Schädeldecke
Augen (Augengröße, Pupillenreaktion, Reflexe, Augapfelbewegung, Nystagmus)
Ohrspiel – Reaktion auf Geräuschexposition
Nüstern (Milch-Gaumenspalte, Vomitus)
Schließungsgrad des Mundspaltes, Beweglichkeit des Kiefers
Saugreflex, Schluckreflex, Kauverhalten
Zungenstellung (Heraushängenlassen – Hypoglossus)
Beweglichkeit des Kopfes

Weiterhin werden beurteilt:

Druckpalpation der Wirbelsäule
Gliedmaßenstellung und Fußung auf dem Boden
Extensorreflex
Patellarreflex
Allgemeine Hautsensibilität und Verteilung der Oberflächenwärme
Muskelausbildung und Atrophieerscheinungen, eventuell Liquorentnahme

Literatur

Adams, R., I. G. Mayhew (1984): Neurological examination of newborn foals. Equ. Vet. J. 16, 306–312
Beech, J. (Hrsg.) (1985): Neonatal equine disease – Equine practice Bd. 1 (The Veterinary Clinics of North America) W. B. Saunders Comp. Philadelphia, London, Toronto, Mexico City, Rio de Janeiro, Sydney, Tokyo, Hong Kong
Bostedt, H. (1987): Das Fohlen als Notfallpatient. Prakt. Tierarzt 68, 34–39
Fagen, R. M. und *T. K. George* (1977): Play behaviour and exercise in young ponies. Beh. Ecol. Sociobiol. 2, 267–269
Dillenburger, E. (1982): Entwicklung der Verhaltensweisen von Fohlen von der Geburt bis zum Absetzen. Diss. Stuttgart-Hohenheim
Dudan, F., H. Hirni (1989): Zusammenstellung von Erfahrungen mit der Intensiv-Betreuung von neugeborenen Fohlen. Tierärztl. Prax. 17, Supplement 4, 63–84
Rossdale, P. D. (1967): Clinical studies on the newborn thoroughbred foal: Perinatal behaviour. Br. Vet. J. 123, 470–481
Schäfer, M. (1974): Die Sprache des Pferdes. Nymphenburger Verlagsbuchhandlung München
Vandevelde, M., R. Frankhauser (1987): Einführung in die veterinärmedizinische Neurologie. Parey Studientexte Verlag Paul Parey Berlin und Hamburg

7.1.3 Haematologische und klinisch-chemische Normwerte

Wie bei anderen Tierarten auch, muß beim Fohlen hinsichtlich der Inhaltsstoffe des Blutes, die Auskunft über Norm- oder Dysregulation sowie Organschädigungen geben können, zwischen verschiedenen Entwicklungsperioden unterschieden werden. Unmittelbar nach der Geburt bestehen teilweise andere Haemokonzentrationen als 24 Stunden, Tage und Wochen später. Als Beispiel hierfür können die Blutgasverhältnisse, aber auch bestimmte Enzyme (CK) oder der Harnstoffgehalt gelten. Abnahme oder Zunahme einiger Blutinhaltsstoffe stehen sowohl mit der Volumenzunahme des Blutes in der ersten postnatalen Wachstumsphase als auch mit den anlaufenden oder intensivierten Organfunktion im ersten extrauterinen Lebensabschnitt in Zusammenhang (Tab. 7.4–7.7).

Die Normwerte sind innerhalb weiter Grenzen angegeben und aus verschiedenen, umfassenden Arbeiten zusammengestellt. Ohne Berücksichtigung mußten jedoch rasseeigene Abweichungen bleiben, um die Übersichtlichkeit nicht zu verlieren. Liegen die gemessenen Parameter an der unteren oder oberen Grenze der tabellarischen Angaben, so sind diese nicht für sich isoliert zu bewerten, sondern in Zusammenhang mit dem gefundenen klinischen Bild zu interpretieren.

Tabelle 7.4 Einige klinisch-chemische Kennwerte des Blutplasmas neugeborener und älterer Fohlen

Alter	Glukose mg/dl (mmol/l)	Harnstoff mg/dl	Ca mmol/l	anorganisches Phosphat mmol/l	Na mmol/l	K mmol/l
wenige Stunden alt vor Kolostrumaufnahme	40–72 (2,2–4,0)	12–25	2,2–3,0	1,3–3,0	130–139	3,8–6,4
1.–7. Tag	120–200 (6,7–11,1)	4–16	2,5–3,6	1,6–3,3	126–135	3,6–5,6
2.–12. Woche	130–170 (7,2–9,4)	5–12	2,5–3,6	1,9–3,6	126–137	3,6–5,6
> 12 Wochen	90–140 (5,0–7,8)	10–16	2,5–3,6	1,9–3,0	122–137	3,6–4,8

Tabelle 7.5 Normwerte des roten und weißen Blutbildes bei neugeborenen und älteren Fohlen

Alter	Erythrozyten x 10^6/µl	Haemoglobin g/dl	Haematokrit Vol %	Eisen µg/dl	Leukozyten 10^3/µl
wenige Stunden alt	7,0–12	10–17	0,32–0,50	170–400	6,0–12,0
1.–7. Tag	5,4–10	9–18	0,30–0,50	150–450	5,0–10,5
2.–12. Woche	6,5–11	9–16	0,25–0,45	125–320	4,5–12,0
> 12 Wochen	9,0–14	12–16	0,30–0,40	125–250	6,2–12,0

Tabelle 7.6 Blutgasparameter bei neugeborenen Fohlen: Angaben venöses Blut nach *Bellinghausen* (1983), Angaben arterielles Blut nach *Rose* et al. (1982)

Parameter	0	0,5	1	12	24	48	96 Std. p.n.
pH (venös)	7,29 ± 0,05	7,34 0,04	7,35 0,04	7,39 0,03	7,39 0,04	7,40 0,03	7,41 0,02
p CO_2 (venös)	67,6 ± 6,6	63,0 13,5	59,0 7,4	55,5 7,2	53,8 6,9	54,3 3,8	55,7 6,7
BE (venös)	3,5 ± 4,0	5,9 3,1	5,3 3,2	7,1 2,5	6,7 2,2	7,6 2,2	9,3 2,9
pH (art.)		7,34–7,41				7,32–7,45	
p CO_2 (art.)		34–50				38–50	
p O_2 (art.)		60–92				68–98	

Tabelle 7.7 Einige Enzymaktivitäten im Blutplasma neugeborener und älterer Fohlen in U/l

Alter	AST (GOT)	CK	GGT	LDH	AP
wenige Stunden alt	55 – 120	70 – 120	18 – 27	500 – 900	350 – 700
1. – 7. Tag	150 – 300	40 – 80	12 – 130	400 – 900	300 – 1000
2. – 12. Woche	100 – 250	30 – 45	12 – 25	450 – 750	200 – 800
> 12 Wochen	120 – 300	20 – 40	10 – 20	300 – 900	80 – 800

Literatur

Ahlswede, L., H. U. Paeger, H. Meyer (1975): Ein Beitrag zum Mineralstoff- und Spurenelementgehalt im Blut von Saugfohlen. Dtsch. Tierärztl. Wschr. *82*, 113 – 116

Bauer, J. E., J. W. Harvey, R. L. Asquith, P. K. McNulty, J. Kivipelto (1984): Chemistry reference of foals during the first year of life. Equ. Vet. J. *16*, 361 – 363

Bellinghausen, W. (1983): Klinisch chemische und blutgasanalytische Untersuchungen bei neugeborenen Fohlen unter besonderer Berücksichtigung des Fehlanpassungssyndroms. Diss. Giessen

Bostedt, H. (1976): Serumenzymatische Untersuchungen bei neugeborenen Fohlen. Arch. Tierärztl. Fortbld. *2*, 148 – 158

Bostedt, H., W. Bellinghausen (1985): Blutgasanalysen und Subtratbestimmungen bei neugeborenen Fohlen. Tierärztl. Umsch. *40*, 454 – 458

Detlef, C. (1985): Untersuchungen über das rote Blutbild und der eisenversorgungsanzeigende Parameter bei Stuten und Fohlen im peripartalen Abschnitt unter besonderer Berücksichtigung einer Eisensubstitution. Diss. Giessen

Harvey, J. W., J. L. Asquith, P. K. McNulty, J. Kivipelto, J. E. Bauer (1984): Haematology of foals up to on year old. Equ. Vet. J. *16*, 347 – 353

Kitchen, H., P. D. Rossdale (1975): Metabolic profiles of newborn foals. J. Reprod. Fert. Suppl. *23*, 705 – 707

Rose, R. J., P. D. Rossdale, D. P. Leadon (1982): Blood gas and acidbase status spontaneously delivered, term induced and induced premature foals. J. Reprod. Fert. Suppl. *32*, 521 – 528

Rumbaugh, G. E., P. J. W. Adamson (1983): Automated serum chemical analysis in the foal. J. Am. Med. Assoc. *183*, 769 – 772

Schmitz, D. G., J. R. Joyce, J. C. Reagor (1982): Serum biochemical values in Quarterhorse foals in the first 6 month of life. Equ. Pract. *4*, 24 – 30

7.1.4 Intensivbehandlung von Fohlen

Eine Reihe von Erkrankungen bei neugeborenen oder nur wenige Tage alten Fohlen bedürfen einer intensiven, im Akutstadium häufig zuerst symptomatischen Notfallversorgung, ohne die die Chancen für ein Überleben stark vermindert sind. Für diese Erst- oder Notfallversorgung sind bestimmte Vorkehrungen zu treffen, beziehungsweise Behandlungspläne einzuhalten, ohne die ein geordnetes, auf die Schwere des Falles zugeschnittenes therapeutisches Vorgehen nicht denkbar ist.

Notwendige Gerätschaften und Utensilien

Scherapparat, große Schaumgummiunterlage, Decken, Verbandsmaterial.
Dauerkatheter (Braunüle Braun Melsungen, Cavafix Braun Melsungen).
Flaschenhalterungen, evtl. Infusionspumpen.
Irrigator, Nasen-Schlund-Sonden verschiedener Abmessungen (Ruesch Sonden, Portex-Sonden, 4 – 12 mm ⌀, 70 – 80 cm Länge).
Sauerstoffflasche mit Maske und Sonde.

Harngewinnung:
Harnkatheter für weibliches Fohlen (ERU-Katheter Ruesch 5 mm), Storchenschnabelspekulum, Lampe.
Für männliches Fohlen Rüdenkatheter (Hauptner 2,6 mm x 50 cm mit Luer-Ansatz).
Blutkonserven (Blukoflaschen ASID München, 500 und 1000 ml).

Blutplasmakonserven:
Gewinnung von Blutplasma von gut grundimmunisierten, gesunden, ingraviden Stuten oder Wallachen in Mengen von 1000 ml.
Das Blutplasma wird entweder nach 2-stündigem Stehen von Vollblut oder besser durch Zentrifugation gewonnen. Bei Abfüllung und Lagerung ist auf die Keimfreiheit der Lagergefäße zu achten. Blutplasmakonserven können bis zu einem Jahr bei −20°C tiefgefroren aufbewahrt werden. Nach dem Auftauen ist die Blutplasmakonserve innerhalb von 24 Stunden zu verbrauchen. Immer kühl lagern.

Laboreinrichtung

1. Diagnostikstreifen für Blutzucker (Haemoglukotest Boehringer Mannheim, Dextrostix Ames Bayerdiagnostik München) Streifen für Harnstoff (Harnstoff Schnell-/ Suchtest Merckognost Merck Diagnostika Darmstadt)
2. weiterhin: Plasma- und Serumplastikgefäße (Sarstedt Nürmbrecht)
Kanülen in verschiedener Größe
Kapillaren
3. Blutgasanalytik, Enzym- und Elektrolytanalytik
4. Untersuchungsmöglichkeit für Blutbild
5. Blut- und Harnkulturröhrchen
6. Bestimmungsmöglichkeit für Gammaglobulingehalt in der Milch sowie im Blut:
Verfahren für die IgG-Bestimmung:
   a) Kolostrometer (Lane Manufactoring 2075 S. Valencia Unit C Denver Colorado 80231 USA).
   b) Foal chek (Mobay Corporation Bayer, Shawnee, Kansas USA) CITE-IgG Fohlentest (Boehringer Ingelheim)
   c) Immundiffusionsverfahren laborgebunden, Ergebnisse erst nach rund 18 bis 24 Stunden
   d) Zink-Sulfat-Trübungstest.

Untersuchung

Das Fohlen als Notfallpatient wird folgender Untersuchung unterzogen (Tab. 7.2):
1. Erhebung des Vorberichtes
2. Allgemeine Beurteilung des Fohlens (Liegehaltung, Stehvermögen etc.) sowie kurze Beurteilung der Mutterstute (allgemeiner Gesundheitszustand, puerperaler Ausfluß, Euterfüllungsgrad, Milchkontrolle)
3. Segmentale Untersuchung des Fohlens nach Erhebung der Basiswerte
(Atemfrequenz, Atmungstyp, Pulsfrequenz – Pulsstellen: A. facialis, A. brachialis medial am Ellbogen, A. metatarsalis, A. fermoralis, rektale Temperaturkontrolle)
Achten auf maskierte Fehl- und Mißbildungen!

Lagerung eines Notfallpatienten

Werden Fohlen bereits festliegend vorgestellt, müssen sie weich und zugfrei gelagert werden (Schaumgummiplatte mit Überzug oder große Matratzen, Polsterung der Wände). Dabei ist darauf zu achten, daß sich der Kopf unter komatösen Anfällen nicht anschlagen kann, die Beine aber genügend Bewegungsfreiheit haben. Eventuell sind die Beine mit Watte abzupolstern und locker einzubinden, um Verletzungen zu vermeiden. Sobald die Möglichkeit besteht, sollte der Patient in Sternallage fixiert werden, da in dieser Position die Lunge besser durchlüftet wird. Am besten ist, das Fohlen auf einer Plattform etwas vom Stallboden erhoben zu lagern. Für die Überwachungsperson sollte ein Platz (Sitzplatz) mit vorgesehen werden. Weiterhin sind Rotlichtstrahler und Decken vorzusehen. Fohlen können auch, um den Wärmehaushalt vor zu starker Auskühlung zu schützen, durch einen Rollkragenpullover, dessen Arme über die Vorderbeine gezogen werde, geschützt werden. Stuten bleiben so weit wie möglich beim Fohlen. In extremen Fällen werden beide getrennt, wobei die Rückgewöhnung sehr schwierig ist. Nicht zu vergessen ist, die Stute, so lange das Fohlen nicht saugen kann, zu melken.

Kolostrumbank

Kolostrum von gesunden Stuten kann gesammelt und tiefgefroren werden. Wichtig ist, eine bakteriologische Untersuchung vor der Lagerung einzuleiten. Verläuft diese positiv, wird das Kolostrum verworfen.

Zu unterscheiden sind homologes und heterologes Kolostrum. Bis zu 6 Stunden p.p. hat das Kolostrum einen hohen, in der Folgezeit einen rasch abfallenden Immunglobulingehalt. Für die Kolostrumreserve kommt nur solches in Betracht, welches nicht älter als 6 (maximal 10) Stunden alt ist. Ein Mischkolostrum hat den Vorteil, daß darin Immunglobuline verschiedener Stuten enthalten sind. Das Kolostrum kann 9 Monate bei $-18\,^\circ C$ aufbewahrt werden. Nach dem Auftauen ist es rasch zu verwenden. Es wird in Portionen von 300 bis 500 ml eingefroren.

Messung der Kolostrumqualität

Im allgemeinen weist ein gesundes Kolostrum mit hohem Immunglobulingehalt eine gelbliche Farbe und klebrige Konsistenz auf. Der IgG-Gehalt im Kolostrum kann mittels eines Kolostrometers bestimmt werden oder durch Einsatz des dafür vorgesehenen „Foal chek" (*Thein* und Mitarb. 1989).

Messung und Bewertung des Immunglobulin-Blutspiegels

Foal-check (Latex Agglutination). Durch diese Methode kann eine Aussage über Werte von

0–400 mg/dl gemacht werden. Weiterhin wird der Zink-Sulphat-Trübungstest verwendet, der allerdings ungenaue Werte bringt. Die genauesten Meßergebnisse sind mit dem Radial-Immundiffusionstest zu erzielen. Jedoch dauert die Meßzeit 18 bis 24 Stunden und ist daher in der Fohlennotfallmedizin nicht geeignet, um Sofortmaßnahmen gezielt einleiten zu können.

Fohlen sind hinsichtlich ihrer Abwehrreaktion gegenüber Infektionen von der Kolostrumaufnahme abhängig. Sie müssen innerhalb von 6 bis 12 Stunden Kolostrum erhalten oder erhalten haben, da dann die Absorption der Immunglobuline über das Darmepithel rasch abnimmt. Flüssigkeitsgaben (reife Milch) vor der Kolostrumaufnahme vermindern die Immunglobulinabsorptionsfähigkeit. Stuten, bei denen die Milch bereits ante partum abzutropfen begann, haben, je früher die Laktation a.p. einsetzt, in der Milch zum Zeitpunkt der Geburt nurmehr einen geringen oder überhaupt keinen IgG-Gehalt mehr (Thein, 1983).

Die Bestimmung der Absorptionsrate von Immunglobulinen geschieht im Blut von Fohlen 18 bis 30 Stunden post natum. Dabei kann von folgender Bewertung ausgegangen werden:

0–400 mg/dl: keine oder ungenügende Kolostrumaufnahme, gestörte Kolostrumabsorption
$\geq$ 400 mg/dl: Grenzbereich, in dem davon ausgegangen werden kann, daß Kolostrum aufgenommen und IgG resorbiert wurde. Allerdings scheinen 400 mg/dl, nach Aussage verschiedener Autoren, als nicht ausreichende Versorgung.
$\geq$ 800 mg/dl: ausreichende Versorgung

Die Infusion von Plasma ist in Fällen zu empfehlen, bei denen der IgG-Spiegel unter 400 mg/dl liegt, eventuell, je nach Erkrankungsursache, auch bei solchen, mit einem Gehalt zwischen 400 bis 800 mg/dl.

Tiefgefrorenes Plasma wird langsam aufgetaut, um eine Proteindenaturierung zu vermeiden. Dosiert wird es 20 ml/kg $\triangleq$ 1000 ml/45–50 kg KG. Benötigt werden rund 2000 ml und mehr, um einen Spiegel zwischen 400 bis 800 mg/dl, je nach Ausgangslage, zu erreichen. Der erste Liter kann innerhalb von 60 Minuten infundiert werden, der zweite sollte sehr langsam (mehr als 24 Stunden) verabreicht werden, um eine Hypervolämie zu vermeiden.

Der Infusionsbeginn ist sehr langsam vorzunehmen, um die Körperreaktion zu bewerten (Tachyponoe, Dyspnoe, Schwitzen, Tremor bei Unverträglichkeit). Nur in Notfällen Kortisone (100 mg Prednisolon-Natriumsuccinat) zur Schockbehandlung einsetzen.

Dauerkatheter

Bei Fohlen in Notfallsituationen sollte beiderseits des Halses in der Jugularrinne großzügig ausgeschoren werden, um den Venenzugang zu erleichtern. Als Dauerkanüle kann eine Braunüle (Braun Melsungen) dienen, oder es wird ein Venenkatheter (Cavafix^R Braun Melsungen) gelegt. Braunülen eignen sich für die Infusionen über einen kürzeren Zeitraum. Dabei wird die Kanüle durch Nähte in der Haut fixiert (vorher Loch durch die Platte brennen, um den Faden durchziehen zu können). Bei Verwendung von Venenkathetern muß vorher die Länge genau bemessen werden, damit die Katheterspitze nicht in das Herz vorgeschoben wird. Auf eine gute Venenpflege und steriles Arbeiten ist zu achten. Der Dauerkatheter sollte spätestens nach drei Tagen gezogen werden. Um ihn zu fixieren, hat sich ein Stülpaverband unter Einbeziehung der Stirnpartie bewährt. Mutterstuten können im Bestreben einer intensiven Neugeborenenpflege schlecht fixierte Katheter oder Kanülen ziehen.

Legen einer Nasen-Schlundsonde

Die im Durchmesser und in der Länge geeignete Sonde wird mit ihrem abgerundeten Ende in die Nase eingeführt, wobei ein Finger die Sonde auf den Nasenboden drückt. Wenn im Kehlkopfbereich ein Gebiet mit leichtem Widerstand erreicht ist, wird der Kopf gebeugt und die Sonde vorsichtig vorgeschoben. Meist sind Schluckbewegungen zu registrieren. Die Oesophagusgegend wird zwischen Zeigefinger und Daumen genommen und durch leichten Druck komprimiert. Dabei ist die Sonde palpierbar, wenn sie richtig plaziert ist. Strömt Luft aus dem Sondenende (am besten am Auge registrierbar), sitzt die Sonde in der Luftröhre.

Sonden können an einem Fohlenhalfter fixiert werden und so für längere Zeit verweilen. Die Gefahr besteht jedoch darin, daß die Stuten die Sonde in unbewachten Augenblicken herausziehen.

Flaschenernährung

Vorausgesetzt werden muß, daß nur Fohlen mit der Flasche ernährt werden können, die einen Saug- und Schluckreflex zeigen. Zwangsernährung ist unbedingt zu vermeiden. Benötigt werden mehrere Schnuller in verschiedener Abmessung, sowie eine auskochbare Flasche (bis 300 ml, später 500–1000 ml). Die Flasche wird, wenn möglich in Höhe des Euters gehalten, um das Fohlen vom Euter nicht zu entwöhnen. Eine leichte Schrägstellung der Flasche nach oben bedingt, daß das Fohlen in richtiger Saughaltung aus der Flasche trinkt.

Die Flaschenernährung kommt in all den Fällen zur Anwendung, in denen das vitale Fohlen bei Verlust der Stute oder bei mangelhafter Laktationsleistung der Stute artifiziell aufgezogen werden muß.

Rhythmus bei Zufütterung

Die Häufigkeit einer künstlichen Zufuhr von Milch oder Flüssigkeit hängt ab vom Zustand des Fohlens. In leichten, allgemein wenig stark gestörten Fällen (mangelhafte, jedoch zunehmende Euterentwicklung der Stute, vorübergehende Schwäche des Fohlens) kann der Versuch der Ernährung mit der Flasche vorgenommen werden. Voraussetzung ist jedoch, daß das Fohlen einen voll ausgeprägten Saug- und Schluckreflex zeigt. Trinkt das Fohlen bei der Stute zusätzlich und soll nur Milch substituiert werden, wird über den 24 Stunden-Zeitraum 4 bis 6 mal zugefüttert. Wichtig ist, daß auch nachts Milch angeboten wird.

Eine Sondenernährung ist in all den Fällen angezeigt, in denen das Fohlen nicht in der Lage ist zu stehen und aktiv am Euter Milch zu gewinnen, sowie bei Patienten, die keinen Saug- und Schluckreflex zeigen, beziehungsweise festliegen.

Muß die Ernährung total künstlich erfolgen – mit oder ohne Sonde – sind anfänglich kürzere, später weiter auseinander gezogene Intervalle der Fütterung einzuhalten (Tab. 7.8).

Tabelle 7.8 Fütterungsintervalle bei totaler künstlicher Ernährung von Fohlen

Alter in Tagen	Fütterungs-intervalle	Volumen in ml	Tagesmenge in Liter
0– 2	60– 75 Min.	250– 350	6– 7
3– 5	– 90 Min.	250– 400	8– 9
6– 8	–120 Min.	500– 650	10–12
9–11	–120 Min.	650– 800	12–14
12–14	120–180 Min.	1000–1200	13–15
> 15	–180 Min.	1200–1600	14–17

Wichtig ist, daß auch in Nachtzeiten regelmäßig gefüttert wird. Das Volumen hängt auch ab vom steigenden Wohlbefinden des Patienten. Am Anfang müssen die Mengen klein bemessen werden, um eine Magenüberladung und Aufblähung zu vermeiden.

Bei Anwendung von Milchersatz ist auf Kotabsatz zu achten, da es leicht zur Koprostase kommen kann. Eventuell wäre vorbeugend Paraffinum liqu. in geringen Mengen mit zu verabreichen.

Literatur

Bostedt, H. (1987): Das neugeborene Fohlen als Notfallpatient. Prakt. Tierarzt. *68*, 34–39

Bostedt, H., B. Lehmann, D. Peip (1988): Zur Problematik der Mastitis bei Stuten. Tierärztl. Prax. *16*, 367–371

Dudan, F., H. Hirni (1989): Zusammenstellung von Erfahrungen mit der Intensiv-Betreuung von neugeborenen Fohlen. Tierärztl. Prax. 17, Suppl. 4, 63–84

Koterka, A. M., W. H. Drummond, P. Kosch (1985): Intensive care of the neonate. Veterin. Clin. North. American Equine Pract. *1*, 3–34

Rossdale, P. D., J. C. Ousey, F. E. Dudan, D. P. Leadon, R. S. G. Cash, R. Reddy, M. Silver, A. L. Fowden, F. Broughton Pipkin, L. B. Jeffcott (1984): Studies on equine prematurity: 1. Methodology Equ. Vet. J. *16*, 275–278

Rossdale, P. D., J. C. Ousey, M. Silver, A. L. Fowden (1984): Studies on equine prematurity: 6. Guidelines for assessment of foal maturity. Equ. Vet. J. *16*, 300–302

Rossdale, P. D. (1986): The application of intensive care therapies and parenteral nutrition in large animal medicine. Druck durch Travernol Laboratories

Thein, P. (1983): Zur Muttertierschutzimpfung beim Pferd. Tierärztl. Umsch. 38, 783–790

Thein, P., G. Essich, J. Grunmach und B. Abar (1989): Grundlagen und Kontrolle des Immunstatus beim Saugfohlen. Prakt. Tierarzt. 70 (11) 15–28

7.1.5 Narkose bei Fohlen

Eine Reihe von Akuterkrankungen bei neugeborenen oder älteren Fohlen wie Uroperitoneum, konservativ nicht behebbare Mekoniumverhaltung, Darmverschluß, Nabelexstirpation, inkarzerierte Hernie, Frakturen und andere sind nur operativ zu therapieren. Dazu kommt noch die Notwendigkeit einer Sedation beziehungsweise medikamentellen Ruhigstellung bei starken konvulsiven Zuständen wie beim Fehlanpassungssyndrom, um das Ruhepotential herzustellen. Die dafür notwendige Sedation und/oder Narkose ist nicht problemlos und mit der bei adulten Pferden nicht unmittelbar zu vergleichen.

Als erschwerende Faktoren für eine Fohlennarkose müssen beachtet werden: Alter und Reifezustand des Neonaten, Immunitätslage, Dauer des Krankheitsprozesses im Hinblick auf schon eingetretene Stoffwechselimbalancen wie beispielsweise Hypoglykämie infolge langandauernden Milchentzuges oder Hyponatriämie sowie Hyperkaliämie bei Uroperitoneum und gestörter Herz-Kreislauffunktion.

Der Schwierigkeitsgrad der Narkosesteuerung nimmt mit zunehmendem Alter des Fohlens ab. Bei neugeborenen Fohlen mit einer noch nicht voll gesicherten Atemfunktion und einer noch labilen Herz-Kreislaufsituation gestaltet sich die Narkose am problematischsten. So reagiert der Neonat empfindlich auf Xylazin. Zwischenfälle mit Kollaps und Atemstillstand sind nach Anwendung von Xylazin bei neugeborenen Fohlen beschrieben worden (*Webb* 1984).

Eine Vollständigkeit der Aufzählung aller möglichen Kombinationen für Sedation und Narkose kann verständlicherweise nicht gegeben werden. Auf die entsprechenden Spezialwerke sei verwiesen.

Vorbereitung zur Narkose

Das zu operierende Fohlen wird im Hinblick auf die Narkose nochmals einer kurzen Allgemeinuntersuchung unterworfen, wobei die beim Akutpatienten bereits ermittelten Parameter mit einbezogen werden. Auf folgende Kriterien erstreckt sich die Erhebung:

1. Reifegrad (praematur, matur)
2. Entwicklungsgrad (körperliche Entwicklung in Abhängigkeit zum Alter)
3. Ernährungszustand (kachektisch, adipös)
4. Stehvermögen, allgemeines Verhalten
5. Exsikkosegrad (eingesunkene Bulbi, Hautturgor, Feuchtigkeit der Schleimhäute)
6. allgemeiner Zustand in Beziehung zum Operationsgrund
7. spezielle Untersuchung des kardio-respiratorischen Systems
8. Laboruntersuchung:
   Haematokrit
   Glukosebestimmung
   Elektrolytbestimmung (Na, K, Ca)
   Harnstoffbestimmung
   Blutgasanalytik

Die Ergebnisse der Laboruntersuchung sind je nach Krankheitskomplex unterschiedlich (Uroperitoneum, Mekoniumverhaltung) und geben zusammen mit den Resultaten der Allgemeinuntersuchung einen Hinweis, mit welchen Risiken bei der Narkose zu rechnen ist, beziehungsweise wie man diese durch Auswahl des Narkoseverfahrens, einer begleitenden Infusionstherapie und Überwachung minimiert.

Je nach festgestellter Imbalance (K oder Na-Mangel, K-Überschuß, Acidosegrad, Glukosedefizit) muß bereits vor der Narkose substituiert werden. Als Faustregel für die Anwendung von $NaHCO_3$ bei vermuteter metabolischer Acidose gelten $1-2\,ml/kg$ KG 8,4%ig $NaHCO_3$. Eine Überdosierung ist in jedem Fall zu vermeiden, da es dadurch eventuell zu intrakranialen Hämorrhagien und zu Hirnoedem kommt. Bei kombiniertem K-Mangel und Acidose wäre zuerst der K-Spiegel anzuheben (Bikarbonatvorstufen – Kalium-Malat), ehe der Ausgleich des pH-Wertes vorgenommen wird.

Narkosemöglichkeiten

Als Möglichkeiten für eine operationsfähige Narkose stehen folgende Verfahren zur Verfügung:
1. Injektionsnarkose mit vorausgegangener Sedation
2. Inhalationsnarkose nach vorausgegangener Sedation

Bei Neugeborenen kann jedoch auf eine Sedation vielfach verzichtet werden, weil hier die Kreislaufdepression und Hypothermie zu lange anhalten kann (*Schmidt-Oechtering* 1988).

Ziel jedweder Narkose ist Bewußtlosigkeit (Hypnose), Relaxation (erschlaffte Haltung) und Schmerzausschaltung (Analgesie). Keines der heute zur Verfügung stehenden Mittel vereint in sich alle drei Komponenten, so daß bei Fohlen, gleich anderen Tierarten, Medikamente verschiedener Wirkungsspezialität zur Anwendung kommen müssen.

Prämedikation (Sedation und Analgesie)

Diazepam (Valium)	$0.2-0.4\,mg/kg$ KGW
Xylazin – nur bei älteren Fohlen (Rompun)	$0.1-0.5\,mg/kg$ KGW
l-Methadon (l-Polamivet)	$0.06-0.1\,mg/kg$ KGW
Azepromazin (Vetranquil)	$0.05-0.1\,mg/kg$ KGW
Propionyl-Promazin (Combelen)	$0.05-0.1\,mg/kg$ KGW

Narkose-Einleitung

Thio-Barbiturat (Surital)	2 – 6 mg/kg KG
Guaifenesin (My 301, Myolaxin)	50 – 100 mg/kg KG – wirkt an den Zwischenneuronen und nicht an den motorischen Endplatten, dadurch Relaxation der Skelettmuskulatur, nicht jedoch der Atemmuskeln.
Chloralhydrat	(10 %ige Lösung, Vorsicht wegen der Gefahr einer Thrombophlebitis, der pH-Wert bei einer 20 %igen Lösung liegt bei 2.9).

Narkose-Erhaltung

Thio-Barbiturat
Guaifenesin } nach Wirkung

Welche Kombination an Anaesthetika angewandt wird und in welcher Endkonzentration, hängt vom jeweiligen Fall ab. Besser ist mit geringeren Dosierungen zu beginnen und nachzuinjizieren, bevor es zu nicht steuerbaren Zwischenfällen kommt.

Inhalationsnarkose

Nach vielfacher Meinung eignet sich die Inhalationsnarkose bei Fohlen am besten zur Herstellung einer ruhigen, abwehrlosen Operationssituation. Größere Erfahrungen liegen über die Halothan/Stickoxydul (Lachgas)-Narkose vor. Bewährt hat sich, daß kurz vor Ende der Operation (10 – 12 Minuten) zuerst die Zufuhr des Inhalationsanaesthetikums abgestellt wird, danach die von Stickoxydul (N_2O). Um der Absenkung des pO_2-Druckes im Alveolarraum, durch Abdiffundieren des Lachgases verursacht, zu begegnen (Diffusionshypoxie), ist nach Abstellen vom Inhalationsanaesthetikum und Stickoxydul 5 bis 10 Minuten 100 % Sauerstoff zu verabreichen.

Überwachung während der Narkose

Während der Narkose sollten, soweit wie möglich und in Abhängigkeit vom zur Operation führenden Krankheitsbild, Glukosekonzentration, Elektrolytstatus sowie die Blutgasstabilität überprüft werden. Eine ständige Kreislaufüberwachung ist selbstverständlich.

Fohlen verlieren unter der Narkose an Energie und unterkühlen leicht.

Aufwachphase

In der Aufwachphase sind Fohlen weich und warm zu lagern. Um dem exogenen Verlust an Wärme zu begegnen, wären Fohlen auf ein Wasserbett, gefüllt mit warmen Wasser, zu verbringen und durch Rotlicht zu bestrahlen. Das Überziehen eines Wollpullovers oder Einhüllen in Decken ist ebenso zu empfehlen. Decken werden allerdings rasch von der Mutterstute entfernt, der Pullover dagegen liegt fest an (Vorderbeine in die Ärmel stecken, Halsausschnitt dem Fohlenhals anpassen).

Postoperativ stehen die Energiezufuhr – zuerst parenteral mittels Glukoselösung 5 %ig, später eventuell durch Nasenschlundsonde Milch – und Schmerzbekämpfung an erster Stelle. Geeignet hierfür sind Medikamente aus der Metamizolgruppe (Novalgin).

Literatur

Jones, R. S. (1982): Anaesthesia in the foal. Proc. Assoc. Vet. Anaestes. Great Brit. and Irl. 96 – 106

Karimi, A. (1987): Comparison of the effects of two sets of anaesthetic agents and posture on respiratory rate, heart rate, pH, blood gas and acid-base status in horse. Brit. Vet. J. *143*, 506 – 512

Schmidt-Oechtering, G. (1988): pers. Mitteilung

Schmidt-Oechtering, G. (1989): Ein Beitrag zu Anaesthesie des Pferdes mit Xylazin und Ketamin, Teil 1: Die Anaesthesie des Fohlens, Tierärztl. Praxis 17, 389 – 394

Webb, A. J. (1984): Nasal intubation in the foal. J. Am. Vet. Med. Assoc. *185*, 48 – 51

Westhues, M., R. Fritsch (1962): Die Narkose der Tiere. Paul Parey Verlag Berlin Hamburg

7.1.6 Geburtsverletzungen

Geburtsverletzungen bei Fohlen müssen nicht allein Folge von Schwergeburten und der damit verbundenen Manipulationen sein. Sie kommen auch bei natürlichem, unbeeinflußtem Geburtsgeschehen vor. Hier allerdings stellen sie ein seltenes Ereignis dar.

Geburtstraumen sind Auswirkungen heftiger Druckschwankungen im Verlauf der Austreibungswehen, oder sie treten in Form von Quetschungen, Zerrungen und Frakturen als Folge des Durchtrittes durch den zu engen Geburtsweg beziehungsweise intensiver, geburtshilflicher Manipulationen auf. Zu unterscheiden sind die klinisch bei der Erstuntersuchung des Fohlens erkennbaren Verletzungen von denen, deren Existenz kaum oder nur schwer erfaßt werden können. Eine andere Einteilung geht von äußerlichen und innerlichen Verletzungen aus.

Kleinere *Haematome,* die unter der Haut liegen, beziehungsweise Druckstellen sind wegen des Felles kaum zu diagnostizieren. Erst wenn sie einen bestimmten Umfang erreicht haben, werden sie erkennbar. Dann könnte durch resorbierende Salben nach Ausscheren der betreffenden Stelle für eine beschleunigte Resorption gesorgt werden.

Von besonderer Bedeutung sind die *Deformationen des Kopfes* aufgrund von Stauungen und Quetschungen (Cephalhaematom). Diese entstehen bei zu engen Platzverhältnissen im knöchernen Geburtsweg bei Haltungsanomalien (Kopf-Brust-Haltung), oder nach lang andauernder Position im engen, weichen Geburtsweg. Auch Kopfketten und -halfter können, werden sie nicht nur zur Fixation des Kopfes, sondern auch zum kräfteintensiven Auszug benutzt, zu Stauungen durch Teilstrangulation im Kopfbasisbereich führen. Im Zusammenhang mit derartigen Kompressionen tritt häufig die *gestaute Zunge* in Erscheinung, kenntlich an der übergroßen Form und am Unvermögen, diese in den ersten Lebensminuten nach beendeter Mundatmung aktiv in die Mundhöhle zurückzuziehen. Stauungen im Kopfbereich sind Ursache von Schluckreflexbeschwerden. Diese Fohlen sind in den ersten Lebensstunden so lange künstlich über die Nasenschlundsonde zu ernähren, bis sie selbst aktiv Milch aus dem Euter aufnehmen können. Die Stauung geht meist innerhalb weniger Stunden, in manchen schweren Fällen erst innerhalb von Tagen zurück.

Nicht in vivo zu diagnostizieren, jedoch lebensbedrohend, sind die intrakraniellen Blutungen. *Intrakranielle Blutungen* sind entweder Ausdruck eines schweren Schädeltraumas (Sturz des Fohlens auf hartem Boden bei Stuten, die im Stehen gebären) oder rapider Druckschwankungen im Verlauf der Geburt mit hypoxischen Zuständen im Gehirn. Diese führen dann zu einer kaum behebbaren hochgradigen Atemdepression, wenn das Atemzentrum mit in den Prozeß einbezogen ist. Solche Fohlen weisen zwar noch eine Herzaktivität unmittelbar post natum auf, die Atmung ist jedoch nicht dauerhaft in Gang zu setzen (s. neonatales Atemnotsyndrom). Eine andere Form der intrakraniellen Blutung, die sich post natum ausweitet, ist die, bei der Fohlen trotz anfänglicher Vitalitätszeichen, plötzlich, wenige Stunden nach der Geburt an einem Atemnotsyndrom leiden und zugrunde gehen.

Frakturen treten besonders im Rippenbereich und an den Extremitäten auf. Rippenbrüche führen zu einer mechanisch bedingten Atemdepression (s. d.). Sie sind nicht leicht zu diagnostizieren (Druckpalpation und dadurch ausgelöste Schmerzreaktion, Röntgen). Frakturen an den Extremitäten können bei unsachgemäßer Geburtshilfe entstehen (Torquierung der Extremitäten zur Stellungsberichtigung), oder sie sind Folge von Störungen im Knochenaufbau (Glasknochen).

Verletzungen des Tränen-Nasen-Ganges (Ductus nasolacrimalis) treten bei Anwendung spitzer Augenhaken in der Geburtshilfe auf. Es kommt zu dauerndem exogenen Tränenfluß und somit zu einer Sekretrinne am inneren Augenwinkel.

Zerrungen und Quetschungen an den Extremitäten und dadurch ausgelöste Funktionsstörungen in der Bewegung kommen vor nach strangulierender Fixation der Extremitätenenden im Verlauf von geburtshilflichen Manipulationen. Durch Massagen und Stützverbände läßt sich häufig eine Besserung und Ausheilung herbeiführen (7.2.3 Schädigung peripherer Nerven intra natum).

Partielle oder totale Bewegungslosigkeit p.n. kann durch *Wirbelsäulenverletzungen* hervorgerufen werden (Plexuslähmung). Eine eingehende neurologische sowie röntgenologische Untersuchung kann zwar die Ursache der Lähmung klären, die Prognose ist in der überwiegenden Zahl der Fälle infaust.

Innere Blutungen werden durch Leberruptur und Milzruptur verursacht. Zur Beobachtung gelangt auch selten ein Aortenriß (fetales Aortenaneurysma) oder eine Nebennierenblutung. Diese Fohlen verenden unmittelbar post natum. Nur bei leichten, umschriebenen Nebennierenblutungen bestehen Aussichten auf eine Ausheilung.

7.1.7 Mißbildungen

Lebensbedrohliche Mißbildungen treten bei neugeborenen Fohlen nach Angaben aus der Vollblutzucht in einer Häufigkeit von rund 0,3−0,5 %, in der Warmblutzucht zwischen 0.4 und 0.8 % auf. In einer detaillierten Studie aus einer Vollblutaraber- und Warmblutpopulation wird von 1.25 % Mißbildungen berichtet (*Thein* et al. 1983). Dabei sind nur die Mißbildungen benannt, die lebenseinschränkend waren. Eine andere Erhebung aus neuerer Zeit, vorwiegend Kaltblut, Haflinger und Warmblutpferde betreffend, liegt von *Jurkovic* (1987) vor. Nach dieser konnten bei 1384 genau kontrollierter Fohlen in 5.12 % der Fälle lebensbedrohliche und die Lebensfunktionen nicht einschränkende Mißbildungen festgestellt werden. Fehlentwicklungen auf genetischer oder nichtgenetischer Grundlage sind in dieser Erhebung nicht näher differenziert.

Selten allerdings sind in praxi Mißbildungen eindeutig als Erbfehler zu bezeichnen, da es eine Reihe von Fehlentwicklungen gibt, die durch exogene Noxen während der embryonalen und fetalen Phase hervorgerufen werden (Phänokopien). Gesichert ist die genetische Grundlage bei den zahlreichen Letalfaktoren, die vorwiegend einen rezessiven Erbgang aufweisen (Tab. 7.9).

Zu beachten ist, daß ein wohl unbekannter, aber wahrscheinlich nicht unbeträchtlicher Teil der Fehlentwicklungen in der embryonalen oder fetalen Entwicklungsphase zum intrauterinen Tod führt und so in der Neugeborenenstatistik nicht zum Tragen kommt (*Blue* 1981). Als versteckte Mißbildungsformen können auch genetisch be-

Tabelle 7.9 Die bei Haustieren bisher bekannten Letalfaktoren sind in einer international anerkannten Liste zusammengefaßt, innerhalb derer dem Pferd der Buchstabe B zugewiesen wurde (*Wiesner, E., S. Willer*, Veterinärmedizinische Pathogenetik, VEB G. Fischer Verlag, Jena 1974)

Nummer des Letalfaktors	Beziehung	Phänotyp	Erbgang
B_1	Atresia coli	Verschluß des Kolons, oft mit Gehirngliomen verbunden. Fohlen werden lebend geboren	einfach rezessiv
B_2	Frederiksborger Letalfaktor	Sterilität Frederiksborger Schimmel. Pleiotrope Wirkung eines dominanten Letalfaktors mit rezessiver, frühembryonaler Letalität	dominant
B_3	Antimaskuliner Letalfaktor	Geschlechtsverhältnis verschoben	geschlechtsgebunden rezessiv
B_4	Epitheliogenesis imperfecta	Unregelmäßige Defekte der äußeren Haut	einfach rezessiv
B_5	Arthrogrypose der Vordergliedmaßen („verlegene Fohlen")	Beugestellung von Karpal-, Fessel- und Krongelenk	einfach rezessiv oder dominant
B_6	Oldenburger Fohlenataxie	Zerebellare Ataxie. Fohlen werden lebend geboren, in der 3. bis 4. Woche macht sich die Ataxie bemerkbar (Überschlagen in der Längsachse). Lähmungsstadium und Tod nach 5–6 Tagen	rezessiv
B_7	Anophtalmus	Fehlen der Augäpfel	unbekannt
B_8	Abrachie	Fehlen der Vordergliedmaßen	rezessiv
B_9	Tortikollis	Totgeburten, Verkrümmung des Halses, verbunden mit Schädelskoliose	wahrscheinlich rezessiv
B_{10}	Hernia umbilicalis	Kirsch- bis kindskopfgroßer Nabelbruch	einfach rezessiv

dingte Formen von Immunmangel (s. dort) bezeichnet werden.

Mißbildungen müssen bei Fohlen ebenso wie bei anderen Tierarten aus klinischer Sicht nach den Merkmalen einer unmittelbaren *Lebensbedrohung* oder *Lebenseinschränkung* (Gliedmaßenmißbildungen, Fehlentwicklung des Nasen-Rachenraumes), beziehungsweise *Nicht-Lebens-* oder *Funktionseinschränkung* klassifiziert werden (beispielsweise Glasäugigkeit, geringgradiger Nabelbruch). Im letzten Fall sind allerdings vielfach Korrekturen oder palliative Maßnahmen notwendig, um die uneingeschränkte Nutzung des Fohlens beziehungsweise des adulten Pferdes sicher zu stellen. Eine andere Einteilung der Mißbildungen kann nach *Organspezifität* oder nach einer bestimmten *Häufigkeit ihres Auftretens* vorgenommen werden (Tab. 7.10).

Tabelle 7.10 Wichtige Fehlentwicklungen beim neugeborenen Fohlen

	Fehlentwicklung:
Gehirn	Kleinhirnhypoplasie
Mundbereich	Brachygnathia inferior − superior
Auge	Mikrophthalmus − Anophthalmus Hydrophthalmus, Glasauge, Ablatio retinae, Grauer Star Albinismus oculi
Herz	Ductus- und Ventrikeldefekte
Magen-Darm-Trakt	Atresia coli Atresia ani, Atresia ani et recti
Nabel	Hernia umbilicalis
Bewegungs-apparat	Tortikollis Abrachie (Amelia anterior) Polydactylie Luxation der Patella (?) Arthrogrypose der Vorder- und Hintergliedmaßen
Geschlechts-organe	Kryptorchismus Hernia scrotalis
Haut	Epitheliogenesis imperfecta neonatorum
RES	Kombinierter Immunmangel

Nach einer gewissen Häufigkeit aufgeteilt, muß die Hernia umbilicalis an erster Stelle genannt werden. Die Angaben über deren Auftreten schwanken zwischen 1.5 und 3 % bei allen geborenen Fohlen. Weiterhin steht der einseitige oder beidseitige Kryptorchismus in der Häufigkeit mit an vorderster Stelle. Alle weiteren Mißbildungen treten dagegen in ihrer Inzidenz sichtbar zurück und werden in der Literatur meist nur als Einzeldarstellung gebracht. Es sei denn, bestimmte Erbgänge wie bei der Oldenburger Fohlenataxie sind nachgewiesen und haben durch wiederholten Einsatz der merkmalstragenden Hengste zu einer weiteren Verbreitung geführt.

Anomalien des Auges in Form von Mikrophthalmus oder Anophthalmus kommen bei allen Rassen vor. Strabismus wird vereinzelt (1 : 200) bei Muli und Appaloosas beobachtet (*Gelatt* und *McClure* 1977). Gewisse Abhängigkeiten zum Hautmuster (Scheckung) bestehen bei der als Glasauge (Birkauge, Fischauge, blaues Auge) bezeichneten Mißbildung. Hierbei handelt es sich um einen Pigmentmangel im Irisstroma. Der angeborene Graue Star ist eine Embryopathie und ist mit Blindheit verbunden.

Weiterhin spielen die Anomalien des Bewegungsapparates eine hervorzuhebende Rolle. Fehlentwicklungen wie Tortikollis (Schiefhals), Mißbildungen im Atlantooccipitalbereich bei Araberfohlen, Abrachie oder Amelia anterior (Fehlen der Vordergliedmaßen) schließen eine Nutzung des Pferdes aus und stellen aus tierschützerischer Sicht eine Indikation für das schmerzlose Töten des neugeborenen Fohlens dar. Bei der Polydactylie (Mehrfachanlage von Zehen) und Arthrogrypose der Vordergliedmaße (abgewinkeltes Gelenk) können orthopädische Maßnahmen teilweise eine Besserung bringen.

Eine auffällige Häufigkeit der Kieferanomalien (Brachygnathia inferior = Karpfengebiß und B. superior = Hechtgebiß) fand *Jurkovic* (1987) bei Traberfohlen. Die Brachygnathia inferior, die vorwiegend anzutreffen ist, kann auch geringgradig in Erscheinung treten, so daß sie kaum bemerkt wird und das Leben somit nicht einschränkt. Eine Mißbildung mit neurologischen Ausfallserscheinungen ist bei Araberfohlen (*Kleinhirnhypoplasie*) beschrieben (*Thein* 1978, *Liu* 1980). Eine andere betrifft die *Oldenburger Fohlenataxie* (Letalfaktor B_6), die rezessiv vererbt wird.

Die Besprechung relevanter Fehlentwicklungen geschieht eingehender in den einzelnen Kapiteln.

Eine Registrierung aller Mißbildungen bei Fohlen ist außer in der deutschen Vollblutzucht nicht gegeben. Es wäre aber bei der immer enger werdenden Zuchtbasis von besonderer Wichtigkeit, auch bei den übrigen Rassen Mißbildungen zu erfassen, um so eine Häufung von erblich bedingten oder durch exogene Noxen ausgelösten kongenitalen Defekten besser analysieren zu können. Die spekulative Unsicherheit über die tatsächliche Rate an Mißbildungen bei Fohlen nach dem Reaktorunfall in Tschernobyl 1986 beispielsweise lag zum größten Teil daran, daß eingehende Kenntnis-

Literatur

Aurich, R. (1959): Ein Beitrag zur Vererbung des Nabelbruchs beim Pferd. Berl. Münchner Tierärztl. Wschr. *72*, 420–423

Blue, M. G. (1981): A cytogenetical study of prenatal loss in the mare. Theriogenology *15*, 295–309

Crawford, T. B. and *L. E. Perrymann* (1980): Diagnosis and treatment of failure of passive transfer in the foal. Equ. Pract. *2*, 17–13

Dietz, O., E. Wiesner (1982): Handbuch der Pferdekrankheiten. Verlag Karger Basel – München – Paris – London – New York, 1. Aufl. 1342–1365

Crowe, M. W., T. W. Swerczek (1985): Equine congenital defects. Am. J. Vet. Res. *46*, 353–358

Flechsig, J. (1952): Einseitiger abdominaler Kryptorchismus bei einem Landbeschäler und seine genetische Analysis. Diss. FU Berlin

Garner, A., P. Griffiths (1969): Bilateral congenital ocular defects in a foal. Br. J. Ophthalm. *53*, 513–517

Gelatt, H. N., J. R. McClure (1977): Congenital strabismus its correction in two Appaloosa horses. J. Equ. Med. Surg. *1*, 240–244

Gelatt, K. N. (1981): Veterinary ophthalmology. Lea and Febiger, Philadelphia

Götze, R. (1952): Praktische Hinweise zur Erkennung der Erbgesundheit und Erbfruchtbarkeit aus dem Erscheinungsbild eines Zuchtbullens. Tierärztl. Umsch. *7*, 466–474

Jurkovič, J. (1987): Über das Vorkommen von Erbfehlern in der Pferdepopulation Sloweniens. Wien. Tierärztl. Mschr. *74*, 121–125.

Liu, J. K. M. (1980): Management and treatment of selected conditiones in newborn foals. J. Amer. Vet. Med. Assoc. *176*, 1247–1249

Mauderer, H. (1939): Abrachie und Torticollis, rezessive Letalfaktoren in der Pferdezucht. Diss. Hannover

Mayhew, J. G., A. G. Watson, J. A. Heissan (1978): Congenital occipitoatlantoaxial malformations in the horse. Equ. Vet. J. *10*, 103–113.

Slatter, D. H. (1981): Fundamentals of veterinary ophthalmology. W. B. Saunders Co, Philadelphia

Thein, P. (1978): Zentralnervöse Störungen beim Vollblutaraberfohlen bestimmter Blutführung. Mündl. Mitt.

Thein, P. (1982): Über Ursachen von „Lebensschwäche" beim Fohlen. Bayerns Pferde, Zucht und Sport *5*, 16–17

Thein, P., G. Eßich, W. Schultze-Hockenbeck (1983): Zur Ätiologie von Fohlenerkrankungen. Tierärztl. Umsch. *38*, 239–250.

Weber, W. (1947): Angeborener Star, eine rezessive Mutation beim Pferd. Schweiz. Arch. Tierhlkde. *89*, 397–405

se über die durchschnittliche Anzahl an Mißbildungen bei Fohlen in der Warm- und Kleinpferdezucht pro Abfohlsaison fehlten.

7.1.8 Immunverhältnisse beim neugeborenen Fohlen

Entwicklung foetaler Immunreaktionen

Die Stute verfügt über eine Plazenta epitheliochorialis diffusa completa, die einen Austausch von Antigenen und Antikörpern zwischen Mutter und Frucht in den ersten beiden Trimestern der Gravidität nicht gestattet. Im letzten Trimester erfolgt eine Reduktion der maternalen Epithelanteile sowie eine Auflockerung des Chorionepithels. Damit kommt es zur Verkürzung des Diffusionsweges zwischen maternalem und foetalem Kreislauf und zum möglichen Transfer von Antikörpern oder Antigenen (*Samuel* und Mitarb. 1976).

Etwa zum gleichen Zeitpunkt der Foetogenese ist das Fohlen in der Lage, einen in utero gesetzten Antigenreiz mit der Bildung quantitativ geringer Mengen spezifischer Immunglobuline des Typs IgG und IgM sowie Aktivierung antigengeprägter T-Zellen aus der Milz zu beantworten (*Perryman* und Mitarb. 1980). Man kann davon ausgehen, daß das Fohlen in utero in der Lage ist, sowohl bis zu einem bestimmten Grade eine T-Zell-Aktivität zu entwickeln, als auch Serumimmunglobuline, vor allem des Typs IgG, zu synthetisieren (Tabelle 7.11). Allerdings reicht die Quantität der Antikörper, mit denen das Fohlen geboren wird, nicht aus, um einer massiven Infektion standzuhalten.

Die Immunisierung der Stute im letzten Trimester kann – neben dem Effekt der Antikörperkonzentration in Kolostrum – somit auch zum Training des Immunsystems ihres Fetus beitragen (*Thein* 1983).

Globulintransfer Serum – Kolostrum Stute

Die Immunglobuline der Mutterstute gelangen in den letzten Wochen der Trächtigkeit über selektive Anreicherung aus dem Blut in das Kolostrum (*Eisenhauer* 1981, *Smith* und Mitarb. 1971, *Tizard* 1981, *Thein* 1983 und *Thein* und Mitarb. 1983, 1989). Damit ist bis zu drei Wochen vor der Geburt eine deutliche Abnahme der Serumglobulinquantitäten – speziell der wichtigen γ-Fraktionen inklusive spezifischer Antikörper – zu verzeichnen.

In diesbezüglichen Untersuchungen (*Thein* 1983) konnte festgestellt werden, daß hinsichtlich des Grades dieser „Entspeicherung" individuelle Unterschiede bestehen und daß eine Korrelation zwischen Höhe spezifischer Kolostral- und Serumtiter existiert.

Der Rückgang humoraler Globuline ante partum kann sich über den Zeitraum der Geburt bis etwa zwei Wochen in die postpartale Phase erstrecken. Dieses Geschehen wird wahrscheinlich auch über den Progesteron- und Östrogenhaushalt der Stute kontrolliert (*Smith* und Mitarb. 1971).

Hinsichtlich der jahreszeitlichen Verteilung weisen Fohlenstuten Hauptspiegel an γ-Globulinen Anfang Juni auf, danach wieder zum Zeitpunkt der 16. Laktationswoche (Bereich August/ September), während das Absetzen der Fohlen (Oktober) meist von einem rapiden Anstieg gefolgt ist (*Jeffcott* 1974).

Absorption der Kolostralproteine durch das Fohlen

Der Gehalt an Kolostralprotein liegt vor dem ersten Saugakt bei durchschnittlich 25 g/dl Kolostrum, sieben Stunden nach dem Saugen bei 7 g/dl, 12 Stunden danach bei 3,9 g/dl, um schließlich zur 48. Stunde auf Werte von 2,9 g/dl abzufallen (*Jeffcott* 1974).

Parallel dazu sinken auch die Titer spezifischer Antikörper im Kolostrum der Stute. Insgesamt ist davon auszugehen, daß 24 Stunden p. p. keine Kolostraltiter mehr nachzuweisen sind. Entsprechend sind die Möglichkeiten des Saugfohlens, in den Genuß dieser schutzverleihenden Globuline zu gelangen. Die in utero gebildeten Immunglobuline erreichen beim Neugeborenen in der Regel nicht den als untersten Grenzwert anzusehenden Spiegel von 200 mg/dl, so daß das Fohlen auf die optimale Versorgung mit Kolostrum angewiesen ist. Die Serum-IgG-Spiegel des Fohlens vor der ersten Kolostrumaufnahme liegen normalerweise zwischen 2 und 170 mg/dl und steigen nach der ersten Kolostrumaufnahme auf etwa 400 bis 1000 mg/dl an (Tab. 7.11).

Die Permeabilität des Fohlendarmes im Sinne der Persorption intakter Proteinmoleküle ist im Bereich der 3. bis 6. Stunde p. n. am höchsten. Innerhalb dieser Phase verfügt das Fohlen über eine selektive Proteinabsorption (*Thein* 1983, *Thein* und Mitarb. 1983, 1989). Bevorzugt absorbiert werden die Fraktionen IgG und IgM, sIgA (sekretorisches IgA) dagegen bleibt an der Oberfläche des Darmes über einen mucingebundenen Schutzfilm lokal verfügbar, sekretorische Komponenten schützen es hier vor der Absorption. Dieses sIgA schützt das Fohlen vor lokal ablaufenden Darminfektionen, IgG und IgM, die persorbiert werden, schützen vor septikämisch verlaufenden Infektionskrankheiten.

Darüber hinaus kann über in der Milch vorhandene T-Lymphozyten auch eine zellvermittelte Immunität übertragen werden. Das Ausmaß der Beteiligung an der Infektabwehr ist ebenso wie das der sogenannten Transferfaktoren nicht genügend untersucht.

Tabelle 7.11 Immunstatus des ungeborenen und neugeborenen Fohlens

Entwicklung der Immunreaktivität in vitro	
T-Zellaktivität:	80. Tag der Gestation – Thymus
	140. Tag der Gestation – peripheres Blut
	200. Tag der Gestation – Milz
Serum IgM:	185. Tag der Gestation
Serum IgG:	180. bis 300. Tag der Gestation
neonatal	
Serum IgG (präkolostral):	⌀ 2 – 170 mg/dl
Serum IgG (postkolostral):	⌀ 400 – 1000 mg/dl – passiv erworben
kritischer Grenzwert:	~ 400 mg/dl
6. Lebenswoche	
Serum IgG:	< 200 mg/dl
6. Lebensmonat	~ 600 – 800 mg/dl – aktiv gebildet

Der Effekt der selektiven Absorption besteht maximal über die ersten 15 Stunden p. n., insgesamt ist davon auszugehen, daß der Fohlendarm seine Fähigkeit dazu zur 24. Stunde p. n. verloren hat. Dieses Phänomen wird damit erklärt, daß zu diesem Zeitpunkt die Ablösung des Darmepithels des Neugeborenen durch eine reifere Intestinalzellpopulation erfolgt (*Jeffcott* 1974, *Thein* 1983, *Thein* und Mitarb. 1983, 1989).

Nach Abschluß dieser Phase sinken auch die Serumglobulinspiegel des Fohlens. Zum Zeitpunkt des Überganges vom Kolostrum zur reifen Milch sind die Lymphoidgewebe des Darms neugeborener, gesunder Fohlen in der Lage, auf Antigene zu reagieren.

Die physiologischen Gegebenheiten verdeutlichen, in welchem Maße ein Fohlen in den ersten Lebensstunden durch Verhinderung oder Verzögerung der optimalen Kolostrumaufnahme gefährdet werden kann. Die Fakten mit maßgeblichem Einfluß auf die Globulinabsorption sind in Tabelle

7.12 zusammengestellt. Im zu besprechenden Zusammenhang ist hierbei von besonderer Bedeutung, daß die parenterale Immunisierung der Stute (abgeschlossene Grundimmunisierung, Wiederholungsimpfung) im letzten Trimester eine Anreicherung spezifischer Immunglobuline des Typs IgG und IgM im Kolostrum zur Folge hat, ebenso wie die orale Immunisierung zur Ausscheidung von sIgA im Kolostrum führt, das dann dem Fohlen sofort zur Verfügung gestellt wird. Voraussetzung hierfür sind gesunde Stute und gesund geborenes Fohlen. Saugfohlen mit dem ätiologisch noch nicht eindeutig geklärten Phänomen der Malabsorption können die über das Kolostrum erhaltenen Globuline nicht im beschriebenen Sinne verarbeiten und sind damit nur ungenügend oder nicht vor Infektionskrankheiten geschützt.

Tabelle 7.12 Faktoren mit Einfluß auf die Absorption von kolostralem Globulin

1. Intestinalfunktion Fohlen	
2. Globulingehalt Kolostrum:	
absolut	Serumtiter (Impfung)
	Alter der Mutter
	Physiologie des Euters
relativ	Mengenverhältnis der Globulinklasse bestimmt Absorptionsrate
3. Säugezeitpunkt $\emptyset$ 3,8 Stunden p.n.	

Die Halbwertszeiten der Immunglobuline (Tabelle 7.13) und das zunehmende Plasmavolumen des wachsenden Fohlens bedingen, daß im Durchschnitt der Population im Bereich der 6. Lebenswoche die humoralen Titer der Fohlen unterhalb der schutzverleihenden Spiegel liegen. Ab der 3. Lebenswoche beginnen die Fohlen mit der eigenen, aktiven Antikörpersynthese. Je weniger passiv erworbene Antikörper vorhanden sind, umso früher beginnt die Synthese; hohe Spiegel maternaler Antikörper können diesen Zeitpunkt bis in den Bereich des 4. Lebensmonats verschieben (*Jeffcott* 1974, *Perryman* und Mitarb. 1980, *Thein* 1983). Der Aufbau dieser Immunabwehr ist frühestens in der Zeit des 6. bis 8. Lebensmonats, bei manchen Pferden auch erst Ende des 1. Lebensjahres soweit abgeschlossen, daß er quantitativ und qualitativ dem eines erwachsenen Pferdes vergleichbar ist. Generell verläuft diese Reaktion als Primärreaktion langsam und quantitativ schwach. Muttertierschutzimpfung, deren Absicht es ist, dem Fohlen möglichst hohe Quantitäten maternaler Antikörper zukommen zu lassen, verzögert den Beginn dieser Antikörpersynthese. Daher sollen Fohlen aus immunisierten Mutterstuten erst mit Ende ihres 5. Lebensmonats aktiv homolog immunisiert werden.

Tabelle 7.13 Globulingehalt des Kolostrums der Stute und Halbwertszeit von Immunglobulinen

Kolostrum $\emptyset$ mg/dl			
IgG			1 500 – 5 000
IgG (T)			500 – 2 500
IgG (B)			50 – 150
IgM			100 – 350
IgA			500 – 1 500

Bis maximal 24 Stunden p.n. selektive Absorption durch das Fohlen

Halbwertszeit (d)	IgG	IgG (I)	IgM	IgA
	23 (11)	20	5	6

Literatur

Eisenhauer, P. (1981): Methodisch vergleichender Nachweis von Immunglobulin G und M bei Mutterstuten und Fohlen mittels Nephelometrie und radialer Immundiffusion. Vet. Med. Diss., Hannover

Jeffcott, L. B. (1974): Studies on passive immunity in the foal. 1. γ-Globuline und antibody variations associated with the maternal transfer of immunity and the onset of active immunity. J. Comp. Path., *84*, 93 – 101

Jeffcott, L. B. (1974): Studies on passive immunity in the foal. 2. The absorption of 125 I-labelled PVP (Polyvinyl Pyrrolidone) by the neonatal intestine. J. comp. Path., *84*, 279 – 289

Perryman, L. E., T. C. McGuire, R. L. Torbeck (1980): Ontogeny of lymphocyte function in the equine foetus. Am. J. Vet. Res., *41*, 1197 – 1200

Samuel, C. A., W. R. Allen and *D. H. Steven* (1976): Studies on the equine placenta: III. Ultrastructure of the placental barrier. J. Repr. Fert., *48*, 257 – 264

Smith, K. L., L. A. Muir, L. C. Ferguson, H. R. Conrad (1971): Selective transport of IgG into the mammary gland: Role of oestrogen and progesterone. J. Dairy Sc., *54*, 1886 – 1894

Thein, P., (1983): Zur Mutterschutzimpfung beim Pferd. Tierärztl. Umsch., *38*, 783 – 790

Thein, P., G. Essich, W. Schulze-Hockenbeck (1983): Zur Ätiologie von Fohlenerkrankungen. Tierärztl. Umsch., *38*, 239 – 250

Thein, P., G. Essich, J. Grunmach und B. Abar, 1989: Grundlagen und Kontrolle des Immunstatus beim Saugfohlen. Prakt. Tierarzt, 70 (11), 15 – 28

Tizard, J. R. (1981): Einführung in die veterinärmedizinische Immunologie. Pareys Studientexte 30, P. Parey Verlag, Berlin und Hamburg

7.2 Spezieller Teil

7.2.1 Systemische Erkrankungen

Infektionen mit Equinen Herpesviren Typ 1 (EHV_1) und Typ 4 (EHV_4)
(Rhinopneumonitis, Stutenabort, Virusabort)

Begriff und Vorkommen

Die Infektionen mit Pferdeherpesviren sind als bodenständig zu betrachten, sie kommen vorwiegend in enzootischer Form vor, das heißt ihre Ausbreitung ist beschränkt auf Gestüte, Betriebe, Zuchtbestände, ohne daß es zu Seuchenzügen größeren Ausmaßes — wie etwa bei der Pferdeinfluenza — käme.

In Deutschland sind diese Infektionen unter Pferdebeständen aller Rassen heimisch. Eigenen serologischen Untersuchungen zufolge haben sich etwa 70 % der bundesdeutschen Pferde bis zum Ende ihres 3. Lebensjahres mit dem Erreger (EHV_1) auseinandergesetzt (*Thein* und *Härtl* 1976).

Ein hoher Prozentsatz der Pferde seucht ohne klinisch erkennbare Folgen durch, subklinische und latente Verlaufsformen mit zeitlich unbegrenzter Virusausscheidung wechseln sich ab.

Der natürliche Wirt für das Virus ist das Pferd. Die Tröpfcheninfektion infolge Ausscheidung des Virus mit Sekreten der Atemwege (Husten, Aerosol) und Aufnahme über den Respirationstrakt stellt die wichtigste Art der Weiterverbreitung der Erreger dar. Auf diese Weise verbreitet sich vor allem die respiratorische Verlaufsform namentlich in Absatzbeständen schnell und führt bei Tieren mit mangelnder Immunität zu Erkrankungen der Atemwege, deren Rate bis zu 100 % betragen kann. Die Verschleppung der Infektion über infizierte Vektoren ist namentlich nach Virusabort möglich, bei dem sehr große Erregermengen ausgeschieden werden. Als Reservoir und damit Virusausscheider ohne klinisch erkennbare Anzeichen der Infektion kommen latent infizierte Pferde in Betracht. Nach Aktivierung der latenten Infektion, z.B. infolge Streß, Arzneimittelabusus oder ähnlichem kann es zur Virusausscheidung kommen, in deren Folge die Ansteckung anderer Pferde des Bestandes möglich wird.

Die Infektion mit $EHV_{1/4}$ ist weltweit verbreitet. Von wirtschaftlicher Bedeutung im hier zu besprechenden Rahmen ist vor allem die Infektion des Fetus vorwiegend mit Vertretern von EHV_1 und der Folge des Virusabortes oder der Geburt lebensschwacher Fohlen. Mit ca. 11 % aller Aborte dominiert diese Infektion ätiologisch alle anderen erforschten Ursachen.

Ätiologie und Pathogenese

Die zur Diskussion stehenden Erreger sind klassische Vertreter der Herpesviridae, Unterfamilie Alpha-Herpesviren.

Wegen der praktischen Bedeutung für die Weiterverbreitung der Infektion in befallenen Pferdebeständen sei darauf hingewiesen, daß diese Viren im Temperaturbereich von $+20\,°C$ bis $+40\,°C$ im Freien über mehrere Tage ansteckungstüchtig überleben. An Oberflächen angetrocknet — wie Stallwänden, Einstreu, Putzzeug — erhalten sie diese Fähigkeit bei Ausschluß direkter UV-Strahlung bis zu 48 Tagen. Im Temperaturbereich von $+4\,°C$ ist Infektiosität bis zu 7 Monaten nachweisbar.

Die Unterteilung der Rhinopneumonitisvirusstämme war in der Vergangenheit pragmatisch aufgrund der Manifestation am Respirations- oder Genitaltrakt mit der Folge der respiratorischen Erkrankung oder des Abortes gefordert worden (*Burrows* und *Goodridge* 1973, *Borgen* und *Ludwig* 1974, *Patel* und Mitarb. 1982). Inzwischen gelang es, über Restriktionsenzymanalyse nachzuweisen, daß diese Stämme sich auch hinsichtlich ihrer DNS-Sequenz unterscheiden (*Allen* und *Turtinen* 1982, *Chowdhury* und Mitarb. 1986, *Studdert* 1983, *Studdert* und *Blackney* 1979, *Studdert* und Mitarb. 1981, *Thein* und Mitarb. 1987).

Einem Vorschlag von *Allen* und *Turtinen* (1982) folgend, treffen wir die Unterteilung in EHV_1 („Abortstämme") und EHV_4 („respiratorische" Stämme). Von *Allen* und Mitarb. (1985) wird berichtet, daß sich auch die Abortstämme als EHV_1-Repräsentanten aufgrund ihrer DNS-Sequenz noch einmal unterteilen lassen. Zur Nomenklatur und biologischen Zuordnung (Krankheitsformen) wird in Zukunft noch manche Änderung erwartet.

In der Neonatologie steht die Infektion des trächtigen Uterus vorwiegend mit Vertretern von EHV_1 an erster Stelle. Diese sogenannte Abortform ist insgesamt seltener als die Infektion der Atemwege mit Vertretern von EHV_4 und EHV_1.

Vom pathogenetischen Zusammenhang her ist es möglich, daß die Abortform als Folge der respiratorischen Form entsteht. Beide Verlaufsformen sind somit lediglich Ausdruck der unterschiedlichen Manifestationsmöglichkeiten des Virus. Die Abortform tritt im letzten Drittel der Trächtigkeit auf, die meisten der in der Bundesrepublik Deutschland registrierten Fälle erfolgen zwischen 8. und 10. Trächtigkeitsmonat. Der Zeitpunkt von der primären Infektion der Stute bis zum Abort ist außerordentlich variabel, so daß generell von „Inkubationszeiten" zwischen 4 Wochen und 4 Monaten ausgegangen werden kann. Begleitfaktoren, wie Immunitäts- und Resistenzlage der Stute, ihr Hormonstatus, Infektionsdruck von außen — zusammengefaßt als endogene und exogene Stressoren — beeinflussen wahrscheinlich diesen Verlauf. Nach Infektion der Stute mit EHV_1 — dem klassischen Aborterreger unter den Pferdeherpesviren —, nicht jedoch mit EHV_4, kommt es zur Infektion der Monozyten (*Bridges* und *Edington* 1987, *Thein* und *Brown* 1988). Man nimmt heute an, daß erst diese Infektion mit der darauf folgenden gestörten Monozytenfunktion und Abwehr die Invasion des Fetus, das heißt das Überwinden der feto-maternalen Gewebeschranke erlaubt.

Im immunologisch ungeschützten Fetus kommt es zur ungehemmten Virusvermehrung, die letztlich Tod und Ausstoßen der Frucht bedingt. Gänzlich ungeklärt ist derzeit noch die Möglichkeit, daß über eine Aktivierung der latent verlaufenden EHV-Infektion (Streß, hormonelle Faktoren in der Trächtigkeit, medikamentelle Immunsuppression) mit massiver Virusreplikation die Invasion des Uterus erfolgt. Dieses dann nur individuell auftretende Ereignis kann nicht mit Inkubationszeiten gemessen werden, die somit nur als relativ gültig anzusehen sind.

Klinik

Die Frucht wird in der Regel mitsamt den Fruchthüllen in frischem Zustand abortiert. Erfolgt die Infektion des Fetus zu einem sehr späten Zeitpunkt der Trächtigkeit, so kann es zur Geburt lebender, infizierter Fohlen kommen. Diese Fohlen zeigen die allgemein als Lebensschwäche bezeichneten Symptome: Saugunfähigkeit, Stehunvermögen, allgemeine Körperschwäche, Anzeichen einer Atemwegserkrankung. Diese Fohlen sterben meist innerhalb der ersten 3 Lebenstage, in Ausnahmefällen können sie unter intensiver tierärztlicher Versorgung bis zu 14 Tage überleben.

Die zweite Verlaufsform, die nach Infektion mit EHV_1 oder EHV_4 beobachtet wird, ist die Infektion der Atemwege. Es wurde früher angenommen, daß von dieser Infektion und ihren klinischen Folgen häufig auch Saugfohlen betroffen sein können. Dies ist jedoch seltener der Fall als bisher vermutet. Auf der Basis von Virusisolation und Virustypisierung sind in der neonatalen Phase Infektionen mit Vertretern des EHV_2 (s. Kapitel 7.2.2 Infektion mit EHV_2) deutlich häufiger als solche mit EHV_1 oder EHV_4.

Letztgenannte Infektionen werden in der Regel erst nach Abbau der Kolostralimmunität gehäuft beim Fohlen sichtbar und verursachen dann die klinischen Probleme zum Zeitpunkt des Absetzens von der Mutterstute (um den 150. Lebenstag).

Dennoch seien klinisches Bild und Pathogenese auch der Atemwegserkrankungen nach $EHV_{1/4}$ Infektion der Vollständigkeit halber hier vorgestellt.

Die Infektion der Atemwege beginnt nach Aufnahme des Virus und Inkubationszeiten von 2 bis 10 Tagen mit einem Anstieg der Körpertemperatur bis max. 39,5°C. Diese Temperaturen können über 1 bis 7 Tage gemessen werden und sind in der Regel begleitet von Mattigkeit, Fressunlust und herabgesetztem Reaktionsvermögen der betroffenen Pferde. Fieber über diese Werte hinaus muß als Ausdruck einer bakteriellen Folge- oder Begleitinfektion angesehen werden, die häufig mit der Rhinopneumonitisvirusinfektion vergesellschaftet ist. Anzeichen von seiten der Atemwege äußern sich parallel zum Fieber oder kurz danach in Absonderung eines zunächst noch klaren Nasensekretes (Rhinitis) und flachem, feuchtem Husten aus dem oberen Respirationstrakt als Hinweis auf die stattgehabte Kehlkopf-Rachen-Entzündung (Laryngitis/Pharyngitis). Eine Entzündung der Augenschleimhaut (Konjunctivitis) kann parallel dazu auftreten. Unter Umständen kann diese Phase der Erkrankung begleitet sein von Umfangsvermehrung und Druckschmerzhaftigkeit der Kehlgangslymphknoten. Insgesamt kann die klinische Symptomatik dieser Verlaufsform als Katarrh der oberen Atemwege bezeichnet werden (Abb. 7.3 s. Farbtafel 4).

Die reine Form der EHV_1-Infektion der oberen Atemwege verläuft bei Pferden unter guten stallhygienischen Haltungsbedingungen mild. Rhinitis, Pharyngitis/Laryngitis, Husten sind im allgemeinen in einem Zeitraum von 8 bis 14 Tagen abgeklungen und die Pferde sind danach wieder beschwerdefrei.

Die Infektion kann allerdings in dem Moment, wo der Erreger das Gewebe der Bronchien der Lunge erreicht, im Zeitraum bis zu einer Woche danach auch zur Entwicklung einer Bronchitis führen. In diesen Fällen erscheint eine neue Fieberzacke, der Husten ändert seine Qualität, er wird trockener und hohler. Bei den betroffenen Pferden ergibt die Lungenauskultation verschärft vesikuläres Atemgeräusch. Diese Erscheinungen an den unteren Atemwegen müssen nicht notwendigerweise mit solchen an den oberen Atemwegen gekoppelt sein oder diesen folgen, sie können auch unabhängig auftreten. Folgezustände der Virusinfektion, unabhängig davon, ob sie sich nun primär an den oberen oder unteren Atemwegen abspielt, sind sehr häufig (50–100 %) Bakterieninfektionen, insbesondere durch Streptokokken. Diese Sekundärinfektionen sorgen — vor allem bei Pferden, die unter nicht optimalen stall- und leistungshygienischen Verhältnissen existieren müssen oder die nach der Virusinfektion nicht entsprechend geschont wurden — für eine Komplizierung des Krankheitsverlaufes, an dessen Ende chronische Lungenerkrankungen oder Veränderungen an den oberen Atemwegen bestehen bleiben können (*Petzoldt* 1967, *Thein* 1974, *Thein* 1978).

Pathologischer Befund

Spezifische Veränderungen nach dem Virusabort sind bei der Stute nicht zu verzeichnen, das gleiche gilt für die Fruchthüllen. Die augenscheinlichsten Veränderungen am abortierten Fohlen bestehen in erster Linie in Gelbfärbung des Bindegewebes und der Hufe, möglichen Punktblutungen in der Schleimhaut von Maulhöhle und Nüstern und insbesondere in einer Ansammlung bernsteinfarbener Flüssigkeit in Brust- und Bauchhöhle sowie dem Herzbeutel. Häufig geben Leberschwellungen mit dunkelrotbrauner Verfärbung infolge starker Blutfülle und stippchenförmig verteilte, feine, leicht gelblich verfärbte Nekroseherde auf der Oberfläche dieses Organs einen ersten sichtbaren Hinweis auf die Rhinopneumonitisvirusursache des beobachteten Abortfalles. Ähnliche makroskopisch erkennbare Veränderungen können an der Milz verzeichnet werden; Blutungen können an Schleimhäuten innerer Organe auftreten. Derartige Veränderungen können an der frisch abortierten Frucht registriert werden, müssen es aber nicht. Häufig werden sie durch Zersetzungsprozesse überlagert. Zur Diagnose ist daher die weiterführende Untersuchung spezieller Organe der abortierten Frucht mit dem Ziel des Virusnachweises und die histologische Organuntersuchung erforderlich. Hierbei sind vor allem unterschiedliche Schweregrade embryonaler Bronchitis auffallend.

Die Infektion der Atemwege hinterläßt die morphologischen Veränderungen, die allgemein gültig sind für Virusinfektionen der Atemwege: Entzündung, Kongestion, Erosion an Schleimhäuten der oberen Atemwege, Proliferation, Hyperplasie des Lymphgewebes. In Fällen mit Lungenbeteiligung können fibrinöse Infiltration des interstitiellen Gewebes, Organisation und Fibrose, Atelektase, Ödem oder auch Emphysem hinzukommen. An entsprechend aufbereiteten Geweben kann über Immunfluoreszens die Präsenz des Virusantigens nachgewiesen werden, in der histologischen Untersuchung (*Petzoldt* 1967, *Prickett* 1970, *Thein* 1974) herpesvirusspezifische Kerneinschlußkörper.

Immunität

Im Ablauf der natürlich vorkommenden EHV_1 Infektion kommt es im Pferd zur Ausbildung einer humoralen und zellulären Immunantwort. Insgesamt kann davon ausgegangen werden, daß die Serumantikörper (IgG, virusneutralisierend) allein keine belastbare Immunität bedingen, sondern daß für deren Aufbau — wie bei Herpesvirusinfektionen allgemein — die zellvermittelte Immunität über antigengeprägte T-Lymphozyten notwendig ist. Es ist gerade in Fällen von Virusabort immer wieder zu beobachten, daß auch hohe Titer von Serumantikörpern keinen Schutz vor Neuinfektion oder Abort bedingen, und es ist bekannt, daß Stuten unter natürlichen Bedingungen trotz nachweisbarer Antikörper in aufeinanderfolgenden Trächtigkeiten virusspezifisch verfohlen können. Wahrscheinlich kommt es erst infolge wiederholter Infektionen zum Aufbau einer belastbaren Immunität, die somit vor allem älteren Pferden eigen ist. Dazu kommt, daß speziell die respiratorische Verlaufsform häufig nur zu mangelhafter Antikörperbildung führt, deren Ursache vor allem auch in der mangelnden Immunogenität des Virus zu suchen ist. Somit können vor allem Fohlen wiederholt an einer Infektion mit EHV erkranken. Nach Infektion innerhalb des ersten Lebensjahres sind Antikörper binnen zwei Wochen nach der Infektion (p. i.) im Serum nachweisbar. Sie erreichen etwa zur vierten Woche p. i. ihren Höhepunkt und bleiben in gleichbleibender Menge bis etwa zum 5. bis 6. Monat p. i. vorhanden. Danach erfolgt rascher Abbau.

Die Mutterstute scheidet im Kolostrum Antikörper in etwa der Menge aus, wie sie in ihrem Serum zum Zeitpunkt kurz vor der Geburt vorhanden sind. Innerhalb der ersten 16 Lebensstunden muß das neugeborene Fohlen diese Antikörper über eine optimale Kolostrumversorgung erhalten, da nach diesem Zeitpunkt der Übergang zur Milch ohne Antikörper erfolgt und das Fohlen dann auch nicht mehr in der Lage ist, die Antikörper über den Darm aufzunehmen. Vier Stunden nach dem ersten Saugakt sind im Fohlenserum Antikörper in der Höhe, wie sie im Kolostrum abgegeben werden, nachweisbar. Diese passiv erworbenen Antikörper stellen die Grundlage der Kolostralimmunität dar. Im Durchschnitt der Fohlenpopulation sind diese Antikörper bis zum Bereich der 6. Lebenswoche wieder annähernd abgebaut. Ab diesem Zeitpunkt beginnt der Aufbau der aktiven Immunität infolge der Auseinandersetzung mit den in der Umwelt des Fohlens vorhandenen Erregern. Dieser Vorgang ist nicht vor dem 6. bis 8. Lebensmonat abgeschlossen. Antikörpertiter des Fohlens können die klinische Ausprägung eintretender EHV-Infektion lediglich abschwächen, sie aber nicht gänzlich unterbinden. Hinsichtlich der Immunzellreaktion nach $EHV_{1/4}$-Infektion weiß man, daß manche Pferde die Infektion lediglich mit der Bildung von Serumantikörpern beantworten, oder es nur zu kurzzeitiger Reaktion seitens der Immunzellen kommt. Zwischen beiden Immunmechanismen besteht keine Korrelation. Es ist noch nicht möglich, von der zellulären Reaktion, die im Labor nachweisbar ist, auf die Rolle innerhalb der Pathogenese/Immunitätsgrad der EHV-Infektion zu schließen (*Gerber* und Mitarb. 1977, *Kendrick* und *Stevenson* 1979).

Diagnose, Differentialdiagnose

Aufgrund der klinischen Symptome ist lediglich die Verdachtsdiagnose EHV-Infektion möglich; Absicherung durch direkten oder indirekten Erregernachweis in Verbindung mit dem von Fall zu Fall möglichen Nachweis spezifischer Organveränderungen (Histologie) ist daher unumgänglich.

Die hier vor allem interessierende Form der Infektion des Fetus mit der Folge der Geburt eines „lebensschwachen" Fohlens kann klinisch nicht ohne weiteres von anderen Noxen mit ähnlicher Symptomatik abgegrenzt werden. Zu denken ist an neonatale Septikämie infolge intrauteriner bakterieller Infektionen. Die hierbei jedoch häufig anzutreffenden entzündlichen Prozesse mit unterschiedlicher Lokalisation (Arthritis, Osteomyelitis, Pneumonie, Abszeßbildung) fehlen naturgemäß bei der EHV_1-Infektion.

Des weiteren kann differentialdiagnostisch die Infektiöse Anämie in Frage kommen. Auch hier ist Ausschluß nur über entsprechende Labordiagnostik möglich. Darüber hinaus seien zu nennen alle Formen des neonatalen Fehlanpassungssyndroms.

An Gewebeproben, speziell von Leber, Lunge, Milz und abortierter Frucht oder des gestorbenen Neugeborenen sowie Nachgeburtsteilen, kann das Virusantigen durch Bindung an spezifisches Antiserum mit Hilfe der Immunofluoreszens nachgewiesen werden. Dieser indirekte Erregernachweis hat gegenüber der außerordentlich zeitaufwendigen Anzucht des Materials in der Gewebekultur und dem direkten Virusnachweis den großen Vorteil, daß er innerhalb weniger Stunden präzise Ergebnisse liefert. Ein isolierter Erreger sollte heutzutage über Restriktionsenzymanalyse typisiert werden (Abgrenzung EHV_1 von EHV_4).

Zur Untermauerung eines Virusbefundes kann vom entsprechenden Patienten generell zusätzlich der serologische Befund erhoben werden. Die Serologie bleibt im Falle der in utero stattgehabten Infektion mit der Folge der Geburt eines lebensschwachen Fohlens allerdings ohne Beweiskraft. Zum einen können im Fohlen die über das Kolostrum erworbenen Antikörper nicht von aktiv gebildeten, eigenen unterschieden werden, zum anderen bleibt das kranke, saugunfähige Fohlen in der Regel ohne spezifische Virusantikörper, obwohl es an der homologen Infektion erkrankt ist. Im Falle des EHV-Abortes bringt die individuelle Serodiagnostik an der Stute keine wirklich verwertbaren Resultate.

In den hier besprochenen Fällen ist es sinnvoll, über die serologische Untersuchung aller Pferde des betroffenen Bestandes wenigstens Aussagen über das Infektionsgeschehen zu erhalten. Hierzu sollte man zumindest zwei Serumproben einer repräsentativen Anzahl von Pferden aller Altersklassen im Bestand im Abstand von 2 bis 4 Wochen untersuchen lassen, um aus der Titerbewegung zumindest Rückschlüsse auf eine eventuell vorhandene Bestandsinfektion ziehen zu können. Aktivierte latente Infektionen, in deren Folge es auch zur Serokonversion kommt, können die Interpretation der erhobenen Serumbefunde erschweren.

Bekämpfung

Eine staatliche Maßregelung der Rhinopneumonititsvirusinfektion (EHV_1, EHV_4) und deren klinischer Folgen existiert ebenso wenig wie die Möglichkeit einer kausalen Therapie. Die Bekämpfung der Infektion beruht somit auf seuchenhygienischen Maßnahmen in Verbindung mit Schutzimpfungsprogrammen. Traditionell sind existente Bekämpfungsverfahren auf der alleinigen Grundlage Virusabort und der Infektion mit EHV_1 aufgebaut.

Das Konzept dieser Maßnahmen basiert darauf zu verhindern, daß Impfbestände oder noch virusabortfreie Bestände durch unkontrolliertes Einstellen ungeimpfter, möglicherweise virustragender und virusausscheidender Pferde angesteckt werden. Dieses Programm wurde zu einem Zeitpunkt konzipiert, zu dem noch keine Klarheit darüber bestand, daß es sich bei der EHV-Infektion um eine Infektion mit Viruspersistenz handelt, innerhalb derer auch von augenscheinlich gesunden und geimpften Pferden bei endogener Aktivierung der Infektion mit Virusausscheidung gerechnet werden muß und daß sich unter dem Begriff „Rhinopneumonitisinfektion" die Infektionen mit zwei unterschiedlichen equinen Herpesviren verbergen.

Generell gelten im Umgang mit abortierten Fohlen und Nachgeburtsteilen noch vor der Virusdiagnose die Schutzmaßnahmen, die für den Fall des festgestellten und abgesicherten Falles Gültigkeit haben. Diese sind derzeit:

1. Umgehende unschädliche Beseitigung von Lochialsekreten und Nachgeburtsteilen.
2. Verbringen der uneröffneten Frucht unter entsprechenden Vorsichtsmaßnahmen hinsichtlich Keimverschleppung zum nächst gelegenen Untersuchungsinstitut zur Erstellung der Diagnose.
3. Gründliche Desinfektion des gesamten Zuchtstalles mit tatsächlich wirksamen Oberflächendesinfektionsmitteln (entsprechend Desinfektionsmitteltabelle der DLG).
4. Peinlichste Personenhygiene des mit Haltung und Wartung der Zuchtpferde beauftragten Personenkreises.
5. Überführung eines noch nicht geimpften Bestandes in ein Rhinopneumonitisschutzimpfprogramm.

Die respiratorische Verlaufsform der EHV_4-Infektion wird ebenso wie die ZNS-Form von allen Hygienemaßnahmen nur insofern mit erreicht, als diese generell zu einer Verringerung der Virusmengen im Bestand führen können.

Schutzimpfung

Ohne begleitendes Impfprogramm werden die Hygienemaßnahmen nicht den möglichen Erfolg im Sinne der Reduktion der Virusquantitäten in den Beständen haben. In Deutschland sind derzeit Impfstoffe auf der Basis von Lebendvirus (attenuiert) und inaktiviertem Virus (monovalent sowie auch funktionell-synergistische Kombinationsvakzine) im Handel.

Ein Impfprogramm, unabhängig von der Art des eingesetzten Impfstoffes, zur Bekämpfung der EHV-Infektion mit ihrer enzootischen Verbreitung, zahlreichen klinisch inapparenten Verlaufsformen und der latenten, jedoch aktivierbaren Form, hat davon auszugehen, daß ein Schutz vor klinisch manifester Infektion nur über eine belastbare Populationsimmunität angestrebt werden kann. Somit sind zu Beginn einer Impfung sämtliche Einhufer eines Bestandes in ein Impfprogramm einzubeziehen. Die für den jeweiligen Impfstoff angegebenen Impftermine, speziell bezüglich der Wiederholungsimpfungen, sind als verbindlich anzusehen. Es muß hier klar festgestellt werden, daß alle derzeit im Handel befindlichen EHV-Impfstoffe nur den Typ 1 des Virus enthalten („Rhinopneumonitis") und nicht auch den Typ 4, der vor allem für respiratorische Verlaufsformen, jedoch auch für Aborte verantwortlich zu machen ist. EHV_4 verhält sich pathogenetisch anders als EHV_1 und muß in naher Zukunft — gerade für die Fohlenpräventive — in die Impfstoffe inkorporiert werden.

Literatur

Allen, G. P., L. W. Turtinen (1982): Assessment of the base homology between the two subtypes of equine herpesvirus 1. J. Virol., *44*, 249

Allen, G. P., M. R. Yeargan, L. W. Turtinen (1985): A new field strain of equine herpesvirus 1. Am. J. Vet. Res., *46*, 138

Borgen, H. C., H. Ludwig (1974): Equine herpesvirus 1: Biological and biophysical comparison of two viruses from different clinical studies. Intervirology, *4*, 189

Brigdes, C. G., N. Edington (1986): Innate immunity during Equid Herpesvirus 1 (EHV-1) infection. Clin. exp. Immunol., *65*, 172—181

Burrwos, R., D. Goodridge (1973): In vivo and in vitro studies of equine rhinopneumonitis strains. In: „Proc. 3rd Int. Conf. on Equine infectious diseases". Bryans, J. T., Gerber, H., Eds., Karger, Basel, 306—321

Chowdhury, S. J., W. Hammerschmidt, H. Ludwig, P. Thein, H. J. Buhk (1986): Rapid method for the identification and screening of herpesviruses by DNA fingerprinting combined with blot hybridization. J. Virol. Meth., *14*, 285—291

Gerber, J. D., A. E. Marpon, E. P. Bass, W. H. Beckenhauer (1977): Effect of age and pregnancy on the antibody and cell-mediated immune response of horses to equine herpesvirus 1. Can. J. Comp. Med., *41*, 471

Kendrick, J. W., W. Stevenson (1979): Immunity of equine herpesvirus 1 infection in foals during the first year of life. J. Reprod. Fert., *27*, Suppl., 615

Patel, J. R., N. Edington, J. A. Mumford (1982): Variation in cellular tropism between isolates of equine herpesvirus 1 in foals. Arch. Virol. 74, 41

Petzoldt, K. (1967): Equine Herpesvirus Infektionen. VEB, Gustav Fischer Verlag, Jena

Prickett, M. E. (1970): The pathology of disease caused by equine herpesvirus 1. In: „Proc. 2nd Int. Conf. on Equine infectious diseases". Bryans, J. T., Gerber, H., Eds., Karger, Basel 24–33

Studdert, M. J. (1983): Restriction endonuclease DNA fingerprinting of respiratory, foetal and perinatal foal isolates of equine herpesvirus types 1. Arch. Virol., *77*, 249

Studdert, M. J., M. H. Blackney (1979): Equine herpesviruses: On the differentation of respiratory from foetal strains of type 1. Aust. Vet. J., *55*, 488

Studdert, M. J., T. Simpson, B. Roitzman (1981): Differentation of respiratory and abortigenic isolates of equine herpesvirus 1 by restriction endonucleases. Science, *214*, 562

Thein, P. (1974): Herpesvirus bedingte Infektionen des Respirationstraktes beim Pferd. Soc. Ital. Sc. Vet., Vol. XXVIII, 50–55

Thein, P. (1978): Virusinfektionen der Atemwege des Pferdes und Möglichkeiten ihrer Bekämpfung. Prakt. Tierarzt, *59*, 733–740

Thein, P., G. Härtl (1976): Untersuchungen zur Virusätiologie respiratorischer Erkrankungen des Pferdes. Prakt. Tierarzt 57, Colleg. Vet., 24–29

Thein, P., K. K. Brown (1988): Infektion mit equinen Herpesviren und Manifestation am Zentralnervensystem beim Pferd. Tierärztl. Praxis, 16, 295–302

Thein, P., H. Ludwig, H. Meyer (1987): Beitrag zur molekularen Epizootologie equiner Herpesviren. Tierärztl. Umsch., *42*, 23–27

Infektiöse Anämie, ansteckende Blutarmut, Sumpffieber des Pferdes
(Equine Infectious Anemia ›EIA‹)

Bedeutung und Vorkommen

Die Infektiöse Anämie (EIA) ist weltweit verbreitet, in der Bundesrepublik Deutschland sind hiervon besonders die Länder Baden-Württemberg, Bayern, Hessen und Niedersachsen betroffen. Jährlich sind in den letzten Jahren ca. 1 bis 2 Ausbrüche dieser bei uns angezeigepflichtigen Seuche gemeldet worden (*Thein* 1982, *Thein* 1984).

Für das neugeborene Fohlen stellt diese Infektionskrankheit insofern eine Besonderheit dar, da es sowohl in utero infiziert, als auch über das Kolostrum angesteckt werden kann, und es mit der derzeit üblichen Diagnostik nicht sicher gelingt, die erregerpositive Stute zu erkennen und von der Zucht auszuschließen.

Die generellen Daten zur Epizootologie und Klinik dieser Infektionskrankheit, die vor allem bei adulten Pferden Gültigkeit haben, seien im folgenden hier summarisch beschrieben, um dann dem Anliegen des Buches entsprechend, auf die Möglichkeit der Infektion des Saugfohlens und die Folgen dieser Infektion einzugehen.

Ätiologie und Pathogenese

Der Erreger ist ein Retrovirus (Lentivirus), das in verschiedenen Serotypen vorliegt und beim Pferd zu lebenslanger Persistenz mit Ausscheidung und Aktivierung führen kann.

Das Virus verhält sich trotz seiner pH- und Lipidlösungsmittelsensitivität relativ stabil gegenüber Umwelteinflüssen. In angetrocknetem Blut zum Beispiel kann seine Infektiösität bis zu 7 Monaten erhalten bleiben, bei Temperaturen von $-4\,°C$ ist es in Trägerproteinen (Blut, Gewebe) bis zu 5 Jahren haltbar.

Das Virus der EIA als typisches Retrovirus persistiert in Zellen des einmal befallenen Organismus meist lebenslang. Das solcherart persistent infizierte Pferd scheidet den Erreger mit allen Sekreten und Exkreten aus; die Übertragung des Erregers geschieht analog über Blut, Harn, Kot, Speichel, Exkrete, Sekrete der Atemwege, Samen, Kolostrum und Milch sowie intrauterin. Vor allem das während der Fieberphase virämische Pferd gibt blutsaugenden Insekten die Möglichkeit, im Sinne von Biovektoren die Krankheit von Pferd zu Pferd zu übertragen. Vor allem die Pferdebremse, Moskitos und noch nicht weiter definierte Arthropodenarten kommen für diese Art der Übertragung in Betracht. Besonders in Feuchtgebieten, dem bevorzugten Lebensbereich vieler Arthropodenspezies, die als Vektoren in Betracht kommen, ist die Krankheit heimisch (Sumpffieber) und tritt besonders hier den biologischen Rhythmen der Überträgerpopulationen entsprechend als Saisonkrankheit auf. Spätsommer und Frühherbst – die Schwärmzeiten vieler Insekten – bilden dann die saisonalen Spitzen der Erkrankung.

Daneben kann die Infektion über den Deckakt weitergegeben werden, über die Aufnahme virushaltiger Nahrung, Tränke, quasi über alle Schleimhäute des Atmungs- und Verdauungstraktes — sowie über die verletzte Haut. Der iatrogenen Übertragung durch bluthaltiges Instrumentarium (Kanülen) kommt ebenfalls gewisse Bedeutung zu.

Nach der einmal stattgehabten Infektion kann das Pferd akut erkranken und sterben oder aber zum chronischen Virusträger werden, der das klassische Reservoir für die Infektion stellt. Eine Einschleppung in freie Bestände geschieht vorwiegend durch zugekaufte, virustragende Pferde, nicht selten jedoch auch iatrogen.

Klinisches Bild

Nach Inkubationszeiten von 1 Woche bis 3 Monaten kann es zu den für die EIA typischen Krankheitszeichen kommen, die geprägt sind von der Vermehrung des Erregers in Parenchymen und Gefäßsystem mit den pathognomischen intermittierenden Fieberphasen. Innerhalb dieser *akuten Verlaufsform,* die innerhalb von Stunden bis Tagen zum Tode führen kann, sind vor allem rascher Konditions- und Gewichtsverlust, Teilnahmslosigkeit, Somnolenz, Schwäche — vor allem durch schwankenden Gang und Liegen ausgewiesen — gestaute oder ikterische Schleimhäute, petechiale Blutungen (Konjunktiven, Zungengrund), Senkungsödeme an Rumpf und Gliedmaßen, gelegentlich enzephalitische Zustände, Koliksymptome, Anzeichen einer Nierenerkrankung, Kreislauf-Herzschwäche zu diagnostizieren. Die Hämatologie ergibt Anämie sowie die Anwesenheit von Sideroleukozyten (pathognomonisch). Nach einem solchen Anfall können die Patienten sterben oder aber kurzzeitige Erholung über etwa 1 bis mehrere Wochen zeigen. Danach können sich die Zustände in ausgeprägter oder abgeschwächter Form in unregelmäßigen Abständen wiederholen.

Bei der *chronischen Verlaufsform* sind die geschilderten Symptome initial schwächer ausgeprägt zu diagnostizieren, darauf folgen fieberfreie Intervalle über große Zeiträume. Mit zunehmender Dauer der Erkrankung kann es bei diesen Virusträgern zu Konditionsverlust und Krankheit infolge der Anämie und Hypogammaglobulinämie kommen. Die chronische Verlaufsform kann durch Reaktivierung (Streß, Immunsuppression) in die akute zurückgeführt werden; diese Patienten können dann akut sterben, ohne daß es noch zur Diagnose der EIA-typischen Symptome gekommen wäre. Akute Verblutungen bei diesen Verlaufsformen sind beschrieben (*Tashjian* 1984, *Tashjian* 1985).

Infektion des Fohlens

Die chronisch infizierte Stute kann ihr Fohlen sowohl intrauterin (*Kemen* und *Coggins* 1972, *Tashjian* 1984) als auch neonatal über Kolostrum und Milch infizieren. Nach intrauteriner Infektion sind Aborte im Bereich des 8. und 9. Trächtigkeitsmonates oder Geburt eines schwachen, infizierten Fohlens beschrieben. Die lebend geborenen Fohlen sind nur über Stunden lebensfähig. Eine häufig beobachtete und experimentell in Langzeitversuchen einer EIA-verseuchten Pferdepopulation experimentell reproduzierte Infektionsmöglichkeit stellt die Kolostral- oder Milchinfektion dar (*Tashjian* 1984).

Dies betrifft sowohl die klinisch inapparent, also gesund erscheinende, chronisch infizierte Stute als auch die Stute mit den klinischen Anzeichen einer EIA. Allerdings ist ebenfalls bewiesen, daß nicht jede chronisch infizierte Stute auch ausscheidet. Die Erfassung der virusausscheidenden Stuten ist schwierig, da der üblicherweise diagnostisch eingesetzte Immunodiffusionstest (Antikörpernachweis) keine verläßlichen Resultate bezüglich des Antigennachweises in Kolostrum/Milch liefert.

Mit der Aufnahme der virushaltigen Milchdrüsenexkrete kann sich das Fohlen mit dem ersten Saugakt über den Gastrointestinaltrakt infizieren. Dazu bedarf es keiner Schleimhautläsionen, da der Erreger wohl über die neonatal unbegrenzte Darmpermeabilität eingeschleust werden kann. Speziell das Saugfohlen ist EIA empfänglich, da es der Infektion keine ausreichende spezifische Abwehr entgegensetzen kann. Solcher Art infizierte Fohlen, die seronegativ geboren werden, können infolge der Aufnahme des Virus via Kolostrum und Milch ab der 1. Lebenswoche auch seropositiv werden, was sich mit Hilfe des Immunodiffusionstestes nachweisen läßt.

Die Zeit, innerhalb der die Fohlen dann erkranken, liegt zwischen 6 Wochen und 4 Monaten (*Kemen* und *Coggins* 1972, *Tashjian* 1984); der Tod erfolgt in der Regel eine Woche nach Auftreten der ersten klinischen Symptome. Diese bestehen bei Fohlen im spontanen Anstieg der Körpertemperatur ($> 40\,°C$), dem intermittierendes Fieber folgen kann. Die Fohlen sind teilnahmslos, anorektisch, liegen und sind nach kurzer Zeit nicht mehr in der Lage aufzustehen. Ödeme an Rumpf und Gliedmaßen sind beschrieben.

Pathologischer Befund

Die pathologisch-anatomischen Veränderungen, die post mortem beim EIA-Fohlen diagnostiziert werden können, bestehen in interstitieller Hepatitis, Hepatomegalie, Splenomegalie, Glomerulonephritis, Myocarditis, subendocardialen Hämorrhagien, ischämischer Kardiomyozytolyse, aktiver Erythropoese des Knochenmarkes, gelegentlich Aszites.

Zusammenfassend lassen sich zum Wesen der EIA mit Bezug zur Infektion des Fohlens folgende Aussagen treffen:

1. Das asymptomatisch, chronisch infizierte Pferd kann z. B. durch die Trächtigkeit in die subakute oder akute Form konvertieren. Es existieren keine zeitlichen Parameter zwischen diesen Ereignissen. Ebenso kann nicht davon ausgegangen werden, daß das wie immer EIA-infizierte und erkrankte Pferd nicht jederzeit in eine andere Form der Erkrankung mit Ausscheidung und Ansteckung konvertieren kann.
2. Das Fohlen kann Kolostralantikörper über das Kolostrum der infizierten Stute erhalten, die bis zu etwa einem Jahr persistieren können. Nimmt es aber gleichzeitig mit diesem auch den Erreger auf, so kommt es trotz dieser Antikörper zur klinisch manifesten EIA mit Todesfolge.
3. Auch die asymptomatisch EIA-erkrankte Stute kann das Virus an das Saugfohlen abgeben.
4. Der asymptomatisch EIA-erkrankte Hengst kann das Virus über seinen Samen an die Stute weitergeben.
5. Ein positiver Immunodiffusionstest (Antikörpernachweis) ist der Hinweis auf die präsente persistierende Infektion mit der Möglichkeit der Konversion von der chronischen zur subakuten oder akuten Verlaufsform.

Immunreaktion

Wie schon angeführt, kommen im infizierten Pferd Virus und Antikörper gleichzeitig vor. Es werden virusneutralisierende, komplementbindende und präzipitierende Serumantikörper gebildet. Etwa zwei Wochen p. i. reagiert das Pferd mit der Bildung komplementbindender Antikörper, die bis zu 2 Monaten nachweisbar bleiben und die ebenso wie die präzipitierenden Antikörper Serotyp-übergeordnet mit dem gruppenspezifischen Antigen reagieren. Die präzipitierenden Antikörper persistieren nach ihrer Bildung im zeitlichen Zusammenhang mit der ersten Fieberphase über Jahre (*Rolle* und *Mayr* 1978). Die virusneutralisierenden Antikörper dagegen lassen sich erst etwa 4 Wochen nach Erstinfektion nachweisen und persistieren über einige Monate. Virus und Antikörper können Immunkomplexe bilden, die zur Glomerulonephritis führen können, wie der gesamte klinische Verlauf der EIA von immunpathologischen Abläufen bestimmt zu sein scheint. Auch die Erythrolyse, das Hauptsymptom der Krankheit, ist immunpathogener Herkunft, da die Erythrozyten des EIA-infizierten Pferdes Komplement (C'3) und gleichzeitig antivirale Antikörper tragen; dadurch kommt es zur antikörpervermittelten Lysis der Erythrozyten und zur intra- und extravasalen Hämolyse.

Die Plastizität des infizierenden Erregers, die möglicherweise gemischte, infizierte Viruspopulation sowie das Vorkommen von verschiedenen Serotypen lassen klare Aussagen über die klinische Relevanz des Immunschutzes nach EIA-Infektion derzeit nicht zu.

Diagnose, Differentialdiagnose

Die Diagnose der EIA basiert auf dem von *Coggins* und *Norcross* (1970) erstmals eingesetzten Immundiffusionstest, der – wie schon angeführt – die EIA-spezifischen, präzipitierenden Antikörper erfaßt. Zur Serodiagnose wurde bisher auch die Komplementbindungsreaktion oder der Virusneutralisationstest herangezogen. Der Übertragungsversuch in klinischen Verdachtsfällen (Verwendung von Blut, Milch, Samen, Gewebe u. a. des verdächtigen Pferdes) auf Fohlen oder Pony (EIA-negativ) wird noch immer eingesetzt, vorwiegend, um sich über den Virusgehalt der Proben zu informieren. Die Rezipienten entwickeln bis zu 3 Monaten nach dieser experimentellen Infektion die klinischen Anzeichen der EIA. Am Patienten wurde in klassischen EIA-Ländern, wie Japan und den USA, lange Jahre der sogenannte EIA-Schlüssel durch Nachweis und Auszählung der Sideroleukozyten diagnostisch eingesetzt. Diese Zellen werden von EIA-positiven Pferden gebildet und haben die Aufgabe, die im Rahmen der Infektion zerfallenden Erythrozytenbestandteile zu makrophagieren. Zu ihrem Nachweis wird im Blutausstrich aus Zitratblut nach Safraninfärbung (nach *Ishii*) die Zahl der Sideroleukozyten mikroskopisch ermittelt. Ein Verdacht auf EIA liegt vor, wenn 4 oder mehr Sideroleukozyten auf 10000 Leukozyten (gilt für USA, Australien, Südamerika) bzw. 7 oder mehr auf 100000 Leukozyten (gilt für Japan) gezählt werden können.

Die klinische Symptomatik erlaubt im allgemeinen auch eine klinische Diagnose. Differentialdiagnostisch müssen die Arteritisvirusinfektion, Leptospirose, Milzbrand, Babesiose, nicht infektiöse Hepathopathien (z. B. Futtermittelvergiftungen), Hepathoencephalien, chronische Streptokokkeninfektionen mit Abszedierungen, Parasiteninvasionen ausgeschlossen werden. All dies betrifft in erster Linie adulte Pferde. Beim infizierten Saugfohlen steht differentialdiagnostisch der Ausschluß einer in utero erfolgten Infektion mit EHV_1 sowie septikämisch verlaufende Bakterieninfektionen im Vordergrund.

Bekämpfung

Eine Chemotherapie der EIA existiert nicht. In der Bundesrepublik Deutschland wird diese Infektionskrankheit nach § 10 des Tierseuchengesetzes durch die Verordnung zur Bekämpfung der Infektiösen Anämie der Einhufer geregelt. Heil- oder Behandlungsversuche sind ebenso wie Impfungen demzufolge nicht erlaubt. Die Grundlagen der Bekämpfung entsprechend o. a. Verordnung sind die folgenden.

1. Tötung der Pferde, bei denen die Infektiöse Anämie festgestellt wurde. Die Diagnose der ansteckenden Blutarmut geschieht serologisch im Immunodiffusionstest. Reagiert den Bestimmungen entsprechend ein Pferd im wiederholten Test positiv, so ist seine Tötung anzuordnen. Die wissenschaftliche Grundlage für diese Bestimmung ist das lebenslange Virusträger- und Ausscheidertum der positiven Pferde.
2. Sperrung infizierter Bestände, bis amtlich nachgewiesen wurde, daß die Krankheit erloschen ist.
3. Regelung und Einfuhr von Pferden über Nachweis, daß die einzuführenden Tiere die letzten drei Monate klinisch gesund in einem Bestand verbrachten und 30 Tage vor Einfuhr mit negativem Resultat im *Coggins*-Test untersucht wurden.

Im übrigen gelten hygienische Maßnahmen wie Desinfektion, Insektenbekämpfung etc.

Eine attenuierte Lebendvakzine auf der Grundlage von Virus, das in Esel-Leukozytenkulturen hergestellt wird, ist seit 10 Jahren in China eingesetzt worden. Durch Impfkampagnen mit diesem Impfstoff konnte eine signifikante Reduktion der Krankheit erzielt werden. Man plante, diese Vakzine in einigen Ländern Südamerikas und der USA zu prüfen. Dies betraf speziell Länder, innerhalb derer der Pferde-Export nicht durch Impfungen gestört werden kann (die USA verlangen derzeit den Nachweis der EIA-Freiheit (*Coggins*-Test) der Importpferde). Des weiteren werden Anstrengungen unternommen, potente Vakzinen über die neuen Gentechnologien zu gewinnen. Dies wird möglicherweise Auftrieb dadurch erhalten, daß die AIDS-Forschung (genetische Verwandschaft von HIV zum Erreger der EIA) sich der EIA als Tiermodell bedienen wird.

Literatur

Coggins, L., L. N. Norcross (1970): Immunodiffusion reaction in equine infectious anemia. Cornell Vet., *60*, 330
Kemen, M. J., L. Coggins (1972): Equine infectious anemia: Transmission from infected mares to foals. J. Am. Vet. Med. Ass., *161*, 496–499
Rolle, M., A. Mayr (1978): Mikrobiologie, Infektions- und Seuchenlehre. 4. Auflage, Ferdinand Enke Verlag, Stuttgart, 552–556.
Tashjian, R. J. (1984): Transmission and clinical evaluation of an equine infectious anemia herd and their offsprings over a 13-year period. J. Am. Vet. Med. Ass., *184*, 282–288
Tashjian, R. J. (1985): Review of equine infectious anemia (EIA). Symposium at the loth Pan American Veterinary Congress. Buenos Aires, Sept. 27th, 1985
Thein, P. (1982): Bulletin d'Information de la chaire des maladies contagièuses. Num. spec.: Allemagne federale, no. 7
Thein, P. (1984): Infektionskrankheiten und ihre Bekämpfung. Handbuch Pferd, BLV-Verlag München, 667–668

Infektion mit equinen Adenoviren

Begriff und Vorkommen

Adenovirusinfektionen sind bei Babys, Welpen, Ferkeln und Kälbern seit Mitte der 50er Jahre beschrieben. Die klinischen Folgen der Infektion bei den genannten Spezies sind vorwiegend respiratorische Erkrankungen unterschiedlichen Schweregrades.

Die erste Beschreibung eines Adenovirus vom Fohlen liegt aus dem Jahre 1967 vor. Zu diesem Zeitpunkt definierten *Johnson* und *Hutchins* (1967) die Infektion als mögliche Ursache von Bronchitis bei Fohlen in Australien. Die hier beobachtete Erkrankung stellte sich als akute, fieberhafte Bronchitis bei Fohlen zwischen der 2. und 6. Lebenswoche dar, die durch besonders hohe Mortalitätsraten auffiel.

1968 erfolgte die erste Adenovirusisolation von *Todd* aus respiratorisch erkrankten Pferden in den USA und ab 1970 weist die Arbeitsgruppe *McChesney* und Mitarb. (1970, 1973, 1974, 1978) die Adenovirusinfektion bei Araberfohlen in den USA als Ursache sowohl respiratorischer als auch enteraler Infektionskrankheiten nach. Diese Autoren bringen die klinisch manifeste Adenovirusinfektion erstmals in ätiologischen Zusammenhang mit dem Immunmangelsyndrom bei Araberfohlen. Von *McGuire* und *Poppie* (1973) wird das Phänomen des Immunmangelsyndroms analysiert und bestätigt, daß gewisse Formen des Immunmangels beim Araberfohlen den fatalen Ausgang der Adenovirusinfektion bedingen können.

1974 wurden von *McChesney* und Mitarb. die ersten experimentellen Infektionen vorgenommen und bewiesen, daß das equine Adenovirus sowohl beim immunkompetenten als auch beim immuninkompetenten Fohlen verschiedener Pferderassen in der Lage ist, typische Krankheitserscheinungen auszulösen. In Deutschland wurden Adenoviruspartikel aus Nasensekret eines gesunden Fohlens nachgewiesen (*Petzold* und *Schmidt* 1972) sowie über die Isolation aus respiratorisch erkrankten Araberfohlen berichtet (*Thein* 1983). Die Infektion ist weltweit verbreitet.

Ätiologie und Pathogenese

Das equine Adenovirus ist ein typischer Vertreter der Adenoviridae und teilt mit diesen seine wichtigsten morphologischen, biologischen und chemisch-physikalischen Eigenschaften.

Bis 1981 war bei den weltweit isolierten Adenoviren des Pferdes nur ein Serotyp bekannt. *Horner* und *Hunter* (1982) berichten über die Isolation von Adenoviren aus australischen Vollblutfohlen, die hinsichtlich ihres Serotypes differieren. Ebenfalls aus Australien berichten *Studdert* und *Blackney* (1982) über die Typisierung eines Fohlenisolates, das sich vom klassischen Typ 1 unterscheidet. Dieses Isolat soll als Prototyp des equinen Adenovirus Typ 2 eingestuft werden. Die bisher beschriebenen Adenoviren des Pferdes weisen keine serologischen Beziehungen zu Adenoviren anderer Säugerspezies auf.

Nach der Aufnahme des Erregers über den Respirationstrakt findet in den Epithelzellen dieser Organe eine erste Virusvermehrung statt, der Einbruch in das Gefäßsystem, Virämie und Organbesiedelung im Sinne der zyklisch ablaufenden Infektion folgen.

Das Virus kann sich nach Haftung am Epitel entweder von Zelle zu Zelle oder über primäre Virämie weiter verbreiten. Infolge der Absiedelung im Epithel ergeben sich typische, histologisch faßbare Veränderungen ab Tag 2 p. i., die vorwiegend in Hyperplasie und/oder Nekrose der infizierten Zellen, Hypochromasie und intranukleären Einschlußkörperchen des Typs Cowdry A oder B bestehen und im Epithel des Respirationstraktes (Nasenhöhle, Pharynx, Trachea, Lunge) manifest sind. Akute interstitielle Bronchopneumonie kann um den 3. Tag p. i. auftreten. Von dem Ort der primären Manifestation aus kann es zum Einbruch des Virus mit Besiedelung adenovirus-spezifischer Zielorgane kommen. Diese sind Epithelzellen der Atemwege, des Intestinums, Pankreas, von Tränen- und Speicheldrüsen, Konjunktiven und Harnorganen (*Gleeson* und *Mitarb. 1978, Henry* und *Gagnon* 1976, *McChesney* und Mitarb. 1974, *McChesney* und *England* 1978).

Die Immunantwort des infizierten Fohlens beeinflußt diesen Infektionsablauf. Bei gestörter zellulärer oder humoraler Immunabwehr kommt es zur ungehemmten Virusvermehrung, die nicht durch Körperabwehr limitiert werden kann, und generalisierter Infektion. Am Ende steht der Tod des infizierten Individuums. Immunkompetente Fohlen dagegen stoppen aufgrund ihrer spezifischen Abwehr die Virusreplikation und Organbesiedlung und sind in der Regel zum 10. Tag p. i. wieder virusfrei.

Neben der horizontalen Virusübertragung kommt auch die vertikale vor. Wird die trächtige Stute infiziert, so erreicht das Virus den Foetus und vermehrt sich in seinen Organen. Dies hat dessen Tod und Abort zur Folge. Die Plazenta zeigt bei diesen Fohlen ebenfalls adenovirusspezifische, histologisch faßbare Veränderungen. Der Abort ist ein Spätabort; auch im Experiment konnte er reproduziert werden und darf somit als Bestätigung der Tatsache angesehen werden, daß der 9 Monate alte Pferdefoetus noch nicht in der Lage ist, sein Immunsystem soweit zu aktivieren, daß er eine solche Virusinfektion steuern könnte.

Klinisches Bild

Die Adenovirusinfektion führt primär beim Fohlen zur Erkrankung. Betroffen sind Saugfohlen jeden Alters bis hin zum Jährling. Darüber hinaus liegen Berichte vor über klinisch manifeste Infektionen auch bei erwachsenen Pferden. Generell werden beim Fohlen nach Adenovirusinfektion schwerere klinische Verläufe mit Manifestation am Respirations- und Digestionstrakt als beim älteren Pferd beobachtet, das in der Regel post infektionell nur leichtere, kurzzeitige Symptome am Respirationstrakt mit Rhinitis, Bronchitis und geringgradig erhöhter Körpertemperatur zeigt.

Die Mehrzahl der tödlich verlaufenden Adenovirusinfektionen betraf Araberfohlen und hier wieder bevorzugt die mit präinfektionell vorhandener Thymushypoplasie/Lymphopenie infolge kombinierter Immunmangeldefekte.

Die meisten Berichte über klinisch manifeste Adenovirusinfektionen betreffen Fohlen im Alter von 10 bis 60 Tagen, die durchschnittliche Dauer der beobachteten Erkrankung betrug 10 bis 56 Tage.

Nach einer Inkubationszeit von 5 bis 7 Tagen entwickelten diese Fohlen vor allem unterschiedlich stark ausgeprägte Symptome von Seiten des oberen und unteren Respirationstraktes, die von Durchfall begleitet sein können. Berichten über Ausbrüche der Krankheit bei Fohlen in verschiedenen Ländern und Kontinenten folgend, können nach natürlich vorkommender Infektion auftretende Symptome folgendem Schema entsprechend zusammengefaßt werden:

1. Anstieg der Körpertemperatur bis auf max. 39,9°C. Intermittierende Verläufe mit tiefsten gemessenen Rektaltemperaturen von 37,1°C sind beschrieben.
2. Desinteresse der Patienten, das mit fortschreitender Symptomatik stärker wird, Reflexe sind voll erhalten.
3. Symptomatik von Seiten der Atemwege: *Rhinitis* mit gelb-schleimigem Nasenausfluß. *Konjunktivitis* mit starker Sekretabsonderung, die zur Verklebung der Augenlider führen kann. Dyspnoe, Tachypnoe, doppelschlägige Exspiration, tiefer unproduktiver Husten stellt sich mit fortschreitender Erkrankung ein. Die Auskultationsbefunde sind die einer akuten Bronchitis: verschärft vesikuläres Atemgeräusch bevorzugt im kranioventralen Lungenbereich.
4. Korneatrübung mit grünlichem Belag ist beschrieben, diese Fälle gingen ohne Sehstörung einher. In einem Falle wurde Panuveitis mit Sehstörung beobachtet.
5. Bei bis zu 50% der Fohlen in Beständen, in denen die Adenovirusinfektion endemisch auftrat, wurde parallel zu den Symptomen von Seiten des Respirationstraktes auch Diarrhöe beobachtet. Diese Durchfälle waren in der Regel von blutig wässriger Beschaffenheit und verliefen profus, therapieresistent.

Die progressiv verlaufende Infektion ist dadurch charakterisiert, daß die betroffenen Fohlen absolute Lymphopenie und Neutropenie mit Werten bis unter 100/ml zeigten; die Durchschnittswerte in diesen Fällen lagen bei 420/ml. Nur Fohlen ohne Lymphopenie − und ohne Durchfall − überlebten die Infektion (*McChesney* und Mitarb. 1974, *McChesney* und *England* 1978).

Bezüglich des Verhaltens des lymphoretikulären Systems gegenüber der Virusinfektion weiß man aus Infektionsexperimenten, daß zwischen Anzahl der Lymphozyten, Spiegel humoraler Antikörper, Zellveränderungen und Viruspräsenz eine Beziehung besteht. Postinfektionell entwickelt sich schnell eine Lymphopenie, die beim Fohlen mit normaler Abwehr im Bereich des 4. Tages p.i. wieder kompensiert wird. Die Bildung humoraler Antikörper steigt bis zum 10. Tag p.i. progressiv an, zum Zeitpunkt des ersten Antikörpergipfels nehmen die virusbedingten Gewebeläsionen ab und sind in der Regel bis zum 21. Tag p.i. eliminiert. Auch Virus ist nach diesem Zeitpunkt aus den ursprünglich virushaltigen Organen nicht mehr zu isolieren.

Die natürlich vorkommende respiratorische Form der Adenovirusinfektion ist meist von Komplikationen aufgrund bakterieller Super- und Sekundärinfektionen, in deren Folge sich Bronchopneumonie, Pneumonie oder Septikämie entwickeln können, gefolgt. Hierbei sind vor allem Infektionen mit E coli, α- und β-hämolytischen Streptokokken, Staphylokokken und Pseudomonaden oder auch Pneumocystis carinii nachgewiesen worden (*Snyder* und Mitarb. 1978).

Daneben werden immer wieder Parallelinfektionen mit EHV$_2$ beobachtet. (*Roberts* und Mitarb. 1974).

Die klassischen klinischen Symptome der Adenovirusinfektion wurden in diversen Infektionsexperimenten sowohl an SPF- als auch konventionell gehaltenen Fohlen sowie an immunkompetenten als auch an Fohlen mit Immunmangelerscheinungen oder ohne maternale Antikörper reproduziert (*Gleeson* und Mitarb. 1978, *McChesney* und Mitarb. 1974, *McChesney* und *England* 1978).

Wie schon angeführt, ist eine der Manifestationsmöglichkeiten der Adenovirusinfektion des Pferdes die Infektion des Intestinums beim Fohlen mit der Folge therapieresistenter, protrahierter Diarrhöe. In diesen Fällen gelang der Nachweis des Erregers aus dem Duodenalepithel. *Snyder* und Mitarb. (1978) beschrieben auch gehäuft Fälle von Mischinfektionen mit Adenoviren und Cryptosporidien bei immundefizienten Araberfohlen, die neben der respiratorischen Symptomatik dann auch schwere Durchfälle zeigten. In diesen Fällen gelang neben Adenovirus der gleichzeitige Nachweis von Kryptosporidien aus den Mikrovilli der Intestinalmucosa. Welche Erregergattung bei den derart infizierten Fohlen ursächlich für die beobachtete Störung verantwortlich war, konnte hierbei nicht geklärt werden.

Immunantwort

Nur das immun-inkompetente Fohlen erliegt in der Regel dieser Infektion. Die Immunantwort des immunologisch intakten Fohlens beeinflußt den Verlauf der Infektion entscheidend, da p. i. rasch hohe Titer virusneutralisierender Antikörper gebildet werden. Diese führen dazu, daß ab der 2. Woche p. i. die infizierten Fohlen virusfrei sind und dann spontan genesen.

Der zellvermittelten Immunabwehr kommt bei der Steuerung des Infektionsgeschehens sekundäre Bedeutung zu.

Diagnose, Differentialdiagnose

Die Klinik nach Adenovirusinfektion ist nicht pathognomisch, von den reinen Virusinfektionen müssen Rota- oder Coronavirusinfektionen ausgeschlossen werden. Die klinische Diagnose muß in jedem Falle durch den direkten oder indirekten Virusnachweis abgesichert werden. Hierbei dürfte intra vitam das schnellste Verfahren sein, Nasentupfer der infizierten Fohlen in der direkten Elektronenmikroskopie zu untersuchen (*England* und Mitarb. 1978). Es mag auch gelingen, aus Biopsiematerial (Nasenschleimhaut) Adenovirus-typische Kerneinschlußkörper nachzuweisen und über Immunfluoreszens deren Spezifität zu beweisen. Das gleiche Verfahren gilt für den post mortem Virusnachweis aus Organmaterial.

Für den serologischen Nachweis der Infektion eignen sich gängige Verfahren, wie Virusneutralisationstest, Hämagglutinations-Hemmtest, Immunofluoreszens- und Radialer Hämolysetest.

Pathologischer Befund

Es gibt keine Adenovirus-typische post mortem Morphologie, so daß hier die Veränderungen vorzufinden sind, die von anderen Virusdiarrhöe/Bronchitiden des Fohlens bekannt sind. Auf die Befunde am lymphoretikulären System wurde bereits eingegangen.

Therapie

Es gibt keine spezifischen Bekämpfungs- oder Therapieverfahren, die die klinisch manifeste Adenovirusinfektion kupieren könnten. Am Patienten ist es wichtig, sich Auskunft über seine Immunkompetenz zu verschaffen. Hierzu sind neben dem Differentialblutbild, Lymphozytenzählung etc. spezifische Methoden anwendbar, die Auskunft über den Immunglobulinhaushalt des Serums geben (Latex-Test, Zinksulfattrübungstest, Immundiffusionstest, Nephelometrie). Berichte über die günstige Beeinflussung des Krankheitsverlaufes durch Gabe von Immunseren liegen vor.

Die Therapie ist symptomatisch und sollte die regelmäßig folgenden bakteriellen Infektionen gezielt mit einbeziehen.

Es sind keine kommerziell erhältlichen Impfstoffe verfügbar.

Literatur

England, J.J., A.E. McChesney, T.L. Chow (1978): Isolation and identification of equine Adenoviruses. Equine Inf. Dis. IV, 147–150, Vet. Publ. Inc., Princeton, N.Y.

Gleeson, G.J., M.J. Studdert, N.D. Sullivan (1978): Pathogenicity and immunologic studies of equine Adenovirus in specific-pathogen free foals. Am. J. Vet. Res., *39*, 1636–1642

Henry, J.N., A.N. Gagnon (1976): Adenovirus pneumonia in an Arabian foal. Canad. Vet. J., *17*, 220–221

Horner, G.W., R. Hunter (1982): Isolation of two serotypes of equine Adenovirus from horses in New Zealand. New Zealand Vet. J., *30*, 62–64

Johnson, K.L., D.R. Hutchins (1967): Suspected adenoviral bronchitis in Arabian foals. Austr. Vet. J., *43*, 600

McChesney, A.E., J.J. England, J.L. Adcock, L.L. Stackhouse, T.L. Chow (1970): Adenoviral infection in suckling Arabian foals. Path. Vet., *7*, 547–555

McChesney, A.E., J.J. England, L.R. Rich (1973): Adenoviral infections in foals. J.A.V.M.A., 1962, 545–549

McChesney, A.E., J.J. England, C.E. Whiteman, J.G. Adcock, L.J. Rich, T.L. Chow (1974): Experimental transmission of equine Adenovirus in Arabian and non-Arabian foals. Am. J. Vet. Res., *35*, 1015–1023

McChesney, A.E., J.J. England (1978): Equine Adenoviral infection: Pathogenesis of experimentally and naturally transmitted infection. Equine Inf. Dis. IV, 141–145, Vet. Publ. Inc., Princeton, N.Y.

McGuire, T.C., M.J. Poppie (1973): Hypogammaglobulinemia and thymic hypoplasie in horses; a primary combined immunodeficiency disorder. Inf. Imm., *8*, 272–277

McGuire, T.C., M.J. Poppie (1973): Hypogammaglobulinemia in horses. Wash. State Univ. Animal Health Notes, *13*, 3–9

McGuire, T.C., M.J. Poppie (1973): Primary hypo-

gammaglobulinemia and thymic hypoplasie in horses. Fed. Proc., *32*, 821
Petzoldt, K., R. Schmidt (1972): Nachweis von Adenoviruspartikeln beim Pferd. Arch. Ges. Virusforschg., *15*, 393–394
Roberts, A. W., D. L. Whitenack, G. R. Carter (1974): Recovery of adenovirus and slow herpesvirus from horses having respiratory tract infection. Am. J. Vet. Res., 35, 9, 1169–1172
Snyder, S. P., J. J. England, A. E. McChesney (1978). Cryptosporidiosis in immundeficient Arabian foals. Vet. Pathol., *15*, 12–17
Studdert, M. J., M. M. Blackney (1982): Isolation of an adenovirus antigenically distinct from equine adenovirus type 1 from diarrhoeic foal feces. Am. J. Vet. Res., *43*, 3, 543–544
Thein, P. (1983): Persönliche Mitteilung über Nachweis von Adenovirus und Rotavirus bei Fohlen aus Deutschland mit Atemwegsinfektionen und bei Fohlen mit Enteritis.
Todd J. D. (1968): Comments on rhinoviruses and parainfluenzaviruses of horses. J.A.V.M.A., *155*, 387–390

Bakterielle Allgemeininfektion des neonatalen Fohlens, neonatale Septikämie, Fohlenlähme
(Septicemia of neonatal foals, Joint ill, Polyarthritis)

Begriffsbestimmung

Die sich beim neonatalen Fohlen mit unterschiedlich lokalisierten und ausgeprägten Symptomen manifestierenden bakteriellen Infektionen werden landläufig als Fohlenlähme bezeichnet; der Ausdruck neonatale Septikämie trifft den Zustand besser.

Die Infektionen verlaufen in der Regel systemisch; bevorzugt kommt es zur Absiedelung am Respirationstrakt, am Intestinum, gelegentlich am Knochenmark und an den Gelenken. Somit handelt es sich um eine Allgemeininfektion, die in Abhängigkeit vom Typ der primär beteiligten Erreger septikämisch verlaufen und begleitet sein kann – nicht muß – von Arthritiden unterschiedlicher Schweregrade und Lokalisation.

Mischinfektionen sind hieran häufig beteiligt und pränatale, in utero stattfindende Infektionen nicht selten. Nicht zuletzt aus diesem Grunde und wegen ihrer zeitlichen Determination sind die Bezeichnungen „Frühlähme" mit der ätiologischen Zuordnung zu Actinobacillus equuli und „Spätlähme", verursacht durch Streptococcus zooepidemicus – der auch intrauterin übertragen werden kann – für den hier zu besprechenden Komplex nicht haltbar.

Aufgrund der gemeinsamen Ätiologie und prädisponierender Faktoren sind die verschiedenen klinischen Ausdrucksformen der neonatalen bakteriellen Infektionen des Fohlens im folgenden gemeinsam besprochen.

Erreger

Internationalen Erhebungen zu den neonatalen bakteriellen Mischinfektionen des Fohlens zufolge sind die wichtigsten Erreger mit ätiologischer Bedeutung Escherichia coli, Streptokokken spp. (Strep. zooepidemicus) und Actinobacillus equuli, die als für das Fohlen opportunistische Keime anzusehen sind. Des weiteren spielen Salmonella spp. (Salm. typhimurium, gelegentlich Salm. abortus equi), Corynebacterium equi, Klebsiella spp. und Staphylococcus aureus innerhalb der Pathogenese dieser Allgemeininfektion eine Rolle.

Von E. coli ist bekannt, daß Haftantigen pferdepathogener E. coli offenbar sowohl K99- als auch K88-positiven Erregern eigen ist. Die Isolation und strukturelle Charakterisierung des Pferdeerythrozytenrezeptors für ETEC K99 ist von *Smith* und Mitarb. (1984) beschrieben. K99-positive ETEC vom Kalb waren in Gemeinschaft mit equinen Rotaviren in Untersuchungen von *Tzipori* und Mitarb. (1982) in der Lage, fieberhafte Durchfälle beim neugeborenen Fohlen zu induzieren. *Tzipori* und Mitarb. (1984) beschreiben in vitro Tests mit isoliertem Ziliarepithel von Jejunum/Duodenum des erwachsenen Pferdes, an dem ausschließlich K88-positive ETEC hafteten.

Eine K88-negative Mutante J_2, zwei K99-positive Stämme und drei E. coli-Stämme, die aus Fohlen isoliert worden waren, konnten in diesem Experiment nicht am Epithel haften. Ebenso war dies den K88-positiven Stämmen nach Vorbehandlung mit Anti-K88-ETEC-Antikörpern nicht mehr möglich. Die orale Infektion von vier neugeborenen Fohlen mit K88-positiven ETEC (Produzenten von thermolabilem oder thermostabilem Enterotoxin) hatte in jedem Falle Enteritis mit Diarrhöe zur Folge.

Alle genannten Erreger verfügen über variable Biotypen sowie verschiedene Serotypen (*Thein* 1981) und eine mehr oder minder stark ausgeprägte Antibiotikaresistenz. Dadurch und aufgrund des Vorliegens von Mischinfektionen mit Erregern verschiedener Spezies (Bakterien mit und ohne Toxinbildung), unterschiedlicher Immunogenität und Antibiotikasensibilität sowie unterschiedlicher Pathogenese (pränatale und neonatale Infektion) werden Prophylaxe und Therapie am Fohlen selbst bis zur Unmöglichkeit erschwert.

Komplizierend dazu kommen Mischinfektionen mit equinen Herpesviren der Serotypen 1 und 2 sowie Adenoviren und Rotaviren.

Man muß sich davor hüten, den in vitro isolierten Keim aus erkrankten Fohlen unbedingt auch als den für die Erkrankung verantwortlichen Erreger anzusehen. Diesbezügliche Untersuchungen an getöteten oder gestorbenen Fohlen weisen darüber hinaus auch auf die Diskrepanz zwischen in vivo- und post mortem-Keimisolierung hin. Diese kommt möglicherweise durch den Zeitunterschied zwischen beiden Untersuchungen zustande oder ist durch dazwischenliegende Antibiose verursacht. In der Regel konnten innerhalb derartiger Untersuchungen bei etwa 80 Prozent der untersuchten Fohlen post mortem identische Keime, z. B. aus der Synovia der infizierten Gelenke und aus verschiedenen Organen der erkrankten Fohlen isoliert werden (*Firth* und Mitarb. 1980).

Die Bedeutung des Faktors Erreger hängt ab von der infizierenden Keimdosis, der Pathogenität und Virulenz sowie dem synergistischen Effekt gemeinsam vorkommender Infektionen.

Von den Streptokokken ist bekannt, daß bestimmte Stämme virulenter sind als andere, die nur in Gemeinschaft mit prädisponierenden Faktoren in der Lage sind, eine manifeste Infektion zu verursachen. Diese Virulenz wird geprägt durch bestimmte Biotypen und Serotypen mit der Fähigkeit der Erreger, zum Beispiel Toxine zu bilden, die die Phagozytose des infizierten Wirtes blockieren. Ein typisches Beispiel hierfür ist das Endotoxin von Streptococcus zooepidemicus. Weiterhin ist auch vom Endotoxin von E. coli bekannt, daß es einen inhibierenden Effekt auf die Antibiose ausübt, indem zum Beispiel nachgewiesen wurde, daß es das intrazelluläre Flüssigkeitsvolumen reduziert, das der Antibiotikaverteilung (Gentamicin) im Körper normalerweise zur Verfügung steht (*Wilson* und Mitarb. 1983). Weiterhin kommt der Immunogenität des Erregers in diesem Zusammenhang besondere Bedeutung zu, da davon die Antikörperreaktion des infizierten Organismus im wesentlichen abhängt. Auch die Antibiotika-Sensibilität und die Resistenz der Erreger gegenüber chemisch-physikalischen Einflüssen spielen bei der Beurteilung der Virulenz eine Rolle. Über das Spektrum der hier genannten Erreger hinaus wird auch über die Ätiologie der neonatalen Septikämie infolge Serratia marescens-Infektion berichtet (*Shaffoe* 1984).

Nicht mikrobielle Faktoren

Aufgrund oben genannter Konditionen kommt der allgemeinen Hygiene im Sinne des Faktors Umwelt die größte Bedeutung zu. Es ist eine bekannte Tatsache, daß in schlecht geführten Betrieben erhöhte Keimzahlen nachzuweisen sind. Schlechte Hygiene, einhergehend speziell mit Mängeln in Ernährung und Haltung, ist eine der wesentlichsten Hilfsursachen für Erkrankungen der zu besprechenden Art beim neugeborenen Fohlen.

Das Infektionsgeschehen wird durch das Zusammenwirken fördernder oder hemmender Faktoren bei Wirt, Erreger und Umwelt determiniert. Innerhalb der Pathogenese der Fohlenlähme kommen als Wirte sowohl die Stute als auch das Fohlen in Betracht. Nachdem der intrauterinen Infektion des Fohlens mit der Folge der septischen Allgemeinerkrankung eine wichtige Bedeutung beizumessen ist, spielt der Faktor Mutterstute, speziell deren zuchthygienische Beurteilung, eine wichtige Rolle.

Der Übertragungsvorgang jeder Infektion startet mit der Ausscheidung der Keime aus dem Reservoir. Die für die Fohlenlähme in Frage kommenden Bakterienarten werden generell über Se- und Exkrete ausgeschieden und gelangen häufig schon beim Deckakt oder in der Geburts- und Nachgeburtsphase in das innere Genitale der Stute. Genitalinfektionen der Stute können aufgrund pathologisch-anatomischer Veränderungen des Genitales, z. B. der Vagina (Pneumo- und Urovagina) begünstigt werden, ebenso durch Läsionen im Bereich der Geburtswege, die durch unsachgemäße Tupferentnahme, Geburtsverletzung mit Keimverschleppung usw. verursacht werden. Stuten mit Schleimhautresistenzschwächen, Schleimhautkrypten, sog. „Streptokokkenstuten", stellen hierbei ein bekanntes Problem dar (*Grabner* 1976, *Thein* 1981). Somit ist die keimtragende Stute der wesentlichste Faktor innerhalb der Pathogenese der neonatalen Septikämie des Fohlens.

Prädisponierende Faktoren sind des weiteren Frühgeburten, Schwergeburten, neonatale Atemdepression (*Asphyxie*), Retentio secundinarum, Kolostrumverlust ante partum, resistenzmindernde Erkrankungen der Stute während der Trächtigkeit oder des Puerperiums. Besonders disponierend scheint die altersbedingte Grenze der Fruchtbarkeit der Stute zu wirken, da sie durch einen Resistenzverlust der Uterusschleimhaut charakterisiert ist. Somit sind gerade alte Stuten anfälliger für latente Infektionen als junge Stuten, da sie sich in der Regel nicht mehr von einer einmal manifesten Infektion reinigen können und gerade bei diesen Stuten wird gehäuft auch der Kolostrumverlust ante partum beobachtet (*Grabner* 1976, *Koterba* und Mitarb. 1984, *Leidl* und Mitarb. 1976).

Das Fohlen selbst bleibt aufgrund der Plazenta epitheliochorialis completa diffusa der Stute intrauterin ohne Versorgung mit maternalen Antikörpern und ist nur in begrenztem Umfang gegen Ende der Trächtigkeit in der Lage, Immunzellen oder Immunglobuline zu synthetisieren. Es ist also in jedem Falle unmittelbar nach der Geburt auf eine optimale Kolostrumversorgung angewiesen. Zeitliche Verzögerungen, ungenügende Kolostrumaufnahme oder Aufnahme von Kolostrum mit quantitativ oder qualitativ nicht adäquatem Globulingehalt schaffen die häufigste Prädisposition für klinisch manifeste Infektionen.

Besondere Bedeutung innerhalb der Pathogenese der neonatalen Septikämie des Fohlens kommt den verschiedenen Formen des Immunmangels zu. Weiterhin ist von Bedeutung, daß die Stute dem Fohlen Antikörper gegenüber den Erregern mitgeben soll, die in der Umwelt, in die das Fohlen hineingeboren wird, vorhanden sind. Nur diese Globuline schützen vor Infektionen mit nachfolgender Erkrankung. Daraus ist das Risiko zu erkennen, das zum Beispiel damit verbunden ist, trächtige Stuten zum Abfohlen in einen anderen Bestand zu verbringen. Mit der ohnehin schlechten Immunogenität der hier zur Diskussion stehenden Bakterien sind dann häufig auch die über das Kolostrum weitergegebenen Immunglobuline nicht mehr in der Lage, das Fohlen vor klinisch manifesten Infektionen zu schützen.

Darüber hinaus sind alle Ereignisse, die mit einer Reduktion der körpereigenen Abwehrmechanismen des Fohlens einhergehen, als prädisponierende Faktoren anzusehen. Dazu gehören vor allem Verletzungen bei der Geburt, speziell häufig übersehene Rippenbrüche, die für Herdinfektionen in Frage kommen (*Firth* und Mitarb. 1980), Nabelblutungen, Mekonium- und Harnverhaltung, begleitende Virusinfektionen des Neugeborenen und unhygienisch vorgenommene künstliche Ernährung, die dann mit der Einschleusung großer Keimmengen verbunden ist.

Insgesamt kommt den nicht mikrobiellen Faktoren innerhalb der Pathogenese somit vorrangige Bedeutung zu. In der Regel ermöglichen erst sie das Angehen der Infektion und das Ausmünden in die häufig dramatisch verlaufende Erkrankung.

Infektionsmöglichkeiten

Die Infektion des Fohlens im hier zu besprechenden Zusammenhang erfolgt sowohl intrauterin als auch peri- und postnatal. Die intrauterine Infektion kann aszendierend über eine Infektion der Eihäute und damit des Foetus entstehen sowie hämatogen über Infektion von Placentaherden aus, die in den Foetus streuen (*Grabner* 1976). Perinatale Infektionsmöglichkeiten sind vor allem dann gegeben, wenn die Geburt im kontaminierten Milieu stattfindet. Neonatal sind praktisch alle denkbaren und bekannten Infektionsmöglichkeiten von Bedeutung. Vor allem kommt hier die per os Infektion des Fohlens über keimhaltige Milch, Lochialsekret, Nasensekret, Kot, speziell auch über künstliche Ernährung in Betracht, die durch die nahezu unbegrenzte Permeabilität des Fohlendarms innerhalb der ersten 24 Stunden post natum begünstigt wird. Unsachgemäße Nabelpflege und damit die Möglichkeit der aszendierenden Infektion über Nabelvene und Urachus stehen an zweiter Stelle (*Dubielzig* 1977, *Eikmeier* 1970, *Firth* und Mitarb. 1980, *v. Lepel* 1970, *Liu* 1980, *McGee* 1970).

Letztendlich ist die gesamte keimhaltige Umwelt in der Lage, das neugeborene Fohlen zu infizieren. Ob daraus eine klinisch manifeste Infektion entsteht, hängt von den besprochenen exogenen und endogenen Faktoren ab, die in der Pathogenese der Fohlenlähme die entscheidende Rolle spielen.

Klinik und Diagnose

Unabhängig vom Zeitpunkt der Infektion kann unter den genannten, sich synergistisch verhaltenden Konditionen eine bakterielle Allgemeininfektion/Septikämie entstehen. Die bevorzugten Absiedelungsorte, respektive Manifestationsorgane sind − mit loser Korrelation zu den infizierenden Leitkeimen − der Respirationstrakt, das Intestinum, Knochenmark und Gelenke. Da es sich um eine bakteriämisch-septikämisch verlaufende Infektion handelt, gibt es keine Gesetzmäßigkeit, derzufolge bestimmte Organsysteme bevorzugt besiedelt würden (Abb. 7.4; Abb. 7.5 s. Farbtafel 4).

Nach pränataler Infektion werden die Fohlen schon krank geboren, häufig wird dann nur die symptomatische Diagnose „Lebensschwäche" gestellt. Es sind sowohl intrauterine Infektionen mit der Folge diverser Gelenksaffektionen, Polyarthritiden und Osteomyelitiden (*Bennett* 1978, *Firth* und Mitarb. 1980, *Goedegebuure* und Mitarb. 1980) des neugeborenen Fohlens als auch Septikämie (*Dubielzig* 1978, *Platt* 1977, *Shaffoe* 1984), Bronchopneumonie (*Dubielzig* 1977) oder Meningoventriculitis (*Cordy* 1984) beschrieben. Entsprechend der Lokalisation der Infektion sind die klinischen Folgen, auf die hier nicht im einzelnen eingegangen werden kann. Auch die perinata-

Abb. 7.4 Fohlen mit bakterieller Septikämie (Fohlenlähme)

le und neonatale Infektion des Fohlens — dazwischen liegen häufig nur geringste zeitliche Abstände — kann zur Manifestation am gleichen Organsystem und den entsprechenden klinischen Folgen führen.

Die ätiologischen Untersuchungen, die *Firth* und Mitarb. (1980), *Goedegebuure* und Mitarb. (1980) sowie *Bennett* (1978) und *Platt* (1973) zur Knochen-Gelenksmanifestation der Infektion durchführten, ergaben als häufigste Ursache Infektionen mit E. coli sowie Streptococcus spp. und Salmonella spp.

Zur Identifikation dieser mit Osteomyelitis unterschiedlicher Lokalisation einhergehenden Infektion ist die diagnostische Radiographie des verdächtigen Fohlens unerläßlich wie die Punktion und zellmäßige Auswertung der Synovia im Falle von Arthritis (Abb. 7.6 s. Farbtafel 5).

Die Erreger selbst können das Knochenmark sowohl hämatogen unabhängig von, häufig aber auch vergesellschaftet mit Synovitis besiedeln. Die genannten Autoren sehen perinatal prädisponierende Faktoren für die geschilderte Verlaufsform in unphysiologischer Geburt und anderen perinatal belastenden Vorkommnissen, wie verzögerter oder ungenügender Kolostrumaufnahme. Die erkrankten Fohlen erdulden große Schmerzen in den betroffenen Partien des Skelettsystems; gekrümmte Körperhaltung, Schonen der betroffenen Gliedmaßen, Liegen, Schwierigkeiten beim Aufstehen sind die Folge. Bei der nicht seltenen Mitbeteiligung der Nieren bestehen die zusätzlichen Symptome in Harndrang, Pollakisurie etc.

Die neonatale Septikämie verläuft unterschiedlich, zum Teil febril, zum Teil afebril. Es gibt kein einfaches, für alle Formen gültiges diagnostisches Kriterium, da komplexe Organdysfunktionen eintreten, die individuell unterschiedlich lokalisiert und ausgeprägt, in ihrer Summe jedoch in den meisten Fällen für den leicht selten letalen Ausgang der Infektion verantwortlich sind.

Ein recht verläßliches Diagnostikum ist die Neutropenie und die Anwesenheit von toxisch veränderten Neutrophilen ($> 0.2 \times 10^9$/Liter). Hypoglykämie, metabolische Acidose und Hypoxämie sind im allgemeinen nachweisbar. Nach *Koterba* und Mitarb. (1984) sind abnorm erhöhte Fibrinogenspiegel beim neugeborenen Fohlen ein verläßliches Indiz für eine in utero-Infektion. Die Mortalitätsrate dieser Verlaufsform ist sehr hoch ($\sim 75\%$). Durch Blutuntersuchungen sind meist schon überwiegend gramnegative Erreger (E. coli) nachweisbar; die Messung des Immunglobulingehaltes (IgG) der Patienten ergibt meist abnorm tiefe Werte. Vor allem maternale Placentitis, pränatale Laktation, Vaginalinfektionen werden bei Stuten derartig erkrankter Fohlen als pathogenetisch wichtige Faktoren angesehen. Dies gilt vor allem für Fälle von Septikämie des Fohlens, die durch E. coli und S. typhimurium verursacht worden waren (siehe hierzu Tabelle 7.14 und 7.15).

Tabelle 7.14 Faktoren, die bei Fohlen mit neonataler Septikämie ätiologisch beteiligt waren (Auswertung von 38 Fällen in Anlehnung an *Koterba* und Mitarbeiter 1984)

Probleme der Fohlenstute	Fälle
Placentitis	3
Vaginalausfluß, Fieber	3
diagnostisch gesicherte in utero-Infektion	2
Enterotoxämie (Gastrointestinalstörung a.p.)	1
Kolikoperation, gefolgt von Placentitis	1
Kolik im Anschluß an die Geburt	1
langer Transport vor dem Abfohlen	1
Kolostrumverlust a.p.	6
Probleme bei der Geburt	
Geburtseinleitung	2
Dystokie	2
Probleme beim Fohlen	
Fehlanpassungsyndrom NMS (Neonatales Maladjustment Syndrome)	4
Attacke durch Hunde p.n.	2
Frühreife	13

Tabelle 7.15 Klinische Leitsymptome bei 38 Fohlen mit neonataler Septikämie (in Anlehnung an *Koterba* und Mitarbeiter 1984)

Allgemeinsymptome	–	n	lokalisierte Störungen	–	n
1. Lethargie	}	9	Diarrhöe		13
2. Unwillen zu saugen	}		respiratorische Probleme		5
3. Stehunvermögen bei vorhandenem Stehwillen		9	Gelenkaffektionen		3
4. keine Reaktion auf die Umwelt	}		ZNS-Störungen		7
	}		Kolik		4
5. Convulsion	}	20	Uveitis		6
6. Koma	}		Omphalophlebitis		0

Die Infektion mit den für das Fohlen an sich opportunistischen Erregern (E. coli, ß-hämolysierenden Streptokokken, Actinobacillus equuli) bedarf wohl synergistisch wirkender, kongenitaler anderer Schäden bei Stute und/oder Fohlen, um zur manifesten Septikämie führen zu können.

Eine häufig zu beobachtende akute Verlaufsform ist die septische Pneumonie, meist durch E. coli verursacht, die mit Leukozytose einhergeht und die Lymphoidorgane mit einbezieht (*Dubielzig* 1977, *Molen* 1979, *Naglic* und Mitarb. 1982). Die subakut verlaufende E. coli-Infektion ist dagegen öfter vergesellschaftet mit Polyarthritis und Polyserositis und dem klinischen Bild vergleichbar, das von Klebsiella pneumoniae und Salmonella-Infektion bekannt ist (*Molen* 1979). Absiedelung am Intestinum mit zum Teil nekrotisierenden Enteritiden, ruhrartigen Durchfällen, Leberaffektionen sind ebenfalls möglich (*Wards* und Mitarb. 1984, *Plateau* und Mitarb. 1982).

Von *Shaffoe* (1984) ist ein Fall neonataler Septikämie mit allen klassischen hämatologischen Parametern (toxische Änderung der Neutrophilen, Leukopenie mit absoluter Neutropenie, Linksverschiebung, Neutrophilie) beim Araberfohlen beschrieben, der durch Serratia marescens (Nachweis aus strömendem Blut des Neugeborenen und dem Uterus der Stute) verursacht worden war. Diese Infektion hatte schon in utero stattgefunden und zur Geburt eines azidotischen Fohlens mit den klinischen und hämatologischen Zeichen der Septikämie, begleitet von schwerer interstitieller Pneumonie, geführt. Auffallend hierbei war, daß die vordere Augenkammer (links) des Patienten fibrin- und bluthaltig war und die Kornea mittelmäßige Trübung aufwies, die sich später zu einem Ulcus corneae entwickelte, der zum Verlust des Augenlichtes des betroffenen Auges führte. Aus diesem Ulcus wurden Pseudomonas aeruginosa, Klebsiella pneumoniae und E. coli isoliert.

Die von *Cordy* (1984) beschriebenen Fälle neonataler Meningoventriculitis der neugeborenen Fohlen müssen ätiologisch und pathogenetisch auch zum hier zu besprechenden Problemkreis gezählt werden.

Diese fibrinopurulente, die Leptomeninx, den Chorioidplexus und die Ventrikelränder, nicht jedoch das neuraxiale Parenchym einbeziehende Entzündung wird als Folge einer vorangegangenen Bakteriämie nach E. coli-Infektion angesehen. Sie ist auf die oberflächlichen Hirnpartien reduziert, was mit dem Transport der Bakterien in Monocyten geringer Bakterizidie erklärt wird. Das neuraxische Parenchym weist physiologischerweise keine Makrophagen auf und bleibt so frei von der Infektion. Eine ähnliche Pathogenese wird für die häufig mit der Meningoventriculitis vergesellschaftet auftretende Serositis und Synovitis postuliert.

Alle diese klinischen Verlaufsformen sind jedoch nur als mögliche individuelle Ausdrucksformen einer sui generis bakteriämisch verlaufenden, schweren Allgemeininfektion zu verstehen, die zu den klassischen Faktorenerkrankungen zu zählen ist.

Therapie

Die Therapie richtet sich nach Alter und Zustand des Fohlens sowie Lokalisation der Infektion. Es ist aufgrund der Mannigfaltigkeit der klinischen Verlaufsformen und der ätiologisch beteiligten Erreger und Faktoren nicht möglich, eine allgemein verbindliche Therapieform an die Hand zu geben. So seien folgende Grundsätze angeführt:

1. Erregernachweis und gezielte, so früh wie möglich einsetzende, intensive Antibiose mit voller Dosierung gegen gramnegative und

grampositive Erreger. Systemisch und gegebenenfalls lokal sowie tunlichst mit Wechsel des Therapeutikums anzuwenden. Hierbei ist besonders wichtig, auch solche Antibiotika einzusetzen, die hohe Gewebespiegel verursachen. Die Ausnutzung synergistischer Effekte durch die richtigen Antibiotika-Kombinationen erhöht die Therapiechance.
2. Applikation − in Abhängigkeit vom Alter der Fohlen oral oder parenteral − von Immunglobulinen (Schema: siehe „Behandlung eines Fohlens mit Immundefekt").
3. Kortison oder anti-Lipopolysaccharide bei septikämischer Verlaufsform zur Verminderung des septischen Schocks.
4. Symptomatische Maßnahmen in Abhängigkeit vom klinischen Befund mit Zielrichtung:
Kreislauf/Beatmung
Wasserhaushalt
Elektrolythaushalt
Hypoglykämie
Acidose
5. Ventilation des Patienten optimieren.
6. Blutkontrolle (Hämostase) und Behandlung.

Präventivmaßnahmen

Aus den aufgezeigten Fakten geht hervor, daß eine Fohlenlähme-Prophylaxe lediglich folgendes anstreben kann:

1. Die Optimierung der Deck-, Haltungs-, Geburts- und Aufzuchthygiene, beginnend bei der Mutterstute.
2. Die kontrollierte Versorgung des Fohlens zum frühestmöglichen Zeitpunkt post natum mit Kolostrum, das auch die entsprechend notwendigen, schutzverleihenden Immunglobuline enthalten muß. Gegebenenfalls Zufütterung von hochwertigem Kolostrum aus der Kolostrumbank. Von Fall zu Fall die Untersuchung des Fohlens auf Gesundheit oder Defekte im Immunsystem.
3. Die unspezifische Stimulation, beziehungsweise Unterstützung der körpereigenen Resistenzmechanismen des Neugeborenen.
4. Unter Ausnutzung der immunologischen Kompetenz der Lamina propria des Neugeborenen eine lokale Immunisierung mit Kombinationsvaccinen aus stallspezifischen, inaktivierten Erregern per os.

Es sei darauf verwiesen, daß in dem hier zur Diskussion stehenden Krankheitskomplex bei der Vielzahl der beteiligten Erreger und deren Serotypen jede Art der bisher gebräuchlichen Immunisierung − passiv oder aktiv − hinsichtlich ihrer Wirksamkeit fragwürdig bleiben muß. Dazu kommt, daß die meisten der an der Infektion beteiligten Erreger von schlechter Immunogenität sind. Die konventionelle Impfung des Muttertieres hat lediglich den Sinn, einen möglichst hohen Gehalt an Kolostralantikörpern zu produzieren. Auch hier wiederum gelten die genannten Komplikationen vorbehaltlos, begleitet von der individuell unterschiedlichen Fähigkeit des Impflings, auf eine Vaccination mit der entsprechenden Antikörperbildung zu reagieren und diese via Kolostrum an das Fohlen abzugeben.

Üblicherweise wird man mit handelsüblichen Vaccinen die Mutter im zweiten Drittel der Gravidität 2−3mal im Abstand von etwa 10 Tagen oder 2mal im Abstand von etwa 14 Tagen vaccinieren. Die auf dem Markt befindlichen polyvalenten Vaccinen decken allerdings in der Regel das Spektrum der in Frage kommenden Infektionserreger antigenmäßig nicht ab.

Werden für die Muttertiervaccination stallspezifische Vaccinen verwendet, so müssen diese die Erreger in inaktiviertem, immunogenem Zustand enthalten, die möglichst aus Proben oder Organen erkrankter oder gestorbener Tiere des jeweiligen Bestandes isoliert wurden. Hierbei sei darauf hingewiesen, daß die Tiere, die für eine solche Keimisolierung herangezogen werden, nicht antibiotisch vorbehandelt sein dürfen. Der oralen und parenteralen Immunisierung der Mutterstute während der Trächtigkeit mit der Absicht der Stimulierung von sekretorischem IgA im Kolostrum kommt für die Zukunft sicher Bedeutung zu.

Stallhygiene, Zuchthygiene und Geburtshygiene müssen getragen werden von der Absicht der Keimmengenverringerung bis zum erreichbaren Minimum. Damit steht im Vordergrund aller Maßnahmen die gezielte Desinfektion mit geeigneten Desinfektionsmitteln, begleitet von der Eliminierung aller als Keimreservoir in Frage kommenden Trägersubstanzen. Das sind speziell bei der Geburt Nachgeburtsteile, Kot, Blut. Es ist bekannt, daß ungenügende Karotinversorgung eine erhöhte Infektionsbereitschaft gegenüber Infektionen mit Streptokokken, aber auch anderen Erregern zur Folge hat. Somit kommt der Ernährung in Verbindung mit geeigneter Haltung (Weidehaltung) entsprechende Bedeutung zu, begleitet von Seuchen- und Parasitenprophylaxe sowie Bestandskontrollen hinsichtlich endemisch oder epidemisch verlaufender Infektionen, in deren Folge Faktorenkrankheiten mit entsprechender Resistenzschwächung auftreten können.

Die prophylaktischen Bemühungen um das Fohlen haben sich vorwiegend auf den Ausschluß der prädisponierenden, geschilderten Faktoren zu beschränken. Damit sind besonders zu beachten: die keimarme Geburt, der frühzeitige Ausschluß von Geburtsschäden in deren Gefolge es zu Herdinfektionen kommen kann, die kontrollierte, mengen- und inhaltsmäßig genügende, frühzeitige Kolostrumaufnahme, peinlichste Kontrolle hinsichtlich der Vitalfunktionen und entsprechende Personenhygiene der mit dem Fohlenumgang betrauten Menschen.

Von der noch weit verbreiteten prophylaktischen Applikation von Streptopenicillin oder anderen Antibiotika in Kombination an das Neugeborene ist abzuraten, da sie immunsuppressiv wirken kann und bei einer zum Beispiel schon in utero erfolgten Infektion ohnehin uneffektiv bleiben wird. Letzten Endes werden diese Medikationen meist in subtherapeutischen Dosen vorgenommen, die lediglich eine Resistenzbildung der im Fohlen bereits anwesenden Keime und nachfolgende Persistenz vorselektierter Erreger bewirken können. *Platt* (1977) berichtet über signifikante Reduktion der Mortalitätsquoten innerhalb seiner Untersuchungen, wenn die neugeborenen Fohlen kontrolliert während der ersten drei Lebenstage mit Neomycin und Framomycin in hohen Dosen behandelt werden.

Eine Stimulierung der körpereigenen Abwehrmechanismen des Fohlens ist möglich durch Paramunisierung, wie sie mit Paramunitätsinducern betrieben werden kann (*Leistner* 1980, *Thein* und Mitarb. 1980, *Thein* und Mitarb. 1981) und/oder durch die bekannten Möglichkeiten der unspezifischen Reiztherapie. Hierfür stehen eine Menge Präparate zur Verfügung. Letztendlich ist ja auch der hin und wieder zu beobachtende positive Effekt einer parenteralen Immunserumgabe an das Fohlen p. p. in erster Linie darauf zurückzuführen, daß es durch die Zuführung von Fremdeiweiß zu einem unspezifischen, resistenzsteigernden Effekt kommt. Die hiermit passiv zugeführten Antikörper sind aufgrund der im Abschnitt „Immunologie des Fohlens" geschilderten Gegebenheiten meist nicht in der Lage, eine klinisch manifeste Infektion abzuwehren, können jedoch mit den vom Fohlen aktiv gebildeten Immunglobulinen interferieren und deren Paralyse bewirken.

Literatur

Bennett, H. D. (1978): Pathological features of multiple bone infection in the foal. Vet. Rec., 103, 482–485

Cordy, D. R. (1984): Pathomorphology and pathogenesis of bacterial meningoventriculitis of neonatal ungulates. Vet. Path., 21, 587–591

Dubielzig, R. R. (1977): Pulmonary leasions of neonatal foals. J. Equ. Med. and Surg., 1, 419–425

Dubielzig, R. R. (1978): Streptococcal septicemia in the neonatal foal. Equ. Vet. J., 2, 28–30

Eikmeier, H. (1970): Therapie innerer Krankheiten der Haustiere. Ferdinand Enke Verlag, Stuttgart

Firth, E. C., K. J. Dik, S. A. Goedegebuure, F. M. Hagens, L. R. M. Verberne, H. W. Merkens and A. W. Kersjes (1980): Polyarthritis and bone infection in foals. Zbl. Vet. Med. B, 27, 102–124

Goedegebuure, S. A., K. J. Dik. E. C. Firth, H. W. Merkens (1980): Polyarthritis and polyosteomyelitis in foals. Vet. Path., 17, 651–654

Grabner, A. (1976): Epidemiologische und bakteriologische Untersuchungen zur Streptokokken-Genitalinfektion des Pferdes in Südbayern. Vet. med. Diss., München

Koterba, A. M., B. D. Brewer and F. A. Tarplee (1984): Clinical and clinicopathological characteristics of the septicaemic neonatal foal: review of 38 cases. Equ. Vet. J., 16, 376–383

Leidl, W., R. Stolla, H. Schels und E. Volkart (1976): Keimbesiedlung des Genitale beim Pferd aus klinischer Sicht. Prakt. Tierarzt, 57, 214–219

Leistner W. (1980): Untersuchungen über die Wirksamkeit des Paramunitätsinducers Pind Avi an ausgewählten Krankheiten des Pferdes. (Auswertung eines Feldversuches). Vet. med. Diss., München

v. Lepel, J. D. (1970): Aufzuchtkrankheiten bei Fohlen. (Erhebungen über Fohlenverluste in der westdeutschen Vollblutzucht). Berl.-Münchn. Tierärztl. Wschr., 82, 429–433

Liu, J. K. M. (1980): Management and treatment of selected conditions in newborn foals. J.A.V.M.A., 176, 1247–1249

McGee, W. R. (1970): The clinical aspect of streptococcal infections of the horse. Proceedings, 2nd. Int. Conf. Equine Inf. Dis. II, 227–230 S. Karger-Verag, Basel, München, New York

Molen, E. J. van der (1979): Studies on the bacterial causes of neonatal mortality in foals. Report on post-mortem-findings. Tijdschr. Diergenskd., 104, 165–177

Naglic, T., M. Mercleg, D. Hajsig, S. Bambir (1982): Bacteria in equine pneumonia. Vet. Arch., 52, 107–113

Plateau, E., J. Vaissire, C. Cruciere, G. Gayot, C. Dauguet, A. Jacquet (1982): Infectious diarrhoea of the foal in France. Organisée par Cereopa, 10 March, 1982, 57–63

Platt, M. (1973): Septicaemia in the foal. Brit. Vet. J., 129, 221–229

Platt, M. (1977): Joint-ill and other bacterial infections in thoroughbred studs. Equ. Vet. J., 9, 141–145

Shaffoe, S. (1984): Serratia marescens septicaemia in a neonatal Arabian foal. Equ. Vet. J., 16, 389–392

Smith, H., W. Gaastra, J. P. Kamerling, J.F.G. Vuegenhart, F.K. Graaf (1984): Isolation and structural characterization of the equine erythrozyte receptor for enterotoxigenic Escherichia coli K99 fimbrial adhesin. Inf. and Imm., *46*, 578−584

Thein, P. (1981): Zur Prophylaxe der Fohlenlähme. Prakt. Tierarzt, *62*, 616−619

Thein, P., W. Leistner und H. Hechler (1980): Erfahrungen mit dem Einsatz des Paramunitätsinducers *Pind Avi* in der Pferdepraxis. Zbl. Vet. Med., B, *27*, 499−512

Thein, P., H. Hechler, A. Mayr (1981): Vergleichende Untersuchungen zur Wirksamkeit des Paramunitätsinducers *Pind Avi*, des Mitogens PHA-P und von Rhinopneumonitisvirus auf die peripheren Lymphozyten des Pferdes. Zbl. Vet. Med., B, *28*, 432−449

Tzipori, S., T. Makin, M. Smith, F. Krautil (1982): Enteritis in foals induced by Rotavirus and enterotoxigenic Escherichia coli. Austr. Vet. J., *58*, 20−23

Tzipori, S., M. Withers, J. Hayes, R. Robins-Brown, L. Ward (1984): Attachment of E. coli-bearing K88 antigen to equine brushborder membranes. Vet. Microb., *9*, 561−570

Ward, A. C. S., J. Traub, J. F. Evermann, N. Sriranganathan (1984): Piliated Escherichia coli from equine intestine. Abstr. 65th Ann. Meet. Conf. Res. Work. Anim. Dos., *51*, 275

Wilson, R. C., J. N. Moore, N. Eakle (1983): Gentamicin pharmakokinetics in horses given small doses of Escherichia coli endotoxin. Am. J. Vet. Res., *44*, 1746−1749

Infektion mit Bacillus piliformis, nekrotisierende Hepatitis
(Tyzzer's Disease)

Begriff und Vorkommen

Eine Krankheit, die bei verschiedenen Säuger-Spezies vorkommt und verursacht wird durch den obligat intrazellulär lebenden gramnegativen Sporenbildner Bacillus piliformis, ist die Tyzzer's Disease, auch als nekrotisierende Hepatitis bekannt. Sie wurde erstmals von Tyzzer 1917 bei kleinen Nagern festgestellt. Er war es auch, der den Erreger isolieren konnte. Die Infektion verläuft beim Fohlen als perakute Krankheit mit letalem Ausgang.

Die ersten Fälle von Tyzzer's Disease bei Fohlen sind 1964 und 1973 in Zentralkentucky beschrieben (*Swerczek* und Mitarb. 1973). Später wurde die Krankheit in weiteren Bundesstaaten der USA nachgewiesen (*Anderson* 1976, *Hall* und *van Kruiningen* 1974, *Harrington* 1975, *Harrington* 1976, *Pulley* und *Shively* 1974, *Swerczek* 1977, *Thompson* und Mitarb. 1977, *Turk* und Mitarb. 1981, *Yates* und Mitarb. 1980), Berichte aus England (*Whitwell* 1976) liegen ebenfalls vor. Das Verbreitungsgebiet der Infektion dürfte größer sein als bisher bekannt.

Ätiologie und Pathogenese

Als natürliche Übertragung wird die orale Aufnahme des Erregers Bacillus piliformis diskutiert, der vom Intestinum aus die Leber infiziert (*Allen* und Mitarb. 1965, *Ganaway* und Mitarb. 1971, *van Kruiningen* und *Blodgett* 1971). Die vegetative Form des Erregers außerhalb der Zelle ist sehr empfindlich, so daß es wahrscheinlich ist, daß die Infektion über Sporen erfolgt (*Tyzzer* 1917). Die Sporenform ist widerstandsfähig und überlebt im Futter auch wiederholtes Einfrieren und Auftauen ebenso, wie die Behandlung mit unterschiedlichen Desinfektionsmitteln und Erhitzung (*Ganaway* 1980). Unter experimentellen Bedingungen wurde nachgewiesen, daß erwachsene Pferde den Erreger mit Kot ausscheiden und daß Fohlen, über diese Faeces infiziert, erkranken (*Swerczek* 1977). Auch über Ansteckung und Erkrankung von Stuten durch ihre kranken Saugfohlen − wahrscheinlich über Kotaufnahme − wurde berichtet; die Möglichkeit latenter Ausscheider kommt ebenfalls in Betracht. Die Aktivierung der latenten Form der Infektion durch Kortisongabe ist von Nagetieren beschrieben (*Allen* und Mitarb. 1965, *van Kruiningen* und *Blodgett* 1971, *Takagaki* und Mitarb. 1966). Übertragungen zwischen verschiedenen Spezies unter Feldbedingungen sind nicht bekannt. Die diaplazenterale Übertragung der Infektion ist bei Ratten nachgewiesen (*Fries* 1979).

Klinisches Bild

Die Krankheit verläuft perakut bis akut. Betroffen sind Fohlen von der ersten Woche p. n. bis zum Alter von 1,5 Monaten. Häufig ist der Krankheitsverlauf so rasch, daß das infizierte Fohlen tot in der Box aufgefunden wird, ohne daß von Besitzer oder Halter vorher der Verdacht auf eine Krankheit überhaupt geäußert wurde. Die gemeinhin beschriebenen Symptome kurz vor dem Tod der Fohlen bestehen in Schwäche, Depression, Festliegen, Ikterus, Schock. Ebenfalls im Zusammenhang mit der Infektion sind beschrieben Diarrhöe, Dyspnoe, Blindheit, Tachykardie. Die Krankheit verläuft in der Regel tödlich; der Tod tritt − sofern prämortal Symptome beobachtet werden konnten − 2 bis 48 Stunden nach erster Feststellung dieser Anzeichen ein.

Von *Trent* und *Walsh* (1983) ist ein Fall beschrieben, an dem unter Klinikbedingungen zeitlich Verlauf und Symptomatik der Erkrankung exakt erfaßt werden konnten und vermutlich als exemplarisch anzusehen sind. Dieses Fohlen war 17 Tage alt (Zwillingsfohlen) und als gesunder Begleiter seines orthopädisch erkrankten Schwesterfohlens in die Klinik gelangt.

Der Ablauf der Krankheit ist in Tabelle 7.16 dargestellt.

Ab Nachmittag des dritten Tages ist der Patient depressiv; geringgradige Zyanose der Kopfschleimhäute, Abfall der Körpertemperatur auf 39,4 °C und Festliegen kommen hinzu. Die Laboruntersuchung ergibt eine stark ausgeprägte Acidose (venöser pH 6.89, pCO_2 35 mm Hg, HCO_3 7 mmol/l), der Basenexcess beträgt 36,8, Hyponatriämie (125 mmol/l), Hyperkaliämie (7,5 mmol/l) und Hypochlorämie (90 mmol/l) sind vorhanden. Die Zyanose nimmt im Laufe des Abends zu, die Atmung wird unphysiologisch. Das Fohlen beginnt im Liegen zu paddeln, Opisthotonus stellt sich ein, die Körpertemperatur fällt auf 37,8 °C, der Puls steigt. Alle Therapieversuche, die ab zweitem Tag eingeleitet worden waren, bleiben ohne Erfolg. Am Vormittag des vierten Tages stirbt das Fohlen.

Als Initialsymptom der Krankheit sind Pyrexie, Tachypnoe und Tachykardie für einen Zeitraum von 48 Stunden — ohne daß die betroffenen Fohlen deswegen krank erscheinen müssen — anzusehen. Danach beginnt die depressive Phase und damit die Symptomatik, die allgemein als „Tyzzer's Disease" beschrieben ist.

Die bei anderen Spezies offenbar pathognomonischen intestinalen Veränderungen kommen beim Fohlen wohl nur gelegentlich vor, das gleiche gilt für Schäden am Myocard (*Trent* und *Walsh* 1983).

Pathologischer Befund

Der pathologische Befund besteht in einer Zunahme des Leberumfanges und -gewichtes. Im beschriebenen Einzelfall betrug das Lebendgewicht 2,3 kg, das sind 5,4 % des Körpergewichtes des Fohlens (physiologisch < 3,5 %). Histologisch fällt an Lymphknoten und Milz die reduzierte Lymphozytenmenge auf. Die Milzfollikel können nekrotische Lymphozyten in größerer Menge enthalten. Am dominantesten sind die durch ausgedehnte, multifokale bis konfluierende Nekrosen auffallenden Leberveränderungen, die in über 50 % des Parenchyms nachweisbar sind. Die Peripherie dieser Nekroseherde ist in der Regel durch neutrophile Infiltrate markiert, die Zentren bestehen aus eosinophilem, amorphem Zelldebris und Kernfragmenten. Der Erreger Bacillus piliformis findet sich meist in Hepatozyten an der Peripherie dieser Nekroseherde und ist dort sowohl einzeln als auch in Nestern nachweisbar.

Diagnose

Die ante-mortem Diagnose bei perakutem Verlauf der Krankheit ist aus den beschriebenen Gründen außerordentlich schwierig zu stellen. Es fehlen spezifische oder pathognomonische Symptome auch beim akuten Verlauf. Die Veränderungen, die durch hämatologische oder klinisch-chemische Untersuchungen nachzuweisen sind, sind nicht spezifisch für die Tyzzer's Disease. Serologisch läßt sich der Erreger am Patienten ebenfalls nicht nachweisen. Damit ist die Diagnose erst postmortem zu stellen und stützt sich auf die pathologisch-histologischen Befunde sowie auf den hierbei zu erbringenden Erregernachweis.

Tabelle 7.16 Symptomatik eines kontrollierten Falles der Tyzzer's Disease bei einem 17 Tage alten Fohlen (nach *Trent* und *Walsh* 1985)

Symptome	Tag 1	Tag 2	Tag 3	Tag 4
Temperatur	39 °C	40,3 °C	41,3 °C	41,2 °C
Puls	120/min	140/min	n.u.	140/min
Atmung	60/min	80/min	n.u	n.u
Kondition	aktiv, guter Appetit	aktiv, guter Appetit	beginnt zu liegen, Appetit gut	reduzierte Aktivität
Resp. Trakt	o. B	Nasenausfluß, Tachypnoe	Nasenausfluß, Niesen	

Therapie

Eine spezifische Therapie der Tyzzer's Disease beim Fohlen ist nicht bekannt; immunpräventive Maßnahmen existieren nicht.

Literatur

Allen, A. M., J. R. Ganaway, T. D. Moore, R. F. Kinard (1965): Tyzzer's disease syndrome in laboratory rabbits. Amer. J. Path., *46,* 859–882

Anderson, B. C. (1976): Tyzzer's disease in foals – occurrence in California. Calif. Vet., *30,* 36–37

Fries, A. S. (1979): Studies on Tyzzer's disease: Transplacental transmission of Bacillus piliformis in rats. Lab. Anim., *13,* 43–46

Ganaway, J. R. (1980): Effect of heat and selected chemical disinfectants upon infectivity of spores of Bacillus piliformis. Lab. Anim. Sci., *30,* 192–196

Ganaway, J. R., A. M. Allen, T. D. Moore (1971): Tyzzer's disease. Amer. J. Path., *64,* 717–730

Hall, W. C., H. J. van Kruiningen (1974): Tyzzer's disease in a horse. J. Am. Vet. Ass., *166,* 58–60

Harrington, D. D. (1975): Naturally occurring Tyzzer's disease in horse foals. Vet. Rec., *95,* 59–63

Harrington, D. D. (1976): Bacillus piliformis infection in two foals. J. Am. Vet. Ass., *168,* 58–60

Kruiningen, H. J. van, S. B. Blodgett (1971): Tyzzer's disease in a Connecticut rabbitry. J. Am. Vet. Ass., *158,* 1205–1212

Pulley, L. T., J. N. Shively (1974): Tyzzer's disease in a foal. Vet. Path., *11,* 203–211

Swerczek, T. W. (1977): Multifocal hepatic necrosis and hepatitis in foals caused by Bacillus piliformis. Vet. Ann., *17,* 130–132

Swerczek, T. W., M. W. Crowe, M. E. Prickett, J. T. Bryans (1973): Focal bacterial hepatitis in foals. Mod. Vet. Pract., *54,* 66–67

Takagaki, Y., M. Ito, M. Naiki; K. Fujiwara, M. Okugi, K. Maejima, Y. Tajima (1966): Experimental Tyzzer's disease in different species of lab animals. Jap. J. Exptl. Med., *36,* 519–534

Thompson; G. W., R. W. Wilson, E. A. Hall, P. Physick-Sheard (1977): Tyzzer's disease in the foal: Case report and review. Can. Vet. J., *18,* 41–43

Trent, A. M., K. M. Walsh (1983): Tyzzer's disease in a foal. Equ. Pract., *5. 7,* 8–17

Turk, M. A. M., A. M. Gallina, L. E. Perryman (1981): Bacillus piliformis infection in Northwestern United States: A retrospective study of 21 cases. J. Am.-Vet. Ass., *178,* 279–281

Tyzzer, E. E. (1917): A fatal disease of the Japanese waltzing mouse caused by a spore-bearing bacillus. J. Med. Res., *37,* 307–338

Whitwell, K. E. (1976): Four cases of Tyzzer's Disease in Foals in England. Eq. Vet. J., *8,*118–122

Yates, W. D. G., M. A. Hayes, G. R. Finnel, G. R. Chalmers (1980): Tyzzer's disease in Western Canada. Can. Vet. J. *21,* 63

Neonatales Atemnotsyndrom, neonatale respiratorische Insuffizienz

(Neonatal respiratory distress syndrome ›NRDS‹)

Begriff und Vorkommen

Störungen in der Lungenfunktion und der sie steuernden Zentren stellen bei Fohlen ebenso wie bei Neugeborenen anderer Spezies im ersten extrauterinen Lebensabschnitt eine vitalitätsbedrohende Situation dar. Ein direktes Eingreifen kann vor allem in den Fällen lebensrettend sein, in denen das Atemzentrum intakt ist, die Lungenfunktion jedoch nicht in Gang kommt. Voraussetzung dafür ist, daß die Hilfsmaßnahmen unmittelbar post natum gezielt und koordiniert einsetzen. Nicht selten ist eine unvollständig beseitigte, neonatale respiratorische Insuffizienz prädisponierender Faktor für eine Spätacidose oder für das Angehen von Infektionen des Respirationstraktes beziehungsweise allgemeiner Art (Fohlenlähmekomplex 7.2.1).

Ätiologie und Pathogenese

Der pH-Wert des venösen Blutes liegt bei neugeborenen, gesunden und vitalen Fohlen im Bereich zwischen 7.192 bis 7.351 (arterielles Blut 7.32–7.42, nach *Rose* et al. 1983). Gleich niedrige Werte wie im venösen Blut ermittelten *Stewart* und Mitarbeiter (1984) aus dem arteriellen Umbilikalgefäß. Der pH-Wert steigt innerhalb der ersten vier Lebensstunden in der Regel auf Werte von > 7.380 an, bleibt bis zur 24. Stunde p. n. auf diesem Niveau und erhöht sich weiterhin geringgradig bis zum vierten Lebenstag auf Werte um 7.400. Die Stagnation des pH-Wert-Anstieges im peripheren Blut ist bemerkenswert und von Fohlen zu Fohlen von individueller Dauer (*Bostedt* und *Bellinghausen* 1985). Als eine der Ursachen dafür kann das verminderte H^+-Ausscheidungsvermögen der Niere in Verbindung mit dem Einsetzen der proteinreichen Ernährung (*Svenningsen* und *Lindquist* 1973) gesehen werden, zum anderen kann dies auch mit einer verminderten Gasaustauschkapazität der Lungenalveolen diskutiert werden. Diese aufgezeigte pH-Stagnation, teilweise sinken die Werte sogar unter die erreichte Konzentration in der vierten Lebensstunde ab, gibt auch einen Hinweis darauf, daß anfänglich vitale Fohlen erst nach einigen Stunden klinische Symptome des respiratorischen Atemnotsyndroms zeigen (Spätacidose). Zu beachten ist weiterhin, daß die Normazidität adulter Pferde in der ersten Adaptationsperiode nicht erreicht wird (Abb. 7.7).

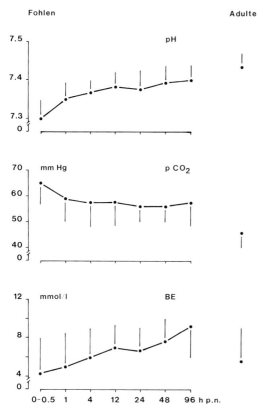

Abb. 7.7 Blutgasverhältnisse beim neugeborenen Fohlen

Der venöse CO_2-Partialdruck fällt im Zuge eines verstärkten Gasaustausches in den ersten Lebensstunden erheblich ab (venöses Blut von pCO_2 67.6±6.6 auf 55.8±9.3 mm Hg, arterielles Blut pCO_2 31−47 mm Hg). Die ausgeprägte Hyperkapnie wird bei Fohlen offensichtlich weniger schnell als bei anderen Tierarten überwunden (Abb. 7.7) Am 4. Lebenstag liegt der venöse CO_2 Partialdruck noch wesentlich über dem adulter Tiere.

Die Basenabweichung (BE = Base excess) weist große individuelle Schwankungen auf. Unter störungsfreien Bedingungen unterschreitet sie unmittelbar p.n. kaum die Null-Linie. Allerdings kommt es auch beim BE zwischen der 4. und 24. Lebensstunde zu einer Stagnation bis hin zur leichten Depression.

Diese Angaben zeigen, daß auch beim Fohlen eine gemischt respiratorisch-metabolische Acidose unmittelbar p.n. vorliegt. Die Stabilisierung des Blutgassystems unterliegt allerdings auch unter physiologischen Gegebenheiten gewissen Schwankungen. Zwischen der 4. und 24. Lebensstunde ist mit einer Stagnation der Entwicklung der Normazidität zu rechnen.

Kommt es unmittelbar nach der Ruptur des Nabelstranges nicht zu einer vollen Entfaltung der Lungenalveolen, resultiert daraus eine mangelhafte Ventilation und somit ein ungenügender Gasaustausch. Folge davon ist ein gleichbleibend niedriger pH-Wert bei langandauernder Hyperkapnie und Hypoxie. Im späteren Verlauf kommt es zu einer ausgeprägten, gemischt respiratorisch-metabolischen Acidose.

Unabhängig davon besteht bei Fohlen die Gefahr der Entwicklung einer Spätacidose zwischen der 4. und 48. Lebensstunde, die sich nicht nur bei anfangs reanimierten, sondern auch bei der Geburt noch vitalen Neugeborenen entwickeln kann. Diesem Umstand, der seine Begründung in der Stagnation der Entwicklung neonataler Blutgasentwicklung in den ersten Lebensstunden haben kann, ist bei Fohlen besondere Beachtung zu schenken. Außerdem führt eine sich langsam entwickelnde intrakranielle Blutung zu einer nicht mehr behebbaren Spätacidose mit Atemstillstand.

Die Ursachen für die neonatale Atemdepression sind vielschichtig (Tab. 7.16). Vor allem spielt die Geburtslänge bei intermittierender, wehenbedingter Durchblutungsdepression des Fetus und damit ein mangelhafter Gasaustausch intra partum eine Rolle. In diesem Zusammenhang dürfte eine besondere Bedeutung der bei Pferden festgestellte niedrige Plazenta-pO_2-Gradient ($\approx$ 4 mm Hg gegenüber bei Wiederkäuern 20 mm Hg) haben (*Comline* and *Silver* 1974), wodurch die intrauterine Sauerstoffaffinität des Fetus in etwa der der Mutter entspricht. Bei Wiederkäuerfeten liegt sie wesentlich höher. Geburtszeitverlängerungen können also unmittelbarer zur Drosselung der O_2-Versorgung bei Pferdefeten führen. Dazu kommen die bereits früh und noch während der Geburt einsetzenden Trennungsvorgänge zwischen maternaler und fetaler Plazenta in den Mikrokotyledonen.

Die Fohlen beginnen infolge der Hypoxie und Hyperkapnie bereits intrauterin mit ersten Atemzügen, wobei Fruchtwasser, häufig mit Mekonium versetzt, in die Lunge kommt (Fruchtwasser- und Mekoniumaspiration mit der Folge einer postnatalen Pneumonie). Weitere Ursachen sind vorzeitige Plazentalösung und Nabelschnurkompression sub partu (Tab. 7.17).

Bei prämaturen, aber auch bei hypotrophen Fohlen kann der Antiatelektase-(Surfactant-)Faktor fehlen, wodurch die Gefahr des Kollabierens der Lungenalveolen nach Gasfüllung besteht, und somit der Gasaustausch unvollständig bleibt (Membrankrankheit).

Auch raumbeengende, traumatische Prozesse, die durch Dystokien entstanden sind (Brustkorbkompression, Pneumothorax, Zwerchfellriß, Rippenbruch), können ebenso Auslöser einer neonatalen Atemdepression sein wie Insulte im Kopfbereich (intrakranielle Blutungen und/oder Hirnhaut-Ödeme).

Tabelle 7.17 Einige Ursachen für die neonatale Atemdepression beim Fohlen

---

überlange Geburt/Dystokie

Unreife beziehungsweise Überreife des Fetus

Verlegung der Atemwege mit Schleim

kurzzeitiges Abdecken der Nasenöffnung mit Fruchthüllen unmittelbar p.n.

vorzeitige Plazentaablösung

Nabelschnurkompression

zerebrale Haemorrhagie und Ödem

Geburtsverletzungen:
intrakranielle Blutungen
Thoraxkompressionen – Rippenbrüche
Zwerchfellriß
Trachealverletzungen

Mißbildungen:
Chonalatresie
Lungenmißbildungen
Herzanomalien
Stenosen in den oberen Luftwegen

hoher Blutverlust

Lungenerkrankungen können bereits durch intrauterine Infektionen (viral und bakteriell bedingt) entstehen. Weiterhin ist eine Form nichtentzündlicher Atelektasen beschrieben worden, die ebenso wie Mißbildungen (Choanolatresie, Herzanomalien) zu dem Syndrom der neonatalen Atemdepression führen können.

Klinisches Bild

Fohlen weisen normal unmittelbar nach der Geburt eine Atemfrequenz zwischen 50 und 80/Minute auf, die sich auf 120–160/Minute innerhalb der ersten sechs Lebensstunden steigert und später wieder auf 70–130/Minute zurückgeht (*Rossdale* 1969). Fohlen mit respiratorischer Insuffizienz zeigen Tachypnoe bis hin zur Apnoe. Die Atemzüge sind entweder inspiratorisch oder exspiratorisch betont, wobei unterschiedlich der kostoabdominale oder kostale Atemtyp vorliegen kann. Bestehen Obstruktionen oder Stenosen im oberen Luftweg oder Lungenbereich, werden die Nüstern weit gestellt. In manchen Fällen hochgradigen O_2-Mangels (Hypoxie, besonders bei Spätacidosen), bei ausgeprägter Lungenatelaktase und bei metabolischer Acidose (Hypoglykämie, Hyperlaktosämie) werden Nüsterblähungen und Mundatmung beobachtet. Stöhnen bei der Atemtätigkeit kann als Hinweis auf schwere Schmerzzustände (Zwerchfellriß, geburtsbedingte Rippenbrüche), schnorchelnde Atmung als zu langes Gaumensegel oder Stenosen im oberen Luftweg gewertet werden. Die Auskultation der Lunge bringt unterschiedliche klinische Hinweise. Neben unklaren rasselnden Geräuschen (Fruchtwasseraspiration) sind Abschnitte ohne deutliches Lungengeräusch auszumachen (Atelektasen). Allerdings bringt diese Art der Untersuchung ebenso wie die Perkussion nur schwer einzuordnende und somit schwierig zu beurteilende Befunde.

Die Schleimhäute sind nur leicht zyanotisch verfärbt, wobei auch rötliche Farbnuancen kein Indiz für den Schweregrad des Azidämiezustandes sind. Darüber hinaus kann auch ein leichter Stich ins Gelbliche (neonatale Bilirubinämie) vorliegen.

Motorik und Sensibilität sind kaum ausgeprägt. Die Fohlen befinden sich in Seitenlage und können sich in Brustlage nur schwer halten, geschweige denn im Stehen. Der Herzrhythmus ist häufig beschleunigt. Es besteht aber auch nicht selten eine Arrhythmie oder Tachykardie. Eine Gesamtbewertung kann mittels des APGAR-Programmes erfolgen (Tab. 7.1), wobei die Punkte in Korrelation zur Blutgassituation stehen.

Die Körpertemperatur liegt bei neonatalen Atemdepressionsfällen meist > 38.5°C, in Fällen mit Spätacidose und starker Hypoglykämie häufig unter 38.0°C (Hypoglykämie-Hypothermie-Komplex).

Wichtig erscheint noch der Hinweis, daß bei Fohlen mit intrapartal vorgeprägter Atemdepression bereits Mekonium abgegangen ist, kenntlich am mekoniumhaltigen Fruchtwasser und an der eventuell kotverschmierten Analgegend.

Labordiagnostisch lassen sich folgende Parameter für den Blutgasstatus erheben: (pH, pCO_2, BE). Dazu kann entweder Blut aus der Vena jugularis (venöser Blutgasstatus) entnommen werden, oder es wird korrekterweise aus einer Arterie gewonnen. Dazu bieten sich an: Karotis-, Brachial- oder Metatarsalarterie, Arteria facialis (*Rose* und *Rossdale* 1981). Weiterhin wäre zu bestimmen: Blutglucose und Gehalt an Laktat im Blut (Blut aus der Vena jugularis).

Pathologischer Befund

Er ist geprägt von Schleimansammlung in den luftzuführenden Wegen und von atelektatischen Bezirken in der Lunge. Zu achten wäre auch auf Mißbildungen (Choanalatresie, Lungenmißbildung) und Geburtsverletzungen (Rippenbrüche, Zwerchfellriß, intrakranielle Blutungen, etc.).

Diagnose und Differentialdiagnose

Zur Diagnosestellung werden vor allem Atmungstyp, Motorik, Sensibilität und Schleimhautkolorit neben Lungenperkussion und -auskultation herangezogen. So weit wie möglich wäre ein Blutgasstatus zu erheben. Dabei könnte dieser nach Entnahme des Blutes in luftdicht abgeschlossenen und auf Eis gelagerten Röhrchen auch noch 2 bis maximal 3 Stunden danach bestimmt werden, was bei ambulanter Betreuung derartiger Patienten besonders für die Nachbehandlung von Bedeutung sein kann.

Differentialdiagnostisch oder besser in erweiterter Diagnostik sind Mißbildungen und geburtsbedingte Traumen abzuklären.

Wichtig ist der Hinweis, daß eine Atemdepression auch in Form einer Spätacidose (ab der 4. Lebensstunde) auftreten kann. Hervorstechendstes Merkmal ist die Tachypnoe. Weiterhin ist bei der Auskultation der Lunge besonders auf verdichtete Bezirke (Lungenatelektase) zu achten. Differentialdiagnostisch kommen Lungenaffektionen in Betracht.

Weitere diagnostische Hinweise kann eine röntgenologische Untersuchung des Thorax bringen, wobei besonders auf Atelektasen zu achten wäre.

Behandlung

Neonatale Atemdepression: Zuerst Schleimentfernung aus den Atemwegen (Absaugen). Bei vollständigem Atemstillstand oder unregelmäßiger Atmung (Hypoventilation) Thoraxkompressionen im Takt (im Sinne einer Wechseldruckbeatmung), wobei über eine Gesichtsmaske Sauerstoff (5000–10000 ml/Min.) zugeführt wird. Bei der intranasalen O_2-Insufflation ist allerdings nur ein nachhaltiger Effekt bei reifen Fohlen zu erwarten. Bei unreifen, hypotroph geborenen Fohlen kommt es trotz dieser Maßnahme nur zu einer mangelhaften Steigerung der pO_2-Konzentration (*Rose* et al. 1983).

Über einen Dauerkatheter oder eine Verweilkanüle (Braunüle[R] Braun Melsungen) wird je nach Körpergewicht sowie pH- und BE-Befund Natriumbikarbonat-Lösung/60–80 ml 1–2 ml/kg KG (8.4%ig) und Glukose (500 ml 5%ig) im Dauertropf appliziert. Das in der Atemnotsyndrom-Situation herabgesetzte Herzminutenvolumen ist durch größere Infusionsmengen zu verbessern. Da mit Glucoseinfusion allein dies nicht immer erreicht werden kann, wird Blutplasma verabreicht.

Eine pH-Nachmessung ist unbedingt notwendig, um der Gefahr einer Alkalose zu begegnen. Ist eine pH-Bestimmung nicht möglich, kann Natriumbikarbonatlösung nach Wirkung (beginnend mit 60–80 ml), langsam zugeführt werden. Der Einsatz von $NaHCO_3$ allerdings muß vorsichtig und überlegt erfolgen. Durch $NaHCO_3$ wird CO_2 frei, welches, wenn nicht genügend O_2 zugeführt und Luft abgeatmet wird, den Acidosegrad verschlimmern kann. Überdosierungen führen zu intrakraniellen Blutungen. Schwere neurologische Störungen, wie Aggression, Stöhnen, unkontrollierte Kopfbewegungen sind Zeichen dafür.

Weiterhin kann das Atemzentrum durch Doxapram (Dopram[®]) angeregt werden. Es soll sowohl an den peripheren Chemorezeptoren als auch an den Neuronen des Atemzentrums Wirkung entfalten. Um die Lungenalveolen zur Intensivierung des Gasaustausches zu erweitern, wäre ein Bronchodilatator (Perphyllon[R] Chem. Fabrik Homburg) einzubeziehen. Weiterhin ist auch an eine Myocardstimulation zu denken.

Die exogene Zufuhr von Wärme (Wärmedecken, Wärmelampen und wassergefüllte Wärmekissen) ist erforderlich. Sobald eine leichte Besserung eingetreten ist, sollte das Fohlen unter allen Umständen aus der liegenden Position in die Brustlage gebracht werden. *Kosch* und Mitarbeiter (1984) konnten nachweisen, daß sich in Brustlage die O_2-Spannung im Blut wesentlich besser entwickelt und stabilisiert als in Seitenlage.

Fohlen mit Spätasphyxie sind in gleicher Weise zu behandeln, wobei die Sauerstoffzufuhr am besten über einen endotrachealen Tubus (⌀ 8–10 mm, Länge 45–55 cm) längere Zeit kontrolliert erfolgen muß.

Fohlen nach überstandener Lungeninsuffizienz sind für Infektionen gefährdet. Daher sollten diese Patienten unter Antibiose gestellt werden, um zumindest bakterielle Erkrankungen der Lunge zu kupieren. Da sie auch kaum in der Lage sind, in den ersten Lebensstunden Kolostrum aufzunehmen, ist ihnen dieses mittels Nasenschlundsonde (Dauernasenschlundsonde) regelmäßig (2-Stunden-Intervalle) bis zum gesicherten Stehen und vollständig vorhandenem Saugreflex zu verabreichen.

Literatur

Bostedt, H., W. Bellinghausen (1985): Blutgasanalysen und Substratbestimmungen bei neugeborenen Fohlen. Tierärztl. Umsch. *40*, 454–458

Comline, R. S., M. Silver (1974): A comparative study of blood gas tensions, oxygen affinity and red cell 2.3 DPG concentration in foetal and maternal blood in the mare, cow and sow. J. Physiol. *242*, 805–826

Gillespie, J. R. (1975): Postnatal lung growth and function in the foal. J. Reprod. Fert. Suppl. *23*, 667–671

Kosch, P. C., A. M. Koterba, T. J. Coons, A. J. Webb (1984): Development in management of the newborn foal in respiratory distress: evalution. Equ. Vet. J. *16*, 312–318

Rose, R. J., P. D. Rossdale (1981): Techniques and clinical applications of arterial blood collection in the horse. Equ. Vet. J. *13*, 70–73

Rose, R. J., D. R. Hodgson, D. P. Leadon, P. D. Rossdale (1983): Effect of intranasal oxygen administration on arterial blood gas and acid parameters in spontaneously delivered, term induced and induced premature foals. Res. Vet. Sci. *34*, 159–162

Rossdale, P. D. (1969): Measurement of pulmonary ventilation in normal newborn thoroughbred foals during the first three days of life. Br. Vet. J. *125*, 157–162

Silver, M., R. S. Comline (1975): Transfer of gases and metabolites in the equine placenta: a comparison with other species. J. Reprod. Fert. Suppl. *23*, 589–594

Svenningsen, N. W., B. Lindquist (1973): Incidence of metabolic acidosis in term, preterm and small-for-gestional age infants in relation to dietary protein intake. Act. Pediat. Scand. *62*, 1–10

Steward, J. H., R. J. Rose, A. M. Barko (1984): Respiratory studies in foals from birth to seven days old. Equ. Vet. J. *16*, 323–328

Thomas, W. P., J. E. Madigan, R. Q. Backus, W. E. Powell (1987): Systemic and pulmonary haemodynamics in normal neonatal foals. J. Repr. Fert. Suppl. *35*, 623–228

Webb, A. J., T. J. Coans, A. M. Koterba and P. C. Kosch (1984): Developments in management of the newborn foals in respiratory distress: II. Treatment. Equ. Vet. J. *16*, 319–324

Fehlanpassungssyndrom (FAS)
(Neonatal maladjustment syndrome ›NMS‹)

Vorkommen und Bedeutung

Dieses erstmals von *Reynolds* (1930) beschriebene, intensiver von *Rossdale* (1957) bearbeitete Krankheitsbild tritt vorwiegend bei neugeborenen oder wenige Tage alten Araber- und Vollblutfohlen auf. Es kommt aber auch bei hoch im Blut stehenden Warmblutfohlen vor. Nach *Rossdale* (1972) erkranken daran rund 0.75 % aller termingerecht, äußerlich eutroph und komplikationslos geborenen Vollblutfohlen.

Im Fehlanpassungssyndrom wird eine Reihe von Einzelsymptomen zusammengefaßt, die zum einen eine gestörte Adaptation des neonatalen Fohlens gegenüber der Stute kennzeichnen, zum anderen schwere organische, vorwiegend neurologisch bedingte Ausfallserscheinungen, die den geordneten Beginn der Mutter-Kind-Beziehung stören, charakterisieren. Es handelt sich demnach nicht um ein einheitliches, klar umgrenztes Krankheitsbild, sondern mehr um ein komplexes Geschehen.

Ätiologie und Pathogenese

In den ersten wissenschaftlichen Untersuchungen zum Fehlanpassungssyndrom wird als alleiniger Grund für sein Entstehen die neonatale Hypoxie genannt (*Millar* und *Bailay* 1959, *Rossdale* 1969). Hypoxische Zustände treten in Zusammenhang mit dem neonatalen Atemnotsyndrom, bei Verlegung der luftzuführenden Wege, einschließlich Verletzungen des Thorax und bei nicht behobener Lungenatelektase auf. Durch die mangelnde Zufuhr von Sauerstoff infolge eingeschränkter Lungenfunktion und Atemtätigkeit kommt es komplementär zu einer Schädigung des Gehirns, wodurch die neurologischen Ausfallserscheinungen (Krämpfe) und das respiratorische Distress-Symptom (zentrale und periphere Atemstörung) ihre Erklärung finden würden. So beschreiben *Palmer* und *Rossdale* (1975) ischämische Gehirnnekrosen und perivaskuläre Hämorrhagien bei Fohlen mit zu Tode führenden tonisch-klonischen Krampf- und Atemstörungen.

In dieses Schema lassen sich jedoch nicht alle Fälle einordnen, da sich herausstellte, daß das FAS mit seinen unterschiedlichen Verlaufsformen nicht immer mit einem eindeutigen Acidosezustand im Blut einhergeht (*Bellinghausen* 1983).

Die komplexen Ursachen für das FAS müssen daher auch heute noch als nicht völlig geklärt bezeichnet werden. Neben den genannten hypoxischen Zuständen wären auch genetische Einflüsse, neurologische Unreife und frühkindliche epileptoide Zustände in Betracht zu ziehen (*Rossdale* 1978, *Bellinghausen* 1983). So haben *Thein* und Mitarbeiter (1983) bei Araberfohlen mit Kleinhirnhypoplasie auf genetischer Basis ein FAS-typisches Krankheitsbild beschrieben. Dazu kommen noch Fälle neurotroper Infektionen, die versteckt auftreten können und ebenfalls zu dem FAS-charakteristischen Krankheitsbild führen können. Dabei wäre vor allem an solche intrauterinen Infektionen zu denken, die beim Fetus eine Retardierung der Gehirnentwicklung bedingen.

Klinisches Bild

In der Regel tritt das Fehlanpassungssyndrom (FAS) innerhalb der ersten 24 Lebensstunden auf. Dabei ist der Zustand des unmittelbar nach dem Partus zu beobachtenden FAS von dem, welches sich in den ersten Lebensstunden erst allmählich entwickelt, zu differenzieren. Im ersten Fall weisen die Fohlen unmittelbar nach der Geburt Störungen auf, die auf eine Schädigung oder Unreife des Nervensystems schließen lassen. Im letzteren Fall stehen die Fohlen anfänglich auf, nehmen auch Kontakt zur Stute und deren Euter auf, verschlechtern sich aber im Allgemeinbefinden innerhalb weniger Stunden. Bei einigen, möglicherweise infektiös bedingten, zentralnervösen Leiden, die postnatal zum Ausbruch kommen, kann es auch noch später (einige Tage p. n.) zur Ausbildung eines augenscheinlichen FAS kommen.

Im allgemeinen werden vier verschiedene Formen des Fehlanpassungssyndroms unterschieden, die im englischen Schrifttum zum Teil mit volkstümlichen Namen belegt werden: „wanderer" (Wanderer, Abirrender), „barker" (Bellender), „dummy" (Stummer) und „convulsives" (Krampfender). Andere, den Zustand besser umschreibende Bezeichnungen wären: nullusensisch, errabundierend, clamatatorisch, convulsiv.

Die Symptomatik ist im großen und ganzen von den einzelnen der genannten Hauptcharakteristika geprägt (Tab. 7.18). So gibt es Fohlen, die nach der Geburt ihre Mutter nicht erkennen, das Euter nicht suchen und in ständiger Bewegung bis zur Erschöpfung in der Box umhergehen. Sie irren blind umher und nehmen dabei Kontakt mit verschiedenen Gegenständen in der Box auf, die sie beknabbern, beziehungsweise belecken (Abb. 7.8). Aus dieser Form, aber auch ohne vorausgegangenes zwanghaftes Umherirren, kann dann die vollkommene Teilnahmslosigkeit entstehen. Die Fohlen stehen mit hängendem Kopf in der Ecke und haben die Lider halb geschlossen (Abb. 7.9). Sie legen sich trotz erheblicher Apathie nicht. Die Atmung ist bei ihnen weitgehend gleichmäßig, aber flach.

Tabelle 7.18 Symptome beim Fehlanpassungssyndrom

1. Kontaktlosigkeit zur Mutter, das Euter wird nicht aufgesucht, fehlender Saugreflex
2. Zielloses Umherwandern und Anrennen gegen Gegenstände
3. vollkommene Apathie – stundenlanges Stehen mit gesenktem Kopf ohne Kontakt zur Stute
4. Dyspnoe, Tachypnoe
5. Neurologische Ausfallserscheinungen
   Abnorme Lautäußerungen (kindhaftes Schreien)
   herabgesetzte Reflexe
   unbeholfener, stolpernder Gang – Ataxie
   tonisch-klonische Krämpfe, Koma
   Leerkauen, Zähneknirschen, Zungenlähmung
   Asymetrische erweiterte oder verengte Pupillen
   Verstärkung der Erscheinungen durch Geräuschexposition
6. Abgesunkener pO_2-Gehalt
   Hyper- oder Hypoglykämie,
   Hypo- oder Agammaglobulinämie

Abb. 7.8 Fohlen mit Fehlanpassungssyndrom. Das Fohlen ist ohne Kontakt zur Stute und wandert ständig in der Box

Abb. 7.9 Fohlen mit Fehlanpassungssyndrom. Das Fohlen steht teilnahmslos mit gesenktem Kopf in einer Ecke, ohne einen Kontakt mit der Stute zu suchen

Andere Fohlen wiederum liegen fest und zeigen Streckkrämpfe sowie Opisthotonus (Abb. 7.10 s. Farbtafel 5). Es kommt periodenweise zu leeren Kaubewegungen (Trismus), wobei es durch Aufnahme von Einstreu im Liegen zum Wickeln von Stroh im Mundspalt kommt. Außerdem besteht Nystagmus. Die Fohlen weisen infolge ständiger ungeordneter Bewegungen Verletzungen, so besonders Abschürfungen am Jochbogen und den Extremitäten auf. Herz- (> 100/Min.) und Atemfrequenz (> 60/Min.) sind erheblich erhöht, die Atmung ist flach. Die Nüstern sind oft weitgestellt. Ein Teil der Fohlen ist bewußtlos. Ein anderer Teil kann dazu noch oder bei stark eingeschränktem Sensorium hohe kindsähnliche Töne in bellender Art oder grunzende Geräusche von sich geben (clamatatorisch).

Bei äußerer Geräuschexposition verstärken sich die Symptome häufig. Die Höhe der Körpertemperatur ist abhängig vom Aktivitätszustand des Fohlens. Sie ist fieberhaft bei starker Bewegung (bis 41 °C), abgesunken, zum Teil unter der Norm, im Koma (< 38.0 °C). Die neurologischen Ausfallserscheinungen sind stark unterschiedlich und gehen über fehlende Hautsensibilität und Reflexerregbarkeit bis hin zur tremorhaften Hypertonie und Zungenlähmung (Abb. 7.11 s. Farbtafel 5).

Die Laboruntersuchung ergibt zum Teil Hinweise auf eine gemischt respiratorisch-metabolische Acidose. In Abhängigkeit zum Lebensalter in Stunden bestehen erniedrigte oder stark erhöhte Blutzuckerwerte (≤ 2.5 oder ≥ 7.5 mmol/l) und bei tonisch-klonischen Krämpfen auch eine gesteigerte CK-Aktivität. Ansonsten sind keine von der Norm abweichenden Werte bei den üblichen Parametern zu erwarten.

Man vermutet, daß die an FAS erkrankten Fohlen auch an einer versteckt, das Nervensystem betreffenden Infektion leiden können. Infolge des stark geschwächten Allgemeinbefindens können sie sich sekundär schnell bakteriell infizieren. Sie weisen also mit fortschreitender Krankheitsdauer neben den beschriebenen Initialsymptomen zunehmend diese überdeckenden, allgemeinen Symptome (Diarrhöe, Pneumonie) auf.

Pathologischer Befund

Dieser zeigt zuweilen wenig Charakteristisches und kann durch sekundäre Organerkrankungen (Diarrhöe etc.) überdeckt werden. In ausgeprägten Fällen bestehen Nekrosen des Hirnstammes, des Zwischenhirnes und des Cortex. Auch Blutungen (Cortex, weiße und graue Substanzen, Kleinhirn) sind nachzuweisen. Subarachnoidale Blutungen bestehen sowohl im Gehirn als auch im Rückenmark. Daneben besteht noch ein Hirnödem.

Diagnose und Differentialdiagnose

Die Diagnosebezeichnung „Fehlanpassungssyndrom" ist eigentlich ungenügend und gibt oft nicht die Schwere des klinischen Befundes wieder. Sie sollte daher stets durch das klinische Leitsyndrom ergänzt werden. Diagnosehinführend sind klinisches Bild, neurologische Untersuchung sowie Blutgasanalytik und Substratbestimmung.

Differentialdiagnostisch müssen, abhängig vom Zeitpunkt und Ausprägungsgrad der Symptome, Zustände wie traumatisch bedingte intrakranielle Blutungen oder Hirnödeme, infektiöse Meningitis, Störungen im Elektrolytstatus (Magnesium-, Kalziummangel) sowie alle Formen der neonatalen Septikämie (s. 7.2.1 Neonatale Septikämie − Fohlenlähme-Komplex) abgegrenzt werden.

Behandlung

Die Behandlung baut sich in der Mehrzahl der Fälle symptomatisch auf, da eine kausale Diagnose häufig nicht gegeben werden kann. Da die Behandlung sich über Tage hinzieht, sollte von vornherein ein Venenkatheter gelegt werden, um jederzeit Zugang zum Blutsystem zu haben.

Bei abgesunkenem Blut-pH und negativer Basenabweichung erfolgt ein Ausgleich durch 8.4 %ige $NaHCO_3$-Lösung im Dauertropf (bis 80 ml, dann erneute Kontrolle wegen möglicherweise eintretender Alkalose) und Zufuhr von O_2.

Glucoselösungen sollten dann infundiert werden, wenn eine Hypoglykämie nachgewiesen ist (Haemoglukoteststreifen[R]). Energieverarmt sind im allgemeinen Fohlen mit hoher Bewegungsaktivität und solche, die längere Zeit keine Nahrung zu sich genommen haben. Tonisch-klonisch gestörte Fohlen mit Schreikrämpfen erhalten zur Beruhigung ein Antiepileptikum wie Phenytoin-Natrium (Epanutin[R] Parke Davis) oder ein Sedativum wie Diazepam (Valium[R] Roche) beziehungsweise Triflupromazin (Psyquil[R] Heyden) (Tab. 7.19). Bei andauernden, traumaverursachenden Krämpfen kann auch ein Muskelrelaxans (My 301[R] Brunnengräber) angewandt werden (siehe auch 7.2.3 Epileptoide Anfälle).

Tabelle 7.19 Behandlungsmöglichkeiten von nervösen Störungen, die beim Fehlanpassungssyndrom auftreten

Diazepam	Valium® Roche 10–20 mg / Fohlen langsam i. v.
Phenobarbital	beginnend mit 10 mg/kg KG in Verdünnung mit physiol. NaCl, zweimal täglich
Phenytoin-Natrium	Epanutin® Parke Davis 5–10 mg/kg KG dann alle 2–4 Stunden 1–5 mg/kg KG
Triflupromazin	Psyquil® Heyden

Bei Verdacht eines Gehirnödems wird Dexamethason oder besser Hydrokortison (50–100 mg) angewandt. Erfahrungen liegen auch vor mit der Verabreichung von Dimethylsulfoxide (DMSO) in einer Dosierung von 500–900 mg/kg KG in 1000 ml 5%iger Glukose. Gute Wirkung zeigen auch Saluretika (Dimazol Lasix).

Wichtig ist, daß nach anfänglicher Notversorgung die energetische Bilanz hergestellt wird. Die Fohlen werden künstlich mit Nasenschlundsonde so lange ernährt, bis sie in der Lage sind, wieder von alleine zu saugen. Dies kann bis zu 10 Tage dauern. Das Anbieten von Milch aus der Flasche in der Anfangsphase der Erkrankung kann zu schweren Verschluckpneumonien führen. Da diese Fohlen in der Regel per vias naturales kein Kolostrum aufnehmen konnten, ist Kolostralmilch von der Mutterstute in genügender Menge über die Nasenschlundsonde zu verabfolgen, um späterem Immunmangel vorzubeugen.

Eine antibiotische Abdeckung über fünf Tage sollte in allen Fällen vorsorglich geschehen, um sekundären, bakteriellen Infektionen vorzubeugen.

Die Fohlen, die bereits zusätzlich an einer Pneumonie oder Diarrhöe leiden, werden entsprechend intensiv behandelt (Elektrolytsubstitution, Sekretolytikum etc.).

Der Patient ist weich (Wasserkissen, Styroporunterlage mit Strohauflage) und warm, möglichst in Brustlage, zu lagern. Da damit gerechnet werden muß, daß sich krampfende Fohlen im Anfall selbst verletzen, sind auch die Boxenwände entsprechend zu polstern. So lange Koma und Krampfanfälle anhalten, muß ständig eine Wachperson in der Nähe sein.

Die Prognose ist im allgemeinen vorsichtig zu stellen. Die Überlebensrate liegt bei 70–80 %. Aus Umfragen ist bekannt, daß sich die FAS-Fohlen nach überstandener Krankheit normal entwickeln und später keine neurologischen Ausfallerscheinungen zeigen. Die Überlebensrate hängt im wesentlichen davon ab, ob die Fohlen genügend Kolostrum erhalten haben (Kontrolle des Immunglobulingehaltes Foalcheck®, Mobay Bayer, Corporation, USA).

Literatur

Bellinghausen, W. (1983): Klinisch-chemische und blutgasanalytische Untersuchungen bei neugeborenen Fohlen unter besonderer Berücksichtigung des Fehlanpassungssyndroms. Diss. Giessen

Bostedt, H., W. Bellinghausen (1985): Blutgasanalysen und Subratbestimmungen bei neugeborenen Fohlen. Tierärztl. Umsch. *40*, 454–455

Gillespie; J. R. (1975): Postnatal lung growth and function in the foal. J. Reprod. Fert. Suppl. *23*, 667–671

Mahaffey, L. W., P. D. Rossdale (1957): Convulsive and allied syndromes in newborn foals. Vet. Rec. *69*, 1277

Meinecke, B. (1984): Störungen in der Neugeborenenperiode des Fohlens. Prakt. Tierarzt *65*, 19–28

Millar, R., K. C. Bailey (1959): A clinical case of convulsive syndrome in a newborn foal. Austr. Vet. J. *35*, 489–492

Palmer, A. C., P. D. Rossdale (1975): Neuropathology of the convulsive foal syndrome. J. Reprod. Fert. Suppl. *23*, 691–694

Reynolds, E. B. (1930): Clinical notes on some conditions with the mare following parturition and in the newlyborn foal. Vet. Rec. *10*, 277–281

Rossdale, P. D. (1969): Clinical studies on 4 newborn thouroughbred foals suffering from convulsions with special reference to blood gas chemistry and pulmonary ventilation. Res. Vet. Sci. *10*, 279–294

Rossdale, P. D. (1972): Modern concept of neonatal disease in foals. Equin. Vet. J. *4*, 117–128

Thein, P., G. Essich, W. Schulze-Hockenbeck (1983): Zur Ätiologie von Fohlenerkrankungen. Tierärztl. Umsch. *38*, 329–250

Formen des Immunmangels beim Fohlen

Die essentielle Bedeutung eines funktionierenden Immunsystems wurde vor allem durch die Untersuchung an immundefizienten Menschen nachgewiesen. Immunmangelsyndrome beim Menschen können sowohl nur die B-Lymphozyten erfassen als auch die T-Lymphozyten einbeziehen. Daraus resultiert entweder nur eine ungenügende Immunglobulinsynthese oder die Kombination aus mangelnder Antikörperbildung und mangelnder Immunzellreaktion, wie sie bei der kombinierten Immunmangelkrankheit vorliegt. Die Folge dieser Immunmangelsituationen ist in jedem Falle deutlich steigende Anfälligkeit gegenüber Infektionen jeder Art. In Analogie zu den aus der Humanmedizin bekannten Immunmangelsyndromen kennt man beim Fohlen zur Zeit die folgenden Immunmangelkrankheiten (Thein, 1984) (siehe dazu Tabelle 7.20):

1. Die kombinierte Immunmangelkrankheit
2. Die primäre Agammaglobulinämie
3. Hypogammaglobulinämie (Malabsorption)
4. Die zeitlich begrenzte Hypogammaglobulinämie
5. Den selektiven Immunglobulin-M-Mangel

Von *McGuire* und Mitarb. (1974) sowie *Thompson* und Mitarb. (1975) wurde die kombinierte Immunmangelkrankheit erstmals bei Fohlen mit arabischer Blutführung nachgewiesen. Alle Untersuchungen, die zur Ätiologie und zur klinischen Symptomatik des kombinierten Immunmangels beim Fohlen durchgeführt wurden, betrafen Vollblut-Araber oder Araber. Zunächst schien diese Krankheit auf die amerikanischen Zuchten beschränkt zu sein, inzwischen liegen auch Berichte über den Nachweis des kombinierten Immunmangels beim Araber aus Großbritannien und Australien vor. Darüber hinaus wurde erstmals 1984 von *Perryman* und Mitarb. (1984) über den Nachweis dieser Krankheit bei einem Appaloosa-Fohlen berichtet. Inzwischen geht man davon aus, daß der kombinierte Immunmangel eine hereditäre Erkrankung mit autosomal rezessivem Erbgang ist. Der Symptomkomplex ist charakterisiert durch stark ausgeprägte Lymphopenie, Entspeicherung aller Lymphoidorgane von Lymphozyten, Hypo- oder Agamma-Globulinämie und in vitro nachzuweisende Nicht-Reaktivität der T-Zellen (*McGuire* und *Poppie* 1973, *McGuire* und Mitarb. 1975).

Diese Art des Immunmangels ist in der Regel begleitet von massiven Virusinfektionen; die Ade-

Tabelle 7.20 Formen des Immunmangels beim Fohlen

Bezeichnung des Defektes	Grundlage des Defektes	Ursache des Defektes	Folge des Defektes	vorwiegend betroffene Rassen
Kombinierter Immunmangel	Totaler Mangel an Immunglobulinen und Immunzellen	Genetische Disposition: autosomal/rezessiv	Tödlich verlaufende Infektionen meist ab 2. Lebenswoche	Vollblutaraber Araber Halbblutaraber
Primäre Agammaglobulinämie	Totaler Mangel an Immunglobulinen	Genetische Disposition: wahrscheinlich autosomal/rezessiv	Erhöhte Infektionsanfälligkeit, erhöhte Sterblichkeit	Englisches Vollblut
Hypogammaglobulinämie (Malabsorption)	Zu wenig Immunglobuline	Ungenügende Kolostralversorgung oder Absorptionsstörungen beim Fohlen	Erhöhte Infektionsanfälligkeit, schwerere Krankheitsverläufe, erhöhte Sterblichkeit	Alle Rassen
Zeitlich begrenzte Hypogammaglobulinämie	Verzögerte Eigensynthese von Immunglobulinen	Wahrscheinlich genetisch bedingt, Erbgang unklar	Erhöhte Infektionsanfälligkeit bis in den Bereich des 3. Lebensmonats	Alle Rassen
IgM-Mangel	Selektiver Mangel an Immunglobulinen des Typs IgM	Wahrscheinlich genetisch bedingt, Erbgang unklar	Erhöhte Infektionsanfälligkeit speziell im Bereich des 4.–8. Lebensmonats	Alle Rassen

novirusinfektion scheint hiervon besonders zu profitieren (siehe Kapitel 7.2.1.3). Die vom kombinierten Immunmangel betroffenen Fohlen erliegen Virus- oder Bakterieninfektionen beziehungsweise Mischinfektionen in der Regel im Alter zwischen der 2. und der 20. Lebenswoche.

Immuntherapeutische oder antibakterielle Therapie bei Fohlen mit einem diagnostizierten kombinierten Immunmangel schlagen generell fehl, eine wirklich verläßliche Therapie existiert nicht.

Von *Banks* und Mitarb. (1976) und *McGuire* und Mitarb. (1976) wurde erstmals über die primäre Agammaglobulinämie berichtet, die diese Autoren beim Vollblüter nachwiesen. Von *McGuire* und *Poppy* (1973) liegen Beschreibungen über die primäre Hypogammaglobulinämie, vergesellschaftet mit einer Thymushypoplasie, wiederum beim Araberfohlen vor. Die Erkrankung ist vor allem durch einen totalen Mangel an B-Lymphozyten charakterisiert. Die T-Lymphozyten sind sowohl quantitativ als auch funktionell voll erhalten. Auch diese Pferde entwickeln vorwiegend progressive Pneumonien im Bereich der 6. bis 8. Lebenswoche. Serumuntersuchungen ergeben weder IgM noch IgA oder IgG und IgG (T)-Spiegel oder aber subnormale Quantitäten der angeführten Gammaglobulinklassen. Ausgeprägte Lymphozytopenie aller Lymphoidorgane ist nachzuweisen, die Lymphknoten enthalten keine germinalen Zentren. Im Falle der Thymusuntersuchung wird sich in der Regel eine Entspeicherung dieses Organes von Lymphozyten ergeben und ein Ersatz durch Fettgewebe ist nachweisbar.

Auch in Fällen dieser primären Agamma- oder Hypogammaglobulinämie scheint es zu einer besonderen Begünstigung des Angehens der klinisch manifesten Adenovirusinfektion zu kommen, die sich dann in therapieresistenter Pneumonie mit letalem Ausgang äußert.

Von *McGuire* und Mitarb. (1975) wurde darüber hinaus eine zeitlich begrenzte Hypogammaglobulinämie bei Fohlen verschiedener Rassen beschrieben, über deren Ursache bisher nichts näheres bekannt ist. Auch hier scheint eine Rassendisposition mit Bevorzugung von Araberfohlen zu existieren. Diese Form des Immunmangels ist vorwiegend charakterisiert durch eine zeitliche Verzögerung in der Fähigkeit der betroffenen Patienten zur Synthese eigener Immunglobuline bis etwa zum 3. Lebensmonat. Die Folge dieses Unvermögens ist ebenfalls die erhöhte Disposition für klinisch manifeste Virus- und Bakterieninfektionen.

Erstmals von *Perryman* und Mitarb. (1977) sowie *Hodgin* und Mitarb. (1978) ist eine weitere Form des Immunmangels beim Fohlen beschrieben, sie sich als selektiver Mangel an Immunglobulin M darstellt. Die daraus resultierenden, vorwiegend bakteriellen, klinisch manifesten Infektionen erreicht eine Spitze im Alter zwischen 4. bis 8. Lebensmonat; prognostisch ist diese Form des selektiven Immunmangels noch als am günstigsten für das Überleben der betroffenen Fohlen zu bezeichnen.

Neueren Untersuchungen zufolge wird ein erheblicher Teil der Infektionskrankheiten beim neugeborenen Fohlen jeder Rasse dem Unvermögen des passiven Immuntransfers (Malabsorption) zugeschrieben. Diese Hypogammaglobulinämie als Folge ungenügenden Einbaus der Kolostralimmunglobuline von der Mutterstute in das Fohlen wurde erstmals von *McGuire* und Mitarb. (1975) beschrieben. Auch sie ist diagnostizierbar über den Nachweis subphysiologischer Immunglobulinquantitäten im peripheren Blut des betroffenen Fohlens. Dieser ungenügende Antkörpertransfer kann zum einen die Folge ungenügenden Saugens oder ungenügender Immunglobulinkonzentration im Kolostrum der Mutterstute sein als auch zum anderen durch Störungen der Intestinalfunktion mit der Folge ungenügender Resorption des Kolostralproteins durch das Fohlen verursacht werden. In jedem Falle ist auch diese Form des Immunmangels begleitet von einer hohen Frequenz klinisch manifester Infektionen.

Generell stehen heutzutage auch für die Praxis genügend Tests zur Verfügung, die zumindest sehr schnell am neugeborenen Fohlen eine Aussage über den Immunglobulinspiegel, der nötig ist, ein Fohlen zu schützen, erlauben (*Thein*, 1984; *Thein et al.* 1989). Es seien hierzu an Testprinzipien genannt:
1. Latex-Test:
   Dieser Test ist ein verläßlicher Schnell-Test, der sowohl aus Blut als auch aus Serum des Fohlens erlaubt, innerhalb von Minuten im Stall eine Aussage über die Immunglobulinkonzentrationen zu erhalten. Der Test arbeitet quantitativ im entsprechenden mg-Bereich.
2. Zinksulfat-Trübungstest:
   Dieser Test arbeitet lediglich semi-quantitativ und kann speziell in den hier interessierenden Grenzbereichen der Immunglobulinkonzentration differente Aussagen verursachen.
3. Radiale Immunodiffusionstests arbeiten vor allem mit einem Antiglobulin-Antikörper (leider meist nicht auf Pferdebasis) und sind bei richtiger Handhabung durchaus verwertbar, bereiten jedoch dem Ungeübten Schwierigkeiten und erfordern Laboraufwand

a) durch die lange Testdauer (Inkubation über Nacht) sowie
b) die notwendige, peinlich exakte Vermessung der Immunopräzipitationsringe, die erst über Hochrechnung die Aussage zum gemessenen Immunglobulinspiegel erlauben.
c) Testinstabilitäten von Hersteller zu Hersteller
4. Nicht für die Praxis bestimmt, sondern nur unter Laborverhältnissen einsetzbar, ist die Nephelometrie, mit deren Hilfe quantitativ am sichersten der Serumglobulingehalt erfaßbar ist.

Vor allem wegen des sicher letalen Ausganges muß dem kombinierten Immunmangel besondere Aufmerksamkeit innerhalb des Zuchtgeschehens geschenkt werden. Speziell aus der Vollblut-Araberzucht der USA ist bekannt, das vorwiegend Hengste die Träger dieser verhängnisvollen Anlage sein können, man geht jedoch auch von Stuten als Anlageträger aus. Trotz sehr intensiver Bemühungen ist es bisher noch nicht gelungen, einen am Vater- oder Muttertier anwendbaren Marker für Vorliegen dieser Veranlagung zu identifizieren.

Da der Immunmangel jeder Art die Ursache für nachfolgende Infektionskrankheiten des neugeborenen Fohlens darstellt, ist noch einmal darauf hinzuweisen, wie wichtig es ist, sich auch unter Praxisverhältnissen so schnell wie möglich am Patienten Gewißheit darüber zu verschaffen, inwieweit sein Immunsystem funktionsfähig ist. Bedauerlicherweise ist dies noch längst nicht zur Selbstverständlichkeit in der Pferdepraxis geworden, so daß an diesen Formen der „Lebensschwäche" noch häufig vorbeidiagnostiziert und -therapiert wird.

Behandlung des Fohlens bei vorliegendem Immunmangel

In Abhängigkeit vom diagnostizierten Immunmangel und seinem Umfang (betroffen B-Zellen oder B- und T-Zellen oder nur Mangel im Globulintransfer) gelten folgende Richtlinien für einen Behandlungsversuch (*Thein*, 1984):

1. Nach Erfassen des humoralen Globulinspiegels gilt ein Fohlen mit einem Globulinspiegel nicht über 200 mg/dl in jedem Falle als behandlungsbedürftig.
2. Sind derartige Fohlen unter 12 Stunden alt, so erhalten sie Kolostrum aus der Kolostrumbank oder abgemolkenes Kolostrum einer anderen Stute des gleichen Bestandes oral verabfolgt. Mindestens sollten hierzu 2 bis 3 Gaben à 500 ml in zweistündigem Abstand erfolgen. Man sollte sich zur Regel machen, eingefrorenes Kolostrum nach dem Auftauen auf jeden Fall nur einmal zu verwenden und dann nicht erneut einzufrieren.
3. Sind die Fohlen älter als 12 Stunden, so erhalten sie intravenöse Plasmainfusionen; die zweimalige Gabe von annähernd einem Liter wird hierbei als ausreichend angesehen. Das Plasma sollte tunlichst aus der Mutterstute oder von erwachsenen Pferden des gleichen Bestandes gewonnen werden. Zeigen die behandlungsbedürftigen Fohlen bereits Anzeichen einer manifesten Infektion, so ist die Menge in jedem Falle auf 2 bis 3 l zu steigern, und sie sollte begleitet sein von einer gezielten antibiotischen Behandlung.
4. Wird ein Immunmangel im Bereich des 3. Lebensmonats mit Spiegeln zwischen 200 bis 400 mg/dl (Hypogammaglobulinämie) festgestellt, so müssen diese Fohlen nur als relativ geschützt gegenüber Infektionskrankheiten angesehen werden. Diesen Fohlen parenteral noch Serumantikörper der Stute zu verabfolgen, kann nicht empfohlen werden, da dadurch die Ausbildung der fohleneigenen aktiven Immunität gestört werden könnte. Diese Fohlen sind täglich hinsichtlich ihrer Vitalfunktionen zu kontrollieren und müssen beim ersten klinisch erkennbaren Anzeichen einer Infektionskrankheit gezielt und intensiv antibiotisch und substituell behandelt werden.

Literatur

Banks, K. L., T. c. McGuire, T. R. Jerrels (1976): Absence of B lymphocytes in a horse with primary agammaglobulinemia. Clin. Immunol. Immunopath., *5*, 282–290

Hodgin, E. C., T. C. McGuire, L. E. Perryman, B. D. Grant (1978): Evaluation of delayed hypersensitivity responses in normal horses and immunodeficient foals. Am. J. Vet. Res., *39*, 1161–1167

McGuire, T. C., M. J. Poppie (1973): Hypogammaglobulinemia and thymic hypoplasia in horses: A primary combined immunodeficiency disorder. Infect. Immun., *8*, 272–277

McGuire, T. C., M. J. Poppie, K. L. Banks (1974): Combined (B- and T-lymphocyte) immunodeficiency: A fatal genetic disease in Arabian foals. J. Am. Vet. Med. Assoc., *164*, 70–76

McGuire, T. C., K. L. Bans, M. J. Poppie (1975): Combined immunodeficiency in horses: Characterization of the lymphocyte defect. Clin. Immun. Immunopath., *3*, 555–566

McGuire, T. C., M. J. Poppie, K. L. Banks (1975): Hypogammaglobulinemia predisposing to infection in foals. J. Am. Vet. Med., A, *166*, 71–75

McGuire, T. C., K. L. Banks, D. R. Evans, M. J. Poppie (1976): Agammaglobulinemia in a horse with evidence of functional T-Lymphocytes. Am. J. Vet. Res., *37*, 41–46

Perryman, L. E., T. C. McGuire, B. J. Hilbert (1977): Selective immunoglobulin M deficiency in foals. J. Am. Vet. Med. A., *170*, 212–215

Perryman, L. E., C. R. Boreson, M. W. Conaway, R. C. Bartsch (1984): Combined immunodeficiency in a Appaloosa foal. Vet. Path., *21*, 547–548

Thein, P. (1984): Gesundheitsprobleme im Pferdebestand – Infektionskrankheiten und ihre Bekämpfung. Handbuch Pferd, DLV-Verlag, München. 1. Aufl., 649–679

Thein, P., G. Essich, F. Grünmach, B. Abar (1989): Grundlagen und Kontrolle des Immunstatus beim Saugfohlen. Prakt. Tierarzt 70 (11), 15–28

Thompson, D. B., N. J. Studdert, R. G. Beilharz, I. R. Littlejohns (1975): Inheritance of a letal immunodeficiency disease of Arabian foals. Austr. Vet. J., *51*, 109–113

Icterus haemolyticus neonatorum, Isoerythrozytolysis neonatorum, Hämolytisches Syndrom der Fohlen

Begriff, Vorkommen und Bedeutung

Die Isoerythrozytolysis neonatorum führt in den meisten unbehandelten Fällen zu schwerwiegenden, tödlichen Krankheitserscheinungen infolge einer progressiven fetalen Erythrozytolyse nach Aufnahme von Kolostralmilch. Sie hat ihre Ursache in der Immunisierung der Stute gegenüber den fetalen Erythrozyten ihres Fohlens bei Blutgruppenunverträglichkeit Hengst-Stute und Ausscheidung sowie der Aufnahme der Antikörper über das Kolostrum.

Schätzungen zufolge sollen 1 % aller Fohlen an dieser haemolytischen Krise erkranken, die wahre Erkrankungsziffer liegt aber höher und weist rassespezifische Unterschiede auf. Bei Nachkommen von Maultieren wird diese Erkrankung in 5 bis 10 % beobachtet, bei Shetland-Ponys soll sie dagegen nicht vorkommen. Erste Beschreibungen über das Krankheitsbild liegen vom französischen Tierarzt *Carrère* von 1852 vor.

Ätiologie und Pathogenese

Schon 1947 vermuteten *Caroli* und *Bessis*, daß die Isoerythrozytolysis neonatorum der Fohlen eine Unverträglichkeitsreaktion der Fohlen gegenüber der Stutenmilch auf der Grundlage von Antikörpern gegen fetale Erythrozytenantigene darstellt. *Coombs* und Mitarbeiter (1947) sowie *Bruner* und Mitarbeiter (1948) konnten dann kurz darauf die Ursachen dieser Erkrankung aufklären.

Nach Aufnahme von Kolostralantikörpern gegen fetale Eryhtrozyten kommt es im Fohlen zu einer Reaktion von Antigendeterminanten der fetalen Erythrozytenmembran und entsprechenden Antikörpern, die von der Mutterstute im Verlauf der Gravidität (oder früher) gebildet worden sind. Die Folge ist eine überstürzte Erythrozytolyse und dadurch Ikterus (Icterus neonatorum) sowie hämolytische Anämie (Anaemia neonatorum).

Besonders häufig lösen die A- und Q-Blutgruppendeterminanten beim Fohlen diese Erkrankung aus. Die gegen diese Blutgruppen gerichteten Antikörper wirken vorwiegend als Hämolysin und Hämagglutinine.

Die Autoimmunisierung der Mutterstute gegen die fetalen Erythrozyten – und zwar gegen den paternellen Anteil – geschieht während der Gravidität. Es wird angenommen, daß fetale Erythrozyten durch undichte Stellen der Plazenta (Plazentarlecks, petechienartige, retroplazentare Haemorrhagien gegen Graviditätsende oder unter der Geburt) eindringen und so in den mütterlichen Kreislauf gelangen. Auch können früher stattgehabte Übertragungen von Blut des Vatertieres zu einer ebenso krankmachenden Antikörperbildung führen.

Remsmeyer (1977) fand darüber hinaus partielle Antigengemeinschaften zwischen Oberflächenantigenen bestimmter Gruppen bei Schaf und Pferd. Heterolysinhaltiges Schafimmunserum war gegen den Blutgruppenfaktor C_a des Pferdes gerichtet. Umstritten ist, ob auch Isoantikörper gegen fetale Erythrozyten auf natürlicher Grundlage entstehen können.

Der Zerfall der fetalen Erythrozyten geschieht vorwiegend in Leber und Milz. Das dabei anfallende Bilirubin führt, weil es nicht schnell genug abgebaut werden kann, zum Ikterus unterschiedlicher Ausprägung. Da die zerfallenen fetalen Erythrozyten nicht rasch genug ersetzt werden können, kommt es zu einem erythrozytären Defizit und mithin zur Anämie.

Das Ausmaß der Antigen-Antikörper-Reaktion im Blutsystem des Fohlens ist abhängig von der Menge der über das Kolostrum zugeführten Antikörper. Daher erklären sich auch die unterschiedlichen klinischen Verlaufsformen. Da mitunter in einer Gravidität nicht genügend Antikörper durch die Stute gebildet werden, kann es erst nach der zweiten Gravidität oder nach wiederholter Konzeption vom gleichen Hengst zum leichten, später zum Ausbruch eines schweren haemolytischen Ikterus bei den folgenden Fohlen kommen. Aus klinischer Sicht sind jedoch genügend Fälle bekannt, bei denen es bereits nach der ersten Paarung zwischen Stute und bestimmtem Hengst zum Krankheitsbild des haemolytischen Syndroms beim Neonaten kam.

Klinisches Bild

Gesund und vital geborene Fohlen weisen erst larvierte, später deutliche Apathie im Zeitraum von 8 bis 72 Stunden nach Aufnahme von Kolostrummilch auf. Neben der Apathie sind weitere Symptome: Anorexie, ikterische Verfärbung der Schleimhäute, fortschreitende Hinfälligkeit, Festliegen. Grundsätzlich lassen sich drei Verlaufsformen des Icterus haemolyticus neonatorum unterscheiden:

1. Perakuter Krankheitsverlauf
   Durch massive Aufnahme von Antikörpern über die erste Kolostralmilchaufnahme kommt es zu einer überstarken Haemolyse innerhalb kürzester Zeit post natum (6 bis 18 Stunden). Die Fohlen verfallen innerhalb von Stunden, obwohl sie bei Geburt vital waren. Der Harn ist rotbraun verfärbt, ikterische Schleimhäute konnten sich infolge des progressiven Geschehens noch nicht ausbilden. Blutuntersuchungen weisen nur auf einen niedrigen Haematokrit ($<$ 25 Vol %) und eine ausgeprägte Haemolyse hin. Die Fohlen kommen zum Festliegen und verenden innerhalb weniger Stunden unter Krämpfen.

2. Akuter Krankheitsverlauf
   Diese Fohlen erkranken innerhalb von 48 Stunden nach der ersten Kolostralaufnahme. In dieser Zeit nimmt die Vitalität und parallel zu ihr die Sauglust ab. Die Fohlen stehen müde in der Box ohne wesentlichen Kontakt zum Muttertier. Später fallen die langen Liegeperioden auf. Es bestehen Tachykardie und Tachypnoe, die Körperinnentemperatur ist normal. Die Schleimhäute sind stark ikterisch verfärbt, der Urin bräunlich.
   Im Blut besteht eine deutliche Hyperbilirubinämie, Anämie, Acidose und Haemolyse.

3. Subakuter Verlauf
   Hierbei kommt es bei drei Tage bis drei Wochen alten Fohlen zu larvierten Erscheinungen, die durch eine geringe Antigen-Antikörper-Reaktion ausgelöst wird. Es bestehen zwar zeitweilig Apathie und verminderte Milchaufnahme, beide Symptome sind jedoch nicht sehr deutlich ausgeprägt. Auch die ikterische Verfärbung der Schleimhäute tritt nicht erkennbar zutage. Infolge der schlechten Milchaufnahme kommt es zu einer Mangelerscheinung. Im Blut fallen Anämie und eine mittelgradige Hyperbilirubinämie auf.
   Mitunter treten sekundär infolge der allgemeinen Schwäche noch Diarrhöen und/oder Pneumonien in Erscheinung. Todesfälle sind auch bei subakutem Verlauf möglich.

Pathologische Befunde

Je nach Erkrankungsgrad fallen die pathologischen Befunde unterschiedlich aus.

Bei *perakutem Verlauf* dominiert besonders die übergroße Leber und Milz. Die Verfärbung und Degeneration beider Organe rühren von toxischen Abbauprodukten des Haemoglobins her. Der Kadaver ist von eigentümlich brauner Verfärbung. In der Harnblase hat sich dunkelbrauner Harn angesammelt. Histologisch läßt sich in der Leber eine zentrolobuläre Nekrose nachweisen.

Hervorstechendstes Merkmal bei *akutem Verlauf* des haemolytischen Syndroms sind die Anämie und die ikterische Verfärbung des Körpers. Weiterhin werden Veränderungen an Leber und Milz von ähnlicher Qualität wie nach perakutem Verlauf gefunden. Allerdings ist die zentrolobuläre hypoxämische Leberdystrophie oft stärker ausgeprägt.

Fälle von *subakutem* Icterus neonatorum haben zumeist stark ausgeprägte Anämie mit Anzeichen einer progressiven Kachexie. Die Gelbverfärbung ist oft minimal, der Harn weist keine Farbveränderungen auf.

Diagnose und Differentialdiagnose

Vorbericht und klinisches Bild geben genügend Hinweise für das Vorliegen eines haemolytischen Syndroms bei akutem und subakutem Verlauf. Die ikterische Verfärbung der Schleimhäute kann am Auge, in der Mundhöhle und bei weiblichen Fohlen im Vestibulum (Abb. 7.12 s. Farbtafel 6) beurteilt werden. Blutuntersuchungen ergeben zum einen Haemolyse, zum anderen eine Erythropenie. Die Zahl der Erythrozyten ist ebenso wie der Haematokrit und Haemoglobingehalt ein verläßliches prognostisches Zeichen:

prognostisch vorsichtig: Erythrozytenanzahl
$<$ 4.5 bis 3.5 Mio/mm^3
Hkt. $<$ 30 bis 20 Vol %
Hb. 10$-$8 g/dl

prognostisch ungünstig: Erythrozytenzahl
< 3.5 bis 2.5 Mio/mm^3
Hkt. 20 bis 15 Vol %
Hb. $8-5$ g/dl
infaust: Erythrozytenzahl
< 2.5 Mio/mm^3
Hkt. < 15 Vol %
Hb. < 5 g/dl

Differentialdiagnostisch muß vor allem an fetale EHV-Infektionen sowie infektiöse Anämie gedacht werden. Allerdings besteht hierbei keine Haemolyse, dagegen ein ausgeprägter Ikterus. Weiterhin kommt die fetale nutritive Muskeldystrophie und das maskiert auftretende Fehlanpassungssyndrom in Betracht. In beiden Fällen besteht jedoch weder Ikterus noch eine Anämie. Das klinische Bild kann aber zu Fehlinterpretationen Anlaß geben. Anämische Anzeichen ohne Ikterus stehen in Zusammenhang mit inneren Blutungen (Traumen, neonatale gastroduodenale Ulcera).

Behandlung

In jedem Fall sollte ein Behandlungsversuch unternommen werden. Unter Bedingungen in der Praxis kommt hierfür in erster Linie der Blutaustausch in Frage. Für die Austauschtransfusion werden bis zu 6000 ml Blut von einem Hengst oder Wallach, niemals von der Mutterstute selbst, gewonnen (5000 I.E. Heparin/Liter Blut oder 40 ml einer 10%igen Natriumcitratlösung/Liter Blut). Zu beachten ist, daß bei den Spendern keine verwandtschaftlichen Beziehungen zur Mutterstute bestehen dürfen. Vor dem Austausch wird die Kreuzprobe vorgenommen (Fohlenblut x Spenderblut), um Isohämolysine oder Isoagglutinine gegen das Fohlenblut auszuschließen. Der Austausch erfolgt in der Weise, daß 500 ml Blut dem Fohlen entzogen und dann 500 ml Fremdblut zugeführt werden. Dieser Wechsel wird fortgeführt, bis die 6000 ml Fremdblut per Dauertropf infundiert worden sind.

Eine bessere, vor allem unter klinischen Bedingungen realisierbare Methode wäre, gewaschene Eryhtrozytensuspension zu verabreichen. O_2-Zufuhr bei Hkt < 20, Anregung der Diurese durch 5%ige Dextrose-Zufuhr.

Die schwerkranken Fohlen sind während der Transfusion warm zu lagern (Wasserkissen, Rotlichtbestrahlung). Weiterhin erhalten sie nach erfolgter Blutübertragung Antibiotika verabreicht (5 Tage), um Sekundärinfektionen bei derart geschwächten Fohlen zu vermeiden. Die Ernährung wird mit Milchersatz oder Milch einer anderen Stute vorgenommen (im noch schwerkranken Zustand über Nasenschlundsonde).

Die Gefahr der Resorption von Antikörpern ist ab dem 5. Tag vorüber. Bis dahin ist darauf zu achten, daß:

1. die Mutterstute alle zwei Stunden gemolken wird, um die Laktation zu erhalten und den Milchdruck zu nehmen,
2. der Kontakt zwischen Mutterstute und Fohlen während der Fremdernährungszeit nicht verlorengeht.

Besonders der letzter Punkt bereitet mitunter Schwierigkeiten. Diese können behoben werden, indem das Fohlen einen Maulkorb erhält, oder in der Ecke einer Box in ein eigens dafür abgeteiltes, den Sichtkontakt ermöglichendes Viereck verbracht wird.

Literatur

Bruner, D. W., F. E. Hull, E. R. Doll (1948): The relation of blood factors to icterus in foals. Am. J. Vet. Res. 9, 237–247

Caroli, J. et *M. Bessing* (1947): Recherches sur la cause de l'ictère grave familial des muletons. Rev. Hématol. 2, 207–209

Coombs, R. R., R. C. Crohwurst, F. T. Day, D. H. Heard, J. T. Hinde, J. Hoogstraten and *H. B. Parry* (1948): Haemolytic disease of newborn foals due to isoimmunization of pregnancy. J. Hyg. 46, 403–406

Cronin, M. T. J. (1950): Haemolytic disease of newborn foals. Vet. rec. 67, 479–482

Kroneman, J. (1976): Icterus neonatorum der Fohlen. Prakt. Tierarzt 57, 171–173

Rensmeyer, W. (1977): Beiträge zur vergleichenden Blutgruppenserologie bei Schaf, Rind, Schwein und Mensch unter besonderer Berücksichtigung der Lymphozyten. Diss. München

Schmid, D. O. (1967): Immunogenetische Untersuchungen bei Pferden. Wiener Tierärztl. Mschr. 54, 375–388

Stormont, C. (1975): Neonatal isoerythrolysis in domestic animals. Adv. Vet. Sci. Comp. Med. 19, 23–45

Neonatale Isoimmunleukopenie, Leucopenia neonatorum

Vorkommen und Bedeutung

Ähnlich dem neonatalen haemolytischen Ikterus wird von *Leidl* und Mitarbeitern (1980) das Krankheitsbild der neonatalen Isoimmunleukopenie erstmals beim Fohlen beschrieben. Wenn auch diese Immunopathie äußerst selten nachgewiesen wird, scheint möglicherweise die Dunkelziffer nicht diagnostizierter Fälle das bekannte Ausmaß zu überdecken.

Ätiologie und Pathogenese

Offenbar können durch Antigenkontakt infolge von Plazentarlecks auch fetale Leukozyten zu einer Antikörperreaktion bei der Mutterstute führen. Diese lymphozytotoxischen Antikörper konnten bei zwei Stuten noch 10 Wochen nach dem Abfohlen im Blutserum gefunden werden. Sie waren ausschließlich gegen die paternellen Lymphozytenantigene gerichtet.

Die Antikörper werden über das Kolostrum ausgeschieden und so nach deren Aufnahme in das Fohlen inokuliert. Dadurch kommt es zur Zytolyse und Agglutination der Leukozyten und Thrombozyten sowie zur Schädigung des Gefäßepithels.

Klinisches Bild

Beschrieben sind bisher drei Fälle, wobei das klinische Bild nur unscharf wiedergegeben werden konnte, da noch andere Erkrankungen (1 x nutritive Muskeldystrophie, 1 x Peritonitis, 1 x Aspirationspneumonie) das Grundleiden überlagerten. Dennoch besteht bei den Fohlen grundsätzlich Lebensschwäche, die Sekundärerkrankungen nach sich zieht.

Die *Diagnose* beruht auf dem Nachweis einer Leukopenie ($<$ 2800), wobei besonders der Lymphozyten- und Granulozytenanteil vermindert ist. Die Fohlen verenden innerhalb von drei bis vier Tagen. Eigene Beobachtungen weisen darauf hin, daß es bei neonatalen Fohlen mit schweren Infektionskrankheiten zu Leukopenien kommen kann, die sich allerdings nach intensiver Therapie (Bluttransfusion, Paramunisierung) innerhalb gewisser Zeit auch wieder normalisieren.

Es sollten bei Leukopenien auf jeden Fall mehrfache Zählungen in 24-Stunden-Abständen vorgenommen werden, um den Verlauf der Leukozytenkurve beurteilen zu können.

Behandlung

Liegt tatsächlich eine Leucopenia neonatorum auf der vermuteten Grundlage einer Immunopathie vor, sollte das Fohlen vor weiterer Kolostralmilchaufnahme bis zur 96. Lebensstunde gehindert werden (7.2.1 s. Icterus haemolyticus neonatorum). Inwieweit dem neonatalen Immunsystem stimulierende Maßnahmen (Vermehrung der T-Lymphozyten) oder Bluttransfusion eine Besserung bringen, ist bislang unbekannt.

Literatur

Leidl, W., S. Cwick, D. O. Schmid (1980): Neonatale Isoimmunleukopenie beim Fohlen. Berl. Münch. Tierärztl. Wschr. 93, 141-144

Schmid, D. O., S. Cwick, M. Emerich (1975): Lymphocyte antigenes of the horse. Proc. 1th Intern. Symp. Equine Hematol. Michigan State University

7.2.2 Erkrankungen der Atemwege und des Herz-Kreislauf-Systems

Infektion mit equinem Herpesvirus, Typ 2 (EHV_2)
(Slow growing equine herpesvirus)

Begriff und Vorkommen

Infektionen mit Pferdeherpesviren des Typ 2, serologisch klar abgrenzbar von den Vertretern des Rhinopneumonitisvirus (EHV_1 und EHV_4), sind seit 1963 (*Plummer* und *Waterson* 1973) erstmals aus England beschrieben. In der Folgezeit gelang der Nachweis dieser Erreger immer wieder sowohl aus Pferdefoeten als auch aus Fohlen unterschiedlichen Alters und erwachsenen Pferden mit oder ohne klinische Symptome. Die Infektion ist dem gegenwärtigen Kenntnisstand entsprechend unter der Pferdepopulation der ganzen Welt verbreitet; über Pathogenität und Virulenz des Erregers besteht — ebenso wie über seine tatsächliche Rolle als aktives oder aktiviertes Agens im Krankheitsgeschehen — manche Unklarheit.

EHV_2-Viren werden immer wieder isoliert, vorwiegend aus neugeborenen Fohlen. Der serologische Nachweis der Infektion läßt darauf schließen, daß dieser Erreger in der gesamten Pferdepopulation heimisch ist und hier vorwiegend in latenter Form existiert. Abgesicherte ätiologische Beweise für die klinisch manifeste Erkrankung nach EHV_2-Infektion beim Pferd stellen die Ausnahme dar (*Thein* 1976, *Thein* und *Böhm* 1976, *Thein* und *Härtl* 1976). Auch dieses Pferdeherpesvirus wird vertikal, aber auch horizontal übertragen; das Virus führt somit zur intrauterinen Infektion, wie vor allem von Virusisolationen aus embryonalen/foetalen Fohlenorganen bekannt ist. Zur Manifestation nach EHV_2Infektion bedarf es vermutlich unterstützender Faktoren (Streß, Begleitinfektionen).

Ätiologie und Pathogenese

Es handelt sich bei dem equinen Herpesvirus, Serotyp 2 (EHV_2), um ein typisches Herpesvirus der Gruppe B. Man hat es immer wieder den Cytomegaloviren zugeordnet, spricht heute – aufgrund seines stark zellassoziierten Verhaltens gegenüber EHV_1 in der Zellkultur weniger typischen Effektes – von ihm als Mitglied der Gruppe der sog. „begrenzt cytopathogenen Herpesviren".

Hinsichtlich der serologischen Beziehungen zu EHV_1 (EHV_4) und EHV_3 sind die Vertreter von EHV_2 selbständige Viren ohne Kreuzreaktionen zu den anderen Herpesviren des Pferdes. Hinsichtlich des Verhaltens in der Gewebekultur sowie ihres Aufbaus und Verhaltens vor allem gegenüber chemisch-physikalischen Einflüssen unterscheiden sie sich graduell von dem $EHV_{1/4}$-Virus. Über Subtypenvorkommen wird spekuliert. Genaues ist nicht bekannt.

Die Pathogenese der EHV_2-Infektion ist nicht geklärt; sicher spielen Persistenzmechanismen innerhalb des Infektionsablaufes – unabhängig davon, ob er zur Krankheit führt – eine wesentliche Rolle.

Zum Wesen dieser persistierenden Herpesvirusinfektion gehört, daß der Erreger im einmal infizierten Organismus Monate oder Jahre nachweisbar bleibt. Im Falle der Latenz handelt es sich um einen labilen Gleichgewichtszustand zwischen Erreger und infiziertem Wirt oder zwischen Virusvermehrung und Wirtsabwehr – solang es zu keiner die Krankheit auslösenden functio laesa kommt. In diesem Falle kann es zur rekurrierenden Infektion kommen, zum Beispiel infolge Streß, Immunsuppression etc., wenn das Gleichgewicht zugunsten des Erregers im Sinne dessen massiver Vermehrung verschoben wird.

Nachdem das Fohlen schon intrauterin mit EHV_2 infiziert sein kann, besteht die Möglichkeit seiner langzeitigen, chronischen Infektion. Streß durch den Geburtsvorgang, Medikamentenabusus, Infektionen mit anderen Erregern (EHV_1, Streptokokken), unphysiologische Belastungen etc. können die rekurrierende Infektion mit der Folge der individuellen Erkrankung auslösen. Zwischenzeitlich muß davon ausgegangen werden, daß das Virus entweder im Epithel oder im ZNS (Ganglien) persistiert, von dort aus in zentrifugaler Ausbreitung zur Organinfektion führt und nach der klinisch manifesten Phase sich wieder in das entsprechende laterale Ganglion zurückbegibt. Die bislang zum biologischen Verhalten in der Gewebekultur, dem Versuchstier und dem Pferdeexperiment erhaltenen Informationen müssen die Möglichkeit dieser hier nur skizzierten Infektionsabläufe einbeziehen (*Thein* 1980).

Im neonatalen oder späteren Leben des Fohlens ist der Erreger unter den geschilderten Umständen in der Lage, sich in verschiedenen Organsystemen zu etablieren, über die er nach Aktivierung ausgeschieden wird. Die synchronen Fälle von Keratokonjunktivitis spf. infolge EHV_2-Infektion bei Mutterstuten und deren Fohlen bei Fuß lassen darüber hinaus den Rückschluß auf die Infektionskette neugeborenes Fohlen – Mutterstute zu, wie wir sie auch von der Rhinopneumonitisinfektion kennen. Die beschriebenen Ausbrüche von Atemwegsinfektionen in Fohlenherden sprechen dafür, daß der Erreger per inhalationem und Kontakt ausgeschieden und aufgenommen wird und unter infektionsfördernden Kriterien (Hygieneverhältnisse, Keimdruck etc.) zu Bestandsinfektionen führen kann.

Klinisches Bild

Die meisten Berichte über klinisch manifeste EHV_2-Infektion betreffen respiratorische Erkrankungen bei Fohlen. (Abb. 7.13 s. Farbtafel 6) *Turner* und *Studdert* (1970) beschreiben eine respiratorische Infektion an Saugfohlen, die mit reichlich purulentem Nasenausfluß und eitrigen Abszessen der Lnn. pharyngeales einherging. Ein Fohlen hatte darüber hinaus eiternde Abszesse der Lnn. mandibulares. Aus den Nasentupferproben wurden nicht klassifizierbare, hämolysierende Streptokokken isoliert. Von Nasentupferproben dreier erkrankter Fohlen gelang es, Herpesviren zu isolieren, die sich serologisch von EHV_1 unterschieden und sich in EFK-Zellen als „slow growing" erwiesen. Das klinische Bild dieses Falles zeigt eine klare Dominanz der an dem Mischinfekt beteiligten Streptokokken. Inwieweit die isolierten EHV_2 Wegbereiter für diese Infektion waren oder ein reiner Zufallsbefund sind, bleibt ungeklärt.

Von *Studdert* (1971) ist ein Fall beschrieben, in dem 5 Fohlen im Alter von 3 bis 6 Monaten an einer akuten respiratorischen Infektion erkrankten, die ein Ansteigen der Körpertemperatur bis zu 40,6 °C zur Folge hatte. Die weiteren Symptome dieses Infektes waren Anorexie, mucopurulenter Nasenausfluß, Abszesse der Lnn. mandib. Konjunktivitis und in einem Falle Pneumonie. Die Konjunktivitis war besonders durch intensive Rötung der Konjunktiven mit großen Mengen dicken cremeartigen Schleimes im Konjunktivalsack gekennzeichnet. Die Kornea selbst war intakt. Aus Nasentupferproben von 2 Fohlen und der Augensekretprobe eines dritten Fohlens konnte auch hier EHV$_2$ isoliert werden. Gleichzeitig mit diesen Viren wurden auch wieder Streptokokken und in einem Falle Rhinopneumonitisvirus isoliert. Die Frage nach der ätiologischen Klärung dieses Infektes stellt sich auch hier.

Als gesichert sehen *Palfi* und Mitarb. (1979) die EHV$_2$-Ätiologie einer mit starkem Husten einhergehenden Atemwegsinfektion bei Saugfohlen in einem ungarischen Gestüt an. Diese Autoren applizierten den Patienten experimentell hergestellte Antiseren gegenüber EHV$_2$ und konnten damit den Hustenausbruch unter Kontrolle bringen.

Thein und *Härtl* (1976) sehen in ihren Untersuchungen zur Virusätiologie der respiratorischen Erkrankungen des Pferdes immer wieder die Beteiligung von EHV$_2$. Bei Saugfohlen mit Virusisolation (Trachealschleimhaut) und Serokonversion war das EHV$_2$ ätiologisch an einer Krankheit beteiligt, die sich mit therapieresistentem Husten und Anzeichen einer fieberhaften (39,3 °C) Bronchitis manifestierte.

Von *Thein* (1976) sowie *Thein* und *Böhm* (1976) schließlich wird erstmals auf die ätiologische Bedeutung des EHV$_2$ für die Keratokonjunktivitis spf. beim Fohlen hingewiesen. Ab 1973 beobachteten diese Autoren die Erkrankung des Auges vorwiegend bei Arabersaugfohlen aber auch bei Warmblutfohlen im Alter von 3 bis 6 Wochen sowie bei erwachsenen Pferden zwischen 2 und 3 Jahren, gehäuft bei Stuten und ihren Saugfohlen. Bei allen Patienten waren die Symptome auffallend gleich. Sie bestanden in einer einseitigen schmerzhaften Keratokonjunktivitis spf. mit Lichtscheue, Tränenfluß und Blepharospasmus.

In allen Fällen bestand ein konzentrische, unregelmäßig begrenzte inhomogene Korneatrübung (Abb. 7.14 s. Farbtafel 6) von etwa 1/2 bis 1 cm Durchmesser mit einem rauchig getrübten Hof. In diesem Bereich war die Oberfläche der Hornhaut höckrig vorgewölbt und matt glänzend (Abb. 7.15 s. Farbtafel 7).

Diese multiplen Vorwölbungen stellten sich als punktförmige, milchigweiße Herde dar, die bei dichtem Zusammenliegen astförmig verzweigte, unregelmäßig verlaufende und begrenzte Linien bilden. Innerhalb von 2 bis 3 Tagen wurde bei allen Patienten eine konjunktivale Gefäßeinsprossung diagnostiziert (Abb. 7.15 s. Farbtafel 7).

In drei der beschriebenen Fälle wurde durch Fluoreszenz eine punktförmige Anfärbung verursacht. Die inneren Augenmedien waren von der Infektion nicht betroffen; weitere als die beschriebenen Veränderungen im Bulbusbereich konnten nicht beobachtet werden.

In allen Fällen gelang der Virusnachweis aus Konjunktivalsekret, in zwei Fällen wurden Korneabiopsieproben entnommen und auch diese enthielten EHV$_2$. Die Charakterisierung und Typisierung des isolierten Virus ermöglichten die Zuordnung zum equinen Herpesvirus Typ 2. Inzwischen wurden diese Isolate von *Thein* und Mitarb. (1987) über Restriktionsenzymanalysen als repräsentative Vertreter von EHV$_2$ auf DNA- und Proteinebene charakterisiert. Die Patienten, bei denen noch die entsprechende serologische Untersuchung technisch möglich war, hatten die Infektion mit Serokonversion beantwortet.

Diagnose, Differentialdiagnose

Eine klinische Verdachtsdiagnose kann mit hoher Wahrscheinlichkeit in Fällen der Manifestation der EHV$_2$-Infektion am Auge gestellt werden. Erhärtet wird sie durch die diagnostisch verwertbare, lokale Therapie mit Desoxyuridin-haltigen Augenpräparaten. Der Therapieerfolg weist auf die Herpesätiologie hin. In Fällen anderer Lokalisationen der Infektion (Atemwege) ist eine klinisch verläßliche Diagnose nicht möglich. Hier muß über direkten oder indirekten Erregernachweis versucht werden, der Ätiologie der beobachteten Infektionskrankheit näher zu kommen.

Zu dieser Diagnose kann versucht werden, aus Nasentupferproben, Trachealschleimproben, Augentupfern, Kornealabstrichen etc. das Virus über Anzucht in empfänglichen Gewebekulturen direkt nachzuweisen und zu typisieren. Alle gängigen Methoden haben Gültigkeit; auch dieses Herpesvirus sollte über Restriktionsenzymanalyse molekularvirologisch typisiert werden. Für den serologischen Nachweis der Infektion eignen sich die gängigen Testsysteme.

Bekämpfung / Therapie

Eine Immunpräventive durch Einsatz von Impfstoffen gegenüber der EHV$_2$-Infektion des Pferdes existiert derzeit nicht. Über gute Erfolge mit passiver Immuntherapie bei der respiratorischen Symptomatik infolge der EHV$_2$-Infektion des Fohlens berichten *Palfi* und Mitarb. (1979).

Die EHV$_2$-bedingte Keratokonjunktivitis spf. ist mit Desoxyuridinhaltigen Augenpräparaten zu therapieren. Damit gelang es innerhalb von 8 bis 14 Tagen, eine Aufhellung der Kornea zu erreichen. Ab und zu entstehende, punktförmige Leukome hellten sich im Laufe weiterer 2 bis 4 Wochen auf, in keinem Falle blieben Narben in der Kornea zurück.

Der Einsatz von Dexamethason (Kortison)-haltigen Augenpräparaten führte zur Verschlechterung des klinischen Zustandes und steigerte die Bereitschaft zu Rezidiven (*Thein* und *Böhm* 1976).

Literatur

Palfi, V., T. Molnar, S. Belak (1979): Viral (EHV$_2$) respiratory diseases in foals. Magyar Allatovosok Lapja, *34* 687–690

Plummer, G., A. P. Waterson (1973): Equine herpesvirus. Virology, *19*, 412–416

Studdert M. J. (1971): Equine herpesviruses. 4. Concurrent infection in horses with strangles and conjunctivitis. Austr. Vet. J., *47*, 434–436

Thein, P. (1976): The association of EHV$_2$-infection with keratitis and research on the occurence of Equine Coital Exanthem (EHV$_3$) of horses in Germany. Equine Inf. Dis. IV, 33–41, Vet. Publ. Inc. Princeton, N. Y.

Thein, P. (1980): Herpesvirusinfektionen bei Mensch und Tier, ihre Problematik und Bekämpfung. Berl. Münch. Tierärztl. Wschr., *93*, 201–205

Thein, P., D. Böhm (1976): Ätiologie und Klinik einer virusbedingten Keratokonjunktivitis beim Fohlen. Zbl. Vet. Med. B, *23*, 507–519

Thein, P., G. Härtl (1976): Untersuchungen zur Virusätiologie respiratorischer Erkrankungen des Pferdes. Prakt. Tierarzt *57*, Colleg. Vet., 24–29

Thein, P., H. Ludwig und H. Meyer (1987): Beitrag zur molekularen Epizootologie equiner Herpesviren. Tierärztl. Umsch., *42*, 23–27

Turner, A. J., M. J. Studdert (1970): Equine herpesvirus. 3. Isolation and epizootology of slowly cytopathic viruses and the serological incidence of equine rhinopneumonitis. Austral. Vet. J., *46*, 581–586

Infektion mit Corynebakterium equi (Rhodococcus equi)

Vorkommen und Bedeutung

Die größte Bedeutung der klinischen Manifestation der Infektion mit C. equi kommt der abszedierenden Bronchopneumonie beim Fohlen zu. Diese Infektionskrankheit scheint im Zunehmen begriffen zu sein und kommt sowohl sporadisch bei einzelnen Tieren als auch endemisch bei mehreren Fohlen eines Jahrganges vor. Die Erkrankung ist mit einer ungewöhnlich hohen Mortalitätsrate belastet. Betroffen sind meist Fohlen innerhalb der ersten zwei Lebensmonate. Darüber hinaus liegen Berichte vor, denen zufolge C. equi Infektionen auch bei zwei bis vier Monate alten Vollblutfohlen zu schweren Erkrankungen der Atemwege mit 55 % Mortalität führten (*Campero* und Mitarb. 1981).

Ätiologie und Pathogenese

Aus vielen Untersuchungen ist bekannt, daß Corynebakterium equi (Rhodococcus equi), das in mehreren Serotypen vorkommt, als normaler Bewohner sowohl der Darmflora des Pferdes als auch von Futterpflanzen betrachtet werden kann (*Nakazawa* und Mitarb. 1983, *Presscott* und Mitarb. 1984). Der Erreger ist ein Gram-färbbares, polymorphes, säurefestes Stäbchen, das in vivo meist in Kolbenform, in vitro in Kokkenform vorliegt.

Inwieweit die langjährige Pferdehaltung in bestimmten Gestüten dazu führt, daß Ausläufe, Ställe und Weiden in diesem Bereich mit C. equi kontaminiert wurden, oder ob der Erreger schon vorher in endemischer Ausbreitung in bestimmten Gebieten vorhanden ist, steht zur Diskussion. Den Untersuchungen von *Prescott* und Mitarbeiter (1984) folgend, erscheint es zumindest wahrscheinlich, daß erst die Pferdehaltung zur konsistenten Kontamination der Umwelt und damit der Futterpflanzen führt. Diese Autoren fanden innerhalb ihrer Untersuchungen in Ontario/Canada signifikante Unterschiede nicht nur hinsichtlich Kontamination an sich, sondern auch hinsichtlich der Quantität der isolierten Erreger aus der Umgebung der Pferde, die in „alten" Beständen deutlich über der „junger" Bestände lag.

C. equi vermehrt sich diesen Untersuchungen entsprechend auch außerhalb des tierischen Organismus. Die Bestände mit manifesten, endemischen Problemen der C. equi Bronchopneumonie des Fohlens wiesen signifikant die höchsten Keimzahlen innerhalb des Lebensbereiches der Pferde auf. Zu den gleichen Resultaten führten die Untersuchungen von *Robinson* (1982) in Kalifornien. Zur weiteren Verbreitung des Erregers trägt bei, daß auch andere Spezies (inklusive Mensch) als Wirte dienen und zur Aufrechterhaltung der Infektkette beitragen (*Takai* und *Tsubaki* 1985, *Jedlicka* und *Hojovcova* 1981, *McKenzie* und Mitarb. 1981, *Barton* und *Fulton* 1980).

C. equi kann sowohl aus Fohlen jeden Alters als auch aus erwachsenen Pferden aller Rassen isoliert werden. Zwischen den aus gesunden oder erkrankten Pferden isolierten Keimen sowie Pflanzenisolaten ließen sich bislang keine serologisch-biologischen Unterschiede nachweisen (*Wollcock* und Mitarb. 1980). Der Erreger ist weltweit verbreitet.

Der Infektionsweg, der zur Manifestation an der Lunge führt, ist nicht klar definiert; allen bisherigen Beobachtungen zufolge kommt jedoch der

Inhalation des in der Umgebung der Fohlen ubiquitär verbreiteten und aerosolisierten Erregers die größte Bedeutung zu. C. equi erreicht nach der Aufnahme wahrscheinlich über Bakteriämie und Invasion in Makrophagen das Lungengewebe, wo es vorwiegend intrazellulär persisitert. Streßfaktoren, ungewöhnlich hohe Keimquantität im Bestand, begleitende Virus- und Bakterieninfektionen oder Parasiteninvasionen dürften dazu beitragen, daß aus der Infektion die Krankheit entsteht. Beschrieben sind gemeinsame Infektionen mit Equinem Herpesvirus 2 (*Palfi* und Mitarb. 1979), Streptokokken sowie Invasionen mit Strongyloides (*Etherington* und *Presscott* 1980). Auch die perinatal-neonatale Kondition des Fohlens, sein Immunstatus sowie zurückliegende Störungen der Vitalfunktionen können zur späteren, dramatisch verlaufenden C. equi Infektion beitragen (*Thein* 1981, *Thein* und Mitarb. 1983). Die meisten Infektionen mit C. equi verlaufen jedoch subklinisch.

Klinisches Bild und Diagnose

In vielen Fällen der C. equi Pneumonie sind die Lungenveränderungen bereits manifest, bevor die Krankheit an sich erkannt wird. Daher und aufgrund der sehr schwierigen Therapie der intrazellulär lebenden Erreger kommt der Beachtung der ersten klinischen Symptome besondere Bedeutung zu. Dies sind in der Regel erhöhte Atemfrequenz, geringgradiges Fieber, reduzierte Aktivität und Husten. In diesem Stadium kann die transtracheale Schleimaspiration mit nachfolgender bakteriologischer Untersuchung des entnommenen Materials sehr wertvolle Dienste für die Früherkennung und entsprechende Therapie liefern. Einschränkend muß vermerkt werden, daß der negative bakteriologische Befund eine C. equi Infektion nicht ausschließt, da aufgrund der intrazellulären Präsenz (Makrophagen) des Erregers aspirierter Schleim nicht in jedem Falle positiv ist. Steigen die Körpertemperaturen erst stark an ($> 39{,}5\,°C$), so ist die abszedierende, suppurative Bronchopneumonie mit allen Sekundärfolgen so stark ausgeprägt, daß die Therapieversuche in den allermeisten Fällen zu spät kommen und scheitern (Abb. 7.16 s. Farbtafel 7).

In diesen Fällen besteht neben Fieber eitriger Nasenausfluß, angestrengtes Atmen bei angestiegener Atemfrequenz, Husten bei entsprechendem Auskultationsbefund, Zyanose der Schleimhäute. Die Röntgenuntersuchung der Lunge hilft bei der Objektivierung des Befundes (*Platt* 1983, *Smith* und *Robinson* 1981, *Torky* und *El-Sheinnawi* 1982, *Vyslonzil* und Mitarb. 1984).

Neben der Manifestation in der Lunge kann C. equi zur Infektion diverser Darmabschnitte inklusive der dazugehörigen Lymphknoten führen. Chronische Diarrhöe mit Abszedierung der Darmlymphknoten ist ebenso beschrieben (*Smith* und *Butler* 1984) wie Nekrose der Peyerschen Platten und fokale Nekrosen in verschiedenen Abschnitten des großen Intestinums bei Schleimhautverdichtung der betroffenen Abschnitte. Diese Form der Infektion war begleitet von einer Atrophie der Villi und Nekrose der Lnn. mesenteriales (*Cimprich* und *Rooney* 1977).

Pathologischer Befund

In der Regel liegt das morphologische Bild der suppurativen, abszedierenden Bronchonpneumonie vor. Wie bereits angeführt, kann es auch zur Infektion des Darmes kommen, wobei hier die nekrotisierenden Prozesse im Vordergrund stehen.

Die abszedierenden Herde in Lunge und Lungenlymphknoten können makroskopisch tuberkulösen Herden sehr ähneln. Der Abszeßinhalt jedoch ist meist eingedickt und nicht verkäst wie bei Tbc. Die mikroskopische Differenzierung hilft bei der Diagnosefindung.

Differentialdiagnose

Differentialdiagnostisch muß bei C. equi Patienten an Infektionen gedacht werden, die durch den Komplex der an der Septikämie der Neugeborenen oder im späteren Alter an der sogenannten Fohlenlähme beteiligten Erreger verursacht werden. Genannt seien hiervon lediglich Infektionen mit Streptococcus zooepidemicus, Actinobacillus equi, Staphylococcus aureus.

Innerhalb dieser Infektionen (s. Kapitel 7.2.1 „Neonatale Septikämie") sind jedoch klinische Veränderungen zu diagnostizieren, die bei der C. equi Infektion fehlen, wie Gelenksentzündungen unterschiedlicher Lokalisation, Knochenmarksentzündung, subkutane oder intramuskuläre Abszesse, somnolente Zustände in Folge einer Sepsis etc. Diese Infektionen gehen auch eher mit katarrhalischen Bronchitiden, denn mit fokalen abszedierenden Pneumonien einher.

Therapie

Die Krankheit neigt bei den Fohlen, die sie überstehen, zur Chronizität. Dazu mag das schon angeführte Faktum beitragen, daß sie meist erst erkannt wird, wenn schon schwere morphologische Veränderungen vorliegen und dann häufig nicht mit den effektivsten Therapeutika behandelt wird.

Von in vitro Untersuchungen an C. equi ist bekannt, daß Ampicillin, Gentamicin und Erythromycin zur Therapie der Pneumonie wohl am geeignetsten sind. Auch Rifampicin ist wirksam gegenüber dem Erreger, über sein Verhalten im Pferd ist jedoch wenig bekannt.

Vergleichende Untersuchungen, die von *Presscott* und *Nicholson* (1984) an einer Vielzahl von Isolaten mit unterschiedlichen Antibiotika durchgeführt wurden, führten zu dem Ergebnis, daß antagonistische Effekte bei Anwendung von Gentamicin und Erythromycin oder Rifampicin auftraten, additive Effekte bei Kombination von Penicillin mit Erythromycin und Rifampicin und synergistische Effekte (10 oder 100fache Wirkungssteigerung) lediglich bei Kombination von Eryhtromycin mit Penicillin oder Rifampicin und Penicillin mit Gentamicin.

Als Dosierungsempfehlung wird angegeben: 4,4 mg/kg KG Gentamicin alle 8 Stunden, 11 mg/kg KG Ampicillin alle 6 Stunden und 5 mg/kg KG Eryhtromycin alle 12 Stunden (*Beech* und Mitarb. 1977, *Presscott* und Mitarb. 1983).

Die Problematik der antibiotischen Therapie des C. equi Patienten resultiert nicht zuletzt daraus, daß der Erreger intrazellulär vor allem in Alveolarmakrophagen persistiert — gerade Penicillin, Ampicillin und auch Gentamicin penetrieren im Gegensatz zu Erythromycin und Rifampicin gewöhnlich jedoch nicht in diese Zellen. Das andere Problem resultiert aus der wiederholt zu applizierenden, hohen Antibiotikadosis mit den daraus entstehenden lokalen oder systemischen Unverträglichkeiten. So wird die Wahl des geeigneten Therapeutikums insbesondere auch von seiner Gewebeverträglichkeit abhängen müssen.

Die Dauer der Therapie variiert von Fall zu Fall; dreiwöchige Behandlung ist jedoch anzuraten. Danach empfiehlt es sich, weitere drei Wochen im 4-Tage Abstand mit Depotpenicillin zu behandeln. Hiermit erzielten *Gay* und Mitarb. (1981) bei Vollblutfohlen in Australien sehr gute Erfolge.

Für Gentamicin ist anzumerken, daß in der empfohlenen Dosis bereits nach einer Woche die Gefahr der Nephrotoxikose besteht (*Presscott* und *Sweeney* 1985).

Der Therapieerfolg sollte aufgrund der angeführten Neigung zur Chronizität bei Abschluß oder potentiellem Abschluß der Antibiotikabehandlung erneut per Röntgenbefund objektiviert werden.

Mit Auftreten resistenter Stämme muß jederzeit gerechnet werden (*Barton* und *Fulton* 1980).

Immunpräventive

Versuche, gegenüber der C. equi Infektion auf immunologischem Wege präventiv zu wirken, wurden verschiedentlich unternommen, scheiterten jedoch. So berichten *Wilks* und Mitarb. 1982 von einem Feldversuch an 450 australischen Fohlen, denen sie Leukozytenextrakte aus C. equi positiven Stuten im Sinne einer Immunpräventive verabfolgt hatten. Die Auswertung des Versuches erbrachte, daß diese Verfahrensweise keinen Unterschied hinsichtlich Morbidität oder Mortalität der diagnostizierten C. equi Infektion innerhalb zweier Jahren bewirken konnte.

Von *Presscott* und Mitarb. 1979 wird über die Applikation einer Formolvakzine an Fohlen berichtet. Die Immunisierung bestand aus zwei im Abstand von vier Wochen i.m. gegebenen Impfungen. Alle Fohlen entwickelten jedoch ebenso wie die ungeimpften Kontrollen nach intratrachealer Belastungsinfektion die typischen Symptome der C. equi Infektion. Die Impflinge hatten im Gegensatz zu den Kontrollen jedoch vor dem Challenge bereits eine deutliche Reaktion im Lymphozytentransformationstest gezeigt, die bei den Kontrollen erst p.i. nachweisbar wurde.

Derzeit ist keine kommerzielle C. equi Vakzine erhältlich.

Literatur

Barton, M. D., I. C. Fulton (1980): Antibiotic sensitivity of Corynebacterium equi. Austr. Vet. J., *56*, 339–342

Beech, J., C. Kohn, M. Leitch, A. J. Weinstein, M. Gallagher (1977): Therapeutic use of gentamicin in horses, concentrations in serum, urine and synovial fluid and evaluation of renal function. Am. J. of Vet. Res., *38*, 1085–1087

Campero, C. M., O. R. Camazzana, C. A. Elbusto, L. M. Igarza (1981): Bronchopneumonia due to Corynebacterium equi in Thoroughbred foals. Gaceta Veterinaria, *43*, 364, 775–781

Cimprich, R. E., J. R. Rooney (1977): Corynebacterium equi enteritis in foals. Vet. Path., *14*, 95–102

Etherington, W. C., J. F. Presscott (1980): Corynebacterium equi cellulitis associated with Strongyloides penetration in a foal. J. Am. Vet. Med. Ass., *177*, 1025–1027

Gay, C. C., V. Sloss, R. H. Wringley, R. Horsey (1981): Treatment of pneumonia in foals caused by Rhodococcus (corynebacterium) equi. Austr. Vet. Journ., *57*, 150–151

Jedlicka, J., M. Hojocova (1981): Mixed infections caused by Corynebacterium pyogenes and Fusobacterium necrophorum in roan antelopes. Int. Symp. of zoo animal diseases, Halle/Saale, 24. – 28.07.1981

McKenzie, R. A., B. A. Donald, C. K. Dimmock (1981): Experimental Corynebacterium equi infections of cattle. J. Comp. Path., *91,* 347–353.

Nakazawa, M., C. Sugimoto, Y. Isayama (1983): Quantitative culture of Rhodococcus equi from the feces of horse. Nat. Inst. of Anim. Health, Quarterly, Japan, *23,* 67–68

Palfi, V., T. MOlnar, S. Belak (1979): Viral (EHV 2) respiratory diseases in foals. Magyar Allatorvosok Lapja, *34,* 687–690

Platt, H. (1983): Acute infections in young foals. In Practice, 41–49

Presscott, J. F., V. M. Nicholson (1984): The effects of combination of selected antibiotics on the growth of Corynebacterium equi. Vet. Pharm. and Therap., *7,* 61–64

Presscott, J. F., C. R. Sweeney (1985): Treatment of Corynebacterium equi pneumonia of foals: a review. Am. Vet. Med. Ass., *187,* 725–728

Presscott, J.F., R.J.F. Markham, J. A. Johnson (1979): Cellular and humoral immune response of foals to vaccination with Corynebacterium equi. Can. J. Comp. Med., *43* 356–364

Presscott, J. F., D. J. Hoover, I. R. Dohoo (1983): Pharmakocinetics of erythromycin in foals and in adult horses. J. Vet. Pharm. and Therap., *6,* 67–74

Presscott, J. F., M. Travers, J. A. Yager-Johnson (1984): Epidemiological survey of Corynebacterium equi infections on five Ontario horse farms. Can. J. Comp. Med., *48,* 10–13

Robinson, R. C. (1982): Epidemiological and bacteriological studies of Corynebacterium equi isolates from California farms. J. Reprod. Fertil., *32,* 477–480

Smith, B. B., R. C. Robinson (1981): Studies of an outbreak of Corynebacterium equi pneumonia in foals. Equ. Vet. J., *13,* 223–228

Smith, K. D., D. G. Butler (1984): Fecal isolation of Corynebacterium equi from a foal with chronic diarrhea. Can. Vet. 3., *25,* 180–182

Takai, S., S. Tsubaki (1985): The incidence of Rhodococcus (Corynebacterium) equi in domestic animals and soil. Jap. Vet. Sc., *47,* 493–496

Thein, P. (1981): Zur Prophylaxe der Fohlenlähme. Prakt. Tierarzt 62, 616–619

Thein, P., G. Esich, W. Schulze-Hockebeck (1983): Zur Ätiologie von Fohlenerkrankungen. Tierärztl. Umsch., *38,* 239–250

Torky, H. A., M. M. El-Sheinnawi (1982): Acute polyarthritis in a foal due to mixed bacterial infection (Streptococcus pneumoniae and Corynebacterium equi). Assiut Vet. Med. Journ., *9,* 79–82

Vyslouzil, L., K. Seidl, J. Svarcova, V. Landsmannove (1984): Corynebacterium equi associated with foal mortality in eastern Bohemia. Veterinarni Medicina, *29,* 563–568

Wilks, C. R., M. D. Barton, J. F. Allison (1982): Immunity to an immuntherapy for Rhodococcus equi. J. Reprod. Fertil., *32,* 497–505

Woolcock, J. B., M. D. Multimer, A. M. T. Farmer (1980): Epidemiology of Corynebacterium equi in horses. Res. Vet. Sc., *28,* 90

Aspirationspneumonie, Verschluckpneumonie

Vorkommen und Bedeutung

Bei Verschluckpneumonien müssen die artifiziell induzierten von den in Zusammenhang mit anderen Grundleiden auftretenden unterschieden werden. In ihrer Auswirkung auf das Fohlen sind sie gleich und prognostisch besonders dann ungünstig, wenn gewaltsam größere Mengen an Flüssigkeit in die Lunge verbracht worden sind.

Ätiologie und Pathogenese

Die Aspirations- oder Verschluckpneumonie kann auf verschiedene Weise entstehen:

1. Ansaugen und Verschlucken von Fruchtwasser in den Lungenraum bei intrapartalen Hypoxiezuständen durch vorzeitiges Auslösen des Atemreflexes. Kompliziert wird das Geschehen durch das Vorhandensein von Mekoniumteilen im Fruchtwasser. Diese sind, vorzeitig abgegangen und freischwimmend im Fruchtwasser, Zeichen einer hochgradigen praenatalen Hypoxie und Acidämie. Es entsteht daraus die Fruchtwasser-Mekonium Aspirationspneumonie.

2. Verschlucken von Milch in die Lunge bei nicht intaktem Saugreflex. Hierbei spielen besonders die Versuche einer nicht regelgerechten künstlichen Ernährung (Zwangsernährung) eine Rolle.
   In diesem Zusammenhang kommt es zur Aspiration von Flüssigkeit bei organisch, beziehungsweise funktionell gestörtem Saugreflex infolge neurologischer Ausfallserscheinungen im Verlauf des Fehlanpassungssyndroms, der nutritiven Degeneration der Lingual- und Oesophagusmuskulatur, zu früher Nahrungsaufnahme nach Allgemeinnarkose, einer Lähmung der Kopfmuskulatur bei Tetanus oder eines Kieferknochenbruchs. Der häufigste Fehler allerdings ist, daß das Einschütten von Milch in die Mundhöhle unter Zwangsmaßnahmen bei Außerachtlassung der natürlichen Abwehrreaktion oder bei Vorliegen eines der genannten krankhaften Prozesse vorgenommen wird.

3. Einbringen von Flüssigkeit (Milch, Elektrolytlösung) mittels falsch gelagerter, in der Trachea plazierter Nasen-Schlund-Sonde.

4. Eingeben von Medikamenten unter Zwangsmaßnahmen und dadurch Provokation des Verschluckens.

5. Aspiration von Fremdkörpern (Stroh, Getreidegrannen, andere feste Partikel). Diese liegen dann meist im oberen Abschnitt der Luftwege, können aber auch in die Tiefe gelangen.

Bei allen Fohlen mit neonatalem Atemnotsyndrom muß davon ausgegangen werden, daß mekoniumhaltiges Fruchtwasser aufgenommen wurde. Die Quanitäten können dabei sehr unterschiedlich sein. Während angenommen werden kann, daß Fruchtwasser über die Lungenalveolen im Rahmen der sich normalisierenden Funktion resorbiert wird, bleiben die Mekoniumpartikel im Lungengewebe (Bronchien und Bronchioli) liegen und bilden dort Kernpunkte für reaktive Entzündungsvorgänge und Stenosen.

Ähnlich verhält es sich mit Milch im Lungenraum. Diese gerinnt und liegt dann als käsige Masse in den luftführenden Wegen. Medikamente, versehentlich in die Trachea appliziert, werden häufig resorbiert, wenn sie nicht von sich aus zu allergisch-entzündlichen Reaktionen im Lungensystem führen oder viskös beziehungsweise ölig sind. Fremdkörper rufen meist lokal schwere Entzündungserscheinungen mit anschließenden Nekrosen hervor.

Klinisches Bild

Fohlen mit intrapartal entstandener Fruchtwasseraspiration weisen post natum alle Symptome des Atemnotsyndroms auf. Aus den Nüstern entleert sich immer wieder Flüssigkeit, die infolge der im Fruchtwasser enthaltenen Mekoniumpartikel bräunlich gelblich verfärbt ist und die Nasenöffnung verschmiert (Fruchtwasser-Mekonium-Aspirationspneumonie).

Nach oder bereits bei zwanghaftem Einschütten von Milch oder Medikamenten kommt es häufig zu heftigen Abwehrbewegungen. Zeichen des Würgens weisen auf Verschlucken hin. Die Fohlen stehen dann mit nach unten gesenktem oder vorgestrecktem Kopf und husten heftig. In besonders schweren Fällen kommt es zur Erstickungssymptomatik.

Ist die Nasen-Schlund-Sonde falsch gelagert, kommt es noch während des Einschüttens zu Tachypnoe unter starken Würgesymptomen. In der Flüssigkeitssäule steigen immer wieder Luftblasen auf. Eine sofort vorzunehmende Kontrolle der Position der Nasen-Schlund-Sonde ergibt, daß diese nicht mit ihrem Endstück eindeutig im Oesophagus spürbar ist (digitale Kontrolle des Oesophagus am Brusteingang). Beim Zurücknehmen der Sonde muß das Sondenende digital deutlich spürbar werden, wenn sie ordnungsgemäß in der Speiseröhre plaziert ist.

Bei Aspiration eines Fremdkörpers weisen die Fohlen ständiges Husten und Würgen auf. Sie können entweder mit weit vorgestrecktem Kopf, weiten Nüstern und angstvoll hervortretenden Augen angetroffen werden oder wälzen sich in ihrem qualvollen Erstickungszustand am Boden. Vermehrtes Speicheln tritt ebenfalls auf.

Neben dieser Akutsymptomatik ist das Krankheitsbild in fortgeschrittenen Zuständen geprägt von Tachypnoe und allgemeinen Anzeichen einer Pneumonie. Auskultatorisch und mittels Perkussion sind verdichtete Lungenbezirke abzugrenzen. Dazu kommt noch ein plätscherndes Geräusch, welches am stehenden Fohlen entweder im distalen Bereich des Brustkorbes, in Sternallage oder in Seitenlage an der bodennahen Seite deutlich hörbar wird. Die röntgenologische Untersuchung bringt weitere, wichtige Aufschlüsse.

Pathologischer Befund

Im Lungenraum befinden sich große Flüssigkeitsmengen, deren Farbe Hinweise auf Fruchtwasser-, Mekonium- oder Milchaspiration gibt, oder es kann ein Fremdkörper nachgewiesen werden. Daneben bestehen Zeichen einer reaktiven Pneumonie und eines Lungenemphysems.

Diagnose und Differentialdiagnose

Die Diagnose Aspirationspneumonie stellt eine symptomatische Diagnose dar. Wichtig ist, das Grundleiden zu erkennen und zu berücksichtigen. Dabei müssen die idiopathisch entstandenen Fälle klar abgegrenzt werden (Einschüttpneumonie). Für die auf natürliche Weise entstandenen Verschluckpneumonien kommen als Grundleiden in Betracht:

Neonatales Fohlen: Akute Hypoxien und Acidämie (Atemnotsyndrom), neurologische Ausfallserscheinungen (Fehlanpassungssyndrom, neurologische Ausfälle im Reflexsystem, neurotrope Viruserkrankungen) sowie degenerative Vorgänge in der Muskulatur (praenatal praeformierte nutritive Muskeldegeneration).

Ältere Fohlen: Fremdkörperaspiration, Lähmung im Kehlkopfbereich (Tetanus), nutritive Muskeldystrophie (postnatale Form), Fraktur der Kieferknochen.

Neben der Auskultation können zur Diagnosesicherung die Röntgenuntersuchung und die Laryngoskopie (Fremdkörpernachweis) herangezogen werden. Steht ein Laryngoskop bei der Erstuntersuchung nicht zur Verfügung, läßt sich der obere Rachenraum mittels eingeführtem Röhrenspekulum (kleinster Durchmesser) mit einer Lichtquelle ausleuchten.

Differentialdiagnostisch sind alle möglichen Formen der infektiösen Pneumonien einzubeziehen, wobei zu beachten ist, daß bakteriell bedingte Pneumonien aus einer Aspirationspneumonie resultieren können. Erhöhtes Speicheln kann auch Zeichen eines Magenulcus sein.

Behandlung

Beruht die Aspirationspneumonie auf Abschlucken von Fruchtwasser, gemischt mit Mekonium, so besteht die Behandlung in erster Linie in einer O_2-Zufuhr und der Förderung der Lungenalveolenleistung (z. B. Etofyllin-Theophyllin-Papaverin-Komplex, Perphyllon® – Degussa Pharma Homburg). Eine Verhütung der reaktiven Mekonium-Pneumonie wird durch systemische Antibiose über einen längeren Zeitraum (5 Tage und länger) in Verbindung mit Kortison erreicht. Ansonsten kommen die üblichen Therapiemöglichkeiten, die beim neonatalen Atemnotsyndrom besprochen sind, zur Anwendung.

Wurde Milch oder ein Medikament abgeschluckt, wird ebenfalls durch Antibiose eine sekundäre Infektion der Lunge verhindert. Kortisongaben sollen die Entzündungserscheinungen einschränken. In akuten Fällen ist die O_2-Zufuhr angezeigt. Dazu kommen noch Antitussiva. Fremdkörper sind, soweit erreichbar, mit einer Kornzange über Laryngoskopie oder operativ zu entfernen.

Rippenbruch, Kostalfraktur

Bei zu engen Geburtsverhältnissen kann es zum Rippenbruch kommen. Eine andere Ursache für den Rippenbruch beim neonatalen Fohlen liegt in einer zu starken Kompression des Brustkorbes im Rahmen der Reanimation oder in einem Tritt der Stute auf das noch liegende Fohlen in der ersten Adaptationsperiode. Des weiteren in einer in utero stattfindenden Bakterieninfektion mit Einbeziehung der Rippen (Mark).

Rippenbrüche führen zu einer schmerzbehafteten Atemtätigkeit. Es zeigt sich, daß Exspiration und Inspiration nur unvollständig ablaufen. Dadurch kommt es zu einer ungenügenden Ventilation der Lunge. Die Sauerstoffspannung im Blut ist nicht genügend (Hypoxie), die CO_2-Spannung dagegen zu hoch (Hyperkapnie). Es besteht der Zustand einer respiratorischen Acidose (s. 7.2.1 Neonatales Atemnotsyndrom), die von einer metabolischen Acidose begleitet, beziehungsweise überdeckt sein kann.

Rippenbrüche zu diagnostizieren, gelingt nicht immer. Es sollte aber bei bestehendem Atemnotsyndrom immer der Rippenbogen vorsichtig mit abgetastet werden. Erhebliche Frakturen, gedeckte, spitz in die Pleura hineinreichende Rippenenden sind dadurch ebenso zu erfassen (Schmerzreaktion des Fohlens bei Druckpalpation) wie die seltenen offenen Frakturen. Bei jedem Verdacht einer Rippenfraktur muß eine Röntgenuntersuchung durchgeführt werden.

Die Behandlung offener Frakturen oder Frakturen, die die Pleura mit einbeziehen, geschieht nach allgemeinen chirurgischen Grundsätzen. Gedeckte Frakturen unkomplizierter Art heilen meist von alleine (Kallusbildung innerhalb von 14 bis 28 Tagen). Wichtig ist jedoch, daß in der Anfangsphase des Heilprozesses Sauerstoff regelmäßig insuffliert wird, um einer eventuell eintretenden Spätasphyxie durch dieses Trauma vorzubeugen.

Kardiovaskuläre Erkrankungen

Bei Fohlen sind primäre kardiovaskuläre Erkrankungen selten und werden in der Literatur meist nur als Einzelbeobachtungen beschrieben. Dies bezieht sich vor allem auf kongenitale Defekte. Eine Übersicht, wie sie für neugeborene Kinder von der WHO (1971) über die Häufigkeit angeborener Herzfehler vorliegt, gibt es in ähnlicher oder direkt vergleichbarer Form für Haustiere leider noch nicht. Neben den kongenitalen Defekten gibt es eine Reihe von Herzerkrankungen, die sekundär in Zusammenhang mit infektiösen Prozessen generalisierter Art stehen oder in Folge von schweren Stoffwechselstörungen (NMD) auftreten.

Die klinische Untersuchung des kardiovaskulären Systems beruht im wesentlichen auf der Adspektion, Auskultation und Perkussion. Dazu kommen noch EKG und Blutdruckmessungen (Schweifrübe, systolischer Druck am 1. Lebenstag 80mm Hg, am 7. Lebenstag 106–110mm Hg, diastolischer Druck 34 respektive 38mm Hg) sowie in naher Zukunft die Ultraschalluntersuchung. Experimente mit Aorten- und Pulmonal-

Arterienkatheter haben *Thomas* und Mitarbeiter (1987) durchgeführt.

Die Schleimhäute sind im allgemeinen rosig und feuchtglänzend. Sie verfärben sich zyanotisch oder sind verwaschen gelblich bei Hyperkapnie sowie bei Zuständen der Septikämie und Toxämie. Tiefgelbe Verfärbung ist beim Icterus haemolyticus neonatorum gegeben. Blasse Schleimhäute deuten auf akuten Blutverlust, Anämie, Unreife hin.

Die Kapillarfüllungszeit sollte unter 2 sec. (1–2 sec.) liegen. Die Pulsfrequenz kann an der A. facialis, A. brachialis (medial am Ellbogen) sowie an der A. metatarsalis (kaudolateral am proximalen Metatarsus) angenommen werden und muß an allen drei Meßstellen gleich sein. Die Stauprobe an der Vena jugularis (Füllungsstand, Druckablauf, Venenpuls) ist ebenfalls Bestandteil der Herz-Kreislaufuntersuchung. Die Auskultation des Herzens geschieht zwischen drittem und fünftem Interkostalraum links etwa auf Schulterhöhe (Abb. 7.17).

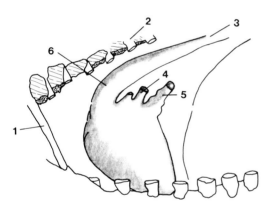

1: erste Rippe
2: sechste Rippe
3: Aorta thoracica
4: A. pulmonalis
5: V. pulmonalis
6: Arcus aortae

Abb. 7.17 Lage des Herzens und des Arcus aorticus beim neugeborenen Fohlen

Der normale Herzschlag beim neugeborenen Fohlen beträgt in den ersten Lebensminuten 50–80/Minute, steigert sich dann auf 120–160/Minute, um sich dann später auf Durchschnittswerte zwischen 70 und 130 einzupendeln. Allerdings bestehen hier rassenmäßige Unterschiede, wobei gut durchtrainierte, hoch im Blut stehende Rassen an der oberen Normgrenze befindliche Frequenzen eher aufweisen als schwerere Schläge (Kaltblutfohlen). Fohlen in fortgeschrittenem Alter nähern sich hinsichtlich ihrer Herzschlagfrequenz der adulter Tiere an. Beim neugeborenen Fohlen sind der erste und zweite Herzton kaum abgesetzt. Bei exzessiver Bewegung kommt es zu einer erheblichen Herzschlagfrequenzzunahme, die dann allerdings in Ruheposition unter normalen Bedingungen rasch wieder abnehmen muß.

Ventrikel-Septum-Defekt (VSD)

Dies ist die häufigste Mißbildung bei neugeborenen Fohlen. Offenbar gibt es leichter ausgeprägte und umfassende Defekte. Während bei nur angedeutetem VSD der Defekt auskultatorisch nachgewiesen werden kann, bestehen beim umfassenden Defekt allgemeinklinische Anzeichen wie: mangelhafte Entwicklung und betont ruhiges Verhalten, beziehungsweise leichte Erschöpfbarkeit oder nach anfänglich gutem Wachstum plötzlicher Verfall mit Apathie und starker Leistungsminderung. Die Diagnose ist auskultatorisch zu stellen: im rechten kranioventralen Quadranten des Thorax (3.–4. Interkostalraum) ist ein hartes, harsches, holosystolisches Geräuch zu vernehmen. Mitunter ist es auch links abzuleiten. Die anderen für eine Herz-Kreislauf-Insuffizienz bezeichnenden Kriterien wie Venenpuls oder arterielle Pulsfrequenz sind bei diesen Fohlen nicht gegeben. Zur endgültigen Diagnose wäre ein Herzkatheter einzusetzen oder die selektive Oxymetrie vorzunehmen (*Critchley* 1976, *Lombard* et al. 1983). Weiterhin wäre die Echokardiographie anzuwenden.

Prognostisch sind alle die Fälle als ungünstig zu bezeichnen, bei denen ein ausgeprägter Septum-Defekt vorliegt. Bei den Fohlen mit der weniger stark ausgeprägten Form kann mit einer normalen Entwicklung gerechnet werden. Ob die volle Leistung (Rennleistung) bei ihnen erreicht werden kann, bleibt fraglich, da noch keine ausreichenden Erfahrungen darüber vorliegen.

Weitere Anomalien des Herzens

Als weiterer Defekt ist das *Fehlen der Tricuspidalis* beschrieben, wobei diese Mißbildung häufig mit noch weiteren vergesellschaftet war (*Button* et al. 1978, *Hadlow* und *Ward* 1980). Auffallendstes Zeichen sind bei diesen Fohlen neben der allgemeinen Immobilität die Zyanose der Schleimhäute und ein unregelmäßiger schwacher Puls.

Weiterhin wäre noch das *Foramen ovale persistens* zu nennen, welches jedoch selten beobachtet wurde. Meist kommt es in Zusammenhang mit anderen Herzmißbildungen vor und wird dann bei der Sektion mit entdeckt.

Herzinsuffizienz

Minderleistung des Herzens oder eingeschränkte Funktion sind oft Sekundärerscheinungen bei oder nach langwierigen systemischen Erkrankungen. Hierunter fallen besonders infektiöse Prozesse, in deren oft langwierigem Verlauf es zu einer Erschöpfung der Herzfunktion kommen kann. Weiterhin kann das neonatale Atemnotsyndrom zu einer Herzinsuffizienz infolge Dauerbelastung führen.

Von diesen Zuständen abzugrenzen ist eine Form der Herzinsuffizienz, die isoliert entstehen kann. Für deren Entstehung kann als Erklärung angeführt werden, daß die allgemeine Körperentwicklung intensiv verläuft, die Entwicklung des Herzens jedoch retadiert ist. Dadurch entstehen venöse Stauungen und es kommt zu Ödembildung (Brust-Bauch-Ödeme, eventuell ödematisierte Hinterextremitäten). In Extremfällen können auch Aszites oder pleurale Ergüsse beobachtet werden.

Die Behandlung ist zum einen auf die Stärkung der Herzfunktion gerichtet, zum anderen muß bei Ödembildung für eine Entwässerung gesorgt werden.

Herzmuskelschäden im Verlauf der nutritivem Muskeldystrophie

Sowohl bei der fetalen Form der nutritiven Muskeldystrophie als auch bei der postnatalen Form wird der Herzmuskel infolge Fehlens oder Unterangebotes an Selen und/oder Vitamin E in Mitleidenschaft gezogen. Klinische Anzeichen der Erkrankung sind im Kapitel 7.2.8 (Nutritive Muskeldystrophie) beschrieben. Die Auskultation des Herzens ergibt eine Tachykardie, die von Arrhythmie begleitet ist. Dies ist insbesondere bei Fohlen in Ruheposition zu erkennen. Treibt man diese Fohlen auf, oder regt man sie zur Bewegung an, dann verstärkt sich das Symptom. Die Tiere stehen nach kurzer Wegstrecke da und zeigen zusätzlich pumpende Atmung. Da andere Kriterien der Erkrankung larviert sein können, dient der Herzbefund neben der Bewegungseinschränkung und der steilen Gangart mit zu den klinischen Leitsymptomen. Die Bestimmung der CK ist jedoch diagnosesichernd. Inwieweit die CK−MB das Ausmaß der Degeneration an der Herzmuskulatur erkennen läßt, ist noch unklar. Die Prognose ist in Fällen mit myokardialer Beteiligung vorsichtig zu stellen.

Auswirkung der Harnblasenruptur auf die Herzfunktion

Die Harnblasenruptur (Uroperitoneum s. 7.2.6) ist mit einer Hyperkalzämie, Hyponaträmie und Hypochlorämie verbunden. Dies führt in der Narkose zu einer akuten Herzarrhythmie, die dann nicht mehr zu beeinflussen ist (AV-Block). Präoperativ sollte daher diesen Fohlen physiologische NaCl-Lösung, Bikarbonat und Glukose infundiert werden.

Literatur

Bayly, W. M., S. M. Reed, C. W. Leathers, C. M. Brown, J. L. Traub, M. R. Paradis, G. H. Palmer (1982): Multiple congenitale heart anomalies in five Arabian foals. J. Am. Vet. Med. Assoc. *181*, 684−689

Bostedt, H. (1977): Zur Klinik der ernährungsbedingten Muskeldegeneration bei Fohlen. Dtsch. Tierärztl. Wschr. *84*, 293−296

Button, C., D. R. Gross, J. A. Allert, J. V. Kitzmann (1978): Tricuspidalis atresia in a foal. J. Am. Vet. Med. Assoc. *172*, 825−830

Critchley, K. L. (1976): The importance of blood gas measurement in the diagnosis of an intraventricular septal defect in a horse. A case report. Equine Vet. J. *8*, 128−129

Hadlow, W. J., J. K. Ward (1980): Atresia of the right arterioventricular orifice in an Arabian foal. Vet. Pathol. *17*, 622−637

Huston, R., G. Saperstein, H. W. Leipold (1977): Congenital defects in foals. J. Equin. Med. Surg. *1*, 146−161

Reef, V. B. (1985): Cardio vascular disease in the equine neonate, in The Veterin. Clinics of North America − Equine Practice Vol. *1*, 117−129. W. B. Saunders Company Philadelphia, London, Toronto, Mexico City, Rio de Janeiro, Sydney, Tokyo, Hongkong

Rossdale, P. D. (1967): Clinical studies on the newborn Thoroughbred foal. II Heart rate, auscultation and electrocardiogram. Br. Vet. J. *123*, 521−532

Thomas, W. P., J. E. Madigan, K. Q. Backus, W. E. Powell (1987): Systemic and pulmonary heamodynamics in normal neonatal foals. J. Reprod. Fert. Suppl. *35*, 623−628

7.2.3 Erkrankungen mit vorwiegend zentralnervöser Symptomatik

Erkrankungen, die mit zentralnervöser Symptomatik einhergehen, sind beim Fohlen relativ häufig. In diesem Kapitel werden nur diejenigen behandelt, bei denen die neurogene Komponente vorherrscht und als Leitsymptom gelten kann.

Die neurologische Symptomvielfalt ist bei Fohlen besonders im praefinalen Stadium mancher Erkrankung ausgeprägt (Tab. 7.21). Bei solcherart zu spät vorgestellten Fohlen ist eine kausale Diagnose kaum mehr zu stellen, da bei ihnen die ursprünglichen Krankheitsanzeichen oft verdeckt und überlagert sind. Deshalb kommt bei neurologischen Störungen eine Vielzahl an Krankheitskomplexen in Betracht, die es differentialdiagnostisch abzuklären gilt.

Infektion mit Clostridium botulinum (Typ B)
(Shaker foal disease)

Begriff und Vorkommen

Der Botulismus des Pferdes ist eine Infektionskrankheit geringer Morbidität, aber hoher Mortalität. Die Krankheit wird verursacht durch eine neuromuskuläre Blockade infolge des Neurotoxines von Clostridium botulinum. Bislang sind Fälle dieser Infektionskrankheit beim Fohlen in erster Linie aus Amerika – und hier aus dem Hochzuchtgebiet in Kentucky – beschrieben. Nachdem der Erreger ein Pflanzenbewohner ist, sind diese Infektionskrankheiten in der Regel endemisch verbreitet und auf bestimmte Gebiete respektive Gestüte begrenzt. Der Botulismus verursacht beim Fohlen das sogenannte Shaker Foal Syndrom, während er beim älteren Pferd mehr neurologische und respiratorische Paralyse verursacht.

Ätiologie und Pathogenese

Der Erreger der Shaker Foal Disease ist Clostridium botulinum, Typ B. Dieser Typ ist vorwiegend in Getreide oder Korn sowie kontaminierter Erde anzutreffen. Das Fohlen infiziert sich über direkte Kontamination, beispielsweise über Verletzungen

Tabelle 7.21 Krankheitskomplexe, die beim Fohlen mit neurologischen Ausfallserscheinungen verbunden sind

Erkrankung / Erreger	Zeitpunkt p.n.	Hauptsymptome
Clostridium botulinum / Shaker foal disease	2.–6. Woche	Schluckbeschwerden, unterdrückte Darmmotilität, gestelzter Gang, Muskeltremor
Clostridium tetani Wundstarrkrampf	jedes Alter	Schreckhaftigkeit, erhöhte Reflexerregbarkeit, Vorstrecken des Kopfes, steil aufgestellte Ohren, Vorfall der Membrana nicitans, Trismus, sägebockartige Haltung
Meningoenzephalitis / Fohlenseptikämie-Komplex	unmittelbar p.n. oder später	stark gestörtes Sensorium, Kopfhaltung wenig beeinträchtigt, erhöhte Körpertemperatur, Pneumonie, Diarrhöe
Commotio cerebri / Gehirntrauma	jedes Alter	Benommenheit, atypische (oft einseitig schiefe) Kopfhaltung, Schmerzreaktion bei leichter Schädelperkussion, Nystagmus
Intrakranielle Blutung	unmittelbar p.n.	fehlende Atemtätigkeit bei schlagendem Herzen, tiefe Bewußtlosigkeit
Fehlanpassungssyndrom 1. konvulsive oder epileptoide Form 2. errabundierende Form	unmittelbar oder wenige Stunden p.n.	Festliegen, Leerkauen, Zwangbewegungen, eventuell klagende Töne, Trismus ständiges Umherwandern, blindes Anrennen gegen Gegenstände, Nichterkennen der Mutterstute
EHV_1-Infektion	unmittelbar bis 24 Stunden p.n.	als seltener Befund bei EHV_1: durch Hypoxie bedingte Ausfallserscheinungen neurologischer Art infolge meningealer und parenchymaler Hämorrhagien, Gehirnödem, Zellnekrose
Interner Hydrozephalus	unmittelbar p.n.	Veränderte Kopfform, neurologische Ausfallserscheinungen

oder über anaerobe Verhältnisse nach Aufnahme von präformierten Toxinen im Rauhfutter, möglicherweise auch über Toxinbildung nach Aufnahme von Clostridium über den Gastro-Intestinaltrakt.

Clostridium botulinum, Typ B, kann aus den infizierten Fohlen über die Faeces isoliert werden. Mit diesem Erreger experimentell infizierte Fohlen zeigten das Bild des Shaker Foal Syndroms (*Lewis* und Mitarb. 1981). Pathogenetisch nimmt man speziell bei der klinischen Symptomatik des Shaker Foal Syndroms an, daß ähnlich dem Botulismus des Kindes ursächlich über Kolonisierung von Clostridien im neonatalen Intestinum mit der Folge der Produktion und Absorption von Neurotoxinen und der folgenden Blockade des Neuro-Transmitters Azetylcholin an den cholinergen Synapsen die klinische Symptomatik zustande kommt.

Augenscheinlich ist das humorale System des neugeborenen Fohlens nicht in der Lage, schützende, neutralisierende Antikörper gegenüber diesem Toxin zu produzieren. Aus diesem Grund verläuft die Krankheit in der Regel tödlich, sofern nicht über das Kolostrum der Stute entsprechende Mengen maternaler Antikörper aufgenommen werden konnten.

Klinisches Bild

Das Shaker Foal Syndrom betrifft vor allem Fohlen im Bereich der 2. bis 6. Lebenswoche. Die Klinik ist charakterisiert durch eine symmetrische Paralyse, dokumentiert sich in gestelztem Gang, Tremor, sowie progressiver Schwäche der Muskulatur. Frühe Anzeichen der Infektion können sein: Schwierigkeiten beim Abschlucken, reduzierter Muskeltonus sowie reduzierte Peristaltik des Gastro-Intestinaltraktes. Der Tod tritt in der Regel nach Beginn dieser klinischen Erscheinungen bis zur 72. Stunde p. i. ein. Vorher kommen die Fohlen zum Liegen, werden dyspnoisch und ersticken letzten Endes. Die Mortalität beträgt bis zu 80 %.

Pathologischer Befund

Die Toxinwirkung hinterläßt keine spezifischen, morphologisch faßbaren Veränderungen am gestorbenen Fohlen.

Diagnose, Differentialdiagnose

Die Diagnose ist allein aufgrund der Klinik intra vitam zu stellen. Differentialdiagnostisch kommen Infektionen mit anderen Clostridien-Spezies in Frage, vor allem im Anfangsstadium der Erkrankung muß an Tetanus gedacht werden. Neurogene andere Erkrankungen müssen im Anfangsstadium ausgeschaltet werden, der schnelle Verlauf dieser Infektionskrankheit allerdings ist typisch und läßt keine weitere Differentialdiagnose zu.

Therapie

Therapeutische Maßnahmen am bereits erkrankten Fohlen scheitern. So bleibt zur Bekämpfung der Shaker Foal Disease nur die Immunpräventive als Methode der Wahl. Aufbauend auf dem Gedanken, daß das Fohlen zum Zeitpunkt der Geburt mit spezifischen Antikörpern via Kolostrum versorgt werden muß, begannen *Lewis* und Mitarb. (1981) mit Immunisierungsversuchen. Zur Verwendung gelangte ein Aluminium-Phosphat-adsorbiertes Botulinus Toxin B, das an Zuchtstuten im letzten Trimester appliziert wurde. Der Impfstoff wurde subkutan eingesetzt, die erste Dosis wurde innerhalb der ersten Woche des 3. Trimester der Trächtigkeit gegeben, die zweite Dosis einen Monat danach, die dritte Dosis erhielten diese Stuten 2 bis 3 Wochen vor der Geburt.

Das Kolostrum der geimpften Stuten enthielt in hohem Maße neutralisierende Antikörper gegenüber Typ B Clostridium botulinus Toxin. Alle damit versorgten Saugfohlen waren gegenüber der Infektion geschützt. Aufgrund dieser Resultate entwickelte das Dept. of Public Health in Michigan einen Impfstoff, der heute in einigen Zuchtgebieten der U.S.A. eingesetzt wird. Man hofft, daß dieser Impfstoff in den U.S.A landesweit zum Einsatz kommt.

Literatur

Lewis, G. E., S. Salvatore, B. S. Kulinski, E. H. Fallon, P. J. Klyza, J. T. Bryans (1981): Evaluation of a Clostridium botulinum type B toxoid for the prevention of Shaker Foal Syndrome. Proc. 27th Ann. Conv. Am. Ass. Equ. Pract., New Orleans, 233–237

Infektion mit Clostridium tetani, Wundstarrkrampf (Tetanus)

Bedeutung und Vorkommen

Obgleich der Tetanus beim Pferd häufiger in den Altersbereichen > 1 Jahr (Kolostralimmunität abgebaut, kein ausreichender Impfschutz) als beim

Fohlen auftritt, weisen die Statistiken, zum Beispiel die aus der Vollblutzucht, doch immer wieder Wundstarrkrampf als Ursache von Saugfohlenverlusten auf. Nicht zuletzt deswegen und wegen der in der Praxis häufig unbefriedigend durchgeführten Immunpräventive muß der Wundstarrkrampf bei den Infektionskrankheiten des Saugfohlens mitbesprochen werden.

Ätiologie und Pathogenese

Der Erreger des Wundstarrkrampfes ist Clostridium tetani, ein 2 bis 5 mm langes bewegliches Stäbchen mit endständiger Spore, das in seiner vegetativen Form gegenüber chemisch-physikalischen Einflüssen wenig stabil ist. Cl. tetani ist ein Anaerobier mit starker Toxinbildung, die in vivo durch Gegenwart von sauerstoffkonsumierenden Begleitkeimen, wie E. coli und Staphylokokken, begünstigt wird. Das Toxin ist ein Protein mit einem Molekulargewicht von 67000, es liegt in zwei unterschiedlich aktiven Formen vor, dem Tetanospasmin und dem Tetanolysin. Für den klinischen Tetanus verantwortlich ist das Tetanospasmin, welches zu den stärksten biologischen Giften – vor allem für Pferd und Mensch – zählt; andere Tierarten sind weitgehend unempfindlich gegenüber diesem Toxin, sofern sie – wie das Rind – über Antitoxin verfügen. Pferde weisen kein Normalantitoxin auf.

Cl. tetani ist weltweit verbreitet und wird regelmäßig in gedüngter Erde angetroffen, wohin es als Darmbewohner mit den Exkrementen gelangt. In den oberflächlichen Lagen (anaerob) des kontaminierten Bodens hält sich der Erreger jahrelang in infektionstüchtigem Zustand (Sporen) am Leben, wiederholte Düngungen können zur Keimanreicherung führen. Sporen sind dann auch aus in diesen Böden gewonnenen Produkten (Rauhfutter) nachzuweisen. In nicht kultivierten Böden ist der Erreger dagegen selten anzutreffen.

Die Sporen sind im Gegensatz zur vegetativen Form des Keimes gegenüber chemisch-physikalischen Einflüssen sehr widerstandsfähig, sie werden zum Beispiel erst durch dreistündiges Kochen abgetötet.

Die für das Fohlen gültige Infektionsform ist die Verunreinigung von Wunden mit vorwiegend anaeroben Verhältnissen (Stichwunden, sich schnell schließende Nabelwunden) durch Clostridiensporen. Auch über Injektionen (i. m und s. c.) kann es zur Verschleppung von Clostridiensporen mit nachfolgender Erkrankung kommen. Der manifeste Tetanus wird somit als eine Wundinfektionskrankheit angesehen.

Da auch Bagatellverletzungen zur Eintrittspforte für den Erreger werden können, ist es nicht immer möglich, die ätiologisch für das Angehen der Infektion verantwortliche Wunde am Tetanuspatienten zu lokalisieren. Dies kann auch noch eine andere Ursache haben, da auch darüber diskutiert wird, ob der Darmbewohner Cl. tetani nicht durch Intestinalverletzungen (z. B. durch wandernde Larvenstadien von Endoparasiten) im Sinne der aufsteigenden Infektion zum klinisch manifesten Tetanus führen kann (*Hutyra* und Mitarb. 1959).

Einmal in den Organismus gelangt, vermehren sich die Sporen unter anaeroben Verhältnissen zu vegetativen Formen und produzieren ihr Toxin – synergistisch begünstigt durch gleichzeitige Anwesenheit von Eitererregern oder Sauerstoffkonsumenten.

Über zentripetalen Transport des Toxins via Blut- und Lymphsystem wird das Zentralnervensystem erreicht, und hier kann es aufgrund der Bindungskapazität des Toxins zur Fixation an der Nervenzelle kommen. Von dieser Bindungskapazität des Toxins hängt es ganz wesentlich ab, ob es nach der Infektion auch zum klinisch manifesten Tetanus kommt. Möglicherweise ist der infizierte Organismus unter bestimmten Umständen in der Lage, über Änderung der Toxinseite der Oberfläche des Toxinmoleküls das Toxin in ein Derivat zu verwandeln, das zwar noch haftet, aber nicht mehr toxisch ist und somit auch keine Erkrankung verursacht (*Habermann* und Mitarb. 1973).

Es ist anzunehmen, daß bei der Organverteilung des von Cl. tetani produzierten Toxins dieses große Molekül über Makro- und Mikrophagentransport in bestimmtem Umfang neutralisiert wird, und die möglichen, klinisch unterschiedlich stark ausgeprägten Tetanusformen in diesen Wandlungs- und Eliminierungsprozessen des Toxins in vivo begründet sind.

Klinisches Bild

Die Inkubationszeiten sind unterschiedlich lang und aus den genannten Gründen nicht immer rekonstruierbar. Sie können beim Pferd zwischen 24 Stunden und 4 Wochen schwanken, beim Fohlen ohne Kolostralschutz sind sie in der Regel sehr viel kürzer als beim erwachsenen Pferd. Die klinischen Symptome, die darauf folgen, sind unterschiedlich hinsichtlich ihrer Lokalisation und graduellen Ausprägung, insgesamt aber von der Wirkung des Tetanospasmin auf die motorischen Nervenzellen geprägt. Der Wundstarrkrampf kann auf einige Muskelgruppen beschränkt bleiben, jedoch auch generalisiert alle Muskelgruppen betreffen.

Das erste klinische Symptom ist meist eine auffallende Schreckhaftigkeit, danach folgt das Vorstrecken oder eine starre Haltung des Kopfes, bedingt durch eine beginnende Verkrampfung der Nacken-/Kopfmuskulatur. Das Ohrspiel ist beeinträchtigt, die Ohren meist steil aufgerichtet. Die Membrana nicitans kann über das Auge fallen. Diese Symptome können in gering ausgeprägten Fällen – wahrscheinlich bei Pferden mit partiell ausgebildeter Immunität – gelegentlich die ganze Krankheit ausmachen. Intensive Therapie in diesem Stadium ist prognostisch erfolgversprechend.

Die weiter folgenden Symptome sind in der Regel Schluck- und Kaubeschwerden, Trismus; das Pferd beginnt, die Beine – namentlich die Hinterhand – etwas weiter als normal auseinanderzustellen, die Sprunggelenke sind hierbei nach außen gerichtet, der Schweif wird hochgezogen. Der Bewegungsablauf in diesem Krankheitsabschnitt ist gestört, das Pferd geht, als ob es vor etwas Furcht hätte.

Die im weiteren Verlauf die gesamte Körpermuskulatur erfassende Verkrampfung führt zum Bild, das unter „Sägebockstellung" bekannt ist. Die Pferde sind bewegungsunfähig, bestimmte Wendungen verursachen ihnen große Pein. Zurücktreten wird unmöglich. Die Halsmuskulatur kann so gespannt sein, daß der Hals nach aufwärts gebogen wird, die Drosselrinne tritt markant gezeichnet hervor. Der Trismus bedingt ein Aufeinanderpressen der Kiefer, Speichelfäden können aus dem zusammengepreßten Maul hängen. Die Bauchmuskulatur ist aufgeschürzt, Harn- und Kotabsatz können sistieren.

Insgesamt herrscht bei den so erkrankten Pferden eine erhöhte Reflexerregbarkeit; Verstärkung der Krampfzustände sind durch Licht-, Geräusch- und Berührungsreize auslösbar. Die Aufregung kann dazu führen, daß die Pferde niederstürzen und sich infolge mangelnder Elastizität Frakturen zuziehen.

Die Atmung ist flach und häufig von unphysiologischen Geräuschen begleitet (Krampf der Kehlkopfmuskulatur), die Herztätigkeit bleibt in der Regel normal. Erst prämortal steigt die Herzfrequenz bei unveränderter Qualität des Herzschlages, ebenso wie die Körpertemperatur, die bis dahin im physiologischen Bereich blieb. Das Ansteigen der inneren Körpertemperatur ist somit als prognostisch ungünstiges Symptom zu werten; rascher Fieberanstieg auf Werte bis 43 °C sind zu beobachten, die auch post mortem noch weiter steigen können.

Im Falle des therapieresistenten, generalisierten Wundstarrkrampfes erfolgt der Tod im Zeitraum von 3 Tagen bis zu 2 Wochen nach den ersten klinisch erkennbaren Symptomen. Bei günstigem Verlauf können die Symptome im Bereich der 2. Woche nachlassen und innerhalb weiterer 4 bis 6 Wochen kann Genesung eintreten.

Die Mortalität beim Fohlen beträgt bei beschleunigtem Verlauf 80 bis 100 %, beim erwachsenen Pferd 40 bis 90 %.

Diagnose

Die Diagnose erfolgt aufgrund des klinischen Verlaufes. Nur im Anfangsstadium der Erkrankung kann es zu differentialdiagnostischen und Abgrenzungsschwierigkeiten gegenüber Fällen von
Meningoencephalomyelitis
Encephalitiden unbekannter Genese
Tollwut
shaker foal disease
Vergiftungen
Traumen (Kopf-/Halsbereich)
kommen. Die weiter folgende typische Symptomatik des Tetanus gestattet die sichere klinische Diagnose. Bakteriologisch-serologische Diagnostik ist ohne Bedeutung.

Therapie, Immunpräventive

Aussicht auf therapeutischen Erfolg besteht bei sehr frühzeitiger Erkennung des Wundstarrkrampfes und in Fällen mit langer Inkubationszeit und protrahiertem Verlauf sowie bei Fällen mit ausbleibender Generalisation. Akut einsetzende Fälle dagegen kommen schnell zum Festliegen, eine Therapie ist dann meist sinnlos.

Die Behandlung wird kombiniert aus Applikation von Tetanus-Antiserum, Beruhigungsmitteln (z. B. Hypnodil®) und Penicillin. Begleitet wird sie von systemischer Therapie, wie Fernhalten jeder Aufregung vom Patienten, Verbringen in einen ruhigen, abgelegenen, verdunkelten Stall, Infusionen, Versorgung allenfalls erkennbarer Verletzungen etc. Wenn das Pferd die erste Erkrankungswoche überlebt hat und noch Nahrungsaufnahme besteht, ist die Prognose in der Regel günstig.

Die Applikation von Tetanuserum kann in den Subarachnoidalraum oder auch parenteral (intravenös und intramuskulär) erfolgen. Das einmal an das ZNS gebundene Tetanospasmin kann hierdurch allerdings nicht mehr neutralisiert werden, lediglich noch ungebundenes, im Körper befindliches Toxin wird erreicht. Die zu verwendende Serumdosis liegt bei etwa 50 000 i.E. täglich, wiederholt bis zur klinischen Besserung. Es empfiehlt sich die kombinierte i.v. und i.m. Applikation.

Die Umspülung des Wundgebietes bei „bekannter" Eintrittspforte der Infektion ist von fragwürdigem Nutzen. Die Serumtherapie sollte begleitet sein von hoch dosierter Penicillingabe (Depotpenicillin täglich ~ 10 bis 20 Mill. i. E., abhängig vom Körpergewicht) und i. v. und i. m. Applikation von Sedativa.

Die einzig wirklich wirksame Bekämpfung des Wundstarrkrampfes ist die Immunpräventive. Hierzu stehen Tetanustoxoidimpfstoffe (Formaldehyd-behandeltes Toxin) als Monoimpfstoffe, aber auch in Kombination mit Virusimpfstoffen zur Verfügung. Es ist zu empfehlen, sich zur Tetanusprophylaxe nur der monovalenten Impfstoffe zu bedienen (*Thein*, 1981, 1983).

Das Fohlen aus einer ordnungsgemäß Tetanusimmunisierten Mutterstute erhält über das Kolostrum maternale Antikörper, die unterschiedlich lang in schutzverleihender Höhe, in Einzelfällen bis zum 6. Lebensmonat, persistieren. In diesbezüglichen Untersuchungen konnte nachgewiesen werden, daß die Fohlen auch quantitativ ganz unterschiedlich die von der Mutterstute via Kolostrum vermittelten Antikörper einbauen. Darüber hinaus gelang der Nachweis, daß Fohlen schon mit Tetanus-Antikörpern geboren werden können (*Thein* 1983).

Insgesamt wird in der Praxis meist zu früh mit der aktiven Tetanusimpfung beim Fohlen begonnen — dies kann den Impferfolg gefährden und — wie nachgewiesen werden konnte — auch nach Wiederholungsimpfungen nicht zum Schutz vor klinisch manifestem Tetanus führen (*Baljer* und Mitarb. 1982).

Von *Jansen* und *Knocke* (1979) wurde nachgewiesen, daß Fohlen, die zwischen 10. und 18. Lebenswoche die Primärimpfung gegen Tetanus erhielten, sehr häufig überhaupt nicht mit der Bildung von Antikörpern reagierten. Erst im Alter von 5. bis 6. Lebensmonat beantworteten sie die Impfung mit entsprechendem Antitoxintiteranstieg. Das Fohlen soll aufgrund seiner Immunreaktion im Bereich des 5. Lebensmonats die Primärimpfung erhalten und im Abstand von 8 Wochen die zweite Impfung der Grundimmunisierung. Ein Jahr danach erfolgt der Booster, Wiederholungsimpfungen sind in 2 bis 4jährigem Intervall fällig (*Thein* 1981).

Die Halbwertszeit des Antitoxins im Organismus beträgt 6 bis 12 Jahre; zu häufige Impfungen, wie sie in der Pferdepraxis gerade bei Einsatz von Kombinationsimpfstoffen (z. B. mit Influenza) immer noch angetroffen werden, sind daher überflüssig und bergen nur das Risiko der Sensibilisierung mit klinischen Zwischenfällen in sich.

Beim verletzten, nicht ordnungsgemäß geimpften Fohlen ist die Serumprophylaxe durch Applikation von Immunseren (bis 20 000 i. E.) möglich. Diese Globuline haben eine kurze Halbwertszeit ($\varnothing$ 14 Tage) und dementsprechend kurz ist der durch Serumgabe erzielte Schutz. Danach muß aktiv immunisiert werden.

Neben der parenteralen hat sich auch die lokale Impfung mit Tetanustoxoid auf die Schleimhäute des oberen Respirationstraktes bei erwachsenen Pferden im Experiment als tauglich erwiesen. Wie wir innerhalb dieser Untersuchungen (*Baljer* und Mitarb. 1982) allerdings feststellen konnten, muß die intranasale Erstimpfung beim Fohlen anders beurteilt werden. Experimentell wurden hier auch sehr junge Tiere innerhalb der 4. bis 6. Lebenswoche mitgeimpft, die trotz dreimaliger Revaccination im 1. Lebensjahr nur minimale Antitoxintiter von sehr kurzer Persistenz entwickelten. Die gleiche Beobachtung konnte dann auch bei konventionell geimpften Fohlen der gleichen Altersklasse gemacht werden, so daß die Beobachtung von *Jansen* und *Knocke* (1979) bestätigt wurde. In jedem Falle leitet sich auch aus diesen experimentellen Untersuchungen ab, daß das Fohlen erst im Bereich seines 5. Lebensmonates aktiv gegen Tetanus zu immunisieren ist.

Literatur

Baljer, G., P. Thein, H. Hechler, P. Cronau, D. Hasslacher, G. Beck, J. Sailer, A. Mayr (1982): Untersuchungen zur intranasalen Schutzimpfung gegen Tetanus beim Pferd. Berl. Münch. Tierärztl. Wschr., 95, 208−213

Habermann, E., W. Dimpfel (1973): Distribution of ^{125}I-tetanustoxin and ^{125}I-toxoid in rats with generalized tetanus, as influenced by antitoxin. Naunyn-Schmiedeberg's Arch. Pharmacol., 276, 327−340

Habermann, E., W. Dimpfel, K. O. Räker (1973): Interaction of labeled tetanus toxin with substructures of rat spinal cord in vivo. Naunyn-Schmiedeberg's Arch. Pharmacol., 276, 361−373

Von Hutyra, A., J. Marek, R. Manninger, J. Moćsy (1959): Spezielle Pathologie und Therapie der Haustiere. Bd. 1. Infektionskrankheiten. 11. Auflg. VEB G. Fischer, Jena.

Jansen, B. C., P. C. Knocke (1979): The immune response of horses to tetanus toxoid. Onderstepoort J. Ver. Res., 46, 211

Thein, P. (1981): Immunprophylaxe beim Pferd. Prakt. Tierarzt Colleg. Vet., 1981, 49−52

Thein, P. (1983): Zur Muttertierschutzimpfung beim Pferd. Tierärztl. Umsch., 38, 783−790

Genetisch bedingte Fohlenataxie
Oldenburger Fohlenataxie, Purzelkrankheit

Vorkommen und Bedeutung

Erstmals wurde 1938 aus dem Oldenburger Zuchtgebiet von Fohlen mit Ataxie berichtet, die vereinzelt aufgetreten war. In der Folgezeit wurden immer mehr Fälle beobachtet, so daß sich *Hippen* (1949) sowie *Koch* und *Fischer* (1950) dem Problem intensiver annahmen und die genetische Grundlage dieser Erkrankung nachweisen konnten.

Ätiologie und Pathogenese

Die Oldenburger Fohlenataxie ist genetisch bedingt. Durch Inzucht innerhalb der Oldenburger G-Linie (Grundus, Gradolf, Gunter II) entstand die Fohlenataxie mit rezessivem Erbgang. Allerdings wird auch aus anderen Zuchtgebieten von ähnlichen Ataxie-Erscheinungen bei Fohlen berichtet, so daß die Fohlenataxie nicht allein auf den Oldenburger Schlag beschränkt zu sein scheint.

Klinisches Bild

Die volkstümliche Bezeichnung „Purzelkrankheit" gibt das generelle klinische Bild wieder. Es werden vorwiegend kräftige Fohlen betroffen und die Krankheit bricht in der dritten Lebenswoche aus. Sie verläuft stets tödlich. Im Prodromalstadium ist ein Tänzeln mit den Vorderextremitäten zu beobachten. Später fällt der raumgreifende Schritt auf, der sofort unterbrochen wird, wenn die Fohlen einer exogen Exposition (Lärm, Schreck) unterliegen. Dann fehlt die Koordinationsbewegung, die Fohlen bleiben ruckartig stehen und überschlagen („purzeln") sich über den Rücken. Am Anfang stehen die Fohlen ohne Hilfe wieder auf. Mit Fortschreiten der Krankheit kommt es zu totaler Paralyse. Im Liegen wird der Kopf ständig überworfen. Werden sie aufgehoben, schieben sie sich an der Wand stützend vorwärts. Die Körpertemperatur ist normal, der Saugreflex ist voll erhalten und das Sensorium ist frei. In der kaudalen Körperregion kann eine Hyperästhesie bestehen.

Pathologischer Befund

Graurote Bezirke im Kleinhirnmark von glasiger Beschaffenheit im Sinne eines Erweichungsherdes. Perivaskulär fallen Zellinfiltrate (Histiozyten und Lymphozyten) auf.

Diagnose und Differentialdiagnose

Bei ausgeprägter Symptomatik kann die genetisch bedingte Fohlenataxie gut von einer Epilepsie (Bewußtseinsstörungen) und von der „idiopathischen Kreuzlähme" bei älteren (ein- bis zweijährigen), vorwiegend männlichen Kaltblut- und Warmblutjungpferden unterschieden werden. Schwierig wird die Abgrenzung gegenüber Vergiftungen.

Behandlung

Keine möglich.

Literatur

Hippen, I. (1949): Erbbiologische Untersuchungen der Fohlenataxie im Oldenburger Zuchtgebiet. Diss. Hannover

Koch, P., H. Fischer (1950): Die Oldenburger Fohlenataxie als Erbkrankheit. Tierärztl. Umsch. 5, 317–320

Koch, P., H. Fischer (1951): Die Oldenburger Fohlenataxie als Erbkrankheit. Tierärztl. Umsch. 6, 158–159

Koch, P., H. Fischer (1952): Die Oldenburger Fohlenataxie als Erbkrankheit. Tierärztl. Umsch. 7, 244

Weischer, F. (1944): Erbbedingtheit der sogenannten Kreuzlähme bei jungen Pferden (hereditäre Ataxie). Berl. Münch. Tierärztl. Wschr. 39/40, 317

Commotio cerebri, Gehirnerschütterung, Gehirntrauma

Die oft ungestümen Bewegungen von Fohlen ab der ersten Lebenswoche bringen es mit sich, daß Hindernisse zu spät erkannt werden. Folge davon sind Verletzungen verschiedener Art. Insbesondere sind es jedoch Kopf- und Rückgratverletzungen (Schädelbasisbruch, ausgedehnte intrakranielle Blutung, Wirbelbruch), die auch tödlich verlaufen können.

In vielen Fällen, in denen das Anrennen mit dem Kopf gegen elastische Hindernisse erfolgt oder aufgrund der abgebremsten Geschwindigkeit weniger stark ausfällt, kommt es zu einer Druckverletzung des Gehirnes (Gehirnquetschung). Diese Fohlen zeigen Benommenheit und vor allem eine schiefe, atypische Kopfhaltung (Abb. 7.18). Oft ist dazu noch eine Wunde im Kopfbereich (Platzwunde) oder ein Haematom zu erkennen.

Auch Augenverletzungen (Blutergüsse) sind häufig damit verbunden. Je nach dem, wo das Trauma sitzt, kommt es auch zu weiteren neurologischen Ausfällen wie Ataxien, Facialislähmung, Nystagmus.

Abb. 7.18 Atypische Kopfhaltung (Commotio cerebri)

Prognostisch ungünstig sind die Fälle zu beurteilen, die bewußtlos angetroffen werden. Eine Röntgenuntersuchung (Schädelbasisbruch, Wirbelbruch) bringt Auskunft über die Schwere der Verletzung.

Neben einer sofortigen Wundversorgung bei als prognostisch vorsichtig bis günstig beurteilten Fohlen werden diese mit der Mutterstute aufgestallt, um sie absolut ruhig zu stellen. Dazu wird die Box abgedunkelt und, soweit möglich, mit Strohballen gepolstert. Schmerzlindernde Medikamente erhalten diese Fohlen in den ersten Tagen. Mit Besserung des Zustandes, erkennbar an der wieder zunehmenden Koordination der Bewegungen und der sich bessernden Kopfhaltung, können diese abgesetzt werden. Als Ausheilungszeit in schweren Fällen muß mindestens drei Wochen angesetzt werden. Ist innerhalb der ersten Tage oder Woche kein Fortschritt in der Wiedererlangung der Vitalfunktionen zu erkennen, ist eine Nottötung zu erwägen. Fohlen im komatösen Zustand über 36 Stunden hinaus sind unheilbar.

Intrakranielle Blutung unmittelbar post natum

Intrakranielle Blutungen treten in Zusammenhang mit der fetalen O_2-Minderversorgung intra natum auf. Sie sind allerdings selten und Ausdruck der schwersten intrapartalen O_2-Drosselung. Nach allen klinischen Kenntnissen ist eine restitutio ad integrum bei derart vorgeschädigten Fohlen nicht möglich. Intrakranielle Blutungen führen zu zwei Krankheitsbildern. Beim ersten zeigen die Fohlen tiefe Bewußtlosigkeit. Das Herz schlägt zu Beginn regelmäßig, nach einigen Minuten mit steigender Hypoxie arrhythmisch. Die Atmung, wie bei der neonatalen Atemdepression (7.2.1) beschriebenen Art in Gang zu bekommen, gelingt nicht oder nur für kurze Zeit. Weder Wechseldruckbeatmung noch O_2-Insufflation vermögen, die Spontanatmung anzuregen. Der Blut-pH liegt unter 7.0 und sinkt innerhalb weniger Minuten auf den kritischen Punkt.

Die zweite Form der intrakraniellen Blutung ist davon gekennzeichnet, daß die Fohlen zwar anfangs zu reanimieren sind, wenige Stunden danach plötzlich verenden (Spätasphyxie). Die pathologische Diagnose ergibt bei dieser Art geschädigter Fohlen ausgeprägte intrakranielle Blutungen. *Palmer* und *Rossdale* (1975) beschreiben Gehirnnekrosen und perivaskuläre Hämorrhagien bei Fohlen mit zum Tode führenden tonisch-klonischen Krämpfen und Atemstörungen im Rahmen des Fehlanpassungssyndroms (7.2.1).

Literatur

Haughey, K. C. R. T. Jones (1976): Meningeal haemorrhage and congestion associated with the perinatal mortality of foals. Vet. Rec. *98*, 518–522

Palmer, A. C., P. D. Rossdale (1975): Neuropathology of the convulsive foal syndrome. J. Reprod. Fert. Suppl. *23*, 691–694

Palmer, A. C., D. P. Leadon, P. B. Rossdale, L. B. Jeffcott (1984): Intracranial haemorrhage in pre-viable, premature and full term foals. Equi. Vet. J. *16*, 383–389

Schädigung peripherer Nerven intra natum

Bei geburtshilflichen Manipulationen kann es, insbesondere bei rotierenden Bewegungen der Extremitäten oder nach falschem Anlegen von Geburtsketten zu Schädigungen peripherer Nerven kommen, in deren Folge die Motilität der Extremitäten entweder vollkommen (bilaterale Ataxie) oder teilweise (unilaterale Ataxie) eingeschränkt ist.

Die Fohlen weisen nach der Geburt eine mangelhafte Belastung einer Extremität oder beider Extremitäten (Paralyse) auf. In anderen Fällen werden sie überkötet. Die neurologische Untersuchung ergibt eine verminderte Hautsensibilität. Der Muskeltonus ist stark herabgesetzt. Ausgangspunkt dieser Schädigung ist entweder ein Hämatom im Plexus brachialis oder im lumbosakralen Bereich.

Differentialdiagnostisch ist eine Fraktur abzugrenzen. Nicht zur Verwechslung Anlaß geben darf die Arthrogryposis der Vordergliedmaßen, die auf genetischer Grundlage beruht (Letalfaktor B_5 s. 7.1.6).

Die Behandlung beschränkt sich in erster Linie auf unterstützende Maßnahmen beim Aufstehen und in einer intensiven Bewegungstherapie. Massagen mit einer scharfen Bürste können die Durchblutung der Muskulatur anregen. Inwieweit Kortison oder antiphlogistische Präparate eine Besserung bringen, ist fraglich. Der subjektive Eindruck ist oft positiv. Zusätzlich käme noch eine Elektrostimulation in Frage.

Rund zehn Tage nach der Geburt muß eine deutliche Besserung eintreten. Ansonsten ist die Prognose ungünstig. Diese Zeit sollte aber für eine intensive physikalische Therapie genutzt werden.

Meningoencephalitis

Meningeale Prozesse auf septischer Grundlage sind bei neugeborenen Fohlen relativ häufig. Sie stehen in Zusammenhang mit einer bakteriellen Allgemeininfektion des Fohlens (7.2.1), dem sogenannten Fohlenlähmkomplex (Abb. 7.19 s. Farbtafel 7).

Cordy (1984) beschreibt die Form der Meningoventrikulitis, die auf der Grundlage einer E. coli-Bakterämie entsteht. Sie ist auf die oberflächlichen Hirnpartien beschränkt, was mit dem Transport der Bakterien in Monozyten geringer Bakterizidie erklärt wird. Betroffen sind vor allem die Leptomeninx, der Chorioidplexus und die Ventrikelränder, während das neuraxale Parenchym, welches physiologischerweise keine Makrophagen aufweist, frei bleibt. Weitere Erreger einer Meningoenzephalitis sind Klebsiellen sp., Streptokokken, Staphylokokken, Actinobacillus sp., Listerien.

Die Infektion kann sowohl in utero als auch intra natum oder unmittelbar post natum stattfinden. Eintrittspforten sind der Nabel oder aber die oberflächlichen Schleimhäute. Besonders gefährdet sind unreif geborene Fohlen. Auch Fohlen mit immundefizientem Status erkranken verständlicherweise häufiger daran als solche, deren Immunitätslage intakt ist.

Die Anzeichen einer Meningoenzephalitis sind klinisch nur schwer zu erkennen, da sie von anderen, vorherrschenden Symptomen (Pneumonie, Diarrhöe, Serositis) überdeckt werden.

Die neurologischen Befunde am Kopf (Augenbefund, Hörprobe, Perkussion, Schluckreflex, Leerkaubewegungen) geben jedoch zumindest einen Hinweis. Sicher ist eine Diagnose mittels Analyse (mikroskopisch, bakteriologisch) von Zerebrospinalflüssigkeit zu stellen (Punktion im Atlantooccipital- oder Lumbosakralbereich).

Die Behandlung besteht in einer ausreichenden und in kurzen Abständen (8 bis 12 Stunden) wiederholten Antibiose. Als Antibiotika kommen solche in Betracht, die die meningeale Schranke überschreiten (Penicillin, Gentamycin, Ampicillin, Kanamycin, Cephalosporine).

Literatur

Cordy, D. R. (1984): Pathomorphology and pathogenesis of bacterial meningoventriculitis of neonatal ungulates. Vet. Path. *21*, 587–591

Platt, H. (1973): Septicemia in the foal. A review of 61 cases. Br. Vet. J. *129*, 221-229

Epileptoide Anfälle, Konvulsionen, Ausfallsleiden

Epileptoide Anfälle, auch als Konvulsionen bezeichnet, treten bei Fohlen in Zusammenhang mit dem Fehlanpassungssyndrom (FAS, 7.2.1) auf. Sie stellen die schwerste neurologische Form dieses Syndroms dar. In der neueren Literatur wird die Konvulsion auch als eigenständiges Leiden beschrieben. *Bellinghausen* (1983) machte darauf aufmerksam, daß die konvulsive Form des FAS als neonatales epileptoides Geschehen zu interpretieren ist. Meist tritt solch ein Anfall ohne vorherig erkennbare Störungen plötzlich wenige Stunden oder Tage p.n. auf. Die Ursache dafür scheint in einer abnormalen elektrischen Aktivität des Gehirnes zu liegen.

Klinisches Bild

Die Fohlen liegen in Seitenlage, zeigen tonisch-klonische Krämpfe, Leerkauen, unregelmäßige Atmung (weite Nüstern), Nystagmus und mitunter Trismus. Die Körpertemperatur ist anfänglich normal, steigt jedoch rapide an. Die Blutgasverhältnisse sind gestört (Hypoxie, Hyperkapnie, Azidose), der Laktatgehalt und die CK-Aktivität sind erhöht.

Behandlung

Zuerst muß das Fohlen weich gelagert (Wasserkissen, Schaumstoff) und ruhiggestellt werden. Dies geschieht mit 10 bis 20 mg Diazepam (Valium®) langsam i.v. Auch Gaben von Phenytoin-Natrium (Epanutin®) können angewandt werden, dessen Wirkung ist jedoch in manchen Fällen nicht überzeugend. Um die Muskulatur zu relaxieren, und so Entspannungssituationen zu schaffen, ist My 301® (Brunnengräber) indiziert (s. auch Tab. 7.18).

Versagt Diazepam oder ist dessen Wirkung zu schwach, wäre eine Pentobarbitalnarkose (s. 7.1.5) einzuleiten. Allerdings kommt es unter dieser zu einer Verlangsamung der Atemtätigkeit, was zu einer zusätzlichen Belastung (O_2-Mangel) führt.

Noch ungeklärt ist, inwieweit bei diesen Zuständen meningeale Ödeme vorhanden sind, die es zu entwässern gilt. Hyperosmolare Lösungen sollen die Inzidenz perivaskulärer zerebraler Blutungen fördern. Als wirksam anzusehen sind dagegen Saluretika und Kortison. Die Erfahrungen mit DMSO sind noch zu gering, um über deren therapeutischen Einfluß Aussagen machen zu können.

Da die Fohlen in ihrem Anfallsgeschehen enorme Energieverluste haben, muß einer Hypoglykämie durch Tropfinfusion mit 5 bis 10 %iger Glucose vorgebeugt werden.

Literatur

Bellinghausen, W. (1983): Klinisch-chemische und blutgasanalytische Untersuchungen bei neugeborenen Fohlen unter besonderer Berücksichtigung des Fehlanpassungssyndroms. Diss. Gießen

Mahaffey, L. W., P. D. Rossdale (1957): Convulsive and allied syndromes in newborn foals. Vet. Rec. 69, 1277–1289

Palmer, A. C., P. D. Rossdale (1975): Neuropathology of the convulsive foal syndrome. J. Reprod. Fert. Suppl. 23, 691–694

Sephar, A. M., M. R. Hill, I. G. Mayhew, L. Hendeless (1984): Preliminary study on the pharmakinetics of pentobarbital in the neonatal foal. Equ. Vet. J. 16, 368–371

Interner Hydrozephalus, Wasserkopf

Der Hydrozephalus gehört zu den am weitesten verbreiteten Gehirnmißbildungen beim Fohlen. Wahrscheinlich beruht er auf genetischer Grundlage, kann aber auch teratogenen Ursprungs sein. Je nach Ausmaß des ventrikulären Hydrozephalus ist auch der gesamte Kopfumfang mit betroffen. Während die Diagnose bei stark ausgebildetem Hydrozephalus keine Schwierigkeiten bereitet, ist der nur minimal angelegte Hydrocephalus oft nicht auf den ersten Blick zu erkennen. Die neurologischen Ausfallserscheinungen sind deswegen nicht minder ausgebildet, müssen aber dem kausalen Krankheitsbild zugeordnet werden.

Die laterale Betrachtung der Kopfform kann bereits erste Hinweise geben. Dabei ist jedoch zu beachten, daß sich die Stirnpartie bei Araberfohlen infolge des deutlich eingesenkten Nasenrückens besonders markant vorwölbt und deswegen zu keiner Fehlbeurteilung Anlaß geben darf. Eine eingehende röntgenologische Untersuchung oder die Ultraschallsonographie ist in klinisch nicht genau abzuklärenden Fällen durchzuführen. Die Prognose für diese Fohlen ist infaust.

Literatur

Foremann, J. H., S. M. Reed, N. W. Rantanen, R. M. De Bowes, P. C. Wagner (1983): Congenital internal hydrocephalus in a Quarter horse foal. Equ. Vet. Sci. 3, 154–164

Hypoplasie des Kleinhirnes, Cerebellare Hypoplasie

Zur Gruppe der intrauterinen Defekte zählen die Malformationen, die einen nicht unerheblichen Anteil an Fohlenverlusten bedingen. Neben den eindeutigen, weil klinisch sofort einzuordnenden Mißbildungen wie Mikrophthalmie, Hyperflexionen, Schädelmißbildungen usw. sind hier vor allem Defekte im Bereich des zentralen Nervensystems von Bedeutung (*Liu* 1980; *McKenzie* 1976; *Miller* 1981; *Thein* 1980, 1982, 1983), da sie Anlaß zu ätiologischen Fehlinterpretationen geben können.

Eine mit zunehmendem Inzuchtgrad vor allem beim Arabischen Vollblut aber auch beim Quarterhorse beschriebene Mißbildung stellt die Kleinhirnhypoplasie dar (*Liu* 1980; *Miller* 1981; *Thein* 1978). Davon betroffene Fohlen zeigen neonatal Schwierigkeiten der räumlichen Orientierung (z.B. bei der Suche nach dem Gesäuge) bei voll erhaltenem Saugreflex. Das Krankheitsbild ist weiterhin charakteristisch durch Kopfschiefhaltung, Tremor im Kopf-Halsbereich vor allem bei dem Versuch der Kontaktaufnahme. Der Gesamteindruck der betroffenen Fohlen gegenüber gesunden Vergleichsfohlen zeigt sie unsensibler, manchmal begleitet von Somnolenz. Die allgemeinen Schwierigkeiten der Orientierung nach vorne sind begleitet von wechselnder, unterschiedlich ausgeprägter Ataxie und dominieren das klinische Bild. Die betroffenen Fohlen erschienen hinsichtlich ihrer körperlichen Entwicklung als nicht gestört.

Laboruntersuchungen inklusive der Untersuchung des Liquor cerebrospinalis blieben in eigenen Untersuchungen ebenso wie Therapieversuche ohne Erfolg. Der morphologische Befund bei diesen Fohlen kann zusammengefaßt werden als komplexe Entwicklungsstörung des Cerebellum mit unregelmäßigem Aufbau der Kleinhirnrinde. Deutliche Reduktion der Purkinjezellen, Dystopie von Purkinjezellen in die Körnerzellschicht, Verlagerung von Germinativzellhaufen in die Molekularschicht sowie eine ausgeprägte Hypoplasie des Kleinhirnwurmes sind in den eigenen Fällen zu diagnostizieren gewesen. Die virologisch/bakteriologische Untersuchung der Gehirne dieser Patienten blieb ohne Befund (*Thein* 1978, 1982, 1983). Von *Rossdale und Mitarb.* (1979) liegen Liquoruntersuchungen an Fohlen mit zerebralen Ausfallserscheinungen vor, die innerhalb der ersten fünf Tage p.n. aufgetreten waren. Diese Autoren konnten beobachten, daß die Protein- und Kreatininwerte der erkrankten im Vergleich zu gesunden Fohlen etwas erhöht waren, jedoch nicht in Korrelation zur Schwere der neurologischen Ausfallserscheinungen standen. Ob es sich bei diesen Veränderungen um intrauterin oder perinatal erworbene handelte, ist hierbei nicht geklärt. Von McKenzie (1976) liegt ein Bericht über drei Hengstfohlen einer Araberstute aus einem Halbarabervater vor, die klinisch und histologisch das Bild der cerebellaren Hypoplasie zeigten. Diese Fohlen hatten zusätzlich eine ausgeprägte Hypogammaglobulinämie. Nachdem sie im Alter bis zu 9 Monaten getötet werden mußten, konnte die mangelnde Entwicklung des lymphatischen Gewebes auch histologisch bestätigt werden.

Literatur

Liu, J. K. M. (1980): Managment and treatment of selected conditiones in newborn foals. J. Amer. Vet. Med. Ass. 176, 1247–1249

McKenzie, C. D. (1976): Cerebellar Hypoplasia and impairment in the development of the lymphoid system. Equine immunology workshop, Sept. 27, 1976, Lyon/France

Rossdale, P. D., M. Falk, L. B. Jeffcott, A. C. Palmer and S. W. Ricketts (1979): A preliminary investigation of cerebrospinal fluid in the newborn foal as an aid to the study of cerebral damage. J. Reprod. and Fert., Suppl. 27, 593–599

Thein, P. (1978): Zentralnervöse Störungen bei Vollblutaraberfohlen bestimmter Blutführung. Unveröffentlichte Ergebnisse

Thein, P. (1982): Über Ursachen von „Lebensschwäche" beim Fohlen. Bayerns Pferde, Zucht und Sport 5, 16–17

Thein, P., G. Eßich und Schulze-Hockenbeck (1983): Zur Ätiologie von Fohlenerkrankungen. Tierärztl. Umsch. 38, 239–250

7.2.4 Erkrankungen des Verdauungssystems

Mekoniumverhaltung, Mekoniumobstipation

Vorkommen und Bedeutung

Die Mekoniumverhaltung ist bei neugeborenen Fohlen wie bei keiner anderen Tierart eine relativ häufig vorkommende Störung innerhalb der ersten Adaptionsperiode. Sie kann zu schweren lebensbedrohlichen Komplikationen führen. Betroffen sind vorwiegend männliche Fohlen.

Ätiologie und Pathogenese

Das Mekonium oder Fohlenpech, der Darminhalt des Neugeborenen, ist geruchlos und schwarzbraun, klebrig, zäh. Es besteht aus Epithelien, Haaren, Zelldetritus, Fettsubstanzen, Darmsekreten und Gallenfarbstoff. Normalerweise geht es bereits in den ersten Lebensstunden ab. Spätestens nach der 12. Stunde sollte sich reiner Milchkot, erkennbar an der gelblich-bräunlichen Farbe, in der Ampulla recti befinden. Der Darm des Neugeborenen wird rasch von Bakterien besiedelt, wobei zuerst die Lactobacillus-Flora, bereits wenige Tage später die E. coli-Flora überwiegt. Darüber hinaus füllt er sich p.n. auch mit Luft und Gas, was bei der Röntgendiagnostik Beachtung finden sollte.

Das Mekonium (je nach Rasse ungefähr 500–800 g, Gesamtlänge des Mekoniumstranges 65–100 cm) wird in der Regel nicht im ganzen, sondern portionsweise abgegeben. Daher kann von Betreuerseite nie korrekt angegeben werden, ob es in seiner Gesamtlänge abgegangen ist, zumal, wenn kein gelblich-bräunlicher Milchkot beobachtet werden konnte (Abb. 7.20 s. Farbtafel 8).

Das Mekonium liegt im Darm nicht als pastöser Strang vor, sondern in zahlreichen, unregelmäßig geformten und dem Darmlumen direkt angepaßten kleinen Gebilden (Abb. 7.21). In der Kolostralmilch der Stute sind noch nicht näher definierte Substanzen erhalten, die den Abgang von Neugeborenenkot, wahrscheinlich über Anregung der Enddarmperistaltik, fördern. Die Konsistenz des Mekonium ist verschieden und reicht von weich über pastös bis gummiartig hart, je nachdem, wie lange post natum der Kot im Enddarm obstipiert wird. Aufgrund der langen Lagerung der Abbauprodukte im Darm wird dem Mekonium der größte Teil des Wassers in Form enteraler Rückresorption entzogen, was besonders im Enddarmabschnitt zu erheblicher Eindickung führt. Dieser Prozeß scheint in den ersten Lebensstunden fortzuschreiten, so daß bei längerer Verweildauer die Kotpartikel an Härte zunehmen.

Abb. 7.21 Enddarm eines Fohlens. Zu beachten sind die verschiedenen großen Mekoniumteile, die isoliert vorliegen

Eine Mekoniumverhaltung entsteht, wenn einzelne Kotpartikel besonders groß und unförmig sind, so daß sie, selbst bei erheblicher Peristaltik, die Apertura pelvis cranialis nicht passieren können. Betroffen davon sind in solchen Fällen sowohl weibliche als auch männliche Fohlen. Als geschlechtsspezifische Komponente kommt hinzu, daß der kraniale Durchmesser des Beckens bei Hengstfohlen so extrem eng ist, daß selbst nur kleine oder mittelgroße, weiche Kotpartikel durch diesen knöchernen Ring gedrückt werden können. Dies ist die eigentliche Ursache dafür, warum vorwiegend männliche Fohlen an einer Mekoniumobstipation leiden. Das neonatale weibliche Becken ist wesentlich günstiger geformt.

Als weiterer Grund für eine Mekoniumverhaltung wäre anzugeben, daß eine ungenügend laxierende Wirkung des Kolostrums bei gleichzeitig intensiver Wasserretention im Enddarm vorliegt. Dies betrifft vor allem die Fohlen, denen nicht rechtzeitig oder ausreichend nach der Geburt Kolostrum angeboten wurde (ungenügende Laktation der Stute, mangelhaftes Steh- und Saugvermögen des Fohlens und dadurch verminderte Milchaufnahme). Weiterhin tritt sie bei den Fohlen auf, bei denen das Muttertier bereits einige Zeit ante partum unter vorzeitiger Milchejektion litt und so die kolostralen Inhaltsstoffe bereits abgegangen waren, noch ehe das Fohlen auf der Welt war.

Überlegungsmäßig wäre auch an eine, das physiologische Maß überschreitende Wasserretention des Darmendabschnittes als Ursache der Mekoniumobstipation zu denken. Klinische Beobachtungen weisen nämlich darauf hin, daß die Konsistenz des Mekoniums, auch bei natürlichem Abgang, außerordentlich unterschiedlich sein kann.

Klinisches Bild

Ein Drängen auf Kot nach der 6. Lebensstunde bei nur teilweisem Mekoniumabgang sollte ebenso Anlaß zur tierärztlichen Intervention sein wie ständiges Pressen unmittelbar post natum. In diesen Fällen bestehen nur leichte Allgemeinstörungen (Schlagen gegen den Bauch, Abstellen des Schweifes, Pressreiz, leichtes Schwitzen), wobei die Milchaufnahme noch regelmäßig in den schmerzfreien Perioden erfolgt. Die Bauchdeckenpalpation erweist sich in solchen Fällen als unauffällig. Darmgeräusche sind deutlich zu hören. Bei digitaler Kontrolle der Ampulla recti (Finger mit Gleitmittel, nicht mit Öl oder Seife schlüpfrig machen) sind allerdings vor der Apertura pelvis cranialis entweder ein großer oder mehrere mittelgroße Kotpartikel fester Konsistenz zu spüren.

In weiter fortgeschrittenen Fällen werden im Vorbericht Unruhe, Schwitzen, kolikartige Anfälle, eingeschränkter Saugtrieb angegeben. Der Patient wird häufig apathisch in kyphotischer Preßhaltung mit abstehendem Schweif und deutlich hervortretendem Analkegel stehend oder in unphysiologisch liegender Haltung mit Krampfanfällen (Wälzen über den Rücken, Schlagen nach dem Bauch) angetroffen. Die Körperinnentemperatur ist noch normal, es besteht Tachykardie, und die Schleimhäute sind mitunter zyanotisch. Die Körperoberfläche ist feucht-kalt. Das Abdomen ist leicht gespannt, druckempfindlich und infolge der

Stauung von Kot und Darmgasen tympanisch aufgetrieben (Meteorismus). Die Darmperistaltik kann ausgeprägt, zuweilen stark hypertonisch (*spastische Obstipation*) sein, oder es besteht eine vollkommene Darmruhe (*atonische Obstipation*). Hierbei ist nicht zu entscheiden, ob die Atonie primärer oder sekundärer Natur ist. Eher ist jedoch von ersterem auszugehen. Die Beurteilung der Darmmotilität ist besonders im Hinblick auf die vorzunehmende Medikation von Bedeutung und sollte stets vorher erfolgen. Digital sind vor dem Becken ein oder mehrere Kotteile angeschoppt zu spüren. Sie sind fest und trocken und der Abrieb ist dunkelgrün-schwarz (Abb. 7.22). Der Harnabsatz ist ungestört. In schmerzfreien Perioden wird immer wieder in kurzen Intervallen gesaugt, wobei unmittelbar danach die Koliken erneut einsetzen (Passagehemmung der Milch).

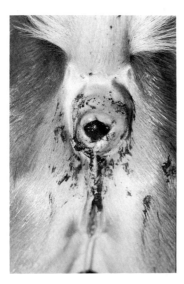

Abb. 7.22 Hervorpressen von Kot bei Mekoniumverhalten (leichte Form)

Mit zunehmender Krankheitsdauer dominieren die Herz-Kreislauf-Symptome (Intoxikationserscheinungen), und es kommt zu fortschreitender Hinfälligkeit (Verlust des Steh- und Saugvermögens, Exsikkose).

Die Leukozytenzahl ist je nach Krankheitsstadium leicht erhöht, der Haematokrit steigt an ($>$ 38). Darüber hinaus bestehen metabolische Azidose und Hypoglykämie.

Pathologischer Befund

Im Enddarmbereich sind einige eingekeilte, trockene Mekoniumteile zu finden, die Darmschleimhaut ist an dieser Stelle häufig entzündet oder weist bereits Drucknekrosen auf (Folge auch mannigfaltiger Manipulationen). Das gesamte Darmkonvolut ist gasig aufgetrieben. Eine Peritonitis tritt in Zusammenhang mit einer Darmperforation auf (spontan entstanden oder durch Anwendung starrer Katheter provoziert) (Abb. 7.23 s. Farbtafel 8).

Diagnose und Differentialdiagnose

Die Diagnose ist unschwer allein auf der Tatsache aufzubauen, daß feste Mekoniumteile vor dem Beckeneingang liegen, die trotz größeren Preßreizes nicht vorgetrieben werden können. Mitunter schiebt sich Milchkot an den Mekoniumpartikeln vorbei, wodurch es zu Fehlinterpretationen kommen kann. Allerdings kann dies als Zeichen dafür gelten, daß ein Großteil des Mekoniums abgegangen ist und es sich in solchen Fällen nur noch um die Retention einiger Reststücke handelt.

Bei stark hinfälligen Fohlen, bei denen länger andauernde Manipulationen (oft mit starren Gegenständen) vorausgegangen sind, ist besonders auf Schleimhautläsionen (Blut am Finger!) und Darmperforationen mit beginnender Peritonitis zu achten.

Ist kein Mekonium im Endabschnitt des Darmes zu spüren, das gesamte Krankheitsbild spricht aber für eine Mekoniumobstipation, so ist von einer Darmruptur oder aber einer partiellen Darmaplasie auszugehen.

Differentialdiagnostisch kommen in Betracht: Uroperitoneum, Aplasie von Teilabschnitten des Darmes, Volvulus, Invagination, Tumore im Bauchraum.

Die Therapie gliedert sich je nach Krankheitsdauer und Verlauf in zwei Vorgehensweisen:

1. Konservatives Vorgehen:
Es ist das Mittel der Wahl in allen leichten Fällen, in denen das Allgemeinbefinden nur gering- bis mittelgradig gestört ist. Liegt eine hochgradige Allgemeinstörung vor oder ist der Verdacht von Schleimhautläsionen in der Ampulla recti (Vorbehandlung mit festen Gegenständen wie Drahtschlingen etc.) beziehungsweise der einer Peritonitis (Darmperforation) gegeben, sollte die konservative Vorgehensweise zugunsten der operativen unterbleiben. In einfachen Fällen gelingt es, durch Kombinationspräparate, die rektal verabreicht werden (Microklist® Pharmacia, Tirgon® Woelm Pharma), den Kotabgang zu beschleunigen. Bei komplizierten, schon länger andauernden Obstipationen muß eine regelrechte Darmspülung vorgenommen werden. Für derartige Darmspülungen werden benötigt: Weicher, an der Spitze

abgerundeter Katheter mit zwei seitlich versetzten Öffnungen (*Rüsch* − Magenschlundsonde), Irrigator oder großvolumige Janet-Spritze, Paraffinum liquidum, Gleitmittel (Gestinal® Bayer) größere Mengen physiologische Kochsalzlösung (2000 bis 5000 ml).

Der Katheter wird vorsichtig unter digitaler Kontrolle in die Afteröffnung eingeführt, so vorgeschoben, daß er kaudal des Kotballens Kontakt hat und dieser umspült wird. Unter leichtem, später etwas gesteigertem Druck wird über den Irrigator Kochsalzlösung und Paraff. liquidum (50−100 ml/1000 ml phys. NaCl) in die Ampulle intermittierend eingegeben. Dadurch kommt es zur Erweiterung des Darmendes und zur Umspülung der Kotpartikel. Um den Innendruck und somit die Wirkung zu erhöhen, wird der Anuskegel mit den Finger um die Sonde fest geschlossen. Das Fohlen preßt bei bestimmtem Füllungszustand Spülflüssigkeit und Kotballen heraus (Abb. 7.24). Nach der Spülung hilft das Eingehen mit gleitfähig gemachtem dünnen Finger, um noch vorhandene Kotballen zu wenden und auch zu zerkleinern. Zu empfehlen ist bei der akuten Mekoniumobstipation auch die Verabreichung von Sorbit-Klystieren oder salinischen Laxantien (Klyxenema® Ferring, Practo clyss® Schiwa, Klyx-magnum® Ferring).

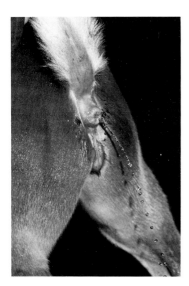

Abb. 7.24 Abpressen von Spülflüssigkeit nach Darmeinlauf

Die Prozedur muß mitunter mehrfach wiederholt werden, wobei dann auch Gleitmittel zum Einsatz kommen kann. Dieses wird dickflüssig über eine Spritze in das Darmlumen appliziert, um so auch ein gewisses Quellvolumen durch Nachquellen und somit Erweiterung des Darmdurchmessers, auszunutzen.

Erst wenn eindeutig gelblich-bräunlicher Milchkot abgeht und die Ampulla bei der Nachkontrolle frei von Mekonium ist, kann mit einiger Sicherheit davon ausgegangen werden, daß die Mekoniumobstipation behoben ist. Eine weitere Nachkontrolle nach 6 bis 12 Stunden ist jedoch erforderlich.

Ist erkennbar, daß Mehrfachspülungen zu anstrengend für den Patienten werden, wird die Spültherapie für 30−120 Minuten unterbrochen. In der Zwischenzeit ist Sorge dafür zu tragen, daß die metabolische Azidose und Hypoglykämie (Natriumbikarbonatlösung 8,4 %ig, 5 % Glukoselösung) ausgeglichen werden und das Fohlen schmerzlindernde, spasmoanalgetische Mittel bei vorliegender Hypermotilität erhält. Bleibt das Fohlen auch nach erreichter Milchkotpassage erschöpft, wird neben der Dauertropfbehandlung eine Sondenernährung mit Kolostrum vorgenommen.

Um allgemeinen Schmerzzuständen zu begegnen, hat sich die Injektion von Metamizol (Novalgin® Hoechst) oder Bytyl-O-tropoylscopiniumhydroxid mit Metamizol (Buscopan compos.® Boehringer Ingelheim) bewährt.

Da die Fohlen durch die Mekoniumverhaltung als immunsupprimiert angesehen werden können, und die vorausgegangene Kolostralmilchaufnahme nicht immer optimal gewesen ist, wäre eine erneute Gabe eines heterologen Kolostrums (nur bei wenige Stunden alten Fohlen wirkungsvoll) und eine Antibiose im Hinblick auf bakterielle Infektionen ratsam. Daneben hat sich auch die Paramunisierung (Duphamun®, Baypamun®) bewährt. Der Patient ist in den folgenden Tagen zu kontrollieren.

Nicht bewährt haben sich Klysmen mit Seifenlauge wegen ihrer starken Schleimhautreizung. Auch hat die per os-Verabreichung von Oleum ricini eher einen verschlimmernden als heilenden Effekt (Anregung der Dünndarmperistaltik, verstärktes Auftreten von Koliken, verspätete Wirkung im Dickdarmbereich) auf die Mekoniumverhaltung. Unbedingt vermieden werden sollte das Eingehen in die Ampulla recti mit starren Sonden (Besamungspipetten) oder Drahtschlingen wegen der stets gegebenen Perforationsgefahr. Auch das Mekonitorium nach *Masch* sollte aus gleichen Gründen keine Anwendung mehr finden.

2. Chirurgisches Vorgehen:
Prädestiniert für einen chirurgischen Eingriff sind zum einen Fohlen, bei denen trotz mehrfacher

Spülung kein oder zu wenig Kot gewonnen werden konnte. Zum anderen ist dann bei Fohlen die Operation angezeigt, wenn sie durch langandauerndes Pressen oder durch Manipulationen bereits erhebliche Läsionen der Darmschleimhaut aufweisen und bei solchen Patienten, bei denen eine frische Darmperforation nachgewiesen oder vermutet wird.

Vorbereitung zur Operation: Zugang zur Vene (Venen-Katheter) schaffen, Blutbild, Elektrolytstatus. Dauertropf mit Elektrolyt- und Glucoselösung (ca. 500–750 ml / Stunde).

Narkose: siehe 7.1.5

Operation: Die Laparotomiewunde sollte seitlich in der Flanke, besser in der Linea alba (weibliche Fohlen) beziehungsweise paramedian (männliche Fohlen) der Linea alba gesetzt werden. Die Wundöffnung muß in ihrer Ausdehnung so bemessen werden, daß die Hand des Operateurs in die Bauchhöhle ohne Spannung der äußeren Wundränder (Wundspreizer) eingehen kann. Nun wird der Enddarmabschnitt aufgesucht und digital vorsichtig ein Kotballen nach dem anderen in die Ampulla recti durch die Apertura pelvis cranialis in den Beckenraum gedrängt. Von außen wird intra operationem in den Anuskegel eine weiche Sonde für die Spülflüssigkeit eingeschoben, deren Sitz digital vom Abdomen her kontrolliert wird. Der Spüldruck darf nicht zu hoch sein, um die Kotteile nicht kranial in anusentfernte Darmabschnitte zu befördern und den Darm zu stark aufzutreiben.

Gelingt es nicht, die Mekoniumpartikel auf diese Weise zum Abgang zu bringen, muß eine Enterotomie vorgenommen werden. Nach Öffnung des Darmes werden die Kotteile unter Zuhilfenahme einer Darmspülung entfernt. In jedem Fall muß eine eingehende Kontrolle des Darmes vorgenommen werden, um vor Verschluß der Enterotomiewunde (doppelte Lembertnaht) beziehungsweise der Laparotomiewunde sicher zu gehen, daß auch in den anusentfernten Darmabschnitten kein Mekonium mehr vorhanden ist.

Die Laparotomiewunde wird in drei Schichten vernäht. Eventuell sollte eine Wunddrainage gelegt werden, um seröse Wundschwellungen zu vermeiden.

Nachbehandlung: Das Fohlen muß nach der Operation weich und warm gelagert werden. Per Nasenschlundsonde wird einige Stunden p. op. vorsichtig Milch, eventuell gemischt mit Elektrolytpulver oder Tee (geringe Mengen), verabreicht. Zur Anregung einer eventuell darniederliegenden Darmtätigkeit kann Rotlichtbestrahlung angewandt werden, oder die Bauchdecke wird mit Wärmflaschen temperiert. So läßt sich die Gefahr einer *atonischen Obstipation* verringern. Bei Hypermotilität (*spastische Obstipation*) sind krampflösende Mittel induziert. Über fünf Tage wird der Patient antibiotisch abgeschirmt (Ampicillin, Penicillin G). Dazu kommen noch Metamizolgaben (Novalgin®) nach Bedarf und die Fortführung der Infusionstherapie.

Vorbeugung

Vorbeugend können milde Abführmittel unmittelbar post natum per anum verabreicht werden, um den Kotabgang besonders bei männlichen Fohlen zu fördern (Mikroklist® Pharmacia, Klyxenema® salinisch Ferring, Tirgon® Woelm). Weiterhin ist auf ausreichende Kolostrumversorgung zu achten. Laktiert die Stute bereits vor der Geburt, so wäre tiefgefrorenes Kolostrum zu verabreichen, um neben der gesicherten Immunglobulingabe auch die Versorgung mit laktierenden Ingredientien zu sichern.

Literatur

Bostedt, H. (1987): Das neugeborene Fohlen als Notfallpatient. Prakt. Tierarzt *68*, 34–39

Crohwurst, R. C. (1970): Abdominal surgery in the foal. Equine. Vet. J. *2*, 22–25

Meinecke, B. (1984): Störungen in der Neugeborenenperiode des Fohlens. Prakt. Tierarzt *65*, 19–28

McIntosh, S. C. and J. R. Shupe (1981): Surgical correction of duodenal stenosis in the foal. Equine Pract. *3*, 19–25

Allgemeine Grundsätze der Diarrhöetherapie

Für die per os-Behandlung stehen nach allgemein pharmakologischen Grundsätzen zusammengestellte Mischungen für die Zubereitung von Lösungen für die orale Rehydration zur Verfügung. Zu beachten ist dabei, daß sie einen Basisgehalt an

Glucose 111 mM, Na^+ 90 mM, K^+ 20 mM, HCO_3^- 30 mM, Cl^- 80 mM

aufweisen. Da der Flüssigkeitsverlust bei Diarrhöe sehr hoch ist, muß die per os-Therapie mehrmals täglich vorgenommen werden (Tab. 7.22). Solange das Fohlen an der Mutter trinkt, sollte man es geschehen lassen.

Vier Dinge sind jedoch zu beachten:
1. Bakteriologische Kontrolle der Stutenmilch. Sie kann Träger von Keimen sein, die die Diarrhöe unterhalten.
2. Bei nachlassender Sauglust Mutterstuten melken, um die Laktation zu erhalten.

Tabelle 7.22 Blutgasanalytische Werte bei Saugfohlen mit Enteritis vor der Initialbehandlung (*Bostedt* und *Lehmann* 1989)

Parameter	Fohlen mit Enteritis durch			
	Rotaviren und Bakterien	virusähnl. Partikel und Bakterien	Bakterien	insgesamt
pH	7.299±0.042	7.331±0.023	7.286±0.070	7.295±0.062
HCO_3 mmol/l	23.7±4.2	25.1±2.9	21.8±4.8	22.7±4.5
BE mmol/l	−2.3±4.2	+0.7±1.3	−4.3±5.4	−3.1±5.1
Proben insgesamt	5	3	14	22

3. Saugflaschen immer in Nähe des Euters halten, um den Mutter-Kind-Kontakt nicht zu unterbrechen
4. Absolute Hygiene einhalten (Auskochen der Sauger und Flaschen, Einmalschürze oder -kittel, Einmalhandschuhe, Desinfektionsmatte vor der Box), um eine Übertragung auf andere Fohlen zu vermeiden.

Muß eine intravenöse Zufuhr der Flüssigkeit vorgenommen werden, wäre der Dauerkatheter gut zu fixieren (Festnähen der Braunüle®, Halsverband), da Stuten mitunter im Verlauf der Sozialpflege diesen Katheter ziehen. Auf Katheterpflege ist besonders Wert zu legen, um ihn nicht zur Leitschiene einer zusätzlichen Infektion werden zu lassen.

In besonders kritischen Fällen ist innerhalb der Initialbehandlung eine Blut- (oder Plasma-)Übertragung angezeigt, um die allgemeine Widerstandskraft zu erhöhen.

Für die mehrere Liter (5–12 pro 24 Stunden) betragende Infusion, abhängig vom Schweregrad der Erkrankung und Gewicht des Fohlens, stehen geeignete sterile Elektrolyt- und Glucoselösungen von verschiedenen Firmen zur Verfügung.

Über den Nutzen von Adsorbentien und Styptika (Aktivkohle, Bolus alba, Magnesiumoxid, Hafer- und Reisschleim, als Styptika werden angewendet: kolloidales Silber, Gerbsäure, Kieselsäure) bei profusen Diarrhöen sind unterschiedliche Meinungen bekannt. Auf jeden Fall können sie den Initialbehandlungseffekt unterstützen. Zu einem späteren Zeitpunkt, in der Phase der Darmzottenregeneration, haben sie auch gewisse Heilwirkung.

Nicht zu unterschätzen ist die Gabe von Tee (Schwarzer Tee, Kamillentee, bei Meteorismus Fencheltee), der nicht zuletzt auch den Flüssigkeitsbedarf mit abdeckt. Die Anwendung von Carbo medicinalis bei Fohlen kann, nach klinischer Beobachtung, mitunter zu leichten Kolikanfällen führen, auch wenn sie kombiniert mit Siliziumdioxid und kolloidalem Silberchlorid verwandt wird (Adsorgan®). Trotz allem sollte man die adsorbierende Wirkung von Carbo medicinalis nicht außer acht lassen. Empfohlen werden darüber hinaus Spasmolytika, die jedoch nur dann Bedeutung haben, wenn eine Diarrhöe mit Darmspasmen (Auskultationsbefund) vorliegt. Ansonsten würden sie nur eher zu einer Darmlähmung führen.

Die Antibiose ist in allen Fällen angezeigt, in denen eine infektiöse Diarrhöe auf bakterieller Grundlage (primär) oder unter Mitbeteiligung von Bakterien (sekundär) vorliegt. Hierbei ist es besser, die spezifisch wirkenden Antibiotika (nach bakterieller Austestung und Sensibilitätsprüfung) parenteral als enteral zu verfolgen, besonders dann, wenn deren Resorption nicht gewährleistet ist. Antibiotika beugen einer generellen Bakteriämie und damit einer Absiedelung vor. Keine Wirkung können sie verständlicherweise bei viraler Genese einer Diarrhöe (Rota-, Corona-, Adenoviren) haben.

Die Therapie einer Diarrhöe bei Fohlen kann in diesem Zusammenhang nur als Rahmen angegeben werden. Erfahrungen aus der Praxis in der einen oder anderen Richtung konnten hier nicht berücksichtigt werden. Das Grundprinzip bleibt jedoch, bei mittel- bis schwergradigen Diarrhöen in erster Linie den Flüssigkeitsbedarf zu decken und für einen Elektrolytausgleich zu sorgen.

Besteht der begründete Verdacht einer Helminthose oder ist diese gesichert, dann stellen Anthelmintika das Mittel der Wahl zur Beseitigung der Diarrhoe dar. Bei solcherart stark exsikkotischen Patienten steht aber auch die Elektrolytzufuhr im Vordergrund. Besteht darüberhinaus noch eine Anämie, muß der Anthelmintika-Behandlung eine Blutübertragung vorausgehen.

Literatur

Antheron, J., S.W. Ricketts (1980): Campylobacter infection from foals. Vet. Rec. *107*, 264–265
Bostedt, H., B. Lehmann (1989): Rotavirusdiarrhoe beim Saugfohlen. Wien. Tierärztl. Mschr *76*, 51–55
Urquhart, K. (1981): Diarrhoea in foals. In Practice *3*, (Beiheft Vet. Rec.) 22–29

Infektiöse Diarrhöe

Begriff und Vorkommen

Ein häufiges klinisches Problem beim Fohlen stellen die mit Durchfall einhergehenden Erkrankungen dar. Man geht davon aus, daß bis zu 80 % aller geborenen Saugfohlen innerhalb ihres 1. Lebenshalbjahres unterschiedlich oft an Diarrhöe erkranken. In der Regel verlaufen diese klinischen Episoden mild und bedürfen keiner spezifischen Behandlung: es sind aber auch Fälle schwerer, mortal verlaufender Enteritidien beschrieben, die massive tierärztliche Interventionen erfordern. Es ist sehr schwer, das Symptom des Durchfalles einem einzelnen Erreger zuzuordnen, daher sei neben den besprochenen Infektionen mit equinen Rotaviren, Adenoviren und Coronaviren sowie der Septikämie des Saugfohlens hier ein eigenes Kapitel über infektiösen Durchfall vorangestellt.

Ätiologie und Pathogenese

Der wohl häufigste Durchfall beim neugeborenen Fohlen wird gerne in Zusammenhang mit der Rosse der Stute gebracht (7.2.4). Ätiologisch steht nach wie vor aus, ob dies berechtigt ist, das heißt, ob der Hormonspiegel der Stute über die Milch den Fohlendarm im Sinne eines sich entwickelnden Durchfalles beeinflussen kann. In nicht wenigen Fällen verbergen sich darunter wohl auch Invasionen mit Helminthen (Zwergfadenwurm), die die Mutter auch über die Milch dem Fohlen weitergeben kann. Ganz generell werden beim Fohlen infektiöse Durchfälle verursacht durch Viren, Bakterien, Pilze, Protozoen oder Endoparasiten. Wir gehen davon aus, daß in den wenigsten Fällen eine Einfaktoren-Ätiologie im Sinne der reinen Virus- oder Bakterieninfektion zur Erkrankung führt, sondern daß die Faktorenkrankheit Durchfall durch das Zusammenspiel verschiedener infektiöser mit nicht infektiösen Faktoren zustande kommt (Tab. 7.23).

Viren und Bakterien kommt hierbei sicher ätiologisch die größte Bedeutung zu. Von den Viren sind die equinen Rota-, Adeno- und Coronaviren die derzeit einzigen bekannten, monofaktoriellen viralen Durchfallerreger. Bei den Bakterien wird davon ausgegangen, daß Escherichia coli-Spezies beim Fohlen – wie bei fast allen anderen Säugetierspezies – die wichtigsten Durchfallerreger in der ersten Lebensperiode darstellen. Es ist beim Fohlen bislang jedoch noch nicht klar, welche spezifischen enteropathogenen E. coli-Serotypen für die Erkrankung infrage kommen. Obwohl von *Tzipori* und Mitarb. (1984) nachgewiesen ist, daß das Intestinalepithel des Pferdes Rezeptoren für K88-Antigen besitzt, konnten diese Autoren auch bei Fohlen, die unter Kolostrumentzug standen, im Experiment keine Kolonisierung dieser E. coli-Typen erzielen. Neben den E. coli spielen Salmonella-Spezies eine Rolle, von denen vermutlich S. typhimurium am häufigsten in Diarrhöe-Episoden verwickelt ist. Auch hier ist bekannt, daß die reine S. typhimurium-Infektion in den seltensten Fällen in der Lage ist, zur Enteritis zu führen, sofern sie nicht mit anderen Begleiterregern oder aber in gestreßten Individuen zur Infektion gelangen.

Neben den Infektionen mit Corynebakterium equi sind Fälle nekrotisierender Enteritiden beim Fohlen auch nach Infektion mit Clostridium perfringens beschrieben (*Sims* und Mitarb. 1985). In diesen Fällen fand die Infektion innerhalb der ersten Lebenstage statt und verlief mit allen Anzeichen der Depression, schwerer hämorrhagischer Diarrhöe und Dehydratation. Die Infektion war in erster Linie auf das vordere Jejunum und das Ileum beschränkt und ging einher mit einer histologisch faßbaren Nekrose der Villi. Die Isolation des Erregers gelang in allen Fällen.

Campylobacter-Spezies sind ebenfalls potentielle Erreger von infektiösen Durchfällen beim Fohlen und *Atherton* und *Ricketts* (1980) haben Fälle von Campylobacter jejuni-Infektionen aus erkrankten Saugfohlen beschrieben. In diesen Fällen ging die Infektion mit allen Anzeichen einer Kolik einher. In zwei Fällen wurden perforierte Ulcera bei der post mortem Untersuchung festgestellt. Von *Becht* und Mitarb. (1984) wurde beschrieben, daß in ihrem Untersuchungsgut 30 % der untersuchten toten Fohlen entweder Magen- oder Duodenalculcera hatten und ein ähnlicher Prozentsatz dieser Fohlen gleichzeitig Durchfälle zeigte. Ob dies nun allein auf Campylobacter zurückzuführen ist oder auch wiederum auf gemeinsame Infektion mit Rotaviren, von denen auch Ulcerabildung beschrieben ist, ist derzeit wohl noch nicht mit letzter Sicherheit geklärt. Speziell in Fohlen, die wegen anderer Infektionen unter Antibiose stehen, kann es nach *Cilligan* und Mitarb. (1981) infolge von Infektionen mit toxischen Clostridium difficile-Stämmen zu Enteritiden kommen. Diese Erreger können aufgrund ihrer Toxinproduktion auch bei Pferden höheren Alters zur Erkrankung führen, wobei es hier nur gelegentlich zur akuten Diarrhöe kommt.

Tabelle 7.23 Zusammenstellung der wichtigsten monofaktoriellen Ursachen einer Diarrhöe bei Saugfohlen und deren ungefähres zeitliches Auftreten

Erreger / Ursache Krankheit	zeitliches Vorkommen	Anmerkungen
Rotaviren	(2) 4 Tage bis zu 6 Monaten p.n.	profuse Diarrhöe, fataler Verlauf bei Fohlen < 6 Lebenstage, Dauer der akuten Phase 3 bis 9 Tage
Coronaviren	wenige Tage p.n. bis mehrere Lebensmonate	profuse Diarrhöe, hohe Mortalität
Adenoviren	Saugfohlen jeden Alters	vorwiegend Araberfohlen betroffen (Immunmangeldefekte), Diarrhöe begleitendes Symptom Bronchopneumonie
Arteritisvirus	> ein Monat p.n.	allgemeine Schwäche, im praemortalen Zustand Diarrhöe gelegentlich nekrotisierende Enteritis des Colons
Bakterien (E. coli, Klebsiellen, Salmonellen, Corynebacterium equi, Clostridium perfringens, Campylobacter)	ab 2. Lebenstag	profuse Diarrhöe, teilweise mit Kolik (Campylobacter)
Strongyloidose (Str. westeri)	ab 10. Tag mit Maximum der Eiausscheidung in der 5. Lebenswoche	Diarrhöe in Zusammenhang mit der Fohlenrosse diskutiert
Parascaris-equi	> 1 Monat Höhepunkt 5./6. Lebensmonat	intermittierende Diarrhöe stumpfes Fell Abmagerung
Strongylus vulgaris	> 1 Monat	chronische Diarrhöe Gefahr der Aneurysmabildung
Fohlenrossediarrhöe	8. bis 12. (14.) Lebenstag	polyfaktorielles Geschehen mit überwiegend mildem Verlauf
Diarrhöe auf nichtinfektiöser Grundlage	ab 1. Lebenswoche	übermäßige Wasseraufnahme alimentäre Ursachen überdimensionale Laktation mit zu fetter Milch mangelhafte thermische Verhältnisse Colitis ulcerosa regionale Enteritis
Diarrhöe in Zusammenhang mit Lebernekrose unbekannter Genese	2. bis 5. Lebenstag	Diarrhöe (kolikartig) ist nur begleitendes Symptom bei Fohlen mit Lebernekrose

Diagnose, Differentialdiagnose

Aufgrund der hier kurz gefaßt dargestellten ätiologischen Möglichkeiten infektiöser Fohlendurchfälle ist erkennbar, daß in jedem Falle versucht werden sollte, den oder die Erreger intra vitam zu isolieren. Dies trifft besonders dann zu, wenn sich Fohlendurchfälle von Saison zu Saison wiederholen und davon auszugehen ist, daß es sich hierbei um endemisch verlaufende Infektionen handelt. Die Schwierigkeit besteht zweifellos darin zu beweisen, in welchem Maße der isolierte Erreger tatsächlich auch für die Ätiologie der beobachteten Erkrankung verantwortlich ist und inwieweit sich unter dem beobachteten klinischen Bild nicht Mischinfektionen, die nicht diagnostisch geklärt werden konnten, oder aber Kombinationen aus Infektionen und Streßfaktoren verstecken. In die Diagnose und in die daraus entstehenden Weiterungen ist somit auf jeden Fall das Management der Fohlenherde, vor allem dann, wenn es sich um eine höhere Quantität von Tieren handelt, mit einzubeziehen.

Literatur

Atherton, J. G., S. W. Ricketts (1980): Campylobacter infection from foals. Vet. Rec., *107*, 264–265

Becht, J. L., J. B. Hendricks, A. M. Merritt (1984): Current concepts of the foal ulcer syndrome. Proc. 29th Ann. Conv. Am. Ass. Equine Pract.

Cilligan, P. H., L. R. McCarthy, V. M. Genta (1981): Relative frequency of Clostridium difficile in patients with diarrheal disease. J. clin. Microbiol., *14*, 26–31

Sims, L. D., S. Tzipori, G. H. Hazard, C. L. Carrol (1985): Haemorrhagic necrotising enteritis in foals associated with Clostridium perfringens. Austr. Vet. J., *62*, 194–196

Tzipori, S., M. Withers, J. Hayes (1984): Attachment of E. coli-bearing K88 antigen to equine brush-border membranes. Vet. Microbiol., *9*, 561–570

Infektion mit equinen Rotaviren

Begriff und Vorkommen

Über infektiöse Enteritiden auf der Grundlage von Rotaviren mit der Folge profuser Durchfälle bei Saugfohlen wurde erstmals 1975 aus den USA berichtet. Die Erkrankung trat damals gehäuft im Vollblutzuchtgebiet Zentralkentuckys auf.

Seit dieser Zeit wurde intensiv an der Erforschung dieser neuen Infektionskrankheit gearbeitet. Wir wissen heute, daß die equinen Rotaviren unter den Pferdepopulationen der ganzen Welt verbreitet sind und nur beim Fohlen zur klinisch manifesten Infektion mit der Folge auch bösartig verlaufender, akuter Diarrhöe führen können.

Rotaviren lassen sich serologisch auch bei erwachsenen Pferden nachweisen, so daß davon ausgegangen wird, daß die meisten Infektionen wohl klinisch inapparent verlaufen.

Die klinisch manifeste Rotavirusinfektion des Fohlens muß auch als Teil einer Mischinfektion mit enteropathogenen Bakterien diskutiert werden.

Ätiologie und Pathogenese

Das Rotavirus des Pferdes ist ein typischer Vertreter der Reoviridae, Genus Rotaviren, mit denen es die wichtigsten Eigenschaften teilt.

Die Serotypenbeziehungen, die Rotaviren des Fohlens zu Rotaviren anderer Spezies besitzen, wurden von *Woode* und Mitarb. (1976) mit Hilfe des Immunfluoreszenstestes, der Komplementbindungsreaktion und der Geldiffusion untersucht. Diese Autoren konnten nachweisen, daß die innere Kapsidschicht des Fohlenvirus mit Patientenseren von Babys, Kälbern, Ferkeln und Mäusen reagierte und umgekehrt die Seren von Fohlen nach natürlich vorkommender Rotavirusinfektion mit den Rotaviren der anderen untersuchten Spezies. Diese Seren reagierten jedoch unterschiedlich gegenüber der äußeren Kapsidschicht des Virus und neutralisierten auch bovines Rotavirus in Gewebekultur graduell unterschiedlich. Damit wurde erstmals eine Stamm- oder Wirtsspezifität der Säugerrotaviren nachgewiesen, die in der äußeren Kapsidschicht fixiert ist, während das gemeinsame Antigen – das damit auch für alle Rotaviren diagnostisch eingesetzt werden kann – in der inneren Kapsidschicht fixiert zu sein scheint.

Die Aufnahme des Virus erfolgt per os und per inhalationem. Die Absiedelung des Erregers erfolgt in Schleimhautepithelzellen vorwiegend des Dünndarmes; somit handelt es sich um eine Lokalinfektion des Intestinums. In den Epithelzellen findet eine rasche Virusvermehrung statt, in deren Folge das Zottenepithel atrophisch und später zerstört wird. Die infizierten Zellschichten lösen sich ab, der damit verbundene Funktionsverlust bedingt die klinisch erkennbaren Symptome (Resorptionsstörungen, Diarrhöe). Der Verlust des infizierten Zottenepithels begünstigt die Invasion anderer darmpathogener Erreger (Bakterien, Kokzidien). Die Regeneration des viruszerstörten Zottenepithels dauert lang. In Frage kommt auch die virämisch verlaufende Infektion mit Absiedelung im Darmepithel.

Klinik

Die klinisch manifeste Rotavirusinfektion wird am häufigsten innerhalb der beiden ersten Lebenswochen der Fohlen beobachtet; das in der Literatur angegebene Alter der Patienten reicht von 2 Tagen bis zu 6 Monaten.

Die Krankheit wird in der Regel in immer gleichen Bezirken oder sogar Beständen diagnostiziert und hatte hier zu Morbiditätsraten bis zu 75 % geführt, die Mortalitätsraten lagen zwischen 15 und 50 %. Von den fatal verlaufenden Infektionsformen ist besonders das junge Saugfohlen unter 6 Lebenstagen betroffen; die Krankheit ist charakterisiert durch Enteritis mit der Folge profuser wäßriger, geruchloser Diarrhöe. Die Fohlen werden teilnahmslos und stellen die Nahrungsaufnahme ein. Aufgrund des hohen Flüssigkeits- und Elektrolytverlustes kommt es schnell zu exsikkotischen Zuständen, gelegentlich zu vorgetäuschten „zentralnervösen" Störungen und Depression. Die Atemfrequenzen können auf > 60/min. erhöht sein, Temperaturanstieg bis zu 39,5–41,0 °C sind beschrieben. Aufgrund der unstillbaren Durchfälle kommt es zur progressiv verlaufenden Schwächung der erkrankten Fohlen mit rapider Abnahme des Allgemeinzustandes (*Bostedt* und *Lehmann* 1989).

Die hämatologische Untersuchung dieser Patienten erbringt den Zustand der Lymphopenie; histologisch liegen diesem Erschöpfung oder Destruktion des Lymphgewebes zugrunde. Schwer erkrankte Fohlen können Pseudomembranbildung auf der Zunge entwickeln.

Diese dramatisch verlaufende Form dauert 3 bis 9 Tage. Danach kann Tod oder Genesung ebenso wie die chronische Form der Krankheit folgen (*Tzipori* und *Walker* 1978, Durham und Mitarb. 1979, *Eugster* und *Scrutchfield* 1980, *Plateau* und Mitarb. 1982, *Strickland* und Mitarb. 1982). Je jünger die erkrankten Fohlen, umso geringer die Chance der Genesung nach Feldinfektion. Das chronische Stadium ist dadurch gekennzeichnet, daß die Fohlen geringgradig Entwicklungsstörungen aufweisen, über Wochen bis Monate Durchfall haben, der Kot jedoch virusnegativ ist.

In einigen Fällen sind aus den Patienten darmpathogene Bakterien neben Rotaviren mitisoliert worden. Es handelt sich um S. typhimurium, E. coli (*Eugster* und Mitarb. 1978), Klebsiella ozenae vergesellschaftet mit E. coli (*Plateau* und Mitarb. 1982, *Herbst* et al. 1987).

In Infektionsexperimenten konnte das klinische Bild reproduziert werden, indem an 4 Tage alte Fohlen Darminhalt Rotavirus-erkrankter Fohlen oral appliziert wurde. Nach einer Inkubationszeit von 2 bis 4 Tagen entwickelten diese Fohlen Anorexie, gefolgt von wäßrigem, profusem Durchfall. Die Patienten ließen den Kot ablaufen, ohne noch Kotverhalten zu markieren. Sie entwickelten starken Durst und nahmen auch Wasser in größeren Mengen zu sich. Ab Tag 4 p. i. waren sie matt und meist schon liegend anzutreffen, Ende der 1. Woche p. i. wiesen sie alle Anzeichen prämortaler Schwäche auf. Die Erkrankung verlief ohne Fieber. Auch die hämatologischen Befunde deckten sich mit den nach Feldinfektion beobachteten und bestanden in markanter Hämokonzentration, Leukopenie und absoluter Lymphopenie. Mit Hilfe der Immunfluoreszens wurden die Rotaviren in den Villi des Dünndarmes nachgewiesen, der Nachweis darmpathogener Bakterien gelang nicht. Darmfiltrat eines dieser Fohlen wurde einem weiteren Versuchsfohlen gefüttert – auch dieses erkrankte nach 3 Tagen unter den beschriebenen Symptomen (*Kanitz* 1977).

Über Magentubus infizierten *Connor* und *Darlington* (1980) ein Fohlen mit bakterienfreiem Faecesfiltrat eines an Rotavirusenteritis erkrankt gewesenen Fohlens. Auch in diesem Experiment war die Folge eine klinisch manifeste Infektion mit den bekannten Symptomen. Die virologische Untersuchung erbrachte auch hier, daß sich das Virus in den Epithelzellen des Intestinums mit deren nachfolgender Zerstörung vermehrt hatte.

In den Infektionsexperimenten, die *Imagawa* und Mitarb. (1984) durchführten, gelang es ebenfalls durch orale Infektion von Fohlen, die Krankheit auszulösen. In einem Fall verlief sie fieberhaft mit akuter Diarrhöe, in anderen Fällen wurde postinfektionell nur eine Fieberreaktion ohne Symptomatik von Seiten des Intestinums beobachtet. Auch hier wurde das Virus in den Epithelzellen der Villi und der Lamina propria des Jejunums nachgewiesen.

Im Gegensatz zu den früher beschriebenen Experimenten gelang es *Tzipori* und Mitarb. (1982) nur durch gemeinsame orale Inokulation von Rotavirus und enterotoxischen E. coli die klassischen Symptome der Krankheit in Fohlen mit und ohne Kolostrumgabe zu reproduzieren. Die Applikation von Rotaviren allein war lediglich gefolgt von Depression der Probanden und Virusausscheidung via Faeces 3 Tage p. i.

Diese Autoren sehen eine augenscheinliche altersbezogene Resistenz der Fohlen gegenüber Durchfall, die im Alter der 2. bis 3. Lebenswoche auftritt. Ältere Fohlen mit der Folge der Durchfallsymptomatik zu infizieren gelang dann nicht mehr, unabhängig davon, ob sie Kolostralantikörper erhalten hatten oder nicht.

Immunantwort

Die Replikation der Rotaviren findet nach per os Infektion überwiegend im Epithel von Duodenum und Jejunum statt, somit ist die klassische enteritische Verlaufsform auch beim Fohlen als lokale Infektion anzusprechen. Ein auf Antikörper aufbauender Schutz hiervor ist nur durch sekretorische Antikörper des Typs s-IgA, die lokal von den Peyerschen Platten der Lamina propria sezerniert werden, allenfalls noch von Antikörpern des Typs IgM, zu erwarten.

Es ist bekannt, daß Fohlen mit der enteritischen Form der Infektion post-infektionell auch mit Serokonversion der humoralen Antikörper des Typs IgM (komplementbindende und fluoreszierende Antikörper) (*Goto* und Mitarb. 1981) und auch des Typs IgG – virusneutralisierende Antikörper – (*Conner* und Mitarb. 1983a, 1983b, *Tzipori* und *Walker* 1978) reagieren. Von *Woode* und Mitarb. (1978) ist innerhalb ihrer Infektionsexperimente beschrieben, daß Schutz vor den klinischen Folgen der Infektion korreliert war mit den Titern der immunfluoreszierenden Antikörper (Titer > 1:320), nicht jedoch mit denen der virusneutralisierenden Antikörper (Titer < 1:20).

Die Stute, die Kontakt mit dem Erreger hatte, bildet maternale, homologe Antikörper, die vorwiegend der IgG- und IgM-Klasse angehören und gibt sie an das saugende Fohlen ab. Über die Persistenz dieser Antikörper stellten *Goto* und Mitarb. (1981) Untersuchungen an, deren Resultaten zufolge Fohlen 2 bis 3 Monate nach der Geburt wieder frei von maternalen Antikörpern sind (Titer < 1:4). In den Monaten danach (Alter 121 bis 240 Tage, Zeitraum Oktober–Dezember) wurden dann bei den Probanden signifikante Anstiege der komplementbindenden Antikörper registriert, ohne daß diese klinisch erkennbare Anzeichen der Infektion zeigten.

Es sei in diesem Zusammenhang noch einmal auf die von *Tziponi* und Mitarb. (1982) beschriebene altersabhängige Resistenz des Fohlens gegenüber der Rotavirusinfektion hingewiesen, die von diesen Autoren mit 2 bis 3 Wochen Lebensalter angegeben wird und die unabhängig von nachweisbaren maternalen Antikörpern zu existieren scheint.

Diagnose, Differentialdiagnose

Die klinischen Symptome der Virusenteritis im entsprechenden Alter der Fohlen sind ein wichtiges Indiz für die mögliche Ätiologie „Rotavirusinfektion". Diese Diagnose ist relativ einfach durch den Erregernachweis abzusichern, da inzwischen verläßliche Methoden zum schnellen, direkten Virusnachweis s.u. (Abb. 7.25 s. Farbtafel 8 und Abb. 7.26) existieren. Klinisch differentialdiagnostisch kommen Infektionen mit Adeno- oder Coronaviren in Frage, die jedoch nur virusdiagnostisch auszuschließen sind. In jedem Falle ist auf begleitende Bakterieninfektionen mit zu untersuchen.

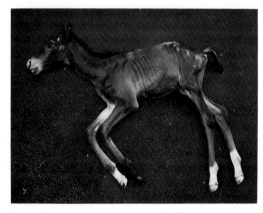

Abb. 7.26 Totale Kachexie nach lang andauernder Diarrhöe

Der *klassische direkte Nachweis* von Rotavirus basiert auch beim Pferd auf elektronenoptischer Basis. Hierfür wird Faecesmaterial der Patienten entsprechend aufbereitet (konzentriert) und nach negativ staining in der direkten Elektronenmikroskopie der Nachweis der morphologisch typischen Viruspartikel erbracht. Der Nachweis, daß es sich beim Isolat um equine Rotaviren handelt, basiert dann auf den üblichen Typisierungskriterien unter Verwendung spezifischer Antiseren und der beschriebenen Eigenschaften des Erregers.

Rotaviren beim akuten Durchfall können darüber hinaus in der Immunelektronenmikroskopie oder der Immundiffusion nachgewiesen werden.

Von *Yolken* und Mitarb. (1978) ist ein *Elisa* zur Identifikation von Rotaviren beschrieben, *Connor* und Mitarb. (1983a, 1983b) entwickelten auf dieser Grundlage den sog. Rotazyme-Test, der unter Praxisverhältnissen an Kotproben Rotavirusantigen nachweisen soll.

Zur serologischen Diagnose der durchgemachten Rotavirusinfektion stehen unterschiedliche Tests zur Verfügung. Genannt seien der Virusneutralisationstest, die Hämagglutinations-Hemmungsreaktion und der ELISA.

Therapie / Präventive

Eine ursächliche Therapie der manifesten Rotavirusinfektion existiert nicht. Die Krankheit mit ihrem akuten bis perakuten Verlauf im Saugfohlenalter ist schwer zu therapieren; die Behandlung hat zum Ziel, die Stützung des Flüssigkeitsvolumens und des Elektrolythaushaltes sowie die Nutzung der üblichen nicht erregerspezifischen Durchfalltherapie (siehe 7.2.4 Allgemeine Grundsätze der Diarrhöetherapie, Tab. 7.22).

Aufgrund der immer wieder nachgewiesenen bakteriellen Begleitinfektionen (Salmonellen, Klebsiellen, E. coli) und deren möglicher komplizierender Wirkung ist bei Keimnachweis gezielt und intensiv antibiotisch zu therapieren.

Eine spezifische Immunprophylaxe unter Verwendung eines Impfstoffes auf der Basis von Pferderotaviren existiert nicht. Ein Kälberrotavirus-Impfstoff (lebend, attenuiert), der üblicherweise Kälbern unmittelbar nach der Geburt oral verabfolgt wird, verhinderte an neugeborenen Fohlen oral verabfolgt (*Eugster* und *Scrutchfield* 1980) den Ausbruch der Infektion bei den Impflingen in einem Bestand, in dem bereits 13 Fohlen typisch erkrankt waren.

Die präinfektionelle, orale Applikation von Impfstoffen auf der Basis homologer Viren zur Verhinderung der manifesten Rotavirusinfektion des neugeborenen Fohlens in Verbindung mit der Mutterstutenvakzination ist sowohl immunologisch als auch epizootologisch indiziert und sollte angestrebt werden.

Literatur

Bostedt, H., B. Lehmann (1989): Über Rotavirusdiarrhöe beim Saugfohlen. Wien. Tierärztl. Mschr. 76, 51–55

Conner, M. E., R. W. Darlington (1980): Rotavirus infection in foals. Am. J. Vet. Res., 41, 1699–1703

Conner, M. E., J. M. Gillespie, D. F. Holmes (1983a): Development of a serum-neutralization test for equine Rotaviruses. Abstr. of papers, Ann. Meet. Conf. Res. Work in An. Dis., Chicago, Nov. 1983, 64, 47

Conner, M. E., J. M. Gillespie, E. J. Schiff, M. S. Frey (1983b): Detection of rotavirus in horses with and without diarrhoea by electron microscopy and Rotazyme test. Cornell Vet., 73, 280–287

Durham, P. J. K., B. J. Stevenson, B. C. Farquharson (1979): Rotavirus and Coronavirus associated diarrhoea in domestic animals. New Zeald. Vet. J., 27, 30–32

Eugster, A. K., W. L. Scrutchfield (1980): Diagnosis of Rotavirus infection in foals. Prc. 2nd Intern. Symp. Vet. Lab. Diag., Vol III, 396–399

Eugster, A. K., H. W. Whitford, L. E. Mehr (1978): Concurrent Rotavirus and Salmonella infections in foals. J.A.V.M.A., 173, 857–858

Goto, H., H. Tsunemitsu, M. Horimoto, K. Schimiz, T. Urasawa, K. Furuya, S. Urasawa, H. Ohisi, Y. Ikemoto (1981): A seroepizootological study on Rotavirus infections in horses. Bull. Equ. Res. Inst., Jap., 18, 129–135

Herbst, W., M. Zschöcke, H. P. Hamann, H. Lange, R. Weiss, K. Danner, T. Schliesser (1987): Zum Vorkommen von Rotavirus und Fimbrien tragenden E. coli Stämmen bei Fohlen mit Diarrhoe. Berl. Münch. Tierärztl. Wschr. 100, 364–366

Imagawa, H., R. Wada, M. Kamada, T. Kumanomido, Y. Fukunaga, K. Hirasawa (1984): Experimental infection of equine Rotavirus in foals. Bull. Equ. Res. Inst., 21, 65–71

Imagawa, H., R. Wada, K. Hirasawa, Y. Akiyama, T. Oda (1984): Isolation of equine Rotavirus in cell cultures from foals with diarrhoea. Jap. J. Vet. Sc., 46, 1–9

Kanitz, C. L. (1977): Identification of an equine Rotavirus as a cause of neonatal foal diarrhoea. Proc. 22nd. Ann. Conf. A., Ass. Equ. Pract., 155–165

Plateau, E., C. Daugnet, C. Cruciere, A. Jacquet, J. Waissaire, M. Cheyroux, G. Gayot (1982): First demonstration of a Rotavirus in the foal in France. Bull Mens. Soc. Vet., 66, 223–230.

Strickland, K. L., P. Lenthan, M. G. O'Connor, J. C. Condon (1982): Diarrhoea in foals associated with Rotavirus (correspondence). Vet. Res., 111, 15, 425.

Tzipori, S., M. Walker (1978): Isolation of Rotavirus from foals with diarrhoea. Austr. J. Exp. Biol. Med. Sc., 56, 453–457

Tzipori, S., T. J. Makin, M. Smith and F. Krautil (1982): Enteritis in foals induced by Rotavirus and enterotoxigenic Escherichia coli. Austr. Vet. J., 58, 20–23

Woode, G. N., J. C. Bridger, J. M. Hones, T. M. Flewett, A. S. Bryden, H. A. Davies and G. B. White (1976): Morphological and antigenic relationships between viruses (Rotavirus) from acute gastroenteritis of children, calves, piglets, mice and foals. Inf. and Imm., 13, 804–810

Woode, G. N., M. E. Bew and M. J. Dennis (1978): Studies on cross protection induced in calves by Rotaviruses of calves, children and foals. Vet. Rec., 103, 32–34

Yolken, R. H., B. Barbour, R. G. Wyatt, A. R. Kalica, A. Z. Kapikan and R. M. Chanock (1978): Enzyme-linked immunosorbent assay for identification of Rotaviruses from different animal spezies. Science, 201, 4352, 259–262

Infektion mit equinen Coronaviren

Begriff und Vorkommen

Zu den Viren, die bei Saugfohlen mit Durchfall sehr infrequent isoliert werden, zählen die Coronaviren. Über diese Erregergruppe ist ätiologisch und pathogenetisch ebenso wie epizootologisch als Krankheitserreger beim Pferd noch zu wenig bekannt, um ihre Bedeutung würdigen zu können. Über Isolation von Coronaviren aus Pferden liegen bislang Berichte aus den USA und Neuseeland vor. In Deutschland wurde dieser Erreger beim Pferd noch nicht nachgewiesen.

Bass und *Sharpee* (1975) berichteten erstmals über eine endemisch auftretende, fieberhafte Durchfallerkrankung bei Fohlen im Nordosten der USA, die bösartig, mit hoher Mortalitätsrate verlief. Bei drei der gestorbenen oder im akuten Stadium der Gastroenteritis eingeschläferten Saugfohlen wurde in den Faeces- und Organproben elektronenmikroskopisch Coronavirus nachgewiesen.

Insgesamt waren 40 Fohlen von dieser Infektion betroffen, die sich klinisch nicht von der Rotavirusinfektion unterschied. Vorherrschendes Symptom waren profuse, wäßrige, therapieresistente Durchfälle, dazu kamen extensive Lymphopenie gefolgt von hoher Mortalität. Die Patienten reagierten serologisch mit dem von gleicher Arbeitsgruppe früher isolierten Kälbercoronavirus, das bei dieser Spezies ebenfalls zu schweren Enteritiden führt.

Ähnliche Berichte liegen von *Ward* und Mitarb. (1983) aus den USA sowie *Durham* und Mitarb. (1979) aus Neuseeland vor. Diese Arbeitsgruppen plazieren ihren Resultaten zufolge die Rotavirusinfektion in den Bereich der ersten Stunden p.n. bis zu 6 Lebensmonaten der betroffenen Fohlen, während sie der Coronavirusinfektion ein breiteres zeitliches Spektrum einräumen. Auch sie bringen die Coronavirusinfektion in ätiologischen Zusammenhang mit abrupt auftretenden, unstillbaren wäßrigen Durchfällen.

Huang und Mitarb. (1983) bestätigen diese Befunde insofern, als es ihnen gelang, aus erwachsenen Pferden mit akuten Durchfällen, die endemisch mit steigender Tendenz in den Sommern 1979 bis 1982 in Maryland/USA auftraten, Coronavirus zu isolieren. Dieser Erreger war sowohl aus den Faeces der Patienten als auch aus deren Plasma zu isolieren. Interessanterweise zeigte das Isolat – im Gegensatz zu den früher beschriebenen – keine Kreuzreaktion (IFT) mit dem bovinen Coronavirus oder Coronavirus anderer Spezies. Damit kann davon ausgegangen werden, daß verschiedene Typen von Coronavirus für das Pferd pathogen sein können.

Neben den bisher beschriebenen Isolaten, die durchweg aus Patienten mit Gastrointestinalinfektionen stammten, beschreiben *Eugster* und *Jones* (1980) ein Coronavirus, das sie aus einem abortierten Pferdefoetus isolieren konnten. Damit stellt sich die Frage nach der Möglichkeit auch der horizontalen Übertragung dieser Infektion beim Pferd und der Embryo-/Fetopathogenität des Virus.

Bezüglich **Epizootologie** und **Pathogenese** liegen keine weiterführenden Untersuchungen vor; aus den Analoginfektionen beim Kalb ist bekannt, daß das Manifestationsorgan für das Coronavirus die Epithelzellen des Dünndarms sind und daß post-infektionell die Atrophie der Villi im Vordergrund steht, die für die beobachteten klinischen Symptome verantwortlich ist (siehe auch Infektion mit equinen Rotaviren).

Die **Diagnose** der Infektion basiert bislang auf direkten elektronenoptischen Untersuchungen der angereicherten (Ultrazentrifugation) Kotproben oder an Gewebsschnitten betroffener Organsysteme sowie der Anwendung der Immun-Elektronenmikroskopie.

Zum indirekten Nachweis über Verwendung serologischer Methoden kamen bisher die direkte Immunfluoreszenz zum Einsatz sowie der Virusneutralisationstest. Die kombinierte Anwendung beider Techniken (Elektronenmikroskopie und Serologie) wird zur Diagnosesicherung empfohlen.

Zur **Bekämpfung** der Infektion existieren bislang keine spezifischen Impfstoffe. Versuche, die Krankheit mit der Vakzine, die gegen die Coronavirusinfektion des Kalbes in den USA entwickelt wurde, zu bekämpfen, erbrachten keine befriedigenden Erfolge.

Als Therapie bleibt auch hier nur die symptomatische Behandlung vor allem des in Folge der profusen Durchfälle gestörten Elektrolythaushaltes sowie die antibakterielle Begleittherapie, um Super- oder Sekundärinfektionen (E. coli, Klebsiellen etc.) gezielt zu erfassen (7.2.4 Allgemeine Grundsätze der Diarrhöetherapie).

Literatur

Bass, E.P., R.L. Sharpee (1975): Coronavirus and gastroenteritis in foals. The Lancet, 2, 7939, 822

Durham, P.J.K., B.J. Stevenson, B.C. Farquharson (1979): Rotavirus and Coronavirus associated diarrhoae in domestic animals. New Zealand Vet. J., 27, 30–32

Eugster, A. K., W. P. Jones (1980): Coronaviruses in an aborted equine fetus. Southwestern Vet., 33, 12

Huang, J. C. M., S. L. Wright, W. S. Shipley (1983): Isolation of Coronavirus-like agent from horses suffering from acute equine diarrhoae syndrome. Vet. Rec., 113, 262–2663

Ward, A. C. S., J. F. Evermann, S. M. Reed (1983): Presence of Coronavirus in diarrhoeic foals. Vet. Med. Small. Anim. clin., 78, 563–564

Whitaker, H. K., C. Aldersin (1980): The use of negative contrast electron microscopy (NCEM) for diagnosis of viral infections in animals. Proc. Ann. Meetings Am. Ass. Vet. Lab. Diagn., 23, 321–349

Parasitosen

Strongyloidose

Vorkommen und Bedeutung

Strongyloides westeri ist ein Dünndarmparasit bei Fohlen aller Rassen. Seine Bedeutung für die Auslösung der Fohlenrossediarrhöe ist umstritten. Eine stille Invasion macht jedoch ein Großteil der Fohlen in Beständen mit einer manifesten Strongyloidose durch.

Ätiologie und Pathogenese

Larven von Strongyloides westeri durchlaufen drei Stadien der exogenen Entwicklung, ehe sie perkutan in das Wirtstier eindringen. Über den Lymph- und Blutweg gelangen sie in die Lunge, um von dort aus, die Alveolarwand durchdringend, über Trachea und Pharynx in den Magen abgeschluckt zu werden. In der Mukosa des Duodenums und Jejunums entwickelt sich Larve IV, die dann in das Darmlumen zurückkehrt und dort die Eiablage (9. Tag) beginnt.

Bei Mutterstuten kann die gastrointestinale Ausreifung der Larven ersetzt werden durch eine solche in der Muskulatur. Von dort aus siedeln sich im letzten Trimester der Gravidität die Larven II im Eutergewebe an. Mit dem Kolostrum und später mit der reifen Milch werden die Larven bis zu 32 Tagen ausgeschieden.

Über diesen galaktogenen Weg infizieren sich die Fohlen. Sie scheiden Eier frühestens im Alter von 10 bis 16 Tagen aus, wobei das Maximum in der fünften Lebenswoche liegt. Allerdings ist Strongyloides westeri wenig pathogen für Fohlen (*Schlichting* und *Stoye* 1982). Der Zusammenhang mit einer in der Fohlenrosse gelegenen Diarrhöe auf dieser parasitären Grundlage wird zwar diskutiert, der letztendliche Nachweis einer grundsätzlichen Pathogenität gelang nicht. Fohlen scheiden auch ohne Kotkonsistenzveränderungen große Mengen an Eiern aus (*Schlichting* und *Stoye* 1982). Dennoch liegen eine Reihe praktischer Erfahrungen vor, die einen Zusammenhang zwischen anthelmintischer Behandlung und Reduktion profuser Durchfälle bei Fohlen vermuten lassen (*Mechow* 1979).

Klinisches Bild

Das klinische Bild ist selbst bei mittlerem Befall mit dem Parasiten wenig typisch. Bei beobachteter Diarrhöe ist zwar an eine Strongyloidose zu denken und diese diagnostisch mit einzubeziehen, es dürfen jedoch die anderen Ursachen der Diarrhöe nicht außer acht gelassen werden. Vermutet wird, daß eine Strongyloidose nur bei ungewöhnlich hohem Grad von Einbildung mit einer Diarrhöe bei Fohlen einhergeht.

Diagnose und Differentialdiagnose

Differentialdiagnostisch kommen die bereits abgehandelten Diarrhöe-Ursachen in Betracht. Für die parasitologische Untersuchung ist frischer, rektal entnommener Kot notwendig, da die Larven bereits wenige Stunden nach Kotabsatz schlüpfen.

Behandlung

Wirksam sind Thiabendazol, Oxibendazol, Cambendazol. Für Fenbendazol muß die Dosis auf 50 mg/kg KG erhöht werden.

Im allgemeinen wird einer zu frühen, zu häufigen prophylaktischen Behandlung nicht zuzuraten sein, weil die natürlichen Immunitätsvorgänge dadurch immer wieder unterbrochen werden. Besonders nach der Behandlung mit Cambendazol kommt es rasch zur Reinfektion, die eine erneute Verabreichung von Anthelminthika nach sich zieht. Nur bei starkem Befall ist demnach eine Behandlung unerläßlich.

Prophylaktisch sollte äußerste Hygiene in der Abfohlbox eingehalten werden (Kotbeseitigung etc.), um eine Reinfektion zu verhüten. Die Larven werden gut durch 2%ige Natronlauge vernichtet.

Literatur

Enigk, K., A. Dey-Hazra, J. Bathe (1974): Zur klinischen Bedeutung und Behandlung des galaktogen erworbenen Strongyloides-Befall der Fohlen. Dtsch. Tierärztl. Wschr. 81, 605–607

Lyons, E. T., J. H. Drudge, S. C. Tolliver (1977): Observations on development of Strongyloides westeri in foals nursing dams treated with cambendazole or thiabendazole. Am. J. Vet. Res. *38*, 889–892

Mechow, A. (1979): Durchfall bei Saugfohlen – verursacht durch Würmer und nicht durch Fohlenrosse. Prakt. Tierarzt *60*, 509–510

Mirck, M. H. (1977): Strongyloides westeri. Ihle 1917 I: Parasitologische aspecten van de natuurlijke infectie. Tijdschr. Diergeneesk. *102*, 1039–1043

Mirck, M. H., P. Franken (1978): Strongyloides westeri Ihle 1917: II Parasitologische en haematologische aspecten van de experimentele infectie. Tijdschr. Diergeneesk. *103*, 355–460

Schlichting, C. K., M. Stoye (1982): Vorkommen, Bedeutung und Bekämpfung von Infektionen mit Strongyloides westeri Ihle 1917 (Strongyloididae) bei Fohlen. Prakt. Tierarzt *63*, 154–161

Weitere Parasitosen

Strongyliden

Bei Fohlen höheren Alters kann auch eine Invasion mit *großen Strongyliden (Strongylus vulgaris)* zu schweren Schädigungen führen. Experimente dazu liegen von *Kadyrow* (1979) sowie *Patton* und *Drudge* (1977) vor. Die im Kot befindlichen Larven haben eine lange Lebensdauer (Sommerweide 4 bis 6 Wochen). Sie können unter Umständen sogar überwintern.

Die von Fohlen aufgenommenen und im Darm wandernden Larven verursachen Blutungen in der Mukosa und Submukosa. Schlimmstenfalls verursachen sie eine Thrombose in der vorderen Gekrösearterie, so daß es zu Aneurysmabildung kommt. Dadurch bedingt bildet sich mitunter eine embolisch-thrombotische Kolik (18. bis 23. Tag nach der Invasion). Häufig kommt es jedoch zur Diarrhöe, zur Obstipation, seltener zum intermittierenden Hinken. Das Allgemeinbefinden kann hochgradig gestört sein (Fieber, Anorexie). Die Diarrhöe ist meist chronisch. Todesfälle bei Fohlen sind kurze Zeit nach der Invasion beschrieben worden. Es kommt bei Endarteriitis verminosa oder Aneurysmabildung mitunter zur Ruptur und damit zum Verbluten in die Bauchhöhle oder in das Kolon. Auch eine mögliche Abszeßbildung im Gekröse ist bekannt.

Gut wirksam ist beispielsweise Cambendazol (Equiben®), Fenbendazol (Panacur®), Thiabendazol (Equizole®), Febantel (Rintal®) und andere.

Askariasis

Als weitere Parasitose muß die Infektion mit *Parascaris equorum* genannt werden, die sowohl Saugfohlen, als auch besonders Jährlinge befällt. Die Eiausscheidung hat ihr Maximum zwischen 5. und 6. Lebensmonat. Über wandernde Larven wird die Leber und von dort aus die Lunge besiedelt, wodurch es zu Bronchopneumonien kommt. Die Parascaris-Larven werden durch Hustenstöße ausgeworfen und gelangen so in den Gastrointestinaltrakt. Es kommt zu chronischer Enteritis mit intermittierender Diarrhöe, Wachstumsretardierung und struppigem Fell. Auch Anämie kann mit massivem Spulwurmbefall (Askariasis) einhergehen.

Von einem Fohlen mit starkem Parascaris-Befall, welches nach einer Entwurmung mit Pyrantelpamoat (Banminth®) eine akute Dünndarmobturation bekam, berichten *Schusser* und Mitarbeiter (1988). Die Kolik entstand durch Anschoppung von paralysierten Parascaris-Exemplaren. Die Obturatio intestini jejuni mußte operativ behandelt werden.

Diese Art schwerwiegender Komplikationen (Dünndarmperforation, daraus folgend Peritonitis, Koliken infolge Obturationen) werden auch von *Di Pietra* und Mitarbeitern (1983) beschrieben.

Die Behandlung eines Spulwurmbefalles sollte nicht mit plötzlich wirkenden, zur Paralyse (neuromuskuläre Blockade) führenden Anthelmintika vorgenommen werden (Pyrantelpamoat, Piperazin, Dichlorvos, Trichlorfon, Ivermectin), da dadurch ein Darmverschluß durch angestaute, gelähmte Spulwürmer provoziert werden kann. Diese Gefahr besteht dagegen bei Anwendung von Benzimidazolderivaten (Equizole®, Panacur®, Telmin®) nicht, da diese die Fumaratreduktase inaktivieren und so durch langsamen Energieentzug ein protrahiertes Absterben bewirkt wird. Erst danach (nach rund einer Woche) ist in einer zweiten Stufe die Gabe von Pyrantelpamoat, Piperazin, Dichlorvos etc. zu empfehlen, um eine totale Entwurmung zu erreichen.

Kokzidien

Kokzidien spielen bei Fohlen als Agens für eine parasitär bedingte Diarrhöe eine untergeordnete Rolle. Einzelfallbeschreibungen liegen vor (*Sheahan* 1976, *Brem* 1977). Bedeutsam wäre nur Eimeria leuckarti s. Globidium leuckarti, wobei diese auch bei adulten Pferden gefunden werden.

Die Präpatenz beträgt 5 bis 10 Tage. Nicht selten besteht allerdings eine Kombination zwischen Helminthen- und Kokzidienbefall. Es kommt zu katarrhalischer Dünndarmentzündung, struppigem Haarkleid, Anämie und Kachexie, eventuell von febrilen Temperaturen begleitet.

Mit einer Behandlung, bestehend aus parenteralen Sulfonamidgaben über fünf Tage hinweg, kann die Enteritis gestoppt und die Oozystenausscheidung unterbunden werden. Bei gleichzeitig bestehender Helminthose muß diese gesondert therapiert werden. Da Eimerien wahrscheinlich von adulten Pferden auf die Fohlen übertragen werden, wären diese in die koprologische Untersuchung mit einzubeziehen. Erfahrungen über Therapiemöglichkeiten mit Kokzidiostatika liegen für adulte Pferde nicht vor.

Literatur

Brem, S. (1977): Kokzidienbefunde bei Pferden. Tierärztl. Umsch. *32*, 228—230

Di Pietra, J. A., M. Boera, R. W. Ely (1983): Abdominal abscess with Parascaris equorum infection in a foal. J. Am. Vet. Med. Assoc. *182*, 991—993

Kadyrov, N. T. (1979): Clinical, pathogenesis and pathomorphology of experimental delafondiosis in foals. Helminthol. *16*, 81—89

Oatton, S., J. H. Drudge (1977): Clinical response of pony foals experimentally infected with Strongylus vulgaris. Am. J. Vet. Res. *38*, 2059—2066

Schusser, G., N. Kopf, H. Prost (1988): Dünndarmverstopfung (Obturatio intestini jejuni) bei einem fünf Monate alten Traberhengstfohlen durch Askariden nach Eingabe eines Anthelminthikums. Wien. Tierärztl. Mschr. *75*, 152—156

Sheahan, B. J. (1976): Eimeria leuckarti infection in a thoroughbred foal. Vet. Rec. *99*, 213—214

Diarrhöe in der Fohlenrosse

Die zwischen 8. und 12. Lebenstag auftretende Diarrhöe betrifft fast alle Fohlen. Sie wird vielfach sogar als Zeichen für die erste Rosse nach der Geburt gewertet und somit als ein natürliches, vorübergehendes Ereignis interpretiert. Die Ursachen für diese terminierte Diarrhöe sind noch nicht bis ins einzelne geklärt und stehen im Widerspruch der Meinungen. Folgende Gründe, die als verursachende Faktoren für die Diarrhöe im Verlauf der Fohlenrosse auftreten, werden diskutiert:

— Invasionen mit Strongyloides westeri
— Ausscheidung von rossebegleitenden oder -bedingenden Hormonen über die Milch
— Koprophagie
— Änderung der Ernährungsgewohnheiten (von reiner Milchnahrung Übergang zur Festfutteraufnahme)
— Physiologische Änderung des immaturen Neugeborenendarms als Vorbereitung für die Festfutteraufnahme
— Änderung der Zusammensetzung der Milch
— Änderung in der fermentativen Aufbereitung der Milch im Gastrointestinaltrakt.

Die Diarrhöe während der Fohlenrosse verläuft größtenteils ohne gestörtes Allgemeinbefinden, es sei denn, eine zwei- bis drei-Tages-Dauer wird erheblich überschritten. Betroffen von einer Diarrhöe zwischen 8. und 10. Tag p. n. sind selbst künstlich ernährte oder unter aseptischen Verhältnissen aufgezogene Fohlen (*Stowe* 1967).

Die Kotkonsistenz in der Zeit um den 10. Tag p. n. ist deutlich erweicht, mitunter sogar wässrig (Abb. 7.27). Die Zusammensetzung des Kotes ändert sich im Verlauf der Diarrhöe erheblich. So steigt sowohl der Kalium- als auch Chlorid-Gehalt enorm an, um sich in der postdiarrhöeischen Periode den Werten adulter Pferde anzugleichen (*Masri* et al. 1986). Der pH fällt dagegen von 8.3 ± 0.1 auf Werte um 7.8 ab, um sich dann in der nachfolgenden Periode bei 7.6 ± 0.1 einzupendeln.

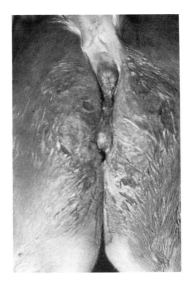

Abb. 7.27 Verklebte Analgegend bei Fohlenrosse-Diarrhöe

So sistiert die Diarrhöe meist innerhalb weniger Tage von allein. Eine Behandlung der sekretorischen Diarrhöe in ihrer leichten Form kann unterbleiben. Es wird jedoch davon berichtet, daß Erfolge hinsichtlich der Verkürzung der Diarrhöedauer zu erzielen sind, wenn Fohlen gegen Strongyloides westeri therapiert werden. Bekannt ist aber auch, daß nicht alle Fohlen an einer Strongyloidosis in dieser Zeit leiden, aber dennoch eine Fohlenrosse aufweisen. Überdeckt werden kann die Fohlenrosse-Diarrhöe durch eine Diarrhöe mit enteropathogenen Keimen. Im Vorbericht wird dann häufig der Umstand benannt, daß eine vorgenommene Entwurmung keinen Erfolg gezeigt hat, sich dagegen der Allgemeinzustand nach der Entwurmung verschlechtert habe. Zu nennen wären als Ursachen vor allem Rotaviren, aber auch enterotoxische E. coli sowie Salmonellen. So konnte gezeigt werden, daß der Nachweis von Rotaviren, aber auch der von virusähnlichen Partikeln besonders häufig bei Fohlen mit profusen Diarrhöen in der Zeit zwischen 8. und 14. Lebenstag gelingt (*Bostedt* und *Lehmann* 1989). In derartigen Fällen fällt die starke Hinfälligkeit der Fohlen, eine eventuelle Temperaturerhöhung und die über einen zwei Tage-Zeitraum anhaltende akute Enteritis auf. Eine entsprechende symptomatische und — soweit möglich — kausale Therapie ist dann in jedem Fall angezeigt.

Literatur

Bostedt, H., B. Lehmann (1989): Rotavirusdiarrhoe beim Saugfohlen. Wien. Tierärztl. Mschr. 76, 51−55

Johnston, R. H., L. D. Kamstra, P. H. Kohler (1970): Mare's milk composition as releated to foal heat scours. J. Anim. Sc. *31*, 549−553

Masri, M. D., A. M. Merrit, R. Gronwall, C. F. Burrows (1986): Faecal composition in foal heat diarrhoe. Equ. Vet. J. *18*, 301−306

Stowe, H. D. (1967): Automated orphan foal feeding. Proc. Am. Ass. Equ. Pract. 13. Ann. Conv. 65−69

Nichtinfektiös bedingte Diarrhöe

Vorkommen und Bedeutung

Nicht in jedem Fall einer Diarrhöe kann die Ursache in einer Darminfektion gefunden werden. Diarrhöen können bei Fohlen auch auf nichtinfektiöser, umweltbedingter oder alimentärer Grundlage entstehen. Ihre Bedeutung wird häufig verkannt, so daß ungezielter Antibiotika- oder Anthelmintika-Einsatz keine Besserung, in manchen Fällen sogar eine Verschlechterung bringen kann (Tab. 7.25).

Ursachen der nichtinfektiösen Diarrhöe

Diarrhöen ohne Beteiligung von Erregern entstehen bei Fohlen durch *übermäßige Wasseraufnahme* in der Milchernährungsperiode. Dabei ist wohl weniger ein Durstgefühl ausschlaggebendes Moment, als vielmehr der Spieltrieb an der Selbsttränke.

Weiterhin kommen *alimentäre* Faktoren in Betracht. Zu hoher Fett- und Laktosegehalt in der Stutenmilch wird häufig nicht vertragen. Dazu kommt noch eine übermäßige Laktationsleistung und demzufolge die Aufnahme großer Volumina an Milch. Ungünstige *thermische Verhältnisse* können ebenfalls zu schweren Diarrhöen führen. Zugige Stallungen mit fohlenungünstigen Temperaturen sind ebenso Ursache wie schwüle, stickige Luftverhältnisse im Boxenbereich. Bei zu kalter Umgebung wird die Diarrhöe bei thermolabilen Fohlen, also Fohlen in der ersten und zweiten Adaptionsperiode, durch den Energieverlust bedingt.

Weiterhin können *Dysbiosen der Darmflora* oder auch *Dyspepsien* einen profusen Durchfall auslösen. Dies ist besonders bei raschem Futterwechsel und ungünstigen, für Fohlen schwer verdaulichen Futtermitteln der Fall.

Noch nicht voll geklärt ist die Ursache einer Diarrhöe in Zusammenhang mit einer *Colitis ulcerosa*, die selten bei älteren Fohlen in Erscheinung tritt. Verdachtsweise kommen Autoimmunprozesse in Betracht. Ebenfalls bei älteren Fohlen kann die *regionale Enteritis* auftreten. Auch hier werden immunpathogenitische Mechanismen vermutet, eventuell auf der Grundlage bakterieller Lipopolysaccharide. Es kommt zu einer granulomatösen Entzündung der Darmwand und zu einem obstruktiven Lymphödem. Dieses führt dann zur Obstruktion des Darmabschnittes (Ileum, eventuell in Kombination mit dem Kolon).

Klinisches Bild

Die Diarrhöe auf nichtinfektiöser Grundlage unterscheidet sich vom Geschehen, ausgelöst durch pathogene Keime, häufig dadurch, daß das Allgemeinbefinden weniger stark in Mitleidenschaft gezogen ist. Die Kotkonsistenz kann breiig bis wässrig sein. Auch lösen kurze Perioden mit normaler Kotkonsistenz solche mit profusem Durchfall mitunter wellenförmig ab. Das Abdomen ist meist nicht schmerzhaft gespannt (außer bei Colitis oder Ileitis), Darmgeräusche sind überstark zu hören.

Bei länger andauerndem Diarrhöegeschehen kommt es jedoch ebenfalls zur Exsikkose und zu erheblichem Entwicklungsrückstand.

Diagnose

Durch eingehende Beobachtung und Erhebung des Umfeldes (Tränkeeinrichtung, Fütterung, Stallklima) können wertvolle Hinweise auf die Diagnose gewonnen werden. Dennoch ist eine Infektionsursache nicht vollends auszuschließen, so daß die Untersuchung darauf (ELMI, bakt. Untersuchung, parasitologische Untersuchung) stets begleitend mit eingeleitet werden sollte. Ein gesamtes Negativergebnis bestätigt letztendlich den Verdacht, wenn nicht von vornherein ein nichtinfektiöser Grund gefunden wurde.

Behandlung

Wird das Grundleiden erkannt (übermäßige Wasseraufnahme, thermische Ursachen, unverdauliches, verdorbenes Festfutter) so wird häufig durch Beseitigung derartiger Ursachen (Abstellen der Selbsttränke, Wärme- und Energiezufuhr, Futteränderung) der Zustand schlagartig gebessert. Auf diätetische Maßnahmen in der Heilungsphase ist zu achten.

In schwerwiegenden Fällen kommt der allgemeingültige Therapieplan, bestehend aus parenteraler Elektrolytzufuhr, Energiebilanzausgleich, Säure-Basen-Ausgleich, zur Anwendung. Heilende Wirkung haben darüber hinaus Teediäten (Kamillentee, Schwarzer Tee) oder Verabreichung von Reisschleim beziehungsweise Haferschleim, eventuell mit Carbo medicinalis.

Obstipation, Verstopfung

Die Obstipation, entstehend durch einen übermäßigen Wasserentzug im Enddarmbereich und dadurch Verhärtung der Kotballen, tritt beim Fohlen in seiner häufigsten Form als Mekoniumverhaltung auf (7.2.4). Auch beim älteren Fohlen kann sie vorkommen, jedoch stellt sie da ein seltenes Ereignis dar.

Als hauptsächlichste Ursache für eine Obstipation kommt die künstliche Ernährung mit Milchaustauschern, im weiteren ungenügende Möglichkeit zur freien Wasseraufnahme bei relativem Milchmangel der Stute sowie ein Nahrungsangebot, bei welchem Rohfaseranteile fehlen, und eine Obturatio intestini jejuni nach Entwurmung bei hochgradigem Askaridenbefall mit Pyrantelpaomat (*Schusser* et al. 1988, vergleiche 7.2.4 Infektiöse Diarrhöe) in Frage. Inwieweit primär auch eine Darmträgheit (atonische Obstipation) oder eine spasmenartige Funktion des Kolons (spastische Obstipation) bei Fohlen eine Rolle spielt, ist noch unklar.

Klinisches Bild

Fohlen mit Verstopfung sind in der Anfangsphase unauffällig. Vorbereitungen zur Defäkation (Schweifanheben, leichte Hockstellung) sind häufiger zu beobachten. Mit Fortschreiten des Zustandes kommt es zu Schmerzreaktion beim Defäkationsversuch, zur Umfangsvermehrung des Abdomens und zur Anorexie.

Diagnose und Differentialdiagnose

Der Vorbericht in Form von Verhaltensbeobachtungen gibt einen ersten Hinweis. Bei der Palpation des Abdomens fällt die leicht gespannte Bauchdecke auf. Die Auskultation ergibt in der Regel verringerte Darmgeräusche, selten abnorm verstärkte. Die digitale Kontrolle des Rektums (Pars analis) ergibt harte, trockene Kotballen.

Differentialdiagnostisch muß an einen Ileus und an eine Peritonitis (perforierende Magenulcera) gedacht werden.

Therapie

Abführende Maßnahmen bei akuter Enddarm-Obstipation stehen im Vordergrund (Darmeinlauf mit warmer, physiologischer Kochsalzlösung, gemischt mit Paraffinum liqu., eventuell Gleitmittel; digitale Ausräumung des Darmes). Weiterhin kommen zur Anwendung Sorbit-Klistiere oder salinische Laxantien (Klyxema®, Practo clyss®, Klyx magnum®, Mikroklyst®).

Als Vorbeugungen werden bei artifizieller Ernährung pro Mahlzeit 1–2 Eßlöffel Paraffinum liquidum mit gegeben. Weiterhin können Darmregulantien (Stullmisan® etc.) verabreicht werden. Karotten regen die Darmsekretion an.

Bei Dünndarmverstopfung beziehungsweise Darmverlegungen ist eine Operation erforderlich.

Literatur

Orsini, J. A., W. J. Donawick (1986): Surgical treatment of gastroduodenal obstructions in foals. Vet. Surg. *15*, 205–213

Schusser, G., N. Kopf, H. Prost (1988): Dünndarmverstopfung (Obturatio intestini jejuni) bei einem fünf Monate alten Traberfohlen durch Askariden nach Eingaben eines Anthelmintikums. Wien. tierärztl. Mschr. *75*, 152–156

Gastro-duodenale Ulcera, Ulcus ventriculi et duodeni, Magen-Darm-Geschwür

Vorkommen

Bei wenige Tage (2–4) bis einige Wochen (Monate) alten Fohlen können Magen-Darmgeschwüre auftreten, deren Ätiopathogenese bisher noch nicht völlig aufgeklärt ist. Das Ausmaß der umschriebenen Schleimhautdefekte ist verschieden und offensichtlich nicht unbedingt abhängig von der Schwere der Noxe, die zum Ulcus führte. Die Erosionen reichen bis tief in die Magen- beziehungsweise Darmwand.

Ätiopathogenese

Die Ätiopathogenese der Geschwürbildung im Magen − Darmbereich neugeborener oder älterer Fohlen ist noch nicht hinreichend geklärt. Zum einen führen Streßeinflüsse (Transport, Standortwechsel, fortlaufende Unruhe, falscher, nervöser Umgang mit dem Fohlen) und exogene Noxen (Wetterumschläge) entweder zu einer Magenschleimhautischämie oder Zerstörung der Magenschleimhautbarriere (wandadhärente Schleimschicht). In deren Folge kommt es zur Schleimhautacidose und später zur Schleimhautnekrose. Offensichtlich muß jedoch eine gewisse Prädisposition gegeben sein, die das Ulcus als eigenständiges Leiden unter endogener oder exogener Einwirkung manifest werden läßt.

Zum anderen werden gastro-duodenale Ulcera bei gegebener oder nicht gegebener Prädisposition durch Arzneimittel wie Phenylbutazon oder andere, nichtsteroidale antiphlogistische Substanzen, die die intrazelluläre Prostaglandinsynthese hemmen, sowie Kortikosteroide in Daueranwendung provoziert. Auch Reizungen der vorgeschädigten Magenschleimhaut durch feste Futterstoffe oder Geosedimente spielen offenbar eine Rolle. Duodenalulcera sollen darüber hinaus noch Folge von Darmstrikturen sein, die angeboren sind.

Die Geschwüre können nichtperforierend oder perforierend sein. Im letzteren Fall kommt es innerhalb kurzer Zeit zum Tod, im ersteren kann damit ein langes Siechtum verbunden sein, wenn diese klinisch nicht erkannt werden. Zur Diskussion stehen desweiteren mikrobielle Ursachen z. B. Rotaviren allein oder in Kombination mit enteropathogenen Bakterien (7.2.4).

Klinisches Bild

Für die nichtperforierenden, gastroduodenalen Ulcera sind es sechs Symptome, die in Kombination oder einzeln, graduell unterschiedlich auftreten können: erhöhter Speichelfluß, intermittierende Koliken, foetor ex ore und larvierte oder deutlich zutage tretende Anämie, sowie Schmerzen im kranialen Abdominalsegment und Reflux von Nahrung aus dem Oesophagus.

Dazu kommen noch die eher allgemeinen Symptome einer Erkrankung wie Anorexie, allgemeine Abgeschlagenheit, stumpfes Haarkleid, glanzlose Augen, schlechte Gewichtszunahme, Entwicklungsretardierung, subfebrile Temperaturen, Tachykardie und Tachypnoe. Auch Diarrhöe mit anverdautem Blut (dunkler, flüssiger Kot) tritt fallweise auf. Besonders bei solchen Fohlen liegen auch blasse Schleimhäute vor. Durch das Regurgitieren von Nahrung in den oesophagealen Abschnitt kann es zu einer Aspirationspneumonie kommen, die dann das Krankheitsbild verschlimmert und so rasch den Tod herbeiführt.

Sind ein Ulcus oder mehrere Ulcera bereits durchgebrochen, kommt als Kardinalsymptom die Peritonitis hinzu. Verbluten die Fohlen, so werden sie schnell bei zunehmender Anämie, Tachypnoe und Tachykardie hinfällig.

Pathologischer Befund

Bei der Sektion fallen besonders die blutig imbibierten Schleimhautbezirke und der blutgefüllte gastroduodenale Bereich auf. Einzeln oder multipel verteilte Ulcera sind unschwer in der Magen-Dünndarmschleimhaut zu erkennen. Bei Perforation steht die Peritonitis im Vordergrund (Abb. 7.28 s. Farbtafel 9).

Diagnose und Differentialdiagnose

Eine eindeutige Diagnose anhand der klinischen Symptome zu stellen ist schwer. Gewisse Verdachtsmomente sind jedoch gegeben, wenn Fohlen ständig speicheln und die übrigen wichtigen Symptome wie Regurgitieren, Anämie, schlechte Entwicklung, Peritonitis zeigen. Eine Röntgenuntersuchung mit Kontrastdarstellung kann Aufschluß geben (Füllungsgeschwindigkeit des Darmes verzögert bei bestehender Pylorus- und/oder Duodenalstriktur, Reflux von Mageninhalt in den Oesophagus). Labordiagnostisch läßt sich eine Acidose, Hyponatriämie, Hypochlorämie, Hypocalcämie und Erythropenie nachweisen. Die Pepsinogen-Konzentration von gesunden neugeborenen Fohlen beträgt durchschnittlich 329 ng/ml; sie fällt allmählich auf 150−177 ng/ml ab (*Wilson* und *Pearson*, 1986). Neugeborene Fohlen mit Ulcera haben dagegen durchschnittlich 212 ng/ml und behalten diesen Wert während der Krankheit bei (189−299 ng/ml). Somit kann, insofern Mageninhalt per Sonde zu gewinnen ist, die Bestimmung des Pepsinogengehaltes diagnostisch verwertet werden.

Differentialdiagnostisch kommen Zahnanomalien oder Zahnerkrankungen (Speicheln), Fremdkörper im Mund-Kehlkopfabschnitt, stumpfe abdominale Traumen, Abszesse im Abdomen sowie Peritonitis nach Perforation durch einen Fremdkörper in Betracht.

Behandlung und Prognose

Zuerst müssen alle antiinflammatorischen Mittel abgesetzt werden, sofern sie gegeben worden sind. Im weiteren ist Ziel der Therapie, daß sich der Mageninhalt normalisiert und sich eine neue wandadhärente Schleimhautbarriere aufbaut.

Angewendet werden können Histamin-2-Rezeptoren (H_2)-Antagonisten, um die Säurebildung zu hemmen. In Frage kommen Cimetidin (Tagamet® 800 mg/die) oder Ranitidin (Sostril® oder Zantic® 300 mg/die). Zu beachten ist jedoch, daß Cimetidin den hepatischen, mikrosomalen Abbau von einigen Medikamenten (Lidocain, Theophyllin, Diazepam, Warfarin und andere) hemmt.

Neuerdings wird auch in der humanen Ulcusbehandlung Omeprazol eingesetzt. Diese substituierten Benzimidazolderivate blockieren selektiv die Säuresekretion der Magenschleimhaut. Erfahrungen bei Fohlen über die Wirksamkeit des Medikamentes liegen nicht vor. Auch Prostaglandinanaloga können therapeutisch Anwendung finden (Hemmung der Säuresekretion in der Belegzelle, zytoprotektiver Effekt in niedrigen Dosierungen).

Althergebracht ist die Anwendung von Antacida wie Aluminiumhydroxid, Magnesiumsilikat und Magnesiumhydroxid (Maaloxan®, Distra-cid®, Gastropulgit®). Dadurch gelingt eine Säureneutralisation im Magen-Dünndarmtrakt, wobei das Wirkprinzip in einer Bindung des Antacidums mit der gelartigen Schleimschicht zu bestehen scheint. Als Medikament mit verschiedenen Wirkkomponenten (Säureneutralisation, Inhibierung endogener Agressoren, Zytoprotektion durch Erhöhung der PGE_2-Konzentration in der Mukosa) gilt Trigastril® (Heumann).

Aluminiumhydroxid bindet Phosphate komplex und führt so bei längerer Anwendung zu einer Phosphatverarmung im Gesamtorganismus (zur Kontrolle Phosphatbestimmung im Blutplasma). Als weitere Nebenwirkung der Antacida können, dosisabhängig, Diarrhöe oder Obstipation auftreten.

Unterstützend können nach einer Initialtherapie Kamillenzubereitungen (Kamille-Spitzner®, Kamillosan®) oder Azulon® verabreicht werden.

Die Anwendung der genannten Medikamente hat nur Sinn und bringt Dauererfolg, wenn unterstützende diätetische Maßnahmen ergriffen werden (weiche, nichtsäurehaltige Nahrung, Kräuter wie Kamille, eventuell Absetzen von der Mutterstute und kontrollierte Einzelfütterung). Auch sollte eine Zahnkontrolle erfolgen, da zu grobe Futtermassen kleine Verletzungen in der Magenschleimhaut setzen können und so die Ulcusgenese fördern.

Die Prognose ist im allgemeinen dann gut, wenn das Ulcus ventriculi et duodeni rechtzeitig erkannt und medikamentell gezielt eingegriffen wird. Bei perforiertem Ulcus ist die Prognose infaust, wenn nicht eventuell operativ vorgegangen wird. Darüber liegen aber noch keine genügenden Erfahrungen vor.

Literatur

Acland, H. M., D. E. Gunson, D. M. Gillette (1983): Ulcerative duodenitis in foals. Vet. Path. *20*, 653–661

Becht, J. L., T. D. Byars (1986): Gastroduodenal ulceration in foals. Equ. Vet. J. *18*, 307–312

Gross, T. L., J. G. Mayhew (1983): Gastroesophagal ulceration and candidiasis in foals. J. Am. Vet. Med. Assoc. *182*, 1370

Traub-Dogartz, J., W. Bayly, M. Riggs, N. Thomas, R. Pankowski (1985): Exsanguination due to gastric ulceration in a foal. J. Am. Vet. Med. Assoc. *186*, 280–281

Valdez, H. (1970): Perforating gastrointestinal ulcers in three foals. Equ. Pract. *1*, 44–47

Wilson, J. H., M. M. Paerson (1986): Serum pepsinogen levels in foals with gastric or duodenal ulcers. Proc. Am. Convention Am. Assoc. Equ. *31*, 149–155

Pylorus- oder Duodenalstenosen

Aus den USA liegen Berichte über Stenosen im Pylorus- und Duodenalbereich bei 4 Tage bis 4 Monate alten Fohlen vor (*Orsini* und *Donawick* 1986). Als primäre Diagnose wurde bei ihnen oft eine Ulzeration oder Entzündung im gastroduodenalen Abschnitt vermutet, die sich bei genauerer kontraströntgenologischer Untersuchung allerdings als Pylorus- oder Duodenalstenose herausstellte. *Orsini* und *Donawick* (1986) berichten von 13 derartigen Fällen.

Klinisches Bild

Es ist weitgehend von einer febrilen Anorexie mit Diarrhöe gekennzeichnet. Es besteht eine deutliche Leukozytose, und/oder hohe Plasma-Fibrinogenwerte liegen vor. Die übrigen biochemischen Werte (Elektrolyte) sind im Normbereich. Weiterhin sind als Symptome in unterschiedlicher Graduierung vorhanden: Salivation und fortschreitender Verfall — daher auch der Verdacht einer Ulzeration —, Zungenschwellung, Regurgitation von Milch besonders nach dem Trinken, leichte Bauchdeckenspannung.

Diagnose und Differentialdiagnose

Die Diagnose wird nach Eingabe von Kontrastbrei gestellt. Beim Einführen der Nasenschlundsonde kann es zu Schwierigkeiten durch Passagehemmung kommen (Oesophagusobstruktion). In den meisten Fällen fließt aus der Sonde passiv Milch infolge des hohen Füllungszustandes des Magens ab. Auf der Röntgenaufnahme ist eine deutliche Obstruktion im Gastro-Duodenalabschnitt zu erkennen. Die Stenose kann an der Cardia, am Pylorus, im Duodenum liegen. Zu ähnlichem Krankheitsbild können führen Ulcera, Gastritis, Duodenitis.

Therapie

Sie liegt allein in einer Operation, wobei diese, je nach Befund, aus einer Gastroduodenostomie der Oesophagogastrostomie besteht. Allerdings ist die Komplikations- und Überlebensrate bisher noch schlecht. *Orsini* und *Donawick* (1986) geben an, daß als häufigste Komplikation Pneumonien, Salmonellosis, Schock und Thrombophlebitis zu verzeichnen waren. Die Heilungsquote liegt bei knapp 50 %.

Literatur

Orsini, J. A., W. J. Donawick (1986): Surgical treatment of gastroduodenalobstructions in foals. Vet. Surg. *15*, 205–213

Atresia ani, Afterlosigkeit
Atresia ani et recti, After- und Mastdarmlosigkeit

Vorkommen und Bedeutung

Die Atresia ani gehört ebenso wie die Atresia ani et recti zu den seltenen Fehlbildungen beim Fohlen. Als Ursache werden genetische Faktoren angenommen. So konnte bei Kaltblutfohlen rheinischen Schlages ein rezessiver Erbgang nachgewiesen werden. Die Afterlosigkeit kann aber offensichtlich auch auf exogene Reize in der embryonalen Entwicklungsphase entstehen.

Embryonal wird vorerst die ektodermale Afteranlage von der entodermalen Darmanlage durch eine Kloakenmembran getrennt. Erst nach beendeter Anlage der Genitalien erfolgt eine Trennung durch den kaudal vorwachsenden Darmsattel der Kloakenmembran in die Urogenital- und Aftermembran (*Michel* 1986). Die Aftermembran reißt ein und der Enddarm mündet so nach außen.

Bei Störungen dieses Entwicklungsganges kann es zu Organfehlbildungen folgender Art kommen:

- Atresia ani: hierbei fehlt die Anusöffnung
  Atresia ani mit Fistelbildung:
  Fistula recto-vestibularis
  Fistula recto-vaginalis
  Fistula recto-vesicalis (männliche und weibliche Fohlen)
  Fistula recto-urethralis (männliche Fohlen)
- Atresia ani mit Fistel im perinealen Bereich:
  bei männlichen Fohlen besteht eine kleine Öffnung ventral der eigentlichen Afteranlage
- Atresia ani et recti:
  Es fehlen sowohl Anus als auch Rektum. In der Aftergegend ist dann keine Vorwölbung zu erkennen, wenn die Distanz des fehlenden Stückes zwischen Afteranlage und Rektum mehr als 2–3 cm beträgt.

Neben den klinisch erkennbaren Fehlbildungen im Anus- Rektumabschnitt können aber auch noch versteckte Fehlbildungen im Urogenitalbereich mit diesem Syndrom verbunden sein.

Klinisches Bild

Die Fohlen, vital geboren, zeigen bei fehlender Anusanlage mit zunehmendem Alter, meist zwischen der 12. und 24. Lebensstunde, Preßreiz. Der Schweif steht ab, eine typische kyphotische Haltung wird eingenommen. Eine eingehende Untersuchung, falls nicht bereits unmittelbar post natum geschehen, läßt die Mißbildung unschwer erkennen.

Unterschieden werden muß zwischen der Atresia ani simplex (Hervorwölbung des gefüllten Enddarmabschnittes, Palpation von Mekoniumteilen), der Atresia ani et recti (keine Mekoniumteile spürbar, die Anusmembran stülpt sich nicht vor) und den verschiedenen Möglichkeiten der Fistelbildung bei weiblichen (Abgang von Kot aus der Rima vulvae) sowie männlichen Fohlen (Fistula recto-urethralis beziehungsweise recto-perineal-Fistel).

Pathologischer Befund

In Fällen einer Atresia ani et recti besteht ein gefüllter Enddarmabschnitt vor der Apertura pelvis cranialis, von dem ein bindegewebiger Strang in die Gegend des geschlossenen Anus führt.

Diagnose und Differentialdiagnose

Die Diagnose ist unschwer zu stellen. Abgrenzungsschwierigkeiten könnte es geben zwischen einer operablen Atresia ani et recti und der nicht operablen Form.

Behandlung

Eine sofortige Operation muß bei Atresia ani (et recti) vorgenommen werden. Weibliche Fohlen mit einer Fistula vaginalis oder vestibularis können, falls nötig, später operiert werden. Nahezu aussichtslos ist die Behandlung bei einer Fistula recto-vesicalis oder Fistula recto-urethralis.

Operationsvorbereitung

Die Fohlen werden auf den Rücken gelegt und das Becken hochgelagert. Die Hinterextremitäten werden latero-cranial fixiert. Zur Spülung des Darmes wird warme, physiologische Kochsalzlösung sowie ein Irrigator mit weichem Schlauch (abgerundetes Ende, seitliche Öffnung) bereit gehalten.

Operation

- Atresia ani: Öffnung der Aftermembran mittels Kreuzschnitt und Fixation der Ränder mit synthetischem Nahtmaterial
- Atresia ani et recti: Ebenfalls Öffnung der Aftermembran und vorsichtiges Freipräparieren des blind endenden Rektumabschnittes. Liegt das Ende weiter als 1 (bis 2) cm kranial, kann der Darmabschnitt nicht genügend gedehnt und so mit der Haut der Anusgegend fixiert werden.
- Fistula-recto vestibularis beziehungsweise recto-vaginalis: Hier kann eine Trennung zwischen Vagina-Vestibular-Raum und Darm versucht werden. Das Operationsresultat hängt jedoch von der Ausbildung des Enddarmbereiches ab und ob davon dieser plastisch nachgebildet werden kann.

In allen Fällen können diese Fohlen später nicht in die Zucht genommen werden, da eine Vererbbarkeit dieser Hemmungsmißbildung nicht ausgeschlossen werden kann. Kein Erfolg ist zu erwarten, wenn ein zu großes Stück des Enddarmes fehlt oder wenn eine Fistula recto-urethralis vorliegt.

Literatur

Furie, W. S. (1983): Persistent cloaca and atresia ani in a foal. Equ. Pract. 5, 30–33

Gideon, L. (1977): Anal agenesis with rectourethral fistula in a colt: a case report. Vet. Med. Small Anim. Clin. 72, 238–240

Kirgston, R. S., R. D. Park (1982): Atresia ani with associated urogenital tract anomaly in foals. Equ. Pract. 4, 32–34

Michel, G. (1986): Kompendium der Embryologie der Haustiere. G. Fischer Verlag Stuttgart. 4. Aufl. S. 197 ff.

Atresia coli

Vorkommen und Ätiopathogenese

Die Atresia coli — das Fehlen eines Teiles des Enddarmes — ist eine wahrscheinlich auf genetischer Ursache beruhende Mißbildung. Bereits in den zwanziger Jahren hat *Nusshag* (1927) das gehäufte Auftreten bei Warmblutfohlen ostfriesischer Abstammung beschrieben. Aus Japan wurde ebenfalls 1927 von der Kombination zwischen Atresia coli mit Gehirngliomen bei Nachkommen eines Percheronhengstes berichtet (*Yamane* 1927). Seitdem liegen Einzeldarstellungen aus allen intensiv Pferdezucht betreibenden Ländern vor. Aufgrund des ermittelten Erbganges (einfach rezessiv) wurde die Atresia coli als Letalfaktor (B_1, Tab. 7.9) anerkannt. Nicht in allen Fällen läßt sich jedoch eine erbliche Genese nachweisen. Die Atresia coli kann auch nach eigenen Erfahrungen als Einzelfall bei gesunden Stuten, die schon mehrfach lebende Fohlen vom gleichen Hengst (oder verwandten Hengsten) zur Welt gebracht haben, auftreten. Sie verläuft in allen Fällen tödlich, da operativ nicht sinnvoll eingegriffen werden kann.

Bei der Atresia coli ist ein Teil des Kolons nicht entwickelt und endet sackartig. Von diesem blind endenden Darmteil läßt sich häufig noch ein bindegewebiger Strang verfolgen, der dann zum normal entwickelten Endstück des Darmes führt. Auch der Anus ist ausgebildet und zeigt keine Anomalie.

Klinisches Bild

Die vital geborenen Fohlen entwickeln sich in den ersten Lebensstunden problemlos. Mit zunehmendem Abstand zur Geburt kommt es zum anhaltenden Preßreiz auf das Mekonium. Ein Abgang desselben wird jedoch nicht beobachtet. Bei digitaler

Kontrolle der Ampulla wird nur ein etwas gelblich-klebrig-zähpappiges Sekret vorgefunden. Es fehlen die typischen schwärzlich-braun-grünlichen Partikel, die auf Mekonium schließen lassen.

Das Abdomen der Fohlen füllt sich innerhalb der ersten 24 Stunden rasch und wird mit zunehmender Krankheitsdauer tympanisch gespannt. Sie zeigen kolikartige Schmerzen, progressive Apathie und Kreislaufinsuffizienz. Weiterhin bestehen Tachykardie und Tachypnoe bei normaler Körperinnentemperatur.

Pathologischer Befund

Stark aufgegaste und angefüllte Darmschlingen. Bei Präparation der Darmlage wird im Kolon der blind endende Darmteil aufgefunden.

Diagnose und Differentialdiagnose

Allein die Symptomatik kann nur zu einer Verdachtsdiagnose führen. Die Röntgenuntersuchung ist langwierig und schwierig und den meist hinfälligen Patienten kaum zuzumuten. Aus diesem Grund sichert eine Probelaparotomie die gestellte Verdachtsdiagnose ab. Die Operation selbst wird wie bei einer Blasenruptur (siehe 7.2.6) vorgenommen. Nach Feststellung der Atresia coli ist ein schmerzloses Töten des Fohlens geboten.

Differentialdiagnostisch kommen in Betracht: Invagination des Darmes, Ileus, inkarzerierte Hernie.

Literatur

Cho, D.-Y., H. W. Taylor (1986): Blind-end atresia coli in two foals. Corn. Veterin. 76, 11−15

Estes, R., W. Lyal (1979): Congenital atresia of the colon: a review and report of four cases in the horse. J. Equine Med. Surg. *3*, 495−498

Nusshag, W. (1927): Gehäufte Mißbildung am Fohlendarm. Berl. Tierärztl. Wschr. *43*, 158−161

Overbauch, K. E. (1983): Intestinal anomalies in neonatal foals. Vet. Med. Small. Anim. Clin. *78*, 224−226

Yamane, J. (1927): Über die Atresia coli, eine letale, erbliche Darmmißbildung beim Pferde und ihre Kombination mit Gehirngliomen. Indukt. Abstamm. und Vererb.lehre *46*, 188−207

Lebererkrankungen

Lebererkrankungen treten beim Fohlen selten primär, häufiger dagegen sekundär in Verbindung mit generalisierten Infektionen oder infolge toxischer Einflüsse auf. Nur wenige geklärte Kenntnisse liegen über eigenständige Erkrankungen der Leber vor. Insgesamt lassen sich alle Arten von Leberaffektionen klinisch nur schwer diagnostizieren (Abb. 7.29 s. Farbtafel 9).

1. Tyzzer's disease (7.2.1.)
2. Leberabszesse in Zusammenhang mit Nabelentzündung (7.2.5.)
3. Equines Herpes Virus 1 − Hepatitis (7.2.1.)
4. Bakterielle Allgemeininfektion -septikämie Lebernekrose unbekannter Genese
5. Aflatoxinvergiftung

Lebernekrose unbekannter Genese

Aus Amerika liegen Berichte über Lebernekrosen bei wenige Tage alten Fohlen vor, deren Genese noch vollkommen unbekannt ist (*Perryman* et al. 1978, *Mullaney* et al. 1984). Ein Zusammenhang mit der Tyzzer's disease konnte nicht bewiesen werden.

Fohlen im Alter von 2 bis zu 35 Tagen, vor allem jedoch in der ersten Lebenswoche (*Mullaney* et al. 1984), erkranken plötzlich und sterben innerhalb eines Zeitraumes von 12 bis 60 Stunden. Ihre Anamnese ist eher unauffällig.

Sie haben sich bis zum Zeitpunkt der Erkrankung normal entwickelt, nehmen störungsfrei Milch zu sich und zeigen ungestörte Bewegungsaktivität. Plötzlich verweigern sie die Milch, sind somnolent, zeigen Hypermotilität oder konvulsive Anfälle. Auch Kolikerscheinungen, Diarrhöen und Hämaturie werden beobachtet. Der Verfall tritt innerhalb weniger Stunden auf. Die Krankheit endet tödlich.

Die Leber ist eigentümlich klein und von bronzefarbenen Flecken teilweise überzogen. Histologisch lassen sich eine Hyperplasie der Gallengänge und in der Regel haemorrhagische Nekrosen nachweisen. Darüber hinaus fallen gelegentlich petechiale und ekchymale Blutungen im Caecum, Entzündungen im Dünndarm und Hämorrhagien in den Lymphonodii auf. Die Thymusdrüse ist atrophisch.

Mikrobiologisch war kein Bacillus piliformis (Tyzzer's disease) nachzuweisen, dagegen ließen sich E. coli, Actinobacillus equuli, Klebsiella pneumoniae und Staphylococcus aureus in wechselnder Kombination aus verschiedenen Organen isolieren. Auch gelang der Aflatoxinnachweis nicht.

In einem in der Klinik vorgestellten Fall konnte bei einem drei Wochen alten Fohlen eine schmerzhafte Lebervergrößerung festgestellt werden. Es wurde im moribunden Zustand (Diarrhöe, hochgradige Exsikkose, Untertemperatur, Hypoglykämie) unter Mitbeteiligung des Zentralnervensystems eingeliefert.

Es verstarb unter der Notversorgung. Die Leber zeigte miliare Abszeßbildungen, aus denen Listeria monocytogenes isoliert werden konnte (Abb. 7.29 s. Farbtafel 9). Wie sich nachträglich herausstellte, erhielten Mutterstute und Fohlen Maissilage als Grundfutter.

Literatur

Mullaney, T.P., C.M. Brown, G.L. Watson, L.A. Brandt (1984): Suspected hepatoxicity in neonatal foals: preliminary report of an emerging syndrome. Vet. Rec. *114*, 115–117

Perryman, L.E., T.C. McGuire, T.B. Grawford (1978): Maintenance of foals with combined immunodeficiency: causes and control of secondary infections. Am. J. Vet. Res. *39*, 1043

Zahnfehler, Zahnanomalien

Gebißentwicklung beim Fohlen

Beim neugeborenen Fohlen sind die Milchzangen, auch als Incisivi 1 (Id 1, d steht dabei für Dentes decidui, wobei deciduus hinfällig bedeutet) bezeichnet, noch nicht durchgebrochen. Sie werden meist in der ersten Lebenswoche geschoben, wobei die des Ober- und Unterkiefers nahezu parallel erscheinen. Die Milchmittelzähne (Id 2) werden erst nach drei bis vier Wochen, in manchen Fällen erst in der achten Woche sichtbar. Eine Unterteilung des Alters von Fohlen von < 3 Wochen und > 3 Wochen ist anhand der Beurteilung durchgebrochener Id 1 und Id 2 möglich. Zwischen 5. und 9. Monat erscheinen die Milcheckzähne (Id 3).

Zu beachten ist, daß bei der Geburt bereits die Milchprämolaren (Pd 2, Pd 3, Pd 4) durchgebrochen sind.

Tabelle 7.24 Altersbestimmung anhand des Zahndurchbruches bei Fohlen (*Habermehl* 1975)

Zeitpunkt	Gebißentwicklung
Geburt	Milchprämolaren Pd 2, Pd 3, Pd 4 durchgebrochen
1. Lebenswoche	Durchbruch Milchzangen (Id 1)
3.–8. Lebenswoche	Durchbruch Milchmittelzähne (Id 2)
5.–9. Lebensmonat	Durchbruch Milcheckschneidezähne (Id 3)

Zahnfehler, Zahnanomalien

Bei wenige Tage oder Wochen alten Fohlen kann es zum Durchbruch anomaler Zähne beziehungsweise zu Stellungsfehlern der Zähne kommen. In der Anlage der Zähne wird eine Polyodontie (Überzahl) und eine Oligodontie (Minderzahl) unterschieden. Eine Polyodontie kann durch Abspaltung von regulären Zahnkeimen oder durch Überproduktion der Zahnleiste entstehen. Überzählige Zähne sind häufig mißgestaltet. Klinisch haben vor allem überzählige Backenzähne Bedeutung. Aber auch überzählige Schneidezähne werden beobachtet. In seltenen Fällen brechen überzählig angelegte Zähne nicht durch und führen zu zystischen Inklusionen im Kiefer.

Auf Entwicklungsstörungen kann die Zahnunterzahl (Oligodontie) zurückgeführt werden, so weit sie nicht in einem Trauma oder einer Kieferinfektion begründet liegt. Das Merkmal Oligodontie ist oft mit anderen Entwicklungsstörungen gepaart.

Anomale Stellungen der Zähne sind Torsionen (Drehung in der Längsachse), Deviationen (Drehung in der Querachse), die zu enge Zahnstellung (Mandibula angusta) sowie das Diastema (Lückengebiß).

Alle diese Anomalien werden als erblich angesehen, ein direkter Nachweis dafür fehlt aber nach wie vor. Zu Zahnanomalien kann es auch bei einer Osteodystrophia fibrosa kommen (s. 7.2.7), wenn die Kieferknochen in Mitleidenschaft gezogen sind.

Klinisches Bild

Während der Phase der Flüssigernährung spielen die Zahnfehler kaum eine Rolle. Beginnen die Fohlen jedoch mit der Aufnahme von festen Futterbestandteilen, kann es zu Verdauungskomplikationen kommen. Starkes Speicheln kann Hinweis für Zahnerkrankungen oder Fremdkörper im Mundbereich ebenso wie für gastroduodenale Ulcera (s. 7.2.4) sein. Ebenso gilt fortschreitende Abmagerung und Futterwickeln als klinisches Zeichen einer eventuell vorliegenden Gebißanomalie.

Diagnose und Differentialdiagnose

Zur Untersuchung eines neugeborenen oder älteren Fohlens sollte die Betrachtung oder Ausstattung der Mundhöhle unbedingt gehören. In Tab. 7.24 ist die normale Gebißentwicklung dargestellt. Abweichungen davon können zu erheblicher Wachstumsretardierung führen.

Durch alleiniges Öffnen des Mundspaltes können nur die Schneidezähne einer Beurteilung unterzogen werden. Für die Ausleuchtung des kaudalen Abschnittes eignet sich ein Röhrenspekulum für Schafe (ca. 12 cm lang) mit Beleuchtungsquelle. Es kann auch die Zunge entweder mit einem kräftigen Spatel heruntergedrückt werden oder seitlich, von einem Mulltupfer umhüllt, herausgezogen werden. Bei schmerzhaften Reaktionen im Verlauf der Druckpalpation ist eine Röntgenaufnahme erforderlich (Kieferknochenveränderung, zystische Inklusion).

Differentialdiagnostisch kommen Fremdkörper im Mundhöhlenbereich, gastroduodenale Ulcera (Speicheln!) sowie Zungenverletzungen in Betracht.

Therapie

Diese unterliegt den allgemeinen chirurgischen und hier besonders den kieferchirurgischen Grundsätzen.

Literatur

Göberl, F., H. Schumann, R. Herrlein (1960): Erbliche Zahn- und Kieferanomalien bei den Haustieren mit eigenen Untersuchungen über das Auftreten verschiedener Zahnanomalien in der Nachzucht des Hengstes G. Tierärztl. Umsch. *15*, 71–78
Berge, E. (1960): Latente Olygodontie beim Pferd. Berl. Münch. Tierärztl. Wschr. *73*, 462–463
Habermehl, K. H. (1975): Die Altersbestimmung bei Haus- und Labortieren. Verlag Paul Parey Berlin und Hamburg 2. Aufl.

Erkrankungen der Mundschleimhaut

Die Entzündung der Mundschleimhaut wird vor allem bedingt durch

- Candida albicans (sogenannter Soor, Candidiasis)
- Stachybotryotoxikose
- Nekrobazillose
- Vitamin A-Mangel
- Rotavirusinfektion (Pseudomembranbildung) als begleitende Erscheinung (siehe 7.2.4)

Am häufigsten tritt dabei der *Soor* in Erscheinung. Er wird ausgelöst durch ein exzessives Wachstum der in die Familie der Cryptococcaceae gehörenden *Candida albicans*. Sie zählt an sich zu den normalen Besiedlern der Mundschleimhaut (Epiphytenflora). In besonders exponierten Situationen (zu lange Anwendung von Antibiotika, Streßsituationen, Vitamin A-Mangel) können sich diese Hefen explosionsartig vermehren.

Auf der Zungen- und übrigen Mundschleimhaut wird ein dichter weißer Rasen sichtbar (Abb. 7.30 s. Farbtafel 9). Er reicht bis in den Oesophagus (in seltenen Fällen bis in den Magen) und bereitet Schluck- und Kaubeschwerden.

Die Behandlung besteht aus einer täglichen Spülung der Mundhöhle mit 2 %igem Gentianaviolett beziehungsweise aus Aufstreichen von antimykotischen Salben (Amphomoronal®).

Die *Stachybotryotoxikose* kommt vor allem bei älteren Fohlen und adulten Pferden vor. Durch diesen Pilz, der sich in feuchten Futtermitteln entwickelt, kommt es zu einer katarrhalischen Stomatitis mit Geschwürsbildungen (Backen, Zahnleiste, Lippen) und ist so gut vom Soor zu differenzieren. Aus dieser Stomatitis kann sich eine Toxikose mit allgemeiner Hinfälligkeit (febrile Temperaturen, Leukopenie, Blutgerinnungsstörungen) entwickeln.

Die Behandlung richtet sich nach dem Erscheinungsbild, bei noch örtlich begrenztem Verlauf in Anwendung der Methoden wie bei Soor.

Die *Nekrobazillose* (Fusobacterium necrophorum) ruft diphtheroide Beläge im Mundbereich hervor. Der Keim sistiert vor allem bei Stuten mit Mauke oder Hufknorpelfisteln und kann von dort direkt oder durch unhygienische Prozeduren (Überprüfung des Saugreflexes nach Berührung der Mauke) auf die Mundschleimhaut des Fohlens übertragen werden.

Für die Behandlung kommen Sulfonamide und auf gramnegative Keime wirkende Antibiotika in Betracht. Die Mundhygiene ist mit Chlorhexidin, 2 %igem Gentianaviolett (in Lösung, nicht als Spray) und ähnlichen Medikamenten vorzunehmen.

Ein *Vitamin A-Mangel* wirkt allgemein begünstigend für Schleimhautdefekte, insbesondere die des Verdauungstraktes und des Auges. Bei Fohlen, deren Mütter ein zu geringes, natürliches Angebot an Vitamin A während der Gravidität erhalten haben (altes Heu, schlechte Futtergrundlag, keine Grünfütterung), ist von einem larvierten Vitamin A-Mangel auszugehen. Die per os Verabreichung von emulgiertem, leicht resorbierbaren Vitamin A (300 000 I.E.) als Prophylaktikum sollte in solchen Fällen vorgenommen werden.

7.2.5 Erkrankungen des Nabels

Nabelaufbau, Nabelpflege

Der Nabelstrang des Fohlens ist etwa 60–90 cm lang, leicht in sich gedreht und 2 bis 4 cm im Durchmesser. Im Nabelstrang laufen zwei Nabelarterien und eine Nabelvene sowie der Urachus.

Die Nabelgefäße sind durch eine breite Bindegewebsbrücke mit der Amnionscheide verwachsen und von einer Muskelmanschette umgeben. Etwa 2 cm unterhalb des Hautnabelringes ist eine Einziehung zu erkennen, die als präformierte Rißstelle gilt. Im allgemeinen reißt der Nabel von allein an dieser Stelle. Die fixierten Gefäße verschließen sich durch die Ringmuskulatur rasch und werden durch Thromben so abgedichtet, daß unter normalen Bedingungen keine Aszension von Keimen möglich ist.

Ein direktes *Abnabeln* wird also beim Fohlen kaum notwendig sein. Vor einer zu frühen Trennung zwischen Fohlen und Mutter gleich nach der Geburt in Form einer Zerreißung des Nabels muß gewarnt werden, da in noch liegender Position von Mutter und Fohlen unmittelbar post natum maternales Blut in das Fohlen übertragen wird (Nabelpulsation ist spürbar). Wird wirklich eine Abnabelung notwendig, so geschieht sie an der präformierten Stelle mittels eines Emaskulators.

Nabelnachblutungen kommen bei zu früh geborenen Fohlen oder mangelhafter Ausbildung der Ringmuskulatur um die Nabelgefäße vor. Die durch das Nachbluten verloren gegangene Menge kann erheblich sein. Durch das Aufsetzen einer sterilen Klemme mit breiten Backen kommt sie zum Stillstand. Durch ein Abbinden entsteht meist ein Blutstau in den Nabelgefäßen, wodurch eine Prädilektion für eine Nabelinfektion gegeben ist.

Die *Nabelpflege* besteht aus ausreichender Desinfektion (Jodtinktur, Merfen®). Diese wird im ersten 24-Stunden Zeitraum 2 bis 3 mal vorgenommen (tiefes Eintauchen des Nabels in ein Gefäß mit Desinfektionsmittel), um so eine abdichtende Wirkung durch Austrocknung bei gleichzeitiger Desinfektion zu erzielen. Ein weiterer Effekt wäre dadurch gegeben, daß der Urachus verklebt und obliteriert (7.2.6 Urachusfistel), so daß keine Fistelbildung entsteht. Eine vorsichtige Nabelkontrolle (Adspektion, leichte Palpation) sollte sich in den ersten 5 bis 10 Tagen in regelmäßigen Abständen anschließen, um so frühzeitig Nabelentzündung, Nabelbruch oder Urachusfistel entdecken zu können.

Omphalitis, Omphalophlebitis
Nabelentzündung – Nabelabszeß

Anders als bei anderen Tierarten gehört es beim Fohlen zu den Seltenheiten, daß eine Nabelentzündung als isoliertes Ereignis ohne Penetration in den Gesamtorganismus auftritt. Der entzündete Nabel stellt eine klassische Eintrittspforte für pathogene Bakterien dar, die eine Reihe oft tödlich verlaufender Neugeborenenerkrankungen bei Fohlen verursachen.

Die Omphalitis/Omphalophlebitis kann wohl nur als Anfangsstadium einer generalisierten Infektion (Fohlenlähmekomplex 7.2.1) aufgefaßt werden. Sie wird daher auch nur bei sorgsamer Kontrolle des Nabels in den ersten Lebenstagen zu entdecken sein.

Bei vorsichtiger Palpation fällt zum einen vermehrte Wärme, zum anderen die leichte Schmerzhaftigkeit auf. Der Nabelstumpf selbst ist nicht verdickt, so daß dies mit ein Grund ist, daß das Prodromalstadium der Nabelentzündung fast nie erfaßt wird. In die Tiefe hinein ist ein harter Strang (entzündete Nabelgefäße) zu spüren. Aus dem distalen Ende des Nabelstumpfes tritt mitunter auf leichten Druck hin eitriges Sekret aus (Abb. 7.31).

Das Allgemeinbefinden des Fohlens ist im Anfangsstadium nur leicht gestört, Milchaufnahme und Bewegungsintensität sind geringgradig reduziert. Die Körpertemperatur bewegt sich zwischen 38.9 und 39.5 °C. Häufig wird im Rahmen der Intensivbetreuung neugeborener Fohlen erst bei der täglichen Temperaturkontrolle der Hinweis gegeben, daß ein entzündlicher Prozeß vorhanden sein muß, der dann im Nabelbereich lokalisiert werden kann. Auf die übrigen mittelgradig bis stark ausgebildeten Symptome, die in Zusammenhang mit einer Omphalophlebitis und dem Fohlenlähmekomplex auftreten, sei auf das Kapitel 7.2.1 verwiesen.

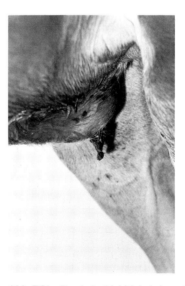

Abb. 7.31 Omphalophlebitis bei einem Fohlen (β-Streptokokken-Infektion)

Die Behandlung erstreckt sich in den besagten leichten Fällen zum einen auf eine lokale Säuberung des Nabelstumpfes, Schaffung der Möglichkeiten zum Abfliessen von Sekret und zum anderen auf eine systemische Antibiose. Da vorwiegend β-haemolysierende Streptokokken und Actinobacillus equ. aus dem eitrigen Sekret zu isolieren sind, sollten hohe Dosen von Penicillin parenteral zur Anwendung kommen. Eine lokale Antibiose hat sich nicht bewährt und dürfte auch bei der Progressivität des Prozesses als unangemessen gelten. Im weiteren wäre allerdings zu überlegen, ob durch Exstirpation des Nabelstumpfes einer generalisierten Infektion vorgebeugt werden könnte. In den meisten Fällen ist es jedoch schon zu spät für diesen Eingriff, da sich bereits eine Generalisation anbahnt.

Kommt es zu einer *Abszedierung des Nabelstumpfes*, ist eine Diagnose aufgrund der Umfangsvermehrung unschwer zu stellen, wobei eine Hernia umbilicalis differentialdiagnostisch abgeklärt werden muß. Operatives Vorgehen (Abszeßspaltung, Ausräumung, Tamponade) ist hier neben den allgemeinen Behandlungskriterien angezeigt.

Literatur

Freytag, K. (1976): Nabelkomplikationen bei Fohlen und ihre Behandlung. Prakt. Tierarzt 57, 176–180

Hernia umbilicalis, Nabelbruch

Der Nabelbruch ist beim Pferd erblich und beruht auf einem rezessiven Erbgang (*Aurich* 1959). Ursache ist zum einen eine in der Embryonalentwicklung nicht genügend geschlossene Nabelöffnung, zum anderen besteht beim neugeborenen Fohlen normalerweise eine Diastase der gelben Bauchhaut und der Mm. recti, die sich spontan schließt. Im Falle einer Hernienbildung unterbleibt dies aber.

Der Nabelbruch beim Fohlen kann bei Geburt bereits evident sein, oder aber er entwickelt sich infolge des wachsenden Abdominaldruckes allmählich (Bruchanlage).

Nach *Fritsch* (1985) sind vier Formen der Hernia umbilicalis zu unterscheiden:

- Hernia reponibilis (freie Hernie mit Möglichkeit der Zurückverlagerung des Bruchinhaltes)
- Hernia irreponibilis (hierbei bestehen Verklebungen zwischen innerem Bruchsack und Bruchinhalt)
- Hernia incarcerata (Bruchinhalt ist eingeklemmt und inkarzeriert)
- Hernie mit partieller Darmwandeinklemmung (Richter-Littré'sche Hernie, bei der es zur partiellen Darmwandnekrose ohne Passagehemmung kommen kann).

Klinisches Bild

Je nach Art der Hernie ist das klinische Bild unterschiedlich. In den meisten Fällen kommt es zu keinen Allgemeinstörungen (Hernia reponibilis). Es fällt im allgemeinen nur die Umfangsvermehrung auf. Der Inhalt läßt sich leicht reponieren.

Dagegen zeigen Fohlen mit inkarzeriertem Bruch heftige kolikartige Schmerzen, mit Wälzen, Schweißausbruch, Tachypnoe, Zittern. Der Bruchinhalt ist schmerzhaft und entweder nicht reponibel (Nekrose) oder reponibel. Im letzteren Fall verschwinden dann schlagartig die Koliksymptome.

Diagnose und Differentialdiagnose

An sich bereitet die Diagnose keine Schwierigkeiten, da die Umfangsvermehrung in der Nabelgegend evident ist. Zu unterscheiden ist zwischen freier Hernie, verwachsener Hernie und inkarzerierter Hernie. Als Fettbruch wird nur der Vorfall von Fettgewebe, nicht jedoch von Peritoneum bezeichnet.

Differentialdiagnostisch kommen in Betracht: Nabelabszeß, Omphalophlebitis, Haematom.

Therapie

Beim Nabelbruch ausgedehnter Art bleibt nur die operative Behandlung, um einer Inkarzeration vorzubeugen. Die Operation beim Fohlen ohne Störung und mit kleiner Bruchpforte ist jedoch nicht dringlich, so daß diese erst in einem Alter von 7–9 Monaten vorgenommen werden wird. Sofortiges Operieren ist dagegen bei inkarzeriertem Nabelbruch geboten (< 6 Stunden wegen der Darmnekrose).

Für die verschiedenen Operationsmethoden sei auf chirurgische Fachbücher verwiesen (Einstülpung des inneren Bruchsackes und Verschluß der Bruchpforte durch Nähte, Eröffnung und Resektion des inneren Bruchsackes und Verschluß der Bruchpforte durch Nähte, Eröffnung und Resektion des inneren Bruchsackes, Abdeckung der Bruchpforte durch eine Plastik oder Fremdmaterial).

Nichtoperative Methoden wie Ätzmittel, subkutane Injektionen, Abkluppen und anders mehr gehören der Vergangenheit an, zumal durch moderne Nahtmaterialien wie Dexon® (Braun Melsungen) oder Vicryl® (Ethicon) der Operationserfolg als überragend bezeichnet werden kann.

Literatur

Freytag, K. (1976): Nabelkomplikationen beim Fohlen und ihre Behandlung. Prakt. Tierarzt 57, 176–180

Fritsch, R. (1985): in Lehrbuch der Allgemeinen Chirurgie Hrsg. von O. Dietz. F. Enke Verlag Stuttgart

Markel, M. D., J. R. Pascoe, A. E. Sams (1987): Strangulated umbilical hernias in horses: 13 cases (1974–1985). J. Am. Vet. Med. Assoc. *190*, 692–694

Schermer J. (1942): Eine plastische Operation zur Beseitigung des Nabelbruches beim Fohlen. Arch. wiss. prakt. Tierheilkde 77, 328–345

7.2.6 Erkrankungen des Urogenitalsystems

Harnblasenruptur, Uroperitoneum

Vorkommen und Bedeutung

Störungen beim Abgang von Urin treten kaum unmittelbar post natum in erkennbare Erscheinung. Sie werden häufig erst nach der 12. bis 48. Lebensstunde registriert, weil die Miktionsschwierigkeiten anfänglich oft unter untypischen Anzeichen verlaufen. Schwierig wird die Beurteilung dann, wenn keine vollständige Blockade des Harnabflusses besteht, sondern Urin trotz bestehender Harnblasenruptur tropfenweise oder in kleinen Portionen abgegeben wird. Dieses Übersehen der Prodromalsymptomatik führt dazu, daß die Patienten oft verspätet im bereits lebensbedrohlichen Zustand vorgestellt werden.

Bei keiner anderen Jungtierart kommt das Uroperitoneum so häufig unmittelbar post natum vor wie beim Fohlen. Angegeben wird, daß 1 % aller neugeborenen Fohlen an einem Uroperitoneum leiden. Chrirurgisches Eingreifen stellt nach gesicherter Diagnose, die sich allerdings schwierig gestalten kann, die einzige, lebensrettende Therapiemöglichkeit dar. Fälle von übersehenem postnatalen Uroperitoneum mit tödlichem Ausgang werden immer wieder bekannt.

Ätiologie und Pathogenese

Ein Uroperitoneum beim Fohlen kann verschiedene Ursachen haben: Ruptur der Harnblase unter oder kurz nach der Geburt, Hemmungsmißbildung der Harnblase, angeborenes oder erworbenes Foramen in der Urethra nahe des Blasenhalses oder im Urachus, sowie Ruptur der Ureteren. Die eigentliche Ursache ist allein vom klinischen Bild her nicht immer klar einzugrenzen.

Häufig kommt ein Uroperitoneum als Folge einer Harnblasenruptur zur Beobachtung. Bei Durchtritt des Fohlens durch das maternale Becken ist es denkbar, daß bei einem fetopelvinen Mißverhältnis der Druck auf die mitunter stark gefüllte fetale Blase so groß ist, daß sie birst. Dazu kommt noch der Zug des Nabelstranges, der Verletzungen besonders im Urachusgebiet setzen kann (Urachusabriß). Als weitere traumatische Ursache kann in seltenen Fällen ein Schlag auf das Abdomen bei prall gefüllter Blase angesehen werden.

Dennoch lassen sich mit diesen genannten Faktoren nicht alle Fälle des Uroperitoneums eindeutig klären, da nicht immer der Operationsbefund auf eine Ruptur (blutig imbibierte, ausgerissene Ränder) schließen läßt. Glatte Ränder des Foramens, besonders bei total offener Harnblase im Scheitel (Abb. 7.32 s. Farbtafel 10), lassen eher die Vermutung zu, daß es sich um Hemmungsmißbildungen handeln könnte. Deshalb ist es bei diesem Krankheitskomplex nicht korrekt, allein von der Ruptur der Harnblase zu sprechen, da dies zu falschen Schlüssen führen könnte. Besser wäre daher, die allgemeinere, symptomatische Bezeichnung „Uroperitoneum" zu verwenden. Von *Thein* und Mitarbeitern (1983) wird aufgrund ihrer Kasuistik diskutiert, ob diese Form der neonatalen Harnblasenruptur nicht mit Präferenz des Araberblutes genetisch weitergegeben wird.

Klinisches Bild

Die erste postnatale Adaptationsphase verläuft bei Fohlen mit Uroperitoneum in den meisten Fällen ohne Besonderheiten. Steh- und Saugvermögen sind anfänglich ungestört. Erst 12 bis 48 Stunden post natum kommt es zu einer leicht kyphotischen Haltung, die von einem zunehmenden Füllungsgrad des Abdomen begleitet wird. Es besteht intermittierendes Drängen, verbunden mit schmerzvoller Unruhe. Der Kotabgang ist dabei ungestört. So deutliche Kolikerscheinungen, wie von der Mekoniumverhaltung her bekannt (Wälzen über den Rücken, Schlagen nach dem Bauch etc.), werden nur selten beobachtet.

Männliche Fohlen lassen den Penis wie beim normalen Urinabgang häufiger heraushängen. Weibliche Fohlen nehmen bei Miktionsversuchen eine hockende Stellung ein. Entweder kommt überhaupt kein Urin, oder er geht nur tropfenweise beziehungsweise dünnstrahlig in kleinen Portionen ab. In schmerzfreien Phasen trinken die Fohlen und nehmen auch wieder reger an ihrer Umwelt teil. Erst mit Fortschreiten der Krankheit, das heißt, mit ausgedehnter Ansammlung von Urin in der Bauchhöhle, kommt die volle Symptomatik zum Tragen. Aus Erfahrung kann dies bis zum dritten, vereinzelt sogar bis zum vierten Lebenstag dauern. Dieser Umstand ist es, der meist zu einer verspäteten Vorstellung derartiger Patienten führt, da der Fohlenbetreuer sich von dem unklaren klinischen Bild im Prodromalstadium täuschen läßt.

Das Fohlen steht im fortgeschrittenen Stadium der Erkrankung in gekrümmter Haltung teilnahmslos isoliert von der Mutterstute. Die Hinterextremitäten werden nach kaudal gestreckt, es besteht heftiges Drängen. Der Leibesumfang ist erheblich und dehnt sich über den letzten Rippenbogen aus. Bei Hengstfohlen kann ein unphysiologischer Füllungszustand im Bereich des Scrotums palpiert werden. Diese Anzeichen sind für den Ungeübten oft nicht deutlich zu erkennen, der Geübte allerdings wird sie richtig interpretieren. Es empfiehlt sich daher, der adspektorischen und palpatorischen Untersuchung durch Betrachtung des Fohlens aus dorso-ventraler und kaudo-lateraler Sehrichtung besondere Aufmerksamkeit zu schenken.

Die Schleimhäute sind teilweise verwaschen, das Auge glanzlos, oft schon leicht getrübt. Die Körperinnentemperatur liegt im Normbereich. Die Lunge ist ohne auffällige Befunde, die Herztätigkeit ist beschleunigt, der Puls undeutlich.

Bei Palpation des Abdomens fällt das plätschernde Geräusch auf, welches unter Zuhilfenahme des Phonendoskopes deutlich registriert werden kann. Dabei wird das Phonendoskop fest auf die Haut des Abdomens aufgesetzt und von der kontralateralen Seite mit der flachen Hand der Bauchraum vorsichtig in Schwingungen versetzt. Nabel und Nabelpforte sind unauffällig, in der Ampulla recti befindet sich Milchkot.

Die Blutgaswerte weisen auf eine Acidose hin. Infolge der gestörten Harnausscheidung kommt es zu einer Rückresorption harnpflichtiger Substanzen und zu einer Abweichung im peripheren Elektrolytgehalt. So besteht eine Hyperkaliämie, gleichzeitig jedoch auch eine Hyponatriämie und Hypochlorämie. Darüber hinaus ist der Kreatininwert erhöht. Der Harnstoffwert liegt eigenartigerweise auch bei schwer erkrankten Fohlen oft nur in leicht erhöhtem Bereich ($> 20-50$ mg/dl).

Pathologischer Befund

Auffallendster Befund ist die übergroße Menge an Flüssigkeit im Abdomen. Während bei Harnblasenruptur beziehungsweise Hemmungsmißbildung im Blasenbereich die pathologisch-anatomische Diagnose gesichert ist, bereitet es mitunter präparative Schwierigkeiten, kleinere Foramina zu finden und sie eindeutig dem Krankheitsgeschehen zuzuordnen.

Diagnose und Differentialdiagnose

Da der Vorbericht über die tatsächlich abgegangene Menge an Urin oft ungenau ist, kann noch während der klinischen Untersuchung bei männlichen Fohlen ein sauberes Tuch oder Einmalwindel um den Unterbauch, bei weiblichen um den anogenitalen Bereich gebunden werden, um so den Urinabsatz genauer kontrollieren zu könn. Neben der Beurteilung klinischer Symptome kommt der Gewinnung von Bauchhöhlenpunktat besondere Bedeutung zu. Zu diesem Zweck wird lateral der Linea alba ein kleineres Areal ausrasiert und gründlich desinfiziert. Mit einer sterilen Kanüle geringerer Abmessung, am besten mit aufgesetzter Spritze (geschlossenes, steriles System), wird die Bauchhöhle punktiert. Ist spontan oder unter leichtem Zug klare, gelbliche Flüssigkeit zu gewinnen, ist die Diagnose Uroperitoneum wahrscheinlich. Das Bauchhöhlenpunktat wird hinsichtlich des spezifischen Gewichtes (< 1008) überprüft. Läßt sich bei der ersten Punktion keine Flüssigkeit gewinnen, sollte dieser Vorgang an anderer Stelle wiederholt werden (vorgelagerte Netz- oder Darmteile vor der Kanülenöffnung (Abb. 7.33 s. Farbtafel 10).

Um die Diagnose weiter abzusichern, empfiehlt sich noch folgendes Vorgehen: Instillation von Methylenblau ($20-50$ ml; 10%ig) über einen Harnkatheter (bei männlichen Fohlen hat sich der ERU-Ureter-Katheter von *Rüsch* bewährt). Besteht eine Verbindung des harnableitenden Systems zur Bauchhöhle, läßt sich innerhalb von 10 bis 20 Minuten ein leicht grünlich-bläulich schimmerndes Bauchhöhlenpunktat gewinnen. Weiterhin läßt sich eine Pneumocystografie oder ein Kontrastcystogramm unter Röntgenkontrolle durchführen, wodurch der Ort der Ruptur beziehungsweise des bestehenden Foramens, mit Ausnahme eines Prozesses im Urachus, lokalisiert werden kann. Die Ultraschalluntersuchung gibt wertvolle Hinweise und ersetzt teilweise die aufwendige röntgenologische Untersuchung.

Labordiagnostisch wären vor allem die Parameter der Blutgasanalytik, die Natrium-, Chlor- und Kaliumkonzentration im Plasma (Hyponaträmie, Hypochlorämie, Hyperkaliämie) sowie der Kreatininwert (0.9 – 9.0 mg/dl) zu bestimmen. Der Harnstoff ist auch bei schwer erkrankten Fohlen oft unauffällig. Daneben sind noch Blutbild (neutrophile Leukozytose) und Enzymbestimmungen (GGT, AST, LDH) hilfreich.

Bei allen aufwendigen und langwierigen Maßnahmen ist im Rahmen biophysikalischer Untersuchungen jedoch zu bedenken, daß sich der Patient häufig bereits im stark geschwächten Zustand befindet, so daß die Untersuchungen auf ein vertretbares Mindestmaß beschränkt bleiben sollten. Hier liegt die wesentliche Bedeutung der Ultraschalluntersuchung (Resultat in wenigen Minuten ohne wesentliche Vorbereitungen).

Differentialdiagnostisch kommen Mißbildungen im Urogenitalbereich, Blasenlähmung, Peritonitis, Mekoniumverhaltung, Inguinalhernie und Leberaffektionen (Leberabszeß) in Betracht.

Therapie

Vorbereitung: Das chirurgische Eingreifen bei bestehendem Uroperitoneum ist die einzige Möglichkeit, das Leben des Fohlens zu retten. Bereits während der Vorbereitung ist eine Dauerkanüle (Braunüle®) beziehungsweise ein Dauerkatheter (Cavafix®) zu legen und dem Fohlen über Dauertropf physiologische NaCl-Lösung, (eventuell leicht hypertone Kochsalzlösung), Natrium-Bikarbonatlösung 8.4%ig und Glukoselösung 5%ig i.v. mit 0.1 I.U Insulin/kg KG zuzuführen.

Besteht bereits ein hochgradiges Uroperitoneum mit kardiovaskulärer Insuffizienz, empfiehlt es sich, ante operationem Urin aus der Bauchhöhle mittels eines feinen Katheters abzulassen. *Kritchevski* und Mitarb. (1984) schlagen eine praeoperative Peritonealdialyse vor, eine Methode, die wahrscheinlich die Überlebenschance derartiger Patienten in Zukunft erhöht.

Narkose (siehe Kapitel „Narkose bei Fohlen" 7.1.5)

Vorsicht ist geboten, da es während der Operation zu Herzrhythmusstörungen kommen kann. (siehe Kardiovaskuläre Erkrankungen 7.2.2)

Operation

Das Fohlen wird in Rückenlage gebracht, die Bauchunterseite großzügig ausrasiert und desinfiziert. Bewährt haben sich selbstklebende Operationsfolien zur Abdeckung. Vor der eigentlichen Operation wird ein Harnkatheter (männliche Fohlen ERU-Ureter-Katheter von *Rüsch*, weibliche Fohlen Ballonkatheter), soweit bereits nicht schon während der diagnostischen Manipulation geschehen, gelegt.

Beim männlichen Fohlen erfolgt die Öffnung des Abdomens ca. 3 cm lateral der Linea alba und des Praeputiums, bei weiblichen direkt in der Linea. Die Inzision sollte zuerst klein gehalten werden, um den Abgang des Harns langsam und nicht zu provokativ (Herzrhythmusstörungen) vonstatten gehen zu lassen.

Nach Ablassen des Urins wird die Abdominalöffnung erweitert und die vesico-abdominale Verbindung aufgesucht. Bereitet es Schwierigkeiten, das Foramen zu finden, wird über den Harnkatheter Methylenblaulösung instilliert (geringe Mengen), um die Austrittspforte zu lokalisieren.

Die Harnblase wird mit einer atraumatischen Nadel-Faden-Kombination (Dexon, Braun Melsungen, Catgut, Vicryl, Ethicon) in zwei Schichten durch doppelte Lembertnaht geschlossen. Die Abstände zwischen Ein- und Ausstichstelle sollten kurz gehalten werden. Die erste Naht beginnt ca. 5 bis 10 mm vom Rand der Öffnung (Abb. 7.34 s. Farbtafel 10). Bei Foramina im Anfangsteil der Urethra wird in ähnlicher Form verfahren, wobei der Verschluß über dem Katheter erfolgt.

Um die Dichte der Naht zu überprüfen und eventuell weitere Öffnungen aufzufinden, wird nun ein größeres Volumen (> 200 ml) einer Methylenblaulösung (10%) langsam über den Harnkatheter in die Blase instilliert. Der Katheter wird kurz vor Ende der Instillation vorsichtig in die Urethra zurückgezogen, um auch deren vollständigen Verschluß kontrollieren zu können. Tritt in diesem Abschnitt noch Methylenblaulösung aus, könnte zur Verdeutlichung des Foramens zum Kontrast weiße Flüssigkeit (weißer Kontrast durch Antibiotikasuspension zur blauen Methylenlösung) gegeben werden.

Nach Abschluß der Operation wird die Bauchhöhle gespült (physiologische Kochsalzlösung) und die Abdominalwunde geschlossen. Der Katheter bleibt, so weit möglich, über 24 Stunden liegen.

Die antibiotische Versorgung des Patienten folgt den allgemeinen Grundregeln, wobei sie über fünf Tage hinweg aufrechterhalten werden sollte. Die notwendigen Laborparaemter werden am ersten und zweiten Tag kontrolliert (Rückkehr zur Isotonie bei Na, Cl, K, Ausgleich der Acidose).

Meist setzen die Fohlen ohne Dauerkatheter schon wenige Stunden nach der Operation Urin spontan ab. In manchen Fällen entsteht plötzlich eine Urachusfistel. Die Milchaufnahme kehrt zur Normalität ebenfalls nach rund 6 bis 12 Stunden zurück.

Komplikationen

Komplikationen können postoperativ in Form von Peritonitis und Nahtdehiszenz auftreten. Bei nicht genügend gesichertem Harnabsatz und erneut auftretenden Preßerscheinungen sollte eine Relaparotomie vorgenommen werden.

Megavesica

Unter einer Megavesica ist eine übermäßige Füllung der Harnblase infolge einer Harnblasenlähmung, Verwachsung des Harnblasenscheitels mit dem inneren Nabelring (*Dubs* 1967) oder eine Stenose beziehungsweise partiellen Aplasie der Urethra zu verstehen. Sonografische und kontraströntgenologische Untersuchungen können diesen Zustand gegenüber dem Uroperitoneum abklären helfen. Es wird vorsichtig die Harnblase katheterisiert (Dauerkatheter, Ballonkatheter) und versucht, die Harnblasenmotilität anzuregen.

Literatur

Behr, M. J., R. P. Hackett, J. Bentinck-Smith, R. B. Hillmann, J. M. King, B. C. Tennant (1981): Metabolic abnormalities associated with rupture of the urinary bladder in neonatal foals. J. Amer. Vet. Med. Assoc. *178*, 263–266

Bostedt, H. (1987): Das Fohlen als Notfallpatient. Prakt. Tierarzt, *68*, 34–39

Daniels, H. (1976): Blasenruptur beim neugeborenen Fohlen. Prakt. Tierarzt, *57*, 173–176

D'Ieteren, G. (1975): Rupture de la vessie chez le poulain nouveau née. Ann. Med. Vet. *119*, 307–313

Dubs, B. (1976): Megavesica zufolge Urachusmangel bei einem neugeborenen Fohlen. Schweiz. Arch. Tierheilk. *118*, 393–395

Kritchevsky, J. D., D. L. Stevens, J. Christpher (1984): Peritoneal dialysis for presurgical management of ruptured bladder in a foal. J. Amer. Vet. Med. Assoc. *185*, 81–82

Meinecke, B. (1984): Störungen in der Neugeborenenperiode des Fohlens. Prakt. Tierarzt, *65*, 19–28

Pascoe, R. R. (1971): Repair of a defect in the bladder of a foal. Amer. Vet. J. *47*, 343–344

Richardson, D. W., C. W. Kohn (1983): Uroperitoneum in the foal. J. Amer. Vet. Med. Assoc. *182*, 267–271.

Thein, P., G. Essich, W. Schulze-Hockenbeck (1983): Zur Ätiologie von Fohlenerkrankungen. Tierärztl. Umsch. *38*, 239–250

Urachusfistel, persistenter Urachus

Vorkommen

Der Urachus obliteriert gewöhnlich unmittelbar nach dem Riß der Nabelschnur. In wenigen Fällen bleibt er jedoch auch danach noch intakt. Aus ihm tropft dann ständig Urin, es besteht somit ein direkter Zugang zur Harnblase.

Klinisches Bild

Zu unterscheiden sind zwei Formen. Die erste betrifft jenen Zustand, bei dem es nach der Geburt zu ständigem Abgang von Urin kommt. Er geht entweder tropfenweise ab, oder er ergießt sich in dünnem Stahl, wenn es zur normalen Miktion kommt. Die Umgebung des Nabels ist ständig feucht. Dies kann auch die Innenflächen der Schenkel betreffen, da bei höherem Blaseninnendruck auch im Liegen Harn über die Urachusfistel abgeht.

Der zweite Zustand ist dadurch gekennzeichnet, daß erst nach normaler Abtrocknung des Nabels und Abfallen des abdeckenden Grindes das Bestehen einer Urachusfistel offensichtlich wird. Nabelstumpf und Nabelumgebung sind feucht. Da die Fistelöffnung im allgemeinen sehr englumig ist, tropft der Harn gewöhnlich nur ab.

Die Folge beider Zustände kann eine Omphalourachitis, kompliziert durch eine Zystitis und Nephritis, sein. Dabei stellt der nicht obliterierte Urachus mit der feuchten Nabelstumpfgegend die Eintrittspforte für Erreger septikämischer Prozesse, zum Beispiel Actinobacillus equili oder β-haemolysierende Streptokokken dar.

Nach Harnblasenrupturoperation kann mitunter ein Urinabgang aus dem Urachus beobachtet werden, der wohl mit dem plötzlichen erhöhten Blaseninnendruck bei noch mangelnder operationsbedingter Kontraktion in Verbindung steht.

Diagnose und Differentialdiagnose

Auffälligstes Symptom ist die feuchte Nabelumgebung. Bei Adspektion des Nabelstumpfes am auf den Rücken oder seitlich gelagerten Fohlen ist meist eine kleine Öffnung zu sehen, aus der sich bei Druck Harn abpressen läßt. Gelingt dies nicht, sollte eine vorsichtige Sondierung vorgenommen werden.

Differentialdiagnostisch kommt eine Omphalitis (schmierig-eitrige Beläge, Verdickung, Wärmeentwicklung) in Betracht.

Therapie und Prophylaxe

In leichteren Fällen wird versucht, mit Hilfe von adstringierenden Mitteln (Silbernitratlösung, Metakresollösung, PVP-Jod-Lösung) einen Verschluß des Urachus herbeizuführen. Entweder werden geringe Volumina (2–5 ml) vorsichtig in die Urachusöffnung appliziert (Abb. 7.35), oder man verätzt den Nabelstumpf mit einem Arg. nitricum-Stift. Eine Mehrfachbehandlung über einige Tage ist in beiden Fällen notwendig. Eine Gefahr dabei besteht allerdings darin, daß eine Nekrotisierung des den Urachus umgebenden Gewebes nach Penetration zu stark konzentrierter Lösung auftritt, wodurch es zu einem Durchbruch kommen und ein Uroperitoneum provoziert werden kann.

Abb. 7.35 Instillation einer adstringierenden Lösung in den nicht verschlossenen Urachus

Als weitere Behandlungsmaßnahme käme eine Kauterisation in Frage. In ausgeprägten Fällen sollte operativ eingegriffen werden (Unterbindung des Urachus nach Inzision kaudal des Nabels).

Prophylaktisch kommt der korrekten, wiederholten Nabeldesinfektion Bedeutung zu, wodurch Vernarbung der Wundfläche des neonatalen Nabels erreicht wird. Am besten wird der Nabel unmittelbar nach der Geburt mit einer Jod-Tinktur oder PVP-Jod (Polyvinylpyrrolidon-Jod, Braunol®) desinfiziert. Diese Maßnahme sollte bei gleichzeitiger Nabelkontrolle zwei- bis dreimal in 12-Stunden-Abständen wiederholt werden.

Neonatales Ödem des Praeputiums, Penisfrenulum

Bei einigen männlichen Fohlen kann unmittelbar oder wenige Stunden p. n. ein ausgeprägtes Präputialödem auftreten, erkennbar an der Dominanz des äußeren Genitale (Abb. 7.36 s. Farbtafel 11) und des bleibenden Kompressionsmerkmales. Das ödematisierte Gebiet ist nicht vermehrt warm und nicht druckempfindlich. Die Ursachen sind unbekannt, könnten aber in einer geburtsbedingt hohen Oestrogenkonzentration liegen. Mitunter kommt es zu Harnabsatzschwierigkeiten, weil der Penis nicht genügend ausgefahren werden kann.

Die am halbseitlich liegenden Fohlen vorzunehmende Untersuchung muß zum einen abklären, ob der Urinabsatz gesichert ist. Dies geschieht durch das Legen eines Katheters (ERU-Ureter-Katheter 50 cm *Rüsch*). Weiterhin ist zu überprüfen, ob eine Inguinalhernie vorliegt. Auch Haematome und geburtsbedingte Traumen können zu einer schmerzhaften, vermehrt warmen Anschwellung führen.

Die Behandlung ist mehr symptomatischer Natur, da die kausalen Zusammenhänge kaum zu klären sind. Neben resorbierenden Salben oder Linimenten kämen Diuretika (Lasix® beziehungsweise Dimazon®) zur Anwendung. Kortisonsalben wären nur dann einzusetzen, wenn der Verdacht auf entzündliche Prozesse besteht. In jedem Fall sollte bei gestörter Miktion der Harnabsatz gewährleistet sein.

Hengstfohlen können mitunter beim Urinablassen nicht ausschachten. Entweder ist die Präputialöffnung zu klein, oder es besteht ein *Frenulum*. Dieses wird dann chirurgisch durchtrennt.

Miktionsstörungen kommen auch in Zusammenhang mit einem die Harnröhrenöffnung verlegenden *Schleimtropfen* bestehen. Dieser wird dann vorsichtig entfernt, um den Harnabsatz zu gewährleisten.

Hernia scrotalis, Hodensackbruch

Durch das während der Fetalentwicklung nicht genügend verengte Ostium vaginale treten Darm- und Netzteile durch, die sich zum einen im Scrotum befinden (*Hernia scrotalis*), zum anderen in den Scheidenhautfortsatz eindringen können und so eine *Inguinalhernie* bedingen.

Der Hodensackbruch ist beim neugeborenen Hengstfohlen weitaus häufiger als die Inguinalhernie. Er kann ein- oder beidseitig auftreten. In wenigen Fällen ist er bereits unmittelbar nach der

Geburt zu erkennen. Häufiger wird er erst in der ersten oder zweiten Lebenswoche, zu einem Zeitpunkt also, zu dem der Descensus testis abgeschlossen sein sollte, erkannt.

Klinisches Bild

Beim von kaudal betrachteten Hengstfohlen fällt ein abnorm großes Scrotum auf. Normalerweise liegt es eng an der Bauchwand und ist nur in einer Abmessung von 2 x 3 x 3 cm vorhanden. Bei Palpation spürt man Gewebeteile (Darm, Netz), die sich leicht in die Bauchhöhle durch die Bruchpforte reponieren lassen. Dabei wird die Ausdehnung der Bruchpforte überprüft. Leicht kann die Reposition am auf dem Rücken liegenden Fohlen geschehen.

Die Gefahr einer Inkarzeration ist nicht sehr hoch, kann jedoch auch nicht von vornherein ausgeschlossen werden.

Therapie

Die operative Beseitigung der Scrotalhernie wird erst beim älteren Fohlen (≈ 1 Jahr) vorgenommen, kaum bei Saugfohlen. Die Wachstumstendenz könnte es mit sich bringen, daß eine nur gering angelegte Hernie von allein zurückgeht. Die Operation geschieht in Fällen einer inkarzerierten Hernie sofort.

Auf der Seite mit Hernie wird in der Regel eine bedeckte Kastration und Versorgung des Bruches durchgeführt. Die nicht betroffene Seite wird zunächst uneröffnet gelassen und später operiert.

Gynäkologische Störungen bei neugeborenen Fohlen

Weibliche Fohlen können durch die hohen Oestrogenkonzentrationen unmittelbar ante und sub partu eine stark *oedamatisierte Vulva post natum* aufweisen. Die Schwellung kann so stark sein, daß es zur Zerreißung kleinster Blutgefäße und somit zu Blutaustritt aus der Rima vulvae kommt. Mitunter wird nur eine Blutverkrustung festgestellt.

Die *Ovarien* neugeborener Fohlen weisen Follikel auf. Die in Laienkreisen immer wieder weitergetragene Behauptung, daß neugeborene weibliche Fohlen Rosseanzeichen zeigen können, steht wohl allein mit dem erhöhten Oestrogenspiegel in Verbindung, nicht aber mit einer frühkindlichen Fehlsteuerung übergeordneter Zentren.

Als Mißbildung kann das *Fehlen des Perineums* bezeichnet werden. Hierbei geht die dorsale Kommissur der Vulva direkt in den Afterkegel über. Die Rima vulvae klafft (Abb. 7.37) und saugt so Luft an (Pneumovagina). Durch nasolabialen Kontakt können Keime in den vestibulo-vaginalen Abschnitt gelangen und von dort aszendieren. Es kann dadurch zu einer *juvenilen Endometritis*, meist auf der Grundlage einer β-haemolysierenden Streptokokkeninfektion kommen. Die Behandlung würde in einer parenteralen Verabreichung von Penicillin, eventuell unterstützt durch örtliche Penicillingaben, bestehen. Das Perineum muß nach Abheilung operativ plastisch hergestellt werden.

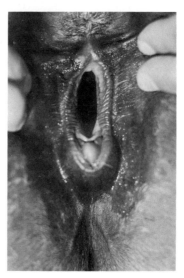

Abb. 7.37 Zu kurzes Perineum bei einem neugeborenen Vollblutfohlen. Dadurch kommt es zu einer Vestibulitis mit Pneumovagina

Lactatio neonatorum, Hexenmilch

Weibliche Fohlen sondern unmittelbar nach der Geburt in seltenen Fällen ein milchähnliches Sekret ab. Die Ursache dafür ist noch nicht näher bekannt, kann aber in einer geburtsbedingten Oestrogen-Kortison-dominanten Lage zu suchen sein, so daß die Hexenmilchbildung als eine Graviditäts- und Geburtsreaktion zu bewerten ist. Ähnliche Erscheinungen können bei männlichen Fohlen in Form einer Anschwellung des äußeren Genitale auftreten.

Die Hexenmilch ist ein kolostrumähnliches Sekret, welches von der Milchdrüsenanlage produziert wird. In stark ausgeprägten Fällen kommt es zu einer schmerzhaften Vergrößerung des Euters und sogar zum Abtropfen von Milch. In weniger stark ausgeprägten Fällen nimmt das bei Geburt leicht vergrößerte Euter in den ersten postnatalen Tagen seine kindliche, unauffällige Form an.

Ein Anmelken des Euters sollte tunlichst unterbleiben. Nur bei starkem Druck ist dazu anzuraten. Tropft Milch ab, oder muß gemolken werden, sollte das Euter mit einem Langzeitpenicillin trockengestellt werden (schmale Aufsätze für Färsen auf dem Euterinjektor verwenden), da die Gefahr einer *Mastitis neonatorum*, meist auf der Grundlage von β-haemolysierenden Streptokokken, droht. Das Euter selbst kann mit kühlenden, resorbierenden Linimenten oder Suspensionen eingerieben oder mit einem Azetatanstrich versehen werden. Erfahrungen mit laktationsunterbindenden Hormonzubereitungen (Oestrogen-Androgen-Kombinationen Ablacton®) oder Prolaktinhemmer (Dopergin®) bei Hexenmilchbildung sind gering, zumal der neonatale Hormonstatus bei Laktation in dieser Entwicklungsperiode nicht bekannt ist.

7.2.7 Erkrankungen der Knochen und des Bewegungsapparates

Kieferknochenerkrankungen und -fehlbildungen

Kieferanomalie, Kieferverkürzung

Dabei handelt es sich um eine kongenitale Mißbildung, die eine Hypoplasie des Oberkiefers (Brachygnathia superior) beziehungsweise des Unterkiefers (Brachygnathia inferior) darstellt. Selten sind beide Kiefer verkürzt. Es handelt sich um eine Erbkrankheit, deren Erbgang unterschiedlich zu sein scheint (rezessiv oder dominant).

Bei geringer Ausprägung kann sich die Anlage einer Kieferverkürzung verwachsen und mitunter lange Zeit unbemerkt bleiben. Bei unregelmäßiger Abnutzung der Vorderzähne wird jedoch die Anlage bei jugendlichen Fohlen noch entdeckt. Eine starke Verkürzung des Ober- oder Unterkiefers führt zu Saugschwierigkeiten oder zu Störungen bei der Aufnahme von Festfutterstoffen. Die Kieferleisten beziehungsweise Zahnreihen treffen nicht aufeinander. Eine Heilung oder Korrektur ist nicht möglich. *Jurkovic* (1987) fand die Oberkieferverkürzung bei 11 und die Unterkieferverkürzung bei 8 von 1384 Fohlen.

Osteodystrophische Veränderung des Kieferknochens

Die Osteodystrophia fibrosa manifestiert sich bei jungen Fohlen vorwiegend am Kieferknochen. Diese Knochenstoffwechselstörung ist unheilbar. Erste Anzeichen dafür sind verlangsamte Futteraufnahme und offenbar Schmerzen beim Kauvorgang.

Fraktur des Unterkiefers

Nach oder bei geburtshilflichen Manipulationen, Schlagverletzungen oder nach stumpfen Traumen kann eine Fraktur des Unterkiefers auftreten. Erste Anzeichen sind Futter- und Saugverweigerung, Dislokation des Kiefers und eventuell Speicheln. Die Bruchstelle und das sie umgebende Gebiet sind schmerzhaft. Über das Ausmaß gibt eine Röntgenuntersuchung Auskunft. Die Behandlung erfolgt nach allgemeinen chirurgischen Grundsätzen.

Gaumenspalte, Palatoschisis, Wolfsrachen

Es handelt sich um eine Hemmungsmißbildung beim Verschmelzungsvorgang der beiden Gaumenleisten (Abb. 7.38). Es bleibt spaltförmig eine Öffnung zum Nasenraum bestehen. Neugeborene Fohlen mit einer Gaumenspalte saugen unregelmäßig und unkoordiniert. Häufiges Husten ist zu hören. Milch läuft aus der Nase ab. Aufgrund der Saugbeschwerden kommt es zur Verschluckpneumonie.

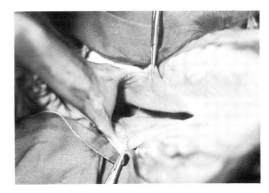

Abb. 7.38 Gaumenspalte bei einem Fohlen

Die Diagnose ist durch genaues Ausleuchten des Rachenraumes unschwer zu stellen. Eine Korrektur ist nicht möglich.

Literatur

Buscher, D. (1973): Operative Behandlung einer Unterkieferfraktur bei einem Warmblutfohlen. Prakt. Tierarzt 54, 607–608

Göbel, F., H. Schumann und R. Heerlein (1960): Erbliche Zahn- und Kieferanomalien bei den Haustieren mit eigenen Untersuchungen über das Auftreten verschiedener Zahnanomalien in der Nachzucht des Hengstes G. Tierärztl. Umsch. 5, 71–78

Jurkovic, J. (1987): Über das Vorkommen von Erbfehlern in der Pferdepopulation Sloveniens. Wien. Tierärztl. Mschr. 74, 121–122

Konzentration erheblich niedriger ($<$ 70 μg/ml Plasma). Eine Supplementation mit Zn (200 mg/Tag) konnte eine deutliche Besserung des Zustandes herbeiführen.

Literatur

Spais, A. G., A. Papasteriadis, A. Zatracas, G. Paschaleris (1975): Osteodystrophie des poulains associée a la deficience en Zinc. Proceed. World Vet. Congr. Thessaloniki 20, 2103–2106

Osteodystrophia fibrosa, Osteofibrosis

Bei der Osteofibrosis juvenilis handelt es sich um eine Stoffwechselstörung im Knochen, bei der Knochengewebe abgebaut und durch faserreiche Substanz ersetzt wird. Es kommt zum vollständigen Parenchymverlust in den betroffenen Knochen. Histologisch ist abgebautes Knochengewebe, schlecht mineralisiertes Osteoid und kollagenes Bindegewebe als Ersatz nachweisbar.

Vermutet wird, daß die Osteofibrosis durch eine Fehlregulation der Parathyreoidea (Hyperparathyreoidismus) ausgelöst wird (Hyperkalzämie/Hypophosphatämie).

Betroffen von diesem Prozeß sind bei Fohlen vorwiegend die Gesichtsknochen, mitunter auch die Röhrenknochen. Durch Zunahme der Knochenmasse in den Kieferknochen entsteht ein unförmiges, wenig konturiertes Schädelbild. Die meist älteren Fohlen nehmen bei fortgeschrittener Erkrankung nur langsam Nahrung auf und zeigen Schmerzen beim Kauvorgang. Infolge der Knochendeformation können die Zähne Fehlstellungen einnehmen (Gebißfehler, Zahnschmelzhypoplasie, Zahnausfall). Der fortschreitende Druck auf den Tränen-Nasengang (Ductus nasolacrimalis) bedingt einen dauernden Tränenfluß. Die chronisch erkrankten Tiere magern ab. Sind die Röhrenknochen mit betroffen, kommt es zusätzlich zu Lahmheitserscheinungen. Röntgenologische Aufnahmen der angegriffenen Knochenpartien weisen auf eine Kalziumverarmung hin.

Eine Heilbehandlung ist nicht bekannt, die Prognose ist ungünstig.

Entwicklungsstörungen der Knochensubstanz infolge einer Mangelernährung wurden bei Vollblutfohlen beobachtet (*Spais* et al. 1975). Die Epiphysen waren verdickt. Lahmheit trat als klinisch sichtbares Zeichen auf.

Während die Ca:P-Bestimmung keine normabweichenden Werte erbrachte, lag die Zn-

Osteomyelitis, Knochen(mark)entzündung

Eine akute Osteomyelitis tritt häufiger sekundär in Zusammenhang mit einer generalisierten bakteriellen Infektion (haematogene Absiedelung) auf als primär durch Traumen und dadurch verbundene lokale Infektionen. Eintrittspforte der Keime und Primärherd können die Haut, die Luftwege oder der Nabel sein. Beobachtet wird eine Osteomyelitis besonders infolge Actinobacillus equuli-, Corynebacterium equi- und Salmonelleninfektion, aber auch bei E. coli-, Streptokokken und Staphylokokkeninfektionen. Betroffen sind vor allem die Röhrenknochen, seltener die Wirbelsäule. Durch abgesiedelte Herde in der Knochensubstanz (Epiphysen, Condylen) kommt es zur eitrigen Einschmelzung und Granulationsgewebsbildung mit Durchbruch in die Markhöhle, in den subperiostalen Raum oder in die Gelenkhöhle. Das eitrignekrotische Gebiet wird häufig sequestriert. Der Entzündungsreiz kann im weiteren Verlauf zu einer reaktiven Knochenneubildung führen, wodurch eine Knochenschale (Totenlade) um den Sequester entsteht und dieser eingeschlossen wird.

Das klinische Bild ist vor allem geprägt durch die Symptome, die bei der jeweiligen spezifischen Infektion im Vordergrund stehen (zum Beispiel Corynebact. equi s. Rhodococcus equi-Infektion, Entzündungen des Atmungsapparates s. dort). Dazu kommen noch Lahmheit und Schmerzreaktion an den Gliedmaßen.

Die Diagnose ist nicht leicht zu stellen. Auffallend ist die starke Lahmheit und die Schmerzreaktion auf leichte Druckpalpation hin. Eine Röntgenuntersuchung erbringt oft klinisch zu verwertende Hinweise. Eventuell ist eine Punktion angezeigt. Bei länger andauernden Prozessen besteht eine deutliche Muskelatrophie.

Differentialdiagnostisch muß unbedingt an die Polyarthritis in Verbindung mit dem Fohlenlähmkomplex gedacht werden (s. 7.2.1.). Auch Knochenbrüche und Bänderrisse sind in die diagnostische Überlegung einzubeziehen.

Die antibiotische Behandlung richtet sich nach der Grundkrankheit (Penicillin, Ampicillin, Clindamycin, Chloramphenicol). Ohne gesicherte Bestimmung der verursachenden Keime wird vorerst mit hohen Dosen von Penicillin G begonnen. Dabei sollte die Antibiotikumzubereitung ausgewählt werden, welche auch sicher in die Knochensubstanz eindringt. Maximaldosierungen sind in der Anfangsphase notwendig. Ein zu frühes Absetzen führt zu Rezidiven. Eine Unterdosierung kann Resistenzen bedingen. Eine Ruhigstellung der Extremitäten (Bandagierung, Baycast®-Verband) ist empfehlenswert.

Die Prognose ist vorsichtig bis ungünstig. Als Komplikation einer Osteomyelitis können Knochenwachstumsstörungen und Deformationen auftreten.

Literatur

Benett, D. (1978): Pathological features of multiple bone infection in the foal. Vet. Rec. *103*, 482−485

Byars, T. D. (1982): Septicemia in foals. Mod. Veter. Pract. *63*, 857−860

Goedegeburre, S. A., K. J. Dik, E. C. Firth, H. W. Merkens (1980): Polyarthritis and polyosteomyelitis in foals. Vet. Pathol. *17*, 651

Steinmetz, G. (1980): Ampicillin Blutspiegelbestimmungen bei neugeborenen Fohlen. Diss. Hannover

Trent, A. M., L. Krook (1985): Bilateral degenerativ coxofemoral joint disease in a foal. J. Amer. Vet. Med. Assoc. *186*, 284−287

Schädigungen der Muskulatur, Sehnen, Gelenke und des Hufes

Muskulatur

Bei unreifen, hypotrophen oder auch reifen, hypotrophen Fohlen ist eine allgemeine *Muskelschwäche (kongenitale Myasthenie)* festzustellen, die das normale Stehvermögen stark beeinträchtigt oder sogar unmöglich macht. Der Muskeltonus ist stark herabgesetzt, die Extremitäten sind widerstandslos zu bewegen. Hebt man derartige Fohlen mit den um den Rumpf untergeschlagenen Armen an, so lassen sie in dieser Position den Kopf infolge mangelnder Muskelkontraktion pendelnd herabhängen.

Betroffen sind vor allem zu früh geborene oder während der intrauterinen Entwicklungsphase ungenügend versorgte Fohlen, beziehungsweise Fohlen mit mangelhafter Plazentation. Myasthenisch sind darüber hinaus vorwiegend die Fohlen, die lebend aus Zwillingsgraviditäten geboren worden sind oder auch solche, deren Entwicklungsstand durch eine intrauterine Infektion retardiert wurde. Demgegenüber ist die *temporäre Myasthenie* abzugrenzen, die Ausdruck einer allgemeinen Schwäche infolge eines dominierenden Grundleidens ist. Sie kommt beispielsweise vor in Zusammenhang mit der neonatalen Atemdepression. Ist diese behoben, bessert sich der Muskeltonus rasch.

Eine kausale Behandlung der kongenitalen Myasthenie ist nicht bekannt. Durch symptomatische Behandlung kann eine Verbesserung erzielt werden, falls keine, das Grundleiden überdeckende, meist infektiöse Erkrankungen hinzukommen. Die Behandlung richtet sich zuerst auf die Stärkung der allgemeinen Körperverfassung (Milchzufuhr, weiches Lager, Aufhebversuche, Lauftraining). Dazu können noch stoffwechselaktivierende Therapeutika eingesetzt werden (Biodyl®, Tonophosphan®, Catosal®), die zum Teil regelmäßig über mehrere Tage hinweg zu verabreichen sind. Auf eine Erstversorgung mit Kolostrum ist bei derartigen Patienten besonders zu achten.

Ein Stehunvermögen kann bei neonatalen Fohlen auch durch eine *kongenitale nutritive Muskeldystrophie* (s. 7.2.8) bedingt sein. Derartige Fohlen sind aber kräftig und eutroph, zeigen anfänglich meist keine Vitalschwächen, außer daß eine eingeschränkte Bewegungsmöglichkeit vorliegt.

Muskelzittern kann Ausdruck entweder einer angeborenen neurologischen Störung sein oder ist in Zusammenhang mit einer Magnesiumunterversorgung zu sehen. Bei über lange Zeit milchernährten Fohlen kann es zu einer chronischen Magnesiumunterversorgung kommen, die dann im akuten Stadium zu einem Festliegen unter tonischklonischen Krämpfen führt. Im Prodromalstadium sind fibrilläre Muskelzuckungen zu beobachten. Der Magnesiumwert bei solchen Fohlen liegt dann unter 0.7 mmol/l. Langsame, intravenöse Zufuhr von Ca-Mg-Lösungen bessert den Zustand rasch. Nach Behebung der akuten Krankheitssymptomatik ist Mg-reiches Futter zu verabreichen oder der Bedarf über Mg-haltige Mineralstoffmischungen zu decken.

Eine vollständige *Tetraplegie* oder *Tetraparese* ist bei Araberfohlen, aber auch bei Fohlen anderer Rassen, mit Gehirnmißbildungen (Hydrocephalus) beschrieben. Eine Behandlung ist aussichtslos.

Sehnen

Auf wahrscheinlich erblicher (dominat oder rezessiv) Grundlage beruhend ist die *Arthrogrypose* der Vordergliedmaße. Es gibt aber auch Hinweise, daß diese Verkrümmung der Vordergliedmaße toxischer Ursache sein kann. Die Aufnahme von Astragalus mollismus von Stuten während der Gravidität kann zu Gliedmaßenkontrakturen bei Fohlen führen.

Karpal-, Fessel- und Krongelenk befinden sich in extremer Beugung. Deswegen wird auch von intrauterin verlegenen Fohlen gesprochen. Die Beugestellung kann mit einer Torsion nach außen der Extremitätenanteile distal des Karpalgelenkes verbunden sein. Ursache für diese Mißbildung ist in einer erheblichen Verkürzung der Beugesehnen zu sehen. In geringgradigen Fällen kann eine Streckung durch Verbände mit Schieneinlage, die öfter erneuert werden müssen, erreicht werden.

Eine Arthrogrypose der Hinterextremität bei einem Vollblutfohlen wird von *Mayhew* (1984) beschrieben. Es handelt sich dabei um die neurogene Form. Durch eine reduzierte Anzahl an motorischen Neuronen in der ventralen grauen Substanz von L 3 und S 4 wurde die Entwicklung der Hinterextremität geschädigt.

Die *Hyperextension der Beugesehnen*, auch Durchtrittigkeit benannt, kommt sowohl bei hypo- als auch eutrophen Fohlen vor. Durch die ungenügende Festigkeit der Zehenbeuger kommt es zu einer falschen Winkelung des Fesselgelenkes, so daß oftmals nicht der Huf, sondern mehr der Ballen als Aufsetzfläche dient (Abb. 7.39). Dadurch kommt es zu Verletzungen.

Leichtere Fälle bedürfen kaum einer Behandlung, weil innerhalb von wenigen Tagen eine korrekte Beinstellung eingenommen wird. Schwere Fälle sind einer Korrektur zu unterziehen. Vor allem Bewegungstherapie auf festem Boden kann die Erlangung einer korrekten Beinstellung unterstützen. Weiterhin sind Stützverbände (Baycast®) anzulegen, um das Bein in physiologische Stellung zu bringen. Inwieweit allerdings unter den Stützverbänden die Beugesehnen zur Festigkeit gelangen, ist dahingestellt. Wahrscheinlich ist es die zusätzliche Bewegungstherapie, die letztendlich zum Erfolg führt. Hufbeschlag mit verlängerten Schenkeln und Steg führen bei älteren Fohlen zu einer Besserung des Zustandes.

Gelenke

Gelenkserkrankungen stehen in den überwiegenden Fällen bei Fohlen mit einem infektiösen Prozeß im Sinne einer *septischen Arthritis* (Fohlenlähmekomplex s. 7.2.1, Abb. 7.40 s. Farbtafel 11) in Verbindung. Oft ist es gerade diese, die den Besitzer auf den Krankheitszustand zuerst aufmerksam macht, jedoch schon das weit fortgeschrittene Stadium charakterisiert. Dabei spielt sowohl eine Gonarthritis, als auch Carpitis oder Tarsitis eine Rolle. Die Gelenke sind geschwollen, vermehrt warm und schmerzhaft. Die Tiere haben Fieber und zeigen Lahmheit. Die röntgenologische Untersuchung gibt neben einer Arthroskopie Auskunft über den Grad der Degeneration der Knorpel- und Knochenanteile des Gelenkes.

Ursachen für die septische Arthritis sind meist die Gruppen von Bakterien, die insgesamt den Fohlenlähmekomplex auslösen (Streptokokken, Staphylokokken aureus, Klebsiellen, E. coli) oder sonst zu einer generalisierten Septikämie führen (Rhodococcus equi, Salmonellen spp.).

Die Behandlung richtet sich nach dem Grundleiden (s. dort) und kann im Anfangsstadium zu einer nachhaltigen Besserung durch konsequente Antibiose (parenteral), kombiniert mit Antiphlogistika, führen. Eine Spülung des chronisch betroffenen Gelenkes unter aseptischen Bedingungen ist möglich und kann sogar dann noch Heilung bringen. Zur Anwendung kommen Elektrolytlösungen, die auf einen pH von 7.4 eingestellt sein müssen. Falls zusätzlich ein Antibiotikum am Ende der Spültherapie in das Gelenk instilliert wird, wäre ebenfalls auf den Ausgleich des pH-Wertes (7.4) zu achten.

Neben einer septischen Arthritis auf der Grundlage eines allgemeinen Infektionsprozesses kommt es noch zu *Distorsionen* und *Periarthritis* durch Verletzungen (Tritt der Stute, Verletzungen bei hypermotorischen Bewegungen). Diese werden

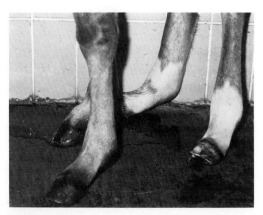

Abb. 7.39 Hyperextension aller vier Gliedmaßen bei einem prämaturen Fohlen

nach den allgemeinchirurgischen Grundsätzen behandelt.

Huf

Der Huf des neugeborenen Fohlens weist noch das *Eponychium (Fohlenkissen)*, eine weiche, schwammähnliche, faserige Haut auf. Sie trocknet innerhalb von Stunden bis zu 3 Tagen aus und fällt ab, wodurch dann die Belastung voll auf dem Tragrand des Hufes ruht. Falls das Fohlenkissen nicht eintrocknet, kommt es zu einer rundlichen Standfläche, die eine Unsicherheit im Stehvermögen bedingt. Dann muß die weiche Schutzhülle vorsichtig (mit Holzspatel) abgetragen werden, um die Sohlenfläche freizulegen.

Der Huf eines wenige Wochen alten Fohlens weist eine Trapezform auf, das heißt, der Kronrand ist geringgradig größer als der Tragrand. Ein Ausgleich ist erst mit einem Jahr gegeben und im Alter von drei Jahren ist die eigentliche typische Hufform erreicht.

Fohlen sollen, um die Entwicklung von Gelenken, Sehnen, Huf und Muskulatur zu fördern, ausreichend Bewegung erhalten. Eine leicht feuchte Unterlage ist dabei günstig für die Elastizität des Hufes, ein temporärer Auslauf auf härterer Grundlage ist förderlich für die Festigkeit der Sehnen und Gelenke. Eine Kontrolle der Hufentwicklung ist in vierwöchigem Abstand angezeigt, um Fehlentwicklungen zu erkennen und rechtzeitig zu korrigieren.

An krankhaften Veränderungen werden unterschieden: der Bockhuf, der erworbene steile Huf, der krumme Huf und der Stelzhuf. Als *Bockhuf* wird ein Huf bezeichnet, dessen Vorderwand eine steile, gerade Richtung besitzt und dessen Trachtenwände im Verhältnis zur Zehenwand zu hoch sind. Er entsteht bei zu starker Abnutzung auf festem Boden, wobei eine Prädisposition gegeben sein muß. Eine Behandlung ist durch orthopädischen Beschlag möglich (Eisen mit verbreitertem Zehenteil). Das Bockhufsyndrom kommt bei Fohlen im Alter von mehr als zwei Monaten vor. Es besteht eine Sehnenverkürzung, wodurch es zu einem Überköten kommt. Ursache soll eine zu hohe Protein- und Kalziumversorgung bei reduziertem Phosphatangebot sein.

Der *Stelzhuf* kann angeboren oder erworben sein. Er tritt zumeist in Zusammenhang mit einem Stelzfuß auf und führt zum Überköten. Beim angeborenen Stelzfuß besteht eine starke Palmarflexion der Zehengelenke. Es kommt dann zu Drucknekrosen im Fesselkopfbereich. Eine Behandlung würde sich sowohl auf den Stelzhuf an sich als auch auf den Stelzfuß (gut gepolsterter Kunststoffverband Baycast®, Lightcast®) erstrecken.

Literatur

Fessler, J. F. (1977): Tendon disorders of the young horses. Arch. Vet. Surg. *6*, 19–23

Fischer, U. (1984): Angeborener Fohlenstelzfuß. Mh. Vet. Med. *39*, 264–265

Mason, T. A. (1981): A high incidence of congenital angular limb deformities in a group of foals. Vet. Rec. *109*, 93–94

Mayhew, J. G. (1984): Neuromuscular arthrogryposis multiplex congenita in a thoroughbred foal. Vet. Path. *21*, 187–192

McIllwraith, C. W., L. F. James (1982): Limb deformities in foals associated with ingestion of locoweed by mares. J. Am. Vet. Med. Ass. *181*, 255–258

Nemeth, F. (1976): Der tendogene Stelzfuß beim Fohlen. Prakt. Tierarzt *57*, 180–181

Reinhard, F. (1987): Hufkorrektur beim Fohlen. Tierärztl. Prax. *15*, 43–45

Rooney, J. R. (1966): Contracted foals. Corn. Vet. *56*, 172–187

7.2.8 Stoffwechselerkrankungen und Mangelkrankheiten

Nutritive Muskeldystrophie
(White muscle disease)

Vorkommen und Bedeutung

Die nutritive oder diätetisch bedingte Muskeldystrophie tritt sowohl bei neugeborenen als auch bei älteren Fohlen (bis zum 12. Lebensmonat) auf und kann erhebliche Verluste bedingen. Sie ist geprägt von einer generalisierten Degeneration der Muskulatur vom Zenker'schen Typ. Diese entsteht als Folge einer ungenügenden Versorgung des Muskelgewebes mit antioxydantisch wirkenden Substanzen.

Beschrieben wurde diese Krankheit bereits zu Beginn des Jahrhunderts (*Ekelund* 1901). Berichte über deren Vorkommen liegen seitdem aus fast allen Ländern vor.

Ätiologie und Pathogenese

Die eigentlichen Ursachen der Erkrankung sind zum einen das Fehlen des oder ein Unterangebot an Selen in der Nahrung. Dadurch wird eine mangelhafte Bildung des antioxydantisch wirkenden Enzyms Glutathionperoxidase bedingt. Zum anderen kann ein Defizit an Vitamin E, welches als

Radikalfänger gilt, Krankheitserscheinungen auslösen. Das Krankheitsbild ähnelt dem bei Kalb und Lamm (siehe entsprechende Kapitel).

Beim Fohlen müssen zwei Formen der nutritiven Muskeldystrophie (NMD) in Abhängigkeit ihres Auftretens vom Geburtszeitpunkt unterschieden werden:

1. die intrauterin präformierte und so unmittelbar post natum klinisch manifest werdende NMD (1. bis 5. Lebenstag), auch als fetale oder pränatale nutritive Muskeldystrophie zu bezeichnen;
2. die sich im Verlauf der frühen jugendlichen Entwicklungsperiode heranbildende NMD (2. Woche p. n. bis 12. Lebensmonat), auch als postnatale nutritive Muskeldystrophie zu benennen.

Auch das Pferd scheint nur ein gewisses Unterangebot an Selen und Vitamin E tolerieren zu können. Während die Toleranzgrenze jedoch bei Adulten sehr groß ist, ist sie beim fetalen und juvenilen Organismus infolge der hohen Wachstumsintensität offenbar gering. So wirken sich Defizite an Selen und Vitamin E eher krankheitsverursachend auf das sich entwickelnde und unter einem starken Wachstumsschub stehende Individuum aus, weil bei ihm infolge des hohen Stoffwechselumsatzes der Bedarf an diesen antioxydantisch wirkenden Substanzen hoch ist. Für die unmittelbar post natum auftretende Form muß neben einer Mangelsituation auch eine plazentare Blockade für die Selen- und Vitamin E-Transformation diskutiert werden.

Messungen des Selengehaltes im Blut von neugeborenen, gesunden Fohlen und deren Müttern ergaben Konzentrationen in einem weiten Streuungsbereich (11 bis 80 ng/ml). Die Selenkonzentrationen der Mutterstuten liegen stets höher als die ihrer Fohlen. Hohe CK-Werte ($>$ 400 U/l) sind dann zu finden, wenn die Plasmaselenkonzentrationen die Grenze von 25 ng/ml unterschreiten, wobei aber keine akuten Symptome zu erkennen sind. Aus klinischer Sicht muß jedoch zumindest das Prodromalstadium der NMD bei Werten von $<$ 25 ng/ml Selen und $>$ 400 U/l CK angenommen werden. Der Ausgleich einer defizitären Selensituation kann schnell bei mit solchen Werten geborenen Fohlen über die Stutenmilch oder später über ein selenhaltiges Festfutter geschehen.

Klinisches Bild

Die Krankheit selbst kann in verschiedenen, mitunter zusammenhanglos erscheinenden Einzelsymptomen auftreten. Ihre Anzeichen sind vor allem am Anfang der klinisch manifesten Periode oft unklar und können Anlaß zu diagnostischer Unsicherheit geben. Dennoch lassen sich larviert oder offen zutage tretende Symptome in ihrer typischen Kombination zu Syndromen zusammenfassen.

So sind Fälle zu unterscheiden, die
- die lokomotorische Muskulatur (vorwiegend Muskeln des Beckengürtels M. semimembranosus, M. semitendinosus, des Schultergürtels einschließlich Hals und des Lendenbereiches, M. longissimus dorsi);
- die Pektoral-, Interkostal- und Diaphragmamuskulatur;
- die Muskulatur im oberen Abschnitt des Verdauungstraktes (Maxillar − Lingual − Oesophagusmuskulatur);
- das Myocard

betreffen.

In der Neugeborenenphase erkrankte Fohlen sind matt und kaum in der Lage, sich zu erheben. Falls dies gelingt, stehen sie unsicher mit gesenktem Kopf und abgesenktem Rücken (Abb. 7.41).

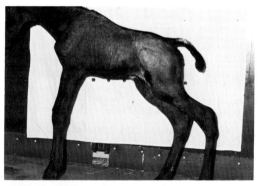

Abb. 7.41 Fohlen mit pränatal präformierter nutritiver Muskeldystrophie (NMD)

Die Muskeln des Beckengürtels, die des Stammbereiches (besonders M. longissimus dorsi) sowie die des Halses sind schmerzhaft verdickt, hart und im akuten Anfall warm. Die Tiere können kaum stehen. Werden sie zur Milchaufnahme an das Euter geführt, fällt auf, daß der Kopf nicht in saugbereite Haltung gebracht werden kann. Angebotene Milch wird kaum abgeschluckt und läuft aus dem Mundwinkel heraus. Die Atemfrequenz kann erhöht sein. Die rektale Temperatur liegt im Normbereich, der Puls ist häufig pochend.

Dieser bei neugeborenen Fohlen zu beobachtenden Frühform mit progressivem Verlauf steht die Spätform mit einem mehr protrahierten Krankheitsgeschehen gegenüber. Sind die degenerativen

Veränderungen auf die Bewegungsmuskulatur beschränkt, so läßt sich bei diesen Fohlen die langsame Entwicklung eines immer schwerfälliger werdenden Ganges, eigentümliche, unsichere Bewegungen der Hinterhand und häufiges Liegen beobachten. Die Kruppenmuskulatur erscheint im Rahmen der Adspektion überproportional ausgebildet, fühlt sich aber bei Palpation hart und gespannt an. Schmerzreaktionen sind im Verlauf dieses Untersuchungsganges auslösbar. Die unkoordinierten Bewegungen haben Ähnlichkeit mit denjenigen, wie sie bei Vorliegen neuropathogener Zustände bekannt sind. Puls, Temperatur und Atmung liegen in physiologischen Grenzen. Der Harn kann dunkel gefärbt sein. Der Appetit ist anfänglich normal und selbst im Liegen haben die Tiere noch den Drang zur Futteraufnahme. Allmählich kommt es aber zur Ausbildung von Dekubitusstellen, und, da das Fohlen nicht mehr in der Lage ist, ausreichend Nahrung von alleine aufzunehmen, zur fortschreitenden Inanition.

Ist die Interkostal- und Zwerchfellmuskulatur selektiv betroffen, so ist als vorherrschendes Symptom eine zunehmend beschleunigte, oberflächliche Atmung zu beobachten. Es besteht der Eindruck, als würden die inspiratorische und exspiratorische Bewegung des Brustsegmentes Schmerzen verursachen, ähnlich wie bei einer Bronchopneumonie mit einer Pleuritis sicca. Die Fohlen sind jedoch fieberfrei; Lunge sowie Atemwege sind ohne krankhaften Befund. Häufig treten bei diesen Fohlen auch Arrhythmien des Herzens in Erscheinung.

Bei der Beteiligung der Kau-, Zungen- und Oesophagusmuskulatur sind als erste äußerliche Zeichen der Erkrankung Schluckbeschwerden zu sehen. Es scheint, als würden die Fohlen die aufgenommene Milch regurgitieren. Im späteren Stadium fließt die Milch passiv aus den Mundwinkeln ab. Der Drang zur Milch- und Futteraufnahme ist voll erhalten, nur der Vorgang des Saugens und Kauens bereitet zunehmende Schwierigkeiten. Die Mundhöhle ist aufgrund der geschwollenen Masseteren schwer zu öffnen. Diese fühlen sich vermehrt warm an. Die Tiere verfallen unbehandelt infolge der unterbrochenenen Nahrungsaufnahme innerhalb von 5–7 Tagen zusehendst. Nach Stadien der fortschreitenden Inanition, Kachexie und Festliegen kommt es schließlich zum Tod.

Pathologischer Befund

Bei der Autopsie gestorbener, älterer Fohlen sind neben subkutanen Ödemen vor allem aufgehellte Muskelbereiche zu sehen, die von weißen Streifen oder Arealen unterbrochen sind (Abb. 7.42 s. Farbtafel 11). Mikroskopisch bietet sich das Bild einer hyalinschollig Muskeldegeneration, häufig verbunden mit lytischen oder nekrotischen Prozessen. Die zerfallenen Muskelfasern können je nach Länge des Krankheitszustandes bereits durch bindegewebige Zubildung ersetzt sein, oder es bestehen Regenerationsversuche, die sich in Form mehrkerniger Muskelknoten dokumentieren. Bei neugeborenen Fohlen können, trotz ausgeprägter klinischer Symptomatik, makroskopisch erkennbare Veränderungen der Muskulatur in seltenen Fällen fehlen. Histopathologische oder ultrastrukturelle Untersuchungen sind dann notwendig und diagnosesichernd.

Diagnose und Differentialdiagnose

Die Diagnose kann in ausgeprägten Krankheitsfällen älterer Fohlen aufgrund der Symptomatik einigermaßen sicher gestellt werden, während dies bei neugeborenen nur schwer gelingt, da sich bei ihnen unter dem Syndrom „allgemeine Lebensschwäche" eine Vielzahl von Erkrankungen verbirgt. Um die Diagnose NMD eindeutig abzusichern, kommt der Bestimmung der CK- und AST-Aktivität große Bedeutung zu (Abb. 7.43). Die CK-Aktivität steigt auf Werte von > 500 U/l in der Prodromalphase, im akuten Geschehen sind Werte von > 2000 U/l (bis > 20000 U/l) zu messen (AST > 600 U/l). Auf diese Weise lassen sich andere, unter ähnlicher Symptomatik verlaufende Krankheiten abgrenzen (zum Beispiel: Pneumonie bei intercostaler Form der NMD, neonatale Septikämie, neonatales Fehlanpassungssyndrom, neurologische Störungen).

Zwar kämen noch direkte Selen- oder GSH Px-Messungen in Frage, der damit verbundene Aufwand ist erheblich und die Messung kompliziert.

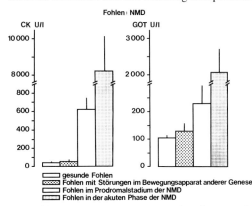

Abb. 7.43 GOT (AST) und CK-Werte im Blut von Fohlen mit NMD unter Berücksichtigung differentialdiagnostisch relevanter Prozesse

Therapie und Prophylaxe

Die Therapie besteht aus einer Substitution von Selen (2.5−3.0 mg) in Form von Selensalzen. Dazu kommt noch Vitamin E (1000 mg). Da eine Wiederholung der Selengabe in zu kurzer Zeit zur Selenvergiftung führen könnte, wird täglich Vitamin E (750−1000 mg) zugeführt. Unterstützend kann noch eine Blutübertragung vorgenommen werden. Im Blut adulter Pferde liegt der Selengehalt fast zweimal höher als bei gesunden, neugeborenen Fohlen.

Bedeutsam ist, die Fohlen artifiziell so lange zu ernähren, bis sie von alleine stehen und am Euter saugen können. Als Prophylaxe der fetalen Form des NMD bietet sich die Selen-Vitamin E-Verabreichung an gravide Mutterstuten (ab 9. Monat) an. Zu beachten dabei ist, daß bei Blockade der plazentaren Transformation eventuell keine Wirkung zu erzielen ist.

Neugeborene oder ältere Fohlen aus gefährdeten Beständen erhalten 2.0−2.5 mg Selen und Vitamin E (500−750 mg) als einmalige Gabe. Eventuell Wiederholung nach rund zwei bis drei Wochen.

Bei der Fütterung ist darauf zu achten, daß ein genügend hohes Angebot an Vitamin E und Selen vorliegt. Junges Gras beinhaltet weniger Selen als Futter von Wiesen mit älterem Gras und Kräutern. Zu beachten ist ferner, daß der Vitamin E-Gehalt in künstlich getrocknetem Getreide gering ist und in anderen Futtermitteln proportional zur Lagerungszeit abnimmt.

Literatur

Bostedt, H. (1976): Serumenzymatische Untersuchungen bei neugeborenen Fohlen. Archiv Tierärztl. Fortb. *2*, 148−158

Bostedt, H. (1977): Zur Klinik der ernährungsbedingten Muskeldegeneration bei Fohlen. Dtsch. Tierärztl. Wschr. *84*, 293−296

Caple, J. W., S. J. A. Edwards, W. M. Forsyter, P. Whitely, R. H. Selth and L. J. Fultun (1978): Blood glutathione peroxidase activity in horses in relation to muscular dystrophy and Selenium nutrition. Austr. Vet. J. *54*, 57−60

Ekelund, J. (1901): Follest sjukdomar. Svensk Vet. Tidskr. *6*, 1−13

Gerber, H. (1964): Aktivitätsbestimmungen von Serumenzymen in der Veterinärmedizin. III. Bestimmung der GOT-, GPT- und CPK-Aktivität in einigen Organen des Pferdes als Grundlage für die klinische Verwendung von Serumenzym- und Aktivitätsbestimmungen. Schweiz. Arch. Tierheilkde. *106*, 410−413

Gerber, H. (1969): Serum enzyme determination in equine medicine. Equi. Vet. J. *1*, 129−139

Hamir, A. N. (1982): White muscle disease in a foal. Austr. Vet. J. *59*, 57−58

Roneus, B. (1982): Glutathione peroxidase and Selenium in the blood of healthy horses and foals affected by muscular dystrophy. Nord. Vet. Med. *34*, 350−353

Roneus, B., L. Jönsson (1984): Muscular dystrophy in foals. Zbl. Vet. Med. *A 31*, 441−453

Sandersleben, J. v., B. Schlotke (1977): Die Muskeldystrophie (Weißmuskelkrankheit) bei Fohlen, eine offensichtlich im Zunehmen begriffene Erkrankung. Dtsch. Tierärztl. Wschr. *84*, 105−107

Schongaard, H., A. Basse, G. Gissel-Nielsen, M. G. Simesen (1972): Ernehrungsmeassing betinget muskeldystrofi (NMD) hos. Nord. Vet. Med. *24*, 67−84

Tappel, A. L. (1974): Selenium glutathione peroxydase and Vitamin E. Am. J. Clin. Nutr. *27*, 960−965

Jodmangel, Kropfbildung, Struma

Über die Schilddrüsenfehlfunktion als Folge eines Jodmangels während der fetalen Entwicklung liegen beim Fohlen meist nur Einzelberichte vor. In traditionellen Jodmangelgebieten (Alpenraum) kann allerdings die Kropfbildung bei Fohlen endemisch auftreten. Auch bei Adulten ist sie beschrieben (*Groth*, 1962; *Schneider*, 1946).

Die Bildung einer Struma kann mehrere Ursachen haben: Zum einen einen absoluten Jodmangel in der Ernährung (primärer Jodmangel), zum anderen strumigene Faktoren wie Goitrine oder zyanogene Glykoside (sekundärer Jodmangel), die entweder die Thyroxinproduktion hemmen oder die Jodaufnahme in die Thyreoidea blockieren. Von der bretonischen Küste, einem jodreichen Landstrich, wird über eine atypische Kolloidkropfbildung berichtet, die entweder bei neugeborenen oder 2 bis 4 Wochen alten Fohlen auftritt (*Jacob*, 1940). Die Fohlen sind vital und ohne eingeschränkte Lebensfunktion. Diese Zubildung geht ohne Behandlung innerhalb der nächsten Lebensmonate zurück.

Fohlen mit fetaler Schilddrüsenunterfunktion kommen lebensschwach zur Welt und können neben einer ausgedehnten, klinisch deutlich nachweisbaren Struma auch andere Fehlbildungen aufweisen (Hyperextension der Extremitäten, Prognathie, abnormale Karpal- oder Tarsalgelenkstellung, Myxoedem). Auffälligstes Symptom sind neben der beidseitigen Erweiterung im oberen Halsbereich die Schluckbeschwerden beim Saugen. Unerkannt oder bei besonders starker Ausprägung sterben die Fohlen meist unmittelbar post natum.

Ein Therapieversuch bestünde aus einer bemessenen Substitution von Jod (Jodtinktur) per os, wodurch, rechtzeitig beim Neugeborenen erkannt, Hilfe gebracht werden kann. Es kann auch Jodtinktur auf die Haut des Halses im Kehlkopfbereich aufgetragen werden, von wo es resorbiert wird. Auch die Mutterstute sollte Jod erhalten, da sie dieses über die Milch ausscheidet und so auf das Fohlen überträgt.

Literatur

Baker, J. R., G. Wyn-Jones, J. L. Eley (1983): Case of equine goitre. Vet. Rec. *112*, 407−408
Groth, W. (1962): Die Pathologie der Strumen und Schilddrüsengeschwülste der Haustiere. Dtsch. Tierärztl. Wschr. *69*, 707−713
Jacob, J. (1940): Contribution à l'étude du goitre: l'hypertrophie des thyroides chez le poulain cotier breton. Thèse Alfort
Schneider, R. (1946): Über den Kropf des Pferdes und dessen Beseitigung durch Operation. Schweiz. Arch. Tierheilkd. *88*, 39−43

Hypocuprämie, Kupfermangel

Bei heranwachsenden Fohlen kann sich ein Mangel an Kupfer, ob primärer oder sekundärer Art, auf die Knochen- und Knorpelstruktur pathologisch auswirken. Offenbar greift Kupfer in den Knochen- und Knorpelstoffwechsel des wachsenden Organismus ein, so daß es bei dessen Fehlen zu einer Osteochondrosis kommt. Vermutet wird, daß in manchen Fällen komplementär der Zinkstoffwechsel gestört ist, da bei Fohlen mit Hypocuprämie zuweilen auch ein abnorm hoher Gehalt an Zink festgestellt wurde (*Eamens* et al. 1984, *Bridges* et al. 1984). Ein Kupfermangel kann primärer Art sein, kann aber auch zum Beispiel bei Vorhandensein von Molybdän durch Störung der Resorptionsvorgänge entstehen (sekundärer Kupfermangel, nähere Zusammenhänge s. Lamm). Weiterhin kommt für den Kupfermangel auch eine Hemmung der Lysyl-Oxydase durch β-Aminopropionitrile in Betracht. Eine Osteochondrosis kann auch durch langandauernde Verabreichung von Kortikosteroiden entstehen, die wiederum die Lysyl-Oxydase inhibieren.

Klinisches Bild und pathologische Befunde

Geprägt ist dies vom steifen Gang, Lahmheiten, längeren Liegeperioden, schwierigen und wiederholten Aufstehversuchen. Besonders markant sind die Dekubitusstellen bei den betroffenen Fohlen. Das Alter der Fohlen liegt meist unter vier, vielfach unter drei Monaten. Die Körperinnentemperatur ist normal, die Nahrungsaufnahme ungestört. An den Hinterextremitäten, besonders in Gelenknähe, fallen Ödematisierung und Synovialansammlungen auf.

Die klinischen Veränderungen am Skelett sind bei gleichzeitigem Vorliegen einer Zinkvergiftung (s. d.) von diesem Bild abweichend.

Bei Sektion dieser Tiere fallen Fältelung und Läsionen im Gelenkknorpelbereich auf. Läsionen bestehen ebenfalls in den enchondralen Ossifikationsbereichen, so daß als Gesamtbild eine Osteochondrosis vorherrscht.

Klinisch-chemische Befunde bei derartigen Fohlen weisen auf eine Hypocuprämie (normal 0.90 bis 2.50 ppm im Serum), mitunter verbunden mit einem enorm hohen Zinkgehalt (normal 0.50 bis 2.10 ppm im Serum), hin.

Behandlung

Es kann versucht werden, durch parenterale Kupfergaben den Zustand zu bessern. Bei bereits eingetretener schwerer Schädigung führt allerdings die Behandlung zu keinem Erfolg.

Literatur

Ahlswede, L., H. W. Paeger, H. Meyer (1975): Ein Beitrag zum Mineralstoff- und Spurenelementgehalt im Blut von Saugfohlen. Dtsch. Tierärztl. Wschr. *82*, 97−136
Bridges, C. H., J. E. Womack, E. D. Harris, W. L. Scrutchfield (1984): Considerations of copper metabolism in osteochondrosis of suckling foals. J. Am. Vet. Med. Assoc. *185*, 173−178
Carberry, J. T. (1978): Osteodysgenesis in a foal associated with copper deficiency. N. Zeal. Vet. J. *26*, 279
Eamens, G. J., J. F. Macadam, E. A. Laing (1984): Skeletal abnormalities in young horses associated with zinc toxicity and hypocuprosis. Austr. Vet. J. *61*, 205−207
Shoshan, S., S. Finkelstein (1976): Lysyl oxidase: A pituitary dependent enzym. Biochem. Biophys. Acta *439*, 358−362

Hypoglykämie

Eine Hypoglykämie kann Ausdruck einer allgemeinen, umfassenden Stoffwechselentgleisung oder Anzeichen einer länger andauernden Nahrungskarenz sein.

Fohlen kommen mit einer relativ geringen Glucosekonzentration im Blut zur Welt (40–72 mg/dl ≙ 2.2–4.0 mmol/l). Der Glucosespiegel fällt in der ersten Lebensstunde infolge energieverbrauchender Prozesse (Bewegung, Aufstehversuche) sogar noch ab (Abb. 7.44). Mit der ersten Milchaufnahme jedoch verbessert sich die Glucoseausstattung, so daß Werte zwischen 90–130 mg/dl ≙ 4.95–7.20 mmol/l bis 96 Stunden p.n. erreicht werden.

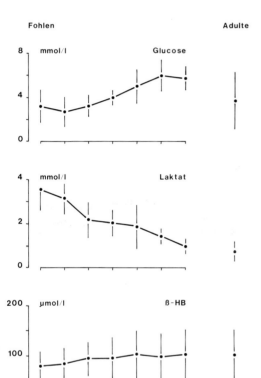

Abb. 7.44 Glucose-, Laktat- und β HB Konzentration bei neugeborenen Fohlen

Fohlen verlieren in der ersten Adaptationsphase sehr rasch Energie, wenn längere Zeit (mehrere Stunden) keine Nahrung aufgenommen werden kann oder zur Verfügung steht (Verletzungen, herabgesetzte Vitalität, Septikämie, Anfallsleiden und Milchmangel der Stute). Besonders gefährdet sind unreif oder untergewichtig geborene Fohlen. Gleichzeitig mit dem Absinken der Glucosekonzentration kommt es bei nichtinfektiösen Krankheitsprozessen zu einer Verminderung der Rektaltemperatur ($< 38.5\,°C$). Es ist verständlich, daß neugeborene Fohlen, die keine Milch aufnehmen können oder aufgenommen haben, unbedingt Glucose intravenös erhalten sollen, um den Energieverlust auszugleichen. Auch bei Transport gefährdeter Fohlen in eine Klinik sollte für Energiezufuhr gesorgt werden.

Fohlen haben in der fortgeschrittenen Entwicklungsperiode einen zwischen 80 und 160 mg/dl (≙ 4.5–8.9 mmol/l) liegenden Blutzuckergehalt. In Nahrungskarenzzeiten sinkt er rasch unter 80 mg/dl (≙ 4.5 mmol/l), die kritische Grenze liegt bei 40–50 mg/dl (≙ 2.20–2.75 mmol/l). Der Nachweis der Glucosekonzentration kann mittels Streifentest (Haemoglukotest, Boehringer Mannheim; Dextrostix Bayer Diagnostik) erfolgen und gibt so eine grobe Übersicht über die Bedarfssituation.

Der Bedarf an kcal/kg KG steigt vom 1. zum 10. Lebenstag steil an (1. Tag 30 kcal/kg, 3. Lebenstag 80–90 kcal/kg, 10. Lebenstag 120–150 kcal/kg). Die Zufuhr an Energie bei inanierten Fohlen erfolgt entweder parenteral durch Dauertropfinfusion oder oral über Flasche (bei gut ausgeprägtem Saugreflex) oder Nasenschlundsonde. Bei der oralen künstlichen Ernährung ist darauf zu achten, daß anfänglich kleine Volumina, dafür aber in kurzen Intervallen verabreicht werden.

7.2.9 Fehlbildungen und Erkrankungen des Auges

Fehlbildungen

Fehlbildungen des Auges oder des Augenlides gehören zu den Seltenheiten. Durch sie kann jedoch, je nach Ausprägung und Ursache, die Lebensfähigkeit des betroffenen Fohlens eingeschränkt oder sogar unmöglich sein.

Mikrophthalmie und Anophtalmie

Die *Mikrophthalmie* kann ein- oder beidseitig auftreten. Sie ist, gemessen an allen Augenleiden des neugeborenen Fohlens, die häufigste Fehlbildung. Der Augapfel ist ausgesprochen klein angelegt. Er füllt kaum die Orbita aus und bei näherer Untersuchung kann digital neben dem Augapfel eingegangen werden. Eingeschränktes Sehvermögen oder sogar Blindheit können damit verbunden sein. Ebenso treten in Zusammenhang mit der Mikrophthalmie ein Kolobom oder Katarakt auf. Der Nervus opticus ist atrophisch (Hypoplasie oder sekundäre Atrophie).

Bei *Anophthalmus* besteht ein Entropium und die Lidspalte ist eng. In der verkleinert angelegten Orbita ist nur Binde- und Fettgewebe zu finden. Der Anophthalmus tritt meist beidseitig auf. Er gilt als Letalfaktor (B_7).

In beiden Fällen liegt der Verdacht einer Erblichkeit nahe. Es darf dabei aber nicht übersehen werden, daß es auch bei embryo- oder fetotoxischen Substanzen, die während der entscheidenden Phase der Gravidität aufgenommen wurden, zu solchen Erscheinungen kommen kann. Eventuell wirken hier auch genetische und teratogene Faktoren zusammen. Daneben wird auch ein Vitamin A-Mangel während der Organogenese als Ursache diskutiert.

Glasäugigkeit

Infolge eines Pigmentmangels im Irisstroma erscheint die Iris in den Randzonen weiß oder leicht bläulich. Das Sehvermögen ist dadurch nicht beeinträchtigt. Diese Fehlbildung wird auch noch als Birkauge, Fischauge oder blaues Auge bezeichnet und steht häufig in Zusammenhang mit einer allgemeinen Scheckung des Haarkleides. Die Pigmentlosigkeit betrifft nicht immer die gesamte Iris. Es kann dabei die ventrale, mediale, laterale und zirkuläre Form unterschieden werden.

Das Glasauge soll zumeist auf einfach rezessivem, selten dominantem Erbgang beruhen.

Katarakt, grauer Star

Der graue Star, die Linsentrübung, kann bei Fohlen angeboren sein und tritt meist einseitig auf. Besonders häufig tritt er bei Vollblutfohlen, aber auch bei schweren Belgiern in Erscheinung – bei ihnen oft mit Aniridie gekoppelt. Noch ist nicht klar, ob im Falle des angeborenen Kataraktes ein rezessiver oder dominanter Erbgang die Ursache ist. Auch hier werden teratogene Einflüsse mit vermutet. Ein kongenitaler Katarakt entsteht durch Störung in der Bildung der Linsenblase aus dem Ektoblasten (4.–6. Graviditätswoche).

Operationen des Kataraktes sind möglich, um zumindest einen Teil des Sehvermögens wiederherzustellen. Diese Pferde sollten jedoch nicht in der Zucht Verwendung finden, da eine Vererbbarkeit dieser Augenanomalie nicht auszuschließen ist.

Ablatio retinae, Netzhautablösung

Bei Fohlen kann es während der Fetalperiode zu einer Netzhautablösung kommen. Sie werden blind geboren (verzögerte oder vollkommen fehlende Pupillenreaktion). Der Augapfel ist meist verkleinert, vordere Augenkammer, Iris und Cornea sind ohne Befund. Die Netzhaut ist partiell oder total gelöst. Zwischen ihr und der Pigmentschicht der Chorioidea befindet sich eiweißreiches Material. Häufiger wurde diese erbliche Erkrankung im Pommerschen Zuchtgebiet auf Hannoveraner Grundlage festgestellt (*Schnelle* 1951). Inwieweit unter den heutigen technischen Bedingungen die abgelöste Netzhaut wieder angeschweißt werden kann, wird sich zeigen. Die Frage dabei ist, ob dadurch eine normale Sehtüchtigkeit erzielt werden kann.

Entropium

Das angeborene Entropium kann ein- oder beidseitig auftreten. Es ist von dem erworbenen (Lidrandentzündung) allein vom Zeitpunkt des Auftretens (unmittelpar p. n., Zeitspanne nach der Geburt) zu unterscheiden. Durch den eingerollten Lidrand kommt es zu einer Bindehautreizung, wodurch Tränenfluß und später eine Keratokonjunktivitis bedingt werden (Abb. 7.45 s. Farbtafel 12).

Das Entropium sollte operativ angegangen werden. Voraussetzung ist, daß der Augapfel voll entwickelt ist und das retrobulbäre Fett diesen genügend nach außen drückt. Vorübergehend und in leichten Fällen kann auch durch ausrollende Massage eine Besserung herbeigeführt werden.

Ankyloblepharon

Bei unreif geborenen Fohlen können noch die Lidränder zusammengewachsen sein. Bei maturen Shetland-Kreuzungen wurde diese Erscheinung häufiger beobachtet (*Fox* und *Thurmon* 1969). Durch Spreizen der adhaerenten Lidränder wird der Lidspalt geöffnet und die Ränder werden mit Salben eingerieben.

Konjunktivitis, Augenbindehautentzündung

Eine Konjunktivitis kann Ausdruck einer systemischen oder lokalen Erkrankung (Infektion) sein (Abb. 7.46 s. Farbtafel 12). Aufgrund dessen muß bei Auftreten einer Konjunktivitis eingehend überprüft werden, ob das Geschehen mit einer generalisierten Infektion in Zusammenhang stehen kann. Bei septikämischen Prozessen im Verlauf des Fohlenlähmekomplexes (Streptococcus equi, Actinobacillus equi) kommt es häufig zu einer stark ausgeprägten, mukopurulenten Konjunktivitis. Auch virale Infektionen bedingen zuweilen eine Konjunktivitis (EHV$_1$, virale equine Arteriitis, Equine Influenza). Adenovirus-bedingte Konjunktivitiden sollen bei immundepressiven Fohlen eine Rolle spielen (Mc Chesney et al. 1973). Die Isolation der Viren aus dem Sekret der Augen ist oft nicht möglich, da es rasch zur Sekundärinfektion mit Bakterien kommt (s. 7.2.1 EHV$_{1/4}$ und Adenoviren). Die Beteiligung von EHV$_2$-Infektionen am Prozeß einer Keratokonjunktivitis (s. 7.2.2) wurde von Thein und Böhm (1976) nachgewiesen (Abb. 7.14 und 7.15 s. Farbtafeln 6 und 7).

Neben Konjunktivitiden auf der Grundlage einer generalisierten Infektion kommen auch solche vor, die allein ihre Ursache in einer Zugeinwirkung haben oder traumatischen Ursprungs sind (Sandkörner, Pflanzenteile, Reizung durch ein Entropium). Als nur auf die Augenschleimhaut gerichtete Infektionen sind solche mit Streptokokken, Staphylokokken und Moraxella bovis bekannt.

Die Behandlung mit Ophthalmika richtet sich nach den klinisch erfaßten Merkmalen, wobei Breitbandantibiotikasalben im Vordergrund stehen, aber auch Augentropfen auf nichtantibiotischer Grundlage Anwendung finden. Die Tiere sollten keiner starken Sonneneinstrahlung ausgesetzt sein, sondern in einem abgedunkelten Stall gehalten werden.

Blepharitis, Lidrandentzündung

Neben einer Lidbindehautentzündung kann auch isoliert nur die Blepharitis auftreten. Dabei kommt es zur Schwellung, Depigmentation und Alopezie. Die Ursachen sind in Schmutzpartikeln, aber auch in nichthaemolytischen Diplokokken (ähnlich Moraxella bovis) zu suchen. Häufig ist aber die Blepharitis mit einer Konjunktivitis vergesellschaftet.

Subkonjunktivale oder konjunktivale Haemorrhagie, Hyposphagma

Bei Verletzungen des Augenbereiches in Zusammenhang mit der Geburt treten Blutungen in der Konjunktiva auf. Sie gehen meist ohne Behandlung von alleine innerhalb weniger Tage zurück. Allerdings sollten diese Fohlen in einem abgedunkelten Stall gehalten werden.

Literatur

Baier, W. (1927): Mikrophthalmus congenitus bei einem zwei Tage alten Fohlen. Diss. München

Barnett, K. C. (1975): The eye of the newborn foal. J. Reprod. Fert. (Suppl.) 23, 701–703

Ericksson, K. (1955): Hereditary aniridia with secondary cataract in horses. Nord. Vet. Med. 7, 773–793

Fox, L. M., J. C. Thurmon (1969): Bilateral ankyloblepharon congenita. Vet. Med. 64, 237–238

Koch, P., H. Fischer (1952): Erblich bedingte Blindgeburten von Fohlen eines deutschen Zuchtgebietes. Tierärztl. Umsch. 7, 46–48

Mc Chesney, A. E., J. J. England, L. J. Rich (1973): Adenoviral infection in foals. J. Am. Vet. Med. Assoc. 162, 545–548

Slatter, D. H. (1984): Fundamentals of veterinary ophthalmology. W. B. Saunders Co., Philadelphia

Schnelle, W. (1951): Über angeborene Blindheit bei Warmblutfohlen. Dtsch. Tierärztl. Wschr. 58, 325–326

Thein P., D. Böhm (1976): Ätiologie und Klinik einer virusbedingten Keratokonjunktivitis beim Fohlen. Zbl. Vet. Med. B. 23, 507–519

Walde, J. (1983): Some observations on congenital cataracts in the horse. Equine Vet. J. (Suppl.) 2, 27–28

Weber, W. (1947): Angeborener Star, eine rezessive Mutation beim Pferd. Schweiz. Arch. Tierhlkde. 89, 397–405

7.2.10 Vergiftungen

Vergiftungen bie Fohlen können ebenso wie bei anderen Jungtieren ihre Ursache in Pflanzen, chemischen Grundstoffen, Schwermetallen, Arzneimitteln und anderem haben. Es gibt allerdings nur wenige Berichte über die kausalen Zusammenhänge zwischen einer derartigen Noxe und den tatsächlich durch sie ausgelösten klinischen Symptomen.

Vergiftung mit Tragant

Astragalus-Arten (Tragant), insbesondere A. mollisumus, können, von graviden Stuten aufgenommen, zu schweren Störungen ähnlich wie bei Rindern und Schafen führen (McIlwraith und James 1982). Stuten können abortieren oder bringen Fohlen zur Welt, bei denen schwere Deformationen des Carpus, Metacarpus beziehungsweise Tarsus und Metatarsus ausgebildet sind (Arthrogryopse).

Vergiftungen mit Zink

Zink, als industrielle Immision auf Weiden abgelagert, führt zu einer chronischen Vergiftung. Bei Fohlen (ab 2. Monat) und Jungpferden kommt es zu Lahmheit und skeletalen Deformationen

(*Eames* et al. 1984). Auffallend sind vor allem die degenerativen Arthrosen sowie die multiple Osteochondritis dissecans. Die exzessive Zinkzufuhr minimiert die Kupferretention, so daß im Lebergewebe hohe Zinkwerte von 87 bis 102 mmol/kg (normal 6.4±3.3), aber niedrige Kupferwerte (0.14 mmol/kg; normal 1.28±2.71 mmol/kg) zu finden sind. Auch die Niere retiniert große Mengen Zink. Eine Behandlung der Fohlen, die noch keine Skelettdeformation zeigen, kann mit Kupfersulfat (300 mg täglich für eine Woche) versucht werden. Eine Beziehung besteht zwischen Blei- und Zinkvergiftung, wobei die skeletalen Veränderungen im Vordergrund stehen.

Vergiftungen im Blei

Durch eine Bleivergiftung kommt es bei Fohlen, ähnlich wie bei adulten Pferden, zu einem Keuchen. Dieses wird durch eine Lähmung des Pharynx und Larynx hervorgerufen. Bei Beginn der Erkrankung sind gutturale Töne zu hören. Im Finale kommen noch Speichelfluß und Tachypnoe hinzu ($>$ 50/min).

Literatur

Eames, G. J., J. F. Macadam, E. A. Laing (1984): Skeletal abnormalities in young horses associated with zinc toxicity and hypocuprosis. Austral. Vet. J. *61*, 205–207

McIlwraith, C. W., L. F. James (1982): Limb deformities in foals associated with ingestion of locoweed by mares. J. Am. Vet. Assoc. *181*, 255–258

Wilboughby, R. A., E. Macdonald, B. J. McSherry, G. Brown (1972): Lead and zinc poisoning and the interaction between Pb and Zn poisoning in the foal. Can J. Comp. Med. *36*, 348–359

8 Kälberkrankheiten

M. BERCHTOLD, W. ZAREMBA, E. GRUNERT

8.1 Bedeutung der Aufzuchtverluste

Angaben über Aufzuchtverluste bei Kälbern variieren innerhalb erheblicher Grenzen. Schätzungen basieren meistens auf Erhebungen von Zuchtverbänden, Besamungsstationen, staatlichen Untersuchungsämtern, Tierkörperbeseitigungsanstalten oder auf Untersuchungen im Rahmen von Dissertationen. Die dabei ermittelten Zahlen sind insofern mit Vorbehalten zu interpretieren, als verschiedene Unsicherheitsfaktoren oft nicht eliminiert werden können: Unvollständigkeit der Unterlagen, nichtrepräsentative Stichproben, fehlende Vorberichte, regionale Unterschiede, enzootisch verlaufende Erkrankungen, unterschiedlich lange Beobachtungszeiträume usw.

Ungeachtet dieser Einschränkungen läßt ein Querschnitt durch die Literatur erkennen, daß in den ersten 100 Lebenstagen, das heißt bis zum Erreichen des Schlachtgewichtes bei der Milchmast, die Verluste zwischen 6 und 12 % betragen. Rund die Hälfte aller Verluste entfällt auf die perinatale Phase (Zeitraum zwischen dem Beginn der Geburt und der 24. Stunde post natum).

Angaben über Mortalitätsraten sind Durchschnittswerte. In einzelnen Betrieben ist es jedoch keine Seltenheit, daß die Morbidität vorübergehend mehr als 90 % beträgt, bei einer Letalität von 50 % oder mehr.

8.2 Diagnostische Maßnahmen

Obwohl bezüglich der Untersuchungs- und Behandlungstechnik grundsätzlich die gleichen Richtlinien zu beachten sind wie bei erwachsenen Tieren, ergeben sich aus der Sicht der Praxis doch einige spezielle Probleme. Das Spektrum der diagnostischen und therapeutischen Maßnahmen wird erheblich durch wirtschaftliche Sachzwänge eingeschränkt. Der Tierarzt ist gezwungen, bei einem kranken Kalb durch eine sorgfältige Erhebung der Anamnese und eine kurze aber systematisch durchgeführte Routineuntersuchung einfach und schnell zu einer möglichst genauen Diagnose zu kommen. Bei besonders wertvollen Einzeltieren oder bei Bestandsproblemen sind dagegen spezielle Untersuchungen vielfach unumgänglich.

8.2.1 Anamnese

Die Anamnese ist möglichst gezielt zu erfragen, da das weitere diagnostische und therapeutische Vorgehen dadurch nicht unwesentlich beeinflußt werden. Folgende Punkte sind zu klären:

- Zuerst aufgetretenes Symptom: gibt einen Hinweis auf das primär erkrankte Organsystem. Weiterer Verlauf der Krankheitserscheinungen.
- Dauer der Gesundheitsstörung: akutes, subakutes oder chronisches Leiden.
- Einzelfall oder Bestandsproblem: Bei einem Einzelfall ist die Therapie vorrangig, bei einem Bestandsproblem hingegen die Abklärung der Krankheitsursache.
- Mast- oder Aufzuchtkalb: bestimmt unter anderem aus wirtschaftlichen Gründen den diagnostischen Aufwand sowie den Umfang und die Intensität einer Behandlung.
- Vorbehandlungen: z. B. Antibiotika, Vitamin E / Selen, Immunseren, Muttertierschutzimpfungen.
- Geburtsverlauf: Nach Frühgeburten oder Schwergeburten sind die körpereigenen Abwehr- und Regulationsmechanismen oft geschädigt. Die Krankheitsanfälligkeit wird dadurch erhöht. Kenntnisse über den Geburtsverlauf erleichtern deshalb die Einschätzung der Prognose.
- Kolostrumaufnahme: Infektionskrankheiten in den ersten 4 Lebenswochen werden vielfach begünstigt durch eine zu späte Kolostrumverabreichung. Verläßliche Angaben sind meistens nur in der frühen postnatalen Periode zu erhalten.

- Fütterung: Milch, Milchaustauscher (Menge, Konzentration), Anzahl der Mahlzeiten pro Tag, Menge pro Mahlzeit, Beifütterung (Kälberaufzuchtfutter, Heu).
- Sauglust: ist ein Maß für die Schwere einer Erkrankung.

8.2.2 Routineuntersuchung

Im Rahmen einer ersten Untersuchung sind folgende Punkte abzuklären:

Allgemeineindruck: Lebhaftigkeit, Ohrenspiel (Hängenlassen eines Ohres ist vielfach erstes Anzeichen einer Erkrankung), Aufmerksamkeit, Ernährungszustand, Saugreflex.

Atmungsbewegungen: Frequenz, Intensität, Typ und Rhythmus der Atmung, etwaige Dyspnoe, atmungsbedingte Geräusche.

Form des Leibes: Abweichung von der normalen senkrechtovalen Form bei Vormagen- und Labmagenerkrankungen.

Körpergewicht: Untergewicht gibt Hinweis auf chronisches Leiden oder pränatale Unterentwicklung.

Haut: Elastizität, Turgor, Schuppen, Anzeichen von Juckreiz, Effloreszenzen, Haarausfall, Krusten.

Haarkleid: Glanz, haarlose Stellen, Durchfallspuren, Schwitzen. Bei neugeborenen Kälbern Aussehen der Nabelbehaarung (kurz und stachelig bei zu früh geborenen Kälbern, auffallend lang und gekräuselt bei übertragenen Kälbern).

Kotbeschaffenheit: Geruch, Konsistenz und Aussehen (pastös, wäßrig, lehmartig, gallertig, geballt, scheibchenartig), Beimengungen (Schleim, Fibrin, Blut).

Augen: Turgor, Lidreflex, Ausfluß, Lidbindehäute (Anämie, Zyanose, Ikterus), Episkleralgefäße, Pupillarreflex, Lichtscheu, Strabismus, Nystagmus, Korneatrübung, Sehvermögen.

Nase: verkrustete Nasenöffnungen, Art und Menge des Ausflusses.

Mundhöhle: Zahnfleischrand, Zunge, Backenschleimhaut (Anämie, Hyperämie, Blutungen, Erosionen).

Nabel: Schwellung, Wärme, Schmerzhaftigkeit, Feuchtigkeit. Zur Überprüfung der Nabelgefäße innerhalb des Abdomens ist das Kalb möglichst in Rückenlage zu verbringen (s. S. 316f.). Ein abnorm langes Persistieren der eingetrockneten Nabelschnur ist vielfach ein Hinweis für das Vorliegen einer Omphalophlebitis, Omphaloarteriitis oder Omphalourachitis.

Gelenke: Schwellung, Fluktuation, Wärme, Schmerzhaftigkeit.

Körpertemperatur: normal 38,5 bis 39,5 °C.

Auskultation: Herz (z. B. Frequenz, Geräusche bei Mißbildungen); Lunge (z. B. Verstärkung der normalen Atmungsgeräusche, Knatter-, Pfeif-, Reibegeräusche); Husten; Abdomen (Perkussions- und Schwingauskultation).

Oberflächliche Lymphknoten: Vergrößerung.

Bewegungsabläufe: Aufstehen, Belastung der Gliedmaßen, Gehen, Orientierungsvermögen.

Bauchdeckenspannung: erhöht bei Peritonitis (Omphalophlebitis, Omphaloarteriitis, Atresia coli, Labmagenverlagerung, Invagination, Labmagenulcus).

8.2.3 Spezielle Untersuchungen

Kotuntersuchung

Kotuntersuchungen sind vor allem angezeigt bei bestandsweise gehäuft auftretenden Diarrhöen. Dabei geht es bei jungen Kälbern in erster Linie um den Nachweis von Bakterien, Viren und Protozoen. Die ELISA-Technik und die Verfügbarkeit von monoklonalen Antikörpern als Testreagenzien ermöglichen in zunehmendem Maß die Entwicklung von Schnelltests, die es erlauben, auch unter Feldbedingungen bestimmte Erreger auf einfache Art nachzuweisen. Derartige hochspezifische Tests gibt es zur Zeit für enteropathogene E. coli mit dem Haftantigen K99 sowie für Rotaviren (s. S. 308f.).

Die Bestimmung des pH-Wertes im Kot erlaubt bei Kälbern mit diätetischem Durchfall gewisse Rückschlüsse auf die Art der Verdauungsstörung. Der normale pH-Wert im Kot liegt zwischen 7,0 und 8,5. Eine Verschiebung in den sauren Bereich ist oft ein Hinweis dafür, daß im Darm die saccharolytische Flora vorherrscht (z. B. bei einem Überangebot an Kohlenhydraten). Ein stark alkalischer pH-Wert wird gelegentlich bei Fäulnisprozessen im Darm infolge Vorherrschen der proteolytischen Flora beobachtet (*Dirksen* 1977).

Von einer gewissen Bedeutung ist ferner der Nachweis von Blut im Kot bei Verdacht auf das Vorliegen eines Labmagengeschwürs. Die heute zur Verfügung stehenden Schnelltests (z. B. OCCULTEST®, Ames Diagnostika; SANGUR-TEST®, Boehringer, Mannheim; COLO-RECT®, Roche-Diagnostika) zum Nachweis von okkultem

Blut im Kot sind sehr empfindlich. Bereits Mikroläsionen (z. B. infolge Fiebermessens) können zu positiven Reaktionen führen. Ausschlaggebend sind daher vor allem die negativen Befunde, die eine Blutung im Bereich des Magendarmtrakts mit Sicherheit ausschließen lassen.

Harnuntersuchung

Es gibt heute eine Reihe von Schnelltests, die es erlauben, mittels einer Tablette oder eines Teststreifens gewisse Substanzen im Harn nachzuweisen. Zu unterscheiden ist zwischen monovalenten Tests, z. B. für Urobilinogen (Urobilistix®[1]), Bilirubin (Ictotest®[1]), Blut (Occultest®[1]), Keton (Ketur-Test®[2], Aceton-Tabletten[4]), Magnesium (Merckognost®[3]), pH (Spezialindikator Merck[3]) und multivalenten Teststreifen, auf denen bis zu neun Kriterien (Leukozyten, Nitrit, pH, Eiweiß, Glucose, Ketonkörper, Urobilinogen, Bilirubin, Blut) erfaßt werden (z. B. Labstix®[1], N-Multistix®[1], Combur-5-Test®[2], Combur-9-Test®[2]). Bei einem Gehalt von mehr als 300 Leukozyten/μl reagiert der Harn im California-Mastitis-Test („Schalmtest") positiv.

Die Entnahme einer Harnprobe ist in den meisten Fällen problemlos möglich durch leichtes Massieren der ventralen Vulvakommissur oder des Präputiums. Bei älteren weiblichen Kälbern kann unter Verwendung eines kleinen Spreizspekulums (Modell für Schafe/Ziegen) und eines feinen Gummischläuchleins mit abgerundeter Spitze und seitlicher Öffnung unter Sichtkontrolle meistens eine unkontaminierte Harnprobe gewonnen werden. Unter Umständen läßt sich durch die intravenöse Verabreichung eines Diuretikums das spontane Harnabsetzen auslösen (*Jablonski* 1986).

Die wichtigsten im Harn vorkommenden Bakterien lassen sich unter Praxisbedingungen relativ einfach mit sogenannten Dip-Slides (z. B. Urotube®, Roche Diagnostika) nachweisen. Es handelt sich dabei um Objektträger, die mit verschiedenen Nährböden beschichtet sind. Neben der Bestimmung der Gesamtkeimzahl lassen sich koliforme Keime, Pseudomonaden und grampositive Bakterien differenzieren.

Aufgrund der Farbveränderungen des CLED-Agars, der Art der Kolonien und der Reaktion mit H_2O_2 lassen sich verschiedene Erreger recht zuverlässig identifizieren.

Rückenmarkspunktion

Bei Kälbern mit zentralnervösen Störungen vermag die Untersuchung der Zerebrospinalflüssigkeit oft entscheidende differentialdiagnostische Hinweise zu liefern (*Eigenmann* et al. 1982). Die Entnahme von Liquor läßt sich am sedierten Tier leicht mittels der Lumbalpunktion realisieren. Die Punktionsstelle liegt in der Mitte zwischen den beiden Darmbeinflügeln. Die Delle zwischen dem letzten Lendenwirbel und dem Kreuzbein ist deutlich spürbar. Nach Rasieren und Desinfektion der Haut wird eine etwa 4 cm lange Kanüle (Ø 1,5 mm) in leicht kranioventraler Richtung eingestochen. Bei krankhaft vermehrter Zerebrospinalflüssigkeit fließt nach dem Durchstechen der Dura mater der Liquor spontan ab. Andernfalls läßt er sich durch Aspiration mittels einer 5 ml-Injektionsspritze leicht gewinnen. Die Untersuchung des Punktates sollte möglichst umgehend erfolgen.

Bei gesunden Kälbern ist das Lumbalpunktat der Rückenmarksflüssigkeit wasserhell, klar und nicht gerinnend. Der Eiweißgehalt liegt unter 40 mg/dl und der Zellgehalt beträgt weniger als 30/μl (fast ausschließlich Lymphozyten). Bei infektiös bedingten Hirnrückenmarksentzündungen ist das Punktat meist trübe, mitunter gelblich-weiß oder rötlich verfärbt und oft spontan gerinnend. Der Eiweißgehalt liegt in diesen Fällen über 200 mg/dl und die Zellzahl ist stark erhöht (› 200/μl, vorwiegend neutrophile Granulozyten). Der „Schalmtest" fällt ab 250 Zellen/μl positiv aus. Zur Verhinderung der Gerinnung stark fibrinogenhaltiger Liquorproben empfiehlt sich der Zusatz eines Antikoagulans.

Blutuntersuchung

Von besonderer Bedeutung sind das Hämoglobin, der Hämatokrit und die Zahl der Erythrozyten, da diese Kriterien wichtige Rückschlüsse über Anämie oder die Art und das Ausmaß einer Dehydratation erlauben. Die Bestimmung des weißen Blutbildes ist vor allem angezeigt bei Verdacht auf das Vorliegen einer Knochenmarkschädigung (z. B. Furazolidonvergiftung) oder einer Leukose. An klinisch relevanten Schnelltests zu erwähnen sind der Nachweis von Glucose im Vollblut (Dextrostix®, Ames; Haemoglucotest®, Boehringer Mannheim), die Überprüfung des Blutharnstoffs

---

[1] Ames-Diagnostika
[2] Boehringer, Mannheim
[3] Merck
[4] Wirtschaftsgenossenschaft Deutscher Tierärzte

(Azostix®, Ames) bei Verdacht auf das Vorliegen einer Niereninsuffizienz und die Bestimmung der Plasmaproteine mittels Refraktometer.

Sektion

In Betrieben mit gehäuftem Vorkommen von Erkrankungen empfiehlt es sich, die Untersuchung eines kranken, unbehandelten, aber noch lebenden Kalbes zu veranlassen. Das Tier sollte sich möglichst im Anfangsstadium einer Erkrankung befinden. Aufgrund der Zerlegungsbefunde, ergänzt durch eine bakterielle, virologische und/oder parasitologische Untersuchung, können sich entscheidende Hinweise für die Ursache einer Erkrankung ergeben. Gleichzeitig werden damit Wege für gezielte prophylaktische und therapeutische Maßnahmen aufgezeigt.

Bestimmung der Immunglobuline

In Anbetracht der enormen Bedeutung von Hypo- und Agammaglobulinämien bei der Entstehung von Infektionskrankheiten im Säuglingsalter kann es angezeigt sein, in Problembetrieben durch entsprechende Untersuchungen die Zuverlässigkeit der Angaben über die Kolostrumverabreichung zu überprüfen. Die aussagekräftigste Information erhält man zweifelsohne durch Bestimmung der Immunglobuline mittels der radialen Agar-Gel-Immundiffusionstechnik. Für die Praxis genügen jedoch auch indirekte Schätzungen der Immunglobuline mittels einfacher Methoden, die sofortige Resultate ergeben, preiswert sind und abgesehen von einer Zentrifuge zur Serumgewinnung keine besonderen Einrichtungen erfordern (*Hopkins* et al. 1984, *McBeath* et al. 1971).

Bei Kälbern, die rechtzeitig Erstkolostrum erhalten haben, beträgt der Gehalt an Immunglobulinen im Serum in der Regel mehr als 1,6 g/dl. Bei Konzentrationen von weniger als 1 g/dl sind folgende Möglichkeiten in Betracht zu ziehen: zu geringe und/oder zu späte Verabreichung von Kolostrum, Resorptionsblock, zu geringer Gehalt des Kolostrums an Immunglobulinen (z. B. bei einem Muttertier mit einer antepartalen Incontinentia lactis).

Gesamtproteinbestimmung (Refraktometer): Die Korrelation zu den Immunglobulinen ist gut ($r = 0,723$ bis $0,87$). Dies bedeutet, daß rund 75 % der Streuung der Proteinkonzentrationen durch entsprechende Veränderungen der Immunglobuline bedingt sind.

Für die Abschätzung des Erkrankungsrisikos gilt folgende Faustregel bezüglich des Gesamtproteingehalts (*Braun* und *Tennant* 1983): < 5,0 g/dl: hohes Risiko; 5–5,4 g/dl: mittleres Risiko; 5,5–6,9 g/dl: niedriges Risiko.

Zinksulfat-Trübungstest: Zinksulfat bewirkt eine selektive Präzipitation der Immunglobuline. Je transparenter eine Suspension von Serum und einer Zinksulfatlösung bleibt, desto niedriger ist der Gehalt an Immunglobulinen. Der Grad der Trübung kann photometrisch gemessen werden. Die Korrelation zwischen den IgG-Konzentrationen und den Ergebnissen des Trübungstests beträgt mehr als 0,9. Für die Bedürfnisse der Praxis genügt die Beurteilung mit dem bloßen Auge. Wenn durch das Teströhrchen hindurch Zeitungsdruck nicht mehr gelesen werden kann, beträgt der Gehalt an Ig mehr als 1,6 g/dl, was für eine ausreichende Aufnahme von Kolostrum spricht (Abb. 8.1).

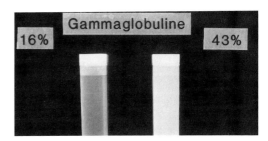

Abb. 8.1 Zinksulfat-Trübungstest zum semiquantitativen Nachweis von Immunglobulinen im Serum. Links: Hypoimmunglobulinämie (weniger als 16 mg/ml), rechts: normale Konzentration

Weitere Verfahren zur indirekten Bestimmung der Immunglobuline im Serum sind der Natriumsulfit-Präzipitationstest (*Pfeiffer* und *McGuire* 1977) und der Glutaraldehydtest (*Tennant* et al. 1979).

Da die Kolostralmilch der Muttertiere große Schwankungen bezüglich des Gehalts an Immunglobulinen aufweist, kann eine unzureichende Versorgung des Kalbes auch durch einen zu niedrigen Gehalt an Immunglobulinen im Kolostrum bedingt sein. Der Landwirt hat die Möglichkeit, durch einfache Messung des spezifischen Gewichts mit einem Hydrometer den Gehalt an Immunglobulinen zu schätzen. Gutes Kolostrum hat ein spezifisches Gewicht von mehr als 1045 und eine entsprechend hohe Immunglobulinkonzentration von mehr als 50 g/l.

Tabelle 8.1 Hämatologische und biochemische Laboratoriumswerte

Parameter	Variationsbreite
Leukozyten ($10^3/\mu l$)	4 – 10
Erythrozyten ($10^6/\mu l$)	5 – 8
Thrombozyten ($10^3/\mu l$)	200 – 1000
Hämatokrit (%)	28 – 38
Hämoglobin (g/dl)	8,5 – 13,5
Blut-pH	7,32 – 7,40
Harn-pH	6,2 – 7,4
pCO_2 (mm Hg)	41 – 53
HCO_3^- (mmol/l)	24,6 – 30,2
Basenexzess (mmol/l)	–0,6 – 4,6
Chlorid (mmol/l)	85 – 110
Kalium (mmol/l)	3,5 – 5,5
Kalzium (mmol/l)	2 – 3
Laktat (mmol/l)	0,9 – 2,2
Magnesium (mmol/l)	0,7 – 1,1
Natrium (mmol/l)	130 – 150
Phosphor (mmol/l)	1,0 – 2,6
Bilirubin, gesamt (μmol/l)	< 8,5
Cholesterin (mmol/l)	0,8 – 1,0
Plasmaprotein (g/l)	40 – 70
Fibrinogen (g/l)	5 – 7
Glucose (mmol/l)	4,9 – 6,2
Harnstoff (mmol/l)	< 7,51
Kreatinin (μmol/l)	< 134
Alkalische Phosphatase (U/l)	< 30
CK (=CPK) (U/l)	< 40
AST (U/l)	< 81
Gamma-GT (U/l)	< 17,5
LDH (U/l)	< 1400

8.2.4 Beziehungen zwischen Leitsymptomen und Ursachen

Beim neugeborenen Kalb verlaufen die wenigsten Krankheiten unter einem charakteristischen oder einheitlichen klinischen Bild. Der Landwirt zieht den Tierarzt meistens wegen eines besonders auffälligen äußeren Merkmals hinzu. Es ist dann die Aufgabe des Tierarztes, durch eine gezielte Erhebung der Anamnese und durch eine sorgfältige klinische Untersuchung zunächst zu einer Verdachtsdiagnose zu kommen und diese eventuell durch spezielle Untersuchungen abzusichern. Um diese Aufgabe zu erleichtern, werden nachstehend die Beziehungen zwischen sogenannten Leitsymptomen und deren wichtigen Ursachen in Form einer Übersicht zusammengestellt. Sofern die entsprechende Krankheit in diesem Buch abgehandelt wird, ist die zugehörige Seitenzahl angegeben.

Blähung

Chronische Indigestion (S. 302f.); Labmagenverlagerung (S. 303); Labmagentorsion (S. 303f.); Atresia coli (S. 273); Magenüberladung; Labmagengeschwür (S. 304); Peritonitis; Bezoare (S. 302); Pylorusstenose.

Durchfall

Diätetische Fehler (S. 306f.); Infektionen (S. 279ff.; 284ff.; 291f.; 305f.); Vergiftungen.

Dyspnoe

Bronchopneumonie (S. 277ff.; 284ff.; 292ff.); Lungenemphysem; Asphyxie (S. 266ff.); „Herzfehler" (S. 272); hohes Fieber; Vitamin E-/Selen-Mangel (S. 326ff.); Sepsis (S. 275f.; 277f.; 279ff.); Lungenödem; chronische Kupfervergiftung (S. 330f.).

Festliegen

Acidose (S. 323ff.); Vitamin E-/Selen-Mangel (S. 326ff.); Sepsis (S. 275f.; 277f.; 279ff.); Kleinhirnaplasie; Zerebrokortikalnekrose (S. 325f.); Enzephalomyelitis; Polyarthritis (S. 318f.); Rückenmarksabszeß; degenerative Myelopathie; Geburtstraumen; „Herzfehler" (S. 272).

Haut- und Haarkleidveränderung

Siehe Seite 319ff. Ferner: chronische Indigestion (S. 302); Malabsorptionssyndrom (S. 304ff.; 324); Dermatosparaxie (S. 274).

Kolik

Labmagenverlagerung (S. 303); Ileus; kongenitale Fehlbildungen im Bereich des Darmes; (S. 273); Darmverlagerung; Haarballen.

Kümmern

Malabsorptionssyndrom nach chronischen Virusinfektionen (S. 304ff.; 324); chronische Indigestion (S. 302f.).

„Lähme"

Polyarthritis infolge Infektion mit E. coli (S. 275ff.), Salmonellen (S. 279ff.), Mykoplasmen (S. 318f.); Vitamin E-/Selen-Mangel (S. 326ff.).

Plötzliche Todesfälle („apoplektiform")

„Herzfehler" (S. 272); enzootische Muskeldystrophie (S. 326 ff.); Sepsis, perakute Verlaufsformen (S. 275 f.; 277 f.; 279 ff.); Kupfermangel (S. 329); Vergiftungen; Clostridiose; perforierendes Labmagengeschwür (S. 304).

Speicheln

Stomatitis (S. 300 f.); Fremdkörper in der Mundhöhle; Tollwut; Vergiftungen.

Zentralnervöse Störungen

Meningitis; pränatale BVD-Infektion (S. 272 f.); Zerebrokortikalnekrose (S. 325 f.); Kupfermangel (S. 329); Otitis; Vergiftungen (Jauchegasvergiftung, S. 332; Furazolidonvergiftung, S. 331 f.); Hypomagnesämie.

Literatur

Braun, R. K., B. C. Tennant (1983): The relationship of serum γ globulin levels of assembled neonatal calves to mortality caused by enteric diseases. Agri Practice 4 (5), 14−24

Dirksen, G. (1977): Verdauungsapparat. Kotuntersuchung. In: *G. Rosenberger* (Hrsg.): Die klinische Untersuchung des Rindes. 2. Aufl. Verlag Parey, Berlin, Hamburg, 270−277

Eigenmann, U. J. E., J. Martens, H. H. Clausen (1982): Differentialdiagnose von Bleienzephalopathie, Zerebrokortikalnekrose und infektiöser septikämisch-thrombosierender Meningoenzephalitis des Rindes. Tierärztl. Prax. 10, 23−33

Hopkins, F. M., D. F. Dean, W. Greene (1984): Failure of passive transfer in calves: comparison of field diagnosis methods. Mod. Vet. Pract. 65, 625−628

Jablonski, P.-P. (1986): Harngewinnung beim weiblichen Rind mit Hilfe des Diuretikums Furosemid. Dtsch. Tierärztl. Wochenschr. 93, 80−81

Lambrecht, G., H. Frerking, E. Henkel (1982): Bestimmung von IgG, IgA und IgM im Erstkolostrum des Rindes mit Hilfe der Nephelometrie und der radialen Immundiffusion unter besonderer Berücksichtigung von Jahreszeit, Laktationsnummer und Vererbung. Dtsch. Tierärztl. Wochenschr. 89, 107−110

McBeath, D. G., W. J. Penhale, E. F. Logan (1971): An examination of the influence of husbandry on the plasma immunoglobulin level of the newborn calf, using a rapid refractometer test for assessing immunoglobulin content. Vet. Rec. 88, 266−270

Naylor, J. M., D. S. Kronfeld (1977): Refractometry as a measure of the immunoglobulin status of the newborn dairy calf: Comparison with the zinc sulfat turbidity test and single radial immundiffusion. Am. J. Vet. Res. 38, 1331−1334

Pfeiffer, N. E., T. C. McGuire (1977): A sodium sulfite-precipitation test for assessment of colostral immunoglobuline transfer to calves. J. Am. Vet. Med. Assoc. 170, 809−811

Tennant, B., B. H. Baldwin, R. K. Braun, N. L. Corcross, M. Sandholm (1979): Use of the glutaraldehyde coagulation test for detection of hypogammaglobulinemia in neonatal calves. J. Am. Vet. Med. Assoc. 174, 848−853

8.3 Störungen im perinatalen Zeitraum

8.3.1 Perinatale Mortalität

Wesen

Der Begriff „Perinatale Mortalität" beinhaltet Totgeburten (engl. stillbirth) und Todesfälle innerhalb der ersten 24 Stunden post natum. Etwa die Hälfte aller Kälberverluste fällt in diese Kategorie.

Ätiologie

Weitaus die größte Rolle spielen Geburtskomplikationen: Schwergeburten (Mißverhältnis zwischen der Größe der Frucht und der Weite des Geburtsweges); Lage-, Stellungs- und Haltungsanomalien; Torsio uteri; Zwillinge. In diesen Fällen entwickelt sich häufig bereits intrauterin eine Acidose (Frühasphyxie, s. S. 266 ff.).

Weitere Ursachen für die perinatale Mortalität sind: Unreife der Frucht infolge einer Frühgeburt; Überreife; vorzeitige Lösung der Plazenta; diaplazentare Infektionen (z. B. BVD, IBR); schwere Mißbildungen an inneren Organen (Herz, herznahe Gefäße, Nieren, Lunge, Gehirn usw.); geburtsbedingte Traumen (Luxationen und Subluxationen im Atlantookzipitalgelenk sowie zwischen dem ersten und zweiten Halswirbel, Frakturen am letzten Brust- oder ersten Lendenwirbel, Rippenfrakturen, Ruptur großer Gefäße).

Maßnahmen

Die Verminderung perinataler Verluste setzt eine Optimierung der geburtshilflichen Maßnahmen voraus. Dazu gehört vor allem eine möglichst genaue Schätzung von Größe und Gewicht einer Frucht unter Berücksichtigung der Faktoren, die diese beiden Kriterien am stärksten beeinflussen.

Das Risiko einer Schwergeburt ist wesentlich größer bei Färsen, bei männlichen Feten, bei übertragenen Früchten sowie bei bestimmten Rassen (z. B. Charolais, Weiß-blaue Belgier) oder bei Kälbern bestimmter Vatertiere. Die Mortalitätsrate bei Kälbern von primiparen Tieren ist etwa doppelt so groß wie bei Kälbern von pluriparen, wobei die männlichen Feten besonders gefährdet sind (Tab. 8.2).

Tabelle 8.2 Mortalitätsraten (%) bei neugeborenen Kälbern in Abhängigkeit von der Abkalbezahl des Muttertieres und vom Geschlecht des Kalbes (nach *Rudolph* 1970)

Muttertiere	Geschlecht des Kalbes	
	männlich	weiblich
Erstgebärende	14,0	6,2
Mehrgebärende	6,7	4,2

Treffen mehrere ungünstige Faktoren zusammen, so sollte rechtzeitig die Schnittentbindung in Erwägung gezogen werden. Bezüglich der Behandlung der Asphyxie wird auf Seite 269 f. verwiesen.

8.3.2 Asphyxie, neonatale Atemdepression

Wesen

Unter diesen synonym verwendeten Krankheitsbegriffen ist eine perinatal beim Feten oder Neugeborenen auftretende respiratorisch-metabolische Acidose (u. a. erniedrigter pH-Wert und erhöhtes Basendefizit im Blut) zu verstehen. Klinisch äußert sich die Asphyxie beim neugeborenen Kalb vor allem durch eine gestörte Atmungsfunktion sowie durch eine verminderte Vitalität. Abhängig von der Ätiologie kann die Asphyxie bereits sub natu entstehen; die Krankheit wird dann als „*Frühasphyxie*" bezeichnet. Entwickelt sich eine respiratorisch-metabolische Acidose erst im Verlauf der ersten Lebensstunde, wird die Erkrankung „*Spätasphyxie*" oder „*Atemnotsyndrom*" genannt. Sowohl die Früh- als auch die Spätasphyxie sind gekennzeichnet durch eine hohe perinatale Letalität sowie bei Überleben durch eine besondere Krankheitsanfälligkeit in der Neugeborenenphase.

Frühasphyxie

Die am häufigsten vorkommende Asphyxieform wird durch unterschiedliche Störfaktoren verursacht, die während des Geburtsverlaufs den Gasaustausch zwischen Muttertier und Feten beeinträchtigen. Je nach Ausmaß und Dauer der daraus resultierenden Acidose stirbt der Fetus ab oder wird mit reversiblen oder irreversiblen Organläsionen in einem Schockzustand geboren.

Ätiologie und Pathogenese

In den meisten Fällen dürfte die Frühasphyxie durch verstärkte und über längere Zeit andauernde Zugkraft bei geburtshilflichen Eingriffen ausgelöst werden. An Hand von blutgasanalytischen Untersuchungen (*Eigenmann* 1981) wurde nachgewiesen, daß forcierte Zughilfe – wie in Abb. 8.2 exemplarisch am pH-Wert-Verlauf dargestellt ist – beim Feten oder beim Neugeborenen zu einer starken, die Vitalität mindernden Acidose führt.

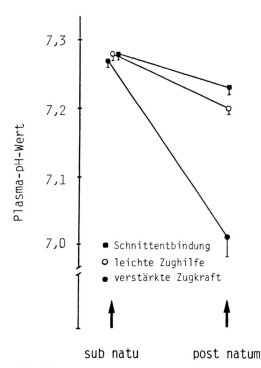

Abb. 8.2 Einfluß geburtshilflicher Maßnahmen auf den pH-Wert im venösen Blut von Kälbern (*Eigenmann* 1981)

Weitere wichtige asphyxieauslösende Faktoren sind Verzögerungen der Öffnungs- und Aufweitungsphase sowie übermäßige Wehen (u. a. *Held* 1983). In seltenen Fällen kommen als ursächliche Faktoren eine Insuffizienz der Plazenta (z. B. vorzeitige Lösung der Eihäute, Plazentitis) sowie eine Acidose beim Muttertier in Betracht (*Held* 1983).

Die vorher genannten Faktoren führen infolge eines gestörten uteroplazentaren Gasaustauschs zu einer Sauerstoffverarmung und Kohlendioxidanreicherung im Blut des Feten. Die Kohlendioxidüberladung bewirkt eine *respiratorische Acidose*. Auf den O_2-Mangel und die CO_2-Anreicherung reagiert der Fetus mit einer Sauerstoffsparschaltung des Kreislaufs. Dabei kommt es zu einer Vasokonstriktion in den intrauterin nicht lebenswichtigen Organen (u.a. Lunge, Darm, Magen, Niere, Leber) sowie in den Extremitäten und zu einer entsprechenden Mehrdurchblutung von Herz, Gehirn und Nebennieren. In den minderdurchbluteten Geweben steht nicht genügend Sauerstoff für den aeroben Kohlenhydratabbau zur Verfügung. Die Energiegewinnung erfolgt hier nunmehr vorwiegend über die anaerobe Glykolyse. Die daraus resultierende Anhäufung von Milch- und Brenztraubensäure ruft zusätzlich eine *metabolische Acidose* hervor (Abb. 8.3). Die Sauerstoffsparschaltung wirkt jedoch nur kurzfristig kompensierend. Bei fortbestehender Acidose kommt es zu einer Hemmung der Enzymaktivitäten sowie zu einer Erschöpfung der Kohlenhydratreserven. Langanhaltender Sauerstoffmangel führt schließlich zum schockbedingten Tod der Frucht.

Häufige Folgen einer intrauterinen Asphyxie sind darüber hinaus *Mekoniumabgang* und vermehrte Atmungsbewegungen mit *Aspiration von Fruchtwasser* (Gefahr einer Mekoniumaspiration).

Auswirkungen einer intrauterin entstandenen Asphyxie auf die Vitalität des neugeborenen Kalbes: Die Acidose des Neugeborenen hat einen starken Einfluß auf den Lungenkreislauf; sie bewirkt eine Vasokonstriktion der Lungenarteriolen, die den physiologischen Verschluß von Foramen ovale und Ductus arteriosus Botalli verhindert (Persistenz fetaler Kreislaufverhältnisse) und somit zu einer mangelhaften Durchblutung der Lunge führt. Eine über längere Zeit bestehende pulmonale Minderdurchblutung hat eine Schädigung des Alveolarepithels und Kapillarendothels zur Folge. Durch die daraus resultierende erhöhte Permeabilität kommt es zu einer Transsudation von Plasmabestandteilen in das Lungeninterstitium und in den Alveolarraum. Es entsteht ein interstitielles und alveoläres Lungenödem, das die Ventilation in zunehmendem Maße beeinträchtigt und dadurch die respiratorisch-metabolische Acidose noch verstärkt. Weiterhin treten bei asphyktischen Neugeborenen häufig Hirnläsionen (Ödeme und Blutungen) auf, die einen herabgesetzten oder ausbleibenden Saug- und Schluckreflex sowie Funktionsstörungen des Atmungszentrums zur Folge haben können.

Diagnose

Asphyxie des Feten: Die Diagnose der intrauterinen Asphyxie kann sicher durch eine sub natu durchgeführte Bestimmung des Blutgas- und Säurebasenstatus gestellt werden (Blutgewinnung aus der V. dig. dors. com. III im Bereich des Zwischenklauenspalts einer vorgelagerten Gliedmaße). Klinische Hinweise ergeben sich unter Praxisbedingungen jedoch oftmals schon aus dem Vorbericht sowie bei der geburtshilflichen Untersuchung. Eine intrauterine Asphyxie liegt erfahrungsgemäß in der Mehrzahl der Fälle dann vor, wenn beim Feten mehrere Reflexe ausgefallen sind, die Plazenta bereits teilweise abgelöst ist sowie dann, wenn der Blasensprung mehr als 6 Stunden zurückliegt. Die Ermittlung der Herzfrequenz des Feten durch die in den Uterus während der Wehenpausen eingeführte Hand stellt ein zusätzliches Diagnostikum zur Erkennung einer intrauterinen Asphyxie dar. So weisen Feten mit einer Herzfrequenz von mehr als 155 Schlägen pro Minute fast ausnahmslos ein Acidose auf.

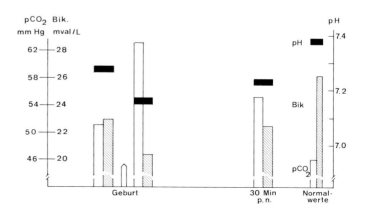

Abb. 8.3 pH, Bikarbonat und pCO_2 von asphyktischen Kälbern, unmittelbar vor der Geburt (A. umbilicalis) sowie 5 und 30 Minuten post natum (V. jugularis)

Asphyxie des Neugeborenen: Fehlende oder arrhythmische Atmung, keine oder herabgesetzte Reflexbeantwortung, zyanotische oder anämische Schleimhäute und Apathie sind hinweisende Symptome.

Zur Objektivierung der Vitalität des Kalbes unmittelbar nach der Geburt hat sich das in Tabelle 8.3 dargestellte APGAR-Schema bewährt.

Tabelle 8.3 Schema zur Beurteilung der Vitalität des Kalbes unmittelbar post natum (*Apgar*-Schema)

Beurteilungskriterien	Punktezahl		
	0	1	2
Kopfreaktion auf Kaltwasserguß	fehlt	herabgesetzt	spontane, aktive Bewegungen
Lid- und Zwischenklauenreflex	fehlen	ein Reflex positiv	beide Reflexe positiv
Atmung	fehlt	arrhythmisch	rhythmisch
Schleimhaut	bläulichweiß	bläulich	rosarot

Die 4 Beurteilungskriterien des APGAR-Schemas sind jeweils mit 0 bis 2 Punkten zu bewerten. Die Summe der Einzelbewertungen ergibt den Vitalitätsgrad des neugeborenen Kalbes:

7 bis 8 Punkte = lebensfrisch
4 bis 6 Punkte = gefährdet
0 bis 3 Punkte = lebensschwach

Fehlbeurteilungen können allerdings bei unreifen Kälbern auftreten, da diese in der Regel unmittelbar nach der Geburt klinisch nicht wesentlich beeinträchtigt sind, jedoch einige Zeit später eine Acidose entwickeln (s. Spätasphyxie).
Therapie (s. S. 269 f.).

Prophylaxe

Die wichtigste Maßnahme zur Verhütung von Frühasphyxien stellt die Verminderung der Schwergeburtenrate dar (u. a. genügend entwickeltes Becken bei der Erstbelegung; bei Färsen keine Verwendung von Sperma eines Bullen, der ein hohes Geburtsgewicht vererbt; intensive Überwachung der Abkalbung; Zughilfeleistung erst bei ausreichend für die Fruchtpassage vorbereitetem weichem Geburtsweg, das heißt im allgemeinen nicht vor Ablauf von 2 Stunden nach Blasensprung). In Grenzfällen, das heißt dann, wenn ein Auszugsversuch mit Hilfe von 2 bis maximal 3 Personen nicht nach kurzer Zeit zum Erfolg führt, ist die Schnittentbindung als Methode der Wahl anzusehen, um asphyxiebedingte Verluste einzudämmen.

Spätasphyxie (Atemnotsyndrom)

Diese Form der Asphyxie wird durch eine Unreife der Lunge verursacht. Eine Spätasphyxie entwickelt sich gemäß klinischer Erfahrung im Verlauf der ersten Lebensstunde. Das Einsetzen der zu einer respiratorisch-metabolischen Acidose führenden Atmungsstörungen wird im allgemeinen erst 5 bis 15 Minuten nach der Geburt beobachtet. Eine Spätasphyxie tritt um so häufiger auf, je kürzer die Graviditätsdauer des Muttertiers war. Besonders gefährdet sind Kälber, die schon vor Einsetzen des Geburtsvorgangs durch Schnittentbindung entwickelt werden (z. B. anläßlich der Notschlachtung des hochtragenden Muttertiers). So erkranken Kälber der Rasse „Deutsche Schwarzbunte", die zwischen dem 260. und 270. Tag der Gravidität vorzeitig durch Schnittentbindung geboren werden, in etwa 50 % der Fälle an einem Atemnotsyndrom.

Ätiologie und Pathogenese

Die Erkrankung ist auf einen Mangel an oberflächenaktiven Substanzen in den Lungenalveolen, Surfactant, zurückzuführen (*Eigenmann* et al. 1984; *Jahn* 1982). Der die Oberflächenspannung in den Alveolen herabsetzende Surfactantfilm ist unabdingbare Voraussetzung für eine ungestörte Entfaltung der Lungenalveolen. Surfactant wird von bestimmten Lungenepithelzellen (Typ-II-Pneumozyten) gebildet und besteht vorwiegend aus Phospholipiden. Wichtige Einzelkomponenten sind das Lezithin und das Sphingomyelin. Die Surfactantbestandteile treten kontinuierlich mit den Sekreten der Lunge des Feten in die Amnionflüssigkeit über. Die Bestimmung der Phospholipide in der Amnionflüssigkeit erlaubt folglich Aussagen über den Surfactantgehalt der Lunge und damit Rückschlüsse auf deren Reifegrad. Bei einem Lezithin-Sphingomyelin-Verhältnis (L/S-Quotient oder L/S-Ratio) über 2,0 in der Amnionflüssigkeit ist die Lunge des Kalbes ausgereift, und es treten keine Atmungsstörungen auf. Bei einem Quotienten unter 2,0 hingegen entwickelt sich im Verlauf der ersten Lebensstunde fast immer eine respiratorisch-metabolische Acidose.

Alveolen mit einer fehlenden oder ungenügenden Surfactantauskleidung kollabieren am Ende der Exspiration und können bei der anschließenden Inspiration nur teilweise neu entfaltet werden. In der Folge entstehen Atelektasen sowie auf Grund einer kompensatorischen Hyperventilation emphysematöse Lungenbezirke. Die sich mit zunehmender Intensität entwickelnden Atmungsstörungen führen zu einer respiratorisch-metabolischen Acidose mit Rückfall in fetale Kreislaufverhältnisse. Dies hat eine Minderdurchblutung der Lunge zur Folge (siehe Frühasphyxie). Aus der Acidose kann ein Schockgeschehen mit Aktivierung der Blutgerinnung, d.h. Bildung von Mikrothromben entstehen. Dadurch wird in der Lunge die Perfusion zusätzlich beeinträchtigt. Eine über längere Zeit bestehende pulmonale Minderdurchblutung hat eine Schädigung des Alveolarepithels und Kapillarendothels zur Folge. Durch die daraus resultierende erhöhte Permeabilität kommt es zu einer Transsudation von Plasmabestandteilen in das Lungeninterstitium und in den Alveolarraum (interstitielles und alveoläres Lungenödem). In fast allen Fällen entwickelt sich hyaline Membranen, die die Gasdiffusion zusätzlich einschränken. Eine hypoxische Schädigung der Typ-II-Pneumozyten soll einen sekundären Surfactantmangel bewirken.

Diagnose

Die neugeborenen Kälber weisen in der Regel Zeichen der Unreife auf (u.a. Haare in der Nabelgegend kurz und stachelig, weniger als 6 Schneidezähne durchgebrochen). Unmittelbar nach der Geburt scheinen die betreffenden Kälber klinisch nicht wesentlich beeinträchtigt zu sein. Im Verlauf der ersten Lebensstunde entwickeln sich dann zunehmende Atmungsstörungen (exspiratorisch betonte Dyspnoe mit interkostalen Einziehungen und Stöhnen bei der Ausatmung) (Abb. 8.4 s. Farbtafel 13).

Prophylaxe

Ist bei einem hochtragenden Rind die Verwertung innerhalb der nächsten Tage angezeigt, empfiehlt es sich, eine Geburtseinleitung mit einem Glukokortikoid oder Prostaglandin $F_2\alpha$ durchzuführen, da bei Anwendung dieser Hormone gleichzeitig eine Stimulierung der Lungenreifung des Feten erfolgt und dadurch die Gefahr des Auftretens einer Spätasphyxie erheblich vermindert wird

(Zaremba 1990). Nach derzeitigem Kenntnisstand ist bei Rindern der Rasse „Deutsche Schwarzbunte" eine antepartale Glukokortikoid- oder Prostaglandin $F_2\alpha$-Applikation allerdings frühestens ab einer Gestationsdauer von 258 Tagen in der überwiegenden Zahl der Fälle in der Lage, eine Spätasphyxie beim Neugeborenen zu verhindern. Den Untersuchungen von Zaremba (1990) zufolge ist davon auszugehen, daß bei einer Geburtseinleitung mit diesen Hormonen eine Zeitspanne von 30 Stunden nach der Applikation ausreicht, um den die Lungenreife fördernden Effekt zur Wirkung zu bringen. Daraus ergibt sich die praktische Konsequenz, daß bei einem zu verwertenden Muttertier die Fruchtentwicklung nach Öffnung des Abdomens erforderlichenfalls schon 30 Stunden nach der Geburtseinleitung vorgenommen werden könnte, auch wenn das Einsetzen der Geburtsvorgänge klinisch noch nicht feststellbar ist. Gegen dieses Vorgehen sprechen zumindest in der Bundesrepublik Deutschland die gesetzlich vorgeschriebenen Wartezeiten (siehe unten).

Trotz gleichrangiger Wirkung beider Hormone im Hinblick auf eine Verhütung der Spätasphyxie sollte dem Prostaglandin $F_2\alpha$ der Vorzug gegeben werden. Nachteil der Glukokortikoide ist ihre immunsuppressive Wirkung sowie die relativ lange Wartezeit, die in der Bundesrepublik Deutschland je nach Handelspräparat 5 bis 8 Tage für eßbares Gewebe beträgt. Für Prostaglandin $F_2\alpha$-Analoge ist eine Wartezeit von nur 2 Tagen vorgeschrieben.

Werden Pharmaka, die die Surfactantsynthese stimulieren (z.B. Glukokortikoide), erst nach der Geburt einem an einer Spätasphyxie erkrankten Kalb injiziert, so können diese den rasch fortschreitenden Krankheitsprozeß nicht aufhalten.

Therapie der Früh- und Spätasphyxie

Der Behandlung beider Asphyxieformen sind enge Grenzen gesetzt. Um die Luftwege von aspiriertem Fruchtwasser weitgehendst zu befreien, sollte das Neugeborene generell, das heißt auch ein lebensfrisches Kalb, sofort nach der Geburt an den Hintergliedmaßen hochgehalten und mehrmals vorsichtig geschwenkt werden. Möglichst noch in hochgehaltener Position ist danach durch ringförmiges Umfassen von Nasenrücken und Unterkiefer mit beiden Händen der verbliebene Schleim auszustreifen. Erst im Anschluß an diese Maßnahmen sollte zur Anregung der Atmung ein Kaltwasserguß erfolgen. Setzt die Atmung nicht spontan ein oder ist sie arrhythmisch und oberflächlich, empfiehlt sich die Durchführung einer intensiven manuellen Atemhilfe. Bei dem in Seitenlage verbrachten Kalb wird zur Weitung des Brustkorbs (Inspiration) die oben liegende Gliedmaße vom Körper weg nach vorn und oben gezogen. Anschließend ist zur Komprimierung des Thorax (Exspiration) die Vordergliedmaße anzubeugen und an den Thorax zu pressen. Erfahrungsgemäß ist dieses Vorgehen erfolgreich, wenn die Acidose nur von kurzer Dauer war (z. B. bei einer Fruchtextraktion mit verstärkter Zughilfe).

Bei gestörter Atmungstätigkeit empfiehlt sich weiterhin die Verabreichung eines Atemstimulans (z. B. Respirot®, Ciba Geigy: 5 ml bukkal; Dopram®-V, Albrecht: 2 bis 5 ml bukkal oder intravenös). Zur Anregung des Kreislaufs hat sich die intravenöse Applikation von 3 bis 5 ml einer 50%igen Koffein-Natrium-Salizylat-Lösung bewährt.

Ein großes, noch nicht gelöstes Problem stellt die apparative Beatmung dar. Der Einsatz von Beatmungsgeräten mit intermittierend positivem Druck über einen Trachealtubus dürfte – zumindest unter Praxisbedingungen – wegen der schwierigen Handhabung sowie aus Kostengründen kaum realisierbar sein.

Die Zufuhr von Sauerstoff über eine Gesichtsmaske ist nicht zu empfehlen. Bei dieser Maßnahme kommt es zu einer Aufblähung des Magentrakts. Als Folge davon wird das Zwerchfell hochgedrängt, so daß die an sich schon gestörte Lungenventilation zusätzlich behindert wird.

Das Einführen eines Gummischlauchs in eine der Nasenöffnungen mit nachfolgender Insufflation von Sauerstoff – eine häufig empfohlene Maßnahme – trägt zu keiner deutlichen Verbesserung des Krankheitsgeschehens bei.

Aus theoretischen Überlegungen erscheint es sinnvoll, die Acidose zu beheben und den betroffenen Tieren Glucose als Energieträger zu verabreichen. Da unter Stallbedingungen die Pufferung in Unkenntnis der genauen Säure-Basen-Verhältnisse erfolgen muß, ist Natriumbikarbonat wegen seiner großen therapeutischen Breite als Mittel der Wahl anzusehen. Die intravenöse Schnellinfusion von 4 bis 6 mmol Natriumbikarbonat/kg KGW (entspricht 4 bis 6 ml einer 8,4%igen oder 6,7 bis 10 ml einer 5%igen Lösung/kg KGW) bewirkt eine sofortige pH-Korrektur. Der Wert einer Behandlung mit Natriumbikarbonat ist allerdings umstritten. Positiven Resultaten (*Häberle* 1986) stehen negative Therapieergebnisse gegenüber (*Falk* 1982; *Rüdiger* 1982).

Da bei asphyktischen Kälbern, die die Perinatalperiode überleben, zum Teil auf Grund der hypoxiebedingten Lungengewebeschädigungen, zum Teil aber auch wegen unzureichender Kolostrumaufnahme vermehrt Infektionen des Atmungstrakts auftreten, ist eine frühzeitige Prophylaxe mit antibakteriellen Chemotherapeutika ratsam.

Asphyktische Kälber bedürfen einer intensiven Betreuung. Besondere Schwierigkeiten bereitet die Kolostrumaufnahme. Da bei asphyktischen Neugeborenen auf Grund von Schädigungen im Hirnbereich der Saug- und Schluckreflex anfangs in der Regel deutlich herabgesetzt ist, können die Tiere in den ersten 4 Lebensstunden meistens nicht die mindest erforderliche Menge von zwei Litern Kolostrum aufnehmen. Es ist deshalb empfehlenswert, asphyktische Kälber zunächst mit einer Saugflasche zu tränken. Auf diese Weise nehmen Neugeborene mit Geburtsacidose Kolostrum williger auf als aus einem Eimer oder einer Schale; dabei ist auch die Gefahr des Verschluckens wesentlich geringer.

Die Applikation von Kolostralmilch mit einer Maulsonde sollte auf Kälber beschränkt bleiben, die nicht ausreichend oder kein Kolostrum aufnehmen, denn nachteilig bei dieser Maßnahme ist, daß im Vergleich zur freiwilligen Tränkeaufnahme deutlich verminderte Immunglobulinspiegel erzielt werden (*Zaremba* et al. 1985).

Sofern doch eine Applikation von Kolostralmilch mit der Sonde vorgenommen wird, sollte eine großlumige Maulsonde (äußerer Durchmesser etwa 1,7 cm) verwendet werden. Ihr richtiger Sitz im oberen Teil des Ösophagus läßt sich palpatorisch gut überprüfen, und ein Einführen in die Trachea – was erfahrungsgemäß relativ häufig bei Verwendung einer kleinlumigen Sonde erfolgt – wird vermieden. Zusätzlich sollte ihre richtige Lage durch Auskultation in der linken Flanke kontrolliert werden, wo das Einströmen eingeblasener Luft zu hören sein muß.

Folgen der Asphyxie

Kälber mit einer schweren Asphyxie verenden häufig bereits in der perinatalen Phase. Tiere, die eine Asphyxie überlebt haben, behalten in vielen Fällen bleibende Organschäden (insbesondere Gehirnläsionen) zurück und sind in der Neugeborenenphase besonders anfällig gegenüber Infektionskrankheiten (Pneumonie, Diarrhöe, E.-coli-Allgemeininfektion). Die hohe Krankheitsanfälligkeit ist vor allem darauf zurückzuführen, daß asphyktische Neugeborene auf Grund eines herabgesetzten oder vorübergehend aufgehobenen Saug- und Schluckreflexes verspätet und vermindert Kolostrum aufnehmen und infolgedessen einen unzureichenden Immunschutz aufweisen.

Darüber hinaus dürften die hypoxiebedingten Gewebeläsionen im Bereich von Lunge und Darm das Angehen von Infektionen fördern.

Literatur

Aurich, J. E., E. Grunert, W. Zaremba (1989): Veränderungen im Blutgerinnungspotential frühgeborener Kälber mit und ohne Atemnotsyndrom. Tierärztl. Prax. *17*, 27–33

Eigenmann, U. J. E. (1981): Der Einfluß geburtshilflicher Maßnahmen auf die Lebensfähigkeit neugeborener Kälber. Prakt. Tierarzt *62*, 933–942, 1006

Eigenmann, U. J. E., E. Grunert, U. Köppe (1981): Zur „Spätasphyxie" des Kalbes. Berl. Münch. Tierärztl. Wochenschr. *94*, 249–254

Eigenmann, U. J. E., E. Grunert, K. Luetgebrune (1983): Die Asphyxie des Kalbes. Prakt. Tierarzt *64*, 603–611

Eigenmann, U. J. E., B. Rüdiger, H.-A. Schoon, E. Grunert (1982): Natriumbikarbonat- und Glukosebehandlung bei der Asphyxie des Kalbes. Dtsch. Tierärztl. Wochenschr. *89*, 228–234

Eigenmann, U. J. E., H.-A. Schoon, D. Jahn, E. Grunert (1984): Neonatal respiratory distress syndrome in the calf. Vet. Rec. *114*, 141–144

Eigenmann, U. J. E., W. Zaremba, K. Luetgebrune, E. Grunert (1983): Untersuchungen über die Kolostrumaufnahme und die Immunglobulinabsorption bei Kälbern mit und ohne Geburtsazidose. Berl. Münch. Tierärztl. Wochenschr. *96*, 109–113

Falk, B. (1982): Zur Behandlung des Atemnotsyndroms beim Kalb mit Natriumbikarbonat und Glukose. Hannover, Tierärztl. Hochsch., Diss.

Häberle, K. (1986): Zur Korrektur des Azidosezustandes bei neugeborenen Kälbern mit Atemdepression. Gießen, Univ., Veterinärmed. Fak., Diss.

Held, T. (1983): Klinische und blutgasanalytische Untersuchungen bei kalbenden Rindern und deren Feten. Hannover, Tierärztl. Hochsch., Diss.

Jahn, D. (1982): Untersuchungen über die Ursachen des Atemnotsyndroms frühgeborener Kälber mit besonderer Berücksichtigung des Surfactant-Systems. Hannover, Tierärztl. Hochsch., Diss.

Köppe, U. (1980): Blutgas- und Säure-Basen-Werte bei vorzeitig und termingerecht entwickelten Kälbern in den ersten 24 Lebensstunden. Hannover, Tierärztl. Hochsch., Diss.

Pickel, M. (1987): Bestimmung verschiedener Blutparameter bei zu früh geborenen gesunden oder an einer Spätasphyxie erkrankten Kälbern im Verlauf der ersten Lebenswoche. Hannover, Tierärztl. Hochsch., Diss.

Pickel, M., W. Zaremba, E. Grunert (1989): Kreatinin-, Harnstoff- und Mineralstoffgehalte bei frühgeborenen gesunden oder an einer Spätasphyxie erkrankten Kälbern im Verlauf der ersten Lebenswoche. J. Vet. Med. A *36*, 132–141

Rudolph, D. (1970): Untersuchungen über Kälberverluste in Herdbuchbetrieben des Deutschen Braunviehs. München, Univ., Tiermed. Fak., Diss.

Rüdiger, B. (1982): Behandlung asphyktischer Kälber mit Natriumbikarbonat und Glukose. Zürich, Univ., Veterinärmed. Fak., Diss.

Saling, E. (1966): Die O_2-Sparschaltung des fetalen Kreislaufes. Geburtshilfe Frauenheilkd. *26*, 413–419

Schoon, H.-A. (1985): Zur Pathogenese des Atemnotsyndroms neugeborener Kälber. In: 16. Kongr. Dtsch. Veterinärmed. Ges., Bad Nauheim 1985. Kongr. Ber., 181–194

Zaremba, W. (1985): Maßnahmen zur Verhütung des Atemnotsyndroms beim neugeborenen Kalb. In: 34. Int. Fachtag. für Fortpflanz. u. Besamung, Wels 1985. Tag. Ber.

Zaremba, W. (1990): Untersuchungen zur Prophylaxe der Spätasphyxie des Kalbes mit Berücksichtigung des Gesundheitszustands in der Neugeborenenphase. Hannover, Tierärztl. Hochsch., Habil.-Schr. (in Vorbereitung)

Zaremba, W., E. Grunert (1986): Zur Asphyxie des Kalbes. Prakt. Tierarzt *67*, Coll. Vet. XVI (1985), 17–24

Zaremba, W., E. Grunert, W. Heuwieser, H. Schiffner-Mehrens (1985): Untersuchungen über die Immunglobulinabsorption bei Kälbern nach Verabreichung von Kolostrum per Schlundsonde im Vergleich zur freiwilligen Aufnahme. Dtsch. Tierärztl. Wochenschr. *92*, 18–20

8.4 Mißbildungen

Vorkommen, Bedeutung

Angaben über das Vorkommen von Mißbildungen bei Kälbern schwanken zwischen 0,05 und 3 % (*Leipold* et al. 1983). Die meisten Angaben liegen zweifellos zu niedrig, da lückenlose und systematische Untersuchungen bei ausreichend großen Populationen von Neugeborenen fehlen und die Dunkelziffer somit erheblich ist.

Aus wirtschaftlichen Überlegungen interessiert primär die Frage, ob und unter welchen Bedingungen im Einzelfall ein Kalb gemästet werden kann. Im Hinblick auf die prognostische Beurteilung werden im folgenden die wichtigsten Mißbildungen kurz abgehandelt:

8.4.1 Herz und herznahe Gefäße

Mißbildungen im Bereich des Herzens kommen relativ häufig vor. In der Praxis werden sie jedoch nicht selten übersehen oder falsch interpretiert. Bei perinatal verendeten Kälbern beobachtete *Kast* (1970) 2 % mit „Herzmißbildungen". *Dirksen* und *Hofmann* (1974) ermittelten im Rahmen von umfangreichen in Mastbetrieben durchgeführten Untersuchungen zwischen 0,5 und 0,8 % Tiere mit derartigen Defekten.

Bei den Mißbildungen im Bereich des Herzens handelt es sich vor allem um persistierende fetale Anlagen (Ductus arteriosus Botalli, Foramen ovale), Ventrikelseptumdefekte, supravalvuläre Aortenstenose und Dextraposition der Aorta.

Die Überlebensaussichten betroffener Tiere sind abhängig von der Art und vom Grad der Mißbildung sowie von der Möglichkeit der Kompensation. Die Vielzahl der unterschiedlich stark ausgebildeten Defekte führt zu Symptomenbildern, die sich in drei Gruppen zusammenfassen lassen:

- perinatale Depression
- Dyspnoe
- herabgesetzte Sauglust, häufiges Liegen, unbefriedigende Gewichtszunahmen.

Für den Tierarzt ist es wichtig, bei diesen „Leitsymptomen" an die Möglichkeit eines „Herzfehlers" zu denken, das Tier dementsprechend gezielt zu untersuchen und die Prognose abzuschätzen. Eine ausführliche Beschreibung der Symptomatik findet man bei *Christl* (1975).

Der *Vorbericht* ist oft irreführend: reduzierte Sauglust, Husten beim Trinken, Lungenentzündung, häufiges Liegen, Kümmern. Die klinische Untersuchung ergibt folgende *Befunde:* zurückgebliebene Entwicklung, glanzloses Haarkleid, erhöhte Atemfrequenz schon in der Ruhe, ausgeprägt nach dem Aufstehen, Puls nicht oder nur undeutlich fühlbar, Körperoberfläche kühl, Schleimhäute anämisch oder zyanotisch, Herzfrequenz meistens > 100/min., auffällige Herzgeräusche. Die verstärkte Herzaktion ist oft deutlich spürbar, wenn die Hand flach an die seitliche Brustwand angelegt wird.

Prognose: Leichtgradige Fälle, vor allem beim Persistieren von fetalen Kreislaufelementen, haben eine relativ gute Prognose, da solche Fehlbildungen zum Teil recht gut kompensiert werden können. Schwerwiegende Mißbildungen sind prognostisch zweifelhaft zu beurteilen. Bei Verschlechterung der klinischen Symptome sollten betroffene Tiere rechtzeitig getötet oder gegebenenfalls verwertet werden.

8.4.2 Blindheit

Die kongenitale Blindheit stellt eine der häufigsten Mißbildungen dar. Sie ist bei Nachkommen bestimmter Bullen oder innerhalb gewisser Rassen besonders häufig anzutreffen. Auffällige Merkmale sind beiderseitige Linsen- und Korneatrübung, oft in Kombination mit Mikrophthalmie und Schwanzmißbildungen (*Winzenried* 1974). Betroffene Tiere sind überdurchschnittlich krankheitsanfällig und weisen oft unbefriedigende Gewichtszunahmen auf. Beim Auftreten von klinischen Störungen sollten sie daher rechtzeitig verwertet werden.

8.4.3 Hydrozephalus

Der sogenannte Wasserkopf des Kalbes beruht in der Regel auf einer abnormen Vermehrung des Liquor cerebrospinalis (Hydrocephalus internus). Diese Mißbildung kommt relativ häufig vor, wobei erhebliche graduelle Unterschiede beobachtet werden können, von kaum wahrnehmbaren bis zu fußballgroßen Auftreibungen des Schädels. Der Hydrocephalus internus ist mitunter kombiniert mit anderen Mißbildungen wie Anophthalmie (*Walser* und *Püschner* 1971) oder Hypoplasie innerer Organe (*König* et al. 1980). Die Ausfallserscheinungen sind abhängig vom Ausmaß der Gehirnatrophie und dem gleichzeitigen Vorkommen von anderen Defekten. Kälber mit geringgradiger Ausbildung eines Hydrozephalus können oft problemlos gemästet werden. Entscheidend ist letztlich die Fähigkeit zur spontanen und ungestörten Milchaufnahme und -verwertung.

8.4.4 Okulozerebelläres Syndrom

Bei Kälbern, die als Feten zwischen dem 90. und 150. Tag der Trächtigkeit eine BVD-Infektion durchgemacht haben, entwickelt sich in der Folge oft ein okulozerebelläres Syndrom (*Stöber* 1984, *Stöber* et al. 1987), gekennzeichnet durch Mikrophthalmie, Linsentrübung, unvollständige Irispigmentation, Entzündung des N. opticus, Hydrocephalus internus oder Hydranenzephalie, Kleinhirnhypoplasie, Dysmyelinisierung des Rückenmarks. Betroffene Tiere zeigen nach der Geburt meistens mehrere der folgenden Symptome: Beeinträchtigung des Sehvermögens, Ataxie, Festliegen in Brustlage mit mäßig angehobenem, seitlich hin- und herpendelndem Kopf oder in flacher Seitenlage mit ausgestreckten, zeitweilig rudernden Beinen, Tremor, Opisthotonus oder Tortikollis. Die Krankheit ist medikamentell nicht beeinflußbar und verläuft in der Regel tödlich.

Der Nachweis einer intrauterinen BVD-Infektion setzt voraus, daß Antikörperbestimmungen im Serum vor der erstmaligen Kolostrumaufnahme durchgeführt werden können.

8.4.5 Atresia ani

Beim kongenitalen Verschluß des Afters handelt es sich oft um eine hereditäre Mißbildung mit rezessivem Erbgang. Betroffene Kälber zeigen zunächst eine ungestörte Milchaufnahme. Ab dem zweiten Lebenstag treten zunehmend Störungen des Allgemeinbefindens in Erscheinung: Rückgang der Sauglust, Apathie, Drängen auf Kot, wobei sich gleichzeitig die Haut über dem Anus kuppelartig vorwölbt. Das Leiden wird nicht selten von den Besitzern erst einige Tage nach der Geburt erkannt, so daß dem Tierarzt schließlich ein moribundes Tier vorgestellt wird.

Behandlung: Spalten der Haut und des darunter liegenden Darmendes im Bereich des Afters. Fixation der Darmschleimhaut an der äußeren Haut. Kälber mit Mißbildungen des Darms sind von der Zucht auszuschließen.

8.4.6 Atresia ani et recti

Fehlt nicht nur der After, sondern auch noch ein Teil des Rektums, so zeigen die Tiere in den meisten Fällen lediglich eine zunehmende Störung des Allgemeinbefindens. Das normalerweise durch die Füllung des Rektums reflektorisch ausgelöste Pressen auf den Kot unterbleibt. Im Bereich des verschlossenen Afters ist keine Vorwölbung erkennbar wie bei der Atresia ani.

Behandlung: Versuche, operativ von kaudal her das Mastdarmende zu erreichen und nach außen zu ziehen, verlaufen in der Regel erfolglos.

Bei weiblichen Kälbern kann versucht werden, durch Spalten des Scheidendachs eine Rektovaginalfistel herzustellen. Gelingt dies nicht oder handelt es sich um ein männliches Kalb, so ist es am zweckmäßigsten, wie bei der Atresia coli eine Blinddarmfistel anzulegen.

8.4.7 Atresia coli

Vorkommen, Bedeutung: Agenesien (fehlende Anlage), Aplasien (fehlende Ausbildung des embryonal angelegten Organs) und Atresien (fehlendes Lumen) können sämtliche Darmabschnitte des Kalbes betreffen. Am häufigsten kommen derartige Mißbildungen im Bereich des Kolons vor. Die praktische Bedeutung liegt vor allem darin, daß die Symptome der Atresia coli häufig falsch interpretiert werden. Die Folgen sind unzweckmäßige Behandlungen und Fehleinschätzungen der Prognose.

Ätiologie und Pathogenese: Hinsichtlich der Pathogenese bestehen weitgehend lediglich Hypothesen. Selbst in Gebieten mit gehäuftem Vorkommen war es nicht möglich, die Bedeutung von Umwelteinflüssen oder von genetischen Faktoren abzuschätzen (*Benda* et al. 1978). Möglicherweise sind Frühgraviditätsuntersuchungen vor dem 40. Tag nach der Besamung (Ertastung der Amnionblase) für die Genese dieser Mißbildung von Bedeutung (*Ness* et al. 1982).

Symptome: Nach problemloser Geburt und zunächst ungestörtem Allgemeinbefinden, normalem Verhalten und guter Sauglust zeigen die betroffenen Kälber bereits am zweiten Tag eine progressive Verschlechterung des Allgemeinbefindens, Nachlassen und schließlich Sistieren der Milchaufnahme, kolikartige Symptome, leicht geblähtes Abdomen und gespannte Bauchdecken.

Behandlung: Bei Tieren mit nur geringgradig gestörtem Allgemeinbefinden wird das Anlegen einer Blinddarmfistel empfohlen (Abb. 8.5a–c; *Berchtold* et al. 1985).

Abb. 8.5 a-c Anlegen einer Blinddarmfistel. a: Anheften des Bauchfells an die Subkutis. b: Fixation des Blinddarms an Subkutis und Haut. c: Annähen der Wundränder des geöffneten Blinddarms an die äußere Haut. 1 = äußere Haut, 2 = Subkutis, 3 = Muskulatur der Bauchwand, 4 = parietales und viszerales Bauchfell, 5 = Muskelschicht, 6 = Schleimhaut des Blinddarms

8.4.8 Dermatosparaxie

Unter Dermatosparaxie (*Ehlers-Danlos*-Syndrom) versteht man eine hereditäre Bindegewebsschwäche, welche sich in Hyperelastizität und extrem leichter Zerreißbarkeit der Haut äußert. Die Krankheit kann bereits bei der Geburt klinisch manifest sein oder erst zu einem späteren Zeitpunkt in Erscheinung treten (*Stöber* et al. 1982). In besonders schweren Fällen können bei der Geburtshilfe oder später bei zunächst harmlos scheinenden Hautläsionen unbeabsichtigt größere Hautpartien abgelöst werden.

Die Dermatosparaxie des Rindes ist vermutlich auf unterschiedliche pathogenetische Mechanismen zurückzuführen. In einem Teil der Fälle handelt es sich um einen einfach rezessiv autosomal vererbten Defekt. Daneben gibt es offenbar noch einen dominanten Erbgang (*Drommer* et al. 1985). Die Krankheit ist therapeutisch nicht zu beeinflussen.

8.4.9 Nabelbruch

Wesen, Bedeutung: Bei Kälbern mit abnorm weiter Nabelpforte können Eingeweideteile (großes Netz, Dünndarmschlingen) aus dem Abdomen austreten, bedeckt vom parietalen Bauchfell (innerer Bruchsack) und der Haut (äußerer Bruchsack). Die Häufigkeit des Vorkommens von Nabelhernien variiert von 2,9 % (Braunvieh) bis zu 7,1 % (Schwarzbunte; *Brehm* et al. 1985).

Ätiologie und Pathogenese: Beim kongenitalen Nabelbruch handelt es sich in den meisten Fällen um eine hereditäre Mißbildung mit rezessivem Erbgang.

Symptome und Verlauf: Im Bereich des Nabels kann eine kugelige, hühnerei- bis kopfgroße, nicht schmerzhafte Schwellung festgestellt werden. Die Haut darüber ist abhebbar und verschieblich. Wird das Kalb auf den Rücken gelegt, läßt sich der Inhalt leicht in das Abdomen zurückverlagern. Dabei spürt man in der Bauchwand die meist längsovale, für einen oder mehrere Finger passierbare Bruchpforte.

Nicht selten ist der Nabelbruch kombiniert mit einer Omphalitis. Das Netz kann mit dem inneren Bruchsack verwachsen sein. Bei der Palpation spürt man dann innerhalb des Bruchsacks nicht vollständig reponierbares, sich knirschend anfühlendes Gewebe.

Bei kleinen Nabelbrüchen kommt es im Verlauf der ersten Lebenswochen nicht selten zur spontanen Verengung der Nabelpforte und dadurch zum Verschwinden des Bruches. Häufig aber wird die Bruchpforte zunehmend weiter, der Inhalt nimmt zu und der Bruchsack wird größer. Als Komplikation zu erwähnen ist die Inkarzeration, die rasch zu einem stark gestörten Allgemeinbefinden führt.

Diagnose und Differentialdiagnose: Die Diagnose stützt sich auf folgende Kriterien: Vorbericht (angeborene Schwellung im Bereich des Nabels) Reponierbarkeit des Inhalts (ganz oder teilweise); Palpierbarkeit einer Bruchpforte. Differentialdiagnostisch in Betracht zu ziehen sind die Omphalitis und der Nabelabszeß (fluktuierend, nicht reponierbar, Haut meist verändert und nicht abhebbar, s. S. 316f.).

Therapie: Das Behandlungsverfahren der Wahl ist der operative Verschluß der Bauchwand nach Resektion des Bruchsacks. Verfahren wie die Sklerotherapie, das Abklupen des Bruchsacks oder das Anlegen von Kastrationsringen für Lämmer sind heute als obsolet zu beurteilen.

Der Entschluß zu einem operativen Eingriff sollte möglichst früh gefaßt werden, wenn es sich zeigt, daß der Bruch sich nicht spontan verkleinert oder sogar an Größe zunimmt. Vorgehen: Kalb 24 Stunden hungern lassen. Sedierung: 0,2 mg Rompun®/kg KGW i. m.. Lokale Infiltrationsanästhesie oder Epiduralanästhesie (0,1 ml Lidocain 2 %ig/kg KGW lumbosakral verabreicht). Rückenlage des Patienten, Gliedmaßen nach oben fixieren, Klauen eventuell in Kunststoffhandschuhe einhüllen. Operationsbereich reinigen, rasieren, desinfizieren, mit Schlitztuch abdecken. Kuppe des Brucksacks anheben lassen. Haut spindelförmig wenige Millimeter innerhalb des Bruchrings einschneiden (Abb. 8.6 s. Farbtafel 13) und mit der Schere möglichst stumpf vom inneren Bruchsack freipräparieren (Abb. 8.7 s. Farbtafel 13). Größere Gefäße ligieren. Bei männlichen Tieren Präputium und Penis ausreichend nach der Seite verschieben. Inneren Bruchsack seitlich von der Bruchpforte öffnen. Digitale Kontrolle von eventuellem Inhalt (Netz, Darmschlingen, verdickter Urachus, entzündlich veränderte Nabelgefäße). Resektion des Bruchsacks unter digitaler Kontrolle entlang des Bruchrings (Abb. 8.8 s. Farbtafel 14). Eventuelle Verklebungen von Bruchinhalt mit dem inneren Bruchsack stumpf und schonend lösen.

Verschluß der Bauchdecke mit synthetischem, resorbierbarem Nahtmaterial (Sultansche Diagonalnähte oder fortlaufende Kürschnernaht). Subkutane Raffungsnaht zur Vermeidung von Serombildungen. Hautnaht mit synthetischem, nicht resorbierbarem Nahtmaterial mit monofilen Eigenschaften.

Prognose: Die Prognose ist in frischen, unkomplizierten Fällen (keine Inkarzeration) günstig. Verlaufsuntersuchungen von *Hermann* (1980) ergaben bei 84 von 89 Tieren einen komplikationslosen Heilungsverlauf.

Literatur

Benda, A., H. Haase, S. Willer, F. Berschneider, W. Müller, A. Mauke (1978): Zur Problematik des Auftretens der Atresia coli bei Kälbern. Monatsh. Veterinärmed. *33*, 683–687

Berchtold, M., A. Mittelholzer, L. Camponovo (1985): Atresia coli beim Kalb. Dtsch. Tierärztl. Wochenschr. *92*, 395–398

Brehm, G., J. Hondele, O. Distl, H. Kräusslich (1985): Felduntersuchungen über Auftreten und Ursachen von Nabelbrüchen beim Braunvieh. Tierärztl. Umsch. *40*, 877–882

Christl, H. (1975): Klinische und pathologisch-anatomische Beobachtungen an Kälbern mit konnatalen Herz- und Gefäßmißbildungen. Tierärztl. Prax. *3*, 293–302

Dirksen, G., W. Hofmann (1974): Neuere Gesundheitsprobleme bei Aufzucht und Mast von Kälbern. Eine Übersicht. Veterinärmed. Nachr. 1974, 3–21

Doll, K., T. Hänichen, A. Pospischil (1985): Dermatosparaxie bei einem Deutschen Fleckviehkalb. Tierärztl. Umsch. *40*, 882–888

Drommer, W., F.-J. Kaup, M. Stöber (1985): Elektronenmikroskopische Befunde bei der Dermatosparaxie des schwarzbunten Niederungsrindes. Tierärztl. Umsch. *40*, 889–893

Hermann, M. (1980): Verlaufsuntersuchungen nach Nabeloperationen beim Kalb. Bern, Univ., Veterinärmed. Fak., Diss.

Kast, A. (1970): Angeborene Transpositionen von Aorta und A. pulmonalis beim Rind. Zentralbl. Veterinärmed. A *17*, 780–795

König, B., A. Tontis, R. Fatzer (1980): Angeborene morphologische Anomalien bei Kälbern aus dem Raum Bern. Schweiz. Arch. Tierheilkd. *122*, 435–458

Leipold, H. W., K. Huston, S. M. Dennis (1983): Bovine congenital defects. Adv. Vet. Sci. Comp. Med. *27*, 197–271

Ness, H., G. Leopold, W. Müller (1982): Zur Genese des angeborenen Darmverschlusses (Atresia coli et jejuni) des Kalbes. Monatsh. Veterinärmed. *37*, 98–92

Stöber, M. (1984): Neuere Erkenntnisse über das BVD-Syndrom des Rindes: Erreger, Immunitätsgeschehen, Verlauf und Verbreitung, Bekämpfung. Prakt. Tierarzt *65*, Coll. Vet. XIV (1983), 88–98

Stöber, M., L. Roming, H. Bentrup (1987): Bovine Virusdiarrhoe: Okulozerebräres Syndrom beim neugeborenen Kalb. Prakt. Tierarzt *68*, Coll. Vet. XVII (1986), 67–68

Stöber, M., G. Trautwein, H. Scholz, W. Münzenmayer (1982): Übermäßige Dehnbarkeit und Verletzlichkeit der Haut beim schwarzbunten Niederungsrind (Bindegewebsschwäche, Dermatosparaxie). Prakt. Tierarzt *63*, 139–148

Walser, K., H. Püschner (1971): Über einige Fälle von Anophthalmie bei Kälbern des Deutschen Braunviehs. Zuchthygiene *6*, 1–5

Winzenried, H. U. (1974): Angeborene Blindheit des Kalbes. Schweiz. Landwirtsch. Monatsh. *52*, 405–409

8.5 Allgemeininfektionen

8.5.1 E.-coli-Allgemeininfektion (E.-coli-Sepsis)

Wesen, Vorkommen und Bedeutung

Die durch bestimmte E.-coli-Serotypen hervorgerufene Allgemeininfektion ist von der durch andere Serotypen dieser Keimart verursachten Diarrhöe (s. S. 305) abzugrenzen. Die Allgemeininfektion tritt in der Regel sporadisch und fast ausnahmslos bei wenige Tage alten Kälbern mit einer Hypo- oder Agammaglobulinämie auf. Nach der ersten Lebenswoche wird eine E.-coli-Sepsis nur noch sehr vereinzelt festgestellt. Die Erkrankung verläuft fast immer perakut und endet in der Regel tödlich. Bei der äußerst selten vorkommenden protrahierten Verlaufsform dominieren metastatische Gelenk- und Sehnenscheidenentzündungen sowie Meningitiden oder Meningoenzephalitiden.

Ätiologie und Pathogenese

Die Allgemeininfektion wird durch bestimmte E.-coli-Serotypen verursacht. Weitaus am häufigsten ist der Stamm 078 : K 80 (B) nachzuweisen. Geringere Bedeutung sollen die Stämme der Serogruppen 08, 09, 015, 055, 0115 und 0117 haben.

In der Regel sind nur Kälber empfänglich, die eine Hypo- oder Agammaglobulinämie aufweisen (unzulängliche Kolostrumversorgung oder Absorptionsblock, d. h. nicht stattfindende Immunglobulinabsorption trotz Gabe einer ausreichenden Biestmilchmenge). Die Übertragung des Erregers erfolgt häufig schon bei der Geburt. Der Nasenrachenraum ist als Hauptinfektionspforte anzusehen; in seltenen Fällen kann die Infektion auch vom Darm oder vom Nabel ausgehen. Die in die Blutbahn und in die Organe eingewanderten E.-coli-Keime vermehren sich massenhaft. Nach Zerfall der Bakterienwand wird ein stark wirksames Endotoxin freigesetzt, das zum Schock führt (Endotoxinschock). Insbesondere bei protrahiertem Verlauf stellen Gelenke, Gehirn oder Hirnhäute Prädilektionsstellen für die Ansiedlung von E.-coli-Keimen dar.

Symptome, Verlauf und Prognose

Erstes Anzeichen der Erkrankung ist ein Temperaturanstieg auf etwa 40 bis 41 °C. Trotz des Fiebers ist das Allgemeinbefinden der Kälber noch weitgehend ungestört, so daß das Anfangsstadium der Erkrankung selten erkannt wird. In der Regel entwickelt sich sehr schnell eine hochgradige Störung des Allgemeinbefindens mit Inappetenz, erhöhter Puls- und Atmungsfrequenz, schmutzig-grauen Konjunktiven und vermehrt gefüllten Episkleralgefäßen. Kurze Zeit nach Auftreten der ersten Krankheitsanzeichen können die Tiere meistens nicht mehr stehen. Gelegentlich weisen die Kälber im Verlauf der Erkrankung Durchfall auf. Auch zentralnervöse Symptome, wie Opisthotonus, Ataxie, Zwangsbewegungen, tonische Krämpfe und Mydriasis (Meningitis, Meningoenzephalitis), sowie eine ein- oder beiderseitige Trübung der vorderen Augenkammer werden beobachtet. Infolge Kreislaufversagens sinkt die Körpertemperatur bald unter die Norm. Erfahrungsgemäß verendet die Mehrzahl der erkrankten Kälber innerhalb von 12 bis 48 Stunden nach Einsetzen der ersten Symptome. Bei protrahiertem Verlauf sowie nach Überstehen der perakuten Phase werden häufig Schwellungen an einzelnen oder mehreren Gelenken und Sehnenscheiden beobachtet; gleichzeitig können die bereits beim perakuten Verlauf beschriebenen zentralnervösen Erscheinungen auftreten.

Abb. 8.9 Festliegendes, an einer E.-coli-Allgemeininfektion erkranktes Kalb

Pathologische Anatomie

Die bei der Sektion der verendeten Tiere zu erhebenden Befunde sind wenig charakteristisch. Perakut verendete Tiere weisen insbesondere Anzeichen eines Kreislaufversagens mit Permeabilitätsstörungen der Gefäße (z. B. Hyperämie, Blutungen, perivaskuläre Ödeme) auf. Histologisch ist eine disseminierte intravasale Koagulopathie festzustellen. Bei protrahiertem Verlauf dominieren Entzündungserscheinungen im Bereich der serösen Häute, der Gelenke und Sehnenscheiden sowie des zentralen Nervensystems einschließlich Hirnhäute.

Diagnose und Differentialdiagnose

Ein Verdacht auf eine E.-coli-Allgemeininfektion ergibt sich aufgrund des Krankheitsbildes und der Anamnese (nicht ausreichende Kolostrumaufnahme [häufig bei asphyktischen Kälbern]; sporadisch auftretende Erkrankung in den ersten Lebenstagen). Zur differentialdiagnostischen Absicherung ist eine bakteriologische Untersuchung mit Bestimmung des Serotyps unbedingt erforderlich. Intra vitam kann der Erreger in vielen Fällen aus dem Blut isoliert werden (Blutgewinnung unter sterilen Kautelen, Verwendung einer Blutkulturflasche [z. B. BCB®-System, Roche; Micrognost®-Blutkulturflasche, Biotest] mit dazugehörigem Blutentnahmebesteck). Nach dem Tod gelingt der Erregernachweis vor allem in den parenchymatösen Organen. Hierbei ist zu beachten, daß E.-coli-Keime post mortem auch rasch aus dem Darm auswandern können und dann in den Organen vorgefunden werden. Deshalb hat die Erregerisolierung aus dem Knochenmark (z. B. Schwanzwirbel) die größere Aussagekraft, da hier erst später eine postmortale Kontamination mit enteralen Keimen erfolgt.

Differentialdiagnostisch müssen – besonders bei Kälbern ab der 2. Lebenswoche – durch Laboratoriumsuntersuchung andere ebenfalls unter dem Bild einer Septikämie verlaufende Infektionskrankheiten (insbesondere Salmonellen- und Pneumokokkenseptikämien) ausgeschlossen werden.

Therapie

Wegen des rasch fortschreitenden Krankheitsprozesses kommt eine Behandlung in der Regel zu spät. Nur im Anfangsstadium der Erkrankung, das aufgrund des zu diesem Zeitpunkt noch weitgehend ungestörten Allgemeinbefindens fast immer der Beobachtung entgeht, ist, wie experimentelle Untersuchungen zeigen, eine ätiotrope Behandlung erfolgreich. Therapieversuche können mit einer mehrmaligen systemischen Verabreichung von geeigneten Chemotherapeutika (Colistin, Polymyxin B, Neomycin, Gentamicin, Chinolon-Carbonsäure-Derivate) und Antihistaminika vorgenommen werden. Unterstützend können Hyperimmunseren oder Gammaglobulinpräparate verabreicht werden. Auch eine intravenöse Applikation von Vollblut des Muttertieres (500–1000 ml) ist in Erwägung zu ziehen. Bei Vorliegen einer Diarrhöe sind diätetische und symptomatische Maßnahmen durchzuführen (s. S. 309 ff.).

Prophylaxe

Die wichtigste Maßnahme zur Verhütung von E.-coli-Allgemeininfektionen ist eine frühzeitige und ausreichende Versorgung mit Kolostralmilch. Kälbern, die aufgrund eines fehlenden oder herabgesetzten Saug- und Schluckreflexes kein oder nur wenig Kolostrum in den ersten Stunden post natum aufnehmen (z. B. asphyktische Neugeborene), sollte frühzeitig die Kolostralmilch mittels einer Schlundsonde appliziert werden. Für Fälle, in denen Kolostralmilch des Muttertiers nicht in der erforderlichen Qualität (z. B. Zukauf kurz vor der Abkalbung, zu kurze Trockenstehzeit, Mastitis) oder Quantität zur Verfügung steht, sind überschüssige Erstgemelke von älteren Kühen, die sich schon lange Zeit in der Herde befinden, in tiefgefrorenem Zustand bereitzuhalten. Als präventive Maßnahmen sind darüber hinaus eine einwandfreie Geburts- und Aufzuchthygiene sowie eine optimale Haltung und Fütterung zu empfehlen. Schutzimpfungen dürften aus wirtschaftlichen Gründen kaum in Betracht kommen, da die E.-coli-Allgemeininfektion nur sporadisch auftritt.

Literatur

Blood, D. C., O. M. Radostits (1989): Diseases caused by bacteria-III. Diseases caused by Escherichia coli. In: Veterinary medicine. 7. Aufl. Verlag Baillière Tindall, London, Philadelphia, 619–643
Fankhauser, R. (1960): Meningo-Encephalitis bei Colisepsis des Kalbes. Monatsh. Veterinärmed. *15*, 614–618
Fey, H. (1962): Neuere Untersuchungen über die Colisepsis des Kalbes. Schweiz. Arch. Tierheilkd. *104*, 1–12
Fey, H. (1972): Colibacillosis in calves. Verlag Huber, Bern
Fischer, W., G. Amtsberg, M. Sahal (1983): Untersuchungen zur therapeutischen Wirksamkeit des Aminoglykosid-Antibiotikums Frieso®-Gent und des Antidiarrhoikums L1-Durchfallstop, biologisch® bei der Escherichia-coli-Infektion des Kalbes. Tierärztl. Umsch. *38*, 394–409
Fischer, W., G. Amtsberg, P. Sindern (1987): Untersuchungen zur therapeutischen Wirksamkeit des Chinoloncarbonsäurederivates *Bay Vp 2674* (*Baytril*®) bei der experimentellen Escherichia-coli-Infektion des Kalbes. Prakt. Tierarzt *68*, Coll. Vet. XVII (1986), 77–79
Jubb, K. V. F., P. C. Kennedy, N. Palmer (1985): Bacterial diseases. Escherichia coli. In: Pathology of domestic animals. 3. Aufl. Academic Press, Orlando, San Diego, 128–135
Rolle, M., A. Mayr (1984): Gattung Escherichia. In: Medizinische Mikrobiologie, Infektions- und Seuchenlehre. 5. Aufl. Ferdinand Enke Verlag, Stuttgart, 769–782
Walser, K. (1962): Zur Klinik der Meningitis im Verlauf der Coli-Sepsis des Kalbes. Berl. Münch. Tierärztl. Wochenschr. *75*, 321–323
Weiss, E., A. Pospischil (1988): Katarrhalische Darmentzündung. Colisepsis. In: *E. Dahme, E. Weiss* (Hrsg.): Grundriß der speziellen pathologischen Anatomie der Haustiere. 4. Aufl. Ferdinand Enke Verlag, Stuttgart, 185–186
Zaremba, W., W. Heuwieser (1984): E.-coli-Allgemeininfektion (E.-coli-Sepsis). In: *E. Grunert* (Hrsg.): Buiatrik. 4. Aufl. Bd. I. Euterkrankheiten, Geburtshilfe und Gynäkologie, Andrologie und Besamung. Verlag Schaper, Hannover, 198–199

8.5.2 Pneumokokkose (Streptococcus-pneumoniae-Infektion)

Wesen

Die Pneumokokkose des Kalbes ist eine fast immer perakut als pulmonale Sepsis verlaufende Erkrankung, die in der Regel tödlich endet. Bei der seltenen protrahierten Verlaufsform prägen außer septikämischen Erscheinungen insbesondere lokalisierte Krankheitsprozesse, wie Bronchopneumonie und/oder Polyarthritis, die Symptomatik.

Meistens geht die Streptococcus-pneumoniae-Infektion von menschlichen Keimträgern aus (Anthropozoonose). Sie kann als Einzelerkrankung oder in Form einer Enzootie auftreten. Im allgemeinen sind Kälber nur innerhalb der ersten sechs Lebenswochen infektionsgefährdet.

Vorkommen und Bedeutung

In den ersten beiden Jahrzehnten nach dem zweiten Weltkrieg stellte die Pneumokokkose im süddeutschen Raum eine der häufigsten und verlustreichsten Erkrankungen der Kälber dar (*Hammer*

1955). Zu dieser Zeit war diese Infektionskrankheit außer in Deutschland auch in anderen Ländern (u. a. Schweiz, Dänemark) mit unterschiedlicher Häufigkeit beobachtet worden. In den letzten Jahrzehnten wurden Pneumokokkeninfektionen jedoch nur noch selten diagnostiziert.

Ätiologie und Pathogenese

Der Erreger der Pneumokokkose, Streptococcus pneumoniae (früher Diplococcus pneumoniae, Streptococcus lanceolatus), ist ein grampositives, kapselbildendes, lanzettförmiges Bakterium. Streptococcus pneumoniae weist aufgrund verschiedener Kapselantigene mehr als 80 Serotypen auf und ist primär als ein Krankheitserreger des Menschen anzusehen. Alle beim Menschen isolierten Typen sind für jüngere Kälber obligat pathogen. Die Tatsache, daß mehr als sechs Wochen alte Kälber kaum noch erkranken, ist wahrscheinlich auf eine stumme Immunisierung zurückzuführen. Meistens geht die Ansteckung von Menschen aus, die an Infektionen des Respirationstrakts (Grippe, Bronchitis, Katarrh) leiden; Kälber können die Infektionskette fortsetzen. Pneumokokken werden fast ausschließlich aerogen durch Tröpfcheninfektion aufgenommen. Nach Vermehrung in der Lunge erfolgt der Übertritt der Erreger in die Lymph- und Blutbahn, wobei in perakuten Fällen ausgeprägte Lungenveränderungen im allgemeinen fehlen (pulmonale Sepsis). Bei protrahiertem Krankheitsverlauf können durch Metastasierung vor allem Bronchopneumonien und Polyarthritiden sowie Endokarditiden und Leptomeningitiden entstehen.

Die Pathogenität von Streptococcus pneumoniae beruht vermutlich vorwiegend auf einer Endotoxinwirkung mit speziellen Angriffspunkten an den Gefäßen und am Myokard. Außerdem werden auch allergische Phänomene diskutiert (*Müller* 1987).

Symptome, Verlauf und Prognose

In der Regel verenden die Kälber wenige Stunden nach Auftreten der ersten Krankheitsanzeichen. Das klinische Bild wird vor allem durch septikämisch-toxische Erscheinungen beherrscht. Die Kälber zeigen hochgradige Kreislaufstörungen (erhöhte Pulsfrequenz, auskultatorisch nicht voneinander trennbare Herztöne, Zyanose und Dyspnoe) und kommen rasch bei zunehmender Verschlechterung des Allgemeinbefindens nach kurzer Zeit zum Festliegen. Häufig werden zentralnervöse Symptome (Krämpfe, Bewußtseinsstörung) als Ausdruck einer Leptomeningitis beobachtet; in vielen Fällen entwickelt sich eine Diarrhöe.

Bei protrahiertem Verlauf sind die septikämischen Erscheinungen meistens weniger deutlich ausgeprägt. Im Vordergrund des Krankheitsgeschehens stehen Bronchopneumonie und / oder Polyarthritis. Darüber hinaus treten oft zentralnervöse Störungen und Durchfall auf. Bei den hochgradig im Allgemeinbefinden gestörten Kälbern ist die Körpertemperatur häufig normal. Auch bei protrahiertem Krankheitsverlauf überleben die Tiere selten, selbst wenn frühzeitig eine Behandlung erfolgt.

Pathologische Anatomie

In der Mehrzahl der Fälle ist die Milz stark vergrößert und von derbelastischer, gummiartiger Konsistenz („Gummimilz"), wobei die Pulpa, die nicht über die Schnittfläche hervorquillt, eine schwarzrote Farbe aufweist. Die Krankheit wird deshalb auch als „Kälbermilzbrand" bezeichnet. Außer dem charakteristischen Milzbefund stehen Veränderungen, die dem Bild einer Septikämie entsprechen, im Vordergrund (u. a. subseröse sowie subepi- und endokardiale Blutungen). Bronchopneumonische Herde können im allgemeinen nur bei protrahierten Verlaufsformen diagnostiziert werden. In letztgenannten Fällen sind darüber hinaus oft seröse bis serofibrinöse Entzündungen mehrerer Gelenke, seltener hämorrhagische Enteritiden zu beobachten.

Diagnose und Differentialdiagnose

Aufgrund der klinischen Symptomatik (Septikämie) ist eine sichere Abgrenzung der Pneumokokkose von anderen septikämischen Erkrankungen (insbesondere E.-coli-Allgemeininfektion) nicht möglich. Der Zerlegungsbefund „Gummimilz" bietet lediglich Anhaltspunkte für eine Verdachtsdiagnose, die durch die bakteriologische Untersuchung verifiziert werden muß. Diese „Gummimilz" ist bei einem Teil der verendeten Kälber nicht nachweisbar. Bei perakutem Verlauf der Erkrankung sind nur selten deutliche Lungenveränderungen festzustellen.

Therapie

Bei perakuten Fällen setzt eine Behandlung in der Regel zu spät ein. Bei protrahiertem Verlauf kann ein Therapieversuch mit wiederholt parenteral zu verabreichenden antibakteriellen Chemotherapeutika (Penicillin, Lincomycin, Erythromycin, Tylosin) durchgeführt werden. Darüber hinaus ist die

Applikation von Hyperimmunseren und Antihistaminika in Erwägung zu ziehen.

Prophylaxe

Im Vordergrund der Bekämpfung stehen die Ermittlung, Fernhaltung oder Behandlung von pneumokokkenausscheidenden Kontaktpersonen.

In enzootisch verseuchten Beständen haben sich Impfungen der hochtragenden Muttertiere mit einer Pneumokokken-Formol-Vakzine bewährt. Der Gehalt der Kolostralmilch an spezifischen Antikörpern kann auch durch eine intrazisternale Applikation von Pneumokokken-Polysacchariden während der Trockenstehphase gesteigert werden.

Literatur

Beck, G., B. Jacobsen (1963): Ein Beitrag zur Pneumokokkeninfektion des Kalbes. Berl. Münch. Tierärztl. Wochenschr. 76, 6−7
Hammer, D. (1955): Pneumokokkeninfektion beim Kalb unter besonderer Berücksichtigung der Epidemiologie. Dtsch. Tierärztl. Wochenschr. 62, 25−28
Müller, G. (1987): Streptococcus-pneumoniae-Infektion des Rindes. In: *J. Beer* (Hrsg.): Infektionskrankheiten der Haustiere. 3. Aufl. Teil II. Mykoplasmosen, bakterielle Krankheiten, Pilzinfektionen und -intoxikationen, Prototheken-Infektionen. Verlag VEB Fischer, Jena, 475−477
Rosenberger, G. (1978): Pneumokokkose. In: *G. Rosenberger* (Hrsg.): Krankheiten des Rindes. 2. Aufl. Verlag Parey, Berlin, Hamburg, 728−730
Trautwein, G. (1956): Die experimentelle Pneumokokkeninfektion des Kalbes. Arch. Exp. Veterinärmed. 10, 769−816, 831−858
Trautwein, G. (1958): Pathologisch-anatomische und histologische Befunde bei der experimentellen Pneumokokkeninfektion des Kalbes. Arch. Exp. Veterinärmed. 12, 256−281
Weiss, E., R. Rudolph (1988): Katarrhalisch-eitrige Bronchopneumonien. Pneumokokkeninfektion. In: *E. Dahme, E. Weiss* (Hrsg.): Grundriß der speziellen pathologischen Anatomie der Haustiere. 4. Aufl. Ferdinand Enke Verlag, Stuttgart, 109

8.5.3 Salmonellose

Wesen

Die Salmonellose ist eine bakteriell bedingte Infektionskrankheit, die bei Kälbern in der Regel frühestens in der zweiten Lebenswoche auftritt und häufig einen enzootischen Charakter aufweist (Morbidität bis zu 50 %). Besonders gefährdet sind Kälber, deren Resistenz durch ungünstige Haltungs-, Fütterungs- und Transportbedingungen oder durch Begleiterkrankungen herabgesetzt ist.

Die Infektion verläuft meistens als Magendarmentzündung (Abomasoenteritis) mit Diarrhöe; insbesondere bei jüngeren Kälbern kann es im Verlauf der Erkrankung zu einer septikämischen Ausbreitung des Erregers kommen (Allgemeininfektion). Außer den durch eine hohe Letalität gekennzeichneten klinisch manifesten Erkrankungen werden mit zunehmendem Alter vermehrt latente, d. h. symptomlose Infektionen festgestellt. Sowohl bei inapparentem Verlauf als auch nach Überstehen einer manifesten Infektion scheiden die betreffenden Kälber oft den Erreger über längere Zeit kontinuierlich oder intermittierend mit dem Kot aus. Diese Tiere stellen eine gefährliche Infektionsquelle dar und erschweren die Bekämpfung der Salmonellose erheblich.

Vorkommen und Bedeutung

Salmonellosen bei Rindern und Kälbern werden vorwiegend in Ländern mit intensiver Tierhaltung beobachtet; die Verbreitung ist allerdings regional unterschiedlich. Vermehrt tritt die Infektionskrankheit in Niederungsgebieten mit häufig überschwemmten Weiden auf (z. B. nord- und westdeutsche Niederungsgebiete). Ein großes Problem stellt die Salmonellose derzeit vor allem in Kälbermastbeständen dar. Durch den Zukauf aus unterschiedlichen Herkunftsbetrieben droht ständig die Gefahr, daß latent infizierte Kälber eingestellt werden und − insbesondere bei Vorliegen resistenzmindernder Einflüsse − den Ausbruch akuter Erkrankungen hervorrufen.

Salmonellosen bei Kälbern können große wirtschaftliche Einbußen durch hohe Tierverluste, mangelhafte Gewichtszunahmen und Behandlungskosten verursachen. Darüber hinaus sind die hygienischen Maßnahmen zur Unterbrechung der Infektionskette mit nicht unerheblichen Kosten verbunden.

Die Bekämpfung der Tiersalmonellose ist von gesundheitspolitischem Interesse, da Salmonellosen bei Menschen in der Regel auf kontaminierte, von Tieren stammenden Lebensmitteln zurückzuführen sind. In der Bundesrepublik Deutschland ist die Salmonellose des Rindes anzeigepflichtig und wird veterinärbehördlich bekämpft.

Ätiologie

Salmonellen sind gramnegative, durch peritriche Begeißelung bewegliche (Ausnahme S. pullorum)

Bakterien, die zur Familie der Enterobacteriaceae gehören. Von anderen Enterobacteriaceae lassen sie sich nicht morphologisch, sondern nur biochemisch abgrenzen. Die Aufteilung der Gattung Salmonella in Arten (Serotypen) erfolgt serologisch aufgrund der unterschiedlichen Antigenstruktur. Serologisch verwandte Arten werden nach dem Kauffmann-White-Schema in Serogruppen mit den Bezeichnungen A, B, C etc. zusammengefaßt. Bisher sind mehr als 2000 Salmonella-Serotypen bekannt.

Beim Kalb wird die Salmonellose derzeit in mehr als 90 % der Fälle durch S. typhimurium und S. dublin hervorgerufen, wobei S. typhimurium wesentlich häufiger nachzuweisen ist. Andere Serotypen werden nur vereinzelt isoliert (u. a. *Rolle* und *Mayr* 1984).

Epidemiologie

Von großer epidemiologischer Bedeutung ist, daß fast alle Vertebraten an Salmonellose erkranken können und somit ein mannigfaltiges Erregerreservoir besteht. Zusätzlich wird die Verbreitung der Salmonellose dadurch gefördert, daß der Erreger sehr widerstandsfähig ist und in der Außenwelt (Kot, Wasser, Erdboden, Staub usw.) in Abhängigkeit von den Milieubedingungen wochen- bis jahrelang lebensfähig und infektionstüchtig bleibt. In trockenem Material ist die Widerstandfähigkeit besonders beachtlich. So kann die Überlebensdauer in trockenem Kot mehr als 2 Jahre betragen. Darüber hinaus sind Salmonellen in der Lage, sich unter günstigen Bedingungen auch in der Außenwelt zu vermehren.

In salmonellenfreien Beständen erfolgt die Einschleppung häufig durch zugekaufte, latent infizierte Tiere, die den Erreger ausscheiden, ohne selbst klinisch zu erkranken. Von den zahlreichen möglichen Infektionsquellen kommen darüber hinaus vor allem kontaminierte Futtermittel (im Handel erhältliche Futtermittel tierischer und pflanzlicher Herkunft; mit Abwässern verunreinigtes Weidegras oder Heu, insbesondere nach Überschwemmungen) und infiziertes Oberflächenwasser in Frage.

Pathogenese

Der pathogenetische Ablauf bei der Infektion mit Salmonellen ist bisher noch nicht lückenlos geklärt, jedoch dürften die wesentlichen Zusammenhänge bekannt sein.

Die Infektionsdosis, die Virulenz des Erregerstamms sowie die Empfänglichkeit des Kalbes haben einen maßgeblichen Einfluß darauf, ob die Infektion haftet und wie sich deren Verlauf entwickelt. Die Empfänglichkeit des Tieres wird vor allem bestimmt durch:

- Alter (junge Kälber sind krankheitsanfälliger als ältere).
- Immunstatus (passive oder aktive Immunität).
- resistenzmindernde Einflüsse (Fütterungsfehler, ungünstige Haltungs- und Transportbedingungen sowie Begleiterkrankungen, die zu Streßsituationen führen).

Die Ansteckung erfolgt im allgemeinen oral. Die Infektionsabläufe nach Aufnahme der Erreger gehen aus Abb. 8.10 hervor.

Nach Aufnahme einer bestimmten Mindestinfektionsdosis entstehen Entzündungsprozesse in der Magen- und Darmschleimhaut (Abomasoenteritis). Die Entzündung kann akut oder chronisch verlaufen. Die Salmonellenenterotoxine steigern die Sekretion von Flüssigkeit und Elektrolyten in das Darmlumen und vermindern gleichzeitig die Absorption. Auf diese Weise wird eine Diarrhöe hervorgerufen. Darüber hinaus können im Darm freigesetzte Salmonellenendotoxine in den Blut- und Lymphstrom gelangen.

Bei Aufnahme einer hohen Erregerdosis oder im geschwächten Organismus können die Erreger vom Darm aus in die Blutbahn einwandern und zu einer rasch verlaufenden Allgemeininfektion mit letalem Ausgang führen. Bei protrahiertem septikämischen Verlauf kommt es zu metastatischen Infektionen in den verschiedensten Körperregionen (u. a. Gelenke, Sehnenscheiden, Lunge, Leber) mit den entsprechenden Krankheitssymptomen.

Bei Aufnahme einer geringen Erregerdosis entwickeln sich in der Regel nur klinisch inapparente Infektionen, wobei keine oder lediglich geringgradige pathologische Veränderungen nachweisbar sind. Latente Infektionen können allerdings in eine Krankheit konvertieren, wenn durch Stressoren die Resistenz des Kalbes gemindert wird.

Sowohl nach überstandenem, klinisch manifestem als auch nach inapparentem Verlauf kommt es selten zu einer vollständigen Erregerelimination. Fast immer besteht eine Erregerpersistenz von unbestimmter Dauer. Bei den betreffenden Kälbern erfolgt eine Ansiedlung der Erreger vor allem in Darm und Mesenteriallymphknoten sowie in Leber, Leberlymphknoten und Gallenblase. Die Erregerpersistenz ist oft mit einer Dauerausscheidung verbunden.

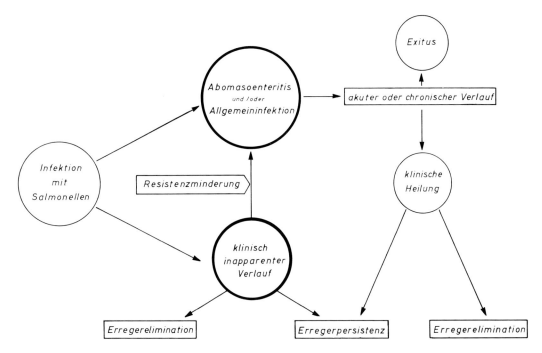

Abb. 8.10 Ablauf der Salmonellose beim Kalb

Symptome und Verlauf

Bei der *gastroenteralen* Verlaufsform steht Durchfall im Vordergrund des Krankheitsgeschehens. Die Fäzes weisen eine gelbliche oder graugrüne Farbe auf und enthalten häufig Beimengungen von Blut und Fibrin. Zu Beginn der Erkrankung haben die Tiere in der Regel Fieber. Je nach Dauer und Schweregrad der Diarrhöe ist das Allgemeinbefinden der Kälber gering- bis hochgradig gestört. Abhängig vom Ausmaß der Dehydratation entwickelt sich eine unterschiedlich stark ausgeprägte Exsikkose (herabgesetzter Hautturgor [aufgezogene Hautfalte bleibt längere Zeit bestehen], eingefallene Augäpfel, trockene Schleimhäute). Wenn es zu einer starken Beeinträchtigung des Kreislaufs kommt, liegt häufig auch Untertemperatur vor. Bei schwerem Krankheitsverlauf kann der Tod bereits nach 24 bis 48 Stunden eintreten; nicht selten verenden die Kälber jedoch erst nach 1- bis 2-wöchiger oder noch längerer Krankheitsdauer. Es können allerdings auch hochgradig erkrankte Tiere wieder genesen. Bei mildem Verlauf mit nur geringgradiger Diarrhöe tritt meist nach 4 bis 8 Tagen Genesung ein.

Die *septikämische* Form nimmt oft einen stürmischen Verlauf mit hohem Fieber, Apathie, Festliegen und Dyspnoe. Gelegentlich werden zentralnervöse Erscheinungen beobachtet; Symptome einer Enteritis können mehr oder weniger deutlich ausgeprägt sein. Bei protrahiertem Verlauf ist das Allgemeinbefinden weniger stark gestört. Durch Metastasierung können sich in diesen Fällen Bronchopneumonien, Sehnenscheiden- und Gelenkentzündungen entwickeln. Im Vordergrund der Symptomatik stehen dann Nasenausfluß, Dyspnoe, Gelenkschwellung und Lahmheit. Meistens sterben die betreffenden Kälber nach längerer Krankheitsdauer, auch dann, wenn eine Behandlung frühzeitig erfolgt.

Prognose

Bei Ausbruch einer Salmonellose ist die Letalität von Bestand zu Bestand unterschiedlich hoch. Insbesondere bei ungünstigen Haltungs- und Fütterungsbedingungen sowie bei sehr jungen Kälbern kann sie bis zu 30% und mehr betragen. Für perakut erkrankte Kälber besteht in der Regel eine infauste Prognose. Nur eine geringe Chance auf Heilung haben auch Kälber, bei denen sich eine Bronchopneumonie entwickelt hat. Überlebende Tiere bleiben häufig in der Entwicklung zurück.

Bei Überstehen der Erkrankung ist, wie bereits ausgeführt, in vielen Fällen mit einer temporären oder permanenten Salmonellenausscheidung zu rechnen.

Pathologische Anatomie

Bei der *gastroenteralen* Verlaufsform besteht meistens eine katarrhalische bis fibrinöse Abomasoenteritis mit reaktiver Beteiligung der dazugehörigen Lymphknoten; darüber hinaus können auch fließende Übergänge zu pseudomembranösen bis diphtheroid-nekrotisierenden oder hämorrhagischen Entzündungsformen beobachtet werden (Abb. 8.11 a/b s. Farbtafel 14). Bei *septikämischer* Verlaufsform werden im Bereich der serösen Häute multiple petechiale bis ekchymale Blutungen festgestellt. Milz und Leber weisen häufig miliare Nekrosen auf. Nicht selten besteht eine systemische Lymphknotenaktivierung. In vielen Fällen werden eine serofibrinöse bis fibrinopurulente Polyarthritis und -serositis sowie eine eitrige Bronchopneumonie vorgefunden. Mitunter liegt eine fibrinopurulente Leptomeningitis vor. Im Magendarmtrakt sind nicht in jedem Falle die oben beschriebenen Entzündungserscheinungen zu diagnostizieren.

Diagnose

Der Verdacht auf den Ausbruch einer Salmonellose ergibt sich vor allem aus folgenden Begleitumständen:

- nachgewiesene klinisch manifeste oder auch latente Salmonelleninfektionen bei anderen Tieren des Bestandes (auch bei artfremden Spezies).
- Aborte (insbesondere im 6. bis 8. Monat der Gravidität) bei Rindern und Kühen nach vorausgegangener hochfieberhafter Erkrankung, u. U. mit wäßrigem bis blutigem Durchfall.

Da die Salmonellose anhand der klinischen und pathologisch-anatomischen Befunde nicht sicher von anderen, unter dem Bild einer Diarrhöe und/oder Allgemeininfektion verlaufenden Erkrankungen abgegrenzt werden kann, ist die Isolierung des Erregers für die Diagnosestellung unerläßlich.

In der Bundesrepublik Deutschland ist der Untersuchungsgang zur Feststellung der Rindersalmonellose gesetzlich fixiert (Verordnung zum Schutz gegen die Salmonellose der Rinder von 1972).

Bei lebenden Kälbern ist als Untersuchungsmaterial frisch entnommener Kot geeignet. Zur Ermittlung klinisch gesunder Salmonellenausscheider können allerdings wiederholte Kotuntersuchungen erforderlich sein, da bei den betreffenden Tieren der Erreger häufig nur schubweise ausgeschieden wird. Bei verendeten oder getöteten Kälbern gelingt der Nachweis des Erregers am ehesten in Darm, Mesenteriallymphknoten, Gallenblase und/oder Leber.

Serologische Methoden haben sich im Rahmen der Salmonellosediagnostik als zu wenig aussagekräftig erwiesen, weil Antikörper erst nach mehreren Wochen im Blut auftreten.

Differentialdiagnose

Da die Salmonellose unter vielgestaltigen Erscheinungsbildern verläuft, sind je nach der im Einzelfall vorherrschenden Symptomatik vor allem folgende Krankheiten differentialdiagnostisch in Erwägung zu ziehen: Coronavirus-Diarrhöe; Escherichia-coli- und Rotavirus-Diarrhöe (allerdings gehäuft bereits in den ersten Lebenstagen auftretend); nutritiv bedingte Diarrhöen; Escherichia-coli-Allgemeininfektion (Schwerpunk jedoch in den ersten Lebenstagen); Pneumokokkose; enzootische Bronchopneumonie.

Therapie

In praxi hat sich die Behandlung von Kälbersalmonellosen als sehr problematisch erwiesen, da trotz langfristiger, hochdosierter und gezielter Applikation von antibakteriellen Chemotherapeutika in vielen Fällen keine endgültige Eliminierung der Erreger aus den inneren Organen zu erreichen ist. Verschiedene Untersuchungen deuten sogar darauf hin, daß die Dauer der Erregerausscheidung durch die Behandlung mit Chemotherapeutika – vermutlich aufgrund der damit verbundenen Immunsuppression – eher verlängert als verkürzt wird. Daher sollten, sofern nicht die sofortige Ausmerzung veterinärbehördlich angeordnet wird, nur Tiere mit deutlichen Allgemeinstörungen, bei denen aufgrund des klinischen Bildes bereits eine Bakteriämie zu vermuten oder noch zu erwarten ist, einer chemotherapeutischen Behandlung unterzogen werden (u. a. *Dirksen* et al. 1984). Kälber, bei denen das Krankheitsstadium sehr weit fortgeschritten ist, sind umgehend zu töten. Eine metaphylaktische Behandlung noch nicht erkrankter Tiere wird, insbesondere in Kälbermastbetrieben, häufig praktiziert, hat sich jedoch ebenfalls als wenig erfolgreich erwiesen (*Dickel* 1976, *Mayr* et al. 1972). Zwar wird mit dieser Maßnahme während des Behandlungszeitraums eine weitere Ausbreitung der Salmonellose in der Regel verhindert, jedoch sind häufig nach Absetzen der Therapie Krankheitsausbrüche mit heftigem Verlauf zu beobachten.

Wegen der weiten Verbreitung mehrfachresistenter Salmonellenstämme sollte in jedem Fall die Erstellung eines Antibiogramms erfolgen. Sofern das Ergebnis des Resistenztests nicht abgewartet werden kann, sind derzeit vor allem Gentamicin, Polymyxin B, Colistin, Nitrofurazon, Trimethoprim/Sulfamethoxazol und Chinolon-Carbonsäure-Derivate zu verwenden. Die Chemotherapeutika sollten erfahrungsgemäß mindestens fünfmal im Abstand von 12 bis 24 Stunden oral und/oder parenteral verabreicht werden. Außer der kausalen Therapie sind bei Vorliegen einer Diarrhöe zusätzlich diätetische Maßnahmen durchzuführen (s. S. 309). Weisen die Kälber diarrhöebedingte Stoffwechselveränderungen (u. a. Flüssigkeits- und Elektrolytverlust, Acidose) auf, ist die auf Seite 310 f. beschriebene symptomatische Therapie angezeigt.

Bei der Bestandssanierung liegt der Schwerpunkt zweifellos auf hygienischen Maßnahmen; bei Gruppenhaltung separate Unterbringung der erkrankten Kälber bis zum Nachweis der Erregerfreiheit; konsequente Reinigung und Desinfektion des Stalles und der Tränkeeimer; eigens für die erkrankten Tiere zuständige Betreuungsperson; erforderlichenfalls Ausschaltung resistenzmindernder Umweltfaktoren. In jedem Fall sind die tierseuchenrechtlichen Bestimmungen einzuhalten.

Prophylaxe

Wichtigster Ansatzpunkt für die Bekämpfung der Salmonellose ist eine Verringerung der Ansteckungsgefahr. Die weltweite und häufige Verbreitung der Salmonellose einerseits und die zahlreichen Infektionsketten andererseits lassen jedoch eine Tilgung der Seuche in absehbarer Zeit als unmöglich erscheinen. Zur Verminderung der Infektionsgefahr sind je nach Betriebsstruktur vor allem folgende Maßnahmen zu empfehlen:

Zuchtbetrieb: u. a. gesonderter Abkalbestall; separate Kälberhaltung; strengste Geburtshygiene; frühzeitige und ausreichende Versorgung mit Kolostrum; optimale Umwelt- und Fütterungsbedingungen.

Mastbetrieb: u. a. strikte Einhaltung des „Rein-raus-Prinzips" oder Quarantäneabteilung für neu zugekaufte Kälber; Isolierstall für erkrankte Tiere und Kümmerer; Aufstallung in Einzelboxen mit Trennwänden und einem Stallboden, der für konsequente Reinigungs- und Desinfektionsmaßnahmen geeignet ist; Verminderung des „Crowding"-Stresses durch schonenden Transport; optimale Umwelt- und Fütterungsbedingungen.

Folgende Vakzinationen gegen Salmonellosen sind möglich:

1. Muttertiervakzination zur passiven Immunisierung des neugeborenen Kalbes.
2. Schutzimpfung des Kalbes zur aktiven Immunisierung.

Versuche einer aktiven Immunprophylaxe mit parenteral verabreichten Impfstoffen verliefen wenig befriedigend. Mit den seit geraumer Zeit zur Verfügung stehenden oral den Kälbern zu applizierenden Impfstoffen aus inaktivierten Erregern scheint, wie experimentelle Untersuchungen zeigen, eine bessere Schutzwirkung erreichbar zu sein. Eine endgültige Bewertung dieser Impfmethode ist derzeit allerdings nicht möglich, da umfangreiche Feldversuche noch ausstehen.

Gesetzliche Bestimmungen

In der Bundesrepublik Deutschland unterliegt die Salmonellose des Rindes der Anzeigepflicht im Sinne des § 9 des Viehseuchengesetzes mit der Einschränkung, daß nur Tierärzte zur Anzeige verpflichtet sind. Die Bekämpfung ist in allen Bundesländern einheitlich geregelt durch die „Verordnung zum Schutz gegen die Salmonellose der Rinder (Rinder-Salmonellose-Verordnung)" vom 6.1.1972. Die Länder haben zum Teil unterschiedliche Ausführungsvorschriften (z.B. hinsichtlich der Tötungsanordnung) erlassen, soweit die Verordnung einen Ermessensspielraum erlaubt.

Ziel der Verordnung ist die Ermittlung der klinisch an einer Salmonella-Infektion erkrankten Rinder und die Feststellung der sogenannten Dauerausscheider sowie die Beseitigung der von diesen Tieren ausgehenden Infektionsgefahr. Gemäß dieser Verordnung liegt Salmonellose vor, wenn

a) im Abstand von etwa einer Woche Kotproben entnommen und unabhängig von der Reihen-

folge der Untersuchungsergebnisse in mindestens drei dieser Proben durch bakteriologische Untersuchungsverfahren Salmonellen festgestellt worden sind, oder wenn
b) durch klinische oder pathologisch-anatomische Untersuchungsverfahren spezifische Krankheitserscheinungen und durch bakteriologische Untersuchungsverfahren Salmonellen festgestellt worden sind.

Verdacht auf Salmonellose besteht, wenn
a) in mindestens einer Kot-, Organ-, Fleisch- oder Milchprobe oder in sonstigem Untersuchungsmaterial durch bakteriologische Untersuchungsverfahren Salmonellen nachgewiesen wurden, jedoch klinische oder pathologisch-anatomische Erscheinungen einer Erkrankung durch Salmonellen nicht festgestellt worden sind oder, wenn
b) klinische oder pathologisch-anatomische Erscheinungen den Ausbruch einer Erkrankung durch Salmonellen befürchten lassen.

Wird bei einem Rind Salmonellose oder Ansteckungsverdacht amtlich festgestellt, ist die Untersuchung aller Rinder des Bestandes und — soweit aus veterinärpolizeilichen Gründen erforderlich — auch der sonstigen mit Rindern zusammengehaltenen Tiere durchzuführen. Ferner sind Sperrmaßnahmen für den verseuchten oder verdächtigten Bestand sowie Beschränkungen in der Nutzung und Haltung der Tiere sowie Desinfektionsmaßnahmen vorgeschrieben. Die zuständige Behörde kann die Tötung von Rindern und sonstigen mit Rindern gehaltenen Tieren anordnen, bei denen Salmonellose vorliegt oder Verdacht auf Salmonellose besteht. Angeordnete Schutzmaßregeln sind aufzuheben, wenn die Salmonellose erloschen ist oder sich der Verdacht als unbegründet erwiesen hat.

Die Anwendung der Rinder-Salmonellose-Verordnung auf Kälbermastbestände hat sich in der Praxis als problematisch erwiesen.

Literatur

Baljer, G. (1984): Salmonellose. Tierärztl. Umsch. *39*, 368–375

Baljer, G. (1987): Möglichkeiten der oralen Vakzination. In: Tag. Fachgruppe „Tierseuchenrecht", Hannover 1987. Tag. Ber., 132–142

Baljer, G. (1988): Infektionsprophylaxe in der Kälbermast. Tierärztl. Umsch. *43*, 17–22

Baljer, G., M. Hoerstke, G. Dirksen, J. Sailer, A. Mayr (1986): Wirksamkeit einer lokalen und/oder parenteralen Schutzimpfung gegen die Salmonellose des Kalbes mit Impfstoffen aus inaktivierten Erregern. J. Vet. Med. B *33*, 206–212

Butler, D. G. (1985): Bovine salmonellosis. In: 18. Ann. Convention Am. Assoc. Bovine Practitioners, Buffalo, New York 1985. Proc., 14–19

Dickel, H. (1976): Zur Bekämpfung der Salmonellose in Kälbermastbeständen. Dtsch. Tierärztl. Wochenschr. *83*, 320–324

Dirksen, G., A. Seitz, G. Baljer (1984): Klinik und Verlauf der Salmonellen-Enteritis beim Kalb und ihre Bekämpfung (Kurzfassung). Prakt. Tierarzt *65*, Coll. Vet. XIV (1983), 85–87

Hartmann, H., R. Slucka, H. Koch (1974): Pathogenese, Klinik und Verlauf der Salmonellose (Salmonelladublin-Infektion) des Rindes. Monatsh. Veterinärmed. *29*, 824–828

Kiupel, H., W. Schulz (1974): Diagnostische Verfahren zur Erfassung der Herdensituation bei der Rindersalmonellose. Monatsh. Veterinärmed. *29*, 828–831

Loepelmann, H., H. Meyer, G. Steinbach (1974): Durchführung der Salmonellosebekämpfung in Rinderbeständen. Monatsh. Veterinärmed. *29*, 837–839

Mayr, H., K. Herrmann, H. D. Köppen (1972): Zur Antibiotika-Behandlung von Salmonellen-Infektionen und Salmonellosen in Kälbermastbeständen. Dtsch. Tierärztl. Wochenschr. *79*, 321–324

Meyer, H., H. Loepelmann, G. Steinbach (1974): Grundlagen der Bekämpfungsmaßnahmen gegen die Rindersalmonellose. Monatsh. Veterinärmed. *29*, 831–836

Pietzsch, O. (1981): Salmonella. In: *H. Blobel, T. Schließer* (Hrsg.): Handbuch der bakteriellen Infektion bei Tieren. Bd. III. Verlag Fischer, Stuttgart, New York, 344–452

Rolle, M., A. Mayr (1984): Gattung Salmonella. In: Medizinische Mikrobiologie, Infektions- und Seuchenlehre. 5. Aufl. Ferdinand Enke Verlag, Stuttgart, 739–769

Schulz, W., H. Kiupel, H. Günther (1975): Die Salmonellose des Rindes — Vorkommen, wirtschaftliche Bedeutung, Epizootologie. Monatsh. Veterinärmed. *30*, 530–534

Wray, C., J. N. Todd, M. Hinton (1987): Epidemiology of Salmonella typhimurium infection in calves: Excretion of S. typhimurium in the faeces of calves in different management systems. Vet. Rec. *121*, 293–296

8.5.4 Infektiöse bovine Rhinotracheitis (IBR)

Wesen

Die infektiöse bovine Rhinotracheitis ist eine durch das bovine Herpesvirus 1 (BHV 1) hervorgerufene hochkontagiöse Infektionskrankheit, die bei Rindern aller Altersstufen auftreten kann. Sie stellt nur eine der möglichen klinischen Manifestationen der BHV 1-Infektion dar. Beim Kalb sind außer symptomlosen Infektionen (meistens unter kolostralem Schutz ablaufend) folgende mit einer unterschiedlichen Letalität einhergehende Krankheitsbilder zu unterscheiden:

- **Respiratorische Form:** Mild oder unter starken Allgemeinerscheinungen verlaufende Entzündung des vorderen Respirationstrakts (Rhinitis sowie in der Regel Laryngitis und Tracheitis); Letalität bis zu 10%, gelegentlich höher.
- **Generalisierte (systemische) Form:** In den meisten Ländern sporadisch zu beobachten; vorwiegend in den ersten Lebenswochen auftretend. Nur in äußerst seltenen Fällen erfolgt die Infektion bereits diaplazentar. Ausgeprägte entzündliche Veränderungen in mehreren Organsystemen oder Körperregionen (vorderer Respirationstrakt, Maulhöhle, Ösophagus, Magendarmkanal, Leber, eventuell auch Milz, Nieren u.a.); mit schweren Allgemeinstörungen einhergehend; häufig kompliziert durch eine bakterielle Pneumonie; fast immer letal verlaufend.
- **Gastroenteritis:** Vermehrtes Auftreten bisher nur in Belgien beobachtet; hohe Letalität.
- **Meningoenzephalitis:** In den meisten Regionen sehr selten auftretende Verlaufsform; in Australien, Südamerika und Kalifornien jedoch häufiger vorkommend; in der Regel tödlich endend.
- **Konjunktivitis:** Entzündung auf eine oder beide Konjunktiven und zugehörigen Tränennasengang beschränkt; mild verlaufend.

Diese Krankheitsbilder können auch ineinander übergehen oder kombiniert auftreten.

Die genitale Form dieser Virusinfektion (infektiöse pustulöse Vulvovaginitis – IPV, infektiöse pustulöse Balanoposthitis – IPB) hat nur bei erwachsenen Rindern eine Bedeutung.

Nach Überstehen einer klinisch manifesten BHV1-Infektion kommt es im allgemeinen zu einer lebenslangen Persistenz des Erregergenoms im Organismus. Diese Latenz führt dazu, daß bei Streßsituationen wieder infektionstüchtiges Virus gebildet wird.

Vorkommen und Bedeutung

Die IBR wurde erstmalig 1954 in den USA beschrieben (*Schroeder* und *Moys*). Sie ist weltweit verbreitet und gewinnt insbesondere in Ländern mit intensiver Rinderhaltung zunehmend an Bedeutung. In der Bundesrepublik Deutschland schwankt derzeit der Anteil serologisch positiver Rinder je nach Region und Haltungsbedingungen zwischen 10 und 80%. Der Prozentsatz ist in Laufställen meist höher als bei Anbindehaltung. Der durchschnittliche Verseuchungsgrad dürfte bei 20 bis 25% liegen.

Klinisch manifeste Erkrankungen werden im allgemeinen nur in einzelnen, vor allem intensiv bewirtschafteten Betrieben festgestellt. Die meist enzootisch verlaufende Erkrankung befällt bevorzugt Jungrinder ab einem Alter von mehr als 6 Monaten. Gelegentlich sind auch massive Krankheitsausbrüche bei Kälbern zu beobachten. In diesen Fällen können große wirtschaftliche Einbußen durch Tierverluste, mangelhafte Gewichtszunahmen sowie Behandlungskosten entstehen.

In der Bundesrepublik Deutschland ist die IBR seit 1983 meldepflichtig.

Ätiologie

IBR und IPV oder IPB werden durch das zur Familie der Herpesviridae gehörende bovine Herpesvirus 1 hervorgerufen. Die bei den unterschiedlichen Verlaufsformen isolierten Virusstämme differieren bezüglich ihrer biologischen und biochemischen Eigenschaften; sie sind jedoch serologisch identisch.

Epidemiologie

In unverseuchte Bestände wird die Erkrankung meist durch zugekaufte, latent oder inapparent infizierte Rinder oder Kälber eingeschleppt, die das Virus symptomlos ausscheiden.

Die Ansteckung erfolgt in erster Linie aerogen durch Tröpfcheninfektion. Auch eine indirekte Erregerübertragung durch belebte und unbelebte Zwischenträger ist möglich.

Die Inkubationszeit beträgt etwa 2 bis 6 Tage. Bei klinisch manifester IBR dauert die Erregerausscheidung, die über das Nasen- und/oder Augensekret erfolgt im allgemeinen 2 bis 14 Tage; in Ausnahmefällen kann sie 5 Wochen betragen.

Pathogenese

Der Verlauf der Infektion ist abhängig von der Infektionsdosis, der Virulenz des Erregerstamms sowie von dem Immunstatus und dem Alter des Kalbes. Darüber hinaus scheinen auch resistenzmindernde endo- oder exogene Einflüsse eine große Bedeutung zu haben.

Respiratorische Form

Das Virus wird meistens über die Nasenschleimhaut aufgenommen. Die Infektion führt zu einer

Entzündung im vorderen Respirationstrakt (Rhinitis sowie in der Regel Laryngitis und Tracheitis). Nach *Straub* (1978a) bereitet sich die Infektion folgendermaßen aus: Das Virus dringt in eine Epithelzelle ein, vermehrt sich in dieser, wird wieder ausgeschleust und infiziert benachbarte Zellen. Die Epithelzellen gehen durch die Virusproduktion zugrunde und werden durch Leukozyten phagozytiert. Durch Ausbreitung der Infektion von Zelle zu Zelle entstehen runde Epithelläsionen; durch Konfluieren werden größere, epithelfreie Wundflächen geschaffen. Durch die nach einiger Zeit wirksam werdenden Abwehrmechanismen sistieren Virusproduktion und Zellzerstörung. Nach etwa 14 Tagen wird das Epithel vollständig regeneriert, sofern keine bakterielle Sekundärinfektion erfolgt.

Generalisierte Form

Bei einer Infektion in den ersten Lebenswochen bleibt diese mitunter nicht auf den vorderen Respirationstrakt beschränkt, sondern es erfolgt eine hämatogene Erregerausbreitung. Im Blut wird das Virus durch Leukozyten transportiert. Während der Virämiephase siedeln sich die Viren in mehreren Organen oder Körperregionen an und rufen dort entzündliche Veränderungen hervor (z. B. Stomatitis, Ösophagitis, Rumenitis, Omasitis, Enteritis, Nekroseherde in Leber, Niere und Milz). Die Infektion des Verdauungstrakts kann auch über das Abschlucken von infiziertem Material erfolgen, insbesondere dann, wenn der pH-Wert des Labmagenchymus erhöht ist und demzufolge eine Inaktivierung des säurelabilen Virus unterbleibt.

Meningoenzephalitis

Bei dieser Verlaufsform scheint das Virus vom vorderen Respirationstrakt hauptsächlich auf nervalem Wege (Nn. olfactorii, N. trigeminus, N. glossopharyngeus und/oder afferente Vagusfasern) in das Gehirn und die Hirnhäute zu gelangen. Die Besiedlung über eine Virämie ist offensichtlich von geringerer Bedeutung.

Konjunktivitis

Bei der auf eine oder beide Konjunktiven beschränkten Form kann die Virusübertragung durch direkten Kontakt oder indirekt über Fliegen und Mücken erfolgen. Wäre die aufsteigende Infektion über den Tränennasengang die Regel, käme es stets zu einer beiderseitigen Erkrankung. Eine sich möglicherweise entwickelnde Keratitis ist auf eine bakterielle Sekundärinfektion − im allgemeinen durch Moraxella bovis − zurückzuführen.

Viruspersistenz

In der Regel kommt es nach einer stattgefundenen Infektion trotz Ausbildung einer Immunität zu einer lebenslangen Persistenz des Virusgenoms im Organismus, und zwar fast immer in den Ganglien, die den jeweiligen Organen zugeordnet sind. Darüber hinaus persistiert das Virusgenom in den Epithelzellen der Haut und der Schleimhaut. Durch Stressoren (z. B. Transport, Auktion, Operation, Krankheit, Geburt) und nach Glukokortikoidbehandlung kann das Virus reaktiviert und bis zu mehreren Wochen erneut ausgeschieden werden. Dabei treten im allgemeinen keine Krankheitserscheinungen auf.

Symptome, Verlauf und Prognose

Respiratorische Form

Im allgemeinen nimmt die IBR einen schweren Verlauf. Als erste äußerlich sichtbare Krankheitszeichen werden eine Rötung des Flotzmauls sowie der Nasenschleimhaut festgestellt. Es besteht profuser Nasenausfluß, der anfangs serös ist, kurze Zeit später seromukös und nach wenigen Tagen mukopurulent wird. Auf der Nasenschleimhaut zeigen sich im Anfangsstadium der Erkrankung stecknadelkopfgroße Epithelveränderungen, die sich rasch vergrößern und in unterschiedlichem Maß konfluieren. Nach Zerstörung der Epithelzellen entstehen ulzeröse Veränderungen mit unregelmäßigen Rändern und meist diphtheroiden Belägen. Bei einem Großteil der Kälber treten entzündliche Erscheinungen an den Konjunktiven auf (Symptome wie bei der auf die Konjunktiven beschränkten Verlaufsform, siehe unten).

Meistens wird eine vermehrte Speichelsekretion mit Schaumbildung beobachtet. In der Regel entwickeln sich außer der Rhinitis eine Laryngitis und Tracheitis unterschiedlichen Ausmaßes. Die betreffenden Kälber weisen Husten auf, der sich auch durch Atmungshemmung sowie durch leichten Druck auf Kehlkopf oder Trachea auslösen läßt. Häufig besteht eine Dyspnoe aufgrund der Schleimhautschwellung und Sekretansammlung im vorderen Respirationstrakt. Bei erheblicher Einengung sind atmungssynchrone Stenosengeräusche (je nach Lokalisation der Einengung

Schniefen, Schnarchen, Röcheln oder Brummen) wahrnehmbar.

In der Regel ist das Allgemeinbefinden der erkrankten Kälber stark gestört. Die Körpertemperatur steigt bei gleichzeitigem Sistieren der Futter- und Tränkeaufnahme auf Werte zwischen 41° und 42°C und bleibt über mehrere Tage fieberhaft erhöht.

Der weitere Verlauf der Erkrankung hängt entscheidend davon ab, ob es gelingt, durch eine frühzeitig eingeleitete Chemotherapie bakterielle Sekundärinfektionen zu unterdrücken. In diesen Fällen tritt nach etwa einwöchiger Krankheitsdauer allmählich Besserung ein; bis zur endgültigen Heilung vergeht noch mindestens eine Woche. Die hohen Gewichtsverluste werden jedoch erst mehrere Wochen nach Genesung wieder aufgeholt. Erheblich schwerwiegender ist der Krankheitsverlauf, wenn eine bakterielle Sekundärinfektion erfolgt. Sie ist erkennbar an dem erneuten Fieberanstieg, an dem jetzt rein eitrigen Nasensekret, an der Zunahme der Dyspnoe sowie an der Verschlechterung des Allgemeinzustands. Bleibt die bakterielle Infektion auf die vorderen Luftwege beschränkt, so ist die Heilungstendenz bei einer konsequent durchgeführten Chemotherapie relativ günstig. Greift die bakterielle Infektion jedoch auf die Lunge über, so verschlechtert sich die Prognose erheblich. Die dann entstehende katarrhalisch-eitrige, abszedierende oder fibrinöse Bronchopneumonie (Symptomatik s. S. 295 f.) heilt meistens trotz massiver antibakterieller Therapie nicht aus. Bei den betreffenden Kälbern bleiben die pneumonischen Erscheinungen bestehen; begleitet von Inappetenz, hochgradiger Apathie und ständigem Wechsel zwischen fieberhaften und subfebrilen Körpertemperaturen fallen sie einem allmählichen Siechtum anheim.

Außer den geschilderten schweren Fällen können gelegentlich auch mild verlaufende Erkrankungen vorkommen. Da bei diesen Tieren die entzündlichen Veränderungen im Respirationstrakt und somit die klinischen Symptome nur gering ausgeprägt sind, können diese Fälle der Beobachtung entgehen.

Generalisierte Form

Bei dieser Verlaufsform zeigen die Kälber ein stark gestörtes Allgemeinbefinden; die Körpertemperatur ist meist hochfieberhaft erhöht. Am vorderen Respirationstrakt können sich Symptome entwickeln, die denen der respiratorischen Form gleichen; mitunter sind sie jedoch weniger deutlich ausgeprägt. Häufiger als bei der letztgenannten Form bildet sich nach unterschiedlich langer Krankheitsdauer eine Bronchopneumonie aus. Meistens entstehen Epithelläsionen an den Konjunktiven, am Flotzmaul und/oder an der Maulschleimhaut. Bei fast allen Kälbern tritt im Verlauf der Erkrankung Diarrhöe auf. Die schleimigen bis wäßrigen Fäzes sind anfangs meist gelbgrün, wenige Tage später zementgrau gefärbt. Die Diarrhöe kann von einer Tympanie und/oder Kolik begleitet sein. In kurzer Zeit kommt es zu Dehydratationserscheinungen, die sich in Verlust der Hautelastizität und tiefliegenden Augen dokumentieren. In der Regel verenden die Kälber trotz intensiver Therapie nach mehr oder weniger langer Krankheitsdauer.

Gastroenteritis

Bei der auf den Verdauungstrakt lokalisierten BHV1-Infektion steht im Vordergrund des Krankheitsgeschehens profuser Durchfall. Häufig sind die hochgradig im Allgemeinbefinden gestörten Kälber auch bei intensiver Behandlung nicht zu retten.

Meningoenzephalitis

Diese Verlaufsform der IBR kann mit oder ohne Krankheitserscheinungen am Respirationstrakt einhergehen; fast immer endet sie nach wenigen Tagen tödlich. Im Vordergrund stehen zentralnervöse Störungen wie zum Beispiel Opisthotonus, Ataxie, Manegebewegung, Vorwärts-, Seitwärts- oder Rückwärtsdrängen; mitunter werden auch Konvulsionen, Zähneknirschen, Brüllen und Blindheit festgestellt. Im präfinalen Stadium kommen die Tiere zum Festliegen.

Konjunktivitis

Die auf eine oder seltener auf beide Konjunktiven beschränkte Infektion verläuft fast immer ohne wesentliche Beeinträchtigung des Allgemeinbefindens. Als erste Krankheitszeichen sind geringgradiges Fieber, Photophobie (halbgeschlossene Lidspalte oder spastischer Lidschluß), Rötung und Schwellung der Bindehaut sowie vermehrter seröser Augenausfluß zu beobachten. An dem Epithel der Bindehaut treten die oben beschriebenen Läsionen auf. Der Augenausfluß wird mukopurulent und später purulent. Sofern eine Sekundärinfektion mit Bakterien ausbleibt, kommt es nach etwa 14 Tagen zu einer komplikationslosen Ausheilung. Eine bakterielle Infektion verzögert den Heilungsprozeß und führt möglicherweise durch Übergreifen auf die Hornhaut zu einer Keratitis.

Pathologische Anatomie

Bei der respiratorischen Form bestehen in den Schleimhäuten der vorderen Atmungswege katarrhalisch-eitrige bis fibrinöse sowie teilweise auch diphtheroide Entzündungserscheinungen. Häufig weisen auch die Konjunktiven derartige entzündliche Prozesse auf. Bei bakterieller Sekundärinfektion kann sich eine alveoläre Herdpneumonie (je nach Bakterienart katarrhalisch-eitrige bis fibrinöse Bronchopneumonie) ausbilden.

Bei der als Gastroenteritis verlaufenden BHV1-Infektion weisen die Schleimhäute des Verdauungstrakts erosive bis ulzeröse Entzündungserscheinungen auf.

Bei der generalisierten Form werden fast immer die oben beschriebenen Entzündungserscheinungen im vorderen Atmungstrakt vorgefunden. Sie sind jedoch häufig weniger stark ausgeprägt. Oft wird eine alveoläre Herdpneumonie diagnostiziert. In der Regel bestehen erosive bis ulzeröse Entzündungen in den Schleimhäuten von Maulhöhle, Ösophagus, Vormägen, Labmagen und/oder Dünndarm. Darüber hinaus können miliare Nekrosen in Leber, Niere und Milz auftreten.

Der makroskopische Befund bei Vorliegen einer Meningoenzephalitis ist wenig charakteristisch. Histologisch werden vaskuläre und perivaskuläre lymphohistiozytäre Infiltrate und fokale Gliazellproliferationen festgestellt. Mitunter sind in den Gliazellen nukleäre Einschlußkörperchen nachweisbar.

Diagnose

Sofern die IBR unter den typischen, d. h. schweren respiratorischen Erscheinungen verläuft und nicht durch eine bakterielle Sekundärinfektion kompliziert ist, kann die Diagnose anhand des Krankheitsbildes und der Erhebungen im Bestand (schnelle Ausbreitung, Erkrankungen bei allen empfänglichen Tieren ohne Altersunterschied) mit hoher Sicherheit gestellt werden. Die Erkennung der anderen IBR-Formen gestaltet sich schwieriger; fast immer ergeben sich jedoch auch in diesen Fällen Verdachtsmomente. Zur Sicherung der Wahrscheinlichkeits- oder Verdachtsdiagnose müssen Laboratoriumsuntersuchungen (direkter oder indirekter Virusnachweis) eingeleitet werden. Für den direkten Virusnachweis sind je nach Verlaufsform folgende Untersuchungsmaterialien geeignet:

respiratorische Form:	Nasensekret
Konjunktivitis:	Augensekret
generalisierte Form:	Nasensekret; eventuell Augensekret; Blut (Virusnachweis in der Leukozytenfraktion, daher Entnahme mit gerinnungshemmendem Zusatz), Kot
Meningoenzephalitis:	postmortal entnommenes Hirngewebe
Gastroenteritis:	Kot

Bei verendeten oder getöteten Kälbern kann das Virus möglicherweise in den veränderten Organen nachgewiesen werden.

Die Isolierung des Erregers aus dem Nasen- und Augensekret gelingt am ehesten, wenn die Probenentnahme in der frühen Fieberphase erfolgt. Den Sekretproben sollte eine geringe Menge eines Virustransportmediums zugesetzt werden, um eine Austrocknung zu verhindern. Das Untersuchungsmaterial ist in gekühltem, nicht gefrorenen Zustand an das diagnostische Laboratorium zu versenden.

Zum indirekten Virusnachweis (Ermittlung eines Antikörperanstiegs) erfolgt eine zweimalige Serodiagnose (Blutprobenentnahme bei Krankheitsbeginn sowie etwa 14 bis 28 Tage später; Verwendung von Blutröhrchen ohne gerinnungshemmenden Zusatz).

Differentialdiagnose

Da das Erscheinungsbild der BHV1-Infektion äußerst variabel ist, sind je nach der im Einzelfall vorherrschenden Symptomatik insbesondere folgende Krankheiten differentialdiagnostisch abzugrenzen: enzootische Bronchopneumonie (s. S. 292ff.); BVD (s. S. 291f.) sowie Enteritiden anderer Genese; Kälberdiphtheroid; durch andere Ursachen hervorgerufene Meningoenzephalitiden.

Therapie

Im Vordergrund steht die Bekämpfung bakterieller Sekundärerreger, da eine kausale Therapie nicht möglich ist. Die antibakterielle Behandlung sollte derart gestaltet sein, daß therapeutisch wirksame Blut- und Gewebespiegel über mindestens 3 Tage aufrechterhalten werden. Bei stark ausgeprägten Krankheitserscheinungen ist die Therapie entsprechend länger durchzuführen. Bezüglich der Auswahl des Chemotherapeutikums sowie des Applikationsweges wird auf das Kapitel „Enzootische Bronchopneumonie" (s. S. 292 ff.) verwiesen. Darüber hinaus ist eine wiederholte lokale Behandlung der Nasenschleimhaut mit einem antibakteriell wirksamen Spray (ohne Glukokortikoidzusatz) empfehlenswert. Bei starker Sekretansammlung in den Atmungswegen ist die Applikation von Sekretolytika angezeigt. Besteht eine Diarrhöe, muß eine entsprechende Behandlung durchgeführt werden (s. S. 309 ff.). Kortikosteroide sollten nach Möglichkeit nicht eingesetzt werden (vitale Indikationen, s. S. 298).

Prophylaxe und Bekämpfung

Die Bekämpfung dieser weltweit verbreiteten Infektionskrankheit ist auf verschiedenen Wegen möglich. Ein einheitliches, international abgestimmtes Bekämpfungsprogramm existiert jedoch nicht. In der Bundesrepublik Deutschland besteht für die IBR laut Verordnung über meldepflichtige Tierkrankheiten von 1983 Meldepflicht; seuchenhygienische Maßnahmen werden seitens der Veterinärbehörden nicht angeordnet. Allerdings erfolgt seit geraumer Zeit eine Bekämpfung der BHV1-Infektionen im Rahmen von freiwilligen, zum Teil staatlich geförderten Sanierungsverfahren. Hierfür sind vom Bund Leitlinien und von den meisten Bundesländern Leit- oder Richtlinien erlassen worden.

Besondere Schwierigkeiten bei der Bekämpfung ergeben sich dadurch, daß das Genom des Erregers im infizierten Organismus lebenslang persistiert.

In den einzelnen Rinderbeständen ist die Wahl der Bekämpfungsmittel entscheidend abhängig von der Betriebsstruktur und dem Verseuchungsgrad (erkennbar an der Zahl der serologisch positiven Tiere):

In bisher *unverseuchten Milchvieh- oder Zuchtbetrieben* haben sich die vorbeugenden Maßnahmen darauf zu konzentrieren, die Gefahr der Erregereinschleppung möglichst gering zu halten. Deshalb sollten nur serologisch negative Rinder und Kälber neu in den Bestand eingestellt werden (Herkunft der zugekauften Tiere aus nachgewiesen BHV1-freien Betrieben oder Quarantäne bis zum Nachweis der Erregerfreiheit durch Laboratoriumsuntersuchung). Zusätzlich sollte die Kontaktmöglichkeit zu Tieren aus nicht anerkannt BHV1-freien Beständen unterbunden werden. Eine regelmäßige Untersuchung aller Tiere des Bestandes auf BHV1-Antikörper ist empfehlenswert.

In bereits *verseuchten Milchvieh- oder Zuchtbetrieben* bietet sich die Möglichkeit an, soweit wirtschaftlich vertretbar, die Antikörperträger zu eliminieren oder wenigstens zu vakzinieren. Eine Vakzination sollte in diesen Betrieben jedoch nur nach Abschätzung aller Risiken durchgeführt werden, da im in- und ausländischen Tierhandel häufig nur noch serologisch negative Reagenten zugelassen werden (keine Unterscheidungsmöglichkeit zwischen Impf- und Feldvirusantikörper). Unproblematisch ist dagegen die prophylaktische Impfung in Mastbeständen. Allerdings muß die Vakzination durch allgemeine seuchenhygienische Maßnahmen flankiert werden.

Die Immunisierung kann durchgeführt werden mit Vakzinen, die attenuiertes vermehrungsfähiges Virus enthalten oder mit Impfstoffen aus inaktiviertem Virus (gesetzliche Bestimmung über den Einsatz von Vakzinen siehe unten). Die Vakzination, insbesondere mit inaktivierten Impfstoffen, verhindert jedoch nicht, daß sich im geimpften Tier vermehrungsfähiges Feldvirus auf den Schleimhäuten ansiedelt und im Organismus persistiert. Dennoch ist der Impfling nach mehreren Impfungen vor klinisch manifester Infektion geschützt.

Gegenüber inaktivierten Impfstoffen zeichnen sich Lebendvakzinen dadurch aus, daß sie – eine örtliche Applikation vorausgesetzt – die Bildung von lokalen Antikörpern und Interferon bewirken und somit zu einem größeren antigenen Stimulus führen. Auch erweist es sich als vorteilhaft, daß sie im Gegensatz zu inaktivierten Vakzinen in frischverseuchten Betrieben im Rahmen von „Notimpfungen" eingesetzt werden können. Eine Gefahr bei der Verwendung von Lebendvakzinen wird darin gesehen, daß das attenuierte Impfvirus möglicherweise zur Virulenz rückmutiert oder auch mit dem Feldvirus rekombiniert (Bildung neuer Feldstämme) und latent vom Impfling ausgeschieden wird. Bei den neueren Lebendimpfstoffen scheint allerdings die Möglichkeit, daß diese unerwünschten Nebenwirkungen auftreten, äußerst gering zu sein. So führten 5 Kälberpassagen bei dem in der Bundesrepublik Deutschland zugelassenen Impfstoff zu keiner Virulenzsteigerung.

Die Impftermine richten sich nach der Impfstoffart, nach dem Immunstatus der Kälber sowie nach der Betriebsstruktur. Für den Einsatz von Lebendimpfstoffen ist in der Bundesrepublik Deutschland eine Genehmigung der obersten Landesbehörde erforderlich.

Tabelle 8.4 Impftermine in Milchvieh- und Zuchtbetrieben*

	Lebendimpfstoff	**Inaktivierter Impfstoff**[1]
Kälber mit ausreichender Kolostrumversorgung (Muttertiere geimpft)	1. Impfung im Alter von 3−4 Monaten (intranasale Applikation) 2. Impfung 4−6 Wochen später[2] Jährliche Wiederholungsimpfung[2,3]	1. Impfung im Alter von 3−4 Monaten 2. Impfung 4−6 Wochen später Jährliche Wiederholungsimpfung[3]
Kälber mit unbekanntem Immunstatus (z. B. Zukauf)	1. Impfung (unabhängig vom Alter) unmittelbar nach Aufstallung (intranasal) 2. Impfung 4−6 Wochen später[2] 3. Impfung im Alter von 3−4 Monaten[2] Jährliche Wiederholungsimpfung[2,3]	1. Impfung (unabhängig vom Alter) möglichst erst 7 Tage nach Aufstallung; unmittelbar bei Ankunft Applikation eines Interferon- oder Paramunitätsinducers empfehlenswert 2. Impfung 4−6 Wochen später Jährliche Wiederholungsimpfung[3]

[1] Je nach Angaben des Herstellers subkutane oder intramuskuläre Applikation
[2] Applikation intranasal und möglichst zusätzlich intravaginal oder intrapräputial zum Schutz gegen IPV oder IPB
[3] Bei starkem Infektionsdruck (z. B. IBR-Ausbruch in Nachbarbetrieben) sofortige zusätzliche Impfung empfehlenswert
* Nach Empfehlungen von *Straub* (1988); die Leit- oder Richtlinien der einzelnen Länder schreiben zum Teil andere Termine vor

Impftermine in Kälbermastbeständen*: Sofern die Kälber nicht im Herkunftsbetrieb geimpft wurden, erfolgt die Vakzination mit Lebendimpfstoffen unmittelbar nach der Aufstallung. Inaktivierte Vakzinen sind wegen der Gefahr einer Impfprovokation möglichst erst 7 Tage nach der Aufstallung zu applizieren. Bei der Ankunft kann ein Interferon- oder Paramunitätsinducer verabreicht werden. Eine Wiederholungsvakzination ist bei beiden Impfstoffarten nur dann erforderlich, wenn die Mastdauer mehr als 4 Monate beträgt (4 bis 6 Wochen nach Erstimpfung, frühestens jedoch im Alter von 3 Monaten).

Gesetzliche Bestimmungen

In der Bundesrepublik Deutschland ist die Frage der Impfung zur Zeit durch die Verordnung zum Schutz gegen übertragbare Geschlechtskrankheiten des Rindes (Deckinfektionen-Verordnung − Rinder) vom 3. Juni 1975 (BGBl. I S. 1307) tierseuchenrechtlich geregelt. Danach sind Impfungen gegen die IPV verboten. Die Behörden können in begründeten Fällen Ausnahmen zulassen. Gegen die IBR darf jedoch mit Vakzinen aus inaktivierten Erregern geimpft werden, sofern es sich nicht um Bullen handelt, die zum Decken oder zur Besamung verwendet werden. Eine Impfung mit Lebendvakzinen ist nur mit einer Ausnahmegenehmigung oder nur auf Anordnung der Behörden erlaubt.

Literatur

Andresen, U., D. v. Horsten, B. Wiecha (1984): Die IBR-Infektion der Saugkälber und ihre Bekämpfung durch Muttertiervakzination mit Vacobovin®. Tierärztl. Umsch. 39, 11−20
Bartha, A., J. Kisary, S. Belak (1974): The general febrile respiratory form of infectious bovine rhinotracheitis in calves. Acta Vet. Acad. Sci. Hung. 24, 77−83
Burkhardt, E., J. Paulsen (1978): Nachweis von Bovinem Herpesvirus 1 (IBR/IPV) bei Rindern mit Affektionen des Verdauungstraktes. Berl. Münch. Tierärztl. Wochenschr. 91, 480−482
Dahme, E. (1984): IBR-IPV-Infektionen des ZNS. Tierärztl. Umsch. 39, 375−376
Ehrensperger, F., J. Pohlenz (1979): Infektiöse Bovine Rhinotracheitis bei Kälbern. Schweiz. Arch. Tierheilkd. 121, 635−642
Gibbs, E. P. J., M. M. Rweyemamu (1977): Bovine herpesviruses. Part I. Bovine herpesvirus 1. Vet. Bull. 47, 317−343
Kahrs, R. F. (1977): Infectious bovine rhinotracheitis: A review and update. J. Am. Vet. Med. Assoc. 171, 1055−1064
Kahrs, R. F. (1986): Infectious bovine rhinotracheitis. In: Viral diseases of cattle. 3. Aufl. Iowa State University Press, Ames, 135−156

* Nach Empfehlungen von *Straub* (1988); die einzelnen Länder verfahren auch hier unterschiedlich

Mayr, A. (1982): Referat: Herpesvirus-Infektionen der Tiere. Dtsch. Tierärztl. Wochenschr. *89*, 44–46
Mayr, A. (1988): Pathogenese und Bekämpfung von Herpesinfektionen beim Nutztier. Tierärztl. Umsch. *43*, 4–11
McKercher, D. G., B. Bibrack, W. P. C. Richards (1970): Effects of the infectious bovine rhinotracheitis virus on the central nervous system of cattle. J. Am. Vet. Med. Assoc. *156*, 1460–1467
Metzner, M., W. Hofmann, R. Boediker (1988): Zur Gefährdung BHV1 seronegativer Rinder in seropositiven Beständen mit und ohne Zukauf. Tierärztl. Umsch. *43*, 302–308
Narita, M., S. Inui, Y. Murakami, K. Namba, Y. Shimizu (1982): Pathological changes in young and adult cattle after intranasal inoculation with infectious bovine rhinotracheitis virus. J. Comp. Pathol. *92*, 41–49
Narita, M., S. Inui, K. Namba, Y. Shimizu (1978): Neural changes in calves intravaginally inoculated with infectious bovine rhinotracheitis virus. J. Comp. Pathol. *88*, 381–386
Narita, M., S. Inui, K. Namba, Y. Shimizu (1978): Neural changes in calves after intraconjunctival inoculation with infectious bovine rhinotracheitis virus. J. Comp. Pathol. *88*, 387–392
Reed, D. E., E. J. Bicknell, R. J. Bury (1973): Systemic form of infectious bovine rhinotracheitis in young calves. J. Am. Vet. Med. Assoc. *163*, 753–755
Rolle, M., A. Mayr (1984): Infektiöse Bovine Rhinotracheitis (IBR) und Infektiöse Pustulöse Vulvovaginitis (IPV). In: Medizinische Mikrobiologie, Infektions- und Seuchenlehre. 5. Aufl. Ferdinand Enke Verlag, Stuttgart, 295–300
Schröder, R. J., M. D. Moys (1954): An acute upper respiratory infection of dairy cattle. J. Am. Vet. Med. Assoc. *125*, 471–472
Straub, O. C. (1972): Der Übergang von der passiven zur aktiven Immunität des Kalbes. Dtsch. Tierärztl. Wochenschr. *79*, 613–615
Straub, O. C. (1976): Möglichkeiten zur Bekämpfung der Infektiösen Bovinen Rhinotracheitis (IBR). Dtsch. Tierärztl. Wochenschr. *83*, 270–273
Straub, O. C. (1978a): Bovine Herpesvirusinfektionen. Verlag VEB Fischer, Jena
Straub, O. C. (1978b): Vorkommen der durch IBR-IPV-Viren hervorgerufenen Krankheiten und mögliche differentialdiagnostische Probleme in den verschiedenen Kontinenten und deren Ländern. Dtsch. Tierärztl. Wochenschr. *85*, 84–90
Straub, O. C. (1980): Der Bläschenausschlag und die Rhinotracheitis des Rindes. Tierärztl. Umsch. *35*, 746–748
Straub, O. C. (1983): Über den IBR-IPV-Krankheitskomplex. Veterinärmed. Nachr. 1983, 119–131
Straub, O. C. (1988): Persönliche Mitteilung vom 16. August.
Straub, O. C., H. O. Böhm (1964): Untersuchungen über die Lokalisation und Persistenz des Virus der infektiösen Rhinotracheitis und des Bläschenausschlages in experimentell infizierten Rindern. Berl. Münch. Tierärztl. Wochenschr. *77*, 458–462
Straub, O. C., B. Schmidt, H. Liebke (1982): Ein Beispiel zur Sanierung IBR-IPV-Virus-verseuchter Bestände. Tierärztl. Umsch. *37*, 319–324
Thein, P. (1980): Herpesvirusinfektionen bei Mensch und Tier, ihre Problematik und Bekämpfung. Berl. Münch. Tierärztl. Wochenschr. *93*, 201–205
Wagner, K., W. Becker, K. Zettl (1982): Infektiöse Bovine Rhinotracheitis – Infektiöse Pustulöse Vulvovaginitis (IBR/IPV). Tierärztl. Prax. *10*, 329–338
Zwingmann, W. (1988): Die BHV1-Problematik im Land Nordrhein-Westfalen. Möglichkeiten des Schutzes von Rinderbeständen vor BHV1-Infektionen und der Schaffung BHV1-freier Rinderbestände. Tierärztl. Umsch. *43*, 308–311

8.5.5 Bovine Virusdiarrhöe

Wesen

Bei der bovinen Virusdiarrhöe (BVD) des Kalbes handelt es sich um eine Infektionskrankheit, die vorwiegend intrauterin erworben wird und deren weiterer Verlauf weitgehend vom Zeitpunkt der intrauterinen Infektion abhängt. Neben Schädigungen der Frucht, die zum Fruchttod oder zu kongenitalen Mißbildungen (Kleinhirn, Augen) führen können, ist vor allem die Viruspersistenz mit permanenter Virämie von Bedeutung.

Vorkommen und Bedeutung

Das Virus der BVD ist weltweit verbreitet. Der Anteil von Rindern mit serumneutralisierenden Antikörpern schwankt zwischen 50 und 90%. Bezüglich der Infektionen und des klinischen Verlaufs bei BVD-Infektionen adulter Rinder wird auf das Übersichtsreferat von *Baker* (1987) verwiesen.

Ätiologie

Ursache der BVD ist das zum Genus Pestivirus innerhalb der Familie der Togaviridae gehörende BVD-Virus.

Symptome und Verlauf

Diaplazentare Infektionen vor dem 90. Tag der Trächtigkeit können zu embryonalem Fruchttod, Fruchtresorption, Mumifikation oder Abort führen.

Nach Infektionen im Zeitraum zwischen dem 90. und 150. Tag der Trächtigkeit entwickelt sich in der Folge oft ein okulozerebelläres Syndrom (s. S. 272 f.).

In dem Zeitraum zwischen dem 150. und 190. Trächtigkeitstag bewirkt die BVD-Virusinfektion eine erregerspezifische Immuntoleranz. Die Infektion in dieser Phase führt daher nicht zur Bildung von spezifischen Antikörpern. Die größte Bedeutung bei derartigen Infektionen haben nichtzytopathogene Stämme, die nachher zu einer persistierenden Virämie und Virusausscheidung führen. Betroffene Tiere können nach einer Superinfektion mit einem zytopathogenen BVD-Stamm das Krankheitsbild der Mucosal Disease entwickeln. Ein Teil dieser Kälber ist klinisch völlig unauffällig. Infizierte Tiere können aber auch in der Entwicklung zurückbleiben, herabgesetzte Geburtsgewichte aufweisen und in der Folgezeit zu Kümmerern werden.

Erfolgt die Infektion des Feten nach dem 180. bis 200. Tag der Trächtigkeit, bleibt der zu diesem Zeitpunkt immunkompetente Fetus gesund. Er bildet spezifische Antikörper gegen das BVD-Virus.

Infektionen in der neonatalen Phase können zu schweren, oft tödlich verlaufenden Enteritiden führen.

Diagnose

Die Erkennung von Tieren mit persistierender BVD-Virusinfektion ist mit virologisch-kulturellen Methoden möglich.

Differentialdiagnose

Bei Durchfallerkrankungen in den ersten beiden Lebenstagen ist neben einer BVD-Infektion vor allem eine Infektion mit Rotaviren ursächlich in Betracht zu ziehen (*Pickel* und *Grunert* 1988), da bei diesem Erreger die Inkubation nur 15 bis 24 (96) Stunden beträgt.

Therapie und Prophylaxe

Bezüglich der Therapie von Durchfallerkrankungen wird auf das Kapitel Diarrhöen verwiesen (s. S. 309 ff.). Eine wirksame Bekämpfung der BVD ist nur möglich, wenn es gelingt, die intrauterinen Infektionen zu verhindern (*Liess* 1987). Voraussetzung dafür ist das Vorhandensein von spezifischen Antikörpern bei den Muttertieren. *Baker* (1987) schlägt daher vor, Tiere ohne Antikörper 3–4 Wochen vor der Belegung mit einer modifizierten Lebendvakzine zu impfen und diese Tiere eventuell in der Phase der Frühträchtigkeit mit einem Totimpfstoff zu boostern.

Literatur

Baker, I.C. (1987): Bovine viral diarrhea virus: A review. J. Am. Vet. Med. Assoc. *182*, 1449–1458
Liess, B. (1987): Viruspersistenz – ein Schlüsselphänomen der BVD-Virusinfektion. Dtsch. Tierärztl. Wochenschr. *95*, 264–266
Pickel, M., E. Grunert (1988): Perinatale Erkrankungen des Kalbes. Prakt. Tierarzt *69*, Coll. Vet. XVIII (1987), 42–47

8.6 Erkrankungen des Respirationstrakts

Einleitung

Erkrankungen der Atmungsorgane stellen ein sehr komplexes Gebiet dar. Einteilungen sind möglich nach der Lokalisation der Störung (Pharynx, Trachea, Bronchien, Lunge), infektiösen und nichtinfektiösen Prozessen, sowie entzündlichen und nichtentzündlichen Veränderungen. Störungen im Bereich des Respirationstrakts können lokalisiert als selbständige Erkrankung auftreten oder als Begleitsymptom einer systemischen Erkrankung. Im Rahmen dieses Kapitels erfolgt eine Beschränkung auf die enzootische Bronchopneumonie. Auf die infektiöse bovine Rhinotracheitis wurde bereits an anderer Stelle eingegangen (s. S. 248 ff.).

8.6.1 Enzootische Bronchopneumonie (Rindergrippe, Viruspneumonie, Rinderinfluenza, Mästerpneumonie, Transportfieber, Shipping Fever).

Wesen

Die enzootische Bronchopneumonie des Kalbes ist eine seuchenhaft verlaufende, in der Regel primär virusbedingte und meistens durch Bakterien (einschließlich Mykoplasmen) komplizierte Infektionskrankheit. Die Bronchopneumonie wird häufig von einer Entzündung höher gelegener Abschnitte des Respirationstrakts begleitet. Die respiratorischen Erscheinungen können mit einer Diarrhöe einhergehen; das Krankheitsbild wird dann als „respiratorisch-enterales Syndrom" bezeichnet.

Die enzootische Bronchopneumonie stellt eine Faktorenerkrankung dar, d. h. bei ihrer Entstehung spielen außer Infektionserregern auch resistenzmindernde Einflüsse (u. a. ungenügende oder fehlerhafte Stallklimatisierung, Transportstreß, „Crowding") eine maßgebliche Rolle (Abb. 8.12). Bei erkrankten Tieren können häufig mehrere Virusarten im Respirationstrakt oder im Blut als Antikörper nachgewiesen werden.

Die unter dem Bild einer interstitiellen Pneumonie in Erscheinung tretenden viralen Affektionen verlaufen dann ohne Komplikation, wenn sie nicht, wie es häufig geschieht, durch bakterielle Sekundärinfektion überlagert werden. Es entstehen dann entweder katarrhalisch-eitrige (oft abszedierend) oder fibrinöse Bronchopneumonien. In diesen Fällen verschlechtert sich die Prognose.

Bei einer Enzootie variieren Form, Schweregrad und Verlauf der respiratorischen Erkrankung von Tier zu Tier erheblich. Die Morbidität beträgt etwa 60 % bis 70 %; gelegentlich erkranken alle Kälber eines Bestandes. Die Letalität liegt bei etwa 5 %.

In Betrieben ohne Zukauf sind ausreichend mit kolostralen Antikörpern versorgte Kälber bei günstigen Haltungs- und Fütterungsbedingungen in den ersten Lebenswochen weitgehend vor der enzootischen Bronchopneumonie geschützt. Bei Zusammenbringen von Kälbern aus verschiedenen Herkunftsbetrieben auf engem Raum („Crowding"), d. h. vor allem in Mastbetrieben und besonders bei Vorliegen sonstiger resistenzmindernder Einflüsse können auch sehr junge Kälber erkranken.

Vorkommen und Bedeutung

Enzootische Bronchopneumonien bei Kälbern werden in allen Ländern mit intensiver Tierhaltung beobachtet. Sie verursachen nicht nur in Mastbetrieben, sondern auch in Zuchtbeständen bedeutende wirtschaftliche Einbußen.

Bei gemeinsamer Aufstallung von Tieren, die aus unterschiedlichen Herkunftsbetrieben stammen, tritt die enzootische Bronchopneumonie vermehrt wenige Tage bis spätestens 3 Wochen nach der Einstellung auf. In Beständen mit eigener Nachzucht kann hingegen eine Häufung dieser Erkrankung in der kalten Jahreszeit beobachtet werden.

Aus epidemiologischer Sicht sind deshalb zwei Formen der Erkrankung zu unterscheiden:

1. Die in der kalten Jahreszeit auftretende (saisonal gebundene) enzootische Bronchopneumonie.

2. Die ganzjährig als Folge des „Crowding" auftretende enzootische Bronchopneumonie.

Die enzootische Bronchopneumonie muß als Faktorenerkrankung angesehen werden. Eine Vielzahl von Mikroorganismen kann am Krankheitsgeschehen beteiligt sein: Adenoviren, Reoviren, Parainfluenza-3-Virus, Rhinoviren, Parvoviren, Respiratory-Syncytial-Virus, Pasteurella multocida, Pasteurella haemolytica, Mykoplasmen, Chlamydien, Pseudomonas aeruginosa, Actinomyces pyogenes u. a.

Umfangreichen epidemiologischen Untersuchungen zufolge spielen unter den Viren derzeit Adenoviren und Reoviren die wichtigste Rolle. Von den zahlreichen bakteriellen Erregern, die für Sekundärinfektionen verantwortlich gemacht werden, kommt den Pasteurellen wahrscheinlich die größte Bedeutung zu.

Erfahrungsgemäß lassen sich bei spontan auftretenden Erkrankungen im Anfangsstadium in der Regel nur Viren isolieren. Erst später können Bakterien nachgewiesen werden. Dieser Umstand deutet darauf hin, daß das mikrobielle Geschehen durch Viren eingeleitet und durch nichtvirale Erreger kompliziert wird.

Den im Zusammenhang mit der enzootischen Bronchopneumonie bisher isolierten Mikroorganismen ist gemeinsam, daß sie in der Regel erst auf der Basis von Mischinfektionen sowie unter dem Einfluß von nichtmikrobiellen, d. h. den Organismus in seiner Abwehrbereitschaft schädigenden Faktoren das für die Erkrankung typische Symptomenbild hervorrufen (u. a. *Mayr* und *Mayr-Bibrack* 1982; *Wizigmann* et al. 1976). Die enzootische Bronchopneumonie wird deshalb als „infektiöse Faktorenerkrankung" angesehen (s. Abb. 8.12).

Auch die resistenzmindernden Faktoren sind im Einzelfall unterschiedlich. Nicht allzu selten wirken gleichzeitig mehrere Einflüsse schädigend auf den Organismus. Vor allem folgende endogene und exogene Faktoren führen zu einer Immunsuppression:

- ungenügende oder fehlerhafte Stallklimatisierung (z. B. kalter Luftzug, starke Temperaturschwankungen, zu hohe Luftfeuchtigkeit, überhöhte Schadgaskonzentrationen),
- ungünstige Haltung (z. B. dunkle Ställe, zu enge Standplätze),
- Transportstreß,
- „Crowding",
- Fütterungsfehler.

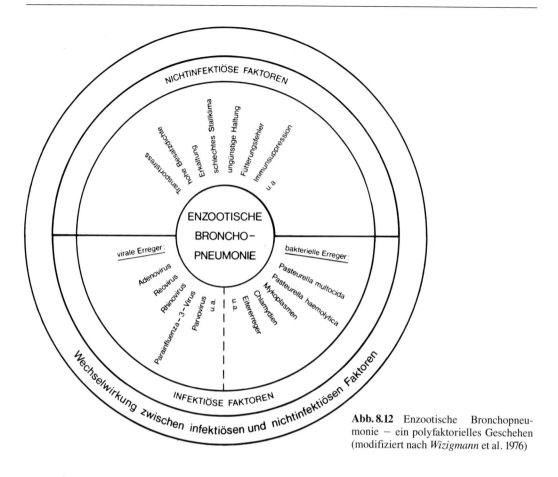

Abb. 8.12 Enzootische Bronchopneumonie – ein polyfaktorielles Geschehen (modifiziert nach *Wizigmann* et al. 1976)

Epidemiologie

Serologische Untersuchungen zeigen, daß die verschiedenen an der enzootischen Bronchopneumonie beteiligten Viren in den Rinderbeständen weit verbreitet sind. Die höchsten Durchseuchungsgrade werden bei erwachsenen Tieren ermittelt (Verbreitung in den Beständen: Parainfluenza-3-Virus 80% bis 90%, Rhinoviren 70%, Respiratory-Syncytial-Virus 50%, Reoviren 20% bis 40%, Adenoviren 30% bis 85%).

Die Erreger werden von infizierten Tieren über das Nasen- und Augensekret, über den Speichel und zum Teil auch über den Kot (z. B. Adenoviren) ausgeschieden. Die Übertragung der Erreger erfolgt durch Kontakt von Tier zu Tier sowie durch belebte und unbelebte Zwischenträger (u. a. Personen- und Tierverkehr, Gerätschaften, Futtermittel, Trinkwasser).

Die größte Keimanreicherung und -durchmischung erfolgt durch Zukauf von Tieren, insbesondere beim „Crowding" im Rahmen der Mast. Die betreffenden Kälber sind passiv oder aktiv durch „stumme Feiung" geschützt gegen die im Ursprungsbetrieb vorherrschenden Erreger, nicht jedoch gegen die Keime, die andere Tiere beim Aufstallen einschleppen. Durch Mischinfektionen und unter dem Einfluß resistenzmindernder Faktoren kommt es zum Ausbruch der Erkrankung. In Betrieben ohne Zukauf erfolgt die Ansteckung vor allem durch ältere, latent infizierte Tiere, die die Erreger ausscheiden.

Pathogenese

Die Ansiedlung der viralen Erreger erfolgt häufig zuerst im vorderen und mittleren Respirationstrakt. Durch die virusbedingte Schädigung der

Epithelzellen werden dann eine Rhinitis, Laryngitis und Tracheitis oder Bronchitis und Bronchiolitis hervorgerufen. In Verbindung mit einer Virämie kann es zu einer interstitiellen Pneumonie kommen. Bei einer Virusinfektion ist eine partielle funktionelle restitutio ad integrum innerhalb weniger Tage auch ohne Behandlung möglich. Sehr häufig wird jedoch das Krankheitsbild durch Sekundärinfektionen mit Bakterien kompliziert. Es entstehen katarrhalisch-eitrige, abszedierende oder fibrinöse Bronchopneumonien, wenn sich der Erreger nach Sekundärinfektion in den hinteren Luftwegen festsetzt.

Über das Zusammenwirken der verschiedenen Erregerarten liegen derzeit nur lückenhafte Kenntnisse oder Hypothesen vor. Im folgenden werden lediglich einige diesbezügliche Aspekte aufgeführt: Es wurde nachgewiesen, daß verschiedene Virusarten sowie Chlamydien aufgrund ihrer schädigenden Wirkung an den zilientragenden Zellen des Respirationstrakts das Haften von Bakterien fördern. Auch gilt als gesichert, daß Virus-, Mykoplasmen- und Chlamydieninfektionen die Lungenclearance (sowohl die mukoziliäre als auch die alveoläre, über die Alveolarmakrophagen vermittelte Clearance) herabsetzen und dadurch die Vermehrung von Bakterien begünstigen. Das Respiratory-Syncytial-Virus kann außer einer direkten Schädigung im Respirationstrakt eine allgemeine Immunsuppression bewirken und so die Voraussetzung für die Entfaltung anderer Erreger schaffen. Möglicherweise übt auch das BVD-Virus aufgrund einer immunsuppressiven Wirkung eine solche Schrittmacherfunktion aus. Darauf deutet die Tatsache hin, daß im Zusammenhang mit der enzootischen Bronchopneumonie häufig BVD-Viren isoliert werden; die betreffenden Kälber zeigen dabei keine klinischen oder pathologisch-anatomischen Erscheinungen der bovinen Virusdiarrhöe (Stöber 1984).

Im Hinblick auf die Pathomechanismen der nichtinfektiösen Schadfaktoren liegen vorwiegend Kenntnisse über die Auswirkungen eines ungünstigen Stallklimas vor. Zum Beispiel führt kalter Luftzug infolge der einsetzenden Thermoregulation zu einer Minderdurchblutung der Schleimhaut des Respirationstrakts. Dadurch werden die Clearancemechanismen des Flimmerepithels sowie die Funktionen der Alveolarmakrophagen beeinträchtigt und somit die Ansiedlung und Vermehrung von Mikroorganismen gefördert. Starke Temperaturschwankungen, zu hohe Luftfeuchtigkeit und überhöhte Schadgaskonzentrationen bewirken ebenfalls eine Herabsetzung der unspezifischen pulmonalen Abwehr.

Symptome, Verlauf und Prognose

Das Krankheitsgeschehen ist gekennzeichnet durch mehr oder weniger plötzliches Auftreten von Respirationsstörungen (eventuell begleitet von einer Diarrhöe) bei einer größeren Anzahl von Kälbern. Auch ältere Rinder des Bestandes (vor allem aber Tiere bis zu einem Alter von 12 Monaten) können mitbetroffen sein.

Im *Anfangsstadium*, d.h. bevor die Bronchopneumonie klinisch erkennbar ist, besteht häufig eine Entzündung des vorderen Respirationstrakts mit entsprechenden Symptomen. Meistens ist Nasenausfluß zu beobachten. Bei Vorliegen von Laryngitis und Tracheitis tritt Husten auf, der sich auch durch leichten Druck auf Kehlkopf und Luftröhre auslösen läßt. Mitunter kommt es zu entzündungsbedingter Einengung im Bereich der vorderen Luftwege, die zu äußerlich wahrnehmbaren atmungssynchronen Stenosengeräuschen (Schniefen, Schnarchen, Röcheln, Brummen) führt. Bei Bronchitis und Bronchiolitis ist verschärftes bronchobronchuläres Atmen zu auskultieren. Das Allgemeinbefinden der Kälber ist meistens nur geringgradig gestört. Die Körpertemperatur kann erhöht sein. Mitunter lassen sich auch nur uncharakteristische Symptome, wie zum Beispiel Fieber, Abgeschlagenheit und verminderte Nahrungsaufnahme, feststellen.

Folgende Pneumonieformen können sich entwickeln: interstitielle Pneumonie, katarrhalisch-eitrige oder fibrinöse Bronchopneumonie. Anhand der klinischen Befunde ist eine klare Trennung, insbesondere der beiden letztgenannten Verlaufsformen, häufig nicht möglich.

Bei *interstitieller Pneumonie*, die als eigentliche „Viruspneumonie" angesehen wird, weist das Kalb Fieber bei meist nur geringgradig gestörtem Allgemeinbefinden auf. Es bestehen eine beschleunigte, kostoabdominale Atmung, geringgradiger seröser Nasenausfluß und häufig Husten. Die Auskultation ergibt, daß die Lunge in ganzer Ausdehnung beatmet wird. Es ist jedoch über die gesamte Lunge verteilt rauhes bronchobronchuläres Atmen zu hören. Bei der Perkussion können keine Dämpfungen festgestellt werden.

Interstitielle Pneumonien haben eine sehr günstige Heilungstendenz, sofern sie nicht, wie es meistens geschieht, durch bakterielle Infektionen kompliziert werden. Virusinfektion und bakterielle Komplikation können sehr schnell aufeinanderfolgen; mitunter liegen auch von Anfang an Mischinfektionen mit Viren und Bakterien vor. Die sich bei Mitbeteiligung von Bakterien entwickelnden katarrhalisch-eitrigen oder fibrinösen

Bronchopneumonien sind durch wesentlich stärkere Allgemeinstörungen sowie durch schwerwiegendere respiratorische Symptome gekennzeichnet.

Bei *katarrhalisch-eitriger Bronchopneumonie* bestehen schleimig-eitriger Nasenausfluß und feuchter, schmerzhafter Husten. Je nach Ausdehnung der entzündlichen Veränderungen liegt eine mehr oder weniger starke Dyspnoe vor. Bei der Auskultation ist vor allem im Bereich von Spitzen-, Herz- und Anhangslappen „Knattern" festzustellen. Sofern die entzündlichen Anschoppungen ein Mindestausmaß erreichen, ergibt die Perkussion Dämpfungen, insbesondere im ventralen Drittel des Lungenfelds. Häufig ist der Kreislauf mehr oder weniger stark in Mitleidenschaft gezogen.

Die Prognose einer katarrhalisch-eitrigen Bronchopneumonie hängt wesentlich davon ab, ob rechtzeitig eine wirksame Therapie eingeleitet wird. In diesen Fällen kann nach etwa 8- bis 14-tägiger Krankheitsdauer eine klinische Ausheilung eintreten. Bei ungünstigem Verlauf können sich chronische oder chronisch-rezidivierende, abszedierende Bronchopneumonien entwickeln. Unter ständigem Wechsel zwischen fieberhafter und subfebriler Körpertemperatur magern solche Tiere dann immer mehr ab und verenden schließlich unter starker Atemnot.

Entsteht eine *fibrinöse Bronchopneumonie*, so kommt es in der Regel zu einer hochgradigen Allgemeinstörung mit Kreislaufbeteiligung. Im Anfangsstadium besteht rein seröser Nasenausfluß; später ist er rotbraun und wird schließlich graugelb-schleimig. Die Atmungsfrequenz ist erhöht, und es liegt eine meist hochgradige Dyspnoe vor. Auskultatorisch sind vor allem im ventralen Lungenfeld Pfeifgeräusche zu vernehmen. Hier kann bei entsprechender Ausdehnung der Anschoppung oder Hepatisation perkutorisch eine Dämpfung festgestellt werden. Meistens wird die fibrinöse Pneumonie durch eine Pleuritis kompliziert. Heilungsaussichten bestehen nur bei frühzeitig und konsequent durchgeführter Therapie; sonst nimmt das Leiden einen ungünstigen Verlauf.

Pathologische Anatomie

Reine Virusinfektionen verlaufen unter dem morphologischen Bild einer interstitiellen Pneumonie. Bei Komplikation des Krankheitsbildes durch Bakterien entwickelt sich eine alveoläre Herdpneumonie. Je nach beteiligter Bakterienart wird eine katarrhalisch-eitrige, abszedierende oder fibrinöse Bronchopneumonie vorgefunden. Vielfach werden auch Misch- oder Übergangsformen diagnostiziert. Die oberen Abschnitte des Respirationstrakts können entzündlich verändert sein.

Diagnose

Die Diagnose basiert auf dem Untersuchungsbefund beim Einzeltier sowie auf den klinischen Erhebungen im Bestand. Definitionsgemäß findet der Krankheitsbegriff „enzootische Bronchopneumonie" nur dann Verwendung, wenn innerhalb eines begrenzten Zeitraums eine größere Anzahl der Kälber, eventuell auch der älteren Rinder des Bestandes, die eingangs beschriebenen Symptome aufweist.

Der direkte Nachweis der viralen Erreger im Nasensekret, Trachealschleim oder Lungengewebe gelingt häufig nur im Anfangsstadium der Erkrankung (Nasensekret erst nach vorausgegangener trockener Reinigung des Flotzmauls und Nasenlochs im hinteren Bereich des ventralen Nasengangs entnehmen; das oben aufgeführte Probenmaterial in gekühltem Zustand versenden; Sekretproben geringe Mengen Virustransportmedium zusetzen). Da die viralen Erreger, denen eine Bedeutung am Zustandekommen der enzootischen Bronchopneumonie beigemessen wird, auch bei klinisch gesunden Kälbern vorhanden sein können, empfiehlt es sich, zusätzlich eine zweimalige Antikörperbestimmung im Blutserum durchführen zu lassen (Blutprobenentnahme im Anfangsstadium der Erkrankung sowie etwa 3 Wochen später; Verwendung von Blutröhrchen ohne gerinnungshemmenden Zusatz). Nur ein Antikörperanstieg um das mindestens Vierfache zwischen der akuten Phase und dem Rekonvaleszenzstadium ist beweisend für eine abgelaufene Infektion. Für den direkten oder indirekten Infektionsnachweis sollten, sofern möglich, bei mindestens 10 Kälbern Proben entnommen werden.

Differentialdiagnose

Von der enzootischen Bronchopneumonie abzugrenzen sind andere, ebenfalls bestandsweise gehäuft auftretende Erkrankungen des Respirationstrakts. Insbesondere ist die infektiöse bovine Rhinotracheitis (s. S. 248 ff.) auszuschließen.

Therapie

Vor allem in Betrieben mit intensiver Haltung ist bei enzootisch auftretenden Bronchopneumonien ein systematisches Vorgehen erforderlich. Alle erkrankten Kälber sind zu kennzeichnen oder — wenn möglich — zu isolieren. Um das Auftreten neuer Krankheitsfälle frühzeitig zu erkennen, sind auch die bisher noch nicht erkrankten oder unbehandelten Tiere intensiv zu überwachen (u. a. Beurteilung des Allgemeinbefindens und der Atmungstätigkeit). Mindestens einmal täglich sollte der Betreuer die Körpertemperatur der erkrankten — und wenn durchführbar — auch der restlichen Kälber der Gruppe ermitteln. Der Temperaturverlauf der erkrankten Tiere ist in einer Kartei zu notieren. Auch der behandelnde Tierarzt sollte die von ihm regelmäßig erhobenen Befunde protokollieren.

Da eine kausale Behandlung der viralen Infektion nicht möglich ist, steht die Bekämpfung der bakteriellen Erreger im Vordergrund. Außer der Beseitigung von resistenzmindernden Faktoren, die möglicherweise das Entstehen der Erkrankung begünstigt haben, sind darüber hinaus im Einzelfall unterstützende Behandlungsmaßnahmen (u. a. Kreislaufbehandlung) durchzuführen.

Sehr umstritten ist die Frage, ob auch die nicht im Bestand erkrankten Kälber einer prophylaktischen Chemotherapie zu unterziehen sind. Abgesehen von einem zweifelhaften Effekt sprechen auch Kostengründe gegen die Durchführung dieser Maßnahme.

Antibakterielle Chemotherapie

Die häufig unbefriedigenden Heilerfolge dürften in erster Linie darauf beruhen, daß allgemeine Grundsätze der antibakteriellen Chemotherapie nicht beachtet werden oder aufgrund verschiedenster Gegebenheiten nicht zu verwirklichen sind. Voraussetzungen für eine erfolgreiche antibakterielle Behandlung sind folgende Gesichtspunkte oder Vorbedingungen (u. a. *Dirksen* 1981; *Dirksen* und *Stöber* 1982; *Wizigmann* et al. 1976):

Zeitpunkt des Therapiebeginns

Gute Heilungserfolge werden erzielt, wenn die Behandlung frühzeitig, d. h. im Anfangsstadium der Erkrankung beginnt. Setzt die Therapie erst bei weit fortgeschrittener Entzündung ein, läßt sich, wenn überhaupt, nur noch eine narbige Organisation der schwer destruierten Bezirke mit Abkapselung der Einschmelzungsherde erzielen.

Wahl des antibakteriellen Chemotherapeutikums

Da einerseits zahlreiche Bakterien am Infektionsgeschehen beteiligt sein können und andererseits eine Zunahme resistenter Erregerpopulationen als Folge der immer häufiger vorgenommenen unkontrollierten Laienbehandlung beobachtet wird, ist eine gezielte antibakterielle Therapie mit Schwierigkeiten behaftet. Wenn möglich sollten deshalb vor Behandlungsbeginn von einigen der erkankten Tiere Nasen- oder Trachealsekretproben entnommen werden, um eventuell zu isolierende Bakterien im Antibiogramm auf ihre In-vitro-Empfindlichkeit zu testen. Gegebenenfalls kann dann nach Vorliegen des Resistenzergebnisses die begonnene Therapie kurzfristig umgestellt werden.

Aufgrund der Vielzahl der in Frage kommenden grampositiven und -negativen Bakterien ist es empfehlenswert, die Behandlung mit Chemotherapeutika einzuleiten, die ein relativ weites Erregerspektrum erfassen. In Betracht zu ziehen sind z. B. Tetrazykline, Amoxicillin, Aminoglykosidantibiotika, Chinolon-Carbonsäure-Derivate oder Sulfonamide. Es besteht auch die Möglichkeit, Chemotherapeutika mit schmalem Erregerspektrum zu kombinieren, wobei jeweils die eine Komponente gegen grampositive und die andere gegen gramnegative Keimarten gerichtet sein sollte: z. B. Penicillin und Colistin. Dabei sind beide Komponenten ausreichend hoch zu dosieren.

Sofern sich die Dyspnoe, der auskultatorische Lungenbefund sowie das Allgemeinbefinden am 3. Tag nach Therapiebeginn nicht wesentlich gebessert oder sogar noch verschlechtert haben, empfiehlt es sich, das antibakterielle Chemotherapeutikum zu wechseln. Bei Beurteilung der Frage, ob die eingeleitete Therapie anspricht, ist allerdings zu berücksichtigen, daß schwere, bakteriell bedingte Bronchopneumonien auch bei Verwendung wirksamer Chemotherapeutika eine lange Zeit bis zur klinischen Ausheilung benötigen (nicht selten 2 Wochen und länger).

Behandlungsdauer

Die antibakterielle Behandlung muß so ausgerichtet sein, daß therapeutisch wirksame Blut- und Gewebespiegel über mindestens 3 Tage aufrechterhalten werden (eventuell Verwendung von geeigneten, längerfristig wirksamen Chemotherapeutika). Die Entscheidung, ob die Therapie über diesen Zeitraum hinaus fortgesetzt werden muß, ist von den klinischen Erscheinungen (u. a. Art und Grad der Dyspnoe, Auskultationsbefund, Temperaturverlauf) abhängig. Bei ausgeprägter Bronchopneumonie sollte die Therapie auf 5 bis 6 Tage oder länger ausgedehnt werden. Unabhängig vom Grad der Pneumonie gilt die Faustregel, daß die antibakterielle Behandlung 2 Tage über die Entfieberung hinaus fortzuführen ist.

Wirksamer Gewebespiegel

Die Therapie kann nur dann erfolgreich sein, wenn über einen längeren Zeitraum therapeutisch wirksame Gewebespiegel in der Lunge erreicht werden. Entscheidend für den Erfolg sind daher eine genügend hohe Dosierung, nicht zu lange Behandlungsintervalle und eine geeignete Applikationsform.

Applikationsweg

Das Chemotherapeutikum wird möglichst parenteral verabreicht, da über diesen Applikationsweg – insbesondere bei bereits ruminierenden Kälbern – ausreichende Gewebespiegel am sichersten zu erzielen sind. Um die Gefahr von Gewebereizungen und -nekrosen möglichst gering zu halten, sollten die Medikamente nicht intramuskulär verabreicht werden. In Großbetrieben ist die Durchführung einer parenteralen Behandlung aufgrund des damit verbundenen hohen Zeit- und Arbeitsaufwandes nicht selten mit erheblichen Schwierigkeiten verbunden. Sie dürften jedoch bei entsprechender Kooperation des Tierbetreuers überwindbar sein.

Unterstützende Maßnahmen

Außer der Chemotherapie ist von Fall zu Fall eine symptomatische Behandlung angezeigt. Insbesondere bei schweren Bronchopneumonien hat sich die Verabreichung von bronchospasmolytisch und sekretolytisch wirksamen Medikamenten (z. B. Clenbuterol) bewährt (u. a. *Gründer* 1988; *Hof* 1988). Das Vorliegen einer Herzinsuffizienz macht eine mehrtägige Digitalisierung (täglich 6 mg Digitoxin pro 100 kg Körpergewicht) erforderlich (*Dirksen* und *Stöber* 1982; *Weissmüller* 1982). Besteht außer der Bronchopneumonie eine Diarrhöe, so ist eine entsprechende Behandlung durchzuführen (s. S. 309 ff.).

Verschiedentlich wird empfohlen, den erkrankten und eventuell auch den noch gesunden Kälbern zur Steigerung der nicht erregerspezifischen Infektabwehr frühzeitig geeignete Paramunitätsinducer zu applizieren (u. a. *Gründer* 1988; *Rolle* und *Mayr* 1984). Im Hinblick auf die therapeutische Wirksamkeit erweisen sich intranasal zu verabreichende Paramunitätsinducer den parenteral anwendbaren als überlegen (*Gründer* 1988).

Verwendung von Kortikosteroiden

Bei der Therapie von Lungenerkrankungen sollte die Verabreichung von Kortikosteroiden auf folgende vitale Indikationen beschränkt bleiben (*Dirksen* und *Stöber* 1982):

- Akutes, nicht infektionsbedingtes Lungenemphysem und -ödem unterschiedlicher Ätiologie.
- Akutes, lebensbedrohliches Lungenemphysem bei infektionsbedingten Bronchopneumonien.
- Akutes, nicht infektionsbedingtes (allergisches) oder infektionsbedingtes (IBR) Glottisödem.
- Infekttoxischer Schock.

Vor einem kritiklosen, d. h. nicht indizierten Einsatz von Kortikosteroiden im Rahmen der Behandlung von infektiösbedingten Pneumonien ist zu warnen, da die Anwendung solcher Präparate nach *Dirksen* und *Stöber* (1982) vor allem mit folgenden Wirkungen und Nebenwirkungen behaftet ist:

1. *Unterdrückung aller Stadien der Entzündung* (exsudative wie produktive Phase) → Hemmung der lokalen Infektionsabwehr (Granulation, Abkapselung von Infektionsherden) und Wundheilung.
2. *Depressiver Effekt auf das gesamte lymphatische Gewebe* (Thymus, lymphatisches Gewebe in Milz und Lymphknoten) → Suppression der spezifischen zellulären und humoralen Immunität sowie der unspezifischen Interferonbildung.
3. *Förderung des Pilzwachstums* (bevorzugt im Respirationstrakt / unter antibakterieller Therapie).
4. *Verstärkung der vasokonstriktorischen Wirkung von sympathikomimetischen Katecholaminen* → nach Absetzen der Dauermedikation: Schock.
5. *Förderung der Ulcusbildung im Labmagen.*

Prophylaxe

In Betrieben mit gehäuftem Auftreten von enzootischen Bronchopneumonien kommt der Prophylaxe eine entscheidende Bedeutung zu. Da es sich bei der enzootischen Bronchopneumonie um ein polyfaktorielles Geschehen handelt, müssen bei der Bekämpfung komplexe Maßnahmen Berücksichtigung finden. Je nach Betriebsstruktur gehören dazu:

Betriebe ohne Zukauf: u. a. frühzeitige und ausreichende Versorgung der Kälber mit Kolostralmilch, separater Kälberstall (möglichst Einzelboxen), einwandfreies Stallklima, optimale Haltung und Fütterung, konsequente Reinigung und Desinfektion des Stalls.

Betriebe mit Zukauf: u. a. Zukauf aus seuchenfreien Erzeugerbetrieben, Aussonderung kranker und unterentwickelter Kälber vor der Aufstallung, strikte Einhaltung des „Rein-raus-Prinzips" oder zumindest Quarantäneabteilung für neu zugekaufte Kälber, Isolierstall für erkrankte Tiere, regelmäßige Reinigung und Desinfektion des Stalls, schonender Transport, einwandfreies Stallklima, optimale Haltung und Fütterung.

Über die Effektivität von Vakzinationen sind im Schrifttum unterschiedliche Untersuchungsergebnisse beschrieben. Aufgrund der komplexen Ätiologie der Erkrankung werden in erster Linie funktionell-synergistische Kombinationsvakzinen empfohlen (u. a. *Mayr* et al. 1984). Die Auswahl der antigenen Komponenten (z. B. Reoviren: Serotyp 1 und 3, Adenoviren: Serotyp 1, 3 und 5, Parainfluenza-3-Virus und Pasteurellen) erfolgte anhand umfangreicher serologischer Untersuchungen. Da diese Impfstoffe inaktivierte Erreger enthalten, müssen die Kälber zum Zeitpunkt der Impfung gesund sein. Bei Vakzination von kranken oder möglicherweise in der Inkubation befindlichen Kälbern besteht die Gefahr von Impfprovokationen.

Bei der Impfung wird folgendes Vorgehen empfohlen (u. a. *Mayr* et al. 1984): Unabhängig davon, ob es sich um Betriebe mit oder ohne Zukauf handelt, sollten die Kälber frühestens ab einem Alter von 6 Wochen vakziniert werden. Zur Grundimmunisierung ist jeweils eine zweimalige, im Abstand von 4 bis 6 Wochen durchgeführte Impfung erforderlich.

Betriebe ohne Zukauf

Alle Tiere im Alter von 6 Wochen bis 18 Monaten werden einer zweimaligen Impfung im Abstand von 4 bis 6 Wochen unterzogen. Da in diesen Betrieben eine Häufung der Erkrankung fast ausschließlich in der kalten Jahreszeit (saisonalgebundene enzootische Bronchopneumonie) festgestellt wird, empfiehlt es sich, die erste Impfung Ende Juli bis Anfang August durchzuführen. Noch nicht 6 Wochen alte Kälber sowie zu einem späteren Zeitpunkt geborene Tiere sind nachträglich zweimal zu impfen. Lediglich bei starker Infektionsgefährdung ist eine dritte Impfung, etwa 4 bis 5 Monate nach abgeschlossener Grundimmunisierung, vorzunehmen.

Betriebe mit Zukauf

Je nach Alter der Tiere zu Beginn der Einstellung sind unterschiedliche Impfprogramme erforderlich. Bei *Zukauf junger Kälber* (Aufstallung meistens bereits kurze Zeit nach Beendigung der Kolostralmilchperiode) kann unmittelbar vor oder sofort nach dem „Crowding" ein Paramunitätsinducer verabreicht werden (erforderlichenfalls Wiederholung nach 4 bis 5 Tagen). Die erste Impfung erfolgt frühestens 3 bis 4 Wochen nach der Aufstallung (Mindestalter 6 Wochen!), wobei zusätzlich ein Paramunitätsinducer appliziert werden kann. Bei *Zukauf älterer Kälber* sind möglichst beide Impfungen, zumindest jedoch die erste Vakzination, noch im Herkunftsbetrieb durchzuführen. Im Zukaufsbetrieb kann zum Zeitpunkt der Einstellung ein Paramunitätsinducer appliziert werden.

Sofern die zweite Impfung noch nicht im Herkunftsbestand vorgenommen wurde, wird diese ab der 3. Woche im Zukaufsbetrieb durchgeführt. Ist eine Impfung im Herkunftsbetrieb nicht erfolgt, so wird wie bei jungen Kälbern verfahren (siehe oben).

In Zukaufsbetrieben ist dann eine dritte Impfung erforderlich, wenn eine aktuelle Seuchenbedrohung besteht (4 bis 5 Monate nach abgeschlossener Grundimmunisierung).

Die häufig praktizierte *prophylaktische Verabreichung von antibakteriellen Chemotherapeutika* bei der Neuaufstallung oder zur Zeit der saisonalen Gefährdung ist nach wie vor umstritten.

Literatur

Dirksen, G. (1981): Probleme der Erkennung, Unterscheidung und Behandlung der enzootischen Bronchitiden und Pneumonien des Rindes. Prakt. Tierarzt *62*, Coll. Vet., 30–33

Dirksen, G., M. Stöber (1982): Ursachen von Mißerfolgen bei der Behandlung der Enzootischen Bronchopneumonie des Rindes. Prakt. Tierarzt *63*, Coll. Vet., 104–112

Espinasse, J. (1987): Vorbeuge und Behandlung von respiratorischen Erkrankungen beim jungen Rind. Dtsch. Tierärztl. Wochenschr. *94*, 240–247

Gründer, H.-D. (1988): Neuere Behandlungsmöglichkeiten bei der enzootischen Bronchopneumonie des Rindes. Prakt. Tierarzt *69*, Coll. Vet. XVIII (1987), 60–68

Gründer, H.-D., S. Kühnel, M. Buus (1987): Vergleichende Untersuchungen über die prophylaktische und therapeutische Wirkung von vier Interferoninducern (Bayferon®, Duphamun®, Imuresp®, B. S. K.®) bei der enzootischen Bronchopneumonie der Jungrinder. Wien. Tierärztl. Monatsschr. *74*, 33–36

Hof, E. (1988): Untersuchungen über die Wirksamkeit von Clenbuterol (Ventipulmin®, Boehringer Ingelheim) bei Bronchopneumonien und Lungenemphysemen von Rindern. Gießen, Univ., Veterinärmed. Fak., Diss.

Johannsen, U., G. Müller (1982): Ätiopathogenese und

Pathologie der Pneumonien der Kälber und Jungrinder. Monatsh. Veterinärmed. *37*, 881–886

Kielstein, P., D. Schimmel, F. Horsch (1981): Vergleichende ätiopathogenetische Untersuchungen zur Pneumonie des Kalbes und Schweines. Monatsh. Veterinärmed. *36*, 133–139

Mayr, A. (1976): Bekämpfung der Crowding disease bei der Kälber- und Bullenmast. Tierärztl. Umsch. *31*, 479–488

Mayr, A., G. Eißner, B. Mayr-Bibrack (1984): Enzootische Bronchopneumonie des Rindes. In: Handbuch der Schutzimpfungen in der Tiermedizin. Verlag Parey, Berlin, Hamburg, 928–938

Mayr, A., B. Mayr-Bibrack (1982): Mischinfektionen in der Tierhaltung – Bedeutung und Bekämpfung. Tierzüchter *34*, 11–15

Rolle, M., A. Mayr (1984): Enzootische Bronchopneumonie der Rinder. In: Medizinische Mikrobiologie, Infektions- und Seuchenlehre. 5. Aufl. Ferdinand Enke Verlag, Stuttgart, 809–810

Schirrmeier, H., H. Bergmann, U. Meyer (1982): Pathogenese und Immunogenese bei virusbedingten respiratorischen Erkrankungen des Kalbes. Monatsh. Veterinärmed. *37*, 949–955

Scholz, H., G. Amtsberg, U. Westermilies, A. Binder, H. Kirchhoff (1987): Untersuchungen zur Bronchopneumonie des Rindes. 1. Versuchsanstellung und mikrobieller Status von Nasen- und Tracheobronchialsekret. Tierärztl. Umsch. *42*, 272–280

Scholz, H., M. Currle, W. Fischer (1987): Untersuchungen zur Bronchopneumonie des Rindes. 2. Mitteilung: Endoskopische, Tracheobronchialsekret- und Blutgasuntersuchungen. Tierärztl. Umsch. *42*, 371–378

Stöber, M. (1984): Neuere Erkenntnisse über das BVD-Syndrom des Rindes: Erreger, Immunitätsgeschehen, Verlauf und Verbreitung, Bekämpfung. Prakt. Tierarzt *65*, Coll. Vet. XIV (1983), 88–98

Wagner, K., W. Becker, J. Brömel (1978): Die Rindergrippe. Tierärztl. Prax. *6*, 51–62

Webster, A. J. F. (1981): Weather and infectious disease in cattle. Vet. Rec. *108*, 183–187

Weiss, E., R. Rudolph (1988): Interstitielle Pneumonien. Rindergrippe. In: E. Dahme, E. Weiss (Hrsg.): Grundriß der speziellen pathologischen Anatomie der Haustiere. 4. Aufl. Ferdinand Enke Verlag, Stuttgart, 110–111

Weissmüller, A. (1982): Untersuchungen über den Abbau von Digitoxin nach intravenöser Applikation beim Rind unter Berücksichtigung der Konzentration im Plasma und der Herzfrequenz. München, Univ., Veterinärmed. Fak., Diss.

Wizigmann, G. (1974): Untersuchungen über Epidemiologie und Ätiologie der Rindergrippe. I. Vorkommen und Verbreitung von bovinen Adenoviren, Rhinoviren, Reoviren und Parainfluenza 3-Virus. Zentralbl. Veterinärmed. B *21*, 563–579

Wizigmann, G., G. Dirksen, J. v. Sandersleben, O. Geisel, T. Held, A. Mayr (1976): Über die Enzootische Bronchopneumonie des Rindes („Rindergrippe"). Tierärztl. Umsch. *31*, 343–352

8.7 Erkrankungen des Verdauungssystems

8.7.1 Stomatitis papulosa

Wesen und Bedeutung

Bei der Stomatitis papulosa handelt es sich um eine Virusinfektion, die vor allem bei Kälbern und Jungrindern vorkommt und die zu ringförmigen Ulzerationen an Lippen, Nase und Flotzmaul führt. Die Krankheit ist weltweit verbreitet. Häufigkeitsangaben schwanken zwischen 2 % (*Dunant* et al. 1975) und 30 % (*Liebermann* 1967). Die Erkrankung verläuft im allgemeinen gutartig und führt daher kaum zu wirtschaftlichen Einbußen; sie ist aber differentialdiagnostisch von einer gewissen Bedeutung.

Ätiologie und Pathogenese

Ursache der Stomatitis papulosa ist ein Parapockenvirus (Parapoxvirus bovis 1), das serologisch sehr eng mit dem Euterpocken-, Melkerknoten- und Orfvirus verwandt ist. Das Virus vermehrt sich in den Epithelzellen des Stratum spinosum, die sehr schnell degenerieren und unter exsudativen Vorgängen die darüber liegende verhornte Zellschicht abheben. Die dabei freigesetzten Viren breiten sich konzentrisch aus. Die am Rande dieser Läsionen liegenden Zellen entwickeln offensichtlich eine Resistenz, so daß die Vermehrung des Virus gestoppt wird. Die Regeneration des Epitheldefekts beginnt im Zentrum.

Epidemiologie

Die Übertragung der Stomatitis papulosa geschieht in erster Linie durch direkten Kontakt, kann aber auch indirekt, z. B. durch kontaminiertes Futter, erfolgen. Außer der klinisch manifesten Erkrankung kommen sehr viel mehr inapparente Infektionen vor, die durch Resistenzminderung aktiviert werden können (*Mayr* et al. 1984). Von einer gewissen Bedeutung ist der Umstand, daß das Virus auch auf den Menschen übertragen werden kann.

Symptome

Nach einer Inkubation von 2 bis 4 Tagen entstehen am Ort der Infektion rotbraune Läsionen, die sich konzentrisch ausbreiten, vom Zentrum her aber schnell ausheilen. Die Ausbreitung kommt zum Stillstand, wenn die Läsionen einen Durchmesser von 1–3 cm erreicht haben. Gelegentlich können aber auch ring- oder hufeisenförmige Veränderungen bis zu 5 cm Durchmesser beobachtet werden. Der zunächst noch rötliche, leicht erhobene Rand heilt unter einem bräunlichen Schorf ab (Abb. 8.13 s. Farbtafel 15).

Am häufigsten betroffen ist die Lippenschleimhaut am Übergang zum Flotzmaul. Läsionen treten aber auch auf an Zunge, Gaumen, Dentalplatte, Backentasche, Zahnfleisch, Flotzmaul und gelegentlich an Ösophagus und Pansen.

Diagnose

Die Diagnose stützt sich in erster Linie auf das klinische Bild, wobei im Unterschied zu bösartig verlaufenden Virusinfektionen wie BVD oder MKS das Allgemeinbefinden kaum beeinträchtigt ist. Charakteristisch ist die Bildung konzentrischer ringartiger Schleimhautveränderungen. Die Bestätigung der Verdachtsdiagnose ist durch den direkten elektronenmikroskopischen Nachweis der Viruspartikel aus Biopsiematerial im Negativkontrastverfahren möglich (*Dunant* et al. 1975).

Differentialdiagnose

Entzündungen der Maulschleimhaut kommen bei Kälbern in vielfältigen Formen und aufgrund ganz verschiedener Ursachen vor. Die gegenseitige Abgrenzung aufgrund klinischer Symptome ist jedoch nur selten möglich, die Literatur zu diesen Problemen wegen der diagnostischen Schwierigkeiten vorwiegend deskriptiv. Am besten bekannt sind die Läsionen, die im Zusammenhang mit der *Maul- und Klauenseuche* und der *bovinen Virusdiarrhöe* beobachtet werden können. Bei diesen viralen Krankheiten handelt es sich jedoch um systemische Infektionen, die mit hochgradig gestörtem Allgemeinbefinden einhergehen und bei denen die Läsionen in der Maulhöhle nur ein Teil eines komplexen Symptombildes sind.

Daneben gibt es verschiedene andere Erreger, welche ebenfalls aus entzündlich veränderten Schleimhäuten der Maulhöhle isoliert werden konnten. Ein relativ einheitliches Bild gibt die Infektion mit *F. necrophorum* in Form einer diphtheroiden Stomatitis, die mit hochgradig gestörtem Allgemeinbefinden einhergeht. Dieses Erscheinungsbild der Nekrobazillose wird aber nur noch selten beobachtet.

In Betracht zu ziehen sind ferner Infektionen mit *Rhabdoviren*, die zu einer Stomatitis vesicularis führen. Das lokale klinische Bild entspricht weitgehend dem der MKS (Aphthen, Salivation, gelegentlich auch Läsionen an den Klauen). Die Krankheit verläuft jedoch in der Regel gutartig. Die Aphthen heilen meist rasch und komplikationslos aus (*Rolle* und *Mayr* 1984).

Auf die Maulhöhle beschränkte Läsionen wurden auch beobachtet nach Infektionen mit *Pilzen* (Stomatitis (pseudo)membranacea), mit verschiedenen *nicht klassifizierten Viren* (Flotzmaulkrankheit, Muzzle Disease) und nach Kontakt der Maulschleimhaut mit *chlorierten Naphthalinen* (*Keller* und *Metzler* 1978).

Prognose

Der gesamte Ablauf der Veränderungen dauert je nach Ausdehnung der Läsionen zwischen 4 Tagen und rund 4 Wochen. Die Ausheilung hinterläßt keine Narben. Die Krankheit nimmt im allgemeinen einen gutartigen Verlauf.

Therapie

Therapeutische Maßnahmen sind im Hinblick auf den gutartigen Verlauf und die hohe spontane Heilungsrate im allgemeinen nicht notwendig. Führen bakterielle Sekundärinfektionen zu Allgemeinstörungen, empfiehlt sich die parenterale Verabreichung von Antibiotika sowie eventuell die Behandlung der äußerlich sichtbaren Läsionen mit einem antibiotischen Spray. Die Maulhöhle kann mit einer 2%igen Kaliumpermanganatlösung gespült werden (*Keller* und *Metzler* 1978).

Bei schmerzhaften Schleimhautläsionen zeigen erkrankte Tiere bisweilen vollständige Anorexie, verbunden mit einer Acidose und einer Hypoglykämie. In diesen Fällen ist rechtzeitig an die Infusion von Natriumbikarbonat-, Glucose- und Elektrolytlösungen zu denken (s. S. 310f.).

Prophylaxe

Die Stomatitis papulosa hat durch die Intensivierung der Rinderhaltung ständig an Bedeutung gewonnen. Eine aktive Schutzimpfung ist möglich mit einem heterologen Lebendimpfstoff auf der Basis von Orf-Virus, wird sich aber aus wirtschaftlichen Gründen auf besonders belastete Betriebe beschränken müssen. Die zweimalige Grundimmunisierung im Abstand von 4 Wochen wird ab dem 3. Lebensmonat begonnen. Der Impfstoff eignet sich auch für die Notimpfung bereits erkrankter Bestände (*Mayr* et al. 1984).

8.7.2 Chronische Indigestion der Saugkälber

Wesen

Es handelt sich um eine chronische Verdauungsstörung, verbunden mit unbefriedigender Milchaufnahme, fehlendem Schlundrinnenreflex, rezidivierenden Blähungen sowie lehmfarbenem oder grauem Kot von wechselnder Konsistenz. Das klinische Bild tritt vorwiegend bei älteren Kälbern (> 3 Wochen) auf und wird in der Umgangssprache als „Kittscheißer" oder „Lehmscheißer" bezeichnet.

Pathogenese

Die Ätiologie des Leidens ist vermutlich nicht einheitlich. Auffällig ist, daß sich aus der Vorgeschichte meist ergibt, daß die Tiere Tage oder Wochen zuvor Durchfall oder Anzeichen einer Bronchopneumonie aufgewiesen haben oder daß Futterumstellungen oder Transporte vorausgegangen sind. Da bei Mutterkuh- und Ammenkuhhaltung derartige chronische Verdauungsstörungen praktisch nicht beobachtet werden, wird vermutet, daß die mitunter noch extrem unphysiologischen Haltungsbedingungen und Tränkemethoden nicht unwesentlich an der Entstehung der chronischen Indigestion beteiligt sind.

Röntgenologische Untersuchungen haben ergeben, daß bei den betroffenen Kälbern der Schlundrinnenreflex nicht funktioniert. Die Milch gelangt in den Netzmagen und den Pansen. Betroffene Tiere werden daher auch als „Pansentrinker" bezeichnet (*Breukink* et al. 1988, *Dirksen* 1988). Im Pansen bleibt die Milch während mehr als 48 Stunden liegen und wird zum Teil bakteriell abgebaut. Durch die damit verbundene Gasentwicklung entsteht ein vorzeitiges Sättigungsgefühl, die Sauglust nimmt ab und infolge der gestörten Verdauungsvorgänge erhält der Kot eine graue oder graugelbe Farbe (*Van Bruinessen-Kapsenberg* et al. 1982). Aufgrund klinischer Beobachtungen ist anzunehmen, daß die chronische Indigestion in vielen Fällen die Folge einer überstandenen Enteritis ist.

Eine chronische Indigestion kann aber auch entstehen als Folge von Haarballen. Kälber, die bei strohloser Haltung ausschließlich mit Milch oder Milchaustauschern gefüttert werden, lecken sich häufig sehr intensiv. Die dabei oft in großen Mengen abgeschluckten Haare können sich im Labmagen zu sogenannten Zootrichobezoaren verfilzen. Die normale Milchverdauung wird gestört, Labmageninhalt fließt in den Pansen zurück und führt über eine Fehlgärung zu einer Verdauungsstörung.

Symptome und Verlauf

Betroffene Kälber trinken zu wenig (1 1/2 − 3 Liter/Tag) und oft langsam. Nach der Milchaufnahme bisweilen leichte Blähung; Gähnen; Zungenspiel; Haarkleid glanzlos, schuppig; Haarausfall; Lecksucht; Elastizität der Haut herabgesetzt; leichte Exsikkose; chronische Acidose. Erweiterung des Abdomens, speziell in der ventralen Region. Lehmartige Kotspuren im Bereich von Schwanz, Hinterbeinen, Zwischenklauenspalt. Verhaltensstörungen. Puls, Temperatur, Atmung, Schleimhäute, Lymphknoten normal.

Diagnose

Die Diagnose beruht vorwiegend auf den klinischen Symptomen. Nach dem Einführen einer Schlundsonde kann aus dem Pansen eine grauweiße, faulig-säuerlich riechende, dünnbreiige Flüssigkeit entnommen werden, die mitunter viele Haare enthält. Bei typischen „Pansentrinkern" ergibt die Auskultation in der linken Flanke während des Trinkens ein plätscherndes Geräusch im Unterschied zu den gurgelnden Tönen bei normalen Kälbern.

Prognose

In frühzeitig erkannten Fällen helfen in der Regel diätetische Maßnahmen, um die Verdauung wieder zu normalisieren. In verschleppten Fällen dagegen entwickelt sich oft ein ausgeprägtes Malabsorptionssyndrom, verbunden mit Zurückbleiben im Wachstum, so daß die Schlachtung der Tiere zu erwägen ist.

Therapie

Pansen mit Sonde entleeren. Eventuell während 2−3 Tagen Milch absetzen. Verabreichen von Puffersubstanzen, Elektrolyten und Glucose (vergl. Acidose: Malabsorptionssyndrom) eventuell in Verbindung mit Digestiva (Laktofermente, Laktobazillen, Renin). Bei Verwendung von Natriumbikarbonat als Pufferlösung ist bei einem Kalb mit Vormagenstörung (Pansentrinker) die parenterale Applikation vorzuziehen, da die orale Verabreichung in diesen Fällen zu einer Pansenblähung führen kann. Orale Verabreichung von Tetrazyklinen (20 mg/kg KGW, während 2−3 Tagen). Anschließend allmähliche Umstellung auf Milchaustauscher. Tränke auf mehrere Mahlzeiten aufteilen. Schlundrinnenreflex stimulieren, indem man die Kälber zunächst an den Fingern oder einem Gumminippel saugen läßt.

In einzelnen Fällen hat sich auch die orale Verabreichung von Spurenelementgemischen, die in die Milch eingerührt werden, bewährt. Tiere, die auf die Behandlung nicht ansprechen, sollten auf milchlose Diät umgestellt werden (Kälbernährmehl, Heu). Die Pansenverdauung kann durch mehrmalige Inokulation von Pansenflora stimuliert werden. Bei älteren, rezidivierend geblähten Tieren ist das Einsetzen eines Schraubtrokars nach *Buff* in Erwägung zu ziehen.

Prophylaxe

Die wirkungsvollste Vorbeuge besteht in der Beachtung der wichtigsten Tränkeregeln: regelmäßig tränken, abrupte Wechsel in der Fütterungstechnik vermeiden, Möglichkeit zur Aufnahme von Stroh oder Torf schaffen.

Wichtig ist die sorgfältige Gewöhnung an das Tränken aus dem Eimer. Die Milch ist in kleinen Portionen zu verabreichen. Die Kälber müssen richtig saugen. Dieser Vorgang kann mit einem in der Milch schwimmenden Gummisauger trainiert werden.

8.7.3 Linksseitige Labmagenverlagerung

Wesen

Ab der 7. Lebenswoche auftretende Verlagerung des Labmagens, einhergehend mit den Symptomen einer subakuten bis chronischen Indigestion.

Pathogenese

Die Verlagerung des Labmagens tritt erst mit Beginn der Rauhfutteraufnahme auf. Die zunehmende Größe des Pansens, der beim vier Wochen alten Kalb erst halb so groß wie der Labmagen ist, führt zu Form- und Lageveränderungen des Labmagens. Wie beim erwachsenen Rind dürfte die Gasblase im Fundusteil des Labmagens dazu führen, daß das Organ zwischen Pansen und linker Bauchwand in die Höhe zieht. Möglicherweise spielt auch die Beeinträchtigung von Tonus und Motorik des Labmagens eine gewisse Rolle (*Dirksen* 1981).

Symptome, Diagnose

Mäßiger bis schlechter Ernährungszustand; Apathie; reduzierter oder wechselnder Appetit; leicht aufgekrümmter Rücken; Vorwölbung der linken Bauchwand; verstrichene Hungergrube; gespannte Bauchdecken; Körpertemperatur im Normalbereich; zum Teil Bradykardie (Vagusreizung); Schwing- und Perkussionsauskultation im Bereich

Zur weiteren Klärung kann eine Punktion in der verdächtigten Region vorgenommen und das Punktat mit dem per Sonde abgesaugten Pansensaft verglichen werden. Der Pansen-pH liegt gewöhnlich über 6,0, der Labmagen-pH unter 6,0. Weitere Hinweise gibt die Bestimmung des Chloridgehalts in beiden Proben. Im Panseninhalt beträgt er weniger als 60 mmol/l, im Labmageninhalt jedoch oft über 90 mmol/l.

Therapie

Obwohl spontane Repositionen des Labmagens bekannt sind, empfiehlt sich im allgemeinen die Laparotomie mit Omentopexie (*Dirksen* 1981). Vorher kann versucht werden, das Kalb mehrmals aus der halblinksseitigen in die halbrechtsseitige Rückenlage zu wälzen und dabei gleichzeitig die Bauchdecke kräftig von links nach rechts zu massieren. Sind nachher die an der linken Bauchwand auskultierbaren plätschernden oder metallisch klingenden Töne nicht mehr hörbar, so spricht das mit großer Wahrscheinlichkeit dafür, daß eine Dislocatio abomasi sinistra vorgelegen hat (*Dirksen* 1988).

8.7.4 Labmagentorsion

Wesen

Es handelt sich meistens um eine Verdrehung des Labmagens um die Längsachse im Gegenuhrzeigersinn, einhergehend mit dem Symptomenbild eines „akuten Abdomens".

Pathogenese

Die Ursache der Labmagentorsion ist nicht bekannt. Möglicherweise spielen abrupte Umstellungen in der Fütterung eine gewisse Rolle (*Frazee* 1984).

Symptome

Akut auftretende Kolik; Plärren; vollständige Anorexie; hochgradige Bauchdeckenspannung; Blähung; Sistieren der Darmtätigkeit; helle metallische Töne bei der Perkussionsauskultation. Im Unterschied zum erwachsenen Rind ergibt die Blutgasanalyse das Vorliegen einer kombinierten respiratorischen und metabolischen Acidose (*Frazee* 1984).

Diagnose

Aufgrund des klinischen Bildes ist lediglich eine Verdachtsdiagnose möglich. Da jedem akuten Abdomen eine schwerwiegende Veränderung im Magen-Darm-Bereich zugrunde liegt, vermag die Probelaparotomie über die Ursache Aufschluß zu geben.

Therapie

Aufgrund der Befunde bei der Probelaparotomie (Peritonitis, Durchblutungsstörungen am Labmagen usw.) ist darüber zu entscheiden, ob nach Reposition des Labmagens noch Aussicht auf Heilung besteht.

8.7.5 Labmagenulzera

Wesen

Umschriebene, meist multipel auftretende geschwürige Veränderungen, die zum Symptomenbild der Indigestion, verbunden mit dunkel gefärbtem Kot, führen.

Pathogenese

Die Ursachen eines Labmagengeschwürs lassen sich im Einzelfall in der Regel nicht eruieren. Aufgrund von Begleitumständen nimmt man an, daß vor allem die Aufnahme von ungeeignetem Rauhfutter bei Kälbern, die noch mit Milch gefüttert werden, die Entstehung eines Ulcus begünstigt. Möglicherweise spielen auch haltungsbedingte Streßsituationen eine gewisse Rolle.

Symptome

Labmagenulzera verlaufen zunächst inapparent oder mit unspezifischen Symptomen: wechselnde Sauglust; chronische Indigestion; rezidivierende leichtgradige Blähungen und/oder Koliken; wechselnde Kotbeschaffenheit und intermittierende Schwarzfärbung des Kotes.

Beim Durchbruch eines Geschwürs in die Bauchhöhle kommt es innerhalb von 24 Stunden zu allen Anzeichen einer Peritonitis: Anorexie; schmerzhaft gespannte Bauchdecken; Blähung; erhöhte Puls- und Atmungsfrequenz; erhöhte Körpertemperatur; Muskelzittern; Festliegen.

Diagnose

Aufgrund der klinischen Symptome kann höchstens eine Verdachtsdiagnose gestellt werden. Deutliche Hinweise geben ein dunkel verfärbter Kot in Verbindung mit einer Anämie. Kommt es aufgrund der Geschwüre zu einem Reflux von Labmageninhalt in den Pansen, so ist eventuell der Chloridgehalt im Blut erniedrigt.

Behandlung

Labmagengeschwüre sind medikamentell nicht beeinflußbar. Tiere mit chronischer, therapieresistenter Indigestion oder mit Anzeichen eines durchgebrochenen Geschwürs sollten rechtzeitig geschlachtet werden.

8.7.6 Diarrhöen

Bedeutung

Durchfälle bei Kälbern, namentlich in den ersten zehn Lebenstagen, gehören zu den häufigsten Problemen, mit denen der Tierarzt in der Praxis konfrontiert wird. Die durch Diarrhöen verursachten wirtschaftlichen Einbußen sind enorm: verminderte Gewichtszunahmen, Beeinträchtigung der Fleischqualität, Todesfälle, Behandlungskosten.

Ätiologie

Durchfall ist nicht eine Krankheit per se, sondern eine relativ unspezifische Abwehrreaktion des Körpers gegen Bakterien, Viren, Parasiten, Toxine oder Fermentationsprodukte. Ätiologisch ist eine Vielzahl von Faktoren in Betracht zu ziehen, die einzeln oder kombiniert das klinische Bild der Diarrhöe modifizieren können. Außer enteropathogenen Bakterien und Viren spielen vor allem Umwelteinflüsse eine große Rolle: Fütterungstechnik, Haltungsbedingungen, Immunstatus einer Herde. Unter Feldbedingungen ist es vielfach gar nicht möglich, eine ätiologische Diagnose zu stellen.

Die effektive Bedeutung der meisten Bakterien und Viren bei der Pathogenese von Durchfällen ist aus folgenden Gründen nur schwer abschätzbar:

– Potentiell pathogene Mikroorganismen können auch bei klinisch gesunden Kälbern aus dem Kot isoliert werden.
– Es bestehen keine pathognomonischen Zusammenhänge zwischen bestimmten Erregern und dem klinischen Bild einer Diarrhöe. In vielen Fällen handelt es sich um Mischinfektionen.
– In der Praxis werden nur ausnahmsweise mikrobiologische oder parasitologische Unter-

suchungen bei Kälbern mit Durchfall veranlaßt.
- Untersuchungsergebnisse aus diagnostischen Laboratorien basieren auf einem selektierten Material.
- Bei experimentellen Untersuchungen über die pathogenetische Bedeutung von Mikroorganismen werden fast immer kolostrumfrei ernährte SPF-Tiere oder Gnotobioten verwendet, so daß Rückschlüsse für die Praxis nur beschränkt möglich sind.

Tabelle 8.5 vermittelt eine Übersicht über infektiöse Noxen, die zur Entstehung von Diarrhöen bei Kälbern führen können. Aufgrund von umfangreichen Felduntersuchungen ist heute davon auszugehen, daß den meisten mikrobiellbedingten Diarrhöen eine Mischinfektion zugrunde liegt. Für einzelne Erreger sind spezielle, klinisch relevante Besonderheiten zu berücksichtigen, die im folgenden besprochen werden.

Tabelle 8.5 Übersicht über Mikroorganismen, die zu Durchfällen bei Kälbern führen können

Viren:	Rotaviren	Breda-Virus*
	Coronaviren	Newbury-Agent*
	Parvoviren	Astroviren*
	BVD-Virus	Herpesviren*
	Adenoviren	Caliciviren*

* Effektive Bedeutung in Europa nicht bekannt

Bakterien:	E. coli	Klebsiellen*
	Salmonellen	Chlamydien*

* vermutlich von untergeordneter Bedeutung

Protozoen:	Kryptosporidien	
	Eimerien	
	Giardia	

E. coli: Bei dem von E. coli verursachten Krankheitsbild „Koliruhr" handelt es sich um eine meist akut verlaufende Darminfektion, ohne Invasion der Erreger in die Darmwand und das Blutgefäßsystem (E.-coli-Allgemeininfektion, s. S. 275). Eine primäre Bedeutung als Durchfallerreger haben nur Stämme, die in der Lage sind, ein hitzestabiles Enterotoxin zu bilden (sogenannte enterotoxische E. coli, ETEC). Damit ein ETEC-Stamm zum Durchfall führen kann, muß er zusätzlich über ein besonderes Haftantigen (K99) verfügen. Solche Stämme werden als enteropathogene E. coli (EPEC) bezeichnet (*Haggard* und *Sherman* 1984). Da der Endotoxinnachweis relativ aufwendig ist und die Diagnostik des K99-Antigens erst durch die Einführung der ELISA-Technik in größerem Umfang realisiert werden konnte, sind die Informationen über das Vorkommen von EPEC noch bruchstückhaft. Aufgrund von verschiedenen Untersuchungen ist davon auszugehen, daß 10 bis 60 % der E. coli-Stämme, die aus dem Darm von Kälbern mit Durchfall isoliert werden können, zu den EPEC zu rechnen sind (*Baljer* und *Bachmann* 1980).

Besonders gefährdet sind Kälber in den ersten Lebenstagen. Das Coli-Enterotoxin aktiviert die Adenylzyklase und induziert über die Konversion von ATP zu cAMP eine Hypersekretion der Darmschleimhaut, ohne jedoch zu entzündlichen Veränderungen zu führen (*Argenzio* 1985). Gleichzeitig wird die Resorption von Flüssigkeit vermindert. Der Kot wird dünnbreiig, wäßrig, hell und ist mitunter mit Gasblasen durchsetzt (sogenannte „weiße Ruhr", engl. „white scours"). Der mit dem Durchfall verbundene enorme Flüssigkeitsverlust führt schnell zu Erscheinungen der Dehydratation und Acidose und dadurch sekundär zu einer Störung des Allgemeinbefindens. Infolge der damit verbundenen Resistenzminderung kommt es leicht zu Sekundärinfektionen.

Salmonellen: Bezüglich Epidemiologie, Symptomatik, Diagnose, Therapie und Prognose der Infektion mit Salmonellen wird auf Seite 279 ff. verwiesen.

Rotaviren: Rotaviren sind in der Kuhpopulation weit verbreitet. Man kann heute davon ausgehen, daß mehr als 80 % der Tiere serologisch positiv sind. *Frey* et al. (1979) isolierten aus 43 % der Kotproben von Kälbern mit Durchfall Rotaviren. Der Schweregrad einer Rotavirus-bedingten Diarrhöe ist abhängig von der Virulenz des jeweiligen Stammes, der Zusammensetzung der Darmflora und dem Grad der lokalen Immunität. Rotaviren können daher sowohl bei gesunden als auch bei kranken Kälbern im Kot nachgewiesen werden. Monoinfektionen in den ersten Lebenstagen können zu einer Schädigung der Enterozyten führen, zur Atrophie der Zottenoberfläche und zu leichtgradigem Durchfall. Tritt keine Sekundärinfektion ein, sistiert der Durchfall häufig bereits innerhalb von 24 Stunden nach Einsetzen der ersten Krankheitssymptome. Es gibt aber auch Stämme, die unter normalen Bedingungen als apathogen zu bezeichnen sind und die mittels routinemäßiger diagnostischer Methoden nicht von besonders virulenten Stämmen unterschieden werden können.

Experimentelle Untersuchungen haben gezeigt, daß vor allem Mischinfektionen mit ETEC zu schweren, teilweise blutigen Diarrhöen mit einer hohen Letalität führen können (*Bachmann* 1985).

Coronaviren: Coronaviren sind ebenfalls weltweit verbreitet. Aufgrund von Übersichtsuntersuchungen ist davon auszugehen, daß in der Bundesrepublik Deutschland und in der Schweiz mehr als 90 % der erwachsenen Rinder serologisch positiv reagieren (*Battaglia* et al. 1986). Massive Infektionen im Darm des Kalbes führen zu atrophischen Veränderungen im gesamten Zottenbereich (*Torres-Medina* et al. 1985). Die Durchfallerscheinungen manifestieren sich oft später (3. Lebenswoche) und entwickeln sich vielfach langsamer als bei Rotavirus-Infektionen, verlaufen aber meist schwerwiegender (*Möstl* et al. 1984). Die Reduktion der Zottenoberfläche (oft mehr als 50 %) führt zu den Phänomenen der Malabsorption und Maldigestion (Abb. 8.14 und 8.15).

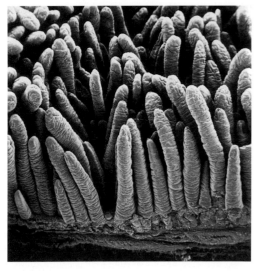

Abb. 8.14 Rasterelektronenmikroskopische Aufnahmen von der Ileumschleimhaut: normale Darmzotten

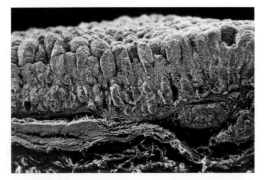

Abb. 8.15 Rasterelektronenmikroskopische Aufnahme einer Ileumschleimhaut mit hochgradiger Atrophie und Verschmelzung der Darmzotten. Die Resorptionsfläche ist um mehr als die Hälfte reduziert

BVD-Virus: Hinsichtlich der Besonderheiten einer Infektion mit dem BVD-Virus wird auf Seite 291 f. verwiesen.

Kryptosporidien: Kryptosporidien sind weltweit verbreitet (*Moore* et al. 1988). Sie konnten bei verschiedenen Arten von Säugern, bei Vögeln und Reptilien sowie bei Fischen nachgewiesen werden, und zwar zur Hauptsache als Parasiten des Darmtrakts. Epidemiologisch sind sie insofern von besonderer Bedeutung, als aufgrund der heutigen Kenntnisse angenommen werden muß, daß Kryptosporidien zwischen verschiedenen Arten von Säugetieren und dem Menschen übertragbar sind (*Spillmann* et al. 1986).

Kryptosporidien kommen bei Kälbern vorwiegend in der zweiten bis vierten Lebenswoche vor. Sie können aus dem Kot von Tieren mit Diarrhöe wesentlich häufiger isoliert werden als bei gesunden Tieren (*Spillmann* et al. 1986, *Nagy* und *Pohlenz* 1982). Systematische Untersuchungen zum Nachweis der Ursache von neonataler Diarrhöe beim Kalb haben ergeben, daß Kryptosporidien nicht allein, sondern in Verbindung mit Virus- und Bakterieninfektionen das Durchfallgeschehen beherrschen oder verschlimmern können (*Pohlenz* 1987).

Systemische Infektionen: Außer den lokalen, enteralen Infektionen, die zu Durchfall führen, gibt es gelegentlich auch systemische Infektionen, bei denen, vor allem im fortgeschrittenen Stadium, Diarrhöe als Komplikation auftritt (vergl. infektiöse bovine Rhinotracheitis, S. 248 ff.; Pneumokokkose, S. 277 ff.).

Diätetische Ursachen: Unter den nichtinfektiösen Ursachen der Diarrhöe spielen Fütterungsfehler die größte Rolle: zu lange Tränkepausen und anschließend zu viel Milch pro Mahlzeit; zu konzentrierte Milch (bei Verwendung von Milchaustauschern); zu geringe Anrührtemperatur bei Milchaustauschern (Fettschmelzpunkt wird nicht erreicht, daher entsteht keine gute Emulsion); Überangebot an gewissen Kohlenhydraten (neugeborene Kälber sind nicht in der Lage, Saccharose abzubauen). Ein Überangebot an Milch wird gelegentlich beobachtet, wenn im Rahmen von Euterbehandlungen (Milchablieferungssperre) plötzlich abnorm viel Milch zur Verfütterung zur Verfügung steht.

Die meisten Fütterungsfehler führen zu einer verzögerten Milchgerinnung im Labmagen, verbunden mit einem verlangsamten Abbau des Kaseins (*Hofmann* 1987). Die Folgen davon sind Klumpenbildung im Labmagen, Zurücklaufen von Tränke in die noch nicht funktionsfähigen Pansen, bakterielle Zersetzung der nicht enzymatisch abgebauten Milch (Gärung, Fäulnis), Übertritt von osmotisch oder toxisch wirkenden Abbauprodukten in den Dünndarm, Steigerung der Sekretion (fermentative Diarrhöe).

Pathogenese

Die größte Bedeutung bei der Entstehung von enteralen Infektionen haben die limitierte Funktionsfähigkeit der körpereigenen Abwehrmechanismen, die oft durch den Geburtsstreß noch weiter eingeschränkt werden, die pathologische Keimbesiedlung des Darmes im Zusammenhang mit geburtshilflichen Eingriffen, das Fehlen von Antikörpern beim neugeborenen Kalb und die oft zu spät erfolgende Verabreichung des ersten Kolostrums. Diese unphysiologischen Gegebenheiten begünstigen die Vermehrung pathogener Keime in den proximalen Dünndarmabschnitten.

Das Haften einer Infektion und die Konversion der Infektion zu einer Krankheit sind weitgehend abhängig von den Wechselwirkungen zwischen der Zahl, Pathogenität und Virulenz der Erreger einerseits und dem Alter, der Resistenz und passiven Immunität des Kalbes andererseits, wobei oft Umweltbedingungen letztlich den Ausschlag geben (Hygiene, Stallklima, Fütterungstechnik). Besonders gefährdet sind Kälber mit einer Hypogammaglobulinämie. *Braun* und *Tennant* (1983) beobachteten bei 11,7 % von 987 Kälbern, die im Alter von 3–10 Tagen zur Mast zugekauft wurden, Immunglobulinkonzentrationen von weniger als 0,3 g/dl (Normalwert: › 1 g/dl). Innerhalb der ersten 5 Wochen betrug die Mortalität in dieser Gruppe 42 %.

Kommt es im Zusammenhang mit einer Darminfektion zu einer Reduzierung der Enterozyten und dadurch zu einem Mangel an Verdauungsenzymen, so bleiben im Darmlumen unvollständig aufgeschlossene Nahrungsbestandteile zurück, die bakteriell abgebaut werden müssen. Es entstehen, wie bei Fütterungsfehlern, osmotisch aktive und toxisch wirkende Substanzen.

Die Reaktion der Darmschleimhaut auf Toxine verläuft zunächst relativ einheitlich:

– Steigerung der Sekretion und Exsudation: Herabsetzung der Toxinkonzentration (Verdünnungseffekt); Austritt von Serumbestandteilen mit spezifischen und unspezifischen, antimikrobiellen und antitoxischen Faktoren (Immunglobuline, Fraktionen des Komplementsystems usw.); Austritt von Puffersubstanzen; Mobilisierung von Makrophagen.
– Steigerung der Darmmotilität: Entfernung der infektiösen Agenzien und der toxisch wirkenden Substanzen; funktionelle Entlastung der Darmzotten.

Sekretion, Exsudation und Hypermotilität des Darmes manifestieren sich klinisch als Durchfall. Die zwangsläufig sich einstellenden Folgen sind:

– Verlust von Flüssigkeit: Dehydratation, Exsikkose.
– Verlust von Bikarbonat: metabolische Acidose.
– Verschlechterung der Gewebsperfusion, Laktatanstieg (anaerobe Glykolyse), Hypoglykämie, Verstärkung der metabolischen Acidose im Blut.
– Verlust von Elektrolyten: Störung des Wasserhaushalts und von Stoffwechselvorgängen.
– Störung der Resorption: Mangel an Vitaminen, Spurenelementen und Energieträgern, die für den normalen Ablauf des endogenen Stoffwechsels essentiell sind.
– Versagen der körpereigenen Regulationsmechanismen.

Symptome und Verlauf

Bei diätetischbedingten Diarrhöen ist das Allgemeinbefinden zunächst nur wenig gestört, die Sauglust normal. Der Kot ist dünnbreiig bis wäßrig, meist mehr oder weniger übelriechend. In leichten Fällen und bei entsprechenden diätetischen Maßnahmen verschwinden die Symptome meist innerhalb von 1 bis 2 Tagen. In schwerwiegenden Fällen führt der Verlust von Flüssigkeit und von Bikarbonat zu einer zunehmenden Exsikkose und Acidose. Die Sauglust nimmt ab und die Symptome verschlimmern sich: völliges Sistieren der Milchaufnahme, progressive Schwäche, Festliegen, Niereninsuffizienz, Kreislaufversagen, Tod.

Gelegentlich geht die nichtinfektiösbedingte Form der Diarrhöe in einen chronischen Zustand über. Degenerative Veränderungen an den Dünndarmzotten führen zu Erscheinungen der Malabsorption und Maldigestion: wechselnde Sauglust, Kot pastös bis breiig, lehmfarben (Abb. 8.16 s. Farbtafel 15) oder grau, unbefriedigende Gewichtszunahmen, Haarausfall (Abb. 8.17), Schuppenbildung.

Bei infektiösbedingten Diarrhöen werden das klinische Bild und der Verlauf weitgehend von den Schleimhautveränderungen im Darm sowie vom Grad der Acidose und Dehydratation bestimmt. Bei Monoinfektionen mit enterotoxischen E. coli wird das Darmepithel nicht geschädigt. Es treten weder Bakterien noch deren Toxine in die Blut-

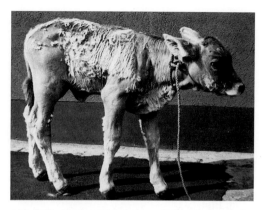

Abb. 8.17 Haarausfall bei einem Kalb mit chronischer Acidose und Malabsorptionssyndrom

bahn über. Betroffene Tiere sind daher zu Beginn der Erkrankung noch relativ munter und fieberfrei. Auffällig ist das ständige Absetzen hochgradig wäßriger Fäzes von graugelber oder grauweißer Farbe. Schwanz, Sitzbeinhöcker und Hinterbacken sind kotverschmiert. Die Atmungsfrequenz ist annähernd normal, der Puls leicht erhöht. Die Körpertemperatur ist bei infektiösen Diarrhöen in der Regel erhöht. Bei der rektalen Temperaturmessung können gelegentlich aber auch normale oder subnormale Werte registriert werden.

In leichten Fällen, in denen auch die Sauglust zunächst kaum beeinträchtigt ist, kann die Diarrhöe innerhalb von 2 bis 3 Tagen auch ohne Behandlung zum Stillstand kommen. Meist führt der enorme Flüssigkeitsverlust jedoch rasch zu einer schweren Exsikkose und Acidose. Als Folge der Störung des Wasser-, Elektrolyt- und Säure-Basen-Haushalts verschlechtert sich das Allgemeinbefinden; die Sauglust nimmt ab und sistiert schließlich vollständig.

Beim Vorliegen von Infektionen, die zu einer hämorrhagischen Enteritis führen oder die mit nekrotischen Veränderungen im Bereich der Schleimhaut einhergehen, ist das Allgemeinbefinden der betroffenen Kälber von Anfang an schwer gestört: erhöhte Körpertemperatur, frequenter Puls, gerötete, eventuell schmutzigbraun verfärbte Lidbindehäute, Anorexie. Der oft blutig oder grünlich verfärbte Kot enthält größere Mengen von Fibrin (Abb. 8.18 s. Farbtafel 15).

Manche Virusinfektionen, die zu einer Atrophie und Degeneration der Darmzotten führen, nehmen eher einen protrahierten Verlauf, falls es nicht zu einer bakteriellen Sekundärinfektion kommt. Acidose, Flüssigkeitsverlust und Malabsorption können aber auch in diesen Fällen Ursache von letalen Verlaufsformen sein.

Diagnose

Da es sich bei den meisten Durchfällen um ein polyfaktorielles Geschehen handelt, ist die Abklärung der Ursache in den meisten Fällen problematisch und unter Feldbedingungen vielfach gar nicht möglich. Erschwerend kommt hinzu, daß aus wirtschaftlichen Gründen das Spektrum der diagnostischen Möglichkeiten nur zu einem Bruchteil ausgenützt werden kann. Im Einzelfall liegt der Schwerpunkt der Maßnahmen daher auf der Seite der Therapie. Bei Bestandsproblemen dagegen ist es wichtig, der Ursachenforschung vermehrt Gewicht beizumessen.

Zunächst sollte nach Möglichkeit abgeklärt werden, ob es sich bei einem Durchfall um ein infektiöses oder ein nichtinfektiöses Geschehen handelt. Hinweise für ein nichtinfektiöses Geschehen geben häufig der Vorbericht (Art und Menge der verabreichten Milch, Tränkegewohnheiten usw.) und der initiale Verlauf (zunächst trotz Diarrhöe unverminderte Sauglust und kein Fieber).

Bei Kälbern mit akutem, schwerem Durchfall und fieberhaft gestörtem Allgemeinbefinden ist aus seuchenhygienischen Gründen eine Kotuntersuchung auf Salmonellen zu veranlassen.

Der Einsatz weiterer diagnostischer Verfahren hängt von den individuellen Gegebenheiten ab. Bei Bestandsproblemen handelt es sich meistens um ein infektiöses Geschehen. Es sollte daher im Anfangsstadium einer Erkrankung eine Kotuntersuchung bei einem noch nicht behandelten Kalb durchgeführt werden. Die ELISA-Technik und die Verfügbarkeit von monoklonalen Antikörpern gegen verschiedene Bakterien und Viren machen es in zunehmendem Maße möglich, auch unter Feldbedingungen innerhalb kurzer Zeit und mit vertretbarem Aufwand pathogene Erreger zu identifizieren (z. B. COLI-TECT® zum direkten Nachweis von enterotoxischen E. coli mit dem Haftantigen K99; Upjohn International Inc., Kalamazoo, USA; *Slidex Rota-Kit*® zum Nachweis von Rotaviren, bioMerieux, Charbonnieres-les-Bains, Frankreich; Abb. 8.19).

Der Nachweis der Kryptosporidien ist einfach: 3 μl Kot werden mit der gleichen Menge Karbolfuchsin auf einem Objektträger vermischt, anschließend dünn ausgestrichen und bei mittlerer Vergrößerung mikroskopisch untersucht (*Heine* 1982).

Vielfach ergeben sich auch aus einem Sektionsbefund und in Korrelation mit den Ergebnissen

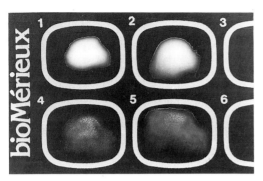

Abb. 8.19 Schnelltest zum Nachweis von Rotaviren im Kälberkot. Die Testfelder 4 und 5 sind positiv: Agglutination von Viruspartikeln mit hochspezifischen Antikörpern

einer mikrobiologischen oder parasitologischen Untersuchung Anhaltspunkte für ein infektiöses Geschehen und die dabei beteiligten Erreger. Klinische Hinweise für einen primär virusbedingten Durchfall sind unter anderem: Durchfall bereits ab erstem Lebenstag; Auftreten von Begleitsymptomen schon in der Initialphase der Diarrhöe (Fieber, Nasen- und Augenausfluß); mit Fibrinfetzen durchsetzter Kot; blutige Beimengungen; Verschlechterung des Zustands trotz frühzeitiger antibiotischer Behandlung; hohe Letalität; gleichzeitiges Auftreten von Verwerfen, Früh- und Totgeburten im Bestand.

Therapie

Die Vielzahl der möglichen Durchfallursachen, die diagnostischen Probleme und die Vielfältigkeit der klinischen Verlaufsformen haben fast zwangsläufig zu einer kaum mehr überschaubaren Palette von Behandlungsempfehlungen geführt (vergl. auch *Mullowney* und *Patterson* 1985). Aufgabe des Tierarztes ist es, aus diesem Angebot einige wenige, gezielt aufgrund der vorherrschenden Symptome und der Kenntnis der besonderen Umstände, auszuwählen. Wegweisend für Art und Intensität einer Behandlung sind vor allem folgende Kriterien: Puls, Temperatur, Atmung, Sauglust, Schwere des Durchfalls, Grad der Dehydratation, krankhafte Befunde an anderen Organsystemen (Atmungsapparat, Gelenke, Nabel, ZNS). Schwerpunkte der Therapie sind: diätetische Maßnahmen, Normalisierung des Blut-pH, Rehydratation, antibakterielle Chemotherapie, Sicherstellen der energetischen Versorgung. Das Behandlungskonzept muß aber auch wirtschaftliche Sachzwänge berücksichtigen. Nachbehandlungen sollten wenn immer möglich dem Tierbesitzer übertragen werden.

Diätetische Maßnahmen

Da die meisten enteralen Infektionen zu einer partiellen Zerstörung des Darmepithels führen, ist es wichtig, jede zusätzliche funktionelle Belastung der Darmschleimhaut zu vermeiden. An Stelle von Milch sind während zwei bis drei Tagen Ersatzflüssigkeiten (z. B. Elektrolytlösungen) zu verabreichen. Durch Zusatz von Glucose und Zitronensäure kann die Resorption von Flüssigkeit aus dem Darm verbessert werden (*Bywater* 1977). Gleichzeitig wird durch die Glucose eine häufig vorhandene Hypoglykämie korrigiert. Gut geeignet sind kommerzielle Präparate, die in Wasser aufgelöst werden können. Wesentlich billiger, bei diätetischen Durchfällen aber meistens ausreichend, ist Tee, ergänzt mit 50 g Traubenzucker, 9 g Kochsalz und 10 g Natriumbikarbonat pro Liter. Diese Flüssigkeit ist möglichst häufig, in kleinen Mengen und warm zu verabreichen. Die Tagesdosis ist dem Erhaltungsbedarf und dem durchfallbedingten Flüssigkeitsverlust anzupassen. Zusätzlich können **Styptika** oral verabreicht werden:

Adsorbenzien: Kohle, Kaolin (Aluminiumsilikat), Aluminiumhydroxid, basisches Wismutnitrat. Es handelt sich um indifferente, praktisch unlösliche Pulver (gut mischen!), die eine physikalische Fixierung von Toxinen, Gasen und Bakterien bewirken. Je feiner der Verteilungsgrad, desto wirksamer sind die Substanzen.

Adstringenzien: Zusammenziehende Gerbstoffe (Cortex quercus [Eichenrinde], Fol. salviae [Salbeiblätter]), Wismut- und Aluminiumverbindungen.

Karminativa (blähungstreibende Mittel): Fruct. foeniculi (Fenchel), Fruct. carvi (Kümmel), Fruct. anisi (Anis), Flor. chamomillae (Kamille). Durch den Gehalt an ätherischen Ölen wirken diese Drogen spasmolytisch.

Proteolytika: Laktobazillen (wenig stabil), milchsäurebildende Streptokokken (z. B. Sc. faecium), Bac. bulgaricus, Laktofermente, Darmextrakte.

Bei profusen Durchfällen empfiehlt sich vorübergehend die medikamentelle Reduktion der Darmmotorik zur Vermeidung von allzu bedrohlichen Flüssigkeits- und Bikarbonatverlusten (z. B. Benzetimid, Hyoscinderivate).

Antibakterielle Chemotherapeutika

Handelt es sich bei einem infektiösen Durchfall um ein rein lokales Geschehen, erfolgt die antibakterielle Behandlung in Form der oralen Verabreichung von schwer resorbierbaren Chemotherapeutika. Da bei der Initialbehandlung der Erreger im allgemeinen nicht bekannt ist, müssen grampositive und gramnegative Keime erfaßt werden. Zu den schwerresorbierbaren Substanzen, deren Wirkung sich vorwiegend auf den Darm beschränkt, gehören unter anderem folgende Verbindungen:

Sulfaguanidin: 200−240 mg/kg KGW
Phthalylsulfathiazol: 300−350 mg/kg KGW
Furazolidon: 10−15 mg/kg KGW
Neomycin: 40−50 mg/kg KGW.

Diese Angaben beziehen sich auf die Initialdosis. Zur Fortsetzung der Behandlung genügt im allgemeinen die Hälfte der Initialdosis. Die Verteilung einer Tagesdosis auf zwei Einzeldosen, die im Abstand von 12 Stunden verabreicht werden, ist aus pharmakokinetischen Gründen vorzuziehen. Furazolidon sollte höchstens während 3 Tagen in therapeutischen Dosen verabreicht werden, da bei längerdauernder Medikation mit Intoxikationserscheinungen gerechnet werden muß (vergl. S. 331 f.).

Ist aufgrund einer mikrobiologischen Untersuchung bekannt, daß es sich beim Durchfallerreger um enterotoxische E. coli handelt, sind Polymyxine als Mittel der Wahl anzusehen. Dosierung (verteilt auf 2 Einzeldosen): Polymyxin B: 1 bis 2 mg/kg KGW; Polymyxin E (Colistin): 3 bis 6 mg/kg KGW.

Aus Gründen der Therapievereinfachung bietet die pharmazeutische Industrie zahlreiche Mischpräparate mit chemotherapeutischen, styptischen und digestiven Komponenten an.

Die unkritische orale Verabreichung von Antibiotika ist nicht ganz problemlos. Verschiedene Untersuchungen haben ergeben, daß einige Substanzen (z.B. Neomycin, Chloramphenicol, Tetrazyklin, Ampicillin) die Entstehung eines Malabsorptionssyndroms begünstigen können (*Mero* et al. 1985).

Besteht aufgrund der klinischen Untersuchung der Verdacht, daß auch andere Organsysteme betroffen sind, so wird die Initialdosis der Chemotherapeutika parenteral verabreicht. Die Fortsetzung der Behandlung erfolgt per os, wobei in solchen Fällen Substanzen verwendet werden, die leicht resorbierbar sind. Unter den Sulfonamiden hat sich vor allem die Kombination von Trimethoprim mit einem Sulfonamid im Verhältnis von 1:5 bewährt. Die Dosierung dieser Kombination beträgt 30 bis 50 mg/kg KGW oral oder 15 bis 30 mg/kg KGW parenteral.

Rehydratation und Acidosebehandlung

Da jede Diarrhöe, unabhängig von der Ursache, zu einem Verlust von Flüssigkeit, Elektrolyten und Bikarbonat führt, sind diese Insuffizienzen bei der Therapie angemessen zu berücksichtigen. Insbesondere muß die Wiederherstellung des normalen Blut-pH integrierender Bestandteil jeder Behandlung sein.

Bei Kälbern mit Diarrhöe wurden im Vergleich zu gesunden Kälbern folgende zusätzliche Verluste an Wasser und Elektrolyten festgestellt (*Lewis* und *Phillips* 1972):

Wasser: 47,7 ±   3,4 g/kg KGW/Tag
Natrium: 195,6 ±   73,3 mg/kg KGW/Tag
Kalium: 61,5 ±   30,4 mg/kg KGW/Tag
Chlorid: 241,8 ± 110,2 mg/kg KGW/Tag
Gewicht: 7,1 ±   2,1 %/Tag.

Eine objektive Beurteilung des Ausmaßes und der Qualität einer Dehydratation (isotonisch, hypotonisch, hypertonisch) ist durch die Bestimmung folgender Parameter möglich: Hämatokrit, Zahl der Erythrozyten, Hämoglobinkonzentration, Natriumkonzentration im Serum. Unter Praxisbedingungen wird man sich darauf beschränken müssen, die Schwere einer Dehydratation aufgrund klinischer Symptome zu beurteilen. Dabei kann man sich an folgende Richtlinien halten:

Flüssigkeitsverlust 5−10% des Körpergewichts

- Stehvermögen meistens noch erhalten, jedoch häufiges Liegen, Apathie, reduzierte Reflexe
- Rumpf warm, Extremitäten kalt
- Hautturgor vermindert
- Anorexie, Oligurie.

Kälber mit einem Flüssigkeitsverlust von weniger als 10% sind meist noch in der Lage, spontan Flüssigkeit aufzunehmen. In diesen Fällen genügt in der Regel die Schnellinfusion einer 5%igen Natriumbikarbonatlösung in einer Dosis von 10 ml/kg KGW (entspricht 6 ml einer 8,4%igen Lösung). Zur Fortsetzung der Behandlung wird nach 6 bis 12 Stunden Natriumbikarbonat oral verabreicht, zusammen mit Tee oder einer Lösung mit Elektrolyten und Glucose. Bei Kälbern, die nicht mehr freiwillig Flüssigkeit aufnehmen, können Elektrolyt- und Nährlösungen auch mit der Schlundsonde verabreicht werden (Abb. 8.20). Dosis: 0,5 g Natriumbikarbonat/kg KGW, gelöst in 1 Liter Flüssigkeit. Die Verabreichung einer Pufferlösung führt in der Regel zu einer schnellen Normalisierung des Blut-pH und als Folge davon meist auch zu einer Stabilisierung der körpereigenen Regulationsmechanismen.

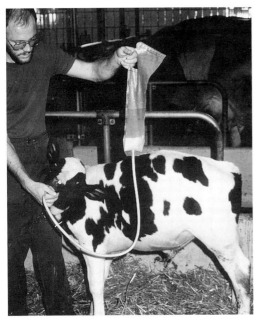

Abb. 8.20 Eingeben einer Elektrolyt-Nährlösung mit der Schlundsonde

Flüssigkeitsverlust mehr als 10% des Körpergewichts

– Augen eingesunken, Kornea trocken, matt
– Muskeltonus stark reduziert, Reflexe weitgehend erloschen, Tendenz zum Festliegen, Benommenheit
– Rumpf und Extremitäten kalt
– Hautturgor stark herabgesetzt
– Schleimhäute trocken, Flotzmaul verkrustet
– Puls schwach, Jugularisfüllung vermindert
– Atmungstätigkeit verlangsamt und vertieft
– Körpertemperatur in der Regel subnormal.

Bei Kälbern mit hochgradiger Dehydratation oder in Fällen mit mehr oder weniger aufgehobener Sauglust ist die intravenöse Dauertropfinfusion das Mittel der Wahl. Bewährt hat sich eine Kombination aus 1 Liter Natriumbikarbonat 5%ig, 1 Liter Glucoselösung 5%ig und 1 Liter einer handelsüblichen Elektrolytlösung. Diese Mischung wird im Verlauf von 12 Stunden infundiert. Je nach Bedarf werden der Lösung noch antibakterielle Chemotherapeutika oder andere Medikamente beigemischt (z.B. Vitamine, Spurenelemente). Dabei ist auf die wechselseitige Verträglichkeit der verschiedenen Komponenten zu achten.

Ist das Setzen eines intravenösen Verweilkatheters nicht realisierbar, kann die Dauertropfinfusion auch subkutan erfolgen. Die Kanüle wird am zweckmäßigsten etwa zweifingerbreit unterhalb der Lendenwirbelquerfortsätze gesetzt und an der Haut fixiert.

Problematisch ist dagegen die intraabdominale Verabreichung größerer Flüssigkeitsmengen. Da die verschieden Eingeweide nur durch kapilläre Spalten voneinander getrennt sind, ist es mitunter nicht zu vermeiden, daß die Spitze einer Injektionskanüle entweder in den Darm, in das große Netz, in den Pansen oder in Fettgewebe zu liegen kommt. Zudem ist unter Feldbedingungen eine gewisse Infektionsgefahr gegeben (Peritonitis).

Prognose

Die Prognose ist bei diätetischen Durchfällen im allgemeinen günstig. Dies gilt insbesondere für Fälle, die dem Tierarzt frühzeitig vorgestellt werden und in denen bereits das Absetzen der Milch und die Verabreichung von Styptika innerhalb von 2 bis 3 Tagen zu einer Normalisierung der Verdauung führen können. In verschleppten Fällen können jedoch infolge der Dehydratation und der Acidose unter Umständen bereits irreversible Gewebeschäden vorliegen, die schließlich zum Tode des betroffenen Tieres führen.

Bei infektiösbedingten Diarrhöen ist die Prognose vor allem abhängig vom Grad der Acidose und der Exsikkose, der Schwere der Darmveränderungen und der dadurch bedingten Malabsorption. Je früher ein Durchfall post natum eintritt, desto schwerwiegender sind die Folgen.

Prophylaxe

Allgemeines

Schwerpunkte der Prophylaxe sind die Optimierung der Geburtshilfe, das Einhalten bewährter Tränkeregeln und das Vermeiden einer Anreicherung von spezifisch an Kälber adaptierten Keimen. Der medikamentellen Prophylaxe sind aus wirtschaftlichen Gründen enge Grenzen gesetzt. In Problembetrieben stehen die aktive Immunisierung der Muttertiere und die passive Immunisierung der neugeborenen Kälber im Vordergrund der Maßnahmen.

Perinatale Maßnahmen: schonende und saubere Geburtshilfe; bei einem Mißverhältnis zwischen Größe der Frucht und Weite des Geburtsweges rechtzeitiger Entschluß zur Schnittentbindung; Optimierung der Atmung; neugeborenes Kalb gut trocken reiben, auf sauberes Stroh legen und zugfrei halten; möglichst frühe Verabreichung von

Kolostrum (etwa 4 Liter am ersten Tag, davon 2 Liter innerhalb der ersten 4 Stunden).

Tränketechnik: bei rationierter Tränkung anfänglich nicht zu viel Milch pro Mahlzeit; in Problembetrieben in den ersten Tagen nach der Geburt Kolostrum oder Vollmilch zur freien Aufnahme über einen Saugeimer anbieten (*Zaremba* und *Grunert* 1981); zur Angewöhnung Milch eventuell zunächst mit Saugflasche verabreichen; bei Verwendung von Milchaustauschern Konzentration anfänglich sehr niedrig halten (90 g/l) und nachher kontinuierlich steigern.

Hygienische Maßnahmen: räumliche Trennung der Kälber von den Muttertieren; Kälberboxen reinigen und desinfizieren; Neugeborene eventuell im Freien in speziellen Kälberhütten aufziehen.

Prophylaktische Verabreichung von antibakteriellen Chemotherapeutika: In Problembetrieben mit bakteriellbedingten Durchfällen könnte als Sofortmaßnahme die Verabreichung von antibakteriellen Chemotherapeutika an neugeborene Kälber in Erwägung gezogen werden. Diese Maßnahme ist jedoch sehr umstritten.

Muttertierschutzimpfung

Die seit Ende des letzten Jahrhunderts bekannte Tatsache, daß durch die frühzeitige Verabreichung von Kolostrum ein wirksamer Schutz gegen Durchfälle erzielt wird, hat zu Bestrebungen geführt, durch die Hyperimmunisierung der Muttertiere das Kolostrum mit spezifischen Antikörpern anzureichern. Derartige Muttertierschutzimpfungen, zum Teil mit stallspezifischen Vakzinen, haben zu unterschiedlichen Ergebnissen geführt. Ein eindeutiger, positiver Effekt ist zu erwarten, wenn es sich bei den Durchfallerregern um Keime handelt, die unter normalen Verhältnissen ausschließlich den Darm besiedeln (z. B. enterotoxische E. coli). In diesen Fällen erwirbt das Muttertier, selbst wenn der Erreger enzootisch vorkommt, keine humorale Immunität. Dies bedeutet, daß auch im Kolostrum praktisch keine spezifischen Antikörper vorhanden sind (*Danieli* et al. 1979). Dagegen führt die parenterale Applikation des Antigens an das Muttertier zu einem hohen Gehalt des Kolostrums an spezifischen Immunglobulinen, die bei rechtzeitiger Verabreichung des Kolostrums das neugeborene Kalb wirksam gegen die betreffenden Erreger zu schützen vermögen.

Impfstoffe gegen enteropathogene E. coli enthalten entweder Bakterine aus inaktivierten Keimen oder unterschiedlich gereinigte K99-Antigene. Die Muttertiere werden im letzten Drittel der Gravidität zweimal im Abstand von 3 bis 4 Wochen geimpft. Die besten Ergebnisse werden erzielt, wenn die zweite Impfung zwischen 7 und 40 Tagen vor dem Geburtstermin vorgenommen werden kann (*Bachmann* 1983). Kälber dieser Mütter sind in der Regel wirksam gegen EPEC geschützt, wenn sie frühzeitig nach der Geburt ausreichend Kolostralmilch aufnehmen und diese mindestens eine Woche lang gefüttert wird.

Außer den Muttertierschutzimpfungen gegen enteropathogene E. coli liegen vor allem auch Berichte vor über die protektive Wirkung von Vakzinen, die lebende oder inaktivierte Rotaviren und/oder Coronaviren enthalten (*Hofmann* 1983, *Snodgrass* et al. 1980). Im Hinblick auf die Tatsache, daß vor allem Mischinfektionen von enteropathogenen E. coli und Rotaviren beim Kalb zu schweren Durchfällen führen, empfiehlt *Bachmann* 1983 den Einsatz von Kombinationsimpfstoffen. Derartige Kombinationsvakzinen haben in Feldversuchen zu einer erheblichen Reduktion der Durchfälle bei neugeborenen Kälbern geführt (*Eichhorn* et al. 1982; *Freitag* et al. 1984).

Passive Immunisierung neugeborener Kälber

● **per os**

Eine Alternative zur Schutzimpfung der Muttertiere bietet die passive orale Immunisierung von neugeborenen Kälbern mit Hyperimmunseren, die aus dem Kolostrum von schutzgeimpften Kühen gewonnen werden. Diese Kolostralseren bieten nicht nur einen ausgezeichneten hochspezifischen Schutz gegen enteropathogene E. coli, sondern gleichzeitig auch gegen andere Erreger, mit denen sich die Spendertiere auseinandergesetzt und gegen die sie daher auch Antikörper gebildet haben.

Eine besondere Art der passiven Immunisierung stellt die orale Verabreichung von einem Liter Vollblut innerhalb der ersten vier Stunden post natum dar. Allerdings ist diese Maßnahme nicht unumstritten (*Zaremba* et al. 1986). Als Blutspender wird am zweckmäßigsten das Muttertier oder, bei primiparen und zugekauften Tieren, ein älteres Tier der Herde, herangezogen. Das Blut wird mit Heparin, EDTA oder Natriumzitrat ungerinnbar gemacht und mit der Schlundsonde eingegeben. Diese Art der passiven Immunisierung soll sich unterschiedlichen Berichten aus der Praxis zufolge vor allem in Betrieben bewähren, in denen die Kälber innerhalb der ersten Woche an einer Virusinfektion erkranken. Der Vorteil im Vergleich zur alleinigen Verabreichung von Kolostrum wird darin gesehen, daß mit dem Blut gleichzeitig wichtige Komponenten des unspezifischen Abwehrsystems übertragen werden (Leukozyten, Lymphozyten, Monozyten, Komplement usw.).

- **parenteral**

Der Schutzeffekt einer parenteralen Verabreichung von Hyperimmunseren oder Gammaglobulinen als vorbeugende Maßnahme gegen Diarrhöen wird allgemein zu hoch eingeschätzt. Die subkutane, intramuskuläre oder intravenöse Applikation von Immunglobulinen führt lediglich zu einer Verbesserung der humoralen Immunität, die jedoch für das Geschehen im Darm von geringer Bedeutung ist. Zudem ist nicht gewährleistet, daß die in den kommerziellen Präparaten enthaltenen Antikörper den in den einzelnen Betrieben vorkommenden Infektionserregern entsprechen. Letztlich ist auch zu berücksichtigen, daß die Menge Immunglobuline in einer prophylaktischen Dosis nur einen Bruchteil dessen beträgt, was ein Kalb nach normaler Kolostrumverabreichung aus dem Darm resorbiert.

Die parenterale Verabreichung von Immunglobulinen ist vor allem indiziert in Betrieben, in denen Infektionen vorwiegend septikämisch verlaufen.

Aktive Immunisierung neugeborener Kälber

- **per os**

Dem Einsatz von oral zu verabreichenden Vakzinen liegt die Vorstellung zugrunde, daß die abgeschwächten oder inaktivierten Antigene des Impfstoffs die Rezeptoren im Darm kompetitiv blockieren sollen.

Virusinfektionen. Seit einigen Jahren stehen kommerzielle Vakzinen mit attenuierten Rota- und Coronaviren zur Verfügung. Die Wirksamkeit dieser Vakzinen wird unterschiedlich beurteilt. Die Ergebnisse erster Untersuchungen, unter Einbeziehung von Testinfektionen unter kontrollierten Bedingungen, waren recht vielversprechend. Der Einsatz unter Feldbedingungen vermochte jedoch die Erwartungen nicht zu erfüllen (*Bürki* et al. 1983).

Bakterielle Infektionen. Die orale Verabreichung von Vakzinen (Schluckimpfung) erfolgt in der Absicht, eine lokale Immunität im Darm zu erreichen. Gute Ergebnisse wurden mit Schluckvakzinen gegen enterotoxische E. coli erzielt (*Bal-*

jer et al. 1976). Sowohl stallspezifische monovalente als auch polyvalente Impfstoffe führten zu einer starken Reduktion der Morbidität und Letalität in Problembetrieben. Für die Ausbildung einer belastbaren Immunität ist es notwendig, die Vakzine bei neugeborenen Kälbern während der ersten zehn Lebenstage täglich oral zu verabreichen.

Auf die Möglichkeiten einer Impfung gegen Salmonellen wird auf Seite 283 hingewiesen.

- **parenteral**

Die parenterale Applikation von Vakzinen führt vor allem zur Bildung von humoralen Antikörpern und damit zu einem Schutz gegen systemische Infektionen. Im Darm selbst dagegen ist nicht mit einer belastungsfähigen Immunität zu rechnen, wenn Impfstoffe gegen Erreger von Durchfallerkrankungen subkutan verabreicht werden.

Literatur

Argenzio, R. A. (1985): Pathophysiology of neonatal calf diarrhea. Vet. Clin. North Am. Food Anim. Pract. *1*, 461–469

Bachmann, P. A. (1983): Muttertierschutzimpfung gegen lokale Infektionskrankheiten. Fortschr. Veterinärmed. *37*, 40–54. Verlag Parey, Berlin, Hamburg

Bachmann, P. A. (1985): Pathogenese und Immunologie virusbedingter, neonataler Diarrhoen. Berl. Münch. Tierärztl. Wochenschr. *98*, 294–298

Baljer, G., P. A. Bachmann (1980): Nachweis enteropathogener Escherichia coli-Stämme und Rotaviren in Kotproben von Kälbern mit Diarrhoe. Zentralbl. Veterinärmed. B *27*, 608–615

Baljer, G., S. Chorherr, H. Plank, H. Bostedt, H. Schels, A. Mayr (1976): Orale, aktive Immunisierung neugeborener Kälber gegen Escherichia coli: Wirksamkeitsnachweis im Darmligaturtest und Feldversuch. Zentralbl. Veterinärmed. B *23*, 364–373

Baljer, G., M. Hoerstke, G. Dirksen, A. Seitz, J. Sailer, A. Mayr (1981): Vergleichende Untersuchungen über die Wirksamkeit einer oralen Immunisierung mit hitzeinaktivierten und vermehrungsfähigen, avirulenten (Gal E-) S. typhimurium-Keimen gegen die Salmonellose des Kalbes. Zentralbl. Veterinärmed. B *28*, 759–766

Battaglia, M., H. Lutz, R. Wyler (1986): Serologische Übersichtsuntersuchungen über die Verbreitung des bovinen Coronavirus in der Schweiz. Schweiz. Arch. Tierheilkd. *128*, 213–218

Braun, R. K., B. C. Tennant (1983): The relationship of serum γ globulin levels of assembled neonatal calves to mortality caused by enteric diseases. Agri Practice *4* (5), 14–24

Breukink, H. J., T. Wensing, A. van Weeren-Keverling

Buisman, E. G. van Bruinessen-Kapsenberg, N. A. P. S. de Visser (1988): Consequences of failure of the reticular groove reflex in veal calves fed milk replacer. Vet. Quart. *10*, 126–135

Bürki, F., G. Schusser, H. Szekely (1983): Clinical, virological and serological evaluation of the efficacy of peroral live rotavirus vaccination in calves kept under normal husbandry conditions. Zentralbl. Veterinärmed. B *30*, 237–250

Bywater, R. J. (1977): Evaluation of an oral glucose-glycine-electrolyte formulation and amoxicillin for treatment of diarrhea in calves. Am. J. Vet. Res. *38*, 1983–1987

Danieli, Y., I. Kornitzer, R. Tamarin, S. Ram, Y. Huber (1979): Prevention of neonatal diarrhoea in calves by vaccination of their dams with an enteropathogenic Escherichia coli vaccine – a field study. Refu. Vet. *36*, 125–130

Dirksen, G. (1981): Linksseitige Labmagenverlagerung bei Kalb und Jungrind. Tierärztl. Umschau *36*, 674–680

Dirksen, G. (1988): Differentialdiagnostik und Therapie von Vormagen- und Labmagenkrankheiten bei Kalb und Jungrind. Prakt. Tierarzt *69*, Coll. Vet. XVIII (1987), 92–96

Dunant, P., P. Perroud, F. Steck (1975): Stomatite papuleuse des bovins. Schweiz. Arch. Tierheilkd. *117*, 503–515

Eichhorn, W., P. A. Bachmann, G. Baljer, P. Plank, P. Schneider (1982): Vakzinierung hochträchtiger Rinder mit einem kombinierten Rotavirus/E. coli K99-Impfstoff zur Prophylaxe von Durchfallerkrankungen bei neugeborenen Kälbern. Tierärztl. Umsch. *37*, 599–604

Frazee, L. S. (1984): Torsion of the abomasum in a one month old calf. Can. Vet. J. *25*, 293–295

Freitag, H., H. Wetzel, E. Espenkoetter (1984): Zur Prophylaxe der Rota-Corona-Virus-bedingten Kälberdiarrhoe. Tierärztl. Umsch. *39*, 731–736

Frey, H.-R., H.-J. Marschall, B. Liess (1979): Rotavirusinfektionen in norddeutschen Kälberbeständen: Nachweis mittels Elektronenmikroskopie und Virusanzüchtung in Zellkulturen. Dtsch. Tierärztl. Wochenschr. *86*, 100–104

Haggard, D. L., D. M. Sherman (1984): Vaccine development in the prevention of bovine enteric colibacillosis. Compend. Cont. Educ. *6*, Large Anim. Suppl. 3, 347–353

Heine, J. (1982): Eine einfache Nachweismethode für Kryptosporidien im Kot. Zentralbl. Veterinärmed. B *29*, 324–327

Hofmann, W. (1983): Therapie und Prophylaxe von Rota- und Coronavirusinfektionen der Kälber. Berl. Münch. Tierärztl. Wochenschr. *96*, 453–457

Hofmann, W. (1987): Diätmaßnahmen bei Kälberdurchfall. Prakt. Tierarzt *68*, Coll. Vet. XVII (1986), 84–91

Keller, H., A. Metzler (1978): Über eine neuartige Stomatitisform bei Jungrindern. Schweiz. Arch. Tierheilkd. *120*, 383–391

Lewis, L. D., R. W. Phillips (1972): Water and electrolyte losses in neonatal calves with acute diarrhea. A complete balance study. Cornell Vet. *42*, 596–607

Liebermann, H. (1967): Untersuchungen über die Stomatitis papulosa unter Berücksichtigung der Differentialdiagnose. Arch. Exp. Veterinärmed. *21*, 1319–1336

Mayr, A., G. Eißner, B. Mayr-Bibrack (1984): Handbuch der Schutzimpfungen in der Tiermedizin. Verlag Parey, Berlin, Hamburg

Mero, K. N., R. E. Rollin, R. W. Phillips (1985): Malabsorption due to selected oral antibiotics. Vet. Clin. North Am. Food Anim. Pract. *1*, 581–588

Mitze, H., E. Hellmann, C. Stark, O. Pietzsch, E. Bulling (1981): Immunantwort und Infektionsresistenz von Kälbern nach oraler Immunisierung gegen S. typhimurium mit einem inaktivierten Impfstoff. Zentralbl. Veterinärmed. B *28*, 767–777

Moore, J. A., B. L. Blagburn, D. S. Lindsay (1988): Cryptosporidiosis in animals including humans. Compend. Cont. Educ. *10* (1), 275–285

Möstl, K., B. Hinaidy, C. Loibl, H. Szekely, E. Horvath, F. Bürki (1984): Zur Entero-Pathogenität boviner Coronaviren unter Feldbedingungen. Zentralbl. Veterinärmed. B *31*, 743–754

Mullowney P. C., W. H. Patterson (1985): Therapeutic agents used in the treatment of calf diarrhea. Vet. Clin. North Am. Food Anim. Pract. *1*, 563–579

Nagy B., J. Pohlenz (1982): Die bovine Kryptosporidiose. Diagnose und Therapie. Tierärztl. Prax. *10*, 163–172

Pohlenz, J. (1987): Die Kryptosporidiose bei Menschen und Tieren. Dtsch. Tierärztl. Wochenschr. *94*, 67–70

Pohlenz, J., D. Palmer, W. Zindel (1979): Zur Pathologie und Pathogenese der neonatalen Diarrhoe beim Kalb. I. Problemstellung und Erörterung der Ätiologie und Pathogenese anhand der neueren Literatur. Schweiz. Arch. Tierheilkd. *121*, 607–614

Rolle, M., A. Mayr (1984): Medizinische Mikrobiologie, Infektions- und Seuchenlehre. 5. Aufl. Ferdinand Enke Verlag, Stuttgart

Snodgrass, D. R., K. J. Fahey, P. W. Wells, I. Campbell, A. Whitelaw (1980): Passive immunity in calf rotavirus infections: Maternal vaccination increases and prolongs immunoglobulin G_1 antibody secretion in milk. Infect. Immun. *30*, 344–349

Spillmann, S. K., J. Eckert, W. Merk, R. Frey (1986): Zum Vorkommen von Cryptosporidien bei Kälbern in der Schweiz. Schweiz. Arch. Tierheilkd. *128*, 111–118

Torres-Medina, A., D. H. Schlafer, C. A. Mebus (1985): Rotaviral and coronaviral calf diarrhea. Vet. Clin. North Am. Food Anim. Pract. *1*, 471–493

Van Bruinessen-Kapsenberg, E. G., T. Wensing, H. J. Breukink (1982): Indigestionen der Mastkälber infolge fehlenden Schlundrinnenreflexes. Tierärztl. Umsch. *37*, 515–517

Zaremba, W., E. Grunert (1981): Der Einfluß verschiedener Tränkeverfahren auf die Gesundheit neugeborener Kälber. Dtsch. Tierärztl. Wochenschr. *88*, 130–133

Zaremba, W., E. Grunert, P. Kellner (1986): Untersuchungen über die Immunglobulinabsorption bei Kälbern nach Gabe von Rinderblut mittels Schlundsonde. Dtsch. Tierärztl. Wochenschr. 93, 472–475

8.8 Nabelentzündung

Wesen

Bei der Nabelentzündung des Kalbes handelt es sich in der Regel um eine sporadisch auftretende Erkrankung, die auf einer Infektion mit Eitererregern beruht. Je nach Ausbreitung des Entzündungsprozesses im Nabelbereich wird unterschieden zwischen Omphalitis (Entzündung, eventuell Abszedierung des Hautnabels), Omphalophebitis (Entzündung der Nabelvene), Omphaloarteriitis (Entzündung einer oder beider Nabelarterien) und Omphalourachitis (Entzündung des Urachus); häufig sind mehrere oder alle Nabelanteile entzündlich verändert. Die Infektion verläuft in der Mehrzahl der Fälle lokal begrenzt; gelegentlich entwickelt sich eine von dem Entzündungsprozeß ausgehende Allgemeininfektion (Sepsis). Bei Kälbern, die die Septikämie überleben, können eitrige Metastasen in den Organen und den Gelenken auftreten. Weiterhin kann es durch aufsteigende Infektionen zu eitrigen Entzündungen in benachbarten Gebieten (z. B. Leber- oder Harnwegsinfektionen) kommen.

Ätiologie und Pathogenese

Die Erkrankung wird insbesondere durch A. pyogenes sowie durch Streptokokken, Staphylokokken und F. necrophorum verursacht; häufig liegen Mischinfektionen vor.

Die Ansteckung erfolgt im allgemeinen während der Geburt oder im Verlauf der ersten Lebenstage; nur in Ausnahmefällen entsteht die Infektion bereits diaplazentar.

Beim Neugeborenen stellt die Nabelwunde außer der Maul- und Nasenhöhle die wichtigste Eintrittspforte für Krankheitserreger dar. Resistenzmindernde Faktoren und insbesondere individuelle Dispositionen begünstigen das Angehen von Infektionen:

Physiologischerweise erfolgt beim Kalb der Abriß der Nabelschnur etwa hand- bis zweihandbreit unterhalb des Hautnabels. Danach schnellen die beiden Nabelarterien und der Urachus tief in die Bauchhöhle, während sich die Nabelvene nur bis zum Nabelring zurückzieht (Abb. 8.21). Wenn die Nabelschnur unmittelbar am Hautnabel abreißt (häufig bei Kälbern nach Schnittentbindung) oder eine dicke Amnionscheide vorhanden ist (insbesondere bei frühgeborenen, d. h. unreifen Kälbern), unterbleibt fast immer die vorher beschriebene Retraktion der Nabelgefäße und des Urachus. Diese Anteile befinden sich dann weiterhin im Nabelstumpf oder ragen sogar aus diesem hervor. Die Retraktion unterbleibt häufig auch, wenn bei der Schnittentbindung die Nabelschnur während des Auszugs durch die Bauchwunde mit einer Schere durchtrennt wird, um ein zu kurzes Abreißen zu verhindern. Bei nicht erfolgter Retraktion der Nabelgefäße und des Urachus ist eine besondere Prädisposition für Infektionen gegeben. Das Infektionsrisiko wird durch mangelhafte Geburtshygiene, nicht vorgenommene Nabeldesinfektion im Anschluß an die Geburt, unhygienische Haltungsbedingungen sowie durch gegenseitiges Besaugen noch vergrößert.

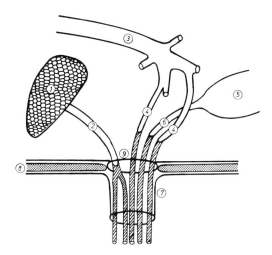

Abb. 8.21 Nabelgefäße und Urachus beim Kalb vor und nach Abriß der Nabelschnur (nicht schraffiert) (1 = Leber; 2 = Nabelvene; 3 = Aorta; 4 = Nabelarterien; 5 = Harnblase; 6 = Urachus; 7 = Hautnabel; 8 = Bauchdecke; 9 = Nabelring)

Verlauf

Die Entzündung des Nabels verläuft akut oder chronisch und wird gegebenenfalls durch eine Allgemeininfektion oder durch eine aszendierende Infektion mit Beeinträchtigung des Allgemeinbefindens kompliziert.

Das entzündliche Geschehen kann ausschließlich auf den Hautnabel beschränkt bleiben (Omphalitis) und dort eventuell zu einer Abszeß- oder Fistelbildung führen (Abb. 8.22). Häufiger

Abb. 8.22 Älteres Kalb mit umfangreichem Nabelabszeß (Foto: Prof. *Stöber*, Hannover)

jedoch sind die Nabelgefäße und/oder der Urachus in den Krankheitsprozeß einbezogen. Sind die Nabelgefäße mitbeteiligt (Omphaloarteriitis oder Omphalophlebitis), besteht insbesondere bei akutem Verlauf die Gefahr, daß die Erreger in die Blutbahn gelangen und zu einer lebensbedrohenden Septikämie führen. Auch können die Keime schubweise in den Blutkreislauf verschleppt werden, so daß es zu metastatischen Infektionen in den verschiedenen Körperregionen (u. a. Polyarthritis, Pneumonie, Nephritis, Endokarditis), mit den entsprechenden Symptomen sowie zu chronischem Siechtum kommt.

Eine Mitbeteiligung des Urachus kann zu aszendierenden Infektionen des Harnapparates (Harnblase, harnableitende Wege, Nieren) führen, die ihrerseits möglicherweise einen Ausgangspunkt für metastatische Infektionen darstellen. Die Urachitis ist häufig mit einem Urachus patens (Urachusfistel) vergesellschaftet.

Symptome

Erste Krankheitsanzeichen treten im allgemeinen einige Tage nach der Geburt auf. Der Hautnabel und/oder die Nabelgefäße oder der Urachus sind mehr oder weniger stark verdickt und besonders bei akuter Entzündung schmerzhaft. Die Konsistenz der entzündeten Nabelanteile ist derb oder fluktuierend. Bei Druck auf den Hautnabel entleert sich in vielen Fällen eitriges, zum Teil übelriechendes Sekret. Die eventuell noch vorhandene Amnionscheide ist feucht und braun-schwarz verfärbt. Häufig besteht beim erkrankten Kalb eine deutlich vermehrte Bauchdeckenspannung und eine Aufkrümmung des Rückens.

Bei örtlich begrenzt bleibender Entzündung ist das Allgemeinbefinden der Tiere meistens nur wenig oder nicht beeinträchtigt. Wird die Nabelentzündung durch eine Allgemeininfektion kompliziert, so sind sehr unterschiedliche Krankheitsbilder zu beobachten. Bei foudroyant verlaufender Sepsis ist das Allgemeinbefinden der Kälber hochgradig gestört (u. a. Inappetenz; starke Apathie; frequente, auskultatorisch nicht trennbare Herztöne; Zyanose der Schleimhäute). Aufgrund einer völlig versagenden Körperabwehr tritt der Tod nach kurzer Krankheitsdauer ein. Wesentlich häufiger verläuft die Allgemeininfektion jedoch schleichend. Ganz besonders bei nicht rechtzeitig einsetzender Behandlung können in diesen Fällen eitrige Metastasen entstehen, die vielfach unter chronischem Siechtum zum Tod führen. Zu eitrigen Entzündungen mit entsprechenden klinischen Erscheinungen kommt es vor allem in den Gelenken, in der Lunge, in den Nieren sowie in der Leber.

Diagnose und Differentialdiagnose

Bei einer Entzündung des Hautnabels besteht anfänglich eine diffuse, teigige bis derbe Umfangsvermehrung. Bei Ausbildung eines Abszesses, der unter Umständen Kindskopfgröße erreichen kann, ist eine prall fluktuierende Umfangsvermehrung zu fühlen. Im Gegensatz zur unkomplizierten Hernie (nicht inkarzeriert sowie ohne entzündliche Nebenerscheinungen) läßt sich der Abszeß nicht reponieren. Erheblich schwieriger ist es, einen Abszeß von einer komplizierten, d. h. inkarzerierten oder entzündlich veränderten Hernie zu unterscheiden. Diese Formen der Hernie sind nicht oder nur mit Mühe reponierbar; bei genauer Untersuchung ist zumindest andeutungsweise eine Bruchpforte zu ertasten. Umbilikalabszesse und Nabelbrüche können jedoch unter Umständen miteinander vergesellschaftet auftreten. Sofern nach Abszeßspaltung noch eine deutliche Umfangsvermehrung bestehenbleibt, ist zu klären, ob noch eine weitere Abszeßkammer oder ein zusätzlicher Nabelbruch vorliegt (Repositionsversuch, Probepunktion). Ein Hämatom kann gegebenenfalls durch Punktion differentialdiagnostisch ausgeschlossen werden.

Sind die Nabelgefäße oder der Urachus entzündet, so ist ein fluktuierender oder derber Strang zu palpieren, der bei Infektion der Nabelvene nach kraniodorsal, bei Infektion der Nabelarterien oder des Urachus nach kaudodorsal zieht. Die Untersuchung wird dadurch erleichtert, daß sie am in Rückenlage befindlichen Tier erfolgt, weil hierbei die Bauchdeckenspannung erheblich reduziert ist. Schwierigkeiten hinsichtlich der Diagnostik ergeben sich jedoch insofern, als darüber hinaus weitere intraabdominale Eiterherde vorliegen können, die weder bei der Palpation durch die Bauchdecke noch bei einer eventuell durchgeführten Sondierung zu ermitteln sind. Einen besseren Aufschluß über das Vorliegen intraabdominal lokalisierter Entzündungsprozesse scheint, wie erste Untersuchungsergebnisse zeigen, die Ultraschalldiagnostik zu erbringen.

Eine häufig in Verbindung mit einer Urachitis vorkommende Urachusfistel ist durch das Abtropfen von Harn aus der Nabelöffnung zu erkennen.

Zur Feststellung von omphalogen-metastatischen Sekundärerkrankungen anderer Organsysteme ist eine weitergehende Allgemeinuntersuchung unbedingt erforderlich. Im Einzelfall kann jedoch nicht immer mit Sicherheit entschieden werden, ob eine zusätzlich diagnostizierte Erkrankung als eine sekundäre Komplikation der Nabelentzündung oder als eine parallel zu dieser bestehende unabhängige Krankheit aufzufassen ist.

Prognose und Therapie

Die Prognose ist abhängig von dem Umfang der örtlichen Entzündung sowie dem Ausmaß eventuell vorhandener Sekundärerkrankungen.

Bei extraabdominaler Lokalisation des Prozesses besteht bei entsprechender Behandlung eine durchaus günstige Heilungsaussicht. In diesen Fällen ist nach Rasur der Nabelumgebung das wiederholte Auftragen von hyperämisierenden Salben (z. B. Ichthyol, Kampfer) zu empfehlen. Um den Abfluß des Eiters zu sichern, müssen gegebenenfalls bereits vorhandene Öffnungen erweitert werden; reife Abszesse sind zu spalten. Freigelegte Hohlräume können mit desinfizierenden Mitteln (z. B. Akridinfarbstoffe) gespült und/oder mit chemotherapeutikahaltigen Salben (Wirkungsspektrum vornehmlich grampositiv) versorgt werden. Eine wiederholte systemische Behandlung mit geeigneten Chemotherapeutika (Penicillin, Ampicillin, Tetrazykline, Makrolidantibiotika) ist zu empfehlen.

Ist die Infektion jedoch bereits zu den intraabdominal befindlichen Teilen der Nabelgefäße oder des Urachus aszendiert, verschlechtert sich die Prognose wesentlich. Sofern noch keine sekundäre Beteiligung anderer Organe vorliegt, ist zunächst die oben aufgeführte konservative Therapie angezeigt. Bei ausbleibendem Erfolg kann ein operatives Vorgehen, d.h. die Resektion der veränderten Nabelgefäße und/oder des Urachus in Erwägung gezogen werden. Die unter anderem von *Dirksen* und *Hofmann* (1976) beschriebene Operationsmethode ist folgendermaßen durchzuführen:

Das Kalb wird in Rückenlage verbracht und das Operationsfeld gemäß chirurgischen Grundsätzen vorbereitet. Zur Sedierung und Schmerzausschaltung können zum Beispiel Xylazin (Rompun®) in hoher Dosierung (0,2 mg pro kg Körpergewicht intramuskulär) und eine Lokalanästhesie angewendet werden.

Bei einer *Omphalophlebitis* ist die Haut an der Basis des Nabels zirkulär zu durchtrennen. Anschließend wird der Hautabschnitt in der Mittellinie etwa 8 cm nach kranial verlängert und der Nabelstrang mehr oder weniger stumpf, d. h. durch vorsichtiges Schaben mit der Messerspitze bis zum inneren Nabelring freipräpariert. Danach ist die Bauchhöhle kranial des Nabels zu öffnen. Sofern keine außergewöhnlichen Befunde (z. B. Verwachsungen) vorliegen, wird der gesamte Nabelstrang aus der Bauchwand exzidiert und die Vene nach doppelter Ligatur oberhalb des Entzündungsprozesses durchtrennt.

Bei einer *Omphaloarteriitis* oder -*urachitis* ist zuerst der oben beschriebene zirkuläre Hautschnitt anzulegen. Nach anschließender Öffnung der Bauchhöhle zwischen Nabel und Beckenkamm erfolgt die zirkuläre Exzision des Nabels. Die Resektion der Nabelarterien muß sehr hoch, d. h. im Bereich der Aortenauftailung, vorgenommen werden. Schwieriger gestaltet sich die Entfernung des Urachus, wenn er in ganzer Länge entzündlich verändert ist. Dieser wird nach Durchtrennung der Nabelarterien, mit denen er durch ein gemeinsames Gekröse verbunden ist, gegebenenfalls bis zum Blasenscheitel freipräpariert. Wurde die Blasenwand nach Absetzen des Urachus geöffnet, ist die Perforation durch eine fortlaufende einstülpende Matratzennaht zu verschließen (Nahtmaterial: z. B. Catgut 3,5 bis 4 nach Ph. Eur.).

Nach Resektion der veränderten Nabelanteile erfolgt der Verschluß der Bauchwandwunde. Peritoneum und sehnige Bauchdecke werden in einer fortlaufenden Matratzennaht vereinigt (Nahtmaterial: z. B. Filovet® spezial). Der Verschluß der Hautwunde kann als rückläufige Knopfnaht mit seitlicher Knüpfung oder als fortlaufende Naht mit doppelter Durchstechung und seitlichem Unterkreuzen des Fadens (Naht nach Reverdin) vorgenommen werden (Nahtmaterial: z. B. mittelstarke Seide).

Prophylaxe

Um Nabelinfektionen vorzubeugen, ist der Geburtshygiene besondere Aufmerksamkeit zu schenken. Unmittelbar nach der Geburt sollte eine Desinfektion mit Jodtinktur durchgeführt werden. Dieses Desinfektionsmittel ist besonders geeignet, da es auch eine schnelle Austrocknung des Nabelstranges bewirkt. Mit einer sterilisierten Arterienklemme wird der Rest der Nabelschnur an einer Seite fixiert und mit einer in das Lumen eingeführten Pinzette trichterförmig gespreizt. Jodtinktur wird in die Öffnung sowie auf die äußere Wand der Amnionscheide gegossen. Ist die Nabelschnur unmittelbar am Hautnabel abgerissen, wird Jodtinktur über die Nabelwunde gegossen.

Wenn die Nabelgefäße und/oder der Urachus im Nabelstumpf verbleiben oder aus diesem hervorragen, sollte versucht werden, sie distal mit einer großen Arterienklemme unter Schonung der Amnionscheide zu erfassen und durch kurzen kräftigen Zug abzureißen. Danach retrahieren sich die Nabelgefäße und der Urachus erfahrungsgemäß wie unter physiologischen Bedingungen.

Literatur

Bouckaert, J. H., A. de Moor (1965): Surgical treatment of umbilical infections in calves. Vet. Rec. 77, 771–774

Craig, D. R., D. F. Kelton, A. F. Dietze (1986): Ultrasonographic diagnosis and surgical management of umbilical masses in calves. In: 14. Weltkongr. über Rinderkrankheiten, Dublin 1986. Kongr. Ber., Bd. 2, 1195–1200

Dirksen, G. (1978): Nabelentzündung und Nabelabszeß (Omphalitis). In: *G. Rosenberger* (Hrsg.): Krankheiten des Rindes. 2. Aufl. Verlag Parey, Berlin, Hamburg, 612–615

Dirksen, G., W. Hofmann (1976): Erfahrungen mit der chirurgischen Behandlung aszendierender Nabelinfektionen beim Kalb. Tierärztl. Prax. 4, 177–184

Figueiredo, L. J. C. (1983): Nabelentzündung beim Kalb: Klinische Untersuchung, Prognostik und chirurgische Abklärung sowie postoperativer Verlauf. Hannover, Tierärztl. Hochsch., Diss.

Hermann, M. (1980): Verlaufsuntersuchung nach Nabeloperationen beim Kalb. Bern, Univ., Veterinärmed. Fak., Diss.

Meyer, C., B. Rüdiger, L. J. C. Figueiredo (1983): Zur Prognostik entzündlicher Nabelerkrankungen beim Kalb auf Grund klinischer Untersuchungen. Prakt. Tierarzt 64, 813–817

Steiner, A., D. Baumann, M. Flückiger (1988): Urachusabszeß ohne pathologische Veränderungen des extraabdominalen Nabels bei einem Rind. Tierärztl. Prax. 16, 33–36

Zaremba, W., W. Heuwieser (1984): Nabelentzündung. In: *E. Grunert* (Hrsg.): Buiatrik. 4. Aufl. Bd. I. Euterkrankheiten, Geburtshilfe und Gynäkologie, Andrologie und Besamung. Verlag Schaper, Hannover, 199–200

8.9 Polyarthritis

Wesen, Pathogenese

Polyarthritiden sind in der Regel die Folge einer metastasierenden Allgemeininfektion. Die hauptsächlichsten Eintrittspforten für die Erreger sind der Nasenrachenraum und der Nabel. Nach einer meist kurzen, fieberhaften bakteriämischen Phase siedeln sich die Erreger in verschiedenen Organen an, in denen sie meistens eitrige Veränderungen hervorrufen. Die Polyarthritis ist daher häufig vergesellschaftet mit einer Meningitis, Pneumonie, Nephritis oder Endokarditis. Bei den Erregern handelt es sich vorwiegend um Streptokokken, Staphylokokken, A. pyogenes, E. coli oder Salmonellen. In bestimmten Betrieben können, namentlich bei älteren Kälbern, auch Mykoplasmen aus den Gelenken isoliert werden (*Keller* et al. 1980).

Symptome

Gelenke der Gliedmaßen (vor allem Karpus, Tarsus, Fessel, Knie) geschwollen, vermehrt warm, schmerzhaft, fluktuierend (Abb. 8.23); Lahmheit; häufiges Liegen; erschwertes Aufstehen; reduzierte Sauglust; Apathie.

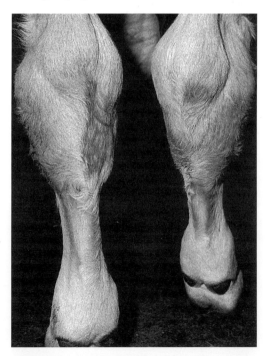

Abb. 8.23 Mykoplasmen-Polyarthritis und -synovitis bei einem Kalb mit beiderseitiger Affektion der Tarsalgelenke (Foto: Prof. *Keller*, Zürich)

Nicht selten werden die Initialsymptome falsch interpretiert (Kalb sei getreten worden) oder übersehen, da andere Veränderungen auffälliger sind (z. B. Durchfall, Nabelentzündung).

Diagnose

Die Diagnose stützt sich vor allem auf die lokalen Befunde (Schwellung, Fluktuation, Wärme, Schmerzhaftigkeit) und die Lahmheit. Aus therapeutischer und prognostischer Sicht lassen sich durch eine Gelenkspunktion, die unter streng aseptischen Kautelen zu erfolgen hat, zusätzliche Informationen gewinnen (Erreger, Antibiotikaempfindlichkeit, Zell- und Fibrinbeimengungen).

Therapie

Unter Praxisbedingungen und unter Berücksichtigung wirtschaftlicher Gesichtspunkte liegt der Schwerpunkt der Behandlung auf der parenteralen Verabreichung von antibakteriellen Chemotherapeutika. Wichtig sind eine ausreichend hohe Dosierung und eine ausreichend lange Verabreichung. Sehr gut bewährt hat sich Penicillin (80 000 I.E./kg KGW/Tag) während mindestens einer Woche, eventuell ergänzt durch ein gegen gramnegative Keime wirkendes Präparat (z. B. Neomycin). Als Alternativen können auch Tetrazykline eingesetzt werden. Zur Unterstützung der antibakteriellen Therapie empfiehlt sich der Einsatz von nichtsteroidalen Entzündungshemmern (Flunixinmeglumin, Phenylbutazon). Bei wertvollen Einzeltieren ist eine Gelenkspülung in Erwägung zu ziehen (*Turner* 1984). Beruht die Polyarthritis auf einer Infektion mit Salmonellen, sind die gesetzlichen Bestimmungen zu beachten (s. S. 283f.).

Prognose

Die Prognose ist vorsichtig zu stellen, da beim Erkennen der Problematik häufig bereits irreversible Veränderungen an den Gelenken und in anderen Organen vorliegen.

Literatur

Keller, H., L. Corboz, A. Waldvogel, U. Weideli (1980): Über Spontan- und Experimentalfälle von Polyarthritis und -synovitis bei Kälbern, verursacht durch Mykoplasmen. I. Klinische Aspekte. Schweiz. Arch. Tierheilkd. *122*, 15–26
Turner, A. S. (1984): Large animal orthopedics. Infection of joints. In: *P. B. Jennings* (Hrsg.): The practice of large animal surgery. Bd. II. Verlag Saunders, Philadelphia, London, 911–914

8.10 Haut- und Haarkleidveränderungen

Allgemeines

Einleitung

Veränderungen der Haut und des Haarkleids kommen bei Kälbern relativ häufig vor. Untersuchungen an annähernd 2000 Tieren, die im Alter von 5 Tagen bis zu 3 Wochen zur Mast angekauft wurden, ergaben, daß 0,5 bis 1,6 % der Fälle Anzeichen von Hauterkrankungen aufwiesen (*Dirksen* und *Hofmann* 1974).

Ein Teil dieser Veränderungen ist kongenitaler Natur. Dabei handelt es sich in den meisten Fällen um die Folgen eines genetischen Defekts. Bei den erworbenen Haut- und Haarkleidveränderungen ist zu unterscheiden, ob es sich um ein primäres Leiden oder eine Begleiterscheinung oder Folge der Erkrankung eines anderen Organsystems handelt.

Zielsetzung dieses Kapitels ist es, übersichtsweise auf einige bei Kälbern vorkommenden Hauterkrankungen hinzuweisen und zu den wichtigsten detailliertere Informationen zu vermitteln.

Übersicht über Hauterkrankungen beim Kalb

Angeborene Hautveränderungen

Acantholysis (*Jolly* et al. 1973)
Albinismus (*Leipold* et al. 1979)
Alopezie (*Leipold* et al. 1979)
Bovine kongenitale Porphyrie (*Manning* 1984)
Dermatosparaxie (Ehlers-Danlos-Syndrom) (s. S. 274)
Epitheliogenesis imperfecta (*Leipold* et al. 1979, *Manning* 1984)
Hautleukose (*Hugoson* 1966)
Hypotrichosis (*Braun* et al. 1988, *Leipold* et al. 1979)
Ichthyosis (*Leipold* et al. 1979, *Manning* 1984).

Erworbene Hautveränderungen

Alopezie*
Dermatitis (*Blood* und *Radostits* 1989, *Manning* 1984)
Dermatophilose (*Thornton* und *Willoughby* 1970)
Ekzeme (*Blood* und *Radostits* 1989)
Haarlinge*
Läuse*
Hyperkeratose (*Blood* und *Radostits* 1989, *Manning* 1984)

Kupfermangel (S. 329)
Parakeratose*
Photosensibilisierung (*Blood* und *Radostits* 1989, *Manning* 1984)
Pityriasis (*Blood* und *Radostits* 1989)
Räude (*Blood* und *Radostits* 1989, *Boch* und *Supperer* 1983)
Trichophytie*
Urticaria (*Manning* 1984).

Die mit einem * bezeichneten Krankheiten werden in diesem Kapitel ausführlicher beschrieben.

Diagnostik

Die ursächliche Abklärung von Haut- und Haarveränderungen ist unter Feldbedingungen nicht immer einfach, sollte aber nicht zuletzt im Hinblick auf die Übertragbarkeit von vielen Erkrankungen angestrebt werden. Voraussetzungen sind das gezielte Erfragen der Anamnese und eine sorgfältige klinische Untersuchung, eventuell unter Einbezug von Labormethoden.

Wichtige Kriterien, auf die besonders zu achten ist, sind unter anderem:

— Ausbreitung im Bestand (handelt es sich um einen Einzelfall oder sind mehrere Tiere betroffen?)
— zeitliches Auftreten der Veränderungen (kongenital oder postnatal)
— Art der Läsion (umschrieben, diffus, Tiefe der Veränderungen in der Epidermis)
— Juckreiz (Läuse, Haarlinge, Räude, Allergien, Aujeszkysche Krankheit, Kupfermangel)
— Veränderungen an den Haaren
— gleichzeitiges Auftreten von Dysfunktionen anderer Organsysteme (zeitlicher Zusammenhang zu den Hautveränderungen).

Hautgeschabsel zur mikrobiologischen, parasitologischen oder histopathologischen Untersuchung sollten vorzugsweise an den Grenzen zum gesunden Gewebe entnommen werden.

8.10.1 Trichophytie

Wesen

Bei der Trichophytie (Kälberflechte, Glatzflechte, engl. Ringworm) handelt es sich um eine Dermatomykose (Infektion mit einem Hautpilz), die vorwiegend bei Jungrindern auftritt und die durch multiple, runde Hautveränderungen gekennzeichnet ist. Die besondere Bedeutung liegt darin, daß die Infektion auch auf den Menschen übertragbar ist (Zooanthroponose).

Ätiologie und Pathogenese

Der wichtigste Erreger der Flechte beim Kalb ist Trichophyton verrucosum (*Mullowney* 1982). Gelegentlich werden auch andere Arten dieser Pilzgattung gefunden (z. B. Tr. mentagrophytes). Der Pilz bildet widerstandsfähige Sporen, die in trockenem Material mehrere Jahre lebensfähig bleiben. Auf der Epidermis keimen sie aus und wachsen in die Haarfollikel. Die Pilze leben in den oberflächlichen Epidermisschichten.

Die Infektion erfolgt durch direkten Kontakt mit bereits erkrankten Tieren oder indirekt über kontaminierte Gerätschaften. Sporen können auf der Haut überleben, ohne zu klinischen Veränderungen zu führen.

Betroffen sind vor allem Kälber, die unter ungünstigen Umweltbedingungen (Überbelegung, schlechtes Stallklima) gehalten werden. Möglicherweise begünstigt ein Mangel an Vitamin A das Angehen einer Infektion.

Symptome und Verlauf

Die Läsionen entwickeln sich 1 bis 2 Wochen nach der Infektion, zunächst erkennbar an einer umschriebenen Verdickung und Schuppenbildung der Haut, gesträubten Haarbüscheln, Abbrechen und Ausfallen der Haare. Im Verlauf von 4 bis 8 Wochen werden die Läsionen größer. Das charakteristische Krankheitsbild besteht in runden, markstück- bis handtellergroßen, haarlosen Stellen, die mit grauen, asbestartigen Borken bedeckt sein können. Bei älteren Läsionen wachsen im Zentrum wieder Haare nach, so daß ringförmige Veränderungen entstehen.

Abb. 8.25 Älteres Kalb mit Trichophytie (haarlose Stellen und asbestartige Beläge)

Bei Infektionen mit Tr. mentagrophytes sind die multiplen Läsionen kreisrund, weisen einen Durchmesser von 0,5 bis 2 cm auf und zeigen keine Anzeichen einer Krustenbildung (*Mullowney* 1982).

Sofern keine Mischinfektion mit Bakterien oder Ektoparasiten vorliegt, fehlt der Juckreiz. Bei unkompliziertem Verlauf heilen die Läsionen innerhalb von 3 bis 5 Monaten ab (*Gründer* 1984).

Prädilektionsstellen sind Kopf und Nackenbereich. Bei Saugkälbern findet man die Trichophytie hauptsächlich im Bereich des Flotzmauls.

Therapie

Obwohl die Schäden infolge Trichophytie klein sind und eine große Tendenz zur Selbstheilung besteht, sollte die Krankheit im Hinblick auf die Übertragbarkeit auf andere Tiere und insbesondere den Menschen bekämpft werden.

Eine erfolgreiche Elimination der Erreger aus einem infizierten Bestand beruht auf folgenden Voraussetzungen:

– Behandlung erkrankter Tiere
– Vernichtung infektiösen Sporenmaterials im Stall und auf Gerätschaften
– Verbesserung der Haltungsbedingungen
– Vermeidung von Neuinfektionen.

Während früher die Behandlung vor allem im Auftragen von antimykotischen Salben auf die veränderten Hautstellen bestand, liegt heute das Schwergewicht auf Waschbehandlungen mit Lösungen, die hochwirksame Antimykotika enthalten. Geeignet sind zum Beispiel Lösungen mit Enilconazol (Imaverol®, Janssen) oder Bensuldazin-Säure-Natrium (Defungit®, Höchst). Die orale Behandlung mit Griseofulvin ist meistens zu teuer.

Prophylaxe

Großangelegte Untersuchungen in Norwegen und in der Tschechoslowakei haben ergeben, daß durch systematische Anwendung einer Vakzine bei Kälbern im Alter von zwei bis vier Wochen und einer Boosterimpfung nach 14 Tagen innerhalb von 6 bis 8 Wochen eine belastungsfähige Immunität erzielt werden kann (*Aamdodt* et al. 1982).

8.10.2 Läuse

Ätiologie

Von den bei Rindern vorkommenden Läusearten sind zwei relativ häufig anzutreffen: Haematopinus eurysternus und Linognathus vituli. Mischinfektionen dieser Läuse und gleichzeitiges Auftreten von Haarlingen (Bovicula bovis) sind nicht selten (*Liebisch* 1982).

Die 0,5 bis 1 mm großen gedeckelten Läuseeier (Nissen) werden einzeln an die Haare der Wirtstiere geklebt. In Abständen von jeweils vier Tagen entwickeln sich 3 Larvenstadien, die ebenfalls Blut saugen. Die Gesamtentwicklungszeit beträgt 20 bis 40 Tage.

Symptome

Schwacher Läusebefall verursacht keine klinischen Symptome. Bei starker Verlausung besteht ausgeprägter Juckreiz (allgemeine Unruhe, Schlagen mit dem Schwanz, häufiges Lecken, Kratzen mit den Hörnern, Scheuern einzelner Körperteile). Prädilektionsstellen für Läuse sind Nacken- und Widerristgegend.

Unter ungünstigen Haltungsbedingungen, namentlich in Wintermonaten, können Läuse massenhaft auftreten und dadurch zu Blutverlusten (Anämie) führen. Die schädigende Wirkung von Läusen wird oft unterschätzt. Eine Laus saugt täglich bis zu sechsmal Blut und nimmt bei jedem Saugakt bis zu 0,1 ml Blut auf (*Liebisch* 1982).

Diagnose

Läuse und Nissen lassen sich nach Scheiteln der Haare an den Prädilektionsstellen von bloßem Auge erkennen. Zur Unterscheidung von den Haarlingen können die Parasiten auf einer weißen Unterlage mit der Lupe betrachtet werden: Bei den 2 bis 3 mm großen Läusen ist der Thorax immer breiter als der Kopf.

Therapie

Die Behandlung von Tieren, die mit Läusen oder Haarlingen befallen sind, ist im allgemeinen problemlos. Praktisch sind sämtliche Insektizide wirksam. Sie stehen zur Verfügung in Form von Pudern, Sprays, Lösungen zum Waschen oder als systemisch wirkende Substanzen, die entweder aufgegossen (z. B. Fenthion: Tiguvon®, Bayer) oder injiziert werden (Ivermectin: Ivomec®, MSD/AGVET). Ivermectin hat den großen Vorteil, daß infolge der relativ langen Halbwertzeit keine Wiederholungsbehandlung notwendig ist und daß es gleichzeitig Läuse, Haarlinge, Milben, Zecken, Dasselarven und praktisch alle wirtschaftlich bedeutungsvollen Nematoden erfaßt.

8.10.3 Haarlinge

Wesen

Beim Haarlingsbefall handelt es sich um eine Ektoparasitose, verursacht durch Bovicula bovis, ein 1 bis 1,5 mm großes Insekt, das sich von Keratinsubstanzen (Hautepithelien, Schuppen, Haarteile) ernährt und beim Rind vor allem zu Veränderungen am Haarkleid führt. Bei stärkerem Befall werden Juckreiz und Haarausfall beobachtet.

Diagnose, Bekämpfung

An ausgezogenen Haarbüscheln sind die Nissen als weißliche Punkte sichtbar. Die reifen Parasiten zeigen eine lebhafte Beweglichkeit. Bei Lupenvergrößerung sind sie an ihrem großen, stumpfen Kopf erkennbar, der breiter als der Thorax ist.

Hinsichtlich der Behandlung befallener Tiere gelten die gleichen Grundsätze wie bei der Behandlung des Läusebefalls.

8.10.4 Alopezie

Wesen

Unter Alopezie versteht man einen lokalisierten oder generalisierten Haarausfall, wobei das Gewebe der Haut keine krankhaften Veränderungen aufweist.

Ätiologie

Bei den seltenen kongenitalen Alopezien (Atrichie) handelt es sich in der Regel um die Folge eines genetischen Defekts (autosomal rezessiver Erbgang). Von größerer Bedeutung sind die erworbenen Alopezien. In den meisten Fällen sind die Veränderungen Ausdruck eines Mangelzustandes (Vitamin A, B_1, B_2, C, E, Pantothensäure, Biotin, essentielle Fettsäuren) oder einer fehlerhaften Zusammensetzung der Fettkomponenten in den Milchaustauschern (*Dirksen* und *Hofmann* 1974, *Gründer* und *Musche* 1962, *Pritchard* et al. 1983).

Symptome und Verlauf

Betroffene Tiere zeigen zunächst eine vermehrte Fettigkeit des Haarkleides und Schuppenbildung der Haut. Dann setzt, meist beginnend im Bereich des Flotzmaules, der Augen und Ohren, später auch im Zwischenschenkelspalt und an den Gliedmaßen, ein umschriebener Haarausfall ein, wobei sich die Haare oft büschelweise zusammen mit den oberen, verhornten Epidermisschichten ablösen. Im Verlauf von 1 – 2 Wochen entstehen größere, scharfabgegrenzte haarlose Stellen (Abb. 8.24 s. Farbtafel 16). Im übrigen ist die Haut weder makroskopisch noch mikroskopisch verändert (*Dirksen* und *Hofmann* 1974, *Gründer* und *Musche* 1962). Bei günstigem Verlauf kommt der Haarausfall nach etwa 2 Wochen zum Stillstand; nach weiteren 2 – 3 Wochen tritt eine Neubehaarung ein.

Therapie

Rückkehr zur Ernährung mit Vollmilch oder Wechsel des Milchaustauschers; Injektion eines Polyvitaminpräparates (Vitamin A, C, E und B-Komplex); Verabreichung von Spurenelementen; Anregung der Pansentätigkeit bei Tieren, die bereits Rauhfutter aufnehmen.

8.10.5 Parakeratose

Wesen

Bei der Parakeratose des Kalbes handelt es sich um ein Zinkmangelsyndrom, das vor allem durch eine Störung der Keratinisierung der Epidermis gekennzeichnet ist.

Ätiologie und Pathogenese

Die meisten Fälle sind die Folge eines sekundären Zinkmangels, verursacht durch eine ungenügende Resorption und eine unzureichende Mobilisierung von Zink aus den Speicherorganen. Daneben gibt es auch eine genetisch bedingte Parakeratose (Ademakrankheit), die vor allem bei Kälbern der schwarzbunten Rasse vorkommt (*Blood* und *Radostits* 1989, *Manning* 1984).

Symptome

Leichter Zinkmangel äußert sich bei Kälbern lediglich in schlechter Futterverwertung und unbefriedigenden Gewichtszunahmen. In schweren Fällen kommt es an mechanisch besonders beanspruchten Stellen zur Bildung von trockenen, grauen bis hellbraunen Schuppen und Krusten. Vielfach sind die Haare büschelweise verklebt. Besonders betroffene Stellen bei Kälbern sind die Umgebung der Nasenöffnungen und der Augen, Lippen, Ohrgrund, Nacken, Kehlgang, Hals, Schenkelinnenflächen, distale Gliedmaßen (*Stöber* 1978).

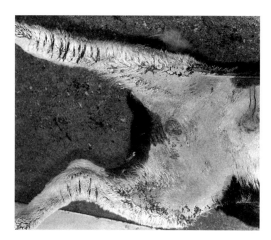

Abb. 8.26 Kalb mit parakeratotischen Hautveränderungen

Therapie

Sowohl die hereditäre als auch die erworbene Parakeratose sprechen gut auf die orale Supplementierung mit Zink an (*Manning* 1984). Nach Zufütterung von täglich 50 mg Zink in Form von Zinksulfat oder Zinkoxid kommt es innerhalb weniger Wochen zur Ausheilung.

Literatur

Aamdodt, O., B. Naess, O. Sandvik (1982): Vaccination of Norwegian cattle against ringworm. In: 12. Weltkongr. über Rinderkrankheiten, Amsterdam 1982. Kong. Ber., Bd. 2, 918–921

Basset, H. (1985): Bovine exfoliative dermatitis: a new bovine skin disease transferred by colostrum. Ir. Vet. J. *39*, 106–10

Blood, D. C., O. M. Radostits (1989): Diseases of the skin and conjunctiva. Diseases caused by arthropod parasites. Diseases caused by nutritional deficiencies. Diseases caused by the inheritance of undesirable characters. In: Veterinary medicine. 7. Aufl. Verlag Baillière Tindall, London, Philadelphia, 475–497, 1071–1099, 1150–1228, 1370–1404

Boch, J., R. Supperer (1983): Veterinärmedizinische Parasitologie, 3. Aufl. Verlag Parey, Berlin, Hamburg.

Braun, U., H. A. Ansari, R. Hediger, U. Süss, F. Ehrensperger (1988): Hypotrichose und Oligodontie, verbunden mit einer Xq-Deletion, bei einem Kalb der Schweizerischen Fleckviehrasse. Tierärztl. Prax. *16*, 39–44

Dirksen, G., W. Hofmann (1974): Neuere Gesundheitsprobleme bei Aufzucht und Mast von Kälbern. Eine Übersicht. Veterinärmed. Nachr. 1974, 3–21

Gründer, H.-D. (1984): Hautkrankheiten bei Kälbern und Rindern, insbesondere neuere Verfahren zur Bekämpfung von Räude und Trichophytie. Prakt. Tierarzt *65*, Coll. Vet. XIV (1983), 74–82

Gründer, H.-D., R. Musche (1962): Fütterungsbedingter Haarausfall beim Kalb. Dtsch. Tierärztl. Wochenschr. *69*, 437–442

Hugoson, G. (1966): A case of congenital skin leukosis in a calf. Zentralbl. Veterinärmed. B *13*, 748–757

Jolly, R. D., M. R. Alley, P. J. O'Hara (1973): Familial acantholysis in Angus calves. Vet. Pathol. *10*, 473–483

Leipold, H. W., M. U. Jayasekara, J. E. Cook (1979): Diagnosis of congenital diseases of the bovine skin. In: 22. Ann. Meet. Am. Assoc. Vet. Lab. Diagn., San Diego 1979. Proc., 69–76

Liebisch, A. (1982): Ektoparasiten in der Rinderpraxis – ein Beitrag zum aktuellen Stand der Verbreitung und Bekämpfung. Berlin. Münch. Tierärztl. Wochenschr. *95*, 382–386

Manning, T. O. (1984): Noninfectious skin diseases of cattle. Vet. Clin. North Am. Large Anim. Pract. *6*, 175–186

Mullowney, P. C. (1982): Dermatologic diseases of cattle. Part II. Infectious diseases. Compend. Cont. Educ. *4*, Large Anim. Suppl. 3, 3–10

Pritchard, G. C., M. R. Hill, A. J. Slater (1983): Alopecia in calves associated with milk substitute feeding. Vet. Rec. *112*, 435–436

Stöber, M. (1978): Spurenelementmangel. Zinkmangel (Parakeratose). In: *G. Rosenberger* (Hrsg.): Krankheiten des Rindes. 2. Aufl. Verlag Parey, Berlin, Hamburg, 1083–1087

Thornton, J. R., R. A. Willoughby (1970): Case Report. Dermatophilus skin infection in a nine-day-old calf. Can. Vet. J. *11*, 120–123

8.11 Acidosen

Problematik

Systematisch durchgeführte Blutgasanalysen haben gezeigt, daß die Regulationsmechanismen für den Säure-Basen-Haushalt bei neugeborenen Kälbern und bei Kälbern in den ersten Lebenswochen sehr labil sind. Entgleisungen sind daher häufig. Rund 2/3 aller kranken Kälber weisen unabhängig vom jeweiligen Leitsymptom eine mehr oder weniger ausgeprägte Acidose auf (*Berchtold* et al. 1982). Neben diesen sekundären Acidosen gibt es aber auch eine idiopathische Form, deren Pathogenese noch ungeklärt ist. Entgleisungen des Säure-Basen-Haushalts werden vielfach nicht als solche erkannt, weil in der Praxis die Durchführung von Blutgasanalysen nicht möglich ist.

8.11.1 Regulation des Blut-pH-Wertes

Der pH-Wert des Blutes wird im wesentlichen bestimmt durch das Verhältnis zwischen Bikarbonat-Ionen und dem im Blut gelösten CO_2:

$$pH = 6,1 + \log \frac{(HCO_3^-)}{(H_2CO_3)}$$

wobei $H_2CO_3 = 0,03 \times pCO_2$

Der pH-Wert im Blut sinkt, wenn zu wenig Bikarbonat-Ionen zur Pufferung von H-Ionen zur Verfügung stehen (= metabolische Acidose), oder wenn der partielle CO_2-Druck im Blut erhöht ist (= respiratorische Acidose). Der normale pH-Wert im venösen Blut des Kalbes beträgt unmittelbar nach der Geburt mehr als 7,15; im Verlauf der ersten Lebensstunden erfolgt ein allmählicher Anstieg auf Werte um 7,40. Die Regulation erfolgt über die Nieren (metabolisch) und über die Lunge (respiratorisch).

8.11.2 Vorkommen und Behandlung von Acidosen

Im Hinblick auf die Ausgangslagen können die Acidosen in 5 Hauptgruppen zusammgefaßt werden:

Asphyxie (perinatale Depression)

Jede Asphyxie ist vergesellschaftet mit einer kombinierten respiratorisch-metabolischen Acidose (vergl. S. 266ff.). Kälber mit nur noch schwachen oder sogar fehlenden Reflexen weisen im Blut ein hochgradiges Basendefizit (Verlust von Bikarbonat-Ionen) und, infolge der meist ungenügenden Lungenentfaltung und reduzierten Lungendurchblutung, einen erhöhten pCO_2-Druck auf.

Auf die Behandlung der Asphyxie wird auf Seite 269 f. eingegangen.

Diarrhöen

Durchfälle führen zu einer hochgradigen Reduktion der Körperflüssigkeit (Dehydratation), zu einem Verlust von Elektrolyten und zu einem meist hochgradigen Verlust von Bikarbonat. Kälber mit Durchfall, die bereits festliegen, weisen vielfach einen pH-Wert von weniger als 7,0 auf (metabolische Acidose). Schwerpunkte der Behandlung sind daher:

– Flüssigkeitsersatz (Elektrolytlösungen)
– Verabreichung von Natriumbikarbonat als Pufferlösung
– Verabreichung von Glucose als Energieträger.

Bezüglich der Behandlung der Acidose bei Diarrhöe wird auf S. 310 f. verwiesen.

Malabsorptionssyndrom

Etwa zwei Drittel aller Kälber mit gestörtem Allgemeinbefinden und reduzierter Sauglust weisen unabhängig von der Ursache eine Acidose auf. Die Acidose ist umso ausgeprägter, je stärker die Milchaufnahme herabgesetzt ist. Sehr oft ergibt sich aus dem Vorbericht, daß die meist 60 bis 75 kg schweren Kälber zuvor vorübergehend Durchfall oder lehmartigen Kot gezeigt hatten. Bei diesen Tieren sind erfahrungsgemäß die Mechanismen zur Regulation des Säure-Basen-Gleichgewichts stark beeinträchtigt und die Resorptionsleistung des Darmes herabgesetzt. Die Tiere weisen eine metabolische Acidose auf. Die Verabreichung von Natriumbikarbonat richtet sich nach der Schwere der Störung. Bei hochgradig reduzierter Sauglust empfiehlt sich die Dauertropfinfusion. In weniger schweren Fällen wird Natriumbikarbonat als Schnellinfusion verabreicht und die Behandlung anschließend oral weitergeführt.

Idiopathische Acidose

Gelegentlich entwickeln Kälber eine progressive Acidose ohne erkennbare Ursache. Betroffen sind meist Tiere, die schon 2–5 Wochen alt sind. Diese Form der Acidose ist gekennzeichnet durch zunehmende Saugunlust und progressive Apathie. Schließlich kommen die Kälber zum Festliegen. Organische Veränderungen lassen sich nicht feststellen. Einziges auswertbares Kriterium ist die niedrige Konzentration des Bikarbonats im Blut und damit verbunden die Acidose. Diese Tiere sprechen sehr gut auf eine Behandlung mit Natriumbikarbonat an. Verabreichung und Dosierung wie bei Tieren mit Diarrhöe.

Anorexie

Alle Störungen, die mit einer schwerwiegenden Reduktion der Milchaufnahme verbunden sind, führen sehr schnell zu einer oft hochgradigen Acidose, die, wenn sie nicht rechtzeitig kompensiert wird, sogar bei relativ banalen Erkrankungen

(z. B. Stomatitis) tödlich verlaufen kann. In all diesen Fällen ist daher rechtzeitig die Infusion von Natriumbikarbonat und Glucose in Erwägung zu ziehen.

Literatur

Berchtold, M., P. Rüsch, H. Burkhardt (1982): Acidose: Ein Hauptproblem bei kranken Kälbern. Tierärztl. Umsch. 37, 490–492

Rösler Schmidt, B. (1986): Vergleich von arteriellen und venösen Blutgas- und Säure-Basen-Werten bei termingerecht geborenen, lebensfrischen und asphyktischen Kälbern. Hannover, Tierärztl. Hochsch., Diss.

8.12 Mangelkrankheiten

Grundsätzliche Probleme

Die effektive Bedeutung von Mangelkrankheiten ist zur Zeit noch weitgehend unklar. Die Informationslücken sind bedingt durch vielfältige Probleme, die kurz erwähnt werden sollen.

Diagnostik: Das Erkennen von Mangelkrankheiten ist unter Praxisbedingungen äußerst schwierig. Dies gilt insbesondere für die Oligoelemente. Die Probleme entstehen einerseits durch die Aufwendigkeit der Nachweismethoden, andererseits durch das Fehlen geeigneter Substrate, in denen ein Mangel objektiv erfaßt werden kann. Das Bestreben des Organismus, im Blut die Homöostase auch unter extremen Bedingungen aufrecht zu erhalten, führt dazu, daß Mangelzustände durch eine Gehaltsbestimmung im Blut erst dann nachweisbar sind, wenn die Speicher vollständig erschöpft sind.

Das Vorkommen erheblicher individueller und tageszeitlich bedingter Schwankungen der Serumkonzentrationen bewirkt zudem, daß bei Verdacht auf eine Mangelsituation bei verschiedenen Tieren eines Bestandes zu unterschiedlichen Zeiten wiederholt Blutproben entnommen werden müssen.

Bei Mast mit Milchaustauschern spielt vor allem die Qualität der Rohstoffe eine entscheidende Rolle.

Wechselbeziehungen: Zwischen manchen Inhaltsstoffen von Futtermitteln bestehen ausgeprägte Wechselbeziehungen in Form von Antagonismen (z. B. zwischen Kupfer und Molybdän) oder Synergismen (z. B. zwischen Vitamin E und Selen, Eisen und Mangan).

Spätschäden: Da Mangelsymptome sich oft erst spät klinisch manifestieren, ist zum Zeitpunkt des Auftretens von Krankheitssymptomen vielfach eine adäquate Futteranalyse gar nicht mehr möglich. Ebenso ist zu berücksichtigen, daß Fütterungsfehler beim Muttertier sich sekundär auf die Kälber auswirken können (Geburten lebensschwacher oder toter Kälber oder erhöhte Anfälligkeit gegenüber Infektionen).

Individuelle Bedarfsnormen: Ein Mangel beginnt da, wo die genetisch mögliche Leistung nicht mehr erreicht wird. Durch vermehrten Einsatz von Vollmilch ohne adäquate Ergänzungsfuttermittel werden vor allem bei Lebendgewichten von mehr als 130 kg infolge Begrenzung der Labmagenkapazität die Bedarfsnormen nicht mehr erreicht.

Experimentelle Untersuchungen: Untersuchungen unter kontrollierten Bedingungen sind bei Kälbern aus finanziellen und tierschützerischen Gründen nur sehr beschränkt realisierbar. Zudem ist es im Versuch gar nicht möglich, die in der Praxis vielfach entscheidenden Begleitfaktoren (Fütterungsmanagement, Haltungsbedingungen) angemessen zu berücksichtigen.

Faßt man alle diese Probleme zusammen, so wird es verständlich, daß bezüglich der Bedeutung von Mangelkrankheiten erhebliche Informationslücken bestehen, daß Angaben über Bedarfsnormen in weitesten Grenzen variieren und daß in der Praxis die Diagnose eines Mangels vorwiegend „ex juvantibus" gestellt wird.

8.12.1 Zerebrokortikalnekrose

(CCN, Hirnrindennekrose, bovine Polioenzephalomalazie)

Wesen und Bedeutung

Durch Mangel an Thiamin (Vitamin B_1) hervorgerufene Gehirnveränderungen, verbunden mit zentralnervösen Störungen. Betroffen sind vor allem Kälber, die älter als 4 Wochen sind. In der Regel erkranken nur Einzeltiere, bei Intensivmast unter Umständen jedoch bis zu 20 %.

Pathogenese

Das neugeborene Kalb ist auf die Zufuhr von Thiamin aus der Nahrung angewiesen. In der Form des Thiaminpyrophosphats wirkt es als Coenzym bei folgenden Stoffwechselvorgängen:

— Oxidative Decarboxylierung des Pyruvats (Glykolyse)

- Decarboxylierung des α-Ketoglutarats (Zitronensäurezyklus)
- Umwandlung von Hexosen in Pentosen (Pentosephosphatzyklus).

Mangelzustände können durch folgende Faktoren begünstigt werden: unzureichendes Angebot (quantitativ oder qualitativ nicht befriedigende Fütterung), Malabsorptionssyndrom (Darminfektionen, anhaltender Durchfall, abrupte Futterumstellungen), Thiamininaktivierung durch Nahrungsbestandteile (Thiaminasen), Zerstörung des Thiamins durch Futterinhaltsstoffe (z. B. Schimmelpilze), unzureichende Eigensynthese durch die Darmflora.

Symptome

Im Prodromalstadium: Unruhe, verminderte Futteraufnahme, Indigestion, rauhes Haarkleid, „Hängeohren". Im akuten Stadium: Sehstörungen, bis zur Blindheit; Verlust der Orientierungssinne, Drängen gegen Hindernisse, Gleichgewichtsstörungen, Zähneknirschen, Speichelfluß, beiderseitige Bulbusdrehung (dorsomedialer Strabismus, „Sterngucker"), tonisch-klonische Krämpfe, eventuell ausgelöst durch exogene Reize (Lärm, Berührung), danach Erschöpfung, Opisthotonus.

Pathologie

Beim Öffnen des Schädels anläßlich der Sektion fließt Liquor cerebrospinalis im Überdruck ab. Makroskopisch erkennt man äußerliche Aufhellungen, gestaute Gefäße sowie undeutliche Abgrenzungen zwischen Rinde und Mark. Bei der histologischen Untersuchung lassen sich folgende Veränderungen feststellen: Hirnrindennekrose, Auflockerung der Körnerschicht im Kleinhirn, Demyelinisierungen im Hirnstamm und in den Sehnerven.

Diagnose und Differentialdiagnose

Eine recht gute Verdachtsdiagnose ist möglich aufgrund der klinischen Symptome, dem Fehlen von initialem Fieber und der Beurteilung des Rückenmarkpunktats (Zellzahl leicht bis stark erhöht, Vorkommen von Erythrozyten, Monozyten und Erythrophagen, geringer Anteil an neutrophilen Granulozyten). Die Diagnose kann durch verschiedene Laboruntersuchungen erhärtet werden: Blutpyruvat: von $0,5-0,8$ mg/dl erhöht auf $1,5-5$ mg/dl. Blutlaktat: von $4,5-6$ mg/dl erhöht auf $8-12$ (-15) mg/dl. Transketolaseaktivität der Erythrozyten: vermindert.

Differentialdiagnostisch zu berücksichtigen sind: Bleivergiftung, Selenvergiftung, Hypomagnesämie, Meningoenzephalitiden, Listeriose, Morbus Aujeszky, Tollwut.

Therapie

Verabreichung von Thiamin (Vitamin B_1), 5 mg/kg KGW langsam i. v. oder s. c.. Wiederholung in Abständen von 12 Stunden während 2 Tagen.

Die Prognose ist bei frühzeitig erkannten Fällen günstig. In der akuten Phase geht es vor allem darum, den Schlachtwert zu erhalten. Vielfach sind jedoch keine rentablen Gewichtszunahmen mehr zu erwarten.

8.12.2 Enzootische Muskeldystrophie

Weißfleischigkeit, enzootischer Herztod, Zitterkrampf des Kalbes, White Muscle Disease (WMD), nutritive Muskeldystrophie (NMD).

Wesen

Degenerative Muskelveränderungen, ausgelöst durch Nahrungsfaktoren (Oxidantien) bei einem unzureichenden Angebot von Vitamin E und/oder Selen (Antioxidantien).

Pathogenese

Es handelt sich in den meisten Fällen um ein polyfaktorielles Geschehen. An der Entstehung der Muskeldystrophie sind einzelne oder mehrere der folgenden Faktoren beteiligt:

Mangel an Vitamin E: Vitamin E ist vor allem als Antioxidans von Bedeutung. Es verhindert die Autoxidation von ungesättigten Fettsäuren und damit die Bildung toxischer Peroxide aus den Phospholipiden der Zellmembranen. Arm an Vitamin E sind: minderwertiges Heu (bis 90 % Verlust bei der Trocknung und Lagerung), Stroh, junge Leguminosen, Hackfrüchte, Magermilch.

Mangel an Selen: Selen ist ein integraler Bestandteil der Glutathion-Peroxidase (GSH-Px) und damit ein essentielles Spurenelement. GSH-Px in den Erythrozyten schützt das Hämoglobin vor oxidativer Denaturierung. Es katalysiert aber auch die Reduktion von organischen Peroxiden zu weniger toxischen Hydroxisäuren. Zwischen der GSH-Px in den Erythrozyten und dem Selengehalt im Vollblut besteht eine gute Korrelation, so daß das Enzym auch diagnostisch ausgewertet werden kann. Kühe und Kälber aus Betrieben mit NMD weisen signifikant niedrigere Selenkonzentrationen im Vollblut auf. Als Grenzwert für eine ausreichende Selenversorgung gilt eine Konzentration von 20 µg/l (*Mathis* 1982).

Bostedt et al. (1987) stellten bei 10 von 27 neugeborenen Kälbern signifikant erniedrigte Selengehalte im Plasma fest.

Die Selenversorgung der Tiere ist sehr stark vom Selengehalt der Pflanzen, dieser wiederum vom Selengehalt der Böden abhängig. Selenarm sind gebirgige Gegenden, Gebiete, die früher vergletschert waren, niederschlagsreiche Gegenden (Se wird ausgewaschen) sowie saure Böden (Se wird in schwerlösliches Selenit übergeführt und ist dann für die Pflanzen nur noch beschränkt verfügbar). Als Grenzwert für einen ausreichenden Selengehalt im Boden gilt eine Konzentration von 0,5 ppm. In den Pflanzen kann der Selengehalt reduziert werden bei intensiver Düngung sowie bei hohem Schwefelgehalt der Böden. In Betrieben mit NMD weisen die meisten betriebseigenen Futtermittel niedrigere Selengehalte auf im Vergleich zu Betrieben ohne NMD. Der Selenbedarf des Kalbes beträgt 0,1 mg/kg Trockensubstanz der Nahrung.

Auslösende Faktoren: hoher Gehalt der Nahrung an ungesättigten Fettsäuren („überlagerte" Fette oder zu hohe Fettkonzentration in den Milchaustauschern, Fischöle, Lebertran); hoher Gehalt an Sulfaten (hemmen die Resorption und reduzieren die Bioverfügbarkeit von Selen); unzureichende Versorgung mit schwefelhaltigen Aminosäuren (Methionin, Cystin, Cystein); Streßsituationen (zu hohe Besatzdichte, große Temperaturschwankungen, Umstellungen, Futterwechsel, Transporte); unzureichende Versorgung mit Kupfer.

Verlaufsformen

Neonatale NMD: Bei einer Unterversorgung der graviden Kühe mit Selen und Vitamin E kann sich bereits intrauterin bei den Feten eine Muskeldystrophie entwickeln. Die betroffenen Kälber zeigen unmittelbar post natum klinische Symptome: Apathie, Unvermögen aufzustehen oder Schluckbeschwerden (Ablaufen von Milch aus der Mundspalte, Verschlucken).

Postnatale NMD: Die postnatale Form der NMD manifestiert sich meist erst einige Tage bis Wochen nach der Geburt. Gefährdet sind vor allem schnell wachsende Tiere. Je nach der Muskelgruppe, die am stärksten von den degenerativen Veränderungen betroffen ist, können recht verschiedene Verlaufsformen beobachtet werden:

Myokard: Tachykardie, Herzrhythmusstörungen, plötzliche Todesfälle (enzootischer Herztod). Myokarddegenerationen sind unter Umständen nur histologisch nachweisbar.

Gliedmaßen-, Rumpf- und Halsmuskulatur: Unlust, Mattigkeit, Schwäche, unsicherer, steifer Gang, häufiges Liegen, erschwertes Aufstehen, mit Verharren in hundesitziger Stellung und anschließendem Schweißausbruch, Muskelzittern oder tonisch-klonische Krämpfe (Zitterkrampf der Kälber, *Martig* et al. 1972).

Zungen- und Pharynxmuskulatur: Saugunlust, Unvermögen zu schlucken.

Zwischenrippen- und Zwerchfellmuskulatur: flache, frequente Atmung.

In der akuten Phase der Erkrankung ist die Körpertemperatur meist stark erhöht, was vielfach zu Fehlinterpretationen und zu nicht indizierten Behandlungen mit Antibiotika führt. Unterbleibt eine Supplementierung mit Vitamin E und/oder Selen, sterben die Tiere meistens infolge Kreislaufversagens, gelegentlich auch an einer Verschluckpneumonie.

Sektionsbefunde

In der Rücken-, Schulter-, Interkostal- und Zwerchfellmuskulatur findet man streifige Aufhellungen, zum Teil auch flächenhafte, weißgrau oder gelblich gefelderte Bezirke von derber Konsistenz, oft bilateral symmetrisch. Im histologischen Bild beobachtet man Anzeichen einer hyalinen Degeneration mit scholligem Zerfall, eventuell mit dystrophischen Verkalkungen.

Diagnose

In der Praxis wird die Diagnose in den meisten Fällen aufgrund des klinischen Bildes oder aber ex juvantibus gestellt. Oft wird der Verdacht noch verstärkt durch Kenntnis der Bestandssituation (Sektionsbefunde von verendeten Kälbern, andere Erkrankungen im Betrieb, die auf einen Selenmangel schließen lassen).

Die Diagnose kann durch die Bestimmung verschiedener biochemischer Parameter erhärtet werden. In akuten Fällen sind vor allem Muskelenzyme stark erhöht.

— SGOT (AST): mehr als 300 U/l (normal: ‹81 U/l)
— CPK: mehr als 500 U/l (normal: ‹40 U/l)
— Bestimmung der GSH-Px in den Erythrozyten: Kälber mit NMD weisen weniger als 15 I.E./g Hb auf.

- Selenbestimmungen im Vollblut: Bei Konzentrationen unter 20 µg/l besteht begründeter Verdacht auf das Vorliegen eines Selenmangels.

Therapie

Im Vordergrund der Behandlung steht die Supplementierung mit Vitamin E und Selen, die meistens in Form von fixen Kombinationen verabreicht werden.

Selen wird in der Regel als Natriumselenit verabreicht. Die Dosierung beträgt 0,2 mg wasserfreies Natriumselenit/kg KGW i. m. oder 0,5 mg/kg KGW per os (1 mg Natriumselenit entspricht 0,46 mg Se; 1 mg Natriumselenit 5 H_2O entspricht 0,3 mg Se). Da Selen eine relativ geringe therapeutische Breite besitzt, sind Überdosierungen zu vermeiden. Selenintoxikationen können sich in Form von zentralnervösen Störungen oder bei chronischen Vergiftungen in Form von Klauenveränderungen (ringförmige Spaltbildungen, Hornwucherungen) äußern.

Vitamin E zur Therapie soll in einer Dosierung von etwa 5 mg/kg KGW verabreicht werden.

Kombinationspräparate führen im allgemeinen zu besseren Behandlungserfolgen als die Einzelkomponenten. Bei klinisch kranken Kälbern empfiehlt sich die Wiederholung der Behandlung nach 2 Tagen.

Prophylaxe

In Problembetrieben werden Vitamin E und Selen prophylaktisch verabreicht, entweder an die neugeborenen Kälber (einmalige Applikation der therapeutischen Dosis) oder an die Muttertiere im letzten Viertel der Gravidität (20–30 mg Selen und 1–1,5 g Vitamin E; Injektion nach 4 Wochen wiederholen). Die Supplementierung von Selen und Vitamin E kann bei trockenstehenden Kühen auch über das Mineralsalz vorgenommen werden. Richtlinien für die Dosierung: 2 mg Se und 100–200 mg Vitamin E/100 g Mineralsalz.

8.12.3 Eisenmangelanämie

Bedeutung, Vorkommen

Eisenmangel spielt nur beim neugeborenen Kalb sowie während der reinen Milchernährung eine gewisse Rolle, da die übrigen Futtermittel ausreichend Fe enthalten, um den Bedarf zu decken. Mangelerscheinungen werden vor allem in Betrieben mit Intensivmast oder reiner Vollmilchmast beobachtet.

Eisen hat im Organismus vielfältige Funktionen zu erfüllen. Es kommt vor als Bestandteil des Hämoglobins und Myoglobins, als Speichereisen (Ferritin, Hämosiderin) in Leber, Milz, Knochenmark, Darmschleimhaut usw., als Transporteisen (Transferrin) sowie als Bestandteil von Fermenten (Zytochromoxidase, Peroxidasen, Katalasen).

Der Eisengehalt in der Nahrung sollte etwa 50 mg/kg Trockensubstanz betragen. Da dieser Bedarf über die normale Kuhmilch nicht gedeckt werden kann, ist es verständlich, daß nach der Geburt die Eisenkonzentrationen im Serum kontinuierlich absinken, so lange die Tiere nicht Rauhfutter aufnehmen (*Bostedt* und *Schramel* 1982; *Scheidegger* (1973).

Symptome

Blasse Schleimhäute, erhöhte Anfälligkeit für Durchfälle und Infektionen, herabgesetzte Futterverwertung, Saugunlust, Zurückbleiben im Wachstum.

Diagnose

Da eine enge Korrelation zwischen dem Hämoglobin und der Eisenversorgung besteht, läßt sich über die Blutuntersuchung eine Mangelsituation feststellen. Eisenmangel verursacht eine mikrozytäre, normochrome Anämie. In leichten Fällen liegt die Hb-Konzentration zwischen 7 und 8 g/dl, in schweren Fällen werden Konzentrationen von weniger als 5 g/dl beobachtet.

In den Untersuchungen von *Scheidegger* (1973) lagen die mittleren Serum-Fe-Konzentrationen von Mastkälbern ab der 3. Lebenswoche unter 50 µg/dl, während bei Aufzuchtkälbern ab Ende des ersten Lebensmonats ein kontinuierlicher Anstieg von 80 µg/dl auf 180 µg/dl beobachtet werden konnte.

Therapie

Da der Verbraucher in der Regel ein helles Kalbfleisch erwartet und da injizierte Eisenpräparate zu Fleischveränderungen an den Injektionsstellen führen, wird in der Praxis meistens von einer medikamentellen Supplementierung Abstand genommen. In Problembetrieben vermag unter Umständen das Anbieten von Stroh (200 g/Tag) den klinischen Erscheinungen einer Anämie vorzubeugen. Der Gesamteisenbedarf des Mastkalbes beträgt – bei Wahrung eines hellen Fleisches – 4000 bis 4500 mg pro Mastperiode, wobei die Hauptversorgung in der ersten Hälfte der Mast erfolgen sollte.

Bei Aufzuchtkälbern mit Anzeichen eines Eisenmangels empfiehlt sich die parenterale Verabreichung von Eisen (500 mg) in Form des Eisendextrans (*Bostedt* und *Schramel* 1982, *Hibbs* et al. 1963).

8.12.4 Kupfermangel

Wesen, Bedeutung

Da der Kupferbedarf der Kälber relativ gering ist, kommen Mangelerscheinungen nur in Regionen vor, in denen die Böden extrem kupferarm sind (primäre Hypocuprose). Es ist aber auch möglich, daß andere Nahrungsbestandteile (Molybdän, Schwefel, Kobalt, Mangan, Zink, hoher Proteingehalt) die Bioverfügbarkeit des Kupfers beeinträchtigen (sekundäre Hypocuprose). Kupferarm sind Böden mit ausgewaschenem Sand sowie Gegenden, in denen das Kupfer komplex gebunden ist und daher von den Pflanzen nicht assimiliert werden kann (sumpfige Gebiete, Moore, Torfböden).

Pathogenese

Die klinischen Symptome des Kupfermangels ergeben sich aus den vielfältigen Funktionen des Kupfers im Organismus: Förderung der Eisenresorption aus der Nahrung, Erythropoese (Biokatalysator für den Einbau von Fe in das Hämoglobin), Synthese der Fe-haltigen Zytochromoxidase, Melaninbildung (Cu als Bestandteil der Tyrosinase), Myelinisierung der Nervenscheiden, Pigmentierung und Keratinisierung der Haare, Verknöcherung des Skeletts. Ein erhöhter Gehalt der Nahrung an Molybdän oder Schwefel bewirkt eine Reduktion der Kupferspeicherung und Kupferverwertung (*Sanders* und *Koestner* 1980, *Ward* 1978).

Symptome

Ungenügende Gewichtszunahmen bis Abmagerung; Lecksucht; Ataxie, namentlich im Bereich der Hintergliedmaßen; gestelzter Gang; Depigmentierung der Haare im Bereich der Augen (Brillen), später auch auf andere Teile des Körpers übergreifend (Kopf, Hals, Seitenbrust); mikrozytäre, hypochrome Anämie; plötzliche Todesfälle (Myokarddegeneration). Bei Neugeborenen Unfähigkeit zu saugen (*Sanders* und *Sanders* 1983).

Diagnose

In Gebieten mit bekanntem Kupfermangel erlauben die klinischen Symptome eine gute Verdachtsdiagnose. Die Diagnose kann gesichert werden durch Kupferbestimmungen im Serum oder in der Leber.
Normalwert im Serum: etwa 100 µg/dl
bei Kupfermangel oder Molybdänintoxikation: 60 µg/dl
Normalwerte im Lebergewebe: 40–500 ppm.

Therapie und Prophylaxe

Die prophylaktischen Maßnahmen haben sich vor allem auf die Muttertiere zu erstrecken. Anbieten von Lecksteinen mit 1–5% Kupfersulfat. Supplementierung des Mineralsalzgemisches mit Kupfer (1 g $CuSO_4 \cdot 5\,H_2O$ enthält 0,25 g Cu).
Düngen der Futterflächen mit kupferhaltigen Kunstdüngern.

8.12.5 Jodmangel

Bedeutung

Resorbiertes Jod wird in der Schilddrüse selektiv angereichert. Diese Aufnahme wird stimuliert durch TSH, gehemmt durch Thiocyanat und Perchlorat. Jodmangelsymptome treten auf in bestimmten Regionen, in denen Böden und Pflanzen einen niedrigen Jodgehalt aufweisen, sowie sekundär bei einseitiger Verfütterung von Pflanzen, welche zyanogene Glykoside (sogenannte Goitrine) enthalten (z. B. Kohlarten, Rüben, Raps, Sojabohnen). Primärer und sekundärer Jodmangel führen schließlich zu einer kompensatorischen Hypertrophie der Schilddrüse (Kropf) und zur Verminderung der Thyroxinproduktion.

Symptome und Diagnose

Kongenitale Lebensschwäche; gelegentlich deutliche Kropfbildung; eventuell Myxödem. Bei jeder Vergrößerung der Schilddrüse besteht Verdacht auf das Vorliegen eines Jodmangels. Sicherung der Diagnose durch Bestimmung des Schilddrüsengewichts (normal: 2,5–6 g), Ermittlung des PBI (*protein bound iodine*) im Plasma oder Bestimmung des Jodgehaltes in der Milch oder in der Schilddrüse (normal: 2000–5000 ppm).

Therapie

Tägliche Supplementierung von Jod in Form von Kaliumjodid oder Kaliumjodat (0,12 mg/kg Trockensubstanz) oder jodiertem Futtersalz (1%ig). Anbieten von Salzlecksteinen mit einem Jodgehalt von 0,01%.

8.12.6 Mangel an Vitamin A

Bedeutung

Vitamin A ist essentiell für die Regeneration des Sehpurpurs, für normales Knochenwachstum und für die epithelialen Funktionen. Der tägliche Bedarf des Kalbes beträgt 50 bis 100 I.E./kg KGW. Hochleistungskühe benötigen etwa das Doppelte.

Mangelsymptome entstehen bei ungenügendem Angebot von Vitamin A oder seiner Vorstufe (β-Karotin) oder sekundär bei einer ungenügenden enteralen Resorption.

Symptome

Xerophthalmie (glanzlose Lidbindehäute, verdickte, „trockene" Kornea mit diffusen, matten Trübungen); glanzloses, struppiges Haarkleid; erhöhte Anfälligkeit für infektiöse Enteritiden und Pneumonien. Eines der frühesten Symptome der Vitamin A-Hypovitaminose ist der erhöhte Druck der Zerebrospinalflüssigkeit, verbunden mit spontanen oder durch Umwelteinflüsse ausgelösten tonisch-klonischen Krämpfen.

Vitamin A-Mangel bei graviden Kühen kann bei Kälbern zu Hemmungsmißbildungen im Bereich der Sehorgane führen (kongenitale Blindheit).

Diagnose

Da die Blutkonzentration von Vitamin A erst absinkt, wenn die Vorräte in der Leber erschöpft sind, ist vor allem den erniedrigten Werten eine Bedeutung zuzumessen. Als Grenzkonzentration im Plasma werden 10μg/dl angegeben. Eine zuverlässigere Aussage ermöglicht die Vitamin-A-Bestimmung in einer Leberbiopsieprobe. Die Konzentrationen für Vitamin A und β-Karotin sollten 60 bzw. 4μg/g Lebergewebe betragen.

Therapie

Einmalige parenterale Verabreichung von Vitamin A in wässeriger Lösung in einer Dosis von 400 bis 500 I.E./kg KGW.

Prophylaxe

Sicherstellung einer adäquaten Vitamin A-Versorgung. Täglicher Bedarf: mindestens 40μg/kg KGW. Im allgemeinen enthalten die meisten Futterrationen eine Dosis, die etwa 50 bis 100 % über dem Minimalbedarf liegt.

Literatur

Bostedt, H., E. Jekel, P. Schramel (1987): Bestimmungen von Selenkonzentrationen im Blutplasma neugeborener Kälber – ihre Bedeutung aus klinischer Sicht. Tierärztl. Prax. *15*, 369–372

Bostedt, H., P. Schramel (1982): Zur Dynamik der Blutserumkonzentration von Kalzium und Magnesium sowie der Spurenelemente Eisen, Kupfer und Zink in den ersten Lebenswochen des Kalbes. Tierärztl. Umsch. *37*, 471–476

Hibbs, J. W., H. R. Conrad, J. H. Vandersall, C. Gale (1963): Occurrence of iron deficiency anemia in dairy calves at birth and its alleviation by iron dextran injection. J. Dairy Sci. *46*, 1118–1124

Martig, J., H. Gerber, F. Germann, H. K. Hauswirth, A. Tontis (1972): Untersuchungen zum Zitterkrampf des Kalbes, einer Verlaufsform der Weißmuskelkrankheit. Schweiz. Arch. Tierheilkd. *114*, 266–275

Mathis, A. (1982): Zur Selenversorgung des Rindviehs in der Schweiz: Untersuchungen auf Ammen- und Mutterkuhbetrieben. Zürich, Univ., Veterinärmed. Fak., Diss.

Sanders, D. E., A. Koestner (1980): Bovine neonatal ataxia associated with hypocupremia in pregnant cows. J. Am. Vet. Med. Assoc. *176*, 728–730

Sanders, D. E., J. A. Sanders (1983): Diagnosis and management of copper deficiency in dairy cattle. Mod. Vet. Pract. *64*, 613–618

Scheidegger, H. R. (1973): Veränderungen des Roten Blutbildes und der Serumeisen-Konzentration bei Simmentaler Kälbern. Schweiz. Arch. Tierheilkd. *115*, 483–497

Ward, G. M. (1978): Molybdenum toxicity and hypocuprosis in ruminants: A review. J. Anim. Sci. *46*, 1078–1085

8.13 Vergiftungen

8.13.1 Chronische Kupfervergiftung

Wesen

Auf Cu-reiche Milchaustauscher zurückzuführende Leberschädigung, die eine hämolytische Krise bewirkt.

Pathogenese

Milchaustauscher enthalten mitunter eine Kupferkonzentration, die erheblich über den eigentlichen Bedarf des Kalbes (8 ppm) hinausgeht. Man erwartet davon eine höhere Wachstumsrate, weniger Durchfälle (adstringierende Wirkung) und helleres Fleisch (*Weiss* et al. 1967). Übersteigt die Kupferzufuhr die Ausscheidungsrate in der Galle, wird

Cu in der Leber angereichert. Es kommt schließlich zum Zelltod, zur Erhöhung der Cu-Konzentration im Blut, zur Methämoglobinbildung und zur Hämolyse. Die zirrhotischen Leberveränderungen verschlechtern die Cu-Elimination noch mehr. Es entsteht ein Circulus vitiosus, der schließlich eine hämolytische Krise zur Folge hat.

Symptome

Plötzliche Verweigerung der Nahrungsaufnahme; Apathie; Festliegen in Seitenlage; erhöhte Atmungs- und Pulsfrequenz; krampfartige Muskelzuckungen; Aufschreien; dunkelbraunroter Harn (Bilirubinurie, Hämoglobinurie, Hämaturie); Blutserum gelblichrot bis braunrot (Bilirubinämie, Hämo- und Methämoglobinämie); Ikterus. Nach 1 bis 2 Tagen Tod unter dem Hauptsymptom „Atemnot".

Der Zeitpunkt des Auftretens klinischer Symptome ist abhängig vom Cu-Gehalt des Milchaustauschers. Bei Konzentrationen von mehr als 300 ppm können die ersten Anzeichen schon nach 14 Tagen beobachtet werden, bei Konzentrationen von weniger als 100 ppm dauert es bis zu 75 Tage.

Sektionsbefunde

Gelblich- bis schmutzigbraune Verfärbung des gesamten Tierkörpers, besonders ausgeprägt in Subkutis, Netz und Knorpelgewebe. Leber leicht geschwollen, gelbbraunrot, von mäßig derber Konsistenz. Histologisch Anzeichen einer Zirrhose mit akuten Zellnekrosen oder subakuter Leberdystrophie. Nieren dunkelbraunrot.

Diagnose

Ein begründeter Verdacht ergibt sich bereits aufgrund der klinischen Symptome und des Vorberichts (Umstellung auf einen neuen Milchaustauscher). Die Diagnose läßt sich durch Bestimmung verschiedener biochemischer Parameter sichern (Normalwerte in Klammern):

Bilirubin erhöht: 2−9 mg/dl (0,3)
Serum-Cu erhöht: 450−1650 µg/dl (60−150)
Leber-Cu erhöht: immer über 1000 ppm (40−500)
Serum-Fe erhöht: 400−800 µg/dl (80−180).

Therapie

Das Auftreten der hämolytischen Krise ist Ausdruck von irreversiblen Veränderungen. In dieser Phase ist eine Behandlung aussichtslos. In der Initialphase eventuell Behandlungsversuch mit einer 4%igen Methylenblaulösung, 1−2mal je 10 ml i.v..

Wichtig ist das sofortige Absetzen des Milchaustauschers und Ersatz durch ein Präparat mit normalem Kupfergehalt.

8.13.2 Furazolidonvergiftung
(Hämorrhagisches Syndrom)

Wesen

Erhöhte Blutungsbereitschaft und herabgesetzte Infektionsresistenz bei Mastkälbern, bedingt durch eine Knochenmarkdepression infolge Überdosierung von Furazolidon.

Pathogenese

Ursache des hämorrhagischen Syndroms ist das als Chemotherapeutikum gebräuchliche Nitrofuranderivat Furazolidon, das entweder prophylaktisch dem Milchaustauscher beigemischt oder zur Behandlung von Diarrhöen oral verabreicht wird. Die therapeutische Breite von Furazolidon ist abhängig von der täglichen Dosis und der Dauer der Medikation. Die längerfristige Verabreichung in täglichen Dosen von 4 mg/kg KGW oder mehr führt zu einer Knochenmarkschädigung. Als Folge davon entsteht eine Thrombozytopenie und eine Neutropenie. Die Verminderung der Thrombozyten erhöht die Blutungsbereitschaft; die Reduktion der neutrophilen Granulozyten erhöht die Anfälligkeit für Infektionen.

Symptome

Akute Intoxikation: Bereits 14 bis 17 Tage nach der täglichen Verabreichung von Furazolidon in einer Dosis von je 10 mg/kg KGW zeigten Versuchstiere Benommenheit, vermehrte Speichelsekretion, Schreckhaftigkeit, tonisch-klonische Krämpfe, Opisthotonus (*Hofmann* 1972).

Chronische Intoxikation: nach mehrwöchiger Applikation von Furazolidon über einen Milchaustauscher. Herabgesetzte Gewichtszunahmen; Abgeschlagenheit bis Somnolenz; Bronchopneumonie; Petechien und Ekchymosen in den Schleimhäuten (Konjunktiven, Skleren, Lippen, Mund, Zunge, Vagina); blutiger Kot; Drängen auf Kot; eventuell Diarrhöe; blutig-schleimiger Nasenausfluß (Abb. 8.27 s. Farbtafel 16); oft erhöhte Temperatur (bis 41 °C); Auftreten von Hämatomen nach Injektionen; innerhalb von wenigen Tagen völlige Apathie und Übergang in den agonalen Zustand (*Hofmann* 1976).

Bei geschlachteten oder verendeten Tieren findet man ausgedehnte Unterhautblutungen am gesamten Tierkörper, Blutungen in allen inneren Organen sowie Nekrosen im Bereich des Rachens und der Darmschleimhaut.

Maßnahmen

Da die Knochenmarkdepression therapeutisch nicht zu beeinflussen ist, sollten Kälber mit klinisch manifesten Blutungen geschlachtet werden. Bei den übrigen Tieren ist das Furazolidon sofort abzusetzen. Wird Furazolidon therapeutisch eingesetzt, sollte eine Dosis von 7 mg/kg KGW während 3 Tagen nicht überschritten werden.

8.13.3 Jauchegasvergiftung

Wesen

Es handelt sich um eine perakut bis akut verlaufende Erkrankung, die durch kardiorespiratorische Symptome und zentralnervöse Störungen gekennzeichnet ist.

Pathogenese

Bei einstreulosen Haltungssystemen werden die Ausscheidungen der Tiere unter dem Stallboden gesammelt und in Auffangbehälter abgeleitet. Die beim mikrobiellen Abbau der organischen Substanz entstehenden Gärgase (Kohlendioxid, Ammoniak, Schwefelwasserstoff und Methan) bleiben zunächst im Flüssigmist gelöst. Durch das Umrühren oder Abpumpen der Gülle können diese Gase ausgetrieben werden. Bei fehlenden oder defekten Lüftungsanlagen, offenen Schiebern zwischen Stall und Jauchegrube und bei besonders ungünstigen klimatischen Verhältnissen können sich die Jauchegase in hohen Konzentrationen in der Stalluft anreichern. Für die toxischen Auswirkungen wird vor allem der Schwefelwasserstoff verantwortlich gemacht. Nach rascher pulmonaler Resorption wirkt H_2S als allgemeines Zellgift (*Dirksen* und *Dahme* 1984).

Symptome

Perakuter Verlauf: Unruhe, Schweißausbruch, Polypnoe, Atemnot, zyanotische Schleimhäute, Tränenfluß, Nasenausfluß und Speicheln, Muskelzittern, Tachykardie, komatöses Festliegen in Seitenlage mit abgestreckten Gliedmaßen, schließlich Tod durch Ersticken.

Akuter Verlauf: Tiere befinden sich in Seiten- oder Brustlage. Benommenheit, deutlich herabgesetzte Ohrmuschelsensibilität. Tiere können noch aufstehen, zeigen beim Gehen jedoch Koordinationsstörungen. Vollständiges Sistieren der Futteraufnahme. Körpertemperatur in der Regel im Normalbereich, ausnahmsweise Untertemperatur.

Diagnose und Differentialdiagnose

Die Diagnose basiert auf dem klinischen Bild unter besonderer Berücksichtigung der Begleitumstände (Umrühren oder Abpumpen von Gülle). Differentialdiagnostisch sind vor allem die ISTME (infektiöse septikämisch-thrombosierende Meningoenzephalomyelitis) und die CCN (Zerebrokortikalnekrose, s. S. 325 f.) in Betracht zu ziehen.

Therapie

Eine spezifische Therapie ist nicht bekannt. Wichtig, auch zum Schutz von Menschenleben, ist die sofortige Herabsetzung der Jauchegaskonzentration in der Stalluft: Abstellen des Rührwerks, Öffnen aller Türen und Fenster, Einschalten der Entlüftungsanlage. Tiere (auch festliegende) anschließend ins Freie verbringen.

Prognose

Ein Teil der nicht an Atemlähmung sterbenden Tiere erholt sich nach Frischluftzufuhr vollständig. Zum Teil persistieren jedoch die neurologischen Symptome, so daß die Tiere schließlich doch der Verwertung zugeführt werden müssen.

Literatur

Dirksen, G., E. Dahme (1984): Jauchegasvergiftung beim Rind und ihre Differentialdiagnose. Prakt. Tierarzt 65, Coll. Vet. XIV (1983), 104–108
Hofmann, W. (1972): Hämorrhagische Diathese beim Kalb infolge chronischer Furazolidon-Vergiftung. Dtsch. Tierärztl. Wochenschr. 79, 289–292
Hofmann, W. (1976): Chronische Furazolidonvergiftung des Kalbes. Tierärztl. Prax. 4, 453–464
Weiss, E., P. Baur, M. Plank (1967): Die chronische Kupfervergiftung des Kalbes. Veterinärmed. Nachr. 1967, 35–51

8.14 Tierärztliches Management in Kälbermastbetrieben

Problematik

Die Kälbermast entwickelte sich in den vergangenen Jahren zunehmend zu einem besonderen Wirtschaftszweig, zum Teil als „Nebenerwerb" in ausschließlich bäuerlichen Betrieben, zum Teil in „industrialisierter" Form in Einheiten von mehreren hundert Tieren. Diese Massierung von Tieren in einzelnen Betrieben konfrontiert den Tierarzt mit einer Reihe von speziellen Problemen. Dabei geht es in Anbetracht der ohnehin geringen Rendite in der Kälbermast vor allem darum, mit einem Minimum an Aufwand ein Maximum an Erfolg zu erzielen.

8.14.1 Besondere Probleme in der ersten Mastwoche

Allgemeines

In den meisten Milchmastbetrieben werden die Kälber in Gruppen von 20 bis 50 Tieren zugekauft und eingestallt. Die Tiere stammen jeweils aus ganz verschiedenen Herkunftsbeständen. Im Verlauf der Vermarktung und des Transports sind sie einer Vielzahl von Stressoren ausgesetzt (Transportstreß, Zugluft, Hunger und Durst, „Crowding", Kontakt mit „fremden" Keimen usw.). Sehr oft weist ein Teil der Tiere bereits beim Ausladen aus dem Transporter Krankheitsanzeichen auf. Die häufigsten Mängel sind:

- Durchfall
- Erkrankungen des Atmungsapparats
- Nabelentzündungen
- Gelenkentzündungen.

Die tierärztliche Betreuung von Mastbetrieben beginnt daher schon bei der Einstellung der Kälber.

Vor der Neubelegung sind folgende Maßnahmen zu treffen:

- Reinigung und Desinfektion von Boxen, Geräten usw.
- Boxen nach Möglichkeit 14 Tage leer stehen lassen
- Kontrolle der Lüftung (Ventilator, Zu- und Abluft)
- Funktionskontrolle bei den Tränkeautomaten
- saubere Einstreu
- im Winter Stall vorwärmen.

Einstellungsuntersuchung

Eines der entscheidendsten Kriterien für den Masterfolg ist der Gesundheitszustand der Tiere beim Zukauf. Werden die Kälber angeliefert, sollten ganz kurz folgende Punkte registriert werden (vergl. Routineuntersuchung, S. 261):

- Allgemeineindruck
- Durchfallspuren
- Nabel
- Gelenke
- Augen, Nasenöffnungen
- Atmungsfrequenz, Dyspnoe, Husten

- Körpertemperatur
- Auskultationsbefund (auch auf „Herzfehler" achten)
- Körpergewicht (wünschenswert: mindestens 55 kg).

Um Problemkälber, auch im weiteren Mastverlauf, zweifelsfrei identifizieren zu können, sind die Tiere gut sichtbar zu kennzeichnen. Tiere mit Krankheitsanzeichen sollten getrennt von den übrigen eingestellt und zunächst individuell betreut werden.

Antränken

Fehlerhaftes oder unsorgfältiges Antränken ist nicht selten die Ursache von Problemen während der ersten Mastwoche. Da in den Mastbetrieben die Fütterungstechnik meist verschieden von derjenigen im Herkunftsbetrieb ist, sind die Tiere einzeln an die neuen Tränkeeinrichtungen zu gewöhnen. Weiterhin ist folgendes zu beachten:

- Tiere noch am Einstellungstag tränken
- niedrige Tränkekonzentration wählen (90 g Pulver/Liter Wasser)
- für ausreichende Flüssigkeitsaufnahme sorgen (Problemtiere in kurzen Abständen nachtränken).

Medizinalmilch

Da in der professionellen Kälbermast die Tiere aus ganz verschiedenen Herkunftsbeständen stammen, werden sie beim Einstellen in den Mastbetrieb mit einer Vielzahl von Keimen konfrontiert, gegen die sie über das Kolostrum keine passive Immunität erworben haben. Es ist daher vielfach unumgänglich, während der ersten Lebenswoche prophylaktisch ein Chemotherapeutikum über die Milch zu verabreichen (Medizinalmilch).

Paramunisierung

Prinzip: Unter Paramunisierung versteht man eine Stimulierung der erreger- oder antigenunspezifischen körpereigenen Abwehrmechanismen. Die sogenannten Paramunitätsinducer, auch als Immunmodulatoren bezeichnet, bewirken folgende Reaktionen (*Mayr* 1979):

- Steigerung der Phagozytoseleistung
- Stimulierung humoraler Abwehrfaktoren (Opsonin-Properdin-Komplementsystem)
- Aktivierung des lymphopoetischen Zellsystems
- Produktion und Freisetzung von Interferon
- Stimulierung der spontanen zellvermittelten Zytotoxizität.

Diese Mechanismen kommen innerhalb weniger Stunden nach der Applikation eines Paramunitätsinducers zum Tragen. Die Wirkung ist unspezifisch bezüglich der Erreger oder Antigene und hält nur kurze Zeit (wenige Tage) an, so daß in der Regel eine wiederholte Applikation erforderlich ist.

Indikationen: Die Verabreichung eines Paramunitätsinducers ist immer dann angezeigt, wenn zu einem bestimmten Zeitpunkt auf einer Tiergruppe ein erhöhter Infektionsdruck lastet, zum Beispiel im Zusammenhang mit der Vermarktung oder beim Ausbruch einer hochkontagiösen Krankheit (enzootische Bronchopneumonie, IBR). In diesen Fällen erhält das gefährdete Tier durch die rechtzeitige Aktivierung der unspezifischen Abwehrmechanismen gegenüber dem Erreger einen gewissen „Vorsprung". Im Rahmen der Kälbermast hat sich der Einsatz von Paramunitätsinducern vor allem bei der gruppenweisen Einstellung von Kälbern aus verschiedenen Herkunftsbeständen bewährt (*Mayr* 1979).

Präparate: Bayferon®, B.S.K.® (Bacillus-subtilis-Kulturfiltrat), Domavac® Induc, Duphamun®, Imuresp® P, Pind-Avi®.

8.14.2 Stalluft

Gute „klimatische" Bedingungen in einem Maststall stellen die wichtigste Voraussetzung für das Gelingen und die Rendite der Kälbermast dar. Folgende Punkte sind zu beachten:

Luftraum: Kälber mit einem Alter bis zu 12 Wochen benötigen einen Luftraum von 5,0 bis 6,5 m³. Dieses Volumen ist nur bei einer Raumhöhe von mindestens 2,70 m zu erreichen (*Groth* 1987).

Luftumsatz: Der im Stall erforderliche Luftvolumenstrom ist abhängig von der Jahreszeit und von dem Alter der Tiere. Er beträgt für ein 100 kg schweres Kalb im Winter 20 m³/h (Ventilatormindestleistung) und im Sommer 100 m³/h (Ventilatorhöchstleistung). An Stelle einer Zwangsbelüftung kann in Kälberställen auch eine freie Lüftung (z.B. Auftriebslüftung) Verwendung finden.

Luftgeschwindigkeit: Kälber sind sehr empfindlich gegen Zugluft; daher ist auf eine gleichmäßige Verteilung der zugeführten Frischluft zu achten. Zugluft entsteht relativ leicht in Ställen mit Spaltenböden bei gleichzeitigem Vorhandensein einer Unterdrucklüftung. Bei Lufttemperaturen im Optimalbereich sollte die Luftgeschwindigkeit in Nähe der Tiere nicht mehr als 0,2 m/s betragen. Temperaturgesteuerte Ventilatoren können bei unterschiedlicher Laufgeschwindigkeit zu Änderungen der Zugluft führen.

Stallufttemperatur: Nicht angebundene, auf Stroheinstreu gehaltene Kälber ertragen relativ niedrige Temperaturen recht gut. Wichtig ist, daß die Temperatur innerhalb einer Bucht konstant ist. Bei der Neubelegung eines wärmegedämmten Stalles sollte die Temperatur allerdings zwischen 20 und 22 °C liegen, um den Tieren die Adaptionsphase zu erleichtern. Im Verlauf der ersten zwei Wochen kann die Temperatur bis auf 16 oder sogar 12 °C gesenkt werden. Bei Außentemperaturen von mehr als 27 °C sind eine vermehrte Luftumwälzung und ein niedriger Feuchtigkeitsgehalt der Luft anzustreben.

Luftfeuchtigkeit: Die relative Luftfeuchtigkeit sollte 60 bis 70 % betragen. Zu hohe Luftfeuchtigkeit (Überbelegung, zu starke Drosselung der Lüftung) erschwert die Thermoregulation.

Ammoniakgehalt: Ein zu hoher NH_3-Gehalt ist ein genereller Indikator für ein schlechtes Stallklima. Er ist häufig gekoppelt mit anderen Faktoren (Schwemmentmistung, Tiefstreu, schlechte Luftzirkulation) und wird oft „kompensiert" durch eine stärkere Belüftung (Zugluft). Der NH_3-Gehalt sollte nicht mehr als 15 ppm (= 0,0015 Vol %) betragen.

CO_2-Gehalt: Sollte nach Möglichkeit weniger als 0,2 Vol % betragen.

Staub- und Keimgehalt: Dem Staub- und Keimgehalt der Stalluft kommt bei Kälbern offenbar eine größere Bedeutung zu als bislang angenommen wurde. Eine Entstaubung der Stalluft vermindert die Häufigkeit respiratorischer Erkrankungen (u.a. *Van Wicklen* und *Albright* 1987). Die Luft im Kälberstall sollte nicht mehr als 1000 vermehrungsfähige Bakterien/m³ enthalten.

Literatur

Groth, W. (1987): Beziehungen zwischen Haltung und Gesundheit von Kälbern und Ferkeln. In: 17. Kongr. Dtsch. Vet. Med. Ges., Bad Nauheim 1987. Kongr. Ber., 43–59

Kühnel, S., H.-D. Gründer (1985): Vergleichende Untersuchungen über die prophylaktische und therapeutische Wirkung der Interferoninducer Bayferon®, Imuresp® P und B.S.K.® bei der enzootischen Bronchopneumonie der Jungrinder. Dtsch. Tierärztl. Wochenschr. *92*, 379–382

Mayr, A. (1979): Erfahrungen mit dem Paramunitätsinducer PIND-AVI in der Tiermedizin. Prakt. Tierarzt *60*, Coll. Vet., 35–40

Mayr, A. (1982): Paramunität und Paramunisierung. Zentralbl. Veterinärmed. B *29*, 5–23

Van Wicklen, G.L., L.D. Albright (1987): Removal mechanisms for calf barn aerosol particles. Transactions ASAE *30*, 1758–1763

8.15 Enthornen

Problematik

Infolge der Zunahme der Laufställe wird auch der Tierarzt immer häufiger mit dem Problem des Enthornens konfrontiert. Er hat entweder die Tierhalter zu beraten oder muß die Enthornung selbst vornehmen. Durch das Enthornen werden folgende Verhaltensparameter entscheidend reduziert: Individualdistanz, Drohdistanz, Aggression, wechselseitiges Aufjagen. Zudem wird die Verletzungsgefahr herabgesetzt. Die Herdenstruktur (Hierarchie) bleibt jedoch erhalten. Das Enthornen erlaubt zusammen mit raumstrukturellen Maßnahmen eine erhebliche Reduktion des Platzbedarfs in Laufställen.

Am zweckmäßigsten ist es, bereits bei jungen Kälbern (im Alter von 1 bis 12 Wochen) die Hornanlage zu zerstören.

8.15.1 Zerstören der Hornanlage durch Ätzen

Zeitpunkt: innerhalb der ersten 3 Wochen

Technik: Haare scheren. Umgebende Haut mit Vaseline abdecken. Bei Verwendung einer Ätzsalbe Schutzhandschuhe anziehen. Kontamination der Augen des Kalbes vermeiden. Bei Verwendung eines Stiftes die Hornanlage durch leichten Druck kreisförmig so lange bestreichen, bis etwas Serum austritt.

Beurteilung: Unsichere Methode. Gefahr der Bildung von Stummelhörnern (zu schwache Wirkung) oder tiefgreifende Nekrosen.

8.15.2 Ausbrennen der Hornanlage

Zeitpunkt: 4. bis 10. Woche

Technik: Sedierung (0,2 mg Xylazin/kg KGW). Eventuell zusätzliche Leitungsanästhesie des N. cornualis. Haare scheren. Verwendung eines elektrischen Thermokauters mit kreisförmigem Brennkranz (sog. Brennkolben), Innendurchmesser 14 mm. Die optimale Brenntemperatur beträgt etwa 500°C (Brennkopf soll nicht glühen, Holz soll jedoch anfangen zu kohlen, wenn das Gerät leicht dagegen gedrückt wird). Für den Einsatz im Freien können auch Propangas-Enthorner verwendet werden. Kalb durch Hilfsperson gut fixieren lassen. Brennkolben auf die Hornanlage aufsetzen und unter mäßigem Druck kreisförmig hin- und herdrehen, bis ein Hautkranz um die Hornanlage ausgebrannt ist. Zuletzt durch Verkanten des Brennstabes den Hornzapfen von der Unterlage abheben. Wundfläche mit dem Kolben „versiegeln".

Beurteilung: Zuverläßige Methode. Bei Verwendung von Batteriegeräten wird die optimale Brenntemperatur nicht immer erreicht.

8.15.3 Mechanische Exzision der Hornanlage

Zeitpunkt: bis 12. Woche

Technik: Verwendung des trepanähnlichen Geräts nach *Roberts*. Haare scheren. Haut desinfizieren. Kalb sedieren, eventuell zusätzliche Anästhesie des N. cornualis. Haut über der Hornanlage kreisförmig ausstanzen durch Drehen des Gerätes (Abb. 8.28). Anschließend Hornanlage von der Unterlage abheben (mit der Schere oder durch Verkanten des Trepans). Kreisförmige Wundfläche (Abb. 8.29) mit antibiotischem Puder oder Salbe abdecken.

Beurteilung: Zuverlässig, schnell, preiswert. Wegen der Blutung etwas „unästhetisch".

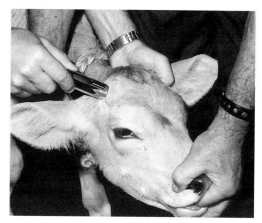

Abb. 8.28 Mechanische Exzision der Hornanlage nach *Roberts*

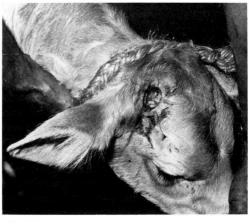

Abb. 8.29 Hautdefekt nach Exzision der Hornanlage

9 Erkrankungen bei Schaf- und Ziegenlämmern

H. Bostedt

9.1 Bedeutung der Neugeborenen- und Jungtierverluste in der Schaf- und Ziegenhaltung

Neugeborenen- und Jungtierverluste in Schaf- und Ziegenherden sind weltweit außergewöhnlich hoch und übersteigen die Zahlen bei anderen Nutztierarten signifikant. Bei Schaflämmern werden Mortalitätsraten angegeben, die zwischen 5 und 25 % liegen, für Ziegenherden fehlen exakte Angaben über die Aufzuchtverluste.

Die größten Verluste sind innerhalb der ersten sieben Lebenstage, mit einem Maximum im peripartalen Zeitraum, gegeben. In der späteren Aufzuchtphase und Mastperiode nehmen sie kontinuierlich ab (Abb. 9.1).

Als Ursachen für die hohen Lämmerverluste können mehrere Faktoren angegeben werden. Bestimmende Risiken für das Überleben stellen das Geburtsgewicht, eng korreliert dazu die Fetenzahl (Zwillinge, Mehrlinge), sowie ungenügende Geburtsüberwachung und hygienische Mängel dar. Dazu oder in Zusammenhang damit kommen noch die intrauterine oder perinatale Kontamination mit Infektionserregern, die kongenitalen Mißbildungen, die Geburtstraumen, die neonatale Atemdepression, der neonatale Hypoglykämie-Hypothermie-Komplex und die ungenügende Versorgung mit Kolostrum (Tab. 9.1).

Tabelle 9.1 Beziehung postnataler Vitalität und Mortalitätsrate bei Schaflämmern (Auswertung des Patientengutes aus der Ambulatorischen und Geburtshilflichen Veterinärklinik Giessen 1983–1986)

Vitalitäts-grad p. n.	Anteil (n = 336)	verendet innerhalb 36 h p. n.
lebensfrisch	198 = 58,9 %	5,1 %
geringgradige Atemdepression	51 = 15,2 %	15,7 %
hochgradige Atemdepressionen	87 = 25,9 %	86,2 %

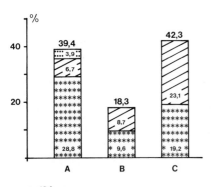

Abb. 9.1 Lämmerverluste in Abhängigkeit zum Geburtsverlauf

Die Wirtschaftlichkeit der Schaf- und Ziegenhaltung hängt vornehmlich vom Ablamm- und Aufzuchtergebnis ab. Dies bedeutet eine verstärkte Hinwendung zu den Problemen in der Neugeborenen- und Jungtierperiode. Da es sich dabei meist nicht um Einzeltiererkrankungen, sondern um Herdenprobleme handelt, steht die Faktorenanalyse im Vordergrund. Für sie ist die Beurteilung des Umfeldes, die dezidierte Erfassung des klinischen Bildes der Erkrankung, aber auch die Einbeziehung des pathologischen Befundes und die Anwendung gezielter Laborverfahren ausschlaggebend. Aus diesen Kriterien wiederum resultieren sowohl die aktuell wirksamen Therapiemaßnahmen als auch die prophylaktischen Verfahren, die die betroffenen Bestände auf lange Sicht hin sanieren sollen.

Impfungen gegen bestimmte Infektionskrankheiten sind bei Schaf und Ziegen möglich und wirkungsvoll (Tab. 9.2). Es ist jedoch damit nur ein Teil der bekannten, zu Jungtierverlusten führenden Infektionen prophylaktisch anzugehen. Dies liegt zum einen daran, daß einige im Ausland erhältliche Impfstoffe in der Bundesrepublik Deutschland nicht zugelassen sind, zum anderen gibt es Infektionen, gegen die bislang die Entwicklung vom Impfstoffen mißlang.

Literatur

Bostedt, H. (1978): Zu Problemen der mutterlosen Lämmeraufzucht. Zbl. Vet. Med. Fortschr. Vet. Med. *28*, 78–84

Bostedt, H. (1983): Muttertierimpfung bei Schaf und Ziege zum Schutz des Neugeborenen. Tierärztl. Umsch. *38*, 800–804

Dennis, S. M., M. E. Nairn (1970): Perinatal lamb mortality in a merino flock in Western Australia. Austr. Vet. J. *46*, 272–276

Eales, F. A., J. Small, J. S. Gilmour (1983): Neonatal mortality of lambs and its causes. Sheep production Proc. 35th Easter School in Agricult. Sc. Univ. Nottingham 289–298

Frei, U. (1976): Perinatale Lämmersterblichkeit. Schweiz. Arch. Tierheilkd. *118*, 377–385

Huttman, E. M., J. H. Kirk, M. Pappaioanou (1985): Factors associated with neonatal lamb mortality. Theriogenol. *24*, 163–171

Popoff, M. R., D. Tainturier, M. France (1983): Pathologie de l'agneau de la naissance a trois semaines. Rev. Med. Vet. Lyon *134*, 277–289

Purvis, G. M., F. D. Kirby, D. C. Ostler, J. Bacter, J. Bishop (1985): Causes of lamb mortality in a commercial lowland sheep flock. Vet. Rec. *116*, 293–294

Tabelle 9.2 Einige mögliche Schutzimpfungen bei Schaf und Ziege gegen infektiöse Jungtierkrankheiten

Erreger	Impfstoff	Produktname	Anwendung
Cl. perfringens Typ B Cl. perfringens Typ D Cl. tetani	polyvalente, inaktivierte Vakzine	Covexin 8 Pulpyvax-T (Cl. perf. Typ D +Cl. tet.) Heptavac-P	2 x im Abstand von sechs Wochen (2. Graviditäts- trimester)
Salmonella sp. (S. typhimurium etc.)	inaktivierte Vakzine	Paratyphus – Enteritis- Impfstoff W	2 x im Abstand von vier Wochen (2. Graviditäts- trimester)
E. coli-Infektionen	inaktivierte Vakzine	herdenspezifisch	
Past. multocida + haemol.	inaktivierte Vakzine	Pasteurella- Impfstoff Heptavac-P	2 x im Abstand von vier Wochen (2. Graviditäts- trimester)
Chlamydia psittaci (evtl. in Verbindung mit Salm. ab. ov.)	inaktivierte Vakzine	Ovine enzootic abortion vaccine	1 x oder 2 x im ersten oder zweiten Drittel der Gravidität
Ecthyma contagiosum (ORF)-Virus	Zellkultur Lebend-Impfstoff		1 x unabhängig vom Graviditätsstadium

9.2 Untersuchungstechniken, Behandlungsmaßnahmen und Laborwerte

9.2.1 Untersuchung des neugeborenen Lammes

Hierbei muß zwischen dem unmittelbar post natum und dem mehrere Stunden oder Tage alten Lamm, welches in seiner Vitalität stark beeinträchtigt ist, unterschieden werden.

Bei **neonatalem Depressionszustand** ist die Untersuchung vornehmlich auf die Beurteilung der respiratorischen Funktion, des neurologischen Zustandes und der Körperinnentemperatur auszurichten. Dazu wird anhand von Kenndaten wie Atemrhythmus und Atmungsintensität, Reflexerregbarkeit (Lidreflex, Zwischenklauenreflex), Schleimhautfarbe und Färbung des Nasenspiegels, Muskeltonus und Bewegung (Reaktion auf Kaltwasserguß) beurteilt und die Körperinnentemperatur gemessen.
Durch Punkteverteilung in Anlehnung an das APGAR-Schema (Tab. 9.3) gelingt es, eine gute Korrelation zwischen Vitalitätsgrad und aktuellen Blutgasverhältnissen herzustellen (*Busse* et al. 1986).

Tabelle 9.3 Abhängigkeit zwischen Vitalitätsbeurteilung unmittelbar p.n. nach dem modifizierten APGAR-Score und dem Wert des pH und BE im venösen Blut von Lämmern

Kriterien	vital	mittel-gradig gestört	hoch-gradig gestört
Vitalitäts-benotung (APGAR)	8–6	5–4	< 4
pH	≥ 7.18	7.18–7.00	< 7.00
BE	+2 bis −5	−5 bis −10	< −10

Bei in der Atemfunktion nicht akut bedrohten, dennoch allgemein *vitaldepremierten Neugeborenen* wird zuerst die Beurteilung der Allgemeinhaltung des Lammes in unbeeinflußter Position vorgenommen (Tab. 9.4). Hierbei ist am liegenden Lamm besonders auf Kopf- und Extremitätenhaltung zu achten, beim stehenden Lamm sind der Senkungsgrad (müde, atonische Haltung) des Kopfes und der Verlauf der Rückenlinie (kyphotische Haltung bei Schmerzzuständen im Brust- und Abdominalsegment) diagnostisch wertvolle Parameter. Bei neurologischen Leiden (z. B. kongenitale Enzephalopathie) oder Stoffwechselerkrankungen (Hypoglykämie-Hypothermie-Komplex) ist häufig noch ein Zittern des Körpers oder eine vollkommen atypische Haltung eines Körperteiles beziehungsweise -segmentes zu erkennen (abduzierte Hinterextremitäten bei nutritiver Muskeldystrophie oder Cu-Mangel).

Für die Temperaturmessung eignen sich schmale Quecksilberthermometer und neuerdings besonders elektronische Fieberthermometer (Abb. 9.2).

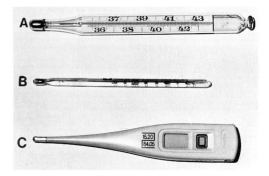

Abb. 9.2 Thermometer A: normales Quecksilberthermometer
B: verkleinerte Ausführung für Lämmer und Kleintiere
C: elektronisches Thermometer mit Digitalanzeige (Meßzeit 60 s)

Das vitale oder nur gering beeinträchtigte Lamm wird danach für die weitere eingehende palpatorische und auskultatorische Untersuchung an den beiden Vorderextremitäten hochgehoben (Abb. 9.3). In hängender Haltung wird mit der zweiten, freien Hand Kopf-, Brust-, Abdominalsegment einschließlich Nabel und anogenitaler Bereich, sowie der Bewegungsapparat untersucht. Bei schwer erkrankten Neugeborenen wäre diese Untersuchung im Liegen auf einer sauberen Unterlage durchzuführen.

Am Kopf ist auf Augen- und Kieferanlage (Lidreflex, Augengröße, Stellung der Kiefer zueinander, Brachygnathie, Exartikulation des Kiefers durch geburtshilfliche Manipulation) zu achten. Der Mundspalt wird durch eingelegten Finger geöffnet und kurz ausgetastet (Wolfsrachen, Zahnbildung, Schluckreflex). Es folgt die Palpation des Kehlkopfes (Strumabildung) und die Bewertung der Gelenkigkeit sowie der Tonussituation des Halses. Dem schließt sich die Untersuchung des Brustsegmentes an (Atemtyp, Atem-

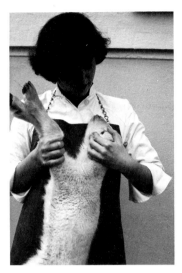

Abb. 9.3 Untersuchung eines kleinen Lammes in hängender Haltung

Tabelle 9.4 Wichtige Untersuchungsmerkmale bei neugeborenen Schaf- und Ziegenlämmern

1. Adspektion
2. Temperaturmessung
3. Untersuchung der Kopfregion
   Augenlage
   Stellung der Kiefer zueinander
   Lid- und Schluckreflex
   Gaumenbogen
4. Untersuchung der Hals- und Brustregion
   Schilddrüse
   Gelenkigkeit und Muskeltonus des Halses
   Rippendruckpalpation
   Bewertung Atemtyp und Atemrhythmus
   Herz-Lungenauskultation
5. Untersuchung des Abdominalsegmentes
   Spannungs- und Füllungsgrad des Abdomens
   Nabelgegend
   Perianalgegend
6. Untersuchung der Extremitäten
   Bewegungsmöglichkeit
   Gelenke- und Knochendeformation
   Sensibilität
7. Bewertung des Bewegungsablaufes
8. Spezielle neurologische Untersuchung

rhythmus). Herz- und Lungenfunktion werden auskultatorisch untersucht, wobei die Druckpalpation des Rippenbogens vorangestellt wird (perinatale Rippenbrüche). Abdominal wird der Fütterungs- und Spannungszustand bewertet und der Abheilungsgrad des Nabels beurteilt. Die Adspektion der Perianalgegend dient der Erkennung von atretischen Zuständen (Atresia ani, Atresia ani et recti, Kloakenbildung). Daraufhin wird die Motilität und Sensibilität der Extremitäten überprüft sowie die Gelenke und Knochen hinsichtlich ihrer Stellung begutachtet. Lämmer, die bereits zum Zeitpunkt der Untersuchung liegen, versucht man kurz hinzustellen, wobei Muskeltonus und Extremitätenstellung zu bewerten sind. Bei im Hängen untersuchten Lämmern wird nach dem Absetzen auf dem Boden der Bewegungsablauf kontrolliert.

Die Spontanreaktion eines neugeborenen Lammes läßt sich darüber hinaus durch akustische Reize (durch Händeklatschen in Kopfnähe) zur eventuellen Auslösung zentralnervös bedingter Ausfallerscheinungen sowie durch taktile Reize (leichte, oberflächliche Nadelstiche von den Akren ausgehend zum Rumpf hinführend, Perkussion im Stirnbereich) überprüfen (Tab. 9.4).

9.2.2 Untersuchung des älteren Lammes

Hierbei wäre durch die Erhebung des Vorberichtes zu erfahren, ob es sich um eine Individual- oder Herdenerkrankung handelt.

Im Vorbericht selbst werden neben den beobachteten Krankheitsanzeichen allgemeine Daten über durchgeführte Impfungen, Haltungsart (Stallhaltung, Weidegang), Fütterung, Entwurmungen, Badungen, letzter Zukauf sowie deutlich oder versteckt vorkommende Krankheiten bei den Mutterschafen (Aborte, Geburtshygiene, Anteil Retentio secundinarum- beziehungsweise Puerperalsepsisfälle, Mastitis, Moderhinke, Pneumonien, Nasen-Augenausfluß, pustulöse Erkrankungen – Ecthyma contagiosum –, Wollschäden, Stoffwechselstörungen etc.) erhoben. Die Untersuchung des Lammes sollte niemals ohne Berücksichtigung des Muttertieres vorgenommen werden. Bei artifizieller Aufzucht wäre besonders das Tränksystem und das hygienische Umfeld mit in die Vorerhebung einzubeziehen.

Die Beurteilung eines einzelnen erkrankten Lammes geschieht im wesentlichen nach den Kriterien, die für die Untersuchung neugeborener Lämmer gelten (Tab. 9.4). Wichtig ist aber auch bei ihm die Adspektion im Sinne der Körperhaltung und des Ernährungszustandes im Vergleich zur Gesamtgruppe. Häufig wird ein Einzeltier stark erkrankt vorgestellt, während sich die übrigen Lämmer bereits im Prodromalstadium einer seuchenhaften Erkrankung befinden und für den erfahrenen Kliniker schon, häufig larviert, Anfangssymptome zeigen.

Die Beurteilung einer Lämmergruppe wird geprägt vom Ruheverhalten der Tiere (Liege- und Standhaltung), von der Bewegungsaktivität nach dem Auftreiben, von hörbaren Symptomen (Husten, Niesen, heiser-klagendes Blöken). Weiterhin wird die Reaktion der Lämmer auf akustische Reize hin überprüft.

Nach umfassender Untersuchung von Einzeltieren folgt die Beurteilung mehrerer Lämmer (Stichproben) aus größeren Gruppen. Nach Stellung der symptomatischen Diagnose wird der Stichprobenumfang erweitert, wobei nur auf die festgestellten speziellen Merkmale hin untersucht wird, um die Ausbreitung der Erkrankung in der Gruppe oder Herde erkennen zu können. Bei verschiedenen Erkrankungen ist mitunter die Notwendigkeit gegeben, die schwer- von den leicht oder noch nicht erkrankten Tieren zu trennen, um Therapie und Prophylaxe gruppenspezifisch durchführen zu können.

Die klinische Untersuchung in Schaf- und Ziegenlämmerbeständen stellt den Hauptbestandteil für die Diagnosestellung dar. Es darf aber nicht übersehen werden, daß damit teilweise nur eine symptomatische Diagnose gestellt werden kann. Die kausalen Beziehungen sind oft nur in Zusammenhang mit Probenuntersuchungen oder Sektionen zu erkennen.

9.2.3 Probenentnahme

Blutprobe

Das Lamm wird mit eingeschlagenen Extremitäten von einer Hilfsperson auf den Arm genommen und mit Hand und Unterarm umgriffen, während die freie Hand den Kopf unter dem Kinn umfaßt und dabei leicht streckt. Der Probennehmer staut die Vena jugularis, desinfiziert die Stichstelle und punktiert sie (Kanülengröße 1.0 x 40mm für kleine Blutmengen oder 1.20 x 40mm für größere Volumina).

Entnahme von Nasen- und Rachenabstrichen

Nach grober Säuberung des Nasenöffnung wird ein steriler Stieltupfer eingeführt. Für Abstriche aus dem Rachenraum wird der Mundspalt durch Spreizen mittels zweier Finger (Neugeborene) oder Auseinanderziehen durch zwei Hände geöffnet. Die Zunge wird mit einem Spatel heruntergedrückt.

Kotprobe

Der Darm wird mit einem Stieltupfer bei jüngeren Lämmern zum Kotabsatz gereizt, bei älteren Lämmern kann ein schmaler Finger eingeführt werden.

Harnprobe

Bocklämmer werden durch leichte Massage der Präputialöffnung zum Harnabsatz angeregt. Bei älteren weiblichen Tieren wird ein halbstarrer Gummikatheter (Rüdenkatheter) unter Sichtkontrolle eingeführt (schmales Spreizspekulum).

Gelenkspunktion

Nach Ausrasieren und Desinfektion Punktion mit dünner steriler Kanüle und aufgesetzter Spritze.

9.2.4 Behandlungstechniken

Allgemein zu beachten gilt, daß Lämmer wie auch adulte Tiere auf intramuskuläre Injektionen mit Phlegmonen und neuromuskulären Schäden reagieren können. Es ist daher der subkutanen oder intravenösen Injektion dem Vorzug zu geben.

Subkutane Injektion

Kaudal des Schulterblattes in der wollfreien Region oder nach Anheben einer Halsfalte im Nackenbereich

Intravenöse Injektion

Vena jugularis (s. Blutentnahme)

Intramuskuläre Injektion (nur, wenn unbedingt notwendig, kleine Volumina)

In das Gebiet von Mm. semitendinosus und semimembranosus

Intraabdominale Injektion

Lateral der Linea alba am mit dem Kopf nach unten hängenden Lamm im kaudalen rechten oder linken Quadranten.

Per os Behandlung

Mit Schlundsonde (Abb. 9.4 und 9.5) oder seitlich eingeführter Spritze.

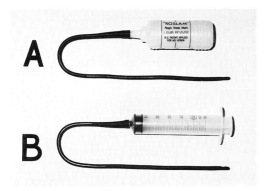

Abb. 9.4 Trichter mit Schlundsonde (A), Einmalspritze (60 ml) mit aufgesetzter Schlundsonde (B) zur artifiziellen Ernährung von Lämmern

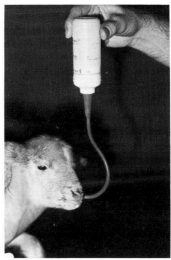

Abb. 9.5 Eingeführte Schlundsonde zur Verabreichung von Kolostralmilch

9.2.5 Haematologische und biochemische Laborwerte

Für die Diagnosefindung und Beurteilung des Krankheitsgeschehens sind Laborwerte ein wertvoller Hinweis, manchmal sogar unerläßlich für eine kausale Diagnose (Tab. 9.5, 9.6, 9.7, 9.8, 9.9 und Abb. 9.6).

Tabelle 9.5 Haematologische Werte bei neugeborenen Schaflämmern

Kriterium	Geburt	10. Tag	40. Tag p. n.
Erythrozyten ($10^6/\mu$ml)	7.3 ± 1.5	6.2 ± 1.2	8.3 ± 1.4
Haemoglobin (g/dl)	12.2 ± 2.0	9.3 ± 1.5	11.9 ± 2.0
Haematokrit (%)	45.7 ± 4.5	33.7 ± 5.9	38.2 ± 4.1
Leukozyten		2746 ± 1015	3658 ± 1211

Tabelle 9.6 Konzentrationen von Spurenelementen im Blutplasma neugeborener Schaflämmer (konservative Aufzucht)

	Geburt	10. Tag	40. Tag p. n.
Eisen* µg/dl/µmol/l	317 ± 138 56.8 ± 24.7	162 ± 94 29.0 ± 16.8	271 ± 85 48.5 ± 15.2
Kupfer µg/dl/µmol/l	118 ± 62 18.6 ± 9.7	173 ± 97 27.2 ± 15.2	121 ± 45 19.0 ± 7.1
Selen µg/g TS	0.43 ± 0.03	0.27 ± 0.03	

* Bei artifizieller Aufzucht sinken die Fe-Werte von der Geburt an stärker ab (s. Eisenmangelanämie)

Tabelle 9.7 Enzymaktivitäten (U/l) im Blutplasma von neugeborenen Schaflämmern

Enzym	Geburt	1.	10.	40. Tag p. n.
AST (GOT)	13 ± 6	30 ± 10	24 ± 12	28 ± 12
CK	41 ± 36	20 ± 12	33 ± 28	33 ± 28
AP	226 ± 161	309 ± 186	253 ± 107	134 ± 65
GGT	48 ± 51	1685 ± 1335*	148 ± 143	54 ± 34
GLDH	3.2 ± 2.6	4.3 ± 3.9	5.1 ± 3.2	25 ± 18

* Diese extrem hohen Werte werden durch die Aufnahme von GGT aus dem Kolostrum verursacht und können so, ähnlich wie beim Kalb, indirekt als Maß für die Kolostrumresorption dienen (*Braun* et al. 1982, *Bostedt* 1983)

Tabelle 9.8 Konzentrationen von Blutglucose und anorganischem Phosphat beim neugeborenen Lamm

Parameter	Blutglucose (mg/dl)	anorg. Phosphat (mg/dl)
Konzentrationen	70–110	11.0 ± 1.1 (1. Lebenswoche)
		8.9 ± 1.0 (5. Lebenswoche)
		7.6 ± 0.6 (13. Lebenswoche)

Tabelle 9.9 Hormonwerte beim neugeborenen Schaflamm

	Geburt	Tag p. n.	Tag p. n.
Cortisol (ng/ml)	132.0		11.2 (30.)
T_4 (ng/ml)	83.8 ± 12.9	55.1 ± 5.8 (7.)	77.8 ± 4.9 (30.)
T_3 (ng/ml)	1.74 ± 0.12	2.95 ± 0.39 (11.)	2.67 ± 0.42 (30.)

in Paranthese Tag p. n.

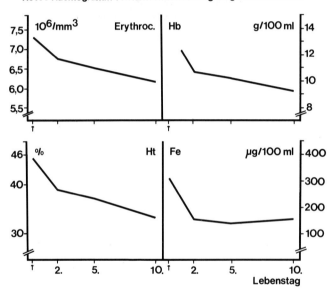

Abb. 9.6 Entwicklung des roten Haemogrammes bei konventionell aufgezogenen Lämmern

Literatur

Beatty, E. M., D. L. Doxey (1983): Lactate dehydrogenase and creatine kinase isoenzyme levels in the tissues and serum of normal lambs. Res. Vet. Sci. *35*, 325–330

Bickhardt, K. (1987): Organverteilungsmuster und Plasma-Halbwertzeiten diagnostisch wichtiger Enzyme. Berl. Münch. Tierärztl. Wschr. *100*, 152–155

Bostedt, H., B. Mayr (1976): Über die Entwicklung des roten Haemogramms bei Lämmern in den ersten Lebenswochen unter natürlichen und artifiziellen Aufzuchtbedingungen. Berl. Münch. Tierärztl. Wschr. *89*, 333–336

Bostedt, H. (1983): Vergleichende Untersuchungen über die Entwicklung des Enzymprofiles im Blut von Kälbern und Lämmern in der neonatalen Adaptationsperiode. Berl. Münch. Tierärztl. Wschr. *96*, 431–438

Braun, J., D. Tainturier, C. Langier, P. Bernard, J. P. Thouvenot, A. G. Rico (1982): Blood plasma Gamma-Glutamyl Transferase in new born calves. A test of colostrum intake. XIIth World Congr. Disease of Cattle Amsterdam Proceed. II, 1222–1224

Cabello, G., D. Levieux (1981): Hormonal status in the newborn lamb (Cortisol, T_3, T_4). Biol. Neon. *39*, 208–216

Gardner, D. E. (1973): Values for certain blood and urine constituents of normal young lambs. N. Zeal. Vet. J. *21*, 70–73

Holz, R. C., T. W. Perry, W. M. Beeson (1961): Hemoglobin levels of lambs from birth to eight weeks of age and the effects of iron-dextran on suckling lambs. J. Anim. Sci. *20*, 445–449

9.3 Mißbildungen

Gleich wie bei anderen Tierarten müssen Mißbildungen hinsichtlich der Überlebensfähigkeit neugeborener Lämmer beurteilt werden. Zugänglich sind dabei nur die exogenen Mißbildungen, diejenigen also, die durch Adspektion und Palpation erkannt werden können. Die endogenen entziehen sich einer Beurteilung in vivo, so daß sie bestenfalls als Sektionsbefund vorliegen.

Kongenitale Defekte können erbbedingt sein, entstehen aber auch durch Noxen mit teratogenen Effekten in der Embryonal- oder Fetalphase. Diese Noxen können infektiöser Natur sein, häufig stammen sie jedoch aus Pflanzen oder werden als Umweltgifte bezeichnet. Bei Beurteilung einer Mißbildung in vivo ist meist keine Klassifizierung hinsichtlich genetisch bedingt oder genetisch nicht bedingt zu geben (Abb. 9.7 und 9.8).

Unter klinischen Aspekten müssen die festgestellten Defekte bei Schaf- und Ziegenlämmern in drei Gruppen untergliedert werden: Defekte, die die unmittelbare Lebensfähigkeit nicht beeinträchtigen (Nabelbruch, überzähliges Vorderbein = Notomelie), ein terminiertes Überleben (meist bis zur Mastreife), das trotz Defekt bei sorgsamer Pflege möglich ist (Mikrophthalmie, Polyamelie, Brachygnathia inferior), ein Überleben mit dem festgestellten Defekt ist nicht möglich (Palatoschisis, Gnatoschisis, Atresia ani et recti, Gastroschisis, Amelie).

Bei der Untersuchung eines neugeborenen Lammes ist das besondere Augenmerk, neben der allgemeinen organischen Gesundheit und den Geburtsverletzungen, auf die Feststellung von kongenitalen Defekten zu richten. Bedeutsame Defekte werden in den einzelnen Abschnitten eingehender beschrieben. Summarisch zusammengefaßt sind es folgende, auf die hin die Untersuchung ausgerichtet sein sollte. Dabei wird segmental vorgegangen:

Allgemeiner Körperbau: Zwergwuchs (Chondrodysplasie), Zitterbewegungen (Border Disease), Verkürzung der Wirbelsäule (Brachyrhachie), kongenitale Ataxie

Kopfsegment: Wasserkopf (Hydrocephalus), Fehlen des Kopfes (Akranie), Fehlen des Riechhirnes und des Geruchsorganes (Arhinencephalie), Lückenbildung im Schädeldach (Meningocele).

Fehlen der Augenanlage (Anophthalmie) oder zu kleine Anlage (Mikrophthalmie), Einziehung des unteren Augenlides (Entropium).

Lippenspalte (Cheiloschisis), Gaumenspalte (Palatoschisis).

Fehlen des Unterkiefers (Agnathie) eventuell verbunden mit Defekten im Gesichts- und Hirnschädel (Otocephalie).

Halssegment: Verlagerung der Halswirbel (Torticollis).

Brustsegment: Brustspalte (Thorakoschisis) mit nach außen verlagertem Herzen (Ectopia cordis)

Rumpfsegment: Spaltenbildung (Gastroschisis, Fissura abdominalis), Brust-Bauchspalte (Schizosoma reflexum), angeborene Brüche (Hernia umbilicalis, Hernia scrotalis, Hernia inguinalis).

Wirbelsäule: Spaltbildungen (Spina bifida), Verkürzungen der Wirbelsäule (Brachyrhachie).

Anogenitaler Bereich: Fehlen des Afters (Atresia ani, Atresia ani et recti), im späteren Alter Genitalmißbildung (Freemartin-Syndrom, Zwitterbildung)

Gliedmaßen: Zusätzliche Gliedmaßen, Verdoppelung (Polymelie), überzähliges Vorderbein (Widerrist- oder Schultergegend-Notomelie) Fehlen einer Gliedmaße (Amelia anterior = Abra-

Abb. 9.7 Lamm mit Hypermegalie

Abb. 9.8 Lamm mit kongenitalem Ascites

chie, Amelia posterior = Apodie), überzählige Zehen (Polydaktylie), Spinnenbeine (Arachnomelie-Syndrom).

Haut: Epidermolysis bullosa, zu langes Vlies (Border disease), kollagene Dysplasie (Hautbrüchigkeit).

Einige äußerlich erkennbare Mißbildungen sind nicht sofort am Neugeborenen zu identifizieren, da sie erst mit Wachstumsfortschritt evident werden. Dies trifft im besonderen Maße auf die Zwitterbildung (Zwicken) zu. Sie ist bei Ziegenlämmern (Abb. 9.9 s. Farbtafel 17) häufiger als bei Schaflämmern. Im allgemeinen wird mit einer Maskulinisierung der weiblichen Geschlechtsorgane bei Schaflämmern in 1.5 bis 5 % aller Zwillingsgraviditäten mit heterosexuellen Früchten gerechnet (*Braun* et al. 1983).

Literatur

Bath, G. F., D. Wenzel, E. M. van Tondere (1979): Cretism in Angora goats. J. S. Afr. Vet. Assoc. *50*, 237–239

Braun, U., M. Förster, D. Schams (1983): Das Freemartin-Syndrom beim Schaf. Tierärztl. Prax. *11*, 293–302

Dennis, S. M., H. W. Leipold (1972): Agnathia in sheep: external observations. Am. J. Vet. Res. *33*, 339–347

Dennis, S. M. (1975): Congenital defects of the nervous system of lambs. Austr. Vet. J. *51*, 385–388

Glahn-Luft, B., H. Schneider, J. Schneider, R. Wassmuth (1978): Agnathie beim Schaf mit Chromosomenaberrationen und Hb-Mangel. Dtsch. Tierärztl. Wschr. *85*, 472–474

Parsonson, I. M., A. J. Della-Porta, W. A. Snowdon (1977): Congenital abnormalities in newborn lamb after infection of pregnant sheep with Akabane virus. Inf. Imm. *15*, 254–262

Rieck, G. W. (1984): Allgemeine veterinärmedizinische Genetik, Zytogenetik und allgemeine Teratologie. Ferdinand Enke Verlag, Stuttgart

Vanek, J. A., P. A. Walter, A. D. Alstad (1987): Comparing spider syndrome in Hampshire and Suffolk sheep. Vet. Med. *82*, 430–437

9.4 Geburtsverletzungen

Die nicht selten anzutreffende Situation, daß bei Schaf und Ziege entweder zu früh, bei noch nicht genügend geweitetem Geburtsweg, oder zu spät im Sinne einer übergangenen Geburt eingegriffen wird, führt oft zu überdurchschnittlicher Kraftaufwendung, um das vorliegende Lamm zu extrahieren. Häufig genug wird besonders im Rahmen der Laiengeburtshilfe zu energisch eingegriffen, wobei Ansatz der Zugkräfte und die Zugkraft selbst falsch bemessen werden. Dadurch kann es zu erheblichen lebensbedrohlichen Verletzungen sowohl beim Muttertier als auch beim Fetus kommen.

Allerdings sind bei den Geburtsverletzungen am Fetus diejenigen, die spontan, ohne Einwirkung von außen, durch die Geburtssituation direkt entstehen, von denen, die mechanisch durch einen geburtshilflichen Eingriff bedingt werden, zu unterscheiden. Zur ersten Kategorie ist vor allem der *gestaute Kopf* zu rechnen (Abb. 9.10 s. Farbtafel 17). Er hat seine Ursache in einem Passagehindernis (zu enges, juveniles Becken, zu großer Kopf bei absolut zu großen Feten) im knöchernen oder weichen Geburtsweg, wodurch es zur Stauung und Anschwellung kommt. Diese Lämmer haben nach der Extraktion häufig Mühen mit dem Ingangkommen der Atmung (neonatale Atemdepression 9.5.1) infolge der geschwollenen und verlegten oberen Luftwege, sowie mit der Nahrungsaufnahme. Weiterhin wären zu den spontanen, aber auch zu den provozierten Geburtsverletzungen, die *Kompression des Thorax* zu rechnen. Diese entsteht bei Durchtritt des Brustsegmentes durch den zu engen knöchernen Beckenring oder bei abnormer Größe des Lammes. Ebenso sind *Leber- und Milzruptur* zu bewerten. Sie können wohl spontan entstehen oder aber sind Folge eines abnormen geburtsmechanisch bedingten Zuges und Druckes. Sie verlaufen tödlich und scheinen ein zunehmendes Problem darzustellen. *Johnston* und *Maclachlan* (1986) geben an, daß 8.6 % aller sezierten Lämmer bis zur 12. Stunde p. n. eine Leberruptur aufweisen. Nicht ganz geklärt ist, warum es zu diesen Rupturen kommt. Klinische Beobachtungen beim Kalb geben Hinweise, daß Kälber mit besonders brüchigen Lebern auf die Welt kommen. Es wäre denkbar, daß dies auch bei Lämmern (kongenitale Hepatose, fettige Degeneration der Leber) eine Rolle spielt, so daß bei ihnen die Elastizität der Leber verloren gegangen ist und geringe Druckeinwirkung zur Ruptur führt.

Vermeidbar sind sicher einige artifiziell gesetzen Geburtsverletzungen. Hier rangieren *Frakturen der Vorder- oder Hintergliedmaßen* infolge rotierender Bewegungen beim Auszug (9.11.2) mit an vorderster Stelle. Eine Schienung mit Anlegen eines Gipsverbandes wäre bei gedeckter Fraktur die Möglichkeit der Heilung. Offene Frakturen sind als nur schwer oder im Sinne einer Wirtschaftlichkeit als unheilbar anzusehen.

Weiterhin kann es zu *Distorsionen, Zerreißungen in der Wirbelsäule* durch zu starke Zugeinwirkung kommen. Entweder verenden diese Lämmer spontan, oder sie zeigen unmittelbar post natum neurologische Ausfallerscheinungen in Form von Paraplegien. Nicht sicher ist in der Beurteilung die Auswirkung von Kopf-Schlingen oder -Spangen, die in Höhe des Atlanto-Occipitalbereiches bei Zugausübung einen starken Druck auf das Kranium ausüben. Ob dadurch *Blutungen intrakranieller Art* ausgelöst werden können, wird zwar diskutiert, scheint aus klinischer Sicht aber in der Regel nicht zuzutreffen. Im allgemeinen entstehen intrakranielle Blutungen im Verlauf einer hochgradigen Hypoxie. Sie verlaufen dann, wenn sie ausgeprägt und raumfordernd sind, tödlich, da das Atemzentrum mit betroffen ist, und so die Spontanatmung ausbleibt. Bei diesen Lämmern mit Apnoe und schlagendem Herzen ist auch mittels Hilfsmethoden in der Regel die Atmung nicht in Gang zu bringen.

Die *Exartikulation des Unterkiefers* geschieht dann, wenn unrichtigerweise versucht wird, das Lamm allein durch Unterkiefergriff oder Zug am Unterkiefer zu extrahieren. Auch diese Lämmer sind mit diesem Defekt nicht zu heilen und wären zu euthanasieren.

Literatur

Dedie, K., H. Bostedt (1985): Schafkrankheiten, Ulmer Verlag, Stuttgart

Dennis, S. M. (1970): Splenic rupture in the newborn lamb. Am. J. Vet. Res. *31*, 205–206

Johnston, W. S., G. K. Maclachlan (1986): Incidence of rupture of the liver in neonatal lambs in the North of Scotland. Vet. Rec. *118*, 610–611

9.5 Störungen unmittelbar post natum

9.5.1 Neonatale Atemdepression, Atemnotsyndrom

Begriff und Vorkommen

Nach Untersuchungen aus Australien und England, die durch Beobachtungen in heimischen Schafbeständen ihre Bestätigung finden, ist die Verlustrate bei neugeborenen Lämmern in den ersten 2–48 Lebensstunden besonders hoch. Ein Teil ist auf pränatal oder intranatal manifest gewordene Infektionen zurückzuführen, ein weiterer, weitaus größerer Teil läßt sich durch Lungenfunktionsstörungen in Form der neonatalen Atemdepression, auch neonatales Atemnotsyndrom benannt, und durch Störungen in der Thermoregulation (Hypoglykämie-Hypothermie-Komplex) erklären. Bei Ziegenlämmern liegen vergleichbare Verhältnisse vor.

Ätiologie und Pathogenese

Klinisch als atemdepressiv eingestufte Lämmer weisen Blut-pH-Werte von unter 7.10 (vitale Lämmer 7.18 ± 0.07) auf. Die Basenabweichung (Base Excess BE) liegt weit unterhalb von -5 mmol/l (vitale Lämmer um ± 0), der pCO_2 über 75 mm/Hg (vitale Lämmer 65 mm/Hg, Abb. 9.11). Die Konzentrationen verschieben sich mit Stärke des Atemdepressionszustandes in den pathologischen Bereich. Es kommt parallel dazu zu einem bedrohlichen Abfall der Körpertemperatur, wobei ungünstige exogene Verhältnisse dies noch fördern können (Abb. 9.12).

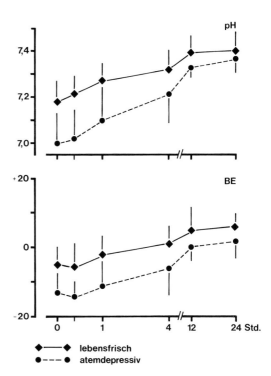

Abb. 9.11 Entwicklung des pH und des Base Excess im Blut von neugeborenen Lämmern mit verschiedenen Vitalitätsgraden

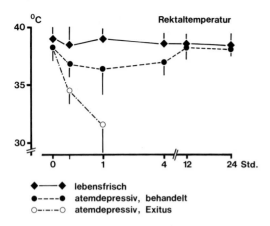

Abb. 9.12 Rektal gemessene Körperinnentemperatur bei Lämmern post natum (o = Geburt)

Lämmer verfügen offenbar unmittelbar post natum über weniger Pufferkapazität und Energiereserven als andere Neugeborene. Daraus resultiert der auch bei vitalen, in verstärktem Maße jedoch bei lebensschwachen Neugeborenen, auftretende Zustand der respiratorisch-metabolischen Acidose. Allerdings ist die respiratorische Komponente bereits nach der ersten Lebensstunde weitgehend behoben, während die metabolische erst nach 12 Stunden ihren Ausgleich findet. Der vergleichsweise niedrige pH bei ausgeprägter Hyperkapnie und erheblichem Basenmangel in der ersten Lebensminute wird mit Einsetzen des kapillären Gasaustausches schnell kompensiert. Der protrahierte, aber kontinuierliche, ohne Stagnation oder erneuten Abfall gekennzeichnete pH-Anstieg im weiteren Verlauf der ersten Adaptationsphase dürfte besonders durch den Rückgang der respiratorischen Acidosekomponente verursacht sein (Abb. 9.11). Dies spricht unter physiologischen Bedingungen für eine schnelle Anpassung der Lunge an ihre postnatale Funktion. Zu dramatischen, lebensbedrohenden Zuständen kommt es, wenn dieser Ausgleich aufgrund von Lungenfunktionsstörungen nicht erreicht wird. Über die Beziehung eines Defektes in der Thyreoglobin-Synthese und der dadurch verzögerten Lungenreife berichten *Jones* und Mitarbeiter (1986). Ein Lamm mit diesem Defekt wies bei der Geburt alle Anzeichen eines neonatalen Atemnotsyndroms auf.

Klinisches Bild

Lämmer mit akutem, neonatalen Atemnotsyndrom zeigen unmittelbar nach Austritt aus dem Geburtsweg und Riß der Nabelschnur Schnappatmung, bei flacher oder überhaupt nicht vorhandener rhythmischer Motilität des Brustsegmentes. Die Schleimhäute oder der unpigmentierte Nasenspiegel sind bläulich verfärbt. Das Herz weist pochende Schläge mit kurzen Arrhythmieperioden auf. Der Tonus der Muskulatur ist nicht vorhanden, so daß der Kopf nicht gehoben wird. Das Neugeborene bleibt in Seitenlage liegen. Anzeichen eines bereits intrauterin praeformierten Acidosezustandes sind die durch Mekoniumabgang bedingte gelbliche Verfärbung des Vlieses oder Mekoniumteile im Fruchtwasser. Die Körpertemperatur ist noch normal, sinkt aber innerhalb weniger Minuten erheblich ab ($< 39\,°C$).

Unreif geborene Lämmer zeigen dieselben Anzeichen wie reif geborene mit neonataler Atemdepression. Ihr Reifegrad ist jedoch in die Beurteilung des Zustandes mit einzubeziehen, da bei ihnen eine ungünstige Prognose besteht (Fehlen des Antiatelektasefaktors).

Pathologischer Befund

Die Lunge zeigt das typische fetale fest-leberartige, dunkelrote Aussehen (partiell oder total).

Diagnose und Differentialdiagnose

Das typische klinische Bild führt zur Diagnose. Als unterstützendes Beurteilungskriterium für den Schweregrad der Acidose und für die Prognose kann die Bewertung nach dem modifizierten APGAR-Programm vorgenommen werden (Tab. 9.3 und 9.10). Unter klinischen Bedingungen bedeutet die Blutgasanalytik, zusammen mit dem APGAR-Score, die exakteste Methode für die Diagnosestellung. Dazu kommt noch die Rektaltemperatur.

Differentialdiagnostisch muß die Unreife der Lunge zu früh geborener Lämmer (Graviditätslänge < 145 Tage) abgegrenzt werden, die zu Spätacidose führt und infolge Surfactant (Antiatelektasefaktor)-Mangels einer Entfaltung der Lunge entgegensteht. Die Alveolen fallen in sich aufgrund des fehlenden Stabilisierungselementes zusammen. Weiterhin muß differentialdiagnostisch an kongenitale septikämische Zustände sowie Mißbildungen (Herz-Zwerchfell) oder Geburtstraumen (Rippenbrüche, Haematome im Kopf-Hals-Bereich, intrakranielle Blutungen) gedacht werden.

Therapie

Die Therapie gestaltet sich nur in den Fällen einigermaßen erfolgreich, in denen 1. keine Störung

Tabelle 9.10 APGAR-Werte bei neugeborenen Lämmern verschiedenen Vitalitätsgrades in Beziehung zu Blut-pH, BE und Körperinnentemperatur

Kriterium	0 Punkte	1 Punkt	2 Punkte
Schleimhäute	weiß-porzellanfarben	zyanotisch	rosa-rot
Atmung	fehlt	unregelmäßig-flach	rhythmisch-tief
Reflexerregbarkeit	fehlt	herabgesetzt	voll auslösbar
Muskeltonus und Bewegung	fehlen	verzögert	spontan aktiv
	lebensschwach 0–3 Punkte	lebensgefährdet 4–6 Punkte	lebensfrisch 7–8 Punkte
pH (venös)	6.980±0.010	7.000±0.150	7.170±0.150
BE	−15.0±4.0	−10.8±3.0	−5.6±3.0
Körpertemp. (15 Min p.n.)	36.4±0.5	37.7±0.8	39.5±0.8

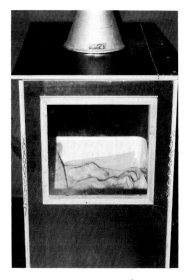

Abb. 9.13 Inkubator mit Rotlichtlampe und Wärmewanne zur Aufnahme stark vitaldeprimierter Lämmer. Die Ausmaße betragen 90 x 70 x 60 cm. Er kann zwei Lämmer gleichzeitig aufnehmen.

des Atemzentrums, 2. bei denen der Antiatelektasefaktor in genügendem Maß ausgebildet ist (reife Lämmer), 3. bei denen der pH-Wert nicht unter 6.95 abgesunken ist und 4. die endogene Wärmeregulation funktioniert.

Atemdepressive Lämmer werden nach Freilegen der Atemwege und kurzem Kaltwasserstrahl (am Hinterkopf) reanimiert. Eine zu intensive Kaltwasserbehandlung des Gesamtkörpers bedingt einen zu starken Energieverlust und plötzlichen inneren Temperatursturz (Verdunstungseffekt). Dann beginnt die Massage (Brustkorbmassage im Takt der einsetzenden Atmung) und Trocknung. Dazu wäre ein trockenes, sauberes Tuch zu verwenden, welches besser als Stroh ist. Intravenöse Gaben von $NaHCO_3$ (7.0 ml 8.4 %ige Lösung) und Glucose (7.0 ml 10 %ige Lösung) regulieren die Puffer- und Glucosekapazität. Über die Wirkung von zentralen Atemanaleptika bestehen geteilte Meinungen. Eine gewisse Wirkung scheint Dopram® zu haben, für andere liegt zwar kein eindeutiger Nachweis einer Wirkung beim Lamm vor, sie werden aber aus empirischer Sicht eingesetzt (Micoren®, Respirot®). Bei Atemnotsyndrom entfalten auch Vasodilatatoren mit bronchospasmolytischer Komponente (Alupent®, Perphyllon®) verbessernde Effekte. Stark gefährdete Lämmer sollten in eine gewärmte, zugfreie Ecke (Rotlicht) oder besser in einen Inkubator (Abb. 9.13) gelegt werden. Bei unreif wirkenden Lämmern könnte auch Dexamethason verabreicht werden, um die Lungenreife anzuregen.

Die Wirkung der Therapie ist an den beginnenden, regelmäßigen Atemzügen bei geschlossenem Mundspalt und Einsetzen des Muskeltonus (Heben des Kopfes, Aufstehversuche) zu erkennen. Eventuell wären subkutane Gaben von $NaHCO_3$ und Glucose zu wiederholen.

Da Lämmer mit ausgeprägter neonataler Atemdepression noch über Stunden lebensschwach wirken und kaum fähig sind, aktiv Milch von der Mutter aufzunehmen, ist unbedingt Kolostrum mittels Magensonde (20–50 ml) ein- oder mehrmals zu verabreichen (Abb. 9.4 und 9.5, Tab. 9.11). Es besteht eine direkte Beziehung zwischen einem verminderten Vitalitätsgrad und der Notwendigkeit unterstützender Maßnahmen bei der Milchaufnahme (Tab. 9.11).

Tabelle 9.11 Spontane Kolostrumaufnahme und notwendige Hilfen bei Schaflämmern in den ersten Stunden post natum in Abhängigkeit von ihrem Vitalitätsgrad

Kolostrum- aufnahme	Lämmer aus der Gruppe		
	A	B	C
spontan	86.9	43.1	4.6
angehalten an das Euter	3.0	11.8	3.5
Flaschenernährung	4.6	11.8	2.2
Sondenernährung	5.5	33.3	89.7

A = lebensfrisch; B = schwach atemdepressiv; C = stark atemdepressiv

Prophylaxe

Freilegung der Atemwege und Trocknung. Eventuell rhythmische Kontraktionen des Brustkorbes, Atemanaleptika. Eine gute kontinuierliche Geburtsüberwachung ist Voraussetzung für die Minimierung der Verluste durch neonatale Atemdepression, da Hilfe nur in den ersten Lebensminuten sinnvoll ist.

Literatur

Busse, G., H. Bostedt, A. Sobiraj (1986): Ergebnisse der Blutgasanalytik bei neugeborenen Lämmern unter besonderer Berücksichtigung der neonatalen Atemdepression. Dtsch. Tierärztl. Wschr. *93,* 313–317

Comline, R. S., M. Silver (1972): The composition of foetal and maternal blood during parturition in ewe. J. Physiol. *222,* 273–256

Dennis, S. M. (1974): Perinatal lamb mortality in Western Australia 1. General procedures and results. Austr. Vet. J. *50,* 443–445

Duithuizen, M., J. Egberg, F. J. Grommers, L. Elving (1979): De relatie tussen het voorkomen van meconium bij pasgeboren lammeren en postnatale pH en bloedgaswaarden. T. Diergeneesk. *104,* 614–620

Grognet, J. F. (1984): Metabolic consequences of induced hypoxia in newborn lambs. Ann. Rech. Vet. *75,* 17–27

Jones, B. R., R. M. Greenway, R. D. Jolly, R. H. Labuc, G. B. Davis (1986): A defect in thyreoglobulin synthesis in an inherited ovine goitre: possible neonatal respiratory distress syndrome. N. Zewl. Vet. J. *34,* 145–148

Kusas, F., O. Szenci (1983): Influence of induced maternal acidosis on the acid-base balance of the foetal lamb. Zbl. Vet. Med. A *30,* 637–641, 751–755

Walser, K., H. Maurer-Schweizer (1978): Die Asphyxie der Neugeborenen. Tierärztl. Praxis *6,* 451–459

9.5.2 Neonataler Hypothermie-Hypoglykämie-Komplex, Milchmangel, Hungerhypoglykämie

Begriff und Vorkommen

Ebenso wie das neonatale Atemnotsyndrom stellt der neonatale Hypothermie-Hypoglykämie-Komplex eine bedeutende Verlustquelle in den ersten Lebenstagen dar. *Purvis* und Mitarbeiter (1985) geben einen Anteil von 43 % aller neonatalen Todesfälle bei Lämmern an, die durch Auskühlung und mangelhafte Milchaufnahme verursacht werden.

Ätiologie und Pathogenese

Bei diesem Komplex müssen für den exzessiven Wärmeverlust beziehungsweise für die deprimierte endogene Wärmebildung vier Ausgangssituationen unterschieden werden, wobei besonders untergewichtige Lämmer (< 4.2 kg), häufig Neugeborene aus Mehrlingsgraviditäten, gefährdet sind:

1. überwundenes neonatales Atemnotsyndrom mit anschließendem Hypothermie-Hypoglykämie-Komplex
2. Vitalitätsverlust infolge ungünstiger exogener Einflüsse innerhalb weniger Stunden (3 bis 12 Stunden)
   Als Faktoren wären aufzuführen:
   stark erniedrigte Außentemperaturen
   naßkalte Witterung
   Milchmangel des Muttertieres
   (Hypogalaktie oder Mastitis chronica)
   mangelhafte Lamm-Mutterschaf-Bindung (Abstoßen beziehungsweise Nicht-Erkennen der Lämmer)
   hoher Verbrauch an Energie (lange Wegstrecken) bei vermindertem Energieangebot
   Mißbildungen (Unterkieferverkürzungen) und Traumen (Rippenbruch, Beinfraktur), die die Nahrungsaufnahme behindern
3. kongenitale Stoffwechselstörungen wie Kupfermangel, Anämie und nutritive Muskeldystrophie, die die Motilität und somit die Milchaufnahme einschränken
4. ungenügend intrauterin angelegte Glykogenvorräte (Lämmer aus Mehrlingsgeburten, Lämmer von Mutterschafen mit Gestations-Hepatose) und dadurch Zusammenbruch der Normothermie, bevor die exogen zugeführte Energie regulierend zur Verfügung steht.

Der endogene Energiehaushalt ist unter all diesen genannten Bedingungen schnell erschöpft, obwohl die Leberglykogenkonzentration normalerweise drei- bis fünfmal höher als beim Muttertier ist. Die Umstellung von einer um 39 bis 40°C liegenden Uterusinnentemperatur auf niedrigere Außentemperaturen und die Trocknungsvorgänge post natum (Verdunstungskälte) verbrauchen auch unter physiologischen Bedingungen erhebliche Energie. Wird diese nicht in Form von Milch oder exogener Wärme zugeführt, oder kann sie endogen nicht in genügendem Maß gebildet werden, sinkt der Blutzuckerspiegel rasch ab (von ca. 4.44 mmol/l ≙ 80 mg/dl auf Werte < 2.78 ≙ 50 mg/dl). In Zusammenhang damit vermindert sich die Körperinnentemperatur. Normalerweise bewegt sie sich zwischen 38.5 und 39.5°C. Lämmer mit

Temperaturen zwischen 38.5 und 37.0 °C sind mäßig hypothermisch, solche mit < 37 °C stark hypothermisch. Bei Werten unter 32.0 °C kommt es ohne Hilfe von außen zum Exitus (Abb. 9.12 und 9.13).

Unklar ist, inwieweit das Wärmezentrum bei Lämmern gestört sein kann und dadurch die exogenen Bedingungen weniger gut kompensatorisch in der ersten Adaptionsphase überwunden werden.

Klinisches Bild

Die Lämmer stehen zitternd mit abgesenktem Kopf, manchmal klagend-rufende Laute von sich gebend, abseits der Herde, entfernt von ihren Müttern. In einigen, fortgeschrittenen Fällen liegen sie bereits. Hebt man sie auf, so lassen sie den Kopf infolge mangelnden Tonus hängen. Allgemein machen sie einen stark apathischen Eindruck. Die Körperinnentemperatur liegt weit unter 38 °C. Das Abdomen ist leer. Lungen- und Herzfunktion sind normal, Gelenke und Nabel unauffällig. Der Blutzuckerwert ist deutlich unter 80 mg/dl abgesunken ($\leq$ 50 mg/dl).

Pathologischer Befund

Allgemein untypisch, der leere oder nur gering gefüllte Gastrointestinaltrakt stellt den Hauptbefund dar.

Diagnose und Differentialdiagnose

Hinführende Symptome sind niedrige Rektaltemperatur, leeres Abdomen, zitternde, leicht kyphotische Haltung, Blutzuckerwert < 80 mg/dl (Haemoglukoteststreifen® Boehringer Mannheim), Hypogammaglobulinämie.
Differentialdiagnostisch muß an Border disease, Septikämie (Listeriose, Pasteurellose), Omphalophlebitis, Enteritis im status nascendi (Clostridium perfringens Typ B, E. coli, Rotaviren) und Anämie gedacht werden.

Therapie

Verabreichung von Glucoselösung (10 %ig) intraperitoneal (bis 50 ml); bewährt haben sich zusätzlich subkutane Depots. In besonders ausgeprägten Fällen wird vorgewärmte Glucoselösung intravenös gegeben. Milch wird in kleinen Mengen (50 ml bei einem großen, 5 kg schweren Lamm, 30 ml bei kleinerem, 3.5 kg schweren Lamm) per os mittels Schlundsonde verabreicht (mehrmals bis zur Wiederkehr des Saugreflexes). Mit einer Pipette wäre zusätzlich Glucoselösung (5 %ig) in die Mundhöhle zu tropfen (linguale und buccale Resorption). Die Lämmer sind an einen warmen Ort zu verbringen. Bei starker Auskühlung sind sie in eine allseits erwärmte, zugfreie Bucht oder in einen Inkubator (30 °C) zu legen (Abb. 9.12) Da diese Lämmer infektionsgefährdet sind, müssen sie antibiotisch abgedeckt werden.

Prophylaxe

Wichtig ist die Beobachtung, ob das neugeborene Lamm vom Mutterschaf angenommen wird und dort Milch aufnimmt. Euterkontrollen auf Füllungszustand und eventuell Mastitis sind vorzunehmen. Weiterhin ist dafür zu sorgen, daß die Ablammung an einem zugfreien, warmen Platz erfolgen kann. Die Lämmer sind vorsichtig trockenzureiben und vor Auskühlung zu schützen. Temperaturmessungen (elektronische Fieberthermometer) rund 4 bis 6 Stunden nach der Geburt weisen auf einen prodromalen Hypothermie-Zustand hin.

Literatur

Bostedt, H. (1988): Zu Problemen in der Peripartalperiode des Schafes: Ergebnisse einiger Untersuchungen. Prakt. Tierarzt 69, 24−29

Eales, F. A., J. Small, R. H. Armstrong (1980): Plasma composition in hypothermic lambs. Vet. Rec. 106, 310

Eales, F. A., J. Small, J. A. Dickson, M. Smith, A. W. Speedy (1984): Effectiveness in commercial practice of a new system for detecting and treating hypothermia in newborn lambs. Vet. Rec. 114, 469−471

Olson, D. P., C. F. Parker, B. R. Leamaster, J. E Dixon (1987): Responses of pregnant ewes and young lambs to cold exposure. Canad. Vet. J. 28, 181−186

Purvis, G. M., F. D. Kirby, D. C. Ostler, J. Baxter, J. Bishop (1985): Causes of lamb mortality in a commercial lowland sheep flock. Vet. Rec. 116, 469−471

9.6 Erkrankungen mit vorwiegend zentralnervöser Symptomatik

Erkrankungen mit zentralnervösen Symptomen sind bei Lämmern zahlreich. Eine Unterscheidung zwischen den verschiedenartigsten Ursachen ist in vivo oft schwierig. Dem pathologischen Sektionsbefund kommt besonders bei gehäuft auftretender Erscheinung große Bedeutung zu. In den Tabellen 9.12 und 9.13 sind einige der wichtigsten Krankheitskomplexe mit zentralnervöser Symptomatik für Schaf- und Ziegenlämmern in Abhängigkeit zum Geburtsalter aufgeführt. Somit wird zumindest ein Hinweis gegeben, welche differentialdiagnostischen Zusammenhänge bei neugeborenen oder älteren Lämmern bestehen können.

Tabelle 9.12 Mögliche Ursachen neurologischer Erkrankungen bei neugeborenen und älteren Lämmern

Lebensalter	Krankheit
1. Lebenswoche	kongenitale Enzephalopathie (Border disease)
	bakterielle Meningitis / Gehirn-RM-Abszeß
	Tetanus
	intrakranielle Blutung
	Hypoglykämie / Hypothermie
	Wirbelsäulenverletzung
	kongenitaler Kupfermangel
2. – 12. Lebenswoche	Enzephalomalazie durch Clostridieninfektion
	Tetanus
	bakterielle Meningitis / Gehirn-RM-Abszeß
	Listeriose (nervöse Form)
	nekrotisierende Myelopathie
	Kupfermangel
	Cerebrokortikalnekrose (CCN)
	Streßtetanie
	Vergiftungen

Tabelle 9.13 Zusätzliche, nur beim Ziegenlamm beschriebene neurologische Erkrankungen

Lebensalter	Krankheit
1. – 2. Lebenswoche	Caprine Herpesvirusinfektion
	Myotonia congenita
ab 4. Lebenswoche	Encephalomyelitis granulomatosa
	Caprine Arthritis-Encephalitis (CAE)

9.6.1 Kongenitale Encephalopathie, enzootische Zitterkrankheit, Border-Krankheit, Hypomyelinogenesis congenita

Begriff und Vorkommen

Bei der kongenitalen Encephalopathie handelt es sich um eine verlustreiche Herdenerkrankung mit Ausfällen besonders bei graviden Tieren und in der Gruppe neugeborener Lämmer. Sie ist in Großbritannien seit mehr als 100 Jahren bekannt, aber erst seit 1967 in ihrer Ätiopathogenese aufgeklärt. In Kontinentaleuropa trat sie jüngst in der Schweiz (*Cravero* und Mitarbeiter 1975) sowie in Süd- (*Bögel* 1964) und Norddeutschland (*Liess* et al. 1982) auf. Länder, in denen die kongenitale Encephalopathie eindeutig nachgewiesen wurde, sind darüber hinaus Australien, Neuseeland und die USA. Aus Norwegen liegt ein Bericht über die kongenitale Encephalopathie bei Ziegenlämmern vor (*Lóken* et al. 1982).

Ätiologie und Pathogenese

Der Erreger dieser Krankheit stammt aus der Gruppe der Togaviridae (Pestvirus). Es besteht eine direkte Beziehung zum Erreger der MD/VD der Rinder und ist von diesem nicht zu unterscheiden. Aus diesem Grund wird von einem Subtyp des MD/VD-Virus gesprochen. Die Übertragbarkeit des Virus vom Rind zum Schaf und umgekehrt ist zwar möglich, aber nur wenige Rinderstämme sind schafpathogen. Die Schafvirusstämme sind darüber hinaus in ihrer Zytopathogenität und Virulenz je nach Rasse unterschiedlich. Eine Querverbindung besteht dazu noch zum Schwein (serologische Verwandtschaft zur Schweinepest). Experimente zeigten auf, daß infizierte Muttersauen Ferkel mit zerebellarer Hypoplasie zur Welt bringen.

Das Virus wird alimentär oder aerogen übertragen und siedelt sich auf haematogenem Weg vorwiegend nach Passage der uterinen Schranke im Bereich der Plazentome ab. Feten sind von der zweiten bis zur 13. Entwicklungswoche noch empfänglich für das Virus. Je nach Zeitpunkt der Infektion kommt es im ersten Drittel der Gravidität zu embryonalem Tod oder zu Aborten mazerierter beziehungsweise mumifizierter Früchte. Im zweiten Drittel kommt es nach der Infektion des Feten zu einer raschen Vermehrung des Virus in dessen Haarfollikeln, später als Vliesveränderungen sichtbar, und im zentralen Nervensystem. Dadurch wird die Bildung der Myelinscheide behindert (Hypomyelinogenesis congenita). Infektionen nach dem 120. (90.) Tag verlaufen meist ohne große Folgen, da die dann beginnende feteneigene Immunabwehr im Großteil der Fälle in der Lage ist, Antikörper gegen diese Krankheit zu bilden. Immuntolerante Lämmer werden allerdings mit persistierender Virämie lebensschwach oder bereits tot geboren. Immuntolerante Lämmer, die überleben, scheiden das Virus über den Nasen-Rachenraum, Augensekret oder Urin für die Dauer von 6 bis 12 Monate aus. Darüber hinaus besteht eine dauernde Infektionsquelle durch Nachgeburtsteile und Fruchtwasser von virustragenden Mutterschafen.

Klinisches Bild

Erkrankte Lämmer werden mit überlangen Haaren oder Strähnen im Vlies, welche darüber hinaus noch stark pigmentiert sein können, geboren. Dazu kommt noch ein ständiger Schüttelreiz. Dieses Zittern betrifft besonders die Ohr- und Kopf-Nacken-Gegend sowie die Hinterschenkel und kann bis zum Krampf ausarten. Die Lämmer sind nicht in der Lage zu stehen und den Kopf in ruhige Saughaltung zu bringen. Das Syndrom — Vliesveränderung und Schüttelkrämpfe — hat zum Begriff der „Hairy-shaker-disease" geführt. Bei genauer Betrachtung der Schädelform fällt mitunter eine Verwölbung der Stirnpartie auf. Die Lämmer leiden infolge des Unvermögens, Milch aufzunehmen, an einer fortschreitenden Hypoglykämie.

Pathologischer Befund

Auffällig ist bei diesen kachektischen Lämmern das Vlies. Sie weisen weiterhin kaum einen Mageninhalt auf. Die Skelettknochen und der Unterkiefer können verkürzt sein, die Schädeldecke ist oft übermäßig gewölbt. Gehirn und Rückenmark sind unterentwickelt, das Kleinhirn oft hypoplastisch. Im Großhirn sind teilweise Hohlräume, mit Flüssigkeit gefüllt, nachweisbar.

Die Hypomyelinogenesis ist nicht regelmäßig nachweisbar, im Kleinhirnbereich und Rückenmark jedoch am leichtesten zu finden. Virusantigene lassen sich fluoreszenz-serologisch in sekretorischen Drüsen der Luft- und Verdauungswege, in den Basalzellen der Epidermis, in Schleimhäuten, in Nierenmark-, Pankreas- und Hodengewebe nachweisen (Terpstra 1978). Das Virus ist anzüchtbar.

Diagnose und Differentialdiagnose

Die Diagnose in der Herde ist nur dann sicher zu stellen, wenn das klinische Bild deutlich ausgeprägt ist. Dazu kommen noch pathologisch-histologische Befunde sowie Fluoreszenznachweise und das Ergebnis der Virusanzüchtung. Bei einem Teil der neugeborenen Lämmer, die noch nicht gesaugt haben, lassen sich Antikörper nachweisen. Serologisch positive Befunde bei Lämmern nach dem ersten Saugakt sind nicht beweisend für die Infektion (Aufnahme von Kolostralantikörpern).

Differentialdiagnostisch ist an alle zentralnervösen Erkrankungen bei neugeborenen Lämmern wie Kupfermangel zu denken. Bei Ziegenlämmern wäre auch die β-Mannosidose differentialdiagnostisch mit einzubeziehen.

Therapie

Eine direkte Behandlung ist nicht bekannt. Die lebensschwach geborenen Lämmer wären künstlich zu ernähren und so vor einer Hypoglykämie zu bewahren. Die Schüttelkrämpfe können sich mit fortschreitender Entwicklung verlieren. Allerdings muß wegen der gerade von diesen Lämmern eventuell ausgehenden Virusausscheidung abgewogen werden, ob eine Aufzucht sinnvoll ist, wenn die Herde saniert oder in ein Sanierungsprogramm integriert werden soll. Über die Durchführung der Sanierung wird auf Lehrbücher über Schafkrankheiten verwiesen.

Prophylaxe

Wirksame Impfstoffe sind noch nicht zugelassen. Das Virus selbst ist empfindlich gegenüber viriziden Desinfektionsmitteln, so zum Beispiel 2 bis 3%iger Natronlauge.

Literatur

Barlow, R., D. Patterson eds. (1982): Border disease of sheep: a virus-induced teratogenic disorder. Fortschritte der Veterinärmedizin, Heft *36*, Paul Parey Berlin u. Hamburg
Bögel, K. (1964): Über die Verbreitung eines Virus der Mucosal Disease-Gruppe in Schafherden Süddeutschlands. Zbl. Vet. Med. B *11*, 687–692
Clark, G., B. Ostburn (1978): Transmissible congenital demyalinating encephalopathia of lambs. Vet. Pathol. *15*, 68–82
Cravero, G., R. Fatzer, R. Frankhauser (1975): Border-Krankheit (Hypomyelinogenesis congenita) bei Lämmern in der Schweiz. Schweiz. Arch. Tierheilkd. *117*, 119–121
Gardiner, A., R. Barlow (1981): Vertical transmission of border disease infection. J. Comp. Path. *91*, 467–470
Liess, B., H. Blindow, S. Orban, B. Sassa-Patzer, H. Frey, D. Timm (1982): Aborte, Totgeburten, Kümmern und Lämmersterben in zwei Schafherden Nordwestdeutschlands — „Border-Disease" in der Bundesrepublik? Dtsch. Tierärztl. Wschr. *89*, 6–11
Løken, T., J. Bjerkås, B. Hyllseth (1982): Border disease in goats in Norway. Res. Vet. Sci. *33*, 130–131

Roeder, P. L., D. Sweasey, S. Terlecki (1983): Border disease virus infection of the newborn lamb. Br. Vet. J. *139*, 129–136

Terpstra, C. (1978): Detection of Border disease antigen in tissues of affected sheep and in cell cultures by immunofluorescence. Res. Vet. Sci. *25*, 350–355

9.6.2 Encephalomyelitis granulomatosa, Leukoencephalomyelitis, Caprine chronisch-progressive Arthritis und Encephalitis (CAE)

Vorkommen und Bedeutung

Die Encephalomyelitis granulomatosa ist eine sporadisch auftretende Erkrankung bei Ziegenlämmern im Alter ab einem Monat. Berichte über deren Vorkommen stammen aus Nordamerika, Kanada, Australien, Frankreich und der Schweiz. Jüngst wurde die Krankheit auch in der Bundesrepublik Deutschland beobachtet.

Ätiologie und Pathogenese

Die Virusätiologie der granulomatösen Encephalomyelitis konnte durch *Cork* und Mitarbeiter (1974) sowie *Crawford* et al. (1980) geklärt werden. Der Erreger wird den Retroviridae, und zwar der Subfamilie der Lentivirinae zugerechnet, der bei Ziegen Arthritis/Periarthritis des Karpalgelenkes sowie eine Encephalitis verursacht. Eine Beziehung dieses Virus zum Erreger der chronisch-intertestitiellen Pneumonie (Maedi) und der Meningoencephalitis (Visna) des adulten Schafes wurde nachgewiesen (*Sundquist* 1981). Zwischen dem Auftreten der akuten Symptome und der Infektion mit CAE-Viren liegt eine Latenzperiode von mindestens einem Monat bis zu mehreren Jahren. Eine Reihe von Ziegen sind seropositiv, erkranken jedoch klinisch nie. Seropositive Tiere können auch wieder seronegativ werden.

Bei Ziegenlämmern beziehungsweise Jungtieren kann die CAE frühestens in der Zeit zwischen erstem und viertem Lebensmonat akut werden. Eine Übertragung auf Schaflämmer ist durch infizierte Ziegenmilch möglich. *Straub* (1988) konnte einige wesentliche Punkte zur Übertragbarkeit der CAE auf Ziegenlämmer klären. Neugeborene von CAE-positiven Mutterziegen haben keine Antikörper im Blut, eine plazentare Übertragung scheint daher nicht gegeben. Der Antikörpergehalt im Kolostrum seropositiver Muttertiere reicht aus, Infektionen für einen kürzeren Zeitraum zu verhindern. Allerdings können die Antikörperspiegel von Laktationsperiode zu Laktationsperiode schwanken und sollen nach *Straub* (1988) nicht in beiden Euterhälften gleich sein. Im Kolostrum selbst sind wohl keine Viren enthalten, aus Milchen 7 Tage p.p. war jedoch infektionstüchtiges Virus isolierbar.

Klinisches Bild

Bei Ziegenlämmern ist in einem Teil der Fälle Nachhandschwäche zu beobachten. Wenn auch die Gelenke aller vier Extremitäten betroffen sein können, ist eine besondere Affinität der Infektion zu den Karpalgelenken festzustellen. Es handelt sich hierbei um eine progressive, chronische Arthritis. Die Synovia ist klar und weist nur einen geringen Zellgehalt auf (100–500 Zellen/mm^3). Im akuten Zustand, der selten ist, ist die Synovia rotbraun und der Zellgehalt stark erhöht (20 x 10^3 Zellen/mm^3, vorwiegend mononukleare Zellen).

Die Symptomatik, die für eine Encephalitis spricht, ist im Prodromalstadium geprägt vom Überköten der Fesselgelenke, später kommen Ataxien und fortschreitende Lähmungen hinzu (vollständige Paralyse). Während diese Tiere noch Nahrung zu sich nehmen, können jene, deren Encephalitis weit ausgedehnt ist, dieses nicht mehr. Sie zeigen vielmehr Tremor, Opisthotonus, Zwangsbewegungen. Mitunter werden auch Harninkontinenz und Wirbelsäulenschmerzen (Druckpalpation) beobachtet.

Im Liquor cerobrospinalis ist die Zellzahl erhöht (300–1900 Zellen/mm^3), der Globulinnachweis ist positiv. Im Blutbild liegen — allerdings seltener — Veränderungen im Sinne einer Leukopenie vom Typ der relativen Neutrophilie und Lymphopenie vor.

Pathologischer Befund

Vor allem zeigt das Rückenmark Veränderungen in Form von segmentalen Auftreibungen, die im Querschnitt bräunlich verfärbt sind. Histologisch läßt sich eine Meningo-Encephalomyelitis nachweisen. In der weißen Substanz kommt es in ausgeprägten Fällen zur disseminierten Encephalitis, im Hirnstamm sind tumorähnliche Strukturen vorhanden. Die Gelenke weisen eine mäßige Zottenhyperplasie und Hyperämie auf. Die Bursa praecarpalis ist vergrößert (fibrinoide Degeneration der Synovia mit reiskornähnlichen Partikeln).

Diagnose und Differentialdiagnose

Die Diagnose ist nur durch eine eingehende pathologische Untersuchung zu stellen. Differentialdiagnostisch kommen Listeriosemeningoencephalitis, Cerebro-Corticalnekrose und die kongenitale Myotonie in Betracht. Erkrankungen wie nutritive Muskeldystrophie oder enzootische Ataxie lassen sich klinisch durch CK-Aktivitäts- oder Cu-Plasma-Konzentrationsbestimmungen ausschalten.

Bei den Gelenkserkrankungen wäre an Chlamydien- und Mykoplasmenarthritis zu denken.

Die Antikörper lassen sich mit einem ELISA- oder durch den Agargelimmunodiffusions-Test bestimmen.

Therapie und Prophylaxe

Zur Zeit ist keine Therapie bekannt. Da Ziegenlämmer sich über die Ziegenmilch infizieren, wären diese unmittelbar nach der Geburt von den seropositiven Tieren zu trennen und artifiziell aufzuziehen. Allerdings gibt es hierzu noch keine vollgesicherten allgemeingültigen Aussagen. *Straub* (1988) konnte bei Lämmern, die mit 65°C erhitztem Kolostrum (30 Min.) beziehungsweise gekochter Milch aufgezogen wurden, Antikörper im ersten Monat nachweisen, die nach drei Monaten deutlich abgenommen hatten. Er schließt daraus, daß durch das Erhitzen des Kolostrums die Antikörper nicht denaturiert werden, durch das Kochen der Milch jedoch die Viren inaktiviert werden. Ähnliche Ergebnisse liegen von *Mac Kenzie* et al. (1987) vor. Noch nicht endgültig geklärt scheint dieser Untersuchung nach jedoch, ob Kolostrum infektiös ist oder nicht.

Im Moment sollten Lämmer von CAE positiven Tieren Kolostrum von CAE-negativen Tieren erhalten oder das der Muttertiere erhitzt werden, um dann mit einem aufgewerteten Milchaustauscher auf Rindermilchgrundlage die Aufzucht fortzuführen.

Literatur

Cork, L. C., W. J. Hadlow, T. B. Crawford, J. R. Gorham, R. C. Piper (1974): Infectious leukoencephalomyelitis of young goats. J. Infekt. Dis. *129*, 134–141

Crawford, T. B., D. S. Adams, W. P. Cheevers, L. C. Cork (1980): Chronic arthritis in goats caused by a retrovirus. Science *207*, 997–999

Dawson, M. (1987): Caprine arthritis-encephalitis. In Practice 8–11 (Beiheft Vet. Rec.)

Fatzer, R. (1979): Encephalo-Myelitis granulomatosa bei Zicklein in der Schweiz. Schweiz. Arch. Tierheilk. *121*, 329–339

Mac Kenzie, R. W., R. E. Oliver, J. P. Rooney, H. Kagei (1987): A successful attempt to raise goat kids free of infection with caprine arthritis encephalitis virus in an endemically infected goat herd. N. Zeal. Veter. J. *35*, 184–186

Mockenhaupt, C., K. Bauer (1987): Untersuchungen zur Caprinen Arthritis Encephalitis in Bayern und der Einfluß seuchenhygienischer Maßnahmen auf den Verlauf dieser Krankheit. Tierärztl. Umsch. *42*, 966–970

Oliver, R., A. Cathcart, R. McNiven, W. Poole, G. Robati (1985): Infection of lamb with caprine arthritis encephalitis virus by feeding milk from infected goats. Vet. Rec. *116*, 83

Straub, O. C. (1983): Vorkommen der virusbedingten Ziegen (Caprinen)-Arthritis-Encephalitis (CAE) in der Bundesrepublik Deutschland. Tierärztl. Umsch. *38*, 896–902

Straub, O. C. (1988): Übertragungsstudien bei der Ziegen (Caprinen)-Arthritis-Encephalitis. Vortrag Fachtagung der DVG über „Schaf- und Ziegenkrankheiten" in Gießen Proceed.

Sundquist, B. (1981): Goat visna virus. Isolation of a retrovirus related to visna-virus of sheep. Arch. Virol. *68*, 115–127

Zwahlen, R. M., M. Aeschbacher, T. Balcer, M. Stucki, M. Wyder-Walther, M. Weiss, F. Steck (1983): Lentivirusinfektionen bei Ziegen mit Carpitis und interstitieller Mastitis. Schweiz. Arch. Tierheilk. *125*, 281–299

9.6.3 Caprine Herpesvirusinfektion

Vorkommen und Bedeutung

Aus der Literatur liegen Beschreibungen über den Verlauf einer Herpesvirusinfektion bei Ziegenlämmern in Kalifornien und in der Schweiz vor (Saito et al. 1974, Mettler et al. 1979). Isoliert werden konnte ein Caprines Herpesvirus (Cap HV-1), wobei geringgradige Interferenzen zum BHV-1 bestehen.

Klinisches Bild

Lämmer im Alter von wenigen Tagen bis zu zwei Wochen weisen plötzlich Apathie und paralytische Erscheinungen an den Hintergliedmaßen auf. Typisch sind der Augen- und Nasenausfluß sowie die Erosionen in der Mundschleimhaut (Gingivitis). Der Krankheitsverlauf ist kurz (bis 5 Tage), die Mortalitätsrate hoch.

Pathologischer Befund

Petechiale Blutungen und Erosionen auf der Mundschleimhaut, im Magenbereich herdförmige Nekrosen. Der Darm (Caecum und Colon) ist stark verändert (verdickte Darmwand, rotviolette Verfärbung, großflächige Läsionen mit Schorfbildung).

Diagnose und Differentialdiagnose

In vivo ist sie nur verdachtsweise zu stellen. Auch der pathologische Befund läßt nur, trotz seiner Spezifitäten, eine Vermutung zu. Ein Erregernachweis aus Darmteilen, Harnblase oder Leber, eventuell noch Konjunktivalsekret, ist möglich. Differentialdiagnostisch sind Ecthyma contagiosum sowie Kupfermangel und Chlamydieninfektion auszuschließen.

Therapie und Prophylaxe

Eine Behandlung ist nicht bekannt. Eine ausreichende Desinfektion im Bestand ist zu empfehlen.

Literatur

Berrios P. E., D. G. Mc Kercher, H. D. Knight (1975): Pathogenicity of a caprine Herpesvirus. Am. J. Vet. Rec. 36 1736–1769

Metter F., M. Engels, P. Wild, A. Bivetti (1979): Herpesvirus-Infektion bei Zicklein in der Schweiz. Schweiz. Arch. Tierheilk. 121 655–662

Saito J. K., D. H. Gribble, P. E. Berrios, H. D. Knight, D. G. Mc Mercher (1974): A new Herpesvirus isolate from goats: preliminary report. Am. J. Vet. Res. 35 847–848

9.6.4 Tetanus, Wundstarrkrampf (Lockjaw)

Begriff und Vorkommen

Gegenüber einer Infektion mit dem Wundstarrkrampferreger (Clostridium tetani) sind neugeborene und ältere, noch nicht immunkompetente Lämmer besonders gefährdet. Nach Manifestation der Infektion kommt es bis auf wenige Ausnahmen zum Tod. Verluste durch Tetanus treten immer wieder auf, wären aber zum Teil vermeidbar.

Ätiologie und Pathogenese

Tetanus wird durch Clostridium tetani ausgelöst. Dieser sporentragende Keim findet sich im Boden, Staub und Holzteilen. Von dort aus gelangt er über offene, mäßig blutende Wunden (Kastrationswunden, Hundebisse, Verletzungen durch spitze Gegenstände) oder über den Nabel (schlecht desinfizierter Nabel, Omphalophlebitis) in den Organismus. Das sich entwickelnde Exotoxin wirkt neurotoxisch und haemolytisch.

Klinisches Bild

Nach einer Inkubationszeit von rund einer Woche kommt es zur Streckhaltung des Kopfes, Anheben der Ohren, Zittern. Der Gang wird staksig (Sägebockhaltung), Milch oder feste Futterbestandteile werden nicht mehr abgeschluckt (Trismus). Exogene Reize wie Auftreiben, schrille Laute etc. lösen tonisch-klonische Krämpfe aus. Im Finalstadium der Krankheit (3 bis 6 Tage nach Ausbruch) kommt es zum Festliegen in Seitenlage mit starr vom Körper abgestreckten Extremitäten (Abb. 9.14).

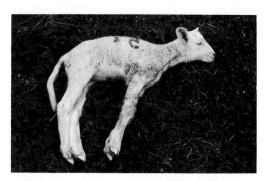

Abb. 9.14 Lamm mit Tetanus in starrer Strecklage

Die Lämmer sind nicht mehr in der Lage, die Extremitäten zu winkeln, Das Auge zeigt den Vorfall des dritten Augenlides, die Kiefer sind gegeneinander nicht mehr zu bewegen. Der Mundspalt steht offen (Abb. 9.15 s. Farbtafel 18). Kurz vor dem Exitus kommt es zur Erhöhung der Körperinnentemperatur ($> 41\,°C$).

Pathologischer Befund

Unauffällig, eventuell alte Wunden feststellbar. Eine Anzüchtung des Erregers ist möglich, gelingt jedoch nicht immer.

Diagnose und Differentialdiagnose

Das klinische Bild ist typisch. Differentialdiagnostisch kommen Meningoencephalitiden anderer Genese sowie CCN und Vergiftungen in Betracht.

Therapie und Prophylaxe

Eine Therapie kommt bei Lämmern, die an der schnellverlaufenden Form des Tetanus erkrankt sind, meist zu spät. Versucht werden könnte die epidurale Verabreichung von Antitoxin (2000–3000 i. E., eventuell auch i. v.) und zusätzlich 2000 i. E. s. c. Tägliche Wiederholung bis zur Besserung. Allerdings kann dadurch nur das im Gefäßsystem zirkulierende Toxin gebunden, nicht aber das bereits an das ZNS gekoppelte erfaßt werden. Zusätzlich sollte Penicillin G in hohen Dosen (3–5 Mill. E/d) zum Einsatz kommen. Die Lämmer sind bei sinnvoll erachtetem Behandlungsversuch darüber hinaus zu sedieren und relaxieren.

Die Prophylaxe besteht aus ausreichender Nabeldesinfektion und Desinfektion von zur Kenntnis gelangter Wunden. Hygienemaßnahmen bei Kastration oder Kupieren sind zu beachten. Bei allen blutigen Eingriffen sollte eine Tetanusserumprophylaxe erfolgen. Muttertiere sind über eine Impfung (Pulpyvax T®, Tetanustoxoid-Heptavac-P®) zu immunisieren, wodurch Antikörper über das Kolostrum dem Lamm vermittelt werden.

Literatur

Bizzini, B. (1979): Tetanus toxin. Microbiol. Rev. *43*, 224–240
Cooper, B. (1966): Protection of lambs against tetanus. N. Zeal. Vet. J. *14*, 186–190

9.6.5 Coliseptikämie, Colibacillose

Begriff und Vorkommen

Ältere Lämmer von Schaf und Ziege (ein bis sechs Wochen alt) können an einer systemischen Colibacillose erkranken, die akut oder perakut verlaufen kann. Beschrieben ist die Erkrankung jedoch auch bei nur wenige Tage alten Lämmern.

Ätiologie und Pathogenese

Als eine Septikämie hervorrufende Serotypen von E. coli sind 018, 035, 045, 055, 0111, 0128, 0156 und andere nachgewiesen. Die Serotypen wechseln von Bestand zu Bestand, so daß eine bestimmte Gruppe, die einheitlich die Colibacillose bei Lämmern auslöst, nicht angegeben werden kann. Die Keime dringen oral oder über Schleimhäute in den Organismus ein, verbreiten sich haematogen im gesamten Körper und überwinden dabei auch die Blut-Hirn-Schranke. Betroffen von der Bakteriämie sind Jungtiere ab der ersten, vermehrt ab der zweiten Lebenswoche.

Klinisches Bild

Bei systemischer, generalisierter E. coli-Bakteriämie kommt es bei perakutem Verlauf zu plötzlichen Todesfällen in der Gruppe der 1 bis 6 Wochen alten Lämmer. Die akute Erkrankung ist gekennzeichnet von Saugunlust, steifem Gang, geschwollenen, heißen Gelenken. Gleichzeitig, oder auch als alleiniges Leitsymptom, können zentralnervöse Erscheinungen (Opisthotonus, schwankender Gang, Koordinationsschwäche, blindes Anrennen von Gegenständen) ausgeprägt sein.

Pathologischer Befund

Es fallen besonders die Leber- und Milzschwellung sowie die teilweise ausgeprägte Meningitis auf. Die Gelenke zeigen typische Anzeichen einer akuten Arthritis. E. coli sind aus allen Organen, auch aus dem Gehirn zu isolieren.

Diagnose und Differentialdiagnose

Die systemische E. coli-Bakteriämie ist nur aufgrund des Sektionsbefundes sicher zu erkennen. Aus Nasentupfern lassen sich häufig bei Colibacillose E. coli in vivo isolieren. Differentialdiagnostisch wäre sowohl an Polyarthritiden anderer Genese (Rotlauf-, Chlamydienpolyarthritis), als auch bei Opisthotonus an Vitamin B_1-Mangel (CCN) und Enterotoxämie zu denken.

Therapie und Prophylaxe

Es kommen nur gegen gramnegative Bakterien voll wirksame Antibiotika (Tetracyclin, Gentamycin, Polymyxin B) oder Sulfonamide in Betracht. Allerdings sind die Heilerfolge dann gering, wenn bereits zentralnervöse Störungen bestehen, da die Antibiotika die Meningen nur zum Teil zu durchdringen vermögen. Besonders wirksam ist Cefataxim aus der Gruppe der Cephalosporine oder andere Cephalosporine.

Literatur

Colovka M. P. (1983): I. Colibacteriosis of lambs under natural and experimental conditions II. Histopathology of experimental colibacteriosis in lambs (russ.). Veterin. (Kiev) *58*, 9–13
Mason R. W., A. Corbould (1981): Colisepticaemia of lambs. Austr. Vet. J. *57*, 458–460
Rao P., N. L. Char (1983): Colibacillosis in lambs and its zoonotic significance. Ind. Vet. J. *60*, 870–872

9.6.6 Listeriose, Listerienmeningoencephalitis, Listerienseptikämie
(Listeriosis, Circling disease)

Begriff und Vorkommen

Die Listeriose kommt bei adulten Schafen und Ziegen weltweit vor und führt zu hohen Verlusten in den betroffenen Herden. Über Listeriose bei Lämmern liegen nur wenige Mitteilungen vor.

Ätiologie und Pathogenese

Auslösendes Agens ist Listeria monocytogenes. Dieser Keim kommt in den oberen Erdschichten, aber auch in Faeces gesunder Schafe vor. Aufgenommen wird er in hohen Konzentrationen über verschmutztes Futter, vorwiegend über erdbehaftete Silage. Bei zu hohem Infektionsdruck erkranken die adulten Tiere vorwiegend in den Wintermonaten unter typischen Anzeichen (encephalitische Form). Bei Erstlingsschafen kommt es auf der Grundlage von Listeriose spontan jedoch auch zu Aborten und zur Geburt toter oder lebensschwacher Lämmer. Diese verenden dann meist unter septikämischen Erscheinungen in den ersten Lebenstagen (Listerienseptikämie). Darüber hinaus können Listerien auch über die Milch euterkranker Schafe (Listerienmastitis) auf neugeborene Lämmer übertragen werden.

Ältere Lämmer, die bereits in der Lage sind, größere Mengen Silage aufzunehmen, erkranken mehr an der encephalitischen Form, die mit der adulter Tiere vergleichbar ist (Gehirnlisteriose).

Klinisches Bild und pathologischer Befund

Septikämische Form: Diese betrifft nur Lämmer in den ersten Lebenstagen oder -wochen (2 bis 14 Tage, bis zu 4 Wochen). Es ist nicht immer profuser Durchfall bei hohem Fieber ausgeprägt. Spontane Todesfälle sind häufig, besonders bei bereits lebensschwachen Tieren.

Pathologisch-anatomisch sind die Befunde eher unspezifisch. Lebernekrosen (miliare, fokal konzentrierte) stehen im Vordergrund. Blutungen befinden sich im Labmagen und Dünndarm sowie in Epikard. Aus Nekrosematerial der Leber ist der Keim zu isolieren.

Encephalitische Form: Beschrieben ist sie bereits bei fünf Wochen alten Lämmern, vorwiegend kommt sie jedoch bei 2–5 Monate alten Mastlämmern vor. Als Eintrittspforte für die Listerien kommt wohl die Darmschleimhaut in Betracht. Diskutiert werden müssen aber auch Verletzungen im buccalen oder peridontalen Bereich (Zahnschieben), wodurch die Listerien am Trigeminus entlang direkt ins Gehirn gelangen. Zentralnervöse Symptome sind: Kopfschiefhaltung, Drehbewegungen, Lähmungen im Kopfbereich, Kaubeschwerden. Es kommt innerhalb weniger Tage zum Zusammenbruch unter Opisthotonus und rudernden Bewegungen in Seitenlage.

Im Gehirn ist eine eitrige Encephalomyelitis gleich der der adulten Form nachzuweisen. Der kulturelle Nachweis von Listeria monocytogenes aus dem Gehirn ist möglich, aber schwierig.

Diagnose und Differentialdiagnose

Septikämische Form: Die Diagnose ist schwer in vivo zu stellen; das Auftreten von encephalitischer Listeriose bei adulten Schafen und Aborte beziehungsweise Geburt lebensschwacher Lämmer kann als gewisser Verdacht gelten. Todesfälle neugeborener Lämmer bei Schafen mit Euterentzündung wären ebenfalls für Listerien-Septikämie verdächtig. Eine Absicherung muß letztendlich über den pathologischen Befund erfolgen. Abortmaterial, totgeborene Lämmer und verdächtige (Mastitis-)Milch sind auf eventuell vorliegende Listeriose zu untersuchen.

Differentialdiagnostisch kommen E. coli-Infektionen, Pasteurellose, Salmonellose, Clostridiose (bösartige Lämmerruhr) in Betracht.

Encephalitische Form: Auch hier ist der pathologische Befund entscheidend. Verdacht besteht jedoch, wenn Silage gefüttert wird. Differentialdiagnostisch wäre an Virusencephalitis, Cerebrocorticalnekrose, Otitis, Tetanus zu denken.

Therapie

Bei fortgeschrittener Krankheit kommt eine wirkungsvolle Therapie zu spät. Leichtere Fälle sind durch Antibiotikagaben eventuell zu retten (Ampicillin, Tetracycline, Sulfonamide). Es besteht für Listeriose *Meldepflicht*. In Verdachtsfällen ist die Silagefütterung bei Aufzucht- und Mastlämmern sofort abzusetzen bis eine Klärung erfolgt ist.

Prophylaxe

Gegen Listeriose werden Impfungen mit avirulenter Lebendvakzine empfohlen. Zu beachten ist aber, daß eine belastungsfähige Immunität schwer zu erreichen ist und Lämmer erst ab der 8. bis 12. Woche über ein körpereigenes Immunsystem verfügen. Zu überprüfen ist die Silage. Weiterhin ist die β-Karotin- und Vitamin A-Versorgung sicherzustellen. Besonderes Augenmerk ist bei Listerienaborten und Mastitiden auf das hygienische Umfeld zu richten.

Literatur

Amtsberg, G. (1979): Zur Epidemiologie und Diagnostik der Listeriose. Dtsch. Tierärztl. Wschr. *86,* 253–257, 295–299

Charlton, K., M. Garcia (1975): Spontaneous listeric encephalitis and neuritis in sheep: light microskopic studies. Vet. Pathol. *14,* 297–313

Mayer, H., G. Steng (1975): Die Listeriose der Schafe und das Problem der Impfprophylaxe. Prakt. Tierarzt *56,* 149–152

Wachendörfer, G., H. Zirpel (1976): Zur Vorbeugung und Bekämpfung der Schaflisteriose. Prakt. Tierarzt *57,* 362-268

Wardrope, D. D., N. S. M. Macleod (1983): Outbreak of listeria meningoencephalitis in young lambs. Vet. Rec. *113,* 213–214

Worbes H., G. Ilchmann, W. Achtzehn (1989) Erprobung einer bulgarischen Lebendvakzine zur Immunprophylaxe der Listeriose der Schafe Mh. Vet. Med *44,* 454–456

9.6.7 Bakterielle Meningoencephalitis, Hirnhautentzündung

Hierunter wird eine eitrig fibrinöse oder rein eitrige Entzündung der Hirnhaut mit Übergreifen auf die Hirnsubstanz verstanden.

Bei Lämmern in den ersten beiden Lebenswochen können hochakute Meningitiden auftreten. Auffallendste Merkmale sind die neurologischen Störungen (Krämpfe, Ataxien, pathologische Kopfhaltungen). Es besteht hohes Fieber. Innerhalb weniger Tage verenden die Lämmer. Bei der Sektion fallen vor allem gräuliche Ausfüllungen des Arachnoidealraumes auf. Die Furchungen der Hirnoberfläche sind nur noch undeutlich konturiert (Abb. 9.16 s. Farbtafel 18). Histologisch lassen sich Fibrinausschwitzungen, eine Emigration neutrophiler Granulozyten und Bakterien nachweisen.

Die Ursachen dafür können verschieden sein: Neben E. coli (s. d.), Proteus und Pseudomonaden (Pseudomona aeruginosa) kommen beim Lamm vor allem Kokken als Erreger in Betracht. Weniger häufig sind in diesem Alter Listerien an diesem Geschehen beteiligt. Eintrittspforten für diese Keime sind der Nabel sowie der Nasen-Rachen-Raum.

Von den Kokken spielen vor allem Staphylokokken, Pneumokokken und Streptokokken (β-haem. Streptokokken) eine Rolle. Die beim Menschen beschriebenen Meningokokken (Neisseria meningitidis) wurden bislang nicht nachgewiesen.

Die Behandlung richtet sich nach dem Keimbefund. Gentamycin ist angezeigt bei E. coli-Meningitis, hohe Dosen von Penicillin G – eventuell halbsynthetische Penicilline – bei Kokken.

Literatur

Dahme E., E. Weiß (1983): Grundriß der speziellen pathologischen Anatomie der Haustiere. Enke Verlag Stuttgart, 3. Auflage

Masalski, N., N. Pavlov, P. Kandov (1982): Streptococcus zooepidemicus infection in newborn lambs. Vet. Med. Nauki Sofija *19,* 51–57

9.6.8 Myotonia congenita

Aus den USA liegt ein Bericht vor, der die Myotonia congenita bei Ziegenlämmern beschreibt. Die unwillkürlich eintretenden Muskelkontraktionen beginnen im Alter bis zu zwei Wochen. Die Muskelkontraktionen dauern rund 20 bis 40 sec. Dabei werden die Extremitäten abduziert und der Kopf in opisthotone Haltung gebracht. Die Kontraktur löst sich von alleine und kehrt nach einer halben Stunde zurück.

Die Krankheit verläuft nicht tödlich. Sie wäre eventuell mit der beim Menschen auftretenden *Thomsen'* Krankheit zu vergleichen. Elektronenmikroskopisch zeigen sich Proliferation und Dilatation in den sacrotubalen Elementen, zunehmende Dichte der t-Tubuli und eine Degeneration der Mitochondrien. Es liegen Beobachtungen vor, daß diese Myotonie auch in heimischen Beständen auftritt. Das Krankheitsbild bietet Verwechslungsmöglichkeiten mit der CAE (9.6.2).

Literatur

Atkinson, J. B., V. S. LeQuire (1985): Myotonia congenita (Goat). Comp. Pathol. Bull. *17,* 3–4

9.6.9 Nekrotisierende Myelopathie

Diese Krankheit tritt akut bei 8 bis 12 Wochen alten Lämmern auf. Sie zeigen Ataxie und Lähmungen der Hinterextremitäten. Ursache sind knorpelige Zubildungen beziehungsweise fibröse Embolien zwischen Dura mater und Arachnoidea des Rückenmarkes in Höhe der Lendenwirbel. Es kommt zu Nekrosen der Muskulatur. Die Untersuchung hinsichtlich bakterieller oder parasitärer Ursachen verliefen bislang negativ.

Literatur

Abid, H. N., M. A. Holscher (1983): Acute necrotizing myelopathy in lambs. Vet. Med. Small Anim. Clin. 78, 1615–1616

9.7 Erkrankungen des Respirationstraktes

Infektionen des Respirationstraktes können zwar monokausal entstehen, in der Hauptsache handelt es sich aber um ein multikausales Geschehen. Die durch sie verursachten Verluste sind erheblich, wobei die indirekten die direkten übertreffen. Die indirekten entstehen durch schlechte Gewichtszunahme nach überstandener, aber nicht vollständig ausgeheilter Erkrankung, die direkten durch Todesfälle. Jedoch entwickelt sich nicht in jedem Fall nach Kontamination pneumonieverursachender Keime eine akute oder chronische Krankheit. Offenbar überstehen Lämmer auch eine Reihe stiller, vorwiegend virusbedingter Infektionen und sind dann partiell oder permanent dagegen gefeit.

9.7.1 Pasteurellose, Enzootische Pneumonie

Begriff und Vorkommen

Hierbei handelt es sich nach allgemeiner Ansicht um eine monokausale Pneumonie, wenngleich eine bestimmte, virusbedingte Vorschädigung beziehungsweise Besiedlung des Lungengewebes mit Mykoplasmen oder Chlamydien für das Haften der Infektion denkbar ist. Die Krankheit ist weltweit verbreitet und verursacht in den betroffenen Schaf- und Ziegenherden in septikämischer Form hohe Verluste unter Saug- und Mastlämmern.

Ätiologie und Pathogenese

Auslösendes Agens ist Pasteurella haemolytica in verschiedenen Biotypen, weniger Pasteurella multocida. Dies ist ein kleines, gramnegatives, aerobes Stäbchenbacillus, das aufgrund der deutlichen Hämolyse und des Wachstums auf McConkey-Agar gut von P. multocida zu differenzieren ist. Adulte Schafe und Ziegen sind häufig passive Träger des Keimes und übertragen ihn so auf neugeborene und ältere Lämmer. Ungünstige Umweltverhältnisse (zu hohe Bestandsdichte, unhygienische Ablammboxen, feucht-kalte Witterung), mangelhafte Versorgung mit Kolostrum sowie erhöhter Infektionsdruck mit Viren, Mykoplasmen oder Chlamydien führen zu einer schnellen Verbreitung und Kontamination mit Pasteurella haemolytica, wobei wechselnde Biotypen (Biotyp A mit Serotypen 1, 2, 5, 6, 7, 8, 9, 11, 12, 13, 14, Biotyp T mit Serotyp 3, 4, 10 und 15) isoliert werden können. Biotyp A verursacht die septikämische Form der Pasteurellenpneumonie bei Saug- und Junglämmern, Biotyp T bedingt die systemische Pasteurellosis bei adulten Tieren.

Bei Ziegenlämmern soll die durch Pasteurellen verursachte Pneumonie und Pleuritis auch durch ein an diese Tierart adaptiertes P. multocida hervorgerufen werden.

Klinisches Bild

Sauglämmer (Biotyp A) zeigen kurzzeitig Apathie mit Anorexie, doppelschlägige frequente Atmung, serös-schaumigen Nasenausfluß, Augenausfluß und hohes Fieber ($> 40°C$). Oft werden diese Symptome übersehen oder in ihrer Tragweite zu Beginn des Ausbruches falsch eingeordnet. Nach den ersten, plötzlichen Todesfällen wird die Aufmerksamkeit auf weitere erkrankte Tiere gelenkt (Zurückbleiben von der Herde, breitbeiniges Stehen mit frequenter Atmung, serösschaumiger Nasenausfluß).

Bei **älteren Lämmern** sind die Anzeichen ähnlich. Giemend-rasselnde Geräusche in der Lunge sind ausgeprägt. Die Krankheit verläuft jedoch nicht so progressiv wie bei Sauglämmern.

Pathologischer Befund

Blutstauungen in allen Organen sowie andere typische Anzeichen der Sepsis fallen sofort auf. In der Lunge älterer Lämmer sind dazu noch grau-weiße Punkte (1 bis 2 mm Durchmesser) zu sehen, manchmal Adhäsionen und Abszesse. Gelegentlich sind Meningitiden und Arthritiden festzustellen, die aber bei der akutseptikämischen Form der Sauglämmer fehlen.

Diagnose und Differentialdiagnose

Bei plötzlichen Todesfällen und pneumonischen Erscheinungen bei noch lebenden Lämmern ist ein Hinweis auf Pasteurellose gegeben. Dieser muß jedoch durch pathologische Befunde und mikrobiellen Nachweis erhärtet werden (Nasentupferproben, Rachenabstriche). Differentialdiagnostisch sind Virus-, Chlamydien- und Mykoplasmen-Pneumonien, aber auch andere septikämisch, perakut verlaufende Erkrankungen auszuschließen (Listeriose, Enterotoxämie, Coliseptikämie).

Therapie und Prophylaxe

Zur Bekämpfung der akuten Infektionen sind Sulfonamide, Gentamycin und Oxytetrazyclin (Langzeittetrazyclin) einzusetzen. Serumgaben können unterstützend appliziert werden (Pasteurellenserum). Vitamin A-Gaben beschleunigen die Ausheilung. Bei Sauglämmern wären Seren mit Wirkung gegen P. haemolytica angezeigt, wenngleich ein durchgreifender Schutz bei bereits bestehender Seuche in der Herde dadurch nicht gewährleistet ist. Besser wäre es, zusätzlich Oxytetrazyclin bis zum Abflauen des akuten Infektionsschubes zu verabreichen. Hohe Vitamin A-Gaben sind ebenfalls angezeigt. Muttertiere und ältere Lämmer sind zu vakzinieren (Pasteurellenvakzine, Kombinationsimpfstoffe). Insgesamt ist für eine Verbesserung der hygienischen Gesamtlage zu sorgen, die Besatzdichte zu mindern sowie die Belüftung im Aufzuchtstall zu verbessern.

Literatur

Dyson, D. A., N. J. L. Gilmour, K. W. Angus (1981): Ovine systemic pasteurellosis caused by Pasteurella haemolytica biotype T. J. Med. Microbiol. *14,* 89–95

Gilmour, N. (1978): Pasteurellosis in sheep. Vet. Rec. *102,* 100–102

Gilmour, N., W. Martin, J. Sharp, D. Thompson, P. Wells (1979): The development of vaccines against pneumonic pasteurellosis in sheep. Vet. Rec. *104,* 15

Malone, F. E., S. J. Mc Cullough, M. F. Mc Loughlin, H. J. Ball, J. O. Hagan, S. D. Neill (1988): Infections agens in respiratory disease of housed, fattening lambs in Northern Ireland. Vet. Rec. *122,* 203–207

Stamp, T., J. Watt, J. Thomlinson (1955): Pasteurella haemolytica septicaemia of lambs. J. Comp. Pathol. *65,* 183–196

Stevenson, R. (1969): Respiratory diseases of sheep. Vet. Bull. *39,* 747–757

Thompson, D., J. Fraser, N. Gilmour (1977): Serotypes of Pasteurella haemolytica. Res. Vet. Sci. *32,* 130–131

9.7.2 Chlamydienpneumonie

Begriff und Vorkommen

Diese Form der Pneumonie kommt in zwei Altersgruppen vor: bei Neugeborenen sowie bei Mast- und Absatzlämmern. Beide Formen müssen als eigenständiges Krankheitsbild gesehen werden.

Ätiologie und Pathogenese

Chlamydien sind kleinste, lichtmikroskopisch gerade noch wahrnehmbare, unbewegliche Mikroorganismen, die früher als große Viren bezeichnet wurden. Ihre Eigenschaften (DNS und RNS vorhanden, rudimentäre Zellwand mit ähnlichem Aufbau wie bei gramnegativen Bakterien, Vermehrung durch Querteilung, nachdem Elementarkörperchen $\varnothing$ 0.3 μm durch Phagozytose in die Zellen gelangt sind und sich dort zu Initialkörperchen umbilden) sprechen aber für ihre Klassifizierung als eigene Ordnung in der Gruppe der Rickettsien.

Bei adulten Schaf wird durch Chlamydia psittaci das seuchenhafte Verwerfen ausgelöst. Darüber hinaus ist eine Übertragung auf noch fetale Lämmer möglich, die dann lebensschwach zur Welt kommen. Oder aber sie infizieren sich unmittelbar post natum. Bei älteren Lämmern kann es ebenfalls zu einer akuten Infektion kommen, wobei die Übertragung primär durch Kontakt mit adulten, infizierten und ausscheidenden Schafen ausgelöst wird, um sich dann horizontal weiterzuverbreiten.

Klinisches Bild

Lämmer, die in vom Aborterreger Chlamydia psittaci durchseuchten Herden geboren werden, sind für die *Neugeborenenpneumonie* stark gefährdet. Eine intrauterine Übertragung ist nachgewiesen. Sie kommen dann lebensschwach zur Welt und verenden innerhalb weniger Tage. Häufiger ist jedoch, daß sich die Lämmer unmittelbar post natum infizieren, da Schafe post abortum lange Zeit (Harn 67 Tage, Milch 134 Tage, nach *Mitcherlich* 1970) den Erreger ausscheiden. Über nasale und orale Wege wird er dann inokuliert. Es kommt nach kurzer Inkubationszeit zu hochgradigen pneumonischen Erscheinungen, wobei Husten fehlt, die Atmung aber stark frequent (80–120/Min) ist. Im Verlauf der Erkrankung kommt es auch zu Diarrhoe.

Die *Pneumonie bei Mastlämmern* beginnt mit einer hochgradigen Dyspnoe (giemende Atemgeräusche), wobei hechelnde Atmung und Atemfrequenzerhöhung (80–140/Min) besonders auffallen. Aus den Nasenlöchern ergießt sich serösschleimiges Sekret. Die Körperinnentemperatur ist auf 40 bis 42 °C angestiegen. Mit Fortschreiten der Krankheit kommt es zu akuter Maulatmung, im Liegen in Sternalhaltung wird der Kopf weit nach vorne gestreckt.

Pathologischer Befund

Die Lunge ist landkartenartig von einzelnen entzündeten Arealen übersät. Sie ist fleischiggummiartig. Histologisch sind zwei Formen nachzuweisen (*Stellmacher* et al. 1980).

1. interstitielle Pneumonie mit ausgeprägter Hyperämie und zelligen Reaktionen im Interstitium.
2. Anhäufungen von Alveolarphagozyten mit teilweiser Aktivierung des Bronchialepithels.

Diagnose und Differentialdiagnose

Bei neugeborenen Lämmern mit Pneumonie muß in Zusammenhang mit Chlamydienaborten („Virusabort") an eine Infektion durch Chlamydia psittaci gedacht werden. Bei älteren Lämmern sind wohl einige typische Merkmale (Maulatmung, starke Dyspnoe) vorhanden. Aber sowohl im ersten als auch im letzteren Fall muß die Diagnose durch einen Chlamydiennachweis erhärtet werden.
Differentialdiagnostisch kommen Pasteurellose, Para-Influenza-3-Infektion, andere Viruspneumonien sowie verminöse Pneumonie (Mastlämmer) in Betracht.

Therapie und Prophylaxe

Empfohlen wird der Einsatz von Oxytetrazyclin (20 mg/kg/KG) und Erythromycin. Gegen die Neugeborenen-Chlamydien-Pneumonie kann durch Vakzination der Muttertiere a. p. prophylaktisch vorgegangen werden.

Literatur

Dungworth, D. (1963): The pathogenesis of ovine pneumonia III. Placental infection by pneumonitis virus. J. Comp. Pathol. *73*, 68–72
Mitcherlich, E. (1970): Seuchenhaftes Verlammen bei Schafen. Übersichtsreferat. Dtsch. Tierärztl. Wschr. *77*, 264–268, 288–289
Stellmacher, H., R. Lippmann, G. Schulz (1980): Chlamydien-Pneumonie bei Mastlämmern. Mh. Vet. Med. *35*, 250–251

9.7.3 Mykoplasmenpneumonie
(Atypical pneumonia)

Mycoplasma ovipneumoniae-Infektionen werden im englischen Schrifttum unter die atypischen Pneumonien eingereiht. Der Erreger wird als fakultativ pathogen eingestuft. Er wird häufiger in Zusammenhang mit Pasteurella haemolytica, aber auch mit Adenoviren gefunden. Dennoch scheinen Mykopleninfektionen in einzelnen Beständen zu erheblichen Verlusten infolge einer ausgeprägten Pneumonie zu führen. Sie betrifft Lämmer im Alter von mehr als 6 Wochen. Diese zeigen nach anfänglich guter Entwicklung und Symptomfreiheit ausgeprägten Husten mit Dyspnoe und fortschreitender Kachexie. Die Futteraufnahme ist vermindert. Todesfälle sind weniger zu registrieren, die Verluste werden durch den Gewichtsverlust bedingt.

Ein Verdacht auf M. ovipneumoniae-Infektion besteht, wenn trockener Husten zu beobachten ist. Die Diagnose ist durch pathologische Befunde und mikrobiellen Nachweis zu sichern. Pathologische Untersuchungen ergeben eine proliferative, interstitielle Pneumonie mit Hyperplasie des Alveolar- und Bronchialepithels und das Auftreten alveolärer Makrophagen. Der Nachweis von Mykoplasmen gelingt auch aus Nasentupfern oder Rachenabstrichen in vivo.

Eine kausale Therapie ist kaum anzugeben, da zahlreiche Antibiotika keine Wirkung gegenüber Mykoplasmen haben. Versucht werden könnte die Applikation von Tetrazyclin oder Tylosin-Injektionslösung 5 %ig. Mitbestimmt wird der Therapieplan von den Begleitkeimen. Verbesserungen des hygienischen Umfeldes, insbesondere die Verringerung der Besatzdichte, können einen Seuchenzug zum Stillstand bringen.

Literatur

Bölske, G., P. O. Nilsson, E. Thunegard (1982): Paavisande av Mycoplasma ovipneumoniae hos lamm med proliferativ interstiell pneumoni. Svensk Veter.-Tidn. *34*, 9–11
Jones, G. E., D. Buxton, D. B. Harker (1979): Respiratory infections in housed sheep, with particular reference to mycoplasmas. Vet. Microbiol. *4*, 42–59
Thurley D. C., B. W. Boyes, D. Davies, M. F. Hopkins, E. O'Connell, S. Humphreys (1977). Subclinical pneumonia in lambs. N. Zeal. Vet. J. *25*, 173–176
Malone, F. E., S. J. Mc Cullough, M. F. Mc Loughlin, H. J. Ball, J. O'Hagan, S. D. Neill (1988): Infections agents in respiratory disease of housed, fattening lambs in Northern Ireland. Vet. Rec. *122*, 203–257

9.7.4 Haemophilus agni-Infektion

Nur indirekt zu den Lungenerkrankungen zu rechnen ist die Infektion mit *Haemophilus agni*. Bereits 1958 wurde der Keim bei Lämmern mit Septikämie durch *Kennedy* und Mitarbeiter nachgewiesen. Ein neuerer Bericht liegt von *Lundberg* (1986) vor. Haemophilus agni ist ein gramnegativer Keim, wobei seine taxonomische Zuordnung noch nicht eindeutig geklärt ist.

Die Lämmer erkranken plötzlich ohne Prodromalstadium, liegen in Brust oder Seitenlage fest und verenden innerhalb kurzer Zeit, fast apoplektiform. Betroffen sind vor allem die Lunge, das Perikard, die Lymphknoten und das Gehirn von dieser Infektion. Im Lungengewebe bestehen Mikrothromben in den Alveolarsepten, im Gehirn lassen sich neutrophile Infiltrationen nachweisen.

Da es sich bei der Haemophilus agni-Infektion über eine perakute Septikämie handelt, kommt eine Behandlung meist zu spät. In der Prophylaxe wären in gefährdeten Herden Antibiotika mit eindeutiger Wirkung auf gramnegative Keime anzuwenden.

Literatur

Kennedy, P.C., L.M. Frazier, G.H. Theilen, E.L. Biberstein (1958): A septicaemic disease of lambs caused Haemophilus agni (new species). Am. J. Vet. Res. *19*, 645–654

Lundberg, M.S. (1986): Isolation of Haemophilus agni from six Alberta ram lambs with septicemia. Can. Vet. J. *27*, 501–503

9.7.5 Virusinfektionen des Respirationstraktes

Viruserkrankungen des Respirationsorganes sind in Zusammenhang mit polyfaktoriellen Infektionen zu sehen. Eine eindeutige Unterscheidung allein vom klinischen Bild her ist nicht möglich. Erst der mikrobiologische Nachweis gibt Aufklärung und in manchen Fällen die Grundlage für eine kausale Therapie.

Parainfluenza-3-Virus-Infektion

Nach Untersuchungen von *Valder* und Mitarb. (1977) weisen 71.2 % der älteren Lämmer in heimischen Beständen Antikörper-Titer gegen PI-3 auf. Allerdings scheinen hier bestimmt regionale Unterschiede zu bestehen.

Von der PI-3-Infektion ist bekannt, daß sie beim Schaf in der Regel mild verläuft. Nur in vereinzelten Fällen kommt es zum Ausbruch deutlicher Symptome. Infektionen mit Parainfluenza-1-Virus sind beim Schaf bedeutungslos. Wahrscheinlich stellen PI-3-Viren unter ungünstigen Bedingungen den Wegbereiter für andere, bakterielle Erreger (vor allem Pasteurella haemolytica) von Pneumonien dar. Eine Übertragung des Erregers von Kälbern auf Lämmer ist möglich.

Nach kurzer Inkubationszeit (2 bis 3 Tage) kommt es zu Apathie und febrilen katarrhalischen Erscheinungen im Bereich der oberen Luftwege (Nasenausfluß, Konjunktivitis, Dyspnoe oder Tachypnoe). Durch Experimente konnte ermittelt werden, daß eine reine intranasale Inokulation des Virus zu keinen, eine kombinierte intranasalintratracheale Inokulation dagegen zu typischen Krankheitssymptomen bei Lämmern führt.

Die Diagnose ist nur nach eindeutigem Nachweis von Parainfluenza-3-Viren sicher zu stellen, wobei die Proben aus der Lunge oder den kaudalen Tracheaabschnitten stammen müssen. Nach überstandener Infektion sind Antikörpertiter nachzuweisen und können so, allerdings nachträglich, zur Aufklärung eines seuchenhaften Geschehens beitragen.

Adenovirus

Der Nachweis von Antikörpertiter gegen Adenoviren gelang in Schafbeständen Nordhessens nicht (*Becker* 1983), was allerdings keine allgemeingültige Aussage darstellt. Denn Adenoviren spielen bei Pneumonien der Mastlämmer in England, Neuseeland und Ungarn offenbar eine Rolle. In Ungarn sind vorwiegend die Serotypen des ovinen Adenovirus (oA) oA 1, oA 5 und das bovine Adenovirus 2 (bA) von Lämmern mit Pneumonie isoliert worden. Ovine Adenoviren halten sich lange (bis 80 Tage) in einem Bestand nach der Erstinfektion. Auch bei ihnen ist eine Interaktion zu Pasteurella haemolytica gegeben.

Die klinischen Anzeichen der respiratorischen Erkrankung sind sehr unterschiedlich und abhängig vom auslösenden Serotyp. Anorexie, Niesen, Nasenausfluß und Pneumonie sind jedoch allgemein vorhanden.

Pathologisch-anatomisch handelt es sich um eine Spitzenlappenpneumonie, wobei die Bronchial- und Mediastinal-Lymphknoten vergrößert sind. Es besteht pathologisch-histologisch eine proliferative Bronchiolitis.

Die Diagnose ist ebenso wie bei PI-3-Infektionen nur durch eindeutigen virologischen Befund zu stellen.

Reovirus

Von den Reoviren sind es die Typen 1, 2 und 3, die bei Schafen vorkommen und bei Lämmern gefunden werden. *Becker* (1983) stellte fest, daß der Gehalt an Antikörper des Reovirustyp 1 eindeutig über den anderer Typen bei Lämmern dominiert. Der Durchseuchungsgrad betrug in heimischen Herden laut dieser Untersuchung 90 % und mehr. Nachgewiesen wurde er auch in ungarischen Lämmerbeständen.

Eine direkte, typische Symptomatik besteht allerdings nicht. Offensichtlich handelt es sich um eine stille Infektion. Sie kann aber Leitschiene für bakterielle Erkrankungen sein (Past. haemolytica).

Andere Virusinfektionen

Den Respiratory Syncytial Virus (RSV) wurde bislang nur bei Schafen in Nordamerika gefunden. Lämmer, die damit infiziert wurden, wiesen eine mild verlaufende Lungenentzündung bei subfebrilen Temperaturen auf. Die Übertragung des, wahrscheinlich die Lungenadenomatose auslösenden, Retrovirus auf Lämmer gelingt. Nach kurzer Zeit bereits sind in der Lunge dieser Tiere die Viren inokuliert (*Sharp* et al. 1983).

Literatur

Becker, H. J. (1983): Serologische und virologische Untersuchungen in nordhessischen Schafherden unter besonderer Berücksichtigung der Erkrankungen des Respirationstraktes. Vet. Diss. Gießen

Belak, S., V. Palvi (1974): Isolation of reovirus type 1 from lambs showing respiratory and intestinal symptoms. Arch. Ges. Virusforsch. *44*, 177–183

Belak, S. (1980): Properties of ovine adenoviruses. Acta Vet. Acad. Sci. Hungaricae *28*, 47–55

Cutlip, R. C., H. D. Lehmkuhl (1983): Experimental infection of lambs with ovine adenovirus isolate RTS-151: lesions. Am. J. Vet. Res. *44*, 2395–2402

Davis, D. H., D. L. Dungworth, A. T. Mariassy (1984): Experimental adenovirus infection of lambs. Vet. Microbiol. *6*, 113–128

Davis, D. H., B. A. H. Jones, D. C. Thurley (1981): Infection of specific pathogenfree lambs with Parainfluenzavirus-type 3, Pasteurella haemolytica and Mycoplasma ovipneumonia. Vet. Microbiol. *6*, 295–308

Hore, D. E., R. G. Stevenson (1969): Respiratory infection of lambs with an ovine strain of parainfluenzavirus-type 3. Res. Vet. Sci. *10*, 342–350

Malone, F. E., S. J. Mc Cullough, M. F. Mc Loughlin, H. J. Ball, J. O'Hagan, S. D. Neill (1988): Infections agents in respiratory disease of housed, fattening lambs in Northern Ireland. Vet. Rec. *122*, 203–207

Sharp, J. M., K. W. Angus, E. W. Gray, F. M. M. Scott (1983): Rapid transmission of sheep pulmonary adenomatosis (jaagsiekte) in young lambs. Arch. Virol. *78*, 89–95

Valder, W., G. Wachendörfer, H. Knothe, L. Stoll, G. Witzigmann (1977): Serologische Befunde bei Schaflämmern – Ein Beitrag zur Frage der Verbreitung bestimmter Infektionskrankheiten bei dieser Spezies. Dtsch. Tierärztl. Wschr. *84*, 466–468

9.7.6 Akutes Atemnotsyndrom bei älteren Lämmern

Aus Norwegen liegen Berichte vor, daß nach Herdenabtrieb von Bergweiden Lämmer fortgeschrittenen Alters ein respiratorisches Atemnotsyndrom zeigten. Klinische Symptome sind: schwere Dyspnoe, Tachykardie, Hyperthermie und Magenatonie. Pathologisch-anatomisch liegen Lungenemphysem und Lungenoedem, Herzmuskelblutungen, helle Nierenrinde vor. Histologisch ist ein von leukozytären Infiltrationen geprägter Emphysembefund (alveolär und interstitiell) neben Myokarddegeneration und Glomerulonephritis nachzuweisen.

Haematologisch war eine Hypokalzämie und Hypoglykämie gegeben. Blutgasanalytische Befunde fehlen in den Berichten.

Literatur

Ulvund, M. J., H. Grønstøl (1984): Acute respiratory distress syndrome (ARDS) in lambs. I clinical and patho-anatomical investigations, II Hematology, Nord. Vet. Med. *36*, 88–97, 170–178

9.8 Erkrankungen des Digestionstraktes

Erkrankungen der Mundhöhle sowie des Gastrointestinalsystems treten bei Schaf- und Ziegenlämmern in hohem Maße auf. In der ersten Entwicklungsphase sind es vor allem das Schieben der Zähne erst nach der Geburt, die postnatal einsetzende Ausreifung des Darmepithels und die nicht in jedem Fall sichergestellte Versorgung mit maternalen Antikörpern, welche den Verdauungstrakt gegenüber bereits geringen exogenen Einflüssen besonders empfänglich machen. Infektionen mit Viren, Bakterien, Protozoen oder Parasiten spielen an dieser Stelle in der frühen Aufzuchtperiode eine überragende Rolle (Tab. 9.14).

Das labile Gleichgewicht innerhalb der Verdauungsorgane wird aber noch durch zwei weitere Faktoren beeinflußt. Zum einen handelt es sich um die im jugendlichen Alter einsetzende Entwicklung vom monogastrischen zum polygastrischen System. Dies bedingt in der späten Milchernährungsperiode wesentliche Veränderungen in den Verdauungsprozessen. In den ersten postnatalen Wochen wird die aus der Milch stammende Laktose durch die im Darmepithel gebildete Laktase zu Glucose hydrolisiert. Erst später übernehmen die im Vormagensystem vorhandenen Mikroorganismen die Spaltung der Kohlenhydrate zu flüchtigen, leicht resorbierbaren Fettsäuren. So kann es auch in dieser Umstellungsphase zu Störungen kommen, die aber häufig milder und nicht so verlustbringend wie die der ersten Adaptationsphase verlaufen.

Zum anderen sind auch die durch Änderung der Haltungs- und Aufzuchtsysteme bedingten Krankheiten in die allgemeine Betrachtung einzubeziehen. Durch sie, und besonders durch die gesteigerte Konzentrationsdichte in den Aufzucht- und Mastgruppen, besteht die Gefahr, daß morbiditätsauslösende und mortalitätsverursachende Infektionen leichter auf das Gastrointestinalsystem übertragen werden. Einer eigenen Untersuchung zufolge beruhten 50.9 % der Todesfälle in einem Bestand mit mutterloser Aufzucht auf Erkrankungen im Magen-Darm-Trakt.

9.8.1 Ecthyma contagiosum, Lippengrind, Orf
(Sore mouth, Contagious ecthyma)

Begriff und Vorkommen

Von dieser Orf-Virus-Infektion können Schaf- und Ziegenlämmer gleichermaßen betroffen werden. Die Krankheit breitet sich immer mehr aus und ist überall anzutreffen. Die durch sie entstehenden Verluste sind erheblich, wobei die indirekten (Gewichtsverlust) im Vordergrund stehen.

Ätiologie und Pathogenese

Verursacht wird der Lippengrind durch das Parapoxvirus ovis. Es ist auf Ziegen und Schafe sowie auf deren Lämmer gleichermaßen übertragbar. Betroffen sind vor allem Lämmer im Alter von 5 Tagen bis zu 4 Monaten in latent infizierten Herden. Eine Prädisposition für diese Erkrankung besteht bei mutterlos aufgezogenen Neugeborenen. Der Erreger ist äußeren Einflüssen gegenüber sehr stabil.

Der Erreger haftet an der Euterhaut, im Zwischenklauenspalt, in der Mundgegend und im Genitalbereich adulter Tiere. Weiterhin sind Virusträger Stalleinrichtungen, Gummisauger, Staub und Einstreu. Von diesen verschiedenen Lokalisationen wird das Virus auf die Lämmer übertragen. Es dringt durch feinste Verletzungen in die Unterhaut ein. Diese sind vor allem beim Zähneschieben in der Mundleiste gegeben. Durch seine Vermehrung in den Epithelzellen entstehen Papeln, Pusteln und Krusten. Diese heilen ohne Narbenbildung ab. Die Kontagiosität ist hoch. Als Inkubationszeit werden wenige Tage bis zwei Wochen genannt. Eine horizontale Übertragung von Ziegen auf Schafe und umgekehrt ist anzunehmen.

Unterschieden werden muß die mild verlaufende Form der Virusinfektion von der bösartigen, die offenbar mit einer Virulenzsteigerung in Verbindung steht (*Valder* et al. 1979). Bei ihr kommt es zu tiefgehenden kutanen Läsionen in der Schleimhaut der Zahnleiste, die sich dann auf Zunge, Pharynx und Oesophagus ausdehnen können.

Kompliziert wird in beiden Fällen das Krankheitsbild durch bakterielle Sekundärinfektionen (u. a. Fusobacterium necrophorum). Die Verluste entstehen nicht so sehr durch die Virusinfektion selbst, sondern müssen vielmehr in dem auszehrenden Prozeß infolge tagelangen Unvermögens, Nahrung aufzunehmen und abzuschlucken, gesehen werden.

Klinisches Bild

Innerhalb weniger Tage können neugeborene oder ältere Lämmer zunehmende Apathie bei ständigem Speichelabgang aus dem Mundspalt erkennen lassen. Der Speichel kann mit Blut durchmischt sein. Die Tiere nehmen keine Nahrung mehr auf und stehen mit aufgekrümmtem Rücken zitternd an geschützten Stellen oder Stallecken. Die Körperinnentemperatur liegt im Normbereich, in hypoglykämischen Fällen auch deutlich darunter.

Bei Öffnung des Mundspaltes (Untersuchung mit Einmalhandschuhen wegen der Übertragungsgefahr) sind Papeln und Pusteln, teilweise bereits konfluierende offene Stellen zu erkennen (Abb.

9.17 und 9.18 s. Farbtafel 19). Prädisponierter Ort ist die Zahnleiste, in schweren Fällen sind auch Zunge und Kehlkopf betroffen. Ist bereits eine Sekundärinfektion eingetreten, kenntlich an käsigen Belägen, entströmt dem Mund ein übelriechender Geruch.

Pathologischer Befund

Die Läsionen im Mundbereich sind deutlich ausgeprägt. Histologisch sind eitrige Entzündungsprozesse bei Sekundärinfektionen nachzuweisen. Das Virus kann in abgestoßenen epidermalen Zellen oder in Pustelinhalten elektronenmikroskopisch nachgewiesen werden.

Diagnose und Differentialdiagnose

Die Diagnose ist in vivo klar zu stellen. In die Diagnose einzubeziehen sind die Muttertiere (podale, labiale, genitale Form des Ecthyma contagiosum).

Differentialdiagnostisch wäre das Lämmerdiphtheroid zu berücksichtigen, wobei die Frage ist, ob dieses nicht allgemein die Folgeform einer primären Parapoxvirus-Infektion darstellt.

Therapie und Prophylaxe

Bei bereits eingetretener Krankheit müssen die befallenen Lämmer von den noch nicht betroffenen möglichst wegen der hohen Kontagiosität getrennt werden. Gegen die Sekundärerreger ist eine antibiotische Behandlung vorzunehmen. Die Läsionen werden mit Kamillelösung (Kamillosan®), Chlorhexidin (Chlorhexamed®) oder PVP-Jod (verdünntes Braunol®) täglich betupft. Die Lämmer, die nicht mehr allein Nahrung aufnehmen können, sind künstlich zu ernähren (parenteral, oral), wobei die Schlundsonde stets nach einmaligem Gebrauch auszukochen ist.

In Notsituationen werden Impfungen mit Lebendimpfstoff (kutane Impfung mit virulentem Impfstoff in die Schenkelinnenfläche) zur Prophylaxe angegeben. Die Skarifikation der Haut ergibt jedoch häufig eitrige Läsionen. Besser wäre daher die subkutane Impfung mit einem durch Zellkulturpassagen abgeschwächten Lebendimpfstoff (Mayr et a. 1981), der jedoch noch nicht im Handel ist. Diese könnte bereits bei neugeborenen Lämmern angewandt werden, wobei die Impfreaktion durch die gleichzeitige Verabreichung eines Paramunitätsinducers (Duphamun®) gemildert werden kann. Eine Wiederholung wird nach 10–14 Tagen vorgenommen.

Literatur

Bostedt, H. (1978): Zum Ecthyma contagiosum beim Lamm. Prakt. Tierarzt *59*, 775–777

Mayr, A., M. Merlyn, H. Mahnel, A. Danco, A. Zach, H. Bostedt (1981): Bekämpfung des Ecthyma contagiosum (Pustulardermatitis) der Schafe mit einem neuen Parenteral-Zellkultur-Lebendimpfstoff. Zbl. Vet. Med. B *28*, 535–552

McKeever, D. J., H. W. Reid (1986): Survival of Orfvirus under British winter conditions. Vet. Rec. *118*, 613–614

Schieferstein, G., O. Straub, A. Bendix (1976): Ecthyma contagiosum (Orf). Dtsch. Tierärztebl. 73, 3231–3236

Tontis, A., H. König, R. Kaderli, L. Walter (1981): Ausbruch von Lippengrind (Ecthyma contagiosum) in zwei Schafherden und einem Ziegenbestand. Schweiz. Arch. Tierheilk. *123*, 19–28

Valder, W. A., O. C. Straub, W. Thiel, G. Wachendörfer, K. Zettl (1979): Ecthyma contagiosum des Schafes – Wandel des klinischen Bildes. Tierärztl. Umsch. *34*, 828–836

Wachendörfer, G., A. Valder (1980): Erfahrungen mit der Prophylaxe gegen Ecthyma contagiosum beim Schaf. Prakt. Tierarzt *61*, 479–482

9.8.2 Stomatitis necroticans, Lämmerdiphtheroid, Mundnekrobazillose

Begriff und Vorkommen

Nekrosebazillen können in der Mundschleimhaut zu schweren Entzündungen führen. Die betroffenen Stellen weisen diphtheroide Beläge auf. Eintrittspforte für Fusobacterium necrophorum stellen entweder kleine Verletzungen (Zahndurchbruch, Traumen) oder in den meisten Fällen die durch eine Ecthyma contagiosum-Infektion gesetzten Wundflächen dar. Im letzteren Fall stellt also die Stomatitis necroticans-Infektion eine Komplikation des virusbedingten Ecthyma dar.

Ätiologie und Pathogenese

Fusobakterien sind gramnegative, streng anaerob wachsende, fadenbildende Stäbchen, die überall in der Natur vorkommen. Bei Pflanzenfressern werden sie auch im Darm nachgewiesen. Im Klauenbereich verursachen sie Moderhinke.

Bei bestehenden Verletzungen oder Rhagaden in der Mundschleimhaut von Lämmern siedelt sich der Keim dort an und kann sich unter günstigen Bedingungen (offene Wunden, aufgegangene Blasen bei Ecthyma contagiosum) schnell vermehren. Die Übertragung geschieht meist durch moderhinkekranke Tiere. Der Zustand ist sehr schmerzhaft, so daß es zu einer totalen Milchaufnahmeverweigerung bei fortschreitender Auszehrung kommt.

Klinisches Bild

Die befallenen Lämmer weisen Saugunlust, Apathie und vermehrte Salivation auf. Die Körperinnentemperatur schwankt zwischen 40 und 41°C. Die Lämmer sind schlecht genährt und exsikkotisch. Aus dem Mundspalt entströmt ein übelriechender süßlich-fader Geruch. An der Zahnleiste, im Backenbereich und an der Zunge sind gelblich-nekrotische, von einer Kruste überdeckte Stellen zu sehen. Bei vorsichtigem Ablösen kommt es zu Blutungen. Häufig besteht gleichzeitig eine Pneumonie.

Pathologisch-anatomischer Befund

Schwere nekrotische Veränderungen in der gesamten Mundhöhle, die sich bis in den Oesophagusbereich fortsetzen. Das Magen-Darmsystem ist nur mit geringer Milchmenge gefüllt. In der Lunge bestehen katarrhalisch-eitrige Prozesse. Mitunter kommt es zur Metastasierung in Leber, Niere, Milz und im Gehirn. In dem aus den Tiefen der Nekrosen entnommenen Material sind Fusobakterien nachzuweisen.

Diagnose und Differentialdiagnose

Die Diagnose ist in ausgeprägten Fällen sicher zu stellen. In die Untersuchung sind jedoch auch gesund erscheinende Sauglämmer mit einzubeziehen, da diese bereits Veränderungen im Sinne eines Ecthyma contagiosum aufweisen können. Differentialdiagnostisch kommen weiterhin Fremdkörperverletzungen durch Rauhfutter, Spelzen, Draht in Betracht.

Therapie und Prophylaxe

Schwer erkrankte, bereits stark exsikkotische Fälle sind kaum mehr zu retten. Wenn es sich um eine Einzeltier- oder Kleinherdenhaltung handelt, kann die Ernährung der Lämmer mit der Schlundsonde sichergestellt werden, um sie energetisch aufzubauen. Die Ernährungsweise ist bis zum Abklingen der akuten Erscheinungen und wiederbeginnender selbständiger Milchaufnahme fortzusetzen. Die Mundschleimhaut ist mit Kamillentee (oder Kamillosanlösung), Chlorhexidin- (Chlorhexamed®) oder Kaliumpermanganatlösung (1 bis 2‰) täglich mehrmals zu spülen.

Dazu muß eine parenterale Versorgung mit gegen gramnegative Erreger gerichteten Antibiotika vorgenommen werden. In Großherdenhaltung beruhen die therapeutischen Maßnahmen vorwiegend auf Mundspülungen und Antibiose. Die schwer erkrankten Lämmer sind wegen Aussichtslosigkeit eines Heilerfolges unter wirtschaftlichen Bedingungen schmerzlos zu töten.

Die Prophylaxe besteht in einer Bekämpfung des Lippengrindes (Ecthyma contagiosum) durch Impfung, im weiteren in der Verbesserung des hygienischen Umfeldes. Hierher gehört vor allem die Sanierung der Schafe mit Moderhinke. Zu grobes Rauhfutter oder spelzenhaltiges Kraftfutter sollten Lämmer wegen der Verletzungsgefahr in der Mundhöhle nicht erhalten.

Literatur

Bostedt, H. (1978): Zum Ecthyma contagiosum beim Lamm. Prakt. Tierarzt 59, 775–777

Salisbury, R., M. Armstraong, K. Gray (1953): Ulceromembraneous gingivitis in the sheep, N. Zeal. Vet. J. 1, 51–52

9.8.3 Brachygnathia inferior – Unterkieferverkürzung

Von besonderer Bedeutung ist eine auf erblicher Disposition beruhende Fehlbildung, die *Brachygnathia inferior*. Diese Verkürzung des Unterkiefers bedingt ein fehlerhaftes Aufeinandertreffen der Zahnleiste beziehungsweise später der Zähne auf die Dentalplatte. Es handelt sich hierbei um eine lebensbeeinträchtigende Mißbildung. Die Lämmer sind nicht in der Lage, den Saugakt folgerichtig auszuführen. Später können sie Gras von der Grasnarbe nicht ihrer Art entsprechend aufnehmen (Abb. 9.19).

Abb. 9.19 Brachygnathia inferior bei einem neugeborenen Lamm

Erschwerend kommt hinzu, daß die Unterkieferverkürzung bei der Geburt häufig übersehen wird oder aber erst gering, später dominanter ausgeprägt ist (Absatzlämmer, Jungböcke). Dennoch kann durch Anlegen eines Meßstabes am Flotzmaul in senkrechter Richtung schon früh der Zustand einer Unterkieferverkürzung erkannt werden.

Die Ursachen dafür sind nicht genau bekannt. Nachgewiesen ist eine Chromosomenaberration, die gleichzeitig mit einem Hb-Mangel in Verbindung steht. Ob ein Eisenmangel beim Muttertier während der Gravidität als förderndes Moment in Betracht kommt, muß weiter untersucht werden.

Literatur

Glahn-Luft, B., H. Schneider, J. Schneider, R. Wassmuth (1978): Agnathie beim Schaf mit Chromosomenaberration und Hb-Mangel. Dtsch. Tierärztl. Wschr. 85, 472–474

9.8.4 Rota-Virus-Diarrhöe, Virusenteritis der Sauglämmer

Begriff und Vorkommen

Ähnlich wie bei anderen Tierarten wurde beim Lamm die Bedeutung viraler Infektionen als Ursache neonataler Diarrhöe bis in die siebziger Jahre hinein zugunsten bakteriell bedingter Diarrhöen unterschätzt. Aufgrund eingehender Untersuchungen konnte aber nachgewiesen werden, daß Rotaviren vielfach bei diarrhöeerkrankten Sauglämmern nachzuweisen sind und ursächlich diese auslösen (*Snodgrass* et al. 1977).

Ätiologie und Pathogenese

Es gelingt bei kolostrumlos aufgezogenen Lämmern experimentell, eine Rotavirus-Diarrhöe innerhalb eines Zeitraumes von 14 bis 22 Stunden auszulösen. Da Rotaviren im Darm von adulten Schafen persistieren und so über den Kot ausgeschieden werden, kann sich das noch in der Geburt befindliche Lamm bei Austritt des Kopfes durch die Rima vulvae und den dadurch gegebenen unmittelbaren Kontakt mit dem Kot des Muttertieres oral infizieren. Meist wird die Rotavirusinfektion durch Zukauf adulter Schafe oder Lämmer in die Herde eingeschleppt. Bei bereits latenter Infektionslage erkranken Lämmer dann gehäuft, wenn exogene Stressoren in den ersten Lebenstagen auf sie suppressiv einwirken. Besonders gefährdet sind Lämmer, die ungenügend mit Kolostrum versorgt worden sind oder die Kolostrum mit zu geringem Antikörpergehalt erhielten.

Die Affinität der Rotaviren zu den Duodenalzotten bedingt deren Atrophie. In diesem geschädigten Milieu können E. coli-Keime haften und ihre krankmachende Wirkung entfalten (weiter Ätiopathogenese s. Rotavirus-Infektion beim Kalb).

Klinisches Bild

Die Rotavirus-Diarrhöe tritt vorwiegend beim Lamm in den ersten Lebenstagen (1.–3.) bis zur 2. Lebenswoche auf. Eine reine Rotavirus-Infektion ist wohl selten nachzuweisen, meist handelt es sich um Mischinfektionen. Als am Diarrhöegeschehen mitbeteiligte Keime sind E. coli, häufig E. coli var. haemolytica, Chlamydien und Kryptosporidien zu finden.

Infizierte Neugeborene verfallen rasch nach der Geburt und weisen Körperinnentemperaturen von 40°C und mehr auf. Die Sauglust nimmt ab. Mit gekrümmten Rücken stehen sie teilnahmslos umher. Der Kot ist wäßrig-gelblich mit vereinzelten Gewebsbestandteilen versehen. Die Augen werden glanzlos und treten in die Augenhöhlen mit wachsendem Grad der Exsikkose zurück. Aufgehobene Halshautfalten bleiben über längere Zeit bestehen.

Da das im Kot vorhandene Virus über Monate hinweg haltbar ist und so direkt aufgenommen werden kann, tritt die Rotavirus-Diarrhöe seuchenhaft auf und verursacht hohe indirekte und direkte Verluste.

Diagnose und Differentialdiagnose

Das klinische Bild ist zu unspezifisch, um eine Rotavirus-Infektion zu erkennen. Ein gesicherter Nachweis kann über die Elektronenmikroskopie, über serologische Verfahren (*Elisa*) oder kulturelle Anzüchtung erfolgen.

Differentialdiagnostisch kommt die Diarrhöe auf der Grundlage einer reinen E. coli-, Salmonellen- oder Clostridium perfringens-Infektion beziehungsweise Kryptosporidien-Infektion für die ersten Lebenstage hauptsächlich in Betracht (Tab. 9.14).

Therapie und Prophylaxe

Bei bereits manifester Infektion ist eine kausale Therapie nicht möglich. Es kommen daher vorwiegend symptomatische Verfahren zur Anwendung. Sie bestehen aus Zufuhr von Elektrolyten und Glucose per os mit Schlundsonde. Hierzu eignen sich auch die für das Kalb angebotenen Mischungen. Es ist jedoch zu beachten, daß der Glukoseanteil in der Lösung auf 10 % erhöht werden sollte. Für Lämmer speziell wird Lectade Quick® angeboten (s. Colienteritis 9.8.7). Darüber hinaus kann die Verabreichung von sterilen Elektrolyt- und Glucoselösungen intraperitoneal beziehungsweise subkutan über mehrere Tage hinweg geschehen. Die die Rotavirus-Diarrhöe begleitende E. coli-Infektion wird durch geeignete Antibiotika (Polymyxin B, Oxytetrazyclin, Gentamycin) bekämpft.

Als Prophylaxe kommt vor allem die ausreichende Versorgung mit Kolostrum in Frage. Lebensschwache Lämmer müssen dieses in homologer oder heterologer Form mit der Schlundsonde erhalten. Mutterschafe können auch rechtzeitig vor der Geburt inaktivierte Rotavirus-Vakzine in Kombination mit Impfstoffen gegen E. coli- und Cl. perfringens-Infektionen erhalten, wodurch das Kolostrum mit Antikörpern angereichert wird (*Campell* et al. 1977 *Wells* et al. 1978).

Literatur

Campell, S., M. Siegel, B. Knowlton (1977): Sheep immunoglobulins and their transmission to the neonatal lamb. N. Zeal. Vet. J. *25*, 361–365

Reid, J. (1976): The common diarrheas of sheep in Britain. Vet. Rec. *98*, 496–499

Snodgrass, D., J. Herring, L. J. Linklater, D. Dyson (1977): A survey of Rotaviruses in sheep in Scotland. Vet. Rec. *100*, 341

Wells, P., D. Snodgrass, J. Herring, A. McDawson (1978): Antibody titres of lamb Rotavirus in colostrum and milk of vaccinated ewes. Vet. Rec. *103*, 46–48

9.8.5 Lämmerdysenterie, bösartige Lämmerruhr, Enterotoxämie Typ B
(Lamb dysentery, Bloedpens)

Begriff und Vorkommen

Bei der Lämmerdysenterie handelt es sich um eine seit langem bekannte akute bis perakute Darmentzündung bei ein bis wenige (14) Tage alten Schaf- und Ziegenlämmern. Sie wird durch Clostridium perfringens Typ B verursacht. Bei wenige Tage alten Lämmern herrscht die akute und perakute Form der Erkrankung, bei Lämmern, die über eine Woche alt sind und erkranken, mehr die subakute oder mildverlaufende Form vor. Die Verluste durch diese Krankheit sind erheblich. Die Mortalitätsrate beträgt je nach Alter der Lämmer 30 bis 50 % und mehr.

Ätiologie und Pathogenese

Der grampositive, anaerob wachsende Keim Clostridium perfringens ist in der Natur vor allem im Boden anzutreffen, kommt aber auch als Besiedler der Intestinalflora bei juvenilen und adulten Schafen und Ziegen vor und wird so über die Faeces ausgeschieden. Unklar ist, unter welchen Bedingungen Clostridium perfringens Typ B seine krankmachende Wirkung plötzlich bei Lämmern entwickelt. Beobachtungen weisen darauf hin, daß Enterotoxämie Typ B bei einschneidenden Klimaänderungen sowie Streßsituationen allgemeiner Art besonders am Ende der Lammzeit in Erscheinung tritt. Offensichtlich wird dann der Infektionsdruck zu hoch. Die Infektion betrifft nicht nur Lämmer unter Stallhaltungsbedingungen, sondern auch solche, die auf der Weide geboren wurden. Lämmer, die artifiziell aufgezogen werden, sind im besonderen Maß anfällig (mangelnde Kolostrumversorgung, Umstallungs- und Absetzstreß). Es kommt zu plötzlichen Todesfällen unter den Sauglämmern, wobei vor allem die Gruppe der ein bis fünf Tage alten Tiere betroffen ist.

Klinisches Bild

Zu unterscheiden ist das Krankheitsbild in seinen Verlaufsformen in Abhängigkeit zum Lebensalter. Je jünger die Lämmer sind, desto gefährlicher können sie erkranken. Gesunde Lämmer in gutem Ernährungszustand im Alter von ein bis fünf (sieben) Tagen weisen plötzliche Saugunlust auf. Der Rücken ist gekrümmt. Sie zeigen deutliche Schmerzreaktionen auf Druckpalpation im kranialen Abdominalsegment hin. Der Labmagen kann leicht tympanisch ausgeweitet sein. Stark rollende, glucksende Geräusche sind auskultatorisch festzustellen. Die Körpertemperatur liegt anfänglich im Normbereich, steigt jedoch innerhalb weniger Stunden auf Werte von > 40 °C an. Zu Beginn der Erkrankung besteht keine Diarrhöe; diese tritt erst 12 Stunden später in Erscheinung. Dieser Umstand kann in der Anfangsphase zu einer Fehlinterpretation in vivo führen, zumal dann, wenn von vorausgegangenen Todesfällen ohne äußerlich erkennbare Diarrhöe berichtet wird. Wird Durchfall beobachtet, so ist der Kot anfangs grün-gelblich-schaumig, später bräunlich-blutig. Mit fortgeschrittener Diarrhöe kommt es zu Exsikkose. Der Blut-pH sinkt auf Werte <

7.25 ab. Es bestehen deutliche Anzeichen einer metabolischen Acidose.

Seltener weisen die Lämmer zentralnervöse Störungen (schwankender Gang, autoauskultatorische Haltung im Liegen, Koordinationsschwäche der Extremitäten, blindes Anrennen gegen Hindernisse) auf.

Je später die Lämmer erkranken (> eine Lebenswoche), desto milder verläuft die Erkrankung. Es herrscht mehr die subakut, leichter verlaufende Form vor. Allerdings kommt es bei ihnen auch mit fortschreitender Diarrhöe zu Dehydration mit starker Exsikkose, beides klinische Zeichen, die bei akutem oder perakutem Verlauf in der Gruppe der wenige Tage alten Lämmer kaum zu sehen sind. Bei diesen jungen Tieren ist wohl der Toxinschock so groß, daß es noch vor der ausgeprägten Dehydration zum Tod kommt.

Pathologisch-anatomischer Befund

Bei der akuten und perakuten Form findet sich ein gasgefüllter Labmagen und ein mit grünlichschaumigem Kot versehener Dünndarmabschnitt. Die Magen-Darm-Schleimhaut weist Zeichen einer akuten Entzündung auf. Bei länger andauernder Erkrankung sind kleine Ulcera (2 mm im Durchmesser) zu erkennen. In diesen Fällen setzt sich auch die Enteritis bis in den Endabschnitt des Darmes fort. Aus dem oberen Darmabschnitt läßt sich Clostridium perfringens isolieren. *Popott* und Mitarb. (1982) fanden daneben auch E. coli und Cl. perfringens A, Cl. sordellii, Cl. tertium sowie Cl. sporogenes bei Lämmern mit Enteritis im Alter von einem Tag bis zu 4 Wochen.

Diagnose und Differentialdiagnose

Das Krankheitsbild ist anfänglich atypisch, später sind die klinischen Anzeichen in vivo jedoch so deutlich ausgeprägt, daß die Diagnose mit Hilfe der Autopsiebefunde nicht schwierig ist.

Differentialdiagnostisch kommen noch Colibazillose, Rotaviren-Diarrhöe, Listerienseptikämie und die, in Deutschland allerdings noch nicht beschriebene, haemorrhagische Enterotoxämie (Clostridium perfringens Typ C-ET) in Betracht.

Therapie und Prophylaxe

Da sich die Clostridien im Labmagen-Dünndarmabschnitt rasch vermehren, müssen als Erstmaßnahme wirksame Antibiotika (z. B. Tetrazycline, Penicillin) in hoher Konzentration und in gelöster Form per os (Schlundsonde) verabreicht werden. In akuten Fällen kommt die parenterale Behandlung meist zu spät. Diese hat erst nach der Notbehandlung und vor allem im subakuten und mild verlaufenden Fällen Bedeutung.

Kombiniert werden kann diese Behandlung bei Lämmern mit starker Diarrhöe mit Elektrolyt-Glucose (per os, intra-peritoneal, subkutan), um der Dehydration vorzubeugen. Prohylaktische Impfung aller Lämmer (neugeborene innerhalb von 6 Stunden) des Bestandes bis zum Alter von 14 Tagen mit einem Serum ist zu empfehlen. Da die Erkrankung besonders bei artifizieller Aufzucht auftritt, sollten diese Lämmer bei Einsetzen in die Lämmergruppe alle vorbeugend mit Serum geimpft werden (Lammserin B®).

Prophylaktisch ist die Vakzinierung der Muttertiere (Zweitimpfung drei Wochen vor dem Ablammtermin zur Erhöhung des Antikörperspiegels im Kolostrum) in gefährdeten Herden vorzunehmen (Covexin/8® Heptavac-P®). Nach Grundimmunisierung reicht im allgemeinen eine jährliche Nachimpfung aus. Hygienische Maßnahmen (gründliche Reinigung der Ablammboxen, Weidewechsel) sind zusätzlich erforderlich, um den Infektionsdruck am Ende der Lammzeit zu mindern.

Literatur

Dalling, T. (1936): Anaerobic infections of sheep. Vet. Rec. *48*, 1477–1480

Mitscherlich, E., S. Gürtürk, H. Köhler (1953): Lämmerruhr (Cl. welchii – Intoxikation) in Deutschland. Berl. Münch. Tierärztl. Wschr. *66*, 1–2

Kerry, J., G. Craig (1979): Field studies in sheep with multicomponent clostridial vaccines. Vet. Rec. *105*, 551–554

Popoff, M. R., J. Radeff, P. Mondoly (1982): Maladies infectieuses neo-natales de l'agneau: observations cliniques et bacteriologiques (recherche de E. coli et des Clostridium). Bull. Soc. Vet. *66*, 535–548

9.8.6 Enterotoxämie in der späten Saugperiode, bei Absatz- und Mastlämmern, Clostridium perfringens-Typ D-Infektion, Breinierenkrankheit
(Pulpy kidney, Overeating disease)

Begriff und Vorkommen

Bei Absatz- und Mastlämmern von Schaf und Ziege kommt es weltweit zu plötzlichen Todesfällen bei einer Infektion mit Clostridium perfringens Typ D. Auffälligstes Merkmal bei gestorbenen Tieren ist die graurote Nierenrinde, die bei leichtem Druck zerfließt (Breiniere). Die Verluste, die durch diese Krankheit entstehen, sind erheblich.

Ätiologie und Pathogenese

Clostridium perfringens kommt im Boden und Wasser vor und wird bei etwa der Hälfte aller untersuchten gesunden Schafe im Darmkanal saprophytär als Keim gefunden. Durch zu mastiges, kohlenhydratreiches Futter und große Milchmengen, sowie Streßsituationen (Umstellung, Klimawechsel), wird das Wachstum von Clostridium perfringens Typ D im Darm selektiv angeregt; dieses bildet die letalen Toxine α und β, wobei das β-Toxin als Protoxin wirkt. Es wird erst durch Trypsin aktiviert und dann in hohem Maße resorbiert.

Durch die Toxine selbst erhöht sich die Permeabilität der Darmwände, wodurch große Mengen der Toxine in die Blutbahn kommen. Sie schädigen die parenchymatösen Organe und das Gehirn.

Klinisches Bild

Lämmer können zwar bereits im Alter von 15 Tagen erkranken, eine Konzentration der Krankheitsfälle kommt jedoch im Absatz- und Mastalter vor. Gefährlich ist die Zeit der Ernährungsumstellung von der Milchernährung auf Mast-Trocken-Futter (kohlenhydrat- protein- und fettreich, rohfaserarm). Nach übermäßiger Aufnahme sondern sich einige Tiere (5–10%) plötzlich von der Gruppe ab, zeigen überstarke Salivation, hängenden Kopf und angestrengte Atmung. Im Blut sind Glucosewerte von 100 bis 360 mg/dl ($\triangleq$ 5.5–20.0 mmol/l) nachzuweisen. Im weiteren Verlauf der Infektion dominieren die zentralnervösen Erscheinungen wie unkoordinierte Gangart und Taumeln. Die Tiere brechen schließlich zusammen und verenden unter tonisch-klonischen Krämpfen oft mit eigenartig verdrehter Kopfhaltung innerhalb weniger Stunden (Abb. 9.20).

Abb. 9.20 Lamm mit Clostr. perfringens Typ D Infektion prae mortem

Pathologisch-anatomische Befunde

Der zumeist abdominal aufgetriebene Körper zeigt stark gasgefüllte Darmschlingen, aus denen Clostridien zu isolieren sind. Im oberen Darmabschnitt befinden sich grünlich-gelbe, gasig durchmischte Ingesta. Auffälliger ist aber die graurote, mit Blutungen durchsetzte Nierenrinde, die bei leichtem digitalen Druck zerfließt (Breinierenkrankheit). Im Herzbeutel befindet sich ebenso wie im Brustraum reichlich bernsteinfarbenes, gerinnendes Transsudat. Im Harn ist Glucose in einer Konzentration von bis zu 6% vorhanden. Das Gehirn ist von perivaskulären Oedemen durchsetzt, wodurch sich der Innendruck erhöht und die zentralnervösen Störungen in vivo ihre Erklärung finden.

Diagnose und Differentialdiagnose

In der Anamnese wird von plötzlichen Todesfällen bei besonders gut genährten Lämmern berichtet. Bei akutem Verlauf ist die Diagnose unschwer am noch lebenden Patienten zu stellen. Ansonsten kommt dem Sektionsbefund für die Diagnosestellung ausschlaggebende Bedeutung zu.

Differentialdiagnostisch ist die akute Acidose in Betracht zu ziehen.

Therapie und Prophylaxe

Eine Therapie in akuten Fällen kommt zu spät. nur subakut verlaufende Fälle lassen sich antibiotisch retten (per os, parenteral). Alle Maßnahmen konzentrieren sich auf die Erhaltung der unverdächtigen Tiere. Ihnen wird sofort das Futter entzogen und nur Wasser für 24 Stunden angeboten.

Prophylaktisch könnte ihnen ein per os verträgliches Antibiotikum verabreicht werden, um die Darmflora zu sanieren. Bei Wiederbeginn der Fütterung ist eine nährstoffarme, rohfaserreiche Ernährung zu empfehlen. Wichtig ist die Vakzinierung aller Lämmer mit monovalentem oder bivalentem Impfstoff (zum Beispiel Clostridium perfringens Typ D plus Tetanus Pulpyvax® Impfstoff). Im Bestand sollten die Muttertiere und die Lämmer ab der vierten Lebenswoche mit einer polyvalenten Vakzine (Covexin 8®, Heptavac®) grundimmunisiert werden, wobei die Zuchttiere jährlich nachgeimpft werden müssen.

Literatur

Buxton, D., K. Linklater, D. Dyson (1978): Pulpy kidney disease and its diagnosis by histological examination. Vet. Rec. *102,* 241

Griner, L. (1961): Effects of Cl. perfringens type D toxin on sheep brain. Amer. J. Vet. Res. 22, 429

Hartley, W. (1956): A focal symmetrical encephalomalacia of lambs. New. Zeal. Vet. J. 4, 129–135

Mitscherlich, E., E. Bradtke (1954): Die Enterotoxämie der Schafe. Berl. Münch. Tierärztl. Wschr. 67, 229–232

Rotz, A. von, L. Corboz, A. Waldvogel (1984): Clostridium perfringens Typ D-Enterotoxämie der Ziege in der Schweiz. Pathologisch-anatomische und bakteriologische Untersuchungen. Schweiz Arch. Tierheilkd. 126, 359–364

9.8.7 Coli-Enteritis, Coliruhr

Begriff und Vorkommen

Pathogene Serotypen von E. coli können sowohl bei wenige Tage alten Schaf- und Ziegenlämmern als auch bei Lämmern ab der zweiten bis sechsten Lebenswoche Krankheit mit hoher Verlustquote verursachen. Handelt es sich bei Neugeborenen um die diarrhöeische (enteropathogene) Form, so kommt bei älteren Lämmern mehr die von Arthritis und Enzephalitis geprägte (systemische) septikämische Form vor.

Ätiologie und Pathogenese

Von den Escherichia coli-Serotypen sind es vor allem 020, 024, 078, 0.78 : K 80, die pathogen für Lämmer sind. Sie werden aus der Umgebung aufgenommen und können dann ihre krankmachende Wirkung im Darm (enteropathogen) oder Gesamtorganismus (systemisch) entfalten. Enteropathogene Stämme bilden ein hitzestabiles Enterotoxin (Enterotoxische E. coli = *ETEC*) und verfügen über ein besonderes Haftantigen (K 99).

Die enteropathogene Form betrifft die nur wenige (2 bis 8) Tage alten Lämmer. Die Coli-Keime werden zumeist vor der Kolostrumaufnahme aus der unhygienischen Umgebung aufgenommen. Weitere Ursache kann eine nicht angemessene Kolostrumaufnahme bei bestehendem Infektionsdruck sein, oder aber das Kolostrum beinhaltet nicht genügend spezifische Antikörper. Colienteritiden treten häufig dann auf, wenn zuvor Zukäufe erfolgten, die einen von der Stammherde unterschiedlichen Coligehalt aufwiesen, mit dem sich die Muttertiere noch nicht auseinandersetzen konnten. Prädispositionen für Colienteritiden werden darüber hinaus durch Rotavirus-Infektionen und Kryptosporidien-Befall geschaffen. Es muß daher zwischen den primär durch E. coli-Serotypen hervorgerufenen Enteritiden und den sekundär entstandenen unterschieden werden. Darüber hinaus wurde E. coli bei der Enteritisform in 33 von 39 Fällen gemeinsam mit Clostridium perfringens und anderen Clostridien Subtypen nachgewiesen (*Popott* et al. 1982).

Klinisches Bild

Nach einer akuten Infektion mit enteropathogenen E. coli-Keimen kommt es zur Apathie, Sauglust und Bewegungsarmut. Die Bauchdecke ist hochgezogen, Zeichen eines akuten Abdominalschmerzes. Die Anusöffnung und Schwanzunterseite sind verklebt von wässrig-gelblichem Kot. Er kann mit kleinen Blut- und/oder Milchgerinnseln durchsetzt sein. Es besteht darüber hinaus ein starker analer Preßreiz, so daß die Anusöffnung stark verquollen und gerötet ist. Die Körpertemperatur liegt zwischen 39°C und 41°C. Die Exsikkose ist bereits nach eintägigem Durchfall weit fortgeschritten. Der Blut-pH sinkt infolge des hohen enteralen Elektrolytverlustes, vor allem durch Verlust der Pufferkapazität, auf Werte unter 7.25. Der Base Excess (BE) befindet sich im Minusbereich (metabolische Acidose).

Pathologische Befunde

Starke Exsikkose des Gesamtkörpers, ausgeprägte Dünn- und Dickdarmentzündung, diarrhöeischer Kot im gesamten Darmkonvolut. Der Nachweis der pathogenen E. coli-Stämme gelingt vorwiegend aus dem Darminhalt, die übrigen Organe sind seltener von E. coli besiedelt.

Diagnose und Differentialdiagnose

Die Diagnose einer Coli-Enteritis ist am lebenden Tier nur schwer genau zu stellen. Befunde der Darmabstriche beziehungsweise Sektionsergebnisse sind für die endgültige Festlegung notwendig. Besonders bei Verdacht einer sekundären E. coli-Infektion ist elektronenmikroskopisch das Vorhandensein von Rotaviren abzuklären. Das Vorkommen der Hypersalivation bei neugeborenen Lämmern (watery mouth) steht offenbar nur sekundär mit einer E. coli-Infektion in Zusammenhang.

Differentialdiagnostisch käme darüber hinaus eine Clostridium perfringens Typ B-Infektion (Lämmerdysenterie) und Listeriose in Betracht (Tab. 9.14).

Tabelle 9.14 Leitsymptom „Diarrhöe" bei ein bis vierzehn Tage alten Lämmern – häufige Erreger

Erreger	Zeitpunkt	klinische Symptomatik
Clostridium perfringens Typ B (Lammerdysenterie)	1. bis 7. (14.) Lebenstag	Abdominalschmerz, leichte Tympanie, evtl. zentralnervöse Erscheinungen, grün-gelblich-schaumiger – später bräunlich-blutiger Kot, perakute Todesfälle möglich
enteropathogene E.coli-Stämme	1. (2.) bis 8. Lebenstag	aufgezogenes, schmerzhaftes Abdomen, Exsikkose, starker Preßreiz, Kot graugelb mit Blut- und Milchgerinnsel
Salmonellen	ab 3. Lebenstag	hohes Fieber, Abdominalschmerz, gelblicher Kot, hohes Durstgefühl
Listeria monocytogenes	2. bis 14. (28.) Lebenstag	septikämische Erscheinungen mit Diarrhöe
Rotavirus	1. bis 8. (14.) Lebenstag	aufgezogenes Abdomen, gelblich-wässriger Kot, zunehmende Exsikkose
Kryptosporidiose	5. bis 8. (14.) Lebenstag	steifer Gang, Abdominalschmerz, Diarrhöe mit grauweißem-grünlichen Kot, zunehmende Exsikkose

Therapie und Prophylaxe

Grundlage einer wirkungsvollen Therapie der Coli-Enteritis ist der sofortige Ersatz von Flüssigkeit und Energie (NaHCO$_3$-Lösung 10–20ml 4.2 bis 8.4 %ig, Lectade Quick® für Lämmer Beecham Wülfing). Dieser wird per os über die Schlundsonde mehrfach täglich verabreicht. Weiterhin sind Aktivkohle oder granulierte Kohle (Adsorgan® von Heyden München) neben Tee (Schwarztee) anzuwenden. Zusätzlich werden subkutane Depots mit Vollelektrolyt-Lösungen gesetzt. Ist die Saugfähigkeit zurückgekehrt, kann auf Flaschenernährung umgestellt werden. Erst wenn die Hauptsymptome abgeklungen sind, wird wieder Milch zugefüttert. Als Antibiose oder Chemotherapie (Sulfonamide) kommen darmverträgliche Mittel in Frage. Eine Resistenzbestimmung ist empfehlenswert. Die antibakterielle Therapie wird parenteral ergänzt.

Coliinfektionen sind häufig durch unhygienische Verhältnisse verursacht, die es zu erkennen und abzustellen gilt. Rechtzeitige und ausreichende Kolostrumgaben sind besonders notwendig. Bei mutterloser Aufzucht wäre am besten ein heterologes Kolostrum geeignet. Ist die Coliruhr im Bestand verbreitet, können Schluckvakzine die örtliche Immunität fördern.

Literatur

Altmann, K., T. K. S. Mukkuo (1983): Passive immunisation of neonatal lambs against infection with enterogenic Escherichia coli via colostrum of ewes immunised with crude and purfied K 99 pili. Res. Vet. Sci. *35*, 234–239

Ansari, M. M., H. W. Renshaw, N. L. Gates (1978): Colibacillosis in neonatal lambs: onset of diarrheal disease and isolation and characterization of enterotoxigenic Escherichia coli from enteric and septicemic forms of the disease. Am. J. Vet. Res. *39*, 11–14

Cabello, G., D. Levieux, J. P. Gorardeau, J. Levaivre (1983): Intestinal K 99$^+$ Escherichia coli adhesion and absorption of colostral IgG$_1$ in the newborn lamb: effect of fetal infusion of thyroid hormones. Res. Vet. Sci. *35*, 242–244

Campbell, S., M. Siegel, B. Knowlton (1977): Sheep immunoglobulins and their transmission to the neonatal lamb. N. Zeal. Vet. J. *25*, 361–465

Kater, C., E. Davis, K. Haughey, W. Hartley (1963): Escherichia coli infection in lambs. N. Zeal. Vet. J. *11*, 32–38

Ørskov, F., J. Ørskov (1979): Special Escherichia coli serotypes from enteropathies in domestic animals and man. Fortschr. d. Vet. Med., Beiheft Zbl. Vet. Med. *29*, 7–14

Popott, M. R., R. Radeff, P. Mondoly (1982): Maladies infectieuses neo-natales de l'agneau: obverservations cliniques et bacteriologiques (recherche de E. coli et des Clostridium). Bull. Soc. Vet. *66*, 535–548

Sojka, W. (1970): Enteric diseases in newborn piglets, calves and lambs due to Escherichia coli infection. Vet. Bull. *41*, 509–522

Sojka, W., J. Morris, C. Wray (1979): Passive protection in lambs with special reference to passive protection of lambs against experimental infection by colostral transfer of antibodies from ewes vaccinated with K 99. Fortschr. d. Vet. Med. Beiheft Zbl. Vet. Med. *29*, 52–63

9.8.8 Campylobacteriose

Die Campylobacteriose spielt in erster Linie als Verlammungsursache eine Rolle. Der Campylobacterabort, auch Vibrionenabort genannt, stellt die drittwichtigste Ursache für das seuchenhafte Verwerfen dar. Lämmer in gefährdeten Herden können auch lebensschwach geboren werden und verenden dann wenige Stunden post natum.

Darüber hinaus wird von Diarrhöen bei Lämmern berichtet, die auf einer Infektion mit Campylobacter jejuni (beziehungsweise coli) beruhen sollen. Die Lämmer erkranken plötzlich und zeigen im Krankheitsverlauf starke Ähnlichkeiten zur gastrointestinalen E. coli-Infektion. Die Inkubationszeit kann nur wenige (3–5) Tage betragen. Der Kot ist breiig, später flüssig, und weist einen fauligen Geruch auf. Der Erreger wird oral aufgenommen. Die Lämmer weisen ein akutes Abdomen auf. Die Krankheitsdauer beträgt 5 Tage, kann aber länger anhalten. Es wird vermutet, daß die Campylobacter von infizierten Muttertieren übertragen werden (Abortmaterial), oder aber nach intrauteriner Infektion persistieren und post natum krankheitsauslösend wirken. Abgesiedelt wird C. jejuni auch in die Leber (Leber ist nekrotisch und weist graugelbe Herde auf).

Die Infektion ist auf Menschen, besonders Säuglinge und Kleinkinder, übertragbar und hat daher als Anthropozoonose Bedeutung. Bereits 500 Keime können zu enteritischen Krankheitserscheinungen führen. Eine Behandlung wird zum einen mit Tetrazyclin per os vorgenommen, zum anderen kommen parenteral Erythromyzin und Gentamycin zur Anwendung. Unwirksam sind Penicillin und Trimethoprim. Eine Impfung der graviden Muttertiere ist zu empfehlen. Allerdings sind die inaktivierten Adsorbatvakzinen nur im Ausland erhältlich.

Literatur

Firehammer, B. D., L. L. Myers (1981): Campylobacter fetus susp. jejuni: its possible significance in enteric disease of calves and lambs. Am. J. Vet. Res. *42*, 918–922

Stansfield, D. G., B. Hunt, P. R. Kemble (1986): Campylobacter gastroenteritis in fattening lambs. Vet. Rec. *118*, 210–211

Vandenberghe, E., J. Hoorens (1980): Campylobacter species and regional enteritis in lambs. Res. Vet. Sci. *29*, 390–391

Weber, A. (1985): Vorkommen von Campylobacter jejuni bei Tieren und die Bedeutung für den Menschen. Tierärztl. Praxis *13*, 151–157

9.8.9 Salmonellosis, Salmonellenenteritis

Begriff und Vorkommen

Auch bei jungen Schaf- und Ziegenlämmern kann bestandsgebunden eine Enteritisform auftreten, die durch Salmonellen verursacht wird. Sie stellt eine durch infizierte adulte Schafe übertragene Krankheit dar und kann sowohl bei ihnen als auch bei neugeborenen Lämmern große Verluste verursachen.

Ätiologie und Pathogenese

Salmonellen, vor allem S. typhimurium und S. dublin, jedoch auch andere Subtypen, werden über verschmutztes, kontaminiertes Futter und Wasser oral von Schafen und Ziegen aufgenommen. Bei erwachsenen Tieren können sie unter günstigen Bedingungen eine Virulenzsteigerung durchmachen und so zu Enteritis und Aborten führen. Da die einmal infizierten Tiere lange Keimausscheider bleiben, kommen Neugeborene mit diesen Erregern in unmittelbaren nasalen oder oralen Kontakt. Bei ungenügender Kolostralmilchaufnahme sind diese gegenüber Salmonellen besonders gefährdet und erkranken. Auch ältere Lämmer, besonders am Übergang von der Säugeperiode zur Mast, können bei latent in der Herde bestehender Infektion oder durch Verfütterung kontaminierter Futtermittel schwer erkranken.

Klinisches Bild

Nach zwei bis fünf Tagen Inkubationszeit kommt es zu Apathie, Saugunlust und hohem Fieber (40–42°C). Herz- und Atemfrequenz sind deutlich beschleunigt. Die Anusgegend ist verschmiert, und es geht dünner, gelblicher Kot ab. Ältere Lämmer zeigen ein eigenartiges Durstgefühl, und häufig werden sie tot in unmittelbarer Nähe der Wasserstelle gefunden. Die Krankheit insgesamt verläuft vehement und die Dauer ist kurz. Der Tod tritt meist bereits nach 24 Stunden ein. Etwa 30 % und mehr der Lämmer sterben an dieser Infektion.

Pathologisch-anatomischer Befund

Rötung und Entzündung des Labmagens mit Fortsetzung in die Dünndarmabschnitte. Die Mesenteriallymphknoten und die Milz sind geschwollen.

Diagnose und Differentialdiagnose

Am lebenden Lamm ist dann der Verdacht einer Salmonellose gegeben, wenn aus der Mutterschafherde Aborte und Diarrhöe bekannt sind. Eine sichere Diagnose ist aber nur durch bakteriologischen Nachweis zu stellen. Differentialdiagnostisch kommen bei Neugeborenen Rotavirus-, E. coli-, Clostridium perfringens Typ D-Infektionen beziehungsweise Kryptosporidien-Invasionen in Betracht (Tab. 9.12).

Bei älteren Lämmern ist an systemische E. coli-Infektionen und Clostridiose zu denken.

Therapie

Nach eindeutiger Diagnose und Salmonellentypbestimmung sowie Feststellung der Resistenz werden wirksame Antibiotika (meist Gentamycin) eingesetzt. Ansonsten kommt die übliche Rehydrationstherapie in Betracht (s. enteropathogene Coli-infektion).

Prophylaxe

Voraussetzung ist die Verbesserung des hygienischen Umfeldes, wobei Futtermittel, Wasserstellen, Futtertröge und Dungstätten in die Ursachenermittlung mit einbezogen werden müssen. Impfungen gegen Salmonellose sind möglich. Salmonella typhimurium und S. enteritidis sind vor allem auch menschenpathogen.

Literatur

Harp, J. A., L. L. Myers, J. E. Rich, N. L. Gates (1981): Role of Salmonella arizonae and other infective agents in enteric disease of lambs. Am. J. Vet. Res. *42*, 586–599

McOrist, S., G. T. Miller (1981): Salmonellosis in transported feral goats. Austr. Vet. J. *57*, 389–390

9.8.10 Kryptosporidose

Begriff und Vorkommen

Kryptosporidien als Ursache für Diarrhöe bei Neugeborenen sind in jüngster Zeit bei verschiedenen Tierspezies, aber auch beim Menschen, weltweit nachgewiesen worden. Die Bestimmung ihrer Rolle im Diarrhoe-Komplex bedarf noch weiterer Aufklärung. Nach neuesten Untersuchungen aus der DDR ergab sich eine Befallsextensität von rund 38 % bei Sauglämmern (*Hiepe* et al. 1985). Sie kommt auch bei Ziegenlämmern vor.

Ätiologie und Pathogenese

Die Infektion beginnt über den oralen Weg. Die Kryptosporidien durchlaufen den Labmagen und setzen sich im Dünndarm fest. Als Präpatenz wird eine Zeit von 2 bis 5 Tagen angegeben. Die Ausscheidungsdauer liegt bei 16 Tagen.

Kryptosporidien (infektiöse Sporozysten) entwickeln sich über Sporozoiten, Schizogonien, Mikro- und Makrogamonten zu Oozysten / Sporozysten. Die Sporogonie ist endogen im Darm lokalisiert. Die Entwicklungszeit im infizierten (invadierten) Magen-Darm-Trakt ist so kurz, daß bereits 2 bis 3 Tage nach Erstinvasion die infektionsfähigen Stadien ausgeschieden werden. Dies erklärt auch die rasche Ausbreitung der Krankheit. Eine strenge Wirtsspezifität existiert offenbar nicht. So besteht bei Neonaten die Möglichkeit der Übertragung vom Kalb auf das Lamm.

Schizonten und Gamonten dringen vornehmlich in die Oberflächenzellen des Ileums ein und lokalisieren sich dort intrazellulär, aber extraplasmatisch. Dadurch kommt es zur Schädigung des Mikrovillisaumes, deren Endstufe eine Zottenatrophie ist. Neben diesen mechanischen Schädigungen sind auch von Kryptosporidien ausgehende Stoffwechselstörungen (Enzymalterationen) bekannt. Gewisse Parellelitäten in der Entstehung der Malabsorption und -digestion (Verkleinerung der resorptiven Darmoberfläche, Vergrößerung der sekretorischen Leistung) bestehen zu den Infektionen mit Rotaviren und enteropathogenen Escherichia-coli Stämmen.

Klinisches Bild

Wenige Tage alte Lämmer können bereits erkranken. Gefährdet scheinen Lämmer unter artifiziellen Aufzuchtbedingungen zu sein. Eine gewisse Häufigkeit klinisch manifester Symptome liegt in der Zeit zwischen der ersten und zweiten Lebenswoche. Das Krankheitsbild wird geprägt von profusem Durchfall, wobei der wässrig-schleimige Kot eine grauweißliche, mit einigen grünlichen Streifen versehene Färbung annimmt. Die Tiere machen einen apathischen Eindruck, verweigern die Milchaufnahme und gehen rasch ins exsikkotische Stadium über. Offensichtlich verläuft diese Diarrhöeform mit Schmerzen, da die betroffenen Lämmer eine Einschränkung der Bewegung (steifer Gang) zeigen und eine kyphotische Haltung einnehmen. Die Bauchdecke ist gespannt und auf leichten Druck hin sind Schmerzreaktionen auszulösen.

Pathologischer Befund

Starke Abmagerung und Exsikkose des Gesamtkörpers. Das gesamte Darmkonvolut ist schlaff, die Schleimhaut ist unauffällig. Das Caecum ist erweitert und beinhaltet hellbraune Flüssigkeit, das Colon ist häufig leer. Histologisch läßt sich eine Darmzottenatrophie nachweisen.

Diagnose und Differentialdiagnose

Kryptosporidien sind intra vitam am besten durch die Nativtechnik mit Karbolfuchsin nach *Heine* (1982) darzustellen. Mit Tupferträgern aus dem Darm entnommene kleine Kotquantitäten können so noch untersucht werden. Bei gestorbenen Lämmern werden Proben unmittelbar nach dem Exitus aus den Darmabschnitten entnommen und nach *Giemsa* gefärbt. Querschnittpräparate des Darmes sind mit Haematoxylin-Eosin zu färben. Allerdings darf das Material noch nicht autolytisch verändert sein.

Differentialdiagnostisch kommen alle zum Dysenterie-Geschehen beitragende Erreger in Betracht: Rotaviren, Clostridien, enteropathogene Escherichia-coli-Stämme, Kokzidien (Tab. 9.14). Entsprechende Untersuchungen daraufhin sollten in allen Verdachtsfällen eingeleitet werden.

Therapie und Prophylaxe

Eine kausale Therapie gibt es bisher nicht. So kann nur symptomatisch der Exsikkosezustand durch Verabreichung von Vollelektrolytlösungen in Verbindung mit Natriumbicarbonat und Glucose angegangen werden (s. c.-Gaben, i.v.-Gaben). Um größere Mengen verabreichen zu können, empfiehlt sich die per os-Behandlung mit Lectade Quick® über die Magensonde. Bei Verdacht einer Kombination der Kryptosporidiose mit anderen Keimen (E. coli, Clostridien) ist die antibiotische Therapie angezeigt.

Eine Prophylaxe in dem Sinne gibt es bisher ebenfalls nicht. Hygienische Maßnahmen in der Lämmeraufzucht stehen im Vordergrund, besonders bei Intensivlämmeraufzucht in ganzjähriger Stallhaltung. Da vermutet wird, daß Nagetiere und Katzen das natürliche Reservoir darstellen, sind diese zu bekämpfen beziehungsweise aus dem Ablammstall fernzuhalten.

Literatur

Anderson, B. C. (1982): Cryptosporidiosis in Idaho lambs: natural and experimental infections. J. Am. Vet. Med. Assoc. *181*, 151–153

Angus, K. W., W. T. Appleyard, J. D. Menzies, J. Campbel, D. Sherwood (1982): An outbreak of diarrhoe associated with crypotosporidiosis in naturally reared lambs. Vet. Rec. *110*, 129–130

Boch, J., E. Göbel, J. Heine, U. Brändler, L. Schloemer (1982): Kryptosporidien-Infektion bei Haustieren. Berl. Münch. Tierärztl. Wschr. *95*, 361–367

Heine, J. (1982): Eine einfache Nachweismethode für Kryptosprodien im Kot. Zbl. Vet. Med. B *29*, 324–327

Hiepe, T., R. Jungmann, H. Plath, R. Schuster (1985): Untersuchungen über Vorkommen, Nachweis und Krankheitsbild der Kryptosporidien-Infektion neugeborener Schaflämmer. Mh. Vet. Med. *40*, 524–527

Mason, R. W., H. W. Hartley, L. Tilt (1981): Intestinal cryptosporidiosis in a kid goat. Austr. Vet. J. *57*, 386–388

Polack, B., R. Chermette, M. Savey et *J. Bussieras* (1983): Les cryptosporidies en France: techniques usuelles d'identification et resultats préliminaires d'enquêtes épidémiologiques. Point Veter. *15*, 41–46

Tzipori, S., K. W. Angus, J. Campell, L. W. Clerihew (1981): Diarrhoea due to Cryptosporidium infection in artificially reared lambs. J. Clin. Microbiol. *14*, 100–105

9.8.11 Kokzidiose, rote Ruhr der Lämmer

Begriff und Vorkommen

Kokzidien (Gattung Eimeria) sind im Kot gesunder, adulter Schafe und Ziegen häufig (50–95 %) nachzuweisen, ohne daß wesentliche Krankheitsanzeichen bestehen. Ihre Lämmer können daran jedoch akut erkranken, wobei hohe Verluste entstehen, besonders in der 4. bis 7. Lebenswoche.

Ätiologie und Pathogenese

Von den verschiedenen Eimeria-Arten sind für das Schaf vor allem E. ovina und E. ovinoidalis pathogen, andere Arten können jedoch auch krankmachende Wirkung entfalten (E. ahsata, E. parva, E. crandallis). Spezifisch für die Ziege werden E. arloingi und E. ninakohlyakimovae betrachtet. Eine Übertragung von Schaf und Ziege und umgekehrt ist anzunehmen. Vor allem unter Stallhaltungsbedingungen, aber auch in der Koppelschafhaltung, weniger dagegen bei Wanderschafhaltung, nehmen Lämmer Kokzidien in verschiedenen Mengen auf. Häufig liegt eine Polyinfektion mit vier bis sechs Eimeria-Arten vor. Auch im Kot gesunder Lämmer sind Eimerien nachzuweisen, im Kot erkrankter jedoch oft die fünf- bis zehnfache Menge. Die Befallsrate wird mit mehr als 90 % angegeben (*Pfister* und *Flury* 1985). Im Dünndarm entwickeln sich aus den Sporozysten Sporozoiten, die dann in den Zellen der Darmschleimhaut ihre Entwicklungsstufen durchlaufen. Je stärker der Befall ist, desto großflächigere Läsionen werden in der Darmschleimhaut gesetzt. Dadurch kommt es zum akuten Blutaustritt mit all seinen Folgen (Anämie, Hypoproteinämie, Dehydration). Sekundäre Infektionen komplizieren das Krankheitsbild und führen zum Tod.

Die Aufnahme der Kokzidiensporozysten geschieht oral, wobei ungünstige feuchtwarme, unhygienische Verhältnisse dem Haften der Invasion Vorschub leisten. Es erkrankten Lämmer ab der zweiten (rote Lämmerruhr) bis hin zur 12. Lebenswoche (rote Mastlämmerruhr). Lämmer scheiden Oozysten ab der 3. bis 5. Lebenswoche mit einem ersten Maximum um die 6. bis 8. Lebenswoche aus, dem ein zweites um die 12. Woche folgen kann. Dadurch kommt es zu einer horizontalen Übertragung auf alle Lämmer in der Aufzucht- und Mastgruppe. Mit steigendem Alter nimmt die Oozysten-Auscheidung ab.

Klinisches Bild

Die Krankheit (ab 2. Lebenswoche, mit einem Höhepunkt um die 6. bis 8. Woche) beginnt mit Apathie und Nahrungsverweigerung. Die Körpertemperatur ist gering erhöht. Das Abdomen ist schmerzhaft aufgezogen. Der Kot ist anfänglich grau-gelb breiig, wird später blutig-weich stinkend. Infolge des ständigen Kotabganges sind Schenkelinnenfläche und Schwanzunterseite verschmiert. Die Schleimhäute sind fahl, bläulich-porzellanfarben. Dehydration und Kachexie schreiten rasch fort. Es kommt zu Bewegungsunlust und Somnolenz. In schweren Fällen führen Anämie und Dehydration zum Tod (Mortalitätsrate bis 15 %). Die übrigen Lämmer zeigen einen deutlichen Entwicklungsverlust.

Pathologischer Befund

Starke Dehydration, rötlich-grauer Kot im Darmlumen. Je nach Eimeriaart fallen die Veränderungen am Darm typisch aus: bei E. ovina, E. crandallis und E. ahsata vorwiegend Dünndarmentzündung mit weißlichen Knötchen (1–3 mm), bei E. ovinoidalis und eventuell E. parva überwiegend Ileitis, Caecitis und Colitis mit Ulzerationen. Beschrieben sind auch Dünndarmpolypen bei Schaf- und Ziegenlämmern, die als Folge einer hyperplastischen Reaktion bei chronischer Kokzidiose angesehen werden.

Diagnose und Differentialdiagnose

Gehäuftes Auftreten von Diarrhöe mit subfebrilen Temperaturen in der Sauglämmer- und Mastgruppe gilt als Hinweis auf Kokzidiose besonders dann, wenn der Kot blutig ist und/oder Anämie besteht. Ansonsten sind pathologische Befunde und protozootologische Untersuchungen diagnosesichernd. Differentialdiagnostisch ist Salmonellose, E. coli-Enteritis, Verminose auszuschließen.

Therapie

Eine wirksame Therapie besteht durch per os-Behandlung mit Amprolium oder Zoalen (50 mg/kg KG) beziehungsweise Monensin (2.0 mg/kg KG). Da Amprolium ein Thiamin-Antagonist ist, muß die Versorgung mit Vitamin B_1 sichergestellt werden. Die stark dehydrierten und kachektischen Lämmer sind energetisch zu versorgen (Glucoselösung s.c.) beziehungsweise zu rehydrieren (Vollelektrolytlösung s.c.). Vergiftungen durch Amprolium wurden beschrieben.

Prophylaxe

Die meisten der Mittel, die therapeutisch eingesetzt werden, dienen auch der Prophylaxe: Amprolium 5 mg/kg KG drei Wochen hindurch (12 mg/kg KG 2 x täglich drei Wochen als Metaphylaxe), Clopidol 250 g/t Futter, Monensin 1.6 mg kg/KG oder 10 bis 20 g/t Futter. Dazu kommt noch Salinomycin (18 bis 25 g/t Futter).

Die Besatzdichte muß verringert werden, die Stallungen sind trockenzulegen und zu desinfizieren. Wasserstellen sind zu sichern (keine Feuchtstellen). In der Mastgruppe beginnt die Fütterung schonend mit viel, nicht zu proteinhaltigem Rauhfutter.

Literatur

Chevalier, H. (1965): Über die Kokzidienarten der Schafe in Deutschland. Dtsch. Tierärztl. Wschr. 72, 361–366

Gregory, M., I. Joyner, T. Catchpole, C. Norton (1980): Ovine coccidiosis in England and Wales. Vet. Rec. *106*, 461–462

Jungmann, R., R. Ribbeck, Th. Hiepe, G. Funke, B. Weygand, Th. Neuer (1973): Untersuchungen zu Vorkommen und Bekämpfung von Kokzidien und Ektoparasiten in einer industriellen Lämmermastanlage. 1. Mitt.: Kokzidienfauna. Mh. Vet. Med. 28, 492—497

Litvinsskij, J. P. (1982): K voprosu patogeneza pri ehijmerioze jagnat. Veterin. (Moskva) 56, 108—112

Mc Dougald, R. L. (1979): Attempted cross transmission of coccidia between sheep and goats and description of Eimeria ovinoidalis sp. n. J. Protozool. 26, 109—113

Pfister, K., B. Flury (1985): Kokzidiose beim Schaf. Schweiz. Arch. Tierheilk. 127, 433—441

Pout, D. (1976): Coccidiosis of sheep: A review. Vet. Rec. 98, 340—341

Sambeth, W., W.-A. Valder, R. Adge, G. Wachendörfer (1982): Experimentelle subklinische Kokzidiose bei Schaflämmern und deren Prophylaxe mit Salinomycin. Tierärztl. Umsch. 38, 917—923

Spicer, E., B. Horten (1981): Biochemistry of natural and amprolium-induced polio-encephalomalacia in sheep. Austr. Vet. J. 57, 230—235

Tontis, A., W. Häfeli (1985): Darmpolypen bei kleinen Ruminanten mit chronischer Kokzidiose. Schweiz. Arch. Tierheilk. 127, 401—405

9.8.12 Weitere Virusenteritiden

Mit der Verfeinerung der Nachweistechniken in der Mikrobiologie werden außer Rotaviren auch noch andere Viren im Kot diarrhöekranker Lämmer gefunden. So sind bisher nachgewiesen und teilweise ursächlich mit der aufgetretenen Diarrhöe in Einzelbeständen in Zusammenhang gebracht worden: Reovirus Typ 1, ovines Adenovirus Typ 1, bovines Adenovirus Typ 2. Diese Viren traten in Zusammenhang mit einem respiratorisch-diarrhöeischen Komplex auf. Weiterhin wurden isoliert coronavirus-ähnliche Partikel sowie Astroviren. Bei beiden Virusarten ist jedoch ein direkter diarrhöebedingender Effekt unklar.

Literatur

Belak, S., V. Palvi (1974): Isolation of reovirus type 1 from lambs showing respiratory and intestinal symptoms. Arch. Ges. Virusforsch. 44, 177—183

Belak, S., V. Palvi, V. Palya (1976): Adenovirus infection in lamb 1: Epizootology of the disease. Zbl. Vet. Med. B 23, 320—330

Russo, P., M. Lambert, A. Giauffret (1978): Isolement d'un adénovirus chez un angneau atteint d'entérite. Bull. Acad. Vet. France 51, 183—187

Snodgrass, D. R., E. W. Gray (1977): Detection and transmission of 30 nm virus particles (Astroviruses) in faeces of lambs with diarrhoe. Arch. Virol. 55, 287—291

9.8.13 Hypersalivation neugeborener Lämmer — Wassermund
(Watery mouth)

Begriff, Vorkommen und Ätiopathogenese

In jüngster Zeit wird vorwiegend aus Großbritannien, und hier vor allem aus Schottland, berichtet, daß neugeborene oder wenige Tage alte Lämmer eine ständig feuchte, auf erhöhte wässrige Schleimbildung zurückzuführende Mundregion aufweisen. Eigenen Beobachtungen zufolge kommt diese Erkrankung auch hierzulande, vorwiegend bei mutterloser Aufzucht, vor. *Collins* et al. (1985) berichteten von einer Beziehung zwischen Hypersalivationserkrankung und Kastration. Die Mortalitätsrate beträgt 30 bis 40 %.

Die Lämmer entwickeln sich in den ersten Lebenstagen schlecht. Die eigentliche Ätiologie ist bis heute unbekannt. Nach kontraströntgenologischen Untersuchungen von *Eales* und Mitarbeiter (1985) besteht bei den von diesem Krankheitsbild betroffenen, zwischen 12 und 72 Stunden alten Tieren ein größerer Labmagen als bei gesunden. Er ist mit wässriger Flüssigkeit, Milch und Gas gefüllt und nimmt große Teile des Abdomens ein. Der Entleerungsreflex aus dem Magen verläuft deutlich langsamer. Die Darmmotalität, bei gesunden Lämmern zwischen erstem und zweiten Lebenstag physiologischerweise vermindert, ist erheblich herabgesetzt. Die im Darminhalt nachgewiesenen E. coli-Keime werden nicht ursächlich mit dem Krankheitsprozeß in Verbindung gebracht, sondern als sekundäre Besiedlung angesehen. *Gilmour* et al. (1985) vermuten, daß sie eine unspezifische Rolle bei der Entstehung spielen, sich aber infolge der verminderten Darmmotalität rasch vermehren können und so zusätzlich krankheitserschwerend wirken.

Klinisches Bild

Neugeborene Lämmer, meist aus Mehrlingsgeburten, weisen innerhalb der ersten 12 bis 72 Lebensstunden zunehmende Inappetenz und Ermüdungserscheinungen auf. Um den Mundspalt herum ist eine ständig exzessive Schleimabsonderung zu erkennen, die die umliegende, feinwollige Behaarung wie angeklebt erscheinen läßt. In der Magengegend fällt eine Ausweitung der Bauchdecke auf, die auf eine Ansammlung von Milch, Wasser und Gas im Labmagen zurückzuführen ist. Diarrhöe wird seltener beobachtet, häufiger dagegen eine Mekoniumretention.

Pathologisch-anatomischer Befund

Im Magen kann sowohl Milch als auch wässrig-schaumiger Inhalt vorgefunden werden. Er ist ausgeweitet und dorsal gasig aufgetrieben. Mitunter besteht eine Enteritis im Dünndarmabschnitt. Der Darminhalt kann dann diarrhöeischen Charakter haben. In anderen Fällen besteht eine Mekoniumverhaltung. In der Ingesta lassen sich enteropathogene E. coli-Keime nachweisen. Unklar für die Ätiopathogenese der Erkrankung bleiben bislang die von *Gilmour* et al. (1985) beschriebenen histologisch nachgewiesenen Schäden im zentralen und peripheren Nervensystem (Meningoencephalitis, Darmganglien) bei einzelnen Lämmern (Abb. 9.21, s. Farbtafel 19).

Als Nebenbefunde können zuweilen auch interstitielle Pneumonien sowie Nabelentzündungen gefunden werden, die mit der Ursache für diese Erkrankung jedoch nur bedingt in Zusammenhang zu stehen scheinen.

Diagnose und Differentialdiagnose

Auffällig und diagnosehinführend ist der feuchte Mundspalt. Allerdings wäre hier auch an ein beginnendes Ecthyma contagiosum (innerer Lippengrind) oder an eine Fusobacterium necrophorum-Infektion (Lämmerdiphtheroid) zu denken, beides Erkrankungen, in deren Verlauf es neben typischen Wundstellen in der Mundschleimhaut und an der Zunge auch zu starker Salivation kommt.

Weiterhin kommt differentialdiagnostisch auch die Labmagentympanie in Betracht. Diese tritt jedoch wesentlich später, nämlich bei 3 bis 4 Wochen alten Sauglämmern auf.

Therapie und Prophylaxe

Eine eigentliche, auf die Förderung des Entleerungsreflexes des Labmagens abgestimmte Therapie gibt es noch nicht. Eingesetzt werden können leichte Laxantien oder Klistiere sowie verdauungsanregende Mittel (Fencheltee). Gegen eine sekundäre E. coli-Infektion finden entsprechende Antibiotika Anwendung, wobei Gentamycin und Polymyxin B gute Wirksamkeiten zeigen.

Als Prophylaxe werden ebenfalls Antibiotika (per os, parenteral) empfohlen, wobei dies wohl nicht die eigentliche Ursache des „Wassermundes" verhütet.

Literatur

Collins, R. O., F. A. Eales, J. Small (1985): Observations on watery mouth in newborn lambs. Brit. Vet. J. *141*, 135–140

Eales, F. A., J. Small, L. Murray, A. McBean (1985): Abomasal size and empting time in healthy lambs and in lambs affected by watery mouth. Vet. Rec. *117*, 332–335

Gilmour, J. S., W. Donachie, F. A. Eales (1985): Pathological and microbiological findings in 38 lambs with watery mouth. Vet. Rec. *117*, 335–337

9.8.14 Labmagentympanie, akute Labmagenblähung
(Abomasal bloat)

Begriff und Vorkommen

Unter artifiziellen Aufzuchtbedingungen mit ihren spezifischen Ernährungsverhältnissen kann es bei drei bis sechs Wochen alten Lämmern innerhalb weniger Stunden zu einer akuten Tympanie des Labmagens kommen. Diese Erkrankung wurde 1978 in der Bundesrepublik Deutschland erstmals von *Behrens* beschrieben, nachdem sie in Kanada und England schon längere Zeit bekannt war. Neuerdings liegen auch Berichte aus Norwegen vor (kommerzielle Aufzuchtbetriebe).

Ätiologie und Pathogenese

Die mutterlose Aufzucht kann dann zu diesem Krankheitsgeschehen führen, wenn die Tränkzeiten stark komprimiert (zwei bis vier Mahlzeiten pro 24 Stunden) werden, oder das Tränksystem die Aufnahme erheblicher Quantitäten Luft zuläßt. Im ersten Fall trinken die Lämmer hastig zu große Mengen an Milch oder Milchersatz innerhalb kurzer Zeit. Dabei wird Luft mit abgeschluckt. Im zweiten Fall führen Tränkautomaten mit langen, luftgefüllten Schlauchleitungen ohne Rückschlagventil durch den langen Ansaugvorgang bis zur Milchaufnahme zum Abschlucken von Luft in den Labmagen. Zusammen mit dem Flüssigkeitsvolumen und der Luftmenge wird der Labmagen überdurchschnittlich gedehnt und offenbar in seiner Motilität gehemmt. Dadurch ist der Entleerungsreflex behindert. Die Gärprozesse tragen innerhalb weniger Stunden zusätzlich zur Bildung einer Gasblase im Labmagen bei. Dadurch entsteht ein immer größer werdender Innendruck im Abdomen, ausgehend vom Labmagen, der schließlich das Herz-Kreislaufsystem zusammenbrechen läßt. Innerhalb weniger Stunden kommt es zum Tod. Betroffen von der Labmagentympanie sind häufig die kräftigsten Lämmer. Gasbildungsfördernd im Magen-Darm-System ist der Sojabohnenanteil in den Ersatzmilchprodukten, während der übrige Proteingehalt in der Ersatzmilch diesen Effekt nicht haben soll. Unabhängig davon kann die Labmagentympanie auch bei falschem Tränkrhythmus und unangemessener Tränkart — mit Kuhmilch — auftreten.

Klinisches Bild

Gesund erscheinende, gut ernährte Lämmer im Alter ab drei Wochen werden wenige Stunden nach dem Tränken mit aufgekrümmten Rücken, auffälliger Umfangsvermehrung des Abdomens und ängstlich-schmerzhaftem Blick, abgesondert von der Gruppe vorgefunden. Die Atmung ist flach und hechelnd, die Herztätigkeit pochend. Die Schleimhäute sind in schweren Fällen bereits zyanotisch verfärbt. Die Hungergruben rechts und links sind prall gespannt. Die Perkussion des Abdomens ergibt deutliche Hinweise auf den vom Magen ausgehenden Schmerzzustand. Auskultatorisch ist ein tympanischer Schall auszumachen.

Die betroffenen Tiere verfallen rasch. In perakuten Fällen werden sie bereits in Seitenlage unter rudernder Extremitätenbewegung und stark hervorquellenden Augen angetroffen.

Pathologisch-anatomischer Befund

Die gutgenährten Lämmer weisen einen übergroßen Labmagen, gefüllt mit Milch und ausgedehnter dorsaler Gasblase, auf.

Diagnose und Differentialdiagnose

Zusammen mit dem Vorbericht und klinischem Bild ist die Diagnose im Bestand unschwer zu stellen. Differentialdiagnostisch sollte auch eine *Clostridiuminfektion* (Enterotoxämie durch Clostridium perfringens Typ D) einbezogen werden. Die Labmagenerweiterung bei *Hypersalivation* (Wassermund) bezieht sich nur auf ein bis drei Tage alte Lämmer, die Pansentympanie auf Tiere im Alter von mehr als 5 Wochen mit Beginn der Pansenentwicklung.

Therapie und Prophylaxe

Das Gas wird nach Desinfektion durch Einstich in die linke Hungergrube mit einer langen Kanüle (50mm x 3mm) abgelassen. Leichte Massage erleichtert den Gasabgang. Die Gabe von antitympanischen beziehungsweise enzymatisch verdauungsfördernden Mitteln direkt in den Labmagen kann zusätzlich Linderung bringen. Die Lämmer läßt man für 12 Stunden hungern und beginnt dann mit geringen Milchmengen. Der übrige Flüssigkeitsbedarf kann durch Tee (Fencheltee) gedeckt werden. Eine Antibiose ist dann angezeigt, wenn keine Prophylaxe gegen Clostridieninfektionen im Bestand durchgeführt worden ist.

Vorbeugend wäre die Umstellung auf Kalttränke ad libitum in Erwägung zu ziehen. Bei Warmtränke hat sich der Zusatz von 1 ml Formalin/Liter Tränke bewährt. Für genügend Tränkstellen (mindestens eine Saugstelle/Gruppe mit 5 Lämmern) ist zu sorgen. Bei Tränkeautomaten sind Rückschlagventile in die Schlauchverbindungen einzubauen. Festfutter (Pellets, feines Rauhfutter) sollte ab dem achten Lebenstag, später auch sauberes Wasser angeboten werden.

Lutnaes und *Simensen* (1983) berichteten von Labmagentympanie bei 15 bis 30 Tage alten Lämmern, die in Stallhaltung konventionell aufgezogen worden sind. Auslösende Faktoren für die Tympanie waren Silagefütterung ($> 25\%$) und kotverschmutzter Stallboden. Eine Beziehung zwischen kotverschmutztem Futter (Heu, Silage) und exzessiver Gasbildung im Magensystem ist zu vermuten.

Literatur

Arsenault, G., G. J. Porisson, J. R. Seoane, J. D. Jones (1980): Abomasal bloat and gas production in the digestive tract of lambs. Canad. J. Anim. Sci. **60**, 303–309

Behrens, H. (1978): Technopathien beim Schaf. Fortschritte Vet. Med. (Beihefte Zbl. Vet. Med.) **28**, 74–77

Goril, A. D. L., J. W. G. Nicjolson, T. M. MacIntyre (1975): Effects of formalin added to milk replacers on growth, feed intake, digestion and incidence of abomasal bloat in lambs. Canad. J. Anim. Sci. **55**, 557–563

Lutnaes, B. E. Simensen (1983): An epidemiological study of abomasal bloat in young lambs. Prev. Vet. Med. **1**, 335–345

9.8.15 Lebererkrankungen

Lebererkrankungen bei Lämmern sind wohl als eigenständiger Komplex zu werten, in der Hauptsache kommen sie jedoch in Zusammenhang mit anderen Infektions-, Invasions- oder Stoffwechselstörungen vor. So berichten *Jepson* und *Hinton* (1986) aus England, daß rund 40 % der Lämmerlebern bei der Schlachtung in einem Bezirk wegen erkennbarer Veränderungen verworfen werden mußten. Hierbei spielten verminöse Leberveränderungen die größte Rolle.

Chronische Hepatitis der Lämmer, Weißlebererkrankung
(White liver disease)

Begriff und Vorkommen

Diese chronische Hepatitisform ist bislang nur bei älteren Schaflämmern, nicht aber bei Ziegenlämmern, beschrieben worden. Berichte darüber liegen aus Neuseeland, Norwegen, den Niederlanden und England vor. Die Erkrankung verursacht in betroffenen Herden hohe Verluste (bis zu 40 %), wobei die indirekten durch Abmagerung im Vordergrund stehen.

Ätiologie und Pathogenese

Die Ursachen sind bislang unbekannt. Vermutet wird, daß die Erkrankung mit einem Unterangebot an Kobalt und so mit einem Mangel an Vitamin B_{12} in Zusammenhang steht. Darüber hinaus wird auch die Wirkung eines Toxins diskutiert, welches eine Hepatitis dann auslösen kann, wenn Vitamin B_{12} fehlt.

Klinisches Bild

Weidelämmer im Alter von sechs Wochen können bereits erkranken. Das Bild wird geprägt von Anorexie, zunehmender Apathie, Oedematisierung der Augenränder und Lippen (Photosensibilität) sowie Kachexie. Weiterhin treten Anämie und Bilirubinämie, mitunter auch enzephalitische Erscheinungen auf. In der akuten Phase ist die Leberdruckpalpation positiv. Mit Chronizität des Leidens sind es Kachexie, Anämie und Augenausfluß, die als gemeinsame Symptome anfallen.

Pathologischer Befund

In der akuten Phase ist die Leber der Lämmer erheblich vergrößert (zwei- bis dreifach) und auffällig fahl-weiß. In den Hepatozyten und Gallenkapillaren ist Fett eingelagert. Der Vitamin B_{12}-Gehalt ist stark reduziert.

In chronischen Fällen ist zwar noch die Fetteinlagerung zu erkennen, die vakuolisierten Hepatozyten sind zahlenmäßig geringer. In der Portalgefäßgegend sind lymphatische Proliferationen auszumachen.

Diagnose und Differentialdiagnose

Die Diagnose ist nur anhand des pathologischen Befundes umfassend zu stellen. Blutplasmauntersuchungen ergeben eine Aktivitätssteigerung der AST (GOT) und GGT sowie eine Zunahme des Bilirubins ($> 8 \mu mol/l$). Der Vitamin B_{12}-Gehalt ist deutlich erniedrigt ($< 200 pmol/l$, Normwert 153 bis 1530 pmol/l), die Kupferkonzentration diskret vermindert ($\emptyset\ 14 \pm 2.8\ \mu mol/l$, Normwert 7.8 bis 17.3 $\mu mol/l$).

Therapie

Gaben von Vitamin B_{12} und ausreichende Versorgung mit Kobalt.

Parasitäre Leberveränderungen

Leberveränderungen bei Lämmern, die durch Parasitosen entstehen, werden vor allem aus England berichtet (*Jepson* und *Hinton* 1986).

Als wichtigster Parasit wird Cysticerus tenuicollis (Larvenstadium des Bandwurmes), der durch Hunde und Musteliden übertragen wird, genannt. Krankheitserscheinungen werden offenbar nicht ausgelöst, eine fleischbeschaurechtliche Beurteilung führt jedoch aufgrund der starken Veränderungen zum Verwerfen der Leber.

Weiterhin kann Fasciola hepatica in der Leber von Lämmern gefunden werden, wobei akute Fasciolosen vorwiegend im Herbst beobachtet werden.

Nekrobazillose der Leber, Leberabszesse

Begriff und Vorkommen

Verschiedene Erkrankungen wie Ecthyma contagiosum, Lämmerdiphtheroid, Omphalophlebitis, Ruminitis können zur Absiedlung von Fusobacterium necrophorum in der Leber führen.

Ätiologie und Pathogenese

Fusobakterien dringen entweder oral (Ecthyma contagosium, Lämmerdiphtheroid) oder umbilical in den Organismus ein und siedeln sich unter anderem in der Leber ab. Vor allem bei Mastlämmern mit Ruminitis auf der Basis einer Pansenacidose (pH-Werte < 4.5) kommt es zur Vermehrung und Eindringen von Fusobakterien in die Schleimhaut und von dort aus in das Blutgefäßsystem.

Klinisches Bild und pathologischer Befund

Bei sehr jungen Lämmern ensteht infolge Omphalophlebitis oder Ecthyma rasch eine fortschreitende Kachexie, verbunden mit den üblichen Symptomen wie Mattigkeit, Anorexie. Die Lebergegend ist auf Druckpalpation hin schmerzhaft. Bei älteren Lämmern ist es meist eine subakute Ruminitis, die zu Lebernekrosen führt. Die Lämmer trauern und magern rasch ab.

Der pathologische Befund ist geprägt von Leberabszeßbildung und eventuellen Primärbefunden wie Omphalophlebitis, Ruminitis, Ecthyma. Aus den Abszessen ist Fusobacterium necrophorum zu isolieren.

Diagnose

Sie ist schwer in vivo zu stellen. Der pathologische Befund und der mikrobiologische Nachweis sind entscheidend.

Therapie und Prophylaxe

Eine Antibiose kann versucht werden, hat aber nur im Anfangsstadium Erfolg. In chronischen Fällen wären die Lämmer zu verwerten.

Die Prophylaxe bezieht sich auf Hygiene im Ablammstall und in der Aufzuchtabteilung, Nabeldesinfektion, Schutzimpfung gegen Ecthyma contagiosum sowie auf vorsichtige Kraftfuttergaben bei Mastlämmern zur Vermeidung der Pansenacidose.

Leberruptur

Bei neugeborenen bis zu 12 Stunden alten Lämmern, deren Allgemeinbefinden sich plötzlich verschlechtert oder die tot zur Welt gekommen sind, kann die Ursache in einer Leberruptur liegen.

Die Entstehung der Leberruptur ist unklar. Wahrscheinlich wird sie durch das Geburtsgeschehen bedingt. Bei Durchtritt des Abdomens durch den knöchernen Geburtskanal und gleichzeitig extremen Zug im Rahmen der Geburtshilfe in nicht genügend abgewinkelter Form kann es zum Zerreißen der Leber kommen. Dafür spräche, daß am häufigsten stark entwickelte Lämmer aus komplizierten Geburten betroffen sind. Die Inzidenz an Leberrupturen wird von *Johnson* und *McLachlan* (1986) mit 8.6% aller bis zur 12. Stunde p. n. sezierten Lämmer angegeben.

Die Tiere weisen, insofern sie lebend angetroffen werden, einen schwankenden Gang auf oder liegen bereits fest. Auffällig ist die vollkommene Anämie und die Untertemperatur. Es besteht darüber hinaus eine Tachypnoe. Bei vorsichtigem Druck in der Lebergegend ist eine Schmerzreaktion auszulösen. Eine Behandlung ist aussichtslos.

Literatur

Jepson, P. G. H., *M. H. Hinton* (1986): An inquiry into causes of liver damage in lambs. Vet. Rec. *118*, 584–587

Johnston, W. S., *G. K. McLachlan* (1986): Incidence of rupture of the liver in neonatal lambs in the North of Scotland. Vet. Rec. *118*, 610–611

McLoughlin, M. F., *D. A. Rice*, *S. M. Taylor* (1984): Liver lesions resembling over ovine white liver disease in cobalt deficient lambs. Vet. Rec. *115*, 325

Pounden, A., *D. Bell*, *B. Eddington*, *D. Thomas* (1956): Disease conditions observed in lambs at slaughter. J. Amer. Vet. Med. Assoc. *128*, 298–301

Richards, R. B., *M. R. Harrison* (1981): White liver disease in lambs. Austr. Vet. J. *57*, 565–568

Sutherland, R. J., *D. O. Cordes*, *G. C. Carthew* (1979): Ovine white liver disease − an hepatic dysfunction associated with Vitamin B_{12} deficiency. N. Zeal. Vet. J. *27*, 227–232

Uvlund, M. J., *J. Overas* (1980): Chronic hepatitis in lambs in Norway, a condition resembling ovine white liver disease in New Zealand. N. Zeal. Vet. J. *28*, 19

Wensvoort, P., *C. H. Herwejer* (1975): Chronische hepatitis bij lammeren. Tijdschr. Diergeneesk. *100*, 221–228

9.8.16 Helminthosen bei Sauglämmern

Vorkommen und Bedeutung

Helminthosen können sowohl bei Schaf- als auch bei Ziegenlämmern bereits im ersten jugendlichen Entwicklungsabschnitt zu erheblichen Wachstumsstörungen führen. Parasitäre Infektionen sind weit verbreitet und spielen bei Weidehaltung ebenso eine Rolle wie bei Koppelschaf- oder ganzjähriger Stallhaltung. Voraussetzung für eine Manifestation ist der Kontakt mit infiziertem Material (Kot, Rauhfutter). In den meisten Fällen stellt das wurmeier- oder wurmlarvenausscheidende Muttertier die unmittelbare Gefahrenquelle dar. Zusätzlich begünstigend für die Entwicklung einer generalisierten Helminthose wirken Faktoren wie zu hohe Besatzdichte, Witterungswechsel, feuchtkaltes oder feucht-warmes Klima, erschöpfende Wanderungen, schlechte Ernährungsgrundlage. Häufig ist die eigentliche Helminthose kombiniert mit einer Protozoeninfektion (Eimeria sp., Kryptosporidien − siehe 9.8.10).

Die durch einen massiven parasitären Befall verursachten Schäden bei Sauglämmern liegen vor allem in dem durch ihn bedingten retardierten Wachstum sowie in der mangelhaften Gewichtszunahme. Todesfälle allein durch Helminthosen sind nicht allzu selten (Monieziose, Haemonchose). Ihre Ursachen sind in dem parasitär-auszehrenden Prozeß (profuse Diarrhöe, Anämie) und in den, den geschwächten Organismus leicht befallenden Sekundärinfektionen (Clostridiose, Pasteurellose) zu suchen.

Ätiologie

Lämmer können sich bereits in der zweiten Lebenswoche infizieren und zwar zu dem Zeitpunkt, zu dem die Festfutteraufnahme oder die Suche danach beginnt. Sie kommen dann in unmittelbare Berührung mit kontaminiertem und kontagiösem Material (Kot, Erde, Gras und Heu). Unter reinen Milchmastbedingungen (künstliche Aufzucht) sind Helminthosen bedeutungslos, es kommt höchstens zu einer Eimeriose (siehe 9.8.11).

Je nach hygienischem Umfeld, allgemeinem Gesundheitszustand und Infektionsdruck können Helminthosen und im weiteren Sinne alle gastroenteralen Parasitosen ohne nennenswerte klinische Erscheinungen ablaufen. Erst wenn ein massiver Infektionsdruck besteht und andere begünstigende Faktoren vorhanden sind (Witterung, allgemein schlechter Entwicklungs- und Gesundheitsstand, anstrengende Wanderungen, zu hohe Bestandsdichte) kommt es auch zu akuten Krankheitserscheinungen. Diese stellen dann nicht selten das Finale dieses chronischen Krankheitskomplexes dar. Stark in Mitleidenschaft gezogene Lämmer sind zwar zu retten, bleiben aber in der Gesamtentwicklung zurück.

Im Kot latent oder akut erkrankter Lämmer lassen sich vorwiegend Helminthen aus der Familie der Trichostrongylidae, Strongylidae, Strongyloidiae sowie Anoplocephalidae nachweisen. Dazu kommen noch häufig Eimerosen und neuerdings auch Kryptosporidose.

Eine Beschreibung der pathogenetischen Zusammenhänge unterbleibt. Hier sei auf Spezialwerke verwiesen.

Ostertagia (Brauner Magenwurm)

Ostertagia circumcincta, Ostertagia trifurcata, selten Marshallagia marshalli.

Ende Juni/Anfang August kommt es zur maximalen Ausscheidung von Ostertagia-Eiern infizierter Schafe. Ostertagia-Larven können aber auch auf Weiden überwintern. Lämmer infizieren sich also vorwiegend kurz nach Weideaustrieb (Winterlarven) oder im August, bedingt durch die schnelle Entwicklung zur Infektionslarve (6 Tage bei 25° bis 30 °C). Es kommt zu Apathie, mangelhafter Futteraufnahme, Diarrhöe.

Haemonchus contortus (Rote Magenwurmseuche)

Die Hauptinfektionszeit liegt im Juni/Juli. Bei einer Praepatenzzeit von 12 bis 15 Tagen bei Lämmern muß mit akuter Haemonchuserkrankung im August gerechnet werden. Haemonchus contortus bedingt eine Gastritis (Labmagen), die mit Blutungen einhergeht. Folge sind Anämie und damit verbunden Tachykardie und Tachypnoe neben einer akuten Diarrhöe.

Trichostrongylose (Haarwürmer)

Trichostrongylus colubriformis, T. vitrinus, T. longispicularis, T. axi.

Die Infektion der Jungtiere erfolgt zumeist im August/September, so daß im Frühherbst besonders bei naßkalter Witterung, mit Krankheitserscheinungen gerechnet werden muß. Trichostrongylos-Larven können aber auch überwintern und so im Frühjahr über Larven III zur Infektion führen.

Strongyloidose (Zwergfadenwürmer)

Strongyloides papillosus.

Die rhabditiformen Larven (Larven III) dringen perkutan bei adulten Tieren ein und gelangen über Lymph- und Blutweg, Trachea und Lunge in den Dünndarm. Die Larven III können aber auch über Blut- und Lymphbahnen in die Muskulatur und vor allem in das Euter eindringen. Von dort aus werden sie galaktogen auf die Lämmer übertragen. Die Letalitätsrate liegt bei Lämmern bei 17 %. Typisches klinisches Anzeichen ist Husten (bereits 3 Tage p. i.), erschwerte Atmung und Diarrhöe.

Nematodirus battus

Sowohl in England als auch den Niederlanden, USA und in der Bundesrepublik Deutschland wurde Nematodus battus bei Schaflämmern mit vermiöser Diarrhöe nachgewiesen. Er gilt als einer der gefährlichsten Magen-Darm-Parasiten für Lämmer, besonders in Koppelschafhaltungen und auf zu dicht besetzten Weiden. Lämmer können sich bereits im Alter von 3 Wochen infizieren. Häufig besteht eine Kombination zwischen Kokzidienbefall und Nematodirus battus-Infektion, wodurch sich die schweren Erkrankungsverläufe erklären.

Bunostomose (Hakenwurm)

Bunostomum trigonocephalum.

Die Infektionszeit liegt vornehmlich im Frühherbst. Lämmer infizieren sich perkutan, selten oral. Die Hakenwürmer durchdringen die intakte Haut der Inguinalgegend. Die Präpatenzzeit liegt bei rund 50 Tagen.

Monezia (Bandwurm)

Vorwiegend Monezia expansa.

Diese können bereits acht Wochen alte Lämmer befallen und zu einer allgemeinen Auszehrung führen. Vor allem im Frühjahr spielt die Bandwurmerkrankung eine Rolle. Die Monieziose kann bei Lämmern akut verlaufen. Taumeln, Zittern, Leerkaubewegungen, Diarrhöe, praefinale Krämpfe sind beobachtet worden.

Klinisches Bild

Parasitosen lösen im allgemeinen keine spezifischen Krankheitssymptome bei Lämmern aus. Als allgemeiner Hinweis können gelten: zuerst fällt die schlechte Gewichtszunahme und der Entwicklungsrückstand bei Lämmern auf, wobei kaum Einzeltiere, sondern der gesamte Bestand betroffen ist. Später kommt es zu Diarrhöe (oft breiig wässrig, stinkend) mit fortschreitender Exsikkose infolge Dehydration, zu grauer glanzloser Wolle oder struppigem Haarkleid, zu zunehmender Apathie sowie Anorexie (vorwiegend bei Infektion mit Haemonchus contortus, differentialdiagnostisch bei Kokzidien), Taumeln, Zittern, Krämpfen bei Monieziose im Endstadium, Festliegen infolge allgemeiner Inanition, Schaumbildung vor dem Mundspalt und bei Infektion mit Strongyloides papillosus bereits 3 Tage p. infect. eine Lungensymptomik (Husten, Tachypnoe).

Diagnose und Differentialdiagnose

In einer gewissen jahreszeitlichen Abhängigkeit kommt es zu bestimmten Helminthosen. So im Frühjahr (Mitte April bis Mitte Juni) zu Nematodiriasis (N. battus), im Spätsommer und Frühherbst zu Ostertagiose, Trichostrongylose, Bunostomose. Das Alter der befallenen Lämmer ist primär abhängig von ihrem Geburtstermin, eine direkte, auf Lebenswochen ausgerichtete Typisierung der Helminthosen ist demnach nicht möglich.

Die Diagnose ist allein sicher durch eine parasitologische Untersuchung zu stellen. Nicht selten ist eine Verminose mit anderen Infektionen verbunden, so mit Kokzidiose, Clostridien, Salmonellen etc., so daß stets eine bakteriologische und parasitologische Untersuchung bei Lämmern mit Diarrhöe, die älter als vier Wochen sind, einzuleiten wäre.

Therapie

Im wesentlichen stehen heute Präparate auf der Grundlage von Benzimidazol für die Bekämpfung von Magen-Darmwürmern zur Verfügung (Thibenzole, Neminil, Ovitelmin, Panacur, Systamex, Synanthic, Rintal). Weiterhin befinden sich im Einsatz Concurat L, Citarin L, Ripercol, Banminth S (Levasimole). Besonders gegen die Benzimidazole haben sich bei Schafen infolge der häufigen, einseitigen Anwendung Resistenzen gebildet.

Die Monieziose wird eigens mit Niclosamid (Mansonil) behandelt, wobei die Lämmer morgens nüchtern sein sollten und erst ein- bis zwei Stunden später Futter erhalten.

Aus diesem Grunde können in Anlehnung an *Waller* et al. (1987) sowie *Bauer* (1988) folgende Empfehlungen gegeben werden:

1. keine Unterdosierung der angewandten Anthelmintika (Höchstgewicht einsetzen, kein Durchschnittsgewicht)
2. Monieziose separat mit Mansonil behandeln, um den Einsatz mit Breitbandanthelmintika zu reduzieren und somit die Resistenzgefahr zu minimieren.
3. Wirkstoffgruppen wechseln, um der Resistenz vorzubeugen (Benzimidazol ./. Levamisol).
4. Weidehygiene beachten, besonders bei Koppelschafhaltung, da Wurmeier (Ostertagia, Trichostrongylus) überwintern können.
5. rechtzeitige Entwurmung der Mutterschafe
6. Kontrolle von Kotproben der Lämmer und Muttertiere in regelmäßigen Abständen
7. Rund 10 Tage nach vorgenommener Entwurmung Nachuntersuchung von Kotproben, um die Wirksamkeit der Behandlung zu kontrollieren.

Literatur

Bauer, C. (1988): Anthelmintikaresistenz bei Nematoden von Rind, Schaf und Ziege. J. Vet. Med. B *35*, 286–300

Bauer, C. (1988): Parasiten und parasitäre Erkrankungen bei Schafen. Dtsch. Schafzucht *80*, 200–202

Bauer, C. (1989): Infektion mit Nematodirus battus (*Crofton* und *Thomas* 1951) und Weide-Eimerose bei Schaflämmern in der Bundesrepublik (Kurzmitteilung). Dtsch. Tierärztl. Wschr. *96* 382–384

Boch, J., R. Supperer (1983): Veterinärmedizinische Parasitologie 3. Aufl. Verlag Paul Parey Berlin und Hamburg
Connan, R. M. (1986): Ostertagiosis in young lambs in spring. Vet. Rec. *119*, 359–360
Elliott, D. C. (1986): Tapeworm (Monieza expansa) and its effect on sheep production. The evidence reviewed. N. Zeal. Vet. J. *34*, 61–65
Gjerde, B., O. Helle (1986): Efficay of Toltrazuril in the prevention of coccidiosis in naturally infected lambs on pasture. Acta Vet. Scand. *27*, 124–137
Kingsbury, P. A. (1983): Nematodirus ingestation – a probable cause of losses amongst lambs. Vet. Rec. *65*, 167–169
Mitchell, G., K. Linklater (1983): Differential diagnosis of scouring in lambs. In Practice (Beiheft Vet. Rec.) *4*–12
Reid, J. F. S. (1976): The common diarrhoeas of sheep in Britain. Vet. Rec. *98*, 496–499
Thomas, R. J., A. J. Stevens (1956): Some observations on Nematodirus disease in Northumberland and Durham. Vet. Rec. *68*, 471–472
Waller, P. J., J. R. Donelly, R. J. Dobson, A. D. Donald, A. Axelsen, F. H. W. Morley (1987): Effects of helminth infection on the preweaning production of ewes and lambs: evaluation of pre- and post-lambing drenching and provision of safe lambing pasture. Austr. Vet. J. *64*, 339–343

9.9 Omphalitis, Omphalophlebitis, Nabelentzündung

Begriff und Vorkommen

Die Erkrankung ist bei Schaf- und Ziegenlämmern weltweit verbreitet und ist Folge einer ungenügenden Nabelpflege. Häufiger wird sie gegen Ende der Lammzeit bei Zunahme des Infektionsdruckes beobachtet. Prädisponierender Faktor ist die Stallablammung in ungenügend gereinigten Ablammboxen. Komplikationen entstehen in Form von Leberabszessen und vor allem durch Polyarthritis.

Ätiologie und Pathogenese

Der Nabel stellt, wie bei anderen Tierarten auch, Eintrittspforte für eine Reihe von Erregern dar. Vorwiegend sind es ubiquitär vorkommende Keime wie Streptokokken, Staphylokokken, E. coli-Keime, Corynebacterium spez. (Actinomyceten). Dazu kommen aber auch Clostridium perfringens, Fusobacterium necrophorum, Erysipelothrix rhusiopathiae und andere.

Über den feuchten Nabelstumpf penetrieren die Keime in das Innere und verursachen Entzündungen (Omphalitis, Omphalophlebitis, Omphaloarteriophlebitis) und Abszesse. Diese Abszesse lokalisieren sich vorwiegend in der Leber. Über den Leberkreislauf selbst kommt es zu einer generalisierten Infektion mit Absiedelung der Keime in Gelenke, Herz, Niere. Es kommt zu Abmagerung und Kümmern.

Klinisches Bild

Akute Todesfälle sind bei generalisierter Septikämie oder Toxämie möglich. In den subakut verlaufenden Fällen kommt es zu deutlicher, entzündlicher Nabelstumpfvergrößerung, was bereits bei oberflächlichem Hinsehen auffällt (Abb. 9.22 s. Farbtafel 20). Die Tiere sind apathisch und verweigern partiell die Milchaufnahme. Der Rücken wird gekrümmt. Die Körpertemperatur ist geringgradig bis stark erhöht ($> 39\,°C$). Bei Druck auf die Nabelgegend ist Schmerzreaktion auslösbar, der Nabelstumpf selbst ist oedematös verdickt, stark bläulich-rot, feucht und das austretende Sekret übelriechend. In fortgeschrittenen Fällen sind ein oder mehrere Gelenke vermehrt warm sowie infiltrativ verdickt oder schwammig aufgetrieben (Polyarthritis). Diarrhöe wird ebenfalls beobachtet.

Pathologischer Befund

Er gleicht dem bei anderen Tierarten.

Diagnose und Differentialdiagnose

Die Diagnosestellung bereitet in subakut verlaufenden Fällen aufgrund des ausgeprägten klinischen Bildes keine Schwierigkeiten.

Therapie und Prophylaxe

Die Therapie muß wegen der polybakteriellen Grundlage komplex gestaltet werden, so daß Langzeitsulfonamide oder Langzeitbreitbandantibiotika Anwendung finden. Stark abgemagerte Tiere und solche mit erheblichen Gelenksveränderungen sprechen nur mehr schwer auf Antibiotika (mangelnde Penetration der Antibiotika in die Leberabszesse und Gelenke) an.

Bei wertvollen Tieren wäre auch an eine Nabeloperation zu denken. Dabei wird der entzündete Umbilikalbereich großzügig mit den entsprechenden Gefäßen entfernt (s. Kalb).

Die Prophylaxe besteht in einer ausreichenden Nabeldesinfektion und Nabelkontrolle. Als Desinfizienz ist nach wie vor Jodtinktur zu empfehlen; weiterhin kommen PVP-Jod (Braunol®) oder Phenylmercuribovat (Merfen®) in Betracht. Um die

Anfälligkeit gegen Neugeboreneninfektionen zu mindern, ist auf eine ausreichende Kolostrumversorgung zu achten.

Literatur

Linklater, K., G. Watson (1983): Sheep housing and health. Vet. Rec. *113*, 560–564

Marsh, H. (1947): Corynebacterium ovis associated with an arthritis in lambs. Am. J. Vet. Res. *8*, 294–298

9.10 Erkrankungen des Urogenitalsystems

9.10.1 Urolithiasis, Harnsteine

Begriff und Vorkommen

Im Rahmen der Jungtierentwicklung kommt die Urolithiasis bei Lämmern in Mastkondition und bei intensiv aufgezogenen Zuchtlämmern bereits ab der 3. Lebenswoche vor. Betroffen sind nahezu ausschließlich männliche Tiere, wobei auch eine gewisse Rassedisposition (Merinoschafe, Schwarzkopfschafe) zu beobachten ist.

Ätiologie und Pathogenese

Bei phosphor- und siliziumreicher, aber kalziumarmer Fütterung (Getreidemast, Gras) kommt es zur Bildung von Kondensationsharn mit Gelbildung durch Kieselsäure. Es entstehen durch Einlagerung von Phosphatpartikeln Kolloide. Diese werden allmählich zu Kristalloide umgebaut. Mikrolithe (Harngrieß) können abgehen. Wachsen sie zu Makrolithen heran, dann ist ihr Transport durch die verschiedenen Isthmen (Processus urethralis oder Flexura sigmoidea, Arcus ischiadicus) unterbrochen. Sie setzen sich fest und führen zu Irritationen der Schleimhaut mit Schwellung und Verschluß der Harnröhre.

Auslösender Faktor kann eine mangelnde Trinkwasserversorgung sein. Auch Streßsituationen oder Wetteränderungen können fördernd auf die Urolithiasis wirken. Durch die am Anfang partielle, später totale Obliteration kommt es zum akuten Harnstau und somit zur Erhöhung des Harnstoffes im peripheren Kreislauf.

Klinisches Bild

Es kommt bei Harnröhrenverschluß zur plötzlichen Futterverweigerung. Die Tiere stampfen mit den Beinen oder zeigen kolikartige Schmerzen. Der Rücken ist kyphotisch aufgeworfen, die Bauchpresse intermittierend ingang, wobei parallel dazu häufig die Oberlippe geschürzt wird. Atem- und Pulsfrequenz sind erhöht. Auf Druckpalpation des kaudalen Abdomens kommt es zu Schmerzreaktion. Die bestehende Oligurie oder Anurie ist am Anfang schwer nachzuweisen. Am besten wird zu diesem Zweck dem betroffen Lamm ein Tuch um das Abdomen gewickelt, um so den Harnabgang zu kontrollieren. In weiter fortgeschrittenen Fällen ist der Unterbauch stark oedematisiert, ein klinisch offensichtliches Zeichen für Urolithiasis (Abb. 9.23).

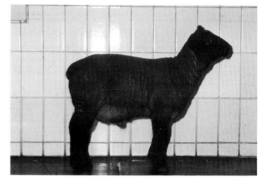

Abb. 9.23 Urolithiasis bei einem zehn Wochen alten Lamm

Kurzfristige Besserungsperioden sind nicht fehlzuinterpretieren. Bei Ruptur der Harnblase besteht eine vorübergehende Druckentlastung, der totale Zusammenbruch folgt 24 Stunden später (Urämie).

Pathologischer Befund

Stark gefüllte oder rupturierte Harnblase, Urämie

Diagnose und Differentialdiagnose

In fortgeschrittenen Fällen unschwer aufgrund der Symptomatik zu stellen. Zur weiteren Abklärung oder bei unklarem Bild wäre vor allem die semiquantitative Messung des Harnstoffgehaltes im Blut (Urastrat® Goedecke-Plasmabestimmung, Harnstoff-Schnelltest® Merck-Vollblutbestimmung, photometrische Methode) angezeigt (Harnstoff $>$ 30 mg/dl $\triangleq$ 5 mmol/l).

Therapie und Prophylaxe

Eine Therapie in fortgeschrittenen Fällen hat meist keinen Erfolg. Sitzt der Harnstein am Processus urethralis, wäre dieser zu amputieren. Eine postskrotale Urethrotomie kommt bei Lämmern kaum in Betracht. Weiterhin finden spasmolytische Präparate, aber auch Hyaluronidase (Kinetin® Schering) Anwendung.

Prophylaktisch sollte der Phospatanteil im Futter niedrig, der Kalziumanteil hoch gehalten werden. Für ausreichendes Flüssigkeitsangebot muß auch bei noch saugenden Lämmern gesorgt werden.

Literatur

Bauer, H., P. Matzke, W. Gränzer, M. Burgkart (1971): Versuche zur Urolithiasis-Prophylaxe bei der Intensivmast von Lämmern. Berl. Münch. Tierärztl. Wschr. *84*, 477–481

Bollwahn, W. (1961): Zur Harnsteinerkrankung der Schafe. Tierärztl. Umsch. *16*, 8–11

Hoar, D. W., R. J. E. Erick, L. B. Embry (1970): Potassium, phosphorus and calcium interrelationsship influencing feedlot performance and phosphatic urolithiasis in lambs. J. Anim. Sci. *30*, 597–600

Malone, F., P. J. McParland, J. O'Hagan (1985): Causes of mortality in an intesive lamb fattening unit. Irish Vet. J. *39*, 86–90

Putriano, G. O. (1954): Urinary calculi in livestock – a new concept of its etiology and possible prevention with hyaluronidase. J. Amer. Vet. Med. Ass. *124*, 55–62

9.10.2 Hernia scrotalis, Hodenbruch

Infolge eines zu weit gestellten Ostium vaginale kommt es zum Vorfall von Darm- und Netzteilen in das Scrotum. Diese angeborene Mißbildung wird meist bei neugeborenen Lämmern übersehen und ist erst mit zunehmender Entwicklung deutlich (umfangreiches, dem Alter entsprechend zu großes Scrotum). Die Tiere zeigen keine Schmerzen. Erst wenn es zu einer Torsion oder Inkarzeration der vorgefallenen Darmteile kommt, sind heftige Schmerzäußerungen zu erkennen (Wälzen, Schlagen nach dem Unterbauch). Die Lämmer verfallen dann rasch (Abb. 9.24).

Hilfe kann in Form einer Bruchoperation gebracht werden, wenn die Lämmer nicht von vornherein nach gewisser Mastreife der Verwertung zugeführt werden.

Bei gehäuftem Auftreten sollte nach dem Vatertier gefahndet werden, welches diese Anomalie vererbt, um es aus der Zucht zu nehmen.

Abb. 9.24 Hodenbruch

9.11 Erkrankungen der Gelenke und Knochen

9.11.1 Polyarthritis, Gelenkentzündung

Begriff und Vorkommen

Polyarthritiden können in jedem Entwicklungsabschnitt des Lammes auftreten. Je nach Lebensalter sind aber Ursachen und auslösende Agentien unterschiedlich. Sie treten in akut-eitriger oder in chronisch-nichteitriger Form auf.

Akut-eitrige Polyarthritis bei neugeborenen Lämmern

Ätiologie und Pathogenese

In dieser Gruppe entsteht die akute, eitrige Polyarthritis aus einer generalisierten Infektion. Die Haupteintrittspforte für die Erreger ist der Nabel (Omphalophlebitis). Von dort aus verbreiten sich die Keime über die Leber generalisiert über den gesamten Organismus mit einer Affinität zu den Gelenken. Auslösendes Moment ist eine mangelhafte Nabelpflege beim Neonaten bei wachsendem Infektionsdruck. Deshalb tritt die akut-eitrige Polyarthritis häufig in Verbindung mit einer Omphalophlebitis zumeist am Ende der Lammzeit unter Stallhaltungsbedingungen auf. Sie kann aber auch sekundär als Folge von septikämischen Zuständen, besonders nach plurikausalen Pneumonien, entstehen. Immunschwäche nach ungenügender Kolostrumaufnahme oder auch immunsuppressive Zustände können die eitrige Polyarthritis begünstigen. Als Erreger kommen in Betracht: Streptokokken, E. coli, Corynebacterium pyogenes (Actinomyces), weiterhin Fusobacterium necrophorum und Staphylokokken.

Klinisches Bild

Wenige Tage nach der Geburt zeigen Lämmer plötzlich Lahmheit. Sie lassen teilweise die betroffene Extremität in angewinkelter Stellung hängen (Abb. 9.25). Im Lauf wird das Bein entlastet, so daß es zu hüpfendem Bewegungsablauf kommt. Deutlich verdickt ist das Karpal- oder Tarsalgelenk. Es ist wärmer und auf Druck ist eine deutliche Flüssigkeitszunahme rund um das Gelenk auszumachen. In manchen Fällen abszediert das Gelenk. Aus dem Gelenk kann mittels Punktion zur Diagnosesicherung Sekret gewonnen werden (nach Säuberung der Punktionsstelle, Einstich mit einer auf eine 1- oder 2 ml-Spritze aufgesetzten Kanüle).

Abb. 9.25 Gelenkentzündung bei Lämmern im Alter von vier Wochen

Die Körpertemperatur ist subfebril erhöht. Die Nahrungsaufnahme ist zwar anfangs ungestört, läßt später aber rapide nach. Die Nabelgegend ist feucht-schmierig, der Nabel selbst verdickt und schmerzhaft. Mit Fortschreiten der Erkrankung nimmt die Kachexie zu. Es kommt zu Todesfällen.

Pathologische Befunde

Es bestehen deutliche Anzeichen einer Nabelentzündung; Leberabszesse treten in unterschiedlicher Größe auf, Abszesse in der Lunge oder Zeichen chronischer Pneumonien treten ebenfalls in Erscheinung. Die Arthritis beschränkt sich vorwiegend auf das Tarsal- und/oder Karpalgelenk.

In der Gelenkhöhle befindet sich eitriges oder eitrig-seröses Sekret, aus welchem die verursachenden Keime isoliert werden können. Die Knorpelschichten weisen beginnende Degenerationserscheinungen auf. Die Entzündung kann sich auch periartikulär (Sehnenscheiden) ausgebreitet haben.

Diagnose und Differentialdiagnose

Bei bestehender Nabelentzündung und mittels pathologisch-anatomischem Befund ist die Diagnose unschwer zu stellen. Wichtig ist die Bestimmung der Erreger. Diese kann auch aus Sekret, welches durch Punktion in vivo gewonnen wurde, erfolgen. Bei rein eitrig-serösem oder eitrigem Sekret ist der Verdacht einer Arthritis auf der Grundlage von Streptokokken, Corynebacterium pyogenes (Actinomyces) oder E. coli, bei serösflockigem mehr von Erysipelothrix rhusiopathiae gegeben. Differentialdiagnostisch ist an Chlamydienpolyarthritis, aber auch an Fraktur (Einzelfälle, niemals gehäuft) zu denken.

Therapie

Lämmer mit ausgeprägter Polyarthritis sind kaum zu heilen, da die meisten Antibiotika schlecht durch die Gelenkkapsel in die Gelenkhöhle eindringen. Mit örtlichen Gaben von Antibiotika in die Gelenkhöhle direkt sind ebenfalls keine Heilerfolge zu erzielen. Die Lämmer bleiben trotz Antibiose (Resistenzbestimmung nach Erregerisolation zu empfehlen) Kümmerer, die betroffene Extremität versteift. Nur im Prodromalstadium befindliche Lämmer sind zu retten.

Prophylaxe

Eingehende Nabelpflege bei neugeborenen Lämmern, eventuell Wiederholung nach 12 bis 24 Stunden (Jodtinktur). Antibiotische Prophylaxe ist vorübergehend anzuraten. Auf die Verabreichung und Aufnahme von genügenden Mengen Kolostrums ist zu achten. Die Ablammbuchten sind eingehend zu reinigen (Hochdruckreinigung mit anschließender Desinfektion).

Nichteitrige Polyarthritis bei älteren Lämmern,

Rotlauflähme

Ätiologie und Pathogenese

Beschrieben ist diese Art von Arthritis schon vor rund 70 Jahren. Sie betrifft Lämmer im Alter von

2 bis 4 Monaten, selten Tiere am Ende des ersten Lebensmonats. Als Keim aus den betroffenen nichteitrig entzündeten Gelenken ist Erysipelothrix rhusiopathiae (Rotlaufbakterien) zu isolieren. Diese werden durch Schweine und Ratten, aber auch durch adulte Schafe selbst weiterverbreitet. Beteiligt sind über 20 Serotypen, wenngleich Serotyp 1 und 2 dominieren. Gehäuft tritt die Rotlaufpolyarthritis nach Badeaktionen und Kastrationen auf. Eintrittspforten können auch banale Verletzungen sein. Es kommt zu einer akuten Polyarthritis, aus der später die chronische resultiert.

Klinisches Bild

Die Lämmer zeigen einen steifen Gang bei leicht kyphotischer Haltung. Sie fußen sehr vorsichtig und zeigen Bewegungsarmut. Sind die Karpalgelenke betroffen, wird die Extremität durchgebogen. Bei Aufstehversuchen verweilen sie längere Zeit auf den Karpalgelenken, ehe sie sie strecken.

Die Gelenke sind nur leicht geschwollen und nicht vermehrt warm. Bei der Beugeprobe kommt es zu Schmerzäußerungen. In der akuten Phase kommt es zu Fieber ($> 40\,°C$), so daß das Syndrom aus Lahmheit und/oder steifem Gang sowie Fieber bei nur mäßig geschwollenen Gelenken besteht. Ihre Nahrungsaufnahme ist etwas vermindert. Sie magern mit der Zeit ab und machen einen allgemein hinfälligen Eindruck. Aus der akuten Phase kann in übersehenen oder nicht spezifisch behandelten Fällen die chronische Form entstehen. Todesfälle sind selten, akute Ausbrüche können jedoch 40 % der Lämmer betreffen.

Pathologisch-anatomische Befunde

Oft kachektischer Gesamtkörper, Karpalgelenke und/oder Tarsal- sowie Knie-, Schulter-, Ellbogengelenke in der Kapsel verdickt. Die Gelenkflüssigkeit ist kaum vermehrt, jedoch grau-weiß gefärbt oder serös mit leichter Flockenbildung. Die Knorpelschichten sind angegriffen (Ulcusbildung). Ansonsten Merkmale einer chronischen Arthritis. Die entsprechenden Lymphknoten sind geschwollen.

Diagnose und Differentialdiagnose

In vivo ist die Diagnose bei Beobachtung des Stand-, Bewegungs- und Liegeverhaltens zumindest verdachtsweise zu stellen. Endgültig festzulegen ist sie jedoch erst nach bakteriologischem Nachweis der Rotlaufbakterien (Gelenkspunktat, pathologisch-anatomischer Befund).

Differentialdiagnostisch ist wohl an die eitrige Polyarthritis nach Nabelentzündung, besonders jedoch an die durch Chlamydien (kombiniert mit Keratokonjunktivitis) verursachte zu denken.

Therapie

Nach eindeutiger Isolierung der Rotlaufbakterien sind durch Behandlung mit Langzeitpenicillin und Rotlaufserum gute Heilerfolge zu erzielen. Erkrankte Lämmer sind zu isolieren und gesondert zu füttern.

Chlamydienpolyarthritis

Ätiologie und Pathogenese

Chlamydia psittaci (Serotyp 2) kann bei Lämmern zu einer nichteitrigen, akuten Polyarthritis führen, die häufig mit einer Keratokonjunktivitis verbunden ist. Die Erkrankung kommt vorwiegend bei Lämmern in Mastkondition (ein bis zwei Monate) vor. Die Übertragung erfolgt oral.

Klinisches Bild

Es kommt plötzlich bei jungen Mastlämmern zu einer akuten Polyarthritis, kenntlich am steifen Gang. Die Gelenke sind gering geschwollen, jedoch schmerzhaft. Kombiniert damit ist eine akute Keratokonjunktivitis. Die Körperinnentemperatur ist anfangs erhöht ($> 39.5\,°C$). Die Krankheit dauert rund zwei Wochen und klingt dann ab. Chronische Fälle wie bei der Rotlaufpolyarthritis sind sehr selten.

Pathologischer Befund

Er ähnelt dem der Rotlaufpolyarthritis (siehe dort). Die Synovia ist flockig-serös.

Diagnose und Differentialdiagnose

Auch bei dieser Polyarthritis-Erkrankung ist eine direkte Diagnose ohne mikrobiologischen Nachweis von Chlamydia psittaci nicht möglich. Ein hinweisendes Symptom ist jedoch die Keratokonjunktivits. Differentialdiagnostisch ist hauptsächlich die Rotlaufpolyarthritis, weniger die eitrige Polyarthritis, in die Überlegung einzubeziehen.

Therapie und Prophylaxe

Nur in der Anfangsphase der Erkrankung ist eine Behandlung erfolgversprechend (OTC). Vakzination gegen diese Erkrankung ist nicht möglich. Erkrankte und verdächtige Lämmer sollten isoliert werden.

Zecken-Pyämie, enzootische Staphylokokkeninfektion, eitrige Polyarthritis bei Lämmern

Ätiologie und Pathogenese

Aus England liegt die Beschreibung von einer im Frühjahr durch Zecken (Ixodes ricinus) übertragenen Erkrankung bei Junglämmern in Weidehaltung vor, die geprägt ist von Fieber, Gelenksabszessen, spinalen Veränderungen und Paraplegie. Aus der Synovia ist Staphylococcus aureus zu isolieren. Das eigentliche Zeckenbißfieber (Tickborne-fever) wird bei adulten Schafen und Ziegen durch die Übertragung von Rickettsien (Rickettsia phagocytophila s. Cytoecetes phagocytophila) verursacht.

Klinisches Bild

Die Zecken-Pyämie ist kaum in ihrer Verlaufsform von der eitrigen Polyarthritis durch Nabelentzündung zu unterscheiden. Sie kommt aber im Gegensatz dazu bei 2 bis 6 Wochen alten Weidelämmern vor. Sie bewegen sich schwerfällig und gehen plötzlich lahm. An den Karpal- und/oder Tarsalgelenken sind fluktuierende Ausbuchtungen zu erkennen. Später ankylosieren die Gelenke. Ist das Rückenmark auch betroffen, kommt es zu Ataxien und vollständiger Lähmung der Hinterextremitäten. Im Blutbild fällt die Leukopenie (Lymphozytopenie, Neutrophilopenie) und Thrombozytopenie auf. Exitusfälle treten dann auf, wenn die Abszeßbildung auch die inneren Organe betroffen hat.

Pathologischer Befund

Hervorstechendstes Merkmal ist die eitrige Polyarthritis, aus der Synovia ist Staphylococcus aureus zu isolieren. Weiterhin werden Abszesse in verschiedenen Organen (Leber), besonders in kaudalen Abschnitten des Rückgrates gefunden.

Diagonse und Differentialdiagnose

Suppurative Polyarthritis bei älteren Lämmern im Frühjahr, gemeinsam mit Ataxie oder Paraplegie bei Weidelämmern sind diagnostische Kriterien für die Zecken-Pyämie. Differentialdiagnostisch sind Rotlauf- und Chlamydienpolyarthritis sowie Cu-Mangel abzugrenzen.

Therapie und Prophylaxe

Eine Therapie im Sinne einer restitutio ad integrum ist nur schwer anzugeben. Staphylokokkenwirksame Penicilline, eventuell halbsynthetische Penicilline (Ampicillin), können eingesetzt werden und sind auch prophylaktisch zu empfehlen. Hoher Graswuchs ist zu reduzieren, bevor die Lämmer auf die Weide im Frühjahr getrieben werden.

Andere Ursachen für Polyarthritis

Beschrieben sind noch eine Reihe anderer Erreger, die ursächlich eine Polyarthritis beim Lamm auslösen können beziehungsweise aus der Synovia erkrankter Tiere isoliert wurden: Corynebacterium (Actinomyces) ovis (*Marsh* 1947), Mycoplasma capricolum (in Zimbabwe bei Ziegen- und Schaflämmern, *Swanepoel* et al. 1977).

Literatur

Cornell, R. L., R. E. Glover (1930): Joint ill in lambs. Vet. Rec. *5*, 833–839

Cutlip, R. C., P. C. Smith, L. A. Page (1972): Chlamydial polyarthritis of lambs: a review. J. Amer. Vet. Med. Assoc. *161*, 1213–1216

Foster, W. N. M., A. E. Cameron (1968): Aetiology of enzootic staphylococcal infection (tick pyaemia) in lambs. Field investigation into the relationship between tick-borne-fever and tick pyaemia. J. Comp. Pathol. *78*, 243–250

Köser, A. (1932): Gelenkveränderungen bei Lämmern infolge Infektion mit Rotlaufbakterien. Dtsch. Tierärztl. Wschr. *40*, 797–798

Marsh, H. (1947): Corynebacterium ovis associated with an arthritis in lambs. Am. J. Vet. Res. *8*, 294–298

Mendlowski, B., D. Serge (1960): Polyarthritis in sheep 1. Description of the disease an experimental transmission. Am. J. Vet. Res. *21*, 68–73

Nestov, J. A., V. A. Polikarpov (1971): Infekcionnyi poliartrit jagnjat (russ.). Veterin. (Moskva) *48*, 57–59

Swanepol, R., S. Efstration, N. K. Blackburn (1977): Mycoplasma capricolum associated with arthritis in sheep. Vet. Rec. *101*, 446–447

Tontis, A., H. König, H. Luginbühl, J. Nicolet, R. Glättli (1977): Zur chronischen Rotlaufarthritis beim Lamm. Dtsch. Tierärztl. Wschr. *84*, 113–16

9.11.2 Frakturen, Knochenbrüche

Frakturen sind oft Folge eines unsachgemäßen Auszugsversuches sub partu, oder sie entstehen durch traumatische Einwirkungen. Unterschieden werden hauptsächlich die Extremitätenfrakturen und die Rippenbrüche.

Extremitätenfrakturen

Sie entstehen oft bei der Geburt beim Übereinanderkreuzen der aus der Rima vulvae heraushängenden Extremitäten zum Zwecke der Drehung des Lammes im Geburtsweg. Auch bei Anlegen von starren Stricken und Ketten kann es zu Kompression und Bruch kommen (Abb. 9.26). Nach der Geburt entstehen Extremitätenbrüche durch Hängenbleiben in Unebenheiten oder Tritte durch adulte Schafe beziehungsweise Treten auf liegende Lämmer.

Abb. 9.26 Geburtsbedingte Metacarpusfraktur

Klinische Anzeichen sind: Aufgezogenes, schlaffes Bein, Zurückbleiben hinter der Herde, rufendes klagendes Blöken. Bei der Untersuchung fällt die Entscheidung über offenen oder gedeckten Bruch, glatten oder Splitterbruch.

Die Diagnose ist aufgrund der typischen Hanghaltung des Beines und der Krepitation an der Frakturstelle unschwer zu stellen. Zur Absicherung der Diagnose und Abschätzung der Prognose können Röntgenaufnahmen herangezogen werden. Das gebrochene Bein (gedeckter Bruch) wird entweder geschient (Thomas-Schiene) und gegipst (Cellamin®) oder mit einem Kunststoffverband (Baycast®) für Stabilität gesorgt. Letzterer ist aufgrund seiner Leichtigkeit zu empfehlen, ersterer Verband ist oft sehr schwer und daher heilungsverzögernd. Offene Brüche, zumal wenn sie infiziert sind, müssen, falls wirtschaftlich, chirurgisch versorgt werden.

Rippenbrüche

Diese werden oft übersehen. Immerhin machen sie in der Todesstatistik rund 5 % aus. Sie entstehen entweder bei der Geburt oder durch Trittverletzungen unter engen Raumverhältnissen. Die Lämmer stehen mit leicht aufgekrümmten Rücken bewegungslos umher, atmen oberflächlich und sind allgemein apathisch. Die Diagnose kann nur durch eingehende Untersuchung gestellt werden. Dabei fallen die Schmerzen bei vorsichtiger Druckkompression des Brustsegmentes auf, wobei Anzeichen einer Lungenentzündung nicht auszumachen sind. Differentialdiagnostisch kommen Pneumonien und nutritive Muskeldystrophie (Interkostal-Zwerchfellmuskulatur) in Betracht.

Bei Rippenfraktur ist keine kausale Behandlung bekannt. Die Lämmer sind abzusondern und mutterlos aufzuziehen, da sie sonst in der Herde zugrunde gehen würden. Im allgemeinen heilen Rippenbrüche gut, wenn sie glatt sind und Bruchstücke nicht den Lungenraum verletzt haben.

Kieferknochenfraktur – Exartikulation

Im wesentlichen handelt es sich um einen Kieferknochenbruch, selten um eine Exartikulation des Unterkiefers. Beide Zustände können im Verlauf einer unsachgemäßen Geburtshilfe entstehen. Die Lämmer sind nicht in der Lage, Milch aufzunehmen und weisen, je nach Ursache, eine eigentümliche Kieferstellung auf (herunterhängender Kiefer mit deutlichen Reibegeräuschen an der Bruchstelle; verschobener Kiefer bei Exartikulation). Eine Heilung wäre nur in besonders gelagerten Fällen kieferchirurgisch vorzunehmen.

9.11.3 Rachitis, Knochenweiche (Rickets)

Begriff und Vorkommen

Rachitische Zustände werden bei Schaf- und Ziegenlämmern, die vorwiegend im Stall gehalten werden, nach wie vor beobachtet. Allerdings treten auch rachitisähnlichen Erscheinungen mehr und mehr auf, die mit einer reinen, auf Vitamin D-Mangel beruhenden Erkrankung nur mehr wenig Gemeinsamkeiten haben.

Ätiologie und Pathogenese

Rachitis entsteht bei Mangel an Vitamin D und gleichzeitigem Unterangebot an Kalzium und anorganischem Phosphat. Unter den herrschenden Fütterungsbedingungen kann davon ausgegangen werden, daß ein absoluter Mangel an Vitamin D nicht vorkommt. Es fehlt jedoch bei Stallhaltung häufig an intensiver UV-Bestrahlung, die das körpereigene Provitamin in die stoffwechselaktive Form 1,25-Dehydroxy-Cholecalciferol im Unterhautfettgewebe umwandelt. Bei gleichzeitig geringem Angebot an Kalzium und Phosphat ist der

Bedarf an Vitamin D zur Steigerung der Resorptionsleistung jedoch erhöht, die körpereigenen Reserven sind rasch aufgezehrt. Es kommt zur defizitären Situation. Deren Folge ist eine unvollständige Mineralisation des Knochengewebes, vor allem in den Wachstumszonen der Röhrenknochen. Im weiteren Verlauf der Erkrankung wird der rachitische Prozeß auch durch die dauernde Auflösung bereits gebildeten Knochengewebes gefördert. Durch die bestehende periphere Unterbilanz an Kalzium und anorganischem Phosphat entsteht zur Aufrechterhaltung der Homöostase die Situation, diese unter Wirkung des Parathormones durch Auflösung von Knochensubstanz zu halten. Daher liegt im peripheren Kreislauf zwar ein normokalzämischer, aber hypophosphorämischer Zustand vor. Inwieweit Anti-Vitamin-D-Faktoren, nachgewiesen in ungetoastetem Sojaschrot, an der Entstehung der Rachitis beteiligt sind, wird derzeit überprüft.

Klinisches Bild

Schaf- und Ziegenlämmer in Stallhaltung liegen zu Beginn der Krankheit viel. Häufig wurden sie zu mastig gefüttert. Mit Fortschreiten der Krankheit zeigen sie einen klammen Gang. Die Gliedmaßen, vor allem die Vordergliedmaßen, können das Körpergewicht infolge zu weicher Knochengrundsubstanz in den Röhrenknochen nicht mehr tragen und biegen sich nach außen (faßbeinige oder o-beinige Haltung). Betroffen sind nicht alle, sondern nur ein Teil der Lämmer, was mit der individuellen Eigensynthese von stoffwechselaktivem Vitamin D in Leber und Niere in Zusammenhang zu stehen scheint.

Pathologischer Befund

In der Knorpelsubstanz der Röhrenknochen sind Störungen in den Verkalkungszonen zu erkennen. Die Knorpel-Knochen-Grenze verläuft unregelmäßig. Die Epiphysen sind aufgetrieben und die Knochengrundsubstanz ist weich, biegsam und abschnittsweise schneidbar.

Diagnose und Differentialdiagnose

Zu Beginn der Erkrankung ist die Diagnose schwer zu stellen, Blutuntersuchungen (anorg. Phosphat < 1.3 mmol $\triangleq 4.0$ mg/dl, Kalziumkonzentration normal) können einen Hinweis geben. Ebenso wären stichprobenartige Röntgenaufnahmen der Epiphyse angezeigt. Differentialdiagnostisch ist an die verschiedenen Arten der Polyarthritis, aber auch an Cu-Mangel (enzootische Ataxie) zu denken.

Mit Fortschreiten der Erkrankung bereitet die Diagnose keine Schwierigkeiten. Allerdings müssen auch rachitisähnliche Zustände (Bent leg, Knochendeformation durch Phosphatüberangebot, Osteopetrosis) in die Diagnose einbezogen werden.

Therapie und Prophylaxe

Lämmer mit starken Knochendeformationen sind unheilbar. Bei geringgradiger Rachitis werden 75000 bis 150000 I.E. Vitamin D verabreicht (Wiederholung nach 10 bis 20 Tagen). Eine Überdosierung ist zu vermeiden, da es dadurch zu sklerotischen Veränderungen (Ankylose, Skoliose) und Kalzifikationen in Blutgefäßen (Kalzinose) kommen kann. Vorbeugend wäre genügend Sonnenbestrahlung oder UV-Licht anzubieten, sowie vitaminreiches Futter beziehungsweise Vitamin D per injectionem oder per os zu verabreichen. Vor allem bei graviden Schafen und Ziegen wäre während der Wintermonate auf eine ausreichende Vitamin D-Versorgung zu achten.

Literatur

Behrens, H., G. Matschulat, K. Tuch (1975): Über die Verträglichkeit öliger Vitaminlösungen beim Schaf nach intramuskulärer Applikation. Dtsch. Tierärztl. Wschr. *82*, 27–31

Clegg, F. G., J. G. Hollands (1976): Cervical scoliosis and kidney lesions in sheep following dosage with Vitamin D. Vet. Rec. *98*, 144–146

Crowley, J. P. (1961): Rickets in november – born lambs. Vet. Rec. *73*, 295–297

Hidiroglou, M., J. M. Williams (1981): Transfer of tritium-labeled Vitamin D_3 and 25-Hydroxivitamin D_3 in ovine placenta. Amer. J. Vet. Res. *42*, 140–141

Young, V. R., J. R. Linck, G. P. Lofgreen (1966): The influence of dietary phosphorus intake on the rate of bone metabolism in sheep. Brit. J. Nutr. *20*, 727–732

9.11.4 Weitere Osteopathien

Neben rachitischen Zuständen sind noch eine Reihe anderer Osteopathien bei Schaf- und Ziegenlämmern bekannt geworden.

Osteodeformation bei Mastlämmern

In Mastleistungsprüfanstalten, aber auch bei saugenden Lämmern, treten vereinzelt Knochendeformationen auf, die in keinem direkten Zusammenhang mit einem Rachitiszustand stehen (*Rossow* et al. 1977, *Elmer-Engelhard* 1980, *McErlean* und *McAllister* 1982). Bei zu intensiver Fütterung kommt es zu überdurchschnittlichen Gewichtszunahmen. Diese bewirken offenbar eine Überbelastung der Statik der Extremitäten. Folge ist eine Deformation der juvenilen Röhrenknochen, wobei diese nach lateral gebogen werden. Der Bewegungsablauf ist anfangs schwankend, später verhalten-schmerzhaft (kyphotische Haltung). Die Klauenstellung wird abnorm, Karpal- und Tarsalgelenke sind verdickt. Blutkonzentrationsbestimmungen von Calcium und anorganischem Phosphat geben keinen Hinweis auf eine Unterversorgung. Die Therapie mit Vitamin D bringt keine Besserung (*Elmer-Engelhard* 1980).

Ein ähnliches Bild wird von *Rossow* et al. (1977) beschrieben. Allerdings kam es in diesem Fall durch ein Überangebot an anorganischem Phosphat (hohe Blutphosphatwerte, niedrige Kalziumwerte) zur Knochendeformation. Gaben von Vitamin D wurden in diesen Fällen mit Erfolg angewandt.

Ein weiterer Bericht liegt von *Mahin* et al. (1984) vor. Sie analysierten Osteodystrophie-Fälle bei Lämmern (ab 3 Wochen alt) und fanden als Grund eine zu niedrige Kalziumversorgung, verbunden mit einem Vitamin A-Defizit.

Deformation und Torsion der Röhrenknochen bei neugeborenen Lämmern
(Bent leg)

Aus Australien liegen Berichte vor, daß bei jungen Lämmern eine Deformation der Röhrenknochen bei gleichzeitiger Torsion in der Achse vorkommt. Die sich in den ersten Lebenswochen verstärkt entwickelnde Anomalie betrifft vorwiegend die Vorderextremitäten. Die in Zusammenhang damit stehende Verkürzung der vorderen Röhrenknochen bedingt eine schiefwinkelige Stellung der Gelenke, woraus Schmerzen resultieren.

Vermutet wird, daß die Störung kongenital entsteht. Die enchondrale Ossifikation wird wahrscheinlich durch toxisch wirkende Substanzen (Pflanzen der Gattung Trachymene), die während der Gravidität aufgenommen werden, verursacht.

Osteopetrosis

Diese Knochenveränderung (Marmorknochenkrankheit) kommt wohl vor, wird aber offensichtlich auch übersehen. Sie wurde von *Goedegeburre* et al. (1981) bei einem Texellamm beschrieben.

Bereits früher wurde von Osteogenesis imperfecta bei jungen Lämmern berichtet, die mit der Osteopetrosis eventuell in Zusammenhang stehen kann (*Kater* et al. 1963). Klinische Anzeichen für die Osteopetrosis sind Zurückbleiben im Wachstum, Knochenauftreibungen oder auch Neigung zum Knochenbruch.

Als pathologischer Befund tritt besonders die starke Kallusbildung (Röhrenknochen, Rippen) an den verheilten Frakturstellen hervor. Die Markhöhlen sind mit kompaktem Knochengewebe ausgefüllt. Es wird vermutet, daß eine Störung in der Osteoklastenfunktion vorliegt, die in Zusammenhang mit einer Überfunktion der Schilddrüse (Hyperkalzitonismus) stehen könnte.

Epiphysiolysis

Bei älteren Lämmern (rund 2.5 bis 3 Monate alt) kann es zum Festliegen infolge untypisch abgewinkelter Vorderextremitäten kommen. Die Ursache liegt in einer radiologisch nachweisbaren Epiphysiolysis. Sie entsteht durch aseptische Nekrosen des Fugenknorpels. Ähnlich wie bei anderen Deformationen der Extremitäten kann auch hier als Ursache mit das akzelerierte Wachstum bei rascher Gewichtszunahme des Rumpfsegmentes gesehen werden, welches die abnorme Belastung der in Entwicklung befindlichen Röhrenknochen bedingt.

Osteodystrophia fibrosa

Durch einen gestörten Knochenstoffwechsel kommt es bei wachstumsintensiven Knochen zu einer Überschußreaktion. Es kommt zu einer Zubildung an mangelhaft mineralisiertem Osteoid und/oder zu einer Zunahme an kollagenem Bindegewebe. Vorwiegend handelt es sich dabei um hypostotisch-porotische oder hyperostotisch-porotische Formen. Betroffen sind besonders ältere Ziegenlämmer. Veränderungen sind vor allem an den Gesichtsknochen (Mandibula) zu erkennen, die übertrieben stark aufgetrieben sind und diesem ein eigentümliches schwammiges, konturenloses Aussehen verleihen (Abb. 9.27 s. Farbtafel 20). Weiterhin ist das Krankheitsbild auch an den Extremitätenknochen ausgebildet, wodurch eine Frakturanfälligkeit bedingt wird. Daneben bestehen noch Hypotonie der Muskulatur, Kalkablagerungen in den Nierentubuli, Polydipsie und Polyurie sowie fortschreitende Abmagerung.

Als Ursache wird ein Hyperparathyreoidismus (tumoröse Veränderung der Epithelkörperchen) angesehen. Ausgelöst oder provoziert wird das Geschehen durch einen zu niedrigen Kalzium- und einen zu hohen Phosphatgehalt in der Nahrung. Es kann aber auch sein, daß die Ca-Konzentration im Blut hoch, die des anorganischen Phosphats niedrig ist. Kalzium wird vermehrt aus dem jugendlichen Knochen gelöst, und die P-Ausscheidung über die Niere angeregt. Der Einbau von Ca in den Knochen unterbleibt, es kommt zu einer unvollständigen Mineralisation.

Tritt die Osteodystrophia fibrosa in einer Herde auf, wäre die Zusammensetzung des Futters zu überprüfen. Neben einem ausgeglichenen Ca/P-Verhältnis ist auf normale Versorgung mit Vitamin D_3 zu achten, da in solchen Fällen übertrieben hohe Vitamin D_3-Gaben verabreicht werden. Eine Therapie, die Heilung verspricht, gibt es für Ziegenlämmer nicht.

Rhinitis atrophicans

Beschrieben ist sie bei jungen Ziegen und Ziegenlämmern in Norwegen. Auffällig sind anfängliches Niesen, später Nasenbluten, Nasenausfluß. Der Nasenrücken ist schmerzhaft und deformiert sich zusehends, so daß eine Schiefhaltung der gesamten Nasenpartie entsteht. An Keimart konnte Pasteurella multocida aus dem degenerierten Gewebe isoliert werden, die auch verantwortlich für die degenerativen Vorgänge in den Nasenmuscheln sein sollen. In Experimenten gelang es, bei Ziegenlämmern die Krankheit durch Inokulation von Pasteurella multocida auszulösen. Voraussetzung für die pathogene Wirkung dieser toxischen Pasteurellen ist ein allgemein unhygienisches Umfeld.

Literatur

Andrews, A. H., P. L. Ingram, J. A. Longstaffe (1983): Osteodystrophia fibrosa in young goats. Vet. Rec. *112*, 404–406

Baalsried, K. J. (1987): Atrophic rhinitis in goats in Norway. Vet. Rec. *121*, 350–353

Clark, L, C. H. Carlisle, P. S. Beasley (1975): Observation on the pathology of bent leg of lambs in South-Western Queensland. Austr. Vet. J. *51*, 4–10

Crowley, J. P. (1961): Rickets in november-born lambs. Vet. Rec. *73*, 295–297

Elmer-Engelhard, D. (1980): Über eine Skeletterkankung bei Mastlämmern. Berl. Münch. Tierärztl. Wschr. *93*, 468–473

Goedeburre, A. A., H. Häni, P. W. Poulos (1981): Kongenitale Osteopetrosis bei zwei Kälbern und einem Schaf. Zbl. Vet. Med. A *28*, 345–356

Hidiroglou, M., T. W. Dukes, S. K. Ho, D. P. Heaney (1978): Bent limb syndrome in lambs raised in total confinement. J. Am. Vet. Ass. *173*, 1571–1574

Hidiroglou, M., C. J. Williams, M. Ivan (1979): Pharmacokinetic and amount of 25-hydroxycholecalciferol in sheep affected by osteodystrophy. J. Dair. Sci. *62*, 567–571

Kater, J. C., W. J. Hartley, T. H. Dysart, A. R. Campbell (1963): Osteogenesis imperfecta and bone resorption: two unusual skeletal abnormalities in young lambs. N. Zeal. Vet. J. *11*, 41–46

Mahin, L., M. Chadli, A. Marzou (1984): Osteodystrophy in growing lambs fed a diet rich in wheat bran. Vet. Rec. *115*, 355–357

McErlean, B., H. McAllister (1982): Osteodystrophy in unweaned lambs. Ir. Vet. J. *36*, 39–41

Rossow, N. S. Goldstein, U. Jacobi, W. Boltz, D. Gawallek (1977): Generalisierte Osteopathien bei Schaflämmern 1. Mitt.: Klinik und Diagnose. Mh. Vet. Med. *32*, 256–259

Spence, J. A., D. J. Mellor, G. U. Aitichison (1982): Morphology and radio-opaque lines in bones of foetal lambs: the effects of maternal nutrition. J. Comp. Pathol. *92*, 317–329

Sykes, A. R., D. J. Nisbet, A. C. Field (1973): Effects of dietary deficiencis of energy, protein and calcium on the pregnant ewe. V. Chemical analysis and histological examinations of some individual bones. J. Agric. Sci. *81*, 433–440

Uhthoff, H. K., M. Finnegan, M. Hidiroglou (1982): Epiphysiolysis a possible cause of limb deformities in lambs. Am. Rech. Vet. *13*, 237–244

9.11.5 Chondrodysplasie, Zwergwuchs (Dwarf lamb, Dwarfism)

Hierbei handelt es sich um eine wahrscheinliche hereditäre Mißbildung, die infolge Fehlens der Knorpelwucherungszonen mit stark verzögerter enchondraler Ossifikation zu einem Minderwuchs führt. Das epiphysäre Knochenwachstum ist stark reduziert, das appositionelle, perichondrale dagegen nicht.

Die Lämmer mit dieser disproportionellen Anomalie können nicht stehen und sterben unmittelbar nach der Geburt. Sie sind von plumpen Aussehen, da das Längenwachstum gestört ist. Am Kopf fällt die Verformung infolge übertriebener Vorwölbung der Stirn und eingedelltem Nasenrücken auf. Dies steht in Verbindung mit der gestörten Knorpelentwicklung der Schädelepiphysen (E. intersphenoidalis, E. sphenooccipitalis – beide wichtig für das Längenwachstum des Schädels). Darüber hinaus sind Thorax und vor allem die Gliedmaßen mißgestaltet-verkürzt und dadurch von plumpem Aussehen.

Vermutet wird, daß der Zwergwuchs durch eine genetisch bedingte Hypofunktion der Adenohypophyse entsteht. Auch Hypothyreoidismus ist in diesem Zusammenhang beschrieben worden.

Literatur

Duffell, S. J., A. B. G. Lansdwon, C. Richardson (1985): Skeletal abnormality of sheep: Clinical radiological and pathological account of occurence of dwarf lambs. Vet. Rec. *117*, 571–576

9.11.6 Angeborene Gliedmaßenverlängerung, Spinnenbeine
(Spider Syndrome)

Diese angeborene Mißbildung wurde erstmals Anfang der 80er Jahre in den USA beobachtet. Sie trat bislang nur bei Hampshire- und Suffolk-Schafen, aber auch bei Suffolk-Kreuzungsprodukten auf. Auffällig sind vor allem die überproportional langen Gliedmaßen, die zu der Bezeichnung „Spinnenbeine" geführt haben. Darüber hinaus sind auch Mißbildungen des Rückgrates in rund 50 % aller Fälle (Kyphoscoliosis) vorhanden, seltener Torticollis oder Hydrocephalus. Verändert sind vor allem die Vorderextremitäten, wodurch die eigenartige Haltung zustande kommt. Die betroffenen Lämmer zeigen eine Aufkrümmung des Rückens (Scoliose, Lordose, Kyphose) und eine stark abfallende Beckenpartie. Die mißgebildeten Lämmer können entweder abortiert werden oder kommen lebend, beziehungsweise frischtot zur Welt. Pathologisch lassen sich abnorme Knorpelbildungen am Sternum, in der Symphyse, an den Rippen und in den Gelenken nachweisen.

Die Ursache dieser Mißbildung ist noch unbekannt und wird auf verschiedenen Gebieten gesucht. Vermutet werden Fetopathien aufgrund exogener Noxen, aber auch eine erbliche Disposition wird angenommen, weil vorwiegend Reinzuchten schwarzköpfiger Rassen betroffen sind (*Rook* et al. 1986). In Diskussion steht, daß Parbendazole diese Mißbildung (neben Mikrophthalmie, Atresia ani, Spina bifida) dann auslösen kann, wenn frühgravide Muttertiere entwurmt werden. Weiterhin kommen Viren (Bluetongue-, Akabane-, Togavirus) als mögliche Ursache in Betracht. Ähnlichkeiten hat das Krankheitsbild mit dem „Bent-limb-syndrome", welches durch exzessive Eisengaben entsteht. Aber auch Pflanzen (Oxytropis und Astragalus) verursachen fetale Gliedmaßendeformationen.

Literatur

Krook, L. (1974): The effects of methyl-5(6)-butyl-2-benzimidazole carbamate (Parbendazole) on reproduction in sheep and other animals. Corn. Vet. *64*, 5–84

Rook, J. S., M. Kopeka, K. Spaulding, P. Coe, M. Benson, J. Krehbiel, A. L. Trapp (1986): The spider syndrome; a report on one purebred flock. Comp. Contin. Educ. Pract. Veter. *8*, 402–405

Vanek, J. A., A. D. Alstad, J. E. Berg, A. R. Misek, B. L. Moore, W. Limesand (1986): Spider syndrome in lambs: a clinical and postmortem analysis. Veter. Medic. *81*, 663–668

Vanek, J. A., P. A. Walter, A. D. Alstadt (1987): Comparing spider syndrome in Hampshire and Suffolk sheep. Veter. Medic. *82*, 430–433, 435–437

9.12 Erkrankungen der Sinnesorgane

9.12.1 Keratokonjunktivitis, infektiöse ovine Konjunktivitis
(Ovine keratokonjunctivitis, Pink-eye)

Begriff und Vorkommen

Die Keratokonjunktivitis kann durch mehrere Erreger (Chlamydia psittaci, Mycoplasma conjunctivae, Moraxella ovis) verursacht, durch Sekundärinfektion jedoch kompliziert werden. Sie tritt spontan in einzelnen Herden auf und wird dann von Tier zu Tier rasch weitergetragen. Sie betrifft adulte Tiere (Schafe und Ziegen) ebenso wie deren Lämmer. Bei ihnen kann sich noch eine Polyarthritis festsetzen.

Ätiologie und Pathogenese

Beide Erreger, Chlamydia psittaci und Mycoplasma conjuctivae, sind ursächlich an der Entstehung der Keratokonjunktivitis beteiligt. In einer Studie aus England konnte von 68 % an Keratokonjunktivitis erkrankter Lämmer und von 57 % normal erscheinenden Lämmer M. conjunctivae isoliert werden. Chlamydia psittaci befindet sich häufig versteckt in Herden oder führt zu anderen Erkrankungen (Aborte, Polyarthritis, Pneumonie). Besteht eine latente Infektion innerhalb einer Herde bei Jung- und Alttieren, so kann diese plötzlich zu einem akuten Ausbruch führen. Faktoren, die diesen beschleunigen, sind Vitamin A-Mangel, hohe intensive Ultraviolettbestrahlung (Sonnenbestrahlung), Streßsituationen (hohe Bestandsdichte, Baden, Umsetzen, Kupieren, Scheren). Die Keime werden nasal und oral, wahrscheinlich auch durch Schmierinfektion übertragen. Die Chlamydien bedingen dann gemeinsam mit den Mykoplasmen eine akute Konjunktivitis, die auch eine Keratitis nach sich ziehen kann. Die Inkubationszeit beträgt etwa eine Woche.

Klinisches Bild

Es kommt zu plötzlicher Entzündung der Augenlider, wodurch bei hellgefärbten Lämmern ein rosarot bis rot umrandetes Auge entsteht, welches tränt (pink-eye) (Abb. 9.28 s. Farbtafel 20). Die Lider sind oedematisiert, die Lämmer zeigen Lichtscheue. Die Krankheit läuft in drei Stadien ab:

1. Konjunktivitis mit Augenausfluß und Follikelbildung am dritten Augenlid
2. Die Entzündung greift auf das Auge selbst über – erst peripher, später zentral
3. Es kommt zu Korneaulzeration

Abgesehen von diesen klinischen Anzeichen sind in Zusammenhang mit der Keratokonjunktivitis bei Lämmern Arthritiden, bei erwachsenen Schafen und Ziegen ebenfalls Keratokonjunktivitis, Aborte und ansteckende Agalaktie (Mycoplasmenmastitis) zu beobachten.

Meist werden mehr als 80 % der Herde betroffen. Reinfektionen sind möglich, verlaufen dann aber milder.

Diagnose und Differentialdiagnose

Bei seuchenhafter Verbreitung der Keratokonjunktivitis ist die klinische Diagnose unschwer zu stellen. Abstriche aus den Augen und deren bakteriologische Untersuchung geben Aufschluß über die Ursache beziehungsweise Ursachen. Neben Chlamydien, Mykoplasmen und Moraxellen sind auch Pasteurellen, E. coli, Neisseria ovis sowie Listeria monocytogenes nachgewiesen worden. Bei gleichzeitigem Auftreten von Arthritiden ist der Verdacht für eine Chlamydien-Infektion gegeben. Differentialdiagnostisch müssen Verletzungen (Grannen von Gräsern oder Korn, Holzsplitter), Photosensibilität, Vergiftungen sowie Vitamin A-Mangel ausgeschlossen werden.

Therapie und Prophylaxe

Wirkungsvolle Therapie kann mit antibiotischen (Tetrazyclin) Augensalben vorgenommen werden. Wegen der Gefahr fortschreitender Keratitis sind kortisonhaltige Ophthalmika nicht zu verwenden. Bei gleichzeitig bestehender Polyarthritis kommt eine systemische Behandlung in Betracht.

Literatur

Cooper, B. S. (1967): Contagious conjunctivoceratitis of sheep in New Zealand. N. Zeal. Vet. J. *15*, 79–84

Dravecky, T., M. Travnicek, j. Balascak, P. Zubricky, M. Sitko, J. Gazdic (1982): K vyskytu keratokonjuktividid jahniat. Veterin. (Praha) *32*, 27–28
Hopkins, J. B., E. H. Stephenson, J. Storz, R. E. Pierson (1973): Conjunctivitis associated with chlamydial polyarthritis in lambs. J. Amer. Vet. Med. Assoc. *163*, 1157–1160
Jones, G. E., A. Foggic, A. Sutherland, D. B. Harker (1976): Mycoplasma and ovine keratokonjunctivitis. Vet. Rec. *99*, 137–141
Mitscherlich, E. (1943): Infektiöse Keratokonjunktivitis bei Schafen in Deutschland. Arch. Wiss. Prakt. Tierheilk. *78*, 241–244
Nicolet, J., M. Wanner, N. Sturzenegger, T. Messer, P. De Meuron (1974): Die infektiöse Keratokonjunktivitis des Schafes. Schweiz. Arch. Tierheilk. *116*, 435–496

9.12.2 Mikrophthalmie, angeborene Unterentwicklung des Auges

Begriff und Vorkommen

Vereinzelt oder gehäuft tritt eine Unterentwicklung des Augapfels oder sogar eine totale Anophthalmie bei Lämmern auf.

Ätiologie und Pathogenese

Als Ursache für diese Mißbildung werden genetische und nichtgenetische Faktoren gleichermaßen angenommen. Für Mikrophthalmie bei Texelschafen wurde ein rezessiver Erbgang nachgewiesen. In anderen Fällen waren Vitamin A-Mangel, Vergiftungen mit Parbendazole oder Strahlenschäden in der embryonalen Entwicklungsperiode sowie stark selenhaltige Futtermittel für die teratogene Störung verantwortlich zu machen. Es wurde auch beschrieben, daß Toxoplasmen diese Mißbildung kongenital verursachen können.

Klinisches Bild und pathologischer Befund

Neugeborene Lämmer weisen einen oder beide Bulbi stark verkleinert auf (Abb. 9.29 s. Farbtafel 21). Die Augenlider sind fast geschlossen. Die Lämmer irren orientierungslos (bei bilateraler Anlage) umher und sind äußerst schreckhaft.

Es fehlen Kornea, Linse und Iris. Weitere Mißbildungen können durch pathologisch-anatomische Untersuchung aufgedeckt werden.

Diagnose

Bei neugeborenen Lämmern klar symptomatisch zu stellen. Für eine kausale Diagnose sind weitere, aufwendige Untersuchungen notwendig.

Therapie und Prophylaxe

Sie ist weitgehend unbekannt. Betroffene Lämmer sind aufzustallen und artifiziell aufzuziehen. So sind sie bis zur Schlachtreife zu bringen. Eine Weiterzucht mit ihnen ist zu verhindern.

Prophylaktisch kommt die Ausschaltung des eventuell diese Mißbildung vererbenden Bockes in Betracht. Weiterhin wäre an eine ausreichende Vitamin A (Beta-Karotin)-Versorgung zu denken und die Entwurmung mit teratogen wirkenden Wurmmitteln in der embryonalen Phase zu unterlassen.

Literatur

De Groof, T. (1957): Blind geboren lammeren. Landbouw kundl. Tijdschr. *69*, 819–822

Haring, F., R. Gruhn (1970): Mikrophthalmie – ein einfach rezessiver Erbfehler beim Schaf. Züchtungskunde *42*, 385–390

Labs, J. (1977): Untersuchungen zur Morphologie der kongenitalen Mikrophthalmie beim Schaf mit Beiträgen zur Ätiopathogenese. Vet. Med. Diss. Gießen

Unshelm, J., B. Oldigs, F. Haring, G. E. Pfleiderer (1978): Die circadiane Rhythmik einiger Blutbestandteile bei Schafen mit erblicher Mikrophthalmie und intakten Vergleichstieren. J. Interdiscipt. Cycle Res. *9*, 49–59

9.12.3 Entropium, Einstülpung des Augenlidrandes

Es handelt sich dabei um eine Einwärtskehrung des Lidrandes oder beider Lidränder mit Entzündungen und sekundärer Geschwürsbildung auf der Kornea infolge der reizenden mechanischen Wirkung der Wimpern (Trichiasis).

Die Einstülpung des Augenlidrandes kann kongenital angelegt oder postnatal erworben sein. Bei der kongenitalen Form liegt ein kompletter Vererbungsmodus vor, so daß nach dem Urheber, soweit bekannt meist das Vatertier, geforscht werden muß. Das Entropium kann auch in der erblichen Form uni- oder bilateral auftreten.

Unabhängig von der Ursache führt der eingestülpte Lidrand mit seiner Behaarung zu einer Reizung der Schleimhäute sowie der Kornea. Tränenfluß, Lichtscheue und Keratokonjunktivitis sind die Folge davon.

Wird das Entropium unmittelbar nach der Geburt festgestellt, wird eine kräftige Massage des aufgerollten Lidrandes oder die Entropiumoperation empfohlen (Eversion). Bewährt hat sich auch das Einsetzen von Michelklammern unterhalb des eingerollten Augenlides, um so eine dauerhafte Auswärtsbewegung zu erreichen. Versuche mit s. c. Injektion von 1 ml 70 %igem Äthanol in das untere Augenlid haben ebenfalls Erfolg gebracht (*Zajer* et al. 1974). In allen Fällen sollte prophylaktisch eine Augensalbe Anwendung finden. Diese Tiere sind aber von der Zucht auszuschließen.

Ist die Lidrandeinstülpung erworben, so ist das Auge genau (Taschenlampe) zu untersuchen, um eventuelle Verletzungen zu erkennen. Augensalbenbehandlung (ohne Kortison wegen der Vermeidung von Kornea-Ulcera) führt dann zu einer Besserung.

Literatur

Lamprecht H. und A. Pfeiffer (1989). Das Entropium beim neugeborenen Lamm. Berl. Münchn. Tierärztl. Wschr. *102* 303–309

Littlejohn, A. J. (1954): Entropion in newborn lambs. Vet. Rec. *66*, 211–214

Taylor, M. J. Catchpole (1986): Incidence of entropion in lambs from two ewe flocks put to the same rams. Vet. Rec. *118*, 361

Zajer, J., T. Kegl, K. Somogyvari (1974): Mass incidence of entropion in lambs. Acta Vet. Acad. Sci. Hung. *24*, 437–441

9.12.4 Otitis, Ohrenentzündung

Lämmer unterschiedlichen Alters können Entzündungen des äußeren oder inneren Ohres aufweisen. Als Ursache für eine Otitis externa kommen Wassereintritt (verschmutzte Lösungen bei Badeaktionen), reizende, traumatisierende Partikel (Grannen) oder Insektenstiche in Betracht. Eine Otitis media kann durch Perforation der Membrana tympani resultieren. Sie entsteht jedoch auch durch endogene Übertragung von Mikroorganismen über den Pharynx in die Paukenhöhle (Cavum tympani). Gerade bei Rhinotracheitis darf die dadurch entstehende Gefahr nicht unterschätzt werden.

Die Diagnose für eine Otitis externa wird aufgrund äußerlich erkennbarer Rötung, Umfangsvermehrung und des Druckschmerzes gestellt. Bei der Otitis media kommt es zur Kopf-Schiefhaltung. Die Lämmer weisen auch Zittern und Bewegungsstörungen auf. Die positive Druckpalpation, am Ohrgrund ausgeführt, bietet einen sicheren Hinweis für die Diagnose. Mit einem Wattestäbchen wäre aus dem Gehörgang Sekret zur bakteriologischen Untersuchung zu entnehmen. Häufig besteht bei diesen Patienten gleichzeitig eine Rhinotracheitis beziehungsweise Pneumonie. Differentialdiagnostisch muß das Vorliegen einer Meningitis oder eines Hirntraumas abgeklärt werden.

Die Behandlung richtet sich nach der erkennbaren Ursache: Insektenstiche mit Antiallergika (Soventol-Gel®), bei Otitis externa s. media Antibiose. Fremdkörper sind unter Sichtkontrolle mit einer Pinzette zu entfernen.

Literatur

Jensen, R., R.E. Person, J.L. Weibel, J.O. Tucher, B.L. Swift (1982): Middle ear infection in feedlot lambs. J. Am. Vet. Med. Assoc. *181*, 805–807
Grau, H., H. Woitek (1950): Über Schadensfälle bei Schafbadungen mit Hexachlorzyklohexan. Tierärztl. Umsch. *5*, 119–124

9.13 Mangelkrankheiten

Auch wenn die Ernährung der Lämmer im allgemeinen als vollgültig gelten kann, sind Krankheiten auf der Grundlage einer Mangelsituation bei sich entwickelnden Jungtieren immer noch häufig. Diese entstehen vorwiegend dann, wenn Oligoelemente oder Vitamine in ungenügender Menge den Stoffwechselprozessen zur Verfügung stehen. Zu beachten ist dabei, daß bei Schaf- und Ziegenlämmern ein genetisch bedingtes expressives Wachstum in der frühen postnatalen Periode besteht, welches erhöhte Anforderung an die Ernährung stellt. Ein absoluter Mangel an Spurenelementen und Vitaminen kann zu latenten oder gar lebensbedrohlichen Zuständen führen.

Unterschieden werden müssen bei Mangelerkrankungen diejenigen, die bereits intrauterin präformiert sind von solchen, die in der postnatalen Entwicklung erworben werden. Im ersten Fall kann es sich um eine Unterversorgung des Muttertieres in der Gravidität ebenso wie um eine Blockade des transplazentaren Transportes handeln. Bei den postnatal erworbenen Mangelerkankungen steht ebenfalls das ungenügende Angebot im Vordergrund. Weiterhin wäre jedoch auch an antagonistische Wirkungen bestimmter Oligoelemente zueinander oder an eine gastroenterale Resorptionsstörung zu denken.

9.13.1 Streßtetanie bei älteren Lämmern

Bei älteren Lämmern in der Mast können in Zusammenhang mit Streßsituationen wie Transport, Umsetzen oder zu hohe Gruppendichte bei ungenügenden Platzverhältnissen tetanoide Zustände auftreten. Das klinische Bild ist geprägt von anfangs unkoordiniertem Gang, Zittern, später Opisthotonus in Seitenlage und Koma. Die Tetanie ist verbunden mit einer Abnahme der Mg (< 1.5 mg/dl)- und Ca-Konzentrationen (<8.0 mg/dl) im Blut. Therapeutisch werden Ca-Mg-Präparate empfohlen. Differentialdiagnostisch muß an Cerebrokortikalnekrose und Meningoencephalitis beziehungsweise Septikämie gedacht werden.

Literatur

Lucas, A., J. Merlyn (1983): Transport tetany in feedlot lambs. Mod. Vet. Pract. (1983) 213–215

9.13.2 Nutritive Muskeldystrophie (NMD), Weißmuskelkrankheit (Nutritional muscular degeneration, White muscle disease)

Begriff und Vorkommen

Die Änderung der Haltungs- und Fütterungsbedingungen, aber auch neuere und bessere Diagnosemöglichkeiten in vivo haben dazu geführt, daß die nutritive Muskeldystrophie bei Schaf- und Ziegenlämmern vermehrt beobachtet und erkannt wird. Sie stellt regional und in Einzelherden eine bedeutsame Erkrankungs- und Todesursache sowohl bei neugeborenen als auch wenige Wochen alten Tieren dar.

Ätiologie und Pathogenese

Ätiologie und Pathogenese sind aus Kapitel 8.12.3 zu entnehmen, da für alle Tierarten in etwa gleiche Verhältnisse vorliegen. Über den Selenstoffwechsel bei graviden Muttertieren und Lämmern liegen eine Reihe von Arbeiten vor. Aus ihnen ist zu ersehen, daß Lämmer mit relativ niedrigen Selenwerten geboren werden (Abb. 9.30). Es kommt unmittelbar p.n. zu einem weiteren Abfall der Serumkonzentration, deren Ausgleich erst am 20. Lebenstag erreicht ist. Als Hauptquelle für Selen ist die Milch anzusehen. Gaben von Selen ante partum erhöhen die Blutserumwerte bei neugeborenen Lämmern und in der Milch der Muttertiere signifikant (Abb. 9.30).

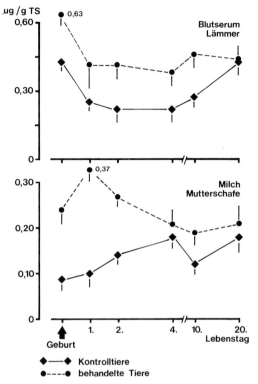

Abb. 9.30 Einfluß einer antepartal an Mutterschafe verabreichten Selengabe (2.5 mg) auf die Se-Konzentration im Blutserum der Lämmer und in der Milch der Mutterschafe

Sowohl bei Schaf- als auch Ziegenlämmern ist die kongenitale Form der Erkrankung von der post natum erworbenen klar zu unterscheiden. Durch eine ungenügende Transformation von Selen und Vitamin E über die Plazenta oder bei einem minimierten Angebot über die Nahrung kommt es bereits beim Fetus zu Störungen im Muskelstoffwechsel. Darüber hinaus konnte an Zwillingsschaffeten festgestellt werden, daß der gewichtsreduzierte Zwilling einen signifikant geringeren Selengehalt im Plasma aufweist als der höhergewichtige. Es wird daher vermutet, daß dies mit einer verringerten Blutflußrate bei einem der Mehrlinge infolge weniger Plazentationsfläche in Verbindung steht. Darüber hinaus ist bekannt, daß der α-Tokopherolgehalt in der Leber von Schafen im Winter bedeutend niedriger (1.8 bis 2.0 mg/kg, $\varnothing$ 6 mg/kg) ist als bei Rindern ($\varnothing$ 20 mg/kg).

Klinisches Bild

Besonders beim neugeborenen Lamm müssen verschiedene Formen der NMD unterschieden werden: Degeneration der Skelettmuskulatur, der oesophagalen und lingualen Muskulatur, der Interkostal- und Diaphragmamuskulatur, Degeneration der Herzmuskulatur. Die Krankheitsbilder können sich allerdings überlagern. In Herden mit NMD sind totgeborene Lämmer infolge schwerster kongenitaler Schädigung keine Seltenheit.

Neugeborene Lämmer mit kongenitaler NMD der Skelettmuskulatur weisen das Unvermögen auf, sich post natum zu erheben. Sie sind oft nur in der Lage, die Vorderextremitäten zu strecken, die Hinterextremitäten verharren in froschartiger Stellung (Abb. 9.31). Der Kopf wird hängengelassen (mangelnder Tonus der Halsmuskulatur), der Saugreflex kann fehlen. Die Körpertemperatur liegt im Normbereich.

Abb. 9.31 Ziegenlamm mit kongenitaler, die Skelettmuskulatur betreffende NMD

Ist die oesophagale und linguale (mitunter auch Massetermuskulatur) Muskulatur betroffen, können Lämmer die aufgenommene Milch nicht abschlucken. Sie läuft aus dem Mundspalt heraus. Die von diesen Lämmern abgegebenen Töne sind hell und hören sich klagend an (Degeneration der Larynxmuskulatur).

Degeneration der Diaphragma- und Interkostalmuskulatur führt zu einer Erhöhung der Atemfrequenz. Die Atmung selbst ist oberflächlich. Pathologische Lungengeräusche sind nicht hörbar, die Körpertemperatur ist normal.

Bei Betroffensein des Myocards stehen Lämmer in kyphotischer Haltung nahezu bewegungslos (Abb. 9.32). Bei akutem Antreiben bleiben sie nach wenigen Schritten stehen. Durch die Anstrengung bedingt, ist auskultatorisch eine deutliche Herzarrhythmie nachzuweisen.

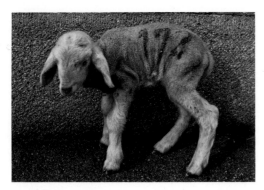

Abb. 9.32 Schaflamm mit kongenitaler NMD des Myocards

Tabelle 9.15 Emzymaktivitäten im Plasma (U/l) bei Schaflämmern mit NMD

Krankheits-stadien	CK	AST	LDH
Akut (Skelett-muskelform)	4165 ± 2697	2354 ± 923	6463 ± 4684
Akut (myocardiale Form)	4293 ± 2822	1444 ± 463	4632 ± 2457
Prodromal (Skelett-muskelform)	2453 ± 1551	1035 ± 501	3120 ± 2316

Bei älteren Lämmern (> 2 Wochen) überwiegt die Skelettmuskelerkrankung. Oft werden die besternährten Lämmer betroffen. Die Rückenmuskulatur ist infolge der Entzündung dominant vergrößert und schmerzhaft. Der Gang wird schwankend. Nach kurzer Zeit kommt es zur Paralyse der Hinterhand. Die Lämmer versuchen, sich mit den Vorderextremitäten fortzubewegen, um an das Euter des Muttertieres zu gelangen. Sie sind hungrig und blöken in einem eigenartig hellen Ton. Herzarrhythmie und frequente Atmung sind ebenfalls weit verbreitete Symptome.

Pathologischer Befund

Er ähnelt dem anderer Tierarten mit gleichem Krankheitsbild, wobei die Zenker'sche Degeneration (primärdegeneratives Stadium) der Muskulatur vorherrscht. Elektronenmikroskopisch lassen sich in Lysis begriffene Sarkomeren nachweisen.

Diagnose und Differentialdiagnose

Bei bereits fortgeschrittener Erkrankung ist die Diagnose aufgrund der ausgeprägten Symptomatik in vivo gut zu stellen. Unterstützend kann die Bestimmung der Kreatinkinaseaktivität (CK-Wert) im Plasma herangezogen werden. Sie liegt bei erkrankten Tieren deutlich über 500 U/l, im präfinalen Stadium kann es zum plötzlichen Absinken der pathologisch erhöhten Werte kommen. Weiterhin sind die AST (GOT) > 300 U/l und die LDH > 2000 U/l erhöht (Tab. 9.15).

Im subakuten oder prodromalen Stadium ist die Diagnose allein von der Symptomatik her nicht leicht anzugeben. Hier vor allem haben Enzymestimmungen ihre Bedeutung. Allerdings liegen die Werte dann etwas unter denen der akuten Fälle (CK > 200, AST > 100, LDH > 1000 U/l).

Differentialdiagnostisch sind kongenitale Hypokuprämie, Borna'sche Krankheit, Neugeborenenlisteriose und infektiöse Polyarthritis abzugrenzen.

Therapie und Prophylaxe

Eine Therapie bei bereits längere Zeit festliegenden Tieren ist kaum aussichtsreich (stark degenerierte Muskulatur). Im Anfangsstadium der Erkrankung können gute Erfolge mit der Applikation von 0.5 bis 1.5 mg Selen in Form des Natrium-Selenits (0.5 mg Se ≙ 1.67 mg Na_2SeO_3) und 300 bis 400 I.E. Vitamin E erreicht werden. Während eine Wiederholung der Selengaben wegen Gefahren der Vergiftung nicht so rasch erfolgen soll (> 7–9 Tage), kann Vitamin E per os (300–500 I.E.) über mehrere Tage verabreicht werden.

Prophylaktisch sind Muttertiere im zweiten Drittel der Gravidität parenteral mit 2.5 mg Selen und 1000 I.E. Vitamin E zu versorgen. Die Plazentaschranke sollen nach *Jacobsson* und *Oksanen* (1966) Selenmethionin und Selencystin besser passieren als Selenit. Darüber hinaus werden Mineralstoffmischungen mit erhöhtem Selen- (2 mg/100 g) und Vitamin E-Gehalt (200 mg/100 g) angeboten. Diese werden in Bedarfsphasen eingesetzt. Prophylaktisch erhalten neugeborene Lämmer am zweiten Lebenstag 0.5 bis 1.0 mg Selen in Form einer Injektion oder 1.0 bis 2.0 mg als Drench per os (in der Schweiz als Kroni-Selenovit® erhältlich).

Literatur

Bostedt, H. (1976): Serumenzymatische Untersuchungen bei Lämmern im Alter von 10 bis 30 Tagen – gleichzeitig ein Beitrag zur Prophylaxe der enzooti-

schen Muskeldystrophie. Berl. Münch. Tierärztl. Wschr. *89*, 169—174
Bostedt, H., P. Schramel (1978): Zur Prophylaxe der nutritiv bedingten Muskeldystrophie bei Lämmern — Nachweis deren Wirksamkeit mit Hilfe von Serumenzymaktivitätsmessungen und Selenbestimmungen. Fortschr. Vet. Med. *28* (Beiheft Zbl. Vet. Med. A) 226—232
Bostedt, H., P. Schramel (1980): Investigations to the influence on selenium in veterinarian medicine by example of nutritive muscle dystrophy in lambs and retained placenta in dairy cows. Trace Element Analytical Chemistry in Medicine and Biology (ed. *P. Brätter* and *P. Schramel*), W. de. Gruyter & Co., Berlin — New York, 83—94
Camas, H., J. Seehawer, c. Köküüstu, K. Bronsch, H. P. Sallmann, W. Drommer (1986): Zur Ursache der ernährungsbedingten Muskeldystrophie bei Sauglämmern in der Türkei. J. Vet. Med. A *33*, 509—522
Hamdy, A., W. D. Pounden, A. L. Trapp, D. S. Bell, A. Lagace (1973): Effect on lambs of selenium administered to pregnant ewe. J. Am. Vet. Med. Assoc. *143*, 749—751
Jacobsson, S. O., H. E. Oksanen (1966): The placental transmission of selenium in sheep. Act. Vet. Scand. *7*, 66—76
Rammel, C. G., B. Cunliffe (1983): Vitamin E status of cattle and sheep 2. Survey of liver from clinically normal cattle and sheep for α-tocopherol. N. Zeal. Vet. J. *31*, 203—204
Talos, V., G. Roth (1974): Beobachtungen über die Muskeldystrophie der Lämmer. Dtsch. Tierärztl. Wschr. *81*, 421—444
Tontis, A. (1984): Zum Vorkommen der Muskeldystrophie (NMD) bei Zicklein in der Schweiz. Schweiz. Arch. Tierheilk. *126*, 41—46
Van Vleet, J. F. (1980): Current knowledge of selenium-vitamin E deficiency in domestic animals. J. Am. Vet. Assoc. *176*, 321—325

9.13.3 Hypokuprämie, enzootische Ataxie, Kupfermangel
(Swayback, Copper deficiency)

Begriff und Vorkommen

Ein Mangel an Kupfer führt in der fetalen und postnatalen jugendlichen Entwicklungsphase zu schwerwiegenden degenerativen Prozessen im Nervensystem sowie zu Veränderungen im Blutbild in Form einer hypochromen mikrozytären Anämie.

Die Hypokuprämie ist in fast allen schaf- und ziegenzuchttreibenden Ländern der Welt verbreitet. Dabei tritt sie nicht nur in Gegenden mit primären, geologisch bedingtem Unterangebot an Kupfer auf (Moorböden, Heideböden), sondern auch in Gebieten, in denen sich bestimmte immissionsstarke Industriekomplexe konzentrieren.

Ätiologie und Pathogenese

Primärer oder sekundärer Mangel am Oligoelement Kupfer lösen die gleichen Krankheitsbilder aus. Primäre Mangelsituationen liegen in den Weidegebieten vor, die sich vorwiegend auf Moor- oder Heideflächen befinden.

Sekundärer Mangel entsteht dann, wenn Absorption und Resorption des Kupfers durch andere Elemente oder Verbindungen herabgesetzt oder total verhindert wird. Derartige, den Kupferstoffwechsel beeinträchtigende Elemente sind Molybdän, Cadmium und Schwefel. Diese können in größeren Quantitäten primär im Boden und somit im Futter vorkommen oder exogen durch Immission von Industriekomplexen sowie durch schwermetallbelasteten Klärschlamm verbreitet werden. Cadmium blockiert einige, für die Cu-Resorption bedeutsame Proteine. Der Einfluß des Molybdän-Schwefel-Antagonismus auf die intestinale Kupferaufnahme ist noch nicht eindeutig geklärt. Darüber hinaus stören hohe Kalziumgehalte des Futters und des Bodens die Kupferresorption.

Kupfer befindet sich im Organismus in verschiedenen Verbindungen und spielt in den jeweiligen Systemen komplex gebunden eine Rolle (Hepatokuprein, Erythrokuprein, Cerebrokuprein). Weiterhin ist Kupfer Bestandteil von Cytochrom A, der Katalase, der Tyrosinase, der Monaminooxidase, der Ascorbinsäureoxidase und der Uridase. Daran wird die zentrale Stellung von Cu im Organismus deutlich. Im Plasma ist Kupfer an Coeruloplasmin gebunden.

Neugeborene Lämmer werden mit einem niedrigen Kupfergehalt im Plasma geboren ($8-20\ \mu mol/l \triangleq 50-127\ \mu g/dl$). Er steigt in den folgenden Wochen allmählich an und erreicht in der 6. Lebenswoche Werte zwischen 10 und 24 $\mu mol/l$ ($\triangleq 63-152\ \mu g/dl$), wobei Weidelämmer einen niedrigeren Cu-Gehalt aufweisen als diejenigen in mutterloser Aufzucht (Abb. 9.33). Parallel zu den niedrigen Cu-Plasma-Werten finden sich bei Neugeborenen auch geringe Kupferkonzentrationen (> 120 mg/kg TS) in der Leber. Dies läßt zum einen die Abhängigkeit zur transplazentaren Cu-Übertragung, zum anderen zur postnatalen Kupferaufnahme erkennen.

Als Folgen des Kupfermangels in der fetalen und jugendlichen Entwicklungsphase treten vorwiegend die Schädigung des Nervengewebes (Entmarkung der Nervenzellen in Zusammenhang mit Aktivitätsverlust der Cytochromoxidase) und die der Blutbildung (hypochrome, mikrozytäre Anämie) auf.

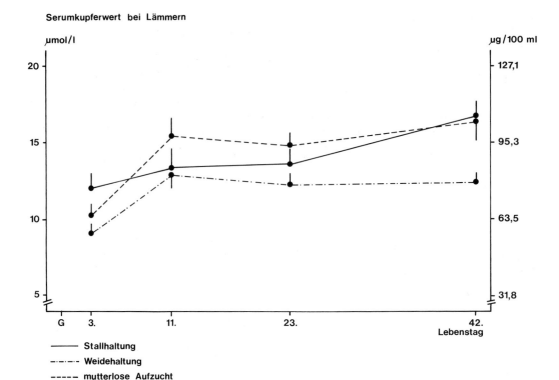

Abb. 9.33 Kupferkonzentrationen im Blutplasma von Lämmern unter verschiedenen Aufzuchtbedingungen

Klinisches Bild

Die Kupfermangelkrankheit tritt sowohl bei neugeborenen als auch bei Lämmern von Schafen und Ziegen im Alter von ein bis drei Monaten auf. Die Symptomatik ist abhängig vom Erkrankungsalter. Neugeborene Lämmer mit einem kongenitalen Kupfermangel sind nicht in der Lage, sich zu erheben und die Extremitätenfunktion zu koordinieren. Trotz sichtbarer Vitalität, erkenntlich an normaler Atemfunktion und Sauglust, liegen sie fest. Körperinnentemperatur sowie Herz- und Kreislaufparameter befinden sich in der Norm. Werden sie mit der am Sternum untergeschobenen Hand angehoben, wird sichtbar, daß die Extremitäten schlaff herunterhängen, wobei nicht immer gleichermaßen Vorder- und Hinterbeine betroffen sein müssen. Beim Wiederhinlegen kann als unterstützendes diagnostisches Zeichen gewertet werden, daß die Extremitäten weit vom Körper abgespreizt werden können und die Tiere in dieser Haltung verharren (Abb. 9.34). Das Unvermögen, an das Euter der Mutter zu gelangen und so Milch aufzunehmen, führt zu einem raschen Verfall. Der Tod tritt innerhalb von zwei bis drei Tagen ein. Das Finale wird meist durch Sekundärinfektionen beschleunigt.

Abb. 9.34 Lamm mit kongenitaler Hypocuprämie

Neben der kongenitalen Form gibt es noch die exogen erworbene. Hier liegen die Koordinationsstörungen der Hinterextremitäten im Vordergrund des Geschehens. Die Jungtiere stolpern häufig, später führen sie aus der kaudalen Rückenpartie heraus schwingende, schlingernde Bewegungen aus. Im fortgeschrittenen Stadium kommt es zu Ataxien. Die Hinterextremitäten knicken unmotiviert ein. Beschleunigt sich der Bewegungsablauf, oder wird er durch Antreiben erzwungen, können die Hinterextremitäten nicht mehr koordiniert werden (Abb. 9.35). Die Lämmer nehmen eine eigentümliche Sitzhaltung ein, aus der sie sich kaum ohne menschliche Hilfe befreien können. In manchen Fällen werden die Tiere bereits festliegend vorgestellt. Die neurologische Untersuchung ergibt einen hypalgischen Lumbalbereich mit herabgesetzter anogenitaler Sensibilität. Die Gliedmaßen sind oft in leichter Flexion versteift, die Muskulatur weitgehend atrophiert. Der Gesamtkörper ist kachektisch.

Abb. 9.35 Älteres Lamm mit erworbener Hypocuprämie – die Hinterextremitäten können beim Aufstehen nicht mehr koordiniert werden

Pathologischer Befund

Bei neugeborenen Lämmern dominieren gelatinöse Erweichungsherde in der Temporal- und Okzipitalregion des Gehirns. Diese sind bereits ab 115. Tag der Gravidität bei kongenitaler Hypokuprose nachweisbar. In Gehirn und Rückenmark herrscht das Bild einer degenerativen Veränderung im Sinne einer Entmarkung vor (Abb. 9.36, s. Farbtafel 21). Im Gehirn sind chromatolytische Nervenzellen in der Vestibularregion nachzuweisen. Letzteres ist gleichermaßen für neugeborene als auch für ältere hypokuprämische Lämmer zutreffend. Diese Fehl- oder Unterentwicklung der Marksubstanz wird oft begleitet von Hämostase, Extravasaten und erhöhter Permeabilität.

Diagnose und Differentialdiagnose

Die Frühform der Erkrankung bereitet diagnostische Schwierigkeiten, da die Lähmungserscheinungen als Leitsymptome auch bei nutritiver Muskeldystrophie, verschiedenen meningealen Erkrankungen sowie Border disease, β-Mannosidose, Leukoencephalomyelitis oder bei Fraktur beziehungsweise Distorsion des Lumbalbereiches auftreten können. Als hinweisendes Kriterium ist dann der Plasmakupferwert oder aber der Sektionsbefund zu berücksichtigen.

Bei der Spätform sind meist mehrere Lämmer in verschiedenen Stadien der Krankheit vorhanden, so daß der typische Bewegungsablauf, zusammen mit Plasmakupferbestimmungen die Diagnose relativ einfach gestaltet. Auch bei der Spätform ist an die NMD und an Hirntraumen beziehungsweise Meningitis zu denken.

Therapie und Prophylaxe

Bereits festliegenden Tieren ist infolge der manifesten Störung in Gehirn und Rückenmark kaum mehr zu helfen. Bei neugeborenen und älteren Lämmern, bei denen die Koordinationsfähigkeit der Extremitäten noch erhalten ist, kann eine Therapie versucht werden (10 bis 15 ml einer 1%igen Kupfersulfatlösung per os oder 12.5 mg Ca-Cu-EDTA-Coprin Glaxo England - s. c.). In manchen Fällen tritt Cu- und Se-Mangel kombiniert auf. Hier muß zusätzlich eine Selensupplementierung vorgenommen werden.

Kupferreiche Futtermittel sind Ölsaaten und Extraktionsschrot, Tierkörpermehl und Weizenschrot. Bei Gebrauch von Cu-haltigen Mineralstoffmischungen oder Lecksteinen ist Vorsicht geboten (unkontrollierte Aufnahme → Kupfervergiftung). Eine Vorsorge bei graviden Tieren (Gelatinekapseln mit 4 g Kupferoxyd-Nadeln p. os. oder bis zu 50 ml Kupfersulfatlösung 1 bis 2%ig per os oder 50 mg Ca-Cu-EDTA s. c.) ist wirkungsvoll bei kongenitaler Hypokuprose. Gute Ergebnisse sind auch mit Kupferheptomat ($2C_7H_{13}O_8Cu2H_2O$) oder Kupfermethionat, im mittleren Stadium der Gravidität verabreicht, zu erzielen.

Zu beachten ist, daß prophylaktische Maßnahmen vor dem 100. Tag der Gravidität zum Einsatz kommen, da zwischen 100. und 120. Tag der Fetalperiode der Kupferbedarf zur Entwicklung der Nerven von besonderer Wichtigkeit ist.

Literatur

Behrens, H., L. C. Schulz (1959): Swayback (enzootische Ataxie) der Schaflämmer. Dtsch. Tierärztl. Wschr. *66*, 502–506, 529–534

Beust, B. R. v., M. Vandevelde, A. Tonits, M. Spichtig (1983): Enzootische Ataxie beim Zicklein in der Schweiz. Schweiz. Arch. Tierheilkd. *125*, 345–351

Bostedt, H., J. Pallauf, P. Pfeiffer (1983): Serum- und Leberkupferkonzentrationen bei Lämmern unter besonderer Berücksichtigung der Kupfermangelkrankheit. Fortschr. Vet. Med. Beiheft Zbl. Vet. Med. A 37, 190–195

Bostedt, H. (1983): Kupfermangel beim Lamm – experimentelle und klinische Studien. Tierärztl. Umsch. 38, 815–816

Inglis, D. M., J. S. Gilmour, J. S. Murray (1986): A farm investigation into swayback in a herd of goats and the result of administration of copper needles. Vet. Rec. 118, 567–660

Mahmoud, O. H. E. J. H. Ford (1982): Changes in the liver copper content of welsh mountain sheep after injection of organic compounds of copper. Vet. Rec. 111, 534–535

McPhee, I. M., G. D. Cawley (1988): Copper heptomate for the treatment of hypocupraemia in sheep. Vet. Rec. 122, 483–485

McPherson, N., A. Brown, R. G. Hemingway (1964): The relationship between the concentration of copper in the blood and livers in sheep. Vet. Rec. 76, 643–645

Pekelder, J. J. (1982): Copper deficiency and swayback in lambs and kids. Tjdschr. Diergeneesk. 107, 93–96

Sheriff, D., G. J. Rankin (1973): Concurrent enzootic ataxia and white muscle disease in flock of lambs. Vet. Rec. 92, 89–93

Whitelaw, A., A. J. F. Russel, R. H. Armstrong, C. C. Evans, A. R. Fawcett, A. J. McDonald (1983): Use of cupric oxide needles in the prophylaxis of induced copper deficiency in lambs grazing inproved hill pastures. Vet. Rec. 112, 382–384

Wouda, W., G. H. A. Borst, E. Gruys (1986): Delayed swayback in goat kids, a study of 23 cases. Veter. Quaterly 8, 45–56

9.13.4 Jodmangel, Kropfbildung, Struma

Begriff und Vorkommen

Jodmangel tritt besonders in meerfernen Gebieten, aber auch durch Fehlfütterung auf und betrifft Mensch und Tier gleichermaßen. In extremen Fällen kommt es beim Feten von Schaf und Ziege zu Schilddrüsenfunktionsstörungen, die die Vitalität des reifen Fetus beziehungsweise Neugeborenen erheblich reduzieren und den prae- beziehungsweise postnatalen Tod verursachen.

Ätiologie und Pathogenese

Schaf- und Ziege scheinen in bestimmten jodarmen Gebieten besonders unter Jodmangel zu leiden. Wie bei anderen Tierarten muß allerdings zwischen primärem und sekundärem Jodmangel unterschieden werden, wobei sich beide Arten komplementieren können.

Während bei primärem Mangel das Angebot an Jod in der Nahrung weit unter der Norm liegt, wird der sekundäre durch strumigene Faktoren (Goitrine vom Thiourazil-Typ und zyanogene Glykoside) ausgelöst. Goitrine kommen in Kohlarten, Sojabohnen und wahrscheinlich in Luzerne vor und hemmen die Thyroxinproduktion. Zyanogene Glykoside werden im Organismus selbst zu Thiocyanaten umgebaut und hemmen die Jodaufnahme der Thyreoidea.

Steht nicht genügend Jod während der Fetalentwicklung zur Verfügung, kommt es zur Bildung von hyperplastischem Thyreoidgewebe, einer Struma. Durch Ausfall oder stark minimierter Leistung der endokrinen Funktion der Thyreoidea kommt es zum Zusammenbruch des Stoffwechsels (oxydative Phosphorylierung und Proteinsynthese) und somit zum prae- oder postnatalen Exitus des Lammes. In den Niederlanden wurde bei Ziegen eine Strumaform gefunden, die autosomal-rezessiv vererbt wird. Als Ursache kommt eine Fehlcodierung der Thyreoglobulinsynthese infolge eines m-RNS-Defektes in Betracht.

Klinisches Bild

Die Lämmer werden tot oder lebensschwach geboren. Jones und Mitarbeiter (1986) berichten über die Beziehung eines Thyreoglobulin-Synthesedefektes und dem neonatalen Atemnotsyndrom. Offenbar wird durch den Mangel an Thyreoglobulin die Lungenreife gehemmt. Auffällig ist die Strukturveränderung im Kehlkopfbereich (Abb. 9.37, s. Farbtafel 21). Vielfach werden in der Herde gleichzeitig Aborte beobachtet. Ist der kongenitale Jodmangel larviert gewesen, so entwickelt sich bei weiterem Unterangebot an Jod in der frühen postnatalen Phase die Struma innerhalb der ersten Lebenswochen, wobei auch Vitamin A-Mangel und Ca-Überschuß eine Rolle spielen sollen.

Pathologischer Befund

Es handelt sich um eine hypothyreote Struma meist vom Typ der Str. parenchymatosa diffusa.

Diagnose und Differentialdiagnose

Die Diagnose ist aufgrund der deutlich vergrößerten Schilddrüse unschwer zu stellen. Allerdings sollten in Beständen mit Verdacht auf Jodmangel alle Lämmer hinsichtlich der Größenveränderung der Schilddrüse untersucht werden, da es auch larvierte Fälle gibt. Bestimmt werden kann aus diagnostischen Gründen T3 und T4 im Plasma von Schafen und Feten. Der Jodgehalt in der Milch ($<$ 80 µg/l) ist ein Indikator für die mangelhafte Jodversorgung über die Nahrung.

Therapie und Prophylaxe

Eine Therapie kommt bei bereits lebensschwach geborenen Lämmern mit parenchymatöser Struma zu spät.
In prodromalen Fällen von primärem Jodmangel kann eine Supplementierung mit 0.2 bis 0.5 ml Jodtinktur über das Trinkwasser größeren Schaden bei graviden Muttertieren verhüten. Eine zu lange Anwendung ist wegen einer Jodvergiftung nicht zu empfehlen (Dauer ca. 14 Tage). Prophylaktisch wäre Jod über das Futter zu verabreichen (0,15 mg J/kg TS im Sommer, 0,30 mg J/kg TS im Winter). Übertriebene Kohlfütterung und Sojaversorgung an Muttertiere während der Gravidität und in der Laktation ist zu vermeiden, um einen sekundären Jodmangel zu verhindern.

Aus England liegt ein Bericht vor über eine *Hyperplasie der Thymusdrüse* bei Ziegenlämmern (*Pritchard* 1987). Diese weisen im Alter von 10 bis 14 Tagen plötzlich eine Schwellung distal des Kehlkopfes auf, die klinisch als Struma diagnostiziert wurde. Ein Jodsupplementation war erfolglos. Bei der Sektion eines dieser Ziegenlämmer stellte sich heraus, daß die Thyreoidea normal ausgebildet, die Thymusdrüse jedoch abnorm vergrößert war ($>$ 200 g). Es kam bei den übrigen beobachteten rund 20 Lämmern im Alter von 4 Monaten zu einer spontanen Regression der Schwellung.

Literatur

Andrewartha, K. A., J. W. Caple, W. D. Davies, J. W. McDonalds (1980): Observation on serum thyroxine concentrations in lambs and ewes to asses iodine nutrition. Austr. Vet. J. *56*, 18–21
Bath, G. F., D. Wentzel, E. M. van Tonder (1979): Cretinism in angora goats. J. S. Afr. Vet. Assoc. *50*, 237–239
Jones, B. R., R. M. Greenway, R. D. Jolly, R. H. Labuc, Cz. B. Davis (1986): A defect in thyreoglobulin synthesis in an inherited ovine goitre: possible neonatal respiratory distress syndrome. N. Zeal. Vet. J. *34*, 145–148
Mason, R. W. (1976): Milk iodine contents as an estimate of the dietary iodine status of sheep. Brit. Vet. J. *132*, 374–379
Pritchard, G. C. (1987): „Goitre" in goat kids (Correspondence). Vet. Rec. *121*, 430
Statham, M., A. C. Bray (1975): Congenital goitre in sheep in Southern Tasmania. Austr. J. Agric. Res. *26*, 751–768

9.13.5 Enzootischer Marasmus, Kobaltmangel

Begriff und Vorkommen

Wiederkäuer benötigen zur mikrobiellen Eigensynthese von Vitamin B_{12} Kobalt. Kobalt gehört bei Wiederkäuern zu den essentiellen Oligoelementen. Bei heranwachsenden Lämmern von Schafen und Ziegen kann es bei akutem Kobaltmangel zu progressiver Kachexie kommen.

Ätiologie und Pathogenese

Lämmer, die auf kobaltarmen Böden heranwachsen (Moor- und Heideflächen, Böden mit Granit-, Gneis-, Sandstein- oder Kalkfelsuntergrund), sind mit Entwicklung der Pansenverdauung nicht in der Lage, genügend Cobalamin (Vitamin B_{12}) zu synthetisieren, da die mikrobielle Synthese gestört ist.
Es kommt zu Störung der Erythrozytenbildung im Knochenmark, woraus eine hypoplastische, normochrome, normozytäre Anämie mit Anisozytose und Poikilozytose resultiert.

Klinisches Bild

Das klinische Bild ist relativ unspezifisch. Die Lämmer zeigen ein glanzloses Vlies beziehungsweise Fell. Sie weisen Anorexie und Kachexie auf. Auffällig ist ihr abnormes Knabberverhalten (Pfosten, Laub, Strauchwerk, Baumrinde). Im Endstadium wird Diarrhöe beobachtet. Gravide Schafe bringen lebensschwache Lämmer zur Welt.

Pathologischer Befund

Vollständige Kachexie des Gesamtkörpers, keine Fettablagerung, Degeneration von Lebergewebe und Myocard. Haemosiderose in Milz und Leber.

Diagnose und Differentialdiagnose

Das eigentümliche Verhalten in der Futteraufnahme (Knabbern, Allotriophagie), der schlechte Entwicklungsstand, das Blutbild und der Kobaltgehalt in Plasma und Leber geben Hinweise für die Diagnose (Kobaltkonzentrationen im Lebergewebe normal $>$ 0.10 ppm, reduziert $\leq$ 0.06 ppm; Konzentrationen im Blutplasma $\geq$ 0.3 ppm normal).
Beschrieben ist auch die Bestimmung von Formiminoglutaminsäure – FiGlu – oder Methylmalonsäure – MMA – im Harn (*Russel* et al. 1975). Differentialdiagnostisch wäre die Weiß-

lebererkrankung, chronischer Kupfermangel, akute Verminose in Betracht zu ziehen.

Therapie und Prophylaxe

Orale Gaben von Kobalt (2 bis 5 mg je nach Gewicht) wöchentlich fördern die mikrobielle B_{12}-Synthese. Injektionen können vorgenommen werden mit Hydroxycobalamin (250–500 µg) monatlich beziehungsweise Vitamin B-Komplex-Präparaten (Abstand 10 bis 20 Tage). Darüber hinaus kommt einer Regulierung des Kobaltangebotes über das Futter beziehungsweise der Düngung Bedeutung zu.

Literatur

Givens, P.J., P.J. Cross, W.B. Shaw, W.B. Knight (1979): Cobalt deficiency in growing lambs: a comparison of three forms of treatment. Vet. Rec. *104*, 508–509

Hogan, K.G., P.P. Lorentz, F.M. Gibb (1973): The diagnosis and treatment of Vitamin B_{12} deficiency in young lambs. New Zeal. Vet. J. *21*, 234–237

Russel, A.J.F., A. Whitelaw, P. Moberly, A.R. Fawcett (1975): Investigation into diagnosis and treatment of cobalt deficiency in lambs. Vet. Rec. *96*, 194–198

Savey, M., J. Espinasse (1983): Identification du marasme enzootique de l'agneau en France. Rec. Med. Vet. *159*, 623–627

Sutherland, R.J., D.O. Cordes, G.C. Carthew (1979): Ovine white liver disease – an hepatic dysfunction associatet with vitamin B_{12} deficiency. New Zeal. Vet. J. *27*, 227–232

9.13.6 Eisenmangelanämie

Begriff und Vorkommen

Wachstumsintensität und geringe neonatale Eisenversorgung stehen in Konkurrenz, so daß daraus besonders bei frohwüchsigen Lämmern ein Eisendefizit entstehen kann. Besonders gefährdet sind Lämmer, die artifiziell ernährt werden.

Ätiologie und Pathogenese

Die Transformationsleistung der Plazenta für Eisen bei Schaf und Ziege ist noch unbekannt. Die niedrigen Eisenwerte im Organismus neugeborener Tiere sprechen jedoch dafür, daß diese, gemessen an der Wachstumsintensität in den ersten Lebenswochen, zu gering ist und so ein ungenügendes Depot angelegt wird.

Bei neugeborenen Lämmern kommt es in der ersten und zweiten Adaptationsphase zu erheblichen Verschiebungen im roten Haemogramm einschließlich Plasmaeisenwert. Das Plasmavolumen nimmt infolge postnataler Hydrämie zu. Dazu kommt eine kurzzeitige Stagnation oder Hypofunktion des roten Knochenmarkes. Beide Zustände potenzieren sich, wenn ein überdurchschnittliches, progressives Wachstum einsetzt, wie zum Beispiel bei Bocklämmern, und die Ergänzung des Eisenbedarfs über die Nahrung ungenügend ist. Es ist daher ein physiologischer Eisenmangel von der echten Mangelanämie zu unterscheiden.

Unter konventionellen Aufzuchtbedingungen wird das Eisenangebot über Gras, Laub, Heu und Erde gedeckt, so daß es zu einem Ausgleich kommt. Bei artifizieller Aufzucht ohne Festfutterangebot oder Eisensupplementierung kommt es rasch zu echten Mangelerscheinungen.

Bei Eisenmangel und dem dadurch ausgelösten O_2-Defizit im Zellstoffwechsel vermindert sich die Resistenz, und die Krankheitsanfälligkeit steigt rapid.

Klinisches Bild

Meist sind es die frohwüchsigen Lämmer, die an Eisenmangel leiden. Die Mangelsituation entwickelt sich diskret über längere Zeit. Sie zeigen daher keine wesentlichen Ausfallserscheinungen. Ihre Schleimhäute sind jedoch auffallend blaß. Der Herzrhythmus ist auch in Ruhehaltung beschleunigt, bei Anstrengung kommt es rasch zu Aktivitätsverlust. Die Atmung ist dann ebenso wie die Herztätigkeit hyperfrequent.

Das Blutbild weist deutliche Anzeichen einer hypochromen Anämie auf (Fe-Konzentration $<$ 17.9 µmol/l $\triangleq$ 100 µg/dl, Haemoglobin $<$ 8 g/dl, Hämatokrit $<$33, Erythrozyten 4.0 bis 7.0 $10^6/mm^3$).

Pathologischer Befund

Totale Anämie des Gesamtkörpers bei guter Muskel- und Fettausbildung.

Diagnose und Differentialdiagnose

Die klinischen Anzeichen, so diskret sie auch im Anfang sein mögen, reichen im allgemein in Zusammenhang mit dem Haemogramm aus, die Diagnose zu stellen.

Differentialdiagnostisch kommen Verminosen, Kokzidiose, Labmagengeschwüre in Betracht.

Therapie und Prophylaxe

Eisendextrangaben von 150 bis 300 mg parenteral (s.c. oder i.m.) mit Wiederholung nach 10 bis 15 Tagen. Zusätzlich können Vitamin-B-Komplexe verabreicht werden.

Prophylaktisch hat sich die Eisendextrangabe zwischen 2. und 10. Lebenstag, vor allem bei artifiziell aufzuziehenden Lämmern, aber auch unter konventionellen Haltungsbedingungen (Zuchtlämmer) bewährt (Abb. 9.38).

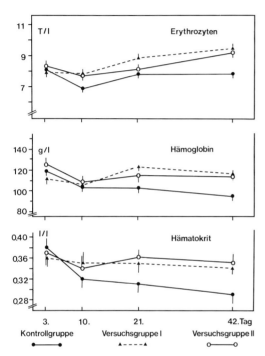

Abb. 9.38 Entwicklung von Erythrozytengehalt, Haemoglobinkonzentration und Haematokritwert nach exogener Eisenapplikation
(Versuchsgruppe I   300 mg am 3. Lebenstag
 Versuchsgruppe II   300 mg am 10. Lebenstag)

Literatur

Bezeau, L. M., R. D. Clark (1965): Effect of injectable irondextran on dairy calves and lambs. Canad. J. Comp. Med. 29, 283–285

Bostedt, H., B. Mayer (1976): Über die Entwicklung des roten Haemogramms bei Lämmern in deren ersten Lebenswochen unter natürlichen und artifiziellen Aufzuchtbedingungen. Berl. Münch. Tierärztl. Wschr. 89, 333–336

Bostedt, H. (1979): Über die Wirkung parenteraler Eisendextrangaben auf die Entwicklung des roten Hämogrammes bei mutterlos aufgezogenen Lämmern. Berl. Münch. Tierärztl. Wschr. 92, 236–240

Bostedt, H., P. Pfeiffer (1980): Investigation about the effect of an iron-injection to the red haemogram and the development of the body weight of lambs by different rearing conditions. Proc. of IVth Intern. conf. metabolic disorders in farm animals, München 267–271

Holz, R. C., T. W. Perry, W. M. Besson (1961): Hemoglobin levels of lambs from birth to eight weeks of age and the effect of irondextran on suckling lambs. J. Anim. Sci. 20, 445–449

Schlolaut, W., G. Wachendörfer (1975): Untersuchungen zur Eisenversorgung von Schaflämmern. Übersichten Tierernährung 3, 305–307

Urley, D., E. R. Miller, C. H. Long, B. H. Vincent (1965): Sheep hematology from birth to maturity I. Erythrocyte population, size and hemoglobin concentration. J. Anim. Sci. 24, 135–140

Wanner, M., P. H. Boss (1978): Parenterale Verabreichung von Eisendextran an neugeborene Zicklein. Schweiz. Arch. Tierheilk. 120, 369–375

9.13.7 Vitamin A-Mangel

Begriff und Vorkommen

Obwohl die Nahrung für Lämmer als abgerundet erscheint, kann es gegen Ende des Winters zu Vitamin A-Mangelzuständen kommen. Diese wurden in ihrer klinischen Bedeutung zuerst von *Behrens* (1962) beschrieben.

Ätiologie und Pathogenese

Vitamin A entsteht bei Ruminanten im Organismus aus Provitaminen (Hauptvertreter β-Carotin), die mit den Pflanzen aufgenommen werden. Dabei kommt es zur Umwandlung von β-Carotin zu Vitamin A in der Darmmukosa, wobei diese nahezu verlustlos verläuft (1 Mol β-Carotin $\approx$ 1 Mol Vitamin A). Gespeichert wird Vitamin A in der Leber. β-Carotin selbst soll im Organismus auch eine eigenständige Funktion ausüben.

Vitamin A gilt als schleimhautschützendes Vitamin. Es ist beteiligt an Wachstumsvorgängen und bei der Sehfunktion. Auf molekularer Ebene greift es in die mRNS-Synthese und damit in den Proteinstoffwechsel ein.

Vitamin A und β-Carotin werden in der Milch – zumindest in der des Rindes – gleichermaßen ausgeschieden (*Stampfer* und *Zucker* 1983). In der Kolostralmilch befinden sich besonders hohe Konzentrationen, die sich innerhalb von 10 Tagen auf das Normalmaß einpendeln. Bei abnehmendem β-Carotin-Gehalt in der Nahrung ausgangs des Winters nimmt auch der Vitamin A- und β-Carotin-

Gehalt im Organismus ab. Sauglämmer können so mit einem Defizit an Vitamin A geboren werden, welches sich dann durch eine ungenügende Zufuhr über die Milch noch verstärkt.

Klinisches Bild

Die Lämmer zeigen zuerst untypische, die Vitalität beeinträchtigende Anzeichen (Lebensschwäche). Bei fortschreitender Unterbilanz kommt es zu Nachtblindheit (Orientierungsvermögen in der Dämmerung reduziert), zu Apathie, grau-weißen Mundschleimhautbelägen und lokomotorischen Störungen. Sie bleiben in der Entwicklung zurück. Ob die Mikrophthalmie mit einem Vitamin A-Defizit in Verbindung steht ist zwar ungewiß, aber durchaus möglich.

Pathologischer Befund

Hervorstechender Befund ist die Kachexie. Die Mundschleimhaut ist verändert (Epithelverdickungen), der Sehnervenbereich degeneriert. In der Leber liegt der Vitamin A-Gehalt < 5000 I.E./100g.

Diagnose und Differentialdiagnose

Die Diagnose ist anfänglich nur verdachtsweise zu stellen, wobei Jahreszeit und Fütterung mit einbezogen werden müssen. Bei unkoordinierten Bewegungen der Lämmer in der Dämmerung wäre an Vitamin A-Mangel zu denken. Im Blutserum könnte der Gehalt an Vitamin A und β-Carotin bestimmt oder durch Farbbeurteilung grob geschätzt werden.

Differentialdiagnostisch wäre bei Neugeborenen an intrauterin übertragene Infektionen (Toxoplasmose, Chlamydien etc.), bei älteren Lämmern an Ecthyma contagiosum, Kupfermangel, Verminosen zu denken.

Therapie und Prophylaxe

Vitamin A kann als Injektion oder in emulgierter Form per os verabreicht werden (75000 bis 150000 I.E.). Prophylaktisch wäre β-Carotin in der zweiten Winterhälfte gezielt Mutterschafen und Lämmern zuzufüttern. Insgesamt wäre zu empfehlen, Lämmer, die ausgangs des Winters geboren werden, mit Vitamin A respektive β-Carotin zu versorgen.

Literatur

Behrens, H. (1962): Beitrag zum Vitamin A-Mangel des Schafes. Dtsch. Tierärztl. Wschr. *69*, 522–525

Bostedt, H. (1978): Zu Problemen der mutterlosen Lämmeraufzucht. Fortschr. Vet. Med. *28*, 78–84 (Beiheft Zbl. Vet. Med. A)

Dutt, B., P. S. Sawhney (1962): Epithelial metaplasia in experimental vitamin A deficient lambs. Brit. Vet. J. *118*, 24–28

Ghanem, J. S., M. F. A. Farid (1982): Vitamin A deficiency and supplementation in desert sheep. I. Deficiency symptoms, plasma concentrations and body growth. World Rev. Anim. Prod. *18*, 69–74

Stampfer, R., H. Zucker (1983): Untersuchungen zur Beziehung zwischen ß-Carotin im Blut und in der Milch bei Kühen. Z. Tierphysiol. Tierernähr. Futtermittelk. 49, 140–147

Webb, K. E., G. E. Mitchell, C. O. Little, G. H. Schmitt (1968): Polyuria in vitamin A-deficient sheep. J. Anim. Sci *17*, 1657–1662

9.13.8 Cerebrocorticalnekrose, Thiaminmangel
(Polioencephalomalacia)

Begriff und Vorkommen

Die Cerebrocorticalnekrose (CCN) kommt weltweit bei Schaf- und Ziegenlämmern, aber auch bei adulten Tieren vor. Sie beruht auf einem Thiaminmangel und führt in betroffenen Herden zu hohen Verlusten.

Ätiologie und Pathogenese

Als Ursache der CCN wird Thiaminmangel (Vitamin B_1) angenommen. Thiamin hat als Koenzym im Kohlenhydratstoffwechsel (oxidative Decarboxylierung von α-Ketosäuren, Transketolasereaktion im Pentose-Phosphat-Zyklus) eine dominierende Funktion. Bei Fehlen von Thiamin kommt es zu erheblichen Stoffwechselausfallserscheinungen und hypoxämischen Zuständen, die besonders das Gehirn und Herz betreffen.

Warum es fallweise zu akutem Thiaminmangel kommt, ist nicht immer endgültig zu klären. Bei erhöhtem Kohlenhydratangebot bei Mastlämmern ist der Bedarf an Thiamin gesteigert und kann nicht immer gedeckt werden. Darüber hinaus lösen auch Streßsituationen (Wetterwechsel) oder Allgemeinerkrankungen Thiaminmangel aus. Bei diarrhöischen Zuständen ist die Thiaminresorption gestört. Thiaminantagonist ist Amprolium (Kokzidiostatikum). Thiaminasen als Antivitamin kommen in Adlerfarn und Ackerschachtelhalm vor. Eine besondere Bedeutung haben thiaminasesynthetisierende Bakterien im Pansen, die vorhandenes Thiamin inaktivieren.

Klinisches Bild

Das Prodromalstadium ist untypisch. Lämmer zeigen zu Beginn Speichelfluß und Apathie, unterbrochen von hyperaktivem Bewegungszwang. Die Bewegung wird zunehmend unkoordinierter. Typisch ist dann im akuten Stadium ein taumelnder, stolpernder Gang mit Konvulsionen. Die Tiere fallen in Seitenlage und leiden an Blindheit. Im Liegen wird der Kopf in opisthotone Haltung geworfen (Abb. 9.39). Gleichzeitig bestehen Nystagmus und tonisch-klonische Krämpfe, Leerkauen, Schluckbeschwerden, Zuckungen der Massetermuskulatur kommen hinzu. Die Dauer dieser akuten Anfälle beträgt 3 bis 10 Minuten. Danach folgt in der Regel eine Ruhepause. Aus klinisch-diagnostischen Gründen können derartige Anfälle durch laute Geräusche oder Perkussion der Stirn ausgelöst werden.

Abb. 9.39 Älteres Lamm in opisthotoner Haltung infolge Cerebrokortikalnekrose

Im Endstadium liegen die Tiere in vollkommener Somnolenz, unterbrochen von Ganzkörperkrämpfen, fest. In Faeces und Blut lassen sich hohe Konzentrationen von Thiaminasen, dagegen niedrige Transketolase-Werte nachweisen. Darüber hinaus ist die CK-Aktivität im Plasma erhöht.

Pathologischer Befund

Die Großhirnrinde ist deutlich gelb gefärbt. Es besteht ein ausgeprägtes zelluläres Ödem, aus dem ein Zerfall der Hirnsubstanz erfolgt. Die zerfallenen Gebiete werden atrophisch und weisen gliöse Narben auf.

Diagnose und Differentialdiagnose

Das Prodromalstadium ist untypisch (lokomotorische Störungen bei normaler Temperatur) und kann Anlaß geben, Krankheiten wie nutritive Muskeldystrophie oder Kupfermangel in die Diagnose mit einzubeziehen. Im akuten Stadium kann die CCN mit Listeriose, Clostridiuminfektion, Tetanus, Elektrolytstoffwechselstörungen, eventuell auch Tollwut, verwechselt werden. Thiaminaseaktivität und CK-Werte bieten in vivo Abgrenzungsmöglichkeiten. Endgültiger Aufschluß kommt vom pathologischen Befund.

Therapie und Prophylaxe

Gaben von Thiamin in Substanz oder in Form von Injektionslösungen (Betabion®, Thiasel®) bringen rasch Besserung. Komplexe Vitamin-B-Präparate haben oft keine genügend hohe Konzentration an B_1 und müssen daher mehrfach nachdosiert werden. Die Richtdosis beträgt 5 bis 10 mg/kg KG Vitamin B_1.

Die Tiere sind in abgedunkelten Ställe zu bringen und sorgsam (mit Flasche oder Nasenschlundsonde) zu tränken. Laute Geräusche provozieren erneut Anfälle.

Prophylaktisch ist das Kohlenhydratangebot zu senken und das Nahrungsangebot durch Rauhfutter zu ergänzen. Thiaminreiche Futtermittel sind Weizenkleie und Bierhefe (Thiamingehalt 5–18 beziehungsweise 40 bis 150 mg/kg/TS).

Literatur

Behrens, H., H. Knösel (1968): Cerebrale Nekrose bei Schaflämmern 1. Mitt.: Klinische Beobachtungen. Dtsch. Tierärztl. Wschr. *75*, 105–108

Behrens, H., H. Höller (1977): Thiamingehalt in Lebern und Gehirnen von Schafen mit Cerebralnekrose, Listeriose und anderen Erkrankungen. Dtsch. Tierärzt. Wschr. *84*, 305–307

Edwin, E. E., G. Wewis, R. Allcroft (1968): Cerebrocortical necrosis: A hypothesis for the possible role of thiaminases in its pathogenesis. Vet. Rec. *83*, 176–178

Espinase, J. (1978): Le necrose du cortex cérébral des ruminants. World Rev. Anim. Prod. *1*, 49–55

Fankhauser, R., S. Lachermeier (1966): Cerebrale Nekrose bei Lämmern. Schweiz. Arch. Tierheilkd. *108*, 669–698

McDonald, J. W. (19827: Mortality and illthrift associated with thiamine deficiency in lambs. Austr. Vet. J. *58*, 212–213

Potel, K. W. Seffner (1966): Zerebrokortikalnekrose beim Schaf. Arch. Exp. Vet. Med. *21*, (Sonderheft), 141–148

Rose, P. (1969): Cerebrocorticale necrose big shapen en ruderen. Vlaams Diergeneeskd. Tijdskr. *38*, 369–374

Smith, M. C. (1979): Polioencephalomalacia in goats. J. Am. Vet. Med. Assoc. *174*, 1328–1332

Spicer, E., B. Horten (1981): Biochemistry of natural and amprolium-induced polioencephalomalacia in sheep. Austr. Vet. J. *57*, 230–235

Wegner F., D. Wegner (1969): Zerebrale Nekrose bei Schaflämmern 3. Mitt.: Therapie. Dtsch. Tierärztl. Wschr. *76*, 547–551

9.13.9 β-Mannosidose bei Ziegenlämmern

Die Mannosidose gehört in die Gruppe der Speicherkrankheiten und ist bislang nur für Ziegenlämmer beschrieben.

Ätiologie und Pathogenese

Komplexe Kohlenhydrate sind makromolekular und aus Neutralzuckern, Uronsäuren sowie Aminozuckern zusammen mit Peptiden, Proteinen und Lipiden aufgebaut. Allerdings wechseln die Kombinationen und Mengen für die einzelnen Komplexkohlenhydrate.

Störungen im Abbau dieser Substanzen führen zu ihrer Anhäufung in den intrazellulären Lysosomen. Die Abbaudysregulation wird durch das Fehlen von lysosomalen Enzymen bedingt.

Im Falle der β-Mannosidose ist es die β-Mannosidase, die fehlt. Dadurch kommt es besonders zu Veränderungen im Nervensystem. Die Krankheit wird autosomal rezessiv vererbt. Sie ist bislang bei Ziegen verschiedener Rassen beschrieben.

Klinisches Bild

Auffällig sind bei neugeborenen Ziegenlämmern mit β-Mannosidose die Karpalkontrakturen und Hyperextensionen der Hintergliedmaßen. Sie zeigen zwar bei der Geburt normale Lungenfunktion, Saugreflex, Kot- und Harnabsatz, sind aber unfähig aufzustehen. Vielmehr zeigen sie als neurologische Ausfallserscheinungen zwanghafte, tremorartige Bewegungen und einen Nystagmus. Die Nickhaut kann vorgefallen sein.

Klinisch-chemische beziehungsweise haematologische Kennwerte sind nicht verändert. Die Plasma-β-Mannosidose ist erhöht, das Enzym β-Mannosidase fehlt sowohl im Plasma als auch im Gewebe.

Pathologischer Befund

Pathologisch-anatomisch kann kein charakteristischer Befund, außer dem klinisch sichtbaren, erhoben werden. Histologisch sind eine Dysmyelisation und verschiedene Läsionen im Nervensystem nachzuweisen.

Diagnose und Differentialdiagnose

Die Diagnose kann allein von den klinischen Anzeichen her nur schwer eindeutig gestellt werden. Bei Verdacht muß die β-Mannosidase dargestellt werden. Differentialdiagnostisch wäre an andere neurologische Leiden wie Border-Krankheit, infektiöse Leukoencephalomyelitis, aber auch an Geburtsverletzungen und kongenitale Mangelkrankheiten (Cu-Mangel) zu denken. Bei Schaflämmern wurde diese Krankheit noch nicht beschrieben.

Behandlung

Keine bekannt

Literatur

Kumar, K., M. Z. Jones, J. G. Cunningham, J. A. Kelly, K. L. Lovell (1986): Caprine-β-mannosidosis: phenotypic features. Vet. Rec. *118*, 325–327

Schreier, K. (1963): Die angeborenen Stoffwechselanomalien. Thieme Verlag Stuttgart, 168–181

Malachowski, J. A., M. Z. Jones (1983): β-mannosidosis: lesions of the distal peripheral nervous system (goat). Acta Neuropathol. *61*, 95–100

9.14 Vergiftungen

Vergiftungen kommen bei älteren Schaf- und Ziegenlämmern vereinzelt vor, wobei es oft Schwierigkeiten bereitet, die Ursache zu eruieren. Das klinische Bild weicht häufig nicht von dem ab, welches bei adulten Tieren unter gleichen Bedingungen anzutreffen ist.

9.14.1 Kupfervergiftung

Begriff und Vorkommen

Auch juvenile Schafe und Ziegen können an chronischer oder akuter Kupfervergiftung leiden. Kupfervergiftungen durch chronische Zufütterung überhöhter Mengen stehen dabei im Vordergrund.

Ätiologie und Pathogenese

Neugeborene und Jungtiere haben an sich einen erhöhten Bedarf an Kupfer, da sie nur über geringe Kupferquantitäten im Organismus verfügen. Die natürliche Nahrung reicht aber mit ihrem Kupfergehalt aus, um die für die verschiedenen Stoffwechselleistungen benötigte Menge zu inokulieren und eine dem adulten Tier annähernd gleiche Kupferplasmakonzentration aufzubauen.

Überreichliches Angebot an Kupfer führt schnell zur Vergiftung, weil die Kupferspeicherkapazität rasch erschöpft ist. Darüber hinaus besteht hinsichtlich der Kupfertoleranz eine gewisse Rassedisposition. Texelschaf-, schwarzköpfige Fleischschaf- und Milchschaflämmer sind gegenüber Kupferintoxikation besonders gefährdet. Kupfer verursacht, wenn es in erhöhtem Maße retiniert wird, in der Leberzelle eine Lipid-Peroxid-Reaktion. In deren Verlauf wird die Zellmembran geschädigt und gebundenes Kupfer wird freigesetzt. In der Blutbahn löst es auf dem Wege der Oxydation eine Störung der Erythrozytenmembran aus, in deren Verlauf es zur Lysis und letztendlich zur haemolytischen Krise kommt.

Kupfervergiftungen bei Lämmern werden ausgelöst durch Zufütterung kupferhaltiger Mineralstoffmischungen, durch kupferhaltige Mastfutter (Pellets), die für Kälber und Ferkel angeboten werden, durch kupferhaltige Milchaustauscher, durch Heu von schweinegülledüngten Wiesen sowie durch überdosierte kupferhaltige Medikamente.

Klinisches Bild

Das klinische Bild der akuten Kupfervergiftung ist geprägt von schwankendem Gang, Krämpfen, Lähmungen, Salivation und Diarrhöe (eventuell zuerst grünlicher Kot infolge Kupferchlorophyllverbindungen bei Weidegang, später blutiger Kot). Der chronische Zustand zeichnet sich durch Gelbverfärbung der Schleimhäute und Hämoglobinurie aus. Die Lämmer kümmern und magern ab. Die Wolle beziehungsweise Behaarung ist stumpf.

Pathologischer Befund

Bei akuter Kupfervergiftung herrscht der Gastroentritisbefund, bei chronischer der den Gesamtorganismus betreffende Ikterus sowie die vergrößerte, gelblich gefärbte Leber, die geschwollenen Nieren und die schwärzliche Milz vor. In der Leber sind hohe Kupferkonzentrationen nachzuweisen (> 400 ppm/TS).

Diagnose und Differentialdiagnose

Im akuten Fall führt nur die Sektion und der Nachweis erhöhter Kupferwerte in der Leber, bedingt auch im Blut, zur Diagnose. Im chronischen Fall ist der Ikterus in vivo diagnosehinweisend. Untermauert werden muß sie jedoch durch eine Sektion.

Therapie und Prophylaxe

Bei Lämmern kommt eine Therapie meist zu spät. Auch bei chronischer Vergiftung kann durch eine Therapie der Entwicklungsrückstand kaum mehr aufgeholt werden. Die Behandlung stellt somit nur einen Versuch dar (z. B. Magnesia usta, Ferrozyankalium per os zur Bindung von Kupfer im Magen-Darm-Trakt bei akuter Vergiftung, bei chronischer eventuell Ammoniummolybdat per os).

Wichtig ist, die Ursache der Kupfervergiftung herauszufinden. Dazu werden besonders die Futtermittel einer Analyse unterzogen.

Literatur

Behrens, H. (1977): Chronische Kupfervergiftung beim Schaf. Prakt. Tierarzt 58, 720–721

Bostedt, H., J. Pallauf, P. Pfeiffer (1983): Serum- und Leberkupferkonzentrationen bei Lämmern unter besonderer Berücksichtigung der Kupfermangelkrankheit. Fortschr. Vet. Med. (Beiheft Zbl. Vet. Med. A) 37, 190–195

Bundz, A., E. A. Sugden, K. Nielsen, K. E. Hartin (1982): Copper toxicosis in lambs fed milk replacer. Canad. Vet. J. 23, 102–105

Harker, D. B. (1976): The use of molybdenum for the prevention of nutritional copper poisoning in housed sheep. Vet. Rec. 99, 78–81

Lüke, R., H. Wiemann (1970): Chronische Kupfervergiftungen und Kupferretention in der Leber bei Schafen verschiedener Rassen. Berl. Münch. Tierärztl. Wschr. 83, 225–253

Tontis, A., H. König, H. Luginbühl (1980): Zur Pathologie der chronischen Kupfervergiftung beim Schaf: Beobachtungen an 14 Spontanfällen. Schweiz. Arch. Tierheilkd. 122, 107–116

9.14.2 Seleniumvergiftung

Begriff und Vorkommen

Wenn auch Selenium zu den lebenswichtigen Oligoelementen zu rechnen ist, führt eine geringe Überdosierung schon zu todbringender Vergiftung.

Ätiologie und Pathogenese

Meist handelt es sich um eine Medikamentenvergiftung oder Vergiftung durch einen falsch berechneten Selenzusatz im Futtermittel. Über die tolerierbare Menge von Selen für Lämmer besteht noch keine Klarheit. Man weiß, daß Futter mit 15 bis 25 ppm Selen zu akuten, solches mit 5 bis 15 ppm zu chronischen Vergiftungen führt. Intramuskulär führen Selengaben von > 5 mg Natriumselenit ($\triangleq 1$ mg Se/kg KG) bereits zu Todesfällen. Weiterhin wird berichtet, daß die gleichzeitige Anwendung von Anthelmintika (Oxfendazol) und Selen zu Todesfällen geführt hat (*Hopper* et al. 1985). Da Selen langsam ausgeschieden wird, sei auch vor einer zu frühen Nachbehandlung mit selenhaltigen Medikamenten gewarnt (< 7 bis 9 Tage).

Selen wirkt in zu hohen Konzentrationen als Zellgift. Vermutlich werden S-haltige Enzyme gehemmt. Darüber hinaus verdrängt es Sulfhydritgruppen aus schwefelhaltigen Aminosäuren und greift in Methylierungsvorgänge ein.

Klinisches Bild

Es ist bei akuter Vergiftung uncharakteristisch. Die Todesfälle ereignen sich wenige Stunden nach exogener Zufuhr unter zentralnervösen Störungen (ataktische Bewegungen, blindes Anrennen, Atemnot, fliehender Puls, unkontrollierter Harnabsatz). In chronischen Fällen kümmern die Lämmer und werden kachektisch.

Pathologischer Befund

Zu finden sind: subkutane Ödeme, Lungenoedem, Hydrothorax, Blutungen im Magen-Darm-Trakt, Destruktion der Nierenrinde, gestaute Leber und Blutungen im Hirn. In Leber, Niere und Plasma sind erhöhte Selenkonzentrationen nachzuweisen.

Diagnose und Differentialdiagnose

Die Diagnose ist nur durch den pathologischen Befund und die Messung von Selen, vor allem in der Leber, zu stellen.

Therapie

Sie entfällt, da keine Gegenmittel bekannt sind.

Literatur

Bostedt, H., P. Schramel (1980): Investigation to the influence of selenium in veterinary medicine by example of nutritive muscle dystrophy in lambs and retained placeta in dairy cows. In: Trace Element Analytic. Chem. in Medicin and Biology (Edit. *P. Brätter, P. Schramel*). W. de Gryter & Co. Berlin-New York 83–95

Caravaggi, C., F. L. Clark (1969): Mortality in lambs following intramuscular injection of sodium selenite. Austr. Vet. J. *45*, 383

Hopper, S. A., A. Greig, C. H. McMurray (1985): Selenium poisoning in lambs. Vet. Rec. *116*, 569–571

Morrow, D. A. (1968): Acute selenite toxicosis in lambs. J. Amer. Vet. Med. Ass. *152*, 1625–1269

9.14.3 Natriumchloridvergiftung, Kochsalzvergiftung

Vorkommen und Pathogenese

Bei älteren Lämmern in Mastgruppen kann es dann zu einer Natriumchloridvergiftung kommen, wenn im Grundfutter übermäßige Mengen von Kochsalz, infolge von Mischfehlern, vorhanden sind. Besteht noch zusätzlich die Möglichkeit zur freien Aufnahme von Kochsalz, entsteht ein kumulativer Effekt. Lämmer, vor allem Ziegenlämmer, können auch eine Lecksucht entwickeln. Dramatisch entwickelt sich das Geschehen besonders dann, wenn die Wasseraufnahme limitiert oder dieses nicht ad libitum angeboten wird. Benötigt wird Kochsalz in einer Menge von 2 g und mehr (je nach Größe) pro Tag. In einer Dosis von 2 bis 6 g/kg KGW kommt es zu akuten Vergiftungserscheinungen. In chronischen Fällen wird NaCl in Übermengen über längere Zeit im Gewebe retiniert. Es kommt zu Störungen an der Zellmembran und im intrazellulären Raum.

Klinisches Bild

Dieses besteht im akuten Fall in plötzlicher Futterverweigerung, ausgeprägtem Durstgefühl, zentralnervösen Störungen (unkoordinierte Bewegungen, Überköten, Schwanken, Taumeln) und kolikartigen Schmerzen. Infolge der Diarrhöe kommt es zum Tenesmus, begleitet von Harndrang. Die Mundschleimhaut ist ausgetrocknet und fahl. Der Puls ist pochend, die Herz- und Atemfrequenz erhöht. Die Körpertemperatur steigt an.

In chronischen Fällen besteht Apathie, Diarrhöe, Exsikkose, Oedembildung, Kachexie und Anämie sowie vermehrtes Trinkbedürfnis (Wasseraufnahme aus Pfützen, Aufnahme von Urin etc.).

Pathologischer Befund

Gastroenteritis, erhöhte NaCl-Konzentrationen im Labmagen (> 0.3 %, normal ≦ 0.1 %) sowie im Darminhalt (> 1.0 %), Hirnoedem und -nekrosen.

Diagnose und Differentialdiagnose

Die Diagnose ist nur durch genaue Erhebungen über Fütterungs- und Tränkart zu stellen, wobei Laboruntersuchungen (erhöhte Na- und Cl-Werte im Blutplasma, Haematokrit > 40) und Futteranalysen wesentlich sind.

Differentialdiagnostisch ist an Clostridieninfektion, akuten Ca-Mangel oder Vergiftungen anderer Genese zu denken.

Therapie und Prophylaxe

Sofortiger Futterentzug, ausreichendes Angebot an klarem Wasser (anfänglich kleine, später steigende Mengen). Eventuell Kalziumlösungen s.c.

Prophylaktisch ist bei älteren Lämmern auf ausreichende Wasserversorgung zu achten. Salzlecksteine sollten zwar angeboten werden, jedoch ist dabei der NaCl-Gehalt im Fertigfutter zu berücksichtigen.

Literatur

Meyer, J.H., W.C. Weir, N.R. Ittner, J.D. Smith (1955): The influence of high sodium chloride intakes by fattening sheep and cattle. J. Anim. Sci. *14*, 412–418

Potter, B.J., G.H. McIntosh (1974): Effect of saltwater injection on pregnancy in the ewe and on lambs survival. Austr. J. Agric. Res. *25*, 909–917

Scarett, W.K., T.J. Collins, D.P. Sponenberg (1985): Water deprivation – sodium chloride intoxication in a group of feeder lambs. Amer. Vet. Med. Assoc. *186*, 977–978

Schüller (1941): Kochsalzvergiftungen bei Schafen. Berl. Münch. Tierärztl. Wschr. *54*, 400

9.14.4 Amproliumvergiftung (Amprolium polioencephalomalacia)

Amprolium ist ein Kokzidiostikum, welches in der Struktur Thiamin ähnlich ist. Es wird enteral kaum resorbiert. Die Schizonten nehmen anstelle von Thiamin Amprolium auf. Bei länger oder falsch dosierter Amproliumverabreichung kommt es zu einem akuten Thiamin (Vitamin B)-Mangel. Es entstehen dieselben Ausfallserscheinungen wie unter natürlicher Vitamin B_1-Unterversorgung (siehe 9.13.8).

Literatur

Spicer, E.M., B.J. Horton (1981): Biochemistry of natural and amprolium-induced polioencephalomalacia. Austr. Vet. J. *57*, 230–235

9.15 Blutsystem und Haut

9.15.1 Anämie, Blutarmut

Anämien in ihren verschiedenen Formen (hypochrome, hyperchrome, haemolytische, aplastische Anämie) kommen bei Schaf- und Ziegenlämmern in Zusammenhang mit folgenden Zuständen vor:

- bei akuten Blutungen infolge Geburtstraumen oder postnatalen Verletzungen (beispielsweise stumpfe Traumen im Abdomen und dadurch Riß der Leber)
- bei mangelhafter fetaler Eisendepotbildung (Eisenmangelanämie) infolge Fe-, Cu oder Co-Unterangebotes,
- bei Labmagenulcera
- im Verlauf von Verminosen,
- bei Kokzidiose,
- bei postoperativen Komplikationen (Kastration, Schwanzamputation)
- bei hochgradigen Leberstörungen (Weißlebererkrankung).

Eine weitere Anämieursache kann die Versorgung neugeborener Lämmer mit Kolostrum vom Rind darstellen. Es wurde beobachtet, daß bei dieser Ernährung Immunreaktionen auftreten können, die zu einer Zerstörung der Erythrozyten und somit zur haemolytischen Krise führen (*Franken* et al. 1982, *Gray* 1983).

Klinisches Bild

Handelt es sich um ein Trauma, in dessen Folge es zur inneren Verblutung kommt, verfällt das an sich vitale Lamm zusehends innerhalb weniger Stunden. Es wird in Seitenlage liegend mit blassen Schleimhäuten angetroffen. Das Abdomen ist bei Leber- und Milzruptur schmerzhaft.

Verminosen können ebenfalls eine erhebliche, todbringende Anämie bedingen. Die betroffenen Tiere sind kachektisch, weisen eine Tachypnoe auf, und die Lidbindehäute sind porzellanweiß (Abb. 9.40 s. Farbtafel 22).

Bei Labmagenulcera fällt neben der zunehmenden Blässe der Schleimhäute vermehrte Salivation auf. Auch besteht foetor ex ore sowie eine Schmerzreaktion auf Druckpalpation im Magenbereich.

Behandlung

Die Behandlung richtet sich streng nach der Ursache der Anämie. Handelt es sich um eine Erythrozytopenie, kann eine Bluttransfusion (60 bis 100 ml i.v. mit ca 1000 i.E. Heparin) versucht werden. Ansonsten kämen Vitamin K und Komplexpräparate (Eisen-Kupfer-Komplexe, Vitamin B_{12}, Leberextrakte) in Betracht.

Die Eisenmangelanämie im Sinne einer Technopathie ist eigens abgehandelt (9.13.6.).

Literatur

Franken, P., W.E. Bernardina, C.D. König, W. Elving, T. van den Ingh, S. van Dijk (1982): Anemie bij zwoegervrij opgefokte schapelammeren. Tijdschr. Diergeneesk. *107*, 583–585
Gray, D. (1983): Feeding cows' colostrum to newborn lambs. Vet. Rec. *112*, 181–182

9.15.2 Staphylokokkendermatitis

Vereinzelt kommt es bei Sauglämmern ab einer Lebenswoche aufwärts zu Pustelbildung auf der gesamten Körperoberfläche. Im Prodromalstadium treten kleine haarlose Stellen auf, in deren Zentrum später Pusteln sichtbar werden.

Aus dem Pustelinhalt läßt sich Staphylococcus aureus isolieren. Sie konzentrieren sich vorwiegend im Nasen-Mundbereich, im Perineum und auf der Schwanz- sowie Bauchunterseite. Differentialdiagnostisch wäre an Orf-Virus-Infektion zu denken.

Als Therapeutikum wirken gut Ampicillin oder andere halbsynthetische Penicilline. Die Pusteln heilen innerhalb weniger Tage nach Behandlungsbeginn ab.

Literatur

Parker, B.N.J., M.D. Bonson, P.J. Carroll (1983): Staphylococcal dermatitis in unweaned lambs. Vet. Rec. *113*, 570–571

9.15.3 Erbliche Störung im Kollagenstoffwechsel der Haut, Hautbrüchigkeit

Bei neugeborenen Lämmern verschiedener Rassen (Rasse Dala in Norwegen, Finnschaf x Suffolk-Kreuzzung in Finnland, Kreuzungsschafe in Australien) wird eine Hautveränderung beobachtet, die offenbar erblich bedingt ist. Die Haut ist brüchig und reißt bereits in oder kurz nach der Geburt ein. Es kommt zu stärkeren Blutungen. Die Lämmer sind ansonsten vital.

Die Ursachen sind noch nicht bekannt. Diskutiert werden eine Beteiligung des Haemoglobintypes AB, niedriger GSH-Typ, ein Selenmangel oder ein Enzymdefekt im Prokollagenpeptidase-Komplex. Die Kollagenfibrillen sind bei den betroffenen Lämmern defekt. Es fehlt die normale überkreuzende Drehung (garnartige Struktur).

Literatur

Atroshi, F., K. Henriksson, L.-A. Lindberg, M. Multia (1983): A heritable disorder of collagen tissue in Finnish crossbred sheep. Zbl. Vet. Med. A*30*, 233–241
Helle, O., N.N. Nees (1972): A hereditary skin defekt in sheep. Acta Vet. Scand. *13*, 443–445
Mc Orist, S., K.W. Thomas, J.D. Bateman, W.G. Cole (1982): Ovine skin collagendysplasia. Austr. Vet. J. *59*, 189–190

9.15.4 Epidermolysis bullosa (Epidermolysis bullosa, red foot disease)

Es handelt sich dabei um eine hereditäre Erkrankung, bei der es zu einer blasenförmigen Ablösung der Epidermis besonders im Klauenbereich, aber auch in der Mundschleimhaut, innerhalb der ersten Lebenstage kommt. Unterschieden werden histologisch zwei Formen: Lysis der Basalzellen und/oder Suprabasalzellenschicht (epidermale Form), Lysis der Lamina lucida der Basalmembran (junktionale Form). Eventuell gehört in diesen Formkreis auch die Epitheliogenesis imperfecta.

Die Krankheit ist bislang bei Lämmern der Scottish-Blackface-Rasse als „red foot disease", weiterhin bei Suffolk-South Dorset- sowie Welshmountain-Lämmern (*Davies* 1988) und auch bei Jungtieren des Weißen Alpen-Schafes (WAS) (*Ehrensperger* et al. 1987) beschrieben worden.

Neugeborene Lämmer zeigen dünnwandige, teils mit blutig-seröser Flüssigkeit gefüllte Blasen im Zwischenschenkelspalt am Kronsaum (redfoot), am Nasenspiegel, im Zungenbereich und auf der buccalen Schleimhaut, sowie im Ohrmuschelbereich. Auffällig sind bei neugeborenen oder wenige Tage alten Lämmern die blutigen Kronränder, die Lämmer gehen dann hochgradig lahm und verharren auf den Karpalgelenken, um die schmerzende Klaue zu entlasten.

Literatur

Alley, M. R., P. J. O'Hara, A. Middelberg (1974): An epidermolysis bullosa of sheep. N. Zeal. Vet. J. *22*, 55–59

Davies, I. H. (1988): Red foot disease in Welsh mountain lambs. Vet. Rec. *122*, 464–465

Ehrensperger, F., B. Hauser, P. Wild (1987): Epidermolysis bullosa beim Schaflamm. Tierärztl. Umsch. *42*, 697–700

McTaggart, H. S., J. S. D. Ritchie, A. N. Copland (1974): Red foot disease of lambs. Vet. Rec. *94*, 153–159

9.16 Operationen bei Lämmern

Die Operationen bei Lämmern erstrecken sich im wesentlichen auf das Kupieren der Schwänze und Kastrieren sowie eventuell auf die Korrektur einer Atresia ani und bei geburtsverursachten oder sonstigen Verletzunen, einschließlich Frakturen.

Für das **Kupieren** *der Schwänze von Lämmern* sind die Bestimmungen im Tierschutzgesetz in der Fassung vom 18. August 1986, gültig ab 01. Januar 1987, relevant. Demnach ist eine Betäubung nicht erforderlich, wenn die Kürzung des Schwanzes bei *unter* acht Tage alten Lämmern mittels elastischer Ringe oder auf chirurgischem Wege vorgenommen wird (§ 5, Abs. 3, Nr. 3+4). Bei Lämmern, die acht Tage und älter sind, muß eine ausreichende Betäubung vor dem Eingriff vorgenommen werden.

Unblutige Methode

Ausrasieren der Stelle (mindestens 3 Schwanzwirbel bei weiblichen Tieren, mindestens 2 Schwanzwirbel bei männlichen Tieren belassen), Desinfektion. Mittels einer Spezialzange wird ein elastischer Ring an der Kupierstelle plaziert, der dann durch permanenten Druck zu einer Nekrose führt. Tetanusprophylaxe ist wichtig.

Blutige Methode

Ausrasieren, Desinfektion, entweder mit Emaskulator für Ferkel oder nach auswärts zurückgezogener Haut Inzision mit einem Messer, Absetzen im Zwischenwirbelbereich, Blutstillung, Vernähen der Haut über dem Stumpf. Tetanusprophylaxe.

Auch bei einer **Kastration** kann auf eine Betäubung verzichtet werden, wenn Schaf- und Ziegenlämmer jünger als zwei Monate sind, „sofern kein von der normalen, anatomischen Beschaffenheit abweichender Befund vorliegt" (§ 5, Abs. 3, 1).

Eine belastungsfähige Sedation für oberflächliche Eingriffe erreicht man bei Schaf- und Ziegenlämmern mit Hilfe von Xylazin (Rompun®). Bei tiefergehenden, länger anhaltenden Eingriffen wäre entweder eine Allgemeinnarkose oder eine örtliche Betäubung nach erfolgter Sedation vorzunehmen.

Das **Enthornen** von Ziegen richtet sich nach §§ 5 und 6 des Tierschutzgesetzes. Das Enthornen oder das Verhindern des Hornwachstums ist nur bei Rindern unter sechs Wochen ohne Betäubung zugelassen. Ziegen und Schafe werden in diesem Abschnitt (§ 5, Abs. 3, Nr. 2) nicht genannt. Somit muß nach § 6 (Verbot des vollständigen oder teilweisen Amputierens von Körperteilen) eine tierärztliche Indikation gegeben sein (§ 6, Abs.1, Nr.1), wenn eine Enthornung notwendig erscheint. Sie muß auch vom Tierarzt selbst vorgenommen werden (§ 6 Abs.1).

10 Erkrankungen der Ferkel

G. Schmid, K. Walser

10.1 Untersuchung und Behandlung der Ferkel

10.1.1 Klinische Untersuchung der Ferkel

Die klinische Untersuchung soll hier nur in einigen Punkten, die speziell beim Ferkel von praktischer Bedeutung sind, dargestellt werden. Die nur knapp formulierten Grundsätze der Untersuchung orientieren sich an den von *W. Schulze*, 1980 und *E. Uecker*, 1987, aufgestellten Untersuchungsgängen.

Der Untersuchung hat auch bei Ferkeln die Erfragung eines umfassenden **Vorberichts** vorauszugehen. Fragen zur Epidemiologie (Zukauf, Ausstellungen), zur Sauenfütterung und Beifütterung älterer Ferkel, Fütterungstechnik, Trinkwasserbereitstellung, zu früher schon aufgetretenen Ferkelkrankheiten im Bestand und zum bisherigen Krankheitsverlauf bei den jetzt erkrankten Tieren geben wichtige diagnostische und ätiologische Hinweise.

Die Erfassung der **Umwelt** der Ferkel ist zur Ermittlung haltungsbedingter Krankheiten von besonderem Wert (Einheit von Tier und Umwelt). Dazu gehören unter anderem auch Kriterien des Stallbaues, der Einrichtung der Abferkelbuchten, Futtertröge, Trinkwassereinrichtungen, Ausstattung der Ferkelbuchten und Ferkelausläufe.

Im Vordergrund der klinischen Untersuchungen steht beim Schwein im allgemeinen und beim Ferkel im besonderen die **Adspektion**. Die ruhige und sorgfältige Besichtigung und Beobachtung der Muttersau, des Ferkelwurfs als Einheit und einzelner Ferkel vermitteln einen wichtigen, unverfälschten Eindruck vom Zustand der Tiere in ihrer Umgebung und erste, wenn auch noch vorsichtig zu wertende Hinweise auf Art und Schwere einer Erkrankung. Die Adspektion ist unter Vermeidung jeder Beunruhigung der leicht erregbaren Ferkel vom Stallgang aus vorzunehmen. Die Bucht wird noch nicht betreten, die Tiere bleiben sich völlig selbst überlassen, um jede Verfälschung von Befunden durch Unruhe und Aufregung der Tiere auszuschließen.

Das **Verhalten** der Ferkel eines Wurfes ist über einige Zeit ruhig und aufmerksam in allen Einzelheiten zu beobachten. Der Gesamteindruck des Wurfes ist dabei ebenso wichtig wie ungewöhnliches Verhalten einzelner Ferkel (Absondern von den Wurfgeschwistern, ungewöhnlich ruhiges Verhalten, fehlende Aufmerksamkeit, Liegenbleiben oder alsbaldiges Wiederablegen auch bei Wahrnehmung stallfremder Personen). Auch das Verhalten der Sau ist mit Sorgfalt zu registrieren (Verhalten gegenüber Personen und gegenüber den Ferkeln, Verhalten bei Lautgebung oder Unruhe der Ferkel, Verhalten beim Säugen).

Besonderheiten der **Haltung** einzelner Ferkel sind zu beachten, da sich wertvolle diagnostische Hinweise daraus ergeben können: hochgezogener Bauch, aufgetriebener Bauch, aufgekrümmter Rücken, hängender Kopf, aufgestützter Kopf, Fußung auf Karpalgelenken, Grätschen der Hinterbeine, hundesitzige Stellung, Seiten- oder Brustlage.

Die Adspektion erbringt weiterhin wichtige Aufschlüsse über **Ernährungs- und Entwicklungszustand** der Gruppe und einzelner Ferkel. Schließlich ermöglicht die Adspektion von der Stallgasse aus eine erste Beurteilung wichtiger Organsysteme:

Haut: Farbänderungen (Beurteilung nur bei gutem Licht, nicht unter Infrarotstrahlung), Auflagerungen, Effloreszenzen, Defekte, Ektoparasiten.

Bewegungsapparat: Gang, Lahmheit, Auftreibung an Gelenken und Klauen, Entlastungsbedürfnis.

Atmungsapparat: Atmungstyp, Atmungsfrequenz, Husten, Nasenausfluß.

Magen-Darm-Kanal: Ernährungszustand, Saugverhalten, Bauchdecken, Beschaffenheit des Kotes nach Konsistenz, Farbe und Beimengungen, Erbrechen.

Nervensystem: Sensorium (Übererregbarkeit, Benommenheit, Schläfrigkeit), Motilität (Taumeln, Zwangsbewegungen, Krämpfe, Ausfallserscheinungen).

Die Messung der **Körperinnentemperatur** ist als diagnostisches Hilfsmittel von großer Bedeutung und auch bei Ferkeln ohne Schwierigkeiten möglich. Die Rektaltemperatur liegt beim gesunden Saugferkel bei 39,5 °C. In die Temperaturmessung sollten immer nicht nur offensichtlich kranke, sondern auch gesund erscheinende Ferkel einbezogen werden.

Dagegen ist die Feststellung der **Puls- oder Herzfrequenz** beim Schwein und besonders beim Ferkel mit großen Problemen verbunden. Die Pulsmessung an der Ohr- oder Schwanzarterie oder die Messung der Herzfrequenz durch Auskultation ist beim Ferkel schwierig. Darüber hinaus werden durch die notwendige Kontaktaufnahme und die damit verbundene Aufregung des Ferkels die Werte sehr schnell verändert.

Die Ermittlung der Pulsfrequenz ist daher in der Praxis beim Ferkel nicht üblich (Normalwerte in Ruhe fallend von über 200/min beim Neugeborenen auf etwa 120/min beim älteren Saugferkel).

Die **Atmungsfrequenz** ist bei der Adspektion des sich ruhig überlassenen Ferkels feststellbar. Die Frequenz fällt von etwa 50/min beim sehr jungen Ferkel auf etwa 30/min beim älteren Saugferkel ab. Frequenzerhöhungen stellen sich bei Erkrankungen des Respirationsapparates ein, können aber auch Ausdruck einer Herzinsuffizienz sein. Der Atmungstypus ist beim Schwein kostoabdominal.

Erst nach diesem allgemeinen Teil des klinischen Untersuchungsgangs beginnt die spezielle Untersuchung der Organsysteme. Jetzt erst erfolgt die nahe Kontaktaufnahme mit den Ferkeln. Betreten der Bucht oder Herausnahme einzelner Tiere zum Zweck der Untersuchung ist notwendig. Die am Tier vorzunehmenden Manipulationen erfordern Fixation des Tieres und andere Zwangsmaßnahmen.

Bezüglich der speziellen Untersuchung der Organsysteme sei auf die einschlägigen Lehrbücher der klinischen Untersuchung und Diagnostik verwiesen.

Literatur

Schulze, W. (1980): Klinische Untersuchungen. In: *W. Schulze* et al. (Hrsg.) Klinik der Schweinekrankheiten, Verlag M. & H. Schaper, Hannover

Uecker, E. (1987): Diagnostische Untersuchungsmethoden. In: *Neundorf/Seidel, P. Kielstein* und *E. Wohlfarth* (Hrsg.) Schweinekrankheiten, Ferdinand Enke Verlag, Stuttgart

10.1.2 Die Verabreichung von Arzneimitteln

Oberstes Gebot beim Umgang mit Saugferkeln ist die Vermeidung jeder unnötigen Beunruhigung der Ferkel und der Muttertiere. Das Auslösen von Schreien der Ferkel ist nach Möglichkeit zu umgehen, da dies sofort heftige Reaktionen der in aller Regel sehr wachsamen und in dieser Situation nicht selten aggressiven Muttersau auslöst. Zur eigenen Sicherheit und zur Vermeidung von Verletzungen der Ferkel ist bei Aufenthalt in der Bucht die ständige, aufmerksame Beobachtung der Sau dringend zu empfehlen. Die Trennung des Ferkelwurfs von der Sau kann sich als zweckmäßig oder sogar als notwendig erweisen.

Druck auf Brust und Bauch der Ferkel löst regelmäßig durchdringendes Schreien aus. Das Aufheben der Ferkel durch Umgreifen des Thorax mit einer oder mit beiden Händen ist daher im allgemeinen nicht zu empfehlen und nur bei schwer erkrankten Ferkeln angebracht. Das Aufheben an einem oder an beiden Hinterbeinen löst demgegenüber kaum stärkere Lautäußerungen der Ferkel aus und ist allen anderen Methoden vorzuziehen. Aufheben an den Ohren oder am Schwanz ist wegen der Schmerzhaftigkeit abzulehnen und allenfalls bei sehr jungen, leichten Saugferkeln für kurze Zeit gestattet.

Zur **peroralen Verabreichung** von Arzneimitteln wird das Ferkel von einem Gehilfen auf den Arm oder im Sitzen auf den Schoß genommen. Der Tierarzt umfaßt mit der Hand von dorsal her den Oberkiefer des Ferkels, fixiert damit den Kopf und drückt mit Daumen und Zeigefinger die Backen zwischen die Zahnreihen, um so das Öffnen der Mundspalte zu erzwingen. Für die Durchführung der peroralen Applikation ist geeignetes Instrumentarium zu verwenden, durch das Verletzungen der Mundschleimhaut vermieden werden. Für die Verabreichung flüssiger Medikamente (Lösungen, Suspensionen) eignen sich Tropfpipetten, stumpfe Spritzenaufsätze, Schlauchansätze oder sogenannte Oraldoser aus Kunststoff. Arzneimittel in halbfestem Zustand (Pasten, Latwergen) werden mit einem Holzspatel gegen den Gaumen gestrichen. Pillen oder Kapseln werden mit gebogener Kornzange bis über den Zungengrund geschoben.

Die **pernasale Applikation** von Arzneimitteln erfolgt beim Ferkel einerseits zur örtlichen Behandlung des Nasen-Rachen-Bereichs, andererseits aber auch, um flüssige Arzneizubereitungen in den Magen-Darm-Kanal zu befördern. Der Tierarzt umfaßt mit einer Hand Ober- und Unterkiefer zusammen und fixiert damit bei geschlossener Mundspalte den Kopf. Der Kopf darf nicht zu stark nach dorsal gebogen werden, da sonst das Abschlucken erschwert wird. Durch leichten Druck mit den Fingern auf den Kehlkopf kann der Schluckreflex ausgelöst werden. Für die Verabreichung eignen sich Spritzen mit breitem Konus oder kurzem, breitem Aufsatz. Es ist zu beachten, daß die Flüssigkeit nur so schnell und in der Menge eingebracht werden darf, als das Ferkel in der Lage ist, diese abzuschlucken. Bei auftretendem Husten ist die Applikation abzubrechen.

Die **intramuskuläre Injektion** erfolgt in die Oberschenkelmuskulatur (M. biceps femoris, M. semitendinosus, M. semimembranosus). Das Ferkel wird von einer Hilfsperson an den Hintergliedmaßen gehalten. Der Kopf hängt frei herab, der Rücken des Ferkels ist dem Tierarzt zugekehrt. Die Injektionsstelle liegt an der kaudalen Fläche des Oberschenkels, begrenzt von Sitzbeinhöcker und Kniegelenk. Bei kleinen Ferkeln darf nicht zu tief eingestochen werden, um Verletzungen des N. ischiadicus oder der Nn. tibialis et fibularis zu vermeiden.

Die **subkutane Injektion** wird bei Saugferkeln am besten in die Kniefalte verabreicht. Hier findet sich genügend lockeres Bindegewebe, wodurch eine rasche Verteilung in die Umgebung gewährleistet ist. Das Ferkel wird mit dem Kopf nach unten hängend an Vorder- und Hinterbeinen gehalten, die Bauchseite ist dem Tierarzt zugekehrt. Die in die gespannte Kniefalte eingestochene Kanüle muß zwischen den beiden Blättern der Kniefalte frei beweglich sein. Die subkutane Injektion in das lockere Gewebe des Ohrgrundes empfiehlt sich erst bei größeren Tieren ab dem Läuferalter.

Die **intravenöse Injektion** erfolgt beim Ferkel wie bei älteren Schweinen in eine Ohrvene (leichter Schlag mit der flachen Hand auf die Ohrmuschel, Stauung am Ohrgrund). Die Punktion der Vene wird peripher mit entsprechend dünner, scharfer, kurz angeschliffener Kanüle vorgenommen.

Die **intraabdominale Injektion** wird bei dem mit dem Kopf nach unten hängenden, an Vorder- und Hintergliedmaßen fixierten Ferkel in der Regio hypogastrica durchgeführt. Die Kanüle wird etwas paramedian kaudal des Nabels zwischen den beiden letzten Zitzenpaaren eingestochen. Die Kanüle muß scharf sein, um ein Abheben des Bauchfells beim Einstich zu vermeiden.

Literatur

Buschmann, G. (1971): Zwangsmaßnahmen beim Schwein. Dtsch. Tierärztl. Wschr. 78, 461–484

Schulze, W. (1980): Die Applikation von Arzneimitteln. In: Schulze, W. et al. (Hrsg.) Klinik der Schweinekrankheiten, Verlag, M. & H. Schaper, Hannover

Schulze, W., W. Bollwahn (1962): Die Applikation von Arzneimitteln beim Schwein. Dtsch. Tierärztl. Wschr. 69, 513–519

10.2 Allgemeinerkrankungen

10.2.1 Virusinfektionen

Europäische Schweinepest – ESP – klassische Schweinepest
(Swine fever, Hog cholera)

Bei der Erkrankung handelt es sich um eine hochkontagiöse Virusinfektion bei Schweinen aller Altersklassen. Neben der typischen akuten Verlaufsform kommen auch Seuchenausbrüche vor, die durch ein latent verlaufendes und klinisch nicht ganz eindeutig zu erfassendes „atypisches" Krankheitsgeschehen gekennzeichnet sind. Das Krankheitsbild der klassischen Schweinepest hat sich in jüngerer Zeit immer mehr zu Gunsten der atypischen Verlaufsform verschoben.

Ätiologie und Pathogenese

Als Erreger der Erkrankung ist ein zur Gruppe der Togaviren gehörendes Agens identifiziert, welches mit dem BVD-Virus des Rindes das Genus „Pestivirus" bildet. Die Virulenz des Erregers ist nicht einheitlich, was in der unterschiedlichen Ausprägung des Krankheitsbildes deutlich zum Ausdruck kommt. Der atypische Verlauf des Krankheitsbildes muß sehr wahrscheinlich mit der stark wechselnden Virulenz des Erregers in Bezug gebracht werden.

Das klassische Bild des Seuchengeschehens wird vorwiegend durch orale Virusaufnahme hervorgerufen. Des weiteren sind aerogene Infektionen und Infektionswege über den Genitaltrakt und die Konjunktiven experimentell nachgewiesen. Dieser Infektionsweg dürfte jedoch im natürlichen Infektionsgeschehen nur gelegentlich von Bedeutung sein. Eine geringe Bedeutung, obwohl beschrieben, dürfte der transkutanen Vektorübertragung (Stechmücken, Kanüle) zukommen.

Das Virus gelangt nach der Inkorporierung lymphogen und hämatogen in das lymphoretikuläre Gewebe und in alle Organe. Diese Generalisierung geht mit dem Bild einer Leukopenie einher. Kapilarendothelien werden geschädigt, was zu ausgedehnten Hämorrhagien an den Organen und zu typischen Petechien der Haut führt. Die Virusausscheidung erfolgt abhängig von der Verlaufsform unterschiedlich.

Klinisches Bild und Verlauf

Das Erscheinungsbild der ESP ist sehr different. Die akute Verlaufsform ist besonders beim Ferkel durch gehäuftes Auftreten plötzlicher Todesfälle gekennzeichnet.

Schwankender Gang und stark erhöhte Körpertemperatur, die antibiotisch nicht beeinflußbar ist, sowie eine deutliche Leukopenie können als Hinweis für die Erkrankung gewertet werden. Vereinzelt kommt es zu Durchfallserscheinungen und zu Erbrechen. Die Ferkel liegen sehr viel. Im weiteren Verlauf sind petechiale und flächenhafte Blutungen auf der Haut zu erkennen. Eine Zyanose an den Ohren, zuweilen auch an Extremitäten, Bauch und Rüsselscheibe prägen das klinische Bild der akuten Verlaufsform der Schweinepest. Zentralnervöse Erscheinungen in Form eines Opisthotonus treten hierbei bei Ferkeln selten auf.

Während das klinische Erscheinungsbild der Schweinepest in der akuten Verlaufsform grundsätzlich bei Tieren aller Altersgruppen nicht stark variiert, ist die bei Zuchtsauen vorkommende inapparente chronische Verlaufsform entscheidend im Bezug auf die Übertragung der Erkrankung auf die Ferkel und der bei diesen Tieren zu beobachtenden Symptome. Neben Aborten sind bei Würfen von inapparent infizierten Muttersauen Mißbildungen, Mumifikationen, Totgeburten, gehäuft auftretende Todesfälle in den ersten Lebenswochen und Kümmern der Ferkel zu beobachten.

Mitunter kommt es nach einer Infektion mit dem Schweinepestvirus während der Trächtigkeit auch zum Auftreten von Zitterferkeln. Ferkel können, gleichwohl ob sie intrauterin oder postnatal infiziert werden, bis zu ihrem Tod im Alter von etwa 2 Monaten als Virusausscheider fungieren. Darüber hinaus können inapparent infizierte Absatzferkel aus Ferkelerzeugerbetrieben als Virusträger bei der Verschleppung der Schweinepest einen entscheidenden Risikofaktor darstellen.

Diagnose und Differentialdiagnose

Die klinisch erfaßbaren Krankheitssymptome mit den bei der akuten Verlaufsform typischen Veränderungen geben allenfalls einen wertvollen Hinweis und sollten durch eine Leukozytenbestimmung untermauert werden. Eine definitive Diagnose läßt sich nur durch den Virusnachweis aus den veränderten Organen oder durch den Antigennachweis aus dem Serum erstellen. Aus der Sicht der diagnostischen Möglichkeiten ist zu bedenken, daß mit ESP-Virus infizierte Ferkel ohne erkennbare Antikörperbildung mit permanenter Virämie und Virusausscheidung bis zum Tod im Alter von 2–3 Monaten beobachtet wurden. In unklaren oder verdächtigen Fällen von Schweinepesterkrankungen bei Ferkeln sollten mindestens 25% der Zuchtsauen des Bestandes auf virusspezifische Antikörper untersucht werden.

Differentialdiagnostisch bestehen aus klinischer Sicht erhebliche Schwierigkeiten, da aufgrund der Vielzahl der auftretenden Anzeichen von Erkrankungen beim Ferkel die Diagnose erschwert ist. Beim Vorliegen von Hautveränderungen sind aus differentialdiagnostischer Sicht die thrombozytopenische Purpura der Saugferkel, Salmonellose sowie die Streptokokkensepsis zu beachten. Bei Durchfall, Erbrechen, Ataxien und Kümmern kommt, wenn auch in unterschiedlichem Maße, eine ganze Reihe von Erkrankungen der Ferkel in Betracht, wodurch die klinische Abgrenzung von den entsprechenden Ferkelerkrankungen oftmals unmöglich wird.

Therapie und Prophylaxe

Eine spezifische Therapie ist nicht möglich. Die Bekämpfung der Schweinepest ist auf der Grundlage seuchenrechtlicher Bestimmungen geregelt.

Als Schutz gegen die Einschleppung der Seuche sollten Zuchtbetriebe und Ferkelerzeuger nur gesichert unverdächtige Tiere einstellen. Größere Verluste bei Ferkeln durch chronisch verlaufende Schweinepest können mittels Antikörpernachweis aus dem Serum der Sauen des entsprechenden Bestandes vermieden werden. Darüber hinaus kann durch solche Maßnahmen eine Verbreitung der Erkrankung über Absatzferkel in andere Bestände verhindert werden.

Literatur

Carbrey, E. A., W. C. Stewart, J. L. Kresse, M. L. Suijder (1977): Inapparent hog cholera infection following the inoculation of field isolates. Publ. by Comm. of the European Commities EV 5904 EN 214–230

Dunne, H. W., A. J. Juedke (1980): The pathogenesis of hog cholera. II. The Virus eclipse phase and sensitisation of the host. Amer. J. Vet. Res. *20*, 619–624

Liess, B. (1974): Neue Wege zur Bekämpfung der Europäischen Schweinepest durch serologische Bestandsuntersuchungen. Der Tierzüchter *26*, 190–192, 247–249

Liess, B. (1975): Untersuchungen über die Europäische Schweinepest V. Ermittlung inapparent infizierter Schweine in den Ferkelerzeugerbeständen in drei Ortschaften Norddeutschlands. Berl. Münch. tierärztl. Wschr. 88, 397–399, 405–409

Mayer, H. (1978): Experimentelle diaplazentare Infektion von Schweinefeten mit dem Virus der Europäischen Schweinepest. Virologische Untersuchungen. Diss. med. vet., Hannover

Neukirch, M. (1980): Bekämpfung der Europäischen Schweinepest. Tierärztl. Praxis 8, 55–74

Ressaug, A. A. (1973): Studies on the pathogenesis of hog cholera. II. Virus distribution in tissue and morphology of the urine response. Zbl. Vet. Med. B. 20, 272–288

Van Oirschot, J. T. (1977): A congenital persistent swine fever infection. In hog cholera/Classical swine fever and African swine fever, Publ. by Comm. of the European Commities EVR 5904 EN, 120–128

Van Oirschot, J. T. (1977): Congenital persistent swine fever infections. Preliminary results. In hog cholera/Classical swine fever and african swine fever, publ. by Comm. of the European Commities EVR 5904 EN 184–199

10.2.2 Bakterielle Infektionen

Streptokokkose – Septikämie der Saugferkel
Streptokokkensepsis – Nabelinfektion der Neugeborenen
Ferkellähme – Streptokokkenmeningitis

Die Vielfalt der Bezeichnungen für die durch Streptokokken hervorgerufene Erkrankung deutet darauf hin, daß die Streptokokkose besonders beim Ferkel durch unterschiedliche Symptomatik auffällt. Im Gegensatz zu älteren Schweinen, bei denen die Erkrankung in der Regel einen mehr oder weniger chronischen Verlauf nimmt, dominiert bei neugeborenen Ferkeln und bei Saugferkeln die akute septikämische Verlaufsform. Erkrankungsfälle treten besonders im Frühjahr häufig in den Beständen auf, wobei zwischen Häufigkeit des Krankheitsbildes und Haltungsform, Wurfgröße sowie Besatzdichte eine positive Korrelation besteht.

Ätiologie und Pathogenese

Als Infektionserreger sind verschiedene Streptokokkenspezies bekannt. Haupterreger der Meningitis, der Septikämie sowie der Arthritis bei Ferkeln sind Streptococcus suis und Streptococcus equisimilis. Es können aber auch durchaus andere Streptokokken ebenso das Krankheitsbild verursachen. Gelegentlich sind bei der Streptokokkose der Ferkel andere Keimarten beteiligt (Staphylokokken, E. coli, A. pyogenes u. a.).

Die Infektionserreger werden durch gesund erscheinende Keimträger (Zuchtsauen und Eber), bei denen sie an den Tonsillen und gelegentlich auch an der Nasenschleimhaut persistieren, in Ferkelerzeugerbetriebe eingeschleppt. Muttersauen infizieren ihre Ferkel nicht selten über Streptokokken-kontaminierten Vaginalfluor bei gestört ablaufendem Puerperium.

Beim Ferkel kommen vor allem altersabhängig mehrere Infektionswege in Frage, wobei die Krankheit akut, subakut oder seltener chronisch ablaufen kann. Infektionsorte, Lokalisation und Schweregrad der Erkrankung wechseln mit zunehmendem Alter.

Bis zum Eintrocknen der Nabelschnur gelangen bei neugeborenen Ferkeln die Keime häufig omphalogen über die Nabelvene und Pfortader in den großen Kreislauf und werden so im Organismus schnell verbreitet. Verletzungen der Haut oder der Schleimhaut sind als weitere wesentliche Infektionspforten zu nennen.

Nach der Aufnahme können die Krankheitserreger in verschiedenste Organe oder Gewebe gelangen und die krankheitsspezifischen Veränderungen verursachen. Hervorzuhebende pathologisch-anatomische Befunde bei der Erkrankung sind Polyarthritis, Schwellung der Parenchyme, Vergrößerung der Lymphknoten, gelegentlich Polyserositis, Ödeme und Schwellungen des Gehirns und der Meningen.

Klinisches Bild und Verlauf

Der Infektionsweg über den Nabel leitet häufig einen septikämischen Krankheitsverlauf ein. Plötzliche Todesfälle kommen nicht selten vor. In den meisten Fällen ist bei einer omphalogenen Infektion jedoch eine progressive Steigerung der Krankheitsintensität zu beobachten, die sich zeitlich rasch und in der Intensität unterschiedlich von einer Anorexie über Mattigkeit, Fieber, Zittern, Koordinationsstörungen, Bewegungen im Kreise, Opisthotonus, Krämpfe bis zu Bewußtseinsstörungen entwickeln kann. Klinische Anzeichen für Meningitis werden im Laufe der zunehmenden Krankheitssymptome evident.

Diagnose und Differentialdiagnose

Anhand des klinischen Bildes kann eine Verdachtsdiagnose gestellt werden, die durch den bakteriologischen Nachweis von Streptokokken und durch Typendifferenzierung untermauert wird.

Aus differentialdiagnostischer Sicht sind besonders die Arthritis purulenta und die enzootische Streptokokkenmeningitis zu beachten.

Therapie und Prohylaxe

Die Therapie basiert auf der gezielt gegen die Erreger gerichteten Antibiose sowie auf therapiebegleitenden Maßnahmen, welche bei lokal in Erscheinung tretenden Veränderungen eine Reinigung und Desinfektion der entsprechenden Körperstellen beinhaltet. Die hochdosierte Verabreichung von Penicillin (z. B. 20000 I.E. Penicillin/kg Körpergewicht) ist bei der Streptokokkose von Ferkeln als Mittel der Wahl zu betrachten.

Literatur

Clifton-Hadley, F. A. (1983): Streptococcus suis type 2 infections. Br. Vet. J. *139*, 1−5

Erikson, E. D., A. R. Doster, T. S. Pokorny (1984): Isolation and identification of Streptococcus suis. J. Am. Vet. Med. Assoc. *185*, 666−668

Sanford, S. E., A. M. E. Tilker (1982): Streptococcus suis type II − associated diseases in swine. Observations of a one-year study. J. Am. Vet. Med. Assoc. *181*, 673−676

St. John, V. S., B. P. Wilcock, M. Kierstead (1982): Streptococcus suis type 2 infections in swine in Ontario: A review of clinical and pathological presentation. Can. Vet. J. *23*, 95−97

Windsor, R. S. (1977): Meningitis in pigs caused by Streptococcus suis type II. Vet. Rec. *101*, 378−379

10.3 Erkrankungen des Atmungsapparates

10.3.1 Virusinfektionen

Einschlußkörperchen − Rhinitis

Die Einschlußkörperchen-Rhinitis ist eine weltweit verbreitete Erkrankung der Schweine, die besonders bei neugeborenen Ferkeln und bei Ferkeln in den ersten zwei Lebenswochen gravierend verlaufen kann. Die Bezeichnung „Einschlußkörperchen-Rhinitis" ist auf das Auftreten von intranukleären Einschlußkörperchen in den vergrößerten Drüsenzellen der Nasenschleimhaut zurückzuführen.

Ätiologie und Pathogenese

Als Erreger der Erkrankung ist ein porcines Herpesvirus identifiziert, das nur beim Schweim vorkommt. Ferkel können schon auf diaplazentarem Wege infiziert werden. Post partum erfolgt die Infektion nasal aerogen oder durch Kontakt. Nach Aufnahme des vornehmlich über Nasensekret ausgeschiedenen Virus erfolgt die Virusvermehrung in den Drüsenzellen der Nasenschleimhaut. Bei infizierten Drüsenzellen ist eine Zytomegalie, verbunden mit dem Auftreten von intranukleären Einschlußkörperchen, als typisches Kennzeichen zu werten.

Bei 3 Wochen alten Ferkeln wurde 14 bis 16 Tage nach der Infektion ein virämisches Stadium beobachtet. Demgegenüber schwankt der Zeitraum, in dem es nach einer gesetzten Infektion zu einer Virämie kommt, bei neugeborenen Ferkeln zwischen 5 und 9 Tagen. Das Virus ist bis zu 32 Tagen post infectionem im Nasensekret infizierter Ferkel nachweisbar. Bei fetal und neonatal infizierten Ferkeln kommt es vorwiegend zu einer Virusvermehrung in den retikuloendothelialen Zellen der Kapillarendothelien und im lymphatischen Gewebe. Die Erkrankung verläuft bei diesen Tieren meist in einer generalisierten Form. Bei etwas älteren Saugferkeln erfolgt die Virusvermehrung hauptsächlich in den Drüsenzellen der Nasenschleimhaut, den Lungenmakrophagen und den Epithelzellen der Nierentubuli.

Klinisches Bild und Verlauf

In utero infizierte Ferkel werden häufig tot oder lebensschwach geboren. Tiere bis zum Alter von etwa 2 Wochen sind insbesondere bei kolostrumfreier Aufzucht äußerst gefährdet. Bei Ferkeln dieser Altersgruppe kann die Erkrankung generalisiert verlaufen. Im Verlauf der Erkrankung treten allgemeine Blässe, Ödeme im Kopfbereich, erschwerte Atmung und allgemeine Schwäche auf. Innerhalb weniger Tage kann es zum Tod kommen. Ferkel ab der 2. Lebenswoche zeigen ein deutlich gemildertes Krankheitsbild. Seröser Nasenausfluß, der ab und zu auch eitrig sein kann, Anorexie und Schniefen sind bei diesen Tieren die auffälligsten Anzeichen der Erkrankung. Die Morbidität ist niedrig. Bei nahezu allen Tieren verschwinden die Anzeichen der Erkrankung innerhalb einer Woche.

Diagnose und Differentialdiagnose

Die Diagnose wird durch die charakteristischen Veränderungen der Zytomegalie und den histologischen Nachweis von nukleären Einschlußkörperchen gestellt. Bei der Sektion verendeter Ferkel dominiert die allgemeine Ödematisierung der Nasenschleimhaut und die Schwellung der Lymphknoten im Kopfbereich. Abhängig von der Verlaufsform sind pathologisch-anatomisch neben der genannten Veränderung im Kopfbereich, Oedeme der Lunge, der Unterhaut sowie Petechien in den Nieren mehr oder weniger deutlich zu erkennen. Der Nachweis von Antikörpern im Blut ist nur bei älteren Ferkeln, die die Erkrankung überlebt haben, möglich.

Therapie und Prophylaxe

Eine gezielte Therapie ist bisher nicht bekannt. Die therapeutischen Maßnahmen sind neben symptomatischem Vorgehen auf die Optimierung der Haltungsbedingungen auszurichten.

Literatur

Avstaf, R., A. M. P. Bouillant, E. Di Franco (1982): Enzyme − linked immunosorbent assay (ELISA) for the detection of antibodies to porcine cytomegalovirus. Can. J. Comp. Med. 46, 183−185

Edington, N., W. Plowright, R. G. Watt (1976): Generalised cytomegalic inclusion disease: Distribution of cytomegalic cells and virus. J. Comp. Pathol. 86, 191−202

Edington, N., R. G. Watt, W. Plowright, A. E. Wrathall, J. T. Done (1977): Experimental transmission of porcine cytomegalovirus. J. Hyg. (Camb.) 78, 243−251

Kelly, D. F. (1976): Pathology of extranasal lesions in experimental transmission body rhinitis of pigs. Res. Vet. Sci. 8, 472−478

Plowright, W., N. Edington, R. G. Watt (1976): The behavior of porcine cytomegalovirus in commercial pig herds. J. Hyg. (Camb.) 75, 125−135

Schweineinfluenza

Die Influenza der Schweine ist eine durch ein Influenzavirus des Typs A hervorgerufene akut verlaufende hochkontagiöse Infektionserkrankung der Atemwege bei Schweinen aller Altersgruppen. Nachdem die Schweineinfluenza erstmals 1918 in den USA beobachtet wurde, wo sie möglicherweise zu einer verheerenden Influenzaepidemie beim Menschen führte, ist sie auch vermehrt in Europa beobachtet worden. Vermutlich ist in den Schweinebeständen der Bundesrepublik Deutschland aufgrund diagnostisch gesicherter Influenzainfektionen und klinisch beobachteter Krankheitsausbrüche von einer weiten Durchseuchung auszugehen.

Ätiologie und Pathogenese

Die Erkrankung wird in der Regel über Tiere in die Bestände verschleppt, welche die Infektion überstanden haben und über eine Immunität von nicht genau bekannter Dauer verfügen. Der Erreger wird möglicherweise auch von Geflügel auf Schweine übertragen. Nach nasaler Infektion haftet der Erreger zunächst an den Zilien. Nachfolgend kommt es zu einer raschen Verbreitung der Infektion über Trachea, Bronchien und Lunge. In diesem Stadium der Erkrankung dominiert eine Hyperämie, welche durch eine deutlich verstärkte Schleimsekretion im Respirationstrakt begleitet wird. Typische pathologisch-anatomische Kennzeichen der Erkrankung sind tiefrote Verfärbungen des Lungenparenchyms, vor allem im Bereich der Spitzenlappen. Des weiteren sind als auffallendes Kennzeichen der Erkrankung die Ödematisierung der Alveolarsepten sowie die ödematös veränderten Lymphknoten im Bereich des Atmungstraktes zu nennen. Als charakteristische histologische Veränderung sind peribronchiale Zellinfiltrationen und verdichtete Alveolarzwischenwände zu erkennen. Außerhalb des Respirationstraktes ist das Virus bei jungen Ferkeln aus den meisten Organen isoliert worden.

Klinisches Bild und Verlauf

Die Erkrankung tritt meist bei kalter Witterung auf und befällt den gesamten Bestand, exklusive der Tiere, die für die Einschleppung der Infektion ursächlich in Frage kommen. Erste Symptome für den Ausbruch der Infektion sind hohes Fieber (41 °C), Nasenausfluß, Konjunktivitis und Hustenanfälle. Im weiteren Verlauf der Erkrankung kommt es zur Reduzierung der Milch- bzw. Futteraufnahme bis hin zur Nahrungsverweigerung, zu Apathie und Dyspnoe, welche sich bis zur ausgeprägten Zwerchfellatmung steigern kann. Im Gegensatz zu älteren Tieren sind beim Saugferkel keine starken Temperatursteigerungen zu beobachten. Ferkel nehmen mit dem Kolostrum Antikörper auf, die sich bis zum Alter von 2−4 Monaten nachweisen lassen. Ein ausreichender Schutz gegen die Neuinfektion wird durch diese passiv erworbenen Antikörper zwar nicht gewährleistet, wohl ist aber eine Infektion, wenn sie in diesem Zeitraum erfolgt, durch einen milden Verlauf gekennzeichnet. Eine passive Immunität behindert jedoch die Ausbildung einer aktiven Immunität. Schweineinfluenza-Infektionen sollen bei tragenden Sauen zu Fruchttod, erhöhter Säuglingssterblichkeit und zum Kümmern der lebend geborenen Ferkel führen. Die experimentelle Virusübertragung auf die Feten ist jedoch bislang noch nicht gelungen.

Diagnose und Differentialdiagnose

Die aufgrund des klinischen Bildes gestellte Diagnose kann durch den Erregernachweis eindeutig gesichert werden, wobei der Nachweis nur während des akuten Krankheitsstadiums gelingt. Zur Diagnostik sind Tupferproben vom Nasensekret akut erkrankter Ferkel geeignet.

Der Antikörpernachweis rekonvaleszenter Tiere ist beim Ferkel weniger zu empfehlen, da mit dem Maximum der Antikörperbildung erst nach dem Ferkelalter gerechnet werden kann.

Therapie und Prophylaxe

Eine Therapie der Influenza beim Ferkel gibt es nicht. Sinnvolle Maßnahmen zur Reduzierung der krankheitsbedingten Schadwirkungen sind Verbesserung der klimatischen und hygienischen Bedingungen, gute Nahrungsversorgung und antibiotische bzw. chemotherapeutische Vorbeugebehandlungen gegen Sekundärinfektionen. Über eine erfolgreiche Immunisierung seronegativer Ferkel durch eine zweimalige Vakzinierung im Alter von 6 und 9 Wochen berichten *Kuiper* et al., 1984.

Literatur

Brown, T. T. jr., W. L. Mengeling, E. E. Pirtle (1982): Failure of swine influenza virus to cause transplacental infection of porcine fetusses. Amer. J. Vet. Res. *43*, 817–819

Easterday, B. C. (1972): Immunologic considerations in swine influenza. J. Am. Vet. Assoc. *160*, 645–648

Kuiper, A., R. v. Dam, P. Huchshorn (1984): Some aspects of an influenza vaccine from pigs. Proc. 8th Int. Pig Vet. Congr. gent, p. 61

Mensik, J. (1962): Experimental infection of pregnant sows with swine influenca virus. I. Proof of virus in placental tissue and organs of newborn piglets. Ved. Pr. Ustav Vet. *2*, 31–47

Mensik, J., L. Kalicek, Z. Pospisil (1972): Pathogenesis of swine influenza infection produced experimentally in suckling piglets. III. Multiplication of virus in the respiratory tract of suckling piglets in the presence of colostrum-derived specific antibody in their blood stream. Zbl. Vet. Med. *B. 18*, 665–678

Ottis, K., P. A. Bachmann (1980): Occurence of Hsw 1N1 subtype influence A viruses in wild duck in Europe. Arch. Virol. *63*, 185–190

Ottis, K., W. Bollwahn, P. A. Bachmann, K. Heinritzi (1981): Ausbruch von Schweineinfluenza in der BRD: Klinik, Nachweis und Differenzierung. Tierärztl. Umsch. *36*, 608–612

Vogt, M., G. v. Michwitz, B. Röder, Th. Zimmermann, W. Lange (1984): Influenza bei Schweinen — Verbreitung und Bedeutung. Berl. Münch. Tierärztl. Wschr. *97*, 442–447

Wallace, G. D., J. L. Elm jr. (1979): Transplacental transmission and neonatal infection with swine influenza virus (Hsw 1N1) in swine. Amer. J. Vet. Res. *40*, 1169–1172

Witte, K. H. (1986): Schweineinfluenza (Pathogenese, Epidemiologie, Nachweis). Prakt. Tierarzt *67*, 592–598

10.3.2 Bakterielle Infektionen

Rhinitis atrophicans — Schnüffelkrankheit

Die Rhinitis atrophicans beim Ferkel ist zunächst durch eine Entzündung der Nasenschleimhaut gekennzeichnet. Sie wird durch rhinopathogene Stämme von Bordetella bronchiseptica sowie durch Pasteurella multocida verursacht und ist durch eine chronisch enzootische Verlaufsform charakterisiert. Saugferkel erkranken an einer serösen Rhinitis, die zunehmend eitrigen Charakter annehmen kann und erst im Absatzalter zu der für die Erkrankung typischen Atrophie der Nasenmuscheln und der klinisch erkennbaren Verformung der Oberkieferknochen führt.

Das Krankheitsbild ist schon sehr lange bekannt und weltweit verbreitet. Unter den Bedingungen der intensiven Haltungsformen sowohl in der Schweinezucht als auch in der Mast gewinnt die Erkrankung an Bedeutung.

Ätiologie und Pathogenese

Die Ätiologie der Rhinitis atrophicans war lange Zeit nicht eindeutig geklärt. Ernährungsmängel, genetische Veranlagung und ungünstiges Stallklima wurden gemeinsam und auch als alleinige Ursache für die Erkrankung genannt. Verschiedene Tatsachen sprechen jedoch eindeutig dafür, daß es sich um eine Infektionskrankheit handelt. Das Krankheitsbild tritt enzootisch in Beständen auf und wird wahrscheinlich in den allermeisten Fällen durch Zukauf eingeschleppt.

Nach dem heutigen Kenntnisstand ist die Erkrankung auf eine Infektion unter Beteiligung rhinopathogener, toxinbildender Stämme von Bordetella bronchiseptica und Pasteurella multocida zurückzuführen.

Beim natürlichen Infektionsgeschehen haftet P. multocida nicht leicht auf der nicht vorgeschädigten Nasenschleimhaut. Vieles spricht dafür, daß neben dem keimzahlabhängigen Infektionsdruck einerseits auch die Vorschädigung der Nasenschleimhaut im Sinne der Wegbereitung das Auftreten des Krankheitsbildes begünstigend beeinflußt. Virulente Bordetellen verursachen über ihre Toxinfreisetzung Primärschäden. Sie zerstören die Kinozilien und verursachen eine Degeneration der Epithelzellen. Auf der derart vorgeschädigten Schleimhaut siedeln sich sehr leicht Pasteurellen an: diese bewirken abhängig von ihrem Toxinbildungsvermögen eine progressive Atrophie der Nasenmuscheln. Durch *Kielstein* (1983) wurde ein weiterer Virulenzfaktor in Form von Fimbrien mit hämagglutinierenden Eigenschaften beschrieben.

Das Infektionsgeschehen kann aber auch durch B. bronchiseptica allein ohne Beteiligung von Pasteurellen mit Toxinbildungsvermögen ablaufen. Das Haften von Pasteurellen wird sowohl durch infektiöse, als auch durch nicht infektiöse Faktoren begünstigt. Neben B. bronchiseptica sind in diesem Zusammenhang Infektionserreger aus dem Bereich Haemophilus parasuis, das porcine Zytomegalievirus und die beim Schwein als Besiedler der Nasenhöhle vorkommenden Mykoplasmen als Wegbereiter für die Infektion beschrieben worden. Zusätzlich zu den genannten Schadwirkungen haben hoher Gehalt der Stalluft an Ammoniak und Staub, niedrige relative Luftfeuchte oder ein Vitamin A-Mangel bei dem Infektionsgeschehen eine begünstigende Wirkung. Die Infektion mit Rhinitis atrophicans-Erregern geht bei Saugferkeln in der Regel von der chronisch erkrankten Muttersau aus. Wegen der kolostralen Antikörperwirkung ist eine wiederholte Ansteckung mit entsprechend hoher Erregerzahl für das Angehen der Infektion von Nöten. Mit ansteigendem Antikörpertiter im Blut der Ferkel geht die Intensität des Krankheitsbildes zurück.

Klinisches Bild und Verlauf

Bei 1–2 Wochen alten Saugferkeln treten die ersten Anzeichen einer Infektion in Form von serösem Nasenausfluß und gelegentlichem Niesen auf. Bei günstigen Umweltfaktoren, geringer Infektionsdosis und hohem Kolostral-Antikörperschutz kann die leichter verlaufende Erkrankung spontan ausheilen. Die Intensität der Erkrankung und der weitere Verlauf hängen weitgehend von den im Einzelfall vorliegenden Schadfaktoren ab. Bei schweren Verlaufsfällen wird der anfänglich seröse Nasenausfluß der erkrankten Ferkel im Verlauf der 3.–4. Lebenswoche schleimig-eitrig. Die Verlegung der Mündung des Nasen-Tränenkanals führt in manchen Fällen am medialen Augenwinkel aufgrund des Rückstaues der Tränenflüssigkeit durch den Kontakt des Sekrets mit Schmutzpartikeln und der anschließenden Austrocknung zum Auftreten schwarz-bräunlicher Streifen auf der Gesichtshaut. Anzeichen einer schweren Erkrankung bei Ferkeln sind oftmaliges Niesen, häufiges Husten und gelegentlich auftretendes Nasenbluten. Wegen der genannten Symptome bleiben die Tiere deutlich in ihrer Gewichtsentwicklung zurück. Bereits im Absetzalter sind bei Ferkeln, welche während der Säugeperiode im Alter von 3–4 Wochen keine deutlichen klinischen Anzeichen der Erkrankung zeigen, die asymmetrischen Veränderungen an Nase und Kiefer zu erkennen. Infolge der Kieferverformungen kann die weitere Nahrungsaufnahme erheblich gestört sein, was eine Verlängerung der Mastzeit zur Folge hat (Abb. 10.1).

Abb. 10.1 Rhinitis atrophicans beim älteren Saugferkel

Diagnose und Differentialdiagnose

Die klinisch erfaßbaren Symptome wie Niesen, seröser oder schleimig-eitriger Nasenausfluß, gelegentliches Nasenbluten sowie von den medialen Augenwinkeln ausgehende Streifen mit verkrustetem Sekret sind wertvolle Hinweise bei der klinischen Diagnostik. Es soll jedoch darauf hingewiesen werden, daß die genannte Symptomatik allenfalls einen Hinweis für das Vorliegen der Erkrankung im Bestand beinhaltet. Eine eindeutige Abgrenzung von beim Saugferkel vorkommenden Nasenschleimhauterkrankungen, welche keine Deformation von Knochengewebe zur Folge haben, ist bei noch nicht abgesetzten Ferkeln noch nicht möglich. Erst bei älteren Tieren kann die Diagnose aus klinischer Sicht begründet werden. Allein zuverlässig bei der Diagnose ist die Beurteilung der Querschnitte der Nase getöteter Läufer oder Mastschweine.

Der Versuch des Nachweises von Bordetella bronchiseptica und/oder Pasteurella multocida aus Sekretproben ist aus diagnostischer Sicht wenig hilfreich. Für die Diagnose ist der Nachweis der Keime zu unsicher.

Therapie und Prophylaxe

Eine Behandlung von Tieren mit erkennbaren Verformungen der Nasenmuscheln und Oberkieferknochen ist aussichtslos, weil die Veränderungen an den Knochen irreversibel sind. Mittels gezielter Maßnahmen kann im Verdachtsfall das Verschwinden der infektionsbedingten Symptome bei Saugferkeln günstig beeinflußt werden. Die später auftretenden charakteristischen Veränderungen der Knochen des Viscerokranium unterbleibt dann. Erkrankte oder gefährdete Ferkel sollten rechtzeitig therapeutisch bzw. metaphylaktisch behandelt werden. Dies geschieht am wirkungsvollsten durch eine parenterale Sulfonamidverabreichung (12,5 mg/kg KGW) mit Trimethoprim (2,5 mg/kg KGW) am 2., 7. und 14. Lebenstag. Ab der 5. Lebenswoche kann über das Trinkwasser Trimethoprim angeboten werden. Auch mit Oxytetracyclin und Tylosin-Sulfadimidin ist eine Behandlung erfolgversprechend. Ferkel sollten im allgemeinen 3 bis 7 Wochen behandelt werden.

Neben den therapeutischen und metaphylaktischen Maßnahmen muß der Prophylaxe bei der Krankheitsbekämpfung ein hoher Stellenwert zugeordnet werden. Die Optimierung des Stallklimas, die Trennung der Abferkelställe von den übrigen Boxen sind wirkungsvolle Maßnahmen zur Verhinderung des Krankheitsbildes in einem Bestand. Die Impfprophylaxe in Form der Muttertierimpfung hilft über die mit dem Kolostrum auf das Ferkel übergehenden Antikörper das Krankheitsbild günstig zu beeinflussen.

Literatur

Bollwahn, W. (1984): Die Bekämpfung der Rhinitis atrophicans und der Enzootischen Pneumonie. Prakt. Tierarzt *65*, 321–326

Giles, C. J. (1986): Atrophic Rhinitis. The Iowa State University Press, Ames, Iowa, USA, 6th ed., Diseases of Swine 444–469

Gois, M., H. J. Barnes, R. R. Ross (1983): Potentation of turbinate atrophy in pigs by long-term nasal colonization with Pasteurella multocida. Am. J. Vet. Res. *44*, 372–378

Gritz, B. G. (1981): Licht- und elektronenmikroskopische Untersuchungen an experimentell mit Bordetella bronchiseptica infizierten gnotobiotischen Ferkeln. Vet. med. Diss., Hannover

De Jong, M. F., R. A. Dousterwoud (1977): Treatment with oxytetracycline hydrochloride in the prevention of atrophic rhinitis in baby pigs. Tijdeschr. Diergeneesdk. *102*, 266–269

Kielstein, P. (1983): Zur Bordetelleninfektion des Schweines und die Bedeutung von Tiermodellen zum Nachweis protektiver Eigenschaften von Bordetella bronchiseptica. Mh. Vet.-Med. *38*, 504–509

Pederson, K. B., K. Barford (1981): The aetiological significance of Bordetella bronchiseptica and Pasteurella multocida in atrophic rhinitis of swine. Nord. Vet.-Med. *33*, 513–522

Plowright, W., N. Edington, R. G. Watt (1976): The behaviour of porcine cytomegalovirus in commercial pig herds. J. Hyg. Camb. *76*, 125–135

Rosengarten, R., H. Kirchhoff (1981): Untersuchungen über die cilienhemmende Aktivität verschiedener Mycoplasma hyorhinis-Stämme im Vergleich zu Acholeplasma- und anderen Mykoplasma-Spezies in Trachealorgan-Kulturen. Zbl. Vet. Med. B. *28*, 27–45

Schöss, P. (1986): Ätiologie und Bekämpfung der Rhinitis atrophicans des Schweines. Tierärztl. Umsch. *41*, 281–285

Enzootische Pneumonie – EPS – Zementhusten

Die enzootische Pneumonie des Schweines ist eine durch Mykoplasma hyopneumoniae hervorgerufene, meist chronisch verlaufende Erkrankung des unteren Atmungstraktes der Schweine. Die für die Krankheit früher verwendeten Begriffe wie „Ferkelgrippe" und „Viruspneumonie" (Virus pig pneumonia = VPP) sind überholt bzw. nicht mehr zutreffend, da die Mykoplasmenätiologie seit einiger Zeit eindeutig aufgeklärt ist. In der Regel nimmt die Infektion mit Mykoplasma hyopneumonie beim Ferkel einen eher schleichenden Verlauf, der allenfalls durch gelegentliches Husten auffällt. Im Falle von Sekundärinfektionen kann sich das Krankheitsbild erheblich verschlimmern. Die enzootische Pneumonie der Schweine ist weltweit in der Großzahl der Schweine-haltenden Betriebe verbreitet.

Ätiologie und Pathogenese

Beim Haften des Erregers sind bestimmte Voraussetzungen erforderlich. Hohe Keimzahl und der damit verbundene Infektionsdruck begünstigen zusammen mit schlechten Umweltverhältnissen das Angehen der Erkrankung. Die Infektion erfolgt beim Saugferkel in der Regel über den engen Kontakt mit infizierten Muttersauen, wobei der Erreger mit dem Nasensekret und der Ausatmungsluft ausgeschieden wird. Beim natürlichen Infektionsgeschehen besiedelt der Erreger die Bronchialschleimhaut und führt nach einer sehr variabel anzugebenden Inkubationszeit (2 Wochen – Monate – Jahre) zu der typischen klinischen Symptomatik. Nach der bei der enzootischen Pneumonie der Ferkel anzusetzenden Inkubationszeit von etwa 14 Tagen manifestiert sich die Erkrankung meist in den kranialen Lungenlappen. Histologisch können sechs bis zehn Tage nach einer experimentellen Infektion Rundzellansammlungen im peribronchialen und perivaskulären Bereich festgestellt werden. Bereits 3 bis 4 Wochen post infectionem ist das Bild einer eitrigen Pneumonie zu erkennen. An den in die Entzündungsvorgänge einbezogenen Partien der Lunge tritt die allgemein bekannte rötlich-bräunliche Hepatisation des Gewebes auf. Die Erkrankung kann beim Ferkel bei günstigen Haltungsbedingungen klinisch inapparent verlaufen. In Fällen von Sekundärinfektionen mit broncho- bzw. pulmopathogenen Erregern (z. B. Bordetella bronchiseptica, Pasteurella multocida u. a.) und im Zusammenhang mit schlechten Stallverhältnissen wird eine Ausheilung, wenn überhaupt noch möglich, erst einige Zeit nach dem Ferkelalter erfolgen können.

Klinisches Bild

Mykoplasma-hyopneumoniae-Infektionen verlaufen bei jungen Ferkeln unter guten Umweltverhältnissen klinisch meist kaum erkennbar. Gelegentlicher trockener Husten („Zementhusten") ist ab der 3. Lebenswoche bei den Tieren als am häufigsten bemerktes Symptom für die Erkrankung zu nennen. Erst mit fortschreitendem Lebensalter ist das vermehrte Auftreten von sogenannten Kümmerern zu beobachten. In den meisten Fällen sind weder Anzeichen einer Pneumonie noch Temperaturerhöhung zu beobachten. Unter mißlichen Stallverhältnissen und besonders, wenn Sekundärerreger hinzukommen, kann sich das Krankheitsbild deutlich verändern. Starker Husten, Temperaturanstieg sind in solchen Fällen durchaus keine selten zu beobachtenden Ereignisse, welche auch die Anzahl von Kümmerern in den Würfen erhöht. Im Absatzferkelalter bereits sind vermehrt Tiere mit starker Behaarung und unbefriedigender Gewichtsentwicklung zu bemerken. Husten läßt sich häufig durch abruptes Auftreiben ruhender Tiere provozieren. Diese Tiere sind nach dem Verkauf als Hauptinfektionsquelle für Mastbetriebe zu betrachten.

Diagnose und Differentialdiagnose

Die exakte Diagnose der Erkrankung bereitet gerade beim Saugferkel erhebliche Schwierigkeiten, da am lebenden Jungtier der serologische Nachweis von Antikörpern, wenn überhaupt möglich, kaum befriedigende Ergebnisse bringen kann. Die Keimisolierung ist durch die Nährbodenansprüche des Erregers erschwert. Die klinische Verdachtsdiagnose gründet auf der im Betrieb vorkommenden Symptomatik. Sie sollte mittels Immunfluoreszenz durch Erregernachweis 3–4 Wochen nach der Infektion aus dem Bronchialschleim oder aus Abklatschpräparaten von der Bronchialschleimhaut erstellt werden. Differentialdiagnostisch sind die Haemophilus-Pleuropneumonie, Lungenwurmbefall, Schweineinfluenza, Bordetellen und weitere Sekundärinfektionserreger zu beachten und abzugrenzen. Zu trockene Stalluft (unter 50 % relative Luftfeuchtigkeit) kann ursächlich Reizhusten hervorrufen und die klinische Symptomatik einer Mykoplasmahyopneumoniae-Infektion im Bestand vortäuschen.

Therapie und Prophylaxe

Zur Therapie der enzootischen Pneumonie bieten sich mykoplasmenwirksame Chemotherapeutika an. Eine Injektionsbehandlung mittels 50 mg Tylosin am 1. Lebenstag und weitere Behandlungen jeweils in der 2. und 3. Lebenswoche haben sich als geeignet erwiesen, die Verlaufsform günstig zu beeinflussen. Ab der 4. Lebenswoche bietet sich die Medikamentenversorgung über das Futter an. Die Behandlung hat lediglich zur Folge, daß keine schwerwiegenden Verlaufsformen mit erheblichen Verlusten in dem Betrieb auftreten, weil durch die Medikation die Besiedlung der Lungen der Tiere zeitlich verzögert wird.

Schwerpunktmäßig sollten bei der Bekämpfung der Krankheit prophylaktische Maßnahmen eingesetzt werden. Hierzu zählen Optimierung des Stallklimas, Reduzierung des Keimdruckes und die Verhinderung der Neueinschleppung der Erkrankung durch das Einbringen von Jungsauen. Mit dem Paramunitätsinducer PIND-AVI lassen sich sowohl prophylaktisch wie auch bei therapeutischer Anwendung gute Ergebnisse erzielen.

Literatur

Bollwahn, W. (1984): Die Bekämpfung der Rhinitis atrophicans und der enzootischen Pneumonie. Prakt. Tierarzt 65, 321–326

Mayr, A., R. Brunner (1980): Untersuchungen über die Wirksamkeit einer Paramunisierung zur Bekämpfung von Ferkelaufzuchtverlusten und der enzootischen Pneumonie der Schweine (Ferkelgrippe). Zbl. Vet. Med. B. 27, 589–598

Plonait, H., H. Pohlenz, G. Amtsberg (1970): Erkrankungen des Atmungsapparates als Herdenproblem in der Schweinehaltung. Zbl. Vet. Med. B., 17, 183–191

Schuller, W. (1986): Die Mycoplasmenpneumonie des Schweines. Prakt. Tierarzt 67, 415–416

Bordetella bronchiseptica – Pneumonie

Der Ausbruch und Verlauf von Respirationserkrankungen beim Ferkel sind im wesentlichen vom Infektionsdruck (Anzahl der Erreger) sowie dem Keimspektrum abhängig. Bordetella bronchiseptica ist dann, wenn die Infektion durch Pasteurella multocida kompliziert wird, als Erreger der Rhinitis atrophicans bekannt. Solitärinfektionen mit Bordetella bronchiseptica führen aber auch zu einer akuten Pneumonie bei Saugferkeln, die sich mehr oder weniger deutlich von der Enzootischen Pneumonie abgrenzen läßt. Das Krankheitsbild kann besonders bei jungen Saugferkeln beobachtet werden.

Ätiologie und Pathogenese

Die Schadwirkung von Bordetella bronchiseptica-Infektionen beschränkt sich auf den Respirationstrakt. Der in Schweinebeständen meist verbreitete Erreger löst vor allem unter ungünstigen Umwelteinflüssen (schlechtes Stallklima und beengter Raum) nach intratrachealer Infektion das von Hustenanfällen begleitete Krankheitsbild bei Ferkeln aus. Die krankheitsbedingten Veränderungen treten besonders im Bereich der Spitzen- und Herzlappen der Lunge auf. Besonders schwere Erkrankungsfälle fallen bei der postmortalen Untersuchung durch eine durch Schädigung der Lungengefäße verursachte, fortgeschrittene Hämorrhagie an den Alveolen auf. Nekrotisierende Prozesse und interlobuläre Ödeme der befallenen Lungenbereiche sind als charakteristische Zeichen der Erkrankung zu werten. Mit zunehmender Krankheitsdauer ist das Bild der Hämorrhagie in mehr oder weniger dezent ausgeprägter Form zu sehen. Die Ausheilung der Lunge erfolgt unter einer durch kollagenes Gewebe bedingten Schrumpfung und Verhärtung der befallenen Lungenbezirke.

Klinisches Bild und Verlauf

Die Erkrankung befällt gewöhnlich sehr junge Tiere im Alter von 3 bis 4 Tagen, wobei, wenn überhaupt, nur eine unwesentliche Temperaturerhöhung der Patienten registriert werden kann. Auffälliges Zeichen der Bronchitis ist häufiger Husten, der sich bis zu keuchhustenartigen Anfällen steigern kann. Im weiteren Verlauf des Krankheitsgeschehens ist bei den erkrankten Saugferkeln gelegentlich das Erscheinungsbild einer Dyspnoe zu beobachten. Beim Ausbruch der Infektion in einem Zuchtbestand erkranken fast alle Ferkel. Die Mortalitätsrate bei den Saugferkeln ist nur dann sehr hoch, wenn die Erkrankung nicht früh genug erkannt wird und gezielte Therapiemaßnahmen erst mit einer zeitlichen Verzögerung eingeleitet werden.

Diagnose und Differentialdiagnose

Das gehäufte Auftreten von Husten bei Saugferkeln in einem Bestand, insbesondere, wenn das Krankheitsbild nur bei sehr jungen Saugferkeln zu beobachten ist, ist als klinisches Anzeichen eines Krankheitsausbruchs zu werten. Die klinische Beobachtung wird durch das beim Krankheitsgeschehen auftretende typische pathologisch-anatomische Bild bei der Sektion verendeter oder zu diagnostischen Zwecken getöteter Ferkel untermauert. Die eindeutige Abgrenzung der Bordetellose von der Enzootischen Pneumonie ist beim Saugferkel über den Erregernachweis vorzunehmen.

Therapie und Prophylaxe

Eine gezielte Behandlung orientiert sich an der mittels Antibiogramm ermittelten Erregerempfindlichkeit.

Literatur

Bollwahn, W. (1984): Die Bekämpfung der Rhinitis atrophicans und der enzootischen Pneumonie. Prakt. Tierarzt 65, 321–326

Dume, H. W., D. C. Kradel, R. B. Doty (1961): Bordetella bronchiseptica in pneumonia in young pigs. J. Am. Vet. Assoc. 139, 897–899

Gois, M., F. Kuksa, F. Sisak (1977): Experimental infection of gnotobiotic piglets with Mycoplasma hyorhinis and Bordetella bronchiseptica. Zbl. Vet. Med. B. 24, 89–96

10.4 Magen-Darm-Erkrankungen

10.4.1 Angeborene Anomalien

Atresia ani et recti

Wesen und Bedeutung

Bei dem angeborenen Verschluß des Afters (Atresia ani), der fehlenden Anlage des Mastdarmes (Atresia recti) und dem gleichzeitigen Verschluß bzw. dem Nichtvorhandensein von After und Mastdarm (Atresia ani et recti) handelt es sich um erblich bedingte Mißbildungen. Die genannten Embryopathien treten mit einer Gesamthäufigkeit von etwa 0,3 % meist sporadisch auf, wobei nur ein oder wenige Ferkel eines Wurfes betroffen sind. Wird jedoch in einem Bestand ein Eber, der für den Defekt Anlageträger ist, zum Belegen der Sauen verwendet, können die Mißbildungen gehäuft auftreten und zu ganz erheblichen wirtschaftlichen Verlusten führen.

Ätiologie und Pathogenese

Ursächlich ist für das Vorkommen derartiger Mißbildungen das gemeinsame Auftreten von zwei rezessiven Erbfaktoren verantwortlich zu machen.

Klinisches Bild und Verlauf

In den ersten Lebenstagen wird der Schaden bei den betroffenen Ferkeln unter den heute üblichen Haltungsbedingungen selten entdeckt. Da die Tiere zunächst kein reduziertes Allgemeinbefinden zeigen und auch normal saugen, kann der Defekt seitens des Pflegepersonals leicht übersehen werden. Das Leiden wird oftmals zufällig im Zusammenhang mit prophylaktischen Maßnahmen (Verabreichung von eisenhaltigen Präparaten) oder erst nach mehreren Tagen infolge der zunehmenden Umfangsvermehrung des Abdomens und/oder durch verstärkten Kotdrang erkannt. Ab der zweiten Lebenswoche verstärkt sich die mehr oder weniger deutlich sichtbar werdende tonnenförmige Ausprägung des Abdomens. Schmerzhaftes Drängen ohne Kotabsatz, gelegentliches klagendes Schreien aufgrund der vorhandenen Kolik und vereinzelt Erbrechen im Verlauf der weiteren Lebenstage sind neben einer leicht ikterischen Verfärbung der nichtpigmentierten Hautpartien als Hinweis für das Vorliegen einer Atresie im Enddarmbereich zu werten. Ferkel mit diesem Defekt können durchaus ein bis vier Wochen überleben. Afterlose Ferkel werden während der Zeit, in der sie sich ausschließlich von Muttermilch ernähren, häufig deshalb übersehen, weil sie sich bezüglich der Gewichtszunahme oftmals von ihren Wurfgeschwistern nicht merklich unterscheiden. Erst der Einsatz von Beifutter führt im Intestinum zu einer verstärkten Gasbildung sowie zu einer deutlichen Zunahme des Kotvolumens. Die pathognostischen Symptome werden dadurch deutlicher sichtbar (Abb. 10.2).

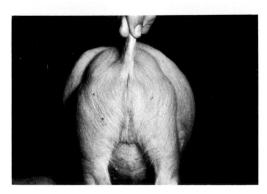

Abb. 10.2 Atresia ani

Während die Atresia ani und die Atresia ani et recti bei männlichen Tieren als Letalfaktor gelten, können weibliche Tiere vereinzelt mit der Mißbildung überleben. Infolge des stark ansteigenden Druckes im Enddarm kann sich bei weiblichen Ferkeln eine Rektovaginalfistel entwickeln. Der Kot wird dann via Vaginalöffnung abgesetzt. Solche Tiere entwickeln sich oft völlig im Bereich der durch die Rasse vorgegebenen Normen und können sogar konzipieren. Sie sollten jedoch nicht zur Zucht verwendet werden.

Therapie und Prophylaxe

Zur Vermeidung des Defektes dürfen Anlageträger in der Zucht nicht eingesetzt werden. Treten in einem Bestand vermehrt Fälle von Afterlosigkeit bei Ferkeln auf, ist der Eber zu merzen. Ferkel, die aus Sauen stammen, die als Trägerinnen der für den Defekt verantwortlichen Erbfaktoren bekannt sind, sollten nicht zur Zucht eingesetzt werden.

Nur in den Fällen, in denen der stark angeschoppte Enddarm die äußere Hautmembran in der Analregion kuppelartig nach außen drängt, ist der Versuch einer chirurgischen Behebung der Afterlosigkeit beim Ferkel angezeigt. Mittels eines Kreuzschnittes wird die Haut vorsichtig durchtrennt. Die durch den Kreuzschnitt entstandenen vier Hautzipfel müssen ausreichend reseziert werden, damit der sich kuppelartig vorwölbende Enddarm mit der Hautwunde so weitlumig vernäht werden kann, daß der Kot nach Öffnung des Darmes ungehindert abgesetzt werden kann. Das Auftragen von Abdeckpasten wie z. B. Zincojecol verhindert eine starke Verunreinigung der Wunde und übt somit einen fördernden Einfluß auf die Wundheilung aus.

Bei einer Atresia ani et recti kann in analoger Weise vorgegangen werden. Da in diesen Fällen das Darmende oftmals zu weit kranial im Becken endet, muß es zwangsläufig bei dem Versuch bleiben, eine Enddarmöffnung in der Afterregion herstellen zu können.

Als Alternative bietet sich nur das Anlegen eines Anus praeter naturalis an. Der Eingriff ist jedoch meist unwirtschaftlich, da die operierten Tiere in der Entwicklung zurückbleiben und insbesondere in der Endmast kaum noch zufriedenstellende Zunahmen aufweisen.

In der Praxis wird eine Operation zur Beseitigung des Leidens im allgemeinen nicht durchgeführt. Nur in den Fällen, in denen der Darmausgang nur durch eine Aftermembran verschlossen ist, kann chirurgisches Vorgehen empfohlen werden. Dies gilt jedoch auch nur dann, wenn weitere Mißbildungen ausgeschlossen werden können, die betroffenen Ferkel rechtzeitig erkannt wurden und bei den Tieren keine Störung des Allgemeinbefindens festzustellen ist.

Literatur

Ehrentraut, W. (1972): Atresia ani. In: *Neundorf, R.* und *H. Seidel* (Hrsg.), Schweinekrankheiten, Verlag Gustav Fischer, Jena
Henricson, B. (1963): Atresia ani beim Schwein. Acta vet. scand. 4, 263–270
Plonait, H. (1962): Die Anlegung einer Fistel des Colon descendens in der Regio inguinalis zur Behandlung der Atresia ani et recti beim Schwein. Tierärztl. Umsch. 17, 424–426
Plonait, H. (1980): Atresia ani. In: *Schulze* et al. (Hrsg.), Klinik der Schweinekrankheiten, Verlag M. & H. Schaper, Hannover.
Rieck, G.-W., A. Aehnelt (1978): Verschluß des Enddarms. In: *Richter/Götze, Rosenberger G.* und *H. Tillmann* (Hrsg.): Tiergeburtshilfe, Verlag Paul Parey in Berlin und Hamburg

10.4.2 Virusinfektionen

Transmissible Gastroenteritis (TGE)

Die übertragbare Gastroenteritis (TGE) ist eine akut verlaufende, viral bedingte Erkrankung des Magen-Darm-Traktes der Schweine, bei der insbesondere bei Saugferkeln mit einer hohen Morbiditäts- und Mortalitätsrate zu rechnen ist. Klinisch wird die Erkrankung vornehmlich an den Hauptsymptomen wässriger Durchfall, häufiges Erbrechen und der rasch auftretenden Dehydrierung der erkrankten Tiere manifest. Bei neugeborenen Ferkeln sind die Krankheitssymptome am deutlichsten ausgeprägt; die Letalitätsrate steigt bis zu 100 %. Mit zunehmendem Alter der Tiere kommt es zu milderen Verlaufsformen der Erkrankung, verbunden mit einem deutlichen Absinken der Zahl der Todesfälle.

Die Krankheit wurde 1946 erstmalig beschrieben. Sie ist inzwischen weltweit verbreitet. Die TGE tritt meist sporadisch in Einzelbetrieben oder lokal begrenzt auf. Die meisten Krankheitsausbrüche erfolgen zur kalten Jahreszeit. Gefährdet sind vor allem größere Zuchtbetriebe mit häufigem Zukauf von Jungsauen, in denen die Erkrankung durch den Verlust der Ferkel zu erheblichen wirtschaftlichen Einbußen führt.

Ätiologie und Pathogenese

Der Erreger der TGE ist der Gruppe der Coronaviren zuzuordnen. Die Aufnahme des Virus erfolgt meist über den infizierten Kot bereits erkrankter Tiere. Eine indirekte Übertragung durch Vektoren ist ebenfalls möglich. Nicht selten läßt sich die indirekte Verschleppung der Erkrankung durch Personen und Geräte nachweisen. Das TGE-Virus zeichnet sich durch eine starke Wärme- und Photosensitivität aus. Bei Zimmertemperatur wird das Virus im Verlauf von 3 Tagen, bei 37 °C innerhalb 24 Stunden und bei 56 °C sogar binnen 90 Minuten inaktiviert. Durch beständige Sonneneinstrahlung kommt es nach 6 Stunden zur vollständigen Inaktivierung des Erregers. Bei Temperaturen unter dem Gefrierpunkt bleibt das Virus stabil.

Bei den die TGE verursachenden Virusstämmen sind serologisch keine Unterschiede festzustellen. In wie weit Caniden und Feliden als Virusreservoir bei der Übertragung der Erkrankung eine Rolle spielen ist bislang unklar. Hund und Fuchs sind neben Dauerausscheidern beim Schwein bisher lediglich als Virusreservoir genannt worden. Beim Schwein wurde das Virus in Einzelfällen längstens bis zu 49 Tagen nach einer erfolgten Infektion im Kot nachgewiesen. In der Regel ist das TGE-Virus bis zu ca. 14 Tagen post infectionem in den Faeces nachweisbar. Für die Verbreitung sind infizierte Schweine von Bedeutung, bei denen sich das TGE-Virus in den Lungenmakrophagen vermehrt. Der Erreger kann in der Lunge solcher Tiere längere Zeit persistieren, so daß die betroffenen Virusträger als gefährdendes Virusreservoir eine permanente Infektionsgefahr für einen Bestand darstellen.

Nach der Aufnahme des Erregers kommt es relativ schnell zu einer Vermehrung des Virus in den hochempfänglichen Epithelzellen der Dünndarmzotten, was einen rapiden Verlust des Zottenepithels zur Folge hat. Der Verlust des Zottenepithels führt zu einer stumpfkegeligen Verdickung der Villi, insbesondere von Jejunum und Ileum. Obgleich das Zottenepithel binnen 6−9 Tagen wieder nachgebildet werden kann, verläuft die Erkrankung bei sehr jungen Ferkeln meist tödlich, weil die durch die Erkrankung verursachte Schädigung bei Tieren dieses Alters sehr schnell nicht mehr kompensierbare Störungen der Glucoseabsorption und meist erheblichen Flüssigkeitsverlust hervorruft. Die hieraus resultierende Verschiebung des Elektrolytgleichgewichts führt sehr rasch zu einer extremen Dehydration und zur Acidose, woran die Tiere schließlich verenden.

Die durch das TGE-Virus hervorgerufene Schädigung der Dünndarmzotten verursacht bei Schweinen aller Altersgruppen Durchfall. Das Alter des betroffenen Individuums ist jedoch im Hinblick auf den Krankheitsverlauf von ganz entscheidender Bedeutung. Bei neugeborenen Ferkeln führt bereits eine geringere Virusdosis zum Infektionsausbruch als bei 3 Wochen alten Saugferkeln. Dies wird mit der Feinstruktur der Epithelzellen in Beziehung gebracht.

Die Zeit, in der sich das Darmepithel regeneriert, das sogenannte „turn over" beträgt für neugeborene Saugferkel 7−10 Tage. Beim 3 Wochen alten Ferkel erneuert sich das Darmepithel dagegen schon innerhalb von 2−4 Tagen. Dieser Umstand erklärt die stärkere Gefährdung neugeborener Ferkel bei einer TGE-Infektion im Vergleich zu älteren Tieren.

Nach überstandener TGE-Infektion verfügen die Tiere über eine solide Immunität, die sie mindestens 9−12 Monate vor Neuinfektionen schützt.

Klinisches Bild und Verlauf

Nach einer sehr kurzen Inkubationszeit von ca. 1 Tag treten bei neugeborenen Ferkeln die ersten Anzeichen einer Erkrankung auf. Künstlich infizierte Ferkel zeigen in der Regel keine Erhöhung der rektal gemessenen Körpertemperatur. Auch im Verlauf von natürlich ablaufenden TGE-Infektionen ist bei Saugferkeln das Ausbleiben der Erhöhung der Körpertemperatur die Norm. Das auffälligste Anzeichen eines Ausbruchs der Erkrankung ist das Auftreten eines Durchfalls, verbunden mit gelegentlichem Erbrechen bei den betroffenen Tieren (Abb. 10.3 und Abb. 10.4 s. Farbtafel 23). Zunächst ist die Sauglust und somit auch die Aufnahme von Muttermilch nicht beeinträchtigt. Erst im weiteren Verlauf der Erkrankung kann eine verminderte Nahrungsaufnahme beobachtet werden.

Abb. 10.3 Erbrechen bei TGE

Der Kot erkrankter Ferkel ist zunächst wässrig, gelblich-bernsteinfarben und häufig mit weißen, flockigen Beimengungen versetzt. Hierbei handelt es sich um geronnene Milch. Im weiteren Verlauf der Erkrankung geht die wässrige Konsistenz in eine dünnschleimige, sahneartige Form über. Bei Ferkeln ab der 2. oder 3. Lebenswoche ist der Zeitraum von der Aufnahme des Virus bis zum Auftreten der ersten Krankheitssymptome mit ca. 2−3 Tagen anzusetzen. Die Faeces sind meist eierschalen- bis hellgelb-pastellfarben und häufig von schleimig-dünnbreiiger bis pastöser Konsistenz. Dem Kot haftet oft ein unangenehmer, stechender Geruch an.

Der Verlauf der Erkrankung ist im wesentlichen von verschiedenen Faktoren abhängig. Die Virulenz des Erregerstammes ist neben dem Alter der betroffenen Ferkel entscheidend für den Verlauf der Erkrankung.

Innerhalb kürzester Zeit wird die durch den Durchfall hervorgerufene Exsikkose der Tiere erkennbar. Diese schreitet durch den weiteren Diarrhoe-bedingten Flüssigkeitsverlust, verbunden mit der Hypersekretion der Kryptenzellen des Darmes und dem nunmehr bereits auftretenden Unvermögen der Resorption im Darm rasch fort. Bald sind allgemeine Schwäche, Appetitlosigkeit und zum Teil taumelnder Gang zu beobachten. Mit zunehmendem Alter steigt die Überlebensrate bei den erkrankten Tieren. Ferkel, die im Alter von 3 Wochen an einer TGE-Infektion erkranken, haben durchaus gute Überlebenschancen. Die Mortalitätsrate liegt bei Tieren dieser Altersgruppe bei etwa 10 %. Überlebende Ferkel fallen weiterhin meist durch unbefriedigende Gewichtszunahme auf.

Neugeborene Ferkel sind gegen TGE geschützt, wenn sie über die Muttermilch genügend und kontinuierlich Antikörper erhalten. Dies ist nur dann der Fall, wenn mütterlicherseits ein Immunschutz nach einer abgelaufenen Infektion aufgebaut wurde. Entscheidend für den längeren Schutz der Ferkel ist die kontinuierliche Aufnahme von Muttermilch, damit eine „laktogene Immunität", das heißt eine passive Immunisierung über Kolostrum und Milch aufgebaut werden kann. Ein längerer passiver Schutz gegen TGE bei Saugferkeln ist durch die Ausscheidung von IgA-Antikörpern mit der Milch gewährleistet. Erst ab dem 30. Tag kommt es zum Absinken des hohen IgA-Antikörper-Titers gegen TGE in der Sauenmilch.

Über 30 Tage alte Saugferkel sind vor einer Erkrankung an TGE durch den passiven Schutz via Muttermilch aufgrund des Mangels an virusneutralisierenden Antikörpern nicht mehr ausreichend geschützt. Im Falle einer Infektion kann es hierbei zu einem milder ausgeprägten oder atypischen Krankheitsbild kommen. Schwere und Verlauf der Erkrankung bei Saugferkeln sind abhängig von der Antikörperproduktion in der Milch ihrer Mutter.

Diagnose und Differentialdiagnose

Allein anhand des klinischen Bildes ist die Diagnose meist nur an dem charakteristischen Verlauf eines akuten Krankheitsausbruchs zu erstellen. In vielen Fällen, besonders bei atypischen bzw. milder ausgeprägten Verlaufsformen, müssen aus klinischer Sicht auch eine Reihe anderer Erkrankungen, die neonatalen Durchfall verursachen, in Betracht gezogen werden. Hier sind vor allem die EVD (epizootische Virus-Diarrhöe), Rotavirusinfekte, Erbrechen und Kümmern sowie die Colienterotoxämie der Ferkel zu nennen. Der typische pathologisch-anatomische Befund am Darm verendeter Tiere erhärtet die klinisch gestellte Verdachtsdiagnose. Bei der Sektion fällt insbesondere die fast pergamentartig transparente Dünndarmwand auf, was auf den Verlust des Zottenepithels zurückzuführen ist. Zur gesicherten Diagnose ist der virologische Erregernachweis geeignet. Mittels Immunfluoreszenztechnik kann im Dünndarm frischtoter oder getöteter Ferkel TGE-Virusantigen nachgewiesen werden.

Die Bekämpfungsmaßnahmen müssen auf hygienisches und immunprophylaktisches Handeln ausgerichtet sein. Als erste Maßnahme zur Vermeidung von TGE-Ausbrüchen sollte der Bestand durch serologische Untersuchungen überprüft werden, in wie weit TGE-positive Sauen vorhanden sind. Sind alle Tiere des Bestandes frei von TGE-Antikörpern, müssen alle Zukaufstiere zunächst in Quarantäne aufgestallt und auf TGE untersucht werden. In reinen Gebrauchszuchten ist die aktive Schutzimpfung der Sauen zum Schutz der Ferkel vor der Infektion als Mittel der Wahl zu betrachten. Bei neugeborenen Ferkeln ist eine aktive Schutzimpfung noch nicht wirksam. Saugferkel werden durch ständige Aufnahme von virusneutralisierenden Antikörpern wirksam geschützt. Deshalb ist der passive Immunschutz über die Muttermilch als wirksame Immunprophylaxe unabdingbar. Von entscheidender Bedeutung ist jedoch, in welcher Konzentration die Antikörper mit der Milch permanent zugeführt werden, damit es im Darm der Ferkel zu einer Virusneutralisierung kommen kann. Deshalb schützen weder einmalige noch wenig konzentrierte parenterale oder orale Gaben von Immunserum vor einer Erkrankung. Entscheidend für einen sinnvollen Schutz der Ferkel ist die ausreichende Antikörpersekretion mit der Muttermilch. Am erfolgreichsten läßt sich dies durch Verabreichung TGE-virushaltigen Kotes an die Sauen erzielen. Mittels oral verabreichten Lebendvakzinen, die 6 und 3 Wochen vor der Geburt appliziert werden, können Sauen einen entsprechenden Schutz aufbauen und nach dem Werfen während der gesamten Laktationsperiode im Gegensatz zu Tieren, denen inaktivierte Impfstoffe inkorporiert wurden, befriedigende Antikörpermengen mit der Milch ausscheiden.

Literatur

Bachmann, P. A., T. Hänichen, K. Danner, B. Bibrack (1972): Zur Epidemiologie der übertragbaren Gastroenteritis (TGE) beim Schwein. Zbl. Vet. Med. B. *19*, 166–174

Bohl, E. H., R. K. P. Gubka, M. V. F. Olqvin, L. Saif (1982): Antibody responses in serum, colostrum and milk of swine after infection or vaccination with transmissible gastroenteritis virus infection. Immun. 6, 289–301

Doyle, L. P., L. M. Hutchings (1946): A transmissible gastroenteritis in pigs. J. Am. vet. med. Ass. 108, 257–259

Hess, R. G., P. A. Bachman, A. Mayr (1978): Versuche zur Entwicklung einer Immunprophylaxe gegen die übertragbare Gastroenteritis (TGE) der Schweine. III. Passiver Transfer nach oraler Impfung trächtiger Sauen mit dem attenuierten Virusstamm. Zbl. Vet. Med. B. 25, 308–318

Horzinek, M. C., H. Lutz, N. C. Pedersen (1982): Antigenic relationship among homologous structural polypeptides of porcine, feline and canine coronaviruses. Infect. Immun. 37, 1148–1155

Liebermann, H. (1969): Die serologische Diagnose der Transmissiblen Gastroenteritis der Schweine. Arch. exp. Vet. Med. 23, 811–826

Mayr, A. (1984): Übertragbare Gastroenteritis. In: Rolle/Mayr, (Hrsg.) Medizinische Mikrobiologie, Infektions- und Seuchenlehre, 5. Aufl., Verlag Ferdinand Enke, Stuttgart

Plonait, H. (1980): Transmissible Gastroenteritis (TGE). In: Schulze et al. (Hrsg.) Klinik der Schweinekrankheiten, Verlag M. & H. Schaper, Hannover

Underdahl, N. R., C. A. Mebas, E. L. Stair, M. B. Rhodes, L. D. McGell, M. J. Twiehaus (1974): Isolation of transmissible gastroenteritis virus from lungs of market weight swine. Am. J. Vet. Res. 35, 1209–126

Witte, K. H., G. Amtsberg (1969): Feststellung der Transmissiblen Gastroenteritis der Schweine (TGE) in Deutschland. II. Virologische Untersuchungen. Dtsch. Tierärztl. Wschr. 76, 537–541

Epizootische Virusdiarrhöe (EVD)
(Porcine epidemic diarrhoe ›PED‹)

Die EVD ist eine durch Coronaviren hervorgerufene Durchfallerkrankung beim Ferkel. Klinischer Verlauf und pathologische Symptomatik entsprechen denen der TGE weitgehend, so daß die Differenzierung auf virologische Untersuchungstechniken beschränkt ist.

Das TGE- und das EVD-Virus unterscheiden sich antigenetisch.

Die Diagnose wird wie auch bei TGE durch Immunfluoreszenztechnik an Gefrierschnitten des Dünndarms getöteter oder frischtoter Ferkel gestellt. EVD-Virus vermehrt sich im Unterschied zu TGE-Virus nicht nur im Dünndarmzottenepithel, sondern auch im Kryptenepithel von Jejunum und Ileum.

Im Vergleich mit TGE ist teilweise eine langsame Ausbreitung der Erkrankung im Bestand als Hinweis auf das Vorliegen einer EVD-Infektion zu werten. Mischinfektionen von TGE und EVD sind ebenfalls möglich.

Bei Ferkeln im Alter von einem Tag beträgt die Inkubationszeit unter experimentellen Bedingungen im Durchschnitt 31 Stunden. Demgegenüber ist bei künstlich infizierten Ferkeln im Alter von 6 bis 17 Tagen erst nach zwei bis drei Tagen mit ersten klinisch sichtbaren Symptomen zu rechnen. Morbiditäts- und Mortalitätsraten der EVD entsprechen denen der TGE.

Therapie und Prophylaxe entsprechen Maßnahmen, die zur Behandlung und Bekämpfung der TGE empfohlen werden.

Literatur

Hess, R. G., W. Bollwahn, A. Pospischl, K. Heinritzi, P. A. Bachmann (1980): Neue Aspekte der Virusätiologie der Durchfallerkrankungen des Schweines. Vorkommen von Infektionen mit dem Epizootischen Virusdiarrhoe-(EVD)-Virus. Berl. Münch. Tierärztl. Wschr. 93, 445–449

Prager, D., K. H. Witte (1983): Die Häufigkeit von Transmissible Gastroenteritis (TGE)- und Epizootische Virusdiarrhoe (EVD)-Virusinfektionen als Ursachen seuchenhafter Durchfälle in westfälischen Schweinezucht- und Mastbeständen. Tierärztl. Umsch. 38, 115–118

Witte, K. H., D. Prager, H. Ernst, H. Nienhoff (1981): Die Enzootische Virusdiarrhoe (EVD). Tierärztl. Umsch. 36, 235–250

Rotavirusinfektionen

Durchfallerkrankungen der Ferkel können auch durch Rotaviren verursacht werden. Rotaviren führen bei verschiedenen Tierspezies und beim Menschen zu Infektionen des Magen-Darm-Traktes. Das Angehen der Infektion äußert sich in Form einer akuten Durchfallerkrankung, verbunden mit allgemeiner Depression und Schwäche, wobei durch den Verlust des Zottenepithels im Dünndarm Störungen der Osmose sowie Hypersekretion und das Syndrom der Malabsorption im Vordergrund stehen. Durch Rotaviren hervorgerufene Erkrankungen kommen weltweit bei verschiedenen Haus- und Wildtierarten vor. Die zur Familie der Reoviridae gehörenden Viren sind serologisch eng verwandt aber speziesspezifisch.

Ätiologie und Pathogenese

Bei Kolostrum-frei gehaltenen Ferkeln sind schon 16–24 Stunden nach der oralen Virusaufnahme die ersten Anzeichen einer Erkrankung erkennbar. Das Virus wird meist aus dem Kot erkrankter oder auch klinisch inapparent infizierter Tiere aufgenommen. Im Gegensatz zur TGE-Infektion, bei der die Virusvermehrung in Epithelzellen der Dünndarmzotten abläuft und somit zum Verlust der gesamten Epithelzellschicht dieser Darmabschnitte führt, haftet die Rotavirusinfektion beim Ferkel vornehmlich an den oberen zwei Dritteln des Zottenepithels. Aufgrund dieser Beobachtungen ist es erklärbar, daß Monoinfektionen mit Rotaviren zwar virulenzabhängig gravierend und akut verlaufen können, sich aber im Vergleich zu TGE in der Regel durch mildere Verlaufsformen von der Transmissiblen Gastroenteritis abgrenzen lassen.

Auch das sogenannte „turn over" des Darmepithels (darunter versteht man das regenerative Leistungsvermögen des Kryptenepithels) hat einen entscheidenden Einfluß auf den Schweregrad der Erkrankung. Beim neugeborenen Saugferkel erneuert sich das Darmepithel nach 7–10 Tagen. Das „turn over" beim 3 Wochen alten Ferkel erfolgt bereits innerhalb 2–4 Tagen. Hieraus läßt sich ableiten, daß neugeborene Ferkel entsprechend stärker gefährdet sind, an virusbedingter Diarrhöe zu erkranken. Der über die Muttermilch erworbene passive Schutz jedoch muß als wesentlicher Faktor im Zusammenhang mit einer Rotavirusinfektion beim neugeborenen Ferkel genannt werden. In der Bundesrepublik Deutschland ist von einer 100 %igen Durchseuchungsrate der Zuchtbestände auszugehen. Folgerichtig nehmen neugeborene Ferkel maternale Antikörper auf.

Mischinfektionen unter Beteiligung von Corona- und Rotaviren oder Diarrhöen, die gleichzeitig durch Rotaviren und andere Infektionserreger wie z. B. E. coli verursacht werden, sind meist durch eine Verstärkung der Krankheitssymptomatik charakterisiert.

Entscheidend für den Schutz vor einer Erkrankung ist der Anteil an lokalen Antikörpern gegen Rotaviren. Neugeborene Ferkel sind aber nur dann gegen Rotavirusinfektionen geschützt, wenn über die gesamte Säugeperiode ein zum Schutze gegen eine Infektion ausreichender Antikörperlevel in der Muttermilch vorhanden ist. Dies ist nicht immer der Fall, so daß zumindest gegen Ende der Säugeperiode der Antikörpertiter der Milch zu weit abgesunken ist, um einen wirksamen Immunschutz der Ferkel gegen durch Rotaviren hervorgerufene Durchfälle zu gewährleisten.

Klinisches Bild und Verlauf

Das Erscheinungsbild von Rotavirusinfektionen beim Ferkel ist in der Regel durch einen mild verlaufenden Durchfall mit unwesentlichen Störungen des Allgemeinbefindens gekennzeichnet. Klinisch kann meist erst in der zweiten Hälfte der Säugeperiode bei Ferkeln ein gelblich-dünnwässriger Kot beobachtet werden. Nur im Verlauf selten vorkommender, schwerer Erkrankungsformen wird gelegentliches Erbrechen beobachtet. Nach einer kurzen Phase der Apathie kann es innerhalb von zwei Tagen zur Genesung kommen. Aufgrund des hohen Durchseuchungsgrades mit Rotaviren in Zuchtbeständen ist wegen der laktotroph aufgebauten Immunität beim Saugferkel häufig mit einem klinisch inapparenten Verlauf zu rechnen.

Das Absinken des Antikörpergehaltes in der Sauenmilch gewährleistet über die ganze Säugeperiode keinen maternalen Immunschutz. Beim Schwein werden etwa 28 Tage lang Antikörper mit der Milch ausgeschieden. Humorale Antikörper treten erst im Verlauf der 3. Woche auf. Dadurch kann eine gewisse Lücke im Schutzsystem in der zweiten bis dritten Lebenswoche erklärt werden, die bei Ferkeln in diesem Lebensalter zu den üblicherweise beobachteten milden und kurzfristig erkennbaren Erscheinungen führen.

Diagnose und Differentialdiagnose

Die Diagnose ist wegen der Vielzahl der Ursachen neonataler Durchfälle und der in Frage kommenden Erreger aus klinischer Sicht nicht möglich. Allein die milde Verlaufsform berechtigt gegebenenfalls zu Verdachtsdiagnosen.

Histologische Befunde am Darm frisch-toter oder zur diagnostischen Überprüfung getöteter Ferkel können wegen der Art und Lokalisation der Zellschäden bei der Diagnostik hilfreich sein, sie allein berechtigen jedoch nicht zur Aussage „Rotavirusinfektion". Das Virus läßt sich aus Gefrierschnitten aus dem Darm frisch-toter Tiere mittels Immunfluoreszenz direkt nachweisen. Im Kot kann das Antigen mit dem ELISA nachgewiesen werden.

Therapie und Prophylaxe

Der Verlauf einer Rotavirusinfektion wird vielfach durch enteropathogene E. coli-Stämme kompliziert. Aus diesem Grunde ist bei den ersten Anzeichen einer Infektion eine gegen E. coli gerichtete Chemotherapie angezeigt.

Zur Vermeidung einer Dehydration ist die Stimulierung der Rückresorption von Wasser und Elektrolyten angezeigt. Glyzin begünstigt die Rückresorption von Elektrolyten und Wasser im Darm. Obgleich die orale Verabreichung einer Glucose-Glyzin-Elektrolyt-Lösung arbeits- und zeitaufwendig ist, ist sie aber gerade bei jungen Saugferkeln anderen Applikationsarten vorzuziehen. Wird die Glucose-Glyzin-Elektrolytlösung in Schalentränken zur freien Aufnahme angeboten, so ist der therapeutische Effekt unbefriedigend, da die Ferkel erfahrungsgemäß nicht genügend Flüssigkeitsmengen aufnehmen, die zur Vermeidung einer Exsikkose erforderlich sind.

Dennoch lassen sich mittels täglich zwei- oder mehrmaliger Verabreichung von je 5–10 ml einer Elektrolyt-Glucoselösung befriedigende Behandlungserfolge erzielen (z. B. Glucose-Elektrolyt-Glyzin-Lösung; 67,53 g Glucose, 14,34 g Na-Chlorid, 10.30 g Glyzin, 0,81 g Zitronensäure, 0,21 g Kaliumzitrat und 6,8 g Kaliumdihydrogenphosphat ad 1000 ml Wasser).

Intravenöse Behandlungen bei Flüssigkeitsverlust und Exsikkose sind bei Ferkeln wegen des erforderlichen hohen Zeitaufwandes in der Regel unter den Bedingungen der tierärztlichen Praxis sehr problematisch. Als Alternative bietet sich die intraperitoneale Verabreichungsform an. Mit 15 bis 20 ml einer körperwarmen Glucose-Eletrolyt-Glyzin-Lösung täglich 1 mal intraperitoneal verabreicht, lassen sich gute Therapieergebnisse erzielen.

Schwerpunktmäßig wird die Rotavirusinfektion beim Ferkel über maternale Antikörper im Kolostrum säugender Muttersauen bekämpft. Einen spezifischen Schutz vermitteln sekretorische Antikörper, wenn sie im Darmtrakt vorhanden sind. Entsprechende Antikörpertiter entwickeln sich nach Aufnahme viruskontaminierten Kotes. Desweiteren ist orale Immunisierung von Muttersauen a. p. mit Lebendimpfstoff besonders in Problembeständen zu empfehlen, wodurch via Milchdrüse die Saugferkel bei entsprechender Aufnahme in den ersten Lebenswochen geschützt sind.

Eine aktive Immunisierung auf oralem Wege ist bei Saugferkeln möglich. Hierbei ist aber zu bedenken, daß junge Saugferkel aus Gründen der bei jungen Tieren vorhandenen Immuninkompetenz häufig gegen eine Infektion nicht ausreichend geschützt werden können.

Literatur

Bachmann, P. A., G. Hess, T. Hänichen (1979): Isolierung und Identifizierung von Rotaviren als Durchfallerreger bei Ferkeln und deren Verbreitung beim Schwein in der Bundesrepublik Deutschland. Tierärztl. Umsch. *34*, 825–828

Bachmann, P. A., R. G. Hess (1982): Comparative aspects of pathogenesis and immunity in animals. In: Virus infections of the gastrointestinaltract; *D. A. J. Tyrell* und *A. S. Kapikian* (Hrsg.), Marcel Decker, New York

Bohl, E. H., E. M. Kohler, L. J. Salf, R. F. Cross, A. G. Agnes, K. W. Theil (1978): Rotavirus as a cause of diarrhoe in pigs. J. Am. Vet. Ass. *172*, 458–463

Hess, R. G., P. A. Bachmann (1981): Distribution of antibodies to rotavirus in serum and lacteal secretions of naturally infected swine and their piglets. Am. J. Vet. Res. *42*, 1149–152

Hözügel, K., J. Zabke (1985): Untersuchungen zur Klinik und Therapie des Saugferkel-Frühdurchfalles. Mh. Vet. Med. *40*, 155–159

Moow, H. W. (1971): Epithelial cell migration in the alimentary mucosa of the suckling pig. Proc. Soc. exp. Biol. Med. *137*, 151–154

Westercamp, D. H. (1986): Field trials of porcine rotavirus vaccine to combat postweaning scours in baby pigs. Mod. vet. Prakt. *67*, 17–18

Erbrechen und Kümmern der Saugferkel
(Vomiting and Wasting Disease — HEV-Infektion)

Es handelt sich hierbei um eine Erkrankung der Saugferkel, die im deutschen Sprachraum in Anlehnung an die englische Bezeichnung „Vomiting and Wasting Disease (VWD) auch unter dem Begriff VW-Krankheit bekannt geworden ist. Seit der Entdeckung des Erregers, eines hämagglutinierenden Enzephalitisvirus (HEV) der Coronagruppe, hat sich vor allem im wissenschaftlichen Bereich immer mehr der Begriff HEV-Infektion als Bezeichnung der Erkrankung durchgesetzt.

Die Erkrankung wurde zunächst in Kanada und Dänemark beschrieben. Sie ist mittlerweile in zahlreichen Ländern nachgewiesen worden. Im süddeutschen Raum konnten bei der Untersuchung der Seren von Schlachtschweinen zunächst in 5 % der Fälle Antikörper gegen das HE-Virus nachgewiesen werden. In einer später angefertigten Studie waren 70 % aller Seren positiv, was die zunehmend weite Verbreitung der HEV-Infektion in der Bundesrepublik Deutschland deutlich unterstreicht.

Ätiologie und Pathogenese

Die Infektion erfolgt durch Kontakt mit dem Speichel bzw. dem Nasensekret infizierter Tiere, die das Virus 3–10 Tage post infectionem ausscheiden. Nach Angabe in der Literatur ist der Infektionsweg über den Respirationstrakt sowie über den Digestionstrakt möglich. Nach nasooraler Aufnahme gelangt das HE-Virus aus dem Magen via Ganglien des Plexus mesentericus entlang der Nerven in das zentrale Nervensystem und führt dort zu einer lokalen Enzephalitis. Anzeichen einer Enzephalitis sind jedoch nur bei einem Viertel der Fälle ausgeprägt und bei 40 % gar nicht zu beobachten. Das HE-Virus konnte auch im Blut und aus Lymphknoten isoliert werden, so daß die Vermutung berechtigt erscheint, daß das HE-Virus über ein Stadium der Virämie ebenfalls zum Gehirn gelangen kann.

Klinisches Bild und Verlauf

Erbrechen und Kümmern der Saugferkel erscheint sporadisch in Zuchtbeständen bei 4 – 14 Tage alten Ferkeln, wobei in der Regel nur einzelne Tiere eines Wurfes erkranken. Tiere im Alter von mehr als 21 Tagen erkranken nicht. Zum Ausbruch von Erkrankungen kommt es nur dann, wenn die Infektion in einem Bestand zwischen 14 Tagen vor und 10 Tagen nach der Geburt erfolgt. Bei den erkrankten Ferkeln sind Mattigkeit, Inappetenz und zeitweiliges Erbrechen als charakteristische Symptome zu nennen. Abhängig vom weiteren Verlauf der Erkrankung ist eine akute und eine chronische Erkrankungsform zu unterscheiden.

Bei der akuten Erkrankungsform kommt es nach dem Auftreten des Erbrechens sehr schnell über das Stadium einer Enzephalomyelitis oft schon innerhalb von 3 Tagen zum Tode der erkrankten Tiere. Der Verlauf der akuten Erkrankung ist nicht selten durch zunehmende motorische Ausfallserscheinungen gekennzeichnet.

In der chronischen Verlaufsform tritt ebenfalls Erbrechen auf. Die Erkrankung geht jedoch in ein Kümmern über, wobei die trichterartige Weitung des kaudalen Thoraxabschnitts und besonders die kugelförmige Auftreibung des Abdomens charakteristisch sind. Dieser Zustand kann über Wochen bestehen, bis die erkrankten Ferkel schließlich verenden bzw. wegen Unwirtschaftlichkeit getötet werden.

Diagnose und Differentialdiagnose

Wegen der unterschiedlichen Verlaufsformen und der selten auftretenden spezifischen Symptome der Erkrankung ist klinisch häufig nur eine Verdachtsdiagnose möglich, zumal differentialdiagnostisch bei Auftreten der ersten Anzeichen der Erkrankung akute Gastroenteritiden, Intoxikationen und andere Erkrankungen des ZNS ausgeschlossen werden müssen. Die pathologisch-anatomische und -histologische Untersuchung erkrankter Tiere allein kann in diagnostischer Hinsicht sehr nützlich sein. Bei der Sektion wird ein hochgradig vergrößerter, gespannter und dünnwandiger Magen festgestellt, der fast die halbe Bauchhöhe ausfüllt.

Dieser Befund kann als pathognostisch bezeichnet werden. Die Untersuchung sollte mit virologischen Untersuchungen gekoppelt werden.

Therapie und Prophylaxe

Eine Therapie ist derzeit nicht bekannt. Bei Auftreten der Erkrankung ist die schnelle Durchseuchung des Bestandes als Mittel der Wahl anzusehen. Da Muttersauen nicht erkranken, jedoch nach einer Infektion eine solide lebenslange Immunität entwickeln, ist eine Immunisierung der neugeborenen Ferkel über das Kolostrum als Ziel prophylaktischer Maßnahmen anzustreben.

Literatur

Behrens, H. (1977): Erbrechen und Kümmern der Saugferkel. Prakt. Tierarzt 58, 413 – 414
Cartwright, S. F. und *M. Lucas* (1970): Vomiting and wasting disease in piglets. Vet. Rec. 86, 278 – 280
Hänichen, T. (1978): Kümmern und Erbrechen bei Ferkeln. Prakt. Tierarzt 59, 795 – 797
Hooreus, J., *H. Thoonen* (1977): Vomiting and wasting disease in pigs. Vlaams Diergeneesk. Tijdschr. 46, 209 – 224
Schlenstedt, D., *H. Bernicol*, *H. Plonait* (1969): Erbrechen und Kümmern bei Saugferkeln. Dtsch. Tierärztl. Wschr. 76, 681 – 704

10.4.3 Bakterielle Infektionen

E. coli-Infektionen

Coli-Keime können bei Ferkeln verschiedene Krankheitsbilder verursachen. Neben dem Lebensalter der mit pathogenen E. coli infizierten Ferkel wird das klinische Bild der Infektion durch die Pathogenitätsmerkmale der am Infektionsgeschehen beteiligten Serotypen bestimmt. Die Abbildung 10.5 gibt einen Überblick über die Pathogenese der E.-coli-Erkrankungen beim Ferkel.

Nach oraler Aufnahme pathogener Coli-Keime erfolgt die Ansiedlung an den Epithelzellen der Darmzotten des Dünndarmes. Erregerstämme welche das Haftpilus-Antigen K 88 besitzen, wird die Ansiedlung im Darmepithel erleichtert. Solche Serotypen sind mit einer hohen Häufigkeit am coli-bedingten Krankheitsgeschen der Ferkel beteiligt. Im Dünndarm infizierter Ferkel setzt die Keimvermehrung und die Toxinbildung ein. Es können drei Arten von Toxin gebildet werden. Endotoxin ist am Schockgeschehen beteiligt, Neurotoxin ruft die Ödemkrankheit hervor und Enterotoxine spielen beim Durchfall neugeborener Ferkel eine entscheidende Rolle.

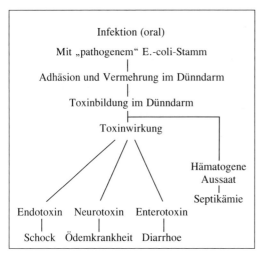

Abb. 10.5 E.-coli-Erkrankungen beim Ferkel (*Baljer* 1978)

Colisepsis – Coliseptikämie

Eine relativ seltene Verlaufsform, die meist im Endstadium einer Coliinfektion zu beobachten ist, stellt die Colisepsis dar. Nach massiver Vermehrung der Erreger kann es unter Toxineinwirkung nach einer Schädigung der Darmwand zur hämatogenen Aussaat von E. coli-Bakterien kommen. Unter den klinischen Anzeichen einer Sepsis, manchmal auch unter der Symptomatik des Schocks, tritt der Tod der Ferkel bei diesem Krankheitsverlauf rasch ein.

Colidiarrhöe – Coliruhr – Enterotoxische Enteropathie
(White scours)

Enteropathogene E. coli-Bakterien verursachen bei Ferkeln eine verlustreiche Aufzuchterkrankung. Das Krankheitsbild der Colienterotoxämie ist beim neugeborenen Ferkel durch eine akut verlaufende Diarrhoe geprägt, die mitunter schon am ersten Lebenstag auftreten kann. Bei älteren Saugferkeln ist im Alter von 3 bis 4 Wochen ein weiterer Gipfel in der Erkrankungshäufigkeit zu beobachten.

Ätiologie und Pathogenese

Der Coliruhr beim Ferkel geht nach oraler Keimaufnahme eine lokale Infektion des Dünndarmes mit einem enteropathogenen E. coli-Stamm voraus. Infektionsquellen sind stark verschmutzte, feuchte Ställe und Liegeboxen, Kot der Muttersau sowie die Ausscheidung bereits an Durchfall erkrankter Wurfgeschwister oder Boxennachbarn.

Zum Ausbruch der Erkrankung ist ein bestimmter Infektionsdruck erforderlich. Eine hohe Keimzahl enteropathogener E. coli-Keime in den oberen Dünndarmabschnitten führt allgemein zu dem Krankheitsbild der Coliruhr beim Ferkel. Neben der Keimzahl muß bestimmten Serotypen eine pathogenetische Bedeutung zugeordnet werden. Das Andoggen der Erreger am Dünndarmepithel wird durch die Oberflächenstruktur der entsprechenden Keime begünstigt. Colikeime, die über das Haftpilusantigen K 88 verfügen, oder Serotypen, denen ähnliche Kapselantigene zu eigen sind, spielen bei dem Infektionsgeschehn eine bedeutsame Rolle, wobei K 88-Serotypen am häufigsten im Falle von Enterotoxinerkrankungen beim Ferkel beteiligt sind.

E. coli-Stämme produzieren wenigstens ein oder oft auch zwei Enterotoxine, die für das Auftreten des Durchfalles verantwortlich zu machen sind. Enterotoxin LT (hitzelabil) verursacht schwere Durchfallerscheinungen, während das Freiwerden von Enterotoxin ST (hitzelabil) meist zu einem Durchfall minderer Intensität führt. In Anwesenheit von Enterotoxin LT wird die Sekretionstätigkeit der Epithelzellen des Darmes gesteigert. Parallel dazu kommt es zu einer Herabsetzung der Resorptionstätigkeit der entsprechenden Darmabschnitte. Durch diese Vorgänge werden gesteigerte Flüssigkeitsmengen in das Darmlumen hinein abgesondert.

Am Anfang der Erkrankung fallen außer der starken Dehydration aus pathologisch-anatomischer Sicht kaum Veränderungen auf. Mit zunehmender Krankheitsdauer wird der mit Flüssigkeit stark gefüllte Darm atonisch. Durch Resorption von Toxinen kann das für die Coliruhr der Saugferkel typische Krankheitsbild durch Symptome des Coliendotoxinschocks und der Colisepsis verstärkt werden. Die Erreger der Coliruhr beim Ferkel werden mit den Fäzes erkrankter Tiere massenweise ausgeschieden und stellen für noch nicht erkrankte Wurfgeschwister eine hohe Infektionsgefahr dar. Enteropathogene Stämme von E. coli werden vermutlich meist über Jungsauen in die Bestände eingeschleppt.

Klinisches Bild und Verlauf

Das klinische Bild der Erkrankung ist vor allem wegen der unterschiedlichen Verlaufsformen bei neugeborenen Ferkeln im Alter von wenigen Tagen und bei 3 bis 4 Wochen alten Saugferkeln nicht einheitlich geprägt. Ferkel können schon im Verlauf des ersten Lebenstages erkranken. Bei völlig erhaltener Sauglust fällt die Erkrankung zunächst an der dehydrationsbedingten Fältelung der Haut auf. Trotz optimaler Stalltemperatur stellen die Tiere die Haare auf und frieren. Bevor der Durchfall einsetzt, können Todesfälle vorkommen. Den Durchfallerscheinungen geht nicht selten eine durch Blähungen des Darmes hervorgerufene Umfangsvermehrung des Bauches voran. Das Einsetzen des übelriechenden, weiß-gelblichen bis grün-gelblichen Durchfalls führt rasch zu Gewichtsverlusten, wobei sich die Exsikkose sehr schnell verstärkt. Die Krankheitserscheinungen sind binnen kurzer Zeit bei den meisten Ferkeln eines Wurfes zu beobachten, wobei mit einer hohen Sterblichkeit gerechnet werden muß. Im Verlauf einer diarrhoeverursachenden Coli-Infektion breitet sich die Erkrankung von einem Wurf meist über den gesamten Bestand aus. Die überlebenden Ferkel fallen durch nicht befriedigende Gewichtszunahme in der Aufzuchtperiode auf.

Im Gegensatz zu Ferkeln im Alter von wenigen Tagen ist die Erkrankung bei älteren Saugferkeln durch eine mehr oder weniger protrahierte Verlaufsform gekennzeichnet. Allgemein kann davon ausgegangen werden, daß die Schwere der Erkrankung und die Todesraten mit zunehmendem Alter abnehmen, obgleich das Krankheitsbild selbst bei den sehr jungen Ferkeln ähnlich ist. Erkranken ältere Saugferkel, bei denen bereits mit der Zufütterung begonnen wurde, an Colidiarrhöe, verlaufen die Durchfälle oft in abgeschwächter Form.

Diagnose und Differentialdiagnose

Das klinische Bild begründet im Zusammenhang mit dem enzootischen Auftreten der Erkrankung in einem Bestand lediglich einen Verdacht, welcher durch die Sektion frisch verendeter Ferkel untermauert werden kann. Der Sektionsbefund ist besonders aus differentialdiagnostischer Sicht im Hinblick auf Durchfallerkrankungen anderer Genese äußerst wertvoll.

Der bakteriologische Nachweis hoher Keimkonzentrationen der das Krankheitsbild bestimmenden bekannten Serotypen von E. coli im Dünndarm frisch verendeter oder getöteter und nicht behandelter Ferkel ist aus diagnostischer Sicht als sicherster Hinweis für die Colidiarrhoe zu werten.

Differentialdiagnostisch sind TGE, Schweinepest, Nekrotisierende Enteritis, Dysenterie (bei älteren Ferkeln), Strongyloidose sowie nicht infektiös bedingte Durchfallerkrankungen zu beachten.

Therapie und Prophylaxe

Eine antibiotische bzw. chemotherapeutische Therapie ist nach Auftreten der ersten Symptome der Erkrankung angezeigt. Wegen der vielfach auftretenden Resistenzen von Colidiarrhöeerregern gegen eine Reihe zur Therapie in Frage kommender Substanzen sollten die zur Metaphylaxe und Therapie vorgesehenen Medikamente möglichst im Rahmen der Diagnosestellung durch ein Antibiogramm getestet werden. Bei fortgeschrittener Exsikkose der Ferkel kann durch orale Elektrolytverabreichung die Verlustrate gemindert werden. Werden die Ferkel bereits zugefüttert, kann der gesteigerte Flüssigkeitsbedarf über das Angebot von Trinkwasser optimiert werden. Besonders in Problembetrieben sind schwerpunktmäßig die Möglichkeiten der Immunprophylaxe gegen E. coli auszunutzen. Den E. coli-Erkrankungen der Ferkel geht immer eine lokale Infektion des Dünndarmes mit einem pathogenen E. coli-Stamm voraus. Für eine wirksame Immunprophylaxe muß deshalb die Bildung einer lokalen Immunität im Dünndarm im Vordergrund stehen (*Baljer*, 1978).

Entscheidende Bedeutung ist dem passiven Immuntransfer über das Kolostrum beizumessen. Aus diesem Grunde sollten Sauen, insbesondere Jungsauen, die in Problembetrieben eingestellt werden, mit den im einzelnen Betrieb vorherrschenden Serotypen vakziniert werden, um ihren Ferkeln mindestens während der ersten Lebenstage via Kolostrum einen Immunschutz vermitteln zu können. Die Typenspezifität der eingesetzten Vakzine mit den im Einzelbestand vorherrschenden Serotypen ist im Hinblick auf die Effektivität der Impfung entscheidend.

Nach bisherigen Erfahrungen ist eine parenterale, wie auch eine orale Mutterschutzimpfung mit inaktivierten E. coli-Keimen beziehungsweise mit Enterotoxinen möglich.

Die Immunisierung mit vollvirulenten E. coli-Vakzinen kann ebenfalls ohne Nachteile gegen Coliinfektionen der neugeborenen Ferkel wirkungsvoll eingesetzt werden. Die Verabreichung von Lebendimpfstoffen an die Muttersau ist mit besonderen Vorteilen verbunden. Lebendimpfstoffe machen weniger Impfungen erforderlich. Mit der Impfung muß beim Einsatz inaktivierter Vakzine mehrere Wochen vor dem Geburtstermin begonnen werden.

Ferkel werden mittels einer oralen, aktiven Immunisierung mit hitzeinaktivierten E. coli-

Bakterien geschützt. Wegen der einmal täglich während der ersten zehn Lebenstage notwendigen umständlichen und zeitaufwendigen Verabreichung ist diese Methode der Schutzimpfung vornehmlich für extreme Problemfälle zu empfehlen.

Auch intraperitoneal verabreichte Vakzine innerhalb der ersten 24 Stunden nach der Geburt mit einer oralen Wiederholungsimpfung nach zwei Wochen kann sich positiv auf das durch E. coli-Keime hervorgerufene Krankheitsgeschehen bei Ferkeln auswirken und unterstützend dazu beitragen, Todesfälle zu reduzieren sowie wirtschaftliche Verluste auf ein Minimum zu beschränken.

Chemotherapie und Vakzinierung sind zur Bekämpfung von E. coli bei Saugferkeln geeignet, aber keinesfalls als Mittel der Wahl zu betrachten. Flankierenden Maßnahmen zur Senkung des Infektionsdruckes wie Desinfektion und Optimierung der Haltungsbedingungen sind nach wie vor Erstrangigkeit zuzuordnen. Neuerdings wird auch dem erregerunspezifischem Schutz zur Bekämpfung der neonatalen Durchfallerkrankungen ein positiver Effekt zugeschrieben. Eine Paramunisierung kann mit der Muttertierimpfung sowie auch mit der aktiven Immunisierung der Saugferkel kombiniert werden. Sie bietet den Vorteil für Neonaten, bakterielle wie virale Diarrhöeerreger, besonders ubiquitär verbreitete Problemkeime, besser unter Kontrolle zu bringen.

Colitoxämie – Ödemkrankheit – Enterotoxämische Enteropathie

Bei Saugferkeln wird die über Neurotoxinfreisetzung provozierte Ödemkrankheit selten beobachtet. Das Krankheitsbild tritt vornehmlich bei Absatzferkeln auf und führt einige Tage nach der Entwöhnung der Ferkel von der Muttersau infolge der mit einer abrupten Futterumstellung verbundenen Coli-Dysbakterie zu hohen Verlustquoten. Demgegenüber können in seltenen Fällen bereits Saugferkel infolge einer Coliinfektion erkranken, bei der die toxinbedingten Schadwirkungen vordergründig zu Tage treten.

Infolge einer Gefäßwandschädigung fallen die betroffenen Ferkel durch starke Rötung der Konjunktiven auf. Ödeme, besonders im Bereich des Gesichtsschädels, häufiges Liegen, gesteigerte Schreckhaftigkeit, heiser klingende Quieklaute, Ataxien, Parese der Nachhand und gelegentlich auch Durchfälle sind als hervorzuhebende klinische Befunde bei der Colitoxämie der Saugferkel zu nennen (Abb. 10.6 s. Farbtafel 23).

Eine Behandlung der klinisch schwer erkrankten Saugferkel ist wenig aussichtsreich. Binnen kurzer Zeit ist mit dem Tod zu rechnen. Lediglich bei weniger ausgeprägten Verlaufsformen läßt eine Coli-wirksame und gegen die Toxinwirkung gerichtete Therapie einen Erfolg erhoffen. Sind ein oder einzelne Saugferkel eines Wurfes an der Colitoxämie erkrankt, so sind metaphylaktische Maßnahmen bei den gesunden Ferkeln des Wurfes angezeigt.

Die Fütterung der Ferkel nach dem Absetzen mit knapp bemessenen Rationen bei reichlichem Wasserangebot ist vorbeugend einige Tage zu empfehlen. Danach kann die Futtermenge stetig gesteigert werden, bis eine ausgewogene Ernährung der Absatzferkel erreicht wird.

Therapie und Prophylaxe sind im wesentlichen mit den bei der Coliruhr empfohlenen Maßnahmen identisch.

Literatur

Awad-Masalmeh, A. (1982): Untersuchungen an enteropathogenen E. coli des Ferkels – Serologie und Chemoresistenz. Wien. Tierärztl. Monatsschr. *69*, 358–364

Baljer, G. (1970): Hoffnung für verlustfreie Ferkelaufzucht? Neue Vakzinationsverfahren bei Ferkeln gegen Escherichia coli-Infektionen. Tierzüchter *31*, 51–54

Bajler, G. (1978): Möglichkeiten der Impfprophylaxe gegen Escherichia coli beim Ferkel. Prakt. Tierarzt *59*, 788–795

Baljer, G., S. Chorherr, E. Sickel, D. Giessen (1975): Orale, aktive Immunisierung neugeborener Ferkel gegen Escherichia coli: Wirksamkeit im Darmligaturtest. Zbl. Vet. Med. B. *22*, 488–498

Glawischnig, E., K. Sasshofer, W. Ortner (1986): Ein Beitrag zur oralen Immunprophylaxe der durch Escherichia coli bedingten Diarrhoen der Saugferkel. 1. Mitt. Immunisierung der Muttersau und Diarrhoegeschehen bei den Ferkeln. Wien. Tierärztl. Monatsschr. *73*, 184–187

Husband, A. J., J. T. Seaman (1979): Vaccination of piglets against Escherichia coli enteritis. Austral. veter. J. *55*, 435–436

Mayr, A., R. G. Hess, G. Baljer, P. A. Bachmann (1980): Fortschritte und Probleme bei der Bekämpfung neonataler Durchfallerkrankungen des Schweines. Prakt. Tierarzt *61*, 1049–1059

Waldmann, K.-H. (1983): Impfmöglichkeiten bei Coliinfektionen der Saugferkel. Prakt. Tierarzt *64*, 681–688

Nekrotisierende Enteritis der Saugferkel – Enteritis necroticans toxica infectiosa – Enterotoxämie der Saugferkel

Diese besonders in größeren Beständen vorkommende, enzootisch verlaufende, akute Durchfallerkrankung beim Saugferkel wird durch Clostridium perfringens Typ C verursacht.

Die Erkrankung führt zu hohen Verlusten mit einer Morbiditätsrate bis zu 50 %.

Ätiologie und Pathogenese

Klinisch gesund erscheinende Muttersauen scheiden den β-toxinbildenden Erreger aus. Die Ferkel infizieren sich auf oralem Wege bereits kurz nach der Geburt beim Saugen an den Zitzen bzw. an der Gesäugehaut der Muttersau. Die Infektion verursacht eine hämorrhagisch-nekrotisierende Enteritis, die im weiteren Verlauf rasch zu einer Epithelablösung führt. Sogar Lymphknoten und Muskelzellen des Darmes können geschädigt werden. Häufig kommt es zu Blutungen in das Darmlumen. An den Darmlymphknoten verendeter Ferkel ist eine emphysematöse Auftreibung auffallend.

Klinisches Bild und Verlauf

An der nekrotisierenden Enteritis erkrankte Ferkel fallen zunächst durch Apathie, Saugunlust, gesträubtes Haarkleid, Durchfall und erhöhte Temperatur auf. Der Kot ist zu Beginn des Durchfalls dünnflüssig und von blaßgelblicher Farbe. Todesfälle können schon vor den Durchfallerscheinungen im Verlauf des ersten Krankheitstages vorkommen. Sie häufen sich jedoch am zweiten Lebenstag, der in der Regel auch der zweite Tag post infectionem ist. Bei diesen Tieren ist der Kot meist schon durch Blutbeimengungen bräunlich verfärbt, übelriechend und schaumig. Die noch lebenden erkrankten Ferkel setzen später einen grau-gelblichen, übelriechenden, mehr oder weniger körnigen Kot ab. Im Verlauf der ersten Lebenswoche verenden nahezu alle erkrankten Ferkel. Tiere, die die Erkrankung überleben, fallen meist durch unbefriedigende Entwicklung auf und sind als Kümmerer für eine wirtschaftliche Nutzung nicht mehr geeignet.

Etwa ab der 3. bis 4. Lebenswoche treten keine Erkrankungen mehr auf.

Abhängig vom Verlauf der Erkrankung kann zwischen perakuter, akuter, subakuter und chronischer Form unterschieden werden, wobei zwischen allen Stadien Übergänge möglich sind. Bei der selten vorkommenden perakuten Form verenden die Ferkel ohne vorherige Krankheitsanzeichen schon in den ersten 12–15 Lebensstunden. Die akute Form ist durch das typische klinische Bild der Erkrankung charakterisiert. Geringer Durchfall ist bei der subakuten Verlaufsform festzustellen. Bei der chronischen Form tritt Durchfall in der Regel nicht oder in verminderter Form und unblutig auf.

Diagnose und Differentialdiagnose

Ganz zu Beginn einer Durchfallerkrankung bei neugeborenen Ferkeln kann aufgrund des klinischen Bildes zunächst keine ätiologische Differenzierung der Erkrankung oder der beteiligten Erreger vorgenommen werden. Werden jedoch im Kot bei durchfallkranken Ferkeln während der ersten Lebenstage Blutanteile festgestellt, so ist dies als Zeichen einer Infektion mit Clostridium perfringens Typ C zu werten.

Differentialdiagnostisch zu beachten sind durch E. coli hervorgerufene Diarrhöen, die zumindest im Anfangsstadium sehr ähnlich verlaufen. Sind bei Durchfällen neugeborener Ferkel trotz sofortiger Chemotherapie keine Besserung und im weiteren Verlauf sehr rasch Blutbeimengungen im Kot der Ferkel festzustellen, ist der Verdacht auf das Vorliegen einer nekrotisierenden Enteritis der Saugferkel durch das klinische Bild mit hoher Wahrscheinlichkeit gegeben. Unter den virusbedingten Durchfallerkrankungen ist primär die TGE zu beachten, bei der beim Saugferkel aller Altersstufen plötzlich auftretende Durchfallerscheinungen, jedoch ohne Blutbeimengungen im Kot zu beobachten sind.

Die Diagnose stützt sich auf die bei der Sektion verendeter Ferkel dominierenden hämorrhagischen Nekrosen der Dünndarmschleimhaut. Mitunter können vor allem bei länger bestehenden Krankheitsbildern ring- bis streifenartige Veränderungen am Darm festgestellt werden. Letztendlich wird die Diagnose durch den Erregernachweis gestellt.

Therapie und Prophylaxe

Die Bekämpfung der nekrotisierenden Enteritis der Saugferkel basiert auf prophylaktischen Maßnahmen (Desinfektion der Boxen und Impfung der eingestellten Jungsauen). Das enzootische Auftreten der Erkrankung wird durch die 2malige Schutzimpfung gravider Sauen (5 und 3 Wochen a. p.) verhindert.

Literatur

Hogh, P. (1967): Necrotizing infectious enteritis in piglets caused by Clostridium perfringens Typ C. II. Incidence and clinical features. Acta vet. scand. *8*, 301–323

Bussian, E., D. Seyfarth (1978): Beitrag zur Bekämpfung der Clostridien-Enteritis des Saugferkels (hämorrhagisch-nekrotische Saugferkelenteritis) in einer 1000er Sauenanlage. Mh. Vet. Med. *33*, 260–262

Plaisier, A. J. (1971): Enterotoxine ten gevolge von Clostridium perfringens type C bij jonge biggen. Tijdschr. Diergeneesk. *96*, 324–340

10.4.4 Parasitäre Erkrankungen

Der allgemein vorherrschende hohe Hygienestand und regelmäßig durchgeführte Prophylaxemaßnahmen in den Zuchtbeständen begründen die Erfahrung, daß den Parasitosen beim Ferkel nur noch eine geringe Bedeutung beigemessen werden muß.

Ascaridose – Spulwurmbefall

Die Ascaridose des Schweines ist eine weit verbreitete Parasitose, die beim Saugferkel weniger durch direkte Schadwirkung auffällt. Indirekt kann jedoch davon ausgegangen werden, daß der Entwicklungskreislauf von Ascaris suum Organschäden (Lunge und Darm) verursacht, die das Anhaften von Infektionen erleichtern. Direkte Schäden im Wirtstier werden meist erst nach der Säugeperiode durch mangelhafte Entwicklung der Tiere offensichtlich.

Ätiologie und Pathogenese

Bei der Übertragung von Ascariden ist der pränatale und galaktogene Infektionsweg nicht bekannt. Das mit embryonalen Eiern kontaminierte Gesäuge der Muttersau gilt insbesondere bei bestehendem Milchmangel neben den üblichen Möglichkeiten der Aufnahme von Wurmeiern (Stalleinrichtungen, Einstreu, Böden u. a.) als Infektionsquelle für die Ascaridose der Saugferkel. Die Möglichkeit zur Infektion ist somit bereits am ersten Lebenstag gegeben. Nach der oralen Aufnahme schlüpfen die Larven im Dünndarm und folgen dem bekannten Weg über Pfortader, Leber, Lunge, Trachea, Ösophagus, Dünndarm. Nach einer 8 bis 9 Wochen dauernden Präpatenzperiode werden schließlich im Darm Eier von geschlechtsreifen Würmern abgegeben.

Im Verlauf der Lungenpassage der Larven können gelegentlich Erscheinungen einer Pneumonie auftreten.

Klinisches Bild und Verlauf

Bei Ferkeln sind lediglich bei massivem Befall während der Lungenwanderung der Larven Anorexie, Husten, Dyspnoe zu beobachten. Zumindest im Saugferkelalter muß der Ascaridose wegen der möglichen Wegbereiterfunktion für bakteriell- und viralbedingte Erkrankungen des Respirations- und Magen-Darmtraktes mehr Bedeutung beigemessen werden als den durch Ascaris suum verursachten direkten Schadwirkungen auf die Tiere.

Diagnose und Therapie

Die über das Saugferkelalter hinaus dauernde Präpatenzperiode verhindert die koprologisch gestellte Diagnose. Erst bei sehr spät abgesetzten Ferkeln sind Würmer im Darm zu erwarten. Eine gezielte Therapie ist erst nach dem Nachweis von Wurmeiern im Kot möglich.

Literatur

Koch, W. (1980): Kolostrumfreie Aufzucht von Hysterektomieferkeln. Schweiz. Arch. Tierheilk. *122*, 127–136

Muff, F., W. Koch, K. Wolff (1984): Zur Epizootologie des Ascaridenbefalles beim Schwein. Schweiz. Arch. Tierheilk. *126*, 409–428

Supperer, R. (1973): Parasitosen im Intensivbetrieb: Schwein. Tierärztl. Praxis *1*, 33–42

Taffs, L. F. (1966): Helminths in pig. Vet. Rec. *79*, 671–693

Strongyloidose – Zwergfadenwurmbefall
(Strongyloides ransomi)

Der Zwergfadenwurmbefall beim Saugferkel ist unter der heute üblicherweise in Zuchtbetrieben durchgeführten planmäßigen Parasitenprophylaxe seltener anzutreffen. Dennoch kann er als Verursacher von Durchfällen bei Saugferkeln in der ersten Lebenswoche verantwortlich sein und bei den befallenen Ferkeln die erwünschte Entwicklung negativ beeinflussen.

Ätiologie und Pathogenese

Beim Saugferkel ist sowohl der transkolostrale als auch der perkutane Infektionsweg möglich.

Nach der Aufnahme und der sich anschließenden Weiterentwicklung wandern die Larven des Zwergfadenwurmes in das Gesäuge der Sau. Die Infektion der Ferkel beginnt mit der Aufnahme der Larven mit dem Kolostrum. Nach der oralen Aufnahme unterbleibt eine Körperwanderung im Verlauf des Entwicklungszyklus von Strongyloides ransomi, wobei die Entwicklung zur Geschlechtsreife der Würmer nur etwa 3 Tage beansprucht. Der orale Infektionsweg verliert ab der zweiten Lebenswoche an Bedeutung, da nur noch vereinzelte Larven mit der Milch auf die Ferkel übergehen. Mit dem Kot der Ferkel werden ab dem 4. Tag große Mengen von Würmern abgegeben. Nach der sehr rasch einsetzenden Entwicklung (2–3 Tage) der Larven im Freien ist die Voraussetzung für den zweiten Infektionsweg beim Ferkel über die perkutane Ansteckung gegeben. Die Larven dringen dann über die Unterhaut in Blut- und Lymphgefäße ein und erreichen nach etwa 24 Stunden die Lunge. Nach der Lungenpassage hinterlassen die Larven punktförmige Läsionen im Gewebe. Möglicherweise kann dadurch das Haften bakteriell und viral verursachter Erkrankungen erleichtert werden. Der Entwicklungskreislauf der Parasiten folgt mit dem Wanderweg der Larven über Trachea Ösophagus und endet schließlich im Darm, wo nach etwa 3 bis 4 Tagen geschlechtsreife Würmer zu erwarten sind.

Klinisches Bild und Verlauf

Laktogene Invasion

Etwa am 3. bis 4. Lebenstag treten bei den Ferkeln Durchfallerscheinungen auf, in deren Verlauf die Tiere Mattigkeit und struppiges Haarkleid zeigen. Blasse Schleimhäute und ein unbefriedigendes Wachstum sind alsbald festzustellen.

Transkutane Invasion

Nach dem Durchdringen der Haut hinterlassen die Larven an dieser vornehmlich am Bauch und an den Schenkelinnenflächen tiefrote kleine Quaddeln, in erheblicher Zahl, die einen starken Juckreiz hervorrufen. Nach einiger Zeit verlieren die Hautveränderungen deutlich an Farbe und verkrusten. Durchfall tritt fast immer auf, wobei die Intensität der Diarrhoe mit dem Alter der Ferkel zum Zeitpunkt des Befalles in einem umgekehrten Verhältnis steht. Der Durchfall dauert meist nur einige Tage an, in einzelnen Fällen kann auch Verstopfung auftreten. Die im weiteren Verlauf auftretende Appetitminderung hat bald eine Verzögerung der Gewichtszunahme zur Folge. Die Tiere fallen trotz entsprechender Eisenversorgung durch Blässe infolge von Blutarmut auf. Die Mortalitätsrate liegt unter 0,3 %.

Diagnose und Differentialdiagnose

Die Vermutung für den Befall mit dem Parasiten wird durch den Nachweis von Wurmeiern aus dem Kot erkrankter Saugferkel ab dem 4. Lebenstag oder dem Nachweis von Zwergfadenwürmern aus dem Darm toter Ferkel erhärtet. Ein Verdacht ist dann gegeben, wenn Durchfallerscheinungen vornehmlich in der zweiten Lebenswoche auftreten. Die typischen Hautveränderungen bei den Ferkeln, Anämie und Kümmern begründen den Verdacht.

Der klinische Verlauf und insbesondere die niedrige Mortalitätsrate lassen eine Abgrenzung zu Durchfallerkrankungen bakterieller und viraler Genese zu. Der Ausschluß solcher Erkrankungen kann über die Sektion toter Ferkel und über den Erregernachweis mit negativem Ergebnis geführt werden.

Therapie und Prophylaxe

Die Behandlung erfolgt mittels oral zu verabreichender Präparate in Pastenform oder durch injizierbare Medikamente. Zur Behandlung von Ferkeln sind sogenannte Doser im Handel, die bei der oralen Behandlung eine sichere und volumengerechte Dosierung von Medikamenten in Pastenform ermöglichen. Die Zahl der Behandlungen kann von der Intensität des Befalles abhängig gemacht werden. In der warmen Jahreszeit ist mit einem stärkeren Befall als in den Wintermonaten zu rechnen. Bei starkem Befall hat die Verabreichung von Cambendazol, Fenbendazol oder Thiabendazol jeweils am 3., 6. und 9. Tag sich bewährt. Therapieerfolge mit diesen Substanzen sind mehrfach zuverlässig nachgewiesen worden.

Hygienische Maßnahmen wie Reinigung der Sau, sowie Reinigung und Desinfektion der Abferkelbox vor der Belegung sind als flankierende Maßnahmen bei der Unterbrechung der Infektionskette zu fordern. Zur Behandlung von Sauen vor der Aufstallung im Abferkelstall ist Ivermectin zu empfehlen, da im Gesäuge persistierende Entwicklungsstadien mit anderen Präparaten nicht wirkungsvoll bekämpft werden können. Durch diese Therapie kann die transkolostrale Infektion der Ferkel vermieden werden.

Literatur

Barth, D., J. M. Breston (1985): Efficay of ivermectin against somatic Strongyloides ransomi larvae. Vet. Rec. 116, 366–367

Braune, S., H. Freitag (1970): Erfahrungen mit Thibenzole-Paste bei der Bekämpfung des Ferkeldurchfalles in der ersten Lebenswoche. Tierärztl. Umsch. 25, 256–259

Müller, E. (1970): Untersuchungen über die Verbreitung von Strongyloides ransomi. Tierärztl. Umsch. 31, 172–174

Pfeiffer, H., R. Supperer (1969): Über die Bekämpfung der Strongyloidose der Saugferkel mit Thibenzole. Wien. Tierärztl. Wschr. 56, 116–120

Supperer, R., H. Pfeiffer (1967): Zum Problem der „pränatalen" Strongyloidesinvasion beim Schwein. Wien. Tierärztl. Wschr. 54, 101–103

Kokzidiose

Kokzidien sind als Krankheitserreger bei der Spezies Schwein meist nur bei Saugferkeln von Bedeutung. Kokzidieninfektionen können sich schon bei etwa 3 Tage alten Ferkeln bemerkbar machen. Üblicherweise zeigen Saugferkel im Falle einer Infektion im Verlauf der 2. bis 3. Lebenswoche einen 4 bis 6 Tage anhaltenden Durchfall. Der Kot ist wässrig oder pastös und hellgelb bis weiß verfärbt. In seltenen Fällen kann infolge Blutbeimengungen eine braunrötliche Verfärbung der Faeces beobachtet werden. Abgesehen von der während des Durchfalls kurzfristig auftretenden Depression des Allgemeinbefindens sind in der Regel keine gravierenden Ausfallserscheinungen zu beobachten.

Nach oraler Aufnahme nicht sporulierter Oozysten aus dem Kot infizierter Muttersauen und kurzem Durchfall entwickelt sich bei Ferkeln eine belastbare Immunität, die die Tiere vor weiteren Infektionen schützt.

Die Diagnose wird über den Nachweis von Oozysten geführt. Da Oozysten während des Durchfalls nicht im Kot ausgeschieden werden, ist der Nachweis für das Vorliegen einer Kokzidieninfektion an histopathologische Methoden gebunden. Die Beurteilung von Gewebeschnitten und die Auswertung von Schleimhautabstrichen aus Jejunum und Ileum führen zur Diagnose.

Aus differentialdiagnostischer Sicht sind Rotavirusinfektionen, TGE, Colibazillose, nekrotisierende Enteritis und Strongyloides abzugrenzen oder auch Mischinfektionen nachzuweisen.

Kokzidiose wird mit gutem Erfolg durch orale Gabe von Sulfonamiden behandelt. Theoretisch kann die Infektion beim Ferkel durch die Kontaktvermeidung mit Kot von infizierten Sauen verhindert werden, wovon sich die prophylaktischen Maßnahmen folgerichtig ableiten lassen: Trockene und saubere Stallböden und regelmäßige Entfernung von Sauenkot.

Literatur

Stuart, B. P., D. B. Sisk, D. M. Bedell, H. S. Gosser (1982): Demonstration of immunity against Isospora suis in swine. Vet. Parasitol. 9, 185–191

Stuart, B. P., D. S. Lv. Ernst, H. S. Gosser (1980): Isospora suis enteritis in pigs. Vet. Pathol. 17, 85–95

10.5 Erkrankungen des Blutes

10.5.1 Thrombozytopenische Purpura

Die Thrombozytopenische Purpura beim Saugferkel ist eine besonders in England und in Skandinavien wiederholt beobachtete Erkrankung der Saugferkel, die in der Bundesrepublik Deutschland sehr selten vorkommt. Das Krankheitsbild kann frühestens ab dem zweiten Wurf einer Sau bei den Ferkeln in Erscheinung treten, wenn die Anpaarung der selben Elterntiere wiederholt wurde.

Als Ursache ist eine Thrombozyteninkompatibilität beschrieben. Im Verlauf der Trächtigkeit wird die Muttersau gegen paternale Thrombozytenantigene der Ferkel immunisiert. Bei den folgenden Trächtigkeiten nach Paarung der selben Elterntiere steigen die mütterlichen Antikörper gegen die fetalen Thrombozyten.

Die gesund geborenen Ferkel nehmen mit dem Kolostrum der Mutter gegen die eigenen Thrombozyten gerichtete Antikörper auf. Aufgenommene Isoantikörper führen rasch zu einer ausgeprägten Thrombozytopenie und entfalten einen zytotoxischen Effekt an den Megakaryozyten im Knochenmark. Der Thrombozytenabfall erfolgt bereits wenige Stunden nach Aufnahme der Antikörper. Ab dem 7. Lebenstage bewirkt der zytotoxische Effekt auf die Megakaryozyten einen erneuten Abfall der Thrombozytenzahl.

Der Schweregrad der Erkrankung hängt von der Menge der gegen die eigenen Thrombozyten gerichteten Antikörper ab.

Die klinischen Anzeichen der Erkrankung sind durch Blutungen in der Haut charakterisiert, wobei neben kleineren petechialen Blutansammlungen auch größerflächige Sugillationsblutungen vor allem im Bereich der Ohren vorkommen. Die allgemein ausgeprägte Depression der Ferkel steigert sich bei schwerer Verlaufsform rasch und führt binnen weniger Tage zum Tode. Minder schwere bis klinisch inapparent verlaufende Krankheitsbilder können die Ferkel durchaus überleben.

Die Diagnose wird meist aufgrund der Blutungen in der Haut und bei toten Tieren anhand des Sektionsbildes erstellt. Blutaustritt in den Harntrakt, in das Darmlumen und auffällige Blutungen an fast allen Organen sind hervorstechende Befunde. Mittels der histologischen Untersuchung des Knochenmarkes kann die Schädigung der Megakaryozyten überprüft und nachgewiesen werden.

Differentialdiagnostisch sind Infektionskrankheiten, in deren Verlauf petechiale Blutungen auftreten, und Vergiftungen mit Cumarin abzugrenzen. Von einer abermaligen Anpaarung der Elterntiere ist Abstand zu nehmen. So die Ferkel noch keine Antikörper mit dem Kolostrum aufgenommen haben, kann die Erkrankung über die Aufzucht durch Leihmütter oder auch künstliche Aufzucht verhindert werden.

Literatur

Lie, H. (1968): Thrombocytopenic purpura in baby pigs. Clinical studies. Acta Vet. Scand. *9*, 285–291

Linklater, K. A. (1975): The experimental reproduction of thrombocytopenic purpura in piglets. Res. Vet. Sci. *48*, 117–133

Nielsen, K., R. Nielsen, P. Nansen, S. Andersen (1973): Isoimmune purpura thrombozytopenica in piglets. Folia Veterinaria Catina *3*, 32–51

Schmidt, U., G. Trautwein, B. Hertrampf, H. Ehard, H. H. Fiedler (1977): Thrombozytopenische Purpura beim Saugferkel. Zbl. Vet. Med. *B. 24*, 386–397

10.5.2 Eisenmangelanämie

Ferkel werden mit geringen Eisenreserven geboren. Infolge des limitierten Eisenangebotes über die Milch entwickelt sich, so keine anderweitige Zufuhr dieses wichtigen Spurenelementes erfolgt, zunehmend im Verlauf der ersten Lebenswoche eine Anämie, die etwa in der dritten Lebenswoche ihren Höhepunkt erreicht.

In den modernen Aufzuchtsystemen haben Ferkel keine Möglichkeit, den zur optimalen Entwicklung notwendigen Eisenbedarf selbst zu decken, so daß eine Eisensubstitution zwingend notwendig ist.

Das Wissen um die Ätiologie und Pathogenese des Eisenmangels ist durch eine kaum überschaubare Zahl von Beiträgen so weit verbreitet, daß heute selbst in Kleinzuchtbetrieben dem Eisenmangel der Saugferkel durch Substitutionsmaßnahmen entgegengewirkt wird.

Ätiologie und Pathogenese

Der tägliche Eisenbedarf bei Saugferkeln beträgt je nach Geburtsgewicht und der während der Säugeperiode einsetzenden Gewichtszunahme etwa 6–7 mg Fe pro Tag. Bei ausschließlicher Ernährung mit Muttermilch wird den Saugferkeln über diese nur ein geringer Anteil des benötigten Eisens zur Verfügung gestellt (ca. 15 % –20 %). In der Folge entwickelt sich sehr rasch eine Eisenmangelanämie, die bei Saugferkeln, so keine zusätzliche Eisenversorgung erfolgt, das Wachstum entscheidend beeinträchtigt und in etwa 30 % der Fälle zum Tode führt.

Zur Deckung des Bedarfes an verwertbarem Eisen muß einem Saugferkel neben dem Eisen aus der Muttermilch pro kg Gewichtszunahme etwa 40 mg Eisen über drei bis vier Wochen hinweg zugeführt werden. Unter natürlichen Haltungsbedingungen geschieht dies auf oralem Weg durch die Aufnahme eisenhaltiger Erde. Dies ist für Ferkel in der heute praktizierten Schweinezucht nicht möglich, da, mit Ausnahme der in jüngster Zeit propagierten Produktion von sogenannten Scharrelschweinen, Ferkel ausschließlich im Stall aufgezogen werden. In solchen Haltungssystemen entwickelt sich bei Saugferkeln im Verlauf der ersten Lebenstage eine hypochrome mikrozytäre Anämie, die sich mit zunehmendem Lebensalter verstärkt. Besonders gravierend wirkt sich ein bestehender Eisenmangel bei Ferkeln mit hohem Geburtsgewicht aus, da bei solchen Tieren wegen der erhöhten Tageszunahme ein höherer Bedarf an dem wichtigen Spurenelement besteht.

Klinisches Bild und Verlauf

An Anämie leidende Saugferkel fallen durch Mattigkeit, Blässe der Bindehaut sowie der Haut auf. Lange Ruhepausen und deutlich reduzierter Spieltrieb sind bei betroffenen Saugferkeln offensichtlich. Nach kurzzeitigen Anstrengungen wie z. B. nach spielerisch ausgetragenen Rangeleien unter den Wurfgeschwistern treten Kurzatmigkeit und pumpende Atmungsbewegungen auf. Die betroffenen Ferkel sind zunächst noch gut genährt. Erst bei zunehmend verstärktem Eisenmangel wird die Haut faltig und das Haarkleid struppig. In diesem bereits hochgradigen Stadium der Anämie führt die nunmehr einsetzende Inappetenz zur Abmagerung und zum langanhaltenden Kümmern der Tiere (Abb. 10.7 s. Farbtafel 23).

Aus den bereits erwähnten Gründen sind Todesfälle infolge einer Eisenmangelanämie heute selten geworden. Der sich weit stärker auswirkende wirtschaftliche Schaden ist darin begründet, daß bei bestehendem Eisenmangel bei Ferkeln das Haften von verschiedenen Infektionen bakteriellen, viralen oder parasitären Ursprungs begünstigt und dadurch letztlich die Todesrate bei Saugferkeln mit bestehendem Eisenmangel erheblich erhöht wird.

Diagnose

Der Verdacht auf das Vorliegen einer Eisenmangelanämie ist aus klinischer Sicht erst dann begründet, wenn die klinischen Symptome wie z. B. Blässe der Haut besonders bei den stärksten Ferkeln eines Wurfes erkennbar sind und gleichzeitig im Rahmen der Vorberichtserhebung die bisher durchgeführten prophylaktischen Maßnahmen die Vermutung begründen, daß eine Eisenmangelanämie im Einzelfall zu erwarten ist.

Die klinische Beurteilung der Haut- und Schleimhautfarbe eignet sich nicht zur Feststellung eines latenten Eisenmangels (*Bollwahn*, 1983). Im Zweifelsfalle stützt sich der begründete Verdacht auf den hämatologischen Befund (Hämatokrit 25; Hämoglobin 90 g/l) sowie auf das Sektionsbild verendeter Ferkel.

Therapie und Prophylaxe

Die Möglichkeit der oralen Zufuhr von Eisenverbindungen hat sich aus verschiedenen Gründen in der Praxis nicht durchgesetzt. Das mit dem Angebot von Erde oder Grasnarbe verbundene Infektionsrisiko für die Ferkel ist aus hygienischen Gründen kaum zu rechtfertigen. Die wiederholt erforderliche umständliche orale Verabreichung von eisenhaltigen Präparaten ist zwingend notwendig und dadurch mit hohem Zeitaufwand verbunden. Die Verabreichung von Eisen an tragende Muttersauen erhöht weder die Eisenreserven der Ferkel noch den Eisengehalt der Sauenmilch und ist somit als Prophylaxemaßnahme ungeeignet.

Zur Prophylaxe und zur Therapie von Eisenmangelzuständen bei Saugferkeln stehen gut verträgliche hochmolekulare Eisenverbindungen (z. B. Eisen-Dextran) zur Verfügung, mit denen nach parenteraler Verabreichung der Eisenbedarf von Saugferkeln gedeckt werden kann. Eine allgemein empfohlene Dosis von 200 mg Eisen pro Tier am 2. oder 3. Lebenstag ist jedoch nicht in jedem Fall ausreichend, um ein Defizit an Eisen bei Saugferkeln zu verhindern. Ausschlaggebend für die benötigte Eisenmenge sind Geburtsgewicht und tägliche Gewichtszunahmen der Ferkel. Ferkel ab einem Geburtsgewicht von 1400 g benötigen zur Grundversorgung mit Eisen entsprechend dem Bedarf höhere Dosierungen.

Bei durchschnittlicher Tageszunahme von 200 bis 260 g steigt der Tagesbedarf an Eisen auf 11 mg (*Bollwahn*, 1983). Aus diesen Gründen ist bei Ferkeln mit überdurchschnittlicher Gewichtsentwicklung eine zusätzliche Eisenversorgung ab der zweiten Lebenswoche angezeigt.

Zwischenfälle nach Applikation von Eisen

Die allgemein gute Verträglichkeit der derzeit im Handel befindlichen Eisenpräparate und die Kenntnis über mögliche Zwischenfälle infolge einer prophylaktischen Verabreichung von Eisenpräparaten haben dazu geführt, daß Todesfälle nach Eisenapplikation selten sind.

Unsachgemäße parenterale Injektionen können lokale Gewebsschädigungen zur Folge haben (Nerven), die Lahmheiten nach sich ziehen. Wesentlich schwerwiegender ist die bakterielle Kontamination am Ort der Deponierung des Präparates, die über die Injektionslösung oder auch durch die Nadel erfolgen kann. Schmerzhafte Schwellungen und Nekrosen, häufig durch anaerobe Keime hervorgerufen, können in kürzester Zeit zum Tode der behandelten Ferkel führen.

Zwischenfälle, die durch Vitamin E-Mangel der Muttersauen und somit auch der Ferkel bedingt sind, sind nach intramuskulärer Injektion von Eisen in Form einer ödematösen Entzündung und Nekrosen bekannt geworden. Todesfälle binnen kurzer Zeit sind hierbei kein seltenes Ereignis.

Toxische Auswirkungen können durch die Wahl der Präparate weitgehend vermindert werden. Die Gefahr besteht nur nach der Verabreichung von ionisiertem Eisen oder bei zu rasch erfolgender Dissoziation aus der gebundenen Form. Eisenvergiftungen haben Ödeme und Muskeldegeneration zur Folge und führen zum Tod der Tiere

Der direkte Zusammenhang zwischen gleichzeitigen Eisen-Vitamin-D-Gaben und der Calcinose bei Ferkeln ist belegt. Zur Vermeidung von Folgeschäden sollten bei Saugferkeln keine Vitamininjektionen vorgenommen werden.

Literatur

Bollwahn, W., H. Knörl. K. Heinritzi (1983): Klinik und Diagnose des latenten Eisenmangels beim Ferkel. Prakt. Tierarzt *64*, 294–297

Bollwahn, W., S. Überschär (1969): Zwischenfälle nach Eisenapplikation bei Saugferkeln. Dtsch. Tierärztl. Wschr. *76*, 481–484, 541–547

Daunert, S., M. Kirchgessner, H. Giessler (1974): Zum Einfluß des Geburtsgewichtes von Ferkeln auf Verluste und Gewichtsentwicklung während der Aufzucht und Mast. Züchtungskunde *46*, 123–130

Häni, H., J. Thomann, H. Schäfer (1975): Zur Calcinose des Jungferkels. I. Beschreibung der Spontanfälle. Schweiz. Arch. Tierheilk. *117*, 9–18

Pallauf, J., M. Kirchgessner (1973): Zur Prüfung von Eisenpräparaten in der Anämieprophylaxe bei Saugferkeln. Züchtungskunde *45*, 119–132

Plonait, H. (1980): Eisenmangelanämie. In: W. Schulze et al. (Hrsg.): Klinik der Schweinekrankheiten, Verlag M. & H. Schaper, Hannover

Schmitz, H., E. Schaub, A. Müller (1976): Intramuskuläre Eisentherapie. Schweiz. Arch. Tierheilk. *118*, 441–479

10.6 Krankheiten des Bewegungsapparates

10.6.1 Angeborene Anomalien

Dickbeinigkeit, Krumm-Steif-Beinigkeit – Arthrogrypose

Angeborenen Gliedmaßendefekten können bei Ferkeln vielerlei Ursachen zu Grunde liegen. Erblich bedingte oder während der intrauterinen Entwicklung auf die Feten einwirkende Noxen infektiösen oder toxischen Ursprunges rufen Krankheitsbilder unterschiedlichen Grades im Bereich der Gliedmaßen hervor, die unabhängig vom Ausmaß der Schädigung ganz selten (z. B. Dermatosis vegetans) die Aufzucht der betroffenen Tiere rechtfertigen.

Die Dickbeinigkeit beim Ferkel ist als erblich bedingte Mißbildung beschrieben, wobei Häufigkeit und Ausprägungsgrad der Veränderungen bei einzelnen Würfen unterschiedlich sind. So sind bei einzelnen Würfen alle Ferkel mißgestaltet. In anderen Fällen wiederum können nur einzelne Symptomträger vorkommen. Desgleichen variiert der Ausprägungsgrad der Mißbildungen innerhalb eines Wurfes.

Stets sind an den Vorderextremitäten Symptome der Dickbeinigkeit zu erkennen. Tritt der Defekt an allen Extremitäten auf, ist die Verdickung an den Hinterextremitäten immer schwächer ausgeprägt als vorne.

Lebend geborene Ferkel mit dem Defekt der Dickbeinigkeit sind nicht in der Lage, die Gelenke an den veränderten Extremitäten zu beugen oder zu strecken. Ellbogen- und Karpalgelenk weisen eine leichte Beugehaltung auf. Die Tiere sind in ihrer Bewegungsfähigkeit sehr stark eingeschränkt. In manchen Fällen ist eine Fortbewegung, ja sogar die Einnahme einer stehenden Position unmöglich. Die Ferkel liegen in Seitenlage, haben Schwierigkeiten sich aufzurichten; bei ihnen sind binnen kurzer Zeit Anzeichen eines allgemeinen Schwächezustandes bemerkbar, die sich progressiv steigern und bereits am ersten Lebenstage oder spätestens am vierten Tag nach der Geburt zum Tode führen.

Für die Krumm-Steif-Beinigkeit (Arthrogrypose) sind sowohl erbliche als auch exogene, während der intrauterinen Entwicklung den Defekt verursachende Schadwirkungen verantwortlich. Die meist krummsäbelartig gebeugten Extremitäten sind häufig noch zusätzlich nach medial eingedreht. Krumm-Steif-Beinigkeit unterschiedlichen Schweregrades wird nach Infektion (Pest-Virus) der tragenden Sau sowie nach Intoxikation beobachtet. Die Zahl der mißgebildeten Ferkel innerhalb eines Wurfes schwankt stark, unter Umständen weisen alle Ferkel eines Wurfes verkrümmte Gliedmaßen auf.

Nach Verfütterung von bestimmten Pflanzen (z. B. Schierling, Tabak, Stechapfel, Wildkirsche) an tragende Sauen muß mit Krumm-Steif-Beinigkeit der Ferkel ebenso gerechnet werden wie nach der Verabreichung von Methallibur oder bei bestehendem Vitamin A-Defizit der Muttersau. Das nichtsteroidale Gestagen Methallibur ist wegen seiner Auswirkung auf die Feten seit längerer Zeit nicht mehr zum Einsatz zugelassen.

Literatur

Barker, C. A. V. (1970): Anti-gestation and teratogenic effects of Aimax (methallibure) in gilts. Can. Vet. J. *11*, 39–40

Crowe, M. W., H. T. Pike (1973): Congenital arthrogryposis associated with ingestion of tobacco stalks by pregnant sows. J. Am. Vet. Med. Assoc. *162*, 453–455

Dyson, D. A., A. E. Wrathall (1977): Congenital deformities in pigs possibly associated with exposure to hemlock (Conium maculatum). Vet. Rec. *100*, 241–242

Johannsen, U., R. Schäfer, W. Wittig (1984): Zur Pathologie der Dickbeinigkeit des Schweines. Mh. Vet. med. 39, 290–293

Keeler, R. F., L. D. Balls, K. Panter (1981): Teratogenic effects of Nicotiana glauca and concentration of Arabasine, the suspect teratogen in plant parts. Cornell Vet. 71, 47–53

Palludan, B. (1961): The teratogenic effect of Vitamin A deficiency in pigs. Acta Vet. Scand. 35, 245–248

Selby, L. A., H. C. Hopps, L. D. Edmonds (1971): Comparative aspects of malformations in man and swine. J. Am. Vet. Med. Assoc. 159, 1485–1490

Selby, L. A., R. W. Menges, E. C. Houser, R. E. Flati, A. A. Case (1971): Outbreak of swine malformations associated with the wild black cherry (Prunus serotina). Arch. Environ. Health 22, 496–501

Erblich bedingte Rachitis

Malformationen am Skelett, die durch mangelhafte Kalziumversorgung, Phosphormangel und unzureichendes Vitamin D-Angebot verursacht wurde, sind bei Ferkeln nicht bekannt. Demgegenüber wird bereits im Ferkelalter ein erblich bedingtes Leiden unter der Symptomatik einer Rachitis manifest, das auch bei ausreichender Kalzium- und Phosphorversorgung, wie dies bei Milchernährung normalerweise zutreffend ist, vereinzelt vorkommt. Die erbliche Rachitis der Saugferkel wird durch einen autosomalen, rezessiven Faktor verursacht. Das Leiden ist offensichtlich darauf zurückzuführen, daß bei den Merkmalsträgern eine Dysfunktion des Epithels im Duodenum besteht, welche die Kalziumresorption behindert. Allein schon der Tatbestand, daß innerhalb eines Wurfes nur bei einzelnen Ferkeln die Symptome einer Rachitis im Ferkelalter entstehen, während sich die übrigen Tiere bei gleicher Ernährung völlig normal entwickeln, schließt eine alimentär bedingte Genese der Krankheit aus.

Bei den Merkmalsträgern treten die ersten klinischen Anzeichen etwa ab der 5. Lebenswoche in Erscheinung. Die Tiere fallen durch einen gedrungenen Körperbau und Deformation der Skelettknochen auf. Die Entwicklung sistiert ab der 10. Lebenswoche. Deformationen des knöchernen Beckens führen zunächst zu erschwertem Kotabsatz und im weiteren Verlauf können Mastdarmvorfälle und Blasenrupturen als Folge der Kotverhaltung sowie einer Harnröhrenverlegung auftreten.

Ein Therapieversuch ist wegen der kaum zu erwartenden Wirtschaftlichkeit im Bezug auf die Mast betroffener Ferkel abzulehnen. Die Elterntiere sollten aus zuchthygienischen Erwägungen gemerzt werden.

Literatur

Mayer, H., H. Plonait (1968): Über eine erbliche Kalziumstoffwechselstörung beim Schwein (erbliche Rachitis). Zbl. Vet. Med. A. 15, 481–493

Planait, H. (1965): Erbliche Rachitis bei Saugferkeln. Dtsch. Tierärztl. Wschr. 72, 255–256

Spreizen, Grätschen der Saugferkel, Beinspreizen
(Splayleg, leg weakness)

Das angeborene Beinspreizen ist eine weltweit auftretende Krankheit neugeborener Ferkel. Wegen der erheblichen Beeinträchtigung der Fortbewegungsfähigkeit erkrankter Ferkel ist mit hohen Verlusten zu rechnen.

Ätiologie und Pathogenese

Die Ursachen für das Krankheitsbild sind nicht eindeutig geklärt. Neben einer genetischen Disposition werden der Mangel an essentiellen Aminosäuren wie Methionin und Cholin im Futter tragender Sauen als auslösender Faktor für das Entstehen des Krankheitsbildes diskutiert. Ein streßbedingtes Ansteigen der Nebennierenrindenhormone im Blut tragender Sauen soll zu einer Verzögerung der Ausreifung der Muskulatur bei den Feten führen. So kann durch eine langzeitige Dexamethasonverabreichung an tragende Sauen bei den Ferkeln das Krankheitsbild hervorgerufen werden. Histologisch ist in der Hinterschenkelmuskulatur eine Hypoplasie der Myofibrillen erkennbar, die vor allem bei wenige Tage alten Ferkeln deutlich ausgeprägt ist. Glatte Stallböden sollen sich begünstigend auf das gehäufte Auftreten der Erkrankung auswirken.

Klinisches Bild und Verlauf

Meist sind mehrere Ferkel eines Wurfes erkrankt. Die Symptome der Erkrankung sind oftmals unterschiedlich ausgeprägt. Erkrankte Ferkel zeigen in sitzender Haltung ein Abspreizen der Hintergliedmaßen oder auch schräg nach vorne gerichtete Hinterbeine in sitzender Position (Abb. 10.8). Wegen der bestehenden Einschränkung in der Fortbewegung sind die Tiere nur mühsam in der Lage, das Gesäuge der Sau aufzusuchen und werden, so es ihnen dennoch gelingt, häufig durch Wurfgeschwister am Saugen behindert. Die Tiere magern ab. Die mangelhafte Milchaufnahme führt sehr rasch über das Stadium der Hypoglykämie zu einer schon ohnehin vorhandenen Verstärkung der

Bewegungsbeeinträchtigung, worin der Grund dafür zu suchen ist, daß die Ferkel oft von der Sau erdrückt werden. Auch Stroheinstreu, sofern sie bei den heutigen Haltungsbedingungen überhaupt noch eine Rolle spielt, kann das Aufsuchen des Gesäuges für die erkrankten Ferkel erschweren und somit indirekt den Verlauf der Erkrankung negativ beeinflussen und die Todesrate erhöhen. Rauhe Stallböden wirken sich im Falle des Spreizens besonders begünstigend auf das Auftreten von Hautabschürfungen an den Hinterextremitäten erkrankter Ferkel aus. Wenn die Ferkel im Verlauf der ersten Lebenswochen nicht verhungern, kommt es zur Selbstheilung.

Abb. 10.8 Grätschen beim neugeborenen Ferkel

Diagnose und Differentialdiagnose

Das klinische Bild mit den gespreizten oder den schräg nach vorne gerichteten Hintergliedmaßen in sitzender Haltung ist als diagnostisches Leitsymptom zu werten. Insbesondere in den Fällen, in denen mehrere Ferkel eines Wurfes die typischen Symptome des Grätschens der Hinterbeine zeigen, ist die Diagnose bereits durch das klinische Bild erstellbar. Die Hypoplasie der Myofibrillen in der Schenkelmuskulatur führt zur histologisch gesicherten Diagnose. Traumen im Bereich des Beckengürtels und der Hinterextremitäten können durchaus bei Ferkeln in der ersten Lebenswoche zu einem klinischen Bild führen, das mit der Erkrankung verwechselt werden kann. In der Regel ist in solchen Fällen jedoch nur ein Tier des Wurfes betroffen.

Therapie und Prophylaxe

Eine gezielt gegen das Spreizen der Ferkel gerichtete Therapie ist nicht möglich. Wegen der vermutlich genetischen Disposition sollte besonders bei gehäuftem Auftreten des Krankheitsbildes in einem Bestand der Auswahl der Zuchttiere entsprechend Bedeutung beigemessen werden. Erkrankten Ferkeln kann durch das Anlegen von Hinterbeinfesseln mittels Heftplaster der Weg zum Gesäuge der Sau erleichtert werden.

Literatur

Bollwahn, W., B. Krudewig (1972): Die symptomatische Behandlung der Grätschstellung neugeborener Ferkel. Dtsch. Tierärztl. Wschr. *79*, 229–231

Firmanova, J., L. Loida (1985): Dexamethason application to pregnant minisows induced splayleg in minipiglets. Zbl. Vet. Med. *A. 32*, 445–458

Maass, P., J. Schulze (1979): Zur genetischen Disposition des angeborenen Beinspreizens beim Saugferkel. Mh. Vet. Med. *34*, 20–21

Thurley, D. C. (1967): Muskulaturentwicklung und Gliedmaßenschwäche (leg weakness) bei Schweinen. Dtsch. Tierärztl. Wschr. *74*, 336–338

10.6.2 Bakterielle Infektionen

Polyserositis und Arthritis
(Mycoplasma hyorhinis)

Infektionen des Respirationstraktes beim Schwein mit Mycoplasma hyorhinis sind weltweit häufig festgestellt worden, ohne daß dem Erreger der Polyserositis und Arthritis eine spezifische pathogene Bedeutung bei Atemwegserkrankungen beim Schwein beigemessen werden kann. Beim Ferkel ist Mycoplasma hyorhinis ursächlich für relativ mild verlaufende Entzündungen der Gelenke und der serösen Auskleidung der großen Körperhöhlen bekannt.

Ätiologie und Pathogenese

Mycoplasma hyorhinis wird von klinisch unauffälligen Sauen auf die Saugferkel übertragen (lediglich bei SPF-Ferkeln wird die Beteiligung von M. hyorhinis am Pneumoniegeschehen vermutet). Atemwegserkrankungen anderer Genese erleichtern vermutlich beim Ferkel die hämatogene Ausbreitung und führen zur Ansiedelung der Erreger in den Gelenken und auf den serösen Häuten der großen Körperhöhlen.

Die Krankheitssymptome sind im allgemeinen weit milder ausgeprägt, als dies von der Glässerschen Krankheit bekannt ist. Auffälligstes Merkmal der Erkrankung sind Arthritiden mit vermehrter Synovialflüssigkeit in den Gelenken, die gelegentlich nur an einem Gelenk festzustellen sind. Serofibrinöse Pleuritis, Pericarditis und Peritonitis treten meist in subakuten und minder ausgeprägten Verlaufsformen auf.

Klinisches Bild und Verlauf

Im allgemeinen erkranken Ferkel im Alter von 3 bis 10 Wochen. Bemerkbar macht sich die Erkrankung durch nicht sehr hohes Fieber, Schwellung im Bereich eines oder mehrerer Gelenke, wobei fast immer die Sprunggelenke betroffen sind, rauhem Haarkleid und leichter Inappetenz (Abb. 10.9). Später liegen die erkrankten Ferkel vermehrt; sie bewegen sich nur zögernd fort, wobei sie je nach Ausmaß der Gelenkschädigung und Zahl der betroffenen Gelenke unterschiedliche Lahmheit zeigen. Im Falle der Entzündung von Pleura und Peritoneum ist angestrengte Atmung bei aufgezogenem Bauch erkennbar. Die Tiere liegen vorwiegend auf der Brust.

Ein bis zwei Wochen nach Krankheitsbeginn verschwinden die klinischen Anzeichen der Erkrankung mit Ausnahme der Gelenkschwellung und der Lahmheit, die im Laufe der folgenden Wochen progressiv an Intensität verlieren, zum Teil aber auch wegen auftretender Knorpelläsionen bestehen bleiben.

Abb. 10.9 Polyarthritis

Diagnose und Differentialdiagnose

In ungewöhnlich schweren Verlaufsformen ist die Erkrankung anhand der klinischen Befunde nicht leicht von der Glässerschen Krankheit abzugrenzen. Der Verlauf des Krankheitsbildes und das Alter der erkrankten Tiere untermauern besonders nach erfolgloser Penicillintherapie den Verdacht auf das Vorliegen der Erkrankung.

Der Erregernachweis ist schwierig und bleibt entsprechend eingerichteten Untersuchungsinstituten vorbehalten. Der Nachweis kann aus Gelenkpunktaten oder aus den veränderten Geweben und Flüssigkeiten frischtoter oder in der akuten Phase der Erkrankung zu diagnostischen Zwecken getöteter Ferkel geführt werden.

Therapie und Prophylaxe

Mykoplasmen sind empfindlich gegenüber Tylosin. Auch die intramuskuläre Verabreichung von Lincomycin kann bei erkrankten Saugferkeln zu einer deutlichen Besserung der Erkrankung führen. Besonders latente und wenig ausgeprägte Verlaufsformen können durch die entsprechende antibiotische Therapie positiv beeinflußt werden. Über den prophylaktischen Einsatz von Tylosin oder anderen wirksamen Antibiotika und Chemotherapeutika liegen für Saugferkel keine genauen Erfahrungswerte vor.

Literatur

Gios, M., F. Kuska (1974): Intranasal infection of gnotobiotic piglets with Mycoplasma hyorhinis: Differences in virulence of the strains and influence of age on the development of infection. Zentralbl. Vet. Med. B. *21*, 352−361

Kott, B. E. (1983): Chronological studies of respiratory disease in baby pigs. M. S. thesis, Iowa State University

L'Ecuyer, C., W. P. Switzer, E. D. Roberts (1961): Microbiological survey of pneumonia and normal swine lungs. Am. J. Vet. Res. *22*, 1020−1025

Roberts, E. D., W. P. Switzer, F. K. Ramsey (1963): Pathology of the visceral organs of swine inoculated with Mycoplasma hyorhinis. Am. J. Vet. Res. *24*, 9−18

Roberts, E. D., W. P. Switzer, F. K. Ramsey (1963): The pathology of Mycoplasma hyorhinis arthritis produced experimentally in swine. Am. J. Vet. Res. 24, 19−31

Glässersche Krankheit

Fibrinöse Serosen- und Gelenkentzündung, Polyserositis und -arthritis, Transportkrankheit

Unter der Bezeichnung Glässersche Krankheit ist eine Krankheit bekannt, die beim Ferkel durch Gelenks- und Serosenentzündungen, manchmal auch durch Meningitis und Fieber gekennzeichnet ist. Die durch Haemophilus suis verursachte Erkrankung verläuft bei Ferkeln akut oder auch perakut und führt ohne Behandlung zu hohen Verlustraten.

Ätiologie und Pathogenese

Als Eintrittspforten für den Erreger sind beim Ferkel der Nabel, Verletzungen der Mundschleimhaut nach nicht sachgerechtem Zähnekneifen sowie Hautverletzungen besonders im Zusammenhang mit Scheuerstellen im Bereich der Gelenke infolge rauher Stallböden zu nennen.

Der Erreger wird üblicherweise durch klinisch unverdächtige Schweine, bei denen er den Schleimhäuten des Respirationstraktes anhaftet, in Zuchtbetriebe eingeschleppt und ruft enzootisch auftretende Krankheitserscheinungen bei Ferkeln hervor. Krankheitsfälle sind dann vermehrt zu beobachten, wenn hohe Keimzahl und resistenzmindernde Einflüsse (Stallklima, Hungerzustände) das Angehen der Infektion beim Ferkel begünstigen.

In den betroffenen Betrieben erkranken meist nur einzelne Ferkel innerhalb eines Wurfes, selten der gesamte Wurf. Krankheitsfälle sind bei Saugferkeln im Alter von wenigen Tagen, aber auch bei älteren Ferkeln möglich.

Die Infektion führt bei den Tieren zu Schwellungen der mit fibrinösen Beimengungen in der Gelenkkapsel (Polyarthritis). Davon sind vornehmlich die Sprunggelenke betroffen. Pleuritis, Serositis und Meningitis verursachen Ergüsse von Flüssigkeit in Pleurahöhle, Peritoneum, Pericard und eitriges Sekret im Subduralraum.

Klinisches Bild und Verlauf

Bei Ferkeln sind perakut verlaufende Erkrankungen möglich, die binnen sehr kurzer Zeit (24 Stunden) zum Tode führen. Meistens erkranken Saugferkel akut mit hohem Fieber, in dessen Verlauf sich rasch Appetitlosigkeit einstellt. Alsbald sind höchst schmerzhafte Gelenkschwellungen, verbunden mit Lahmheit, zu erkennen. Bei Betastung der Gelenke sind vermehrte Wärme, Fluktuation und hochgradige Schmerzäußerungen wahrnehmbar. Die erkrankten Tiere liegen sehr viel und suchen nur selten, zitternd und mit aufgezogenem Bauch das Gesäuge der Sau auf. In Fällen von Meningitis sind Opisthotonus, Zuckungen, Krämpfe und Festliegen zu beobachten.

Die Pleuritis verursacht trocken klingenden Husten. Die Betastung des Abdomens löst bereits nach sanfter Druckausübung heftige Schmerzreaktionen aus. Im Pericard vorhandene Flüssigkeitsansammlung ist auskultatorisch in Form gluckernder Geräusche wahrnehmbar. Die im Verlauf der Erkrankung zunehmende Herz-Kreislaufbelastung hat eine Zyanose der Haut an Extremitäten und Unterbauch zur Folge und führt, so keine Behandlung erfolgt, bald zum Tode.

Diagnose und Differentialdiagnose

Besonders der akute bis perakute Verlauf kennzeichnet im Zusammenhang mit der klinischen Symptomatik das Bild der Glässerschen Krankheit. Differentialdiagnostisch ist an eine Mykoplasmeninfektion und an bakteriell bedingte Gelenkserkrankungen zu denken. Niedrigere Fiebertemperaturen und langsamer Verlauf lassen aus klinischer Sicht eine Abgrenzung zwischen den Erkrankungen mit hoher Treffsicherheit zu.

In Ergänzung zu den bei der Sektion verendeter Ferkel (Entzündung und auch Fibrinbeläge an den entsprechenden Serosen) erhobenen pathomorphologischen Befunden sollte die Diagnose über den Erregernachweis aus den bei der Erkrankung betroffenen Geweben bzw. aus den abgesonderten Flüssigkeiten erstellt werden.

Therapie und Prophylaxe

Allein durch die frühzeitige Behandlung kann mit einem durchschlagenden Therapieerfolg gerechnet werden. Erfolgt die Behandlung nicht rechtzeitig, können die erkrankten Ferkel durchaus noch überleben, sie werden aber als Kümmerer auffallen. Penicillin in Kombination mit Glucocorticoiden führt bei Verdacht der Glässerschen Krankheit meist zur schnellen Besserung. Tritt nach der Behandlung keine Besserung ein, muß an eine Infektion unter Beteiligung von Mykoplasmen gedacht werden, die eine Umstellung der Therapie auf Mykoplasmen-wirksame Medikamente erforderlich macht.

Geeignete Prophylaxemaßnahmen bei neugeborenen Ferkeln sind in erster Linie Nabeldesinfektion, trockene Haltung und Vermeidung von Verletzungen der Haut und Schleimhaut. In Fällen, in denen sich das Zähnezwicken nicht vermeiden läßt, muß dabei mit größtmöglicher Sorgfalt vorgegangen werden, damit keine Läsionen an der Mundschleimhaut gesetzt werden. Über die metaphylaktische Verabreichung in Problembetrieben kann mittels erregerwirksamer Präparate am ersten Lebenstage ein enzootisches Auftreten der Krankheit bekämpft werden. Unterbrechung der Infektionskette durch die Rein-Raus-Methode, peinlichste Desinfektion der Abferkelställe und flankierende Maßnahmen, die jegliche Belastungen für die Ferkel vermeiden helfen, sind vorbeugend gegen ein gehäuftes Auftreten der Erkrankung in Zuchtbetrieben einzusetzen.

Literatur

Baehler, J. F. , H. Burgisser, P. A. De Meuron, J. Nicolet (1974): Infection à Haemophilus parasuis chez le porc. Schweiz. Arch. Tierheilk. *116*, 183–188

Kielstein, P. , W. Methling; D. Seyfarth und A. Keller (1986): Zur Bedeutung der Glässerschen Krankheit in Schweinebeständen. Arch. exp. Vet. Med. *40*, 170–182

Nielsen, R. und V. Danielsen (1975): An outbreak of Glässers disease. Studies on etiology, serology and the effect of vaccination. Nord. Vet. *27*, 20–25

Arthritis purulenta

Bei Ferkeln auftretende eitrige Gelenksentzündungen entstehen im Nachgang zu einer hämatogenen Streuung der Erreger, die meist über Läsionen inkorporiert wurden. Neben der Ansiedelung der Keime in den Gelenken können sich die entsprechenden Eitererreger auch im ZNS und im Respirationstrakt ansiedeln und beim Ferkel neben der Arthritis purulenta durch eine Meningoencephalitis und Pneumonie die Erkrankung erheblich komplizieren.

Ätiologie und Pathogenese

Eintrittspforten für die Erreger sind meist Verletzungen, die sich die Saugferkel bei bestehendem Milchmangel der Sau aufgrund des heftigen Drängens nach der Nahrungsquelle oftmals an den Karpalgelenken durch Abscheuern der Haut selbst zufügen oder Wunden, die im Rahmen von Routinemaßnahmen (Zähnezwicken, Schwanzamputation, Kastration) zugefügt werden und, so sie kontaminiert werden, zu Krankheitsbildern führen, die den sogenannten Technopathien zuzuordnen sind.

Streptokokken, Staphylokokken und Actinomyces pyogenes sind solitär oder gemeinsam als Infektionserreger für das Entstehen der Arthritis purulenta beim Ferkel verantwortlich. Auf hämatogenem Wege siedeln sich die entsprechenden Keime in den Gelenken an und verursachen dort eine Arthritis. Die Entzündung kann sich auf den periartrikulären Bereich ausweiten und zu Schäden auch an Gelenksknorpeln und an den Knochen führen, die später eine Versteifung der Gelenke zur Folge haben können.

Klinisches Bild und Verlauf

Hochschmerzhafte Schwellung eines oder auch mehrerer Gelenke sind aus klinischer Sicht als deutlicher Hinweis für die Erkrankung zu werten (Abb. 10.10). Die betroffenen Ferkel gehen lahm. Beim Betasten ist eine pralle Füllung der Gelenkskapsel und eine Erhöhung der Hauttemperatur im Bereich der Auftreibung zu fühlen. An Gelenkschwellungen erkrankte Ferkel liegen sehr viel. Sie werden beim Saugen durch die Wurfgeschwister an der Milchaufnahme gehindert, wodurch die krankheitsbedingte, unbefriedigende Gewichtsentwicklung noch verstärkt wird. Brechen die Gelenke im fortgeschrittenen Verlauf der Erkrankung auf, tritt eine gelblich trübe, mit flockigen bis körnigen Beimengungen versetzte Flüssigkeit aus. Bei länger bestehenden Entzündungsvorgängen nimmt das Sekret in den betroffenen Gelenken eine feste, mehr oder weniger käsige Struktur an und ist auch bei Fistelbildung kaum noch auszudrücken. Entzündungsbedingte Gelenkschäden können zu einer völligen irreversiblen Versteifung der Gelenke führen.

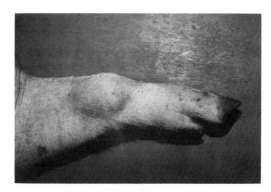

Abb. 10.10 Arthritis purulenta

Diagnose und Differentialdiagnose

Sorgfältig erhobener Vorbericht und klinisches Bild drängen im akuten Stadium der Gelenkschwellung und Lahmheit die Verdachtsdiagnose auf. Die Sekretbeschaffenheit aufgebrochener Gelenke untermauert die Verdachtsdiagnose, welche durch den Erregernachweis abgesichert wird.

Bei Saugferkeln sind differentialdiagnostisch durch Mycoplasmen verursachte Arthritiden und die Glässersche Krankheit abzugrenzen.

Therapie und Prophylaxe

Die möglichst frühzeitig einsetzende Therapie mit Penicillin (20'000 IE/kg KGW) bringt gute Heilungsergebnisse. Bereits aufgebrochene Gelenke sind wegen der massiven Erregerverbreitung Ausgang für eine Infektion von Wurfgeschwistern. Bei Routinemaßnahmen, die eine mögliche Eintrittspforte für die Erreger der Arthritis purulenta schaffen können (z. B. Kastration), sollten Ferkel mit aufgebrochenen Gelenken eliminiert werden, da bei solchen Tieren ohnehin nur mit einer verminderten Wachstumsrate gerechnet werden kann. Die weitere Prophylaxe ist auf die Vermeidung von Verletzungen und die Verhinderung von Eintrittspforten für die Erreger auszurichten.

Literatur

Bollwahn, W. (1980): Gliedmaßen- und Skeletterkrankungen. In: *Schulze, W.* et al. Klinik der Schweinekrankheiten. Verlag M. & H. Schaper Hannover

10.7 Erkrankungen der Haut

10.7.1 Angeborene Anomalien

Epitheldefekte der Haut − Epitheliogenesis imperfecta neonatorum

Das vermutlich genetisch bedingte Krankheitsbild ist sehr selten bei neugeborenen Ferkeln zu beobachten. Die scharf begrenzten haarlosen, mangelhaft epithelisierten, auffallend roten und leicht blutenden Bezirke sind in unterschiedlicher Ausdehnung an der äußeren Haut befallener Ferkel zu erkennen. Größere Defekte führen nach einigen Tagen zum Tod. Im Falle des Vorhandenseins kleinflächiger Defekte, insbesondere im Bereich der Extremitäten, kann es zu Selbstheilung kommen. Symptomatische Behandlungsmaßnahmen in Form von Sprays und trockener sauberer Haltung können den Heilungsprozeß begünstigen.

Literatur

Sailer, J. (1955): Epitheliosis imperfecta neonatorum beim Schwein. Tierärztl. Umsch. *10*, 215−216

Haarlosigkeit − Hypotrichosis congenita

Eine angeborene Hypotrichie tritt als sehr seltene, erblich bedingte Mißbildung bei Ferkeln auf, die durch die glatte, fettige, glänzende Hautoberfläche gekennzeichnet ist. Der Erbgang läuft dominant ab. Die Haarlosigkeit ist meist mit einer Lebensschwäche verbunden und kann leicht mit dem Myxödem der Ferkel in milder ausgeprägter Form verwechselt werden.

Literatur

Meyer, H., W. Drommer (1969): Erbliche Hypotrichie beim Schwein. Dtsch. Tierärztl. Wschr. *75*, 13−18

Myxödem

Von der erblichen Haarlosigkeit abzutrennen ist das angeborene Myxödem der Ferkel, bei dem neben Hypotrichie Unterhautödeme und hochgradige Dyspnoe das Bild beherrschen. Die Ferkel werden oft übertragen, sie sind bei der Geburt meist übergewichtig und fallen insbesondere durch ihre glänzende Haut und rundliche Gestalt auf, wodurch sich die landläufig übliche Bezeichnung „Speckferkel" ableiten läßt. Speckferkel äußern heiser klingende Quieklaute. Sie verenden meist schon am ersten bis zweiten Lebenstag.

Bei der Zerlegung toter Ferkel sind Ödeme und Blutungen in Unterhaut und Organen festzustellen. Die Schilddrüse ist kleiner als bei gesunden Tieren und zeigt im Schnittbild häufig eine rötliche Marmorierung.

Beim Myxödem ist die zusätzliche Bedeutung von Jodmangel der Muttertiere umstritten. Neben dem zu niedrigen Jodgehalt in der Futterration tragender Sauen wird auch der indirekte Jodmangel bei der Verfütterung nitratreicher Futtermittel sowie durch den erhöhten Anteil an Rapsextraktionsschroten für den Jodmangel bei Schweinen verantwortlich gemacht. Indirekter Jodmangel entsteht durch mangelhafte Jodresorption und durch die Bindung von Jod an Proteine.

Sauen mit bestehendem Jodmangel tragen 2 bis 10 Tage länger als normal. Bei Ferkeln aus Müttern mit Jodmangel beträgt die Morbiditätsrate 47 %. Die Sterblichkeitsquote der Ferkel liegt insgesamt bei 33 %, wobei Tiere mit Myxödem zunächst durch Schläfrigkeit und mangelhafte Sauglust auffallen und zwischen dem 2. und 5. Lebenstage verenden. Bei den noch lebenden Tieren sind Symptome der partiellen oder vollständigen Haarlosigkeit, braune Verfärbung der Haut mit streifigen Hautblutungen, Speckhals und kurze Extremitäten bei rundlichem Körperbau festzustellen. Im Falle des erblich bedingten Myxödems fallen die Ferkel durch eine verkleinerte Schilddrüse auf. Im Gegensatz dazu ist in den Fällen, in denen das Leiden mit Jodmangel der Muttersau in

Zusammenhang gebracht werden kann, regelmäßig eine kropfartige Vergrößerung der Schilddrüse unterschiedlichen Ausmaßes festzustellen. Zur Untermauerung der Diagnose kann der Verdacht eines durch Jodmangel provozierten Krankheitsbildes durch die Bestimmung des T_4-Gehalts im Blut neugeborener Ferkel überprüft werden (normal 300 μmol/l).

Ab dem 3. Lebenstage kann bei den Ferkeln durch eine intramuskuläre Injektion von 2,0 ml einer 2,5 % Kaliumjodidlösung eine erfolgversprechende Behandlung durchgeführt werden.

Aus differentialdiagnostischer Sicht muß der Hypotrichosis congenita Bedeutung beigemessen werden.

Das erblich bedingte Myxödem der neugeborenen Ferkel wird durch Zuchtausschluß der Elterntiere verhindert. Bei Jodmangelsituationen wird das Leiden über eine ausgewogene Jodversorgung der Muttertiere bekämpft.

Literatur

Körber, R., R. Wenzel, H. Völker, H. Bierbach (1978): Zur Ätiologie, Pathogenese, Diagnostik und Bekämpfung von Jodmangelerkrankungen der Zuchtschweine. Mh. Vet. med. *33*, 858−863

Liebisch, H. (1948): Ätiologie und histologische Untersuchungen über das enzootische Myxödem der neugeborenen Ferkel. Wien. Tierärztl. Monatsschr. *35*, 193−198, 249−263

Schöne, F., G. Jahreis, H. Lüdke, B. Groppel, E. Kirchner, H.-D. Bock (1986): Hyperthyreose bei Sauen und Ferkeln nach Fütterung einer Kartoffel-Rapsextraktionsschrot-Silage. Arch. exp. Vet. Med. *40*, 507−509

Pityriasis rosea − Bauchflechte

Die in der Umgangssprache übliche Bezeichnung „Bauchflechte" für das Krankheitsbild ist irreführend, weil die Erkrankung im Gegensatz zur pilzverursachten Flechte nicht ansteckend ist. Das Bild der Pityriasis rosea tritt in der Regel zeitlich begrenzt in Beständen auf. Gleichzeitig mit der Verwendung eines anderen Vatertieres zur Zucht sind die Krankheitsbilder in Beständen, in denen sie bislang gehäuft auftraten, nicht mehr zu sehen. Meist erkranken nur einzelne Ferkel eines Wurfes im Alter von 4 bis 8 Wochen. Äußerst selten ist das Bild bei allen Ferkeln eines Wurfes zu sehen.

Für das Auftreten der Pityriasis rosea wird eine erbliche Veranlagung verantwortlich gemacht.

Die Hautveränderungen entstehen vornehmlich am Bauch, der Leistengegend und an den Schenkelinnenflächen in Form von kleinen rötlichen Knötchen, die zentral eine leichte Eindellung aufweisen und am wallartig aufgeworfenen Rand eine Abschuppung der Haut erkennen lassen. Im weiteren Verlauf der Hauterkrankung dehnen sich die Veränderungen aus und tendieren zu einer landkartenartigen Ausbreitung über Unterbauch und Brust, wobei die wallartige Abgrenzung im Randgebiet der veränderten Hautpartien erhalten bleibt. Seltener treten an Ohrgrund und Schwanzansatz Veränderungen der Haut auf. Im Flankenbereich und teilweise auch am Rücken sind rötliche Hautveränderungen geringen Ausmaßes festzustellen, die als solitäre Knötchen auffallen, jedoch nicht zu den beschriebenen landkartenartigen Ausbreitungen des Bildes wie am Unterbauch führen (Abb. 6.26 s. Farbtafel 3).

Die Veränderungen heilen im Verlauf von einigen Wochen ab. Es kommt dabei zu keiner Beeinträchtigung des Wohlbefindens noch zu Juckreiz. Erkrankte Ferkel zeigen keine Minderentwicklung im Vergleich zu gesunden. Die schuppenartige Abstoßung der Oberfläche im Bereich der veränderten Hautpartien lassen häufig den Eindruck entstehen, als ob die veränderten Hautpartien mit Kleie überdeckt wären.

Der Krankheitsverlauf ist symptomatisch mit Salben oder ähnlichem nicht zu beeinflussen. In Einzelfällen können sekundär unspezifische Pilzbesiedelungen (Candida u. a.) an den Hautveränderungen nachgewiesen werden. Tritt das Krankheitsbild gehäuft in einem Zuchtbestand auf, sollte der Eber ausgewechselt werden.

Literatur

Otcenasek, M., J. Dvorak, J. Komarek (1965): Zur Ätiologie der Bauchflechte (Pityriasis rosea) der Ferkel. Berl. Münch. Tierärztl. Wschr. *78*, 345−346

Wallmann, G. (1983): Weitere Beobachtungen über die Erblichkeit der Disposition zur Bauchflechte (Pityriasis rosea) der Ferkel. Berl. Münch. Tierärztl. Wschr. *76*, 107−111

Dermatosis vegetans

Bei Ferkeln, die der Schwedischen Landrasse entstammen, wird zuweilen ein Krankheitsbild beobachtet, das mit bei der Geburt bestehenden klumpfußartigen Verdickungen der Zehen und sich in den ersten Lebenswochen am Bauch ausbreitenden papulösen Hautveränderungen sowie einer Riesenzellpneumonie einhergeht. Das Leiden ist autosomal rezessiv erblich.

Im Zusammenhang mit der Erkrankung wird auch ein Enzymdefekt in den Epidermiszellen sowie eine Vitamin A-Unterversorgung diskutiert.

Klinisches Bild und Verlauf

Die bei der Geburt bereits meist dezent vorhandenen Veränderungen an den Klauen sind vielfach nur an den Vorderextremitäten zu erkennen. Anfänglich fällt eine wulstartige Rötung und Ödematisierung am Klauenrand auf. Später sind plattenartige gelbliche Beläge am Kronrand und eine spröde furchige Verdickung an den Klauen zu erkennen. Die Hautverändungen entwickeln sich meist in den ersten Lebenswochen und sind besonders an den wenig behaarten Hautpartien wie Unterbauch, Schenkelinnenflächen, seltener an Rücken und Flanken vorzufinden. Zunächst dominieren scharf begrenzte rötliche Papeln. Die schuppige, fast kleieartige Oberfläche der Veränderungen konfluiert zu großflächigen Bezirken, deren Zentren dellenartig einsinken. Die Randpartien der Hautveränderungen sind wallartig begrenzt. Später fällt eine variköse, bröckelige, sich verfärbende Beschaffenheit der befallenen Hautbezirke auf. Zum Ende der Säugezeit hin, sofern die Tiere noch leben, nimmt die Intensität der borkigen Beschaffenheit der Hautveränderungen häufig wieder ab. Neben den Klauen- und Hautdefekten ist die Erkrankung durch eine mit Hustenanfällen begleitete Bronchopneumonie gekennzeichnet. Bakteriell bedingte Sekundärinfektionen komplizieren meist in Form einer eitrig-katarrhalischen Bronchopneumonie den Krankheitsverlauf und führen bei fast allen erkrankten Ferkeln bald zum Tode.

Diagnose und Differentialdiagnose

Da die Veränderungen an den Klauen zum Zeitpunkt der Geburt oft nicht deutlich ausgeprägt sind, bleibt die Krankheit in der ersten Lebenswoche nicht selten unentdeckt. Im Verlauf der Ausweitung der Hautveränderungen und im Verein mit der sich bei den Ferkeln entwickelnden Bronchopneumonie wird die Diagnose aus der Gesamtsymptomatik des klinischen Erscheinungsbildes abgeleitet.

Die Abgrenzung des Krankheitsbildes von der Pityriasis rosea ist aufgrund des unterschiedlichen Verlaufes der Erkrankungen möglich und kann insbesonders anhand der Klauenveränderungen und des Lungenbefundes erfolgen.

Eine gezielte Therapie und Prophylaxe ist nicht möglich. Versuchsweise durchgeführte symptomatische Behandlungen mit dem Ziel, erkrankte Tiere am Leben zu erhalten, sind erfolglos geblieben. Die Dermatosis vegetans kann nur über den Ausschluß der Anlageträger aus der Zucht sinnvoll bekämpft werden.

Literatur

Flata, J. L., M. A. Hansen, P. Slagvad (1961): Dermatosis vegetans in pigs, symptomatology and genetics. Zbl. Vet. Med. A. *8*, 25−42

Glawischnig, E., R. Swoboda, H. Schlecht (1974): Zum Vorkommen der Dermatosis vegetans des Schweines in Österreich. Dtsch. Tierärztl. Wschr. *82*, 5−9

Häni, H. (1980): Zum Vorkommen der Dermatosis vegetans des Schweines in der Schweiz. Schweiz. Arch. Tierheilk. *122*, 117−125

Percy, D. H., T. J. Hulland (1969): The histopathological changes in the skin of pigs with dermatosis vegetans. Can. J. comp. Med. *33*, 48−54

10.7.2 Virusinfektionen

Schweinepocken − Suipox virus

Pocken beim Ferkel sind weit verbreitet. Die seuchenhaft verlaufende fieberhafte Erkrankung ist durch einen pustulösen Hautausschlag gekennzeichnet, der über längere Zeit hinweg zu beobachten ist.

Ätiologie und Pathogenese

Als Eintrittspforte des Erregers sind Schleimhäute und Verletzungen der Haut zu nennen. Schweinepocken werden sowohl direkt durch Kontakt als auch indirekt über Vektoren (z. B. Läuse und Fliegen) übertragen. Pockenerkrankungen beim Ferkel treten ganzjährig mit einem deutlichen Gipfel der Erkrankungshäufigkeit in der warmen Jahreszeit auf.

Das Suipox-Virus wird bereits während der Inkubationszeit mit dem Augensekret, dem Speichel und später mit den abfallenden Krusten ausgeschieden. Der Virusaufnahme schließt sich das Stadium der Virämie an, dem das Manifestwerden der Erkrankung in Form von Papeln an der Haut folgt.

Klinisches Bild und Verlauf

Nach einer Inkubationszeit von 4 bis 14 Tagen sind bei den infizierten Ferkeln Fieber und eine wenig deutlich auffallende Störung des Allgemeinbefindens zu bemerken. Die Hautveränderungen treten zunächst in Form von Erythemen an Ohren, Bauch, Schenkelinnenflächen und auch an der Rüsselscheibe auf, die im weiteren Verlauf von 2–3 Tagen über Papeln zu Pusteln von etwa einem halben Zentimeter Durchmesser heranreifen und randständig wallartig abgegrenzt sind. Etwa nach einer Woche verfärben sich die Hautveränderungen dunkelbraun, verkrusten und fallen, ohne Narben zu hinterlassen, ab.

Das Auftreten der Pocken kann durchaus zeitlich versetzt sein. Nachdem die Pocken bereits im Abheilen begriffen sind, kann ein weiterer Schub (Sekundärpocken) manifest werden, wodurch die klinische Symptomatik verlängert wird. In diesen Fällen sind an einem Tier gleichzeitig mehrere unterschiedliche Stadien der im Verlauf der Erkrankung auftretenden Hautveränderungen zu erkennen.

Bei hoher Morbidität ist die Mortalitätsrate meist gering. Sekundärinfektionen können den Krankheitsverlauf komplizieren.

Diagnose und Differentialdiagnose

Das klinische Bild ist zumindest im Verlauf der Infektion pathognomonisch. Lediglich im Anfangsstadium bei Sichtbarwerden von stippchenartigen Rötungen der Haut bestehen Schwierigkeiten, Hauterkrankungen anderer Genese, insbesondere bakteriell verursachte, abzugrenzen. Erregernachweis oder histologische Nachweismethoden sind unerläßlich, zumal Pockenerkrankungen der Schweine auch durch das Vaccinia-Virus hervorgerufen werden.

Therapie und Prophylaxe

Die Hautläsionen heilen von selbst ab. Eine wirksame Therapie ist nicht bekannt. Zur Verhinderung der Verbreitung von Pocken sind Hygienemaßnahmen und Kontaktvermeidung hilfreich. Besonders in den abgefallenen Krusten hält sich das Virus länger als infektiöses Agens. Fliegen- und Läusebekämpfung und Desinfektion der Ställe sind geeignete Maßnahmen, die Verschleppung der Erkrankung zu verhindern. Ferkel dürfen erst nach völliger Abheilung der Hautveränderungen in Aufzucht- oder Mastbetriebe abgegeben werden.

Eine Pockeninfektion hinterläßt eine belastbare Immunität, die gewöhnlich lange anhält und über das Kolostrum neugeborene Saugferkel mit humoralen Antikörpern versorgt.

Literatur

Mayr, A., K. Neubrand, H. Mahnel (1968): Seuchenhaftes Auftreten von originären Schweinepocken in Bayern. Tierärztl. Umsch. *21*, 124–131

10.7.3 Bakterielle Infektionen

Epidermitis exsudativa – Seborrhoisches Ekzem
Ferkelruß – Nässendes Ekzem
(Greasy pig disease, marmite disease)

Die beim Ferkel vorkommende Epidermitis exsudativa ist seit langem weltweit bekannt. Das unter den verschiedenen Bezeichnungen (Ferkelruß, Pechräude, Ferkelgrind) bekannte Krankheitsbild kann in einzelnen Betrieben fast seuchenhaft auftreten und zu erheblichen Verlusten führen.

Ätiologie und Pathogenese

Für das Erscheinungsbild des seborrhoischen Ekzems wurden lange Zeit verschiedenste Ursachen (Spurenelementmangel, Vitaminmangel u. a.) verantwortlich gemacht. Seit einigen Jahren ist Staphylococcus hyicus als Erreger des Ferkelrußes identifiziert. Der Erreger dringt vielfach durch Hautverletzungen ein, wie sie beim Saugferkel beim Kampf um die Zitzen im Kopfbereich leicht entstehen können.

Befallen werden Ferkel aller Altersstufen, wobei altersabhängig die Tendenz zu einem unterschiedlich ausgeprägten Krankheitsbild besteht. Zunächst entstehen an der Epidermis Bläschen, die innerhalb kurzer Zeit eintrocknen und unter Juckreiz über ein Stadium der Borkenbildung abfallen. Bei schweren Verlaufsformen sind degenerative Prozesse und Ödeme in der Leber, dem Harnapparat und auch im Gehirn vorzufinden.

Das Ekzem beginnt bei 3–4 Tage alten Ferkeln meist am Nasenrücken, breitet sich allmählich über Ohren, Hals, Schenkelinnenflächen und Bauch letztendlich über den gesamten Körper hinweg aus. Anfänglich fühlt sich das Ekzem feucht und klebrig bis schmierig an. Später kommt es zur Austrocknung der veränderten Hautbezirke, wobei die Tiere fortschreitend mehr oder weniger starken Juckreiz zeigen. Etwa nach ein bis zwei Wochen nimmt die Haut ein borkiges Aussehen an. Im Lauf der dritten bis vierten Woche nach Auftreten der ersten Krankheitsanzeichen kann es zur Selbstheilung kommen. Bei der Mehrzahl der überlebenden Ferkel ist eine reduzierte Gewichtsentwicklung festzustellen. Bei hochgradig erkrankten Ferkeln schwankt die Mortalitätsrate zwischen 20 und 80 Prozent.

Obwohl das seborrhoische Ekzem von Tier zu Tier übertragen werden kann, erkranken nicht immer alle Ferkel eines Wurfes. Die Epidermitis exsudativa tritt in einer lokalisierten Form auf, die unterschiedliche Ausmaße annehmen kann. Mitunter zeigen einzelne Tiere eines Wurfes keinerlei Anzeichen der Erkrankung, während bei den Wurfgeschwistern schwerste borkige Hautveränderungen zu beobachten sind. Ältere Saugferkel erkranken kaum generalisiert. In der Regel dominiert bei solchen Tieren und bei Absatzferkeln das auf einzelne Bereiche der Haut lokalisierte Krankheitsbild.

An den Ballen erkrankter Ferkel sind gelegentlich Bläschen festzustellen, die rasch eintrocknen. Das Sohlen- und Ballenhorn hebt sich im weiteren Verlauf ab und kann in Form zusammenhängender Gewebefetzen abgezogen werden. Ein ähnliches Bild ist nach der Abstoßung der Hautverkrustungen besonders bei milderen Verlaufsformen zu beobachten. Die Haut ist mit einem pergamentartigen schmutzig-bräunlichen Belag bedeckt, der sich im Stadium der Heilung leicht abziehen läßt und schuppig abgestoßen wird.

Diagnose und Differentialdiagnose

Das klinische Bild ist namentlich in der generalisierten Verlaufsform kennzeichnend für die Erkrankung. Die Diagnose drängt sich insbesondere dann auf, wenn mehrere Ferkel eines oder auch einzelner Würfe in einem Zuchtbetrieb gelblich-klebrige Beläge der Haut vorweisen.

Eine im Stadium der Heilung befindliche Pokkenerkrankung muß vor allem von lokalisierten Formen der Erkrankung abgegrenzt werden. Unterschiede in Umfang und Lokalisation der Hautveränderungen sind bei der Abgrenzung der beiden Erkrankungen aus klinischer Sicht hilfreich. Pocken bedingen meist kleinere und kreisrunde bis ellipsenförmige Hautdefekte, die wallartig abgegrenzt sind. Demgegenüber herrschen beim Ferkelruß größerflächige, borkige Beläge vor.

Der Erregernachweis allein ist aus diagnostischer Sicht wenig hilfreich, da Staphylococcus hyicus als weit verbreiteter Keim in der Schweinezucht bekannt ist und nur beim Ferkel die typischen Hautveränderungen verursacht.

Therapie und Prophylaxe

Der therapeutische Einsatz von Antibiotika führt nur in seltenen Fällen zu voll befriedigenden Ergebnissen. Wegen der auftretenden Resistenzen gegen einige Antibiotika sollte die Wirksamkeit der zur Therapie vorgesehenen Substanzen durch Resistenzbestimmung überprüft werden.

Die Behandlung muß frühzeitig, möglichst bei Auftreten der ersten Krankheitsanzeichen, durchgeführt werden. Nur dann kann der Verlauf der Erkrankung im positiven Sinn beeinflußt werden. Der gesamte Wurf wird mindestens an drei aufeinanderfolgenden Tagen antibiotisch behandelt. Liegt noch kein Resistenztest vor, bieten sich zur Therapie erfahrungsgemäß zunächst Penicillin oder Trimethoprim/Sulfonamid als Mittel der Wahl an. Durch die parenterale Behandlung kann die Ausbreitung der Epidermitis exsudativa innerhalb des Wurfes verhindert werden. In Problembetrieben kann die Erkrankung durch eine systematische antibiotische Metaphylaxe bekämpft werden. Wiederholt parenterale Behandlungen sind auch hier angezeigt.

Bei bereits erkrankten Ferkeln kann durch eine Therapie lediglich eine mildere und verkürzte Krankheitsverlaufsform erwartet werden. Vorbeugende Maßnahmen leiten sich aus der Pathogenese der Krankheit ab. Im wesentlichen muß dafür Sorge getragen werden, daß keine Verletzungen der Haut bei Ferkeln entstehen (Raufereien der Ferkel und Haltungsfehler). Regelmäßige Desinfektion der Boxen führt zur Verringerung des Keimdruckes und ist besonders in Betrieben, in denen das Krankheitsbild gehäuft auftritt, dringend zu empfehlen. Die Impfung trächtiger Sauen mit stallspezifischer Vakzine vermittelt über das Kolostrum den Ferkeln einen wirksamen Schutz.

Literatur

Amtsberg, G. (1978): Infektionsversuche mit Staphylococcus hyicus an aktiv und passiv immunisierten Schweinen. Berl. Münch. Tierärztl. Wschr. *91,* 201–206

Amtsberg, G., W. Bollwahn, A. S. Hazem, B. Jordan, U. Schmidt (1973): Bakteriologische, serologische und tierexperimentelle Untersuchungen zur ätiologischen Bedeutung von Staphylococcus hyicus beim nässenden Ekzem des Schweines. Dtsch. Tierärztl. Wschr. *80,* 496–499, 521–523

Bollwahn, W., K. H. Bäkk, A. S. Hazem, G. Amtsberg, K. Schmidt, B. Jordan (1972): Das nässende Ekzem der Schweine. Die Blauen Hefte 48, 345–357

L'Ecuyer, C. (1968): Epidermite exsudative du porc. Econ. Med. Anim. 9, 13–17

Schulz, W. (1970): Die exsudative Epidermitis der Ferkel (Ferkelruß) – Untersuchungen zur Ätiologie und Pathogenese unter besonderer Berücksichtigung des Staphylococcus hyicus. Mh. Vet. med. 25, 428–435

Nekrosen im Masseterbereich

Im Verlauf von Kämpfen um die Zitzen und bei spielerisch ausgetragenen Raufereien kommt es im Kopfbereich bei Saugferkeln häufig zu Biß- und Kratzverletzungen, die durch Sekundärbesiedelung mit Erregern der Nekrobazillose wie Fusobacterium necrophorum und Spirochäten kompliziert werden. In der Folge entwickeln sich in manchen Beständen bei Saugferkeln vermehrt erhebliche krustöse Beläge an den oberflächlich gesetzten Läsionen, die vermutlich mit dem im Einzelfall vorherrschenden Keimspektrum in Zusammenhang gebracht werden müssen (Abb. 10.12).

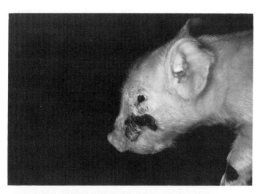

Abb. 10.12 Nekrose im Masseterbereich

Keimbesiedelungen von Hautläsionen führen je nach Art des an der Infektion beteiligten Erregers und der Immunitätslage der Sau bei Ferkeln zu unterschiedlichen Krankheitsbildern und können einen spezifischen Krankheitsverlauf bedingen.

Bei Besiedelung mit Nekrobazilloseerregern können oberflächliche Hautverletzungen zu Nekrosen erheblichen Ausmaßes im Gewebe der näheren Umgebung der Läsionen führen. Das typische Bild entwickelt sich im Laufe der ersten Lebenswoche und ist besonders im dorsalen Lippenbereich, am Mundwinkel sowie im Masseterbereich als ausgedehnte Nekrosen, die sogar in die Muskulatur reichen können, zu beobachten.

Die Behandlung der Läsionen ist äußerst zeitaufwendig und besonders bei Nekrosen größeren Ausmaßes wenig effektiv. Spektakuläre Heilungen sind nicht zu erwarten. In leichteren Fällen kommt es zu Spontanheilungen. Zur Verhinderung des gehäuften Auftretens des Erscheinungsbildes muß primär die Voraussetzung geschaffen werden, daß keine Bißwunden im Kopfbereich entstehen können.

Das vielfach empfohlene und praktizierte Abzwicken der Eckzähne der Ferkel vermindert das Risiko im Hinblick auf Bißverletzungen, beinhaltet aber bei nicht sachgerechter und sorgfältiger Durchführung die Gefahr von Mundschleimhautverletzung, über die Erregerkeime ebenfalls eindringen können.

Bißverletzungen bei Raufereien entstehen im wesentlichen beim Kampf um die Zitze, der im Falle von Hypogalaktie der Sau und innerhalb sehr großer Würfe bei zu geringer Zitzenzahl gehäuft und heftig zwischen den Ferkeln ausgetragen wird.

Das Abzwicken der Eckzähne ist aus tierschutzrechtlichen Gründen nur im Einzelfall zur Vermeidung durch Rangordnungskämpfe verursachter Verletzungen gestattet. Zunächst sollten die zu Beißereien zwischen den Ferkeln führenden Ursachen beseitigt werden.

Literatur

Penny, R. H. C., M. J. Edwards, R. Mulley (1971): Clinical observation of necrosis of the skin of suckling pigs. Austr. Vet. J. 47, 519–537

Plonait, H. (1980): Klinik der Schweinekrankheiten. In: Schulze, W. et al. (Hrsg.), Verlag M. Schaper, Hannover

10.8 Erkrankungen des Zentralnervensystems

10.8.1 Angeborene Anomalien

Ferkelzittern – Zitterkrampf
Myoclonia congenita – kongenitaler Tremor

Die Zitterkrankheit neugeborener Ferkel ist eine durch ein einheitliches klinisches Bild gekennzeichnete Erkrankung, die durch mehrere Usachen bedingt sein kann.

Ätiologie und Pathogenese

Der Zitterkrampf bei neugeborenen Ferkeln kann beobachtet werden, wenn die Muttersau in der ersten Hälfte der Gravidität mit fetopathogenen Schweinepestvirusstämmen infiziert wurde oder auch mit nicht näher identifizierten Viren Kontakt hatte. Ätiologisch kann dem Ferkelzittern auch ein genetischer Faktor zu Grunde liegen. Nach Neguvon-Behandlung bei tragenden Sauen sind ebenfalls Ferkel mit dem Symptom des Zitterkrampfes beobachtet worden. Bei dem Syndrom des Ferkelzitterns fallen im Rahmen der postmortalen Diagnosestellung Kleinhirnhypoplasien unterschiedlicher Ausprägung und Störungen der Myelinisierung am ZNS auf. Es werden 6 Typen des kongenitalen Tremors bei Ferkeln unterschieden. Typ A I–V mit deutlich erkennbaren und mikroskopisch sowie biochemisch diagnostizierbaren Veränderungen des ZNS und Typ B ohne erkennbare Alterationen am ZNS. Die jeweilige Ursache der Erkrankung hat keinen Einfluß auf die pathomorphologischen Befunde am ZNS. So können bei in utero mit Neguvon provozierten Intoxikationen der Ferkel post partum Zitterferkel mit Kleinhirnhypoplasie und solche Tiere, bei denen keine Läsionen am ZNS auftreten, beobachtet werden.

Klinisches Bild und Verlauf

Obwohl die kausale Genese und das pathologische Bild bei der Krankheit äußerst verschieden sind, ist das klinische Bild doch sehr einheitlich und nur durch graduelle Unterschiede in der Ausprägung der Symptomatik gekennzeichnet. Neben leichtem Zittern können heftige Zuckungen an den Extremitäten bis hin zu starken Schüttelkrämpfen an verschiedenen Körperteilen beobachtet werden. Meist gehen die Zuckungen von den Streckmuskeln der Extremitäten aus und laufen über den gesamten Körper hinweg. Die Zuckungen sind gelegentlich aber auch vorwiegend am Kopf oder am hinteren Körperabschnitt zu erkennen. Das Ferkelzittern kann mehr oder weniger stark in Form tonischklonischer Krämpfe oder als wellenförmige Bewegung auftreten. In schweren Fällen wird der Körper so durchgeschüttelt, daß die Ferkel nicht mehr stehen und sich kaum noch fortbewegen können. Mitunter sind die Tiere nicht mehr in der Lage, die Zitzen zu erfassen und beim Saugen festzuhalten, wodurch sich bei solchen Ferkeln rasch eine Hypoglykämie entwickelt, die zum Hungertod führt. Zumeist bestehen die Erscheinungen schon zum Zeitpunkt der Geburt bei allen oder den meisten Ferkeln eines Wurfes. Seltener stellt sich die Erkrankung erst bei 2–3 Tage alten Ferkeln ein („three-days-tremblers"). Bei hochgradigem Zittern verenden die Tiere binnen weniger Tage. Bei milder ausgeprägten Krankheitssymptomen läßt das Zittern im Verlauf einer Woche deutlich nach. Im Verlauf von etwa 2 Wochen kommt es zur Heilung.

Diagnose und Differentialdiagnose

Die Diagnose stützt sich auf das eindeutige klinische Bild. Die Ätiologie des Leidens kann im Einzelfall nur im Verlauf neuropathologischer und virologischer Untersuchungen abgeklärt werden.

Differentialdiagnostisch abzugrenzen sind Erkrankungen bei neugeborenen Ferkeln, deren Krankheitsverlauf unter anderem auch durch Zittern gekennzeichnet ist. In diesem Zusammenhang sind vor allem die Hypoglykämie der Saugferkel und die Aujeszkysche Krankheit bei Ferkeln zu nennen.

Therapie und Prophylaxe

Wegen der unterschiedlichen Ursachen ist eine gezielte Therapie nicht möglich. Ein günstiger Verlauf wird durch Wärme unterstützt.

Bei genetisch bedingter Zitterkrankheit sollten die Elterntiere aus der Zucht ausgeschlossen werden.

Literatur

Done, J. T., J. D. J. Harding (1967): Kongenitaler Tremor der Schweine (Zitterkrankheit der Ferkel): Veränderungen und Ursachen. Dtsch. Tierärztl. Wschr. *74*, 333–336

Fatzer, R., H. Häni, E. Scholl (1981): Kongenitaler Tremor und zerebelläre Hypoplasie bei Ferkeln nach Behandlung der Mutterschweine mit Neguvon® während der Trächtigkeit. Schweiz. Arch. Tierheilk. *123*, 29–36

Miry, C., E. Moerman, R. Ducatelle, W. Coussement, J. Hoorens (1983): Beitrag zur Pathologie der Typ B Zitterkrankheit der Ferkel. Dtsch. Tierärztl. Wschr. *90*, 358–359

10.8.2 Virusinfektionen

Aujeszkysche Krankheit – Morbus Aujeszky, Pseudowut, Pseudorabies, Pseudolyssa

Die Aujeszkysche Krankheit (AK) ist eine akute, fieberhafte, durch Herpesviren hervorgerufene

Erkrankung des Zentralnervensystems bei Säugetieren. Die Krankheit ist weltweit verbreitet. In der Bundesrepublik nimmt die Zahl der Neuausbrüche seit 1976 laufend zu. Die wirtschaftlichen Schäden sind beträchtlich.

Die Erscheinungen der AK sind seit mehr als 150 Jahren bekannt, wurden jedoch mit der Tollwut verwechselt. Erst 1902 hat A. Aujeszky in Ungarn nachgewiesen, daß es sich um eine eigenständige, von der Tollwut zu unterscheidende Krankheit handelt.

Ätiologie und Pathogenese

Das Aujeszky-Virus gehört zur Gruppe der Herpesviren (porcines Herpesvirus 1, PHV 1). Die einzelnen Stämme weisen Unterschiede in ihrer Virulenz auf. Das Virus ist gegen Umwelteinflüsse sehr widerstandsfähig. Im Stroh und Heu bleibt es bis zu 40 Tage, in Kadavern und Sekreten monatelang infektionsfähig. Direkte Sonnenbestrahlung tötet das Virus in einigen Stunden ab.

Das Infektionsspektrum umfaßt nahezu alle Säugetierarten mit Ausnahme der Einhufer und der Primaten, die eine natürliche Resistenz besitzen. Hauptwirt ist das Schwein. Schweine bilden auch das Virusreservoir und sorgen mit infizierten, inapparent erkrankten Tieren für die Verbreitung der Krankheit. Schweine werden vorzugsweise nasal, aber auch oral und genital infiziert.

Empfänglichkeit, Krankheitsbild, Verlauf und Letalität der AK sind beim Schwein, ganz im Gegensatz zu anderen Tierarten, stark altersabhängig. Saugferkel sind hochempfänglich und erkranken in der Regel letal, während bei älteren Schweinen die Infektion sehr milde oder völlig symptomlos verläuft. Demgegenüber nimmt die AK bei allen anderen Tieren in allen Altersklassen regelmäßig einen tödlichen Ausgang, so daß diese Tiere die Endglieder der Infektionskette bilden.

Die Virusvermehrung nach Infektionen findet an der Eintrittspforte statt, meist im Nasen-Rachenraum und in den Tonsillen. Von hier aus gelangt das Virus über die Nervenbahnen ins Zentralnervensystem. Beim Schwein kann es auch zu einer lymphogenen oder hämatogenen Ausbreitung des Virus kommen.

Die Inkubationszeit beträgt beim Schwein 1–21 (3–8) Tage. Bei Saugferkeln ist sie sehr kurz. In dieser Zeit setzt die Virusausscheidung über Nasen- und Rachensekrete sowie über die Milch und Sekrete der Geschlechtsorgane ein. Saugferkel sind durch den unmittelaren Kontakt mit infizierten Muttersauen besonders gefährdet.

Bei infizierten, älteren Schweinen, die die AK überstehen, bildet sich eine dauerhafte zellvermittelte Immunität aus. Eine Virusvermehrung findet dann nicht mehr statt, so daß Virusausscheider unter diesen Tieren selten sind. Die Immunität ist jedoch nicht absolut, so daß immune oder nicht immunisierbare Schweine nach Reinfektion vorübergehend Virusträger und -ausscheider sein können. Ohne Rücksicht auf den Immunstatus geht bei überlebenden Schweinen die akute Infektion immer in eine latente Infektion mit lebenslanger Persistenz von Viren über. Durch Streß kann die latente Infektion wieder aktiviert werden. Diese Viruslatenz ist für die Ausbreitung der AK von größter Bedeutung. Ferkel von immunen Sauen erkranken infolge kolostraler passiver Immunisierung nicht. Sie sind jedoch nach Abklingen der kolostralen Immunität mit 4–6 Wochen voll infektionsempfänglich.

Klinisches Bild und Verlauf

Das klinische Bild der AK ist beim Schwein abhängig vom Alter der betroffenen Tiere. Bei Saugferkeln stehen neben virämisch bedingtem Fieber regelmäßig zentralnervöse Störungen im Vordergrund: Apathie, Kreisbewegungen, Muskelzittern, Nystagmus, Ruderbewegungen der Gliedmaßen bei Seitenlage, Opisthotonus mit hochgezogenen Ohren, Krämpfe der Kaumuskulatur, Schlucklähmung, allmählich zunehmende Ausfallserscheinungen (Ataxien, Lähmungen) (Abb. 10.13). Im weiteren Verlauf können andere Störungen (Erbrechen, Stimmlosigkeit, Pneumonie) hinzutreten. Der bei anderen Tierarten besonders auffällige, typische Juckreiz fehlt beim Schwein. Der Tod tritt nach wenigen Tagen ein. Die Letalität bei Saugferkeln beträgt altersabhängig 50–100 %.

Abb. 10.13 Aujeszkysche Krankheit beim Ferkel

Ältere Schweine (Läufer, Mast- und Zuchtschweine) zeigen keine oder nur unauffällige klinische Symptome. Temperaturerhöhung, Futterverweigerung, Kau- und Schmatzbewegungen mit Speichel- und Schaumbildung, Stangenbeißen treten nur gelegentlich über einige Tage auf, ehe die Krankheit in Selbstheilung übergeht. Bei Sauen kann es zu Abort oder zu Mumifikation von Früchten kommen.

Diagnose und Differentialdiagnose

Der Verdacht auf AK ist begründet bei Auftreten der typischen zentralnervösen Erscheinungen bei Saugferkeln unter Beachtung der raschen Ausbreitung innerhalb des Wurfes und bei gleichaltrigen Kontaktgruppen. Differentialdiagnostisch sind Zitterkrankheit, Streptokokken-Meningitis, atypische Schweinepest, Teschener Krankheit (Sensorium meist ungestört) und Kältezittern bei Hypoglykämie und Hypothermie (Apathie, reduzierte Aktivität) auszuschließen. Bei Teschener Krankheit (in der Bundesrepublik seit Jahren nicht mehr beobachtet) und bei atypischer Schweinepest zeigen sich insbesondere Ataxien der Hintergliedmaßen. Die Ausbreitung dieser Krankheiten unter den Saugferkeln eines Bestandes erfolgt nur langsam. Zitterkrankheit und Kältezittern breiten sich im Bestand nicht weiter aus. Bei Absatzferkeln ist insbesondere auch an Kochsalzvergiftung (Krampfanfälle, Speichelfluß, gestörtes Sensorium) und an Coli-Enterotoxämie zu denken.

Die Diagnose der AK wird gesichert durch virologische und histopathologische Untersuchungen. Die virologische Untersuchung stützt sich auf den Antikörpernachweis im Blutserum mit *ELISA*, Neutralisationstest, Virusisolierung in Zellkulturen und weitere Verfahren.

Bekämpfung

Therapeutische Maßnahmen sind bei der AK nicht möglich. Die AK ist in der Bundesrepublik anzeigepflichtig im Sinne des Tierseuchengesetzes. Sie wird mit staatlichen Mitteln bekämpft (Verordnung zum Schutz gegen die Aujeszkysche Krankheit vom 30.4.1980, zuletzt geändert durch die 3. Verordnung vom 21.4.1987). Impfungen gegen die AK sowie Heilversuche an seuchenkranken und seuchenverdächtigen Schweinen sind verboten. Die zuständige Behörde kann Ausnahmen zulassen. Die Behörde kann Impfungen mit nicht vermehrungsfähigen Erregern anordnen. Sie kann anordnen, daß geimpfte Schweine nur zur Schlachtung oder an unter Impfschutz stehende Betriebe abgegeben werden dürfen. Ist in einem Bestand der Ausbruch oder der Verdacht des Ausbruchs der AK amtlich festgestellt worden, so kann die Tötung der seuchenkranken oder -verdächtigen Schweine angeordnet werden.

Vorbeugende Impfungen in gefährdeten Beständen oder stark befallenen Gebieten können von der Behörde angeordnet werden. Nur in diesen Fällen darf der Tierarzt Impfungen vornehmen. Die wirtschaftlichen Schäden in den Impfbeständen werden erheblich verringert, da die Krankheit bei Impflingen sehr milde bis inapparent verläuft. Erfahrungen in anderen Ländern zeigen jedoch, daß die AK durch Schutzimpfungen nicht ausgemerzt werden kann, da auch geimpfte Schweine sich latent infizieren können. Für die Impfung sind nur Impfstoffe aus inaktiviertem Virus zugelassen.

Literatur

Bösch, B. (1981): Die Aujeszkysche Krankheit beim Schwein. Prakt. Tierarzt *62*, 717–756

Forschner, E., H. D. Dopatka, F. Behrens, K. Witte (1981): Aujeszkysche Krankheit der Schweine: Zur Einsatzmöglichkeit eines *Elisas* für den Nachweis von virusspezifischen Serumantikörpern. Dtsch.Tierärztl. Wschr. *88*, 134–139

Kretzschmar, Chr. (1970): Die Aujeszkysche Krankheit. Diagnostik, Epizootologie und Bekämpfung. VEB Gustav Fischer Verlag, Jena

Neumann, W., W. Plöger (1977): Verbreitung, Diagnostik und Bekämpfungsmöglichkeiten der Aujeszkyschen Krankheit. Prakt. Tierarzt *58*, 921–927

Wittmann, G. (1984): Stand und Bekämpfung der Aujeszkyschen Krankheit in der Bundesrepublik Deutschland. Tierärztl. Prax. *12*, 141–147

Wittmann, G. (1984): Problematik der Schutzimpfung gegen Aujeszkysche Krankheit. Tierärztl. Umsch. *39*, 169–174

10.8.3 Bakterielle Infektionen

Enzootische Streptokokkenmeningitis

Besonders aus England wurde über die wiederholt auftretende enzootisch verlaufende Streptokokkenmeningitis berichtet, die in den betroffenen Betrieben durch eine hohe Morbiditätsrate bei den Ferkeln zu erheblichen Verlusten führt. Das durch klonisch-tonische Krämpfe, Lähmungserscheinungen und Bewußtseinsstörungen gekennzeichnete Krankheitsbild tritt bei Saugferkeln vornehmlich ab der zweiten Lebenswoche auf. In der Bundesrepublik Deutschland ist die Erkrankung beim Ferkel bisher auf Einzelfälle beschränkt.

Ätiologie und Pathogenese

Dem Erscheinungsbild der Meningitis beim Schwein liegt vornehmlich eine Infektion mit Streptokokken der Lancefield-Gruppe D zugrunde. Am häufigsten sind dabei Streptococcus suis Typ 1 und Typ 2 nachgewiesen worden. Während Streptococcus Typ 2 bei Tieren nach dem Absetzen eine besondere Bedeutung zuzuordnen ist, ist Typ 1 vorwiegend als Erreger der Streptokokkenmeningitis bei Saugferkeln nachgewiesen worden.

Der Erreger wird über latent infizierte Schweine (Sauen, Eber), bei denen Tonsillen und Schleimhäute der oberen Atemwege besiedelt sind, in Ferkelerzeugerbetriebe eingeschleppt und dort verbreitet.

Die Pathogenese ist bislang nicht eindeutig geklärt. Vermutlich kommt es nach Anhaften der Erreger an den Schleimhäuten des Nasen-Rachen-Raumes zu hämatogener Aussaat und zu Infektionen der Zielorgane. Demgegenüber wird auch der Verbreitungsweg über die direkte Passage durch das Os ethmoideum zum Gehirn diskutiert. Als weiterer möglicher Verbreitungsweg ist die Besiedelung der Tonsillen und anschließend der Mandibularlymphknoten beschrieben. Die Erreger können in den Lymphknoten persistieren ohne klinische Erscheinungen hervorzurufen. Aus diesen klinisch inapparenten Besiedelungen kann über das Stadium der Septikämie die Erkrankung manifest werden und binnen Stunden zum Tode führen.

Neben der Meningitis sind in einigen Fällen auch Arthritiden zu beobachten.

Klinisches Bild und Verlauf

Bei perakuten Verlaufsformen können Saugferkel binnen kurzer Zeit verenden. Üblicherweise treten nach unterschiedlich langer Inkubationszeit bei Saugferkeln meist ab der 2. Lebenswoche Fieber, Inappetenz und zentralnervöse Erscheinungen mit in zeitlicher Folge zunehmender Intensität auf.

Zu Beginn der Erkrankung sind die zentralnervösen Störungen dezent ausgeprägt. Leichten motorischen Ausfallserscheinungen, gesteigerter Schreckhaftigkeit und Berührungsempfindlichkeit der erkrankten Ferkel folgen Ataxien, Paralyse und Ruderbewegungen mit den Beinen. Das Endstadium der Erkrankung wird durch klonisch-tonische Krämpfe und deutlich wahrnehmbaren Opisthotonus eingeleitet (Abb. 10.14). Gelegentlich tritt Blindheit, Gehörlosigkeit und bei Einbeziehung der Gelenke in das Krankheitsgeschehen auch Lahmheit auf. In Einzelfällen kann eine Infektion mit Streptococcus suis nur über das Stadium der Septikämie als milde Arthritis ohne Meningitis verlaufen und unerkannt bleiben.

Abb. 10.14 Meningitis

Diagnose und Differentialdiagnose

Die Diagnose ist anhand der klinischen Symptome kaum zu sichern. Allein der Erregernachweis erlaubt eine schlüssige Aussage über das Vorliegen einer Streptokokken-bedingten Meningitis.

Differentialdiagnostisch sind bakteriell und durch Viren verursachte Erkrankungen der Saugferkel bedeutsam, in deren Verlauf tonisch-klonische Krämpfe auftreten (Aujeszkysche Krankheit und E. coli-Infektionen).

Therapie und Prophylaxe

Mit frühzeitiger parenteraler Verabreichung von Penicillin und flankierenden Maßnahmen zur Sicherung der ausreichenden Nahrungsaufnahme erkrankter Ferkel kann mit einer völligen Heilung gerechnet werden. Die Einschleppung und Verbreitung der Erreger sollte im Verdachtsfalle durch eine metaphylaktische Therapie latent infizierter Keimträger unterbrochen werden. Prophylaktisch sind Desinfektion und besonders ausreichendes Raumangebot hilfreich, ein enzootisches Ablaufen des Krankheitsgeschehens in einem Bestand zu verhindern.

Literatur

Clifton-Hadley, F. A. (1983): Streptococcus suis type 2 infections. Br. Vet. J. *139*, 1–8

Clifton-Hadley, F. A., T. J. L. Alexander (1983): Studies of Streptococcus suis type 2 infection. Pig. Vet. Soc. Proc. *8*, 8–17

Clifton-Hadley, F. A., T. J. L. Alexander, J. Upton, W. P. H. Duffus (1984): Further studies on the subclinical carrier state of Streptococcus suis type 2 in pigs. Vet. Rec. *114*, 513–518

Clifton-Hadley, F. A., M. R. Euright (1984): Factors affecting the survival of Streptococcus suits type 2. Vet. Rec. *114*, 585–587

Elliott, S. D. (1966): Streptococcal infection in young pigs. I. An immunochemical study of the causative agent (PM Streptococcus). J. Hyg. (Camb.) *64*, 205–212

Schulte, F. (1955): Diplokokken – Meningoencephalomyelitis der Ferkel. Dtsch.Tierärztl. Wschr. *62*, 364–367

Williams, D. M., G. H. K. Lawson, A. C. Rowland (1973): Streptococcal infection in piglets: The palatine tonsils as portals of entry for Streptococcus suis. Res. Vet. Sci *15*, 352–362

10.9 Besondere Erkrankungen

10.9.1 Hernien – Brüche

Hernia inguinalis – Leistenbruch

Inguinalhernien treten beim Ferkel als häufigste erblich bedingte Mißbildung auf. So beide Elterntiere Träger der Anlage sind, wird der Schaden bei männlichen Ferkeln innerhalb der Würfe oder bei enger Blutlinienführung der Muttersauen auch innerhalb eines Bestandes mit regelmäßiger Häufigkeit beobachtet.

Die Unterscheidung zwischen Leistenbruch und Hodensackbruch ist nur aufgrund des graduellen Unterschiedes möglich. Es handelt sich in beiden Fällen um eine Mißbildung gleichartiger Genese. Ganz selten liegt beidseitig ein Leistenbruch vor. Je nach Weite des Inguinalringes können mehr oder weniger Eingeweideteile in den Hodensack vorfallen und in Einzelfällen inkarzeriert werden oder mit der Scheidenhaut verwachsen.

Die Diagnose wird anhand der deutlichen Vergrößerung des Hodensackes gestellt (Abb. 10.15). Die meist einseitige Umfangsvermehrung des Skrotums tritt besonders beim Kotabsatz durch den gesteigerten intraabdominalen Druck während des Drängens in Erscheinung. Bei der Palpation ist bei unkomplizierten Inguinalhernien (keine Inkarzeration und keine Verwachsung) weder Hyperthermie noch Schmerzhaftigkeit zu bemerken. Werden Bruchferkel an den Hinterbeinen hochgehoben, gleiten die in den Hodensack vorgefallenen Eingeweide in der Regel in die Bauchhöhle zurück.

Abb. 10.15 Leistenbruch

Leisten- und Hodenbruch bei Ferkeln sollten im Alter von 6–8 Wochen im Verlauf der Kastration chirurgisch beseitigt werden. In Anbetracht der gesteigerten Nachfrage für Spanferkel werden bei guten Absatzmöglichkeiten Bruchferkel häufig mit einem Gewicht von etwa 20 kg der Schlachtung zugeführt. Der hohe Verbreitungsgrad des Erbfaktors erschwert die Bekämpfung. Treten innerhalb eines Bestandes vermehrt Bruchferkel auf, sollte zunächst der Eber ausgetauscht werden. Wurfgeschwister von Bruchferkeln sind für die Zuchtverwendung nicht geeignet. Sie sollten zur Mast aufgestellt werden.

Hernia umbilicalis – Nabelbruch

Nabelbrüchen liegt meist eine erbliche Genese zugrunde. In Einzelfällen sind Traumen der Anlaß für das Auftreten eines Nabelbruchs. In Folge eines zu weiten Nabelringes kommt es zur Ausstülpung des Peritoneums durch die zu weite Öffnung des Anulus fibrosus und zum Vorfall von Dünndarmteilen sowie Teilen des Netzes in den Bruchsack. Nabelbrüche kommen bei beiden Geschlechtern vor. Seltener treten Nabelbrüche nach Verletzungen auf. Bei auf dem Rücken liegenden Ferkeln wird die Diagnose durch Abtasten der Bruchränder und der in den Bruchsack vorgefallenen Eingeweideteile erstellt.

Der Umfang des Nabelbruches ist für die prognostische Beurteilung von entscheidender Bedeutung. Bei kleineren Brüchen mit einem Durchmesser von ca. 2 – 3 cm kann es im Laufe der Zeit zur Selbstheilung kommen. Ist die Bruchpforte für mehrere Finger passierbar, vergrößert sich im allgemeinen der Bruch mit zunehmendem Alter der betroffenen Tiere und kann zu erheblichen Komplikationen führen (Adhäsion, Inkarzeration). Der Schaden ist grundsätzlich durch eine Operation behebbar. Der Aufwand der chirurgischen Korrektur von Nabelbrüchen bei Ferkeln ist unter den Aspekten der Wirtschaftlichkeit in der heutigen Schweinehaltung kaum noch vertretbar. Aus diesem Grunde sollten Ferkel mit Nabelbrüchen als Spanferkel vermarktet werden.

Zur Vermeidung der Verbreitung des Erbschadens sollte eine erneute Anpaarung der Elterntiere vermieden werden. Gesunde Wurfgeschwister betroffener Ferkel sind von der Zucht auszuschließen.

Literatur

Ehrentraut, W. (1987): in *Neundorf / Seidel, Kielstein, P., E. Wohlfahrt* (Hrsg.), Schweinekrankheiten, 3. Aufl., Ferdinand Enke Verlag, Stuttgart

Hamori, D. (1962): Über die Anlage für Brüche bei Schweinen. Zuchthygiene 6, 80 – 84

10.9.2 Hypoglykämie und Hypothermie der Saugferkel, Unterkühlungskrankheit
(Baby Pig Disease)

Das Krankheitsbild, welches im internationalen Sprachgebrauch unter dem Begriff „Baby Pig Disease" allgemein bekannt ist, ist sowohl durch eine Störung des Energiehaushaltes in Form einer Hypoglykämie mit daraus resultierender Hypothermie als auch umgekehrt durch eine Störung des Wärmehaushaltes in Form einer Hypothermie mit nachfolgendem Blutzuckerabfall gekennzeichnet und führt bei Saugferkeln in den ersten Lebenstagen zu hohen Verlusten.

Ätiologie und Pathogenese

Werden dem neugeborenen Ferkel über die Muttermilch zu wenig Kohlenhydrate angeboten, führt dies rasch zu einer Erschöpfung der Glykogenreserven in der Leber und zum Abfall des Blutzuckerspiegels. Erschwerend kommt hinzu, daß neugeborene Ferkel in den ersten Lebenstagen noch nicht voll zur Gluconeogenese befähigt sind und somit ihren Energieumsatz in diesem Lebensabschnitt ausschließlich aus den über die Nahrung angebotenen Kohlenhydraten abdecken müssen. Besonders im Verlauf von Gesäugeerkrankungen der Muttersau, die eine Hypo- oder Agalaktie bedingen (Mastitis-Metritis-Agalaktie-Syndrom = MMA-Komplex), wird den Saugferkeln zu wenig Energie in Form von Kohlenhydraten angeboten, was in kurzer Zeit zu einer Erschöpfung der Glykogenreserven in der Leber der Ferkel führt. Sowohl das mangelnde Angebot an Nahrung bedingt das Syndrom der Hypoglykämie der Saugferkel als auch die ungenügende Aufnahme von Nahrung im Verlauf der Erkrankung der Ferkel. Unter dem Einfluß niedriger Umgebungstemperaturen und dem noch ungenügend ausgebildeten Thermoregulationsvermögen neugeborener Ferkel setzt ein vermehrter Glucoseabbau ein, so daß der erhöhte Energieverbrauch unter Umständen nicht mehr über die Nahrung abgedeckt werden kann. Auch auf diesem Wege kommt es rasch zur Erschöpfung der Leberglykogenreserven. Der Blutzuckerspiegel und die Körpertemperatur fallen rasch ab. Die Hypoglykämie der Saugferkel wird deshalb auch als Unterkühlungskrankheit bezeichnet. Bei Ferkeln ab dem Alter von einer Woche ist eine Hypoglykämie auch nach einigen Tagen unzureichender Energieversorgung und bei niedrigen Umgebungstemperaturen nicht mehr zu befürchten, da Engpässe in der Energieversorgung über die nunmehr bei ihnen funktionierende Gluconeogenese überwunden werden können.

Klinisches Bild und Verlauf

Ferkel erkranken meist zwischen den ersten und dritten Lebenstagen, wobei in der Regel bei der Mehrzahl der Tiere eines Wurfes die ersten Anzeichen des Leidens struppiges Haarkleid und Zittern zu beobachten sind. Im weiteren Verlauf der Erkrankungen tritt aufgrund der unzureichenden Flüssigkeitszufuhr eine Exsikkose ein. Mattigkeit, Saugunlust, unsicherer Stand und taumelnder Gang sind mit Fortschreiten des Syndroms zu erkennen. Typisch ist im Stehen das Abstützen auf der Nase und das Stehen auf den Karpalgelenken bei gespreizten Hinterbeinen sowie hohe, heisere Quieklaute. Später liegen die Ferkel auf dem Bauch, fallen schließlich in Seitenlage und zeigen dann keinerlei Aktivität mehr, bis das starke Muskelzittern progressiv in agonale Krämpfe übergeht. Galoppierende Bewegungen der Extremitäten, Kaubewegungen mit Schaumbildung und Opisthotonus vervollständigen das klinische Bild. Die Körpertemperatur ist deutlich erniedrigt, die Herzschlagfrequenz sinkt von etwa 200 bis auf 80

Schläge pro Minute. Der Blutzuckerspiegel sinkt stetig im Verlauf der Erkrankung (normal: 75–150 mg/100 ml = 4,16–8,32 mmol/l, hypoglykämisch: unter 60 mg/100 ml = 3,30 mmol/ml). Der Tod tritt im hypoglykämischem Koma innerhalb 24–48 Stunden ein.

Diagnose und Differentialdiagnose

Neben dem Krankheitsbild der Ferkel sichern vor allem die begleitenden Umstände (Agalaktie der Muttersau und unzureichende Umgebungstemperatur) die Diagnose. Sie kann abgesichert werden durch Bestimmung des Blutzuckergehaltes, Ausschluß von Infektionskrankheiten und durch das Sektionsergebnis verendeter Ferkel, bei denen ein fast leerer Magen festzustellen ist.

Differentialdiagnostisch ist an Ferkelzittern zu denken. Die bei den erkrankten Ferkeln ermittelten niedrigen Körpertemperaturen sind hilfreich bei der Abgrenzung des Leidens von der Aujeszkyschen Erkrankung bei neugeborenen Ferkeln.

Therapie und Prophylaxe

Die Behandlung ist nur dann aussichtsreich, wenn sie frühzeitig erfolgt. Bei bereits bestehenden Krämpfen oder im Koma ist eine Therapie erfolglos. Die Behandlung muß darauf abgestellt sein, die Blutzuckerkonzentration möglichst rasch anzuheben. Dazu werden 10–20 ml 20%ige Glucoselösung intraperitoneal pro Ferkel verabreicht. Die Injektionen sind mehrmals zu wiederholen. Sind die Ferkel noch in der Lage abzuschlucken, so kann die Therapie durch die mehrmalige orale Gabe von 3–5 ml 50%iger Glucoselösung fortgesetzt werden. Notwendige flankierende Maßnahmen sind die Bereitstellung einer optimalen Umgebungstemperatur für die Ferkel (mindestens 30 °C) und die Sicherung der Ernährung durch die Behandlung der Agalaktie der Muttersau und/oder notfalls die mutterlose Aufzucht. Prophylaktisch ist die Milchleistung der Muttersauen zu überwachen. Bei Hypo- oder Agalaktie sind entsprechende Behandlungsmaßnahmen einzuleiten. Einrichtungen zur Schaffung eines optimalen Mikroklimas für die neugeborenen Ferkel sind vorzusehen (Ferkelkiste, Infrarotstrahler). Die intravenöse Gabe von 0,1 g/kg KGW Glucose 1–2 Tage ante partum an die Sau hat höhere Blutglucosewerte der Ferkel während der ersten Lebenstage zur Folge. Möglicherweise kann eine Therapie auf diesem Wege im Falle der Erkrankung zu besseren Heilergebnissen führen.

Literatur

Bünger, V., *B. Bünger*, *M. Steinhardt*, *L. Lyhs* (1973): Zur Hypoglykämie der Saugferkel. Mh. Vet. Med. 28, 828–836

Depta, A., *M. Bronicki* (1980): Experiments on the prevention of hypoglycaemia in piglets. Med. Weter. 36, 352–354

Walser, K. (1984): in. *Baier, W.* und *F. Schaetz* (Hrsg.): Tierärztliche Geburtskunde. 5. Aufl., Ferdinand Enke Verlag, Stuttgart

10.9.3 Fettlebersyndrom der Saugferkel

Das Fettlebersyndrom ist eine neuerdings in größeren Zuchtbeständen auftretende, verlustreiche Erkrankung der Saugferkel in den ersten 14 Lebenstagen. Die Krankheit wurde bisher unter verschiedenen Begriffen wie „Leberdegeneration" oder „Leberverfettung" beschrieben.

Ätiologie und Pathogenese

Die Erkrankung ist nach bisherigen Erkenntnissen als eine Stoffwechselstörung im Sinne einer Entgleisung der Verwertung und des Transports von Fetten und Fettsäuren aus der Leber zu verstehen. Ursächlich liegt vermutlich ein Mangel an lipotropen Nahrungsfaktoren (Cholin, Methionin, Betain und B-Vitaminen) sowie Apoproteinen (Trägereiweiß) in der Ernährung gravider Sauen zugrunde. Diese Faktoren wirken sich sekundär schon intrauterin und auch post partum über die Sauenmilch auf die Ferkel aus.

Klinisches Bild und Verlauf

Die Erkrankung macht sich bei einzelnen oder mehreren Ferkeln eines Wurfes im Alter vom 1. bis 14. Lebenstag bemerkbar. Die Ferkel werden zum Teil schon lebensschwach und untergewichtig geboren. Die weitere Entwicklung ist durch Abmagerung, Abgeschlagenheit und zunehmenden Kräfteverfall gekennzeichnet. Durchfall tritt nur gelegentlich auf. Im Verlauf von 10 bis 14 Tagen kommt es zum Tode. Im Gesamtbestand fallen verminderte Wurfgewichte und kleine Würfe auf.

Diagnose und Differentialdiagnose

Die unspezifischen Krankheitserscheinungen lassen bei der klinischen Untersuchung nur den Verdacht auf das Vorliegen des Fettlebersyndroms zu. Auch labordiagnostische klinisch-chemische

Untersuchungen tragen zur Abklärung nicht bei. Die Diagnose ist nur aufgrund der pathomorphologischen, insbesondere − histologischen Befunde an Leber und Nieren möglich: Aufhellung, braungelbe bis lehmfarbene Verfärbung und mürbe Konsistenz des Leberparenchyms, Nieren zum Teil geschwollen und aufgehellt. Histologisch liegt eine fein- bis großtropfige Fetteinlagerung vor, die peripher beginnt und sich später als diffuslobuläre (niemals zentrolobuläre) Leberverfettung darstellt. Differentialdiagnostisch sind dadurch andere Leberschäden abzugrenzen (zentrolobuläre Leberverfettung bei Eisenmangelanämie, Hepatosis diaetetica, toxische Leberdystrophie).

Prophylaxe

Dem Fettlebersyndrom der Saugferkel kann in Problembeständen durch entsprechende Fütterung gravider Sauen vorgebeugt werden. Die Ernährung der Sauen muß eine quantitativ und qualitativ ausreichende Proteinversorgung sicherstellen. Die Sauenration ist durch Umstellung auf eiweißreiche Futtermischungen mit höherem Anteil an tierischem Eiweiß dem Bedarf anzupassen. Um die Versorgung mit B-Vitaminen sicherzustellen, kann Hefe zugefüttert werden.

Literatur

Johannsen, U. (1987): Erkrankungen der Leber. In: *Neundorf/Seidel, Kielstein, P.* und *E. Wohlfahrt* (Hrsg.), Schweinekrankheiten, 3. Aufl., Ferdinand Enke Verlag, Stuttgart

11 Erkrankungen bei Hunde- und Katzenwelpen

M. Rüsse, A. Schwab

11.1 Allgemeines

Im Gegensatz zu den Nestflüchtern sind Hunde- und Katzenwelpen als Nesthocker nach der Geburt physiologisch noch unreif. Immunologisch sind sie hingegen besser als Nestflüchter für das eigenständige Leben gerüstet, da während der Gravidität über die Placenta endotheliochorialis bereits einige Immunglobuline des Muttertieres in die Früchte gelangen.

Hundewelpen werden rasseunabhängig nach einer Tragezeit von 62,5 Tagen geboren, wobei die Lebensdauer der Spermien des Rüden im weiblichen Genitale von 7 Tagen zu berücksichtigen ist. Die Geburt von Katzenwelpen erfolgt nach einer rasseabhängigen Trächtigkeitsdauer, z.B. von 56-58 Tagen bei europäischen Hauskatzen bzw. 68 Tagen bei Perserkatzen.

Das Hauptkriterium zur Beurteilung des Gesundheitszustandes neugeborener Hunde- und Katzenwelpen ist das Geburtsgewicht, da es zum einen die relative physiologische Reife des Organismus eines Welpen widerspiegelt und zum anderen eine große Bedeutung für die spätere Überwachung des normalen Wachstums während der neonatalen Periode hat. Das Körpergewicht sollte konstant von Tag zu Tag steigen und nach 8-10 Lebenstagen verdoppelt sein. Abweichungen von der vorausberechenbaren Gewichtszunahme, deren Fehlen oder ein plötzlicher Gewichtsverlust zeigen Gesundheitsprobleme an und eine genaue Untersuchung muß durchgeführt werden.

Liegt das Gewicht eines neugeborenen Welpen 25% unter dem durchschnittlichen, für die jeweilige Rasse normalen Geburtsgewicht, so ist er in der Regel physiologisch unreif und nicht überlebensfähig. Da z.B. Hundewelpen am 58. Tag der Trächtigkeit erst 75% des späteren Geburtsgewichtes erreicht haben, sind Frühgeburten erst ab diesem Zeitpunkt lebensfähig.

Ein weiteres Kriterium für den Gesundheitsstatus eines neonatalen Hundewelpen ist die Länge der Schlafphasen. Ein gesunder Welpe schläft 90% der Zeit und hält in gutem Fütterungszustand seinen Kopf gestreckt bzw. in lateral liegender Haltung. Gelegentliche Muskelkontraktionen sind ein Hinweis auf aktivierten Schlaf, der in den ersten 4 Lebenswochen normal ist. Ein Verschwinden dieser Muskelzuckungen ist ein Zeichen für eine Erkrankung des Welpen. Beim Aufwachen gähnt er, schreit nicht und hat einen guten Muskeltonus. – Für den Züchter muß ein gesunder Welpe „rund, fest und vollgepackt" sein.

Zur Beurteilung in wachem Zustand können Lautgeben und Bewegungsverhalten der Neugeborenen herangezogen werden. Selbst wenn gesunde Welpen in entsprechend warmer Umgebung hungrig sind, schreien sie normalerweise nicht. Es kommt jedoch vor, daß sie einige Minuten vor dem Einschlafen jammern. Zunehmendes Schreien von über 10-15 Minuten und erhöhter Bewegungsdrang zeigen in der Regel Streß, Schmerz, Unbequemlichkeit, Untertemperatur (Frieren) oder unzureichende mütterliche Pflege an.

Die Normdaten der physiologischen Entwicklung und Verhaltensweisen sind für Hundewelpen in Tabelle 11.1, die für Katzenwelpen in Tabelle 11.2 zusammengefaßt.

Das Erkennen und die Diagnosestellung bei Erkrankungen von Hunde- und Katzenwelpen ist oft schwierig, da verschiedene Krankheitsursachen eine ähnliche oder gleiche Symptomatik haben und nicht den typischen Verlauf wie bei adulten Tieren zeigen. In der Regel sprechen Abweichungen von den physiologischen Werten und Verhaltensweisen für eine Erkrankung. Ansteigende Aktivität und das Schreien oder Jammern der Welpen kann ein Zeichen für den verlorengegangenen Kontakt zum Wurf, Hunger, Kälte oder Schmerz sein. Weitere klinische Symptome sind Hypoxie, Hypothermie, Dehydration, Hypoglykämie und Diarrhöe.

Da bei erkrankten Welpen häufig keine ätiologische Diagnose aufgrund dieser klinischen Untersuchungsbefunde gestellt werden kann und weiterführende (z.B. bakteriologische, virologische) Untersuchungen meistens längere Zeit beanspruchen, stehen symptomatische Behandlungsmaßnahmen zunächst im Vordergrund.

Tabelle 11.1 Physiologische Werte und Verhaltensweisen von Hundewelpen

Neugeborener Welpe	Rassespezifisches Geburtsgewicht Atemfrequenz: 15–35/min Herzfrequenz: 180–220/min Körpertemperatur: umweltabhängig optimal: 34,4–37,2 °C
2.–3. Lebenstag	Eingetrockneter Nabel fällt ab
3. Lebenstag	Umstellung der Beugemuskeldominanz auf Streckmuskeldominanz
6.–8. Lebenstag	Lange Schlaf- und kurze Saugphasen Zittern während des Schlafens wird möglich
ab 10. Lebenstag	Verdoppelung des Geburtsgewichts Öffnen der Augen (Fokussieren ab 21.–28. Lebenstag) Steh- und Laufversuche Körpertemperatur: 35,0–37,8 °C
ab 13. Lebenstag	Öffnen der Ohren
bis 16. Lebenstag	Stimulierung von Miktion und Defäkation durch das Muttertier
ab 21. Lebenstag	Willkürliche Kontrolle des Harnabsatzes Pulsfrequenz: 220/min Körpertemperatur: 36,1–37,8 °C
bis 28. Lebenstag	Muskelzucken während des aktiven Schlafes Koordinierte Bewegungen beim Laufen Körpertemperatur: 38,0–39,0 °C

Tabelle 11.2 Physiologische Werte und Verhaltensweisen von Katzenwelpen

Neugeborener Welpe	Rassespezifisches Geburtsgewicht Hauskatze: 90–120 g
7. Lebenstag	Verdoppelung des Geburtsgewichtes Lange Schlaf- und kurze Saugphasen (ca. 10 %)
bis 14. Lebenstag	Öffnen der Ohren Öffen der Augen (Fokussieren ab 21.–28. Lebenstag)
ab 18. Lebenstag	Herumkrabbeln, Stehversuche
21. Lebenstag	Gehversuche
bis 28. Lebenstag	Stimulierung von Miktion und Defäkation durch das Muttertier

Die Anwendung von Therapeutika muß konstant über einen ausreichend langen Behandlungszeitraum bis zur dritten Lebenswoche erfolgen. Die spezifischen therapeutischen Maßregeln sind bei den einzelnen Krankheiten ausführlich beschrieben.

Die höchste Mortalität von Welpen findet man gewöhnlich in der ersten postnatalen Lebenswoche (später deutlich geringer), wobei die Todesrate am 1. Lebenstag am höchsten und bei solchen von einzeln gehaltenen Muttertieren danach gleichmäßig verteilt ist, während in Zuchten in der Regel nach dem 3. Lebenstag nur noch wenige Todesfälle auftreten. Bei allen Welpen, die ohne oder mit Behandlung sterben, sollte auf jeden Fall zur Abklärung der Diagnose bzw. Verdachtsdiagnose eine Sektion durchgeführt werden.

Wichtig für die Gesundheit von Welpen sind vorbeugende Maßnahmen, die die Elterntiere (Impfungen, Gesundheitsüberwachung), die Umweltbedingungen (Hygiene, Futter, Raumtemperatur etc.) und die Versorgung der Neugeborenen einbeziehen.

11.2 Nichtinfektiöse Erkrankungen

11.2.1 Neonatale Atemdepression

Begriff

Nach Frühgeburten oder zu lange andauernden Geburten können Atembeschwerden und Lebensschwäche bei Neonaten auftreten.

Vorkommen

Hypoxie ist bei unvollständigem Einsetzen oder gar Ausbleiben der Atmung bei Neugeborenen zu finden, wobei die noch bestehende Herztätigkeit gut oder gestört sein kann.

Ätiologie/Pathogenese

Die ersten 36 Stunden nach der Geburt sind die kritische Periode für das Überleben der Welpen. In dieser Zeit werden die physiologischen Funktionen des Körpers eingestellt. An erster Stelle steht hierbei die Respiration.

Die Alveolarräume der Lunge sind erst in Funktion, wenn der Welpe zu atmen beginnt (1. Inspiration). Die volle Dehnung der Lunge sollte erreicht werden. Besonders bei Welpen mit erniedrigtem Geburtsgewicht ist die verminderte Intensität der einsetzenden Atmung ein kritischer Punkt; Lungenatelektasen und -kongestionen sind die Folge.

Gleichzeitig mit Beginn der Atmung wird auch das Gefäßgebiet der Lungen an den Körperkreislauf angeschlossen. Der mangelnde Gasaustausch bedeutet eine weitere Verschlechterung der Situation. Zu beachten ist, daß bei übermäßigem Kohlendioxidgehalt im Blut die Funktion des Atemzentrums erlischt.

Verschiedene Ursachen führen zu einem unphysiologischen Einsetzen der Atmung, und zwar in der Regel solche, die mit einer Geburtsverzögerung einhergehen wie Wehenschwäche, enge Geburtswege, Torsio uteri, fehlerhafte Lage, Stellung oder Haltung der Früchte oder zu späte Hilfeleistung. Ebenso rufen eine vorzeitige Lockerung oder Ablösung der Placenta fetalis, plazentare Infekte, entzündliche Veränderungen an den Eihäuten, plazentare Infarkte oder plazentare Hämorrhagien eine Auslösung der Atmung des Welpen im Uterus hervor.

Bei Hinterendlage des Welpen kann die einsetzende Inspiration zur Aspiration von Fruchtwasser führen und die Störung einer effektiven Atmung während der ersten Lebenstage bewirken. – Zur Hypoxie kommt es auch, wenn die Fruchtblase eines Welpen nicht rechtzeitig entfernt wird. Hierauf muß besonders bei noch unerfahrenen erstgebärenden Hündinnen geachtet werden. Normalerweise wird die Fruchthülle von der Mutter sofort nach der Geburt entfernt (gefressen).

Wenn das Amnion geschlossen bleibt, kann der Amnionschleim mit seinen Beimengungen in Nase, Trachea und Bronchien eindringen. – Bei offenem Amnion ist eine Aspiration von bakteriell verunreinigtem Fruchtwasser, Blut oder Fruchtwasserersatz möglich.

Klinisches Bild

Bei leichten Graden von Hypoxie ist der Muskeltonus z.T. noch erhalten. Hals und Gliedmaßen lassen sich in der Regel passiv nicht völlig bewegen, die Reflexe sind aber teilweise noch auslösbar. Die unpigmentierten Schleimhäute sind zyanotisch, die Atemzüge unregelmäßig mit röchelnden und rasselnden Atemgeräuschen. Die Herzfrequenz ist erhöht bei anfangs noch kräftigen, abgesetzten und regelmäßigen Herztönen.

Bei schweren Graden von Hypoxie sind der Muskeltonus und die Reflexe völlig oder nahezu völlig verschwunden. Der Körper ist schlaff (Scheintod). Die Schleimhäute sind bläulich-weiß. Es kommt zur Schnappatmung, die Herztöne sind schwach und setzen manchmal aus. Die Herzfrequenz ist langsam oder schnell.

Diagnose

Zur Erkennung der Hypoxie dienen der Geburtsverlauf und das klinische Bild, da Blutwerte oft nicht bestimmt werden können. Durch einen Sauerstoffmangel und/oder eine Kohlendioxidanreicherung kommt es zu einer respiratorischen Acidose. Blut-pH-Wert (unter 7,2) und Bicarbonatgehalt (BE: -10 bis $-15\,mmol/l$) sinken ab und der Milchsäurespiegel steigt durch anaerobe Glykolyse. Dadurch wird das Säure-Basen-Gleichgewicht zusätzlich belastet (respiratorisch-metabolische Acidose).

Prognose

Je nach Schweregrad ist die Prognose vorsichtig bis ungünstig. Auch in leichten Fällen besteht die Gefahr der Aspirationspneumonie. Bei schweren Formen liegt meist auch eine Schädigung empfindlicher Parenchyme (Leber, Herz, Niere, Gehirn) vor, so daß häufig selbst besondere Pflege und unterstützende Ernährung nicht vor Säuglingsinfektionen schützen bzw. die Welpen zu Kümmerern werden, wenn sie den hypoxischen Zustand überwunden haben.

Therapie

Generell sind bei der Behandlung der Hypoxie das Freimachen und -halten der Atemwege, die Beatmung, die Pufferung des Blutes und eine medikamentelle Zusatztherapie erforderlich.

Da bei vielen Welpen eine Ansammlung von Fruchtwasser im Rachenraum zum Zeitpunkt der Geburt vorliegt, sollte immer mit einer Aspiration gerechnet werden. In leichteren Fällen genügt oftmals ein sorgfältiges Entfernen des Fruchtschleimes aus dem Maul- und Nasenraum durch vorsichtiges Massieren und anschließendes Trockenreiben der Welpen mit Zellstoff oder einem sauberen Tuch (Aktivierung der Atemrezeptoren durch Massage der Rippenzwischenräume). Hilfreich kann hier das Hin- und Herschwenken des Welpen sein, wobei man ihn zwischen den Handflächen beider Hände hält und mit einem Finger das Maul öffnet, um das Ablaufen des Fruchtwassers aus Rachen und Trachea zu verbessern. Eventuell kann ein Absaugen des Schleimes aus dem Nasen-Rachen-Raum und der Trachea mit einem kleinen Gummikatheter versucht werden. Die Befestigung eines Welpen mit Klebeband auf einem Brett, das in einem Inkubator in einem 45° Winkel aufgestellt wird, so daß der Kopf des Welpen tiefer liegt als sein Rumpf, ist häufig nützlich. Der Welpe beginnt aus Unmut über die Freiheitsberaubung zu schreien, seine dadurch bedingten inspiratorischen Aktivitäten weiten die Alveolen und die schräge Position begünstigt den Abfluß des Fruchtwassers.

Bei schweren Graden der Atemdepression oder Schnappatmung kann eine künstliche Beatmung durch rhythmische Kompression der Brustwand vorgenommen werden. Sie muß langsam und relativ kräftig erfolgen (ca. 24 Kompressionen/min), wobei vor allem auf eine längere Ausatmungsphase zu achten ist. Die Belebungsversuche sollten mindestens 15 Minuten lang durchgeführt und nicht vorher abgebrochen werden. Eine gleichzeitige Anreicherung der Einatmungsluft mit Sauerstoff (mittels Maske über Maul- und Nasenöffnungen) oder das Verbringen in einen Sauerstoffinkubator bzw. ein Sauerstoffzelt fördert die Überlebenschancen genauso wie ein Schutz der Welpen vor Unterkühlung.

Zur Behebung der Atemdepression kann die intravenöse Verabreichung des Opioid-Antagonisten Naloxon (0,1–0,3 ml Narcanti®/0,4 mg pro ml) lebensrettend sein (Abb. 11.1 und 11.2 s. Farbtafel 24). Es wäre auch eine medikamentelle Behandlung mit einem spezifischen atemstimulierenden Mittel wie Dopram®-V (Vorsicht bei Welpen von mit Morphin-Derivaten prämedizierten Muttertieren) und Weckaminen, deren Wirkung allerdings nicht gesichert ist, in Betracht zu ziehen.

Beim Vorliegen einer Blutacidose sollte die intravenöse Applikation von Natriumbicarbonat (4,2 %ig; Atmung muß gewährleistet sein) oder Trispuffer (*THAM*; 7 %ig) versucht werden. Hypertone Elektrolytlösungen können den Wasser- und Elektrolythaushalt regulieren. Zusätzlich ist die Gabe von 5–10 %igen Glucoselösungen möglich.

Prophylaxe

Gute Geburtsüberwachung und rasches Eingreifen bei Problemen sind wichtig. Eine Prophylaxe gegen Aspirationspneumonie sollte mit Antibiotika oder Chemotherapeutika erfolgen.

11.2.2 Fruchtwasseraspiration

Begriff

Bei Einsetzen der Atmung noch in den Eihüllen wird anstelle von Luft Fruchtwasser „eingeatmet".

Vorkommen

Bei Hunde- und Katzenwelpen während der Geburt.

Ätiologie/Pathogenese

Besonders im Verlauf einer verzögerten Austreibungsphase (vgl. Kapitel 11.2.1 „Neonatale Atemdepression"), vor allem bei Hinterendlage, kann bei einsetzender Atmung Fruchtwasser aspiriert werden.

Klinisches Bild

Die Welpen atmen schwer. Es treten Rasselgeräusche auf. Vor Nasen- und Mundöffnung ist Schaum mit unterschiedlich großen Blasen zu sehen.

Diagnose

Nach Vorbericht und klinischem Bild leicht zu erkennen.

Prognose

Vorsichtig.

Therapie

Entfernung der aspirierten Flüssigkeit bzw. von Schleim aus den Atemwegen durch Absaugen oder Herausschütteln (vgl. Kapitel 11.2.1 „Neonatale Atemdepression"). Die Behebung der Blutacidose durch intravenöse Applikation von Natriumbicarbonat (4,2 %ig) kann versucht werden.

Prophylaxe

Nach Möglichkeit ist auf rasches Entfernen der Eihäute über dem Kopf bei der Geburt zu achten bzw. eine schnelle Entscheidung zum Kaiserschnitt bei Geburtsstörungen zu treffen.

11.2.3 Hypothermie

Begriff

Die Körpertemperatur des Welpen sinkt unter die physiologische Körpertemperatur ab.

Vorkommen

Hypothermien treten einerseits bei zu niedriger Umwelttemperatur auf, vor allem wenn das Muttertier oder die Wurfgenossen fehlen, andererseits können Erkrankungen mit hohen Wasserverlusten (z. B. Durchfall) und/oder eine Energieunterversorgung die Ursache sein.

Ätiologie / Pathogenese

Jeder neugeborene Welpe ist von der Wärme abhängig, die seine Mutter ausstrahlt, um die eigene Körpertemperatur aufrecht zu erhalten. Die Welpen zeigen nach der Geburt einen Abfall der rektalen Körpertemperatur um bis zu 4,4 °C. Einen Tag nach der Geburt beträgt die Körpertemperatur bei einem gesunden, trockenen Welpen 35,6±0,8 °C; danach sollte die rektale Temperatur des Neugeborenen jeden Tag ansteigen. Obwohl Welpen für homotherm gehalten werden, kommt es zu Schwankungen der Körpertemperatur, besonders während der ersten zwei Lebenswochen. Bei neugeborenen Hundewelpen liegt sie in der ersten Lebenswoche zwischen 34,4–37,2 °C, in der zweiten zwischen 35,0–37,8 °C, in der dritten zwischen 36,1–37,8 °C und erreicht die Körpertemperatur des adulten Hundes etwa in der vierten Lebenswoche (Tabelle 11.3)

Tabelle 11.3 Rektale Körpertemperaturen von Hundewelpen während der ersten Lebenswochen

postnatal – 1. Lebenswoche	34,4–37,2 °C
2. Woche	35,0–37,8 °C
3.–4. Woche	36,1–37,8 °C
später (wie adultes Tier)	38,3–38,8 °C

Eine unzureichende Entwicklung der Milchdrüsen, eine nervöse Mutter oder eine Hündin, die viel auf dem Sternum liegt, kann den Welpen die entsprechende Ausstrahlungswärme entziehen. Kranke Welpen sind anfälliger für Hypo- als für Hyperthermie. Wenn die Körpertemperatur abfällt, sucht der Welpe die Wärme der Mutter und der Wurfgenossen.

Ein neugeborener Welpe verliert Körperwärme durch Wärmeleitung, -übertragung, -strahlung und/oder Verdampfung. Die geringe Menge subkutanen Fettgewebes, die kleinen Ausmaße des Körperinneren und der Wärmeaustausch an der Körperoberfläche reduzierten teilweise die Möglichkeit, Körperwärme zu konservieren. Auch der Zitterreflex und der vasokonstriktorische Mechanismus funktionieren noch nicht bei Neonaten. Zusätzlich sollte bedacht werden, daß Hypoxie und postnatale Erschöpfungszustände die Produktion von Noradrenalin verhindern, das unter anderem für die Thermoregulation verantwortlich gemacht wird.

Klinisches Bild

Das Muttertier sortiert die Welpen aus, bei denen eine Abkühlung der Hauttemperatur vorliegt und die rektale Körpertemperatur unter 34,4 °C fällt, und verstößt sie, ohne auf ihre Schmerzensschreie zu achten. Bei diesen Welpen kommt es zur Paralyse der Eingeweide. Gewebehypoxie und metabolische Acidose können ein hohes Ausmaß erreichen. Beim weiteren Abfall der Körpertemperatur (= ernsthafter Zustand) erstarrt der Welpe nahezu, das Schreien wird schwächer, und die Körperoberfläche fühlt sich kalt an. Wenn die rektale Körpertemperatur auf 21,1 °C oder weniger absinkt, liegt der Welpe bewegungslos da mit sehr langsamer Atmung oder gelegentlicher Schnappatmung. Ein gesunder Welpe kann eine tiefe Hypothermie bis zu 12 Stunden überleben, wenn er langsam wieder aufgewärmt wird.

Diagnose

Die Diagnose kann aufgrund des klinischen Bildes und des Messens der rektalen Körpertemperatur gestellt werden (Abb. 11.3). Je nach Schweregrad sind leichte (30–32 °C), mittlere (22–25 °C) und schwere (< 21 °C) Unterkühlungen zu unterscheiden.

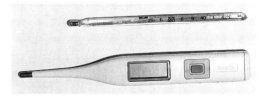

Abb. 11.3 Fieberthermometer, die sich aufgrund ihres geringen Durchmessers am Meßkopf zum Thermometrieren von Welpen eignen. Bevorzugt wird das elektronische Fieberthermometer

Bei der Sektion stehen häufig die Befunde einer Bakteriämie im Vordergrund, da es bei Hypothermie zu einer verminderten Resistenz und damit zu bakteriellen Infektionen kommt. Es sind petechiale Blutungen in den serösen Häuten der Körperhöhlen, Pneumonien und Enteritiden zu finden, wobei gewöhnlich coliforme Keime, Streptokokken oder Staphylokokken beteiligt sind.

Prognose

Wenn die Hypothermie länger als 12 Stunden andauert, wird die Prognose infaust.

Therapie

Mutterlose Hundewelpen sollten während der ersten 4 Lebenstage bei einer Umgebungstemperatur von 29,4–32,2 °C gehalten werden. Danach kann die Raumtemperatur stufenweise am 8.–14. Tag auf 26,4 °C und am Ende der vierten Lebenswoche auf 21,1–23,8 °C gesenkt werden. Für Katzenwelpen liegen die optimalen Werte der Umgebungstemperatur etwas höher, wie aus Tabelle 11.4 zu ersehen ist. Wird ein ganzer Wurf unter künstlichen Umweltbedingungen gehalten, kann die Umwelttemperatur einige Grad niedriger gehalten werden, als sie für einen einzelnen Welpen erforderlich ist.

Tabelle 11.4 Günstigste Umgebungstemperaturen für Hunde- und Katzenwelpen (Werte in °C)

Alter	Hundewelpen	Katzenwelpen
Geburt bis 7. Lebenstag	29,4–32,2	31,1–33,3
8.–14. Lebenstag	26,4	26,4–29,4
15.–28. Lebenstag	26,4	26,4
29.–35. Lebenstag	21,1–23,8	23,8
35. Lebenstag und später	21,1	21,1

Die Erwärmung unterkühlter Welpen muß behutsam und langsam durchgeführt werden (z. B. Innentasche eines lose sitzenden Kleidungsstückes), wobei unterstützend ein vorsichtiges Massieren mit warmen Händen versucht werden kann. Eine zu rasche Erwärmung mit Heizkissen, Wärmelampen usw. belastet den Stoffwechsel der Welpen so stark, daß dabei der Tod eintreten kann. Unterkühlte Welpen haben eine erhöhte Anfälligkeit für Infektionen durch eine abnehmende lymphozytäre Transformation (Immundepression), so daß die Verabreichung von Antibiotika lebensrettend sein kann. Nach Erreichen der normalen Körpertemperatur sollten die Welpen grundsätzlich über mehrere Tage mit einem Breitspektrum-Antibiotikum weiter behandelt werden. Wenn Maßnahmen zur langsamen Erwärmung durchgeführt werden, kann eine zusätzliche Sauerstoffzufuhr (30–40 %) hilfreich sein.

Je nach dem Alter der Tiere beim Eintritt der Unterkühlung ist die Umgebungstemperatur und die Luftfeuchtigkeit soweit irgend möglich zu optimieren. Während der ersten Lebenswoche sollte die Nesttemperatur dann zwischen 29,4–32,2 °C für Hunde- bzw. 31,1–33,3 °C für Katzenwelpen bei einer relativen Luftfeuchtigkeit von 55–65 % liegen, wodurch ein erneutes Austrocknen der Haut verhindert wird. Für zu früh geborene Welpen mit niedrigem Geburtsgewicht ist eine relative Luftfeuchtigkeit von 85–90 % anzustreben, um einer Dehydration der Welpen vorzubeugen.

Prophylaxe

Muß ein gesunder Welpe von der 1. Lebenswoche an künstlich aufgezogen werden, sollten die im Abschnitt „Therapie" genannten Umwelttemperaturen (Tabelle 11.4) bei entsprechender Luftfeuchte eingehalten werden. Die Regulierung kann durch die Höhenveränderung einer Infrarotlampe über dem Boxenboden erreicht, und die jeweilige Temperatur mittels Thermometer kontrolliert werden.

11.2.4 Hypoglykämie

Begriff

Sinkt die Blutzuckerkonzentration bei Hundewelpen unter 60 mg/dl (3,33 mmol/l) bzw. unter 55 mg/dl (3,05 mmol/l) bei Katzenwelpen, spricht man von einer Hypoglykämie.

Vorkommen

Bei Krankheiten und Zuständen mit reduzierter bzw. sistierender Futteraufnahme ist mit Hypoglykämien zu rechnen.

Ätiologie/Pathogenese

Hypoglykämische Zustände entwickeln sich vornehmlich bei mangelhafter Nahrungszufuhr oder -aufnahme (z. B. großer Wurf, Mutter mit zu wenig Milch, Krankheit, schlechte Pflege), da die Welpen mit relativ niedrigen Glykogenreserven geboren werden und sich die hauptsächlichen Reservoire in der Leber schnell erschöpfen. Eine zu geringe Kalorienaufnahme wird zu mangelndem Wachstum und, falls extrem erniedrigt, zur Hypoglykämie führen. Bei Anorexie infolge einer Erkrankung ist die Entwicklung einer Hypoglykämie am zweiten Tag zu finden; sogar gesunde, 3 Tage alte Welpen sind nach ungefähr 24-stündigem Fasten hypoglykämisch.

Klinisches Bild

Hypoglykämien zeigen sich bei neonatalen Welpen in der Regel nur als Begleitsymptom anderer Erkrankungen.

Diagnose

Eine genaue Diagnose ist im allgemeinen nur aufgrund einer Blutzuckerbestimmung zu stellen.

Prognose

Vorsichtig bis ungünstig, da die Behandlung nur in wenigen Fällen zum Erfolg führt. Bei Welpen, die auf eine Behandlung nicht ansprechen, kommt es durch das zusätzliche Auftreten einer Dehydration zu einer Verschlechterung der Prognose.

Therapie

Bei Gaben von 5–10%iger Glucose zur Flüssigkeitsaufnahme eines kranken Welpen wird eine günstigere Situation geschaffen, hat jedoch in vielen Fällen keinen Erfolg.

Prophylaxe

Die ausreichende Nahrungsaufnahme ist über die tägliche Wägung der Welpen zu kontrollieren.

11.2.5 Primäre Narkoseschäden

Begriff

Unter primären Narkoseschäden sind schädliche Einwirkungen durch Narkosemittel bei der Entwicklung der Welpen zu verstehen. Sekundäre Schäden entstehen durch ein „benommenes" Muttertier nach einer Narkose.

Vorkommen

Narkoseschäden können auftreten, wenn aufgrund einer Geburtsstörung ein Kaiserschnitt durchgeführt werden muß.

Ätiologie / Pathogenese

Dem fetalen Organismus fehlen Enzymsysteme zum Abbau der Narkotika, die über die Plazentarschranke in den fetalen Organismus gelangen. Zusätzlich ist die Nierenfunktion noch nicht vollständig ausgebildet, das heißt die Ausscheidung der Narkotika bzw. deren Abbauprodukte erfolgt verlangsamt.

Die durch Narkotika bedingte Lebensschwäche ist schwer zu erkennen, da sie oft im Zusammenhang mit vorherigen Geburtsstörungen als Indikation für einen Kaiserschnitt entsteht (z. B. verzögerte Geburt oder Hypoxie durch Verlegung oder Kompression der Nabelschnur).

Klinisches Bild

Im Vordergrund der klinischen Symptome stehen die Schläfrigkeit und häufig eine Zyanose der Schleimhäute durch Atemdepression.

Diagnose

Schläfriger Zustand nach Schnittentbindung.

Prognose

Vorsichtig.

Therapie

Bei Hypoxie siehe entsprechendes Kapitel.
Wurden Morphinpräparate zur Narkose bzw. zur Prämedikation beim Muttertier eingesetzt, können Antagonisten (z. B. Lorfan®, Narcanti®) intravenös gegeben werden. Eine Stimulierung des Atemzentrums kann versucht werden (z. B. mit Dopram®-V). – Einer Unterkühlung der Welpen ist durch Wärmezufuhr vorzubeugen (z. B. mittels Infrarotlampe, Wärmeschale, Wärmflasche).

Prophylaxe

Durch eine schonende Narkose beim Hund, das heißt beispielsweise Morphinpräparate (z. B. Polamivet®) zur Prämedikation und einer Inhalationsnarkose (z. B. Lachgas – Halothan – Sauerstoff), können die Welpen nach der Entwicklung aus der Gebärmutter beim Kaiserschnitt durch die intravenöse Gabe eines Antagonisten (z. B. Narcanti®) als Weckmittel schnell aus dem schläfrigen Zustand geholt werden. Generell sollte bei der Operation eine rasche Entwicklung der Früchte angestrebt werden.

Bei der Katze sind eine nur oberflächliche Inhalationsnarkose, die nicht atemdepressiv wirkt, sowie eine schnelle Entwicklung der Früchte zu empfehlen. Wenn die Entwicklung der Früchte zügig erfolgt, ist auch eine Narkose mit Ketanest®/Rompun® unproblematisch.

Zur Vermeidung sekundärer Narkoseschäden sollte auch eine gute Beobachtung des Muttertieres erfolgen, bis dieses aus der Narkose erwacht. Bei der Hündin kann ebenfalls die intravenöse Applikation von Narcanti® in einer 1/10 Dosis einer als Prämedikation verabreichten Polamivet®-Menge zu einer raschen Aufwachphase führen, wodurch das Risiko sekundärer Narkoseschäden bei den Welpen ebenfalls vermindert werden kann.

11.2.6 Geburtsverletzungen

Begriff

Während der Geburt können durch das Muttertier oder durch geburtshilfliche Maßnahmen Welpen verletzt werden.

Vorkommen

Unerfahrene Muttertiere können, ebenso wie unsachgemäße Zughilfebemühungen, Läsionen der Wirbelsäule oder der Extremitäten der Welpen verursachen. Bei der Anwendung von Geburtszangen können Knochenbrüche und Weichteilverletzungen eintreten. Für Schäden im Ablauf der Geburt sind besonders brachycephale Rassen prädisponiert.

Ätiologie / Pathogenese

Läsionen der Wirbelsäule und des Rückenmarks oder nur einzelner Nervengebiete können bei zu starkem Zug an Kopf (Vorderendlage) oder Hinterextremitäten (Hinterendlage) eintreten. Bei Geburtshilfe mit Geburtszangen kann es durch den Druck der Zangenflügel zum Zerdrücken der weichen Welpenknochen (besonders am Kopf) kommen. Deshalb sollten Geburtszangen, wenn überhaupt, nur bei toten Früchten verwendet werden.

Bei bereits geborenen Welpen kann es zu Verletzungen durch Unruhe oder Bösartigkeit des Muttertieres kommen. Innere Verletzungen sind oft nicht erkennbar und werden erst bei der Sektion festgestellt.

Klinisches Bild

Die Symptomatik einer Verletzung hängt von der Ursache ab.

Diagnose

Die Diagnose ist bei inneren Verletzungen schwierig, bei äußerlich sichtbaren Traumen oder Lähmungen relativ leicht zu stellen.

Prognose

Art und Umfang der Verletzungen sind ausschlaggebend, ob eine Behandlung oder die Euthanasie durchgeführt werden sollte.

Therapie

Noch lebende, erheblich verletzte Welpen mit ausgerissenem Kiefer oder größeren Haut- und Weichteilverletzungen sollten aus tierschützerischen Gründen grundsätzlich euthanasiert werden.

Kleine Hautwunden können genäht, gebrochene Extremitäten eventuell bandagiert werden. Bei einem Kieferbruch kann eine Fixation der gebrochenen Knochen mittels synthetischer Fäden erfolgen (z. B. mit einer Achterschlinge um den Unterkiefer). In jedem Fall ist zusätzlich zur chirurgischen Versorgung eine Chemotherapie erforderlich. Die Futteraufnahme und Entwicklung des verletzten Welpen muß bis zur Heilung kontrolliert werden.

Prophylaxe

Jede Geburtshilfe ist vorsichtig durchzuführen. Auf Geburtszangen sollte wegen der Verletzungsgefahr bei lebenden Welpen ganz verzichtet werden. Der rechtzeitige Entschluß zur Schnittentbindung hilft ebenso, Geburtsverletzungen bei Welpen zu vermeiden.

Bei Verletzungsgefahr durch unruhige oder bösartige Muttertiere sind die Welpen außer Hör- und Sichtweite zu bringen und müssen künstlich aufgezogen werden.

11.2.7 Mutterlose Aufzucht von neonatalen Hunde- und Katzenwelpen

Begriff

Bei mutterloser (künstlicher) Aufzucht werden oft Ernährungsfehler gemacht, die eine Erkrankung

— vor allem neonataler Welpen — zur Folge haben (s. auch Kapitel „Nichtinfektiöser Durchfall").

Vorkommen

In der Regel nur bei der künstlichen Aufzucht von Welpen.

Ätiologie / Pathogenese

Falsche oder ungenügende künstliche Ernährung dürfte in vielen Fällen eine primäre Ursache der Welpensterblichkeit in den ersten Lebenstagen sein.

Klinisches Bild

Mangelnde oder fehlende Gewichtszunahme der Welpen ist häufig ein Zeichen von unzureichender oder fehlender Nahrungsaufnahme. Starke, vitale Welpen zeigen eine Gewichtszunahme innerhalb der ersten 24 Stunden postnatal und sollten weiterhin die ganze postnatale Phase kontinuierlich an Gewicht zunehmen. Faustzahl ist die Verdoppelung des Geburtsgewichtes mit 8 (-10) Tagen. Welpen, die nicht, wie zu erwarten, zunehmen oder klein erscheinen, sollten zusätzlich mit Milchersatz ab der 12. Lebensstunde gefüttert werden.

Diagnose

Welpen, die pränatal einer Mangelernährung ausgesetzt waren oder während der neonatalen Phase sterben, haben ein erniedrigtes Leber : Hirn-Verhältnis von 1,5 : 1 und ein relatives Fehlen von perirenalem Fett. Welpen, die lebend von fehlernährten, kranken oder physiologisch abnormen Hündinnen geboren werden, sind bei der Geburt matt. Die charakteristische Lebhaftigkeit und der Muskeltonus eines gesunden Welpen fehlen. Sie sollten an einen Platz mit einer Umgebungstemperatur von 29,4 – 32,2 °C gebracht werden, und Milchersatz muß während der ersten 48 Stunden (jeweils 2-stündiges Intervall) in kleinen Mengen gegeben werden. Die Milch kann mit Glucose und Leber-Extrakt angereichert werden. Wenn die Welpen nicht behandelt werden, sind sie in der Regel schlechte Sauger, werden sehr schnell hypoglykämisch und sterben innerhalb von 6 bis 36 Stunden nach der Geburt.

Differentialdiagnose

Für das Leber : Hirn-Verhältnis von 1,5 : 1 ist als Differentialdiagnose ein genetischer Defekt anzusehen.

Prognose

Vorsichtig.

Therapie

Die künstliche Aufzucht von Hunde- und Katzenwelpen ist eine zeitaufwendige, häufig „frustrierende" Aufgabe, die Aufmerksamkeit für das Detail und genaue Beobachtung erfordert. Besondere Überlegungen sind für die Versorgung und Ernährung von Hundewelpen unter 4 Lebenswochen und Katzenwelpen unter 6 Lebenswochen zu treffen, wobei die kritischste Periode für verwaiste Welpen die ersten 2 bis 3 Lebenswochen sind, besonders wenn sie kein Kolostrum nach der Geburt bekommen haben. Eine aufmerksame Pflege und Beobachtung (auch von seiten des Tierarztes) ist angezeigt, da bei erkennbaren Problemen ein rasches Handeln notwendig ist. Selten werden Ammen gefunden. Vorsicht ist beim Anlegen an diese „fremden" Muttertiere geboten (Totbeißen der Welpen) und in der Regel wird der Einsatz eines künstlichen Milchersatzes erforderlich. Bei dieser Aufzucht haben die Welpen gewöhnlich nicht die Robustheit normal aufgezogener Tiere und wachsen langsamer (Hundewelpen in den ersten 2, Katzenwelpen in den ersten 1 1/2 – 3 Lebenswochen). Allerdings sind sie im Alter von einigen Monaten normale, gesunde Tiere mit normalen sozialen Merkmalen.

Künstlich aufgezogene Welpen brauchen eine saubere, warme Umgebung mit zirkulierender, feuchter Luft (ohne Zugluft!). Der Boden einer Box sollte mit weichen, sauberen Lappen oder Zeitungspapier ausgelegt sein. – Die erforderliche Wärme kann am besten durch ein mit einem weichen Handtuch eng umwickeltes Heizkissen oder eine Wärmelampe erzeugt werden, wobei nur ein Teil der Box ausgefüllt sein sollte, während der andere unbeheizt bleibt. Bei Wärmelampen erfolgt die Temperaturregulierung durch die Höhenveränderung der Lampe über den Boxenboden. Der Tag/Nacht-Rhythmus ist dabei allerdings schlecht einzuhalten. Nachteilig sind auf die Dauer Warmwasserflaschen durch ihr relativ rasches Abkühlen. – Die Umgebungstemperatur muß mittels eines Thermometers kontrolliert werden (Umgebungstemperaturen für Hunde- und Katzenwelpen vgl. Tabelle 11.4). – Mindestens 50 % Luftfeuchtigkeit sollte eingehalten werden. – Das Absondern der Welpen in individuelle Abteile eines Inkubators kann angezeigt sein.

Mit warmem Wasser angefeuchtete Tücher können zum Säubern von Maul und Analgegend verwendet werden sowie zur Stimulierung von Miktion und Defäkation. Desweiteren sind Vorrichtungen zum Bereiten des Milchersatzes und ein ungestörter Extraplatz zur Welpenaufzucht zu empfehlen.

Tägliche Zunahme sowie Fütterungszeiten und -menge, Körpertemperatur, klinische Beobachtungen etc. sollten notiert werden. Künstliche Aufzucht ermöglicht nebenbei das Beobachten der Kotkonsistenz jedes Welpen, die Chance der Reduzierung einer Infizierung von einem Tier zum anderen und die Verhinderung des Saugens an Schwänzen, Ohren, Pfoten und Genitalien.

Zu beachten ist, daß die Energiebedürfnisse genauso zu berücksichtigen sind wie die Wasseraufnahme (160–190 ml/kg KGW/Tag). Am besten als Muttermilchersatz geeignet sind deshalb im Handel erhältliche Milchersatzpulver, z. B. WELPI®-LAC für Hundewelpen oder CIMILAC® für Katzenwelpen, da hier auf die rassebedingten Unterschiede der Milch (Hund/Katze) Rücksicht genommen wird.

Die künstliche Ernährung kann mit Pipetten oder Fläschchen erfolgen, die mit einem kleinen Sauger versehen sind, oder mit einer handelsüblichen Milchflasche für Welpen (z. B. Ipevet®) durchgeführt werden (Abb. 11.4). Sollte eine Futteraufnahme auf diese Weise nicht möglich sein bzw. fehlt der Saugreflex, ist für die Fütterung eine Sonde (z. B. ein Katzen-Harnkatheter 1,3 x 130 mm) zu verwenden. Es ist darauf zu achten, daß der körperwarme Milchersatz nicht aspiriert wird (Schluckpneumoniegefahr).

Abb. 11.4 Flaschen und Gummisauger in verschiedenen Abmessungen für die artifizielle Aufzucht von Welpen

Die Fütterung sollte in den ersten Lebenstagen etwa alle 2 Stunden, dann bis zur 3. Lebenswoche sechsmal/Tag erfolgen. Später kann die Häufigkeit der Mahlzeiten reduziert werden, vor allem wenn die Welpen zusätzlich feste Nahrung aufnehmen.

Wenn die Welpen mit der Flasche gefüttert werden, sollte beachtet werden, daß der Kopf aufrecht und leicht gestreckt gehalten wird (Abb. 11.5 s. Farbtafel 24). Der Sauger ist in das Maul zu halten und leicht vor- und zurückzubewegen. Die Flasche muß so angehoben werden, daß beim Saugen keine Luft mit aufgenommen werden kann. Wenn der Welpe nicht richtig gehalten wird, fließt – bei zu schneller Aufnahme – Milch über die Nase ab. Dabei kann es zur Aspiration von Milch in die Lunge und in Folge zur Pneumonie kommen. Bei der Fütterung ist außerdem darauf zu achten, daß die Welpen sich mit den Vorderextremitäten abstützen und „treten" können.

Bei Sondenfütterung sind Vorsichtsmaßnahmen wegen einer möglichen Aspiration und einer Magenüberladung (Magenkapazität in der ersten Lebenswoche: etwa 50 ml/kg KGW) durch zeitlichen Abstand notwendig. Zu beachten ist, daß die Sondenfütterung dem Welpen die Möglichkeit zu saugen nimmt, was zu einer oralen Dehnung und zu Körperbesaugen führt. Außerdem neigen sondengefütterte Welpen dazu, weniger an Körpergewicht zuzunehmen als normal gefütterte, obwohl die Kalorienaufnahme und die Futtermenge identisch sind. Bei Sondenfütterung in den ersten 10 Lebenstagen sollte eine baldmögliche Umstellung auf Flaschenfütterung erfolgen, um die Periode der großen oralen Dehnung zu vermeiden und das Saugbedürfnis zu befriedigen.

Hundewelpen mit einem Geburtsgewicht von 200–300 g können in der ersten Lebenswoche bei der ersten Fütterung entsprechend der Herstellerangaben etwa 2/3 bis 3/4 Eßlöffel eines Hundemilchersatzes gefüttert bekommen, Katzenwelpen mit einem Geburtsgewicht von 90–120 g etwa 1 Teelöffel eines Katzenmilchersatzes. Welpen benötigen bei einem Gewicht von 400–500 g etwa 1–1 1/2 Eßlöffel Milchersatz pro Fütterung. Die tägliche Milchaufnahme übersteigt in den ersten Lebenstagen häufig nicht 10 % des Körpergewichts. Eine zweite und dritte Fütterung sollte stets mit der gleichen Milchmenge wie beim ersten Mal durchgeführt werden (Diarrhöe-Gefahr). Die Steigerung der Milchmenge kann ab dem 2. Tag der künstlichen Aufzucht bei Hundewelpen etwa 1–3 ml pro Fütterung betragen, wenn die ersten Milchgaben gut vertragen wurden und der Kotabsatz in Ordnung ist. Bei Katzenwelpen muß die Zunahme der Milchmenge langsamer erfolgen (ungefähr 1–2 ml pro Tag). Die Erhöhung der Milchmenge kann größer sein, wenn dies am Verhalten der Tiere erkennbar notwendig erscheint.

Entwickeln die Welpen eine Diarrhöe, sollte zunächst die gleiche Milchmenge, bei anhaltenden Symptomen die Verabreichung von Wasser oder verdünntem Schwarztee, nach Abklingen des Durchfalls ein verdünnter Milchersatz angeboten werden. Falls kein Erfolg zu erzielen ist, müssen weitere diagnostische Maßnahmen eingeleitet (z. B. bakteriologische Untersuchung des Kotes) und eine symptomatische Behandlung durchgeführt werden. Die genügende Futteraufnahme ist über das tägliche Wiegen der Welpen zu kontrollieren. Schlafende Welpen sollten nicht zum Füttern geweckt werden. Schlaflosigkeit, Ruhelosigkeit und/oder Schreien könen die Notwendigkeit einer zusätzlichen Fütterung anzeigen.

Bei der künstlichen Ernährung muß in den ersten 16 Lebenstagen auch die Ausscheidung der Welpen stimuliert und das Aufstoßen hervorgerufen werden. Eine sanfte Massage der Vulva bzw. des Präputiums und des Perineums sollte jeder Fütterung folgen. Normalerweise wird dies durch das Muttertier oder die Wurfgeschwister, das heißt durch den schnüffelnden und hätschelnden Instinkt, angeregt. Wenn der Welpe zu laufen beginnt, ist eine Kontrolle der spontanen Ausscheidung durchzuführen.

Nach dem Öffnen der Augen und dem Beginn des Laufens sollte den Welpen die Möglichkeit zur eigenen Futteraufnahme (Milchschüssel) gegeben werden. Die Umstellung auf normales Futter kann bei Hundewelpen mit 7–8 Wochen, bei Katzenwelpen mit 11–12 Wochen abgeschlossen sein.

Zur Aufzucht eines Wurfes wird bei Bedarf eine *Zusatzfütterung* vorgenommen. Allerdings besteht hierzu erst eine Notwendigkeit, wenn die Mutter nicht genügend Milch hat oder der Wurf zu groß ist. Generell gilt bei der Zusatzfütterung das gleiche wie bei der vollständigen künstlichen Aufzucht. Die Zusatzfütterung wird am besten zwischen den Mahlzeiten an der Mutter durchgeführt bzw. die Hälfte eines Wurfes abwechselnd jeden 2. Tag zugefüttert.

Prophylaxe

Allgemein ist ein gut balanciertes Futter für das Muttertier ausreichend für die Reproduktion. Bei „Toy"-Rassen sowie mit Parasiten befallenen Muttertieren und solchen, die zum Zeitpunkt des Züchtens schlecht ernährt sind, kann die Fütterung von zusätzlichem Protein notwendig sein. Die Vitalität des Welpen steht in guter Korrelation zur Aufnahme von tierischem Eiweiß. Gut bewährt hat sich der Zusatz von ca. 6–30g roher Leber dreimal pro Woche zum Futter.

11.2.8 Koprostase

Wenn bei neonatalen Hunde- und Katzenwelpen die Stimulierung des Kotabsatzes durch das Belecken des Perineums und der Analgegend durch das Muttertier bzw. den Kontakt zu den Wurfgeschwistern in den ersten 2 Lebenswochen fehlt, kommt es zum Sistieren des Kotabsatzes (Abb. 11.6 s. Farbtafel 25). Dies ist häufig der Fall bei Erkrankungen des Welpen, die mit Hypothermie (Verstoßung durch das Muttertier) einhergehen, und bei mutterloser Aufzucht (vgl. Kapitel „Mutterlose Aufzucht von neonatalen Hunde- und Katzenwelpen"). Klinisch zeigen die Welpen anfangs einen zunehmenden Bauchumfang und später zusätzlich ein gestörtes Allgemeinbefinden mit andauerndem Jammern. Differentialdiagnostisch sind Funktionsstörungen (Innervationsdefekte), mechanische Störungen (z. B. Atresia ani [et recti], Geburtsverletzungen in Form einer Beckenfraktur), puerperale Erkrankungen des Muttertieres (Toxisches Milchsyndrom) und Infektionskrankheiten (z. B. Septikämie, Feline Infektiöse Peritonitis) abzugrenzen. Die Prognose ist bei frühzeitig einsetzender Therapie günstig zu stellen. Oft hilft schon das Massieren des Perineums und der Analgegend mit einem warmen, feuchten Tuch. Bei einer länger bestehenden Koprostase (= festere Kotkonsistenz) ist die orale Verabreichung einer 10%igen Glucose-Lösung in der Regel erfolgversprechend. Zusätzlich ist dabei abzuklären, ob eine Flüssigkeitstherapie vorzunehmen ist, da es leicht zu exsikkotischen Zuständen kommen kann. Prophylaktisch sollte bei mutterloser Aufzucht nach jeder Fütterung das Massieren des Perineums und der Analgegend sowie des Präputiums bzw. der Vulva (= Stimulierung des Harnabsatzes) mit einem warmen, feuchten Tuch erfolgen.

11.2.9 Nichtinfektiöse Diarrhöe

Begriff

Es handelt sich hierbei um eine Verdauungsstörung, die an einer Vergrößerung des Kotvolumens mit erhöhtem Flüssigkeitsgehalt bei ansteigender Häufigkeit der Darmentleerung zu erkennen ist.

Vorkommen

Kann bis zur 3. Lebenswoche besonders bei künstlich aufgezogenen Welpen auftreten.

Ätiologie / Pathogenese

In den meisten Fällen führt eine Überfütterung, vor allem bei künstlich aufgezogenen Welpen, zu Durchfällen. Übersteigt die Nahrungsaufnahme (vor allem energiebedingt) die Norm um 25 % (Zwangsfütterung), ist die Kapazität der vorhandenen Verdauungsenzyme in der Regel nicht mehr ausreichend.

Auch die Art der Nahrung kann Durchfallursache sein, wie z.B. Kuhmilch. Diese enthält viele ungesättigte Fettsäuren, die für Welpen schwerverdaulich sind. Hinzu kommt ein relativ hoher Laktoseanteil. Die Sekretion der Magensäfte, insbesondere der Salzsäure, wird erhöht. Als Folge werden durch erhöhte Säurebildung die Enzyme im Dünndarm inaktiviert, da eine Neutralisation nicht mehr erfolgt. Eine Übersäuerung des Magen-Darm-Traktes („Hyperaktivität") führt zu Hyperperistaltik und dadurch zu Durchfall. — Bei manchen Welpen trägt das Fehlen der Enzyme Laktase und Galaktase zur Entwicklung eines Durchfalls bei.

Klinisches Bild

Der Durchfallkot wird zunächst grün durch die gesteigerte Gallesekretion zusammen mit einer Hyperperistaltik. Im weiteren Verlauf ändert sich die Farbe des Kotes über grau zu weiß aufgrund des Verbrauchs bzw. der Inaktivierung der digestiven Enzyme.

Diagnose

Vorbericht und Fütterungsmanagement ergeben Hinweise, wenn durch bakteriologische und virologische Kotuntersuchung eine Infektion ausgeschlossen werden kann.

Prognose

Vorsichtig.

Therapie

Dehydrationsbehandlung mit hydrierenden Flüssigkeiten und Fütterungsumstellung (orale Gabe von Elektrolyt- und Glucoselösungen) unter antibiotischem Schutz sind zu empfehlen.

Ein überhöhter Säuregehalt kann durch die Verabreichung von Milch mit Magnesium (1–3 ml in 2- oder 3-Stunden-Intervallen), Beschränkung der Nahrungsaufnahme auf Glucose und Wasser oder durch Verdünnen der verabreichten Milch mit der gleichen Menge Wasser gesenkt oder neutralisiert werden.

Prophylaxe

Die Kalorienzufuhr der Welpen sollte genau berechnet werden. In den ersten 2 Wochen sind 560 J/kg KGW, in der 3. Woche 660 J/kg KGW und in der 4. Woche 850–935 J/kg KGW — verteilt auf mindestens viermal täglich — für kräftige, vitale Welpen angemessen.

11.2.10 Dehydrationserscheinungen

Begriff

Unter Dehydration ist die Verminderung des Wassergehalts im Körpergewebe durch Umweltbedingungen (z.B. niedrige Luftfeuchtigkeit), Krankheiten (z.B. Durchfall, fieberhafte Zustände) oder die verminderte Flüssigkeitsaufnahme zu verstehen.

Vorkommen

Bei Hunde- und Katzenwelpen.

Ätiologie / Pathogenese

Bei neugeborenen Welpen enthält der Organismus bis zu 75 % Wasser. Die Wasserumsatzrate innerhalb des Körpers ist dabei doppelt so hoch wie die eines erwachsenen Tieres.

Das Fehlen einer ausgereiften Haut bei zu früh geborenen Welpen erhöht ebenso wie die Zunahme der Wasserausscheidung bei Durchfall die Gefahr der Dehydration und Hypothermie. Ein Absinken der normalen Flüssigkeitsaufnahme oder das Aussetzen des Welpen in eine Umgebung mit zu niedriger Luftfeuchtigkeit kann Anlaß zur Entwicklung einer Dehydration sein. Bei fortschreitender Dehydration kommt es zum Blutdruckabfall und daraus resultierend zu einer Verminderung der glomerulären Filtrationsrate der Nieren. Der Einfluß des niedrigen Blutdrucks auf die Nierenfunktion ist mit deren Unreife verbunden. Entsprechende Funktionsteste bei gesunden Welpen haben ergeben, daß die glomeruläre Filtrationsrate nach der Geburt nur 21–50 % der von 6 Wochen alten Tieren beträgt. Die tubuläre Sekretionsrate liegt im Alter von 8 Wochen bei 12–15 % der eines Erwachsenen.

Klinisches Bild

Im Frühstadium führt die Dehydration zu Gewichtsverlusten. In späteren Stadien besteht —

je nach Schweregrad — ein immer deutlicher werdender verminderter Hautturgor. Hinzu kommen Mattigkeit, eingesunkene Augen, Trockenheit der Schleimhäute und Kreislaufstörungen; die Urinmenge wird ebenfalls geringer.

Diagnose

Zur Diagnosestellung dienen hauptsächlich der Hautturgor sowie die Messung des Hämatokrites und des spezifischen Gewichtes des Urins. Ein gesunder, gepflegter Welpe hat ein spezifisches Uringewicht zwischen 1,006 und 1,017. Bei Werten über 1,017 liegt stets eine zu geringe Flüssigkeitszufuhr vor.

Prognose

Die Prognose wird umso ungünstiger, je höher der Wasserverlust ist.

Therapie

Die Flüssigkeitszufuhr bei dehydrierten Welpen kann subkutan oder oral erfolgen. Als Flüssigkeitsersatz findet die Mischung einer 5%igen Glucose-Lösung mit einer hydrierenden Lösungen wie z. B. Ringer(-Laktat) im Verhältnis 1 : 1 Verwendung. Als Initialdosis werden 3,5 ml/100 g KGW empfohlen, wenn das spezifische Gewicht des Urins über 1,017 liegt. Im weiteren Behandlungsverlauf kann eine 5—10%ige Glucose-Lösung in 15 bis 30-minütigen Abständen gegeben werden (1,0 ml/100 g KGW). Wenn die Welpen nicht saugen, ist eine subkutane Verabreichung mit Zusatz von Hyaluronidase möglich. Die Flüssigkeitsgaben müssen bis zur Rehydration mit wieder normalem spezifischen Uringewicht durchgeführt werden. Danach sollte der Welpe eine Flüssigkeitszusammenstellung erhalten, die den Werten des Energie- und Erhaltungsbedarfs entspricht.

Prophylaxe

Welpen, die regelmäßig kräftig saugen, täglich an Gewicht zunehmen und keinen Durchfall haben, sind in der Regel nicht von der Dehydration gefährdet.

11.2.11 Hämorrhagisches Syndrom

Begriff

Auftreten von Blutungen bei Thrombozytopenie.

Vorkommen

Die Erkrankung kann vom 1. bis zum 4. Lebenstag bei Hundewelpen auftreten.

Ätiologie/Pathogenese

Es wird angenommen, daß die Unterversorgung der Feten in utero mit Vitamin K_1 zu einer postnatal sich manifestierenden Thrombozytopenie führt.

Klinisches Bild

Die Welpen sterben 24—96 Stunden nach der Geburt. Man beobachtet bei den betroffenen Tieren Hämorrhagien an der Nase, petechiale bis ekchymotische Blutungen an Lippen und Zunge sowie eine Hämaturie. Bei ausgedehnten Hämorrhagien in die Unterhaut, ins Lungengewebe oder in den Bauchraum zeigen die Tiere eine rapide Verschlechterung des Allgemeinbefindens mit anfangs allgemeiner Schwäche bis hin zur Lethargie.

Diagnose

Wenn bei Welpen Lethargie, Schwäche und rasch abfallende Kondition auffallen, sollten sie auf Hämorrhagien untersucht werden. Die Absicherung der Diagnose erfolgt über eine Blutuntersuchung (erniedrigte Thrombozytenzahl und verlängerte Prothrombin-Zeit). Bei der Sektion sind Blutungen in der Lunge ein üblicher Befund. Häufig liegen außerdem Hämorrhagien in inneren Geweben (auch intraperitoneal) vor. Die Nabelvene ist in der Regel intakt, und es werden keine Blutgerinnsel in der Bauchhöhle gefunden.

Wenn die Hämorrhagie ein Zwingerproblem ist, besteht hier die Wahrscheinlichkeit für das Vorliegen eines „Hämorrhagischen Syndroms" und es sollten die Sektion gestorbener Welpen und eine Futteranalyse durchgeführt werden.

Differentialdiagnose

Differentialdiagnostisch sind Hämorrhagien aus der Nabelvene in die Bauchhöhle zu berücksichtigen, die bei zu kurzem Abbeißen des Nabels durch die Mutter eintreten und zu lebensgefährlichen Blutungen führen können. — Lungenhämorrhagien und manchmal auch subkutane Blutungen können die Folge von starker Anoxie, Einwirkung bakterieller Toxine, infektiöser Hepatitis, agonalen Zuständen, Hypoproteinämien sowie Thrombozytopenien anderer Genese sein.

Prognose

Vorsichtig bis ungünstig.

Therapie

Wird eine Hämorrhagie festgestellt, ist Vitamin K_1 zu verabfolgen. In fortgeschrittenen Fällen kann eine Frischbluttransfusion (nur Hundeblut!) bzw. eine Plasmatransfusion hilfreich sein.

Prophylaxe

Die Tatsache, daß alle neonatalen Welpen an der Grenze zur Hypoproteinämie liegen, läßt die prophylaktische Verabreichung von Vitamin K_1, besonders bei Welpen mit niedrigem Geburtsgewicht und bei Wurfgeschwistern eines erkrankten Welpen, sinnvoll erscheinen.

Wenn das „Hämorrhagische Syndrom" als Zwingerproblem auftritt, ist die Verabreichung von Vitamin K_1 an alle trächtigen Hündinnen in der letzten Hälfte der Trächtigkeit angezeigt. − Desweiteren sollte auf die Futtermenge, besonders auf das Alter des Futters und die Lagerverhältnisse geachtet werden. Eine zu lange Lagerung bei zu hoher Temperatur kann wahrscheinlich für die Reduzierung der Vitamin-K_1-Aktivität verantwortlich sein. Frischfutter behebt in der Regel dieses Problem.

11.2.12 Icterus neonatorum / Hund
(Hämolytischer Ikterus beim neugeborenen Hund, Isoerythrocytolyse)

Begriff

Unter dem Icterus neonatorum beim Hund ist die Entwicklung einer mehr oder weniger hochgradigen Anämie und eines Ikterus infolge eines erhöhten Erythrozytenzerfalls mit Todesfällen zu verstehen, sobald die Welpen Kolostrum aufnehmen.

Vorkommen

Selten; nur bei Hundewelpen, die von bestimmten Vatertieren abstammen.

Ätiologie / Pathogenese

Ursache der Erkrankung ist ein Blutgruppenfaktor der Blutgruppe A des Vatertieres, der zur neonatalen Isoerythrocytolyse führt, wenn im Muttertier eine Isoimmunisation gegen bestimmte Erythrozyten stattgefunden hat (z. B. nach Bluttransfusion oder intrauterin nach Resorption fetalen Blutes, wobei eine Gefahr für Welpen erst bei späteren Graviditäten besteht).

Die Mutter kann hämolysierende oder agglutinierende Antikörper entwickeln, die die Plazentarschranke nicht passieren können (IgM, IgG). Während der Gravidität tritt keine Reaktion bei den Welpen auf, wenn sie die entsprechenden vom Vater ererbten Blutgruppeneigenschaften der Erythrozyten (A) haben. Erst mit der Aufnahme von Kolostrum in den ersten 24 bis 48 Stunden nach der Geburt gelangen diese Antikörper über die Darmschleimhaut in den Blutkreislauf der Welpen und führen zur Hämolyse. − In akuten bis perakuten Fällen kommt es zu hämolytischer Anämie, bei subakuten zum hämolytischen Ikterus.

Klinisches Bild

Die Welpen werden gesund geboren und zeigen in den ersten 12−16 Stunden, spätestens aber innerhalb der ersten Lebenstage Krankheitserscheinungen wie Bewegungsunlust, Somnolenz, allgemeine Schwäche und Erhöhung der Puls- und Atemfrequenz. In der Folgezeit entwickelt sich ein mehr oder weniger deutlicher Ikterus (zu sehen an Skleren, Konjunktiven und sichtbaren Schleimhäuten) zusammen mit einer Anämie, die allerdings in einigen Fällen auch fehlen kann. Schwere Fälle können eine Hämoglobinurie und eine Oligurie zur Folge haben. Die Körpertemperatur ist nicht erhöht, sondern eher erniedrigt. Erkrankungen treten nur bei Welpen mit der Blutgruppe A auf, so daß nicht alle Tiere eines Wurfes betroffen sein müssen.

Diagnose

Das klinische Bild und der rasche Krankheitsverlauf führen zur Diagnose, die durch den Agglutinationstest gesichert werden kann.

Prognose

Schwer erkrankte Welpen sterben in der Regel innerhalb weniger Tage (72 Stunden). Die Verluste sind um so höher, je früher und deutlicher die Symptome offensichtlich werden und je später eine Behandlung einsetzt.

Therapie

Die betroffenen Welpen eines Wurfes müssen sofort vom Muttertier getrennt und mit Milchersatz gefüttert werden. 3 bis 4 Tage nach der Geburt sinkt zum einen der Antikörpertiter in der Milch ab und zum anderen ist die Darmschleimhaut für Immunglobuline nicht mehr durchgängig, so daß die Welpen wieder zur Hündin gegeben werden können.

Prophylaxe

Tritt bei einem Wurf ein Icterus neonatorum auf, darf beim folgenden Belegen derselbe Rüde nicht wieder eingesetzt werden. Im Zweifelsfalle sollte vor der Paarung eine Blutverträglichkeitsuntersuchung (Agglutinationstest) vom Rüden und der Hündin vorgenommen werden. Bei Zuchthündinnen sollte bei Bluttransfusionen nur Blutgruppe A-negatives Blut zum Einsatz kommen.

11.2.13 Icterus neonatorum / Katze

In seltenen Fällen wird bei Katzen ab dem 3.–4. Tag post natum ein Ikterus ungeklärter Genese beobachtet. Die Welpen trinken dabei schlecht, sind geschwächt und nehmen an Gewicht ab. Bis etwa zum 8.–10. Lebenstag klingt der Ikterus ab und die Welpen entwickeln sich normal weiter. In der Zeit der allgemeinen Schwäche kann intensive Betreuung durch künstliche Ernährung oder vermehrtes Anlegen am Gesäuge des Muttertieres hilfreich sein.

11.2.14 Toxisches Milchsyndrom

Begriff

Bei Puerperalstörungen (Subinvolution des Uterus oder Metritis) des Muttertieres können Toxine in der Muttermilch zu einer Belastung und Erkrankung der Welpen führen.

Vorkommen

Die Erkrankung der Welpen tritt in der Regel vom 3. bis 14. Lebenstag auf.

Ätiologie / Pathogenese

Der Hauptgrund der Erkrankung scheint in einer „Unverträglichkeit" der Muttermilch durch Toxine zu liegen. Das „Toxische Milchsyndrom" kann entweder als Folge einer Subinvolution der Gebärmutter oder einer Metritis der Mutterhündin auftreten.

Bei einer akuten Metritis ist die Mutter klinisch krank mit erhöhter Körpertemperatur, Anorexie und eventuell Agalaktie, oft begleitet von einem dünnen, roten und faulig riechenden Vaginalausfluß. Die abdominale Palpation zeigt ein gespanntes, schmerzhaftes Abdomen. – Eine uterine Subinvolution läßt das Muttertier bei bester Gesundheit erscheinen. Der vaginale Ausfluß ist ein Gemisch von Schleim und Blut, ähnlich dem während der Läufigkeit. Bei der abdominalen Palpation kann eine Vergrößerung eines oder beider Uterushörner festgestellt werden.

Klinisches Bild

Die Welpen werden zunehmend unruhig und beginnen zu schreien. Gleichzeitig ist eine Blähung des Abdomens und eventuell Durchfall zu beobachten. Wenn die abdominale Aufblähung stärker wird, winden sich die erkrankten Welpen als wären sie bemüht, sich zu entleeren. Das Unbehagen wird durch Schreien angezeigt. Der Anus wird ödematisiert und rot. Das Beachten dieser Symptome ist besonders wichtig beim Vorliegen einer Subinvolution des Uterus, da hier das Muttertier offensichtlich gesund erscheint.

Diagnose

Die sorgfältige Untersuchung des Muttertieres auf eine Störung des Puerperiums bringt Aufschluß über die Ursache der Welpenerkrankung.

Differentialdiagnose

Mastitis.

Prognose

Günstig.

Therapie

Die Welpen sind von der Mutter zu trennen (bei Subinvolution und Metritis) und mit Muttermilchersatz zu füttern. Am besten ist das Verbringen der Welpen in einen Inkubator. Anfangs sollten hydrierende Lösungen gegeben werden, gefolgt von oralen Glucosegaben, bis die abdominale Spannung verschwindet. Die Verabreichung von Hundemilchersatz ist nach 8 bis 12 Stunden möglich. Die Welpen können zur Mutter zurückgebracht werden, wenn die Symptome der Puerperalstörung nach entsprechender Behandlung abnehmen, die Körpertemperatur des Muttertieres auf die Normalwerte zurückgeht und die Futteraufnahme ungestört ist. Es sollte darauf geachtet werden, daß eine entsprechende Milchsekretion besteht, um die Welpen zu ernähren.

Nach Behandlung einer Subinvolution der Gebärmutter sollte das Nahrungsprogramm der Hündin überprüft und die Menge der Zink- und Proteinaufnahme gesteigert werden. — Ein chirurgischer Eingriff bei Subinvolution bzw. Metritis des Muttertieres, die Ovariohysterektomie, ist berechtigt, wenn sich die medikamentelle Behandlung als unwirksam erweist.

Prophylaxe

Überwachung des Puerperiums des Muttertieres (vor allem Körpertemperatur, Vaginalausfluß).

11.2.15 Spurenelementmangel

Begriff

Es handelt sich um eine mangelhafte Versorgung mit Spurenelementen.

Vorkommen

Ein Spurenelementmangel ist in der Regel auszuschließen. Nur bei Eisen kann es in seltenen Fällen zu einer Unterversorgung kommen.

Ätiologie / Pathogenese

Durch eine mangelnde Versorgung der Welpen mit Eisen während der Trächtigkeit und über die Muttermilch kann es zu einer zum Tode führenden, ernährungsbedingten hypochromen Anämie kommen.

Klinisches Bild

Allgemeine Schwäche bedingt durch die hypochrome Anämie.

Diagnose

Bei einer hypochromen Anämie sollte der Eisengehalt des Blutes bei Welpen bestimmt werden.

Prognose

Vorsichtig.

Therapie

Eisen- und Kupferinjektionen sind angezeigt.

Prophylaxe

Auf eine gute bzw. eine Verbesserung der Eisenversorgung der Hündinnen während der Trächtigkeit ist zu achten.

11.2.16 Vitamin-A-Überdosierung

Begriff

Hierunter fallen Erkrankungen, die durch zu hohe Gaben von Vitamin A bedingt sind.

Vorkommen

Äußerst selten; vor allem bei Hundewelpen.

Ätiologie / Pathogenese

Ein zu hoher Vitamin-A-Gehalt der Nahrung ($>$ 125 000 μg / kg) bei Mutterhündinnen oder überdosierte Vitamingaben können bei 17 — 22 Tage trächtigen Hündinnen Fetopathien auslösen.

Klinisches Bild

Betroffene Hündinnen haben gehäuft mumifizierte Feten, Fehlgeburten oder eine reduzierte Wurfgröße und Welpen mit Gaumenspalten, Knickschwänzen oder deformierten Ohrmuscheln.

Diagnose

Die Diagnose kann aufgrund des klinischen Bildes in Verbindung mit einer Futteranalyse gestellt werden.

Prognose

Für betroffene Welpen infaust.

Therapie

Bei Hündinnen: eine Reduzierung der Vitamin-A-Zufuhr vor der nächsten Trächtigkeit.
Bei Welpen: keine Therapie möglich.

Prophylaxe

Es ist auf eine normale Zufuhr von Vitamin A zu achten.

11.2.17 Vitamin-D-Überdosierung

Begriff

Hierunter fallen Erkrankungen, die durch zu hohe Gaben von Vitamin D bedingt sind.

Vorkommen

Selten.

Klinisches Bild

Bei den Welpen sind nukleäre Kalzinose, frühzeitiger Fontanellenschluß, Zahnschmelzhypoplasie und/oder supravaskuläre Stenosen zu finden.

Diagnose

Die Diagnose kann aufgrund des klinischen Bildes in Verbindung mit einer Futteranalyse gestellt werden.

Prognose

Bei deutlichen Veränderungen sollte die Euthanasie empfohlen werden.

Therapie

Keine.

Prophylaxe

Es ist auf eine normale Zufuhr von Vitamin D zu achten.

11.2.18 Nephrogener Diabetes insipidus
(Vasopressin-resistenter Diabetes insipidus)

Begriff

Man versteht hierunter die Unfähigkeit des Welpen, während der ersten Lebenswochen den Urin zu konzentrieren.

Vorkommen

Selten, nur bei Hundewelpen (hier besonders beim Lhasa Apso).

Ätiologie / Pathogenese

Es wird angenommen, daß bei den betroffenen Welpen die distalen Sammeltubuli des Nierenparenchyms für das antidiuretische Hormon nicht ansprechbar sind. Bei Neugeborenen ist nämlich die Nierenfunktion noch nicht vollständig ausgebildet. Die glomeruläre Filtrationsrate beträgt bei der Geburt 21–50 % im Vergleich zu der von 6 Wochen alten Welpen, die tubuläre Sekretion mit 8 Wochen erst 12–15 % der von Erwachsenen. Die Folge ist ein Wasserentzug während des ersten Lebensmonats, insbesondere der ersten Lebenswoche.

Bei Cocker Spaniels, Norwegischen Elchhunden, Pekinesen, Alaska Malamutes, Lhasa Apsos, Shih-Tzus, Deutschen Schäferhunden, Zwergschnauzern, Dackeln und Kreuzungen dieser Rassen werden auch ererbte oder angeborene progressive allgemeine Nierenerkrankungen als Grund einer renalen Unfähigkeit, den Harn zu konzentrieren, vermutet. Als mitwirkende Ursachen sollten aber auch während der Trächtigkeit aufgetretene Störungen bei der Hündin (wie z. B. Vitamin-A-Mangel, Virusinfektionen, D-Hypervitaminosen, Hyperkalzämien) und Dehydrationen anderer Genese, sowie andere exogene Einflüsse auf die noch nicht vollständig entwickelten Welpennieren nicht übersehen werden.

Klinisches Bild

Die Welpen schreien und haben trockene Schleimhäute, Verstopfung, eine verkrustete Nase, Anurie und ausgeprägte Symptome der Dehydration. Sie bleiben im Wachstum zurück bzw. zeigen gradweise Abmagerung, haben ein rauhes, trockenes Fell, erbrechen gelegentlich und Polyurie sowie -dypsie treten auf. Erfahrene Züchter werden die betroffenen Welpen auch am „Federgewichtsgefühl" erkennen.

Diagnose

Zur Absicherung der Diagnose dient die Bestimmung des spezifischen Gewichtes des Urins (< 1,003). Während des akuten Geschehens wird die prärenale Urämie durch Blutharnstoff-Werte von 115–150 mg/dl angezeigt; ebenso liegen in der Regel erhöhte Kreatinin-Werte vor.

Bei der Sektion von Welpen, die an akuter Dehydration sterben, ist bei der mikroskopischen Untersuchung der Nieren eine Verstopfung der Tubuli zu erkennen.

Prognose

Eine Heilung ist bisher nicht möglich.

Therapie

Liegt bei der ersten Untersuchung bereits eine Anurie vor, sollten die Welpen euthanasiert werden, da mögliche zukünftige Schäden berücksichtigt werden müssen. Trotz eines anfänglichen Behandlungserfolges führen die verstopften Nierentubuli zu einer chronischen Nephritis und im Alter von 4 bis 10 Monaten (bis zu 1 Jahr) zum Tod mit einem „end stage kidney"–Syndrom.

Kann der erkrankte Welpe noch Harn absetzen oder zeigt er eine Polydypsie mit -urie, so kann die parenterale Verabreichung hydrierender Lösungen (z. B. Ringer- oder Ringer-Laktat-Lösungen, Tutofusin® NS) versucht werden, und zwar in einer Dosis von 3,5 ml / 100 g KGW, gefolgt von einer Gabe einer 5–10 %igen Glucose-Lösung oral (Dosis: 3,5 ml / 100 g KGW). Die Behandlung soll in Abständen von 30 Minuten bis zur Stabilisierung des Urinflusses (Anstieg des spezifischen Gewichts) durchgeführt werden.

Prophylaxe

Bei Lhasa Apso-Welpen sollte im Alter von 2 Wochen das spezifische Gewicht des Harnes bestimmt werden (physiologisch zwischen 1,006 und 1,017), um gefährdete Tiere möglichst frühzeitig erkennen, behandeln oder eliminieren zu können. Liegt das spezifische Uringewicht bei 1,002, dann kann man mit der Verabreichung von 3,5 ml Wasser / 100 g KGW ein- bis zweimal täglich dem Auftreten eines akuten Dehydrationssyndroms vorbeugen, da die Serum-Osmolarität, die sich in der Serum-Natrium-Konzentration äußert, im Normbereich gehalten werden sollte. – Züchtern ist zu empfehlen, durch ein Selektionsprogramm diesen genetischen Defekt aus ihrem Zwinger zu eliminieren.

11.2.19 Neuromuskuläre Erkrankungen

Klinische Symptome kongenitaler oder erworbener neuromuskulärer Erkrankungen sind in der Regel bei neugeborenen Welpen nicht zu erkennen, sondern erst ab der 4. Woche, wenn die Welpen einen größeren Bewegungsradius haben.

Mitunter kommt es zum *Grätschen* oder *Spreizen der Hinterbeine* einzelner Welpen oder aber von Welpen eines ganzen Wurfes (Abb. 11.7 s. Farbtafel 25). Eine mögliche Erklärung dafür ist eine traumatische Ursache, wobei es bei den ersten Laufversuchen auf glattem Boden zum Ausgrätschen (komplette Abduktion) kommt. Bei besonders schweren Welpen besteht eine überproportionale Massenzunahme des Rumpfes, wobei die Extremitäten aufgrund ihrer noch nicht verfestigten Verbindung zu ihm die Last nicht tragen können. Allerdings besteht bei solcherart Welpen die Abduktion aller vier Gliedmaßen. Weiterhin muß in den Bereich von Ursachen aber auch eine Hypoplasie der Myofibrillen der Hinterschenkelmuskulatur genannt werden. Ob ein Selenmangel bei dieserart Welpen besteht, ist noch ungeklärt.

Als Therapie wird im allgemeinen eine Fesselung der Hinterbeine mit selbstklebenden Streifen vorgenommen, da eine kausale Behandlung fehlt (Abb. 11.8 s. Farbtafel 25). Unterstützend kann darüber hinaus ein Mineralstoffgemisch mit Anteil an Spurenelementen (Se und andere) verabreicht werden.

11.2.20 Lactatio neonatorum (Lactatio Neonatorum; Hexenmilch)

Begriff

Unter Lactatio neonatorum versteht man die Produktion eines milchähnlichen Sekrets in Milchdrüsen von Hundewelpen bei der Geburt. Diese kann etwa bis zur 4.–6. Lebenswoche andauern.

Vorkommen

Sehr selten.

Ätiologie / Pathogenese

Die Ursache dieser Erscheinung ist unbekannt. Diskutiert werden eine erbliche Disposition oder eine erhöhte Östrogenbildung der Placenta materna.

Klinisches Bild

Die Milchdrüsen sind bei der Geburt größer als bei normalen Welpen und es ist eine geringe Menge an Milchsekret zu gewinnen.

Diagnose

Die Lactatio neonatorum liegt vor, wenn bei der Geburt Milch aus den Mammakomplexen der Welpen zu gewinnen ist.

Prognose

Günstig.

Therapie

In der Regel ist keine Behandlung erforderlich. Wenn die Milchdrüsen nicht stimuliert werden, hört die Sekretion von selbst auf.

Prophylaxe

Keine.

11.3 Infektionskrankheiten

11.3.1 Bakterielle Infektionen/ Allgemeines

Begriff

Hierunter sind Infektionen mit unspezifischen (Umwelt-)Keimen und für Hund und Katze spezifischen Erregern zu verstehen.

Vorkommen

Bei Hunde- und Katzenwelpen können sich durch mangelhafte Ernährung und ungenügende Hygiene Erkrankungen bakteriellen Ursprungs (vor allem *E. coli, Staphylokokken, Streptokokken*) entwickeln. Bakterielle Infektionen rufen eine Vielfalt von Symptomen bei Neugeborenen hervor, wobei die häufigsten Septikämien, Nabelinfektionen, Pyodermien oder neonatale Ophthalmien sind.

Ätiologie / Pathogenese

Gewöhnlich sind Infektionen mit E. coli (besonders nicht hämolysierende, und hier vor allem der nicht obligate, nur bei geschwächtem Organismus pathogene Stamm O 42), Streptokokken (vor allem β-hämolysierende), Staphylokokken (vorwiegend hämolysierende) oder Mischinfektionen (besonders E. coli, Streptokokken Staphylokokken, Bordetella bronchiseptica, Klebsiellen) für Erkrankungen verantwortlich; daneben können Pseudomonas aeruginosa, Proteus vulgaris, Pasteurella multocida und Salmonellen gefunden werden. Als Voraussetzung der Infektion kommt in erster Linie eine verminderte Resistenz in Frage, die durch Geburtsstörungen oder bei Schnittentbindungen, vornehmlich durch eine Hypoxie, entstehen kann.

Die Infektion der Welpen kann perinatal mit Keimen in den Geburtswegen des Muttertieres oder postnatal über das Kolostrum sowie den Kontakt mit der Umwelt (Mutter, Artgenossen, Mensch, Futter, Gerätschaften) erfolgen. In Zuchten ist häufig mit „Hospitalismus", d. h. einer selektierten Erregerflora, zu rechnen.

Die Mortalität ist in den ersten beiden Lebenswochen am höchsten, mit einer Spitze um den 2. Lebenstag.

Klinisches Bild

Bakterielle Erkrankungen zeigen oft unspezifische Symptome wie Schreien, Hypothermie, Diarrhöe, Inappetenz oder Anorexie, Erbrechen und/oder Schweratmigkeit und später ein struppiges Haarkleid, Dehydration und Hypoglykämie. Deshalb sind in der Regel bakterielle Infektionen mit E. coli, Streptokokken und Staphylokokken klinisch nicht zu unterscheiden und Fehldiagnosen somit unvermeidlich.

Diagnose

Die ätiologische Diagnose kann nur auf der Basis einer bakteriologischen Untersuchung gestellt werden.

Prognose

Abhängig von Erregerart und Lokalisation der Infektion.

Therapie

Folgende Grundregeln müssen bei der Behandlung beachtet werden:

1. Ursachenbehebung,
2. Probennahme vor Einsetzen der antimikrobiellen Behandlung zur Diagnosestellung bzw. der Verdachtsdiagnosebestätigung,
3. Gabe von Antibiotika bzw. Chemotherapeutika,
4. sofortige Behandlung der begleitenden Symptome mit Elektrolyt- und Glucoselösungen oder künstlicher Ernährung.

Die Anwendung von Antibiotika und Chemotherapeutika bei neonatalen Welpen erfordert die Berücksichtigung vieler funktioneller und struktureller Unterschiede im Vergleich zu adulten Tieren, die durch die noch nicht volle Entwicklung der Gewebe und Organe bedingt sind, insbesondere den erhöhten Gehalt an Körperwasser (70–75 %), den erniedrigten Anteil an Gesamtkörperfett, die erniedrigte Plasma-Albumin-Konzentration und die geringe Entwicklung der Blut-Hirn-Schranke. Dies hat zur Folge, daß bei der Auswahl von Medikamenten die Abweichungen von Resorption, Verteilung, Metabolismus, Exkretion sowie der Toxizität gegenüber adulten Tieren berücksichtigt werden müssen.

Penicilline haben eine geringe Toxizität. Eine orale Gabe sollte vermieden werden, da die Resorption aus dem Darm nicht gesichert ist. Bei intravenöser und intramuskulärer Applikation ist eine erhöhte Initialdosis bei neonatalen Septikämien indiziert. Eine gute Wirksamkeit besteht bei bakterieller Meningitis sowie in der Regel bei Infektionen mit Pasteurellen spp. und β-hämolysierenden Streptokokken.

Für nicht-β-Laktamase-produzierende Staphylokokken und andere gram-positive Bakterien ist Penicillin G (Benzylpenicillin) das Mittel der Wahl. Aufgrund der guten oralen Applikationsmöglichkeit und enteralen Resorption können Ampicillin und Amoxicillin anstelle von Penicillin G gegeben werden. Benzathin-Penicillin G (intramuskulär) sollte nur bei Streptokokken-Infektionen verabreicht werden.

Für die nur intravenös zu applizierenden **Cephalosporine**, vor allem der 3. Generation (z. B. Moxalaktam), gilt im allgemeinen das gleiche wie für Penicilline. Die neueren Cephalosporine haben allerdings eine bessere Wirksamkeit gegen gram-negative Keime, einschließlich Pseudomonas aeruginosa und Infektionen mit aminoglykosidresistenten gram-negativen Keimen. Zusätzlich erreichen sie eine therapeutische Konzentration in der Cerebrospinalflüssigkeit.

In der Regel ist für Penicilline und Cephalosporine durch die zum erwachsenen Tier unterschiedlichen physiologischen Gegebenheiten bei Welpen eine erhöhte Initialdosis erforderlich und das Dosierungsintervall kann verlängert werden.

Die potentiell oto- und nephrotoxischen **Aminoglykoside** (z. B. Gentamycin, Dihydrostreptomycin, Kanamycin und Neomycin) werden bei ernsten Infektionen mit gram-negativen Keimen und Bakteriämien verwendet. Allerdings ist die Halbwertszeit (limitierte renale Ausscheidung, größere Verteilung im Körperwasser) verlängert. Deshalb sollte die Anwendung bei Zeichen von Schock, Asphyxie, gleichzeitiger Anwendung von Diuretika und anderen Zuständen, die eine verminderte renale Perfusion zur Folge haben, vermieden werden.

Die Anwendung des Breitspektrum-Antibiotikums **Tetracyclin** ist bei Hunde- und Katzenwelpen wegen seiner Toxizität (Kalziumbindung verbunden mit Ablagerung in Knochen; Knochendeformation und/oder verzögertes -wachstum; Zahnverfärbungen und -schmelzdysplasie; Nieren- und Lebertoxizität) nach Möglichkeit zu unterlassen. Zusätzlich durchläuft es einen enterohepatischen Kreislauf (Veränderung der Darmflora!). Bei Infektionen mit Rickettsien, Chlamydien und Mykoplasmen sind Tetracycline allerdings Mittel der Wahl. Obwohl selten empfohlen, sollten sie dem Chloramphenicol vorgezogen werden, da diese nicht den Metabolismus des Patienten belasten.

Chloramphenicol, ein Anbiotikum mit breitem Wirkungsspektrum, sollte nur bei schweren Infektionen eingesetzt werden. Trotz guter Gewebeverteilung (einschließlich Intraokular-, Cerebrospinalflüssigkeit und zentrales Nervensystem), intrazellulärer Penetration und sich langsam entwickelnder Resistenz wirken sich fehlende Metabolisierung (Glukoronisierung) in der Leber (bei Katzenwelpen nicht verwenden!), Verlangsamung der Proteinsynthese, kardiovaskuläre Störungen und Knochenmarksschwächen nachteilig aus. Allerdings kann das Penetrationsvermögen des Antibiotikums bei Infektionen des zentralen Nervensystems und Abszessen, Rickettsien- und intraokulären Infektionen wünschenswert sein.

Trimethroprim wird im allgemeinen nur in Kombination mit Sulfonamiden (besser wegen geringerer Serumproteinbindung) mit einer Breitspektrumaktivität (gute Gewebeverteilung, einschließlich Cerebrospinalflüssigkeit, intraokulärer und intrazellulärer Penetration) angeboten. Bei Neonaten ist eine verlängerte Halbwertszeit, ein erniedrigter Lebermetabolismus und eine verminderte Nierenausscheidung möglich. Deshalb sollte die Anwendung nach Möglichkeit vermieden werden. Ein Einsatz bei bereits vorliegender Anämie oder Leukopenie (einschließlich Parvovirusinfektionen bei Hunde- und Katzenwelpen) ist auch wegen einer Veränderung der Darmmikroflora zu unterlassen.

Die Makrolide **Erythromycin** und **Tylosin** sind die sichersten Antibiotika (selten unerwünschte Nebenwirkungen; Leberschädigung bei Erythromycin allerdings nicht auszuschließen). Erythromycin kann als Ersatz für Penicillin bei den meisten Infektionen mit gram-positiven Keimen, einschließlich β-Laktamase-positiven Staphylokokken verwendet werden. Tylosin ist wegen seiner Wirksamkeit gegen Mykoplasmen eine Alternative zu Tetracyclinen. Durch Konzentrierung in der

Lunge wird ein guter Effekt bei Lungenaffektionen erzielt. Bei Leberinsuffizienz ist der Einsatz von Makroliden wegen der ausschließlichen Metabolisierung in diesem Organ zu vermeiden.

Die den Makroliden ähnlichen Lincosamide **Clindamycin** und **Lincomycin** können bei Infektionen mit gram-positiven Erregern und Anaerobiern, Lincomycin besonders bei der Behandlung von Knochenaffektionen mit Staphylokokken-bedingter Osteomyelitis angewandt werden.

Wegen zu großer Toxizität sollten **Nitrofurantoin** (Hämolyse-Gefahr) und **Polymyxine** bei Welpen nicht systemisch gegeben werden.

Selten ist eine kombinierte Anwendung von Antibiotika und/oder Chemotherapeutika angezeigt. Nur bei lebensbedrohenden Infektionen kann sie zur Erweiterung des Wirkungsspektrums angezeigt sein; gelegentlich ist ein additiver Effekt zu erreichen. Zudem sollten jeweils nur bakterizid bzw. bakteriostatisch wirksame Substanzen gemeinsam benutzt werden.

Prophylaxe

Eine gute Geburtsüberwachung sowie die Schaffung optimaler Umweltbedingungen helfen die Infektionsgefahr zu verringern.

Septikämie

Begriff

Schwere Allgemeinerkrankung nach anfänglicher Lokalinfektion (z. B. Nabel, orale Ansteckung an kranken Muttertieren) durch verschiedene, in der Regel pyogene Erreger, besonders am 1. und 2. Lebenstag, selten später (bis 40. Tag).

Vorkommen

Septikämien sind relativ selten. Sie treten vor allem bei schlechter Raumlüftung und hoher Luftfeuchtigkeit auf, weil dadurch ein Anstieg der bakteriellen Kontamination eintreten kann.

Ätiologie/Pathogenese

Eine Vielzahl von Organismen (einschließlich E. coli, β-hämolysierende Streptokokken, Staphylokokken, Proteus vulgaris, Pseudomonas aeruginosa, Pasteurellen und Klebsiellen) kann Septikämien auslösen. Die wichtigsten Erreger sind β-hämolysierende Streptokokken (vor allem bei Zwingerhaltung), hämolysierende E. coli, Pseudomonas und Staphylokokken. Andere gram-negative Darmkeime, z. B. Klebsiellen und koagulase-positive Streptokokken, sind seltener für Septikämien verantwortlich. − Ein Mangel an Kolostrumaufnahme erhöht die Anfälligkeit für die Erkrankung. − Die Ansteckung erfolgt häufig über Umweltfaktoren (mangelnde Geburtshygiene, Futter, Gerätschaften, Sekrete und Exkrete älterer Tiere eines Bestandes, Muttermilch).

Klinisches Bild

Die Welpen sind im allgemeinen nach der Geburt kräftig und gesund. Während der ersten 24 Stunden saugen sie normal und nehmen genügend Milch auf. Die Krankheitssymptome werden in der Regel bei einem Welpen und erst danach in 12 bis 24 Stunden bei weiteren oder allen Welpen eines Wurfes deutlich. Ähnliche Symptome finden sich im übrigen bei einer „Welpen-Virämie".

Klinisch zeigen die Tiere zuerst eine leichte Unbehaglichkeit, dann hören sie auf zu saugen, schreien und bekommen ein gebähtes Abdomen. Später ist die Atmung beschleunigt und es kommt relativ rasch zu Dehydration, allgemeiner Schwäche (kläglicher werdendes Schreien), inkoordinierten Bewegungen und manchmal − kurz vor dem Tod − zu tetanischen Spasmen mit Hyperextension der Vorderextremitäten sowie der Wirbelsäule. − Sehr junge Welpen werden hypothermisch, hypoglykämisch und dehydriert. Der Tod tritt in der Regel 12 Stunden nach Beginn der Krankheit ein. − Ältere Welpen haben einen gebähten Bauch, eine schnelle Atmung, schreien intermittierend und sterben nach etwa 18 Stunden.

Diagnose

Der Zeitpunkt der Erkrankung und der akute oder subakute Verlauf ermöglichen die klinische Diagnose. − Zur Abklärung der verursachenden Bakterienart sollte eine bakteriologische Untersuchung eingeleitet werden. Bis zu einer Stunde nach dem Exitus (am besten allerdings direkt vor oder kurz nach dem Tod) eignet sich hierfür aus dem Herzen gewonnenes Blut. Wenn die Welpen bereits 4 Stunden oder länger tot sind, können noch Kulturen vom Gehirn oder der Innenseite der Augäpfel angelegt werden, aber nur bei sorgfältiger Entnahme, da sonst in der Regel bei positiven Kulturen, die bakterielle Besiedelung nach dem Tod eingetreten ist.

Bei der Sektion sind ein aufgeblähter Darm, petechiale Blutungen an den Schleimhautoberflächen, kongestive Lungen und eine Enteritis im Dünndarmbereich zu finden.

Prognose

Vorsichtig bis schlecht, da die Behandlung meist zu spät beginnt.

Therapie

Die Behandlung sollte nach Möglichkeit früh einsetzen; zuvor sollten Proben für Bakterienkulturen genommen werden. Wichtig ist die sofortige Versorgung der betroffenen Welpen mit Flüssigkeitsersatz und Breitband-Antibiotika (z. B. Pencillin-Streptomycin, Kanamycin, Ampicillin, [Chloramphenicol]). Erste Wahl ist die Applikation von Penicillin (oder ein Derivat wie Ampicillin) und ein Aminoglykosid. Alternativ können Cephalosporine verwendet werden und in besonders schweren Fällen Polymyxin und Streptomycin.

Die erkrankten Tiere sind sofort vom Muttertier zu trennen, in eine Umgebungstemperatur von 29,4 – 32,2 °C (evtl. Inkubator) zu verbringen und hier weiter symptomatisch (Hypoxie, Hypoglykämie) zu behandeln. Subkutan kann eine Ringer-Laktat-Lösung gegeben werden.

Wenn eine extreme Blähung des Abdomens vorliegt, bringt eine Trokarierung mit einer dünnen Kanüle Erleichterung. Diese sollte man in 3-stündigen Intervallen zwei- bis dreimal wiederholen. – Auch Antihistamin-Gaben (z. B. Benadryl®) sind wirksam, wenn sie früh genug eingesetzt werden. Die Applikation von Vitamin K_1 kann zusätzlich erfolgen.

Prophylaxe

Sauberkeit, Luftfeuchtigkeitskontrolle und ausreichende Ventilation sind genauso wichtig wie die Kontrolle des Muttertieres (Zitzendeformationen, Milchstau, Mastitis, Metritis) sowie der Welpen auf ausreichende Kolostrumaufnahme (durch Wiegen), da eine Prädisposition in der mangelnden Aufnahme von Kolostrum liegen kann. – Bei Erkrankungen des Muttertieres vor, während oder nach der Geburt, speziell wenn Antibiotikagaben erforderlich sind, sollten auch die Welpen prophylaktisch antibiotisch versorgt werden.

In Problemzwingern kann die Verabreichung von Totvakzinen an Hündinnen während der Trächtigkeit hilfreich sein, ebenso ein wiederholtes Sterilisieren der Wurfkiste.

Nabelinfektionen

Begriff

Infektion des Nabels mit entzündlicher Reaktion durch bakterielle Besiedelung.

Vorkommen

Die Infektion kann während der Geburt oder innerhalb der ersten Lebenstage (1.–4. Lebenstag) stattfinden.

Ätiologie / Pathogenese

Verschiedenste Organismen werden für die Infektion verantwortlich gemacht, jedoch sind die meisten Nabelinfektionen durch Streptokokken bedingt. – Bei der Abnabelung durch das Muttertier oder bei der anschließenden Fürsorge um den Welpen können Umweltkeime in den Nabelstumpf gebracht werden. – Besonders gefährdet sind Welpen, die bei oder nach der Geburt eine Hypoxie, Hypothermie, Dehydration oder Hypoglykämie entwickelt haben.

Klinisches Bild

Die zunächst lokale Infektion führt zum Verlust der Vitalität, zu Unbehaglichkeit, abdominaler Spannung mit Schmerzäußerungen sowie schneller und geräuschvoller Atmung. Am auffallendsten ist zuerst das Schreien der betroffenen Welpen.

Das Abdomen fühlt sich fest an mit starren Muskeln (reflektorische Kontraktionen) verbunden mit Peritonitis und den damit einhergehenden Schmerzen. Die Atmung ist gewöhnlich schnell und geräuschvoll. Die Nabelregion erscheint manchmal ödematisiert, leicht hervorstehend und von dunkelroter bis blauer Färbung.

Diagnose

Die Diagnose stützt sich in erster Linie auf die entzündlichen Veränderungen wie Schwellung, Rötung und Schmerzhaftigkeit im Nabelbereich.

Prognose

Trotz früh einsetzender Behandlung ist bei fortgeschrittenen Begleitsymptomen ein Therapieerfolg unsicher.

Therapie

Neben der parenteralen Behandlung mit Antibiotika (gewöhnlich werden Kanamycin und Penicillin mit Streptomycin, Ampicillin oder in Ausnahmefällen Chloramphenicol gegeben) – die intraperitoneale Gabe ist der parenteralen oder oralen vorzuziehen – müssen vor allem die Begleitsymptome der Dehydration, Hypothermie oder Hypoglykämie therapiert werden. – Liegt ein Nabelabszeß vor, ist dieser vorsichtig zu öffnen und mit verdünnten, wässrigen Antibiotikalösungen zu spülen.

Prophylaxe

Hygiene und optimale Umweltverhältnisse neben einer guten Überwachung von Geburten. – Bei vermehrten Auftreten von Nabelinfektionen in Zuchten ist die Applikation eines Jod-Präparates auf den Nabel empfehlenswert.

Neonatale Dermatitis

Begriff

Gelegentlich entwickeln sich oberflächliche Pyodermien an Kopf, Nacken und Brustsegment der Welpen.

Vorkommen

Die Erkrankung tritt in der Regel zwischen dem 4. und 10. Lebenstag in Erscheinung.

Ätiologie / Pathogenese

Bilden sich bei den Welpen aufgrund mangelnder Fürsorge des Muttertieres aus Amnionsflüssigkeitsresten Krusten, so können unter diesen durch Umweltkeime (hauptsächlich hämolysierende Staphylokokken) Dermatitiden entstehen.

Klinisches Bild

Charakteristisch sind unregelmäßig geformte, von Krusten überlagerte Läsionen der Haut im Kopf-, Nacken- und Brustsegmentbereich der Welpen (Abb. 11.9 s. Farbtafel 26).

Diagnose

Typisch ist das klinische Bild und der Zeitpunkt des Auftretens der Erkrankung. – Kulturen aus Krustenmaterial zeigen ein Wachstum der für die sekundären Veränderungen verantwortlichen Keime.

Prognose

Günstig bei Behandlung.

Therapie

Die Entfernung der Krusten und ein vorsichtiges Reinigen der betroffenen Hautstellen mit einer milden Desinfektionslösung oder Reinigungsshampoos sind angezeigt. Bis zum Abheilen sollten die Welpen parenteral oder oral mit Antibiotika (z.B. Ampicillin, [Chlorampenicol]) versorgt werden.

Prophylaxe

Beim täglichen Wiegen sollte auf mögliche Krustenbildungen im Kopf-, Nacken- und Brustsegmentbereich geachtet werden.

Ophthalmia neonatorum

Begriff

Es handelt sich um eine Bindehautentzündung der Welpen bei noch geschlossenen Augenlidern (kurz vor und während der Augenöffnungsphase) und ist durch eine akute, purulente Konjunktivitis charakterisiert.

Vorkommen

Die Erkrankung tritt in der Regel vor und während des Öffnens der Augen auf.

Ätiologie / Pathogenese

Dringen Bakterien (Eitererreger) durch die geschlossenen Augenlider, können sie besonders bei geschwächten Welpen eine Konjunktivitis hervorrufen, die zu mehr oder minder starken Schwellungen unter den Lidern infolge einer Ansammlung von Exsudat führt. Eine geringe Menge des Exsudates ist durch eine schmale Öffnung zwischen den Lidern zu sehen. Das Ausbleiben des Öffnens der Augen kann von kornealen Ulzerationen durch den nekrotisierenden Effekt des Exsudates herrühren. – Bei Katzenwelpen tritt diese Erkrankung gewöhnlich sekundär nach einer Infektion mit dem Felinen Herpesvirus (Rhinotracheitis) auf.

Klinisches Bild

In der Regel zeigen sich beidseitig Schwellung und Vorwölbung der Augenlider mit Eiter in der Lidspalte.

Diagnose

Das klinische Bild und der Zeitpunkt der Erkrankung führen eindeutig zur Diagnose.

Differentialdiagnose

Atresia palpebrarum (fehlende Lösung der lidverbindenden Epidermisbrücke nach 7–12 Tagen, vor allem bei Katzenwelpen) – sehr selten.

Prognose

Auch bei erheblichen Schwellungen und Vorliegen von kornealen Ulzerationen ist die Prognose in der Regel günstig.

Therapie

Die Behandlung sollte sofort erfolgen. Nach behutsamer Säuberung der Augenpartie mit einem warmen, feuchten Wattebausch werden die Lider durch sanften Druck (oder die Verwendung einer stumpfen Tenotomie-Schere) geöffnet. Anschließend wird eine antibiotische Augensalbe in die Konjunktivalsäcke gegeben. – Sind nur einer oder wenige Welpen eines Wurfes betroffen, ist es trotzdem ratsam, die Behandlung bei allen Welpen durchzuführen, bevor die Anzeichen einer Infektion sichtbar werden, da meistens alle Welpen eines Wurfes infiziert sind. – Als Nachbehandlung sind gewöhnlich das Reinigen der Konjunktivalsäcke (warmer, feuchter Wattebausch) und die örtliche Applikation von Antibiotika ausreichend.

Prophylaxe

Einwandfreie Hygiene von Muttertier und Welpen.

Bakterielle Infektionen des Respirationstraktes

Begriff

Akute bakterielle Infektionen des Respirationstraktes sind relativ häufige Krankheitsursachen bei Hunde- und Katzenwelpen, wobei primär eine virale Infektion vorausgegangen sein kann.

Vorkommen

Bei Hunde- und Katzenwelpen.

Ätiologie / Pathogenese

Bordetella bronchiseptica ist neben Staphylokokken der am häufigsten vorkommende Erreger einer Bronchitis bei Hundewelpen, der daneben als Begleitkeim viraler Erkrankungen, besonders bei „Zwingerhusten" und als Sekundärerreger bei Staupe, gefunden wird (schwere Pneumonien), vor allem wenn viele Tiere auf engem Raum gehalten werden. Bei Katzenwelpen ist der Erreger für verschiedene Formen des Katzenschnupfens verantwortlich. – Salmonellen-Infektionen führen gelegentlich bei Hunde- und Katzenwelpen zu Entzündungen der oberen Luftwege (mit nervösen Störungen). – β-hämolysierende Streptokokken können manchmal neben Pleuritiden und Peritonitiden auch Pneumonien auslösen. – Pasteurella multocida ist differentialdiagnostisch ebenfalls als Sekundärerreger zu berücksichtigen. – Bei Hundewelpen muß außerdem bei Erkrankungen der tieferen Atemwege an Mykoplasmen, bei Katzenwelpen an Chlamydien bzw. an die Aspiration der oropharyngealen Mikroflora gedacht werden. – Aspirationspneumonien werden durch eine bakterielle Mischinfektion von gram-positiven und -negativen Keimen sowie Anaerobiern ausgelöst.

Klinisches Bild

Entsprechende Symptome eines Affekts des Respirationstraktes sind zu finden (Abb. 11.10 und 11.11 s. Farbtafel 26). Eine Infektion mit Bordetellen zeigt beispielsweise bei Katzenwelpen Niesen, Husten sowie Konjunktivitis mit Tränenfluß.

Diagnose

Erregernachweis durch entsprechende Bakterienkulturen.

Prognose

Abhängig von der Erregerart.

Therapie

Der Einsatz von Antibiotika ist nur bei primären oder sekundären Infektionen mit Bakterien angezeigt.

Für Infektionen des tieferen Atmungstraktes sind Substanzen wie Ampicillin oder Amoxicillin, (Trimethoprim-Sulfonamide), (Tetracycline), Makrolide, Chephalosporine und (Aminogylkoside) aufgrund ihrer guten Penetrationsfähigkeit und der Akkumulierung im Bronchialsekret zu empfehlen.

Gegen eine Infektion mit Bordetella bronchiseptica werden am besten Tylosin, (Tetracycline oder Trimethoprim-Sulfonamid-Kombinationen) verwendet. — Eine Behandlung von Mykoplasmen-Infektionen erfolgt mit Tylosin, Lincomycin und (Tetracyclinen). — Zur Behandlung einer Ansteckung mit Pasteurella multocida bei Katzenwelpen sind Ampicillin und Amoxicillin indiziert. — Bei Aspirationspneumonien ist eine Breitspektrum-Therapie angezeigt, am besten mit einer Kombination von Penicillin-Derivaten und Aminoglykosiden. — Chlamydien-Infektionen der Katzenwelpen können nur mit Tetracyclinen erfolgreich behandelt werden. — Gegen Salmonellen-Infektionen helfen Trimethoprim-Sulfonamid-Kombinationen und (Chloramphenicol).

Prophylaxe

Gute Haltungs- und Fütterungsbedingungen (zur Verhinderung von Salmonellosen nur Dosen- oder Trockenfutter verabreichen).

Bakterielle Meningitis

Begriff

Bakterielle Meningitis ist häufig eine Folge von Septikämien und daher durch die gleichen Mikroorganismen verursacht.

Vorkommen

Bei Hunde- und Katzenwelpen.

Ätiologie / Pathogenese

Eine bakterielle Meningitis wird in der Regel von den gleichen Erregern ausgelöst, die auch für Septikämien verantwortlich sind (u.a. E. coli, β-hämolysierende Streptokokken, Staphylokokken, Proteus vulgaris und Pseudomonas aeruginosa).

Klinisches Bild

Zentralnervöse Störungen.

Diagnose

Erregernachweis durch entsprechende Bakterienkultur.

Prognose

Abhängig von Erregerart und Schwere der Erkrankung.

Therapie

Dieselben Breitspektrum-Antibiotika wie bei Septikämien können angewendet werden, wobei hier zusätzlich auf eine gute Überwindung der Blut-Hirn-Schranke und eine Verteilung in der Cerebrospinalflüssigkeit zu achten ist. Ampicillin ist Penicillin vorzuziehen. Nur im Notfall sind Chloramphenicol oder Trimethoprim anzuwenden.

Prophylaxe

Gute Haltungs- und Fütterungsbedingungen.

Brucellose
(Brucellosis, Seuchenhaftes Verwerfen, Abortus enzooticus, Abortus infectiosus, Contagious Abortion, Abortement epizootique)

Begriff

Eine Infektion mit Brucellen kann zur Geburt lebensschwacher Feten als Folge einer Infektion der Mutterhündin mit Brucella canis führen, während Katzen meist symptomlos erkranken.

Vorkommen

In Gebieten, wo besonders in Zuchten Epididymitiden und Sterilität bei Rüden und Aborte (vor allem im letzten Trächtigkeitsdrittel) bei Hündinnen auftreten, kann die Brucellose die auslösende Ursache sein. Bei Katzen ist die Erkrankung selten nachzuweisen.

Ätiologie / Pathogenese

Der Krankheitserreger ist Brucella canis, ein Stäbchenbakterium unbestimmter Zuordnung, das in seinen Eigenschaften große Übereinstimmung mit Brucella suis zeigt. — Krankheitssymptome bei Welpen werden durch infizierte Mutterhündinnen ausgelöst. Die Infektion der Hündin erfolgt beim Deckakt oder durch Kontakt infolge einer oralen Infektion. Erkrankungen verlaufen in der Regel langsam und sind klinisch oft nicht erkennbar. Die Ausscheidung erfolgt besonders auch über den Urin. Das Gleiche gilt für die Katze. — Die Welpen werden über die Plazenta oder bei der fetalen Ingestion der Amnionflüssigkeit infiziert.

Klinisches Bild

Wenn die Welpen lebend geboren werden, sind sie sehr schwach und haben geringe Überlebenschancen. Klinisch können sie Bronchopneumonie, Myokarditis, renale Hämorrhagien, Lymphadenitiden und Hepatitis haben.

Diagnose

Die Diagnose wird mittels eines Schnell-Agglutinations-Testes (mit B. ovis-Antigen) gestellt. Bei der Sektion fallen ekchymotische Hämorrhagien an Herz und Lunge, ödematisierte Nieren und ein Leberstau auf.

Differentialdiagnose

Leukose, Toxoplasmose; Infektionen mit B. abortus, B. mellitensis, B. sius, hämolysierende Streptokokken, E. coli, Pasteurella multocida, Staphylokokkus aureus, Herpes canis- und Staupevirus.

Prognose

Ungünstig für Welpen.

Therapie

Eine symptomatische und antimikrobielle Behandlung der Welpen ist in der Regel erfolglos. Bei Auftreten von Aborten in Zuchten empfiehlt sich die Stalldesinfektion.

Prophylaxe

Wichtig sind Kontrolluntersuchungen in gefährdeten Zwingern sowie eine schnelle Probennahme, wenn das oben genannte klinische Bild in einem Zwinger auftritt oder der Vorbericht auf einen Aufenthalt einer Hündin bzw. eines Rüden in einem gefährdeten Gebiet hinweist. Neuzugänge sollten unter Quarantäne gestellt werden.

Campylobacter-Infektion

Begriff

Bei einer Infektion des Muttertieres mit Campylobacter spp. (insbesondere C. jejuni) kann es zur Geburt lebensschwacher Welpen kommen.

Vorkommen

Beim Hund.

Ätiologie / Pathogenese

Erreger sind Campylobacter spp. (insbesondere C. jejuni). Neben Abort und Geburt toter Welpen kommt es nach einer Infektion der Mutterhündin zur Geburt lebensschwacher Welpen.

Klinisches Bild

Die Welpen sind lebensschwach.

Diagnose

Erregernachweis in Bakterienkultur aus Kotproben.

Prognose

Vorsichtig bis ungünstig.

Therapie

Eventuell Verabreichung von Furazolidon-Präparaten.

Prophylaxe

Gute Haltungs- und Fütterungsbedingungen.

Infektiöser Durchfall

Begriff

Es handelt sich hierbei um eine Verdauungsstörung durch eine bakterielle Infektion mit Veränderung der Darmflora, die zu einer Vergrößerung des Kotvolumens mit erhöhtem Flüssigkeitsgehalt bei ansteigender Häufigkeit der Darmentleerung führt.

Vorkommen

Bei Hunde- und Katzenwelpen.

Ätiologie / Pathogenese

Hauptsächlich finden Infektionen mit E. coli statt bzw. wird eine Beteiligung dieses Erregers bei infektiösen Enteritiden gefunden. – Gelegentlich werden Durchfälle durch eine Infektion mit Salmonellen, Klebsiellen oder (selten) Staphylokokkus aureus hervorgerufen. – Campylobacter jejuni ist relativ häufig bei Hunde- und Katzenwelpen als Durchfallerreger zu finden. Eine Septikämie ist in Folge möglich.

Klinisches Bild

Bei Infektionen mit E. coli können Durchfallsymptome fehlen. — Salmonellen-Infektionen zeigen manchmal katarrhalische und hämorrhagische Enteritiden, Appetitlosigkeit und Erbrechen, häufiger allerdings latente Infektionen ohne klinische Symptome (Abb. 11.12 s. Farbtafel 27).

Diagnose

Erregernachweis durch entsprechende Bakterienkultur.

Differentialdiagnose

Viral bedingte Infektionen, v.a. mit Corona- oder Rota-Viren.

Prognose

Abhängig vom Erreger.

Therapie

Die meisten infektiös bedingten Durchfallerkrankungen antworten auf eine unterstützende Flüssigkeits-/Elektrolyt-Therapie. Eine antibiotische Behandlung hat häufig geringen Nutzen, da hierdurch die natürliche Darmflora verändert werden kann. — Gegen Infektionen mit E. coli ist die orale Gabe von Neomycin und (Trimethoprim-Sulfonamiden) zu empfehlen. — Mittel der Wahl bei Salmonellen-Infektionen sind Trimethoprim-Sulfonamide, daneben können auch Chloramphenicol oder besser Amoxicillin gegeben werden. Infektionen mit Campylobacter jejuni werden am besten mit Erythromycin behandelt (alternativ Chloramphenicol); trotz nicht verkürzter Krankheitsdauer wird die Dauer der Erregerausscheidung vermindert.

Prophylaxe

Gute Haltungs- und Fütterungsbedingungen (keine Schlachtabfälle wegen Salmonellen; in Zuchten Dosen- oder Trockenfutter).

Osteomyelitis und infektiöse Arthritis

Begriff

Infektionen von Knochen und Gelenken mit koagulase-positiven Staphylokokken, Streptokokken, gram-negativen Darmbakterien und Anaerobiern.

Vorkommen

Bei Hunde- und Katzenwelpen.

Ätiologie / Pathogenese

Infektionen treten durch hämatogene Streuung nach Bakteriämien, direkte Knocheninokulation bei Wundpunktionen oder offene Frakturen sowie bei kontinuierlicher Streuung in der Nähe liegender Gewebe auf. Knochen- oder Gelenksinfektionen von Neonaten sind meist hämatogenen Ursprungs.

Klinisches Bild

Lokale Entzündung mit Allgemeinstörungen.

Diagnose

Erregernachweis durch Bakterienkultur.

Prognose

Abhängig von Lokalisation, Erreger und Einsetzen der Behandlung.

Therapie

Die Therapie sollte aus einer Kombination von Antibiotikagaben und chirurgischer Versorgung bestehen. Bei gram-positiven Kokken helfen β-Laktamase-negatives Penicillin, Clindamycin oder Cephalosporin; für gram-negative Bakterien sollte ein Penicillin-Derivat in Verbindung mit Aminoglykosiden, (Chloramphenicol) oder Cephalosporin verwendet werden. Eine Behandlung auch gegen Anaerobier sollte bei offenen Brüchen, Wundpunktionen oder Streuung von infizierten Geweben erfolgen.

Prophylaxe

Keine.

Hautpilz-Infektionen

Hunde- und Katzenwelpen können sich mit Dermatophyten der Gattung *Trichophyton* und *Microsporum,* die in der Lage sind, bei diesen Tierarten Infektionen hervorzurufen, über ihre Muttertiere bzw. den Kontakt zu einer kontaminierten Umwelt oder erkrankten Personen anstecken. Entsprechende klinische Symptome treten erst nach der 2. Lebenswoche auf. Die sichere Diagnose wird mikroskopisch (Trichophyton spp.) oder über kulturellen Erregernachweis (Microsporum spp.) gestellt. Die Behandlung erfolgt am besten mit entsprechenden antimykotischen Lösungen, bei Microsporum-Infektionen auch oral mit Griseofulvin. Zur Prophylaxe sollte eine regelmäßige Kontrolle erwachsener Tiere und gegebenenfalls eine Behandlung erfolgen, besonders bei langhaarigen Rassen. Ebenso sind bei Erkrankungen das Lager sowie Boxen oder Ausläufe zu desinfizieren.

11.3.2 Virale Erkrankungen

Das Auftreten von viralen Erkrankungen ist abhängig von Route, Zeit und Grad der passiv erworbenen Immunität, die zum einen durch Übertritt von Antikörpern über die Plazenta und zum anderen durch die Kolostralmilch übertragen wird.

Die Muttertiere müssen allerdings einen guten Immunstatus durch prophylaktische Impfungen haben. Ohne Kolostrum sind die Welpen gefährdeter.

Wichtigste Erkrankungen sind die Infektionen mit Paramyxo-, *Adeno-, Herpes-* und *Parvoviren.*

Welpen-Virämie

Begriff

Krankheit (allgemein: Generalisierung einer lokalisierten Infektion), die in der Regel durch ein Herpesvirus ausgelöst wird, das eine optimale Wachstumstemperatur von 35,0 – 36,7 °C hat.

Vorkommen

Die Krankheit tritt bei Hundewelpen vor allem zwischen dem 8. und 20. Lebenstag auf.

Ätiologie / Pathogenese

Es besteht die Ansicht, daß sich die Welpen beim Passieren des Geburtskanals mit Herpesviren infizieren. Jedoch kann der Zeitunterschied beim Einsetzen der Krankheitssymptome in einem Wurf ein Aussetzen der Infizierung über einen längeren Zeitraum vermuten lassen, da die Inkubationszeit mit 8 – 10 Tagen relativ konstant ist.

Die rektale Temperatur neonataler Welpen erreicht die Normaltemperatur erwachsener Tiere ($>$ 38,3 °C) nicht bis zur 3. bis 4. Lebenswoche. Daher erklärt sich, daß die kritische Periode (8. – 20. Lebenstag) mit der relativ niedrigen rektalen Körpertemperatur der neonatalen Welpen verbunden ist. Welpen mit 21 Tagen erkranken kaum noch.

Klinisches Bild

Die klinischen Symptome gleichen der einer Septikämie. – Erstes Anzeichen ist ein weicher, geruchloser, gelb-grüner Kot. Bald darauf folgt Anorexie. Bei normaler Versorgung durch die Hündin, die die Defäkation stimuliert und den Kot frißt, kann auch ein scharf beobachtender Besitzer die ersten Anzeichen nicht entdecken. – Gewöhnlich findet man als erstes erkennbares Zeichen der „plötzlich" auftretenden Erkrankung eine gewisse Unbehaglichkeit, danach folgen konstantes Schreien und ein anhaltender Schmerz. Die Atmung ist schnell und flach und der Welpe wird lebensschwach. Der Tod folgt 12 bis 18 Stunden nach dem Einsetzen der klinischen Symptome. – Experimentell induzierte Infektionen haben Meningoencephalitis, Hypersensitivität, Zittern und Krämpfe erzeugt.

Nicht alle Welpen eines Wurfes erkranken gleichzeitig. Die Anzeichen können bei den Welpen eines bestimmten Wurfes über einen Zeitraum von 2 Wochen auftreten.

Diagnose

Bei der Sektion fällt das charakteristisch gesprenkelte Aussehen der Niere auf, bedingt durch multiple, hämorrhagische Bezirke. Hinzu kommen Nekrosen in der gesamten Nierenrinde. Die Blutungen und Nekrosestellen sind auch in der Leber zu finden. Weiterhin sind ein Lungenstau und nekrotische Läsionen im Respirationstrakt festzustellen. Manchmal findet sich die Ansammlung einer klaren Flüssigkeit in der Brusthöhle. – In den nekrotischen Läsionen von Niere, Leber und Respirationstrakt können eosinophile intranukleäre Einschlußkörperchen nachgewiesen werden.

Prognose

Vorsichtig bis ungünstig.

Therapie

Der betroffene Wurf sollte in eine Umgebungstemperatur von 37,8 °C (z. B. mittels Wärmeschale) für mindestens 3 Stunden verbracht werden. Während dieser Zeit ist eine genaue Beobachtung der Welpen nötig. Wasser muß alle 15 Minuten verabreicht werden, um eine Dehydration zu vermeiden. Nach 3 Stunden werden die Welpen für die verbleibende 24-stündige Behandlung in eine Umgebungstemperatur von 32,2–35 °C gebracht. Die Wärmetherapie basiert auf der Erkenntnis, daß das Virus sich optimal bei 33–37 °C vermehrt und seine Reproduktionsfähigkeit bei 39 °C herabgesetzt wird. Die kritischen Temperaturen der Virusvermehrung können das Auftreten von Herpesvirus-Infektionen bei Welpen unter 21 Lebenstagen erklären, da bei diesen die normale rektale Körpertemperatur etwas unter der eines erwachsenen Tieres liegt.

Jeder Welpe, der klinische Symptome zeigt (z. B. Schreien), hat bereits Hämorrhagien und Nekrosen. Überlebt er, so ist er ein sicherer Kandidat für chronische Nierenerkrankungen mit einem terminalen Stadium der Erkrankung („end stage kidney") während der ersten 8 bis 10 Lebensmonate. Deshalb ist zu empfehlen, nur die Welpen zu behandeln, die nicht ständig schreien, und die anderen zu euthanisieren.

Prophylaxe

Hündinnen, die einen mit Herpesviren infizierten Wurf hatten, können ohne übermäßige Gefahr für den nachfolgenden Wurf wieder gedeckt werden.

Prophylaktisch kann eine Verabreichung von Paramunitätsinducern an die Mutter um den Geburtszeitpunkt, sowie an die Welpen, während der ersten postnatalen Tage, vor allem in Problemzwingern, erfolgen.

Herpesvirus canis-Infektion

(Infektiöses Welpensterben)

Begriff

Perakute oder akute, hämorrhagisch-nekrotisierende Allgemeinerkrankungen aller Welpen eines Wurfes, die in der Regel zum Tode des ganzen Wurfes (= Welpensterblichkeit) – besonders in Zwingern gehäufte Welpenverluste während der ersten Lebenstage – führen, im Gegensatz zu Infektionen adulter Tiere, die meist klinisch inapparent erkranken oder Erkrankungen des Respirations- und des Urogenitaltraktes zeigen.

Vorkommen

Die Erkrankung tritt bei Hunden aller Altersstufen auf; gefährdet sind größere Zwingerhaltungen mit hygienischen Mängeln.

Ätiologie / Pathogenese

Erreger der Erkrankung ist das Canine Herpesvirus. Die Infektion der Welpen erfolgt transplazentar, während der Geburt im Geburtskanal oder postnatal durch Kontakt zu infizierten Tieren (vor allem Nasensekret der Mutter). Eintrittspforten sind hauptsächlich der Verdauungs- und der Respirationstrakt. – Als Virusreservoir kommen klinisch inapparent infizierte Hündinnen in Frage, die das Virus über längere Zeit ausscheiden (oral, nasal, vaginal). – Die Inkubationszeit beträgt im allgemeinen 8–10 Tage (experimentell 3–8 Tage).

Die Mortalität beträgt in den ersten beiden Lebenswochen praktisch 100 %. Über 2 Wochen alte infizierte Welpen erkranken in der Regel nicht mehr oder nur leicht. Eine lebenslange, latente Persistenz ist möglich und wird von virustragenden Hündinnen auf die Nachkommen übertragen.

Eine Virusvermehrung findet zuerst in der Mukosa der Nasenhöhle, des Pharynx und der Tonsillen statt. Nach einer vorübergehenden leukozytenassoziierten Virämie kommt es dann zu einer Vermehrung in den Gefäßendothelien, den retikuloendothelialen Zellen der Milz, den Lymphknoten, den Parenchymen aller Körperorgane sowie der Lamina propria des Digestionstrakts und des Gehirns. – Bei jungen Welpen trägt die niedrige Körpertemperatur zur Vermehrung des Virus bei (optimale Vermehrung bei 34–35 °C – Hemmung bei 39 °C in vivo).

Die Immunität wird mit dem Kolostrum auf die Welpen übertragen. Ein ausreichender Schutz besteht nur bei hohen Titern.

Klinisches Bild

Intrauterin infizierte Welpen werden häufig lebensschwach geboren, saugen meist nicht und sterben innerhalb der ersten 1–3 Lebenstage. – Bei postnatal infizierten Welpen tritt meist die akute oder perakute Form der Erkrankung auf. Sie zeigene einige Tage nach der Geburt Saugunlust, Schwäche, anhaltendes Schreien und daneben in der Regel Durchfall. Vereinzelt werden nervöse Symptome im Sinne einer Erregung beobachtet. – Die Welpen sterben bei perakuter Verlaufsform innerhalb von 12 Stunden. Ein komatöser Zustand wird vor dem Eintritt des Todes nach 6–9 Tagen bei der akuten Verlaufsform beobachtet.

Diagnose

Die Absicherung der Diagnose kann mittels Erregernachweis (besonders bei jungen Tieren) durch Verimpfung von Organsuspensionen auf primäre

Hundenierenzellkulturen oder mit Hilfe der Immunfluoreszenz in Organschnitten vorgenommen werden. − Bei der Sektion von Neugeborenen werden immer typische Symptome gefunden. Charakteristisch sind Hämorrhagien und Nekrosen in der Nierenrinde, sowie Blutungen in der Magen- und Darmschleimhaut und der Leber; daneben treten Lebernekrosen und Lungenödeme auf (Abb. 11.13 und 11.14 s. Farbtafel 27). In den Körperhöhlen ist die seröse Flüssigkeit vermehrt und mit Blut vermischt. In der Regel besteht eine Milzschwellung; Tiere mit respiratorischen Erscheinungen zeigen Bronchopneumonien und eine nekrotisierende Tracheitis. Gelegentlich liegt eine Encephalitis vor. Nukleäre Einschlußkörperchen werden in manchen Fällen gefunden.

Differentialdiagnose

Bei Welpensterben sind folgende Erkrankungen zu berücksichtigen: bakterielle Infektionen, HCC, Staupe, Parvovirose; bei Beteiligung des Respirationstrakts: Reoviren, Parainfluenzaviren, Influenzaviren, „Zwingerhusten".

Prognose

Bei Anzeichen klinischer Symptome infaust.

Therapie

Gezielte therapeutische Maßnahmen bei erkrankten Welpen gibt es vorerst nicht; eine symptomatische Behandlung bleibt in den meisten Fällen erfolglos.

Prophylaxe

Die Welpensterblichkeit kann nur durch prophylaktische Behandlung der Mutterhündin während der letzten Trächtigkeitswoche und der Welpen unmittelbar nach der Geburt mit einem Paramunitätsinducer versucht werden. Vakzine aus inaktivierten Erregern sind in Erprobung.

Canine Coronavirus-Infektion

Begriff

Gastroenteritis, hervorgerufen durch eine Coronavirus-Infektion.

Vorkommen

Bei Hundewelpen; kann in Zuchten endemisch auftreten.

Ätiologie/Pathogenese

Erreger ist das Canine Coronavirus. − Die Ausscheidung von Viren erfolgt hauptsächlich im Kot (3−10 Tage nach dem Auftreten klinischer Symptome; häufiger im Herbst und Winter). − Virusreservoir sind klinisch inapparent infizierte Tiere. Die klinischen Erscheinungen treten nach einer Inkubationszeit von 4−7 Tagen auf. Es kommt zum Verlust der Darmvilli, Abflachung der Epithelzellen des Dünndarmes und einer Ablösung der Gobletzellen. − In der Regel sind über 2 Wochen alte Welpen von der Erkrankung betroffen.

Klinisches Bild

Diarrhöe (Hypersekretion, Osmosestörungen im Darm).

Diagnose

Virusnachweis im Kot vom 6.−9. Tag nach einer Infektion.

Differentialdiagnose

Corona-, Parvo-, Caliciviren; enterotoxinbildende E. coli; Kryptosporidien.

Prognose

In der Regel günstig.

Therapie

Symptomatisch, da die Welpen gewöhnlich nach 1−2 Wochen gesunden.

Prophylaxe

Keine.

Canine und Feline Rotavirus-Infektion

Begriff

Akute Diarrhöe mit wässrigem, gelbem Kot, Depression und Schwäche; hervorgerufen durch eine Infektion mit Rotaviren.

Vorkommen

Bei Hunde- und Katzenwelpen.

Ätiologie/Pathogenese

Die Auslösung von Durchfällen durch Rotaviren wird noch diskutiert. Bei der Differentialdiagnose sind sie miteinzubeziehen, da sie vor allem bei sehr jungen Welpen gefunden werden.

Durch die Vermehrung der Viren in den Dünndarmepithelien kommt es zur Zottenatrophie und der Entwicklung eines Malabsorptionssyndroms, sowie zur Begünstigung bakterieller Sekundärinfektionen. − Erkrankungen werden im Herbst und Winter häufiger beobachtet als in der warmen Jahreszeit. − Die Übertragung erfolgt vor allem oral, die Virusausscheidung über den Kot. Virusreservoir sind wahrscheinlich ältere, klinisch inapparent infizierte Tiere. − Die Inkubationszeit beträgt ca. 24 Stunden. − Mischinfektionen mit Corona-, Parvo-, Calici- und Astroviren, enterotoxinbildenden E. coli und Kryptosporidien können zu schweren Infektionen führen.

Klinisches Bild

Klinisch fällt eine Dünndarmenteritis auf, einschließlich der Symptome Diarrhöe, Erbrechen, Dehydration, Schwächung und Inappetenz. − Bei schwerem Verlauf und bakteriellen Sekundärinfektionen findet man eine Dehydration und eine hohe Letalität. − In mild verlaufenden Fällen kann es in 24−48 Stunden zum Abklingen der Symptome kommen.

Diagnose

Am leichtesten wird das Virus im Kot erkannt.

Differentialdiagnose

Durchfallerkrankungen anderer Genese wie unsachgemäße Fütterung, Überfütterung, Überpopulation, schlechte Hygiene, Kryptosporidien- und E. coli- sowie Virusinfektionen (vor allem Coronavirus).

Prognose

In der Regel günstig.

Therapie

Die Behandlung sollte insbesondere unterstützend (Elektrolytlösungen) erfolgen. Die Verhinderung bakterieller Sekundärinfektionen kann durch gezielte Antibiotikatherapie erfolgen.

Prophylaxe

Eine Vakzination ist nicht möglich; neugeborene Welpen können nur oral durch Antikörper in der Kolostralmilch geschützt werden.

Feline Coronavirus-Infektion

Begriff

Die Infektion mit Felinem Coronavirus zeigt sich in einer relativ milden, von selbst aufhörenden Diarrhöe.

Vorkommen

Bei Katzenwelpen; kann in Zuchten endemisch auftreten.

Ätiologie / Pathogenese

Erreger ist das hoch kantagiöse Feline Coronavirus. − Die Virusvermehrung findet im Dünndarmbereich statt und führt zu einer Atrophie der Dünndarmzotten. Dadurch werden Sekundärinfektionen, vor allem mit E. coli, begünstigt.

Klinisches Bild

Bei akuter Enteritis mit gelegentlichem Vomitus ist an eine enterale Coronavirus-Infektion zu denken.

Diagnose

Die Diagnose erfolgt elektronenmikroskopisch aus Kotproben.

Differentialdiagnose

Rotavirus-Infektion; Diarrhöen anderer Genese.

Prognose

Günstig.

Therapie

Gelegentlich ist eine Heilung nur mit unterstützender Therapie möglich.

Prophylaxe

Eine Impfung ist nicht möglich.

Feline Infektiöse Peritonitis
(FIP, Feline Infectious Peritonitis / Granulomatosis Disease Complex)

Begriff

Subakute oder chronisch auftretende, progressiv verlaufende, fieberhafte, vermutlich virusbedingte Erkrankung, die durch Auszehrung, Aszites, Lymphopenie und/oder granulomatöse Veränderungen in zahlreichen Organen gekennzeichnet ist.

Vorkommen

Katzenspezifisch.

Ätiologie/Pathogenese

Erreger ist ein dem TGE-Virus des Schweines eng verwandtes Coronavirus. Das Virus kann epidemiologisch neben fehlender Reproduktion, Aborten und Totgeburten zu neonatalen Todesfällen führen, und zwar in höherer Zahl in Katzenzuchten mit positiven FIP-Titern. – Virusreservoir sind klinisch inapparent infizierte Katzen. – Die Inkubationszeit beträgt bis zu 4 Monate (experimentell 1–33 Tage).

Klinisches Bild

Das klinische Bild ist je nach Verlaufsform unterschiedlich (2 verschiedene: exsudative oder granulomatöse Peritonitis). In der Regel sind Fieber (39,7–41,6 °C), Anorexie, allmählich zunehmende Apathie und Schwellung des Abdomens zu finden.

Diagnose

Bei der Blutuntersuchung fallen Leukozytose, Lymphopenie und Hypergammaglobulinämie auf. Der Erregernachweis erfolgt bei heute häufig untypischem Verlauf durch Antikörperbestimmung.

Die exsudative Form zeigt einen Erguß in die Bauchhöhle (manchmal auch in die Brusthöhle), der eine klare, goldfarbene Flüssigkeit mit hohem spezifischem Gewicht und Proteingehalt aufweist.

Differentialdiagnose

Leukose, Lymphosarkomatose, Toxoplasmose; andere fieberhafte Allgemeinerkrankungen.

Prognose

Infaust; erkrankte Tiere sterben in der Regel innerhalb von 5 Wochen.

Therapie

Keine.

Prophylaxe

Keine.

Hepatitis contagiosa canis
(Infectious Canine Hepatitis, ICH, Fox Encephalitis; Ansteckende Leberentzündung der Hunde, Rubarthsche Krankheit, Fuchsenzephalitis, HCC).

Begriff

Virusbedingte, akute, fieberhafte, generalisierende Erkrankung, wobei die bevorzugten Organe Leber, Respirations- und Digestionstrakt sowie das Zentralnervensystem sind.

Vorkommen

Selten bei Hunden, da gute Impfprophylaxe.

Ätiologie/Pathogenese

Erreger ist das Canine Adenovirus Typ 1 (CAV-1). – Eine transplazentare Infektion kann erfolgen, die Welpen infizieren sich aber in der Regel im Geburtskanal, und zwar über den Digestions- und Respirationstrakt. – Die Inkubationszeit beträgt 2–5 Tage. – Virusreservoir sind klinisch gesunde Hunde, die das HCC-Virus mit dem Urin ausscheiden.

Es handelt sich um eine zyklische Allgemeinerkrankung. Die oropharyngeale Infektion hat ein Virämiestadium mit der Ausbreitung in alle Körperorgane und das Zentralnervensystem zur Folge. Die primäre Vermehrung findet im retikuloendothelialen System und Gefäßendothel mit der möglichen Folge von schweren Permeabilitäts- und Zirkulationsstörungen statt, wobei die Leber den höchsten Virusgehalt (Einschlußkörperchen in Kupfferschen Sternzellen, sowie in retikulären und Endothelzellen) aufweist.

Prädisponierende Faktoren wie z.B. Wurmbefall und Mangelkrankheiten oder eine Mischinfektion mit Staupevirus komplizieren den Krankheitsverlauf.

Klinisches Bild

Verschiedene Verlaufsformen werden gefunden. Neben tödlich endenden perakuten Formen und akuten Formen bis zu klinisch inapparenten Infektionen.

Bei akutem Verlauf mit einer Dauer von 2–7 Tagen beobachtet man Apathie und Freßunlust bei einer Körpertemperatur bis 41 °C und Durstgefühl, selten Brechdurchfälle mit Verdacht auf Vergiftung. Es werden katarrhalische, manchmal hämorrhagische Entzündungen der Kopfschleimhäute, sowie in den meisten Fällen Rötung und

Schwellung der Tonsillen gefunden. Regelmäßige Befunde sind stark abdominale Schmerzen, selten subkutane Ödeme an Kopf und Unterbrust sowie zentralnervöse Erscheinungen. Begleitend treten Albuminurie, Leukopenie und verlängerte Blutgerinnungszeit auf, sowie meistens in der Rekonvaleszenz eine Hornhauttrübung (Uveitis).

Diagnose

Die Diagnose erfolgt über das Auffinden intranukleärer Einschlußkörperchen in Leber und Gallenblasenwand im Mikroskop und/oder eine Virusisolation.

Die Sektion zeigt subkutane Ödeme, häufig blutige Flüssigkeit in der Bauchhöhle (selten reines Blut), eine marmorierte und vergrößerte Leber, eine ödematöse Schwellung der Gallenblase, Petechien in der Gallenblasenwand, Hämorrhagien im gesamten Darmtrakt sowie Schwellungen und Degeneration der Gefäßzellen im Gehirn.

Differentialdiagnose

Vor allem ist eine Staupe-Infektion abzugrenzen.

Prognose

Sehr vorsichtig.

Therapie

Eine Behandlung kann nur rein symptomatisch (Kreislauf, Leberfunktionsstörungen) erfolgen. — Eine passive Immunisierung ist im Frühstadium möglich.

Prophylaxe

Der beste Schutz ist eine aktive Immunprophylaxe von Mutterhündinnen mit Impfstoffen aus inaktivierten Erregern und Lebendvakzinen vor einer Zuchtverwendung bzw. die regelmäßige Impfung erwachsener Tiere.

Infektiöse Laryngotracheitis

Begriff

Durch Hunde-Adenovirus Typ 2 (CAV-2) bedingte Infektionen des oberen Respirationstrakts, die in der Regel mild verlaufen und von Tonsillitus und Pharyngitis begleitet werden.

Vorkommen

Bei Hunden aller Altersstufen.

Ätiologie / Pathogenese

Eine Infektion erfolgt durch das CAV-2, das eine starke Affinität zum Respirationstrakt hat. — Die Inkubationszeit beträgt 5—6 Tage. — Eine reine Virusinfektion verläuft klinisch meist inapparent. Kompliziert werden Infektionen durch sekundäre Begleitkeime (Bakterien, Mykoplasmen).

Klinisches Bild

Inapparente Infektionen oder milde Verlaufsformen überwiegen. Schwere Erkrankungen verlaufen mit trockenem Husten von 6—7 Tagen Dauer und Fieber, das 1—3 Tage anhält. Weitere klinische Symptome sind Depression, Anorexie, Dyspnoe, Muskelzittern und Nasenausfluß, der gelegentlich mukopurulent werden kann. Bei Sekundärinfektionen in diesem Stadium kann sich eine tödliche Pneumonie entwickeln.

Diagnose

Neben dem klinischen Bild und dem Erregernachweis kann die Sektion erfolgen, bei der eine Beschränkung der Erkrankung auf den Respirationstrakt mit Lungenatelektasen und -stau sowie Blutungen in den Lungenlymphknoten gefunden wird.

Differentialdiagnose

Zwingerhustenkomplex, einschließlich Reo- und Influenzaviren.

Prognose

Ohne Sekundärinfektionen günstig.

Therapie

Symptomatisch.

Prophylaxe

Keine.

Panleukopenie der Katze
(Feline Panleucopenia, Infektiöse Enteritis der Katze, Agranulomatose, Aleukozytose, Katzentyphus, Katzenpest, Katzenstaupe, Infectious Feline Enteritis).

Begriff

Die Panleukopenie der Katze ist eine hochkontagiöse, akut verlaufende, verlustreiche Systemerkrankung, die durch Fieber, Diarrhöe, Erbrechen,

Dehydrierung und schwere Leukopenie gekennzeichnet ist. Bei einer transplazentaren Infektion während der Trächtigkeit kommt es neben Fetopathien zu Ataxien bei neugeborenen Katzenwelpen.

Vorkommen

Bei Katzenwelpen, deren Mutter keinen Impfschutz besitzt und die sich während der Trächtigkeit infiziert hat.

Ätiologie / Pathogenese

Ursache der Erkrankung ist die Infektion mit dem Felinen Parvovirus. − Die Infizierung der Katzenwelpen kann diaplazentar erfolgen. Die Folge ist, in Abhängigkeit vom Infektionszeitpunkt, neben Aborten und Totgeburten die Geburt lebensschwacher Welpen, wobei neonataler Tod oder die zerebellare Ataxie folgen können. − Die Virusübertragung kann durch direkten Kontakt oder indirekt (hauptsächlich über Futter, Käfige oder Decken) stattfinden. − Virusreservoir sind klinisch inapparent infizierte Hauskatzen. − Die Inkubationszeit beträgt 4−6 Tage.

Die Viren haben eine hohe Affinität zu Zellen mit Mitoseaktivität. Bei oraler oder intranasaler Aufnahme kommt es zur Virusvermehrung in der Pharynxschleimhaut, worauf rasch eine Virämie mit dem Befall praktisch aller Organe folgt. Besonders betroffen sind mitotische Zellen in Knochenmark, Lymphgewebe und Dünndarmepithel, sowie bei jungen Katzen das Thymusgewebe und das Kleinhirn mit der Folge von Thymusatrophie und zerebellarer Hypoplasie.

Klinisches Bild

Während der Trächtigkeit infizierte Kätzinnen können neben Aborten oder Totgeburten relativ häufig lebensschwache Welpen gebären. Die Auswirkungen einer zerebellaren Hypoplasie bei den Welpen sind erst mit dem Beginn des Laufens (2.−3. Woche) zu beobachten.

Infizierte Tiere zeigen Futterverweigerung, Mattigkeit und Erbrechen sowie Fieber ($> 40\,°C$) mit schnell reduziertem Allgemeinbefinden. Sie haben Durst, können aber nicht trinken. − Später kommt es zu schweren Panleukopenien und profusen, wässrigen Durchfällen. Der Flüssigkeitsverlust führt schnell zur Abmagerung und Dehydration. Der Tod tritt durchschnittlich 5 Tage nach Beginn der Erkrankung ein.

Diagnose

Die Diagnose kann aufgrund der klinischen Symptome zusammen mit einer Blutuntersuchung (Panleukopenie, serologische Blutuntersuchung) und einem Erregernachweis gestellt werden.

Differentialdiagnose

Abzugrenzen sind akute Infektionen bakterieller Genese, Intoxikationen, Toxoplasmose, Haemobartonellose, Fremdkörper und unter Umständen Granulome und Lymphome.

Prognose

Bei Welpen vorsichtig bis infaust.

Therapie

Eine Behandlung muß symptomatisch (Flüssigkeitstherapie, Unterstützung des Kreislaufs etc.) erfolgen. Bakterielle Sekundärinfektionen können durch gezielte Antibiotikabehandlung vermieden werden. Die passive Immunisierung bei bereits erkrankten Tieren sowie beim Ausbruch einer Erkrankung bei gesunden Tieren ist in manchen Fällen hilfreich.

Prophylaxe

Rechtzeitige und regelmäßige Impfprophylaxe (mit attenuierten Lebendimpfstoffen oder Totvakzinen) ist der beste Schutz vor einer Infektion. Die humoralen Antikörper werden aber nur zum geringen Teil (1 %) diaplazentar weitergegeben, der hauptsächliche Weg läuft über das Kolostrum. Am ersten Tag beträgt der Titer geimpfter Kätzinnen im Kolostrum 1 : 2500. Eine aktive Immunisierung sollte nicht während der Trächtigkeit durchgeführt werden, da es sonst zu intrauterinem Fruchttod mit Abort oder Ataxie bei jungen Katzen geimpfter Mütter kommt.

Parvovirose des Hundes

Begriff

Die Parvovirose des Hundes ist eine zyklisch verlaufende Allgemeinerkrankung, die durch Depression, Anorexie, Fieber sowie Erbrechen und unstillbare Durchfälle gekennzeichnet ist, wobei Welpen am schwersten erkranken.

Vorkommen

Vor allem bei Hundewelpen, deren Mutter keinen Impfschutz besitzt.

Ätiologie / Pathogenese

Ursache der Erkrankung ist eine Infektion mit dem Caninen Parvovirus (CPV-2). − Die Infizierung der Hundewelpen erfolgt in der Regel durch direkten Kontakt, wobei besonders Zwinger, Tierheime und -handlungen betroffen sind. Virusreservoir sind dabei klinisch inapparent infizierte Tiere. − Eintrittspforten sind der Digestions- und der Respirationstrakt. − Die Inkubationszeit beträgt 4−10 Tage.

Nach der Virusvermehrung im Lymphgewebe des Pharynx folgt rasch eine Virämie. Im Dünndarm kommt es zum Verlust des differenzierten Darmepithels und in Folge zu Maldigestion und -absorption, die schließlich zu Durchfall führen.

Plötzliche Todesfälle aufgrund akuter Formen von Myokarditis treten erst im Alter von 3−12 Lebenswochen auf.

Klinisches Bild

Erste Symptome sind Anorexie, Teilnahmslosigkeit und Fieber (39,5−41,5 °C). Darauf folgt Erbrechen und nach 6−24 Stunden grünlich-gelblicher, mukoider, später dunkler, wässriger Kot mit oder ohne Blutbeimengungen. In schweren Fällen kommt es innerhalb von 24−48 Stunden nach Auftreten der ersten Symptome zum Tode der betroffenen Tiere.

Diagnose

Die Diagnose kann selten aufgrund der klinischen Symptome, sondern nur zusammen mit dem Blutbild (Panleukopenie mit Leukozytenzahlen von 400−3000 Zellen/mm^3), pathologischen Veränderungen und epizootologischen Erhebungen, sowie durch den direkten Erregernachweis im Kot (am schnellsten elektronenmikroskopisch) gestellt werden.

Differentialdiagnose

Abzugrenzen sind akute Infektionen bakterieller und viraler Genese (E. coli-Infektionen; Welpensterben, Herpesinfektionen, Rota-, Coronaviren) und Durchfallursachen nicht infektiöser Natur.

Prognose

Bei Welpen vorsichtig bis infaust (Spätschäden!).

Therapie

Eine Behandlung kann nur symptomatisch (Flüssigkeitstherapie, Unterstützung des Kreislaufs etc.) sowie durch eine Vermeidung bakterieller Sekundärinfektionen erfolgen.

Prophylaxe

Rechtzeitige und regelmäßige Impfprophylaxe (mit homologen CPV-2-Vakzinen [Nachteil der Virusausscheidung über mehrere Tage] oder homologen inaktivierten Erregern) ist der beste Schutz vor einer Infektion bei adulten Tieren. Humorale Antikörper werden zum geringen Teil (5%) diaplazentar und hauptsächlich über das Kolostrum (Dauer der Immunität abhängig von Antikörpertiter) an Welpen weitergegeben.

Rhinotracheitis der Katze
(Katzenschnupfen, Feline Viral Tracheitis, Enzootic Coryza)

Begriff

Es handelt sich um eine fieberhafte, hochkontagiöse Viruserkrankung, die durch plötzliches Auftreten sowie Konjunktivitis, Tränenfluß und Nasenausfluß verbunden mit Schnupfen, Niesen, Husten und erhöhter Körpertemperatur mit der Folge von Pneumonie, schweren Nekrosen und Aborten charakterisiert ist.

Vorkommen

Die Erkrankung ist weltweit (> 50% der Katzen haben Antikörper) zu finden. Es ist die wichtigste Erkrankung des Respirationstrakts der Katze.

Ätiologie / Pathogenese

Die Erkrankung wird durch das Feline Rhinotracheitis Virus, ein Herpesvirus ausgelöst, das immunologisch einheitlich ist. − Die Ausscheidung erfolgt über Nasen- und Augensekret (über 2 Wochen). Sie kann analog zur Diagnose noch lange Zeit nach der Genesung andauern. − Als Reservoir sind genesene Dauerausscheider sowie klinisch inapparent infizierte Tiere (> 12 Monate lang) zu beachten. − Die Übertragung erfolgt durch Kontakt oder Tröpfcheninfektion (Respirationstrakt). − Katzen aller Altersstufen sind empfänglich. Das Virus hat eine hohe Affinität zum graviden Uterus (Abort, fetaler Tod, Infektion der Feten in utero). Die Inkubationszeit beträgt 2−5 Tage. − Klinische Symptome können besonders bei der Zusammenkunft von Tieren unterschiedlicher Herkunft auftreten. Ebenso führen resistenzmindernde Faktoren zum Ausbruch der Erkrankung.

Klinisches Bild

Neben Aborten und fetalem Tod kann es bei Infektionen in den letzten Trächtigkeitswochen zur Geburt lebensschwacher Welpen kommen.

Wenn klinische Symptome vorliegen, zeigen sie sich in Fieber, serösem Nasen- und Augenausfluß, sowie später in vermehrtem Speichelfluß, Niedergeschlagenheit und Futterverweigerung mit Abmagerung und struppigem Haarkleid. Bei schweren Infektionen können eine ulzerative Glossitis und Tracheitis auftreten.

Diagnose

Die klinische Verdachtsdiagnose kann aufgrund der klinischen Symptome (Niesen, Nasen-, und Augenausfluß) gestellt und durch einen Erregernachweis aus Rachen- und Konjunktivalsekret abgesichert werden.

Bei der Sektion sind Lysis und fokale Nekrosen im Schleimhautepithel des oberen Respirationstraktes und der Konjunktiven zu finden, da hier in der Regel die Lokalisation der Infektion liegt.

Differentialdiagnose

Infektionen mit Calici- und Reoviren, dem Felinem Pneumonitis-Agens sowie Bakterien.

Prognose

Vorsichtig, da die Schwere der Erkrankung durch andere Infektionen beeinflußt wird.

Therapie

Die Behandlung erfolgt vor allem durch die Verhinderung bakterieller Sekundärinfektionen sowie der Vermeidung von Faktoren, die eine Resistenzminderung zur Folge haben.

Prophylaxe

Es gibt Lebendimpfstoffe aus inaktivierten Erregern (meist in Kombination mit Felinem Calicivirus). – Gute Haltungsbedingungen (vor allem Streßminderung) müssen geschaffen werden. – Eventuell kann eine Vakzination trächtiger Kätzinnen während der Mitte der Trächtigkeit mit inaktivierten Impfstoffen versucht werden. – Dauerausscheider sind nicht in gesunde Katzenpopulationen einzubringen.

Staupe
(Canine Distemper, Maladie de Carré, Maladie des chiens, Febris catarrhalis nervosa canis)

Begriff

Staupe ist eine hochkontagiöse, akut oder subakut verlaufende Virusallgemeinerkrankung der Hunde mit den charakteristischen Symptomen von Fieber, Nasen- und Augenausfluß, Katarrhen der Schleimhäute des Respirations- und Digestionstraktes sowie Leukopenie. Spätfolgen sind z.T. zentralnervöse Erscheinungen, gelegentlich Exantheme der Haut und Hyperkeratose der Fußballen.

Vorkommen

Pränatal können Hundewelpen von der während der Gravidität infizierten Mutter angesteckt werden.

Ätiologie / Pathogenese

Erreger ist das Canine Staupevirus, das zur Gruppe der Paramyxoviren (Genus Morbilliviren) gehört. – Das Virus kann die Plazentarschranke überwinden und die Welpen intrauterin infizieren. Postnatal erfolgt die Virusübertragung durch direkten Kontakt oder Tröpfcheninfektion, weniger häufig durch indirekten Kontakt über Futter oder Trinkwasser. – Virusreservoir sind klinisch inapparent infizierte Hunde, die das Virus ausscheiden. – Die Inkubationszeit beträgt 3 – 7 Tage.

Bei einer Infektion der Mutterhündin am 40. Tag post conceptionem kommt es nach 24 Tagen zur Geburt lebensfähiger Welpen. Diese zeigen eine milde interstitielle Pneumonie und eosinophile intrazytoplasmatische virale Einschlußkörperchen in lymphoiden und epithelialen Geweben. Antigene sind im fetalen Gewebe und in den Plazenten zu finden, Antikörper noch nicht gebildet.

Klinisches Bild

Es kann neben embryonalem Tod und Abort zur Geburt lebensschwacher Welpen kommen. – Postnatal infizierte Welpen zeigen je nach Manifestationsort gastrointestinale oder pulmonale (= katharrhalische Formen) sowie nervöse Verlaufsformen, wobei die erstgenannten Formen anfangs überwiegen.

Diagnose

Die Diagnose erfolgt durch eine virologische Untersuchung.

Bei der Sektion sind Thymusatrophie, Bronchopneumonien und/oder hämorrhagische Enteritiden sowie intranukleäre Einschlußkörperchen in verschiedenen Organen zu finden (Abb. 11.15 s. Farbtafel 28).

Prognose

Wegen möglicher Spätschäden sehr vorsichtig.

Therapie

Im Frühstadium können Hochimmunseren oder Globulinpräparate eingesetzt werden. – Chemotherapeutika und Antibiotika helfen nur zur Verhinderung bakterieller Sekundärinfektionen. – Eine zusätzliche Therapie kann nur symptomatisch unterstützend erfolgen, z.B. durch diätetische Maßnahmen, Kreislaufmittel, Antipyretika, schmerz- und krampfstillende Medikamente sowie Vitamingaben.

Prophylaxe

Antikörper (wirksamer Titer: > 1 : 100) werden z.T. in utero und hauptsächlich über das Kolostrum auf die Welpen übertragen. – Eine Impfprophylaxe kann mit Lebendvakzinen (eine jährliche Revakzination ist empfehlenswert) bzw. abgeschwächte Stauperiren enthaltenden Mehrfachimpfstoffen erfolgen. – Bei Welpen ist eine Impfung in den ersten Lebenstagen möglich, jedoch erst mit 3–4 Lebenswochen zu empfehlen.

Zerebellare Ataxie

Begriff

Die zerebellare Ataxie ist eine Sonderform der Felinen Parvovirus-Infektion, die zu einer Schädigung des ZNS, der zerebellaren Hypoplasie, führt.

Vorkommen

Die Krankheit kann durch gravide Kätzinnen, die keine Antikörper gegen das Feline Parvovirus besitzen und sich im letzten Trächtigkeitsdrittel infizieren, auf die Feten übertragen werden.

Ätiologie/Pathogenese

Die Infektion der Katzenwelpen mit dem Felinen Parvovirus kann intrauterin und perinatal erfolgen. Das Virus besitzt im letzten Trächtigkeitsdrittel oder perinatal eine besondere Affinität zum Kleinhirn. Die Folge ist eine zerebellare Hypoplasie, die ante, intra oder post partum zum Tode führen kann.

Klinisches Bild

Die Katzenwelpen werden lebensschwach oder scheinbar gesund geboren. In den ersten Lebenstagen sind Todesfälle möglich. Gute Beobachter können bei den überlebenden Welpen Bewegungsstörungen beim Suchen der Zitzen feststellen.

Schwere Koordinationsstörungen (fahrige, tapsige und stolpernde Beinbewegungen und Pendelbewegungen des Kopfes, Einknicken besonders in den Hinterextremitäten, Schwanken beim Stehen und Sitzen, Intensionstremor, Instabilität der Körperhaltung und Hypotonie der Stammesmuskulatur) fallen spätestens zu Beginn der 2. oder 3. Lebenswoche auf, wenn die Welpen das Nest verlassen. – In schweren Fällen ist z.T. eine geregelte Futteraufnahme unmöglich, so daß die Tiere an Entkräftung sterben.

Diagnose

Das klinische Bild ist ziemlich typisch. Bei der Sektion kann die zerebellare Hypoplasie festgestellt werden.

Prognose

Infaust.

Therapie

Wenn die Infektion erfolgt ist, gibt es keine Behandlungsmöglichkeit.

Prophylaxe

Es gibt zahlreiche Lebend- und Totvakzine, um einen Immunschutz aufzubauen.

„Fading" Syndrom bei Hunde- und Katzenwelpen
(Fading Syndrome among Puppies and Kittens; Wasting Syndrome)

Begriff

Relativ häufig vorkommendes Krankheitsbild bei Hunde- und Katzenwelpen, das durch Anorexie, Lethargie und Abmagerung während der ersten Lebenswochen gekennzeichnet ist und oft ohne ersichtlichen Grund mit dem Tod endet.

Vorkommen

Bei Hunde- und Katzenwelpen.

Ätiologie / Pathogenese

Im Prinzip ist die Ätiologie ungeklärt. – Das Symptom wird in Zuchten gefunden, vor allem wenn Inzucht betrieben wird. Vermutet werden viele Gründe wie virale Infektionen, bakterielle Septikämien, unzureichende Ernährung, Toxine und Umweltfaktoren.

Besonders zu berücksichtigen sind bei Hundewelpen die Adeno-(HCC-), Herpes-, Staupe-, Corona-, und Parvoviren, β-hämolysierende Streptokokken- und Nabelinfektionen sowie bei Katzenwelpen das FIP-Virus, obwohl häufig kein ätiologischer Zusammenhang beim „fading" bzw. „wasting" gefunden wird. Eine Unterentwicklung der Thymusdrüse ist nicht auszuschließen.

Klinisches Bild

Die Welpen werden offensichtlich gesund geboren. Später sind sie aber nicht fähig länger als 14 Tage zu leben, nachdem sie mit der Zeit immer lebensschwächer werden („fader").

In einigen Fällen werden Katzenwelpen abgemagert sowie schwach geboren und sterben innerhalb von 1–2 Tagen; in anderen erscheinen sie gesund, werden aber nach einigen Tagen bis Wochen geschwächt, anorektisch und „schwinden dahin". Außer Abmagerung und Unterernährung fehlen spezifische klinische Anzeichen oder Läsionen.

Diagnose

Spezifische „Fading"-Ursachen sind durch Sektion festzustellen. Eine Unterentwicklung der Thymusdrüse ist auszuschließen.

Prognose

Infaust.

Therapie

Unbekannt.

Prophylaxe

Nur bei genauer Diagnose möglich.

11.4 Parasitäre Erkrankungen

Klinisch apparente Infektionen mit Parasiten spielen in der neonatalen Phase bei Hunde- und Katzenwelpen in der Regel eine untergeordnete Rolle, da die Präpatenz einer Infektion oft zu lang, eine Aufnahme von Parasitenstadien durch die Art des Futters (= Muttermilch) nicht immer möglich bzw. ein Zwischenwirt erforderlich ist. Eine Ansteckung mit verschiedenen Endo- (hauptsächlich Spul- oder Hakenwürmern, weniger Kokzidien) und der Befall von Ektoparasiten (Milben, Läuse, Haarlinge, Flöhe, Zecken) kann jedoch vom 1. Lebenstag an erfolgen, wobei der enge Kontakt zum Muttertier die entscheidende Rolle spielt. Eine Übersicht gibt Tabelle 11.5.

Neben Wurmkuren bei Welpen sollte auf eine regelmäßige und frühzeitige Entwurmung des Muttertieres geachtet werden; Hygienemaßnahmen sind vor allem in Zwingern einzuhalten.

11.4.1 Hunde-Helminthen

Askaridose

Hundewelpen werden oft bereits intrauterin mit dem Spulwurm *Toxocara canis* infiziert, da es zu einer hormonellen Aktivierung der im mütterlichen Organismus ruhenden Larven während der Gravidität kommt, und zwar ab dem 42. Tag p. c. Postnatal können sich die Welpen galaktogen infizieren, wobei es beim Muttertier in der 2. bis 3. Woche zum Maximum der Larvenausscheidung mit der Milch kommt, die dann ständig abnimmt, aber über die gesamte Laktation erhalten bleibt; daneben ist eine orale Aufnahme infektiöser Eier nicht auszuschließen.

Bei einer leichten Infektion sind gegebenenfalls milde klinische Symptome (Diarrhöe) festzustellen, eine massive kann schwere Erkrankungen zur Folge haben, die jedoch recht selten zum Tode führen.

Ein Hinweis auf eine Ansteckung liegt vor, wenn Welpen mit stumpfem Haarkleid im Wachstum zurückbleiben und ein aufgetriebenes Abdomen zeigen. Zusätzlich kann Vomitus auftreten und bei der Palpation des Abdomens fallen schnurartig verdickte Dünndarmschlingen auf. Die präadulten Würmer können dann auch in Erbrochenem oder im Kot zu finden sein. Schwere Erkrankungen äußern sich häufig als Darmverschluß mit Anorexie, anhaltendem Vomitus, Dehydration, Lethargie und fehlendem Kotabsatz. Der Exitus kann ursächlich durch Darmruptur oder -verschluß eintreten.

Bei neonatalen Infektionen sind die klinischen Symptome vom Alter der Welpen, dem Infektionsweg und der Askaridenart abhängig. Nach intrauteriner Infektion wandern die Larven zuerst in Leber und Lunge, bleiben dort bis zur Geburt und setzen dann ihre Wanderung zum Darm fort. Die Lungenphase kann bei starken pränatalen oder transmammären Infektionen nach einigen Tagen zum Tode führen. Bei *Toxascaris leonina* sind keine Veränderungen an den Lungen zu finden, da sich hier die Entwicklung auf Darmwand und -lumen beschränkt.

Ankylostomatose

Die Infektion mit den Hakenwürmern *Ancylostoma caninum* und *Uncinaria stenocephala* kann vom ersten Lebenstag an erfolgen, und zwar bei

Tabelle 11.5 Wichtige Parasiten bei Hunde- und Katzenwelpen (bis zur 3. Lebenswoche)

Parasit		Gattung / Art	Wirt	Übertragung	Klinische Symptome
Würmer (Helminthen)	Spulwürmer	Toxocara canis	Hund	intrauterin galaktogen (oral)	Husten Pneumonie aufgetriebenes Abdomen Diarrhöe (Anämie)
		Toxocara mystax	Katze	galaktogen oral	
		Toxascaris leonina	Hund Katze	oral	Diarrhöe
	Hakenwürmer	Ancylostoma caninum	Hund	perkutan	Rötung und Quaddelbildung der Haut
				(galaktogen)	(Diarrhöe)
		Uncinaria stenocephala	Hund	oral	Diarrhöe
		Ancylostoma tubaeforme	Katze		
Gliederfüßler (Arthropoden)		Milben Läuse Haarlinge Flöhe Zecken	Hund Katze	Kontakt	Hautveränderungen
		Demodex	Hund	Kontakt	—
Einzeller (Protozoen)		Giardien	Hund Katze	oral	Diarrhöe, Vomitus
	Kokzidien	Isospora spp.	Hund Katze	oral	Diarrhöe (Inappetenz)
		Toxoplasma gondii	Hund Katze		unspezifisch
		Cryptosporidium spp.	Katze		Diarrhöe
		Babesien	Hund	Zwischenwirt (Zecke)	unspezifisch (evtl. Fieber, Katarrh)

A. caninum perkutan durch die exogen entwickelten Larven III (vor allem in Zwingern) oder gelegentlich peroral über die Milch, sowie oral bei U. stenocephala. Hauptansteckungsquelle ist also die Mutterhündin, obwohl die Larven auch wochenlang an feuchten, warmen Orten infektionstüchtig bleiben. Bei der galaktogenen Infektion findet eine hormonell bedingte Aktivierung im mütterlichen Organismus ruhender Larven vor der Geburt statt. Ihre Ausscheidung ist von der Menge derart inhibierter Larven abhängig und hält bis zu 3 Laktationsperioden an.

Hinweise auf eine Erkrankung geben der schnelle Verfall der Welpen in den ersten 2 bis 3 Lebenswochen bzw. die trotz optimaler Ernährung persistierende Anämie bei älteren Welpen. In stark kontaminierten Zwingern fallen Dermatitiden an den Extremitätenenden auf. Die an massiv infizierten Hündinnen saugenden Welpen bekommen infolge Anämie blasse Schleimhäute und haben weichflüssigen Kot, gelegentlich treten Todesfälle vor dem Ausscheiden von Eiern auf. Bei der perkutanen Infektion sind Hautveränderungen in Form von Rötung und Quaddelbildung der Haut zu finden; eine orale Infektion äußert sich in Diarrhöe. Dennoch treten typische Symptome und klinische Erscheinungen wie bei der perakuten Form erst nach dem Absetzen der Welpen auf.

Dirofilariose

(Die Infektion von Welpen vor allem aus den USA eingeführter Hündinnen mit *Dirofilaria immitis* kann zwar intrauterin erfolgen, wobei es den Larven jedoch nicht möglich ist, sich zu adulten Herzwürmern zu entwickeln.)

11.4.2 Hunde-Protozoen

Giardiose

Die Infektion mit Giardien ist eine der wichtigsten und häufig übersehenen enteralen Erkrankungen bei jungen Hunden (und Katzen). Sie tritt oft endemisch in Zwingern auf und kann zu intermittierendem, hartnäckigem Durchfall führen. Eine Ansteckung ist vom ersten Lebenstag an durch orale Aufnahme von Zysten möglich. Ein klinischer Hinweis für eine Infektion besteht bei breiigem Kot; trotz guter Futteraufnahme bleiben die Tiere in der Entwicklung zurück. Die Diagnose wird mittels direktem Ausstrich einer Kotprobe mikroskopisch gestellt.

Kokzidiose

Infektionen mit verschiedenen *Isospora spp.* können vom ersten Lebenstag an erfolgen. Eine Behandlung ist weitgehend nur in Problemhaltungen (Zwingern) notwendig, wo Infektionen immer wieder zu Komplikationen führen. Schlechte Ernährung, unhygienische Umweltbedingungen oder gleichzeitig andere Parasiteninfektionen spielen für das Auftreten klinischer Symptome bei neonatalen Welpen eine wichtige Rolle. Hinweise, die nach einer Präpatenzperiode von 1 bis 4 Wochen auffallen, stellen reduzierte Gewichtszunahme, Diarrhöe mit kleinen Mengen hellroten Blutes und Tenesmus dar. Die Oozysten lassen sich dann bis zu 10 Tagen im Kot nachweisen.

Babesiose

Verbreitungsgebiete von *Babesia canis* sind hauptsächlich Südeuropa, Frankreich und England. Durch Einschleppung kommen diese Protozoen inzwischen auch hierzulande häufiger vor. Für eine Infektion sind Zwischenwirte als Überträger nötig, und zwar die Zecken Rhipicephalus sanguineus und Haemaphysalis laechi, in Mitteleuropa auch die Arten Dermacentor marginatus, D. pictus und D. venustus.

Das klinische Bild ist unspezifisch, wobei anfangs – frühestens 14 Tage postnatal – Fieber auftritt; später folgen rascher Konditions- und Gewichtsverlust, danach Anämie, Ikterus und gelegentlich auch Hämoglobinurie.

Haemobartonellose

(Die Hündin kann ihre Welpen intrauterin mit *Haemobartonella canis* infizieren, die allerdings in diesem Alter noch keine klinischen Symptome erbringen.)

11.4.3 Katzen-Helminthen

Askaridose

Infektionen mit *Toxocara mystax syn. cati* und/ oder *Toxascaris leonina* bei der Katze entsprechen in Entwicklung und klinischen Symptomen im allgemeinen den beim Hund genannten Merkmalen.

Ankylostomatose

Welpen können sich mit dem wirtspezifischen, für die Katze recht pathogenen Hakenwurm *Ancylostoma tubaeforme* vom ersten Lebenstag an oral infizieren. Eine Bodeninfektion wird diskutiert, von galaktogener Übertragung ist bislang nichts bekannt. Klinische Erscheinungen sind erst nach der dritten Lebenswoche feststellbar. Prinzipiell gelten die beim Hund beschriebenen Merkmale.

11.4.4 Katzen-Protozoen

Giardiose

Eine Infektion mit Giardien verläuft in der Regel wie beim Hund.

Kokzidiose

Katzenwelpen können Infektionen mit Oozysten der verschiedenen Kokzidienspezies (Isospora spp., Cryptosporidium spp., Toxoplasma gondii) vom ersten Lebenstag an erfahren. – Als seltener auftretende klinische Erscheinungen stehen bei der Infektion mit *Isospora spp.* nach einer Präpatenz von 1 bis 3 Wochen Magen-Darm-Störungen im Vordergrund. – Durch *Cryptosporidium spp.* können wässrige Durchfälle mit Anorexie und Gewichtsverlusten auftreten. Die Diagnose ist häufig schwer zu stellen, da die Oozysten sehr klein und leicht zu übersehen sind oder mit Hefen verwechselt werden. (Beim Hund ist der wissenschaftliche Nachweis für eine natürliche Kryptosporidien-Infektion übrigens noch nicht gelungen.)

Bei mit *Toxoplasma gondii* infizierten Muttertieren kann es neben Aborten und Geburt toter Welpen zur Geburt lebensschwacher Jungen kommen. Die Infektion führt bei zwei Wochen alten Katzenwelpen zu schwachen Erscheinungen von Pneumonie, Hepatitis, Myokarditis, Enzephalitis oder Rhinitis. Postnatale Infektionen zeigen in den ersten 3 Lebenswochen keine klinischen Symptome.

Haemobartonellose

(Für eine Infektion der Katzenwelpen mit *Haemobartonella felis* gilt im wesentlichen das beim Hund beschriebene.)

11.4.5 Therapie bei Nematodenbefall

Liegt eine Monoinfektion mit Askariden vor, kann allein mit Piperazin-haltigen Produkten behandelt werden. Anderenfalls sind Breitspektrum-Anthelminthika zu empfehlen, und zwar z. B. Pyrantel-Präparate (Banminth®) gegen Spul- und Hakenwürmer oder Mebendazol (als Telmin KH®) bzw. Fenbendazol (als Flubenol® P), welche neben diesen Nematoden auch Bandwürmer eliminieren, die allerdings bei neonatalen Welpen noch keine Rolle spielen.

Die erste Wurmkur sollte in der zweiten Lebenswoche, eine Wiederholung nach 2 und 8 Wochen sowie im Alter von etwa 4 Monaten durchgeführt werden. In Problemzwingern ist nach der ersten Behandlung eine solche in wöchentlichen Intervallen zu empfehlen, weil sich der Wurf immer wieder galaktogen infiziert. Bei Welpen, die im Alter von 10 bis 14 Tagen das erste Mal entwurmt werden, können abgetötete Larven zu Knäuelbildung mit der Gefahr eines mechanischen Ileus führen. Deshalb ist die auf 2 aufeinanderfolgende Tage verteilte etwas erhöhte Dosis des entsprechenden Anthelminthikums von Vorteil.

11.4.6 Prophylaxe bei Nematodenbefall

Die Entwurmung der Muttertiere stellt die wichtigste vorbeugende Maßnahme dar. So kann schon während der Gravidität die Vermeidung einer galaktogenen Übertragung von infektionsfähigen Larven versucht werden. Dazu bietet sich vom 30. Tag post conceptionem bis zur Geburt eine tägliche Verabreichung von Breitspektrum-Anthelminthika (z. B. Panacur®, Valbazen®, Systamex®) an; eine völlige Bekämpfung der ruhenden Larven ist damit aber bislang noch nicht zu erreichen. Vom 40. Tag p. c. bis 2 Wochen p. p. kann Hündinnen auch Fenbendazol gegeben werden.

Für eine Hakenwurmprophylaxe ist zusätzlich eine Routinedesinfektion in Zwingern sowie eine in regelmäßigen Intervallen durchzuführende Entwurmung vorzusehen. Außerdem sollte bei vermuteter Ansteckung eine aufmerksame Beobachtung der Welpen in den ersten Tagen und bei Anzeichen von Anämie gleich eine Entwurmung erfolgen.

11.4.7 Therapie bei Protozoenbefall

Bei der Behandlung von *Giardien*-Infektionen haben sich Imidazol-Verbindungen wie Flagyl® oder Clont® über mehrere Tage bei Hund und Katze in unterschiedlicher Dosierung bewährt. In Zwingern ist auch eine Reinigung der Boxen und Ausläufe mit quartären Ammonium-Verbindungen durchzuführen. − Bei einem leichten *Kokzidien*-Befall ist keine Therapie angezeigt. Klinische Kokzidiose kann spontan heilen, wenn prädisponierende Faktoren wie schlechte Hygiene, unzureichende Ernährung oder konkurrierende Parasitosen wegfallen und zusätzlich unterstützende symptomatische Behandlungen erfolgen. In schweren Fällen kann Sulfamethoxin oder Amprolium verabreicht werden. − Gegen *Cryptosporidium spp.* ist keine spezifische Therapie bekannt. − Die Behandlung von *Toxoplasma gondii*-Infektionen mit Sulfonamiden erbringt nur Teilerfolge. − Eine Therapie gegen *Babesien* ist bei Welpen in den ersten 3 Lebenswochen kaum nötig, später wäre Berenil® einzusetzen.

11.4.8 Prophylaxe bei Protozoenbefall

Zur Vermeidung einer Infektion mit *Giardien* sollten die Tiere am Trinken von Oberflächenwasser gehindert werden und nicht mit möglicherweise infizierten Tieren in Kontakt kommen. Besonders in Zwingern ist wegen der Ansteckungsgefahr eine Quarantäne für eventuell infizierte Tiere zu empfehlen. − Zur Verhinderung von *Kokzidiosen* wären gute Hygiene, optimale Ernährung, Kontrolle anderer Infektionen und Parasitosen erfolgversprechend. − Zum Schutz der Welpen vor *Toxoplasma gondii* sollte an erwachsene (Mutter-)Tiere grundsätzlich nur gekochtes oder tiefgefrorenes Fleisch verfüttert werden. Bei im Haus gehaltenen Katzen ist zusätzlich die tägliche Reinigung und ein häufigeres gründliches Waschen des Kotkastens mit heißem Wasser zu empfehlen.

11.4.9 Ektoparasiten

Die Infektion mit Ektoparasiten (Milben, Läuse, Haarlinge, Flöhe, Zecken) findet in der Regel durch engen Kontakt von Tier zu Tier statt. Die Welpen können sich mit allen hunde- bzw. katzenspezifischen Arthropoden infizieren. Mehr als bei den Helminthen ist eine Ansteckung bereits vom ersten Lebenstag an möglich. Bei Ektoparasitenbefall sind zusätzlich durch Sekundärinfektionen bedingte Komplikationen möglich.

Milben

Haarbalgmilben
(Demodikose; Demodicosis)

Die Demodikose ist eine Kontakterkrankung mit den hundespezifischen Haarbalgmilben (*Demodex canis*). Sie werden grundsätzlich schon beim Saugen (und nur während dieser Zeit) von der Mutterhündin auf die Welpen übertragen und siedeln sich hauptsächlich im Kopfbereich (Oberlippe, Augenlider, Nasenrücken, Stirn, Ohren) und Pfoten an, ohne zunächst klinische Erscheinungen hervorzurufen; befallen wird meist der gesamte Wurf. Begünstigend auf die Aktivität der Milben wirkt sich die Körperwärme aus, da die Milben erst bei 40 °C lebhafter werden. Häufig sind auch Infektionen der Muttertiere nicht oder nur sehr schwer nachweisbar.

Neben Prädisposition der Wirtstiere (Zahnwechsel, Krankheit, Überpflege) führen vielfach erst viel später Futter-, Besitzer- und/oder Umgebungswechsel zu klinisch sichtbaren Symptomen. Die Diagnose wird dann mikroskopisch mittels Hautgeschabsel gestellt.

Räudemilben
(Sarcoptes mites)

Sarcoptes canis ist der Erreger der Sarkoptesräude beim Hund. In der Regel sind Hautveränderungen zuerst am Kopf (Ohrränder?) zu sehen. Neben Knötchen und Pusteln oder vermehrter Schuppenbildung fällt zusätzlich ein starker Juckreiz auf.

Bei einem Befall von Hund und Katze mit *Otodectes cynotis* (Ohrräude) sind meist der äußere Gehörgang und die innere Ohrmuschel betroffen, wobei die spätere Prädisposition bei Hunden mit halb aufgestellten Ohren über herabhängende zu aufgestellten hin abnimmt. Anfangs sind Juckreiz und vermehrte Ohrschmalzbildung zu beobachten.

Die Kopfräude tritt bei Katzen nach Ansteckung mit *Notoedres cati* auf. Die mit Juckreiz verbundenen Hautveränderungen sind zunächst an den Außenseiten der Ohren lokalisiert, gehen aber rasch auf den gesamten Kopf und Nacken über.

Raubmilben
(Cheyletiellosis)

Bei einem Befall mit von Hautschuppen lebenden Raubmilben, *Cheyletiella yasguri* bzw. *C. blakei* werden oft keine klinischen Symptome beobachtet. Lediglich bei starker Vermehrung kommt es besonders im Kopf- und Rückenbereich zu räudeartigen Hautveränderungen mit kleieähnlichen Schuppenbelägen und Juckreiz.

Läuse

Linognathus setosus ist vorwiegend bei langhaarigen Hunderassen zu finden, während Katzen keine eigene Läuseart haben. Prädilektionsstellen sind Oberlippe, Hals und dorsale Körperoberseite, wo man Exkoriationen, urtikariaähnliche, mit Schorf bedeckte Veränderungen, Haaranomalien oder Hautnekrosen findet; die befallenen Tiere zeigen Unruhe und Juckreiz.

Haarlinge

Es gibt spezifische Hunde- und Katzenhaarlinge. Einen Befall mit *Trichodectes canis* an Kopf, Hals und Rücken beobachtet man hauptsächlich bei schlecht gepflegten Hunden. Die sehr beweglichen Haarlinge beunruhigen ihre Wirte durch ständiges Herumkriechen; bei stärkerem Befall kommt es zu krustösen Ekzemen und Haarausfall. Ansteckung und klinische Symptome stimmen bei einer Infektion der Katze mit *Felicola subrostratus* im wesentlichen mit den Begleiterscheinungen von Hundehaarlingen überein.

Flöhe

Diese Ektoparasiten halten sich nur als adulte Formen temporär zur Nahrungsaufnahme auf ihrem jeweiligen Wirt auf, ihr Entwicklungszyklus vollzieht sich in unmittelbarer Umgebung. Neben dem Hundefloh *Ctenocephalides canis* kann bei Hunden auch der Menschenfloh, *Pulex irritans*, gefunden werden. Durch Flohstiche verursachte, lokale Hautreaktionen führen zu erheblichem Juckreiz; Sekundärinfektionen haben nach vermehrtem Scheuern Hautekzeme zur Folge. Bei einem Befall mit *Ctenocephalides felis* treten allgemein die gleichen Symptome wie bei C. canis auf.

Zecken

Die bei Hund und Katze am häufigsten vorkommende Zeckenart ist der sogenannte Holzbock, *Ixodes ricinus*. In Mitteleuropa findet ein Befall häufiger von April bis Juni sowie von September bis Oktober statt, bevorzugt in Waldgebieten (vor allem Mischwald, Buschwerk und feuchte Talsenken). Ein Befall der Welpen ist unter normalen Aufzuchtbedingungen kaum zu erwarten, ebenso eine Übertragung von Protozoen.

Die braune Hundezecke, *Rhipicephalus sanguineus*, kann sich normalerweise unter den mitteleuropäischen Klimabedingungen nicht im Freien vermehren, weil dazu neben einem Temperaturbereich von 20–30 °C insbesondere eine hohe relative Luftfeuchtigkeit notwendig ist; in Wohnungen bieten sich jedoch bei uns bekanntlich dazu nicht selten ideale Verhältnisse. Bei R. sanguineus-Befall ist eine Infektion mit Babesia canis möglich.

11.4.10 Therapie und Prophylaxe bei Ektoparasitenbefall

Die Behandlung mit Ektoparasitika (häufig hohe Toxizität) ist bei Hunde- und Katzenwelpen wegen der noch nicht vollständig entwickelten Organfunktionen (vor allem Metabolismus und Ausscheidung) mit größter Vorsicht unter genauer Beachtung der Behandlungsvorschriften durchzuführen. Auf prophylaktische Maßnahmen bei Muttertieren und eine Reinigung der Umgebung sollte deshalb besonders geachtet werden.

Viele Ektoparasitika, wie z. B. Bromciclen-, Carbamat-, Carbaril-haltige Mittel, wirken gegen mehrere Arten. Ob Puder, Waschlösungen oder Sprays zur Anwendung kommen, muß entsprechend der jeweilig beteiligten Parasiten, der Umweltbedingungen sowie der Wirksamkeit der einzelnen Mittel entschieden werden. Bei Katzen ist in der Regel eine niedrigere Dosierung zu wählen bzw. eine Behandlung nicht am ganzen Tier durchzuführen, sondern beispielsweise erst die eine und später die 2. Körperhälfte zu waschen oder zu pudern.

Die nach Auftreten von klinischen Erscheinungen mit handelsüblichen Kontaktinsektiziden mehrmals einzuleitende Therapie bei Demodikose führt zwar zur klinischen, selten aber zur parasitologischen Heilung. Prophylaktisch sollten Hündinnen, deren Welpen an Demodikose erkranken, nicht uneingeschränkt zur Zucht verwendet oder die Geburt mittels Kaiserschnitt durchgeführt, sowie eine getrennte Aufzucht angestrebt werden.

Zum Schutz von Welpen vor Ektoparasitenbefall hat eine regelmäßige prophylaktische Behandlung der (Mutter-)Tiere zu erfolgen und dies besonders in Zuchten. Gut wirksam sind z. B. Carbamat-, Diazinon- oder Phosphorsäureester-haltige Halsbänder. Zusätzlich können gelegentlich Ganzkörperbehandlungen mit Pudern, Waschlösungen oder Sprays vorgenommen werden. Weiterhin ist eine Reinigung des Schlafplatzes (einschließlich der Decken), sowie in Zwingern von Boxen und Ausläufen zu empfehlen. Bei leichtem Befall können Sprays z. B. auf Carbamat- oder Bromciclen-Basis, zum gründlichen Auskochen und Desinfizieren Metrifonat verwendet werden.

Literatur

Amann, J. F. (1987): Congenital and Aquired Neuromuscular Disorders of Young Dogs and Cats. Vet. Clin. North Amer. („Pediatrics") 5, 617–640
Blood, D. C., V. P. Studdert (1988): Baillière's Comprehensive Veterinary Dictionary. Baillière Tindall (London, Philadelphia, Toronto, Mexico City, Rio de Janeiro, Sydney, Tokyo, Hongkong)
Boch, J., R. Supperer (1983): Veterinärmedizinische Parasitologie. 3. Aufl., Paul Parey Verlag, Berlin und Hamburg
Christiansen, J. B. J. (1984): Reproduction in the dog and the cat. Ballière Tindall (London, Philadelphia, Toronto, Mexico City, Rio de Janeiro, Sydney, Tokyo, Hongkong)
Hasslinger, M.-A. (1986): Praxisrelevante Helminthen der Fleischfresser. Tierärztl. Prax. 14, 265–273
Jones, D. E., J. O. Joshua (1982): Reproductive Clinical Problems in the Dog. Wright PSG (Bristol, London, Boston)
Jones, L. R. (1987): Special Considerations for Appropriate Antimicrobial Therapy in Neonates. Vet. Clin. North Amer. („Pediatrics") 5, 577–602
Johnston, S. D., S. Raksil (1987): Fetal Loss in the Dog and the Cat. Vet. Clin. North Amer. („Pediatrics") 5, 534–554
Johnson, C. A., J. A. Grace, M. R. Probst (1987): The Effect of Maternal Illness in Perinatal Health. Vet. Clin. North Amer. („Pediatrics") 5, 555–566
Kraft, W. (1984): Kleintierkrankheiten. Bd. 1 – Innere Medizin. Verlag Eugen Ulmer, Stuttgart
Kraft, W., U. M. Dürr (1985): Katzenkrankheiten. 2. Aufl., Verlag M. & H. Schaper, Hannover
Mayr-Bibrack, B. (1982): Neues über die Ursachen und Bekämpfungsmöglichkeiten des Infektiösen Welpensterbens. Kleintier-Prax. 27, 3–10
Monson, W. J. (1987): Orphan Rearing of Puppies and Kittens. Vet. Clin. North Amer. („Pediatrics") 5, 567–576
Mosier, J. E. (1974): Causes and treatment of neonatal death. In: Kirk (Hrsg.): Current veterinary therapy 5. W. B. Saunders Comp. (Philadelphia), 52–55
Richter, J., R. Götze (1978): Tiergeburtshilfe. 3. Aufl., Paul Parey Verlag, Berlin und Hamburg
Rolle, M., A. Mayr (1984): Medizinische Mikrobiologie, Infektions- und Seuchenlehre. 5. Aufl., Ferdinand Enke Verlag, Stuttgart
Roth, J. A. (1987): Possible Association of Thymusdysfunction with Fading Syndroms in Puppies and Kittens. Vet. Clin. North Amer. („Pediatrics") 5, 603–616
Rüsse, I. (1966): Über die mutterlose Aufzucht von Hundewelpen. Zbl. Vet. Med. B 13 (Heft 2), 127–131
Rüsse, I. (1968): Wachstum und Versorgung der Welpen nach Sectio caesarea beim Hund. Berl. Münch. Tierärztl. Wschr. 12, 240–243
Rüsse, I. (1971): Veränderungen der Blutzusammensetzung bei neugeborenen Hundewelpen. Berl. Münch. Tierärztl. Wschr. 13, 249–252
Schmid, G., M. Rüsse (1987): Zur Reanimation der Welpen bei der Schnittentbindung. Tierärztl. Prax. 15, 219–220
Suter, M. (1977): Peri- und postnatale Todesursachen beim Hund. Vet.-med. Diss., Zürich
Uhlig, Ä., M. Rüsse (1982): Schnittentbindung bei der Hündin. Tierärztl. Prax. 10, 119–124
Van Camp, S. D., J. S. Krish (1986): Management of dystocia and postpartum care. Mod. Vet. Practice 9, 739–742

Zimmer, J. F., R. V. H. Pollack (1987): Esophagal, Gastric and Intestinal Disorders of Young Dogs and Cats. Vet. Clin. North Amer. („Pediatrics") 5, 641–662

Zschöck, M., W. Herbst, H. Lange, H. P. Hamann, Th. Schliesser (1989): Mikrobiologische Untersuchungsergebnisse (Bakteriologie und Elektronenmikroskopie) bei der Diarrhoe des Hundewelpen. Tierärztl. Praxis 17 93–95

12 Krankheiten der Neugeborenen und Säuglinge bei Zoo- und Wildtieren

H. Wiesner

12.1 Allgemeines

Wenn auch in den vergangenen zwei Jahrzehnten auf dem Gebiet der Zootiermedizin entscheidende Fortschritte erzielt werden konnten, so zeigt ein Blick auf die Mortalitätsstatistik, daß gerade die Verluste innerhalb der ersten acht Lebenswochen eine umso intensivere Auseinandersetzung mit den Fragen und Problemen des neonatalen Krankheitsgeschehens erfordern. Setzt schon eine erfolgreiche Prophylaxe und Therapie adulter Tiere aus der formenreichen Klasse der Säuger entsprechende Kenntnisse auf vielen Teilgebieten der Zootiermedizin und der Zoologie voraus, so birgt dasselbe Gebiet, auf den neonatalen Zeitraum beschränkt, ungleich höhere Probleme in sich. Da in den meisten Zoos ca. 80 % der gehaltenen Tiere aus den Ordnungen der Herrentiere, Fleischfresser und Paarhufer stammen, ist unser Wissen um die neonatalen Probleme anderer Säugerordnungen noch lückenhaft. Die Behandlung von neugeborenen Wildtieren wird durch die Schreckhaftigkeit oder die Aggressivität des Muttertieres sowie die Streßanfälligkeit oder die Indolenz der Jungtiere selbst wesentlich erschwert.

12.1.1 Geburts- und Puerperalstörungen im Hinblick auf den Neonaten

Schwergeburten treten bei den vegetativ reaktiveren Wildtieren mit ca. 2–3 % selten auf, erfordern dann aber fast immer tierärztliche Hilfe und sind mit einem besonderen Risiko für Mutter und Kind belastet. An vorrangiger Stelle stehen hier rein mechanische Behinderungen der Geburtswege (Abb. 12.1 s. Farbtafel 29). Da Wildtiere ungleich empfindlicher auf exogene störende Reize im Verlauf des Geburtsvorganges reagieren, müssen die Muttertiere sorgfältig vor jeglichen Störungen abgeschirmt werden. Primär endogene, funktionelle Störungen sind beim Wildtier selten. Der Großteil der Wildtiergeburten geht während der Nacht vor sich. Ein Wildtier das am Morgen mit einer verschleppten Geburt oder ungenügend geöffneten Geburtswegen angetroffen wird, ist meist durch die protrahierte Wehenphase erschöpft, daß sofortiges Eingreifen von Nöten ist. Dabei ist zumeist eine Immobilisation unumgänglich, wobei die übliche Dosis der gebräuchlichen Neuroleptika beachtet werden muß. Kontraindiziert ist in solchen Fällen der gleichzeitige Einsatz von Spasmolytika, die im Sinne eines additiven Effekts zum akuten Kreislaufversagen führen können. Puerperalstörungen im Sinne einer Retentio secundinarum oder von pathologischem Lochialausfluß stellen beim Wildtier die Ausnahme dar. In Zusammenhang damit stehende Mastitiden oder aber eine sekundäre Agalaktie zwingen dagegen oft zur Abnahme des Jungtieres.

12.1.2 Erstversorgung des Neugeborenen

Nach Ablauf einer physiologischen Geburt darf ein Jungtier erst dann berührt werden, wenn die unmittelbar nach der Geburt erfolgende Mutter-Kind-Beziehung sichergestellt ist (Abb. 12.2). Diese Prägung erfolgt zum Beispiel beim Rotwild über das Infraorbitalorgan auf olfaktorischem Wege, wobei der Mutter-Kind-Kontakt beim Trockenleben des Jungtieres hergestellt wird.

Wird dieser Aufbau des Mutter-Kind-Kontaktes gestört, wird das Jungtier meistens nicht mehr angenommen. Von praktischem Interesse ist dies besonders bei Schwergeburten, die eine Immobilisation erfordern. Hier ist antagonisierbaren Anaesthetika der Vorzug zu geben, da Neuroleptika mit einer längeren Nachschlafpause die Mutter-Kind-Bindung unterbinden können. Wenn auch verschiedene Säuger ohne eine voll funktionierende Thermoregulation geboren werden und dementsprechend wärmebedürftig sind, so überstehen sie doch, falls sich das Muttertier nicht um sie kümmert, die ersten 6–12 Lebensstunden an einem geschützten Platz, ohne Schaden zu nehmen.

Abb. 12.2 Kontaktaufnahme nach der Geburt

Bei allen Arten, besonders bei denen, die aufgrund ihrer Plazentation auf Kolostramilch angewiesen sind, sollte der erste Saugakt innerhalb der ersten 12 Stunden durch ständiges Beobachten sichergestellt werden. Wird das Jungtier nicht akzeptiert, wie es bei Erstlingsgeburten häufig vorkommt, kann artspezifisches Kolostrum vom immobilisierten Muttertier dem Jungtier mit Hilfe einer Schlundsonde eingegeben werden. Um sicher zu gehen, daß die Kolostralmilch bei Wiederkäuern dabei in den Labmagen gelangt, zieht man die Schlundsonde nach üblicher Einführung in den thorakalen Teil des Oesophagus zurück und löst so den Schlundrinnenreflex aus.

Für die neonatalen Wildtiere dürfen ähnliche Rekationsmechanismen des Antikörpertransfers via Kolostralmilch vermutet werden wie beim Haustier. So konnte bei Sitatungakälbern ohne Kolostrumaufnahme das Immunglobulin IgG im Serum nicht wie beim Muttertier nachgewiesen werden. Um derart immundefiziente Wildtiere mit einem artspezifischen IgG versorgen zu können, wurden erste Versuche zur Gewinnung und Aufbereitung dieses Immunglobulins aus dem Blut adulter Tiere durchgeführt, deren Erfolg abzuwarten bleibt. Technisch weniger aufwendig ist die parenterale oder orale Applikation von Plasma oder Serum derselben Art. Eine endemische Koliseptikämie bei Steinbockkitzen konnte durch die Gabe von Sammelserum der Herde hingegen nicht positiv beeinflußt werden. Inwieweit die Antikörper aus Kolostralmilch möglichst nahverwandter Arten, die man tiefgefroren vorrätig halten kann, resorbiert werden und aktiv wirken können, bleibt abzuklären. Immer aber tritt die laxierende Wirkung auf das Mekonium ein.

Bei Zwillingsgeburten oder bei schwächlichen Jungtieren mit unzureichendem Saugreflex empfiehlt sich die parenterale Substitutionstherapie zur Vermeidung einer Dehydratation. Man rechnet beim Säuger mit einem täglichen Flüssigkeitsbedarf von 40 ml/kg Körpergewicht, wobei Fieber, Erbrechen, Diarrhoe, Schwitzen oder eine vorherige Dehydratation den Bedarf auf das Drei- bis Fünffache steigern können (*Fowler* 1981). Meist genügt zur raschen Energiebereitstellung die einmalige Applikation von ca. 2 ml/kg einer 20 %igen Dextroselösung, die subkutan reaktionslos vertragen wird. Fehlt der Saugreflex vollständig, wie es häufig bei unterkühlten Jungtieren zu sehen ist, empfiehlt sich die Ernährung mit der Schlundsonde. Eine kalorisch ausreichende, parenterale Substitution ist nur kurzfristig durchführbar. Bis zum Einsetzen des Saugreflexes kann einige Zeit vergehen. So mußte ein junger Orang Utan während der ersten Lebenswoche im 4-Stunden-Rhythmus per Magenschlundsonde ernährt werden, bis er selbständig trank. Als Faustregel gelten 420 kJ/kg/24 Stunden, wobei vor jeglicher oraler Substitution eine mögliche Hypothermie des Jungtieres durch langsames Aufwärmen bis zur normalen Körpertemperatur ausgeglichen werden muß. Anhand des Hautturgors und der sichtbaren Schleimhäute wird eine bestehende Dehydratation leicht erkannt. Zugleich kann die Zunahme des spezifischen Gewichtes des Urins auf eine fortschreitende Dehydratation hinweisen, was allerdings bei Frühgeburten oder Neonaten mit einem Nierenschaden kein sicherer Indikator ist, da diese ihren Urin nicht immer konzentrieren können (*Avery* 1975).

Da je nach Duldsamkeit des Muttertieres beim neugeborenen Wildtier eine Nabelkontrolle nicht oder nur einmal möglich ist, kommt dem Nabel als Infektionspforte eine besondere Bedeutung zu. Vor allem bei schwächlichen Jungtieren reicht eine einfache Touchierung mit Jod oder ein Verätzen mit Silbernitratlösung nicht aus. Besonders bei unerfahrenen sowie nervösen Müttern wird die Gefahr einer Nabelentzündung durch übertriebene Nabelpflege zusätzlich erhöht. Hier zeigen sich tierartliche Unterschiede, wobei nach den Primaten besonders die Paarhufer praedisponiert zu sein scheinen (Abb. 12.3 und 12.4 s. Farbtafel 29). Rein mechanisch, aufgrund ihrer Fortbewegungsart auf dem Land, sind junge Robben ebenfalls für omphalogene Infektionen empfänglich. Sowohl ein zu kurzer als auch ein zu langer Nabelschnurrest gelten als auslösender Faktor. Die Nabelinfektionen treten innerhalb der ersten Lebenswoche, und zwar gehäuft während der ersten drei Lebenstage auf. Im Anfangsstadium kann die Nabelinfektion durch parenterale Gaben eines Breitbandantibiotikums z.T. beherrscht werden. Steigt jedoch die Körpertemperatur und läßt sich bei der Palpation der Nabelpforte der deutlich verdickte und vermehrt warme Nabelstrang auch durch die Bauchhaut ertasten und von der Nabelpforte nicht deutlich abgrenzen, gilt dies als prognostisch ungünstiges Zeichen. Die konservative Therapie bleibt dann erfolglos. Da fortgeschrittene Nabelinfektionen sehr rasch zu einer perakuten Septikaemie führen, ist die bei positivem Palpationsbefund unverzüglich durchzuführende Omphaloektomie angezeigt.

Bei der Untersuchung von lebensschwachen oder moribunden Jungtieren können leicht innere Verletzungen übersehen werden. Traumatisierte Jungtiere zeigen eine deutlich verminderte Aktivität, oft anämische Schleimhäute und bei der Palpation Schmerzreaktionen oder Abwehrbewegungen. Neben Knochenbrüchen muß man Biß-, Forkel- und Schlagverletzungen, Quetschungen und Prellungen unterschiedlichsten Ausmaßes erwarten. Derartige Verletzungen können dem Jungtier von Artgenossen oder aber vom Muttertier beigebracht werden, wenn es vergeblich versucht, dieses zum Trinken aufzutreiben. Bereits intrauterin erworbene Verletzungen als einseitiges Hyphaema traten bei zwei Giraffenkälbern auf, die zwar voll ausgetragen waren, aber moribund zur Welt kamen (Abb. 12.5 s. Farbtafel 30). Die hochträchtigen Kühe waren zuvor vom Bullen vermutlich aus Futterneid durch Kopfschläge angegriffen worden. Im Zweifelsfall sollte man bei kränkelnden Jungtieren, vor dem Versuch einer mutterlosen Aufzucht, Verletzungen durch sorgfältige palpatorische und röntgenologische Untersuchungen ausschließen. Bei der Beurteilung von Röntgenaufnahmen junger Zootiere können die noch nicht mit dem Körper der Knochen verwachsenen Epi- und Apophysen eine Abrißfraktur vortäuschen und so zu einer Fehldiagnose führen.

12.1.3 Infektionsprophylaxe beim Neugeborenen

Die wohl wichtigste Voraussetzung zur Vermeidung von endemischen Jungtierverlusten dürfte beim Wildtier in einer sorgfältigen Hygiene zu sehen sein. In den meisten Fällen handelt es sich um Faktorenerkrankungen, die sich durch eine tierartgerechte Haltung und Fütterung am ehesten bekämpfen lassen. Gegenüber Streß durch Überbesatz im Sinne des „over crowding" sind Wildtiere empfindlicher als Haustiere. Daher nehmen in überbesetzten Gehegen unspezifische Jungtiererkrankungen erheblich zu. So war der Damhirsch früher als besonders widerstandsfähiges Parkwild beliebt. Erst seit der in jüngster Zeit modern gewordenen landwirtschaftlichen Intensivhaltung des Damwildes zur Nutzung von Brachland, treten bei Jungtieren Verluste durch E. coli-, Clostridieninfektionen und Parasitosen auf.

Die Reduzierung des Bestandes in Verbindung mit einem ausgewogenen Altersaufbau der Gruppen erweist sich auf Dauer als die beste Prophylaxe. Enttäuscht haben die Gaben von Langzeitantibiotika am ersten Lebenstag als Infektionsprophylaxe ebenso wie die Verabreichung von nicht artspezifischen Seren, die ohnehin das Risiko eines anaphylaktischen Schocks mit sich bringen. In Problembeständen ist die stallspezifische Vakzine in jedem Fall vorzuziehen. Bei der Bekämpfung der Koli-Ruhr zeigt die über einen längeren Zeitraum applizierte Schluckvakzination bessere Erfolge als eine Serumgabe (Abb. 12.6). Von fraglichem Wert ist die unspezifisch Reiztherapie beim neugeborenen Wildtier. Nach den Gaben eines vincetoxinhaltigen Präparates wurden bei zwei Markhorkitzen und einem Giraffenkalb lebensbedrohliche Kreislaufschwächen beobachtet. Inwieweit die beim Haustier wirkenden Paraimmunitätsinducer auch beim Wildtier eine Lücke schließen werden, bleibt abzuwarten.

Abb. 12.6 Schluckimpfung gegen Coli-Ruhr, Gamskitz 1 Tag alt

Bewährt hat sich hingegen die mehrtägige, orale Applikation von Vitamin A in der vom Haustier her bekannten Dosierung. Bei zu exzessiven Dauergaben von Vitamin A soll es zu Vergiftungserscheinungen kommen. Danach können beim Jungtier Haemorrhagien, Gelbverfärbungen des Körperfettes und der Leber, Gewichtsverluste und Frakturen der langen Röhrenknochen auftreten (*Martin* 1975).

12.1.4 Immobilisation

Zur Immobilisation von jungen Wildtieren zum Zwecke chirurgischer Eingriffe sind die derzeit gebräuchlichen Präparate wie Xylazin, Ketamin, Etorphin sowie deren jeweilige Kombinationen gut geeignet (s. Tab. 12.1). In der Dosierung bewegt man sich dabei im unteren Drittel der empfohlenen Dosisangaben (Abb. 12.7). Wird bei längeren Eingriffen eine Nachdosierung erforderlich, läßt sich das Stadium der Operationstoleranz durch langsame i. v.-Gaben von Ketamin nach Wirkung aufrecht erhalten. Häufig kann der operative Eingriff auch unter Lokalanaesthesie (z. B. Hostacain®, 2 %ig) oder unter Epiduralanaesthesie durchgeführt werden, wobei man mit den prokainhaltigen Präparaten sparsam umgeht. Während der Operation hält man die Patienten mit einem Heizkissen warm und stützt den Kreislauf durch eine Dauertropfinfusion. Bewährt hat sich dazu eine Mischung von zwei Teilen physiologischer Kochsalzlösung mit einem Teil 5 %iger Glucose bei einer Tropfenzahl von ca. 40/Minute.

Abb. 12.7 Mit Blasrohr immobilisiertes Rehkitz

Tabelle 12.1 Bewährte Kombinationen zur Immobilisation von Zoo- und Wildtieren

Tierart	I Ketamin + Xylazin* („Hellabrunner Mischung") ml in toto		II Etorphin mit Acepromazin (Immobilon®) + Xylazin: Etorphin mit Acepromazin ml in toto	Xylazin mg in toto	Etorphin mit Acepromazin mg/kg
	sub-adult	adult			
Beuteltiere (Marsupialia)					
Neuguineafilander (Thylogale brunii)	0,1	0,3			
Baumkänguruh (Graues) (Dendrolagus inustus)	0,2	0,4			
Hübschgesichtkänguruh (Wallabia canguru)	0,2	0,5			
Bennettkänguruh (Wallabia rufogrisea)	0,2	0,5			
Rotes Riesenkänguruh (Macropus rufus)	0,3	0,7			
Nagetiere (Rodentia)					
Mara (Dolichotis patagonum)	0,1	0,2			
Capybara (Hydrochoerus hydrochaeris)	0,2	0,6			
Alpenmurmeltier (Marmota marmota)	0,4	1,2			
Präriehund (Cynomys ludovicianus)	0,05	0,1			
Meerschweinchen (Cavia porcellus)	0,03	0,1			
Stachelschwein (Hystrix leucura)	0,1	0,3			
Hasentiere (Lagomorpha)					
Kaninchen (Oryctolagus cuniculus)	0,05	0,2			
Raubtiere (Carnivora)					
Wolf (Canus lupus)	1,0	1,5	0,3	5	0,01
Fuchs (Vulpes vulpes)	0,8	1,0			
Hyäne (Hyaena brunnea)	0,5	1,5			
Luchs (Lynx lynx)	0,5	0,8			
Wildkatze Felis silvestris	0,01	0,06			
Ozelot (Leopardus pardalis)	0,05	0,2			
Serval (Leptailurus serval)	0,25	0,4			
Puma (Puma concolor)	0,5	1,5			
Leopard (Panthera pardus)	0,5	1,5			
Schneeleopard (Uncia uncia)	0,5	1,5			

* „Hellabrunner Mischung": 500 mg Xylazin (Rompun® Trockensubstanz) + 400 mg Ketamin (4 ml Ketavet®)

Tabelle 12.1 Fortsetzung

Tierart	I Ketamin + Xylazin* („Hellabrunner Mischung") ml in toto		II Etorphin mit Acepromazin (Immobilon®) + Xylazin: Etorphin mit Acepromazin ml in toto	Xylazin mg in toto	Etorphin mit Acepromazin mg / kg
	sub-adult	adult			
Löwe (Panthera leo)	0,5	3			
Tiger (Panthera tigris)	0,5	3			
Jaguar (Panthera onca)	0,5	1,5			
Gepard (Acinonyx jubatus)	0,3	0,6			
Braunbär (Ursus arctos)			1,5		0,02
Eisbär (Ursus maritimus)	0,3		1,5		0,007
Otter (Lutra lutra)	0,15	0,3			
Vielfraß (Gulo gulo)	0,2	0,6			
Marder (Martes martes)	0,05	0,1			
Dachs (Meles meles)	0,3	0,6			
Waschbär (Procyon lutor)	0,05	0,2			
(Rüsseltiere) (Proboscidea)					
Elefant (Steppen) (Loxodonta africana oxyotis)	1	3	2,0	100**	0,0017
Unpaarhufer (Perissodactyla)					
Przewalskipferd (Equus przewalskii przewalskii)			2,5	50	0,019
Esel (Nub. wild) (Equus asinus africanus)			1,5	50	0,017
Kulan (Equus hemionus kulan)			1,7	30	0,02
Zebra (Hartmanns Berg) (Equus zebra hartmannae)			1,5	30	0,01
Zebra (Grevy)			1,5	30	0,01
Zebra (Grant) (Equus quagga boehmi)			1,5	30	0,01
Tapir (Schabracken) (Tapirus indicus)			0,5	(10)	0,0056
Nashorn (Breitmaul) (Ceratotherium simum simum)			1,6	–	0,003
Paarhufer (Artiodactyla)					
Wildschwein (Sus scrofa)			1,2	10	0,018
Flußpferd (Hippopotamus amphibius)			–	–	0,004
Zwergflußpferd (Choeropsis liberiensis)			–	–	0,006
Alpaka (Lama guanicoe pacos)	0,2	0,5	0,5	5	0,03
Vikunja (Lama vicugna)	0,2	0,5	0,7	10	0,04
Guanako (Lama guanicoe)	1	1,5			
Kamel (Camelus ferus bactrianus)	1	3	1,8	50	0,006
Dromedar (Camelus dromedarius)	1	3	1,8	50	0,008
Muntjak (Muntiacus muntjak)			0,1	3	0,0225
Damhirsch (Dama dama)	1	2	1,0	10	0,0375
Axishirsch	0,5	0,8	0,2	5	0,0125-0,075
Axis (in freier Wildbahn)	1,0	1,3			
Dybowskihirsch (Cervus nippon Dybowskii)	1,5	2,5			
Japan-Sika (Cervus nippon)	0,5	1,0			
Barasingha (Cervus duvauceli)	1,0	2,0	1,0	10	0,025
Sambarhirsch (Cervus unicolor)	–	–	0,7	(30)	0,013
Rothirsch (Cervus elaphus)	0,5	1,5	0,7-1,5		0,0225
Maral (Cervus elaphus maral)	1,0	2,0			
Wapiti (Cervus elaphus nelsoni)	0,3	0,8			
Milu (Elaphurus davidianus)	1,0	2,0	1,8	20	0,0225
Pampashirsch (Odocoileus bezoarticus)			0,3	–	0,02
Maultierhirsch (Odocoileus hemionus)	0,5	1,5			
Weißwedelhirsch (Odocoileus virginianus)	0,5	1,0			

* „Hellabrunner Mischung": 500 mg Xylazin (Rompun® Trockensubstanz) + 400 mg Ketamin (4 ml Ketavet®)
** 20 Minuten vorher zur Prämedikation

Tabelle 12.1 Fortsetzung

Tierart	I Ketamin + Xylazin* ("Hellabrunner Mischung") ml in toto		II Etorphin mit Acepromazin (Immobilon®) + Xylazin: Etorphin mit Acepromazin ml in toto	Xylazin mg in toto	Etorphin mit Acepromazin mg / kg
	sub-adult	adult			
Elch (Alces alces)	1,0	2,0	1,4	10	0,009
Ren (Rangifer tarandus)	0,5	1,0	0,7	5	0,016
Reh (Capreolus capreolus)	0,25	0,4	0,3	5	0,034
Sibirisches Reh (Capreolus c. pygargus)	0,2	0,4			
Giraffe (Giraffa camelopardalis)			2,8	30**	0,009
Nyala (Tragelaphus angasi)			0,7	5	0,02
Großer Kudu (Tragelaphus strepsiceros)	0,5	1,0	1,4	5	0,02
Nilgauantilope (Boselaphus tragocamelus)			1,8	10	0,02
Gaur (Bos gaurus)			2,5	100	0,0094
Banteng (Bos javanicus)			2,0	50	0,012
Auerochse (Bos primigenius)	0,4	15	1,0	10	0,005
Zebu (Bos primigenius)	6,5	1,5	1,0	10	0,0028
Wasserbüffel (Bubalus arnee bubalis)	1,0	2,5			
Yak (Bos mutus grunniens)			2,5	50	0,0225
Bison (Bison bison)			1,0	20	0,005
Wisent (Bison bonasus)			1,8	50	0,008
Weiße Oryx (Oryx gazella leucoryx)			1,0	5	0,023
Oryx (Südafrik. Spießbock) (Oryx gazella gazella)			1,0	10	0,0225
Buntbock (Damaliscus dorcas dorcas)			0,6	10	0,0225
Gnu (Weißschwanz) (Connochaetes gnou)			1,0	10	0,0125
Rappenantilope (Hippotragus niger)			1,8	5	0,0225
Wasserbock (Kobus ellipsiprymnus defassa)			1,6	5	0,02
Impala (Aepyceros melampus)			0,4	–	0,0225
Dorkasgazelle (Gazella cuvieri)	0,05	0,1	0,1	2,5	0,014
Mhorrgazelle (Gazella dama mhorr)			0,4	2	0,0225
Hirschziegenantilope (Antilope cervicapra)	0,1	0,3	0,3	10	0,0225
Springbock (Antidorcas marsupialis)			0,2	3	0,014
Gemse (Rupicapra rupicapra)	0,04	0,08	0,8	–	0,06
Moschusochse (Ovibos moschatus)			0,7	10	0,01
Tahr (Hemitragus jemlahicus)	0,2	0,8	0,1-0,8	3–10	0,0045-0,036
Bezoarziege (Capra aegagrus cretica)			0,3	1	0,045
Steinbock (Alpen) (Capra ibex ibex)	1	2	0,4	10	0,0225
Steinbock (Sibir.) (Capra ibex sibirica)			0,5–0,8	5–10	0,018-0,028
Markhor (Capra falconeri)	0,5	1	0,7	5–10	0,02
Hausziege (Capra aegagrus hircus)	0,1	0,3			
Tur (Capra ibex caucasica)	0,5	0,9			
Mähnenschaf (Ammotragus lervia)			0,3	5	0,015
Mufflon (Ovis ammon musimon)	0,5	1,5	0,7	20	0,04
Laristan Wildschaf (Ovis ammon larestani)	0,4	0,9			
Hausschaf (Ovis ammon aries)	0,15	0,3			

Primaten (Primates) Bei allen Primaten 0,02 ml „Hellabrunner Mischung" pro kg/KGW. (Die „Hellabrunner Mischung" kann durch die Gaben von 3–5 mg/kg Tolazolin oder 0,25–0,3 mg Yohimbin i. v antagonisiert werden).

* „Hellabrunner Mischung": 500 mg Xylazin (Rompun® Trockensubstanz) + 400 mg Ketamin (4 ml Ketavet®)
** 20 Minuten vorher zur Prämedikation

12.2 Mutterlose Aufzucht

Über kein Teilgebiet der Neonatalogie von Zoo- und Wildtieren liegt ähnlich umfangreiches Schrifttum vor, wie über die mutterlose Aufzucht verwaister Jungtiere. Trotz der Mannigfaltigkeit der verschiedenen Säugetierarten weist deren mutterlose Aufzucht so viele gemeinsame Berührungspunkte auf, daß ein zusammenfassender Überblick gerechtfertigt erscheint. Auf tierärztliche Besonderheiten wird im speziellen Teil ausführlich eingegangen.

Als Hauptindikation zur mutterlosen Aufzucht wäre neben Milchmangel oder Erkrankung des Muttertieres ein übersteigertes Brutpflegeverhalten zu nennen, dessen Ursachen in der Gefangenschaftshaltung von Wildtieren begründet sind. Es äußert sich in einem ständigen Belecken und Beknabbern des Nabels, wobei auch der Analbereich einbezogen werden kann. Bei einem Gibbonweibchen führte ein derart psychopathisches Brutpflegeverhalten zur Verstümmelung der Nasen der Jungtiere. Einzeln handaufgezogene Tiere sind oft auf den Menschen fehlgeprägt und lassen sich später nicht mehr als vollwertiges Mitglied in die Sozialstruktur einer Gruppe einfügen. Durch gemeinsame Aufzucht mehrerer Jungtiere beugt man dem vor. Infolge der Handaufzucht werden die Jungtiere sehr zahm und übertragen ihr angeborenes Sozialverhalten voll auf den Pfleger. Dies kann vor allem bei männlichen Tieren nach Eintritt der Geschlechtsreife gefährlich werden. Die Bösartigkeit handaufgezogener Rehböcke ist hinlänglich bekannt.

Oberstes Gebot für das erfolgreiche Gelingen einer mutterlosen Aufzucht sind peinliche Sauberkeit und sorgfältige Hygienemaßnahmen. In den ersten Lebenstagen empfiehlt es sich, die Tiere in einem abgedunkelten, zugfreien Raum unterzubringen, und sie vor jeglicher Beunruhigung abzuschirmen. Da alle Ablieger wie z. B. Rotwildkälber nach der Fütterung gerne den Abliegeplatz wechseln, ist zur Aufrechterhaltung der Thermoregulation ein teilweise beheizter Fußboden von Vorteil. Das Tier kann sich so die bevorzugte Bodentemperatur selbst aussuchen. Die aus sauberem Stroh bestehende, dicke Einstreu wird täglich gewechselt, wobei auf Kot- und Urinplätze geachtet wird. Durch Heu- oder Strohballen abgegrenzte Flächen geben den Jungtieren bei der Gemeinschaftsaufzucht die Möglichkeit, sich zurückzuziehen. Dies ist vor allem bei Arten wie Duckern oder Springböcken wichtig, da diese nicht gerne „Kontakt liegen". Dadurch läßt sich auch das bei Gemeinschaftsaufzuchten auftretende Ohren- und Schwanzansaugen einschränken. Menschenaffen, Büffel, Zebras und Elefanten suchen hingegen den Kontakt und trauern, wenn sie alleine aufgezogen werden. Junge Fleischfresser, aber auch verschiedene Huftierarten, setzen nur ungern Kot und Urin auf dem blanken Boden ab, weshalb ein entsprechender Teil der Aufzuchtboxen aufgesandet werden muß. Die tägliche Desinfektion kann nach einer gewissenhaften Reinigung mit 2 %igem Formalin vorgenommen werden. Ein geräumiger, sonniger Auslauf mit Ruheplätzen im Halbschatten wird den Tieren je nach Witterung stundenweise zur Verfügung gestellt.

Die richtige Technik bei der mutterlosen Aufzucht trägt wesentlich zu deren Erfolg bei. Der Typ des Gummisaugers richtet sich in Größe und Form nach dem Maul des Jungtieres. Der Gummi muß elastisch genug sein, damit die Seitenwände des Saugers beim Saugakt nicht zusammengepreßt werden. Auf die Größe des Tieres und auf die Eigenheit beim Saugakt wird die Größe der Austrittsöffnung des Saugers abgestimmt. Dabei ist eine kleine Austrittsöffnung einer zu großen vorzuziehen. Für den Saugakt selbst ist es von Bedeutung, daß er vom Säugling mit einem gewissen Zeit- und Kraftaufwand durchgeführt wird. Erfolgt die Tränkung bei einem zu großen Durchmesser der Saugeröffnung zu schnell, kann es sein, daß der Säugling bereits gesättigt ist, bevor die Einzelphasen des Saugaktes in natürlicher Reihenfolge abgelaufen sind. So kam es bei der Aufzucht von Kegelrobben, die in den ersten Lebensstagen mit einer Schlundsonde zwangsernährt werden mußten, zu einem Fehlsaugen am Holzbelag des Gehegebodens. Bei deren natürlicher Aufzucht läuft mit dem Aufsuchen des Muttertieres, dem Herausbringen der Zitze aus der Hauttasche, dem Ansaugen und dem eigentlichen Saugakt eine fest verbundene Folge voneinander abhängiger Handlungen ab, die der Füllung des Magens und damit der Sättigung vorangehen. Da durch die voreilige Füllung des Magens durch die Sonde diese Reihenfolge nicht eingehalten wurde, kam es nachträglich zu einer Triebentladung an einem Ersatzobjekt (*Seifert* 1968).

Bei zu großer Austrittsöffnung des Gummisaugers wird die Milch zu hastig aufgenommen und es besteht die Gefahr des Verschluckens und einer Aspirationspneumonie. Derartige Pneumonien lassen sich durch massive Antibiotikagaben nur vorübergehend kupieren. Häufig entwickeln sich Lungenabszesse, die auskultatorisch schwer diagnostizierbar sind und die weitere Gewichtsentwicklung des Jungtieres anfangs nicht sonderlich beeinträchtigen. Die Tiere sind munter, fieberfrei und von ungestörtem Allgemeinbefinden. Mit den zunehmenden Wachstumsschüben in der 6. bis 8. Lebenswoche kann aber das veränderte Lungengewebe nicht mithalten, und es kommt häufig nach spielerischen Sprüngen oder Verfolgungsjagden zur Spontanruptur eines Lungenbasszesses und zur toxischen Septikaemie. Diese führte beim Tapir, Banteng sowie bei Steinbock-, Markhor- und Argalikitzen innerhalb weniger Stunden zum Tode. Bei zu kleiner Austrittsöffnung dagegen verliert das Jungtier das Interesse an der Milchquelle.

Die Saugöffnung läßt sich am leichtesten mit einer glühenden Nadel auf die gewünschte Größe erweitern. Wird der Gummisauger vom Jungtier nicht akzeptiert, versucht man, mit Hilfe des in Milch getauchten Fingers, den Saugakt zu provozieren, wobei eine gleichzeitige Massage der Kehlkopfregion das Abschlucken fördert. Bei Jungtieren, die den Gummisauger gänzlich verweigern. umschließt eine Hand das Maul ringförmig, während man durch vorsichtige Hin- und Herbewegung, ohne Druck auf die Flasche oder Zwang, den Saugakt anzuregen versucht. Dabei läßt sich mit einem Finger prüfen, ob der Gummisauger auch zwischen Zunge und Gaumen und nicht unter der Zunge liegt. Auf keinen Fall dürfen die Nasenöffnungen verschlossen werden. Flasche und Gummisauger werden nach jeder Fütterung gründlich gereinigt und desinfiziert.

Beim Tränken der Jungtiere achtet man darauf, daß sie eine tierartgerechte Saughaltung einnehmen. Bei den ersten beiden Fütterungen sollte man statt Milch eine sterile, 5 %ige Glucoselösung verwenden, da dann im Falle eines Fehlschluckens das Risiko einer Eingußpneumonie vermindert wird. Zugleich soll Glucose die Peristaltik anregen und laxierend auf das Mekonium wirken. Die artspezifische Zusammensetzung der Milch spielt bei der erfolgreichen mutterlosen Aufzucht nicht die entscheidende Rolle, die ihr früher beigemessen wurde. Ausnahmen bilden laktosefreie Milchtypen, wie wir sie von Eisbären, Beuteltieren, Robben und Seekühen her kennen. Viele Milchanalysen von Wildtieren bestehen aus Einzelproben eines momentanen Laktationsstadiums und geben so nur Annäherungswerte für die zu wählende Milchzusammensetzung. Vergleicht man die von verschiedenen Autoren angegebenen Milchzusammensetzungen, so findet man gute Aufzuchtergebnisse bei derselben Tierart mit ganz unterschiedlichen Milchtypen. Von wesentlicher Bedeutung ist hingegen die richtige Tränktemperatur, die beim Säuger in der Regel nicht unter 38 °C liegen sollte, sowie die Tränkmenge. Die richtige Tränktemperatur wird durch die Handgelenkprobe kontrolliert. Da heute ein Großteil der Milchaustauscher „gecoatet", d. h. die feindispersen Fetttröpfchen von einer Eiweißhülle ummantelt sind und so das Fett in Suspension bleibt ohne aufzurahmen, kann man derartige Milchpräparate sogar als Kalttränke verfüttern. Bei Wildtieren ist das dann von Bedeutung, wenn Jungtiere nach der Prägephase ihre Mutter verlieren und nicht mehr an die Flasche gebracht werden können. So ließen sich im Alter von 5–6 Lebenswochen verwaiste Wildequidenfohlen mit einem kalttränkegeeigneten Fohlenmilchaustauscher problemlos aufziehen.

Durch Überprüfung des Verfalldatums sowie eine Geruch- und Kostprobe der frisch zubereiteten Milch lassen sich überlagerte und damit zur Ranzigkeit neigende Milchpulver mit Sicherheit aussondern. Milchreste in den Tränkeflaschen säuern gerade in der warmen Jahreszeit sehr schnell oder werden sekundär bakteriell infiziert. Eine so verdorbene Milch, führte bei zwei Eisbärjungen zu einer tödlichen Staphylokokkenintoxikation.

Die Hauptfehler dürften bei der Wahl der Tränkmenge gemacht werden, da ein Überangebot immer zu schweren gastrointestinalen Störungen führt. Bei allen Tierarten sollte man stets so füttern, daß die Jungtiere nicht sattgefüttert werden, sondern immer ein leichter Hungerreiz mit dem damit verbundenen Appetit nach der Tränkung noch erhalten ist. Bei den Cerviden läßt sich die richtige Tränkmenge an der zunehmenden Schließung des Infraorbitalorganes verfolgen, das am Anfang des Saugaktes breit geöffnet wird, sich mit zunehmender Sättigung aber schließt. Wird dem Kalb darüber hinaus noch Milch zur freien Annahme angeboten, resultieren daraus immer Durchfälle (*Wölfel* 1976).

Jungtierdurchfälle bei mutterloser Aufzucht treten gehäuft bei Diätwechsel, ungeeigneter Diät oder aber durch vernachlässigte Hygiene und Sauberkeit während der Aufzucht auf.

Als Sofortmaßnahme läßt man ein bis zwei Mahlzeiten aus und bietet mit Traubenzucker leicht gesüßten Schwarztee an. Durch mehrmalige Temperaturkontrolle und genaue Beobachtung des Allgemeinbefindens wird sich eine infektiöse Gastroenteritis, die immer mit einer Temperaturerhöhung einhergeht und durch Krampfkoliken, tiefliegende Augen und zum Teil blutige Durchfälle gekennzeichnet ist, abgrenzen lassen. Sie erfordert von Anfang an eine energische Chemotherapie. Hier bietet sich als Erstpräparat Chloramphenicol (5–10 mg/kg) an. Von Vorteil kann bis zur Auswertung des Antibiogramms die perorale Gabe von schwer resorbierbaren Sulfonamiden sein. Ebenso wichtig sind Maßnahmen, die den Kreislauf stützen, eine Rehydratation bringen und Störungen der Thermoregulation einschränken. Je nach Tierart sollte man ab der vierten Lebenswoche stets auch an einen Parasitenbefall denken, selbst wenn die Kotprobenuntersuchungen negative Resultate ergeben haben.

Als seltenere Verdauungsstörungen treten bei der mutterlosen Aufzucht Obstipationen auf, die durch vorsichtige Klysmen und die Gabe von Leinsamenschleim mit verdünntem Schwarztee meist einfach behoben werden können.

Viele Herbivore nehmen bereits während der ersten Lebenstage Grünfutter, Heu oder Stroh auf, weshalb man neben den üblichen Milchmahlzeiten stets frisches Wasser, Rauh-, Grünfutter oder Zweige anbieten muß. Bei Aufzuchten in Räumen stellt man ferner einen Napf mit frischem Erdreich zur Verfügung, da viele Paarhufer bereits innerhalb der ersten Lebenstage dieses gierig aufnehmen. Dabei verschmähen auf den Außenanlagen geborene Jungtiere den durch Faeces und Urin verunreinigten Gehegeboden und suchen sich aktiv frisches Erdreich auch außerhalb der Anlage, indem sie den Kopf durch den Zaun stecken.

Um das Risiko und den beträchtlichen Zeitaufwand einer mutterlosen Aufzucht zu umgehen, kann man versuchsweise ein vom Muttertier nicht angenommenes Jungtier wieder unterschieben. Nicht selten werden unterkühlte Jungtiere, die man mit einem Föhn vorsichtig erwärmt, tränkt und antibiotisch versorgt, selbst noch einen Tag später wieder von den Müttern angenommen und problemlos aufgezogen. Eine weitere Möglichkeit besteht in der Benutzung von Hausziegen oder Schafen beziehungsweise Katzen zur Ammenaufzucht. Junge Geparden wurden von einer Hauskatze mit 6 Tage alten Jungen angenommen und über 5 Wochen aufgezogen. Rechtzeitig vor dem Absetzen der Jungtiere stellt man schrittweise auf das neue Futter um, das zur Erleichterung der Aufnahme nach jeder Mahlzeit seitlich ins Maul geschoben wird. Durch die Gabe von geeigneten Oxytetrazyklinpräparaten, die in nutritiven Dosen der Milch zugesetzt werden (Maibacter solubile®), können bei Problemtieren auftretende gastrointestinale Störungen vermieden werden. Eine derartige Medikation der Milch empfiehlt sich bei allen schwächlichen Jungtieren.

12.3 Juvenile Mangelerkrankungen

Beim wachsenden Organismus stehen naturgemäß Schäden bei der Ausbildung des Skelettapparates im Mittelpunkt der stoffwechselbedingten Erkrankungen. Während beim Menschen die Rachitis nach Ca-, P- oder Vitamin D-Mangelzuständen bekannt ist, konnte diese, durch die ausbleibende Mineralisation des neugebildeten Knochengewebes gekennzeichnete Krankheit, beim Tier nur in Einzelfällen bei jungen Primaten beobachtet werden. Dem gegenüber steht die Osteodystrophia fibrosa generalisata, die bei allen in Gefangenschaft gehaltenen Wildtieren auftreten kann. Die Erkrankung wird durch ein Überangebot von Phosphor hervorgerufen, das beim Fleischfresser durch eine einseitige Muskelfleischfütterung, bei Pflanzenfressern durch überwiegende Fütterung mit Cerealien verursacht wird. Durch den daraus resultierenden relativen Kalziummangel induziert die hypokalcaemische Stoffwechsellage über eine vermehrte Parathormonausschüttung eine Steigerung des osteoklastischen Knochengewebeabbaues und führt zu einer Freisetzung von Kalzium aus dem metabolischen Knochengewebe. Die Skelettveränderungen der Osteodystrophia fibrosa weisen einen Abbau des mineralisierten Knochengewebes durch Osteoklasten, Ersatz durch Fasergewebe, Endostfibrosen sowie Störungen der Epiphysenfugenscheiben auf. Klinisch stehen bei Fleischfressern Grünholzfrakturen im Vordergrund, während bei Pflanzenfressern durch übermäßige Fasergewebsbildung die Kieferknochen im Backenzahnbereich wulstförmig verdickt sind. Bei den Primaten wirken die Schädelknochen unförmig verdickt. Diese Veränderungen lassen sich röntgenologisch nachweisen. Darüber hinaus sprechen niedere Kalzium-Plasmawerte bei gleichzeitigem Vorliegen erhöhter Phosphatwerte im Plasma sowie eine deutliche Erhöhung der alkalinen Phospatase (AP), der Glutamat-Oxalat-Transaminase (AST/GOT) sowie der Laktatdehydrogenase (LDH) diagnostisch für das Vorliegen einer Osteodystrophia fibrosa (*Dämmrich* 1979) (Abb. 12.8 s. Farbtafel 30). Wird dieser Krankheitsprozess nicht rechtzeitig erkannt und durch eine Diätumstellung mit entsprechender Kalziumfütterung behandelt, verselbständigt er sich zu dem autonomen tertiären Hyperparathyreoidismus, der therapeutisch refraktär bleibt. In diesem Zusammenhang sei vor der parenteralen Applikation öliger Vitamin D3-Depotpräparate gewarnt. Kümmernde Jungtiere sind gegen eine Überdosierung besonders empfindlich, was zu einer generalisierenden Kalziose führen kann, wie sie bei Brillenbären, Luchsen, Leierhirschen nachgewiesen werden konnte. Auch Beuteltiere sind öligen D3-Präparaten gegenüber sehr empfindlich.

Eine für die Paarhufer typische Mangelerkrankung stellt die nutritive Muskeldystrophie (NMD) dar, die durch einen kombinierten Vitamin E-Selenmangel hervorgerufen wird und bisher bei über 20 verschiedenen Arten nachgewiesen wurde. Je nach Zeitpunkt und Ausmaß des Mangels erkranken die Tiere entweder bereits intrauterin oder bis zum 60. Lebenstag. Klinisch fallen die betroffenen Jungtiere durch klammen Gang, Apathie oder eine frequente Atmung auf, wobei die Körpertemperatur nicht erhöht ist. Der geringe Gehalt an Vitamin A/E, der in der Leber von neugeborenen Wiederkäuern nachgewiesen werden konnte, spricht für die geringe Durchlässigkeit der Plazentaschranke für Vitamin E, weshalb die Jungtiere auf die Zufuhr dieses Vitamins durch die Milch angewiesen sind. Für die Diagnose können Bestimmungen der AST (GOT) und CK hilfreich sein.

Zur Prophylaxe erhöht man den Vitamin E-Gehalt im Kraftfutter auf 300 mg/kg Trockensubstanz. Zugleich erhalten Muttertiere im letzten Drittel der Trächtigkeit per Blasrohr ein selenhaltiges Präparat und 2 x wöchentlich Vitamin A und E oral. Nach demselben Schema behandelt man die Jungtiere vom ersten Lebenstag an. Dadurch ist eine sichere Prophylaxe zur Vermeidung der Weißmuskelerkrankung gewährleistet. Bei Wildequiden kann man der Mineralstoff-Vitamin-Mischung zusätzlich 10 ppm Selen zufügen.

Die vom Haustier her bekannten Eisenmangelanämien beobachtet man bei natürlich gehaltenen Wildtieren selten. Vitaminmangelzustände sind häufig so tierartspezifisch daß sie im speziellen Teil besprochen werden.

Literatur

Avery, G. (1975): Neonatology. J. B. Lippincott Co. Philadelphia
Dämmrich, K. (1979): Zur Pathogenese der Skelettkrankungen bei Zootieren. Verhandlungsber. XXI. Int. Symp. Zootiere Mulhouse 65–71
Fowler, M. E. (1981): Force-feeding Techniques in wild animals. J. Zoo An. Med. *12*, 3–10
Martin, R. D. (1975): Breeding endangered species in Captivity. Academy Press, London, New York, San Francisco
Seifert, S. (1968): Beispiele einer Verhaltensstörung als Folge unbiologischer Verhältnisse bei der künstlichen Aufzucht von Zootieren. Verhandlungsber. X. Int. Symp. Zootiere Salzburg 221–222
Wölfel, H. (1976): Vorläufiger Bericht über einige neue Beobachtungen zur mutterlosen Aufzucht des Rothirsches (Cervus elaphus). Zschr. Kölner Zoo *19*, 16–19

12.4 Krankheiten bei einzelnen Spezies

12.4.1 Beuteltiere

Allgemeine Hinweise

Die besondere Embryonalentwicklung der Beuteltiere, die bei uns hauptsächlich durch die Känguruhs vertreten sind, läßt viele Fragen in Bezug auf die neonatale Entwicklungsphase offen. Die Embryonen, die je nach Art zwischen 8 bis 80 Tage in der Gebärmutter bleiben, wandern als 0,5 bis 3 cm lange Feten aktiv in den Beutel der Mutter, um sich dort an einer der verlängerten Zitzen festzusaugen. Ein unzureichender Beutelschluß oder ein überlappender Beutelrand machen das Weibchen zuchtuntauglich. Zu diesem Zeitpunkt sind die Lippen des Embryos seitlich noch miteinander verschmolzen. Die Zitzenspitze schwillt in der Mundhöhle bulbusförmig an und gewährleistet so einen innigen Kontakt.

Durch einen besonderen Zitzenmuskel wird dem Embryo die Milch injiziert. Känguruhs bleiben tierartlich verschieden lange im Beutel: Rotes Riesenkänguruh 236 Tage; Graues Riesenkänguruh 297 Tage (*Hornsby* 1978). Aus dem Beutel geworfene, nackte Känguruhs sind daher immer älter, als man im Vergleich zum höheren Säugetier annehmen möchte. Beuteljunge können durch mitsaugende Jungtiere oder durch Deckversuche des Bockes beim Amplexus coitalis getötet werden.

Vor dem endgültigen Verlassen des Beutels besteht eine Interimsphase, in der sich das Jungtier zur Aufnahme fester Nahrung zeitweise selbständig macht. Sie beträgt beim Roten Riesenkänguruh die letzten 36 Tage der gesamten Beutelzeit. In dieser Periode erfolgt die Umstellung von der monogastrischen Milchverdauung hin zu einem wiederkäuerähnlichen Verdauungssystem.

Während der ersten Lebensmonate sind Beuteljunge poikilotherm und beginnen erst in der zweiten Hälfte der Beutelzeit ihre Körpertemperatur (ca. 35,5 °C) selbständig zu regeln. Klinische Laborwerte von Beuteljungen finden sich bei *Munday* (1978) (Tab. 12.2).

Infektionskrankheiten

Bakteriell bedingte Durchfälle von beuteljungen Känguruhs werden durch verschiedene Keime wie Proteus, Klebsiellen, Salmonellen und vor allem E. coli hervorgerufen. Während der ganzen Beutelzeit, in der eine klinische Überwachung des

Jungtieres ohnehin nur in Ausnahmefällen durchführbar ist, hält das Muttertier durch Auflecken der Exkremente den Beutel peinlich sauber. Eine Durchfallerkrankung kann in diesem Zeitraum erst dann diagnostiziert werden, wenn das schon geschwächte Jungtier aus dem Beutel geworfen wird. Auffallend bei solchen Beuteljungen ist vornehmlich der durch den Wasserverlust verursachte reduzierte Hautturgor. Durchfallspuren an der Schwanzwurzel sind direkt erst bei abgesetzten Jungtieren feststellbar.

Tabelle 12.2 Hämogramm von jungen Roten Riesenkänguruhs (nach *Munday* 1978) in SI-Einheiten

Hämoglobin	148
Erythrozyten	4.73
MCV	3.0
MCH	19.24
MCHC	343
Gesamteiweiß	64
Harnstoff	0.28
Bilirubin	3.42
Glucose	6.21
GOT	40
LDH	190
GPT	19
CPK	550
Na+	145
K+	4.5
Phosphor	2.51

Je nach bakteriologischem Befund und Antibiogramm empfiehlt sich der Einsatz von Chloramphenicol (20 mg/kg), Amoxycillin (10 mg/kg 2 x täglich) oder aber die orale Gabe von Streptomycin (*Finnie* 1978).

Bei einem Känguruh wurde eine nekrotisierende, fibrinöse Lungenentzündung durch P. multocida hervorgerufen. Das klinische Bild war durch eine hochgradige Dyspnoe mit Backenblasen und erhöhter Körpertemperatur gekennzeichnet. Die Prognose ist in der Regel infaust, versuchsweise kann Doxycyclin (10 mg/kg) eingesetzt werden. Drei junge Wombats starben an einer interstitiellen Pneumonie unbekannter Genese.

Die bei adulten Känguruhs so gefürchtet Nekrobazillose wurde beim Beuteljungen bisher nicht beschrieben. Hier sind eine tägliche Desinfektion, das Vermeiden von „over crowding" sowie rohfaserreiches Futter die wichtigsten prophylaktischen Maßnahmen. Vor allem nach der Gabe von Antibiotika muß man auf eine Infektion mit Candida albicans der Mundhöhle in Form von Soor oder chronischen Durchfällen achten. Zunge und Mundhöhlenschleimhaut sind dann von einem weißlich-gelben Belag überzogen, der sich nicht ablösen läßt. Teilweise treten an den Zungenrändern ulcerative Läsionen auf. Zur Behandlung empfiehlt sich die orale Gabe von Nystatin (5000 I.U./kg). Sehr gute Wirksamkeit zeigt ferner das Miconazol, das in 10 %iger Lösung 3 x täglich auf die Zunge direkt aufgeträufelt wird.

Eine ungenügende Beutelreinigung durch das Muttertier führt zu einer mikrobiellen Floraverschiebung im Beutel und kann so zu sekundärer Trichophytie führen. Bei einem frisch verhaarten Wombat wurde eine ulcerative Dermatitis durch Dermatophilus congolensis hervorgerufen. Unterstützend zur bekannten Nystatintherapie helfen hier Spraybehandlungen mit Defungit® sowie das bei vielen Hauterkrankungen gut wirksame Wendelinus-Öl® in 0,02 %iger Lösung. Neben seinen antiparasitären Eigenschaften hat dieses Präparat einen regenerativen Effekt auf die Haut.

Kataraktbildung kann bei natürlich aufgezogenen Beuteltieren Hinweis für eine Toxoplasma gondii-Infektion sein.

Parasitäre Erkrankungen

In der Interimsphase kann die Kokzidiose zum Problem werden. Die inappetenten Jungtiere haben ein struppiges Fell und zeigen rezidivierende Durchfälle. Stark befallene Tiere neigen zur Dehydratation und entkräften rasch. Zur gezielten Einzeltiertherapie eignen sich injizierbare Langzeitsulfonamide wie Theracanzan® (0,2 ml/kg), das man eine Woche lang täglich s.c. verabreicht. Bei der Bestandsbehandlung und Prophylaxe hat sich die Gabe von Monensin (150 mg/kg Futter) besser bewährt als die von Amprolium (125 mg/kg Futter).

Sieht man von Frischimporten ab, spielt der Helminthenbefall bei eingewöhnten Zuchtgruppen von Beuteltieren eine untergeordnete Rolle. Verminöse Diarrhöen bei Jungtieren stellen eine Ausnahme dar. Entsprechend der koprologischen Untersuchungsergebnisse des Sammelkotes vom Bestand führt man 2–4 Mal pro Jahr Wurmkuren durch. Durch die Gabe von Mebendazol (620 mg/kg Futter) über 14 Tage im Futter werden die gefährdeten Jungtiere sicher miterfaßt.

Mutterlose Aufzucht

Eine häufige Indikation zur Abnahme eines beuteljungen Känguruhs stellt die akute Form der Nekrobazillose der Muttertiere dar, da die Jungen infolge mangelnder Beutelpflege schnell verwahrlosen. Nach Schrecksituationen oder Traumen können die Mütter das Jungtier selbst aus dem Beutel werfen. Oft versuchen die schon abgesetzten Jährlinge noch beim Muttertier zu saugen und das von der Zitze abgetriebene Junge wird dann vom Muttertier verstoßen. Die Haut spärlich behaarter Jungtiere hält man mit Babyöl weich und elastisch, die Innentemperatur des künstlichen Beutels sollte 37,8 °C nicht überschreiten.

Unbehaarte Beuteljunge werden stündlich getränkt, wobei man 5–10 ml pro Mahlzeit anbietet. Känguruhmilch enthält ca. 6 % Fett, 8 % Protein, 2–3 % Kohlenhydrate und ist arm an Laktose.

Bei beuteljungen Känguruhs fehlen zwei für den Galactoseabbau wichtige Enzyme (Galactokinase, -transferase), weshalb es bei der Handaufzucht junger Känguruhs mit Kuhmilch zu Durchfällen und Kataraktbildungen kommen kann (*Stephens*, 1978). Im späteren Stadium der Beutelzeit übernimmt die sich entwickelnde Bakterienflora des Magens den enzymatischen Abbau der Laktose, wodurch eine laktosereiche Diät ohne Nebenwirkungen vertragen wird (*Wilson* 1971, *Nakazato* et al. 1971, *Crowcroft* und *Sonderlund* 1977). Als laktosearme Ersatzdiäten bieten sich derzeit Trockenmilchpräparate wie AL 110 (Fa. Nestlé), MBS (Fa. Maizena), Multival plus (Fa. Squibb-Heyden) an, die über jede Apotheke oder Kinderklinik zu beziehen sind. Differentialdiagnostisch sei darauf hingewiesen, daß Katarakte auch bei Infektionen durch Toxoplasma gondii auftreten.

Literatur

Crowcroft, P., *R. Sonderlund* (1977): Breeding of Wombats (Lasiorhinus latifrons) in Captivity. Zool. Garten *47*, 313–322

Finnie, E. P. (1978): Marsupials and Monotremes Zit. nach *Fowler, M.*: Zoo and Wild Animal Medicine, W. B. Saunders Company, Philadelphia, London, Toronto

Hornsby, P. E. (1978): A note on the pouch life of rock wallabies. Vict. Nat. *95*, 108–111

Munday, B. L. (1978): Marsupial Disease. Proceedings 36, Fauna B, 335–385

Nakazato, R., *T. Nakayama*, *S. Nakagawa* (1971): Hand rearing Agile wallabies (Protemnodon agilis) at Ueno Zoo, Tokyo. Int. Zoo Yb. *11*, 13–16

Stephens, T. (1978): Nutrition of Marsupial Young. Proceedings 36, Fauna B, 55–61

Wilson, P. (1971): Hand-rearing a Dama Wallaby (Protemnodon eugenii) at Auckland Zoo. Int. Zoo Yb. *11*, 20.

12.4.2 Insektenfresser

Allgemeine Hinweise

Ein klassischer Vertreter dieser Ordnung ist unser heimischer Igel. Nach einer Trächtigkeitsdauer von 31–35 Tagen werden in der Regel 4–7 blinde Junge geboren, die zwischen 10 und 20 g wiegen und 6–8 cm lang sind. Mit 15–20 Tagen öffnen die Jungen ihre Augen. Der Milchzahndurchbruch erfolgt mit ca. 23 Tagen, der Zahnwechsel zwischen der 7. und 9. Lebenswoche. Die Jungtiersterblichkeitsrate bis zum Absatzalter wird in der Wildbahn auf 20 % geschätzt. Die Körpertemperatur beträgt 36–37 °C. Das Hämogramm findet sich bei *Isenbügel* (1975) und für andere Insektenfresser bei *Cosgrove* (1978). Jungigel werden mit ca. 40 Tagen abgesetzt, zu diesem Zeitpunkt ist auch der Stachelwechsel vollendet. Mit etwa 21 Tagen wird erstmals feste Nahrung aufgenommen.

Infektionskrankheiten

Das Hauptproblem bei Jungigeln stellen gastrointestinale Störungen durch Infektion mit Salmonella enteritidis und typhimurium dar. Der dünnbreiige Kot verfärbt sich dann oft grünlich. Auf eine ein- bis zweiwöchige Therapie mit einer Tagesdosis von 30 mg Chlorampenicol s. c. oder 50 mg/kg per os sprechen die Tiere gut an. Auch nach einer derartigen intensiven Langzeittherapie gelingt es nicht sicher die Erreger völlig zu eliminieren, weshalb man mit Rezidiven rechnen muß. Die Injektion erfolgt in das lockere subkutane Bindegewebe über dem Schulterblatt. Stark mit Lungenwürmern befallene Tiere infizieren sich häufig sekundär mit Bordetella bronchiseptica. Als Sekundärerreger kommen ferner Pseudomonas, Proteus und E. coli in Betracht. Die Tiere zeigen eine stark beschleunigte costoabdominale Atmung, inspiratorische Dyspnoe und oft deutlich hörbare Rasselgeräusche. Die antiparasitäre Therapie (s. u.) wird daher durch Gaben von Doxycyclin (5–10 mg/kg) oder Oxytetracyclin (20 mg/kg) über 3–5 Tage unterstützt. Bei verschiedenen Insektenfresserarten konnten Arboviren, MKS, Tollwut und neben weiteren Viren auch Rickettsien und Chlamydien nachgewiesen werden (*Cosgrove* 1978).

Parasitäre Erkrankungen

Von den Ektoparasiten kommen am häufigsten Flöhe (Archeopsylla erinacei), Zecken (Ixodes hexagenus) und Milben (Demodex erinacei,

Notoedres cati) vor, die man mit Alugan® oder Wendelinus-Öl® behandelt.

Massenbefall durch Kokzidien (Isopora erinacei) führt zu blutigen Durchfällen, die durch Langzeitsulfonamide wie Madribon® (5 Tage 2 x 2 Tropfen, 5 Tage Pause, 5 Tage 2 x 2 Tropfen bei adulten Tieren) oder mit 60 mg/kg Codrinal® über 3 Tage behandelt werden (*Poduschka* 1979).

Zur Behandlung der Lungenwürmer gibt man 2 x im Abstand von 2 Tagen 25 mg/kg Levamisol-L (Citarin-L®), wobei stark geschwächte Jungigel zuerst die halbe Dosis s.c. erhalten. Die übrigen Endoparasiten wie Haarwürmer, Rollschwänze, Kratzer oder Saugwürmer sprechen auf eine tägliche Behandlung mit Mebendazol 5 mg/kg über 2 Wochen an.

Mutterlose Aufzucht

Igelmilch hat 10 % Fett, 7 % Protein, 2 % Kohlenhydrate, 79 % Wasser sowie 2 % Asche (*Shaul* 1963). Die Aufzucht von Jungigeln mit Esbilac®, Welpi-Lac® oder Cimi-Lac® ist vor dem fünften Lebenstag wenig erfolgreich.

Die Milch wird anfangs im 2-Stundenabstand tropfenweise angeboten. Handaufgezogene Jungigel dürfen im Herbst nur mit einem Gewicht ab 800 g ausgesetzt werden, da sie sonst zu geringe Fettreserven für den Winter haben. Durch Vitamingaben bei der Aufzucht beugt man einem Vitamin A-Mangel vor.

Literatur

Cosgrove, G. E. (1978): Insectivores Zit. nach: *Fowler, M.:* Zoo and Wild Animal Medicine. W. B. Saunders Comp., Philadelphia

Isenbügel, E. (1975): Untersuchung, Haltung und Fütterung des Igels. Prakt. Tierarzt. Collegium Veterinarium BZ, 21–26

Poduschka, W. (1979): Xerophthalmie bei einem Igel. Vitamin-A-Mangel infolge von Mal-Absorption. Kleintier-Praxis 24, 43–45

Shaul, D. M. B. (1963): The composition of the milk of wild animals. Int. Zoo Yb. 4, 333–342

12.4.3 Zahnarme und Erdferkel

Allgemeine Hinweise

Die Vertreter zweier verschiedener Ordnungen werden hier als Nahrungsspezialisten gemeinsam besprochen.

Gürteltiere haben eine Trächtigkeitsperiode von 60–65 Tagen, die blindgeborenen Jungtiere wiegen 70–150 g und messen ca. 12 cm. Im Alter von 12–18 Tagen werden die Augen geöffnet, der Durchbruch der Molaren findet mit rund 25 Tagen statt. Bald darauf erfolgt die erste selbständige Nahrungsaufnahme (*Gucwinska* 1971, *Block* 1974).

Faultiere werden nach einer Tragezeit von 5–6 Monaten geboren und wiegen 300–400 g bei einer Körperlänge von 25 cm. Die Laktationsperiode dauert 5 Monate (*Veselovsky* 1966)

Beim Großen Ameisenbären beträgt die Tragezeit ca. 184 Tage, die Jungtiere wiegen 1–1,6 kg und nehmen ab 12. Lebenswoche feste Nahrung auf (*Bickel* 1976, *Hardin* 1976) (Abb. 12.9). Ameisenbärenmilch ist sehr konzentriert: 63 % Wasser, 20 % Fett, 11 Protein, 0,3 % Kohlenhydrate und 0,8 % Asche (*Spector* 1956).

Die Tragzeit beim Erdferkel wird mit 121 bis 228 Tagen angegeben. Eine Erklärung für die sehr weite Zeitspanne ist bisher nicht bekannt. Das runzelige Jungtier wiegt im Mittel 1,8 kg und wird mit rund 9 Wochn abgesetzt (*Sampsell* 1969, *Jacobi* 1972). Zahnarme besitzen eine Körpertemperatur von 30 °C–35 °C. Weitere physiolgische Daten finden sich bei *Divers* (1978).

Abb. 12.9 Frühgeburt Ameisenbär

Infektionskrankheiten

Über Nabelinfektionen und blutige Durchfälle ohne Differenzierung der Erreger wird bei Gürteltieren und Großen Ameisenbären berichtet. Eine Dermatitis mit zahlreichen Mikroabszessen konnte bei einem Ameisenbären mit Panalog® geheilt werden. Junge Erdferkel scheinen gegenüber Lungenentzündungen empfindlich zu sein.

Parasitäre Erkrankungen

Ein Massenbefall mit Larven von Strongyloides spp. und Amöben wurde bei Gürteltieren diagnostiziert (*Block* 1974).

Mutterlose Aufzucht

Die Aufzucht mit Esbilac® ergab die besten Erfolge. Eine Mischung aus 1/3 kondensierter Vollmilch (7,5 % Fett), 1/3 Maizenaschleim und 1/3 Pferdeserum führte bei Borstengürteltieren zu Verstopfung (*Beck* 1972). Die Haut der Jungtiere wird durch Babyöl weichgehalten, dem man Vitamin A zusetzt.

Literatur

Beck, U. (1972): Über die künstliche Aufzucht von Borstengürteltieren (Euphractus villosus). Zoolog. Garten *41*, 215–222

Bickel, C. L. (1976): Hand-Rearing A Giant Anteater (Myrmecophaga tridactyla) At Denver. Int. Zoo Yb. *16*, 195–198

Block, J. A. (1974): Hand- Rearing Seven-Handed Armadillos (Dasypus septemcinctus) At The National Zoological Park, Washington. Int. Zoo Yb. *14*, 210–214

Divers, B. J. (1978): Edentates. Zit. nach *M. E. Fowler* Zoo and Wild Animal Medicine. Saunders, London

Gucwinska, H. (1971): Development Of Six Banded Armadillos (Euphractus sexcinctus) At Wroclaw Zoo. Int. Zoo Yb. *11*, 88–89

Hardin, C. J. (1976): Hand Rearing A Giant Anteater (Myrmecophaga tridactyla) At Toledo Zoo. Int. Zoo Yb. *16*, 199–200

Jacobi, E. F. (1972): Raising Aardvark (Orycteropus afer, Pallas) In Amsterdam Zoo. Zool. Garten *41*, 209–214

Sampsell, R. N. (1969): Hand-Rearing An Aardvark (Orycteropus afer) At Crandon Park Zoo, Miami. Int. Zoo Yb. *9*, 97–99

Spector, W. (1965): Handbook of Biological Data. 50. Saunders, Philadelphia and London

Veselovsky, Z. (1966): A Contribution To The Knowledge Of The Reproduction And Growth Of The Two-Toed Sloth (Choloepus didactylus) At Prague Zoo. Int. Yb. *6*, 147–153

12.4.4 Fledertiere

Über klinische Daten und Erkrankungen von Fledertieren liegen keine Erfahrungswerte vor.

Mutterlose Aufzucht

Nach Kälteeinbrüchen im Frühjahr werden oft verwaiste Fledermäuse aufgefunden, deren Aufzucht wie auch bei Flughunden vor der zweiten Lebenswoche wenig erfolgreich ist. Häufig sind dafür Diätfehler die Ursache. Gut vertragen wurde eine Mischung von 1/3 Kondensmilch 10 %ig + 2/3 Wasser + 1 Tropfen Trigantol® auf 100 ml. Mit der Schlundsonde wurden 6 Tage alte Fledermäuse mit einer Mischung aus 3 Teilen Esbilac®: 1 Teil Baby-Trockenmilch in 100 ml Wasser aufgezogen (*Taylor* et al. 1974).

Literatur

Taylor, H. (1974): Successful Hand-Raising Of One Week Old Bats, Eptesicus And Antrozous By Stomach Cathether. J. of Mammology *55*, 228–231

12.4.5 Schliefer

Über neonatale Erkrankungen der Schliefer liegen keine Literaturhinweise vor.

Infektionskrankheiten

Bei Jungtieren sind akut verlaufende Bronchopneumonien durch Streptokokken bekannt (*Ruempler* 1976).

Mutterlose Aufzucht

Mit einer Mischung aus 70 % Wasser, 10 % Almuren B® und 20 % Rahm gelang die Aufzucht eines Klippschliefers (*Doorn* 1972).

Literatur

Doorn, V. van (1972): Zucht von Baumschliefern und Klippschliefern im Rotterdammer Zoo. Zschr. Kölner Zoo *2*, 67–75

Ruempler, G. (1976): Zit. nach *Klös, H. G.* and *Lang, E. M.*: Zootierkrankheiten. Parey, Berlin Hamburg

12.4.6 Nagetiere und Hasen

Allgemeine Hinweise

Aus der artenreichen Ordnung der Nagetiere sei hier das Eichhörnchen herausgegriffen, das gerne handaufgezogen wird. Nach einer Tragezeit von 40 bis 45 Tagen werden die blinden Jungen geboren, die nach rund 11 Tagen die Augen öffnen.

Die Muttermilch ist stark konzentriert und besteht aus ca. 47 % Fett, 34 % Protein, 13 % Kohlenhydraten, 5,2 % Asche. Eine Zusammenstellung physiologischer Werte für Nager findet sich bei *Clark* et al. (1978). Da gerade Meerschweinchen, Goldhamster und verschiedene Mäusearten oft von Liebhabern als Heimtiere gehalten werden, sind wichtige physiologische Werte in Tab. 12.3 zusammengefaßt.

Infektionskrankheiten

Bei allen Nagern und Hasentieren dürfte der Pseudotuberkulose (Y. pseudotuberkulosis) eine wesentliche Bedeutung zukommen, zumal sie auf andere Tiere übertragen wird. Die Erkrankung geht mit Durchfällen, struppigem Fell, Müdigkeit und Inappetenz beim Jungtier einher und zeigt meist einen chronischen Verlauf. Unter einem ähnlichen klinischen Bild treten Salmonellenifektionen auf (S. typhimurium, S. enteritidis). Nach eigenen Erfahrungen ist die Therapie von an Pseudotuberkulosen erkrankten Tieren immer erfolglos (Abb. 12.10 s. Farbtafel 30). Der Einsatz einer speziellen Totvakzine bringt gute Erfolge (Zwart et al. 1981). Als gefährliche nagerspezifische Zoonose ist ferner die Leptospirose zu nennen, die meist einen inapparenten Verlauf nimmt. Bei jungen Eichhörnchen ist eine virusbedingte Fibromatose bekannt (Clark 1978). Virusbedingt ist ferner die Infantile Paralyse der Maus oder die Meerschweinchenlähme (Juhr und Hiller 1973). Bei der Trichophytie der Meerschweinchen hat sich neben der üblichen Griseofulvintherapie das direkte Besprühen mit einer 2%igen Formalinlösung bewährt. Eine Übersicht über die wichtigsten neonatalen Jungtierinfektionen geben die Tabellen 12.4 und 12.5.

Parasitäre Erkrankungen

Der Befall mit Kokzidien (Eimeria spp.) kann in Nagerzuchten zu verheerenden Ausfällen führen. Bei der Behandlung konnten gute Erfahrungen mit Monensin (150 mg/kg Futter) bei Präriehunden und Murmeltieren verzeichnet werden. Unter den Helminthosen ist besonders der Befall mit Nematoden zu nennen (Paraspidodera uncinata, Passalurus spp., Graphidium strygosum, Capillaria hepatica; Juhr und Hiller 1973). Starker Parasitenbefall äußert sich meist in heftigen Durchfällen, die mit rascher Dehydratation einhergehen. Therapie: Mebendazol 20 mg/kg oder Parbendazol 10 mg/kg je 3 Tage; 1 x 10 mg/kg Levamisol L s.c.

Tabelle 12.3 Physiologische Daten von kleinen Heimtieren (nach Schmidt)

	Goldhamster	Zwerg- oder Streifenhamster	Mäuse	Kaninchen	Farbratten	Meerschweinchen
Zyklusdauer	4–7 Tage	4–7 Tage	3–6 Tage	?	4–5 Tage	14–18 Tage
Tragezeit	16–18 Tage	20–22 Tage	18–24 Tage	31 Tage	21 Tage	58–72 Tage
Junge pro Wurf (Wurfgröße)	6–15	1–12	9–15	1–14	9–12	3–5
Geburtsgewicht	2 g	1–1.5 g		40–50 g	4.5–5.9 g	40–100 g
⌀ Gewicht nach:	25 Tg: 35 g	7 Tg: 5 g	10 Tg: 5–7 g	21 Tg: 150 g	10 Tg: 20–25 g	10 Tg: 100 g
Beginn der Behaarung	nach 5 Tagen	nach 4 Tagen	nach 2–3 Tagen	nach 6–8 Tagen	nach 2–3 Tagen	?
Öffnen der Augen	11–13 Tage nach Geburt	13–15 Tage nach Geburt	12–14 Tage nach Geburt	10 Tage nach Geburt	10–17 Tage nach Geburt	14 Tage vor Geburt
Säugedauer	15–21 Tage	15 Tage	28 Tage	3 Wochen	28 Tage	3 Wochen
Absatzalter	21 Tage	21 Tage	21 Tage	3–4 Wochen	21 Tage	2–3 Wochen
Körpertemperatur	36.8–37.8°C	36.8–37.8°C	38.6–39.2°C	?	37.5–38.8°C	37.8–39.5°C
Atemzüge/min in Ruhe	95–120	95–120	200	?	100–150	100–150

Krankheiten bei einzelnen Spezies 523

Tabelle 12.4 Bakterielle Infektionen bei neonatalen kleinen Heimtieren (nach *Juhr/Hiller*)

Begriff	Leptospirose	Mukoide Enteritis des Kaninchens	Pasteurella pneumotropica-Infektion	Staphylokokken-Infektion
Erreger:	L. icterohaemorrhagia? L. grypotyphosa und a. Serotypen	E. coli, gram neg. Stäbchen passagener Keime im Darm des Kaninchens, beim gesunden Tier nicht nachweisbar	P. pneumotropica, gram neg. Stäbchen	St. aureus, gram pos. Kokke
Vorkommen:	bei Maus, Ratte, Mensch		bei Ratte, Maus, Hamster	bei Maus, Ratte, Meerschweinchen, Kaninchen
Verbreitung:	Übertragung pränatal möglich, peroral	Übertragung peroral	Übertragung intrauterin, aerogen	Übertragung aerogen, Schmierinfektion (oft durch Mensch)
Klinisches Bild:	asymptomatisch, Kümmern, Abmagern, z.T. Blutung aus Nase + After, Ikterus	Ausbruch oft mit Beginn eigener Futteraufnahme, akuter Verlauf Diarrhoe, Lethargie, Dehydratation	inapparenter Verlauf, Abmagern, Kümmern, Dyspnoe, Konjunktivitis, subakute Abszesse	sehr variabel, Dermatitis, Hautulcera, multiple Abszesse, Dyspnoe, Urocystitis
Pathologischer Befund:	Haemorrhagien der Serosa, Lebernekrosen, Nephritis	Enteritis, Peritonitis	Bronchopneumonie, Peritonitis, Pleuritis	Septikämie, Bronchopneumonie, Abszesse
Diagnose:	KBR, Tierversuch	klinisch/pathologisch kultureller Nachweis	kultureller Nachweis KBR, Agglutinationstest	kultureller Nachweis
Therapie:	Vom Therapieversuch ist abzuraten. Erkrankte Tiere sofort einschläfern	Hohe Morbidität und Mortalität, versuchsweise CAC 10 mg/kg 5 Tage lang i.m. + Socatylpaste oral. Theracanzan 1 ml/kg/KGW	versuchsweise Doxycyclin 5–10 mg/kg über 7 Tage i.m.	Ampicillin 100 mg/kg/KGW. Tardomyocel comp.® III 0.5 ml/kg/KGW
Prophylaxe:	Kontakt zu Wildnagern, besonders Ratten vermeiden	Regelmäßige Coccidiosebehandlung der Jungtiere. Graduelle Futterumstellung. Vitamin A oral ca. 2000 I.E./Tag – 7 Tage lang	Vermeiden von Belastungen und Resistenzminderung. Regelmäßige Käfigdesinfektion 2 % Formalin	Verbesserung der Hygiene, saubere Einstreu, regelmäßige Käfigdesinfektion 2 % Formalin

Tabelle 12.5 Virusinfektionen bei neonatalen kleinen Heimtieren (nach *Juhr/Hiller*)

Begriff	Adenovirus-Infektion	Hautpapelerkrankung der Maus	LIVIM *L*ethal *I*ntestinal *V*irus of *I*nfant *M*ice	Infantile Enteritis des Hamsters	Rat Corona Virus
Erreger:	Adenovirus, 100 nm	Pox Virus?	unklassifizierter Virus 20 nm	2 unklassifizierte Viren 100–220 nm	RNS-Virus 90 nm
Vorkommen:	Maus	Maus	Maus	Goldhamster	Ratte
Verbreitung:	peroral über infizierten Kot und Urin	ungeklärt	peroral, aerogen	ungeklärt	aerogen?

Tabelle 12.5 Fortsetzung

Begriff	Adenovirus-Infektion	Hautpapelerkrankung der Maus	LIVIM Lethal *I*ntestinal *V*irus of *I*nfant *M*ice	Infantile Enteritis des Hamsters	Rat Corona Virus
Klinisches Bild:	Kümmern und Lethargie der Babymäuse nach Belastungszuständen	Papeln bei noch haarlosen Jungtieren an Schwanz, Pfoten und Körper	Appetitlosigkeit, Kümmern, Tod innerhalb der ersten 10 Lebenstage. Ältere Jungtiere Diarrhöe	letale Enteritis beim Babyhamster	letale Pneumonie bei neugeborenen Ratten
Pathologischer Befund	Entzündl. nekrot, Herde in Herzen und N. N.	typische Hautläsionen	Ulcerative Enteritis	regionale Enteritis	Interstitielle Pneumonie, Lungenemphysen
Diagnose	KBR SN-Test	histologisch	pathologischer Befund	pathologischer Befund Cytopathogenität in Gewebekultur	pathologischer Befund Cytopathogenität in Gewebekultur

Mutterlose Aufzucht

Die Handaufzucht von Eichhörnchen gelingt mit verdünnter Kuhmilch: 1.–3. Tag: 10 Teile Wasser plus 1 Teil Milch; 4.–6. Tag: 9 Teile Wasser plus 1 Teil Milch; 7.–19. Tag: 8 Teile Wasser plus 1 Teil Milch (*Yamamoto*, 1962; *Mallinson*, 1975). In Anbetracht der sehr konzentrierten Muttermilch überrascht die starke Verdünnung der Kuhmilch. Sicherlich lassen sich bei der Aufzucht auch mit Esbilac® gute Ergebnisse erzielen. Junge Viscachas gediehen bei reiner Kuhmilchfütterung, der wenige Tropfen Karottensaft zugesetzt waren (*Maik-Siembida* 1974). Maras und Agutis ließen sich mit einer Mischung von 2 Teilen Wasser und 1 Teil Trockenmilch gut aufziehen (*Rosenthal* 1973). Auch die Mischung von 85 g Kondensmilch plus 113 g Wasser ist zur Aufzucht von kleineren Nagern geeignet (*Rosenthal* und *Meritt* 1973). Die Nahrung wird in den ersten Lebenstagen stündlich tropfenweise bis zur Sättigung angeboten, wobei auch nachts zumindest alle zwei Stunden gefüttert werden sollte. Die Aufzucht von Junghasen gelang mit folgender Mischung: 1 Eidotter, 1/2 Tasse Trockenmilch, 1/2 Tasse Wasser, 1 Teelöffel Honig und 1 Teelöffel Multivitamin oder mit entrahmter Milch bei Zusatz von Pflanzenöl und Cerealienschleim (*Menzies* 1966; *Harrison* und *Fowler* 1978). Junghasen und Kaninchen nehmen ab dem 10. Lebenstag feste Nahrung auf, während Meerschweinchen sofort nach der Geburt zu fressen anfangen.

Literatur

Clark, J. D., *F. M. Loew, E. D. Olfert* (1978): Rodents. Zit. nach: *Fowler, M.*: Zoo and Wild Animal Medicine. W. Saunders Comp., Philadelphia

Harrison, G. J., Fowler, M. E. (1978): Rabbits, Hares and Pikas. Zit. nach: *Fowler, M.*: Zoo and Wild Animal Medicine. W. Saunders Comp., Philadelphia

Juhr, N. C., H. H. Hiller (1973): Infektionen und Infektionskrankheiten bei Laboratoriumstieren. Parey, Berlin Hamburg

Maik-Siembida, I. (1974): Breeding Viscachas (Lagostomus maximus) At Lodz Zoo. Int. Zoo Ab. *14*, 116–17

Mallinson, J. C. (1975): Notes On A Breeding Group Of Sierra Leone Stripes Squirrels (Funisciurus pyrrhopus) At Jersey Zoo. Int. Zoo Yb. *15*, 237–240

Menzies, J. I. (1966): A Note Of The Diet And Growth Rate Of Hand-Reared African Hares. Int. Zoo Yb. *6*, 72

Rosenthal, M. A., D. A. Merrit (1973): Hand-Rearing Springhaas (Pedetes capensis) At Lincoln Park Zoo, Chicago, Int. Zoo Yb. *13*, 135–137

Schmidt, G. (1972): Kleinsäuger. Eugen Ulmer Verlag, Stuttgart

Yamamoto, S. (1962): Hand-Rearing of Japanese Squirrels (Sciurus vulgaris lis). Int. Zoo Yb. *4*, 290–291

Zwart, P., H. Wiesner, R. Göltenboth (1981): Erfahrungen mit dem Einsatz einer Pseudotuberkulose-Totvakzine bei Vögeln. Verhandlungsber. XXIII. Int. Symp. Erkr. Zootiere 73–76

12.4.7 Elefanten

Allgemeine Hinweise

Die Tragezeit beim Elefanten beträgt durchschnittlich 22 Monate. Elefantenmilch ähnelt in ihrer Zusammensetzung mit 1,9–3,0 % Protein, 0,6–6,2 % Fett, 4,0–8,3 % Kohlenhydraten und 8,2–10,3 % Asche eher der Milch des Menschen als der Kuhmilch und gilt als reich an Vitamin C (*Salzert* 1976). Die Körpertemperatur schwankt von 36–37°C (*Bronzini* 1975). Eine tabellarische Aufstellung der klinischen Werte findet sich bei *Schmidt* (1978). Vergleichende Wachstumsraten von afrikanischen Elefantenkälbern geben *Brownlee* und *Hanks* (1977): an. Die Kälber wiegen bei Geburt 100–120 kg (*Heck* 1932).

Infektionskrankheiten

Elefantenkälber sind hauptsächlich durch Clostridieninfektionen, Colibazillosen oder durch Salmonellosen bedroht, die ähnlich verlaufen wie beim Kalb und Fohlen und entsprechend behandelt werden. Gegen die Enterotoxämie empfiehlt sich die Schutzimpfung mit Covexin 8®. Da die Elefantenhaut ein äußerst sensibles Organ darstellt, ist die Neigung zur Abszeßbildung auch nach geringfügigen Verletzungen oder Injektionen groß (*Young* und *Oelofse* 1969).

Parasitäre Erkrankungen

Importierte Elefantenkälber sind meistens mit einer hohen Wurmbürde behaftet, wobei besonders der Strongyliden- und Hakenwurmbefall (Mebendazol 5 mg/kg 14 Tage) bei Jungtieren zu Todesfällen führen kann.

Mutterlose Aufzucht

Unverdünnte Kuhmilch wird von Elefantenkälbern nicht vertragen und kann neben Durchfällen zu pustulösen Hautveränderungen und einer ödematösen Entzündung der Mundschleimhäute führen (*Bolwig* et al. 1965). Da Elefantenmilch sehr reich an ungesättigten essentiellen Fettsäuren ist, greift man am besten auf ein Milchpräparat aus der Humanmedizin zurück, das Kokosnußöl enthält. Elefantenbabies sollten anfänglich alle drei Stunden, notfalls mit der Schlundsonde gefüttert werden, wobei die tägliche Mindestzunahme 500 g betragen muß. Unverträgliche Präparate führen zu Durchfällen oder Verstopfungen, die durch die dann folgende Aufnahme von Sand oder Steinen kompliziert werden. Die gute Verträglichkeit eines Milchpräparates läßt sich durch den niederen pH-Wert und das Fehlen reduzierender Substanzen nachweisen. Tägliche, ausgewogene Vitamingaben sind ebenso notwendig wie die ausreichende Versorgung mit Eisen zur Anämieprophylaxe.

Literatur

Bolwig, N., P. H. Hill, M. Philpott (1965): Hand-Rearing An African Elefant (Loxodonta africana). Int. Zoo Yb. 5, 152–154

Bronzini, E. (1975): Über das Zahnen, die Temperatur und das Wachstum in Gefangenschaft geborener Asiatischer Elefanten (Elaphus maximus, L.). Zool. Garten 2, 97–128

Brownlee, J. W., J. Hanks (1977): Notes On The Growth Of Young Male African Elephants. The Lommergeyer 23, 7–12

Heck, H. (1932): Elefantenzucht. Das Tier und Wir. 6, 6–13

Salzert, M. (1976): Elefanten, Zit. nach: *Klös, H. G.* und *E. M. Lang:* Zootierkrankheiten. Parey, Berlin

Schmidt, M. (1978): Elephants. Zit. nach: *Fowler, M.:* Zoo and Wild Animal Medicine. W. Saunders Comp., Philadelphia

Young, E., J. Oelofse (1969): Management and Nutrition Of 20 Newly Captured Young African Elephants (Loxodonta africana) In The Kruger National Park. Int. Zoo Yb. 9, 179–184

12.4.8 Einhufer

Allgemeine Hinweise

Die Trächtigkeitsdauer schwankt bei den meisten Wildequiden zwischen 330 und 350 Tagen, während beim Grevyzebra eine Tragzeit von 424 Tagen nachgewiesen werden konnte. Die Geburtsgewichte der Fohlen liegen bei 35–50 kg (Abb. 12.11). Durchfälle während der Fohlenrosse, die länger als 3 Tage dauern, bedürfen der Abklärung. Alle Fohlen sind hochempfänglich für Vitamin-E-Selenmangel, weshalb man die Stuten im letzten Drittel der Trächtigkeit und die Jungtiere am ersten Lebenstag mit Selepherol® versorgt. Die Mortalität beträgt bei Equidenfohlen innerhalb der ersten Lebensmonate über 30 % (*Pohle* 1978, *Schröder* 1978).

Infektionskrankheiten

Bei Zebraaborten konnte S. abortus equi festgestellt werden (*Vagner* 1976). In Beständen, in denen Probleme durch den Fohlenfrühlähmkomplex auftreten (Actinobacillus equuli, Streptokokken, Salmonellen), wobei die Fohlen am ersten

Lebenstag Schwäche, Apathie, Steifigkeit der Gelenke und einen Karpfenbuckel bei Temperaturen über 40°C zeigen, wird von verschiedenen Autoren der Einsatz von 1 Mio I. E Vitamin A i. m. sowie die Gabe von 2g eines Langzeit-Antibiotikums empfohlen. Bei Festliegen kommt es nach erfolglosen Aufstehversuchen zu großflächigen, sekundär infizierten Exkoriationen und Wunden mit schlechter Heiltendenz (Abb. 12.12 s. Farbtafel 31). Bei der Applikation von offiziellem Fohlenlähmeserum kann es zum anaphylaktischem Schock kommen, weshalb vor der bedenkenlosen Anwendung dieser Präparate bei Wildequiden gewarnt sei.

Abb. 12.11 Letale Dystokie bei absolut zu großer Frucht, Bergzebra

Parasitäre Erkrankungen

Als ausgeprägter Fohlenparasit kann Strongyloides westeri nach galaktogener Invasion bereits vom 6.–13. Lebenstag an im Kot nachgewiesen werden (*Tscherner* 1978). In älteren Fohlen und Jährlingen parasitieren regelmäßig Askariden (Parascaris equorum), die bei Massenbefall nicht selten zur Darmruptur führen können (*Steger* 1978).

Mutterlose Aufzucht

Dank der modernen Fohlenmilchaustauscher, die auch als Kalttränke gereicht und gut vertragen werden, kann man auf umständliche Tränkrezepturen verzichten. Die bei Diätumstellungen auftretenden Krampfkoliken sprechen in der Regel auf Novalgin® gut an.

Literatur

Pohle, C. (1978): Über Verluste bei Halbeseln (Equus hemionus) in Tiergärten. Verhandlungber. XXI. Int. Symp. Zootiere 41–43

Schröder, H. D. (1978): Beitrag zu den Erkrankungen der Unpaarhufer. Verhandlungsber. XX. Int. Symp. Zootiere 37–40

Steger, G. (1978): Untersuchungsbefunde bei nicht domestizierten Huftieren. Verhandlungsber. XX. Int. Symp. Zootiere 9–19

Tscherner, W. (1978): Koprologische Untersuchungen bei Huftieren des Tierparks Berlin. Verhandlungsber. XX. Int. Symp. Zootiere 137–143

Vagner, J. A. (1976): Aufzuchterfolge und Jungtierverluste bei afrikanischen Huftieren im Zoologischen Garten Dvur Kralove Nad Labem. Verhandlungsber. XVIII. Int. Symp. Zootiere 385–389

12.4.9 Tapire

Allgemeine Hinweise

Neugeborene Tapire, die nach 383 bis 405 Tagen Tragzeit geboren werden, wiegen durchschnittlich 4,5 bis 6,8 kg und verdoppeln ihr Körpergewicht in den ersten 10 Tagen. Tapirmilch der ersten Laktationsphase enthält 3,4 % Fett, 5,7 % Eiweiß und 5,6 % Kohlenhydrate. Angaben über die klinischen Werte finden sich bei *Kuehn* (1978). Tapirkälber haben in den ersten Lebenstagen über 6 Stunden währende Ruhepausen, in denen sie nicht saugen.

Mutterlose Aufzucht

Die Handaufzucht von jungen Tapiren mit einem 1 : 1 Gemisch aus Kondensmilch und Wasser oder aber mit einem Kälbermilchaustauscher bereitet wenig Probleme. Im Kot eines an Erbrechen und Diarrhoe erkrankten Jungtieres konnte S. poona nachgewiesen werden. Die Pathogenität der Keime, die durch eine Therapie verschiedener Antibiotika nicht eliminiert werden konnten, blieb ungeklärt (*Ensley* et al. 1980).

Literatur

Ensley, P. K., F. H. Gerber, J. E. Meier (1980): Acute Gastrointestinal Distress In An Ten Day Old Baird's Tapir (Tapirus bairdi). J. Amer. Zoo Med. *11*, 113–117

Kuehn, G. (1978): Tapire. Zit. nach: *Fowler, M.:* Zoo and Wild Animal Medicine. W. Saunders Comp., Philadelphia

12.4.10 Nashörner

Allgemeine Hinweise

Die Tragzeit beim Nashorn beträgt 16–17 Monate. Das Geburtsgewicht reicht von 30–65 kg. Die Milch ist mit 0,6 % Fett sehr fettarm und enthält 1,5 % Protein, ca. 6 % Kohlenhydrate und 0,3 % Asche. Der Durchbruch der Milchprämolaren im Oberkiefer erfolgt mit 70 Tagen. Milchanalysen zu verschiedenen Zeiten der Laktationsperiode sowie das Hämogramm finden sich bei *Nelson* (1978).

Infektionskrankheiten

Bei Handaufzucht traten Kolidiarrhöen auf, die durch Neomycinsulfat (25 mg/kg) oder Furazolidon (5 mg/kg) oral unter gleichzeitiger i. m.-Gabe von Gentamycin (2 mg/kg) beherrscht werden konnten. Bei einem neugeborenen weißen Nashorn führte eine Fußverletzung zu einer Staphylokokken-Endocarditis. Über einen Fall mit Frühlähme durch S. typhimurium berichtet *Schaller* (1981).

Mutterlose Aufzucht

Bei der Auswahl des Milchpräparates orientiert man sich an dem niedrigen Fettgehalt der Muttermilch, kann aber mit fettarmer Kuhmilch gute Resultate erzielen. In der 5. Lebenswoche erfolgt die regelmäßige Aufnahme von Heu und Kraftfutter.

Literatur

Nelson, L. (1978): Rhinocerotidae. Zit. nach: *Fowler, M.*: Zoo and Wild Animal Medicine. W. Saunders Comp., Philadelphia

Schaller, K. (1981): Über einen Fall von „Salmonellenlähme" bei einem Nashornkalb (Ceratotherium simum). Verhandlungsber. XXIII. Int. Symp. Zootiere 89–94

12.4.11 Paarhufer

Allgemeine Hinweise

In den ersten Lebenswochen zeichnen sich junge Paarhufer durch ein besonders rasches Wachstum mit entsprechend hohem Energie-, Protein- und Mineralstoffbedarf aus. Diese Wachstumsphase wird vom Ernährungszustand des trächtigen Muttertieres entscheidend beeinflußt. Untergewichtige Jungtiere von schlecht ernährten Müttern erreichen auch im Alter von 4–5 Monaten das durchschnittliche Normgewicht nicht und zeigen höhere Mortalitätsraten. Besonders wichtig ist die Aufnahme des Kolostrums, die bei Vertretern des „Ablegertyps" erst nach 13 Stunden erfolgen kann und vor dessen Aufnahme man die Jungtiere nicht anfassen sollte (*Lagory* 1980). Beim Okapi gilt eine Mekoniumverhaltung während der ersten 30 Lebenstage als physiologisch (*Peters* 1975).

Über das neonatale Blutbild von Paarhufern ist wenig bekannt (Hämogramm neonater Giraffen, s. Tab. 12.6). Eine angeborene Anämie unbekannter Genese wurde in verschiedenen Zoos bei Kälbern von Rappenantilopen beobachtet, während bei anderen Antilopenarten bei gleicher Fütterung und Mineralstoffversorgung der trächtigen Muttertiere diese Erkrankung nicht auftrat. Der Versuch, die Erythropoese durch parenterale Eisen-, Kobalt- und Kupfergaben anzuregen, schlägt oft fehl, und die Kälber gehen im Alter bis zu 6 Monaten an Sekundärerkrankungen ein. Die tägliche Gabe von frischer Gartenerde zur freien Aufnahme scheint prophylaktisch bedeutsam. Hypochrome Anämien der Neugeborenen sind vom Sika-Hirsch bekannt (*Jones* 1978).

Tabelle 12.6 Hämogramm von neonaten Giraffen in SI-Einheiten (nach *Bush* et al.)

Hämatokrit	0.387 ± 0.035
Hämoglobin	129 ± 17
Erythrozyten	10.8 ± 2.1
Basophile	0.12 ± 0.11
Calcium	3.0627 ± 0.1992
Bilirubin	18.81 ± 1.71
Harnstoff	2.49 ± 0.996
AP	556 ± 252
Kreatinin	132.6 ± 35.36

Unter den Mangelerkrankungen steht bei den Paarhufern der Selen-Vitamin-E-Mangel an erster Stelle. Die kümmernden Jungtiere gehen meist in den ersten Lebenstagen ein. Die klinische Diagnose kann durch den Nachweis der erhöhten AST (GOT) und CK-Aktivitäten erfolgen. Oft läßt sich aber erst durch die histologische Untersuchung die meist klinisch inapparent verlaufene Mangelerkrankung abklären. Zur Prophylaxe erhalten die Muttertiere im letzten Drittel der Trächtigkeit 100–500 mg Vitamin E täglich peroral sowie 2–3 zusätzliche Injektionen von 5 ml Selepherol® per Blasrohr. Noch nicht eingehend genug ist die Aufgabe des Kupfers bei Paarhufern geklärt. So kommt es bei Zwergziegen, Mufflons, Mähnenschafen und Steinböcken zur Kupfermangelerkrankung („Swayback"). Andererseits finden sich in den Lebern neonataler gesunder Cerviden Werte von über 4000 mg/kg Gewebe und bei Boviden oder Antilopen Werte unter 5 mg/kg.

In die Zeit der ersten Aufnahme von Futter (4.–10. Lebenstag) fallen Darminvaginationen bei Moschusochsenkälbern (*Wisser* und *Ippen* 1981). Haltungsbedingte Traumen in den ersten Lebenswochen sind häufig und können bei Paarhufern bis zu 40 % der Jungtierverluste ausmachen.

Infektionskrankheiten

Die bei weitem verlustreichste Jungtiererkrankung ist die Kolisepsis oder Koliruhr, die auch in freier Wildbahn hohe Ausfälle fordern kann (Abb. 12.13 s. Farbtafel 31). Andere bakterielle Erkrankungen wie Infektionen mit Streptokokken, Nekrobazillose, Corynebakterien, Listerien oder Clostridien nehmen eine untergeordnete Stellung ein. Bei dem Versuch, Tuberkulose mit INH in einer Herde Großer Kudus zu bekämpfen, erkrankten auch die Kälber (*Lyrere* 1975). Ein Wasserbüffelkalb, das man beim Sanierungsversuch der Herde unmittelbar nach der Geburt von Hand aufgezogen hatte, starb am 2. Lebenstag an einer intrauterin erworbenen miliaren Lungentuberkulose. Der kulturelle Nachweis von Tuberkelbakterien im Trachealschleim, Milch, Urin und Kot vom Muttertier war zuvor ebenso negativ gewesen wie der Tuberkulintest. Besondere Beachtung verdient der Bericht über eine Q-Fieber-Endemie (Rickettsiose) bei Mensch und Tieren, die von einer Wapitikuh mit Schwergeburt ihren Ausgang nahm.

Reovirusähnliche Erreger konnten bei neonatalen Gabelböcken diagnostiziert werden. Bei jungen Virginiahirschen ließen sich maternale Antikörper gegen Arbovirus nachweisen.

Nach der leichtfertig gehandhabten Applikation von Antibiotika beim Jungtier oder bei einer möglichen Immunschwäche treten Systemmykosen auf.

Parasitäre Erkrankungen

In den ersten Lebenswochen bedürfen transplazentare Infektionen mit Protostrongyliden oder Strongyloides besonderer Beachtung. Nach der 4.–6. Lebenswoche entwickeln sich vor allem Invasionen mit Trichuris, Capillaria oder Dictyocaulus, die durch die Langzeittherapie mit Parbendazol oder Mebendazol 5 mg/kg über 14 Tage beherrscht werden. Bei einem kreuzlahmen Rotwildkalb wird über den Befall mit Elaphostrongylus im Kleinhirn berichtet.

Mutterlose Aufzucht

Die modernen Kälbermilchaustauscher garantieren eine richtige Energie- und Proteinzufuhr und werden auch von heiklen Pfleglingen wie Elchen oder Antilopen gut vertragen. Handaufgezogene Hirsche haben einen geringeren Gehalt an Hämoglobin, Cholesterol sowie Totalproteinen im Blut als natürlich aufgezogene, wachsen aber durch die bessere Parasitenkontrolle schneller heran. Zur Aufzucht von verwaisten Wildkitzen empfiehlt sich für den Hausgebrauch die Mischung: 2 Teile Kondensmilch + 1 Teil Wasser oder die Gabe von 1 Teil abgekochter Kuhmilch + 1 Teil Kamillentee.

Literatur

Bush, H., R. S. Custer, J. C. Whitla (1980): Haematology and Serum Chemistry Profiles for Giraffes (Giraffa camelopardalis): Variations with sex, Age and Restraint. J. Amer. Zoo. An. Med. Vol. 11, No 4, 122–129

Jones, M. D. (1978): Scientific Report Department Of Veterinary Science. J. Zoo Lond. 287–401

Lagory, K. E. (1980): Diurnal Behaviour Of A White-Tailed Deer Neonate. J. Wildl. Man. 44, 927–292

Lyrere, D. B. L. (1975): Tuberkulosis In A Herd Of Greater Kudu. J. Amer. Zoo Anim. Med. 6, 27

Peters, J. C. (1975): Clinical Experience With Okapis (Okapia johnstoni). Verhandlungsber. XVII. Int. Symp. Zootiere 65–69

Wisser, J., R. Ippen (1981): Beitrag zur erworbenen Lageveränderung des Magen-Darmtraktes bei Zootieren. Verhandlungsber. XXIII. Int. Symp. Zootiere 373–384

12.4.12 Robben

Allgemeine Hinweise

Ohrenrobben haben eine längere Trächtigkeitsperiode (Kalifornische Seelöwe 342–365 Tage) und säugen ihre Jungen 5–6 Monate, während der zu den Hundsrobben zählende Seehund kürzer trägt (270–330 Tage) und die Jungen nur 1–2 Monate lang säugt. Die bisher bekannte kürzeste Säugezeit hat die Klappmütze (Cystophora cristata) mit nur 4–5 Tagen Dauer. Die Jungtiere nehmen dabei bis zu 8 kg täglich zu und verdoppeln nahezu ihr

Geburtsgewicht von ca. 22 kg (*Bowen, Oftedal* und *Boness* 1985). Aufgrund der noch ungenügend entwickelten Unterhautfettschicht kühlen Robbenbabies auf unbeheizten Böden leicht aus. Die Körpertemperatur schwankt von 36,5 – 37,5 °C. Bei Aufzuchten in der Gruppe treten, wie in freier Wildbahn, häufig Traumen auf. Durch die Fortbewegungsart am Lande entstehen oft Nabelinfektionen, die im fortgeschrittenen Zustand operativ behandelt werden müssen. Noch bis zur 3. Lebenswoche können junge Robben ertrinken.

Die Wärmeregulierung erfolgt durch die Abgabe von Wärme nur über die Flossen (Boden- und Lufttemperatur nicht über 18 °C). Bei aufgeregten Jungtieren können tonisch klonische Krämpfe durch eine Hypoglykämie ausgelöst werden (Blutglucosewerte: < 104 mg/100 ml).

Süßwasser zur freien Aufnahme muß stets zur Verfügung stehen, da die Jungtiere erst nach der Entwicklung eines ausreichenden Blubbers (Speckschicht der Rückenzone) durch das beim Fettstoffwechsel entstandene metabolisierte Wasser über einen längeren Zeitraum auf Trinkwasser verzichten können. Bei Flüssigkeitsverlust oder im Falle einer Dehydratation dürfen nur Plasmaexpander eingesetzt werden. Die Gabe von Kochsalzlösung führt zu Störungen im Elektrolythaushalt. Das embryonale Haarkleid, noch intrauterin gewechselt, kann mit dem Fruchtwasser abgeschluckt werden und zu Mekoniumverhaltung führen. Beim Kalifornischen Seelöwen wurde über den Fall einer Superfötation berichtet. Physiologische Daten finden sich bei *Wallach* (1972) und *Geraci* (1978).

Infektionskrankheiten

Bei verlassenen Heulern findet man nicht selten tiefgreifende, therapieresistente Zahnfleischgeschwüre, vermutlich durch Corynebakterien hervorgerufen. Bei einer generalisierenden Pyodermie (Staphylokokken) lag eine gleichzeitige Infektion mit Toxoplasma gondii vor.

Parasitäre Erkrankungen

In den ersten Lebenswochen treten bei wildlebenden Robben hauptsächlich Nematoden (Anisakis spp., Uncinaria laucasi) auf. Häufig sind die Tiere gleichzeitig mit Läusen befallen (Proechinopthirius fluctus, Antarctotirus callorhini). Eine Simultanbehandlung dieser Parasiten mit Disophenol (12,5 mg/kg) ist möglich (*Wallach* 1975, *Lyons* 1980).

Mutterlose Aufzucht

Robbenmilch kann bis zu 40 % Fett mit reichlichem Anteil an ungesättigten Fettsäuren enthalten, Kohlenhydrate kommen darin jedoch nur in Spuren vor (*Cornell* 1975). Bei der Handaufzucht wählt man daher eine möglichst laktosefreie Diät mit einem hohen Anteil an Sahne, Pflanzenöl und Vitaminen (*Neugebauer* 1967, *Göltenboth* 1977, *Otten* et al. 1977). Die Diät des Basler Zoos setzt sich wie folgt zusammen: 100 g Makrelenfleisch püriert, 30 g Sonnenblumenöl, 100 g Wasser, 50 g Cimilac®, eine Prise Meersalz, eine Tagesdosis Basler Seelöwen-Vitaminmischung, 1/4 Tbl. Oralpädon®, 1 Löffel Kalzium-D-Pulver, 50 g Rahm (*Rüedi* 1981). Treten Unverträglichkeitsreaktionen wie Meteorismus oder Durchfall auf, so ersetzt man Cimilac® in dieser Mischung durch das laktosefreie Präparat Alfare® oder die laktosearme Trockenmilch AL 100® (beide Präparate Fa. Nestle). Junge Robben sind besonders für Vitamin A und E-Mangel empfindlich (*Brown* 1962).

Literatur

Bowen, W. D., O. F. Oftedal, D. Boness (1985): Birth to weaning in 4 days: remarkable growth in the hooded seal, Cystrophora cristata. Can. J. Zool. Vol. 63, 2841–2846

Brown, D. (1962): The Health Problems Of Walrus Calves And Remarks On Their General Progress In Captivity. Int. Zoo Ab. *4*, 13–23

Cornell, L. H. (1975): Feeding Newborn Pinnipedia. Ann. Proc, Amer. Ass. Zoo Vet. San Diego

Deraci, J. R. (1978): Marine Mammals. Zit. nach: *Fowler, M.:* Zoo and Wild Animal Medicine. W. Saunders Comp., Philadelphia

Göltenboth, R. (1977): Gelungene künstliche Aufzucht eines See-Elefanten (Mirounga leonina) im Zoologischen Garten Berlin. Zschr. Kölner Zoo *20*, 61–65

Lyons, E. T. (1980): Variable Activity Of Disophenol Against Hookwurms And Lice Of Northern Fur Seal Pups On St. Paul Island, Alaska. J. Wildl. Dis. *16*, 53–57

Neugebauer, W. (1967): Breeding The Southern Elephant Seal (Mirounga leonina) At Stuttgart Zoo. Int. Zoo Yb. *7*, 152–154

Otten, Th., B. Andrews, D. D. Edwards (1977): Hand-Rearing A Californian Sealion (Zalophus californianus). Int. Zoo Yb. *17*, 215–218

Raethel, S.: Häufige Robbenerkrankungen in Zoologischen Gärten. Nord. Vet. Med. 14, 1 (1962) 344–350

Reineck, M. und *Tammer, F. C.:* Operationen im Nabelgebiet bei Seehundsäuglingen (Phoca vitulina L.). Verhandlber. X. Int. Symp. Zootiere Salzburg (1968) 139–141

Rüedi, D. und Lang, E. M.: Über die Seelöwenhaltung im Zoologischen Garten Basel. Verhandlber. XVI. Int. Symp. Zootiere Erfurt (1974) 245–251

Rüedi, D.: Pers. Mitt. (1981)

Stede, M.: Lanugo als Bestandteil des Darmpechs beim neugeborenen Seehund (Phoca vitulina L.). Z. Jagdwiss. 26 (1980) 159–161

Stedham, M. A. and Casey, H. W.: Lymphosarcoma In An Infant Northern Fur Seal (Callorhinus Ursinus). J. Wildl. Dis., Vol 13 (1977) 176–179

Sweeney, J. C.: Management Of Pinniped Diseases. An. Proc., Amer. Ass. Zoo Vet. (1972) 141–161

Van Pelt, R. W. and Dietrich, R. A.: Staphylococcal Infection And Toxoplasmosis In A Young Harbour Seal. J. Wildl. Dis. Vol 9 (1973) 258–261

Wallach, J. D.: The Management And Medical Care Of Pinnipeds. J. Zoo Anim. Med., Vol 3, 4 (1972) 45–72

Wandrey, R.: Ein Fall von Superfötation bei Robben? Zschr. Kölner Zoo 2, 21 Jg (1978) 53

12.4.13 Fleischfresser

Allgemeine Hinweise

Unter den Fleischfressern reagieren besonders die Bären sehr empfindlich auf die geringsten Störungen in der Wochenstube. Eine routinemäßige Kontrolle junger Raubtiere in den ersten Lebenstagen, wie sie im Leipziger Zoo durchgeführt und gleichzeitig zur Bestimmung klinischer Parameter neonataler Carnivoren benutzt werden konnte, läßt sich oft nicht durchführen (*Seal* 1975, *Armstrong* 1977, *Eulenberger* 1981). Die Blutwerte eines Eisbären in Handaufzucht gibt *Roeken* (1981) an. Allen Fleischfressern ist eine ausgeprägte Bereitschaft für Vitaminmangelzustände gemeinsam (Vitamin-A-Mangel: „Drehkrankheit", Konvulsionen, Blindheit; B-1-Mangel: Chastekparalyse, „Sterngucken" (*Bartsch* 1975, *Hess* 1971)). Durch Vitamin-A-Mangel bedingten Mißbildungen des Herzens, des Mediastinums und des harten Gaumens bei Großkatzen beugt man durch die tägliche Gabe von 35 000 IE Vitamin A während der ganzen Trächtigkeitsdauer vor (*Krediet* und *Zwart* 1964, *Dollinger* (1974) (Abb. 12.14 s. Farbtafel 31). Zur Vermeidung des Vitamin-B-Mangels gibt man 100 bis 200 mg B_1 mehrmals in wöchentlichem Abstand parenteral, orale Gaben wirken unzuverlässig. Durch Jodgaben (5–10 mg/Tier/Tag) können Kropfbildungen (Struma) vermieden werden. Im Zusammenhang mit einem Parasitenbefall ab der 4.–6. Lebenswoche entwickeln sich nicht selten Eisenmangelanämien, die durch die mehrfache, parenterale Substitutionstherapie behoben werden können. Bei Raubkatzen treten Vitamin D_3-Hypervitaminosen auf, die bei saugenden Tigern durch die Gabe von 3 x 25 000 IE D_3 hervorgerufen wurden (*Benirschke* 1976). Die Osteodystrophia fibrosa kommt bei Carnivoren besonders häufig vor. Klinische Laborwerte für Carnivora finden sich bei *Theobald* (1978).

Infektionskrankheiten

Bei Großkatzen führt vornehmlich die Kolibazillose zu Verlusten. Die Erkrankung ist durch profuse, therapieresistente Durchfälle gekennzeichnet. Bei Jungbären können Pasteurellen schwere Bronchopneumonien auslösen. Anderen Bakterien kommt statistisch eine geringere Bedeutung zu. Zur Prophylaxe der Virusinfektionen dürfen bei Vertretern der für Staupe und Panleukopenie empfindlichen Schleichkatzen, Mardern, Pandas, Hyänen und Kleinkatzen nur Todimpfstoffe verwendet werden. Vor der 4. Woche dürfen auch junge Großkatzen nicht mit einem Lebendimpfstoff immunisiert werden, da ZNS-Veränderungen zu erwarten sind (*Scott* 1970). Die Immunogenität der Totimpfstoffe gegen Staupe und Katzenseuche ist zweifelhaft, ein sicherer Impfschutz ist nur nach Applikationen von Lebendimpfstoffen zu erwarten. Die Erreger der Felinen Enteritis und der Felinen Infektiösen Peritonitis konnten bei Großkatzen nachgewiesen werden. Bei Caniden sind Infektionen mit Corona- und Parvoviren bekannt. Das klinische Bild der genannten Virusinfektionen ist im allgemeinen unspezifisch. Die Jungtiere zeigen fieberhafte Durchfälle, Lethargie, Inappetenz und neigen rasch zur Dehydratation. Der Einsatz von Antibiotika zur Vermeidung sekundärer bakterieller Infektionen ist unbefriedigend. Bei jungen Braunbären konnte der klinische Verlauf von H. C. C. durch Serumgaben abgeschwächt werden. Dermatomykosen (M. canis, T. mentagrophytis, Epidermophyton floccosum), die gehäuft bei zu hoher Luftfeuchte und zu hoher Temperatur auftreten und durch rote Flecken und Haarverlust auffallen, konnten durch 10–20 mg/kg Griseofulvin über sieben Wochen lang ausgeheilt werden. Die Therapie mit 5–7 mg/kg Miconazol über eine Woche führt zu schnelleren Heilungsergebnissen.

Parasitäre Erkrankungen

In den ersten Lebenswochen können als Larven intrauterin übertragene Askariden Ausfälle verursachen (*Thiede* und *Ottens* 1965, *Tscherner* 1974). Mit dem Befall von Hakenwürmern muß man ab der 6. Lebenswoche rechnen (*Husain* 1966).

Therapie: Levamisol L 10—20 mg/kg/KGW; 5—10 mg/kg/KGW Mebendazol, Fenbendazol oder Parbendazol über 3 Tage.

Mutterlose Aufzucht

Zur Handaufzucht der Carnivora hat sich zweifellos Esbilac® am besten bewährt, wenn auch vereinzelt individuelle Unverträglichkeiten beobachtet werden konnten. Vergleiche mit dem Kitten Milk Replacer® (KMR) fielen unterschiedlich aus. Bei beiden Präparaten traten Durchfälle auf, die durch Schwarzteediät, Styptika, Verdünnung der Milch oder Präparatwechsel beherrscht werden konnten. Auch zur Aufzucht von Eisbären wurde Esbilac® eingesetzt, während *Röken* (1981) aufgrund seiner Milchanalyse (Eisbär: Milchprobe 13 Tage nach Geburt: 14,9 % Fett, 10,7 % Protein, 0,4 % Lactose) eine lactosefreie Milch empfiehlt. Aufgrund der besonderen Saugtechnik brauchen Großbären breite Gummisauger (*Benzien* 1962). Bei Fütterung von Ippevet® oder Welpilac® treten häufiger Unverträglichkeiten auf. Gut vertragen wird auch humane Trockenmilch, wobei angesäuerte Präparate bevorzugt werden. Ein bewährtes Hausmittel ist ferner die Anreicherung von Kuh- und Trockenmilch mit Eigelb, wobei man 2—4 Eigelb pro Liter Milch rechnet.

Literatur

Armstrong, J. (1977): The Development And Hand-Rearing Of Black-Footed Cats. Zit. nach: *Eaton, R. L.*: The World's Cats *3*, 71—80
Bartsch, R. C. (1975): Vitamin A Deficiency In The Captive African Lion Cub (Panthera leo L. 1758). Onderstepoort J. Res. *42*, 43—54
Benirschke, K. (1976): Pathological Findings In Sibirian Tigers. Verhandlungsber. XVIII. Int. Symp. Zootiere 263—273
Benzien, J. (1962): Zur Saugtechnik bei Großbären. Zool. Garten *27*, 132—133
Dollinger, P. (1974): Analyse der Verluste im Raubtierbestand des Zoologischen Gartens Zürich von 1954—1973. Verhandlungsber. XVI. Int. Symp. Zootiere 39—43
Eulenberger, K. (1981): Zur Bedeutung der Bestimmung der Kreatininkonzentration im Blutserum für die Frühdiagnostik von Nierenfunktionsstörungen bei Zootieren unter besonderer Berücksichtigung der Feliden. Verhandlungsber. XXIII. Int. Symp. Zootiere 327—335
Hess, J. K. (1971): Hand-Rearing Polar Bear Cubs (Thalarctos maritimus) At St. Paul Zoo. Int. Zoo Yb. *11*, 102—107
Husain, D. (1966): Breeding And Hand-Rearing Of White Tiger Cubs (Panthera tigris) At Delhi Zoo. Int. Zoo Yb. *6*, 187—193
Krediet, P., P. Zwart (1964): Congenital Anomalies Of The Heart And The Arterial Trunks In Lion Cubs. Tydschr. v. Dierengeneeskunde *89*, 32—45
Röken, B., (1981): Künstliche Aufzucht eines neugeborenen männlichen Eisbären (Thalarctos maritimus) in Kolmardens Djurpark. Zool. Garten *51*, 119—122
Scott, F. W. (1970): Maternally Derived Immunity To Feline Panleukopenia. J. A. Vet. Med. Ass. *156*, 439—453
Seal, U. S. (1975): Blood Analyse Of Wolf Pups And Their Ecological And Metabolic Interpretation. J. Mammalogy *56* (1), 64—75
Theobald, J. (1978): Carnivores. Zit. nach: *Fowler, M.:* Zoo and Wild Animal Medicine. W. Saunders Comp., Philadelphia
Thiede, U., O. Ottens (1965): Erfahrungen bei der künstlichen Aufzucht verschiedener Caniden Welpen. Zool. Garten *31*, 203—208
Tscherner, W. (1974): Ergebnisse koprologischer Untersuchungen bei Raubtieren des Tierparks Berlin. Verhandlungsber. XVI. Int. Symp. Zootiere 77—89

12.4.14 Affen

Allgemeine Hinweise

Bei der Behandlung von Affen ist eine strenge Hygienedisziplin unerläßlich, da eine Reihe von Zoonosen auf den Menschen übertragen werden kann. Erinnert sei hier neben der Tuberkulose, Shigellose oder Salmonellose an die infektiöse Virushepatitis oder an die Marburgvirus- oder Herpes-B-Infektion. Als Parasiten können Strongyloides, Entamöba oder Balantidien übertragen werden. Von Affen auf den Menschen übertragene Dermatomykosen (Trichophyton spp.) gelten als sehr therapieresistent.

Neuweltaffen haben eine höhere Stoffwechselrate und besonders während der Trächtigkeit oder Laktation einen hohen Proteinbedarf von ca. 25 %, den man bei Altweltaffen mit ca. 15 % veranschlagt (*Flurer*, 1980). Bei der Aufzucht durch das Muttertier kann sich in den ersten Lebenstagen bei unzureichender Milchbildung oder Säugen der Babies sehr rasch eine lebensbedrohliche Dehydratation entwickeln. Eiweißmangel, Mineralisationsstörungen des Skeletts oder Vitaminmangelzustände und Eisenmangelanämien sind bei vom Muttertier aufgezogenen Primaten häufiger, as bei handaufgezogenen Tieren (*Theobald* 1972, *Berger* 1975).

Bei neugeborenen Schimpansen- und Orang-Utanbabies liegt die rektale Temperatur bei ca. 36,2 – 37,0 °C. Da sie leicht zur Unterkühlung neigen, sollte die Temperatur des Aufzuchtraumes 28 – 30 °C bei einer relativen Luftfeuchte von 70 % betragen. Auf Zugluft und zu geringe Luftfeuchte reagieren Affenbabies besonders empfindlich. Die rektale Körpertemperatur sollte bis zum Ende des ersten Lebensjahres 3 × täglich registriert werden. Besondere Beachtung gilt der Übertragung von viralen Infektionen der oberen Atemwege durch das Pflegepersonal, das bei ersten Anzeichen von Erkältungskrankheiten ausgewechselt werden sollte. Zur Auskultation von Affenbabies benötigt man ein spezielles Phonendoskop, wie es in der Säuglingsmedizin verwendet wird.

Im Gegensatz zu den Altweltaffen, die Vitamin D_2 verwerten können, benötigen Neuweltaffen Zugang zum Sonnenlicht oder Vitamin D_3 (1,25 IU D_3/gm Futter, *Martin* 1978). Aufgrund der Ausbildung der Verknöcherungszonen der Epiphysen ist eine ungefähre Altersbestimmung beim Fetus möglich (*Hill* und *Spatz* 1969, *Seifert* 1972). Eine Zusammenstellung des neonatalen Blutbildes von Schimpansen findet sich bei *Juntke* (1980) (s. Tab. 12.7).

Tabelle 12.7 Blutwerte neonater Primaten (nach *Juntke* 1980)

Meßgröße	SI Einheit	Schimpanse 2. Lebenstag	Normwerte Mensch 2. – 5. Lebenstag
Hämoglobin	g/l	157.2	170 – 200
Erythrozyten	T/l	4.67	4.5 – 6.3
Leukozyten	G/l	9720	4000 – 18000
Diff. Blutbild (in %)			
Eosinophile		–	1.5 – 13
Jugendliche		–	–
Stabkernige		2.8	–
Segmentkernige		79.6	32 – 59
Lymphozyten		18.8	15 – 44.5
Monozyten		–	10 – 23

Infektionskrankheiten

Primatenbabies sind besonders empfindlich für Magen-Darmerkrankungen, die ursächlich von Diätfehlern ausgehen. Fieberhafte Durchfälle (E. coli, Salmonella spp.) gehen oft in eine hämorrhagische Enterocolitis über. Bei jungen Mandrills konnten fieberhafte Durchfälle nach Koprophagie beobachtet werden. Nach banalen grippalen Infekten können durch Klebsiellen, Streptokokken oder Staphylokokken superinfizierte Bronchopneumonien auftreten, die am besten auf die mehrmals tägliche i. v.-Injektion von Doxycyclin, Cephalosporin oder Bactrim® ansprechen. Die Dosierung wählt man entsprechend der Angaben des Herstellers.

Bei einem Schimpansenbaby wurden ulcerierende Mundschleimhautveränderungen festgestellt, die der Noma des menschlichen Säuglings entsprachen. Während der ersten Lebenstag werden schwächliche Orangutans oft von Soor befallen, der gerne mit Milchresten auf der Zunge verwechselt wird. Das direkte Aufträufeln einer 10%igen Miconazollösung auf die Zunge bringt bessere Erfolge als die herkömmliche Moronal®-Therapie.

Parasitäre Erkrankungen

Bereits am 3. – 11. Tag p. p. lassen sich im Kot von Menschenaffenbabies die Larven von Strongyloides stercoralis nachweisen. Die Therapie besteht in der Gabe von 25 – 50 mg/kg Mebendazol zweimal am Tag nach dem Schema: 7 Tage Behandlung: 6 Tage Pause: 7 Tage Behandlung. Bei jungen Gibbons ist der Befall mit Oxyuren bekannt, die auf Mebendazol oder Parbendazol gut ansprechen (5 mg/kg über 14 Tage).

Mutterlose Aufzucht

Dank der gut verträglichen Trockenmilchpräparate zur Babyernährung bereitet die Handaufzucht von Primaten wenig Schwierigkeiten. Bei kleinen Arten wie Makis oder Lemuren sollte am Anfang die Tagestrinkmenge bei stündlicher, tropfenweiser Fütterung nicht ein Fünftel des Körpergewichtes überschreiten (Abb. 12.15 s. Farbtafel 32). Bei Unverträglichkeitsreaktionen gegenüber Milchpräparaten, die sowohl individuell als auch tierartlich sehr unterschiedlich ausfallen können, wird ein verträgliches Ersatzpräparat durch vorsichtiges Ausprobieren herausgesucht. Zwischenzeitlich gibt man zur Deckung des Flüssigkeitsbedarfes 5%ige Traubenzuckerlösung in Mischung mit Fenchel- oder Schwarztee. Man vermeidet dadurch Futterallergien wie sie nach Kuhmilchgaben bei Mantelpavianen auftraten. Während der ersten beiden Lebenswochen gibt man in 1 – 2 Stundenintervallen kleine Milchmengen und reduziert in der 3. – 4. Lebenswoche die Anzahl der Tränkungen unter gleichzeitiger Steigerung der Milchmenge. Die in Hellabrunn so aufgezogenen Schimpansen- und Orang-Utanbabies nahmen am ersten Lebenstag auf diese Weise 90 – 100 ml Humana O auf und verdoppelten ihr Geburtsgewicht in ca. 2 Monaten. Für Weißbüscheläffchen im Alter von 4 Wochen, konnte eine notwendige Kalorienzufuhr von 200 Kcal/kg, sowie eine tägliche Gabe von 1000 I. E. Vitamin D_3/kg ermittelt werden.

Literatur

Berger, F. (1975): Erkrankungen afrikanischer Tiere im Zoologischen Garten Dresden. Verhandlungsber. XVII. Int. Symp. Zootiere (27—33

Flurer, C. (1980): Untersuchungen zur Eignung verschiedener Proteinquellen bei Krallenaffen. Diss. München

Hill, W. C. O., W. B. Spatz (1969): On Two New Gorilla Foetuses. Trans. Roy. Soc. Edinb. 68, 46—50

Juntke, Ch. (1980): Über die künstliche Aufzucht und Entwicklung von fünf Schimpansengeschwistern. Zool. Garten 50, 227—251

Martin, D. P. (1978): Primates. Zit. nach: *Fowler, M. E.:* Zoo and Wild Animal Medicine. W. B. Saunders Comp., Philadelphia

Seifert, S. (1972): Zur Altersbestimmung und den Reifezeichen bei Feten des Orang-Utans (Pongo pygmaeus, Happins 1763). Zool. Garten 42, 121—130

Theobald, J. (1972): Gorilla Pediatric Procedures. Amer. Ass. Zoo. Vet. An. Proc. Houston 12—14

Farbtafel 1 (Kapitel 1)

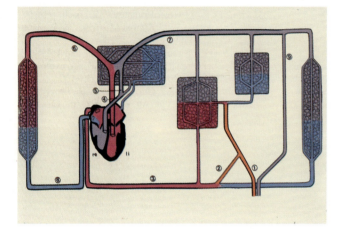

Abb. 1.2 Pränataler Blutkreislauf, Rind (schematisch) 1 V. umbilicalis, 2 Ductus venosus Arantii, 3 V. cava caudalis, 4 Truncus pulmonalis, 5 Ductus arteriosus Botalli, 6 Aorta ascendens, 7 Aorta descendens, 8 V. cava cranialis, 9 A. umbilicalis

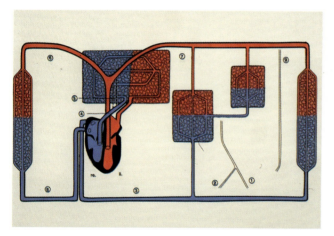

Abb. 1.3 Postnataler Blutkreislauf, Rind (schematisch)

Farbtafel 2 (Kapitel 6)

Abb. 6.23 Ectopia cordis, Kalb

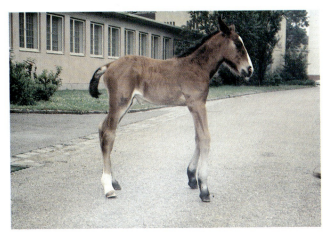

Abb. 6.24 Fohlen, Stelzfuß

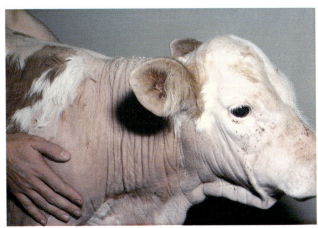

Abb. 6.25 Hypotrichosis congenita partialis, partielle Haarlosigkeit, Kalb

Farbtafel 3 (Kapitel 6)

Abb. 6.26 Pityriasis rosea, Ferkel

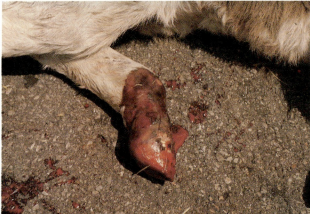

Abb. 6.27 Epitheliogenesis imperfecta, Kalb, Extremitätenspitzen

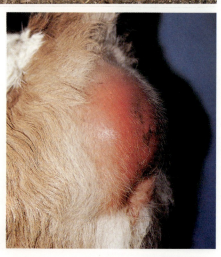

Abb. 6.28 Atresia ani, Kalb

Farbtafel 4 (Kapitel 7)

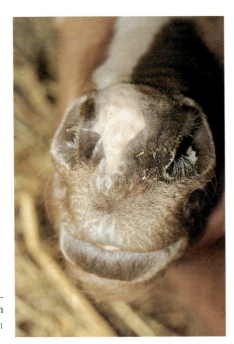

Abb. 7.3 Fohlen mit bakterieller Sekundärinfektion (Bronchopneumonie) nach Infektion mit Equinen Herpesviren (EHV$_1$ EHV$_4$)

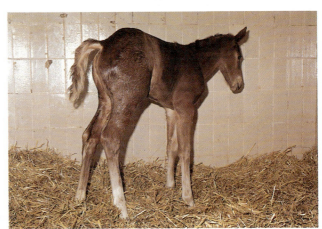

Abb. 7.5 Gonarthritis bei einem Fohlen mit bakterieller Septikämie (Frühlähme)

Farbtafel 5 (Kapitel 7)

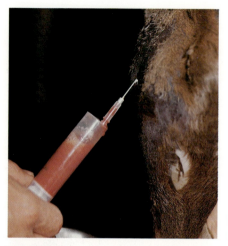

Abb. 7.6 Diagnostische Gelenkspunktion bei einem Fohlen mit Arthritis infolge generalisierter Septikämie

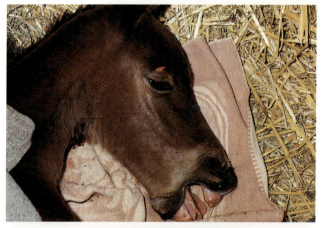

Abb. 7.10 Fohlen mit Bewußtlosigkeit in Zusammenhang mit dem Fehlanpassungssyndrom

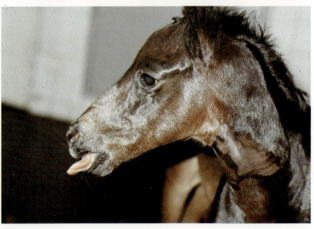

Abb. 7.11 Fohlen mit Zungenlähmung beim Fehlanpassungssyndrom

Farbtafel 6 (Kapitel 7)

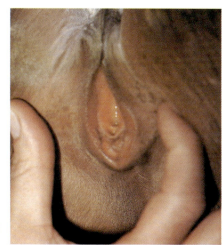

Abb. 7.12 Deutliche Gelbfärbung der Vestibularschleimhaut bei einem Fohlen mit Icterus haemolyticus neonatorum

Abb. 7.13 Peribronchitis infolge EHV_2-Infektion

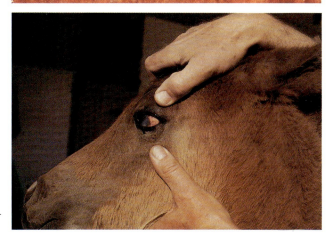

Abb. 7.14 Keratitis superf. nach EHV_2-Infektion

Farbtafel 7 (Kapitel 7)

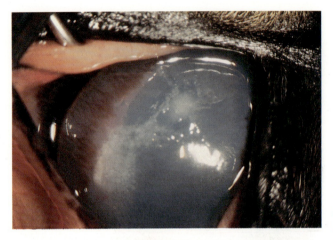

Abb. 7.15 Keratokonjunktivitis superf., konjunktivale Gefäßeinsprossung nach EHV_2-Infektion

Abb. 7.16 Eitrige Rhinitis bei einem Fohlen infolge Infektion mit Corynebact. equi (Rhodococcus equi)

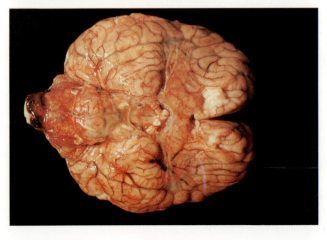

Abb. 7.19 Meningitis

Farbtafel 8 (Kapitel 7)

Abb. 7.20 Vollständiger Mekoniumstrang

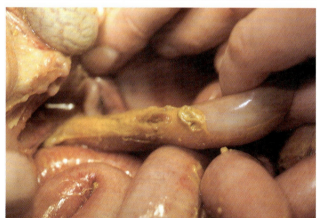

Abb. 7.23 Darmperforation mit lokaler Peritonitis nach Anwendung eines starren Gerätes im Enddarm zur Entfernung von Mekoniumteilen

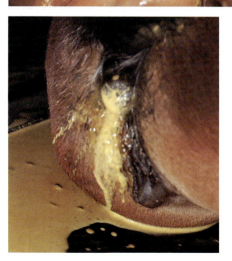

Abb. 7.25 Profuse Diarrhöe bei Rotavirus-Infektion

Farbtafel 9 (Kapitel 7)

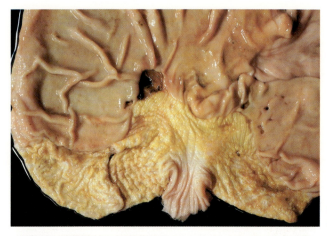

Abb. 7.28 Perforierendes Magenulcus, Fohlen 24 Stunden alt (Abb. Inst. für Vel. Pathol. Giessen)

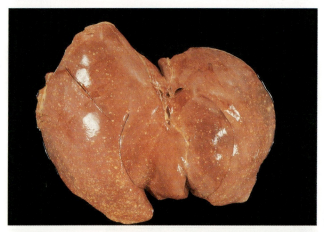

Abb. 7.29 Eitrig-nekrotisierende Hepatitis bei Listerieninfektion

Abb. 7.30 Candidiasis (Soor) bei einem 12 Tage altem Fohlen

Farbtafel 10 (Kapitel 7)

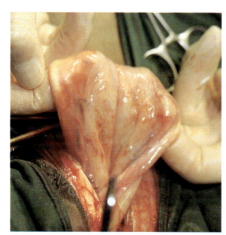

Abb. 7.32 Blase eines neugeborenen Fohlens mit Uroperitoneum. Die Ränder sind glatt (Hemmungsmißbildung?)

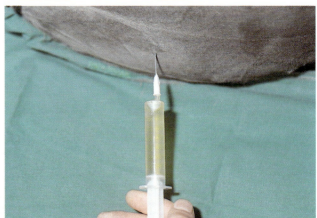

Abb. 7.33 Punktion des Abdomens bei Uroperitoneumverdacht und Abziehen von Harn im geschlossenen System

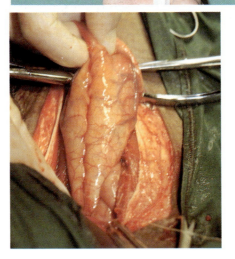

Abb. 7.34 Harnblasennaht nach Ruptur

Farbtafel 11 (Kapitel 7)

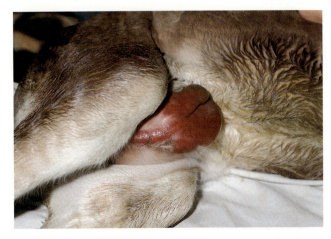

Abb. 7.36 Präputiumödem bei einem neugeborenen Fohlen

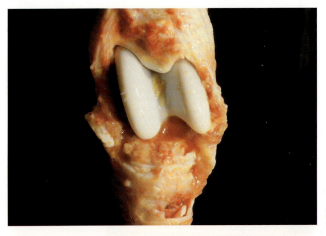

Abb. 7.40 Eitrige Arthritis bei einem Fohlen mit generalisierter Septikämie

Abb. 7.42 Degenerierte Muskulatur bei nutritiver Muskeldystrophie (Fohlen 1 Monat alt)

Farbtafel 12 (Kapitel 7)

Abb. 7.45 Entropium beim Fohlen

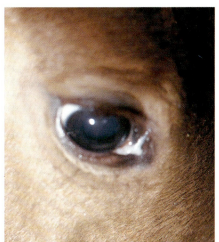

Abb. 7.46 Eitriges Sekret im Augenwinkel bei Konjunktivitis

Farbtafel 13 (Kapitel 8)

Abb. 8.4 Kopf eines Kalbes mit Spätasphyxie; Dyspnoe und Schaumbildung an Nase und Maulspalte

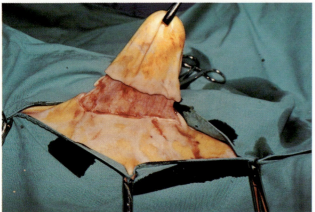

Abb. 8.6 Nabelbruchoperation. Der äußere Bruchsack wird mit einer Klemme nach oben gezogen. Die Haut wird im Bereich der Bruchpforte spindelförmig eingeschnitten

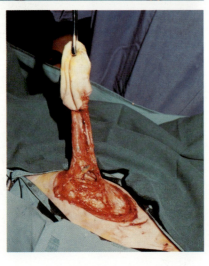

Abb. 8.7 Nabelbruchoperation. Der innere Bruchsack ist freipräpariert. Die seitliche Öffnung erlaubt eine Orientierung bezüglich eventuellen Bruchinhalts

Farbtafel 14 (Kapitel 8)

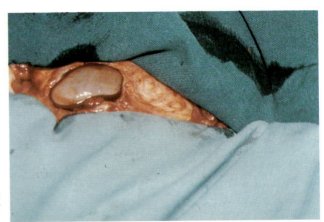

Abb. 8.8 Nabelbruchoperation. Situation nach Absetzen des Bruchsacks, unmittelbar vor dem Verschluß der Bauchdecke

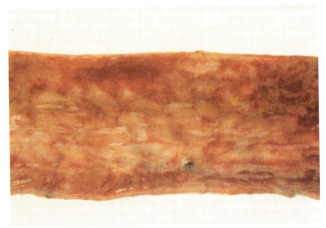

Abb. 8.11 a/b Salmonellose beim Kalb.
a: hochgradige katarrhalische bis hämorrhagische Enteritis

b: hochgradige pseudomembranöse bis diphtheroid-nekrotisierende Enteritis

Farbtafel 15 (Kapitel 8)

Abb. 8.13 Stomatitis papulosa. Umschriebene Pusteln an der Unterseite der Zunge

Abb. 8.16 Lehmfarbener Kot bei einem Kalb mit chronischer Diarrhöe

Abb. 8.18 Fibrinüberzogener Kot eines Kalbes mit hochgradiger, chronischer diphtheroider Ileitis

Farbtafel 16 (Kapitel 8)

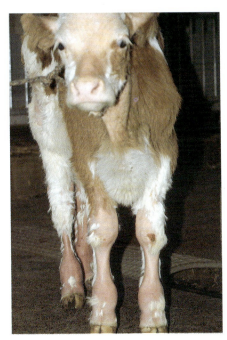

Abb. 8.24 Kalb mit multiplen Alopezien am Kopf und an den Gliedmaßen

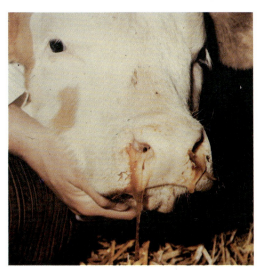

Abb. 8.27 Blutig-schleimiger Nasenausfluß bei einem Kalb mit Furazolidonvergiftung

Farbtafel 17 (Kapitel 9)

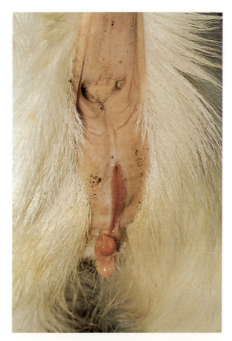

Abb. 9.9 Zwitterbildung bei einem pubertären Ziegenlamm

Abb. 9.10 Stauungsödem bei einem Lamm nach übergangener Geburt

Farbtafel 18 (Kapitel 9)

Abb. 9.15 Lamm mit Tetanus, offenstehender Mundspalt infolge Trismus, Vorfall des 3. Augenlides

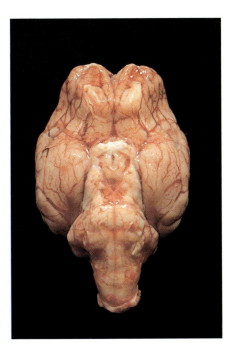

Abb. 9.16 Gehirn eines 15 Tage alten Lammes, welches an einer eitrigen Meningitis verendet ist

Farbtafel 19 (Kapitel 9)

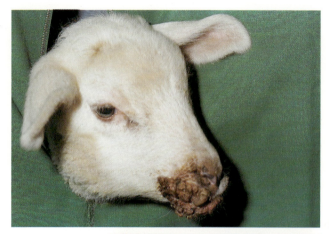

Abb. 9.17 Ecthyma contagiosum beim Lamm

Abb. 9.18 Ecthyma contagiosum beim Lamm. Es fällt besoner die veränderterte Unterlippe auf, die infolge der ausgebreiteten Gingivitis nach ventral verdrängt ist.

Abb. 9.21 Zwei Tage altes Lamm mit Labmagenerweiterung (Hypersalivations-Komplex)

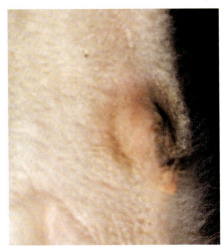

Abb. 9.22 Nabelentzündung beim Lamm

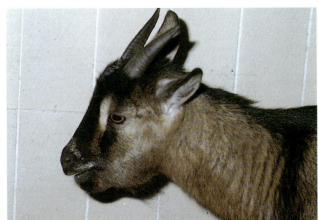

Abb. 9.27 Osteodystrophia fibrosa bei einem drei Monate alten Ziegenlamm

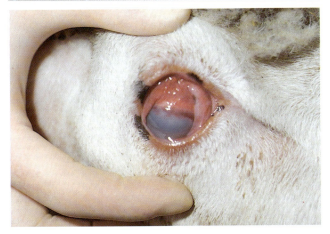

Abb. 9.28 Lamm mit Moraxella bovis-Konjunktivitis

Farbtafel 21 (Kapitel 9)

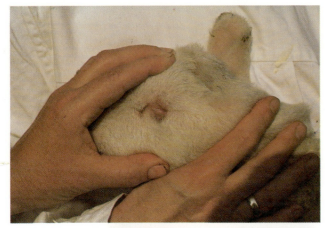

Abb. 9.29 Mikrophthalmie beim Lamm

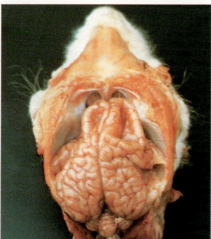

Abb. 9.36 Gehirn von einem Lamm mit kongenitaler Hypocuprämie (Foto: *Behrens*)

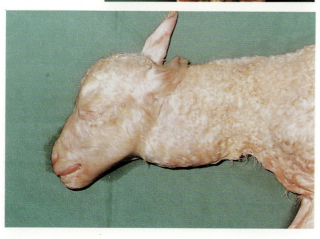

Abb. 9.37 Lamm mit Struma

Farbtafel 22 (Kapitel 10)

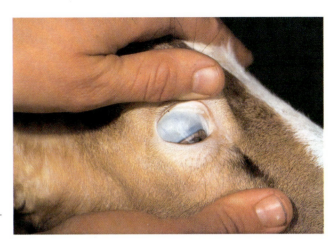

Abb. 9.40 Totale Anämie infolge übersehener Verminose beim Ziegenlamm

Farbtafel 23 (Kapitel 10)

Abb. 10.4 Durchfall bei TGE

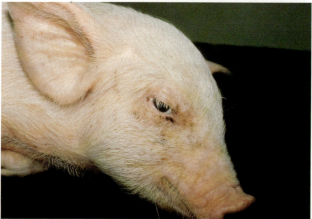

Abb. 10.6 Ödemkrankheit (Ödeme an den Augenlidern)

Abb. 10.7 Eisenmangelanämie (rechts gesundes Ferkel)

Farbtafel 24 (Kapitel 11)

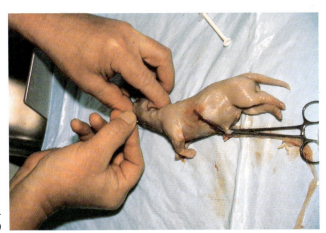

Abb. 11.1 Intravenöse Injektion (Vena jugularis) beim neugeborenen Welpen (Autor)

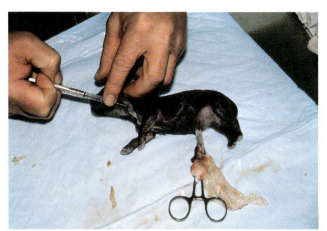

Abb. 11.2 Intravenöse Injektion beim neugeborenen Welpen (Autor)

Abb. 11.5 Künstliche Aufzucht eines älteren Welpen (*Bostedt*)

Farbtafel 25 (Kapitel 11)

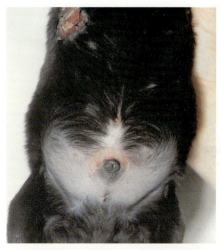

Abb. 11.6 Koprostase bei einem künstlich aufgezogenen Welpen (*Bostedt*)

Abb. 11.7 Komplette Abduktion beider Hintergliedmaßen bei einem Dackelwelpen (*Bostedt*)

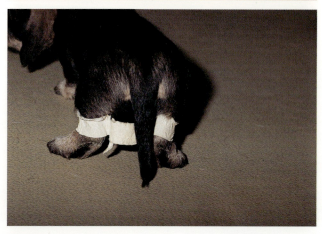

Abb. 11.8 Fixation der Hintergliedmaßen durch selbstklebende Streifen (*Bostedt*)

Farbtafel 26 (Kapitel 11)

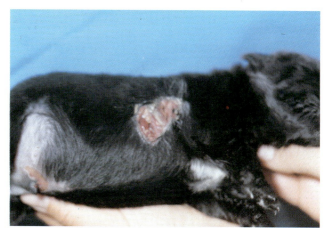

Abb. 11.9 Eitrig-nekrotisierende Dermatitis, die bis in die Intercostalmuskulatur vordrang (Neufundländerwelpe) (*Bostedt*)

Abb. 11.10 Welpe mit eitrigem Nasenausfluß und Schnappatmung – eitrige Bronchopneumonie (Staphylokokken) mit fibrinöser Pleuritis (*Bostedt*)

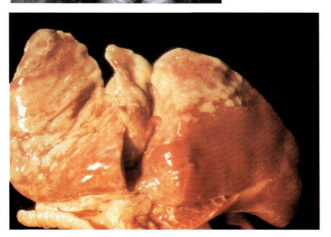

Abb. 11.11 Eitrige Pneumonie (E. coli, Pseudomonaden). Welpe 10 Wochen alt (Inst. f. Vet. Pathol. Gießen)

Farbtafel 27 (Kapitel 11)

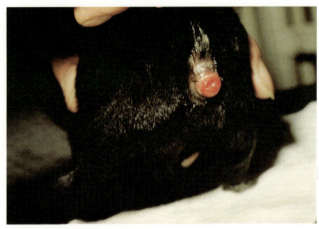

Abb. 11.12 Darmvorfall bei einem Welpen mit profuser Diarrhöe (*Bostedt*)

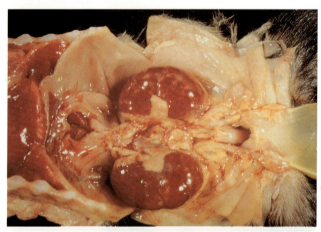

Abb. 11.13 Herpes canis-Infektion – Boxerwelpe 2 Tage alt (Inst. f. Vet. Pathol. Gießen)

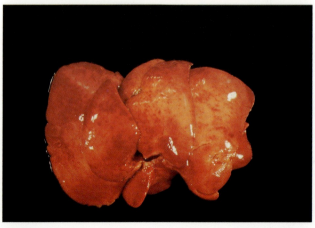

Abb. 11.14 Lebernekrose bei Herpes canis-Infektion eines Welpen (Inst. f. Vet. Pathol. Gießen)

Farbtafel 28 (Kapitel 11)

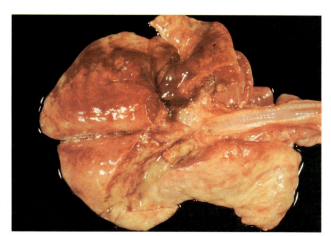

Abb. 11.15 Eitrige Pneumonie infolge einer Staupeinfektion (Welpe 12 Wochen alt) (Inst. f. Vet. Pathol. Gießen)

Farbtafel 29 (Kapitel 12)

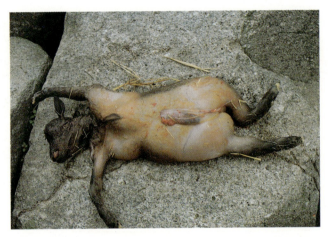

Abb. 12.1 Oedematöse Frucht nach Torsio der Nabelschnur bei Zwillingsträchtigkeit Markhor

Abb. 12.3 Orang Utan, 2 Tage, Omphalitis durch übertriebene Nabelpflege der Mutter

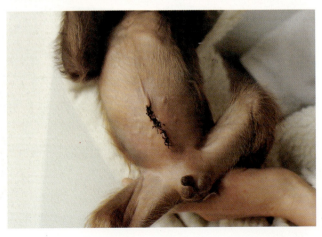

Abb. 12.4 Postoperativer Zustand, Verheilung p. primam.

Farbtafel 30 (Kapitel 12)

Abb. 12.5 Hyphaema Giraffenkalb nach intrauterinem Trauma

Abb. 12.8 Junger Bengaltiger mit Osteodystrophie und durch B1-Mangel bedingten Konvulsionen („Sterngucker") durch Fehlernährung

Abb. 12.10 Moribundes Wasserschwein mit Pseudotuberkulose

Farbtafel 31 (Kapitel 12)

Abb. 12.12 Wundinfektion nach Festliegen, Bergzebra

Abb. 12.13 Coli-Polyarthritis, Giraffe

Abb. 12.14 Cheiloschisis, Verdacht auf Vitamin A-Mangel bei einem 6 Wochen alten Geparden am Unterkiefer sekundär durch Belecken durch die Mutter

Farbtafel 32 (Kapitel 12)

Abb. 12.15 Frühgeburt mit noch verwachsenen Lidern, erfolgreiche mutterlose Aufzucht, Schopfgibbon

Sachregister

Abferkelbucht 107
—, Boden 108
Abferkelstall 107
—, Heizung und Lüftung 112
Abfohlbox 91
Ablammbucht 104
Ablammstall 103, 106
Ablatio retinae, Fohlen 257
Abrachie 134, 154
Absetztermine 68
—, kleine Heimtiere 522
Acantholysis, Kalb 319
Acidämie, allgemein 7
Acidose, metabolische, allgemein 7,
—, —, Ferkel 460
—, —, Fohlen 151, **180**, 184, 218, 255
—, —, Kalb 266, 302, 307, **323**
—, —, Lamm 345, **348**
—, —, Welpe **467**, 474
—, neonatale, allgemein 8
—, —, Fohlen **180**
—, —, Kalb 266, 324
—, —, Lamm 345, 362
—, —, Welpe **464**, 469
—, respiratorische, allgemein 8
—, —, Fohlen 151, **180**
—, —, Kalb **266**
—, —, Lamm **345**, 362
—, —, Welpe **464**, 469
Adaktylie 134
Ademakrankheit, Kalb 322
Adenoviren, Fohlen **167**, 189
—, Kalb 294
—, Lamm 361
—, Maus 523
Adoption, fremde Jungtiere 44
Afterlosigkeit, allgemein 138
—, Abb. 536
—, Ferkel 426
—, Fohlen 234
—, Kalb 273
—, Lamm 343
Agammaglobulinämie, Fohlen 188
—, Kalb 275
—, Wildtiere 514
Agnathie 133
Akabane-Virus 128
Akranie 129
Albinismus, Kalb 319
Allgemeininfektion, bakterielle, Fohlen 171
Allotriophagie, Lamm 403
Alopezie, Kalb 319, **322**, 549

Amelie 134
Amproliumvergiftung, Lamm 411
Amputation, Schwanz, Ferkel 113, 448
—, Lamm 413
Anämie, Ferkel 438, **441**
—, Fohlen 164, 191
—, Kalb 272, 304, **328**
—, Lamm 379, 384, 403, 410, **411**
—, Welpe 475, 478, 502
—, Wildtier 510, 527
—, hämolytische, Abb. 538
—, —, Fohlen 191
—, —, Welpe 476
—, infektiöse, Fohlen 164
Anbindestand, Mastkälber 101
Androgensekretion, fetale 26
—, postnatale 26
Anencephalie 129
Anfall, epileptoider, Fohlen 212
Ankyloblepharon, Fohlen 257
—, Welpen 463
Ankylostomatose, Hundewelpen 501
—, Katzenwelpen 503
Anophthalmie, allgemein 130
—, Fohlen 154, 256
—, Kalb 130
—, Lamm 394
—, Welpe 130
Anorexie, Kalb 324
Anti-Atelektase-Faktor, allgemein 6
—, Fohlen 180
—, Kalb 268
—, Lamm 346
Antibiose, vorsorgliche, Fohlen 143
Antibiotikatoxizität, Welpe 482
Antikörper-Transfer, Plazenta 34
Antränken, Kalb 333
Anurie, Fohlen 241
—, Lamm 384
—, Welpe 479
Apgar-Bewertung, Fohlen 141, 182
—, Kalb 268
—, Lamm 338, 347
Apodie 134
Arachnomelie-Syndrom 135
Arrhythmie, Herz, Fohlen **202**, 253
—, —, Lamm 346
Arhinencephalie 129
Arthritis, infektiöse, Ferkel 446, 448

—, —, Fohlen **171**, 250
—, —, Kalb 318
—, —, Lamm 352, 385
—, —, Welpen 489
—, purulenta, Ferkel 448
Arthrose, Fohlen 259
Arthrogrypose, allgemein 135, 136
—, Ferkel 443
—, Fohlen 250, 258
—, Kalb 136
Arzneimittelverabreichung, Lamm 340
—, Ferkel 415
Askaridose, Ferkel 438
—, Fohlen 228
—, Hundewelpen 500
—, Katzenwelpen 503
Asphyxie, Abb. 546
—, Fohlen **180**
—, Kalb **266**
—, Lamm **345**
—, Welpe **464**
Aspirationspneumonie, Fohlen 200
—, Kalb 267
—, Welpe 465
—, Wildtier 514, 515
Ataxie, Ferkel 455, 457
—, Fohlen 210
—, Kalb 272, 275, 287, 329
—, Katzenwelpe 496, 499
—, Lamm 357, 368, 388, **399**, 402, 410
—, enzootische, Lamm 399
—, zerebellare, Kalb 272
—, —, Katzenwelpen 499
Atelektase, Fohlen 180
—, Kalb 266
—, Lamm 345
—, Welpe 364
Atemdepression, neonatale, Fohlen 180
—, —, Kalb 266
—, —, Lamm 345, 362, 402
—, —, Welpe 464, 546
Atemfrequenz, kleine Heimtiere 522
Atemnotsyndrom, neonatales, allgemein 6
—, —, Abb. 546
—, —, Fohlen **180**
—, —, Kalb **266**
—, —, Lamm **345**, 362
—, —, Welpe **464**

Atemnotsyndrom, älteres
   Lamm 362
Atmung, Neugeborene **6**, 182
Atmungsbeginn, Neugeborene 7
Atmungszentrum 7
Atresia ani, allgemein 138
– –, Ferkel 426, 536
– –, Fohlen 234
– –, Kalb 270, 273
– –, Lamm 342
– coli, Fohlen 154, 235
– –, Kalb 273
– palpebrarum 486
– recti, allgemein 138
– –, Ferkel 426, 536
– –, Fohlen 234
– –, Kalb 273
Aufstehversuch, Neugeborener
   40, 144
Aufzucht, Amme 87, 516
–, mutterlose, Affen 532
–, –, allgemein 49, **86**
–, –, Beuteltiere 518
–, –, Einhufer, Fohlen 149
–, –, –, Wildtiere 526
–, –, Elefant 525
–, –, Erdferkel 521
–, –, Ferkel 86
–, –, Fledertiere 521
–, –, Fleischfresser 531
–, –, Fohlen 86, 150
–, –, Gummisauger 472, 514
–, –, Hasentiere 88, 524
–, –, Igel 89, 520
–, –, Kalb 74, 312
–, –, Lamm 102, 340
–, –, Nagetiere 524
–, –, Nashorn 527
–, –, Paarhufer 528
–, –, Rehkitz 88
–, –, Robben 529
–, –, Schliefer 521
–, –, Tapire 526
–, –, Welpe 88, **470**, 557
–, –, Zahnarme 521
–, –, Ziegenlamm 106
–, –, Zoo- und Wildtiere 513
Aufzuchtverluste, Fohlen 140
–, Kalb 260, 266
–, Lamm 336
–, Welpe 464
–, Wildtier 508
Augen, Öffnung, kleine Heimtiere
   522
Aujeszkysche Krankheit, Ferkel
   455
Auslauf, Fohlen 94
Auslösemechanismus, angeborener
   43
Autoauskultatorische Haltung
   Lamm 368

Babesiose, Hundewelpen 502
Baby Pig Disease 460
Bacillus piliformis, Fohlen 178
Bauchflechte, Ferkel 450, 536
–, Kalb 320
Bauchhöhlenpunktion, Fohlen 242
Bauchspalte 134
Beckentränke 66, 109
Behaarung, Beginn, kleine Heimtiere 522
Beifütterung, Beginn 68
Beifutter, Ferkel 81
–, Kaninchen 85
–, Welpen 84
Beinspreizen, Ferkel 444
–, Welpe 478
Bent leg, Lamm 391
Beta-(β)-Karotin, Lamm 405
Beuteltiere, Entwicklung 517
Bezoar, Kalb 302
Blasenruptur, Ferkel 444
–, Fohlen **241**, Abb. 542,
–, Lamm 384
Blastopathie 126
Blepharitis, Fohlen 258
Blindheit, Kalb **272**, 287, 326
–, Lamm 394, 405
–, Raubkatzen 530
Blut, Neugeborene 10, 146
Blutarmut, ansteckende, Fohlen
   164
Blutbildung 13
Blutgase 8, 146, 181, 267
–, Fohlen, Enteritis 219
Blutgruppen, Fohlen 191
–, Welpe 476
Blutkreislauf, postnataler **5**, 534
–, praenataler **4**, 534
Blutnachweis im Kot, Fohlen 231
– – –, Kalb 261, 304
Blutplasma 12
Blutserum 12
Blutung, intrakranielle, Fohlen
   153, **211**
–, –, Lamm 345
Blutübertragung, Fohlen 193
Blutvolumen 11
Blutwerte, allgemein 13
–, Ferkel 15
–, Fohlen 14, 146
–, Giraffe 527
–, Hundewelpe 15
–, Kalb 264
–, Katzenwelpe 16
–, Lamm 15, 341
–, Rotes Riesenkänguruh 518
–, Primaten 532
Bockhuf 136, 251
Border disease, Lamm 128, 130,
   350
Bordellosis, Ferkel 425

Botulismus, Fohlen 205
Bovine kongenitale Porphyrie,
   Kalb 319
Bovine Virusdiarrhöe (BVD),
   Kalb 291, 306
– –, Lamm 128, 130, **350**
– –, Mißbildung 128, 272
Brachygnathie, allgemein 131
–, Fohlen 155, **247**
–, Lamm 365
Brachyrhachie 133
Bradykardie, Ferkel 460
–, Kalb 303
–, Lamm 348
Breinierenkrankheit, Lamm 368
Brucellose, Welpe 487
Bruchferkel 459
Brustspalte 134
Bulldogkalb 128
Bunostomose, Lamm 382
BVD, Kalb 291, 306
–, Lamm 128, 130, **350**

Campylobacteriose, Hundewelpen
   488
–, Lamm 372
Candidiasis, Fohlen **238**, Abb.
   542
Canine und Feline Rotavirus-
   Infektion 492
Caprine chronisch-progressive
   Arthritis und Encephalitis
   (CAE), Lamm 352
Caudorectourogenital-
   Syndrom 133
Cerebrocorticalnekrose (CCN),
   Kalb 325
–, Lamm 406
Chastekparalyse, Raubkatzen 530
Cheiloschisis **131**, Abb. 564
Chemotherapie, Welpen 482
Chlamydia psittaci 359
Chlamydienpneumonie, Lamm
   359
Chondrodystrophie 129, 392
Chondrodysplasie 129, 392
CK-Aktivität s. Kreatinkinase
Clostridium perfringens Typ B,
   Lamm 367
– – Typ C, Ferkel 437
– – Typ D, Lamm 368
– – –, Elefant 525
Clostridium botulinum Typ B,
   Fohlen 205
Clostridium tetani, Fohlen 206
– –, Lamm 354
Coggins-Test 166
Commotio cerebri, Fohlen 210
Coronaviren, Ferkel 427, 430
–, Fohlen 226
–, Hundewelpe 492

Sachregister

Coronaviren, Kalb 306
—, Katzenwelpe 493
—, Lamm 376
Crooked calf disease 128
Crooked calf syndrom 136
Corynebacterium equi, Fohlen **197**, 248, 540
Crowding disease, Kalb 293

Darmpechverhaltung, Fohlen **214**, Abb. 540
—, Welpe 473
Darmverschluß, innerer, Fohlen 138, 154
Dehydratation, allgemein 11
—, Ferkel 427
—, Fohlen 218
—, Kalb 310
—, Lamm 366
—, Welpe 474, 479
—, Wildtier 509
Depressionszustand, neonataler, Fohlen 140, **180**
—, —, Kalb 261, **266**
—, —, Lamm 338
—, —, Welpe 446
Dermatitis, Staphylokokken ~, Lamm 412
Dermatitis, neonatale, Welpe 485
Dermatitis, Pilz ~, Kalb 320
—, —, Welpe 485, 489
Dermatosis vegetans, allgemein 137
— —, Ferkel 450
Dermatosparaxie, Kalb 274, 319
Diaplazentare Infektion, Ferkel 416, 419
— —, Fohlen 159, 165, 167, 194
— —, Kalb 291
— —, Lamm 350, 359
— —, Welpe 491, 494, 498, 501
Diarrhöe, Behandlung, allgemein, Fohlen 218
—, —, —, Kalb 309
—, ernährungsbedingte, Ferkel 83
—, —, Fohlen 230
—, —, Kalb 78
—, —, Welpe 473
—, —, Wildtier 515
—, Fohlenrosse, in der 229
—, infektiöse, Beuteltiere 517
—, —, Ferkel 427
—, —, Fohlen 220
—, —, Kalb 304
—, —, Lamm 366
—, —, Welpe 488
—, —, Wildtier 515
Dickbeinigkeit, Ferkel 443
Doppellender 136
Ductus arteriosus Botalli 4
Ductus venosus Arantii 4

Durchfall, s. Diarrhöe
Dysrhaphie-Syndrom 133

E. coli-Sepsis, Ferkel 434
—, Fohlen 171
—, Kalb 275
—, Lamm 355
—, Welpe 483
E. coli-Toxämie, Ferkel **436**, 555
Ecthyma contagiosum, Lamm **363**, 551
Ectopia cordis **134**, 535
Ehlers-Danlos-Syndrom, Kalb 274
Eichhörnchen, Aufzucht 521
Einschlußkörperchen-Rhinitis, Ferkel 419
Einzelhaltung, Aufzuchtkälber 99
—, Mastkälber 100
Eisenmangel, allgemein 63
—, Ferkel 81, **441**, 555
—, Kalb 328
—, Lamm 366, 404
—, Raubkatzen 530
—, Welpe 478
Eisenversorgung, Ferkel 81
Eiweißbedarf, Säugling 62
Ekchymosen, Kalb 331
—, Welpe 488
Ekzem, seborrhoisches, Ferkel 452
Elchkalb 133
Embryopathie 126
Encephalomyelitis granulomatosa, Lamm 352
Encephalopathie, Ferkel 432
—, Kalb 286
—, Lamm 350, (kongenitale), 356
—, Welpe 499, 503
Encephalozele 129
Endokarditis, Kalb 278, 316, 318
Endokrinologie 23
—, Sexualentwicklung 25
—, Stoffwechsel 23
Endometritis, iuvenile, Fohlen 246
Energiebedarf Neugeborener 58
Enteritis, nekrotisierende, Ferkel 437
Enterotoxämie, Ferkel 437
Enterotoxämie Typ B, Lamm 367
— —, Elefant 525
— Typ D, Lamm 368
— —, Elefant 525
Enthornen, Kalb 335
—, Lamm 413
Entropium, Abb. 544
—, Fohlen 257
—, Lamm 395
Entwicklungsstörungen, pränatale 126
Enzootische Bronchopneumonie, Kalb 292

Enzootische Pneumonie, Ferkel 423
Epidermitis exsudativa, Ferkel 452
Epidermolysis bullosa, Lamm 412
Epileptoide Anfälle, Fohlen 212
Epiphysiolysis, Lamm 391
Epitheliogenesis imperfecta neonatorum, Abb. 536
— — —, allgemein 137
— — —, Ferkel 449
— — —, Fohlen 154
— — —, Kalb 319
Epizootische Virusdiarrhöe (EVD), Ferkel 430
Eponychium (Fohlenkissen) 251
Equines Adenovirus **167**, 189
Equines Herpesvirus Typ 1 159, 537
— — Typ 2 194, 539
— — Typ 4 159, 537
Erbrechen, Welpe 481, 489, 494
— und Kümmern der Saugferkel 428, 431, **432**, 455
Erdrückungsschutz, Ferkel 108
Ergänzungsfutter, Fohlen 73
Ernährung, künstliche, allgemein 49, **86**
—, —, Fohlen 149
—, —, Kalb 74, 312
—, —, Lamm 102, 340
—, —, Welpe 88, 470, 557
—, —, Wildtier 512
— Neugeborener 55
Erstversorgung, Fohlen 143
Erythem, Ferkel 451
Erythropoese 13
Erythrozyten 13
Escherichia coli — Diarrhöe (enteropathogene E. coli), Ferkel 434
—, Fohlen 220
—, Kalb 305
—, Lamm 370
—, Welpe 488
Escherichia coli-Sepsis (s. E. coli-Sepsis)
ETEC **ent**erotoxische **E. coli**, Ferkel 434
—, Kalb 305
—, Lamm 370
Eutersuche, Neugeborener 40
EVD Ferkel 430
Exsikkose, s. Dehydratation

Fading Syndrom, Welpen 499
Fallot'sche Trilogie 138
Fontanellenschluß, vorzeitiger, Welpe 479
Fehlanpassungssyndrom, Fohlen 184, 538 Abb.
Feline Coronavirus-Infektion 493

Feline Infektiöse Peritonitis 493
Ferkelfressen 51
Ferkellähme 418
Ferkelliegeplatz 109
Ferkelruß 452
Ferkelzittern 454
Fetopathie 126
Fettlebersyndrom, Ferkel 461
Fibromatose, Eichhörnchen 522
Filtrationsrate, glomeruläre,
  Welpe 479
Flöhe, Welpen 505
Flüssigkeitsverlust, Ferkel 472
–, Fohlen 218
–, Kalb 310
–, Lamm 366
–, Welpe 474
–, Wildtier 509
Fohlenataxie, genetisch bedingte 210
Fohlenkrippe 93
Fohlenlähme **171**, 537
Fohlenrosse, Diarrhöe 229
Foramen ovale 4
Foramen ovale persistens, Fohlen 203
Frakturen, Fohlen 180
–, Lamm 344, **388**
–, Welpe 474
Fremdprägung, Jungtiere **44**, 514
Fruchtwasseraspiration, Fohlen 200
–, Kalb 266
–, Welpe 465
–, Wildtier 514
Frühentwöhnung, Kalb 77
Fütterung, Ferkel 80
–, Fohlen 72
–, Kalb 74
–, Kaninchen 85
–, Lamm 80
–, Mastkalb 74, 77
–, Welpe 84
Fütterungsfehler, Ferkel 83
–, Kalb 79
Furazolidonvergiftung, Kalb 331

Galactokinasemangel, Känguruh 519
Gasaustausch, plazentarer 8
Gaumenspalte, allgemein 131
–, Fohlen 247
Gastroschisis 134
Geburtsacidose, allgemein 8
–, Fohlen 151, 180
–, Kalb 266
–, Lamm 345
–, Welpe 464, 469
Geburtsgewicht, kleine Heimtiere 522
Geburtsmasse, relative 1

Geburtsplatz 38
Geburtsverletzungen, Fohlen 152
–, Kalb 265
–, Lamm 344
–, Welpe 470, 473
Gehirnerschütterung, Fohlen 210
Gehirntrauma, Fohlen 210
Geschlecht, hypothalamisches 25
Gesichtsspalten 131
Gewichtsentwicklung, retardierte, Fohlen 143
Giardiose, Hundewelpen 502
Gingivitis, Fohlen 238
–, Kalb 300, 548
–, Lamm 353, 363, 365
Glässersche Krankheit, Ferkel 446
Glasäugigkeit, Fohlen 257
Gliedmaßendeformation, allgemein 135
–, Fohlen 154, **249**, 258
–, Lamm 391, 393
–, Ferkel 443
Gliedmaßenverlängerung, angeborene, Lamm 393
Glucocorticoide 23
Glucosurie, Lamm 369
Glutathion-Peroxidase (GSHP$_x$), Fohlen 251
–, Kalb 326
–, Lamm 396
–, Wildtier 516
Glykogenreserven Neugeborener 59
Goitrine, Ferkel 449
–, Fohlen 254
–, Kalb 329
–, Lamm 402
Gonaden 26
Grätschen, Ferkel 137, **444**
–, Fohlen 249, 251
–, Kalb 326
–, Lamm 396, 399
–, Welpe 480, 558
Grauer Star, Fohlen 257
Gruppenhaltung, Aufzuchtkälber 99
–, Mastkälber 101

Haarausfall, Kalb 307, 320, 322
Haarbalgmilben, Welpe 504
Haarlinge, Kalb 322
–, Welpe 505
Haarlosigkeit, allgemein 137
–, Ferkel 449, 535
–, Kalb 319
Haemagglutinierendes Encephalitisvirus (HEV), Ferkel 432
Haematom, Fohlen 152
–, Kalb 331
–, Lamm 344, 346
Hämaturie, Fohlen 236

–, Kalb 330
Haemobartonellose, Hundewelpen 502
Hämoglobin 13
Hämogramm, s. Blutwerte
Hämoglobinurie, Kalb 330
–, Lamm 409
–, Welpe 476, 502
Hämokonzentration 11
Hämolytisches Syndrom, Fohlen 191
– –, Welpe 476
Haemonchus contortus-Infektion, Lamm 381
Haemophilus agni-Infektion, Lamm 361
Haemorrhagie, Konjunktivale, Fohlen 258
Hämorrhagisches Syndrom, Hundewelpe 475
Hairy-shaker-disease, Lamm 350
Halfter, Fohlen 95
Haltung, Ferkel 107
–, Fohlen 91
–, Hundewelpen 116
–, Kalb 95
–, Kaninchen 113
–, Katzenwelpen 119
–, Schaflämmer 102
–, Ziegenlämmer 106
–, Zoo- und Wildtiere 514
Harn, Säugling 22
Harnabsatz, gestörter, Fohlen **241**, 244
–, –, Kalb 316
–, –, Lamm 352, 384
Harnblasenruptur, Abb. 542
–, Fohlen 204, **241**
–, Lamm 384
Harnblasenoperation, Fohlen 243
Harninkontinenz, Lamm 352
Harnsteine, Lamm 384
Harnstoffgehalt ~ Bestimmung, Fohlen 241, 244
–, Lamm 384
Harnuntersuchung, Fohlen 147
–, Kalb 262
–, Lamm 384
Hasenscharte 131
Hautbrüchigkeit, Lamm 412
Hautkrankheiten, Ferkel 449
–, Kalb 319
–, Lamm 412
–, Welpe 485, 489, 504
–, Wildtier 519, 529
Hautleukose, Kalb 319
Hautpapelerkrankung, Maus 523
Hautparasiten, Insektenfresser 519
–, Kalb 322
–, Robbe 529
–, Welpe 504

Hautpilz-Infektionen, Kalb 320
–, Welpe 489
–, Meerschweinchen 522
Hautturgor, Ferkel 427
–, Fohlen 220, 255
–, Kalb 281, 304, 311
–, Welpe 467, 474
Helminthosen, Ferkel 438
–, Fohlen 227, 229
–, Kalb 304
–, Lamm 380
–, Welpe 500, 503
–, Wildtiere 518, 522, 525, 528, 532
Hepatitis, chronische, Lamm 379
Hepatitis contagiosa canis 494
Hepatitis, Fohlen 178
–, Lamm 378
–, Welpe 503
Hernia cerebri 129
Hernia inguinalis, Ferkel 459
– –, Fohlen 243, 245
Hernia scrotalis, Ferkel 459
– –, Fohlen 245
– –, Lamm 385
Hernia umbilicalis, Ferkel 459, Abb. 546
– –, Fohlen 154, **240**
– –, Kalb 274
Herpesviren, bovine 284
–, canine 490, **491**, 560
–, caprine 353
–, feline 485
–, equine 159, 194
–, porcine 419
Herpesvirus canis-Infektion, Welpen **491**, 560
Herz, Neugeborene 4
Herzbeutelentzündung, Ferkel 446
Herzfehler, angeborene, allgemein 138
–, –, Fohlen 203
–, –, Kalb 272
Herzinsuffizienz, Fohlen 204
Herzmißbildungen, Fohlen 203
–, Kalb 272
Herz[muskel]schaden, Fohlen 202, 204, 251
–, Kalb 326
–, Lamm 362, 396
–, Welpe 488, 503
Herzschlagfrequenz, Ferkel 5, 415
–, Fohlen 203
–, Kalb 5, 267, 272
–, Lamm 5, 404
–, Welpe 464
Hexenmilch, Fohlen 246
–, Welpe 480
Hirnbruch 129
Hirnrindennekrose, Kalb 325
–, Lamm 406

Hoden, Entwicklung 26
Hodensackbruch, Ferkel 459
–, Fohlen 245
–, Lamm 385
Hornanlage Exzision – Ätzen, Kalb 335
Hydrocephalus, allgemein 129
–, Fohlen 213
–, Kalb 272
Hyperextension, Gliedmaßen, Fohlen 135, 250, 254
–, –, Ziegenlamm 408
–, –, Welpe 483
Hyperkapnie 7
Hyperkeratosis congenita 137, Kalb 319
Hyperparathyreoidismus, Fohlen 248
–, Kamel 391
Hypersalivation, Lamm **376**, 552
Hyphaema, Giraffenkalb 510, 563
Hypocuprämie, Fohlen 255
–, Kalb 229
–, Lamm 399, 553
–, Wildschaf 528
Hypogammaglobulinämie, Fohlen 165, 173, 188
–, Kalb 275, 307
–, Lamm 385
Hypoglykämie Neugeborener, allgemein 61
–, Ferkel 455, 460
–, Fohlen 255
–, Lamm 348
–, Robben 529
–, Welpe 468, 481, 483
Hypomyelogenesis congenita, Lamm 350
Hypophysenvorderlappen 24
Hypoplasie, cerebellare, allgemein 130
–, –, Fohlen 213
–, –, Welpe 496
Hyposphagma, Fohlen 258
Hypothalamus – Hypophysen – Gonadenachse 27
Hypothermie, Ferkel 460
–, Fohlen 255
–, Lamm 347
–, Welpe 467, 474, 483, 489
–, Wildtier 509
Hypothermie-Hypoglykämie-Komplex, neonataler, Ferkel 460
–, –, Fohlen 182, **255**
–, –, Lamm 348
–, –, Welpe **467**
Hypothyreoidismus, Ferkel 449
–, Lamm 392
Hypotonie, Fohlen 142, 144, 180, 251

–, Kalb 266, 326, 329
–, Lamm 345, 396, 399
–, Welpe 464, 467, 480
Hypotrichosis congenita, Abb. 535
– –, allgemein 137
– –, Ferkel 449
– –, Kalb 319
Hypovolämie 11
Hypoxie, neonatale, allgemein 7
–, –, Fohlen **180**, 184
–, –, Kalb **266**, 324
–, –, Lamm **345**, 362
–, –, Welpe **464**, 469
Hypoxie, fetale 8, 464

Ichthyosis congenita, allgemein 137
– –, Kalb 319
Icterus, Ferkel 426
–, Fohlen 165, 178, **191**
–, Kalb 330
–, Lamm 409
–, Welpe **476**, 502
Icterus neonatorum, Fohlen 191
– –, Hundewelpe 476
– –, Katzenwelpe 477
Icterus haemolyticus neonatorum 191, 476, 538
Igel, Aufzucht 519
Immobilisation, Wildtiere 511
Immunglobuline, Kolostrum **34**, 158
–, Milch 34
–, Resorption **35**, 157
Immunglobulin-Blutspiegel, Fohlen 148
–, Kalb 263
Immunglobulingehalt, Kolostrum, Stute 158
Immunglobulin-Mangel, Fohlen 148, 188
–, Kalb 263
–, Welpe 468
–, Wildtier 509
Immunglobulin-Nachweis, Fohlen 148, 189
–, Kalb 263
Immunität, Neugeborener 35, 156
Immunmangelkrankheit, Fohlen 188
Immunreaktion, Neugeborener 33, 156
Immunsuppression bei Kortikosteroidanwendung, Kalb 298
Immunsystem, Ontogenese, fetale 31
Immuntoleranz 31
Immunverhältnisse, Fohlen 156
Indigestion, chronische, Kalb 302
Infektion, bakterielle, Respirationstrakt, Welpe 486
Infektiöse Anämie, Fohlen 164

Infektiöse bovine Rhinotracheitis 284
Infektionsabwehr 30, 156
Infektionskrankheiten, kleine Heimtiere (Übergewicht) 523
Infektionskrankheiten, Affen 532
–, Beuteltiere 517
–, Einhufer 525
–, Elefant 525
–, Erdferkel 520
–, Fleischfresser 530
–, Hasentiere 522
–, Igel 519
–, Nagetiere 522
–, Nashorn 527
–, Paarhufer 528
–, Robben 529
–, Zahnarme 520
Infektionsprophylaxe, (s. auch Mutterschutzimpfung / Paramunisierung), Fohlen 143, 171
–, Wildtiere 510
Insulin 25
Intensivbehandlung, Fohlen 147
Intrakranielle Blutung, Fohlen 211
– –, Kalb 267
– –, Lamm 345
Intrauterine Infektion, Ferkel 416, 419
– –, Fohlen 159, 165, 167, 194
– –, Kalb 291
– –, Lamm 350, 359
– –, Welpe 491, 494, 495, 498, 501
Isoerythrozytolysis neonatorum 191, 476
Isoimmunleukopenie, neonatale, Fohlen 193

Jauchegasvergiftung, Kalb 322
Jodmangel, Ferkel 449
–, Fohlen 254
–, Kalb 329
–, Lamm 402, 554
–, Raubkatzen 530

Kachexie, Fohlen 143
–, Welpe 500
Kälberbox 96
Kälbermilzbrand 277
Kaltstall, Kalb 97
Kalttränke, Kalb 76
Kalzinose, Ferkel 441
–, Welpe 479
–, Wildtier 516
Karpalarthrogrypose 136, 154, 250
Kardiovaskuläre Erkrankungen, Fohlen 202
Katarakt, Fohlen 257
–, Känguruh 519
Katecholamine 25

Katzenschnupfen 497
Katzenstaupe 495
Kaubeschwerden, Lamm 354, 356
Keratokonjunktivitis, Lamm 393
Kieferspalte 131
Kieferverkürzung 131, 247, 365
Kleinhirnhypoplasie 130
–, Fohlen 213
–, Kalb 291
Knochenerkrankung, Fohlen 247, 248
–, Lamm 390, 391
–, Welpe 489
–, Wildtier allgemein 516
–, Wildfleischfresser 530
Knochenmarkentzündung, Fohlen 248
–, Welpe 489
Kobaltmangel, Lamm 403
Körpertemperatur, kleine Heimtiere 522
Körperzusammensetzung, Neugeborene 2
Kokzidiose, Ferkel 440
–, Fohlen 228
–, Insektenfresser 519
–, Kalb 305
–, Lamm 374
–, Nagetiere 522
–, Welpe 502
Koliruhr 305, 370, 434
Kolostrum, fettlösliche Vitamine 56
–, Immunglobuline **34**, 74, 148, 157, 509
–, Proteingehalt **55**, 157
–, Spurenelementgehalt 56
–, Verabreichung, allgemein 72
–, –, Fohlen 143, 147
–, –, Kalb 266
–, –, Lamm 340, 345, 348
–, Zusammensetzung **55**, 158
Kolostrumbank 148
Kolostrumqualität, Messung 148
Kolostrumtränke, Kalb 74
Konjunktivitis, infektiöse, Fohlen 169, 195, 257
–, –, Kalb 288, 287
–, –, Lamm 387, **393**, 553
–, –, Welpe 486
Konvulsion, Fohlen 212, 236
–, Kalb 287
Koprostase, Abb. 558
–, Ferkel 439
–, Fohlen 214, 231
–, Welpe 473
–, Wildtiere 516
Kostalfraktur, Fohlen 202
–, Lamm 389
Kotuntersuchung, Kalb, Blutnachweis 261

– –, pH-Wert 261
Kranioschisis 129
Kreatinkinaseaktivität (CK), Fohlen 251
–, Kalb 326
–, Lamm 396
Kropf, Abb. 554
–, Fohlen 254
–, Kalb 329
–, Lamm 402
Krumm-Steif-Beinigkeit, Ferkel 443
Kryptorchismus, Fohlen 155
Kryptosporidose, Kalb 306
–, Lamm 373
–, Welpe 503
Kryptosporidiennachweis 374
Kupfermangel, Fohlen 255
–, Kalb 229
–, Lamm **399**, 533
–, Wildschaf 528
Kupfervergiftung, Kalb 330
–, Lamm 408
Kupieren, Schwanz, Lamm 413
Kyematopathie 126
Kyphose, Lamm 393, 397
Kyphoskoliose, Lamm 393

Labmagenblähung, akute, Kalb 302
–, Lamm 377
Labmagentorsion, Kalb 303
Labmagentympanie, Kalb 302
–, Lamm 377
Labmagenulcus, Kalb 288, 298, **304**
Labmagenverlagerung, Kalb 303
Lactatio neonatorum, Fohlen 246
– –, Welpe 480
Lämmerbar 89
Lämmerdiphtheroid 364
Lämmerdysenterie 367
Lämmerruhr, bösartige 367
Lämmerschlupf 102
Läuse, Welpe 505
Läusebefall, Kalb 321
Lagerung, Notfallpatient, Fohlen 148
Laryngotracheitis, infektiöse, Hundewelpe 495
Leberabszesse, Fohlen 237
–, Kalb 315
–, Lamm 379, 383, 388
Lebererkrankungen, Ferkel 461
–, Fohlen 178, **236**, 542
–, Kalb 315, 331
–, Lamm 356, 379, 380, 383, 388
–, Welpe 488, 494, 503
Lebernekrose, Fohlen 178, **236**, 542
–, Lamm 356, 380
Leberruptur, Lamm 344, **380**

Leberverfettung, Ferkel 461
Leistenbruch, Ferkel 459
–, Fohlen 243, 245
–, Lamm 385
Leptospirose, kleine Heimtiere 523
Letalfaktoren, allgemein 128
–, Fohlen 154
Lethal Intestinal Virus of Infant Mice, Maus 523
Leucoma cornea, Kalb 131
Leucopenia neonatorum, Fohlen 193
Leukoenzephalomyelitis, Lamm 352
Leukozyten 16
Leukozytenkreuzung 16
Lezithin-Sphingomyelin-Verhältnis, Kalb 268
Links-rechts-Shunt 4
Lippengrind, Lamm **363**, Abb. 551
Lippenspalte **131**, 564
Listeriose, Fohlen 237
–, Lamm 356
Lumbalpunktion, Kalb 262
Lungenflüssigkeit 6

Magen-Darm-Ulcus,
–, Fohlen 166, **231**, 541
–, Kalb 304
Makrocephalie 129
Malabsorption, Kalb 308, 324, 326
Maladjustment Syndrom, Fohlen 184, Abb. 538
Mangelerkrankungen, Fleischfresser 530
–, Fohlen 251
–, Paarhufer 527
Mannosidose, Ziegenlamm 408
Marasmus, enzootischer, Lamm 403
Masseternekrose, Ferkel 454
Medizinalmilch, Kalb 333
Megavesica, Fohlen 244
Mekoniumaspiration, Fohlen 189, 200
–, Kalb 267
–, Lamm 346
Mekonium im Fruchtwasser, Fohlen 180, 200
– – –, Kalb 267
– – –, Lamm 346 (Vlies)
Mekoniumverhaltung, Fohlen 214, Abb. 540
–, Okapi 527
–, Robben 529
–, Welpe 473
–, Wildtier allgemein 515
Meningitis, bakterielle, Ferkel

418, 446, **457**
–, –, Kalb 275, 278, 287
–, –, Lamm 356
–, –, Welpe 487
Meningozele 129
Meningoenzephalitis, Fohlen 212
–, Kalb 285, 287
–, Lamm 357, 377, 379
Mikrocephalie 129
Mikroencephalie 129
Mikrophthalmie, Abb. 553
–, allgemein 130
–, Fohlen 154, 256
–, Lamm 131, 394
Mikromelie 134
Miktionsstörungen, Fohlen 242, 244
–, Kalb 316
–, Lamm 352, 384
Milben, Welpen 504
Milch, essentielle Aminosäuren 57
–, Immunglobuline 34
–, Mineralstoffe 58
–, Zusammensetzung **56**
Milchaustauscher s. Milchersatz, Kälberaufzucht 76
–, Kälbermast 78
Milchersatz, Ferkel 88
–, Fohlen 88
–, Hundewelpe 88
–, Kalb 76, 78
–, Kaninchen, Hase 88
–, Katzenwelpe 88
–, Rehkitz 88
Milchgebiß 17
Mineralstoffaufnahme, Säugling 62
Mißbildung, Ätiologie 127
Mißbildungen, allgemein **126**
–, Fohlen 153
–, Kalb 271
–, Lamm 343
Monieziose, Lamm 382
Mopskalb 128
Morbus haemolyticus neonatorum 35
Mortalität, perinatale, Fohlen 140
–, –, Kalb 260, 266
–, –, Lamm 336
–, –, Welpe 464
–, –, Wildtier 508
Mukoide Enteritis, Kaninchen 523
Mundschleimhauterosion, ~beläge
–, Fohlen 238
–, Kalb 300
–, Lamm 353, **363**, **364**, 406, 410, Abb. 551
–, Schimpansen 532
Muskeldystrophie, nutritive, Abb. 544
–, –, Fohlen 204, 249, **251**

–, –, Kalb 326
–, –, Lamm 396
–, –, Wildtier 516, 525, 527
Muskelschwäche, Fohlen 249
Muskelzittern, Ferkel 454
–, Fohlen 249
Mutter-Kind-Kontakt, Fohlen 140
–, Kalb 98
–, Lamm 318
–, Wildtier 508
Mutterkuhhaltung 98
Mutterlose Aufzucht, s. Aufzucht, mutterlose
Mutterschutzimpfung, Ferkel 421, 427, 434, 457
–, Fohlen 163, 171, 176
–, Kalb 289, 312
–, Lamm 337, 368
–, Welpe 484, 495
Myasthenie, kongenitale, Fohlen 249
Mycoplasma hyorhinis, Ferkel 445
Myelopathie, nekrotisierende, Lamm 357
Myelozele 133
Mykoplasmenpneumonie, Lamm 360
Myoclonia congenita, Ferkel 128, 130, **454**
Myofibrillenhypoplasie, Ferkel 445
Myokarddegeneration, Fohlen 251
–, Kalb 326
–, Lamm 362, 396
Myotonia congenita, Lamm 357
Myxödem, allgemein 137
–, Ferkel 449
–, Fohlen 254
–, Kalb 329

Nabelabszeß, Fohlen 239
–, Kalb 315
–, Lamm 383
–, Welpe 484
Nabelbruch, Ferkel 479, Abb. 546
–, Fohlen 154, **240**
–, Kalb 274
Nabelentzündung,
–, Ferkel 418
–, Fohlen 239
–, Kalb 274, 315
–, Lamm 383
–, Welpe **484**, Abb. 562
–, Wildtiere 509, 529 (Robben), 552, 562
Nabelpflege, Fohlen 143, 238
–, Kalb 317,
–, Welpe 464, 485
Nabelstrang 4, 238, 260
Nachtblindheit, Lamm 406
Nährstoffbedarf, Fohlen 73

Nahrungsaufnahme 67
Nanosomia primordialis 129
Narkose, Fohlen 150
–, Wildtier 511
Narkoseschaden, primärer 469
Nasenbluten, Ferkel 421
Nebennierenrinde 23
Nekrobazillose, Ferkel 454
–, Lamm 379
Nekrose, Masseterbereich, Ferkel 454
Nematodirus battus-Infektion, Lamm 381
Nestflüchter 38
Nesthocker 38
Netzhautablösung 257
Nieren 20
Niereninsuffizienz -erkrankung, Fohlen 241, 244
–, Kalb 307, 316
–, Lamm 384
–, Welpe 479
Niesen, Ferkel 422
–, Katzenwelpe 497
Nippeltränken 66, 109
NMD s. Muskeldystrophie, nutritive
Normwerte, allgemein 10, 20
–, Fohlen 144, 146
–, Kalb 264
–, Welpe 464, 467, 468
Notomelie 134
Nutritive Muskeldystrophie (NMD) s. Muskeldystrophie, nutritive
Nystagmus, Fohlen 206
–, Lamm 354, 407

Obstipation 231, 473, 516, 558
Ödemkrankheit, Ferkel 435, **436**, 555
Östrogene, Neugeborene 27
Offenstall, Kalb 97
Ohrentzündung, Lamm 395
Okulozerebelläres Syndrom, Kalb 272
Oldenburger Fohlenataxie 210
Oligurie, Lamm 384
–, Welpe 476
Omentopexie, Kalb 303
Omphalitis, Ferkel 418
–, Fohlen 239
–, Kalb 274, 315
–, Lamm 383
–, Welpe 484, Abb. 562
Omphalophlebitis, Fohlen 239
–, Kalb 315
–, Lamm 383
–, Welpe 484
Ophthalmia neonatorum, Welpen 485

Opisthotonus, Ferkel 417, 447, 456, 460
–, Fohlen 179, 186
–, Kalb 273, 275, 287, 325, 331
–, Lamm 352, 355, 396, 406
Orf-Virus, Kalb 300
–, Lamm 363, Abb. 551
Osteochondritis, Fohlen 259
Osteodystrophia fibrosa, Abb. 552, 563
– –, Fleischfresser 530
– –, Fohlen 247
– –, Lamm 391
– –, Wildtier allgemein 516
Osteofibrosis, Abb. 552, 563
–, Fohlen 247
–, Lamm 391
–, Wildtier 516
Osteomyelitis, Fohlen 248
–, Welpe 489
Osteopathien, Lamm 390
Osteopetrosis, Lamm 391
Ostertagia-Infektion, Lamm 381
Otitis, Lamm 395
Ovar, Entwicklung 26
Oxy-Hämoglobin 8

Palatoschisis, allgemein 131
–, Fohlen 247
Panleukopenie, Katze 128, 130, **495**
Pansensaftuntersuchung 303
Pansentrinker 302
Parainfluenza-3-Viren, Kalb 292
–, Lamm 361
Parakeratose, allgemein 137
–, Kalb 322
Paramunisierung, Ferkel 424, 436
–, Fohlen 143, 176
–, Kalb 333
–, Lamm 364
–, Welpe 492
–, Wildtier 510
Parapoxvirus, Kalb 300
–, Lamm 363, Abb. 551
Parasitosen, Affen 532
–, Beuteltiere 518
–, Einhufer 526
–, Elefant 525
–, Erdferkel 520
–, Ferkel 438
–, Fleischfresser 530
–, Fohlen 227, 229
–, Hasentiere 522
–, Igel 519
–, Kalb 304, 321
–, Lamm 374, 380
–, Nagetiere 522
–, Paarhufer 528
–, Robben 529
–, Welpe 500, 505
–, Zahnarme 520

Parvovirose, Hund 496
–, Kalb 293, 294
–, Lamm 358
Pasteurella haemolytica 358
–, Ferkel 421
–, Kalb 293, 294
–, Lamm 358
Pasteurella multocida, Lamm 358
Pasteurella pneumotropica-Infektion, kleine Heimtiere 523
Pasteurellose, Ferkel 421
–, Kalb 293, 294
–, Lamm 358
Pericarditis, Ferkel 446
Perinatale Mortalität, Fohlen 140
– –, Kalb 260, 265, 266
– –, Lamm 336
– –, Welpe 464
– –, Wildtier 508
Perineum, zu kurzes, Fohlen 246
Peritonitis, Ferkel 446
–, Fohlen 214, 231, 239
–, Kalb 304, 315, 318
–, Welpe 484, 494
Peromelie 134
Perosomus elumbis 133
Pflege, Fohlen 95
–, Hundewelpen 119
Phagozytosefähigkeit, Fetus 33
–, Neugeborener 33
Phokomelie 134
Phospholipide 268
Photophobie, Kalb 287
Pink-eye, Lamm 303
Pityriasis rosea, Abb. 536
– –, allgemein 137
– –, Ferkel 450
– –, Kalb 320
Pneumonie, Ferkel **419**
–, Fohlen 159, 167, 171, **194**
–, Kalb 277, **292**
–, Lamm **358**
–, Welpe **486**, 490
Pneumokokkose, Kalb 277
Pneumonie, Bordetella bronchiseptica, Ferkel 425
–, enzootische, Lamm 358
Pneumozyten-Typ II 268
Polyarthritis, Ferkel 445, 448, Abb. 564
–, Fohlen 171
–, Kalb 278, 281, 318
–, Lamm 383, 385
Polydaktylie 134
Polydypsie, Lamm 372, 410
–, Welpe 479, 494
Polymelie 134
Polyserositis und Arthritis, Ferkel 445
Polyurie, Welpe 479
Porphyrie, kongenitale Kalb 319

Prägung, Jungtier 43, 508
Präputialödem, neonatales, Fohlen 245, 543
Pseudowut, Ferkel 455
Purpura, thrombozytopenische, Ferkel 440
Purzelkrankheit, Fohlen 210
Pylorus- und Duodenalstenose, Fohlen 233
Pyodermie, Ferkel 452
–, Lamm 412
–, Robben 529
–, Welpe 485

Rachitis, Lamm 389
–, erbliche, Ferkel 444
Räudemilben, Welpen 505
Rat Corona Virus, Ratte 523
Raubmilben, Welpen 505
Rechts-links-Shunt 4
Red foot disease, Lamm 412
Reifebewertung, Fohlen 142
Reoviren, Lamm 362
Resistenz, Fetus 33
Respiratory Syncytial Virus (RSV), Kalb 293, 294
– – –, Lamm 362
Rhachischisis 133
Rhinitis atrophicans, Ferkel 421
– –, Lamm 392
Rhinopneumonitis, Fohlen 159
Rhinotracheitis, Katze 497
Rhodococcus equi 197
Rindergrippe 292
Rippenbruch, Fohlen 202
–, Lamm 389
Rotaviren, 222, 305, 430, 492
Rota-Virus-Diarrhoe, Ferkel 430
–, Fohlen 222, Abb. 541
–, Kalb 305
–, Lamm 366
–, Welpe 492
Rotavirusnachweis, Kalb 308
–, Lamm 366
Rote Magenwurmseuche, Lamm 381
Rote Ruhr, Lamm 374
Rotlaufpolyarthritis, Lamm 386
Rückenmarkpunktion, Kalb 262

Säugedauer, kleine Heimtiere 522
Saughaltung, Fohlen 145
–, Kalb 95
–, Lamm 102
Saugfrequenz, allgemein 48, 67
–, Fohlen 145
Säugezeit, Dauer 68
Säure-Basen-Verhältnis 8, 146, 267
Salivation, krankhafte, Ferkel 460
–, –, Fohlen 200, 237

–, –, Kalb 286, 326, 331
–, –, Lamm 363, 367, 369, **376**, 406, 409
Salmonella dublin 280, 372
– typhimurium 280, 372
Salmonellose, Kalb **279**, 547
–, Lamm 372
Sauerstoff-Sparschaltung, fetale 8
Saugvorgang 46, 145
Saugvorgänge, Häufigkeit 48, 67, 145
–, Tagesverteilung 48
Schilddrüse 24
Schistosoma reflexum 134
Schluckimpfung, Ferkel 435
–, Fohlen 225
–, Kalb 312
–, Lamm 371
–, Wildtier 510
Schnappatmung 7
Schnüffelkrankheit, Ferkel 421
Schweineinfluenza 420
Schweinepest 416
Schweinepocken 451
Sehnenkontrakturen, allgemein, Karpalgelenke 136
–, Fohlen 250
–, Zehengelenke, allgemein 135
–, –, Fohlen 250
Selenmangel, Fohlen 251
–, Kalb 326
–, Lamm 396
–, Welpe 480
–, Wildtier 516, 527
Septikämie, neonatale, Fohlen 171, Abb. 537
–, Saugferkel 418
–, Welpe 483
Sexualentwicklung 25
Shaker foal disease 205
Sideroleukozyten, Fohlen 166
Soor, Fohlen **238**, 542
–, Kalb 301
–, Schimpanse 532
Spastische Parese 136
Spätasphyxie, Fohlen 181
–, Kalb 268
–, Speckferkel 449
Speichelfluß, krankhafter, Ferkel 460
–, –, Fohlen 200, 237, 259
–, –, Kalb 286, 326, 331
–, –, Lamm 363, 365, 369, **376**, 406, 409
Spider Syndrome, Lamm 393
Spina bifida, allgemein 133
– –, Lamm 393
Spinnenbeine, Lamm 393
Spinnengliedrigkeit, Kalb 135
Spreizen, Ferkel 137
–, Welpen **480**, 558

Spurenelementaufnahme, Säugling 63
Stallklima, Ferkel 111
–, Fohlen 93
–, Jungkaninchen 116
–, Mastkälber 101
–, Schaflämmer 106
Staphylokokkendermatitis, Lamm 412
–, Robben 529
Staphylokokken-Infektion, kleine Heimtiere 523
Staupe, Hundewelpen **498**, 561
Stelzfuß, Stelzhuf, Fohlen 251, 535
Sternguckerhaltung, Kalb 326
–, Lamm 406
–, Raubkatzen 530
Stoffwechsel, Neugeborener 58
Stomatitis, necroticans, Lamm 364
– papulosa, Kalb **300**, 548
– vesicularis, Kalb 301
Strabismus, Kalb 326
Streptococcus pneumoniae, Kalb 277
Streptokokkenmeningitis, Ferkel 418, 457
Streptokokkose, Ferkel 418
Streßtetanie, Lamm 396
Strongyloidose, Ferkel 438
–, Fohlen 227
–, Lamm 381
Struma, Ferkel 438
–, Fohlen 254
–, Kalb 329
–, Lamm 402, 554
–, Raubkatzen 530
Stuhlbeinigkeit 136
Stutenbox 91
Sumpffieber, Pferd 164
Surfactan-factor, allgemein **6**
–, Fohlen 180
–, Kalb 268
–, Lamm 346
Suipox-Virus 451
Swayback, allgemein 130
–, Lamm **399**, 553
–, Wildschaf 528
Syndaktylie 134
Synophthalmie 129

Tachykardie, Kalb 332
–, Lamm 362
Tenesmus, Ferkel 426
–, Fohlen 214, 220, 233
–, Kalb 273, 304, 331
–, Lamm 366, 410
–, Welpe 488, 502
Teratogenese, kausale 127
Tetanus, Fohlen 206
–, Lamm **354**, 550

Tetraplegie, Fohlen 249
Thiaminantagonist, Lamm 375, 406, 411
Thiaminmangel, Kalb 325
–, Lamm 375, **406**, 411
Thomsen-Krankheit, Ziegenlamm 357
Thorakoschisis 134
Thrombozytopenie, Ferkel 440
–, Lamm 388
–, Welpe 475
Thrombozytopenische Purpura, Ferkel 440
Thymusdrüse, Fohlen 236 (Hypotrophie)
–, Lamm 403 (Hypertrophie)
Thyreoglobulin, Lamm 346
Thyroxin, allgemein 24
–, Fohlen 254
–, Kalb 329
–, Lamm 402
Tobacco stalk epidemics, Ferkel 128
Tod, embryonaler 126
Tonus (Halsmuskulatur), Fohlen 142, 180
–, Kalb 266
–, Lamm 349
Tortikollis, allgemein 133
–, Fohlen 154
–, Lamm 393
Toxisches Milchsyndrom, Welpen 477
Tragezeit, kleine Heimtiere 522
Transmissible Gastroenteritis (TGE), Ferkel **427**, 555
Transplazentare Infektion, Ferkel 416, 419
– –, Fohlen 159, 165, 167, 194
– –, Kalb 291
– –, Lamm 350, 359
– –, Welpe 491, 494, 498, 501
Tremor, allgemein 128, 130
–, Ferkel 454
–, Fohlen 186, 213
–, Kalb 273
–, Schaflamm 352
–, Welpe 499
–, Ziegenlamm 408
Tremor congenitus, Ferkel 128, 130, **454**
Trichiasis, Lamm 395
Trichophytie, Kalb 320
–, Meerschweinchen 522
–, Welpe 489
Trichostrongylose, Lamm 381
Trijodthyronin (T 3) 24
Trismus, Ferkel 456
–, Fohlen 206
–, Lamm 354
Tympanie, Fohlen 214, 231

–, Kalb 302
–, Lamm 377
–, Welpe 477, 483
Tyzzer's Disease 178

Ulcus [ventriculi et duodeni], Fohlen 231
–, Kalb 288, 298, 304
–, Lamm 368
Umgebungstemperatur Neugeborener 59
– –, Welpe 468, 471
Unterkieferverkürzung 131, 365
Unterkühlungskrankheit, Ferkel 460
–, Fohlen 255
–, Lamm 348
–, Welpe 468
Untersuchung, neurologische, Fohlen 144
–, –, Kalb 262
Untersuchungsgang, Ferkel 414
–, Fohlen 141, 144
–, Kalb 261
–, Lamm 338
Urachusabriß, Fohlen 241
Urachus patens, allgemein 138
–, –, Fohlen 244
– –, Kalb 316
Urachusfistel, allgemein 138
–, Fohlen 244
–, Kalb 316
Urolithiasis, Lamm 384
Uroperitoneum, Ferkel 444
–, Fohlen **241**, 542, 543
–, Lamm 384
Urethrotomie, Lamm 385
Urticaria, Kalb 320
Uveitis, Welpe 495

Ventrikel-Septum-Defekt, Fohlen 203
Verdauungsenzyme 18
Verdauungssystem, Entwicklung 17
Vergiftung, Amprolium, Lamm 411
–, Blei, Fohlen 259
–, Furazolidon, Kalb **331**, 549
–, Jauchegas, Kalb 332
–, Kochsalz, Lamm 410
–, Kupfer, Kalb 330
–, –, Lamm 408
–, Natriumchlorid, Lamm 410
–, Selenium, Lamm 409
–, Tragant, Fohlen 258
–, Zink, Fohlen 258
Verhalten, Muttertier 38
– Neugeborener 40
–, Spiel 50
Verhaltensstörungen, Jungtiere 53
–, Muttertiere 51

Verluste, Neugeborener, Fohlen 140
–, –, Kalb 260, 265
–, –, Lamm 336
–, –, Welpen 464
–, –, Wildtiere 508
Verschluckpneumonie, Fohlen 200, 514
Virusabort, Stute 159
Virusenteritis, Lamm 366
Vitamin A-Mangel, Ferkel 443
–, Fleischfresser 530
–, Fohlen 238
–, Lamm 393, 402, **405**
Vitamin A-Überdosierung, Welpe 478
–, Wildtier 510
Vitamin-B_1-Mangel, Fleischfresser 530
Vitamin-B_{12}-Mangel, Lamm 403
Vitamin-D-Mangel, Lamm 389
–, Raubkatzen 530
Vitamin-D-Überdosierung, Welpe 479
–, Wildtier 516
Vitamin-E-Mangel, Ferkel 442
–, Fohlen 251
–, Kalb 326
–, Lamm 396
–, Wildtier 517, 525
Vitaminversorgung, Säugling 65
Vomiting and Wasting Disease, Ferkel 432
Vomitus, Ferkel 428, 431, **432**, 455
–, Welpe 481, 489, 496 f
Vormägen, Entwicklung 17
Vulvaödem, Neugeborene, allgemein 27
–, –, Fohlen 246

Wachstumshormon 25
Wackelfuß, Fohlen 136
Warmstall, Kalb 96
Wasserbedarf 66
Wasserhaushalt 65
Wasserkopf 129, 213
Wassermund, Lamm **376**, 552
Wasserverlust, Diarrhöe 66
Weidegang, Fohlen 94
Weißlebererkrankung, Lamm 379
Weißmuskelkrankheit (s. NMD) 251, 326, 396, 517, 527, 544
Welpensterben, infektiöses 491
Welpen-Virämie, Hundewelpen 490
White muscle disease 251, 326, 396, 517, 527, 544
Wirbel- und Rückenmarksspalte 133
Wolfsrachen 131, 247

Wundstarrkrampf, Fohlen 206
–, Lamm 354
Wurfbox, Hundewelpen 117
Wurfgröße, kleine Heimtiere 522
Wurfkasten, Kaninchen 114
Wurfkiste, Hundewelpen 117
Wurflager, Katzenwelpen 120
Wurfraum, Hundewelpen 116
–, Katzenwelpen 119
Wurfstall, Kaninchen 114

Xerophthalmie, Kalb 330
–, Lamm 405

Zahnanomalien, Fohlen 237
Zahnleistenerkrankung, Kalb 300
–, Lamm 363
Zahnverfärbung, Welpe 482
Zähnezwicken, Ferkel 113, 448
Zecken, Welpen 505
Zeckenpyämie, Lamm 388
Zementhusten, Ferkel 423
Zerebellare Ataxie, Katzenwelpen 499
Zerebrokortikalnekrose 325, 406
Zittern, Ferkel 418, 447, **454**, **460**
–, Fohlen 249, 255
–, Kalb 327

–, Lamm **348**, 350, 396
Zitterkrankheit, Ferkel 128, 130, **454**
–, enzootische, Lamm 350
Zitzenordnung 47
Zwergwuchs 129, 392
Zwinger, Hundewelpen 118
Zyanose, Ferkel 417, 447
–, Fohlen 180, 198
–, Kalb 266, 272, 278, 332
–, Lamm 346, 362
–, Welpe 465
Zyklopie 129
Zyklusdauer, kleine Heimtiere 522